Ihr Vorteil als Käufer dieses Buches

Auf der Bonus-Webseite zu diesem Buch finden Sie zusätzliche Informationen und Services. Dazu gehört auch ein kostenloser **Testzugang** zur Online-Fassung Ihres Buches. Und der besondere Vorteil: Wenn Sie Ihr **Online-Buch** auch weiterhin nutzen wollen, erhalten Sie den vollen Zugang zum **Vorzugspreis**.

So nutzen Sie Ihren Vorteil

Halten Sie den unten abgedruckten Zugangscode bereit und gehen Sie auf **www.galileocomputing.de**. Dort finden Sie den Kasten **Die Bonus-Seite für Buchkäufer**. Klicken Sie auf **Zur Bonus-Seite / Buch registrieren**, und geben Sie Ihren **Zugangscode** ein. Schon stehen Ihnen die Bonus-Angebote zur Verfügung.

Ihr persönlicher **Zugangscode**: b723-edzk-w5rq-jaxf

Johannes Plötner, Steffen Wendzel

Linux
Das umfassende Handbuch

Liebe Leserin, lieber Leser,

ich freue mich, dass Sie sich für die 5. Ausgabe unseres Linux-Handbuchs entschieden haben. Wenn Sie sich intensiv mit Linux beschäftigen wollen, ist dieses Buch genau das Richtige für Sie: Johannes Plötner und Steffen Wendzel bieten Ihnen Linux-Wissen pur.

Wir haben bei der Konzeption des Buches darauf geachtet, dass sowohl Einsteiger als auch fortgeschrittene und professionelle Linux-User voll auf ihre Kosten kommen. Die ersten vier Kapitel richten sich speziell an Einsteiger. Fünf gängige Linux-Distributionen, die Sie auf den beiden Buch-DVDs finden, werden vorgestellt und ihre Installation gezeigt. Kurz und übersichtlich wird erläutert, wie Sie mit den beiden bekanntesten grafischen Oberflächen unter Linux, KDE und GNOME, arbeiten und typische Aufgaben bewältigen: Dokumente in freien Office-Suiten bearbeiten, im Internet surfen und einen E-Mail-Account anlegen.

Wenn Sie zu den fortgeschrittenen Nutzern zählen, überspringen Sie einfach diese ersten Schritte und legen Sie sofort los mit den harten Fakten. Hier finden Sie alles, was Sie über Linux wissen müssen: die Architektur, das Arbeiten mit der Shell, die System- und Netzwerkadministration, die grafische Oberfläche, Multimedia und Spiele, Systeminterna wie Prozesse, Dateisystem und Virtualisierung, die Softwareentwicklung, inkl. Crashkurs in C und Perl, und last but not least die System- und Netzwerk-Sicherheit. Damit Sie auch wirklich »just Linux« bekommen, konzentriert sich dieses Buch nicht auf eine bestimmte Distribution, sondern vermittelt distributionsunabhängiges Linux-Wissen. Wo es nötig ist, wird selbstverständlich auf die Eigenarten der vielen unterschiedlichen Distributionen eingegangen.

Falls Sie Fragen oder Anregungen zu diesem Buch haben, freuen wir uns, wenn Sie sich bei uns melden. Ihr Lob, Ihre Kritik und Ihre Wünsche sind uns willkommen.

Viel Spaß beim Lesen!

Ihre Judith Stevens-Lemoine
Lektorat Galileo Computing

judith.stevens@galileo-press.de
www.galileocomputing.de
Galileo Press · Rheinwerkallee 4 · 53227 Bonn

Auf einen Blick

TEIL I Einstieg in Linux	43
TEIL II Grundlagen	111
TEIL III Die Shell	205
TEIL IV System- & Netzwerkadministration	375
TEIL V Die grafische Oberfläche	685
TEIL VI Systeminterna	791
TEIL VII Programmierung und Sicherheit	925
TEIL VIII Anhang	1167

Der Name Galileo Press geht auf den italienischen Mathematiker und Philosophen Galileo Galilei (1564–1642) zurück. Er gilt als Gründungsfigur der neuzeitlichen Wissenschaft und wurde berühmt als Verfechter des modernen, heliozentrischen Weltbilds. Legendär ist sein Ausspruch *Eppur si muove* (Und sie bewegt sich doch). Das Emblem von Galileo Press ist der Jupiter, umkreist von den vier Galileischen Monden. Galilei entdeckte die nach ihm benannten Monde 1610.

Lektorat   Judith Stevens-Lemoine, Anne Scheibe
Korrektorat   Matthias Warkus, Marburg
Typografie und Layout   Vera Brauner
Herstellung   Norbert Englert
Satz   Johannes Plötner, Steffen Wendzel
Einbandgestaltung   Barbara Thoben, Köln
Titelbilder   fotolia.com: Pinguine © Jan Will, Kabel © Bauer Alex, Mann © nyul
Druck und Bindung   Bercker Graphischer Betrieb, Kevelaer

Dieses Buch wurde gesetzt aus der Linotype Syntax Serif (9,25/13,25 pt) in LaTeX.

Gerne stehen wir Ihnen mit Rat und Tat zur Seite:
judith.stevens@galileo-press.de bei Fragen und Anmerkungen zum Inhalt des Buches
service@galileo-press.de für versandkostenfreie Bestellungen und Reklamationen
britta.behrens@galileo-press.de für Rezensions- und Schulungsexemplare

Bibliografische Information der Deutschen Nationalbibliothek
Die Deutsche Nationalbibliothek verzeichnet diese Publikation in der Deutschen Nationalbibliografie; detaillierte bibliografische Daten sind im Internet über *http://dnb.d-nb.de* abrufbar.

ISBN   978-3-8362-1822-1

© Galileo Press, Bonn 2012
5., vollständig aktualisierte Auflage 2012

Das vorliegende Werk ist in all seinen Teilen urheberrechtlich geschützt. Alle Rechte vorbehalten, insbesondere das Recht der Übersetzung, des Vortrags, der Reproduktion, der Vervielfältigung auf fotomechanischem oder anderen Wegen und der Speicherung in elektronischen Medien. Ungeachtet der Sorgfalt, die auf die Erstellung von Text, Abbildungen und Programmen verwendet wurde, können weder Verlag noch Autor, Herausgeber oder Übersetzer für mögliche Fehler und deren Folgen eine juristische Verantwortung oder irgendeine Haftung übernehmen. Die in diesem Werk wiedergegebenen Gebrauchsnamen, Handelsnamen, Warenbezeichnungen usw. können auch ohne besondere Kennzeichnung Marken sein und als solche den gesetzlichen Bestimmungen unterliegen.

Inhalt

Vorwort 31
Über die Autoren 35
Über dieses Buch 37

TEIL I: Einstieg in Linux

1 Einleitung 45

1.1 Warum Linux? 45
    1.1.1 Man muss kein Informatiker sein 45
    1.1.2 ... aber es hilft 46
1.2 Grundbegriffe: Kernel, Distributionen, Derivate 46
    1.2.1 Bekannte Distributionen und Derivate 47
    1.2.2 Arten von Distributionen 47
1.3 Die Entstehungsgeschichte von Linux 49
    1.3.1 Unix 49
    1.3.2 BSD-Geschichte 51
    1.3.3 Stallman und das GNU-Projekt 52
    1.3.4 Die Geschichte von Linux 53
    1.3.5 Geschichte der Distributionen 56
1.4 Linux und BSD: Unterschiede und Gemeinsamkeiten 58
    1.4.1 Freie Software 58
    1.4.2 Ports und Packages 59
    1.4.3 Versionierung 60
    1.4.4 Maskottchen 61
1.5 Informationsquellen 62
1.6 Zusammenfassung 63
1.7 Aufgaben 64

2 Die Installation 65

2.1 Installationsvorbereitungen 65
    2.1.1 Unterstützte Hardware 65
    2.1.2 Partitionierung 67
    2.1.3 Die Installation vorbereiten 70
2.2 Installation von Ubuntu 70
2.3 Installation von openSUSE (KDE-Live-CD) 71

	2.3.1	Erste Schritte	71
	2.3.2	Partitionierung	71
	2.3.3	Anlegen eines Benutzers	72
	2.3.4	Systeminstallation	72
	2.3.5	Fertigstellung	73
2.4		Installation von Fedora (Live-Install)	73
	2.4.1	Erste Schritte	73
	2.4.2	Installation durchführen	74
2.5		Installation von Slackware Linux	75
	2.5.1	Nach dem CD-Booten	75
	2.5.2	Setup	75
	2.5.3	Konfiguration	76
2.6		Installation von OpenBSD	78
	2.6.1	Booten	78
	2.6.2	Grundkonfiguration	78
	2.6.3	Partitionierung	80
	2.6.4	Kopiervorgang	81
	2.6.5	Installation abschließen	82
2.7		Linux bzw. BSD starten	82
2.8		Zusammenfassung	82

3 Erste Schritte — 83

3.1	Der Bootvorgang	83
3.2	Anmelden	84
3.3	Erste Schritte mit KDE	85
3.4	Erste Schritte mit GNOME	89
	3.4.1 GNOME 2	89
	3.4.2 GNOME 3	91
	3.4.3 Der Dateimanager unter GNOME	92
3.5	Zusammenfassung	92
3.6	Aufgaben	92

4 Linux als Workstation für Einsteiger — 93

4.1	Mit Office arbeiten	93
	4.1.1 OpenOffice.org/LibreOffice	93
	4.1.2 KOffice und KDE PIM	101
4.2	Im Internet surfen: Browser	103
4.3	E-Mails empfangen und senden	106
4.4	Zusammenfassung	109

TEIL II: Grundlagen

5 Der Kernel 113

- 5.1 Grundlagen 114
  - 5.1.1 Prozessor 114
  - 5.1.2 Speicher 115
  - 5.1.3 Fairness und Schutz 119
  - 5.1.4 Programmierung 120
  - 5.1.5 Benutzung 127
- 5.2 Aufgaben eines Betriebssystems 128
  - 5.2.1 Abstraktion 128
  - 5.2.2 Virtualisierung 129
  - 5.2.3 Ressourcenverwaltung 132
- 5.3 Prozesse, Tasks und Threads 132
  - 5.3.1 Definitionen 133
  - 5.3.2 Lebenszyklen eines Prozesses 138
  - 5.3.3 Implementierung 145
- 5.4 Speichermanagement 149
  - 5.4.1 Paging 149
  - 5.4.2 Hardware 151
  - 5.4.3 Organisation des Adressraums 153
- 5.5 Eingabe und Ausgabe 162
  - 5.5.1 Hardware und Treiber 163
  - 5.5.2 Interaktion mit Geräten 166
  - 5.5.3 Ein-/Ausgabe für Benutzerprogramme 171
  - 5.5.4 Dateisysteme 171
- 5.6 Zusammenfassung 173
- 5.7 Aufgaben 174

6 Grundlagen aus Anwendersicht 175

- 6.1 Die Unix-Philosophie 175
  - 6.1.1 Kleine, spezialisierte Programme 176
  - 6.1.2 Wenn du nichts zu sagen hast: Halt die Klappe 177
  - 6.1.3 Die Shell 178
  - 6.1.4 Administration 178
  - 6.1.5 Netzwerktransparenz 179
- 6.2 Der erste Kontakt mit dem System 181
  - 6.2.1 Booten 181
  - 6.2.2 Login 183

	6.2.3	Arbeiten am System	183
	6.2.4	Herunterfahren	190
	6.2.5	Wie Laufwerke bezeichnet werden	191
6.3	Bewegen in der Shell		193
	6.3.1	Das Prompt	193
	6.3.2	Absolute und relative Pfade	194
	6.3.3	pwd	194
	6.3.4	cd	194
6.4	Arbeiten mit Dateien		196
	6.4.1	ls	196
	6.4.2	more, less und most	197
	6.4.3	Und Dateitypen?	198
6.5	Der Systemstatus		199
	6.5.1	uname	199
	6.5.2	uptime	199
	6.5.3	date	199
6.6	Hilfe		200
	6.6.1	Manpages	200
	6.6.2	GNU info	203
	6.6.3	Programmdokumentation	203
6.7	Zusammenfassung		203
6.8	Aufgaben		204

TEIL III: Die Shell

7 Die Shell 207

7.1	Was ist eine Shell?		207
	7.1.1	Eine Shell verlassen	208
	7.1.2	nologin	209
	7.1.3	/etc/shells	209
	7.1.4	Die Login-Shell wechseln	210
7.2	Welche Shells gibt es?		210
7.3	Welche Shell für dieses Buch?		212
7.4	Konsolen		213
7.5	screen		213
7.6	Die Shell anwenden		215
7.7	Grundlagen der Shellnutzung		217
	7.7.1	Programme starten	217
	7.7.2	Kommandos aneinanderreihen	217

		7.7.3	Mehrzeilige Kommandos	219
		7.7.4	Alias, shell-intern oder -extern?	219
		7.7.5	Shell-Aliase	221
		7.7.6	Verzeichniswechsel	222
		7.7.7	echo	224
		7.7.8	Shellvariablen	225
		7.7.9	Kommandosubstitution	232
	7.8	Ein- und Ausgabeumlenkung		234
		7.8.1	Ausgabeumlenkung	235
		7.8.2	Fehlerumlenkung	235
		7.8.3	Die Ausgabe an eine Umlenkung anhängen	236
		7.8.4	Eine Ausgabe in eine bestehende Datei umlenken	236
		7.8.5	Eingabeumlenkung	237
	7.9	Pipes		238
		7.9.1	Duplizieren der Ausgabe mit tee	239
		7.9.2	Named Pipes (FIFOs)	239
	7.10	Subshells und Kommandogruppen		241
	7.11	Effektives Arbeiten mit der Bash		242
		7.11.1	Die Kommando-History	242
		7.11.2	Automatische Vervollständigung von Dateinamen	245
	7.12	xargs		246
	7.13	Zusammenfassung		247
	7.14	Aufgaben		248

8 Reguläre Ausdrücke — 249

	8.1	Der Aufbau regulärer Ausdrücke		251
	8.2	Der Stream-Editor sed		253
		8.2.1	Was bringt mir sed?	254
		8.2.2	Erste Schritte mit sed	254
		8.2.3	sed-Befehle	255
		8.2.4	Nach Zeilen filtern	259
		8.2.5	Wiederholungen in regulären Ausdrücken	260
	8.3	grep		261
		8.3.1	grep -E und egrep	262
		8.3.2	Geschwindigkeitsvergleich	262
		8.3.3	Exkurs: PDF-Files mit grep durchsuchen	263
	8.4	awk		264
		8.4.1	Nutzen und Interpreter	264
		8.4.2	Der Aufruf des Interpreters awk	265
		8.4.3	Erste Gehversuche	265

	8.4.4	Der Anweisungsblock	267
	8.4.5	Variable	271
	8.4.6	Arrays	279
	8.4.7	Bedingte Anweisungen	281
	8.4.8	Schleifen	284
	8.4.9	Funktionen in awk	289
	8.4.10	Ein paar Worte zum Schluss	292
8.5	Zusammenfassung		292
8.6	Aufgaben		292

9 Konsolentools 293

9.1	head, tail und nl – Dateiinhalte zeigen		293
9.2	column – Ausgaben tabellenartig formatieren		294
9.3	colrm – Spalten entfernen		295
9.4	cut, paste, tac und tr – Dateiinhalte ändern		297
9.5	sort und uniq – sortiert und einzigartig		298
9.6	wc – Dateiinhalt vermessen		299
9.7	Dateien finden mit find		300
	9.7.1	Festlegung eines Auswahlkriteriums	300
	9.7.2	Festlegung einer Aktion	302
9.8	split – Dateien aufspalten		303
9.9	Midnight Commander (mc)		304
	9.9.1	Bedienung	305
	9.9.2	Verschiedene Ansichten	305
9.10	Spezielle Tools		306
	9.10.1	bc – der Rechner für die Konsole	306
	9.10.2	dd – blockweises Kopieren	309
	9.10.3	od und hexdump – Dateidumping	310
	9.10.4	script – Terminal-Sessions aufzeichnen	310
9.11	Zusammenfassung		311
9.12	Aufgaben		311

10 Die Editoren 313

10.1	Anforderungen an Editoren		314
10.2	vi		316
	10.2.1	Den vi starten	316
	10.2.2	Kommando- und Eingabemodus	317

	10.2.3	Dateien speichern	317
	10.2.4	Arbeiten mit dem Eingabemodus	317
	10.2.5	Navigation	318
	10.2.6	Löschen von Textstellen	319
	10.2.7	Textbereiche ersetzen	319
	10.2.8	Kopieren von Textbereichen	320
	10.2.9	Shiften	320
	10.2.10	Die Suchfunktion	321
	10.2.11	Konfiguration	321
10.3	vim		322
10.4	Emacs		323
	10.4.1	Konzepte	324
	10.4.2	Grundlegende Kommandos	326
	10.4.3	Arbeiten mit Puffern und Fenstern	327
	10.4.4	Arbeiten mit Mark und Region	327
	10.4.5	Das Menü nutzen	327
	10.4.6	Emacs konfigurieren	328
10.5	Der Editor »ed«		328
	10.5.1	Grundlagen	328
	10.5.2	Eingeben und Anzeigen von Inhalten	329
	10.5.3	Inhalte kopieren und einfügen	331
	10.5.4	Beenden erzwingen	332
	10.5.5	Weitere wichtige Befehle	332
10.6	Editoren in der Shell		334
10.7	Zusammenfassung		334
10.8	Aufgaben		334

11　Shellskriptprogrammierung mit der bash ... 335

11.1	Das erste Shellskript		336
11.2	Kommentare		337
11.3	Rechnen in der Shell		337
	11.3.1	Integer-Variablen	337
	11.3.2	expr	339
	11.3.3	Den bc nutzen	339
11.4	Arrays		339
11.5	Bedingte Anweisungen		341
	11.5.1	if	341
	11.5.2	case	344

11.6	Schleifen	346
	11.6.1 while	346
	11.6.2 until	348
	11.6.3 for	348
	11.6.4 seq – Schleifen mit Aufzählungen	350
11.7	Menüs mit select	351
11.8	break	352
11.9	Funktionen	353
	11.9.1 Eine simple Funktion	354
	11.9.2 Funktionsparameter	355
	11.9.3 Rückgabewerte	356
11.10	Temporäre Dateien	357
11.11	Syslog-Meldungen via Shell	359
11.12	Pausen in Shellskripte einbauen	359
11.13	Zusammenfassung	359
11.14	Aufgaben	360

12 Die C-Shell 361

12.1	Einleitende Anmerkungen	361
12.2	Die C-Shell starten	362
12.3	Kommentare in der C-Shell	362
12.4	Ausgabe- und Eingabeumlenkung	363
12.5	Pipes	363
12.6	Variablen	364
	12.6.1 Arrays	364
	12.6.2 Variablen löschen	365
	12.6.3 Auflisten existierender Variablen	365
	12.6.4 Rechnen mit Variablen	366
12.7	Funktionen gibt es nicht	366
12.8	Bedingte Anweisungen und Schleifen	367
	12.8.1 if	367
	12.8.2 Bedingungen formulieren	368
	12.8.3 while-Schleifen	369
	12.8.4 foreach-Schleifen	370
	12.8.5 switch	371
12.9	Benutzereingaben	372
12.10	Zusammenfassung	373
12.11	Aufgaben	373

TEIL IV: System- & Netzwerkadministration

13 Benutzerverwaltung 377

- 13.1 Benutzer in Unix 377
  - 13.1.1 UID und GID 377
  - 13.1.2 /etc/passwd 379
  - 13.1.3 Die Shadow Suite 380
- 13.2 Benutzer anlegen, ändern und löschen 382
  - 13.2.1 Benutzer anlegen 382
  - 13.2.2 Benutzer ändern 387
  - 13.2.3 Benutzer löschen 389
- 13.3 Benutzer und Gruppen 391
  - 13.3.1 Gruppen anlegen 392
  - 13.3.2 Benutzer zu Gruppen hinzufügen 393
  - 13.3.3 Gruppenpasswörter und /etc/gshadow 393
  - 13.3.4 Gruppenadministratoren 396
  - 13.3.5 Gruppen löschen 397
- 13.4 Als ein anderer Benutzer arbeiten 397
  - 13.4.1 Der Systemadministrator als User 397
  - 13.4.2 su 397
  - 13.4.3 sudo 398
  - 13.4.4 setuid/setgid 400
- 13.5 NIS/NIS+ 400
  - 13.5.1 Funktionsweise 400
  - 13.5.2 Konfiguration der NIS-Clients 402
  - 13.5.3 Konfiguration des NIS-Servers 403
  - 13.5.4 Testen der Konfiguration 403
  - 13.5.5 Sicherheit 403
- 13.6 LDAP 403
  - 13.6.1 So funktioniert es 405
  - 13.6.2 Einen LDAP-Server konfigurieren 405
  - 13.6.3 Einträge hinzufügen, verändern und löschen 407
  - 13.6.4 Die Benutzerverwaltung mit LDAP 410
- 13.7 Zusammenfassung 413
- 13.8 Aufgaben 413

14 Grundlegende Verwaltungsaufgaben 415

- 14.1 Rechteverwaltung 415
  - 14.1.1 chmod 416

	14.1.2	chown	418
	14.1.3	Erweiterte Rechte	420
	14.1.4	umask	422
	14.1.5	Access Control Lists	423
14.2	Softwareinstallation		425
	14.2.1	Paketverwaltung und Ports	427
	14.2.2	APT – Advanced Packaging Tool	428
	14.2.3	Pakete in Handarbeit: dpkg und rpm	436
	14.2.4	Das Slackware-Paketsystem	441
	14.2.5	Gentoo Portage	446
	14.2.6	BSD-Ports	446
	14.2.7	Softwareinstallation ohne Pakete	451
14.3	Tätigkeiten automatisieren		454
	14.3.1	Skripte & Co.	454
	14.3.2	Cronjobs	454
	14.3.3	Punktgenau mit »at«	458
14.4	Logging		461
	14.4.1	Logdateien	461
	14.4.2	syslogd	464
	14.4.3	logrotate	471
	14.4.4	logcheck	472
14.5	Dateisystemverwaltung		473
	14.5.1	/etc/fstab	473
	14.5.2	mount	477
	14.5.3	Platz beschränken: Quotas	478
	14.5.4	du und df	481
	14.5.5	SoftRAID und LVM	482
	14.5.6	Backups, Archive & Co.	487
14.6	Kernel kompilieren		492
	14.6.1	Kernel-Quellen besorgen	492
	14.6.2	Konfiguration	493
	14.6.3	Den Kernel übersetzen	494
	14.6.4	Den Bootloader anpassen	494
	14.6.5	BSD-Kernel kompilieren	495
14.7	Kernelmodule verwalten		498
	14.7.1	modprobe	499
	14.7.2	lsmod	500
	14.7.3	insmod und rmmod	501
	14.7.4	/etc/modules und Co.	501
	14.7.5	modconf	503

14.8	Magic SysRq		504
	14.8.1	Aktivierung von SysRq	504
	14.8.2	Tastenkombinationen	505
14.9	Lokalisierung		506
	14.9.1	Tastaturbelegung	506
	14.9.2	Deutsche Sprache	508
	14.9.3	Einstellen der Uhr	509
	14.9.4	Texte von anderen Plattformen	510
14.10	Zusammenfassung		511
14.11	Aufgaben		512

15 Netzwerkgrundlagen ... 513

15.1	Grundlegendes zu TCP/IP		513
	15.1.1	Network Access Layer	515
	15.1.2	Internet Layer	515
	15.1.3	Transport Layer	515
	15.1.4	Application Layer	516
15.2	Grundlegendes Netzwerk-Setup		517
	15.2.1	Hostname setzen	517
	15.2.2	Netzwerkadressen für alle	518
	15.2.3	Wireless LAN	522
	15.2.4	DHCP	523
	15.2.5	/etc/hosts	524
	15.2.6	/etc/networks	525
	15.2.7	/etc/resolv.conf	526
	15.2.8	Nun gibt es aber ein Problem ...	527
	15.2.9	Windows und Namensauflösung	528
15.3	Grundlagen des Routings		529
	15.3.1	Routing-Administration: route	532
	15.3.2	Router aufsetzen	534
15.4	Netzwerkverbindungen		535
	15.4.1	Datenaufkommen von Schnittstellen	535
	15.4.2	Protokollstatistiken	536
	15.4.3	Aktive TCP-Verbindungen	539
	15.4.4	Listen-Ports	540
	15.4.5	ARP-Cache	541
	15.4.6	tcpdump	542
15.5	Mit Linux ins Internet		545
	15.5.1	Point-to-Point Protocol	546
	15.5.2	Einwahl mit einem Modem	548

15.5.3 Einwahl über DSL 553
15.6 Zusammenfassung 554
15.7 Aufgaben 555

16 Anwendersoftware für das Netzwerk 557

16.1 Telnet 557
    16.1.1 Die erste Verbindung 558
    16.1.2 HTTP, SMTP, POP3 558
16.2 Die R-Tools 560
16.3 FTP 561
16.4 Browser für die Konsole 564
16.5 Mailprogramme 565
    16.5.1 mail 565
    16.5.2 Mails löschen und weitere Aktionen 568
    16.5.3 Elm, Mutt und Co. 568
    16.5.4 Fetchmail 569
    16.5.5 Procmail 571
16.6 Client-NTP-Konfiguration 572
16.7 IRC-Clients 573
16.8 Usenet 573
    16.8.1 Das Protokoll 575
    16.8.2 Clients 577
16.9 RSS 579
    16.9.1 Snownews 579
    16.9.2 Liferea 580
16.10 Zusammenfassung 581
16.11 Aufgaben 581

17 Netzwerkdienste 583

17.1 inetd und xinetd 583
    17.1.1 inetd 584
    17.1.2 tcpd 586
    17.1.3 xinetd 587
17.2 Standarddienste 588
    17.2.1 Echo 589
    17.2.2 Discard 589
    17.2.3 Systat und Netstat 589
    17.2.4 Daytime und Time 589
    17.2.5 QotD 590

	17.2.6	Chargen	590
	17.2.7	Finger	590
	17.2.8	Telnet und R-Dienste	590
17.3	DHCP		591
	17.3.1	dhcpd	591
	17.3.2	Client-Konfiguration	593
17.4	NNTP-Server (WendzelNNTPd 2)		594
	17.4.1	Konfiguration	595
	17.4.2	Server starten	596
	17.4.3	Authentifizierung	597
	17.4.4	Anonyme Message-IDs	598
17.5	Network File System		598
	17.5.1	NFS-Server aufsetzen	599
	17.5.2	Clients konfigurieren	601
17.6	FTP		602
	17.6.1	Konfigurationsdateien	602
17.7	Samba		605
	17.7.1	Windows-Freigaben mounten	606
	17.7.2	Dateien freigeben	606
	17.7.3	smb.conf	606
	17.7.4	Samba, LDAP & Co.	610
17.8	Zusammenfassung		611
17.9	Aufgaben		611

18 Mailserver unter Linux — 613

18.1	Mailserver in Theorie und Praxis		613
	18.1.1	Funktionsweise von Internet-Mail	613
	18.1.2	Virenschutz	617
	18.1.3	Spamschutz	617
18.2	SMTP-Server mit Exim		620
	18.2.1	Die Exim-Philosophie	620
	18.2.2	Exim installieren und konfigurieren	622
	18.2.3	Die Arbeit mit Exim-Tools	625
18.3	POP3/IMAP-Server mit Courier		628
18.4	Zusammenfassung		629

19 LAMP & Co. — 631

19.1	Apache		631
	19.1.1	Apache verwalten	638

19.2	MySQL		641
	19.2.1	Administration	641
	19.2.2	SQL	642
	19.2.3	APIs	645
19.3	PHP		645
	19.3.1	(X)HTML	646
	19.3.2	PHP-Support im Apache aktivieren	648
	19.3.3	PHP lernen	648
	19.3.4	PHP und MySQL	651
19.4	Zusammenfassung		655
19.5	Aufgaben		655

20 DNS-Server 657

20.1	Die Serversoftware wählen		657
20.2	BIND aufsetzen		657
20.3	djbdns		661
20.4	DNS-Tools		663
	20.4.1	host	663
	20.4.2	nslookup	665
	20.4.3	dig	667
	20.4.4	whois	667
20.5	Zusammenfassung		669
20.6	Aufgaben		669

21 Secure Shell 671

21.1	Das Protokoll		672
	21.1.1	SSH-Protokoll 1	672
	21.1.2	SSH-Protokoll 2	672
21.2	Konfiguration eines OpenSSH-Servers		673
21.3	SSH nutzen		676
	21.3.1	Remote-Login	676
	21.3.2	Secure Copy	677
	21.3.3	Authentifizierung über Public-Key-Verfahren	678
	21.3.4	Secure File Transfer	681
	21.3.5	X11-Forwarding	681
	21.3.6	SSH-Port-Forwarding	682
21.4	Zusammenfassung		683
21.5	Aufgaben		684

TEIL V: Die grafische Oberfläche

22 Die grafische Oberfläche 687

- 22.1 Geschichtliches 687
- 22.2 Und so funktioniert's 688
  - 22.2.1 Client, Server, Protokoll 688
  - 22.2.2 Toolkit und XLib 689
  - 22.2.3 Wohin soll die Reise gehen? 690
  - 22.2.4 Zugriffskontrolle 690
  - 22.2.5 xhost 690
  - 22.2.6 Benutzer und xauth 691
  - 22.2.7 Terminals 691
- 22.3 Weitere Standardtools für X11 693
- 22.4 Schnellstart 694
- 22.5 /etc/X11/xorg.conf 695
  - 22.5.1 Sektion »Module« 696
  - 22.5.2 Sektion »Files« 697
  - 22.5.3 Sektion »ServerFlags« 697
  - 22.5.4 Sektion »InputDevice« 697
  - 22.5.5 Section »Monitor« 699
  - 22.5.6 Section »Device« 699
  - 22.5.7 Sektion »Screen« 700
  - 22.5.8 Sektion »ServerLayout« 701
  - 22.5.9 Optionale Sektionen 701
- 22.6 Treiber für NVIDIA- und ATI-Karten 702
  - 22.6.1 NVIDIA-Grafikkarten 702
  - 22.6.2 ATI-Grafikkarten 702
  - 22.6.3 Funktionstest 703
- 22.7 Window-Manager und Desktops 704
  - 22.7.1 Aufgaben 705
  - 22.7.2 Konzepte 705
  - 22.7.3 Was steht zur Auswahl? 706
- 22.8 Grafischer Login 706
- 22.9 Tuning 707
  - 22.9.1 Xinerama und Dual-Head 707
  - 22.9.2 X11 in einem Fenster 709
  - 22.9.3 Mehrere X-Sessions 710
- 22.10 Root werden 710
- 22.11 Zusammenfassung 711
- 22.12 Aufgabe 711

23 Window-Manager und Desktops ... 713

- 23.1 KDE ... 713
  - 23.1.1 KDE starten und beenden ... 715
  - 23.1.2 Das K-Menü editieren ... 716
  - 23.1.3 KDE System Settings ... 716
  - 23.1.4 KDE-Tastenkürzel ... 716
  - 23.1.5 Softwarekomponenten ... 717
- 23.2 GNOME ... 719
- 23.3 Unity ... 720
- 23.4 XFCE ... 721
- 23.5 LXDE ... 722
- 23.6 Window Maker ... 723
- 23.7 Weitere Window-Manager ... 724
  - 23.7.1 FVWM, FVWM2, FVWM95 ... 724
  - 23.7.2 Blackbox, Fluxbox und Co. ... 725
- 23.8 Zusammenfassung ... 728
- 23.9 Aufgaben ... 728

24 X11-Programme ... 729

- 24.1 Textsatz mit LaTeX ... 729
  - 24.1.1 Ein erstes Dokument ... 730
  - 24.1.2 Dokumente übersetzen ... 732
  - 24.1.3 Das erste richtige Dokument ... 733
  - 24.1.4 Weitere Funktionalität ... 734
  - 24.1.5 Warum LaTeX? ... 740
- 24.2 Editoren ... 740
  - 24.2.1 NEdit und gedit ... 741
  - 24.2.2 Kate ... 741
- 24.3 Grafikprogramme ... 742
  - 24.3.1 The GIMP ... 743
  - 24.3.2 Freemind ... 744
  - 24.3.3 OpenOffice.org/LibreOffice Draw ... 745
  - 24.3.4 Dia ... 745
- 24.4 Bild- und Dokumentbetrachter ... 746
  - 24.4.1 PDF- und PS-Dateien anzeigen ... 746
  - 24.4.2 CHM-Dateien anzeigen ... 747
  - 24.4.3 Bilddateien anzeigen ... 747
- 24.5 Chatprogramme ... 748
  - 24.5.1 XChat – ein IRC-Client ... 748

	24.5.2	Exkurs: Instant Messenger	748
24.6	Weitere nützliche Programme		749
	24.6.1	K3b – CDs/DVDs brennen	749
	24.6.2	Krusader – ein Dateimanager	750
	24.6.3	yakuake – ein Quake-Terminal für KDE	751
	24.6.4	Wörterbuch mit dict und StarDict	751
	24.6.5	KWordQuiz – der Vokabeltrainer	753
	24.6.6	JabRef	754
24.7	Zusammenfassung		754
24.8	Aufgaben		754

25 Multimedia und Spiele — 757

25.1	Grundlagen zu »Multimedia«		757
	25.1.1	Integration ins System	757
	25.1.2	Die richtige Hardware kaufen	758
25.2	Audio		758
	25.2.1	Bis Kernel 2.6 – OSS	759
	25.2.2	Ab Kernel 2.6 – ALSA	761
25.3	Audiowiedergabe		762
	25.3.1	Ausgabemöglichkeiten	762
	25.3.2	MP3-Player und Co.	763
	25.3.3	Text-to-Speech	766
25.4	Video		766
	25.4.1	DVDs, DivX und Co.	766
	25.4.2	MPlayer	768
	25.4.3	xine	770
	25.4.4	VLC	770
25.5	Flash		771
	25.5.1	SWF, Flash-Player und Co.	771
	25.5.2	Flash und freie Software	771
25.6	Installation einer TV-Karte		772
25.7	Webcams und Webcam-Software		773
	25.7.1	Beispiel: IBM-USB-Cam einrichten	773
	25.7.2	Webcam-Software	774
25.8	Drucken mit CUPS		776
	25.8.1	Das BSD-Printing-System	776
	25.8.2	Installation	777
	25.8.3	Konfiguration	778
25.9	Scannen mit SANE		780
	25.9.1	Backends und Frontends	780

	25.9.2	Scanning-Tools	780
25.10	Spiele		781
	25.10.1	Professionell spielen unter Linux	782
	25.10.2	Klassische Unix/Linux-Spiele	783
	25.10.3	Freie Spiele	786
25.11	Zusammenfassung		789
25.12	Aufgaben		789

TEIL VI: Systeminterna

26 Prozesse und IPC — 793

26.1	Prozessarten		794
	26.1.1	Hintergrundprozesse	794
	26.1.2	Dämonprozesse	794
26.2	Prozesse in der Shell		795
	26.2.1	Wechseln zwischen Vorder- und Hintergrund	795
	26.2.2	Jobs – behalten Sie sie im Auge	797
	26.2.3	Hintergrundprozesse und Fehlermeldungen	798
	26.2.4	Wann ist es denn endlich vorbei?	799
26.3	Prozesse und Signale		799
	26.3.1	Das Syscall-Interface	799
	26.3.2	Signale von der Kommandozeile senden: kill	800
	26.3.3	Welche Signale gibt es?	801
	26.3.4	Rechte	802
	26.3.5	In der Praxis: Signale empfangen	802
26.4	Prozesse finden und beeinflussen		803
	26.4.1	top und htop	804
	26.4.2	ps und pstree	805
	26.4.3	pgrep, pidof und pkill	810
26.5	Prozesse, Scheduling und Prioritäten		811
	26.5.1	Das Scheduling	812
	26.5.2	nice und renice	813
	26.5.3	Echtzeit-Scheduling unter Linux	813
26.6	IPC im Detail		815
	26.6.1	Pipes und FIFOs	815
	26.6.2	Semaphore	817
	26.6.3	Message Queues	819
	26.6.4	Shared Memory	822
	26.6.5	Unix-Domain-Sockets	824

| 26.7 | Zusammenfassung | 825 |
| 26.8 | Aufgaben | 826 |

27 Bootstrap und Shutdown — 827

27.1	Was ist der Bootstrap-Vorgang?	827
27.2	Hardware-Booten	827
27.3	Bootcode	828
	27.3.1 Die Partitionstabelle	829
	27.3.2 Ein Beispiel	830
27.4	Bootmanager	830
	27.4.1 GRUB (alte Version)	831
	27.4.2 GRUB Version 2	833
	27.4.3 LILO	835
27.5	Startphase des Kernels	837
27.6	init	841
	27.6.1 Linux und init	842
	27.6.2 BSD und init	849
27.7	Upstart	852
27.8	getty	855
27.9	login	857
	27.9.1 Shellstart	857
	27.9.2 Beenden einer Terminal-Sitzung	858
27.10	System-Shutdown	858
	27.10.1 halt, reboot und poweroff	859
	27.10.2 shutdown	859
27.11	Zusammenfassung	861
27.12	Aufgaben	861

28 Dateisysteme — 863

28.1	Aufbau von Speichermedien	863
	28.1.1 Physische Struktur	863
	28.1.2 Logische Struktur	864
	28.1.3 Integration ins VFS	865
28.2	Dateisysteme	866
	28.2.1 ext2, ext3, ext4 und reiserfs	866
	28.2.2 btrfs und ZFS	867
	28.2.3 FUSE – Filesystem in Userspace	868
	28.2.4 FFS und UFS/UFS2	869
	28.2.5 ISO 9660	869

28.2.6	Loop-Device und Ramdisk	870
28.2.7	Swap	872
28.2.8	DevFS und udev	875
28.2.9	ProcFS	875
28.2.10	NFS	875
28.2.11	Ecryptfs	876
28.2.12	Weitere Dateisysteme	877

28.3 Dateitypen 877

28.3.1	Reguläre Dateien	878
28.3.2	Verzeichnisse	878
28.3.3	Links	879
28.3.4	Sockets	881
28.3.5	Named Pipes	881
28.3.6	Gerätedateien	881

28.4 Inodes 882

28.4.1	Metadaten	882
28.4.2	Alternative Konzepte	884

28.5 Administration 884

28.5.1	QtParted und GParted	884
28.5.2	palimpsest	885
28.5.3	disklabel	886
28.5.4	hdparm	889
28.5.5	fdisk und cfdisk	890
28.5.6	cfdisk	892
28.5.7	mkfs	893
28.5.8	tune2fs	894
28.5.9	fsck	895

28.6 Neue Festplatten integrieren 895

28.6.1	Formatieren	896
28.6.2	Mountpoint festlegen	896

28.7 USB-Sticks und -Platten, Digitalkameras und Co. 896

28.8 Zusammenfassung 897

28.9 Aufgaben 897

29 Virtualisierung und Emulatoren 899

29.1 Einführung 899

29.1.1	Betriebssystem-Virtualisierung	899
29.1.2	Emulation	901

29.2 Wine, Cedega und Crossover 902

29.2.1	Cedega	902

		29.2.2	CrossOver	904
		29.2.3	Wine	904
	29.3	ScummVM		907
		29.3.1	Klassiker und Open-Source-Spiele	908
		29.3.2	Spiele installieren	908
	29.4	Oldie-Emulatoren und Nostalgie		909
		29.4.1	DOSBox	909
		29.4.2	UAE	910
		29.4.3	Weitere Emulatoren	911
	29.5	Hardware-Virtualisierung mit Xen		913
		29.5.1	Die Xen-Architektur	913
		29.5.2	Administration via xm	917
	29.6	Hardware-Virtualisierung mit KVM		919
		29.6.1	Die KVM-Architektur	919
		29.6.2	Administration via QEMU	920
		29.6.3	KVM vs. Xen	922
		29.6.4	Weitere Lösungen	922
	29.7	Zusammenfassung		923
	29.8	Aufgaben		923

TEIL VII: Programmierung und Sicherheit

30 Softwareentwicklung — 927

	30.1	Interpreter und Compiler		927
		30.1.1	C und C++	928
		30.1.2	Perl	930
		30.1.3	Java	931
		30.1.4	Tcl	932
		30.1.5	Was es sonst noch gibt	934
	30.2	Shared Libraries		934
		30.2.1	Vorteile der Shared Libraries	935
		30.2.2	Statisches Linken	935
		30.2.3	Dateien	935
	30.3	Debugging		936
		30.3.1	Vorbereitung	936
		30.3.2	Konsolenarbeit	937
		30.3.3	DDD	940
	30.4	Profiling		942
		30.4.1	Compiler-Option	942

30.4.2	gprof verwenden	942
30.4.3	Profiling-Daten lesen	943

30.5 Tracing 944
30.6 Hilfe beim Finden von Bugs 946
    30.6.1 ProPolice 947
    30.6.2 Flawfinder und RATS 948
    30.6.3 Electric Fence 950
30.7 Integrierte Entwicklungsumgebungen 952
30.8 Make 954
    30.8.1 Makefile 955
    30.8.2 Makros 958
    30.8.3 Shellvariablen in Makefiles 959
    30.8.4 Einzelne Targets übersetzen 959
    30.8.5 Spezielle Targets 959
    30.8.6 Tipps im Umgang mit Make 960
30.9 Die GNU Autotools 960
30.10 lex/flex und yacc/bison 964
    30.10.1 flex grundlegend anwenden 964
    30.10.2 bison/yacc grundlegend anwenden 967
30.11 Unix-Software veröffentlichen 969
30.12 Manpages erstellen 970
    30.12.1 groff nutzen 971
    30.12.2 Manpages installieren 972
30.13 Versionsmanagement 973
    30.13.1 CVS 974
    30.13.2 Subversion 978
    30.13.3 Git 980
30.14 Wichtige Bibliotheken 982
    30.14.1 Entwicklung grafischer Oberflächen 982
    30.14.2 Weitere Bibliotheken 985
30.15 Zusammenfassung 986
30.16 Aufgaben 987

31 Crashkurs in C und Perl 989

31.1 Die Programmiersprache C – ein Crashkurs 989
    31.1.1 Hello, World in C 991
    31.1.2 Kommentare 993
    31.1.3 Datentypen und Variablen 994
    31.1.4 Operatoren 1001

	31.1.5	Bedingte Anweisungen	1010
	31.1.6	Schleifen	1016
	31.1.7	Funktionen	1023
	31.1.8	Präprozessor-Direktiven	1025
	31.1.9	Zeiger-Grundlagen	1032
	31.1.10	Array-Grundlagen	1035
	31.1.11	Strukturen	1037
	31.1.12	Arbeiten mit Zeichenketten (Strings)	1039
	31.1.13	Einlesen von Daten	1041
	31.1.14	FILE und das Arbeiten mit Dateien	1043
	31.1.15	Das war noch nicht alles!	1047
31.2	Die Skriptsprache Perl		1047
	31.2.1	Aufbau eines Skripts	1047
	31.2.2	Variablen	1049
	31.2.3	Kontrollstrukturen	1052
	31.2.4	Subroutinen	1057
	31.2.5	Reguläre Ausdrücke	1059
	31.2.6	Arbeiten mit dem Dateisystem	1062
31.3	Zusammenfassung		1065
31.4	Aufgaben		1065

32 Einführung in Computersicherheit   1067

32.1	Sicherheitskonzepte		1067
32.2	Unix und Sicherheit		1067
	32.2.1	Benutzer und Rechte	1068
	32.2.2	Logging	1068
	32.2.3	Netzwerkdienste	1068
32.3	Grundlegende Absicherung		1069
	32.3.1	Nach der Installation	1069
	32.3.2	Ein einfaches Sicherheitskonzept	1070
32.4	Backups und Datensicherungen		1071
	32.4.1	Backup-Strategien	1071
	32.4.2	Software	1073
32.5	Updates		1074
32.6	Firewalls		1075
	32.6.1	Grundlagen	1076
	32.6.2	Firewalling unter Linux: Netfilter/iptables	1079
	32.6.3	iptables im Detail	1080
32.7	Proxyserver		1088
	32.7.1	Funktion	1089

	32.7.2	Einsatz	1090
	32.7.3	Beispiel: Squid unter Linux	1091
32.8	Virtuelle private Netzwerke mit OpenVPN		1095
	32.8.1	Pre-shared Keys	1096
	32.8.2	Zertifikate mit OpenSSL	1098
	32.8.3	OpenVPN als Server einrichten	1099
	32.8.4	OpenVPN als Client	1101
32.9	Verdeckte Kanäle und Anonymität		1101
32.10	Mails verschlüsseln: PGP und S/MIME		1103
	32.10.1	PGP/GPG	1103
	32.10.2	S/MIME	1110
32.11	Trojanische Pferde		1110
32.12	Logging		1111
32.13	Partitionierungen		1112
32.14	Restricted Shells		1112
32.15	Loadable Kernel Modules		1113
32.16	chroot		1114
32.17	Kernel-Erweiterungen und ProPolice		1114
	32.17.1	ProPolice	1114
	32.17.2	SELinux/SEBSD und AppArmor	1116
	32.17.3	Openwall (OWL)	1116
	32.17.4	grsecurity	1116
	32.17.5	PaX	1117
32.18	Sichere Derivate und Distributionen		1117
	32.18.1	Trusted Solaris (jetzt Teil von Solaris)	1118
	32.18.2	OpenBSD	1118
	32.18.3	TrustedBSD	1118
	32.18.4	Hardened Gentoo	1119
	32.18.5	Openwall	1119
	32.18.6	Fedora Core	1119
32.19	Zusammenfassung		1119
32.20	Aufgaben		1120

33 Netzwerksicherheit überwachen 1121

33.1	Snort		1122
	33.1.1	Aufbau der Intrusion Detection	1126
	33.1.2	snort.conf	1127
33.2	Netzwerkmonitoring mit Nagios		1135
	33.2.1	Installation	1137
	33.2.2	Konfiguration	1140

	33.2.3	Plugins	1147
33.3	Nmap: Der wichtigste Portscanner		1149
	33.3.1	Prinzip eines Portscanners	1150
	33.3.2	Techniken des Scannens	1151
	33.3.3	Weiterer Informationsgewinn	1156
	33.3.4	Nmap in der Praxis	1158
33.4	Sniffer		1162
	33.4.1	tcpdump	1162
	33.4.2	Wireshark (ehemals Ethereal)	1164
	33.4.3	dsniff	1164
33.5	Zusammenfassung		1165

TEIL VIII: Anhang

Anhang 1169

A	Lösungen zu den einzelnen Aufgaben	1171
A.1	Lösungen zu Kapitel 1	1171
A.2	Lösungen zu Kapitel 5	1171
A.3	Lösungen zu Kapitel 6	1172
A.4	Lösungen zu Kapitel 7	1173
A.5	Lösungen zu Kapitel 8	1174
A.6	Lösungen zu Kapitel 9	1175
A.7	Lösungen zu Kapitel 11	1175
A.8	Lösungen zu Kapitel 12	1177
A.9	Lösungen zu Kapitel 13	1179
A.10	Lösungen zu Kapitel 14	1180
A.11	Lösungen zu Kapitel 15	1184
A.12	Lösungen zu Kapitel 16	1185
A.13	Lösungen zu Kapitel 17	1186
A.14	Lösungen zu Kapitel 19	1187
A.15	Lösungen zu Kapitel 20	1188
A.16	Lösungen zu Kapitel 21	1190
A.17	Lösungen zu Kapitel 24	1191
A.18	Lösungen zu Kapitel 25	1193
A.19	Lösungen zu Kapitel 26	1193
A.20	Lösungen zu Kapitel 27	1194
A.21	Lösungen zu Kapitel 28	1195
A.22	Lösungen zu Kapitel 29	1196
A.23	Lösungen zu Kapitel 30	1196

	A.24 Lösungen zu Kapitel 31	1198
	A.25 Lösungen zu Kapitel 32	1200
B	Kommandoreferenz	1203
C	X11-InputDevices	1243
D	MBR	1245
E	Buch-DVDs	1247
	E.1 Was befindet sich auf welcher DVD?	1247
	E.2 Benutzung der DVDs	1248
F	Glossar	1249
G	Literatur	1253

Index ... 1257

*»Oft ist das Denken schwer, indes
das Schreiben geht auch ohne es.«
– Wilhelm Busch*

Vorwort

»Linux. Das umfassende Handbuch« ist unser aktuelles Buch, an dem wir seit 2005 arbeiten und das wir mittlerweile in der fünften Auflage erweitert und aktualisiert haben. Unser Ziel ist es, Hintergründe und Zusammenhänge rund um das freie Betriebssystem zu erklären. Wir wollten kein Buch schreiben, das dem Leser sagt, wo er klicken soll, um das Hintergrundbild zu ändern, sondern ein Buch, das erklärt, wie Linux vor allem unter der Oberfläche funktioniert – unabhängig von einer konkreten Distribution und auch mit einem Seitenblick auf andere Unix-artige Systeme wie *BSD.

Um Einsteiger zu unterstützen, befinden sich auf der Buch-DVD mit openSUSE Live und Fedora Live zwei ohne Installation direkt von der DVD lauffähige Linux-Distributionen, mit denen Sie die grafischen Oberflächen GNOME und KDE kennenlernen und alle im Buch genannten Beispiele direkt nachvollziehen können. Neben verschiedenen weiteren Linux-Distributionen finden sich auf der DVD auch das BSD-Derivat OpenBSD und zusätzliche Openbooks von Galileo Press zu verwandten Themen.

»Einstieg in Linux«

Warum sollten Sie dieses Buch lesen?

Wenn Sie sich wirklich für Linux interessieren, ist dieses Buch genau das richtige für Sie. Wir haben uns bemüht, ein echtes Kompendium zum Thema Linux zu schreiben. Wir wollen nicht nur erklären, wie etwas funktioniert, sondern auch, warum es funktioniert – und warum gerade so und nicht anders. Außerdem ist dieses Buch distributionsunabhängig gehalten, damit Sie das daraus erworbene Wissen auch wirklich *immer* anwenden können, egal, ob es sich um Ubuntu, openSUSE oder ein anderes System handelt. Dabei ziehen wir, wo es sich anbietet, auch Querverbindungen zu den unterschiedlichen BSD-Derivaten. In diesem Buch lernen Sie also nicht nur etwas über Linux, sondern über die ganze Unix-Welt.

Egal, welche Distribution!

BSD

Wir haben bei diesem Buch darauf geachtet, Ihnen vorrangig ein Know-how zu vermitteln, das nicht bei der nächsten neuen Version schon wieder veraltet ist. Wir möchten, dass Sie langfristig von diesem Handbuch profitieren.

Langlebiges Wissen

Dabei wollen wir es Ihnen jedoch ersparen, jede einzelne Anwendung eines jeden Tools sowohl unter Linux als auch unter jedem wichtigen BSD-Derivat zu zeigen. Wir haben oftmals nur Linux und ein BSD-Derivat (in der Regel OpenBSD) in die Listings eingebaut. Hat man einmal die Nutzung eines Programms verstanden, ist es ein Leichtes, über Manpages oder Google herauszufinden, wie man die Aufgabe unter einem bestimmten Derivat löst.

Wie bereits im letzten Punkt angesprochen, richten wir den Fokus auf die Vermittlung von langlebigem Wissen. Dabei stellt sich die Frage nach der Aktualität einzelner Spezialthemen. Tatsächlich ist es so, dass die Entwicklung, die im Open-Source- und Linux-Bereich derzeit stattfindet, nicht mehr mit der vor zehn Jahren vergleichbar ist. Ständig erscheinen neue Tools, die irgendetwas besser machen als zuvor, ständig gibt es neue Dateisysteme, neue Versionen grafischer Oberflächen und natürlich neue grafische Oberflächen selbst, neue Kernelinterna und so fort. Wir haben uns dazu entschieden, Neues nur aufzunehmen, wenn es einen bestimmten Bedeutungswert überschritten hat. Nur, weil beispielsweise eine Oberfläche mit einem neuen Bildbetrachter veröffentlicht wurde, nehmen wir diesen noch nicht sofort auf, nachdem er die erste stabile Versionsnummer erreicht hat. Erst, wenn sich ein Programm als nützlich und langfristig populär sowie stabil und im Optimalfall distributionsübergreifend erwiesen hat, besprechen wir es. Auf diese Weise erreichen wir wiederum die erwähnte Vermittlung langlebigen Wissens.

Nun könnte man meinen, das vermittelte Wissen sei nicht immer aktuell, was aber zu verneinen ist. Um zu gewährleisten, dass wir mit unserem eher konservativen Ansatz dennoch topaktuelles Wissen vermitteln, überarbeiten wir dieses Handbuch mit jeder Auflage komplett und überprüfen jegliche Inhalte auf ihre Aktualität.

Eigeninitiative Wir setzen also auch eine gewisse Eigeninitiative bei Ihnen voraus. Im Gegenzug werden wir versuchen, das Lesen durch interessante Beispiele kurzweilig zu gestalten. Denn wenn Sie Spaß an der Sache haben, werden Sie sich von ganz allein und freiwillig näher mit Linux auseinandersetzen. Wir wollen Abwechslung statt Langeweile und interessante Themen statt bebilderter Anleitungen »für Dummies«. Sie auch?

Blog Auf *http://www.linux-openbook.de/* finden Sie übrigens unser Blog zum Buch.

Dank

Dank gebührt dabei an erster Stelle unserer Lektorin **Judith Stevens-Lemoine**, die dieses Buch seit der 1. Auflage begleitet. Ganz besonders möchten wir zudem **Matthias Warkus** danken, der das sprachliche und fachliche Lektorat der Neuauflage übernahm und wesentlich zur Verbesserung dieser Auflage beitrug.

Nicht vergessen wollen wir auch alle weiteren Personen, die an der Korrektur, Herstellung und Produktion des Buches beteiligt waren. Dazu zählen auch **Anne**

Scheibe, die das Skript für verschiedene Auflagen auf Satz- und Sprachfehler hin untersuchte, **Steffi Ehrentraut** und **Norbert Englert**, die unter anderem unsere Bilder verschönert haben, **Friederike Daenecke**, die das Korrektorat der ersten und zweiten Auflage durchführte, **Bettina Mosbach**, die das Korrektorat der dritten Auflage durchführte und **Katharina Raub**, die die Korrektur der vierten Auflage übernahm. Nicht vergessen möchten wir an dieser Stelle auch **Norbert Englert**, der sich seit der vierten Auflage um die Erstellung des Openbooks kümmert.

Des Weiteren danken wir den Lesern, die uns mit Feedback versorgt haben, uns auf kleine Unstimmigkeiten hinweisen und somit ebenfalls dazu beitrugen, dieses Buch zu verbessern.

Natürlich gibt es auch viele Personen in unserem persönlichen Umfeld, denen wir danken möchten. Dazu zählen an erster Stelle unsere Familien und Freunde. Ohne ihre Unterstützung und Rücksicht ist ein solches Projekt nicht zu bewältigen.

Die Autoren
autoren@ploetner-it.de

Vorwort zur 5. Auflage

Wie bei jeder Auflage haben auch in dieser nun mittlerweile fünften unzählige Detailverbesserungen, die zum Großteil auch auf die hilfreichen Anregungen unserer Leser zurückgehen. Im Folgenden finden Sie die obligatorische Übersicht der Veränderungen seit der vierten Auflage:

- Die beiliegenden Distributionen auf DVD wurden aktualisiert: Sie können nun OpenSUSE 11.4, Ubuntu 11.04, Fedora 15, Slackware 13.37 und OpenBSD 4.9 ausprobieren. Entsprechend wurden die Installationshinweise im Buch angepasst.
- F-Spot wurde durch Shotwell ersetzt.
- Wir beschreiben neben den bisher betrachteten Versionsverwaltungssystemen CVS und Subversion nun auch Git.
- Die Bedeutung von Ken Thompson, Dennis Ritchie und Brian Kernighan wurde noch etwas hervorgehoben.
- Neben GRUBv1 und LILO wird nun auch GRUB Version 2 besprochen.
- Der Abschnitt zu Upstart wurde leicht erweitert.
- WendzelNNTPd 2.0.0 (statt Version 1.4.3) wird besprochen.
- Neben more und less wird nun auch most angesprochen.

- Alex Legler und Sebastian Pipping haben uns wichtige Hinweise zur Aktualisierung des Abschnitts zu Gentoo Portage geliefert, die in diese Auflage einflossen.
- LibreOffice wird erwähnt, aber (um Redundanzen zu vermeiden) zusammen mit OpenOffice.org besprochen.

Zudem haben wir noch unzählige kleinere Erweiterungen und Verbesserungen vorgenommen.

Über die Autoren

Beide Autoren haben bereits folgende Bücher publiziert:

- **Tunnel und verdeckte Kanäle im Netz**
  1. Auflage, ca. 200 Seiten, Vieweg+Teubner
  erscheint 2012 (Autor: Steffen Wendzel)

- **Einstieg in Linux**
  4. Auflage, 424 Seiten, 24,90 EUR, Galileo Computing, 2010.
  ISBN: 978-3-8362-1606-7

- **Praxisbuch Netzwerk-Sicherheit**
  2. Auflage, 657 Seiten, 49,90 EUR, Galileo Computing, 2007.
  ISBN: 978-3-89842-828-6 (nur noch antiquarisch erhältlich)

Auf *http://www.linux-openbook.de* finden Sie weitere Informationen zu diesem Buch und allen anderen Veröffentlichung der beiden Autoren.

Johannes Plötner

Johannes Plötner hat Informatik studiert, war als Programmierer und freiberuflicher Systemadministrator im Linux-Umfeld aktiv und arbeitet mittlerweile als Teamleiter bei der Deutsche Bank AG.

Steffen Wendzel

Steffen Wendzel hat Informatik an den Hochschulen Kempten und Augsburg studiert und beschäftigt sich vor allen Dingen mit der Sicherheit von Netzwerken. Er ist Doktorand an der FernUniversität in Hagen und wissenschaftlicher Mitarbeiter an der Hochschule Augsburg. Seine Webseite: *http://www.wendzel.de*.

Über dieses Buch

Wer sollte das Buch lesen?

Jeder, der möchte, darf, soll oder muss. Ein solch umfangreiches Buch hat natürlich auch eine recht breit gestreute Zielgruppe – und trotzdem möchten wir den jeweils individuellen Ansprüchen unserer Leser gerecht werden.

Anfänger werden im gesamten Buch neue Informationen finden. Wir empfehlen, gegebenenfalls zuerst die Installationsanleitungen im Anhang sowie das auf dieses folgende Einleitungskapitel zu lesen. Fortgeschrittene hingegen können die Installationsanleitungen sowie die Einführung zu Linux und BSD getrost überspringen und mit dem ersten, anspruchsvolleren Kapitel zum Kernel beginnen. Wahlweise können Sie auch weitere Grundlagenkapitel, etwa zur Shell oder zu Desktops und Window-Managern, überspringen. <small>Anfänger, Fortgeschrittene</small>

Professionelle Anwender sollten in unseren technischen Kapiteln, in denen wir hauptsächlich Hintergrundinformationen vermitteln, auf ihre Kosten kommen. Dazu zählen unter anderem die Kapitel zum Kernel, zur Administration des Systems und des Netzwerks, zu Prozessen und zur Interprozess-Kommunikation, zu den Dateisystemen, zur Programmierung, zum Bootstrap-Vorgang und zur Sicherheit von Unix-Systemen. <small>Profis</small>

Außerdem können Sie dieses Buch immer wieder als Nachschlagewerk nutzen. Wir haben darauf geachtet, einen möglichst umfangreichen Index zu erstellen, der alle wichtigen Begriffe, die im Buch auftauchen, enthält. Des Weiteren sind alle Kapitel so aufgebaut, dass sie der Reihe nach gelesen werden können, man aber auch einzelne Themen zum Nachschlagen herausgreifen kann. Das Ganze rundet schließlich eine Kommandoreferenz im Anhang ab, in der die wichtigsten Befehle samt zugehöriger Optionen und den Referenzen zu den entsprechenden Stellen im Buch zu finden sind. <small>Referenz</small>

Außerdem gibt es noch diverse Aufgaben am Ende der einzelnen Kapitel, deren Lösungen Sie im Anhang finden und die Ihnen dabei helfen sollen, das neue Wissen zu verinnerlichen. <small>Aufgaben</small>

Kapitelüberblick

Welche Kapitel gibt es im Einzelnen und welche Themen werden darin behandelt?

In der **Einleitung** soll es zunächst um die Entstehungsgeschichte von Unix, Linux und BSD gehen. Wir erörtern auch die wichtigsten Unterschiede und Gemeinsamkeiten von BSD und Linux. Zu diesen Unterschieden gehören beispielsweise die Verwendung bzw. Nichtverwendung von Ports und die unterschiedlichen Lizenzen. Des weiteren setzen wir uns kurz mit einem recht interessanten Thema <small>Einleitung</small>

soziologischer Natur auseinander und zeigen die wichtigsten Informationsquellen auf, die Ihnen helfen, wenn Sie mit Linux oder BSD einmal nicht weiter wissen.

Die Installation
: Im **zweiten Kapitel** führen wir Sie an die Installation von Linux und BSD heran. Zunächst werden die Installationsvoraussetzungen und -vorbereitungen besprochen. Anschließend wird die Installation verschiedener Distributionen beispielhaft gezeigt.

Erste Schritte
: **Kapitel 3** führt Sie in die allerwichtigsten Begriffe der grafischen Oberflächen KDE und GNOME ein, damit Sie grundlegende Tätigkeiten mit Linux verrichten können.

Linux als Arbeitsplatzrechner
: Da dies aber nicht genügt und wir Sie möglichst gleich zu Beginn mit Linux arbeiten lassen möchten, zeigen wir in **Kapitel 4**, wie Sie mit Office-Software arbeiten, im Internet surfen und ein E-Mail-Programm konfigurieren können.

Der Kernel
: Im **fünften Kapitel** geht es um den Kern des Betriebssystems – den Kernel. Es beginnt mit einer Erklärung der wichtigsten Bestandteile des Computers und der Aufgaben des Betriebssystems. Dazu zählen zum Beispiel Abstraktion und Virtualisierung. Anschließend werfen wir einen ersten Blick auf die Definitionen von Prozessen, Tasks und Threads sowie auf das Speichermanagement und befassen uns mit Ein- und Ausgabe.

Grundlagen
: Nachdem Kapitel 5 die wichtigsten Grundlagen zum Verständnis des Unix-artigen Betriebssystems vermittelt hat, geht es in **Kapitel 6** um die Grundlagen aus Anwendersicht. Das Kapitel gibt einen Einblick in die Unix-Philosophie, den Startvorgang und den Login. Außerdem werden die wichtigsten Befehle vorgestellt, die man bei der täglichen Arbeit verwendet oder mit denen man auf die Dokumentationen des Betriebssystems zugreift.

Shell
: Der **zweite Teil des Buches** beschäftigt sich auf etwa 150 Seiten intensiv mit der Shell, die in der Regel die primäre Arbeitsumgebung unter Unix-artigen Systemen darstellt. **Kapitel 7** befasst sich mit der Definition und grundlegenden Anwendung der Shell. Dazu zählen der Start von Programmen, die Verwendung von Shell-Variablen sowie Ein- und Ausgabeumlenkung. Außerdem zeigen wir Ihnen bereits dort, wie Sie sogenannte Pipes einsetzen und möglichst effektiv mit der Shell arbeiten können.

Reguläre Ausdrücke
: Das **achte Kapitel** befasst sich mit den sogenannten *regulären Ausdrücken*, einem besonders wichtigen Thema. Nach einer kurzen theoretischen Einführung in reguläre Ausdrücke wird gezeigt, wie man diese mit dem Stream-Editor `sed` und dem Tool `grep` anwendet. Außerdem lernen Sie die Programmierung mit der Skriptsprache AWK, die in der Shellskriptprogrammierung sehr häufig Verwendung findet.

Tools
: **Kapitel 9** stellt wichtige Tools vor, die Sie innerhalb der Shellskriptprogrammierung benötigen, um mit Dateien zu arbeiten.

Bevor es dann endlich mit der richtigen Shellskriptprogrammierung losgeht, behandeln wir in **Kapitel 10** noch Editoren. Editoren erleichtern die Shellskriptprogrammierung in hohem Maße. Im Besonderen werden die beiden bekannten Editoren `vi` und `emacs` vorgestellt.

Editoren

Kapitel 11, das letzte Kapitel des Shell-Teils, befasst sich mit der Programmierung der Bourne-Shell und der Bourne-Again-Shell (`sh` und `bash`). Wir zeigen, wie ein Shellskript aufgebaut ist und wie man es ausführbar macht und anwendet. Außerdem lernen Sie, wie Sie in der Shell Berechnungen durchführen, Arrays, bedingte Anweisungen, Schleifen und Menüs verwenden. Ebenfalls sehr wichtig ist das Thema der Funktionen, das wir natürlich nicht vernachlässigen.

Shellskriptprogrammierung

Kapitel 12 stellt als kleiner Exkurs die C-Shell vor.

C-Shell

Der **dritte Teil des Buches** behandelt die System- und Netzwerkadministration – ein weiteres spannendes Thema. **Kapitel 13** befasst sich zunächst mit der Benutzerverwaltung. Zunächst wird die lokale Benutzerverwaltung unter Unix besprochen. Dazu gehören zum Beispiel das Erstellen von neuen Benutzerkonten, das Wissen zu Passwortdateien und zur Shadow-Suite, aber auch die Administration von Benutzergruppen. Zudem wird gezeigt, wie man »als jemand anderes« arbeiten kann. Für die fortgeschrittenen Benutzer behandeln wir zudem die Administration von NIS- und LDAP-Servern.

Benutzerverwaltung

Kapitel 14 geht auf die Rechteverwaltung ein, auf die Installation von neuer Software – wir behandeln natürlich auch die BSD-Ports – und auf die Automatisierung von Tätigkeiten. Außerdem erläutern wir das Logging, die Dateisystemverwaltung und – ganz wichtig – das Kompilieren eines neuen Kernels, das Laden von Kernelmodulen sowie die Anpassung des Systems an die deutsche Sprache und Tastaturbelegung.

Verwaltung

Ab **Kapitel 15** geht es dann um die Netzwerkkonfiguration, der fünf Kapitel gewidmet sind, da dieses Thema besonders wichtig und auch für fortgeschrittene sowie professionelle Anwender hochinteressant ist. Kapitel 15 befasst sich zunächst mit den Grundlagen des TCP/IP-Netzwerks und klärt die wichtigsten Begriffe wie *IP-Adresse*, *Port (TCP/IP)* oder *Layer*. Danach wird die Netzwerkkonfiguration durchgeführt und das Routing aufgesetzt. Auch Netzwerkverbindungen werden betrachtet. Dazu zählt auch, dass man aktive TCP-Verbindungen, das Datenaufkommen an Schnittstellen oder den ARP-Cache unter die Lupe nimmt. Wer sich nun fragt, wie er mit Linux ins Internet kommt, wird ebenfalls in diesem Kapitel fündig.

Netzwerk

Die diversen Anwendungen für Netzwerk-Clients werden anschließend in **Kapitel 16** besprochen. Dazu zählen zum Beispiel Telnet, die R-Tools, der FTP-Client, die bekanntesten Mailprogramme sowie IRC-Clients. Außerdem besprechen wir Usenet-Clients und den RSS-Reader `snownews`.

Client-Anwendungen

Netzwerk-Dienste	**Kapitel 17** tut den ersten Schritt in die Serverwelt und behandelt bekannte Standarddienste. Dazu gehören die »Superserver« `inetd` und `xinetd`; außerdem werden verschiedenste Server aufgesetzt: DHCP-Server, NNTP-Server, Mailserver, ein Network-Filesystem-Server (NFSd), ein FTP-Server sowie Samba.
Mailserver	Wie ein Mailserver funktioniert, eingerichtet und grundlegend vor Spam gesichert wird, erfahren Sie in **Kapitel 18**.
Webserver, LAMP	LAMP steht für Linux-Apache-MySQL-PHP. Apache ist der weltweit bekannteste und populärste Webserver und gehört zum Standardumfang von Linux-Systemen. Als solcher wird er natürlich auch in unserem Buch besprochen (siehe **Kapitel 19**). Darüber hinaus setzen wir noch die MySQL-Datenbank auf und gehen auf PHP-Programmierung ein.
DNS-Server	**Kapitel 20** behandelt eine ebenfalls sehr wichtige Thematik: das *Domain Name System*. Aufbauend auf den Grundlagen aus Kapitel 17 wird hier das Setup der Server erläutert. Wir behandeln in diesem Buch den populären BIND-Server, der zum Standardumfang eigentlich aller Linux-Distributionen und BSD-Derivate zählt, sowie den Caching-Dienst des `djbdns`. Zudem befassen wir uns mit den wichtigsten Tools zum Durchführen von DNS-Anfragen.
Secure Shell	Wahrscheinlich haben Sie sich bereits gefragt, warum wir die Secure Shell (SSH) nicht im Client-Kapitel besprechen. Der Grund ist der, dass wir der Secure Shell inklusive des Servers und des Clients ein eigenes **Kapitel (21)** widmen, da es leichter ist, beide Themen zusammen zu behandeln und zu verstehen.
X11	Der **vierte Teil des Buches** behandelt die grafische Oberfläche, das X-Window-System oder kurz X11. **Kapitel 22** geht zunächst nur auf das Grundsystem, dessen Funktionsweise und Konfiguration sowie auf das Prinzip der Window-Manager und Desktops ein. Wir befassen uns außerdem mit dem grafischen Login und einigen zusätzlichen Features wie Xinerama und DualHead.
Window-Manager	Window-Manager und Desktops werden in **Kapitel 23** besprochen. Wir gehen auf drei besonders populäre Systeme ein, nämlich KDE, GNOME und den Window Maker. Darüber hinaus geben wir noch einen kurzen Überblick über alternative Window-Manager und Desktops.
X11-Tools	Unter X11 gibt es natürlich noch diverse Anwenderprogramme. Dazu zählen etwa das Textsatz-System LaTeX und diverse Dokumentenbetrachter. Diese Programme sowie einzelne X11-Editoren und weitere populäre Software, etwa GIMP oder K3b, werden in **Kapitel 24** vorgestellt.
Multimedia, Spiele	In **Kapitel 25** geht es zum einen darum, das System für Audio- und Videoausgabe zu konfigurieren, zum anderen um die Verwendung von TV-Karten und Webcams.

Außerdem sprechen wir darüber, wie man Linux dazu bekommt, einen Drucker anzusteuern, und welche Spiele zur Verfügung stehen.

Wir haben uns dazu entschlossen, einen weiteren, etwas unüblichen Schritt zu gehen, der darin besteht, recht anspruchsvolle Hintergrundinformationen zu vermitteln. Wir möchten Ihnen zeigen, wie Linux und BSD wirklich funktionieren. Deshalb geht es im **sechsten Teil des Buches** um die Systeminterna.

Systeminterna

Kapitel 26 setzt sich zunächst mit Prozessen und ihrer Administration auseinander. Es erklärt, wie Signale funktionieren und Hintergrundprozesse gehandhabt werden. Wir gehen zudem auf Scheduling und Prozessprioritäten ein. Es folgt die Interprozess-Kommunikation (IPC, *Inter Process Communication*). Hier erläutern wir Pipes, FIFOs, Semaphore, Message Queues, Shared Memory sowie Unix Domain Sockets und stellen Ihnen die wichtigsten damit verbundenen Funktionen zur Systemprogrammierung vor.

Prozesse und IPC

Einen genauen Einblick in den Bootstrap- und Shutdown-Mechanismus von Linux und BSD liefert **Kapitel 27**. Zunächst wird erklärt, wie es zum Start des Kernels kommt und wie die Bootmanager (LILO und GRUB) administriert werden. Danach erklären wir init unter BSD und Linux, gehen auf getty und login ein und behandeln den System-Shutdown.

Bootstrap und Shutdown

In **Kapitel 28** behandeln wir Dateisysteme und ihre Administration unter Linux und BSD. Es geht um ihren physischen und logischen Aufbau sowie um das virtuelle Dateisystem. Wir besprechen die einzelnen Dateisysteme wie ext2, ext3, ext4, reiserfs, FFS, UFS/UFS2, ISO9660, das Loop-Device, die Ramdisk, Swap, DevFS, ProcFS und das Netzwerk-Dateisystem NFS. Anschließend erklären wir die einzelnen Dateitypen wie Verzeichnisse (die unter Unix eigentlich auch nur Dateien sind), Links, Sockets und Named Pipes. Schließlich kommen wir auf Inodes zu sprechen. Im letzten Abschnitt geht es um die Administration des Dateisystems mit disklabel, hdparam, fdisk, fsck, tune2fs und Co.

Dateisysteme

Emulatoren und Virtualisierungssoftware für die verschiedensten Systeme und Programmformate lernen Sie in **Kapitel 29** kennen.

Virtualisierung

Nachdem Sie durch die vorherigen sechs Teile dieses Werkes bereits sehr viel über Anwendung, Administration und Interna von Linux und BSD gelernt haben und sich auch mit der Shell und ihrer Programmierung auskennen, führt der **siebte Teil des Buches** in anspruchsvolle Softwareentwicklung und die Sicherheit von Unix-artigen Betriebssystemen ein.

Programmierung und Sicherheit

Mit Shellskriptprogrammierung und AWK soll es in diesem Buch nicht getan sein, daher behandelt **Kapitel 30** die Softwareentwicklung. Es werden die wichtigsten unterstützten Interpreter und Compiler aufgeführt, Shared Libraries und der Umgang mit dem Debugger erläutert. Außerdem behandeln wir – anders als fast alle

Programmierung

Linux-Bücher – Software-Profiling und Tracing. Es folgt ein Einblick in integrierte Entwicklungsumgebungen wie KDevelop. Danach werden sehr bekannte und mächtige Tools behandelt, die Sie zum Teil ebenfalls kaum in anderen Linux-Büchern finden: `make`, `flex`, `yacc` und `bison`. Zum Schluss geht es noch um die Veröffentlichung eigener Unix-Software, die Erstellung von Manpages, um Versionsmanagement und wichtige Bibliotheken.

C und Perl
: Einen Crashkurs für C und Perl finden Sie in **Kapitel 31**. Dort können Sie auch nachlesen, warum wir uns für diese beiden Sprachen entschieden haben.

Sicherheit
: Der **fünfte Teil des Buches** schließt mit zwei Kapiteln zur Sicherheit von Linux- und BSD-Systemen (**Kapitel 32 und 33**). Sie werden lernen, das System grundlegend abzusichern, Backups zu erstellen und unter Linux mit `iptables` eine Firewall zu konfigurieren.

Anhang

Lösungen
: Mit den Aufgaben am Ende der einzelnen Kapitel lassen wir Sie nicht im Regen stehen: **Anhang A** enthält die Lösungen.

Kommandoreferenz
: Die Kommandoreferenz im **Anhang B** bietet nur eine Auswahl. Sie behandelt nicht immer alle Parameter eines Programms, sondern geht nur auf die wichtigen ein. Generell finden Sie zunächst eine kurze Erklärung zum Programm selbst sowie den Pfad der Binärdatei und anschließend eine Tabelle, die wichtige Parameter beschreibt.

Weitere Teile des Anhangs
: Die weiteren Teile des Anhangs enthalten Beispiele, Informationen zu den Buch-DVDs sowie die obligatorischen Bestandteile: das Glossar, das Literaturverzeichnis sowie den Index.

TEIL I
Einstieg in Linux

»Das Beste, was wir von der Geschichte haben,
ist der Enthusiasmus, den sie erregt.«
– Johann Wolfgang von Goethe

1 Einleitung

In diesem ersten Kapitel über Linux möchten wir für alle Einsteiger eine kleine Einführung in die grundlegenden Begrifflichkeiten der Linux-/Unix-Welt geben.

Fortgeschrittene Anwender können die folgenden Kapitel überspringen und direkt bei Teil II, »Grundlagen«, einsteigen.

1.1 Warum Linux?

Vielleicht stellen Sie sich gerade diese Frage: Warum Linux? Sicher – wenn Sie mit Ihrem gewohnten Betriebssystem zufrieden und einfach »Nutzer« sind, ist die Motivation gering, hier überhaupt Zeit zu investieren und das eigene Betriebssystem zu wechseln. Wer macht also so etwas – und warum?

1.1.1 Man muss kein Informatiker sein ...

Linux hat in den letzten Jahren viele Fortschritte hinsichtlich Benutzerfreundlichkeit und Ergonomie gemacht, so dass man kein Informatiker mehr sein muss, um das System bedienen zu können. Freie Software fristet mittlerweile kein Nischendasein mehr, sondern erobert allerorten Marktanteile.

Im Web ist Linux ein Quasi-Standard für Internetserver aller Art. Wer ein leistungsfähiges und günstiges Hosting der eigenen Webseite, des eigenen Webshops oder anderer Dienste will, wird hier oft fündig. Viele kleine, schicke Netbooks werden bereits ab Werk mit Linux geliefert, sehr performant und unschlagbar günstig durch die schlichte Abwesenheit jeglicher Lizenzkosten. Aber egal ob Server- oder Anwendersystem: Die eigentliche Software setzt sich mittlerweile auch ganz unabhängig von Linux auf anderen Betriebssystemen durch. Auch so kommen viele Anwender auf die Idee, sich näher mit Linux auseinanderzusetzen. Es ist nur ein kleiner Schritt von Firefox und OpenOffice.org unter Windows zu einem komplett freien Betriebssystem wie Linux.

Außerdem sind einst komplizierte Einstiegshürden heute leicht zu nehmen, es gibt Anleitungen und Hilfe allerorten, professionellen kommerziellen Support genauso wie zahlreiche Webseiten und Internetforen. Und natürlich gibt es auch dieses Buch. Um Linux effektiv nutzen zu können, muss man heute wirklich kein halber Informatiker mehr sein.

1.1.2 ... aber es hilft

Trotzdem ist Linux vor allem für Anwender zu empfehlen, die einfach »mehr« wollen: Mehr Möglichkeiten, mehr Leistung oder schlicht mehr Freiheiten. Linux ist eine offene Plattform, bevorzugt genutzt von vielen Entwicklern, Systemadministratoren und sonstigen interessierten Power-Usern.

Die Faszination der Technik macht sicherlich einen Teil der Beliebtheit aus. Aber ist das alles? Was haben wohl Google, Flickr, Facebook, Youtube und Co. gemeinsam? Richtig, sie laufen unter Linux.[1] Nach der Lektüre dieses Buches haben Sie zumindest eine Ahnung davon, welche Möglichkeiten Linux besitzt, die Ihnen andere Betriebssysteme so nicht bieten können.

Im nächsten Abschnitt machen wir Sie jedoch erst einmal mit den wichtigsten und gängigsten Begriffen vertraut.

1.2 Grundbegriffe: Kernel, Distributionen, Derivate

Der Kernel

Der Begriff *Linux* bezeichnet dabei eigentlich kein ganzes Betriebssystem, sondern nur die Kernkomponente, den sogenannten *Kernel*. Damit man mit Linux etwas anfangen kann, benötigt man zusätzlich zum Kernel noch System- und Anwendersoftware.

Distribution/ Derivat

Diese zusätzliche Software wird zusammen mit dem Kernel und einer mehr oder weniger ansprechenden Installationsroutine von sogenannten *Distributoren* zu *Distributionen* zusammengepackt. In der Regel legt man diesen Distributionen zumindest bei kommerziellem Vertrieb noch Handbücher oder andere Dokumentation bei. Zu den bekanntesten Distributionen zählen Fedora, (open)SUSE, Mandriva, Slackware, Gentoo und Debian mit seinen Derivaten[2] Knoppix, Ubuntu und Kubuntu.

Linux ist ein *Unix-artiges* Betriebssystem. Was Unix ist und wo es herkommt, werden Sie gleich im Abschnitt über die Geschichte erfahren. Wichtig für Sie ist höchstens, dass wir in diesem Buch nicht *nur* Linux betrachten, sondern explizit auch

---

1 Sie interessieren sich für die Architekturen großer Websites? Auf *http://highscalability.com* finden Sie viele interessante Informationen.
2 Lateinisch von *derivare*, »ableiten«, deutsch: Abkömmling

auf Zusammenhänge außerhalb des Tellerrandes eingehen wollen. Daher betrachten wir teilweise auch Unterschiede und Gemeinsamkeiten zu BSD-Systemen, bei denen es sich ebenfalls um Unix-artige Betriebssysteme handelt.

BSD (*Berkeley Software Distribution*) bezeichnet dabei ein gesamtes Betriebssystem, also Kernel und Software. Unter BSD gibt es daher keine Distributionen, sondern nur Derivate. Diese Derivate haben unterschiedliche Kernel und teilweise auch verschiedene Softwarekomponenten. Die bekanntesten BSD-Derivate sind OpenBSD, NetBSD, FreeBSD und DragonflyBSD.

1.2.1 Bekannte Distributionen und Derivate

Eben haben wir geklärt, was Linux-Distributionen, Derivate von Linux-Distributionen und BSD-Derivate sind. Im Folgenden werden wir einen kleinen Einblick in die aktuelle Welt der Distributionen und Derivate geben. Der Rest des Buches geht dann nur noch in wichtigen Fällen auf Besonderheiten einzelner Distributionen und Derivate ein, da wir Ihnen Wissen vermitteln möchten, mit dem Sie unter jedem System zum Ziel kommen.

Im nächsten Abschnitt, »Die Entstehungsgeschichte von Linux«, erfahren Sie mehr über die ersten Derivate und Distributionen.

1.2.2 Arten von Distributionen

Es gibt Distributionen, die direkt von einer CD oder DVD gebootet werden können und mit denen Sie ohne vorhergehende Installation auf einer Festplatte arbeiten können.[3] Man nennt diese Distributionen *Live-Distributionen*. Hierzu zählt beispielsweise Knoppix, das die grafische Oberfläche LXDE sowie viele Zusatzprogramme enthält.

Live-CD/DVD

Dann wiederum gibt es *Embedded*-Distributionen. Dabei handelt es sich um stark minimierte Systeme, bei denen alle unnötigen Programme und Kernel-Features deaktiviert wurden, um Speicherplatz und Rechenbedarf einzusparen. Sinn und Zweck solcher Systeme ist es, eine Distribution auf so genannten eingebetteten Systemen lauffähig zu machen, die teilweise nur über sehr wenig Hauptspeicher und Rechenleistung verfügen.[4]

Embedded

---

3 Es gibt auch Distributionen, die von ganz anderen Medien, etwa einem USB-Stick, Flash oder Diskette, booten können.
4 Es gibt hierfür übrigens auch speziell minimierte C-Bibliotheken, die Sie beispielsweise auf *ftp.kernel.org* finden.

Verwendung finden Embedded-Distributionen unter anderem im Router-Bereich. Man kann mit Distributionen wie OpenWRT oder FreeWRT auf diese Weise z.B. Linux-Firewalls auf handelsüblichen Routern installieren.

Desktop, Server Die wichtigsten Distributionen sind für den Allzweck-Einsatz auf Heimanwender-Desktops, professionellen Workstations und sogar Servern ausgelegt (und dementsprechend in verschiedenen Ausführungen zu haben). Distributionen wie openSUSE, Fedora, Ubuntu, Gentoo und Slackware zählen zu diesem Bereich. Sie umfassen sowohl eine Vielzahl von Paketen für das Arbeiten mit verschiedensten Oberflächen-Systemen als auch Serversoftware, Entwicklerprogramme, Spiele und was man sonst noch alles gebrauchen kann. Die meisten BSD-Derivate sind für diese Einsatzszenarien ebenfalls geeignet, wobei diese teilweise auch im Embedded- oder Hochsicherheitsbereich Verwendung finden.

Hochsicherheit Darüber hinaus gibt es noch Security-Distributionen/Derivate, die speziell darauf ausgelegt sind, eine besonders sichere Umgebung für sensible Daten oder den Schutz von Netzwerken zu bieten. Hierzu zählen Distributionen wie Hardened Gentoo oder auch das BSD-Derivat OpenBSD. Diese Distributionen bieten im Unterschied zu anderen oft modifizierte Kernel.

Firewall/VPN Hochsicherheitsdistributionen sind auch für den Einsatz als Firewall/VPN-System geeignet, doch es gibt auch spezielle Distributionen, die hierfür optimiert sind und beispielsweise keine gehärteten Kernel benutzen. Hierzu zählen das bereits erwähnte OpenWRT/FreeWRT sowie die Distributionen devil-linux, m0n0wall und pfSense.

Was es sonst noch gibt Es gibt noch viele weitere spezialisierte Linux-Distributionen und BSD-Derivate. Beispielsweise werden spezielle Distributionen mit wissenschaftlichen Programmen für den Forschungsbereich erstellt.[5] Des Weiteren gibt es speziell für den Einsatz in Schulen erstellte Derivate (etwa Edubuntu) sowie Distributionen mit religiösen Zusatzprogrammen wie UbuntuCE (Christian Edition) oder UbuntuME (Muslim Edition).[6]

Unter *distrowatch.com* und *www.distrorankings.com* finden Sie Übersichten zu einer Vielzahl bekannter Distributionen und Derivaten.

Es gibt also offensichtlich viel Auswahl. Aber was ist die richtige Distribution für Sie? Wir empfehlen eine der auf der Buch-DVD mitgelieferten Varianten – Sie sind

---

5 Schauen Sie sich bei Interesse doch einmal die Distribution Scientific Linux unter *www.scientificlinux.org* an.
6 Sowohl Edubuntu als auch UbuntuCE/ME basieren – wie auch Xubuntu und Kubuntu – einfach nur auf der Ubuntu-Distribution, die sie bei der Installation um zusätzliche Pakete erweitern.

herzlich zum Ausprobieren eingeladen. Linux engt Sie nicht ein, Sie haben die Wahl – nutzen Sie sie.

1.3 Die Entstehungsgeschichte von Linux

Da Linux wie BSD ein Unix-ähnliches Betriebssystem ist und eine Vielzahl von Unix-Eigenschaften besitzt, beschäftigen wir uns an dieser Stelle zunächst einmal mit der Entstehungsgeschichte von Unix. Wir beginnen dazu mit einem Rückblick in das Mittelalter der Informatik.

1.3.1 Unix

Im Jahre 1965 begannen Bell Labs, General Electric und das MIT mit der Arbeit an einem Betriebssystem für Großrechner namens *MULTICS* (Multiplexed Information and Computing Service). Als allerdings feststand, dass dieses Vorhaben scheitern würde, stiegen die Bell Labs aus.

Als 1969 das Apollo-Raumfahrtprogramm der USA im Mittelpunkt der Aufmerksamkeit stand, begann Ken Thompson (Bell Labs) aufgrund unzureichender Möglichkeiten der Programmentwicklung, ein Zwei-User-Betriebssystems für die DEC PDP-7 zu schreiben. Sein Ziel war es, raumfahrtbezogene Programme zu entwickeln, um Orbit-Berechnungen für Satelliten, Mondkalender und Ähnliches zu realisieren. Das Grundprinzip von MULTICS wurde dabei übernommen, und so erhielt das spätere Unix beispielsweise ein hierarchisches Dateisystem.

Die Raumfahrt

Brian Kernighan (ein (Mit-)Entwickler wichtiger Unix-Programme wie `awk`) nannte dieses System spöttisch *UNICS* (»Emasculated Multics is Unics.«, zu deutsch »Entmanntes Multics ist Unics.«[7]), weil es nur zwei Benutzer unterstützte. Erst später benannte man es aufgrund der Begrenzung für die Länge von Dateinamen auf der Entwicklungsplattform GECOS (*General Electric Comprehensive Operating System*) in Unix um.

Ursprünglich waren alle Unix-Programme in Assembler geschrieben. Ken Thompson entschied sich später, einen FORTRAN-Compiler[8] zu schreiben, da Unix seiner Meinung nach ohne einen solchen Compiler wertlos wäre. Nach kurzer Zeit beschloss er allerdings, eine neue Programmiersprache namens »B« zu entwickeln, die stark von der Sprache BCPL (Basic Combined Programming Language) beeinflusst wurde.

---

7 Dieser Satz spielt auch darauf an, dass sich »Unix« im Englischen auf »eunuchs« reimt. Der Name der Emulatorsoftware Bochs (reimt sich auf »box«) spielt wohl ebenfalls hierauf an.
8 FORTRAN ist wie C eine Programmiersprache der dritten Generation und erlaubt das Programmieren auf einer höheren Abstraktionsebene.

Aus B wird C Da das Team 1971 ein PDP-11-System bekam, das byte-adressiert arbeitete, entschloss sich Dennis Ritchie, aus der wortorientierten Sprache B eine byte-orientierte Sprache mit dem schlichten Namen »C« zu entwickeln, indem er z.B. Typen hinzufügte.

1973 wurde der Unix-Kernel komplett neu in C geschrieben. Dieses neue Unix (mittlerweile in der Version 4) wurde damit auf andere Systeme portierbar. Noch im selben Jahr wurde Unix zu einem Multiuser-Multitasking-Betriebssystem weiterentwickelt und der Öffentlichkeit vorgestellt. Da C gleichzeitig eine sehr portable, aber auch systemnahe Sprache war, konnte Unix recht gut auf neuen Plattformen implementiert werden, um dann auch dort performant zu laufen. Die Vorteile einer Hochsprache wurden hier deutlich: Man braucht nur einen Übersetzer für eine neue Hardwareplattform, und schon kann der Code mit nur wenigen Änderungen übernommen werden.

Derivate 1977 nahm man dann auch die erste Implementierung auf einem Nicht-PDP-System vor, nämlich auf einer Interdate 8/32. Dies gab den Anstoß für weitere Unix-Portierungen durch Firmen wie HP und IBM. So begann die Unix-Entwicklung, sich in viele Abkömmlinge, sogenannte Derivate, aufzuspalten.

System V Die Unix-Variante von AT&T wurde 1981 mit der Variante der Bell Labs zu einem einheitlichen Unix System III kombiniert. 1983 kündigte Bell das System V an, das primär für den Einsatz auf VAX-Systemen an Universitäten entwickelt wurde. Im Jahr darauf kündigte AT&T die zweite Version von System V an. Die Anzahl der Unix-Installationen stieg bis dahin auf circa 100.000 an. 1986 erschien System V, Release 3. Schließlich wurde 1989 *System V Release 4* (SVR4) freigegeben, das noch heute als Unix-Standard gilt.

Neben SVR4-Unix gab es noch die Entwicklung von BSD, auf deren Darstellung wir hier natürlich keineswegs verzichten möchten.[9] Bereits 1974 verteilte AT&T Quellcode-Lizenzen an einige Universitäten. Auch das Computing Science Research Center (CSRC) der University of California in Berkeley erhielt solch eine Lizenz.

Bedeutung von Unix Ken Thompson und Dennis Ritchie erhielten 1998 von Bill Clinton die *National Medal of Technology* der USA für die Entwicklung von Unix und C.[10] 1983 erhielten Thompson und Ritchie den Turing Award – die bedeutendste Auszeichnung (quasi der Nobelpreis) der Informatik. Weitere wichtige Bücher dieser Autoren sind beispielsweise *The Unix Programming Environment* von Rob Pike und Brian Kernighan sowie *The UNIX time-sharing system* von Dennis Ritchie. Es ist zudem zu sagen,

---

9 Schließlich haben wir der BSD-TCP/IP-Implementierung mehr oder weniger das heutige Internet zu verdanken.
10 Quelle: *http://www.heise.de/newsticker/meldung/Hoechste-Technologie-Auszeichnung-fuer-Unix-Erfinder-12385.html*

dass Ritchie und Kernighan mit ihrem Buch *The C Programming Language* eines der bedeutendsten Werke der Informatik verfasst haben.

1.3.2 BSD-Geschichte

In Berkeley entwickelte in den darauffolgenden Jahren ein Kreis aus Entwicklern der dortigen Universität einen neuen Systemcode samt Verbesserungen für AT&T-Unix. 1977 wurde daraus von Bill Joy 1BSD, die erste Berkeley Software Distribution, zusammengestellt. Im darauffolgenden Jahr wurde 2BSD veröffentlicht, das über neue Software und weitere Verbesserungen verfügte.

Das erste BSD

1979 beauftragte die Defense Advanced Research Projects Agency (DARPA) der amerikanischen Regierung die Computer Systems Research Group (CSRG), die Referenzimplementierung der Protokolle für das ARPANET, den Vorläufer des Internets, zu entwickeln. Die CSRG veröffentlichte schließlich das erste allgemein verfügbare Unix namens 4.2BSD, das unter anderem folgende wichtige Merkmale aufwies:

Das erste freie Unix

- Integration von TCP/IP
- Berkeley Fast Filesystem (FFS)
- Verfügbarkeit der Socket-API

Somit kann dieses BSD-Derivat als Urvater des Internets angesehen werden. Durch die Integration von TCP/IP und die Berkeley Socket API wurden Standards geschaffen bzw. geschaffene Standards umgesetzt, die für das spätere Internet essenziell sein sollten. Die Tatsache, dass selbst heute noch eben diese Berkeley Socket API als Standard in allen netzwerkfähigen Betriebssystemen implementiert ist, verdeutlicht die Bedeutung dieser Entwicklungen nachdrücklich.

1989 entschloss man sich also schließlich dazu, den TCP/IP-Code in einer von AT&T unabhängigen Lizenz als Networking Release 1 (Net/1) zu vertreiben. Net/1 war die erste öffentlich verfügbare Version. Viele Hersteller benutzten den Net/1-Code, um TCP/IP in ihre Systeme zu integrieren. In 4.3BSD Reno wurden 1990 noch einmal einige Änderungen am Kernel und in den Socket APIs vorgenommen, um die OSI-Protokolle aufzunehmen.

Im Juni 1991 wurde das System Net/2 herausgegeben, das komplett neu und unabhängig vom AT&T-Code entwickelt worden war. Die wichtigsten Neuerungen von Net/2 waren die folgenden:

- komplette Neuimplementierung der C-Bibliothek
- Neuimplementierung vieler Systemprogramme
- Ersetzung des AT&T-Kernels bis auf sechs Dateien

Nach einiger Zeit stellte Bill Jolitz, der nun auch die letzten sechs Dateien neu entwickelt hatte, ein vollständiges, bootbares Betriebssystem zum freien FTP-Download zur Verfügung. Es trug den Namen 386/BSD und lief auf der gleichnamigen Intel-Plattform.

Die Berkeley Software Design, Inc. (BSDI) brachte 1991 mit BSD/OS eine kommerzielle Weiterentwicklung von 386/BSD auf den Markt. Diese Version konnte für den Preis von 999 US-Dollar erworben werden.

NetBSD
1992 entstand außerdem das freie NetBSD-Projekt, das es sich zum Ziel setzte, 386/BSD als nichtkommerzielles Projekt weiterzuentwickeln und auf möglichst vielen Plattformen verfügbar zu machen.

Nachdem die Unix System Laboratories (USL), eine Tochtergesellschaft von AT&T, BSDI wegen einer Urheberrechtsverletzung verklagt hatten, mussten einige Veränderungen am Net/2-Code vorgenommen werden. Daher mussten 1994 alle freien BSD-Projekte ihren Code auf den von 4.4BSD-Lite (auch als Net/3 bezeichnet) umstellen. Mit der Veröffentlichung von 4.4BSD-Lite2 im Jahre 1995 wurde die CSRG aufgelöst. Allerdings werden die mittlerweile existierenden vier BSD-Derivate NetBSD, BSD/OS, FreeBSD und OpenBSD noch bis heute gepflegt und ständig weiterentwickelt. Im Laufe der letzten Jahre kamen noch diverse weitere Derivate wie PicoBSD dazu.

1.3.3 Stallman und das GNU-Projekt

Ebenfalls im Jahre 1992 wurde Linux unter die GNU General Public License (GPL) gestellt, die 1989 von Richard Stallman erarbeitet wurde. Stallman gründete 1983 das GNU-Projekt, das freie Software und Kooperationen zwischen den Entwicklern befürwortet. Außerdem ist Stallman Entwickler von bekannten Programmen wie dem Emacs-Editor oder dem GNU-Debugger.

Stallman ist noch heute einer der wichtigsten – wenn nicht *der* wichtigste – Vertreter der Open-Source-Philosophie. Stallman arbeitete in den 70er-Jahren am Massachusetts Institute of Technology (MIT) in einem Labor für künstliche Intelligenz und kam dort zum ersten Mal mit Hackern in Kontakt. Die dortige Arbeitsatmosphäre gefiel ihm so gut, dass er ihre spätere Auflösung sehr bedauerte. Zudem wurde Software immer mehr in binärer Form und weniger durch Quelltexte vertrieben, was Stallman ändern wollte. Aus diesem Grund schuf er das GNU-Projekt, dessen Ziel die Entwicklung eines kompletten freien Betriebssystems war.[11] Den Kern dieses Betriebssystems bildet heutzutage meistens Linux. Umgekehrt sind die wichtigsten Komponenten der Userspace-Software von Linux seit Beginn GNU-Programme wie

---

11 Die Abkürzung GNU steht dabei für »GNU is not Unix« und ist rekursiv.

der `gcc`. Richard Stallman versuchte daher später, den Namen GNU/Linux durchzusetzen, was ihm aber nur bedingt gelang.

Neben dem Linux-Kernel als Kern für ein GNU-Betriebssystem gibt es mit GNU/Hurd eine Alternative. GNU/Hurd stellt verschiedenste Systemprozesse bereit und setzt auf dem Microkernel GNU Mach auf. Ein Microkernel ist ein Betriebssystemkern, in dem nur die allerwichtigsten Funktionen enthalten sind. Alle weiteren Funktionen (etwa Treiber) werden als Prozesse ausgeführt. Es gibt einzelne Linux-Distributionen, die GNU/Hurd als Kernel einsetzen (etwa Debian GNU/Hurd), doch ist uns keine aktuelle und zugleich vollentwickelte GNU/Hurd-Distribution bekannt.

GNU/Hurd und GNU/Mach

1.3.4 Die Geschichte von Linux

Linux entstand, weil sein Entwickler, der finnische Informatikstudent Linus Torvalds, mit dem damals verfügbaren Minix-System von Andrew Tanenbaum nicht ganz zufrieden war. Torvalds begann im Frühjahr 1991 alleine mit der Arbeit an diesem neuen System und postete schließlich im August des Jahres eine erste Nachricht in die Minix-Newsgroup:

```
From: torvalds@klaava.Helsinki.FI (Linus Benedict Torvalds)
Newsgroups: comp.os.minix
Subject: What would you like to see most in minix?
Date: 25 Aug 91 20:57:08 GMT

Hello everybody out there using minix -

I'm doing a (free) operating system (just a hobby, won't be big
and professional like gnu) for 386(486) AT clones. This has been
brewing since april, and is starting to get ready. I'd like any
feedback on things people like/dislike in minix, as my OS
resembles it somewhat (same physical layout of the file-system
(due to practical reasons) among other things).

I've currently ported bash(1.08) and gcc(1.40), and things seem
to work. This implies that I'll get something practical within
a few months, and I'd like to know what features most people
would want. Any suggestions are welcome, but I won't promise
I'll implement them :-)

            Linus (torvalds@kruuna.helsinki.fi)

PS. Yes - it's free of any minix code, and it has a multi-
threaded fs. It is NOT protable (uses 386 task switching etc),
```

```
and it probably never will support anything other than AT-
harddisks, as that's all I have :-(.
```
Listing 1.1 Linus Torvalds' Posting an comp.os.minix

In seinem Buch »Just for Fun«, das wir Ihnen sehr empfehlen können, schreibt Torvalds, dass er während dieser Zeit fast nichts anderes tat als zu schlafen, zu programmieren und wenig Sex zu haben. Damit entsprach er dem typischen Nerd-Klischee.

Das erste Linux

Die erste veröffentlichte Entwicklerversion (0.01) stellte Torvalds am 17.09.1991 für Interessenten aus dem Usenet zur Verfügung. Die erste offizielle Version (0.02) wurde etwas später, nämlich am 05.10.1991, freigegeben.

1992

Im Folgejahr stellte er Version 0.12 auf einen anonymen FTP-Server, wodurch die Anzahl derjenigen stieg, die an der Systementwicklung mitwirkten. Im gleichen Jahr wurde die Newsgroup `alt.os.linux` gegründet.

Im gleichen Jahr hagelte es aber auch Kritik von Andrew Tanenbaum, dem Entwickler von Minix. Tanenbaum hielt Linux bereits für veraltet, weil es einen monolithischen Kernel benutzte und zudem schlecht portierbar war.

Linux 1.0 und 2.0

1994 wurde Version 1.0, deren komprimierter Code nun bereits über 1 MB groß war, veröffentlicht. Der Kernel verfügte zu diesem Zeitpunkt schon über Netzwerkfähigkeit. Außerdem portierte das XFree86-Projekt seine grafische Oberfläche – das X-Window-System – auf Linux. Das wohl wichtigste Ereignis in diesem Jahr ist jedoch, dass Torvalds den Kernel-Code unter der GNU General Public License veröffentlichte. Zwei Jahre später war Linux 2.0 zu haben. Erste Distributionen stellten ihre Systeme nun auf die neue Version um, darunter auch Slackware mit dem '96-Release.

Linux 2.2 und 2.4

1998 erschien die Kernel-Version 2.2. Von nun an verfügte Linux auch über Multiprozessor-Support. Im Jahr 2001 erschien schließlich die Version 2.4, mit der weitere Kern-Features Einzug in den Kernel hielten. Dazu zählen:

- Unterstützung für neue Architekturen wie IBM S/390 und Intel IA64
- Unterstützung für große Hauptspeicher (bis 64 GByte auf der Intel-Architektur)
- bessere SMP-Unterstützung
- die Möglichkeit, größere Dateien anzulegen
- 32-Bit-User- und -Group-IDs
- ein besserer Scheduler

- neue Dateisysteme (insbesondere ReiserFS und DevFS)
- Unterstützung für Plug-and-Play-Geräte
- die neue netfilter-Firewall
- viele weitere Neuerungen

Die aktuellen Kernel-Versionen bewegen sich seit 2003 im 2.6.x-er-Bereich. Linux erhielt mit der neuen Version wieder diverse neue Features. Dazu zählen:

Kernel 2.6

- ein neuer O(1)-Scheduler
- Support für Hyper Threading
- neue Architekturen (64 Bit PowerPC, 64 Bit AMD, ucLinux und Usermode Linux)
- das ALSA Sound System
- SATA-Support
- Bluetooth-Support
- ein neuer IDE-Layer
- neue Dateisysteme (JFS, Ext4, NFSv4, XFS, AFS)

Anhand dieser wichtigen Eckdaten betreiben eingefleischte Linux-Fans teilweise auch ihre eigene Zeitrechnung: Stellt man die Frage: »Seit wann arbeitest du eigentlich mit Linux?«, sollte man auf eine Antwort wie »Schon seit 2.0.34!« gefasst sein.

Zeitrechnung

Linus Torvalds kümmert sich auch heute noch um die Entwicklung des Linux-Kernels, ihm helfen dabei allerdings viele Tausend Entwickler weltweit. Viele von ihnen arbeiten kostenlos am Kernel, doch einige werden auch von Firmen bezahlt. Die meisten Entwickler senden verbesserten Code (sogenannte *Patches*) an Linus' wichtigste Kernel-Entwickler, etwa an Alan Cox. Die Entwickler überprüfen diese anschließend und leiten qualitativ hochwertige Patches an Linus Torvalds weiter, der sie dann in den Kernel einbauen kann.[12] Linus übernimmt bei der Entwicklung des Linux-Kernels eine wichtige Rolle, die man in den Open-Source-Projekten als *Benevolent Dictator for Life* bezeichnet. Damit ist gemeint, dass diese Person ein Softwareprojekt leitet und die primäre Instanz für wichtige Entscheidungen der aktuellen und zukünftigen Entwicklung ist.[13]

Gegenwart

Mittlerweile wird Linux in vielen Rechenzentren, Büros und Forschungsnetzwerken weltweit eingesetzt. Zudem haben sich viele Großprojekte darauf konzentriert, auf

---

12 Natürlich kann Torvalds Patches, die ihm nicht zusagen, auch ablehnen.
13 Weitere BDfLs finden sich unter *http://de.wikipedia.org/wiki/Benevolent_Dictator_for_Life*.

diesem freien System aufzubauen. Dazu zählen beispielsweise die beiden Projekte KDE und GNOME, aber auch die Office-Suiten OpenOffice.org und KOffice sowie die grafische Oberfläche des X.Org-Projekts.

Auch im Heimanwender-Bereich wird Linux seit Jahren verstärkt eingesetzt, bedingt einerseits durch seinen guten Ruf und die Tatsache, dass es gratis zu haben ist, andererseits aber auch durch die immer einfachere Handhabung.

1.3.5 Geschichte der Distributionen

Bootdisk und Rootdisk

Ursprünglich war nur der Quellcode des Linux-Kernels verfügbar, der von erfahrenen Unix-Anwendern übersetzt und gebootet werden konnte. Mit einem blanken, bootbaren Kernel konnte man aber nicht sonderlich viel anfangen, wenn man nicht wusste, wie die zugehörigen Benutzerprogramme, mit denen man dann etwa seine Mails lesen konnte, installiert werden. Aus diesem Grund stellte Linus Tovalds zunächst zwei Disketten-Images im Internet zur Verfügung, die besonders Anwendern alter Slackware-Versionen bekannt sein dürften: Die Boot- und die Rootdisk. Von der Bootdisk war es möglich, den Linux-Kernel beim Start des Rechners zu laden. War der Ladevorgang abgeschlossen, musste man die Rootdisk einlegen. Diese enthielt Basisanwendungen für Benutzer und machte das Linux-System für Anwender ohne größere Vorkenntnisse zugänglich.

SLS

Die erste halbwegs benutzbare Linux-Distribution nannte sich SLS (*Softlanding Linux System*) und wurde 1992 von Peter McDonald erstellt. Da SLS viele Fehler beinhaltete, entwickelten zwei Personen basierend auf SLS jeweils eine neue Distribution, die beide die ältesten heute noch aktiven Distributionsprojekte darstellen.

Slackware, Debian

Der erste Entwickler war Patrick J. Volkerding, der im Juli 1993 Slackware 1.0.0 veröffentlichte. Ian Murdock gab im August 1993 die erste Debian-Version frei. Auf Debian und Slackware basieren zahlreiche der heute aktiven Distributionen (etwa Zenwalk oder Ubuntu). Beide haben nach wie vor viele Anhänger. Während es von Slackware nur immer eine stabile (freigegebene) Version und eine Entwicklungsversion gibt, gibt es von Debian drei verschiedene Varianten: *stable*, *testing* und *unstable*. Die *stable*-Release enthält nur stabile Pakete, die über einen längeren Zeitraum mit Updates versorgt werden. Oft nutzt man Pakete aus diesem Zweig für die Serverinstallation, da hier Sicherheit in der Regel vor Aktualität geht. Im *testing*-Zweig findet man alle Pakete, die in das zukünftige *stable*-Release eingehen sollen. Hier können die Pakete ausführlich getestet und für die Veröffentlichung vorbereitet werden. Der *unstable*-Zweig ist trotz seines Namens nicht zwangsläufig instabil. Stattdessen findet man hier immer die aktuellen Pakete, die so oder anders frühestens in das übernächste Debian-Release Einzug halten werden. Aufgrund der Aktualität können wir trotz manchmal auftretender Probleme diesen Zweig vor allem für Workstation-Installationen empfehlen.

Ein besonders interessantes Interview mit Patrick Volkerding, das 1994 mit dem Linux Journal geführt wurde, findet sich hier: *http://www.linuxjournal.com/article/2750*. Ebenfalls historisch interessant ist die von Phil Hughes geschriebene Nachricht über die Freigabe der Version 2.0 von Slackware (*http://www.linuxjournal.com/article/2795*).

Im November 1994 wurde die Distribution Red Hat begründet, die auf Slackware basierte, aber ein eigenes Paketformat (RPM) bekam. Auf ihr basieren die heutigen Distributionen Red Hat Enterprise Linux und Fedora.

Red Hat

Ebenfalls 1994 wurde die Distribution SuSE Linux veröffentlicht. SuSE Linux war jahrelang die in Deutschland populärste Linux-Distribution, zusammengestellt durch die der Software- und System-Entwicklungsgesellschaft mbH aus Nürnberg. Mit ihr gab es (neben Red Hat Linux) eine einfach zu bedienende Distribution mit großer Paketauswahl. Für den deutschen Markt war zudem die ISDN-Unterstützung sehr bedeutsam. Später wurde die Firma von Novell übernommen und der Name SuSE komplett groß geschrieben, also »SUSE«. Heute gibt es die von der Community mitgepflegte Variante openSUSE sowie die Enterprise-Varianten SLES und SLED (*SUSE Linux Enterprise Server/Desktop*) für Unternehmen.

SuSE

Im Juli 1998 wurde mit Mandrake Linux eine neue benutzerfreundliche Distribution veröffentlicht, die auf Red Hat basierte. Heute heißt sie Mandriva Linux.

Mandrake

Knoppix von Klaus Knopper war die erste wirklich bekannte Distribution, die sich direkt von CD starten und komplett benutzen ließ. Diese Distribution wird nach wie vor aktiv weiterentwickelt und setzt den LXDE-Desktop ein.

Knoppix

Gentoo Linux basiert auf einem BSD-artigen Ports-System (man spricht bei Gentoo allerdings nicht von Ports, sondern von *Ebuilds*), also einem System, bei dem Software erst kompiliert werden muss (mehr dazu in Abschnitt 1.4.2). Die Hauptvorteile von Gentoo liegen in der großen Anpassbarkeit und der Performance der für den eigenen Prozessor optimierten Software. Gentoo richtet sich eher an fortgeschrittene Benutzer und bietet mittlerweile neben dem Linux-Kernel auch einen FreeBSD-Kernel an (dies gilt übrigens auch für einige andere Distributionen).

Gentoo

Eine der mittlerweile populärsten Linux-Distributionen ist das auf Debian basierende Ubuntu mit seinen Abkömmlingen Kubuntu, Xubuntu und Co. Das Ubuntu-Projekt verfolgt das Ziel, eine möglichst einfach zu bedienende, am Anwender orientierte Distribution zu schaffen. Die Versionsnummern von Ubuntu setzen sich übrigens aus dem Erscheinungsjahr und -monat zusammen. Die Version 10.04 erschien entsprechend im April 2010. Der Distributor gibt zudem sogenannte LTS-Versionen (*Long Time Support*) heraus, die besonders lang unterstützt werden.

Ubuntu

1.4 Linux und BSD: Unterschiede und Gemeinsamkeiten

Aus der teilweise gemeinsamen Geschichte ergeben sich für Linux und BSD viele Gemeinsamkeiten, und entsprechend sind Unterschiede oft erst bei genauerer Betrachtung erkennbar. Eine wichtige Gemeinsamkeit besteht darin, dass es sich bei Linux wie bei den bestehenden BSD-Derivaten um *quelloffene Software* (engl. *open source*) handelt.

1.4.1 Freie Software

GNU/Linux — Dass Linux selbst eigentlich nur den Kernel umfasst, wurde bereits angesprochen. Die für den Betrieb nötige Systemsoftware kommt in erster Linie vom bereits erwähnten GNU-Projekt (*http://www.gnu.org*). Diese Initiative gibt es seit 1984 und damit viel länger als Linux selbst. Das Ziel war von Anfang an, ein völlig freies Unix zu entwickeln, und mit Linux hatte das Projekt seinen ersten freien Kernel. Somit ist auch die Bezeichnung GNU/Linux für das Betriebssystem als Ganzes gebräuchlich.

Was aber ist eigentlich *freie Software*? Wenn man ein Programm schreibt, so besitzt man an dessen Quelltext ein Urheberrecht wie ein Buchautor. Die resultierende Software kann verkauft werden, indem man dem Käufer durch eine Lizenz gewisse Nutzungsrechte einräumt. Alternativ kann man aber auch festlegen, dass das eigene Programm von anderen kostenlos benutzt werden kann. Gibt man sogar den eigenen Quellcode frei, so spricht man von *offener Software*.

Im Linux- und BSD-Umfeld gibt es nun unterschiedliche Lizenzen, die mit teilweise besonderen Bestimmungen ihr jeweils ganz eigenes Verständnis von »Freiheit« verdeutlichen.

Die GPL

Copyleft — Linux steht wie alle GNU-Projekte unter der *GNU Public License*, der GPL. Laut dieser Lizenz muss der Quellcode eines Programms frei zugänglich sein. Das bedeutet jedoch nicht, dass GPL-Software nicht verkauft werden darf.[14]

Selbst bei kommerziellen Distributionen zahlt man allerdings oft nicht für die Software selbst, sondern für die Zusammenstellung der Software, das Brennen der CDs/DVDs, die eventuell vorhandenen Handbücher und den Installationssupport.

> Die GPL stellt damit Programme unter das sogenannte *Copyleft*: Verändert man ein entsprechendes Softwareprojekt, so muss das veränderte Ergebnis wieder frei sein. Man darf zwar Geld für ein GPL-basiertes Produkt nehmen, muss aber den Sourcecode samt den eigenen Änderungen weiterhin frei zugänglich halten.

---

14 Mehr dazu finden Sie unter *www.gnu.org/philosophy/selling.de.html*.

Somit bleibt jede einmal unter die GPL gestellte Software immer frei – es sei denn, alle jemals an einem Projekt beteiligten Entwickler stimmen einer Lizenzänderung zu. Bei großen Softwareprojekten wie dem Linux-Kernel mit vielen Tausend Beteiligten ist das undenkbar.

Die BSD-Lizenz

Im Unterschied zu der im Linux-Umfeld verbreiteten GPL verzichtet die von BSD-Systemen verwendete Lizenz auf ein Copyleft. Man darf zwar den ursprünglichen Copyright-Vermerk nicht entfernen, doch darf entsprechend lizenzierte Software durchaus Ausgangspunkt für proprietäre, kommerzielle Software sein. Die BSD-Lizenz ist also weniger streng als die GPL, aber aufgrund der möglichen freien Verteilbarkeit und Veränderbarkeit immer noch freie Software.

Weitere freie Projekte

Natürlich gibt es freie Software nicht nur vom GNU-Projekt oder von den BSD-Entwicklern. Jeder kann für eigene Softwareprojekte die GPL oder die BSD-Lizenz verwenden. Natürlich kann man – wie beispielsweise das Apache-Projekt – auch eigene Open-Source-Lizenzen mit besonderen Bestimmungen entwickeln. Jedoch haben bekannte Lizenzen den Vorteil, dass sie in der Community auch anerkannt sind und einen guten Ruf genießen oder – wie die GPL – sogar bereits von einem deutschen Gericht in ihrer Wirksamkeit bestätigt wurden.

Mehr Lizenzen

1.4.2 Ports und Packages

Einen weiteren Unterschied zwischen Linux und der BSD-Welt ist die Art, wie Software jeweils verpackt und vertrieben wird. Man unterscheidet hierbei zwischen den unter Linux-Distributionen verbreiteten *Paketen* und den BSD-typischen *Ports*.

Verteilung der Software

Ein Software-Port enthält Anweisungen, um eine Software aus dem Quellcode zu übersetzen und automatisch zu installieren. Ein Software-Package hingegen ist ein kompilierter Port. Das bedeutet, dass die Software bereits in binärer Form vorliegt und zum Installieren nur noch entpackt und an die richtige Stelle im System kopiert werden muss.

Port

Ein Software-Port kann in der Regel bei der Kompilierung besser an das System angepasst werden, diese benötigt jedoch zusätzliche Zeit. Ein Software-Package benötigt die Kompilierungszeit nicht, ist aber unter Umständen weniger optimal an den Prozessor angepasst. Zu gegebener Zeit werden wir ausführlich auf die BSD-Ports und unterschiedliche Systeme zum Paketmanagement unter Linux eingehen.

1.4.3 Versionierung

Linux-Versionen

Vor allem mit der Versionierung unter Linux gibt es einige Verständnisprobleme. Der Linux-Kernel erschien bis vor einigen Jahren in zwei Versionskategorien: einer Entwickler- und einer Stable-Version. Die Entwicklerversionen hatten ungerade Zahlen als zweite Versionsnummern (2.1, 2.5), die Stable-Versionen hingegen gerade Zahlen (2.0, 2.2, 2.4, 2.6).[15] Eine dritte Zahl nummerierte die unterschiedlichen kleineren Releases, die beispielsweise mit neuen Features ausgestattet waren.

Mittlerweile werden die Entwicklerversionen nicht mehr mit ungeraden Versionsnummern bezeichnet. Vor jeder neuen Version werden stattdessen einzelne Vorveröffentlichungen durchgeführt. Diese Vorveröffentlichungen (engl. *Release Candidates*) können anschließend durch die Community heruntergeladen und getestet werden. Werden Fehler gefunden, fließen deren Korrekturen in die nächste stabile Version ein.

Seit Kernel 2.6.11 kann zur schnellen Bereinigung schwerer Fehler auch eine vierte Versionsnummer geführt werden. Eine Version 2.6.21.1 umfasst gegenüber der Version 2.6.21 mindestens eine Verbesserung (in der Regel aber mehrere). Werden erneut Fehler gefunden, so wird eine weitere Version (2.6.21.2) herausgegeben. Werden auch in dieser Fehler gefunden, so setzt sich die Nummerierung auf diese Weise fort.

> Eine Entwicklerversion enthält immer die neuesten Spielereien der Entwickler. Wenn Sie diese nicht wirklich brauchen oder nicht wissen, was Ihnen eine neue Version überhaupt bringt, lassen Sie besser die Finger davon und bleiben Sie bei der Stable-Version.
>
> Der Grund dafür ist, dass die Stable-Versionen ganz einfach ausgereifter sind und mit großer Sicherheit stabil laufen. Entwicklerversionen können zwar durchaus auch sehr stabil laufen, müssen es jedoch nicht.

Aber keine Angst, aktuelle Distributionen beinhalten natürlich immer die Stable-Version. Sofern Sie nach diesem Buch immer noch Lust auf Linux haben und sich für die Innereien des Kernels interessieren, empfehlen wir Ihnen »Understanding the Linux Kernel, 2nd Edition« [BovetMacro02A] und das »Linux Kernel-Handbuch« [Love05A].

---

15 Sollten Sie einmal jemanden treffen, der Ihnen von irgendwelchen komischen Versionsnummern à la Linux 14.0 erzählen will, so bringt der Betreffende offensichtlich die Nummerierungen der Distributionen und die des Kernels durcheinander.

1.4.4 Maskottchen

Das Wichtigste dürfen wir natürlich auch nicht unterschlagen: die Maskottchen. Diese Identifikationsmerkmale werden Ihnen regelmäßig begegnen – nicht nur in der Netzwelt, sondern auch in diesem Buch, sobald es um Eigenarten der entsprechenden Systeme geht.

Das Linux-Maskottchen

Da Linus Torvalds ein Liebhaber von Pinguinen ist, wollte er einen als Logo für Linux haben. Ein Pinguin wurde dann von Larry Ewing mit dem `gimp`-Grafikprogramm erstellt. Die Figur gefiel Torvalds und fertig war *Tux*. Übrigens wurde das Linux-Logo für die Kernel der Version 2.6.29.x in einen Tasmanischen Teufel abgeändert. Die temporäre Logo-Änderung sollte darauf hinweisen, dass die Beutelteufel vom Aussterben bedroht sind.

Abbildung 1.1 Tux

Tux steht übrigens für ***Torvalds Unix***. Und immer, wenn wir auf besondere Eigenheiten von Linux eingehen, die sich nicht (oder nur sehr bedingt) auf BSD oder Unix übertragen lassen, werden Sie am Seitenrand einen kleinen Pinguin bemerken.

Die BSD-Maskottchen

Anfang November 2005 erhielt auch FreeBSD ein neues Logo. Das neue NetBSD-Logo ist auch noch nicht alt. BSD allgemein (und bis vor Kurzem auch FreeBSD) hat eigentlich den BSD-Daemon mit Namen »Beastie« als Maskottchen – wie schon bei BSDi. Wenn wir von (Free)BSD sprechen, sehen Sie in diesem Buch das Icon mit dem Teufelchen am Seitenrand.

Sprechen wir hingegen speziell von OpenBSD, erscheint dieses Icon am Seitenrand. Es stellt »Puffy«, den Blowfish, dar. Blowfish ist zum einen ein von Bruce Schneier entwickelter kryptografischer Algorithmus und zum anderen eben ein kugeliger Fisch mit Stacheln. Die Stacheln des Blowfishs stehen für Sicherheit, das Primärziel des Open-BSD-Projekts.

Weitere Symbole in diesem Buch

[»]   Dieses Icon steht für einen Hinweis.

[+]   Dieses Logo kennzeichnet dagegen einen Tipp für die Praxis.

[zB] Mit diesem Icon werden Beispiele gekennzeichnet – schließlich kann man die meisten Sachverhalte am besten anhand eines kleinen Beispiels nachvollziehen.

Eine Glaubensfrage

Nach dem Linux-Hype folgte über einige Jahre ein BSD-Hype. In den letzten Jahren haben sich beide Trends stabilisiert. Zwischenzeitlich waren jedoch viele Benutzer (hauptsächlich testweise) von Linux zu BSD gewechselt. Warum das so war, ist nur sehr schwierig zu beantworten, da die Unterschiede im Leistungsumfang von Linux und BSD nur in wenigen Fällen von Bedeutung scheinen.

Generell lässt sich sagen, dass sich normalerweise weder ein Wechsel von Linux zu BSD noch ein Wechsel von BSD zu Linux als sonderlich lohnend erweisen wird, sofern man ihn nicht gerade wegen eines bestimmten Features vollzieht.

Linux uncool? Wenn man die Communities etwas genauer betrachtet, fällt einem vielleicht auf, dass es zahlreiche Diskussionen darüber gibt, welches System das bessere sei und ob man nun eher der GPLv2 oder der BSD-Lizenz seine Opfergaben darbringen sollte. Wenn man ehrlich ist, sind viele solcher Diskussionen substanzlos und erscheinen als eine Art Religionskrieg. Wenn man noch etwas genauer hinschaut, scheint es auch oft um das Statussymbol Betriebssystem zu gehen und darum, sich vom Nicht-mehr-Hacker-OS Linux abzuheben, das nun so viele (Ex-)Windows-Anhänger verwenden.

Glücklicherweise gibt es aber auch einen Vorzug dieser Situation: Man lernt voneinander. Linux-Kernel, Linux-Distributionen und BSD-Derivate übernehmen bereits seit vielen Jahren Features voneinander beziehungsweise von anderen Systemen aus dem Unix-Umfeld – man denke nur einmal an die SVR4-IPC. Auch erwähnenswert ist das SVR4-Runlevel-System, das Linux übernommen hat, oder Kommandos wie `pkill` und `pgrep`, die BSD und Linux von Solaris übernahmen. Auf all diese Querverbindungen möchten wir in diesem Buch mit unserem Bezug auf BSD eingehen.

1.5 Informationsquellen

Abschließend noch eine Bemerkung zum Thema »selbst weiterkommen«: Es existieren im Internet eine ganze Menge Informationsquellen. Man ist mit einem Linux-

Problem – wenn es nicht gerade hochgradig exotischer Natur ist – eigentlich nie ganz allein, sofern man weiß, wo man zu suchen hat.

Neben der Suchmaschine Ihrer Wahl existieren viele Einsteiger-Foren, in denen gezielt Fragen gestellt werden können. Einige besonders bekannte Foren sind:

- *http://www.linux-club.de*
- *http://www.linuxforen.de*
- *http://mrunix.de*
- *http://www.unixboard.de*
- *http://www.slackforum.de* (für Slackware-Anwender)
- *http://ubuntuforums.org* (englisch, für Ubuntu-Anwender)
- *http://forums.opensuse.org* (für openSUSE-Anwender)
- *http://www.linuxforums.org* (englisch)
- *http://www.linuxquestions.org* (englisch)

Nützliche Webseiten

Es gibt auch einige populäre Webseiten, die deutschsprachige Informationen zu Linux, BSD und Open-Source anbieten:

- *http://www.prolinux.de* – Linux- und Open-Source-Nachrichten
- *http://www.heise.de/open/* – Open-Source-News von heise.de
- *http://www.freiesmagazin.de* – ein freies Online-Magazin mit aktuellen Informationen
- *http://www.selflinux.org/selflinux/* – Linux-Tutorials
- *http://www.linux-users-welcome.de* – In welchen Geschäften kann man besonders einfach Linux-Hardware kaufen?

1.6 Zusammenfassung

In diesem Kapitel haben Sie grundlegende Begrifflichkeiten rund um Linux gelernt. Sie wissen, dass ein Kernel allein noch kein Betriebssystem macht. Sie kennen die wichtigsten Distributionen und kennen den Unterschied zu Derivaten. Außerdem haben Sie BSD als ein weiteres Unix-ähnliches Betriebssystem kennengelernt.

1.7 Aufgaben

Kernel.org

Besuchen Sie die Webseite *http://kernel.org*. Informieren Sie sich. Was ist die letzte stabile Version des Linux-Kernels?

Ubuntu Dokumentation

Finden Sie die offizielle Dokumentation zur freien Linux-Distribution Ubuntu. Stöbern Sie etwas.

*»Alles Gute, was geschieht,
setzt das nächste in Bewegung.«
– Johann Wolfgang von Goethe*

2   Die Installation

Dieses Kapitel enthält die komplette Installationsanleitung für alle auf der Buch-DVD enthaltenen Linux-Distributionen. In diesem Kontext werden wir auch die Installationsvorbereitungen besprechen und wichtige Hinweise für den Fall geben, dass dies Ihre erste Linux-Installation sein sollte. Wie gewohnt – und wie Sie es von einem distributionsunabhängigen Handbuch erwarten können – werden wir zusätzlich die Installation einiger weiterer besonders populärer Distributionen und eines BSD-Derivats beschreiben.

Wenn Sie Linux nicht installieren möchten, so können Sie auch die Live-Versionen von Fedora und openSUSE direkt von der DVD starten.

Die Buch-DVDs enthalten zunächst einmal fünf verschiedene Linux-Distributionen: Ubuntu 11.04, openSUSE 11.4 (KDE-Live-CD), Fedora Core 15, Slackware 13.37 und das BSD-Derivat OpenBSD 4.9. Darüber hinaus finden Sie im Verzeichnis *openbooks* die Openbooks zu »C von A bis Z«, »Shell-Programmierung« und »Linux-UNIX-Programmierung« von Jürgen Wolf.

Inhalt der DVD

2.1   Installationsvorbereitungen

Im Vorfeld einer Installation müssen Sie vor allem zwei wesentliche Fragen beachten: Zum einen ist wichtig, welche Hardware in Ihrem Zielsystem[1] steckt, zum anderen muss geklärt sein, wie die Festplattenpartitionierung aussehen soll. Aber eins nach dem anderen.

2.1.1   Unterstützte Hardware

Die Frage nach der von der jeweiligen Distribution unterstützten Hardware kann man nicht pauschal beantworten. Prinzipiell lässt sich nur etwas zur »Bringschuld« der Hersteller sagen. Diese sind eigentlich für die Bereitstellung funktionsfähiger

---

[1] Im Folgenden der Rechner, auf dem installiert werden soll.

und hübscher Treiber zuständig. Wer also die manchmal vergleichsweise magere Treiberausstattung Linux in die Schuhe schieben will, hat das System nicht verstanden.

Unter Windows surft man meistens zur Webseite des Herstellers, um sich den neuesten, extrabunten Installer herunterzuladen, mit dem jede Schnarchnase einen funktionsfähigen Treiber in weniger als 10 Sekunden installieren kann. Auf Unix-Systemen braucht man dafür teilweise ein halbes Informatikdiplom, um entsprechende Komponenten zum Laufen zu bringen – doch ist das die Schuld der freien Programmierer, die in ihrer Freizeit (!) versuchen, die Hardwareunterstützung trotz aller Widrigkeiten halbwegs passabel zu gestalten?

Zugegebenermaßen erfährt Linux aufgrund seiner mittlerweile doch relativ hohen Verbreitung inzwischen eine gewisse Unterstützung durch die Hersteller. Jedoch wird man bei den meisten Distributionen mit der genauen Treiberauswahl nicht mehr konfrontiert, da bei der Installation im Regelfall die Hardware *automatisch* erkannt wird. In diesem Sinne hat man – zumindest was die Standardkomponenten wie Grafik- oder Netzwerkkarte betrifft – deutlich weniger Stress als unter Windows.

Bei nicht automatisch erkannter Hardware hilft eigentlich nur Google. Um im Netz nach Unterstützung, Leidensgenossen oder dem entscheidenden Hinweis suchen zu können, ist es oftmals hilfreich, genau über die Innereien des eigenen Rechners Bescheid zu wissen. Ein sehr nützliches Tool für diese Aufgabe ist `lspci`, das alle am PCI-Bus angemeldeten Komponenten auflistet. Im Kapitel »Multimedia und Spiele« finden Sie außerdem mehr Hinweise dazu, wie man störrische Hardware einbindet und anschließend auch nutzt.

Hardwarekompatibilitäts-Listen der Hersteller

Ein paar Worte seien an dieser Stelle noch über die Hardware-Kompatibilitätslisten einiger Distributoren verloren. Diese sind besonders nützlich, wenn Sie sich im *Vorfeld* einer neuen Hardwareanschaffung informieren wollen, ob das gewünschte Gerät überhaupt unterstützt wird.

Der Distributor Novell stellt auf *http://en.opensuse.org/Hardware* eine Datenbank bereit, in der die Hardwarekomponenten verzeichnet sind, die mit dieser Distribution funktionieren. Der Besucher kann mithilfe der Weboberfläche aus diversen Kategorien wie ISDN, Komplettsystemen, Netzwerkkarten, Amateurfunk, Chipsets, Scannern oder PCMCIA-Geräten auswählen und/oder nach Suchbegriffen im Bereich Hersteller und Modellbezeichnung suchen.

RedHat bietet für sein Enterprise Linux ebenfalls einen ähnlichen Service an. Unter `hardware.redhat.com/hcl/` ist die aktuelle Hardwareunterstützungsliste (*hardware compatibility list, hcl*) zu finden. Die gebotenen Suchmöglichkeiten sind ähnlich komfortabel wie bei der oben genannten Hardware-Seite von openSUSE.

Für FreeBSD finden Sie unter anderem wichtige Hinweise über unterstützte Hardware in der FreeBSD-FAQ auf *http://freebsd.org*. Generell sei an dieser Stelle der Hinweis erlaubt, dass die Hardwareunterstützung insbesondere für Desktops unter allen BSD-Derivaten bei weitem nicht so gut ist wie unter Linux. BSD eignet sich zwar hervorragend für den Server-Einsatz, ist jedoch nicht zuletzt aufgrund dieser eher schlechten Unterstützung auf dem Desktop immer noch ein Exot.

Linux auf Laptops

Sofern Sie Linux auf einem Laptop betreiben möchten, sei Ihnen zusätzlich die Webseite *www.linux-on-laptops.com* wärmstens empfohlen. Die von Kenneth E. Harker gestaltete Website enthält eine Liste nach Herstellern sortierter Laptops. Zu jedem dort eingetragenen Objekt gibt es eine Informationsseite, auf der eventuell zu ladende Kernelmodule und die (nicht) unterstützte Hardware aufgelistet sind. Ebenfalls auf dieser Seite zu finden ist das Linux-HOWTO für mobile Computer und einige Informationen zum Betrieb auf anderen Mobilgeräten. Mit etwas Glück stößt man für das eine oder andere Modell auch auf eine komplette Installationsanleitung.

Mindestanforderungen an einen Desktop-PC

Neben der Kompatibilität der vorhandenen Hardware ist natürlich eine weitere wichtige Frage, welche Leistungsdaten Ihr System mindestens benötigt, um mit Linux vernünftig arbeiten zu können.

Generell gilt zwar, dass Linux auch unter »sehr alter« Hardware durchaus performant laufen kann; für eine aktuelle Linux-Arbeitsumgebung mit GNOME- oder KDE-Desktop sollten Sie jedoch *mindestens* einen Computer mit 512 MB RAM und 5 GB Platz für eine Festplatten-Partition haben. Ein Prozessor mit 500 MHz sollte für das Allernötigste genügen. Wir empfehlen Ihnen aus Erfahrung mindestens 1 GB RAM, eine 10 GB große Festplatte sowie einen mindestens 1 GHz schnellen Prozessor. Darunter macht das Arbeiten mit Linux nur begrenzt Spaß. Wie bei jedem anderen modernen Betriebssystem gilt also auch hier: Je mehr Rechenleistung und Speicherplatz, desto besser.

2.1.2 Partitionierung

Der nächste Schritt in der Vorbereitung der Installation ist, sich um den Speicherplatz von Linux zu kümmern. Da vielleicht nicht allen Lesern die Differenzierung zwischen Festplatte und Partition geläufig ist, wollen wir hier zuerst auf die kleinen, aber feinen Unterschiede hinweisen.

Partitionen

Eine Festplatte ist zuerst einmal nur das physische Gerät, das irgendwo im Innern Ihres Computers mit dem Rest der Technik verkabelt ist. Um eine Festplatte nutzen zu können, muss sie partitioniert werden, sprich: Die Platte wird in kleinere Teile (Partitionen) aufgeteilt. Jede dieser Partitionen wird dann als eigenes *Laufwerk* behandelt.

Damit ein Betriebssystem auf den Partitionen Daten speichern kann, muss es natürlich eine gewisse Ordnung einhalten, um die gespeicherten Informationen später auch wiederzufinden. Eine solche Ordnung wird durch ein Dateisystem realisiert. Indem Sie eine Partition entsprechend formatieren, versehen Sie sie mit dem jeweiligen Dateisystem.

Vorinstallierte Systeme

Nun ist es aber so, dass Computer meist schon vorinstalliert verkauft werden. Es gibt dann oft genau eine Partition, die genauso groß ist wie die Festplatte. Das macht in fast allen Fällen ein Umpartitionieren der Festplatte erforderlich, wenn Linux installiert werden soll.

In jedem Fall unterstützt Sie der Installationsassistent Ihrer Distribution bei der entsprechenden Partitionierung.

Multiboot-Systeme

Wenn Sie Linux parallel zu Windows oder einem anderen Betriebssystem installieren wollen, sind ein paar Dinge zu beachten. So muss beispielsweise für jedes Betriebssystem mindestens eine eigene Partition vorhanden sein, damit die jeweiligen Dateisysteme unabhängig voneinander verwaltet werden können. Dabei ist es natürlich möglich, der Einfachheit halber gleich eine zweite Festplatte einzubauen und diese gleich komplett für das neue Betriebssystem zu partitionieren.

Bootloader

Doch woher soll der Computer wissen, welches Betriebssystem er wann booten soll? Um diese Problematik zu lösen, muss man einen sogenannten Bootmanager verwenden, der Sie auswählen lässt, welches System gebootet werden soll. Linux-Distributionen bringen bereits einen Bootloader mit, den Sie schon während der Installation konfigurieren können.

Windows und Linux

Falls bereits Windows auf Ihrem Rechner installiert ist und trotzdem Linux auf die gleiche Festplatte wie das Windows-System installiert werden soll, gibt es mindestens fünf Möglichkeiten:

▶ Sie löschen die Windows-Installation und partitionieren die Festplatte erneut. Dann wird zunächst Windows und anschließend Linux mit einem Bootmanager (etwa GRUB) auf der Platte installiert.

- Mit einigen Programmen (beispielsweise *Partition Magic*) lassen sich Windows-Partitionen verkleinern. So wird Platz für eine zweite Partition geschaffen, auf der sich dann Linux installieren lässt.

- Manche Distributionen bieten während der Installation sogar direkt die Möglichkeit, bereits vorhandene Windows-Partitionen zu verkleinern. Probieren Sie es aus!

- Bei einigen neueren Windows-Versionen lassen sich alternativ die Partitionen direkt von der Systemsteuerung aus verkleinern.[2] Den freien Platz können Sie dann während der Linux-Installation wieder füllen, indem Sie neue Partitionen anlegen.

- Sie entscheiden sich letztendlich doch gegen die Installation auf der gleichen Festplatte und besorgen sich eine Zusatzplatte, auf der Linux gespeichert werden kann.

Erstellen eines Backups

Wenn Sie eine Festplatte neu partitionieren, sollten Sie vorher immer ein Backup aller wichtigen Daten machen. Wenn alles gut geht, erzielen Sie zwar auch so das gewünschte Ergebnis, aber sicher ist sicher.

Ist die Festplatte schon partitioniert und damit eine Linux-Partition vorhanden, könnte trotzdem etwas bei der Installation schiefgehen.[3] Daher gilt in absolut jedem Fall: Sichern Sie zumindest die wichtigsten Daten, bevor Sie etwas an der Partitionierung Ihres Systems ändern. Immer.

Der Platzbedarf

Zum Abschluss der Thematik möchten wir nur noch einmal kurz ansprechen, mit *wie viel* Speicherplatz Sie rechnen sollten – und wie immer *kommt es natürlich drauf an*. Bei den heutigen Festplattengrößen sollte ein Gelegenheitsbenutzer mit einer einzigen Linux-Partition der Größe 10–20 GB recht glücklich werden. Nutzt man ausschließlich Linux, sollte man diese Größe für das Verzeichnis */*[4] und den Rest der Platte für */home*[5] bereitstellen. So ist sichergestellt, dass man auch einmal das System komplett neu installieren kann, ohne gleich alle seine Daten zu verlieren.

Alle Details dazu, wie Sie auch mit Linux-Bordmitteln Platz auf der Platte schaffen und welche Dateisysteme es überhaupt gibt, können Sie in Kapitel 28, »Dateisyste-

---

2 SYSTEMSTEUERUNG • VERWALTUNG • COMPUTERVERWALTUNG • DATENTRÄGERVERWALTUNG
3 Es soll schon oft vorgekommen sein, dass bei der Auswahl für das Ziel der Installation die falsche Platte angegeben wurde.
4 Das Wurzelverzeichnis / enthält alle Systemdateien.
5 Das Verzeichnis */home* enthält alle Dateien der einzelnen Benutzer. Mehr zur Verzeichnisstruktur erfahren Sie in Kapitel 6, »Grundlagen aus Anwendersicht«.

me«, nachvollziehen. Dort lernen Sie alles darüber, wie Sie in einem wunderschönen Partitionsmanager wie `cfdisk` Ihre Windows-Partition komplett löschen und stattdessen Platz für Linux schaffen.

2.1.3 Die Installation vorbereiten

Ist die Frage der Partitionierung geklärt, kann mit der DVD im Laufwerk neu gebootet und zur Tat geschritten werden. Funktioniert das Booten von CD/DVD dabei nicht automatisch, so müssen Sie die Bootreihenfolge in Ihrem BIOS anpassen. Das BIOS ist das Programm, das direkt nach dem Start des Computers ausgeführt wird. Sie gelangen meist über Tasten wie **F2**, **Esc** oder **Entf** in Ihr BIOS. Wie die Bootreihenfolge der Laufwerke speziell in Ihrem BIOS umgestellt wird, erfahren Sie in der Bedienungsanleitung Ihres Computers bzw. Mainboards. Mit etwas Ausdauer und Kenntnis der englischen Sprache dürfte es Ihnen aber auch ohne Hilfe gelingen.

Die Veränderung der BIOS-Einstellung lässt sich jederzeit rückgängig machen. Zudem wird Ihr installiertes Betriebssystem automatisch gestartet, wenn keine bootbare DVD im Laufwerk liegt.

Beginnen werden wir im Folgenden mit der Installation von Ubuntu, gefolgt von openSUSE und Fedora. Da die Installation von Ubuntu am ausführlichsten beschrieben ist (schließlich erklären wir hier viele erstmals auftauchende Fragen), sollten alle Leser zunächst diesen Abschnitt studieren.

2.2 Installation von Ubuntu

Wie bereits erwähnt, besteht der erste Schritt darin, die Ubuntu-CD/DVD in Ihren Computer einzulegen. Anschließend sollten Sie den Rechner neu starten, damit er automatisch die Installation von der eingelegten CD/DVD starten kann.

Nach dem Start des Installationsprogramms wählen Sie Ihre Sprache aus, worauf sich die gesamte Spracheinstellung des Installationsprogramms mit verändert. Im nächsten Schritt empfehlen wir Ihnen, Aktualisierungen während der Installation herunterladen zu lassen und Software von Drittanbietern ebenfalls mit installieren zu lassen (jeweils das Häkchen setzen). Beide Schritte sind allerdings nicht für die Installation notwendig und funktionieren nur, wenn ihr Rechner mit dem Internet verbunden ist. Im nächsten Schritt sollten Sie sicherheitshalber die gesamte Festplatte für Ubuntu verwenden lassen. Sofern ein anderes Betriebssystem vorhanden ist, können Sie dieses entweder ersetzen oder gegebenenfalls durch Umpartitionierung Platz schaffen. Klicken Sie anschließend auf JETZT INSTALLIEREN.

Während Ubuntu nun Ihre Festplatte partitioniert und die Pakete des Systems installiert, können Sie weitere Einstellungen vornehmen. Zunächst muss die Zeitzone eingestellt werden, wobei Ubuntu meistens schon im Voraus »Berlin« auswählt. Im nächsten Schritt muss die Tastaturbelegung (hier sollte ebenfalls bereits »Deutsch/Deutschland« vorausgewählt sein) konfiguriert werden. Es folgt das Anlegen eines Benutzeraccounts, mit dem Sie in Zukunft auf Ihrem System arbeiten können – merken Sie sich also das Passwort, das Sie für diesen Benutzer vergeben.

Nach der Installation müssen Sie Ihren Computer nur noch neu starten. Entfernen Sie kurz nach dem Systemstart die Ubuntu-CD/DVD wieder aus Ihrem Laufwerk, um die Installation nicht erneut zu beginnen.

Ihr Computer startet nun Ubuntu-Linux. Loggen Sie sich mit dem bei der Installation vergebenen Benutzernamen und Passwort ein, und haben Sie viel Freude mit Ihrem neuen Linux-Rechner. Herzlichen Glückwunsch!

2.3 Installation von openSUSE (KDE-Live-CD)

Wie bei Ubuntu gestaltet sich auch die Installation von openSUSE über die KDE-Live-CD sehr einfach. Starten Sie Ihren Computer mit der Multiboot-DVD und wählen Sie den Menüpunkt OPENSUSEINST. Nachdem der Desktop geladen wurde, klicken Sie auf das Icon INSTALL, um die Installation zu starten.

2.3.1 Erste Schritte

Nachdem das Installationsprogramm geladen wurde, wird zunächst die Sprache ausgewählt, wobei Sie GERMAN – DEUTSCH wählen sollten. Auch das Tastaturlayout sollte auf DEUTSCH geändert werden. Klicken Sie zum Fortfahren anschließend auf WEITER.

Es folgt die Auswahl Ihrer Zeitzone, die aller Wahrscheinlichkeit nach EUROPA/DEUTSCHLAND ist. Sollte das angezeigte Datum oder die angezeigte Uhrzeit nicht stimmen, so können Sie diese jetzt ändern.

2.3.2 Partitionierung

Je nachdem, wie gut Sie sich mit der Partitionierung von Festplatten auskennen, kann diese entweder manuell oder automatisch vorgenommen werden. openSUSE schlägt Ihnen zunächst automatisch eine Partitionierungsmöglichkeit vor, die Sie entweder akzeptieren oder abwandeln können. Das Setup-Programm wählt für Sie außerdem ganz automatisch den Typ des Dateisystems und die Größe der Auslagerungspartition (Swap-Partition). Sie können auch einen ganz eigenen Partitionsaufbau definieren, etwa um openSUSE auf einer zweiten Festplatte zu installieren und ein bestehendes Windows-System nicht zu löschen.

2.3.3 Anlegen eines Benutzers

Beim Anlegen eines Benutzers sind schlicht die vorgegebenen Felder auszufüllen. Es empfiehlt sich, das gewählte Passwort auch für den Administrator-Account zu verwenden, um leicht administrative Aufgaben durchführen zu können. Auch das Empfangen von Systemmails ist sinnvoll. Eine automatische Anmeldung am Linux-Rechner ist hingegen aus Sicherheitsgründen zu vermeiden. Die Standardmethode zur Passwortspeicherung über eine Datei und der Standardalgorithmus (Blowfish) sind für den Anfang in jedem Fall die richtige Wahl.

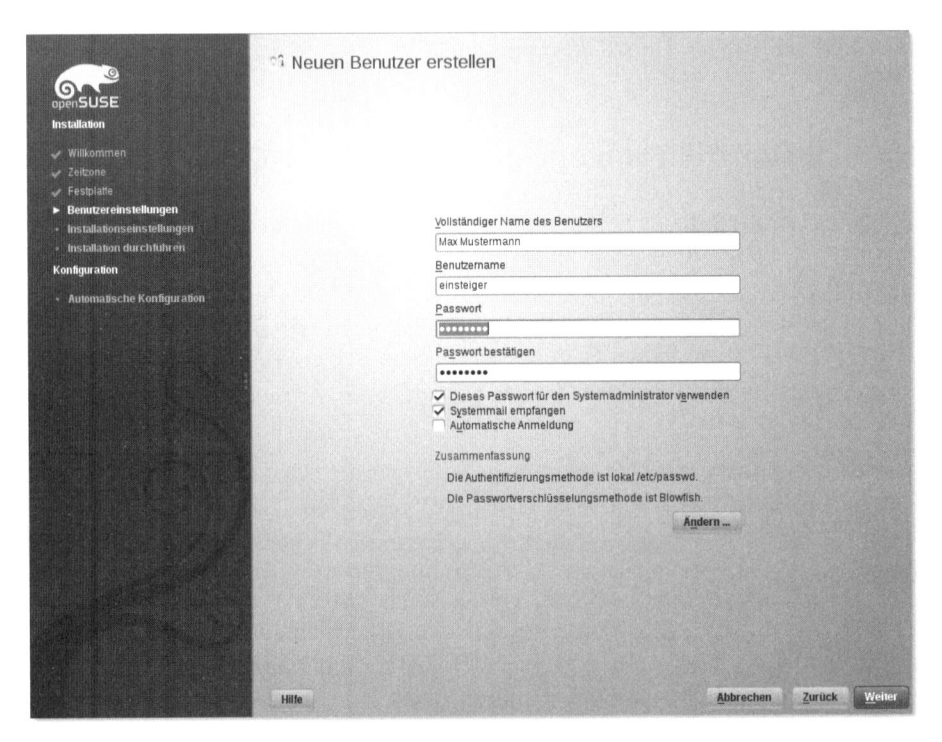

Abbildung 2.1 openSUSE-Installation: Anlegen eines Benutzers

2.3.4 Systeminstallation

Im nächsten Schritt werden alle von Ihnen gewünschten Änderungen und Konfigurationen nochmals angezeigt. Nach einer Bestätigung beginnt die eigentliche Installation von openSUSE. Dabei wird Ihre Festplatte formatiert und danach das openSUSE-Basissystem auf Ihren Rechner kopiert.

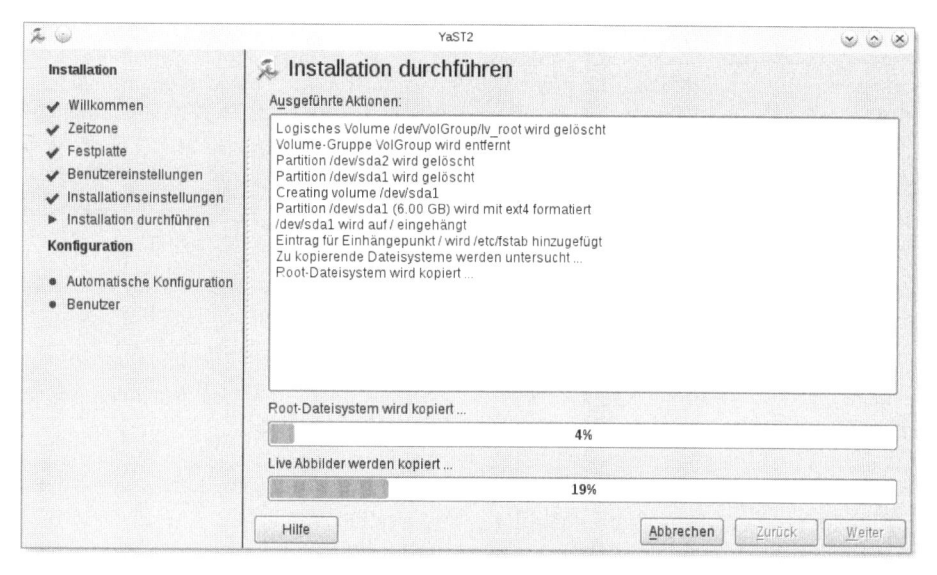

Abbildung 2.2 openSUSE-Installation: Installation der Pakete

2.3.5 Fertigstellung

Nach Abschluss der Systeminstallation müssen Sie Ihren Rechner nur noch neu starten. Entfernen Sie nach dem Herunterfahren die openSUSE-CD/DVD aus dem Laufwerk. Was im Anschluss folgt, ist der automatische Konfigurationsprozess von openSUSE. Danach ist Ihr neues Linux-System betriebsbereit.

2.4 Installation von Fedora (Live-Install)

Legen Sie die Fedora-CD/DVD in Ihr Laufwerk, und starten Sie den Computer neu, um das Installationssystem zu booten. Nachdem das System gestartet ist (was eine Weile dauern kann), erscheint ein Anmeldebildschirm.

2.4.1 Erste Schritte

Es erscheint zunächst der Fedora-Desktop, auf dem Sie *entweder* ein Icon mit der Unterschrift AUF DER FESTPLATTE INSTALLIEREN finden (klicken Sie doppelt auf dieses, um die Installation zu starten), *oder* Sie starten die Installation über APPLICATIONS • SYSTEM TOOLS • INSTALL TO HARD DRIVE.

> **Wenn das Installationsprogramm nicht startet**
>
> Sollte das Installationsprogramm nicht starten, so verfügt Ihr Computer wahrscheinlich über zu wenig Speicher. (Leider erscheint in diesem Fall keine grafische Fehlermeldung!) In diesem Fall müssen Sie über das Startmenü (ANWENDUNGEN • SYSTEMWERKZEUGE • TERMINAL) das Terminal starten und den Befehl `/usr/bin/liveinst` eingeben, um die Installation auf Konsolen-Ebene zu starten.

2.4.2 Installation durchführen

Die Installation von Fedora-Linux läuft von nun an analog zur Installation von openSUSE und Ubuntu. Zunächst wählen Sie die Sprache und Tastaturbelegung (in der Konsolen-Variante GERMAN (LATIN W/ NO DEADKEYS)) aus.

Im nächsten Punkt wählen Sie BASIC STORAGE DEVICES, um Ihr Fedora-System auf ein übliches Speichermedium (Festplatte) zu installieren.

Anschließend müssen Sie das Netzwerk konfigurieren, die Zeitzone einstellen, ein Administrator-Passwort (root-Passwort) vergeben und die Festplatte partitionieren (alles Wichtige hierzu wurde bereits in Abschnitt 2.1.2 besprochen). Bei der Partitionierung lässt sich der gesamte Festplattenspeicher mit USE ALL SPACE auswählen, alternativ kann mit USE FREE SPACE der (sofern vorhandene) freie Speicher der Festplatte verwendet werden, was nützlich ist, falls bereits ein anderes Betriebssystem installiert ist. Es folgt die übliche Konfiguration des Bootloaders.

Anschließend werden die Softwarepakete installiert. Starten Sie den Rechner nun über LIVE SYSTEM USER • SHUTDOWN • REBOOT neu und entfernen Sie die Installations-CD bzw. -DVD.

Nach dem Neustart folgt die Basiskonfiguration: Sie dürfen entscheiden, ob Sie die Fedora-Lizenzbedingungen akzeptieren und können Ihren Benutzer anlegen, unter dem Sie von nun an mit Fedora arbeiten können. Nach der Einstellung der Uhrzeit des Computers ist die Installation vollständig.

Um nach der Installation die deutsche Sprache für Ihren Rechner festzulegen, müssen Sie nach der Anmeldung oben rechts auf Ihren Benutzernamen klicken, dann auf SYSTEM SETTINGS • REGION AND LANGUAGE und den Punkt GERMAN. Loggen Sie sich anschließend aus (dazu wieder auf Ihren Benutzernamen klicken und anschließend auf LOGOUT) und wieder ein, um die Spracheinstellungen zu aktivieren.

2.5 Installation von Slackware Linux

Slackware (*www.slackware.com*) ist die älteste noch bestehende Distribution. Seit ihrer Entstehung ist sie äußerst populär. Sie wird seitdem von Patrick Volkerding geleitet.[6]

Die Installation von Slackware Linux gestaltet sich nicht auf Anhieb so einfach wie etwa die von openSUSE. Einsteigern kann dies durchaus Kopfzerbrechen bereiten, aber keine Angst: Wenn Sie einmal verstanden haben, wie es geht, ist diese Installation nicht nur äußerst einfach, sondern auch sehr schnell abgewickelt. Zunächst booten Sie vom Installationsmedium (Slackware-CD).

2.5.1 Nach dem CD-Booten

Wählen Sie nach dem Bootvorgang als `KEYBOARD-MAP` folgenden Eintrag aus: `qwertz/de-latin1-nodead-keys.map`. Dies beschert Ihnen schon einmal die deutsche Tastaturbelegung. — Keyboard-Layout

Nachdem dieser Schritt getan ist und Sie sich als `root` eingeloggt (oder beim Login einfach **Enter** gedrückt) haben, befinden Sie sich in einer Shell. Diese Tatsache ist für einige Leser sicherlich etwas enttäuschend, wartet doch in anderen Distributionen ein farbenfrohes Menü auf den Anwender.

Doch stecken Sie den Kopf nicht in den Sand: Es geht trotzdem recht einfach weiter. Sie können entweder den »harten Weg« gehen und Ihre Festplatte nun mit `fdisk` partitionieren, oder Sie verwenden das menübasierte `cfdisk`, dessen Bedienung intuitiv ist. Wir haben beide Programme in Abschnitt 28.5.5 beschrieben. Sie müssen mit ihrem gewählten Partitionierungstool eine Linux-Partition erstellen und außerdem einer primären Partition ein Bootflag verpassen – so, wie es bei jeder anderen Distribution auch der Fall ist. Zum Schluss aktualisieren Sie die Partitionstabelle (Write-Kommando) und beenden das Programm. — Partitionierung

2.5.2 Setup

Das Setup-Programm wird nun mit `setup` gestartet – und siehe da: Sie bekommen das ersehnte Menü inklusive »Farbe und bunt«.

Da Sie bereits eine Keymap selektiert haben, können Sie diesen Punkt überspringen. Falls Sie noch einmal die Keymap überprüfen oder ändern möchten, steht Ihnen diese Option allerdings auch an dieser Stelle zur Verfügung. — KEYMAP

---

[6] Es arbeiten noch ein paar weitere Leute an Slackware Linux, wie Sie auf der Webseite nachlesen können.

ADDSWAP   Sofern Sie mit `fdisk` bzw. `cfdisk` eine Swap-Partition angelegt haben, können Sie diese nun mit ADDSWAP einbinden. Falls Sie nachträglich eine Swap-Partition anlegen möchten, können Sie das Setup an dieser Stelle durch Drücken von **Strg + C** beenden und Ihr Partitionierungsprogramm erneut aufrufen. Starten Sie auch `setup` danach erneut.

TARGET   Der Menüpunkt TARGET dient zur Auswahl des Installationsziels, also der Partition, auf der Slackware-Linux installiert werden soll. Nachdem Sie die gewünschte Partition selektiert haben, erscheint eine Abfrage zur Formatierung. Für eine vollständige Neuinstallation sollten Sie FORMAT wählen. Um zusätzlich kaputte Festplattenbereiche aufspüren zu lassen, verwenden Sie CHECK. Installieren Sie hingegen ein Update einer bestehenden Slackware-Installation oder ist die Partition bereits formatiert, wüählen Sie den letzten Menäpunkt, NO, aus.

Windows-Dateisysteme   Nun können automatisch ermittelte Windows-Dateisysteme eingebunden werden. Dabei werden übrigens auch USB-Devices erkannt.

SOURCE   Als Installationsquelle (SOURCE) wählen Sie in der Regel die CD der Distribution, die automatisch erkannt werden sollte.

PACKAGES   Es folgt die Auswahl der zu installierenden Package-Sektionen. Das bedeutet, dass zunächst nicht die Packages selbst, sondern nur die sogenannten *Serien* ausgewählt werden. Es wird jeweils angezeigt, welche Abkürzung welcher Serie entspricht. Möchten Sie zum Beispiel keine internationale Sprachunterstützung für KDE und damit auch die darin enthaltenen Packages nicht installieren, selektieren Sie auch die entsprechende Serie KDEI nicht.

Es folgt die Art der Paketauswahl. Hierbei gibt es verschiedene Methoden, die Pakete (Packages) auszuwählen: Im Expert-Modus erscheint für jedes Paket ein eigenes Fenster, bei dem bestätigt werden muss, ob es installiert werden soll oder nicht. Im Menu-Modus erscheinen die Fenster nur sektionsweise, was viel Zeit spart und auch sehr übersichtlich ist. Eine Sektion kann als Thematik verstanden werden, der Pakete angehören. Die Sektion zum Thema Y (Spiele) bietet Ihnen beispielsweise eine Auswahl der verfügbaren Spiele. Mit der Leertaste und den Cursortasten können Sie anschließend die Pakete markieren, die installiert werden sollen.

2.5.3 Konfiguration

Nachdem die Packages installiert sind, folgt die grundlegende Systemkonfiguration.

Kernel   Bei der Installation installieren Sie in aller Regel den Kernel von der CD-ROM oder der DVD und wählen den Standardkernel von der Bootdisk aus. Sollten Sie einige von diesem Kernel nicht unterstützte Geräte besitzen, so können Sie entweder nach einem alternativen Kernel-Package suchen oder sich den Kernel anpassen, indem Sie ihn selbst kompilieren.

Heutzutage benötigen die meisten Menschen eigentlich keine Boot-Diskette mehr. Falls Sie doch eine Boot-Diskette benötigen, können Sie nun eine erstellen. Seit Slackware 10.2 wird anschließend eine Liste mit »modernen« Modems dargestellt, aus denen Sie sich, falls Sie eines verwenden, das entsprechende auswählen können.[7]

Bootdisk, Modem

Verwenden Sie Hotplug-Hardware, so können Sie auch das Hotplug-Subsystem aktivieren. Im Gegensatz zu den meisten anderen Distributionen verwendet Slackware nicht den GRUB-Bootloader, sondern noch immer LILO. Je nachdem, ob Sie LILO installieren und Bootparameter selbst angeben (*expert*) oder ob Sie fast alles automatisch konfigurieren lassen möchten (*simple*), stellt sich Slackware nun auf jeden Benutzer ein, um den Bootloader zu installieren. Sie sollten den LILO im Master-Boot-Record (MBR) installieren.

Hotplug, LILO

Bei den Mäusen wählen Sie in der Regel USB für USB-Mäuse oder PS2 für PS/2-Mäuse aus. Ältere Mäuse verwenden oftmals auch noch die COM-Ports. Entschließen Sie sich anschließend dazu, den GPM zu starten, so können Sie die Maus auch in der Konsole verwenden.

Maus

Die Netzwerkkonfiguration ist intuitiv zu verwenden. Zunächst wird ein Hostname, dann dessen Domain und anschließend die IP-Adressierung festgelegt (statisch oder mit DHCP-Server).[8] Falls Sie einen Router (Gateway) verwenden, kann auch dieser angegeben werden. Sofern Sie keinen eigenen Nameserver besitzen, geben Sie die IP-Adresse eines Nameservers bei Ihrem Provider an. Sollten Sie diesen nicht kennen, können Sie an dieser Stelle auch erst einmal **Enter** drücken.

Netzwerk

Soll Slackware beim Start automatisch einige Dienste starten, so können Sie diese nun selektieren.

Dienste

Die Uhrzeit sollte auf die lokale Zeit (LOCAL TIME) gesetzt werden. Es erscheint ein Fenster zur Auswahl Ihres Standorts.

Uhrzeit

Nachdem die Installation abgeschlossen ist, wählen Sie den Menüpunkt EXIT und starten das System durch Aufruf von `reboot` neu. Vergessen Sie nicht, die Installationsmedien zu entfernen. Slackware-Linux sollte nun durch den Linux Loader (LILO) bootbar sein.

EXIT

---

[7] Bis vor einigen Jahren konnte man zwischen verschiedenen Urzeit-Modems auswählen, die zwischen 300 (!) und 33600 Baud leisteten.
[8] Falls Sie an dieser Stelle nicht weiter wissen und nicht eigens die Netzwerk-Kapitel lesen möchten, geben Sie als Hostnamen `myhost`, als Domain `mynet`, als statische IP-Adresse `192.168.0.30` und als Subnetzmaske `255.255.255.0` ein.

2.6 Installation von OpenBSD

Da wir in diesem Buch sehr oft auf das Betriebssystem OpenBSD eingehen, darf an dieser Stelle die Anleitung zu seiner Installation nicht fehlen.

OpenBSD bietet im Gegensatz zu Free- und NetBSD keine Installationsroutine, die auf einem grafischen Menü basiert, sondern »nur« eine blanke Textinstallation. Diese Textinstallation ist keineswegs schwieriger als die Installation der beiden anderen Derivate, sondern überaus praktisch!

Eine ausführliche Installationsanleitung finden Sie unter *www.openbsd.org/faq/*. Mit der vorliegenden Anleitung können Sie OpenBSD von den offiziellen OpenBSD-CDs oder mit einer Boot-CD in Verbindung mit einem FTP-Download installieren.

2.6.1 Booten

Die Boot-CD wird auf normalen x86- und x86_64-PCs wie jede andere Installations-CD auch gebootet. OpenBSD ist allerdings auch auf SPARC(64)-Systemen sehr beliebt. Dort wird über das Kommando `boot cdrom` gebootet.

Nachdem der Kernel gebootet hat, erscheint die Abfrage aus dem folgenden Listing. Die Auswahlmöglichkeiten sprechen für sich. Wir entscheiden uns für eine Installation.

```
(I)nstall, (U)pgrade or (S)hell? i
```

Listing 2.1 Was wollen Sie tun?

Terminal Type — Als `Terminal Type` sollte auf normalen Intel-PCs generell `vt220` gewählt werden.

kbd mapping — Der nächste Schritt ist die Konfiguration des Tastaturlayouts. Standardmäßig wird nämlich das Layout der US-Tastaturen verwendet. Geben Sie für eine deutsche Tastaturbelegung einfach »de« ein.

```
Terminal type? [vt220] (Enter)
kbd(8) mapping? ('L' for list) [none] de
kbd: keyboard mapping set to de
```

Listing 2.2 kbd mapping

2.6.2 Grundkonfiguration

OpenBSD ist ein hervorragendes Betriebssystem für den Netzwerkbetrieb. Diese Orientierung spürt man bereits während der Installation. Noch bevor Packages installiert werden, wird das Netzwerk konfiguriert. Der Grund dafür ist, dass OpenBSD oftmals über das Netzwerk, etwa via FTP, installiert wird. Zu diesem

Zweck müssen natürlich die dafür notwendigen Netzwerkverbindungen hochgefahren werden.

Zunächst wird ein Hostname gesetzt. Beachten Sie an dieser Stelle, dass der blanke Hostname ohne Domainname angegeben wird. Anschließend wird, sofern vorhanden, eine Netzwerkschnittstelle konfiguriert.

Das *Default-Medium* sollten Sie nur ändern, wenn Sie eine Kombokarte (also eine Karte mit zwei verschiedenen Medienanschlüssen) verwenden, die zum Beispiel noch altes 10Base2 sowie 10BaseT unterstützt. Außerdem sollten Sie, wenn Sie den `ed`-Editor nicht beherrschen, auf jeden Fall vermeiden, die Frage »Edit hosts with ed?« mit »yes« zu beantworten. Dieser Editor ist nicht einmal halb so komfortabel wie der `vi`.

```
Enter system hostname (short form, e.g. 'foo'): moon

Available interfaces are: re0.
Which one do you wish to initialize? (or 'done') [re0]
(Enter)
IPv4 address for re0? (or 'dhcp' or 'none') [dhcp] (Enter)
Issuing hostname-associated DHCP request for re0.
  DHCPDISCOVER on re0 to 255.255.255.255 port 67 interval 1
  DHCPOFFER from 192.168.2.2 (08:00:20:94:0b:c8)
  DHCPREQUEST on re0 to 255.255.255.255 port 67
  DHCPACK from 192.168.2.2 (08:00:20:94:0b:c8)
  bound to 192.168.2.47 -- renewal in 43200 seconds.
IPv6 address for re0? (or 'rtsol' or 'none') [none] (Enter)
  Available network interfaces are: re0 vlan0.
  Which one do you wish to configure? (or 'done') [done] (Enter)
  Using DNS domainname moon.local
  Using DNS nameservers at 192.168.2.1
  Do you want to do any manual network configuration? [no] (Enter)
```

Listing 2.3 Grundlegende Netzwerkinstallation

Nachdem die Grundkonfiguration des Netzwerks abgeschlossen ist, muss nun das Superuser-Passwort vergeben werden. Anschließend werden Sie noch gefragt, ob bestimmte Dienste (etwa der SSH-Daemon oder X11) standardmäßig gestartet werden sollen, und können einen Benutzeraccount anlegen. Außerdem wird noch die Zeitzone (*timezone*) gesetzt (falls Sie in Deutschland wohnen, geben Sie einfach »Europe/Berlin« ein). Sofern Sie Ihr System tatsächlich über die serielle Schnittstelle administrieren möchten, antworten Sie auf die folgende Frage bitte mit »yes«.

```
Change the default console to com0? [no] Enter
```

Listing 2.4 Die serielle Konsole verwenden?

2.6.3 Partitionierung

Die Partitionierung des Systems erfolgt via `fdisk` analog zu den `fdisk`-Varianten der einzelnen Linux-Distributionen. Das Schema ist eigentlich immer das gleiche: Zunächst wird eine Partition angelegt, diese (je nach Wunsch) mit einem Bootflag versehen (`flag`-Befehl) – und fertig. Anschließend wird `disklabel` gestartet. Dort finden Sie einen Eintrag c, der Ihre vollständige OpenBSD-Partition repräsentiert. Sie können nun einzelne Partitionen mit entsprechenden Mountpoints anlegen.

Angelegt werden Partitionen mit dem Befehl n [Buchstabe] – der Dateisystem-Typ sollte dabei 4.2BSD sein. Gelöscht werden Partitionen mit d [Buchstabe]. Die aktuellen Partitionen werden durch den Befehl p ausgegeben. Das Abspeichern erfolgt mit w und das Beenden mit q.

```
> d a
> a a
offset: [63] (Enter)
size: [39102273] (Enter)
Rounding to nearest cylinder: 0
FS type: [4.2BSD] (Enter)
mount point: [none] /
```

Listing 2.5 Eine Partition erstellen

Nach der Installation können Sie mit `disklabel` erneut auf die Konfiguration der Platte zugreifen.

```
# disklabel wd0
using MBR partition 3: type A6 off 63 (0x3f) size
39102147 (0x254a6c3)
# /dev/rwd0c:
type: ESDI
disk: ESDI/IDE disk
label: WDC WD200BB-00DE
flags:
bytes/sector: 512
sectors/track: 63
tracks/cylinder: 16
sectors/cylinder: 1008
cylinders: 16383
total sectors: 39102336
rpm: 3600
interleave: 1
trackskew: 0
cylinderskew: 0
headswitch: 0              # microseconds
```

```
track-to-track seek: 0    # microseconds
drivedata: 0

16 partitions:
#    size    offset  fstype [fsize bsize cpg]
a: 39102273      63  4.2BSD  2048 16384   328 # Cyl  0*- 38791
c: 39102336       0  unused     0     0       # Cyl  0 - 38791
```

Listing 2.6 Eine mögliche Partitionierung einer 18-GB-Festplatte

Nachdem die Arbeit mit `disklabel` abgeschlossen ist, werden Sie jeweils noch einmal gefragt, ob jede einzelne Partition formatiert werden soll und ob die Mountpoints stimmen.

2.6.4 Kopiervorgang

Für die Package-Installation müssen Sie zunächst ein Quellmedium angeben. Danach wählen Sie aus, welche auf dem Medium vorhandenen Archive installiert werden sollen. In der Regel sollten alle Archive installiert werden. Wer einen reinen Server aufsetzen will, kann natürlich die X11-Komponenten (alle Archive, die mit x beginnen) und die BSD-Games auslassen.

Welche Bedeutungen aber haben die einzelnen Archivdateien eigentlich? Die folgende Liste fasst diese kurz zusammen.

- **bsd** – OpenBSD-Kernel
- **bsd.mp** – Multiprozessor-(SMP-)Kernel
- **bsd.rd** – RAM-Disk-Kernel
- **baseXY.tgz** – OpenBSD-Basis-System
- **etcXY.tgz** – Konfigurationsdateien, die später in /etc zu finden sind
- **compXY.tgz** – Enthält alles zur Softwareentwicklung (Compiler, Debugger etc.).
- **manXY.tgz** – OpenBSD-Manpages
- **miscXY.tgz** – Umfasst alles, was zum System gehört, aber keiner anderen Kategorie zugeordnet werden kann.
- **gamesXY.tgz** – Spiele
- **xbaseXY.tgz** – X11-Basis-System
- **xetcXY.tgz** – Konfigurationsdateien für X11
- **xfontXY.tgz** – Font-Server und Schriftarten für X11

- **xservXY.tgz** – die einzelnen X11-Server
- **xshareXY.tgz** – weitere Dateien für X11 (Headerdateien, Manpages etc.)

[»] Wie Sie vielleicht ahnen, ist noch kein einziges Package installiert. Ports und Packages werden erst nach der Installation des Basissystems installiert. Wie dies funktioniert, ist in Abschnitt 14.2.6 beschrieben.

2.6.5 Installation abschließen

Neu gestartet wird das neue System mit `reboot`; vergessen Sie nicht, das Installationsmedium vor dem Reboot zu entnehmen.

2.7 Linux bzw. BSD starten

Nach der Installation sollte Ihr Linux-System automatisch beim Hochfahren des Rechners starten. Falls Sie mehrere Betriebssysteme installiert haben, müssen Sie das Linux-System noch in dem Bootmanager auswählen, der nach der BIOS-Initialisierung angezeigt wird.

Loggen Sie sich, falls Sie keinen automatischen Login bei der Installation konfiguriert haben (was bei einigen Distributionen möglich ist), mit dem gewählten Benutzernamen und Passwort ein. Es erscheint daraufhin bei den meisten Distributionen die grafische Oberfläche (andernfalls wird eine Shell für Sie gestartet, mehr dazu in Kapitel 7). Wie diese grafische Oberfläche aufgebaut ist, wie sie funktioniert und welche Desktop-Oberflächen es gibt, erfahren Sie im nächsten Kapitel.

2.8 Zusammenfassung

Wie Sie vielleicht bemerkt haben, unterscheiden sich die vorgestellten Distributionen nur unwesentlich, was den Ablauf der Installation angeht. Dies liegt daran, dass wir für Sie besonders einsteigerfreundliche Distributionen gewählt haben, die keine tiefen technischen Kenntnisse verlangen. Trauen Sie sich ruhig, die verschiedenen Distributionen auszuprobieren. Das Ausprobieren sollte natürlich nicht etwa mit der Installation enden, Sie können ruhig einmal etwas mit dem System spielen. Bei geeigneter Partitionierung[9] können Sie durchaus, ohne Daten oder eigene Konfigurationen zu verlieren, einmal eine neue Distribution ausprobieren.

---

9 Zum Beispiel wenn /home auf einer eigenen Partition liegt.

»Leben heißt handeln.«
– Dale Carnegie

3 Erste Schritte

Bisher haben Sie erfahren, was Linux eigentlich ist, wie es entstand und wie Sie es installieren können. In diesem Kapitel möchten wir Ihnen das Allerwichtigste vermitteln, was Sie wissen müssen, um mit den Linux-Desktops zu arbeiten. Im nächsten Kapitel werden wir zudem die wichtigsten Anwendungsprogramme – etwa ein Textverarbeitungsprogramm, einen Internet-Browser und einen E-Mail-Client – vorstellen, damit Sie produktiv unter Linux arbeiten können.

3.1 Der Bootvorgang

Die erste Änderung, mit der Sie nach der Linux-Installation in Berührung kommen, ist der ebenfalls frisch installierte Bootmanager. Haben Sie auf dem System weitere Betriebssysteme wie beispielsweise Windows oder auch ein zweites Linux oder BSD installiert, kann über den Bootmanager das zu startende Betriebssystem ausgewählt werden.

Das Betriebssystem auswählen

Im Regelfall ist es so, dass nach wenigen Sekunden eine vordefinierte Auswahl – das Betriebssystem, das Sie als Standard-Betriebssystem festgelegt haben – gebootet wird. Alternativ können Sie den Bootvorgang auch durch einen Tastendruck unterbrechen, bestimmte Bootoptionen ändern und dann durch **Enter** den Vorgang fortsetzen.

Alle *x* Bootvorgänge und nach – zugegeben sehr seltenen – Systemabstürzen werden die angeschlossenen Festplatten im Rahmen des Systemstarts überprüft. Dies ist bei den meisten Dateisystemen notwendig, um einen konsistenten Zustand der gespeicherten Informationen sicherzustellen – wundern Sie sich also nicht über eine eventuelle Verzögerung.

Während des Bootvorgangs werden nun verschiedene wichtige Systemdienste im Hintergrund gestartet. Einer der letzten gestarteten Dienste stellt im Regelfall einen grafischen Anmeldebildschirm bereit.

Mehr zum Bootvorgang erfahren Sie in Kapitel 27, »Bootstrap und Shutdown«.

3.2 Anmelden

Nach dem Start steht Ihnen üblicherweise eine grafische Oberfläche zur Verfügung, über die Sie sich einloggen können. Kann keine grafische Oberfläche gestartet werden oder ist dies nicht gewünscht, sehen Sie ein textbasiertes Konsolen-Login. In jedem Fall müssen Sie einen Benutzernamen – entweder einen während der Installation angelegten Benutzernamen oder den Administratoraccount »root« – angeben beziehungsweise auswählen und anschließend das zugehörige Passwort eingeben.

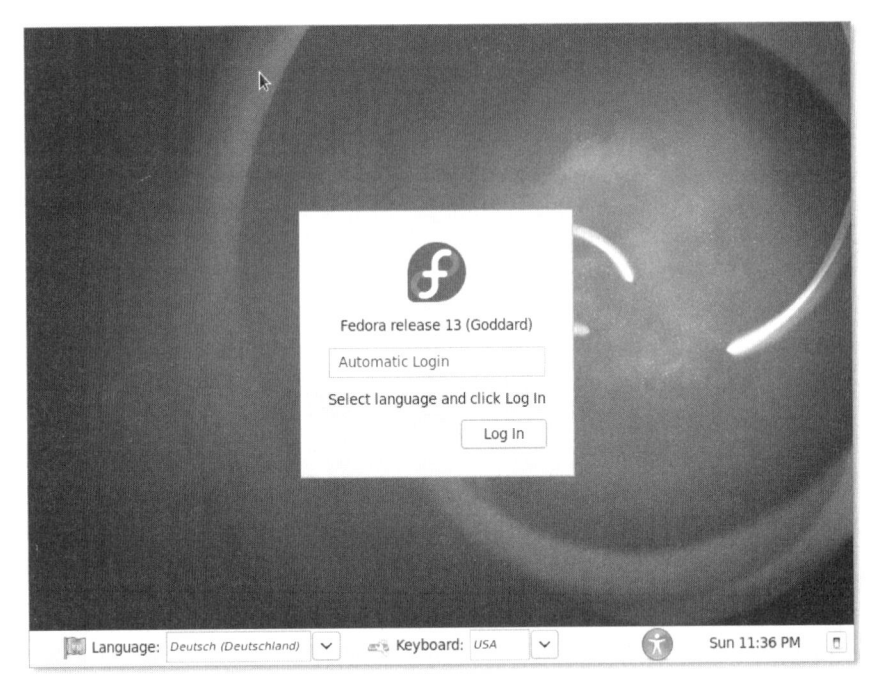

Abbildung 3.1 Fedora Live mit Anmeldebildschirm

Nach dem Login sind Sie normalerweise in einer der folgenden Situationen:

- Ihnen steht nach dem grafischen Login die GNOME-Oberfläche zur Verfügung.
- Ihnen steht nach dem grafischen Login die KDE-Oberfläche zur Verfügung.

Bei KDE und GNOME handelt es sich um zwei sehr umfangreiche und gleichzeitig einfach zu bedienende Desktop-Umgebungen. Als Desktop-Umgebung bezeichnet man eine komplexe, konfigurierbare grafische Oberfläche mit diversen zugehörigen Programmen, etwa einem Mailprogramm oder einem Dateimanager.

Desktop-Umgebungen entsprechen dem, was Windows-Benutzer als Oberfläche bereits kennen. Zwar sieht unter Linux im Vergleich zur Oberfläche unter Windows vieles anders aus, die meisten Grundprinzipien haben sich aber universell bewährt und sind daher sehr ähnlich.

Wird mit dem Bootvorgang keine grafische Oberfläche gestartet, gelangen Sie direkt zur so genannten *Shell*. Sie bietet als klassische *Kommandozeile* sehr umfangreiche Möglichkeiten, das System zu administrieren, und wird vor allem auf Serversystemen intensiv genutzt.

Die für die tägliche Arbeit am PC notwendigen grafischen Programme können jedoch selbstverständlich nicht in einer Text-Konsole ausgeführt werden, weswegen sich ein System im Text-Modus kaum für den täglichen Einsatz als *Desktop-PC* eignet. Aus diesem Grund installieren auch nahezu alle einsteigerfreundlichen Distributionen wie openSUSE, Kubuntu oder Ubuntu standardmäßig eine grafische Oberfläche. Widmen wir uns also zuerst der Arbeit unter GNOME und KDE – die Shell werden wir intensiv in einem der späteren Kapitel erläutern.

Mehr zur Shell erfahren Sie in Teil III, »Die Shell«.

3.3 Erste Schritte mit KDE

Im Folgenden möchten wir Ihnen zeigen, wie Sie als Einsteiger wichtige, grundlegende Tätigkeiten unter KDE durchführen können. Dazu gehört etwa das Starten und Beenden von Programmen, außerdem werfen wir ein Blick auf den Dateimanager *Dolphin*.

Noch mehr über KDE erfahren Sie in Kapitel 23, »Window-Manager und Desktops«.

Nach dem Start des *K Desktop Environment* sehen Sie die typische KDE-Desktopoberfläche. Abbildung 3.2 zeigt einen solchen KDE-Desktop mit einigen gestarteten Programmen. KDE verwaltet dabei als Window-Manager alle grafischen Programme. So wird unter anderem ein Rahmen um alle Fenster gezeichnet, es werden Knöpfe zum Minimieren, Maximieren oder Schließen eingeblendet – und selbstverständlich können alle geöffneten Fenster beliebig vergrößert, verkleinert oder verschoben werden. Unter Linux haben Sie dabei selbstverständlich die Wahl. Sie können zwischen unterschiedlichen Window-Managern wie auch – wenn Sie sich für einen entschieden haben – zwischen unterschiedlichen grafischen Themen dieses Window-Managers wählen.

Aber werfen wir einen Blick auf den Aufbau von KDE. An einem der Bildschirmränder (in der Regel am unteren Bildschirmrand) finden Sie die KDE-Kontrollleiste. Sie können mehrere solcher Kontrollleisten auf Ihrem Desktop haben, doch nach einer Neuinstallation ist standardmäßig nur eine einzige eingerichtet.

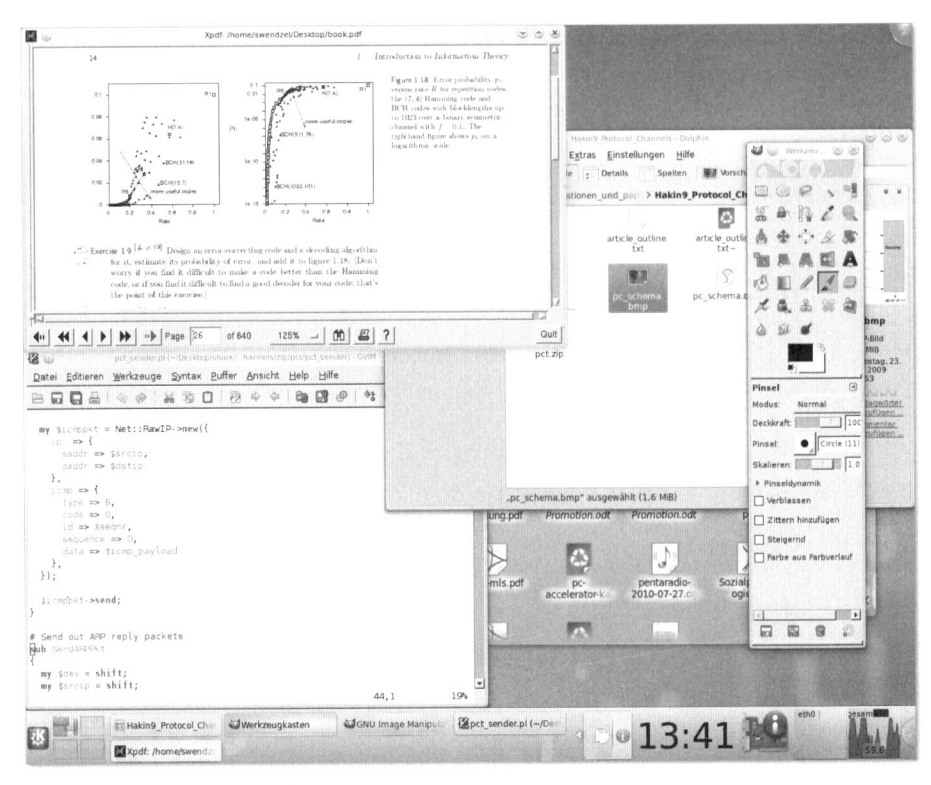

Abbildung 3.2 Der KDE-Desktop

Abbildung 3.3 zeigt eine solche Leiste (zur besseren Darstellung ist diese auf zwei Zeilen aufgeteilt). Ihre eigene Kontrollleiste wird sicherlich von der dargestellten abweichen, jedoch sind alle wesentlichen Bestandteile gleich.

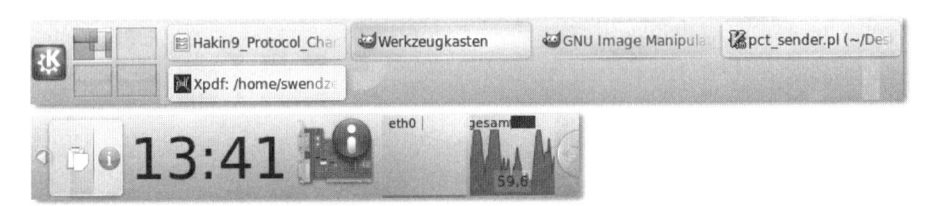

Abbildung 3.3 Das KDE-Panel

Das K-Menü Das blaue K-Symbol repräsentiert das K-Menü und ist damit eine der wichtigsten Schaltflächen in KDE. Klicken Sie darauf, um das K-Menü zu öffnen. Dort können Sie zum einen auf dem System installierte Programme starten, und zwar auf zwei verschiedene Weisen:

- Sie können über den Reiter PROGRAMME auf das Verzeichnis installierter Programme zugreifen. Dort finden Sie verschiedene Programmkategorien (z.B. BÜROPROGRAMME, GRAFIK, SPIELE und INTERNET) in denen Sie Programme finden. Klicken Sie auf eine dieser Kategorien, um sie zu durchsuchen. Um eine Kategorie wieder zu verlassen, klicken Sie auf die Schaltfläche mit dem Pfeil an der Seite.

- Sie geben einen direkten Befehl für den Programmstart über das Feld SUCHE ein, das Sie oben im K-Menü finden. Bei der direkten Befehlseingabe wird KDE Sie bei der Eingabe durch sinnvolle Vorschläge unterstützen; geben Sie z.B. »dolph« ein, so erhalten Sie als Vorschlag auch »Dolphin« (den KDE-Dateimanager). Oft benutzte Programme landen zudem im FAVORITEN-Reiter des K-Menüs, damit Sie sie in Zukunft schneller finden und starten können.

Mithilfe des Reiters RECHNER können Sie den Dateimanager starten und beispielsweise Ihr Heimatverzeichnis durchsuchen. Außerdem können Sie in diesem Reiter das Programm zur Änderung von Systemeinstellungen aufrufen.

Im VERLAUF finden Sie die zuletzt von Ihnen gestarteten Programme und verwendeten Dateien, damit Sie auch diese schnell wiederfinden und starten beziehungsweise öffnen können.

Über die letzte Schaltfläche VERLASSEN können Sie den Rechner in den Ruhezustand versetzen, herunterfahren, neu starten, den Rechner sperren und sich abmelden. Auch das Wechseln des angemeldeten Benutzers ist möglich. In diesem Fall melden Sie sich als ein anderer Benutzer an, können aber jederzeit wieder zu Ihrem zuvor angemeldeten Benutzer wechseln, ohne diesen neu anmelden zu müssen.

Wandern wir auf der KDE-Kontrollleiste aus Abbildung 3.3 weiter nach rechts, so finden Sie direkt neben dem K-Menü vier Schaltflächen. Sie stellen Ihre virtuellen Arbeitsflächen dar. Jede davon kann eigene gestartete Programme enthalten, womit Sie leichter den Überblick behalten, wenn besonders viele Programme laufen.

Virtuelle Arbeitsflächen

Neben den virtuellen Arbeitsflächen finden Sie verschiedene gestartete Programme und Fenster, wie sie auch unter Windows in der Startleiste zu finden sind.

Laufende Programme

Im Systemabschnitt finden Sie verschiedene kleine Icons (die Abbildung zeigt in diesem Fall nur ein Icon für die Zwischenablage), die jeweils unterschiedliche Funktionen bereitstellen. Wenn Sie einen Drucker angeschlossen haben, werden Sie dort auch ein Icon für Ihren Druckerstatus finden. Den Systemabschnitt können Sie auch voll anzeigen, wenn Sie auf den Pfeil am linken Rand klicken. Außerdem enthält der Systemabschnitt ein Informations-Icon (im Bild das graue »i«), das Sie mit wichtigen Informationen versorgt. Es zeigt Ihnen beispielsweise an, wenn neue Systemupdates vorliegen.

Systemabschnitt

Uhr und Geräteinformation	Natürlich besitzt KDE auch eine konfigurierbare Uhrzeitanzeige. Neben ihr sehen Sie den KDE-Systemmonitor. Platzieren Sie den Mauszeiger über diesem, so erscheinen Informationen zu Ihrem Rechner.
Netzwerkanzeige, CPU-Auslastung	Des Weiteren sind in Abbildung 3.3 die Anzeigen zur Auslastung der Netzwerkschnittstellen (hier `eth0`) und des Prozessors zu sehen. Die Anzeige erfolgt in Diagrammform.
Bildschirm sperren und abmelden	Die letzten beiden Schaltflächen dienen zum Sperren des Rechners und zum Abmelden.
Die letzte Schaltfläche	Am rechten Ende der KDE-Kontrollleiste finden Sie einen Halbkreis. Diesen finden Sie oftmals auch zusätzlich an anderen Bildschirmecken. Er dient dazu, die KDE-Kontrollleiste zu konfigurieren bzw. neue Kontrollleisten anzulegen. Sie können über diese Schaltfläche auch Miniprogramme zur KDE-Kontrollleiste hinzufügen, die Leiste an andere Bildschirmränder verschieben sowie ihre Größe ändern.
Dolphin	Kommen wir nun zum Dateimanager Dolphin. Er wird (sofern installiert) von KDE gestartet, wenn Sie im K-Menü einen Ordner öffnen. Außerdem können Sie ihn über den Befehl `dolphin` direkt starten. Mit Dolphin können Sie auf Ihr Dateisystem und auf externe Laufwerke (etwa USB-Sticks) zugreifen. Natürlich kann Dolphin auch Favoriten verwalten, kann Vorschaubilder anzeigen und kennt verschiedene Ansichten für Verzeichnisinhalte.

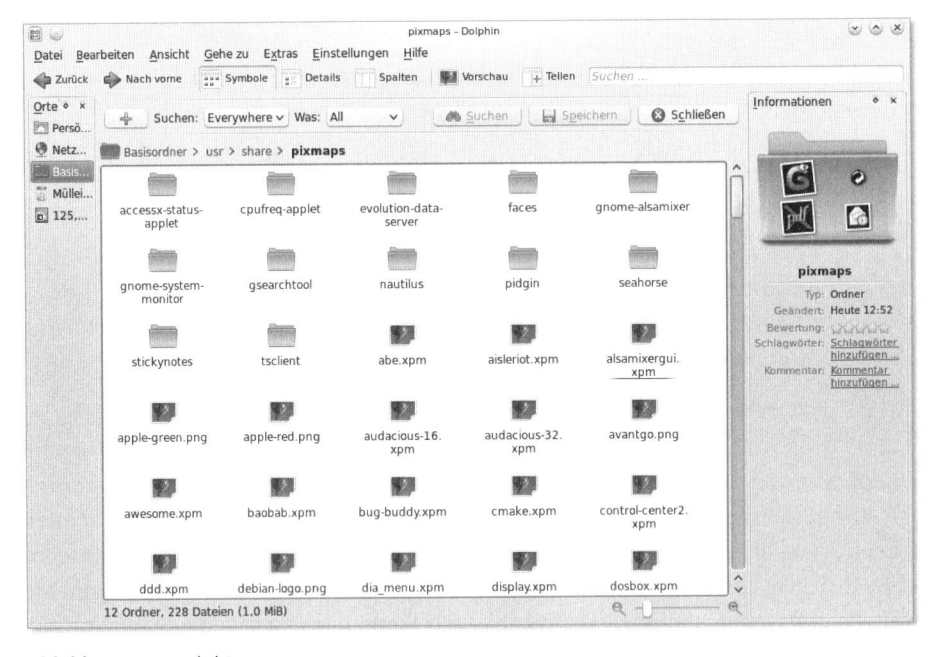

Abbildung 3.4 Dolphin

3.4 Erste Schritte mit GNOME

Wie auch im Abschnitt zu KDE werden wir Ihnen in diesem Abschnitt zu GNOME noch keine Details zur Oberfläche liefern (diese folgen in Abschnitt 23.2); stattdessen sollen Sie lernen, einfach und schnell mit den wichtigsten GNOME-Komponenten zu arbeiten. Dabei beschreiben wir im Folgenden die Version GNOME 2.x und gehen zu Ende des Kapitels auf die Version 3.x ein. Sie werden Ihre eigene GNOME-Version an den entsprechenden Screenshots erkennen.

Mehr über GNOME erfahren Sie in Kapitel 23, »Window-Manager und Desktops«.

3.4.1 GNOME 2

Zunächst einmal steht Ihnen mit dem GNOME-Panel (das ist die Menüleiste am unteren und/oder oberen Bildschirmrand) ein übersichtliches Werkzeug zur Verfügung, mit dessen Hilfe Sie Programme starten, GNOME und das System konfigurieren und diverse Informationen anzeigen lassen können. Das GNOME-Panel ist aus diversen kleinen Komponenten zusammengestellt, die Sie nach Wunsch entfernen, hinzufügen und konfigurieren können. Beispielsweise kann die Zeit- und Datumsanzeige mit zwei Mausklicks entfernt und mit fast ebenso wenigen Mausklicks wieder in das GNOME-Panel integriert werden.

Panel

Typischerweise hat das GNOME-Panel einen Aufbau, wie er in Abbildung 3.5 (dort allerdings zur besseren Ansicht dreizeilig dargestellt) zu sehen ist. Die erste Zeile zeigt das GNOME-Menü, das sich in ANWENDUNGEN, ORTE und SYSTEM unterteilt. Im Reiter ANWENDUNGEN finden Sie alle im System installierten Programme, die für das Starten über das GNOME-Menü konfiguriert wurden (das sind in der Regel fast alle Anwendungen mit grafischer Oberfläche, etwa OpenOffice.org oder der Firefox-Browser). Im Reiter ORTE gibt es Schaltflächen, um die wichtigsten Verzeichnisse auf dem lokalen Rechner (ihr Heimatverzeichnis, den Desktop etc.) zu erreichen. Außerdem können Sie über ORTE auf Windows-Netzwerkfreigaben zugreifen und Dateien suchen. Über den Reiter SYSTEM können Sie zum einen Ihre eigene Arbeitsumgebung konfigurieren und zum anderen das System administrieren.

Wenn Elemente im Panel nicht auftauchen: Falls einige Elemente aus Abbildung 3.5 in Ihrem Panel fehlen, so liegt dies daran, dass diese nicht installiert/konfiguriert sind. Normalerweise lässt sich ein solches Problem einfach beheben: Klicken Sie mit der rechten Maustaste auf einen freien Bereich im Panel, klicken Sie dann auf »Zum Panel hinzufügen« und wählen Sie das gewünschte Element aus, das Sie integrieren möchten.

[«]

89

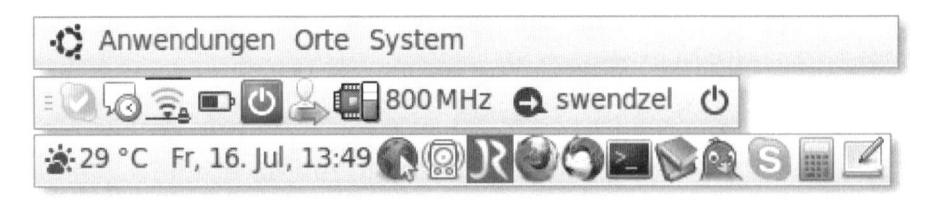

Abbildung 3.5 Das GNOME-Panel (aufgeteilt auf drei Zeilen)

In der zweiten Zeile sind Icons von derzeit laufenden Programmen zu sehen, die über diese Icons gesteuert werden können. Das dritte Icon bietet Informationen zu verfügbaren Netzwerken und VPN-Verbindungen. Das vierte Icon zeigt die Ladeanzeige des Notebook-Akkus. Der rote Button bietet die Möglichkeit, den Rechner herunterzufahren, in den Ruhemodus zu schalten oder neu zu starten. Der folgende Button dient zum Wechseln des Benutzers und die Schaltfläche 800 MHz regelt die aktuelle Taktfrequenz des Prozessors, was nützlich ist, um Energie zu sparen. GNOME stellt über diese Schaltfläche auch verschiedene Konfigurationen für die Rechenzeit zur Verfügung (etwa ONDEMAND, bei der die Rechenleistung nur bei Bedarf voll ausgeschöpft wird, oder PERFORMANCE, bei der Ihr Rechner hohe Leistung bringt, dafür aber mehr Energie frisst).

Die zweite Zeile endet mit der Sitzungsanzeige für die Anpassung des eigenen Status bei Social Communities (unterstützt werden – zumindest bei Ubuntu – Flickr, Twitter, Facebook und einige weitere Dienste) und einer Multifunktions-Schaltfläche zum Abmelden, Neustarten, Ausschalten, Benutzer-Wechseln oder Bildschirm-Sperren.

Die dritte Zeile zeigt links die Uhrzeit und das aktuelle Wetter an. Halten Sie die Maus über die Temperatur, um detailliertere Informationen zum Wetter zu erhalten. Klicken Sie auf die Uhr, um den Kalender, aktuelle Aufgaben und die Uhrzeit an von Ihnen konfigurierten Orten auf der Welt zu sehen.

Rechts sehen Sie diverse Schnellstart-Schaltflächen für Programme und die – übrigens äußerst praktischen – Tomboy-Notizzettel.

Anwendungen starten und beenden
Anwendungen werden entweder über das bereits erwähnte Menü ANWENDUNGEN gestartet oder über einen direkten Befehl. Drücken Sie für die Befehlseingabe die Tastenkombination **Alt + F2** und bestätigen Sie die Befehlseingabe (diese könnte für den Texteditor etwa `gedit` lauten) mit der **Enter**-Taste oder einem Klick auf AUSFÜHREN. Beendet werden Programme über die typischen Schaltflächen, die auch von Windows her bekannt sind. Je nach Konfiguration der GNOME-Oberfläche sehen die entsprechend dafür zu verwendenden Buttons anders aus und sind entweder am linken oder rechten oberen Rand eines Fensters zu finden. Den Button zum Schließen eines Fensters ziert im Normalfall ein Kreuz-Symbol. Die typischen Fens-

terschaltflächen zur Minimierung und Maximierung von Fenstern sind natürlich ebenfalls vorhanden.

3.4.2 GNOME 3

Die neue GNOME-Version mit der so genannten *GNOME-Shell* sehen Sie in Abbildung 3.6. Die Bedienung von GNOME 3 ist recht simpel. Fahren Sie mit der Maus in die obere linke Ecke Ihres Bildschirms. Daraufhin erhalten Sie eine Übersicht aller derzeit offenen Fenster in der Mitte des Bildschirms. Rechts sehen Sie ihre virtuellen Arbeitsflächen – Sie können Fenster zwischen diesen Arbeitsflächen beliebig verschieben. Klicken Sie auf eine anderen virtuelle Arbeitsfläche (rechts), um die dort platzierten Fenster zu sehen. An der linken Bildschirmseite sehen Sie Icons, mit denen Sie Programme starten können. Unter GNOME 3 werden diese Schnellstart-Icons als »Favoriten« bezeichnet.

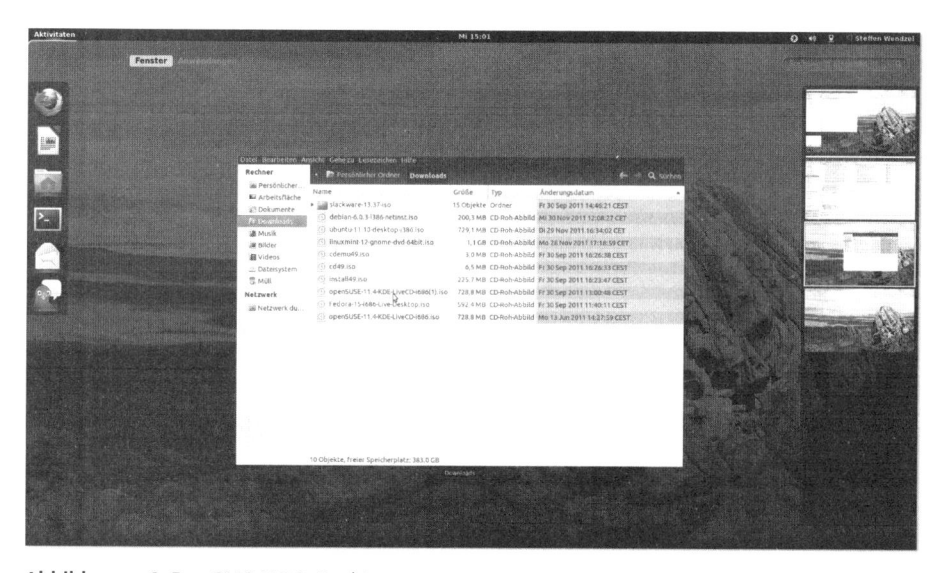

Abbildung 3.6 Der GNOME 3-Desktop

Sie können in dieser Übersicht (oben links) zwischen zwei Reitern, »Anwendungen« und »Fenstern« wählen. Standardmäßig sehen Sie im Normalfall, wie beschrieben, die offenen Fenster. Klicken Sie auf »Anwendungen« um eine Übersicht der installierten Anwenderprogramme zu erhalten. In diesem Fall sehen Sie an der rechten Bildschirmseite statt den virtuellen Arbeitsflächen Kategorien für Programme (etwa »Spiele« oder »Zubehör«). Mit einem Linksklick starten Sie ein Programm, mit einem Rechtsklick können Sie Anwendungen zur Favoritenleiste am linken Bildschirmrand hinzufügen (»Zu Favoriten hinzufügen«).

3.4.3 Der Dateimanager unter GNOME

Der Dateimanager

Der Dateimanager unter GNOME nennt sich Nautilus (Abbildung 3.7). Nautilus wird über den Befehl `nautilus` oder durch den Klick auf einen Ordner (etwa über das Menü ORTE im GNOME-Panel) gestartet. Mit Nautilus können Sie durch Ihr gesamtes Dateisystem browsen (zumindest sofern es Ihre aktuellen Zugriffsrechte erlauben). Zudem erlaubt Nautilus das Anlegen von Lesezeichen und auch das Browsen im Windows-Netzwerk (durch Samba-Freigaben). Der Dateimanager ist schnell, kann Vorschaubilder von Bilddateien und Videodateien anzeigen und ist intuitiv bedienbar.

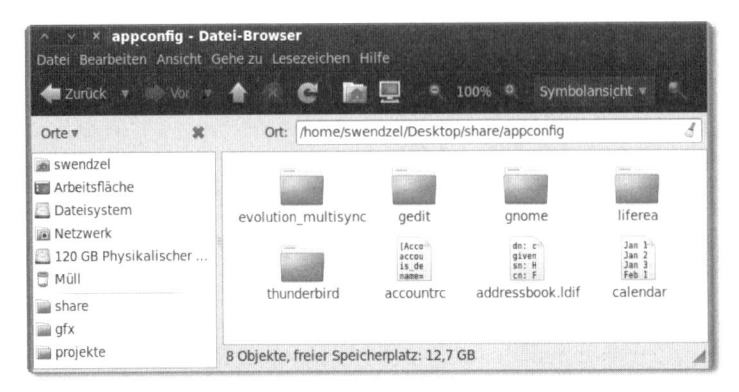

Abbildung 3.7 Nautilus

3.5 Zusammenfassung

Nach dem Starten von Linux finden Sie entweder einen grafischen Anmeldebildschirm oder den Konsolen-Login vor. In beiden Fällen müssen Sie einen Benutzernamen samt Passwort eingeben, um sich anzumelden. Heutige Einsteigerdistributionen bieten Ihnen standardmäßig die grafische Anmeldevariante und starten für Sie nach der Anmeldung fast ausschließlich den KDE-Desktop oder den GNOME-Desktop. Beide Desktops stellen ausgereifte und einfach zu bedienende Oberflächen dar, die hochgradig konfigurierbar sind und eine Vielzahl an Programmen mitbringen.

3.6 Aufgaben

Machen Sie sich mit der Oberfläche, die Sie auf Ihrem System vorfinden, vertraut. Starten Sie beispielsweise verschiedene Programme und verändern Sie verschiedene Einstellungen (etwa das Hintergrundbild oder die Schriftgrößen).

»Mein großer Motivator ist der Spaß an der Arbeit, am Erfolg.«
– Siegfried Luther

4 Linux als Workstation für Einsteiger

In diesem Kapitel lernen Sie, wie Sie die wichtigsten Aufgaben mit Ihrem Linux-System einfach und schnell erledigen können. Zu diesem Zweck haben wir einen problemorientierten Ansatz gewählt; Sie finden in diesem Kapitel etwa eine Anleitung für das Problem, Bilder von der Digitalkamera auf den Linux-Rechner zu bekommen. Wir orientieren uns in diesem an Neueinsteiger gerichteten Kapitel explizit an grafischen Programmen für KDE und GNOME. In späteren Kapiteln lernen Sie natürlich weitere wichtige Programme für Ihr Linux-System kennen (etwa das GIMP-Grafikprogramm, einen Newsreader und einen IRC-Client).

Sollten Sie bereits problemlos mit OpenOffice.org bzw. LibreOffice und dem Firefox-Browser umgehen können, dann können Sie dieses Kapitel getrost überspringen.

4.1 Mit Office arbeiten

Aus der Windows-Welt werden die meisten unserer Leser bereits Microsoft Office mit Word, Excel, PowerPoint und Co. kennen. Vielleicht kennen Sie aber auch bereits OpenOffice.org oder LibreOffice. OpenOffice.org bzw. LibreOffice sind freie Alternativen zu Microsoft Office und laufen sowohl unter Windows als auch unter Linux und einigen anderen Betriebssystemen. Desweiteren gibt es unter Linux noch KOffice, das ebenfalls frei verfügbar ist, aber nicht den gleichen Stellenwert wie OpenOffice.org einnimmt. Wir besprechen OpenOffice.org und LibreOffice daher ausführlicher als KOffice.

4.1.1 OpenOffice.org/LibreOffice

OpenOffice.org (das ».org« gehört tatsächlich zum Namen) ging aus dem ehemaligen StarOffice-Projekt hervor. StarOffice wurde ursprünglich als kommerzielle Software von Star Division entwickelt. Nach Freigabe des Quellcodes und Übernahme durch Sun Microsystems wurde daraus OpenOffice.org, das auch weiterhin von Oracle (ehemals Sun) unterstützt wird und eine umfangreiche Open-Source-Lösung für das Büro darstellt. Mit dieser Office-Suite bekommt man eine kostenfreie Komplettlösung, die eigentlich alle Features mitbringt, die man für das professionelle Arbeiten benötigt. Neben dem von Oracle bereitgestellten OpenOffice.org existiert zudem der von der Community entwickelte Klon LibreOffice, den bereits viele Distributionen als Hauptumgebung mitliefern. Um uns die ständige Erwähnung *beider* Varianten, deren Bedienung weitestgehend gleich ist, zu ersparen, sprechen wir im Folgenden immer nur von OpenOffice.org, meinen damit aber explizit auch LibreOffice.

Das OpenDocument-Format

OpenOffice.org 2.0 war nach eigenen Aussagen die erste Suite, die das OASIS-OpenDocument-Format unterstützte. Beim OpenDocument-Format handelt es sich um eine einheitliche und für jeden offene Beschreibung der Office-Dateiformate. Ein solches Dokument kann von jedem OpenDocument-fähigen Programm bearbeitet werden. Auch Microsoft Office unterstützt das OpenDocument-Format, weshalb der Austausch von Dateien zwischen Microsoft Office und OpenOffice.org kein Problem mehr ist.

Texte schreiben mit Writer

Was bei Microsoft Office als *Word* bezeichnet wird, ist bei OpenOffice.org das Programm *Writer*. Um es gleich vorwegzunehmen: Writer kann Microsoft Word-Dateien öffnen und bearbeiten und ist ähnlich einfach zu bedienen wie das Microsoft'sche Pendant. Die folgende Abbildung zeigt Writer mit einem Beispieldokument.

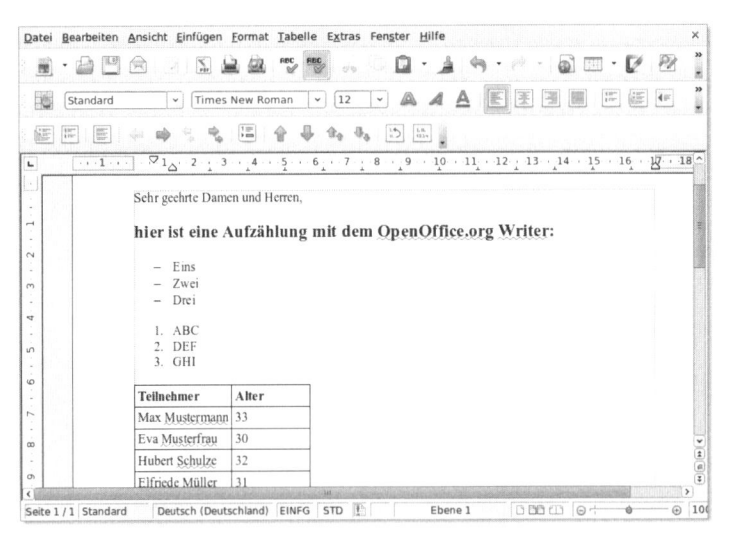

Abbildung 4.1 OpenOffice.org Writer

Ein neues Dokument erstellen

Es ist ganz einfach, ein neues Dokument mit Writer zu erstellen. Starten Sie dazu zunächst das Writer-Programm (über das Startmenü Ihrer Oberfläche). Sie sehen nach dem Programmstart ein leeres Dokument. Klicken Sie in den Textbereich, um Text zu schreiben.

Für die Formatierung von Text stehen Ihnen selbstverständlich diverse Möglichkeiten zur Verfügung (Kursivschrift, Fettschrift, Unterstreichen von Text, verschiedenste Schriften und Schriftgrößen usw.). Die entsprechenden Symbole zur Veränderung von Text finden Sie in der Symbolleiste. Bewegen Sie den Mauszeiger über eines der Symbole, um zu erfahren, was es bewirkt. Die folgende Abbildung zeigt die typischen Schaltflächen zur Formatierung von Text.

Text formatieren

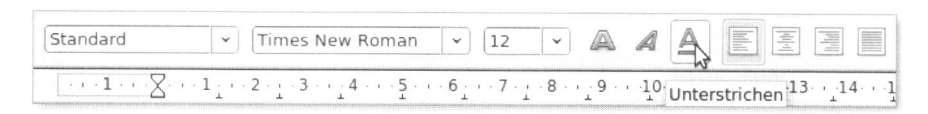

Abbildung 4.2 Textformatierung mit Writer

Die zweite Schaltfläche von links lässt Sie eine Schriftart auswählen, die Schaltfläche daneben dient zur Wahl der Schriftgröße. Es folgen die Symbole für Fett- und Kursivschrift sowie zum Unterstreichen von Text. Die vier rechten Symbole dienen dazu, die Satzfrom des Textes zu verändern. Wie auf den Symbolen sehr schön zu sehen ist, kann Text entweder linksbündig, zentriert, rechtsbündig oder als Blocksatz formatiert werden – spielen Sie ruhig einmal damit.

Um Text nachträglich zu verändern, markieren Sie diesen mit gedrückter linker Maustaste und klicken anschließend auf die Symbole, durch die Sie den Text verändern möchten (etwa Fettschrift).

Das Verwalten von Dateien ist ebenfalls einfach machbar. Das Dokumentensymbol ganz links (Abbildung 4.3) ermöglicht es Ihnen, per Mausklick neue OpenOffice.org-Dateien zu erstellen (darunter auch Präsentationen, Zeichnungen usw., doch dazu später mehr). Das Ordner-Symbol daneben dient dazu, Dateien zu laden und das Disketten-Symbol speichert Dateien ab. Klicken Sie auf den Brief, um Dateien per E-Mail zu versenden (Achtung: Dies erfordert ein entsprechend konfiguriertes Mailprogramm).

Dateien speichern und laden

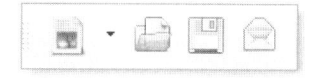

Abbildung 4.3 Dateiverwaltung

Wenn Sie eine Datei speichern oder öffnen wollen, müssen Sie angeben, wo diese Datei gespeichert werden soll bzw. welche Datei geladen werden soll. Sollten Sie sich nicht mit dem Linux-Dateisystem auskennen (das wird sich ändern, nachdem Sie dieses Buch gelesen haben!), dann speichern Sie Dateien am besten einfach in Ihrem Heimatverzeichnis (dieses ist im Normalfall schon ausgewählt). Zum Laden doppelklicken Sie auf einen Dateinamen; zum Speichern geben Sie einen neuen Dateinamen (wie in der Abbildung zu sehen) ein und drücken Sie auf SPEICHERN.

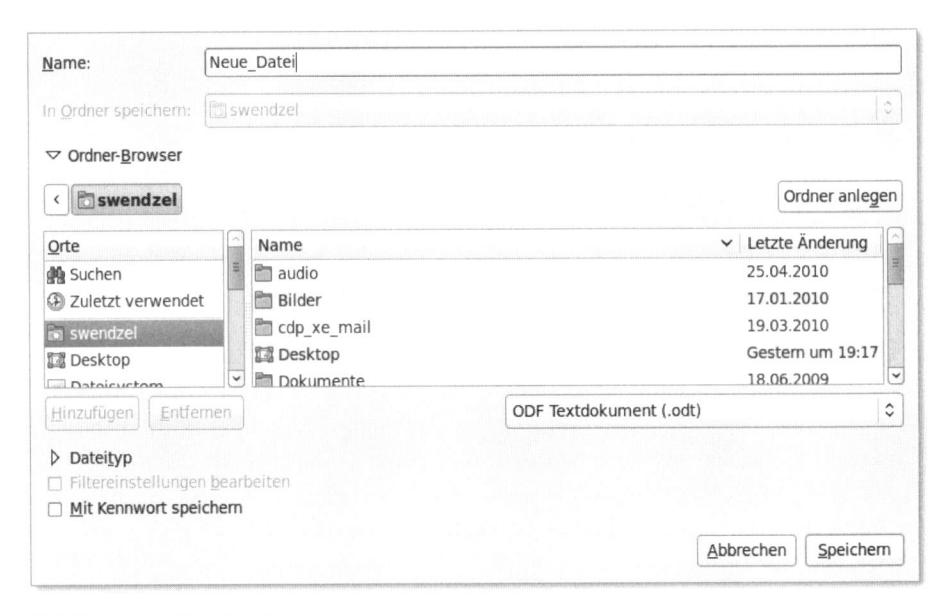

Abbildung 4.4 Eine Datei speichern

Dateien drucken

Wenn Sie Ihren Blick bei den Schaltflächen in Writer etwas weiter nach rechts laufen lassen, stoßen Sie auf einige weitere Symbole (Abbildung 4.5). Mit dem ersten Symbol können Sie eine Writer-Datei direkt in ein PDF-Dokument exportieren (dazu öffnet sich der Dialog zum Speichern einer Datei). Mit dem zweiten Symbol können Dateien gedruckt werden (dazu wird ein entsprechend installierter Drucker benötigt). Das dritte Symbol zeigt Ihnen die Seitenansicht, mit der Sie sehen können, wie die Seite ausgedruckt aussehen würde. Dies ist besonders nützlich, um Seiten aufzuteilen und dabei etwa zu ungleichmäßige Abstände zu vermeiden. Die vorletzte Schaltfläche startet die Rechtschreibprüfung und die letzte Schaltfläche stellt die automatische Rechtschreibprüfung an bzw. ab – ist sie aktiviert, werden Wörter, die Writer nicht kennt, rot unterstrichen, damit Sie immer gleich sehen können, wo ein Fehler sein könnte. Nicht jedes unterstrichene Wort ist dabei ein Fehler, denn Eigennamen können in den meisten Fällen nicht erkannt werden, da sie keinem Wörterbuch angehören.

Abbildung 4.5 Schaltflächen zum Drucken

Haben Sie einmal aus Versehen Text gelöscht oder möchten aus einem anderen Grund einen vorherigen Zustand wiederherstellen, dann können Sie die kürzlich durchgeführten Aktionen rückgängig machen. Klicken Sie dazu auf den nach links zeigenden orangen Pfeil. Ebenfalls praktisch ist die Übertragung von Formaten auf andere Textbereiche, was mit dem roten Pinsel-Symbol bewerkstelligt werden kann. Klicken Sie dazu auf den Textbereich, der nach Ihren Wünschen formatiert ist und dessen Formatierung Sie übertragen möchten. Klicken Sie anschließend auf den Pinsel und markieren Sie den Textbereich, auf den die Formatierung angewandt werden soll.

Veränderungen und Formatübertragungen

Häufig werden Tabellen in Textdokumenten benötigt. Mit Writer können Sie mit zwei Klicks eine Tabelle in Ihr Dokument einbauen. Klicken Sie dazu, wie in Abbildung 4.6 dargestellt, auf das Tabellensymbol. Daraufhin erscheint eine Mini-Tabelle, in der Sie auswählen können, wie viele Spalten und Zeilen Ihre Tabelle haben soll (Zeilen werden später automatisch erweitert, wenn Sie in der letzten Spalte der letzten Zeile die Tabulator-Taste drücken).

Tabellen erstellen

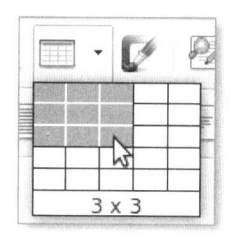

Abbildung 4.6 Tabellen erstellen

OpenOffice.org Writer kennt unzählige weitere Funktionen, die wir in diesem Linux-Buch nicht alle behandeln können. Vielmehr ist dies die Aufgabe von OpenOffice.org-Büchern, wie Sie sie im Handel finden. Außerdem können wir Ihnen die Hilfe zu OpenOffice.org empfehlen. Drücken Sie zum Aufruf der Hilfe die Taste **F1** und klicken Sie anschließend auf den Reiter INHALT um einen Überblick über die gesamte Dokumentation aller OpenOffice.org-Komponenten zu erhalten. Die Dokumentation zu Writer erhalten Sie, wenn Sie anschließend auf TEXTDOKUMENTE klicken.

Weitere Funktionen

4 | Linux als Workstation für Einsteiger

Tabellenkalkulation mit Calc

Calc ist die Tabellenkalkulation der Office-Suite. Mit einer Software für Tabellenkalkulation können Sie Daten und Werte verschiedensten Typs tabellarisch und mithilfe einiger mathematischer Funktionen verarbeiten sowie Daten durch Diagramme darstellen lassen. Auch Calc können Sie, haben Sie einmal Excel oder KSpread verwendet, ohne Weiteres intuitiv benutzen. Das Speichern, Laden und Drucken von Dateien sowie das Exportieren in das PDF-Format wird auf die gleiche Weise und mit den gleichen Schaltflächen erledigt wie in Writer.

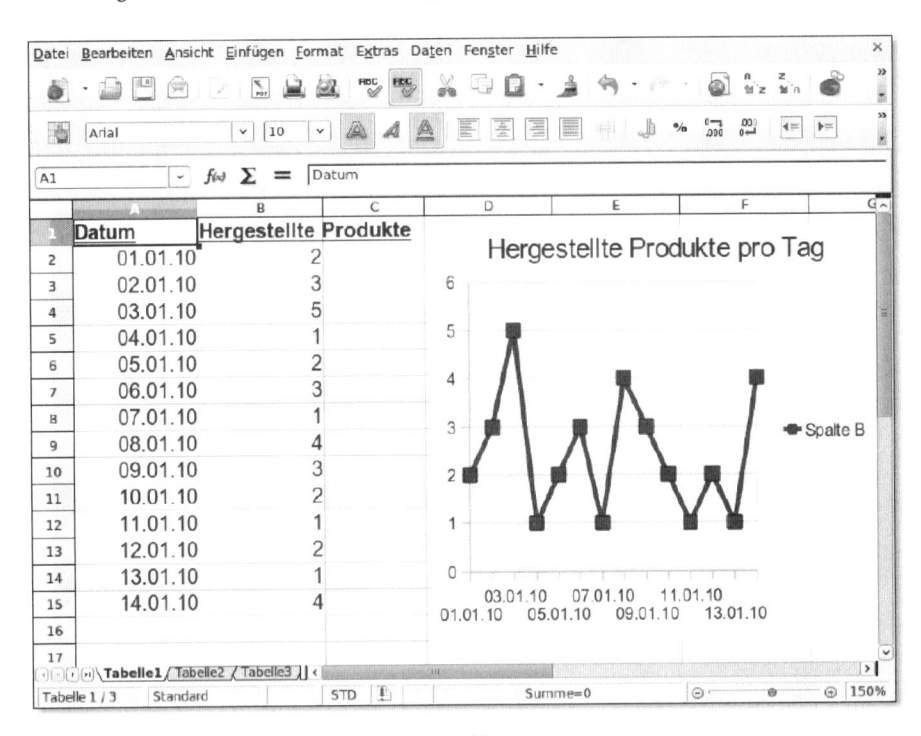

Abbildung 4.7 OpenOffice.org Calc mit Beispieldaten

Grundlegende Hinweise

Calc ist ein sehr umfangreiches Werkzeug und kann in diesem Buch nicht so einfach beschrieben werden wie Writer, dessen Bedienung deutlich einfacher ist. Einige erste Tipps möchten wir Ihnen dennoch mit auf den Weg geben. Unser Ziel soll es sein, das in Abbildung 4.7 zu sehende Dokument zu erstellen: Es enthält eine Tabelle, die einem Datum eine Anzahl hergestellter Produkte zuordnet, und stellt die daraus ersichtliche tägliche Produktion in einem übersichtlichen Diagramm dar.

Tabelle erstellen

Zunächst schreiben Sie in zwei Tabellenzellen die beiden Überschriften für das Datum und für die Anzahl hergestellter Produkte nebeneinander, also etwa »Datum« und »Hergestellte Produkte«. Mit den Pfeiltasten können Sie zwischen den einzelnen Zellen wechseln. Alternativ können Sie die Maus benutzen, um Zellen auszuwählen.

Nun fügen Sie das erste Datum ein, indem Sie es in der Form »Tag.Monat.Jahr«, also z.B. »28.08.2008« oder »28.08.08« eingeben. Calc erkennt beide Eingabevarianten korrekt und vereinheitlicht diese automatisch.

Um sich die Tipparbeit für die folgenden Datumseingaben zu ersparen, können Sie Calc anweisen, das Datum (jeweils um einen Tag fortgeschritten) automatisch für die weiteren Zellen einzutragen. Klicken Sie dazu mit der Maus auf die Zelle, in der Sie soeben das Datum eingetragen haben. In der unteren rechten Ecke der Zelle erscheint nun ein schwarzer Ankerpunkt. Klicken Sie mit der linken Maustaste darauf und halten Sie die Maustaste gedrückt. Ziehen Sie die Maus nun so viele Spalten nach unten, wie Sie möchten (wie in Abbildung 4.8 zu sehen), um die Datumswerte vervollständigen zu lassen. Lassen Sie anschließend einfach die Maustaste los. Diese Autovervollständigung von Zellenwerten funktioniert übrigens auch mit Zahlen.

Arbeit sparen!

Abbildung 4.8 Calc vervollständigt Datumswerte

Nun können Sie in der zweiten Spalte der Tabelle (also der Spalte, in der die Anzahl der hergestellten Produkte eingetragen wird) Testwerte eingeben. Wenn Sie möchten, können Sie in die oberste Spalte eine beliebige Zahl schreiben und Sie auf die gleiche Weise wie die Datumseingabe vervollständigen lassen.

Im nächsten Schritt soll ein Diagramm erstellt werden, das die eingetragenen Werte darstellt. Markieren Sie dazu mit gedrückter linker Maustaste den Datenbereich der Tabelle (also vom ersten Datum, links oben, bis zum letzten Wert, rechts unten). Klicken Sie anschließend auf die Schaltfläche zur Erstellung eines Diagramms (siehe Abbildung 4.9).

Diagramm erstellen

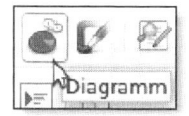

Abbildung 4.9 Schaltfläche zur Diagrammerstellung

Das Diagramm, das Calc nun automatisch für Sie erstellt hat, können Sie hinter einer neu erschienenen Dialogbox bereits sehen. Wenn Sie genau hinsehen, wird es wohl kaum die Werte darstellen, die Sie gerade eingetragen haben. Der Grund hierfür ist, dass Calc die Datumswerte der ersten Spalte falsch interpretiert, denn diese sollen nur als Beschriftung dienen. Klicken Sie dazu in der Dialogbox auf 2. DATENBEREICH und setzen Sie anschließend das Häkchen bei ERSTE SPALTE ALS BESCHRIFTUNG (siehe Abbildung 4.10).

Abbildung 4.10 Diagrammerstellung anpassen

In 4. DIAGRAMMELEMENTE können Sie für Ihr Diagramm noch eine Überschrift setzen, die Legende ein/ausstellen und in 1. DIAGRAMMTYP können Sie auswählen, welche Darstellungsform Sie benutzen möchten (wir haben uns im obigen Fall für die Linien-Darstellung PUNKTE UND LINIEN entschieden). Wenn Ihr Diagramm Ihren Wünschen entspricht, klicken Sie auf FERTIGSTELLEN. Sie können auch im Nachhinein noch gewählte Einstellungen ändern.

Weitere Komponenten von OpenOffice.org

- **Impress**
  Wie jede Office-Suite bringt auch OpenOffice.org eine Präsentationssoftware mit. Diese unterstützt alle üblichen Features wie Slideshows, Bilder und Animationen. Außerdem werden 2D- und 3D-Cliparts unterstützt – toll!

- **Math**
  Mit OpenOffice.org Math steht Ihnen ein Formeleditor zur Verfügung, mit dem Sie ohne viel Aufwand hübsche Formeln mit allen möglichen mathematischen Zeichen produzieren können.[1]

- **Draw**
  Wieder ein kurzer Name, der bereits verrät, worum es geht: ein Zeichen-Tool.

---

[1] Im weiteren Verlauf dieses Buches werden Sie übrigens auch lernen, solche Formeln mit dem Textsatzsystem LaTeX von Hand zu erstellen.

Mit Draw können Sie ähnlich einfach wie mit Paint unter Windows einfache Zeichnungen, etwa Relationsdiagramme, anfertigen und in Ihre Dokumente einbauen. Unterstützt werden dabei die Dateiformate Bitmap (.*bmp*), .*gif*, .*jpeg*, .*png*, .*tiff* und .*wmf*. Außerdem können Flash-Dateien (.*swf*) erzeugt werden.

- **Base**
  Base ist das Datenbanktool der Komponenten-Gemeinde. Es ähnelt sehr Microsofts Access-Tool und kann ebenfalls mit diversen Dateiformaten umgehen. Dazu zählen XML, dBASE, Microsoft Access, Adabas D, MySQL und Formate weiterer ODBC- sowie JDBC-schnittstellenkompatibler Systeme. Außerdem werden LDAP-kompatible Adressbücher unterstützt.

4.1.2 KOffice und KDE PIM

KOffice ist die KDE-eigene Office-Umgebung und besteht wie OpenOffice.org aus einer ganzen Menge Subprogrammen. In Verbindung mit KDE scheint die Nutzung der darauf abgestimmten Office-Suite natürlich die erste Wahl zu sein, doch Vorsicht: Testen Sie zunächst die Stabilität der einzelnen Programme. Außerdem wird im Rahmen des KDE-Projekts noch KDE PIM entwickelt. Dabei handelt es sich um eine Suite aus Tools zur Verwaltung persönlicher Informationen (Adressbuch, Kalender, Mailprogramm und vieles mehr). KOffice und KDE PIM bestehen aus den folgenden Programmen:

- **KWord**
  KWord ist ein typisches Textverarbeitungsprogramm, das sich in etwa mit Abiword von GNOME oder dem alten Works für Windows vergleichen lässt (siehe Abbildung 4.11).

- **KSpread**
  KSpread ist eine mächtige (und stabile) Software zur Tabellenkalkulation. Wer mit Microsoft Excel umgehen kann, wird sich intuitiv auch in KSpread zurechtfinden (siehe Abbildung 4.12).

- **KPresenter**
  KPresenter ist ein Programm für Bildschirmpräsentationen, das PowerPoint ähnelt – nur ist es eben gratis und mit einer OpenSource-Lizenz versehen. Solange man KPresenter nicht mit PowerPoint-Dateien konfrontiert, kann es sogar Spaß machen, damit zu arbeiten.

- **Kivio**
  Kivio ist ein Programm zur Erstellung von Flussdiagrammen.

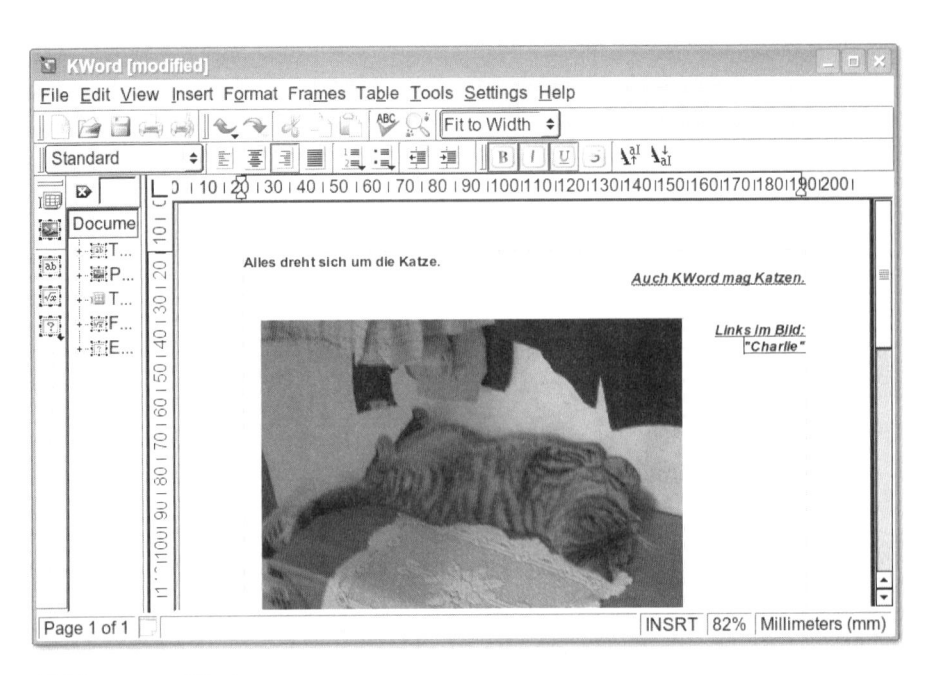

Abbildung 4.11 KWord

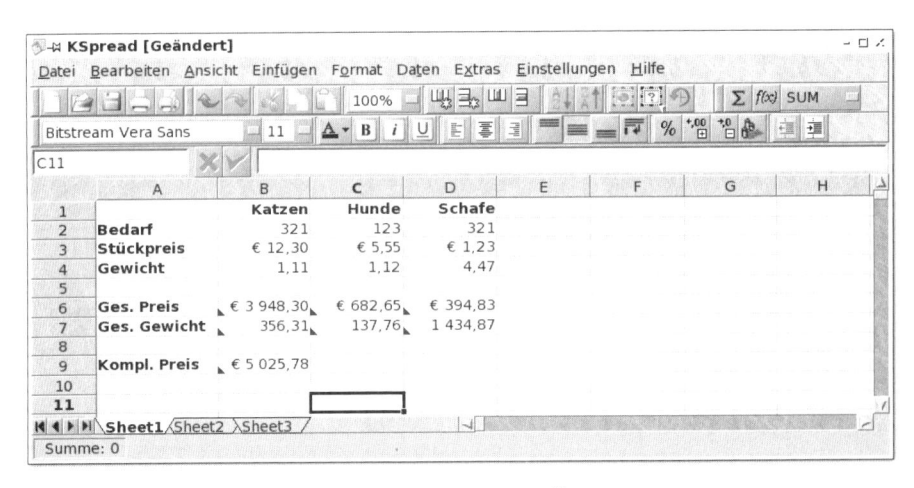

Abbildung 4.12 KSpread berechnet unsere Haustier-Bestellung.

▶ **Karbon14**
Karbon14 ist ein Vektorzeichenprogramm.

▶ **Krita**
Für pixelorientiertes Zeichnen wird Krita verwendet.

- **Kugar**
  ein Tool für *Business Quality Reports*

- **KChart**
  ein integriertes Grafik- und Diagrammzeichenprogramm

- **KFormula**
  ein Formeleditor

- **Kexi**
  ein Tool für den Datenbankzugriff

- **Kontact**
  Das Programm Kontact vereint die diversen Funktionen des PIM-Projekts unter einem Dach. Hier können Sie Adressen und Kontaktinformationen verwalten. Des Weiteren beinhaltet Kontact KMail, ein einfach zu bedienendes, sehr leistungsfähiges Mailprogramm, das Kalender- und Planungsprogramm KOrganizer, den Usenet-Client KNode und das Synchronisationswerkzeug KitchenSync.

4.2 Im Internet surfen: Browser

Natürlich möchte man auch unter Linux im Internet »surfen«. Eine entsprechende Vielfalt von Browsern bietet sich hierzu an. In den allermeisten Fällen werden Sie den Firefox-Browser vorfinden, der sich auch unter Windows einer großen Beliebtheit erfreut. Zwar gibt es noch einige weitere Browser (etwa für die Konsole oder als Teil von Desktop-Umgebungen), doch möchten wir uns in diesem Kapitel auf den wichtigsten Browser konzentrieren.

Der Firefox-Browser ist einer der weltweit beliebtesten Browser und während wir diesen Text tippen, ist er sogar *der* beliebteste (noch vor dem Internet Explorer von Microsoft). Firefox ist frei verfügbar und wird von der Mozilla Foundation entwickelt. Der Browser unterstützt eigentlich alle wichtigen Dinge, die ein heutiger Browser können sollte, darunter – Sie müssen keine Sorge haben, wenn Sie die folgende Aufzählung nicht verstehen – natürlich Java-Script, Erweiterungen (Plugins), verschlüsselte Verbindungen (mit SSL), FTP, CSS, verschiedene Designs und so einiges mehr.

Im Folgenden werden wir Ihnen eine kleine Einführung in das Browsen mit dem Firefox geben und dabei seine wichtigsten Fähigkeiten vorstellen.

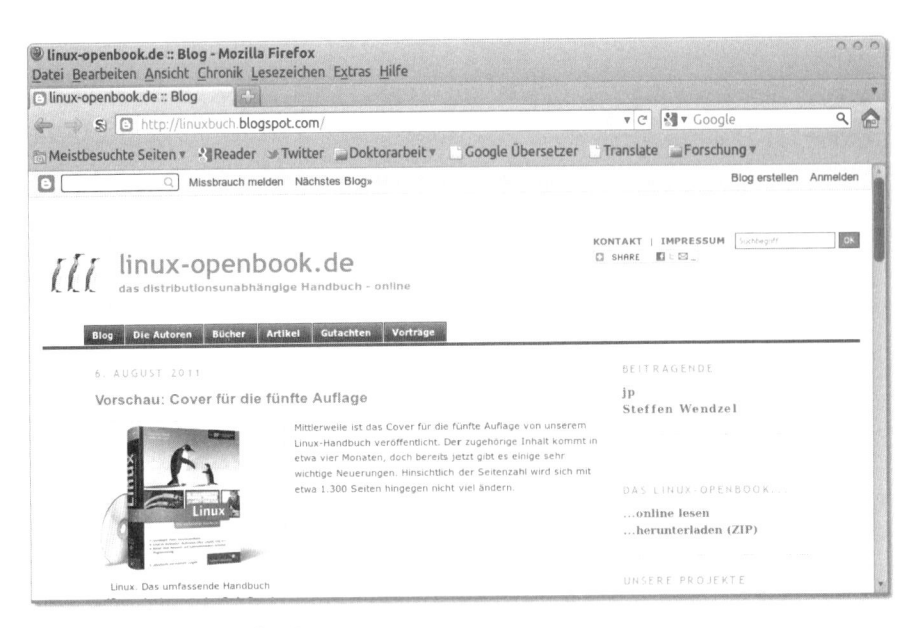

Abbildung 4.13 Der Firefox-Browser

Webseiten besuchen und suchen

Die wichtigsten beiden Funktionen eines Browsers sind – neben der eigentlichen Darstellung von Webseiten – sicherlich die Möglichkeiten, Webseiten überhaupt aufzurufen und Webseiten im Internet über eine Suchmaschine zu suchen. Für diese beiden Aufgaben stehen Ihnen die Adressleiste und das Suchfeld des Browsers zur Verfügung, wie Sie sie in Abbildung 4.14 sehen.

Abbildung 4.14 Adressleiste und Suchfeld von Firefox

In der linken Zeile können Sie die Adresse einer Webseite, z.B. *http://www.google.de* eingeben, wobei Sie *http://* (das ist die Angabe des Übertragungsprotokolls) auch weglassen können, da der Browser standardmäßig von diesem Protokoll ausgeht. Es genügt also, *www.google.de* zu schreiben. Bei den meisten Webseiten können Sie auch *www.* (das ist ein so genannter *Hostname*) weglassen, doch das hat letztlich nichts mit dem Browser zu tun, wie Sie noch in Kapitel 20 lernen werden.

Im rechten Feld können Sie einen Suchbegriff eingeben. Die Suche startet, wenn Sie auf die Lupe klicken oder die Enter-Taste drücken. Wenn Sie hingegen auf das Bildchen an der linken Seite klicken, können Sie eine Suchmaschine auswählen. In den meisten Fällen, wie auch im Screenshot zu sehen, dürfte Google die standardmäßig ausgewählte Suchmaschine sein. Fast immer stehen Ihnen aber auch

Yahoo, Wikipedia (zur direkten Suche von Wikipedia-Artikeln), Ask.com, Ebay und Amazon zur Verfügung.

Eine weitere Standardfunktion heutiger Browser ist die Möglichkeit, sich Webseiten zu merken, also Lesezeichen (engl. *bookmarks*) anzulegen. Eine Übersicht Ihrer bisherigen Lesezeichen erhalten Sie, wenn Sie auf den Eintrag LESEZEICHEN in der Menleiste klicken. Im Lesezeichen-Menü finden Sie auch die Möglichkeit, ein neues hinzuzufügen und Ihre bestehenden Lesezeichen zu verwalten.

Bookmarks

Die meisten Menschen suchen auf Webseiten gezielt nach bestimmten Wörtern. Um eine geladene Webseite zu durchsuchen, können Sie die Firefox-Suchmaske verwenden. Klicken Sie dazu im Menü auf BEARBEITEN und dann auf SUCHEN oder – was schneller geht – drücken Sie **Strg + F**. Daraufhin wird am unteren Fensterrand eine Suchleiste eingeblendet, wie sie in Abbildung 4.15 zu sehen ist.

Seiten durchsuchen

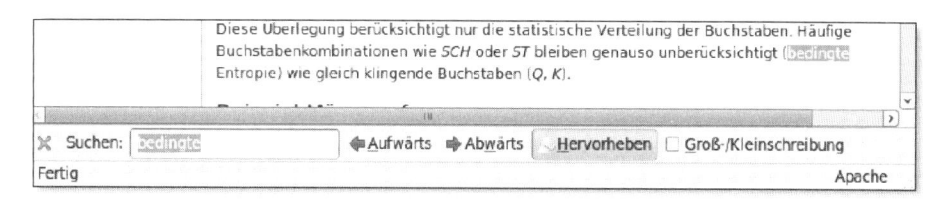

Abbildung 4.15 Suchleiste von Firefox

Im Textfeld können Sie einen Suchausdruck eingeben, und noch währenddessen durchsucht Firefox die Seite danach und zeigt Ihnen den ersten Treffer an. Mit der HERVORHEBEN-Funktion können Sie alle Fundstellen einer Seite markieren lassen. Drücken Sie die Enter-Taste, um zum nächsten Suchergebnis zu gelangen, oder nutzen Sie dazu die Schaltflächen AUFWÄRTS und ABWÄRTS.

Eine der nützlichsten Funktionen eines heutigen Browsers ist zweifellos das sogenannte *tabbed browsing*. Das heißt, Sie können mehrere Webseiten in einem einzigen Browserfenster öffnen und zwischen diesen schnell und einfach wechseln, ohne dass für jede Webseite ein neues Fenster geöffnet werden muss. Entsprechend haben Sie bei vielen geöffneten Webseiten auch nicht unzählige offene Browserfenster in Ihrer Taskleiste und verlieren in dieser auch nicht so schnell den Überblick.

Tabs

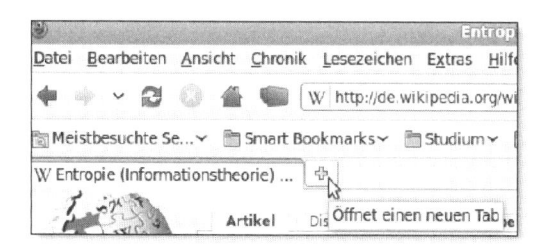

Abbildung 4.16 Ein neues Tab öffnen

Um ein neues Tab zu öffnen, drücken Sie einfach **Strg + T** oder klicken Sie auf das Plus-Symbol neben einem existierenden Tab, wie in Abbildung 4.16 zu sehen. Nachdem ein neues Tab geöffnet wurde, können Sie dieses mit einem Klick auf das große »X« an seinem Reiter oder durch Drücken von **Strg + W** wieder schließen.

Nachdem Sie ein neues Tab aufgemacht haben, können Sie eine neue Adresse in der Adressleiste eingeben oder auch eine neue Suchanfrage starten.

[»] Wenn Sie mit der mittleren Maustaste (meist ist dies das Mausrad) auf einen Link klicken, öffnet sich für diesen Link automatisch ein neuer Tab, was sich in der täglichen Arbeit als äußerst praktisch erweisen kann.

4.3 E-Mails empfangen und senden

Eben haben Sie erfahren, wie Sie unter Linux Webseiten besuchen können. Im Folgenden wollen wir uns mit dem zweiten großen Thema des Internets befassen: E-Mails. Natürlich können Sie – jedenfalls, sofern es angeboten wird – auch unter Linux Ihre Mails über Ihren Browser abholen, was bei den großen Mailprovidern wie gmx.de, web.de und so weiter auch kein Problem darstellt. Allerdings ist diese Methode langsam.

Viel schneller ist es, Mails mit einem Mailprogramm abzuholen. Windows-Benutzer werden hierbei in erster Linie an Outlook Express, Outlook und Thunderbird denken. Unter Linux stehen gleiche bzw. ähnlich gute Programme (etwa Evolution als Outlook-Ersatz) zur Verfügung. Wir werden uns im Folgenden auf das Mailprogramm Thunderbird konzentrieren, da es fast immer verfügbar ist und es viele Windows-Umsteiger bereits kennen. Weitere typische Linux-Mailprogramme (speziell für die Konsole und für das automatische Abholen von Mails) lernen Sie in Kapitel 16 kennen.

Mozilla Thunderbird ist, wie Firefox, ein freies und offenes Programm, das von der Mozilla Foundation entwickelt wird. Es bietet die Möglichkeit, Mailaccounts über unterschiedliche Protokolle (POP3, IMAP, SMTP) anzusprechen, kann Newsfeeds (etwa über RSS) abholen und zudem Newsgroups abonnieren.

E-Mail-Zugriff konfigurieren — Wir werden uns an dieser Stelle nicht auf Newsfeeds und Newsgroups konzentrieren, da diese in Kapitel 16 detailliert besprochen werden. Stattdessen werden wir Ihnen zeigen, wie Sie einen typischen POP3-Mail-Account mit Nutzung eines Ausgangsservers einrichten können.

4.3 E-Mails empfangen und senden

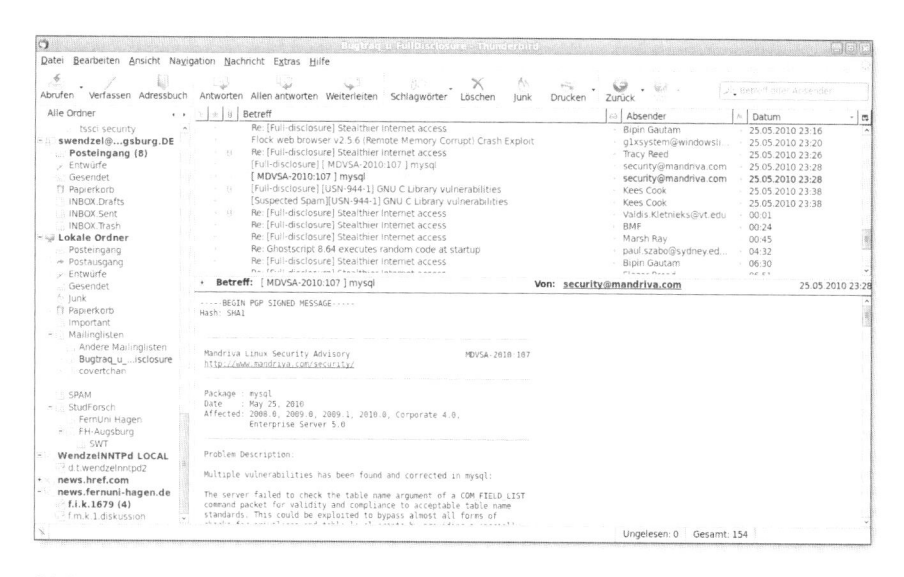

Abbildung 4.17 Mozilla Thunderbird

Sie benötigen für das weitere Vorgehen einige Informationen von Ihrem Mailprovider, ohne die es an dieser Stelle nicht weitergeht: Die Adressen Ihres POP3- und SMTP-Servers und deren *Netzwerkports* – die folgende Auflistung enthält eine Auswahl typischer Mailprovider-Informationen. Sollten Sie die notwendigen Informationen nicht bekommen können und auch nicht in der folgenden Liste sehen, überspringen Sie diesen Abschnitt einfach. In einigen Fällen wird Ihnen anstelle eines POP3-Accounts ein IMAP-Account zur Verfügung stehen; erstellen Sie bei den folgenden Schritten in diesem Fall einfach ein IMAP-Konto statt eines POP3-Kontos und geben Sie die Adresse des IMAP-Servers an.

- **GMX**
  POP3-Server: pop.gmx.de, Port: 110; SMTP-Server: mail.gmx.de, Port: 25; Benutzername: Ihre Mail-Adresse

- **WEB.DE**
  POP3-Server: pop3.web.de, Port: 110; SMTP-Server: smtp.web.de, Port: 25; Benutzername: Ihr Benutzername

- **Gmail**
  POP3-Server: pop.gmail.com, Port: 995 (SSL aktivieren); SMTP-Server: smtp.gmail.com, Port: 25; Benutzername: Ihre Mail-Adresse

- **freenet**
  POP3-Server: pop3.freenet.de, Port: 110; SMTP-Server: mx.freenet.de, Port: 25; Benutzername: Benutzername;freenet.de (mit Semikolon)

- **Yahoo! Mail**
  POP3-Server: pop.mail.yahoo.de, Port: 110; SMTP-Server: smtp.mail.yahoo.de, Port: 25; Benutzername: Ihr Benutzername (ohne @yahoo.de)

- **Windows Live Hotmail**
  POP3-Server: pop3.live.com, Port: 995 (SSL); SMTP-Server: smtp.live.com (TLS aktivieren), Port: 25; Benutzername: Ihre Windows Live ID

Ein Mailkonto erstellen

Sollte nicht automatisch beim Start von Thunderbird ein Dialog zur Einrichtung eines Mailaccounts eingeblendet werden, starten Sie diese Einrichtung über den Menüreiter BEARBEITEN • KONTEN-EINSTELLUNGEN • KONTEN-AKTIONEN • E-MAIL-KONTO HINZUFÜGEN. Im ersten Dialogfeld geben Sie Ihren Namen, Ihre Mail-Adresse und das Passwort des E-Mail-Accounts an.

Thunderbird versucht daraufhin selbst, die zugehörigen E-Mail-Server herauszufinden. Dabei kann es sein, dass Thunderbird einen IMAP-Server auswählt, obwohl Sie einen POP3-Server verwenden möchten. Klicken Sie dazu, wie in Abbildung 4.18 zu sehen, auf die Schaltfläche BEARBEITEN, woraufhin sich das in Abbildung 4.19 zu sehende Drop-Down-Menü zeigt, in dem Sie zwischen POP3- und IMAP-Server wechseln können. Vergessen Sie im Falle eines Wechsels nicht, den Port anzupassen (POP3-Server verwenden meistens den Port 110).

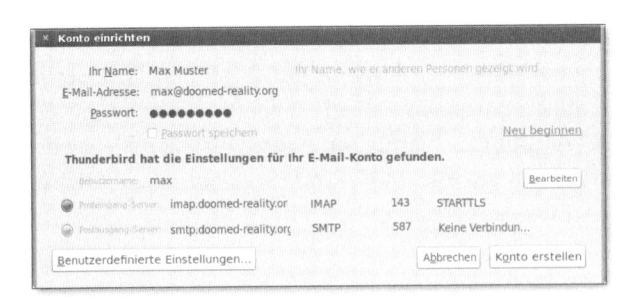

Abbildung 4.18 Konfiguration eines neuen E-Mail-Kontos

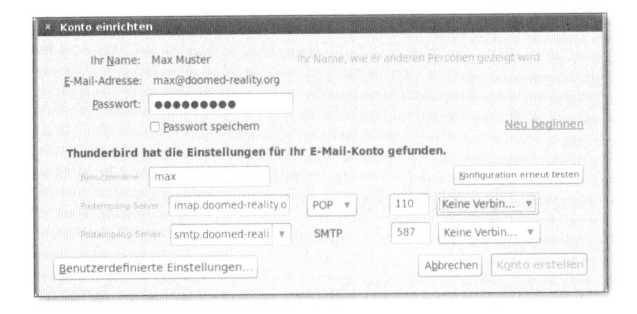

Abbildung 4.19 Konfiguration eines neuen E-Mail-Kontos (Detail-Einstellungen)

Sollten keine Server gefunden werden oder sollten die gefundenen Server nicht mit den Informationen Ihres Providers übereinstimmen, klicken Sie auf BENUTZERDEFINIERTE EINSTELLUNGEN. Daraufhin schließt sich das Dialogfeld und Sie finden in der Menüleiste des vorherigen Dialogs KONTEN-EINSTELLUNGEN einen Menüeintrag für Ihr neues Konto.

Die Konfiguration des IMAP- bzw. POP3-Servers können Sie über den Reiter SERVER-EINSTELLUNGEN und die Konfiguration des Postausgangsservers (also des SMTP-Servers) können über den Eintrag POSTAUSGANGS-SERVER (SMTP) verändert werden.

Nach der Konfiguration Ihres E-Mail-Accounts können Sie beliebig viele weitere Accounts auf dieselbe Weise hinzufügen, E-Mails verschicken und empfangen.

4.4 Zusammenfassung

Wie Sie in diesem Kapitel sehen konnten, ist es ganz einfach, unter Linux Office-Dokumente mit OpenOffice.org zu erstellen. Für Textdokumente gibt es das Microsoft-Word-Pendant Writer und statt Excel verwenden Sie nun einfach Calc. OpenOffice.org unterstützt das OpenDocument-Format und ist auch für Windows verfügbar, ebenso wie der populäre Webbrowser Firefox und der E-Mail-Client Thunderbird, mit denen Sie spätestens nach diesem Kapitel die wichtigsten Internet-Tätigkeiten erledigen können.

TEIL II
Grundlagen

*»Ach, der Mensch begnügt sich gern.
Nimmt die Schale für den Kern.«*
– Albert Einstein (zugeschrieben)

5 Der Kernel

In diesem Kapitel wollen wir uns mit der Architektur eines Linux-Systems auseinandersetzen. Auch wenn das Kapitel »Der Kernel«[1] heißt, macht es wenig Sinn, hier jede einzelne Quelldatei des Linux-Kernels durchzusprechen. Stattdessen wollen wir Grundlagen der Systemarchitektur am Beispiel von Linux vorstellen, Probleme skizzieren und zentrale Zusammenhänge erläutern.

Dazu werden wir uns auf die Prinzipien konzentrieren, die Linux nutzt, um so zu funktionieren, wie es funktioniert. Natürlich wird dabei die eine oder andere konkrete Verbindung zum Quellcode hergestellt werden. Schließlich kann man bei Linux auf die Kernel-Quellen zugreifen und sich selbst von der Korrektheit der im Folgenden getroffenen Aussagen überzeugen.

Zum Aufbau und zur Ausrichtung dieses Kapitels hat uns folgende Erfahrung angeregt: Selbst Leute, die viel auf ihr Fachwissen halten, disqualifizieren sich regelmäßig durch Aussagen wie:

Wider die Missverständnisse

- ▶ »Warum programmiert man nicht endlich mal ein Betriebssystem in Java, das ist doch so genial objektorientiert?«
- ▶ »Benutzerprogramme haben keinen direkten Zugriff auf die Hardware; alles läuft über den Kernel.«
- ▶ »Benutzerprogramme können nicht auf den Kernel zugreifen, der ist geschützt.«

Solche Sätze sind entweder Halbwahrheiten oder sogar ausgemachter Unsinn. Nach diesem Kapitel sollten Sie diese und andere gängige Aussagen und Internet-Mythen in den richtigen Zusammenhang bringen können. Außerdem legt dieses Kapitel eine Grundlage für das Verständnis von Linux und damit für den Rest des Buches.

---

1 Die Bezeichnung *Kernel* steht für den Kern des Betriebssystems. Wenn man das Wort *Betriebssystem* streng definiert, also alle Anwenderprogramme etc. ausschließt, ist dieses gerade der Kernel. Das klingt kompliziert, wird aber bald klarer.

5 | Der Kernel

5.1 Grundlagen

Beginnen wir mit den wichtigsten Grundlagen, die Sie für das Verständnis des restlichen Kapitels benötigen werden. Viele dieser Informationen erscheinen Ihnen vielleicht selbstverständlich – und trotzdem empfehlen wir Ihnen, diesen Abschnitt sorgfältig zu lesen. Vielleicht wird doch noch der eine oder andere mutmaßlich bekannte Fakt etwas deutlicher oder lässt sich in den richtigen Kontext einordnen.

Fangen wir also beim Computer selbst an. Wenn man so davor sitzt, sieht man in erster Linie Dinge, die mit seiner Funktion herzlich wenig zu tun haben: Tastatur, Maus und Bildschirm. Diese Geräte braucht der Mensch, um irgendwie mit dem Rechner in Kontakt zu treten – das allgegenwärtige »Brain-Interface« ist ja schließlich noch Science-Fiction.

Der »Rechner« Was in einem Computer rechnet (und nichts anderes tut das Ding, selbst wenn wir Texte schreiben oder im Netz surfen)[2], ist der Prozessor.

5.1.1 Prozessor

Was gibt es über einen Prozessor zu sagen? In den meisten PCs steckt heutzutage ein zu Intels x86 kompatibler Prozessor. So ein auch *CPU* (*Central Processing Unit*) genannter Mikrochip hat im Wesentlichen drei Aufgaben:

- das Ausführen arithmetisch-logischer Operationen
- das Lesen und Schreiben von Daten im Arbeitsspeicher
- das Ausführen von Sprüngen im Programm

Der Maschinencode Die letzte Aufgabe deutet schon an, dass ein Prozessor keine »gottgegebenen« Dinge tut. Vielmehr führt er ein in *Maschinencode* vorliegendes Programm aus.

Wie dieser Maschinencode nun aussieht, bestimmt der *Befehlssatz* des Prozessors. Mit anderen Worten gibt es nicht *den* Maschinencode, sondern viele Maschinencodes – so ziemlich für jeden Prozessor einen eigenen. Ausnahmen bilden nur Fabrikate wie die Prozessoren von AMD, die im Wesentlichen Intels x86-Befehlscode ausführen. Allerdings ist diese Einschränkung in Bezug auf die Kompatibilität nicht so erheblich, wie sie auf den ersten Blick scheint. Die meisten Hersteller moderner Prozessoren achten nämlich auf Abwärtskompatibilität, um mit den jeweiligen Vorgängermodellen noch kompatibel zu sein.[3] Als klassisches Beispiel bietet sich hier der 16-Bit-Code des 80386-Prozessors von Intel an, der auch von aktuellen

---

[2] Jetzt dürfen Sie dreimal raten, wieso ein Computer auch oft *Rechner* genannt wird und was herauskommt, wenn man das englische Wort *Computer* ins Deutsche übersetzt.
[3] In letzter Konsequenz führte genau dieser Fakt – also die Abwärtskompatibilität der Befehlssätze neuer Prozessoren – zum unglaublichen Erfolg der Intel-Prozessoren.

Quad-Core-Prozessoren noch unterstützt wird, obwohl diese intern völlig anders aufgebaut sind und demzufolge auch anders arbeiten.

Die meisten Benutzer stellen sich nun vor, dass ihre Programme in eine solche Maschinensprache übersetzt und vom Prozessor ausgeführt werden. Dies ist natürlich nur teilweise richtig: Das vom Prozessor ausgeführte Maschinencode-*Programm*, von dem eben gesprochen wurde, ist nur eine Folge von Maschinenbefehlen.

Damit man nun von mehreren »parallel« laufenden Programmen auf diese lose Folge von Befehlen abstrahieren kann, braucht man zum ersten Mal den Begriff des *Betriebssystems* – eine vertrauenswürdige Instanz, die die zu verarbeitenden Programme in kleine Häppchen aufteilt und diese dann nacheinander zur Ausführung bringt. Diese *Multitasking* genannte Vorgehensweise werden wir später noch ausführlich beleuchten; im Augenblick benötigen wir nur das Verständnis dieser für den Endbenutzer so wichtigen Aktionen.

Das Multitasking

5.1.2 Speicher

Bevor wir diesen Gedanken weiterdenken, soll kurz der Speicheraspekt betrachtet werden. Bisher haben wir nämlich nur gesagt, dass der Prozessor irgendwie rechnen und mit seiner Maschinensprache bezüglich dieser Berechnungen und der Flusskontrolle[4] gesteuert werden kann. Eine Frage ist aber noch offen: Woher kommen überhaupt die Ausgangswerte für die Berechnungen? Wir haben zwar bei der Beschreibung der Aufgaben eines Prozessors schon den ominösen Punkt »Das Lesen und Schreiben von Daten im Arbeitsspeicher« erwähnt, jedoch wollen wir diesen Fakt nun in den richtigen Zusammenhang setzen.

Die Register des Prozessors

Jeder Prozessor besitzt eine gewisse Anzahl von Registern, auf die im Maschinencode direkt zugegriffen werden kann. Diese Register sind hardwaremäßig auf dem Prozessorchip selbst integriert und können damit ohne Zeitverzug noch im selben Takt angesprochen werden.

Der Platz auf dem Prozessor ist jedoch beschränkt und meistens werden einige Register auch für Spezialaufgaben gebraucht:

Spezialregister

▸ **Befehlsregister**
Hierin ist die Adresse des nächsten auszuführenden Befehls gespeichert. Sprungbefehle können dieses Register verändern und so die Ausführung des Programms an einer anderen Stelle fortsetzen lassen.

---

4 *Fluss* bezeichnet hier den Ablauf des Programms. Dieser kann durch bedingte Sprünge variiert und kontrolliert werden.

▶ **Nullregister**
Die meisten Prozessorarchitekturen besitzen ein spezielles schreibgeschütztes Register, aus dem man nur die Null lesen kann. Dies ist sehr praktisch, da man so diese wichtige Konstante direkt nutzen kann und nicht erst aus dem Speicher zu laden braucht.

▶ **Statusregister**
Im Statusregister stehen bestimmte Bits für diverse Statusinformationen, beispielsweise dafür, ob das letzte Ergebnis null war oder ob bei der letzten Berechnung ein Über- oder Unterlauf stattgefunden hat.

Jedes dieser Register ist 32 Bit groß – und bei den neuen 64-Bit-Prozessoren natürlich entsprechend 64 Bit groß. Der Speicherplatz in den Registern ist also sehr stark begrenzt und höchstens für kleinste Programme ausreichend.

Der Hauptspeicher

Der Großteil des benötigten Platzes wird daher im Hauptspeicher zur Verfügung gestellt. Auch hier gab es früher aufgrund der damals noch üblichen Adressbreite von 32 Bit eine Begrenzung, die dem Hauptspeicher eine maximale Größe von 4 Gigabyte auferlegte. Man greift ja auf die 1 Byte großen Speicherstellen über Adressen zu – und 2^{32} Byte sind gerade 4 Gigabyte. Bei aktuellen 64-Bit-Betriebssystemen können dagegen theoretisch bis zu 2^{64} Byte Speicher (entspricht 16 Exa-Byte RAM) adressiert werden.

Mit verschiedenen Maschinenbefehlen kann man nun auf diese Adressen zugreifen und die dort gespeicherten Bytes lesen oder schreiben. Ein interessanter Effekt bei der byteweisen Adressierung auf einem 32-Bit-basierten System sind die zustande kommenden Adressen: Beim Lesen ganzer Datenwörter[5] wird man nämlich nur Vielfache von 4 als Adressen nutzen. Schließlich ist ein Byte 8 Bit lang, und 4 mal 8 Bit sind gerade 32 Bit.

Zugriff auf die Festplatte

Interessanterweise können Prozessor und damit indirekt auch Programme nicht direkt auf die Festplatte zugreifen. Stattdessen wird der *DMA-Controller*[6] so programmiert, dass die betreffenden Datenblöcke in vorher festgelegte Bereiche des Hauptspeichers kopiert werden. Während der DMA-Controller die Daten von der sehr langsamen Festplatte in den im Vergleich zum Prozessor auch nicht gerade schnellen Hauptspeicher kopiert, kann die CPU nun weiterrechnen.

Da das eben noch ausgeführte Programm nun vielleicht vor dem Ende des Transfers nicht weiterlaufen kann, wird wahrscheinlich ein anderes Programm ausgeführt. Das Betriebssystem sollte also das nächste abzuarbeitende Programm heraussuchen

---

5 Ein »Wort« ist in diesem Zusammenhang 32 Bit lang.
6 DMA = Direct Memory Access

und zur Ausführung bringen. Ist der Transfer dann abgeschlossen, kann der Prozessor die Daten von der Platte ganz normal aus dem Hauptspeicher lesen.

Im Übrigen wird so auch mit ausführbaren Programmen verfahren, die vor der Ausführung intern natürlich ebenfalls in den Hauptspeicher kopiert werden. Das *Befehlsregister* referenziert also den nächsten auszuführenden Befehl, indem es dessen *Hauptspeicheradresse* speichert.

Caches

Auch der Hauptspeicher ist also langsamer als der Prozessor. Konkret bedeutet das, dass der *Takt* ein anderer ist. In jedem Takt kann ein Arbeitsschritt erledigt werden, der beim Prozessor im Übrigen nicht unbedingt mit einem abgearbeiteten Befehl gleichzusetzen ist, sondern viel eher mit einem Arbeitsschritt beim Ausführen eines Befehls.[7] Um nun die Zugriffszeit auf häufig benutzte Datensätze und Variablen aus dem Hauptspeicher zu verkürzen, hat man Pufferspeicher, sogenannte *Caches*, eingeführt.

Diese Caches befinden sich entweder direkt auf dem Prozessor-Chip (L1-Cache) oder »direkt daneben«. Caches können je nach Bauart zwischen ein paar Kilobytes und wenigen Megabytes groß sein und werden bei meist vollem oder halbem Prozessortakt angesprochen. Die aus dem Hauptspeicher stammenden gepufferten Werte können so für den Prozessor transparent zwischengespeichert werden. Dieser nämlich greift weiterhin auf Adressen im Hauptspeicher zu – ob ein Cache dabei den Zugriff beschleunigt oder nicht, ist für den Prozessor nicht ersichtlich und auch unerheblich.

Transparenter Puffer

Zusammenfassung: Die Speicherhierarchie

Der Computer besitzt also eine Speicherhierarchie, die absteigend mehr Speicherplatz bei längeren Zugriffszeiten bietet:

Die Speicherpyramide

1. **Die Register des Prozessors**
   Die Register bieten einen direkten Zugriff bei vollem Prozessortakt. Neben speziellen Registern für festgelegte Aufgaben gibt es auch solche, die frei für den Programmierer benutzbar sind.

2. **Der L1-Cache des Prozessors**
   Der Level-1-Cache sitzt direkt auf dem Prozessor und ist in der Regel 8 bis 256 Kilobyte groß.

---

7 Tatsächlich nutzen fast alle aktuellen Prozessoren intern *Pipelines* oder andere Formen der Parallelisierung, um in einem Takt mehr als einen Befehl ausführen und so im Idealfall alle Komponenten des Chips auslasten zu können.

3. **Der L2-Cache**
   Je nach Modell kann der Level-2-Cache entweder auf dem Prozessor (*on-die*) oder direkt neben dem Prozessor auf einer anderen Platine untergebracht sein. Der L2-Cache ist normalerweise zwischen 512 und 2048 Kilobyte groß.

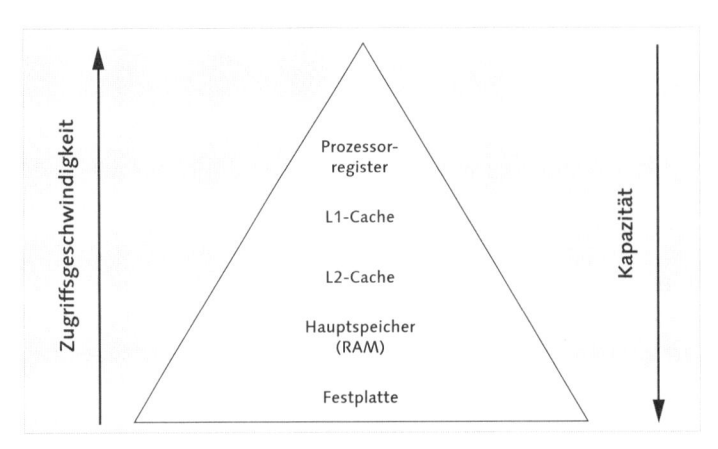

Abbildung 5.1 Die Speicherpyramide

4. **Der L3-Cache**
   Falls der L2-Cache auf dem Chip sitzt, kann durch einen zusätzlichen externen Level-3-Cache noch eine weitere Beschleunigung erreicht werden.

5. **Der Hauptspeicher**
   Auf das RAM kann der Prozessor nur mit einer gewissen Zeitverzögerung zugreifen. Dafür kann dieser Speicher bei einer 32-Bit-Architektur bis zu 4 Gigabyte groß werden.

6. **Die Festplatte oder anderer Hintergrundspeicher**
   Da Daten vom Hintergrundspeicher erst aufwendig magnetisch oder optisch gelesen werden müssen, bevor sie schließlich in den Hauptspeicher übertragen werden können, sind diese Speicher am langsamsten. Aber von einigen wenigen bis einigen Tausend Gigabyte sind hier die Speicherkapazitäten am größten. Zudem ist oft der Fall, dass zum Beispiel Festplatten noch eigene Caches im jeweiligen Controller besitzen, um auch selbst den Zugriff durch Zwischenspeicherung oder vorausschauendes Lesen etwas beschleunigen zu können.

7. **Fehlende Daten**
   Es kann natürlich auch vorkommen, dass der Prozessor beziehungsweise ein Programm auf Daten wartet, die erst noch eingegeben werden müssen. Ob dies über die Tastatur, die Maus oder einen Scanner passiert, soll hier nicht weiter interessieren.

Ein L1-Cache bietet also die kürzesten Zugriffszeiten und den geringsten Platz. Weiter unten bietet in der Regel die Festplatte den meisten Platz an, ist aber im Vergleich zum Cache oder auch zum Hauptspeicher extrem langsam.

5.1.3 Fairness und Schutz

Führen wir also nun unseren ersten Gedanken bezüglich der »parallelen« Ausführung mehrerer Programme logisch weiter. Wenn der Ablauf unterschiedlicher Programme *quasiparallel*, also abwechselnd in jeweils sehr kurzen Zeitabschnitten erfolgen soll, muss eine gewisse *Fairness* gewährleistet werden. Rein intuitiv denkt man da eigentlich sofort an zwei benötigte Zusicherungen:

1. **Gerechte Zeiteinteilung**

    Selbstverständlich darf jedes Programm nur einen kurzen Zeitabschnitt lang auf dem Prozessor rechnen. Mit anderen Worten: Es muss eine Möglichkeit für das Betriebssystem geben, ein laufendes Programm zu *unterbrechen*. Dies aber ist so nicht ohne Weiteres möglich: Schließlich läuft gerade das Programm und nicht das Betriebssystem. Es bleiben also zwei Möglichkeiten, um doch noch für das *Scheduling*, also das Umschalten zwischen zwei Benutzerprogrammen, zu sorgen: Entweder geben die Programme freiwillig wieder Rechenzeit ab, oder der Prozessor wird nach einer gewissen Zeitspanne in seiner aktuellen Berechnung unterbrochen.

    Unterbrochen werden kann ein Prozessor dabei durch *Interrupts*.[8] Über diese »Unterbrechungen« signalisieren zum Beispiel viele I/O-Geräte, dass sie angeforderte Daten nun bereitgestellt haben, oder ein Zeitgeber signalisiert den Ablauf einer bestimmten Zeitspanne. Wird solch ein Interrupt nun aktiv, unterbricht der Prozessor seine Ausführung und startet eine für diesen Interrupt spezielle *Interrupt Service Routine*. Diese Routine ist immer ein Teil des Betriebssystems und könnte nun zum Beispiel entscheiden, welches andere Programm als Nächstes laufen soll.

    Unterbrechen des Prozessors

2. **Speicherschutz**

    Die einzelnen Programme sollen sich natürlich nicht gegenseitig beeinflussen. Das heißt vor allem, dass die Speicherbereiche der einzelnen Programme voneinander geschützt werden. Man erreicht dies durch das im Folgenden noch näher erläuterte Prinzip des *virtuellen Speichers*: Dies bedeutet für die Programme, dass

    Virtueller Speicher

---

8 Eigentlich kennt der Prozessor Interrupts und Exceptions. Die Literatur unterscheidet beide Begriffe gewöhnlich unter dem Aspekt, dass Interrupts asynchron auftreten und von anderen aktiven Elementen des Systems geschickt werden, während Exceptions schlichte Ausnahmen im Sinne eines aufgetretenen Fehlers sind und damit immer synchron auftreten. Für uns hier ist dieser feine Unterschied jedoch nicht relevant, daher möchten wir im Folgenden ausschließlich von *Interrupts* sprechen – auch wenn es sich bei manchen Ereignissen eigentlich um Exceptions handelt.

sie nicht direkt auf die physischen Adressen des RAMs zugreifen können. Die Programme merken davon aber nichts – sie haben in ihren Augen den gesamten Speicherbereich für sich allein. In einer speziellen Hardwareeinheit, der *MMU* (Memory Management Unit), wird dann die *virtuelle* Adresse bei einem Speicherzugriff in die *physische* übersetzt.

Dieses Konzept hat auch den nützlichen Nebeneffekt, dass bei einer hohen Speicherauslastung – also wenn die gestarteten Programme zusammen mehr Speicher benötigen, als der PC RAM besitzt – einige Speicherbereiche auch auf die Festplatte ausgelagert werden können, ohne dass die betroffenen Programme davon etwas merken. Greifen diese dann auf die ausgelagerten Daten zu, wird der betroffene Speicherbereich von der Festplatte wieder ins RAM kopiert, und die MMU aktualisiert. Wird das vor dieser Aktion unterbrochene Programm des Benutzers schließlich fortgesetzt, kann es wieder ganz normal auf die Daten des angeforderten Speicherbereichs zugreifen.

Außer dem Schutz des Speichers durch das Konzept des *Virtual Memory* gibt es noch die unter anderem vom x86-Standard unterstützten *Berechtigungslevel* (auch *Ringe* genannt). Diese vier Level oder Ringe schränken dabei den jeweils *verfügbaren* Befehlssatz für alle Programme ein, die im jeweiligen Ring beziehungsweise Berechtigungslevel laufen. Die gängigen Betriebssysteme wie Linux oder Windows nutzen dabei jeweils nur zwei der vier bei x86 verfügbaren Ringe: Im Ring 0 wird das Betriebssystem samt Treibern ausgeführt, während alle Benutzerprogramme im eingeschränktesten Ring 3 ablaufen. So schützt man das Betriebssystem vor den Anwenderprogrammen, während diese selbst durch virtuelle Adressräume voneinander getrennt sind.

5.1.4 Programmierung

So viel zu einer kurzen Einführung in den Prozessor und dessen Implikationen für unsere Systeme. Der nächste wichtige Punkt ist die Programmierung: Wie kann man einem Prozessor sagen, was er tun soll? Bisher haben wir nur über Maschinencode gesprochen, also über Befehle, die der Prozessor direkt versteht. Die binäre Codierung dieser Befehle wird dann mehr oder weniger direkt benutzt, um die Spannungswerte auf den entsprechenden Leitungen zu setzen.

Assembler

Nun möchte aber niemand mit Kolonnen von Nullen und Einsen hantieren, nicht einmal in der Betriebssystemprogrammierung. Aus diesem Grund wurde bereits in den Anfangsjahren der Informatik die Assembler-Sprache entworfen, in deren reinster Form ein Maschinenbefehl durch eine für einen Menschen lesbare Abkürzung – ein *Mnemonic* – repräsentiert wird.

Neuere *Assembler*, also Programme, die einen in einer Assembler-Sprache geschriebenen Code in eine Maschinensprache übersetzen, bieten zusätzlich zu dieser 1:1-Übersetzung noch Makros als Zusammenfassung häufig benötigter Befehlskombinationen zur Vereinfachung an. Im Rahmen dieser 1:1-Zuordnung von Assembler zu Maschinencode ist natürlich auch die umgekehrte Richtung möglich, was man dann *Disassemblieren* nennt.

Besser lesbar als Maschinencode

Betrachten wir das folgende Beispielprogramm, das auf einem MIPS-2000-System[9] den Text »Hello World!« ausgeben würde:

```
        .data                   # Datensegment
str:    .asciiz "Hello World!\n" # String ablegen
        .text                   # Codesegment
main:   li      $v0, 4          # 4 = Print_string
        la      $a0, str        # Adresse des
                                # Strings übergeben
        syscall                 # Systemfunktion
                                # aufrufen

        li      $v0, 10         # 10 = Quit
        syscall                 # Programm beenden
```

Listing 5.1 »Hello World«-Beispielcode in MIPS-Assembler

Zunächst einmal legen wir nämlich die Zeichenfolge `Hello World!`, gefolgt von einem Zeichen für den Zeilenumbruch (`\n`), im Hauptspeicher ab und bezeichnen diese Stelle für den späteren Gebrauch im Programm kurz mit `str`. Im Hauptprogramm (gekennzeichnet durch das Label `main`) laden wir eine bestimmte Nummer in ein Register des Prozessors und die Adresse der Zeichenkette in ein anderes Register.

Anschließend lösen wir durch den `syscall`-Befehl einen Interrupt aus, bei dessen Bearbeitung das Betriebssystem die im Register `$v0` angegebene Nummer auswertet. Diese Nummer gibt nun an, was das Betriebssystem weiter tun soll: In unserem Fall soll es den Text auf dem Bildschirm ausgeben. Dazu holt es sich noch die Adresse der Zeichenkette aus dem zweiten Register und erledigt seine Arbeit. Zurück im Programm wollen wir dieses jetzt beenden, wozu die Nummer 10, gefolgt vom bekannten Interrupt, genügt.

---

[9] Ja, es gibt mehr als nur Intel & Co ... ;-)

Zugriff auf das Betriebssystem

In diesem Beispiel haben wir nun schon das große Mysterium gesehen: den Zugriff auf das Betriebssystem, den *Kernel*. Das Beispielprogramm tut nichts weiter, als diverse Register mit Werten zu füllen und ihm erlaubte Interrupts[10] aufzurufen.

Das Betriebssystem erledigt in diesem Beispiel die ganze Arbeit: Der Text wird aus dem Speicher ausgelesen, auf dem Bildschirm ausgegeben, und das Programm wird schließlich beendet. Diese Beendigung findet, wie leicht zu erkennen ist, nicht auf der Ebene des Prozessors statt,[11] sondern es wird nur eine Nachricht an das Betriebssystem gesendet. Das System wusste unser Programm irgendwie zu starten, und es wird sich jetzt wohl auch um dessen Ende kümmern können.

Aber betrachten wir zunächst die definierten Einstiegspunkte in den Kernel: die *Syscalls*. In den meisten Büchern über Linux finden Sie bei der Erläuterung des Kernels ein Bild wie das folgende:

```
┌─────────────────────┐
│  Benutzerprogramme  │
└─────────────────────┘
┌─────────────────────┐
│   Betriebssystem    │
└─────────────────────┘
┌─────────────────────┐
│      Hardware       │
└─────────────────────┘
```

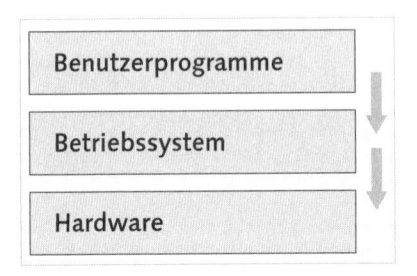

Abbildung 5.2 Ein nicht ganz korrektes Schema

Ein solches Bild soll verdeutlichen, dass Benutzerprogramme nicht direkt auf die Hardware zugreifen, sondern den Kernel für diese Aufgabe benutzen.

Diese Darstellung ist aber nicht vollkommen korrekt und lässt beim Leser ein falsches Bild entstehen. Im Assembler-Beispiel haben wir gesehen, dass ein Benutzerprogramm sehr wohl auf die Hardware zugreifen kann: Es kann zum Beispiel Daten aus dem Hauptspeicher in Register laden, alle möglichen arithmetischen und logischen Operationen ausführen sowie bestimmte Interrupts auslösen. Außerdem ist in der obigen Grafik der Zugriff auf den Kernel nicht visualisiert; man könnte also annehmen, dass dieser nach Belieben erfolgen kann. Jedoch ist das genaue Gegenteil der Fall.

---

10 Da Benutzerprogramme in einem eingeschränkten Berechtigungslevel laufen, können sie nicht wahllos alle Interrupts aufrufen.
11 Es gibt auch einen speziellen Befehl, um den Prozessor beim Herunterfahren des Systems richtig anzuhalten.

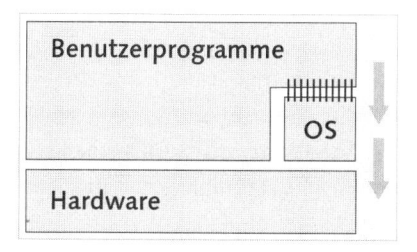

Abbildung 5.3 So sollte es sein.

In Abbildung 5.3 wird schon eher deutlich, dass ein Benutzerprogramm nur über ausgewiesene Schnittstellen mit dem Kernel kommunizieren kann. Diese ausgewiesenen Systemaufrufe (engl. *system calls*, daher auch die Bezeichnung Syscalls) stellen einem Programm die Funktionalität des Betriebssystems zur Verfügung.

Einstiegspunkte in den Kernel

So kann man über Syscalls zum Beispiel, wie Sie gesehen haben, einen Text auf den Bildschirm schreiben oder das aktuelle Programm beenden. Entsprechend kann man natürlich Eingaben der Tastatur lesen und neue Programme starten. Außerdem kann man auf Dateien zugreifen, externe Geräte ansteuern oder die Rechte des Benutzers überprüfen.

Linux kennt knapp 300 Syscalls, die alle in der Datei *include/asm-generic/unistd.h*[12] Ihres Kernel-Sources verzeichnet sind.

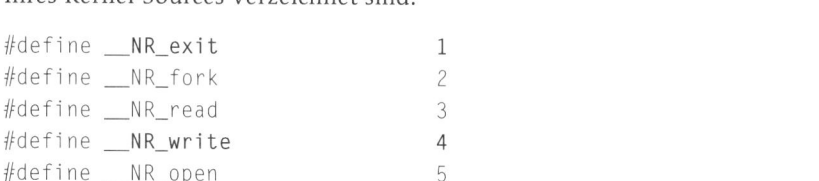

```
#define __NR_exit       1
#define __NR_fork       2
#define __NR_read       3
#define __NR_write      4
#define __NR_open       5
#define __NR_close      6
```

Listing 5.2 Auszug aus der include/asm-generic/unistd.h von Linux

Dem `exit`-Call ist in diesem Fall die Nummer 1 und dem `write`-Call die Nummer 4 zugeordnet, also etwas andere Nummern als in unserem Beispiel für das MIPS-System. Auch muss unter Linux/x86 ein Syscall anders initialisiert werden als in unserem Beispiel.[13] Das Prinzip ist jedoch gleich: Wir bereiten die Datenstruktur für den Syscall vor und bitten das Betriebssystem anschließend per Interrupt, unseren Wunsch zu bearbeiten.

---

[12] Wenn Sie sich die Datei anschauen möchten, sollten Sie in Ihrer Distribution die Kernel-Header-Dateien installieren. Unter Ubuntu heisst das Paket bspw. *linux-headers-VERSION*, die Datei findet sich dann im Dateisystem unter */usr/src/linux-headers-VERSION-generic/include/asm-generic/unistd.h*.

[13] Beim MIPS sehen Funktionsaufrufe anders aus als beim Intel/x86. Im Gegensatz zum MIPS müssen beim Intel-Prozessor nämlich alle Funktionsargumente auf den Stack geschoben werden, was aber für ein einführendes Beispiel nicht so übersichtlich gewesen wäre.

Für ein Benutzerprogramm sind *Syscalls* die *einzige* Möglichkeit, direkt eine bestimmte Funktionalität des Kernels zu nutzen.

Natürlich lässt unsere Definition der Syscalls noch viele Fragen offen. Bisher wissen wir ja nur, dass wir die Daten irgendwie vorbereiten müssen, damit das Betriebssystem nach einem Interrupt diesen Systemaufruf verarbeiten kann. Was uns noch fehlt, ist die Verbindung zu den verschiedenen Hochsprachen, in denen ja fast alle Programme geschrieben werden.

Hochsprachen

Abstraktere Programmierung

Im Folgenden müssen wir zunächst klären, was eine Hochsprache überhaupt ist. Als Hochsprache bezeichnet man eine abstrakte *höhere Programmiersprache*, die es erlaubt, Programme problemorientierter und unabhängig von der Prozessorarchitektur zu schreiben. Bekannte und wichtige Hochsprachen sind zum Beispiel C/C++, Java oder auch PHP. Unser etwas kompliziert anmutendes MIPS-Beispiel sieht in C auch gleich viel einfacher aus:

```c
#include <stdio.h>

main()
{
  printf("Hello, World!\n");
}
```

Listing 5.3 »Hello, World« in C

In der ersten Zeile binden wir eine Datei ein, in der der einzige Befehl in unserem Programm definiert wird: `printf()`. Dieser Befehl gibt nun wie zu erwarten einen Text auf dem Bildschirm aus, in unserem Fall das bekannte »Hello, World!«.

Auch wenn dieses Beispiel schon einfacher zu lesen ist als der Assembler-Code, zeigt es doch noch nicht alle Möglichkeiten und Verbesserungen, die eine Hochsprache bietet. Abgesehen davon, dass Hochsprachen leicht zu lesen und zu erlernen sind, bieten sie nämlich komplexe Daten- und Kontrollstrukturen, die es so in Assembler nicht gibt. Außerdem ist eine automatische Syntax- und Typüberprüfung möglich.

Dumm ist nur, dass der Prozessor solch einen schön geschriebenen Text nicht versteht. Die Textdateien mit dem Quellcode, die man im Allgemeinen auch als *Source* bezeichnet, müssen erst in Assembler beziehungsweise gleich in Maschinensprache übersetzt werden.[14] Eine solche Übersetzung (auch *Kompilierung* genannt) wird

---

14 Wie gesagt sind Maschinensprache und Assembler-Notation weitestgehend äquivalent. Eine Übersetzung in Assembler findet aber nur statt, wenn der Programmierer dies aus welchen Gründen auch immer explizit verlangt.

von einem *Compiler* vorgenommen. Wird ein Programm jedoch nicht nur *einmal* übersetzt, sondern während der Analyse der Quelldatei gleich Schritt für Schritt ausgeführt, so spricht man von *interpretierten* Sprachen und nennt das interpretierende Programm einen *Interpreter*. Die meisten Sprachen sind entweder pure Compiler- oder pure Interpreter-Sprachen (auch *Skriptsprachen* genannt).

Eine interessante Ausnahme von dieser Regel ist Java. Diese Sprache wurde von Sun Microsystems entwickelt, um möglichst portabel und objektorientiert Anwendungen schreiben zu können. Ganz davon abgesehen, dass jede Sprache portabel ist, sofern ein entsprechender Compiler/Interpreter und alle benötigten Bibliotheken – das sind Sammlungen von häufig benutztem Code, beispielsweise Funktionen, die den Zugriff auf eine Datenbank abstrahieren – auf der Zielplattform vorhanden sind, wollte Sun dies mit dem folgenden Konzept erreichen: Ein fertig geschriebenes Java-Programm wird zuerst von einem Compiler in einen Bytecode[15] übersetzt, der schließlich zur Laufzeit interpretiert wird.

Java!

Mehr zur Programmierung unter Unix finden Sie in Kapitel 30.

Für unser kleines C-Beispiel reicht dagegen der einmalige Aufruf des GNU-C-Compilers, des gcc, aus:

[zB]

```
$ gcc -o hello hello.c
$ ./hello
Hello, World!
$
```

Listing 5.4 Das Beispiel übersetzen und ausführen

In diesem Beispiel wird die Quelldatei *hello.c* mit unserem kleinen Beispielprogramm vom gcc in die ausführbare Datei *hello* übersetzt, die wir anschließend mit dem gewünschten Ergebnis ausführen. In diesem Beispiel haben Sie auch zum ersten Mal die Shell gesehen. Diese interaktive Kommandozeile wirkt auf viele Leute, die sich zum ersten Mal mit Unix auseinandersetzen, recht anachronistisch und überhaupt nicht komfortabel. Man möchte nur klicken müssen und am liebsten alles bunt haben. Sie werden jedoch spätestens nach unserem Shell-Kapitel dieses wertvolle und höchst effiziente Werkzeug nicht mehr missen wollen.

Mehr zur Shell finden Sie in den Kapiteln 7 bis 12.

Die Datei *hello* ist zwar eine ausführbare Datei, enthält aber keinen reinen Maschinencode. Vielmehr wird unter Linux/BSD das ELF-Format für ausführbare Dateien

Ausführbare Dateien

---

15 Dieser Bytecode ist eine Art maschinenunabhängige Maschinensprache.

genutzt. In diesem Format ist zum Beispiel noch angegeben, welche Bibliotheken benötigt oder welche Variablen im Speicher angelegt werden müssen.[16]

Doch zurück zu unseren Syscalls, die wir in den letzten Abschnitten etwas aus den Augen verloren haben. Die Frage, die wir uns zu Beginn stellten, war ja, ob und wie wir die Syscalls in unseren Hochsprachen nutzen können.

Libc: die Standardbibliothek

Unter C ist die Sache einfach: Die Standardbibliothek (libc) enthält entsprechende Funktionsdefinitionen. Nach außen hin kann man über die Datei *unistd.h* die von der Bibliothek exportierten Funktionssymbole einbinden und Syscalls auf diese Weise direkt nutzen. Intern werden die Syscalls wieder in Assembler geschrieben. Dies geschieht teils durch vollständig in Assembler geschriebene Quelldateien und teils auch durch Inline-Assembler. Die Programmiersprache C erlaubt es nämlich, zwischen den Anweisungen in der Hochsprache auch Assembler-Direktiven zu verwenden, die dann natürlich speziell gekennzeichnet werden.

Würde man das Beispielprogramm nicht mit printf schreiben, einem Befehl direkt aus dem C-Standard, sondern direkt mit dem Linux-Syscall write, so sähe es wie folgt aus:

```
#include <unistd.h>
int main() {
    write(0, "Hello, World!\n", 13);
}
```

Listing 5.5 Das C-Beispiel mit dem write-Syscall

Hier nutzen wir den Syscall direkt statt indirekt wie über printf. Der Aufruf sieht auch schon etwas komplizierter aus, da mehr Argumente benötigt werden. Doch diese steigern nur die Flexibilität des Syscalls, der auch zum Schreiben in Dateien oder zum Senden von Daten über eine Netzwerkverbindung genutzt werden kann – wohlgemerkt: Im Endeffekt sind dies alles Aufgaben für den Kernel.

In welche Datei beziehungsweise auf welches Gerät geschrieben werden soll, gibt das erste Argument an. Dieser *Deskriptor* ist in unserem Fall die standardmäßig mit dem Wert »0« belegte normale Ausgabe: der Bildschirm. Danach folgen der zu schreibende Text sowie die letztendlich davon wirklich zu schreibende Anzahl Zeichen (eigentlich Bytes, aber ein Zeichen entspricht normalerweise einem Byte).

---

16 Auch wenn Sie in Assembler programmieren, wird eine ausführbare Datei in einem solchen Format erzeugt – das Betriebssystem könnte sie sonst nicht starten.

5.1.5 Benutzung

Nachdem wir bisher betrachtet haben, welche Implikationen sich aus der Hardware für das Betriebssystem ergeben, wollen wir im Folgenden die Eigenschaften des Systems aus Benutzersicht erläutern. Dazu betrachten wir zuerst ein beliebiges Betriebssystem beim Start.

Der Bootvorgang

Wenn man den PC anschaltet, *bootet* nach einer kurzen Initialisierung des BIOS das Betriebssystem. Für den Benutzer äußert sich dieser Vorgang vor allem in einer kurzen Wartezeit, bis er sich am System anmelden kann. In dieser Zeit werden alle Dienste initialisiert, die das System erbringen soll.

Bei Arbeitsplatzrechnern gehört dazu in 90 % der Fälle eine grafische Oberfläche. Bei einer Vollinstallation eines Linux-Systems kann dazu auch schon einmal ein Webserver- oder Fileserver-Dienst gehören. Werden solche komplexen Dienste beim Booten gestartet, dauert ein Systemboot natürlich länger als bei puren Desktop-Systemen – insofern lässt sich ein Windows XP Home nicht mit einer Unix-Workstation vergleichen.

Die Initialisierung des Systems

Für das System selbst heißt das, dass alle für die Arbeit benötigten Datenstrukturen zu initialisieren sind. Am Ende des Bootvorgangs wird dem Benutzer eine Schnittstelle angeboten, mit der er arbeiten kann.

Mehr zum Bootvorgang finden Sie in Kapitel 27, »Bootstrap und Shutdown«.

Im laufenden Betrieb

Im laufenden Betrieb möchten Benutzer ihre Programme starten, auf ein Netzwerk zugreifen oder spezielle Hardware wie Webcams nutzen. Das Betriebssystem hat nun die Aufgabe, diese *Betriebsmittel* zu verwalten. Der Zwiespalt ist dabei, dass den Benutzer so etwas nicht interessiert – schließlich sollen die Programme ausgeführt und auch die restlichen Wünsche des Anwenders möglichst mit der vollen Leistung des Systems erfüllt werden.

Würde der Kernel also zur Erfüllung dieser Aufgaben den halben Speicher oder 50 % der Rechenzeit benötigen, könnte er diesen indirekten Anforderungen nicht gerecht werden. Tatsächlich stellt es für jeden Betriebssystemprogrammierer die größte Herausforderung dar, den eigenen Ressourcenverbrauch möglichst gering zu halten und trotzdem alle Wünsche zu erfüllen.

Ebenfalls zu diesem Themenkreis gehört die *Korrektheit* des Systems. Es soll seine Aufgabe nach Plan erfüllen – grundlose Abstürze, vollständige Systemausfälle beim Ausfall einzelner kleiner Komponenten oder nicht vorhersagbares Verhalten sind

Korrektheit

nicht zu akzeptieren. Daher wollen wir die Korrektheit im Folgenden als gegeben annehmen, auch wenn sie in der Realität nicht unbedingt selbstverständlich ist.

Das Herunterfahren

Das Herunterfahren dient zum Verlassen des Systems in einem korrekten Zustand, damit die Systemintegrität beim nächsten Start gewahrt bleibt. Vor allem beim Dateisystem zeigt sich die Wichtigkeit eines solchen Vorgehens: Puffer und Caches erhöhen die Performance beim Zugriff auf die Platte extrem, dreht man jedoch plötzlich den Strom ab, sind alle gepufferten und noch nicht auf die Platte zurückgeschriebenen Daten weg. Dabei wird das Dateisystem mit ziemlicher Sicherheit in einem inkonsistenten Zustand zurückgelassen, so dass es beim nächsten Zugriff sehr wahrscheinlich zu Problemen kommen wird.

Aber auch den Applikationen muss eine gewisse Zeit zum Beenden eingeräumt werden. Vielleicht sind temporäre Daten zu sichern oder andere Arbeiten noch korrekt zu beenden. Das Betriebssystem muss also eine Möglichkeit haben, den Anwendungen zu sagen: Jetzt beende dich bitte selbst – oder ich tue es.

5.2 Aufgaben eines Betriebssystems

Zusammengefasst verwaltet ein Betriebssystem die Betriebsmittel eines Computers – also Rechenzeit, Speicher oder I/O-Geräte – und ermöglicht dem Benutzer das Ausführen von Programmen. Zwei weitere, jedoch eher indirekte Aufgaben, die wir bisher noch nicht besprochen haben, sind *Abstraktion* und *Virtualisierung*.

5.2.1 Abstraktion

Abstraktion haben wir von Anfang an als selbstverständlich betrachtet. Niemand möchte Maschinencode schreiben oder sich direkt mit dem Prozessor auseinandersetzen. Man möchte viel lieber auf ein hübsches Symbol auf dem Desktop klicken, um ein bestimmtes Programm zu starten. So weit, so gut.

Ein weiteres gutes Beispiel sind die bereits vorgestellten Syscalls. Sie abstrahieren die komplexen Fähigkeiten des Betriebssystems in wenige, konkret gegebene Funktionsaufrufe. Eine ebenfalls sofort einsichtige Anwendung des Abstraktionsprinzips gibt es beim Dateisystem. Eine Festplatte wird schließlich über ihre geometrischen Eigenschaften adressiert, also über ihre Zylinder, Köpfe und Sektoren.[17] Für den Benutzer werden diese unhandlichen Eigenschaften jedoch auf Dateien und Verzeichnisse abgebildet, und diese werden sogar mit diversen Rechten und anderen

---

17 Teilweise wird aber auch schon vom Controller davon abstrahiert, so dass das Betriebssystem es nur noch mit abstrakten *Blocknummern* zu tun hat.

Eigenschaften versehen. Die Syscalls dienen nun dazu, diese abstrahierte Funktionalität aus Programmen heraus nutzen zu können.

Unter Unix-Systemen wie zum Beispiel Linux und BSD werden verwaltete Geräte auf spezielle Dateien im */dev*-Verzeichnis abgebildet. Das hat den Vorteil, dass man auch für die Benutzung von I/O-Geräten Rechte vergeben kann und sich die Handhabung nicht wesentlich von der des restlichen Systems unterscheidet.

Geräte als Dateien

5.2.2 Virtualisierung

Virtualisierung ist eine weitere wichtige Aufgabe des Betriebssystems. Der Ausdruck bezeichnet in der Informatik eine Ressourcenteilung möglichst ohne ungünstige Nebenwirkung für die Benutzer. Für den Benutzer beziehungsweise für sein Programm sieht es nämlich so aus, als stünde die Ressource ausschließlich ihm zur Verfügung.

Virtuelle Prozessoren und Multitasking

Das erste Beispiel für Virtualisierung kennen wir bereits: die Virtualisierung des Prozessors. Das bereits erwähnte *präemptive Multitasking* ermöglicht das quasiparallele Ausführen von mehreren Programmen. Dazu wird, wie wir bereits festgestellt haben, die verfügbare Prozessorzeit in viele i.d.R. gleich große Zeitscheiben (*Timeslices*) unterteilt, die vom Betriebssystem nun einzelnen Programmen zugewiesen werden. Im Folgenden kann dann jedes Programm rechnen, *als hätte es den gesamten Prozessor für sich allein*. Es merkt nichts von den Unterbrechungen und von anderen parallel laufenden Programmen.

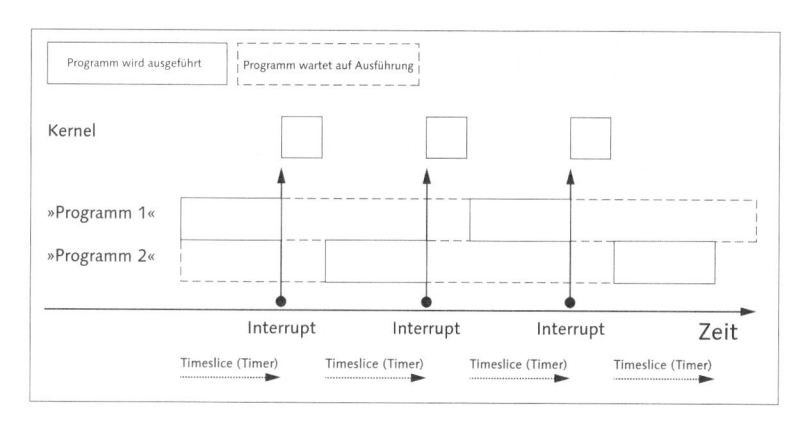

Abbildung 5.4 Multitasking

Um dies umzusetzen, startet der Kernel einen Timer, um nach dem Ablauf der Zeitscheibe des Programmes wieder aufgeweckt zu werden. Ist der Timer angelaufen, wird über einen Interrupt der Kernel wieder aufgeweckt – vorher werden jedoch alle Prozessorregister gesichert, so dass das Programm später ohne Probleme wieder fortgesetzt werden kann.

Virtueller Speicher

Wie schon der Name dieses ebenfalls bereits erwähnten Prinzips sagt, handelt es sich hier um eine Virtualisierung des Speichers. Jedes Programm hat den Eindruck, dass ihm der gesamte Hauptspeicher zur Verfügung steht. Alle Adressen können benutzt werden, ohne dass ein Programm von anderen, zur selben Zeit laufenden Programmen etwas merken würde. Die anderen Programme haben natürlich ebenfalls ihren eigenen virtuellen Speicher.

Greift ein Programm auf eine (virtuelle) Adresse zu, wird diese von der MMU in die entsprechende reale Adresse im Hauptspeicher übersetzt. Das Setup, also die Verwaltung der MMU und des Hauptspeichers, übernimmt dabei wieder das Betriebssystem. Dieses wird auch durch einen Interrupt informiert, falls ein Speicherbereich, auf den ein Programm gern zugreifen möchte, auf die Festplatte ausgelagert wurde. In der Behandlungsroutine des Interrupts kann das Betriebssystem diesen Speicherblock nun wieder in den Hauptspeicher kopieren und die fehlgeschlagene Anweisung des unterbrochenen Programms noch einmal wiederholen – diesmal ist die betreffende virtuelle Adresse im Hauptspeicher eingelagert, und die Adressübersetzung der MMU schlägt nicht mehr fehl.

Speicher anfordern

Diese vom Betriebssystem zu erledigende Verwaltungsarbeit für den virtuellen Speicher zeigt auch die Relevanz eines Syscalls auf, der für ein Programm neuen Speicher anfordert. Der meist `malloc()` genannte Funktionsaufruf sorgt dafür, dass die Memory Management Unit entsprechend initialisiert wird. Dann kann dem Programm die virtuelle Adresse zurückgegeben werden, unter der der angeforderte Speicherbereich ansprechbar ist.

Griffe ein Programm auf eine virtuelle Adresse zu, die noch nicht initialisiert ist, würde die MMU natürlich wieder das Betriebssystem über einen Interrupt informieren. Das Betriebssystem sähe nun nach, ob der betreffende Speicherbereich vielleicht ausgelagert wäre – aber das ist er nicht. Es liegt also ein klassischer *Speicherzugriffsfehler* vor, bei dem ein Programm normalerweise beendet wird. Falls so etwas auftritt, liegt meist ein etwas komplizierterer Programmierfehler vor.

```
#include <stdlib.h>

int main() {
  char* puffer;            // Variable deklarieren
  puffer = malloc(4096);   // 4 KB = 4096 Bytes
                           // anfordern
```

```
    // Nun kann der Speicherbereich benutzt werden

    free(puffer);              // Speicherbereich
                               // wieder freigeben

    // Jeder Zugriff auf den Speicherbereich der
    // Variablen 'puffer', der nach dem Freigeben
    // erfolgt, führt zu einem Speicherzugriffsfehler.

    return 0;                  // Programm beenden
}
```

Listing 5.6 Anfordern von Hauptspeicher mit malloc()

Das obige Beispiel in der Programmiersprache C zeigt sehr deutlich, wie sich der Programmierer bei dieser Sprache selbst um die Verwaltung des Speichers kümmern kann. Der Speicher wird nicht nur per `malloc()` angefordert, sondern muss auch mit einem Aufruf von `free()` wieder freigegeben werden.

Unter Linux sind `malloc()` und `free()` keine Syscalls, sondern »nur« Funktionen der Standard-C-Library. Der zugehörige Syscall, über den der Kernel Speicher reserviert oder freigibt, heisst `brk()`. Laut Manpage sollte `brk()` aber nicht direkt verwendet werden, stattdessen sind `malloc()` und `free()` zu benutzen. [«]

Andere Programmiersprachen verstecken diese Syscalls teilweise vor dem Programmierer. Damit ist das Programmieren zwar einfacher, aber nicht unbedingt flexibler. In Java zum Beispiel sieht die Anforderung von neuem Speicher ganz anders aus, auch wenn intern natürlich dieselben Syscalls genutzt werden.

Andere Programmiersprachen

Neue Objekte werden bei solchen Sprachen mit einem Aufruf von `new` angelegt. Natürlich reserviert dieser Aufruf auch den für das Objekt nötigen Speicherplatz, allerdings ohne dass sich der Programmierer näher damit auseinandersetzen muss, wie viel das ist. Einen `free()`-ähnlichen Aufruf sucht man dagegen vergeblich. Nicht mehr benutzter Speicher wird nämlich von der das Java-Programm ausführenden virtuellen Maschine, also dem Programm, das den maschinenunabhängigen Bytecode interpretiert, durch eine *Garbage Collection* wieder freigegeben: Ein »Müllsammler« durchsucht den gesamten Speicherbereich der Applikation nach nicht mehr genutzten Referenzen und löscht diese. Diese Garbage Collection war früher auf etwas langsameren Systemen die Ursache dafür, dass bei etwas umfangreicheren Java-Programmen das System in regelmäßigen Abständen stehen blieb. Mittlerweile sind die Systeme aber so leistungsfähig und die Algorithmen so ausgereift, dass dieser Performancenachteil nicht mehr ins Gewicht fällt. [zB]

5.2.3 Ressourcenverwaltung

Betrachtet man die letzten Beispiele, so leuchtet auch die Aufgabe der *Ressourcenverwaltung* ein. Der Begriff *Ressource* wird dabei im weitesten Sinne verstanden: Der Prozessor zählt nämlich genauso als Ressource wie die durch ihn realisierte Rechenzeit. Zu den verwalteten Ressourcen gehören also darüber hinaus:

- Prozessor (bzw. Rechenleistung und Timer)
- Speicher (bzw. RAM und Festplatte)
- Maus
- Bildschirm
- Drucker
- Netzwerkkarten

Spooling | Warum und inwiefern eine solche Verwaltung nötig ist, zeigt das klassische Druckerbeispiel: Stellen Sie sich vor, zwei Programme versuchten, parallel zu drucken. Hätten beide direkten Zugriff auf den Drucker, wären wahrscheinlich beide Ausgaben auf einem Ausdruck gemischt – das genaue Gegenteil von dem, was erreicht werden sollte. Stattdessen wird das Betriebssystem oder (wie im Falle von Linux und BSD) ein spezieller Dienst die Druckwünsche entgegennehmen und erst einmal auf der Festplatte zwischenspeichern. Dieser Dienst könnte dann exklusiv auf den Drucker zugreifen und einen Auftrag nach dem anderen abarbeiten, ohne dass es zu Problemen und Konflikten kommt.

5.3 Prozesse, Tasks und Threads

Nachdem wir nun die Grundlagen geklärt haben, wollen wir auf die interessanten Einzelheiten zu sprechen kommen. Wir werden die Begriffe *Prozess*, *Thread* und *Task* sowie deren »Lebenszyklen« im System analysieren und dabei auch einen kurzen Blick auf das *Scheduling* werfen. Ebenfalls interessant wird ein Abschnitt über die Implementierung dieser Strukturen im Kernel sein.

Was in diesem Kapitel zum Kernel über Prozesse fehlt – die Administration und die Userspace-Sicht – können Sie in einem eigenen Kapitel nachlesen. Im aktuellen Kernel-Kontext interessieren uns eher das Wesen und die Funktion als die konkrete

Bedienung, die eigentlich auch nichts mehr mit dem Kernel zu tun hat – sie findet ja im *Userspace*[18] statt.[19]

5.3.1 Definitionen

Beginnen wir also mit den Definitionen. Anfangs haben wir bereits die aus der Erwartung der Benutzer resultierende Notwendigkeit des Multitasking-Betriebs erläutert. Der Benutzer möchte nun einmal mehrere Programme gleichzeitig ausführen können, die Zeiten von MS-DOS und des Singletaskings sind schließlich vorbei. Die Programme selbst liegen dabei als Dateien irgendwo auf der Festplatte.

Prozess

Wird ein Programm nun ausgeführt, spricht man von einem *Prozess*. Dabei hält das Betriebssystem natürlich noch einen ganzen Kontext weiterer Daten vor: die ID des ausführenden Benutzers, bereits verbrauchte Rechenzeit, alle geöffneten Dateien – alles, was für die Ausführung wichtig ist.

<small>Programm samt Laufzeitdaten</small>

> Ein *Prozess* ist ein Programm in Ausführung.

Besonders hervorzuheben ist, dass jeder Prozess seinen eigenen virtuellen *Adressraum* besitzt. Wie dieser Speicherbereich genau organisiert ist, werden wir später noch im Detail klären. Im Moment ist jedoch wichtig zu wissen, dass im virtuellen Speicher nicht nur die Variablen des Programms, sondern auch der Programmcode selbst sowie der *Stack* enthalten sind.

Der Stack

Der Stack ist eine besondere Datenstruktur, über die man Funktionsaufrufe besonders gut abbilden kann. Sie bietet folgende Operationen:

<small>Funktionsaufrufe abbilden</small>

- **push**
  Mit dieser Operation kann man ein neues Element *auf* den Stack legen. Auf diese Weise erweitert man die Datenstruktur um ein Element, das gleichzeitig zum aktuellen Element wird.

- **top**
  Mit dieser Operation kann man auf das *oberste* beziehungsweise *aktuelle* Element

---

[18] Wörtlich übersetzt heißt das Wort »Raum des Benutzers«, meint also den eingeschränkten Ring 3, in dem alle Programme ausgeführt werden.
[19] Wenn Sie jetzt den Einspruch wagen, dass die zur Administration der Prozesse benutzten Programme nun auch wieder über Syscalls auf den Kernel zugreifen und so ihre Aktionen erst ausführen können, haben Sie verstanden, worum es geht.

zugreifen und es auslesen. Wendet man sie an, so bekommt man das letzte per `push` auf den Stack geschobene Element geliefert.

▶ **pop**
Mit dieser Operation kann man schließlich das oberste Element vom Stack löschen. Beim nächsten Aufruf von `top` würde man also das Element unter dem von `pop` gelöschten Element geliefert bekommen.

Die einzelnen Funktionen und ihre Auswirkungen auf den Stack sind in der folgenden Abbildung veranschaulicht – `push` und `pop` bewirken jeweils eine Veränderung der Datenstruktur, während `top` auf der aktuellen Datenstruktur operiert und das oberste Element zurückgibt:

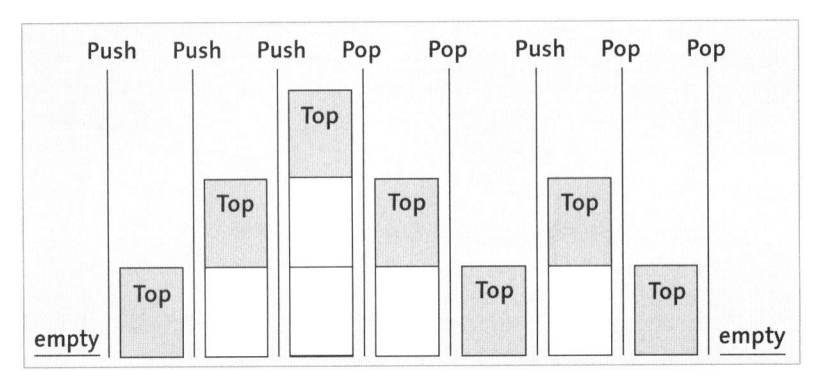

Abbildung 5.5 Das Prinzip eines Stacks

Um zu veranschaulichen, wieso diese Datenstruktur so gut das Verhalten von Funktionsaufrufen abbilden kann, betrachten wir das folgende kleine C-Beispiel:

```
#include <stdio.h>

void funktion1()
{
  printf("Hello World!\n");
  return;
}

int main()
{
  funktion1();
  return 0;
}
```

Listing 5.7 Ein modifiziertes »Hello World!«-Programm

In diesem Beispiel wird die Funktion `funktion1()` aus dem Hauptprogramm heraus aufgerufen. Diese Funktion wiederum ruft die Funktion `printf()` mit einem Text als Argument auf. Der Stack für die Funktionsaufrufe verändert sich während der Ausführung wie folgt:

Verschachtelte Aufrufe

- **Start des Programms**
  Beim Start des Programms ist der Stack zwar vom Betriebssystem initialisiert, aber im Prinzip noch leer.[20]

- **Aufruf von funktion1()**
  An dieser Stelle wird der Stack benutzt, um sich zu merken, wo es nach der Ausführung von `funktion1()` weitergehen soll. Im Wesentlichen wird also das Befehlsregister auf den Stack geschrieben – und zwar mit der Adresse des nächsten Befehls nach dem Aufruf der Funktion: von `return`. Es werden in der Realität auch noch andere Werte auf den Stack geschrieben, aber diese sind hier für uns uninteressant. Schließlich wird der Befehlszeiger auf den Anfang von `funktion1()` gesetzt, damit die Funktion ablaufen kann.

- **In der Funktion funktion1()**
  Hier wird sofort eine weitere Funktion aufgerufen: `printf()` aus der C-Bibliothek mit dem Argument »Hello World!«. Auch hier wird wieder die Adresse des nächsten Befehls auf den Stack geschrieben. Außerdem wird auch das Argument für die Funktion, also eben unser Text, auf dem Stack abgelegt.[21]

- **Die Funktion printf()**
  Die Funktion kann jetzt das Argument vom Stack lesen und somit unseren Text schreiben. Danach wird der vor dem Aufruf von `printf()` auf den Stack gelegte Befehlszeiger ausgelesen und das Befehlsregister mit diesem Wert gefüllt. So kann schließlich `funktion1()` ganz normal mit dem nächsten Befehl nach dem Aufruf von `printf()` weitermachen. Dies ist nun schon ein Rücksprungbefehl, der das Ende der Funktion anzeigt.

- **Das Ende**
  Wir kehren nun ins Hauptprogramm zurück und verfahren dabei analog wie beim Rücksprung von `printf()` zu `funktion1()`. Wie man sieht, eignet sich der Stack also prächtig für Funktionsaufrufe: Schließlich wollen wir nach dem Ende einer Funktion in die aufrufende Funktion zurückkehren – anderen interessieren uns nicht. Mit dem Rücksprung nach `main()` ist unser Programm abgeschlossen und wird vom Betriebssystem beendet.

---

20 Das ist zwar nicht ganz richtig, aber für uns erst einmal uninteressant.
21 Es gibt auch Rechnerarchitekturen, bei denen man die Parameterübergabe anders regelt. Dass auf einem MIPS-System die Parameter über die Prozessorregister übergeben werden, haben Sie in unserem Syscall-Beispiel direkt in Assembler schon gesehen.

Es liegen noch mehr Daten auf dem Stack als nur der Befehlszeiger oder die Funktionsargumente – mit diesen Daten werden wir uns später noch auseinandersetzen.

Thread

Kommen wir also zur nächsten Definition. Im letzten Abschnitt haben wir einen Prozess als ein Programm in Ausführung definiert. Jedoch ist klar, dass die eigentliche *Ausführung* nur von den folgenden Daten abhängt:

- dem aktuellen Befehlsregister
- dem Stack
- dem Inhalt der Register des Prozessors

Ausführungsfaden

Ein Prozess besteht nun vereinfacht gesagt aus dem eigenen Speicherbereich, dem Kontext (wie zum Beispiel den geöffneten Dateien) und genau einem solchen *Ausführungsfaden*, einem sogenannten *Thread*.

> Ein *Thread* ist ein Ausführungsfaden, der aus einem aktuellen Befehlszeiger, einem eigenen Stack und dem Inhalt der Prozessorregister besteht.

Ein auszuführendes Programm kann nun theoretisch auch mehrere solcher Threads besitzen. Das bedeutet, dass diese Ausführungsfäden *quasiparallel* im selben Adressraum laufen. Diese Eigenschaft ermöglicht ein schnelles Umschalten zwischen verschiedenen Threads einer Applikation. Außerdem erleichtert die Möglichkeit zur parallelen Programmierung einer Applikation die Arbeit des Programmierers teilweise deutlich.

User- oder Kernelspace?

Threads müssen dabei nicht notwendigerweise im Kernel implementiert sein: Es gibt nämlich auch sogenannte *Userlevel-Threads*. Für das Betriebssystem verhält sich die Applikation wie ein normaler Prozess mit einem Ausführungsfaden. Im Programm selbst sorgt jetzt jedoch eine besondere Bibliothek dafür, dass eigens angelegte Stacks richtig verwaltet und auch die Threads regelmäßig umgeschaltet werden, damit die parallele Ausführung gewährleistet ist.

Außerdem gibt es neben den dem Kernel bekannten *KLTs* (Kernellevel-Threads) und den eben vorgestellten *PULTs* (Puren Userlevel-Threads) auch noch sogenannte *Kernelmode-Threads*. Diese Threads sind nun Threads des Kernels und laufen komplett im namensgebenden Kernelmode.

Normalerweise wird der Kernel eigentlich *nur* bei zu bearbeitenden Syscalls und Interrupts aktiv. Es gibt aber auch Arbeiten, die unabhängig von diesen Zeitpunkten, vielleicht sogar periodisch ausgeführt werden müssen. Solche typischen Aufgaben sind zum Beispiel das regelmäßige Aufräumen des Hauptspeichers oder das Auslagern von lange nicht mehr benutzten Speicherseiten auf die Festplatte, wenn der Hauptspeicher einmal besonders stark ausgelastet ist.

Task

Ein *Task* ist eigentlich nichts anderes als ein Prozess mit mehreren Threads. Zur besseren Klarheit wird teilweise auch die folgende Unterscheidung getroffen: Ein Prozess hat einen Ausführungsfaden, ein Task hat mehrere. Somit ist ein Prozess ein Spezialfall eines Tasks. Aus diesem Grund gibt es auch keine Unterschiede bei der Realisierung beider Begriffe im System.

Prozess + x Threads

Unter Unix spricht man trotzdem meistens von Prozessen, da hier das Konzept der Threads im Vergleich zur langen Geschichte des Betriebssystems noch relativ neu ist. So hat zum Beispiel Linux erst seit Mitte der 2.4er-Reihe eine akzeptable Thread-Unterstützung. Vorher war die Erstellung eines neuen Threads fast langsamer als die eines neuen Prozesses, was dem ganzen Konzept natürlich widerspricht. Aber mittlerweile ist die Thread-Unterstützung richtig gut, und somit ist auch eines der letzten Mankos von Linux beseitigt.

Identifikationsnummern

Damit das Betriebssystem die einzelnen Prozesse, Threads und Tasks unterscheiden kann, wird allen Prozessen beziehungsweise Tasks eine *Prozess-ID* (PID) zugewiesen. Diese PIDs sind auf jeden Fall eindeutig im System.

Threads haben entsprechend eine Thread-ID (TID). Ob TIDs nun aber im System oder nur innerhalb eines Prozesses eindeutig sind, ist eine Frage der Thread-Bibliothek. Ist diese im Kernel implementiert, ist es sehr wahrscheinlich, dass die IDs der Threads mit den IDs der Prozesse im System eindeutig sind. Schließlich gilt es für das Betriebssystem herauszufinden, welcher Prozess oder Thread als Nächstes laufen soll. Dazu ist natürlich ein eindeutiges Unterscheidungsmerkmal wichtig. Allerdings könnte auch das Tupel (Prozess-ID, Thread-ID) für eine solche eindeutige Identifizierung herangezogen werden, falls die TID nur für jeden Prozess eindeutig ist.

Ist der Thread-Support nur im Userspace über eine Bibliothek implementiert, so ist eine eindeutige Identifizierung für den Kernel unnötig – er hat mit der Umschaltung der Threads nichts zu tun. So werden die TIDs nur innerhalb des betreffenden Tasks eindeutig sein.

Mehr zu PIDs erfahren Sie in Kapitel 26, »Prozesse und IPC«.

5.3.2 Lebenszyklen eines Prozesses

Der nächste wichtige Punkt – die Lebenszyklen eines Prozesses – betrifft die Tasks; Threads spielen in diesem Kontext keine Rolle.

Unterschiedliche Zustände

Ein Prozess hat verschiedene Lebensstadien. Das wird schon deutlich, wenn man sich vor Augen führt, dass er erstellt, initialisiert, verarbeitet und beendet werden muss. Außerdem gibt es noch den Fall, dass ein Prozess blockiert ist – wenn er zum Beispiel auf eine (Tastatur-)Eingabe des Benutzers wartet, dieser sich aber Zeit lässt.

Prozesserstellung

Zuerst wollen wir die Geburt eines neuen Prozesses betrachten. Dabei interessieren uns zunächst die Zeitpunkte, an denen theoretisch neue Prozesse erstellt werden könnten:

- Systemstart
- Anfrage eines bereits laufenden Prozesses zur Erstellung eines neuen Prozesses
- Anfrage eines Users zur Erstellung eines neuen Prozesses
- Starten eines Hintergrundprozesses (Batch-Job)

Der »Urprozess« init

Sieht man sich diese Liste näher an, so fällt auf, dass die letzten drei Punkte eigentlich zusammengefasst werden können: Wenn man einen neuen Prozess als Kopie eines bereits bestehenden Prozesses erstellt, braucht man sich nur noch beim Systemstart um einen *Urprozess* zu kümmern. Von diesem werden schließlich alle anderen Prozesse kopiert, indem ein Prozess selbst sagt, dass er kopiert werden möchte. Da die Benutzer das System ausschließlich über Programme bedienen, können die entsprechenden Prozesse auch selbst die Erstellung eines neuen Prozesses veranlassen – Punkt 3 wäre damit also auch abgedeckt. Bleiben noch die ominösen Hintergrundjobs: Werden diese durch einen entsprechenden Dienst auf dem System gestartet, so reicht auch für diese Arbeit das einfache Kopieren eines Prozesses aus.

fork() und exec()*

Eine solche Idee impliziert aber auch die strikte Trennung zwischen dem Starten eines Prozesses und dem Starten eines Programms. So gibt es denn auch zwei Syscalls: fork() kopiert einen Prozess, so dass das alte Programm in zwei Prozessen ausgeführt wird, und exec*() ersetzt in einem laufenden Prozess das alte Programm durch ein neues. Offensichtlich kann man die häufige Aufgabe des Startens eines neuen Programms in einem eigenen Prozess dadurch erreichen, dass erst ein Prozess kopiert und dann in der Kopie das neue Programm gestartet wird.

Beim fork()-Syscall muss man also nach dem Aufruf unterscheiden können, ob man sich im alten oder im neuen Prozess befindet. Eine einfache Möglichkeit dazu ist der Rückgabewert des Syscalls: Dem Kind wird 0 als Ergebnis des Aufrufs zurückgegeben, dem Elternprozess dagegen die ID des Kindes:

```c
#include <sys/types.h>
#include <unistd.h>
#include <stdio.h>

int main()
{
  if( fork() == 0 )
  {
    // Hier ist der Kindprozess
    printf("Ich bin der Kindprozess!\n");
  }
  else
  {
    // Hier ist der Elternprozess
    printf("Ich bin der Elternprozess!\n");
  }
  return 0;
}
```

Listing 5.8 Ein fork-Beispiel

Im obigen Beispiel wurde dabei die *Prozess-ID* (PID), die der fork()-Aufruf dem erzeugenden Prozess übergibt, ignoriert. Wir haben diese Rückgabe nur auf die Null überprüft, die den Kindprozess anzeigt. Würde den erzeugenden Prozess anders als in diesem Beispiel doch die PID des Kindes interessieren, so würde man den Rückgabewert von fork() einer Variablen zuweisen, um diese schließlich entsprechend auszuwerten.

```c
#include <sys/types.h>
#include <unistd.h>
#include <stdio.h>

int main()
{
  if( fork() == 0 )
  {
    execl( "/bin/ls", "ls", NULL );
  }
  return 0;
}
```

Listing 5.9 Das Starten eines neuen Programms in einem eigenen Prozess

5 | Der Kernel

Ein neues Programm starten

In diesem Beispiel haben wir wie beschrieben ein neues Programm gestartet: Zuerst wird ein neuer Prozess erzeugt, in dem dann das neue Programm ausgeführt wird. Beim Starten eines neuen Programms wird fast der gesamte Kontext des alten Prozesses ausgetauscht – am wichtigsten ist dabei der virtuelle Speicher.

Das neue Programm erhält nämlich einen neuen Adressraum ohne die Daten des erzeugenden Prozesses. Dies erfordert auf den ersten Blick unnötig doppelte Arbeit: Beim fork() wird der Adressraum erst kopiert und eventuell sofort wieder verworfen und durch einen neuen, leeren Speicherbereich ersetzt.

Dieses Dilemma umgeht man durch ein einfaches wie geniales Prinzip: *Copy on Write*. Beim fork() wird der Adressraum ja nur kopiert, die Adressräume von Eltern- und Kindprozess sind also direkt nach der Erstellung noch identisch. Daher werden die Adressräume auch nicht real kopiert, sondern die Speicherbereiche werden als »nur-lesbar« markiert. Versucht nun einer der beiden Prozesse, auf eine Adresse zu schreiben, bemerkt das Betriebssystem den Fehler und kann den betreffenden Speicherbereich kopieren – diesmal natürlich für beide schreibbar.

Die Prozesshierarchie

Familienbeziehungen

Wenn ein Prozess immer von einem anderen erzeugt wird, so ergibt sich eine *Prozesshierarchie*. Jeder Prozess – außer dem beim Systemstart erzeugten init-Prozess – hat also einen Elternprozess. So kann man aus allen Prozessen zur Laufzeit eine Art Baum mit init als gemeinsamer Wurzel konstruieren.

Eine solche Hierarchie hat natürlich gewisse Vorteile bei der Prozessverwaltung: Die Programme können so nämlich über bestimmte Syscalls die Terminierung samt eventueller Fehler überwachen. Außerdem war in den Anfangsjahren von Unix das Konzept der Threads noch nicht bekannt und so musste Nebenläufigkeit innerhalb eines Programms über verschiedene Prozesse realisiert werden. Dies ist der Grund, warum es eine so strenge Trennung von Prozess und Programm gibt und warum sich Prozesse selbst kopieren können, was schließlich auch zur Hierarchie der Prozesse führt.

Das Scheduling

Den nächsten Prozess auswählen

Nach der Prozesserstellung soll ein Prozess nach dem Multitasking-Prinzip abgearbeitet werden. Dazu müssen alle im System vorhandenen Threads und Prozesse nacheinander jeweils eine gewisse Zeit den Prozessor nutzen können. Die Entscheidung, wer wann wie viel Rechenleistung bekommt, obliegt einem besonderen Teil des Betriebssystems, dem *Scheduler*.

Als Grundlage für das *Scheduling* dienen dabei bestimmte Prozesszustände, diverse Eigenschaften und jede Menge Statistik. Betrachten wir jedoch zuerst die für das Scheduling besonders interessanten Zustände:

- **RUNNING**

  Den Zustand RUNNING kann auf einem Einprozessorsystem nur je ein Prozess zu einer bestimmten Zeit haben: Dieser Zustand zeigt nämlich an, dass dieser Prozess *jetzt gerade* die CPU benutzt.

- **READY**

  Andere *lauffähige* Prozesse haben den Zustand READY. Diese Prozesse stehen also dem Scheduler für dessen Entscheidung, welcher Prozess als nächster laufen soll, zur Verfügung.

- **BLOCKED**

  Im Gegensatz zum READY-Zustand kann ein Prozess auch aus den verschiedensten Gründen blockiert sein, wenn er etwa auf Eingaben von der Tastatur wartet, ohne bestimmte Datenpakete aus dem Internet nicht weiterrechnen oder aus sonstigen Gründen gerade nicht arbeiten kann.

  Wenn die Daten für einen solchen wartenden Prozess ankommen, wird das Betriebssystem üblicherweise über einen Interrupt informiert. Das Betriebssystem kann dann die Daten bereitstellen und durch Setzen des Prozessstatus auf READY diesen Prozess wieder freigeben.

Prozesse wieder befreien

Natürlich gibt es noch weitere Zustände, von denen wir einige in späteren Kapiteln näher behandeln werden. Mit diesen Zuständen hat nämlich weniger der Scheduler als vielmehr der Benutzer Kontakt, daher werden sie hier nicht weiter aufgeführt.

Weitere wichtige Daten für den Scheduler sind eventuelle Prioritäten für spezielle Prozesse, die besonders viel Rechenzeit erhalten sollen. Auch muss natürlich festgehalten werden, wie viel Rechenzeit ein Prozess im Verhältnis zu anderen Prozessen schon bekommen hat.

Prozesse bevorzugen

Wie sieht nun aber der Scheduler in Linux genau aus? In der 2.6er-Kernelreihe wurde das Scheduling bis zum 2.6.23er Kernel im sogenannten O(1)-Scheduler wie folgt realisiert: Der Kernel verwaltete zwei Listen mit allen lauffähigen Prozessen: eine Liste mit den Prozessen, die schon gelaufen sind, und die andere mit allen Prozessen, die noch nicht gelaufen sind. Hatte ein Prozess nun seine Zeitscheibe beendet, wurde er in die Liste mit den abgelaufenen Prozessen eingehängt und aus der anderen Liste entfernt. War die Liste mit den noch nicht abgelaufenen Prozessen abgearbeitet und leer, so wurden die beiden Listen einfach getauscht.

Der O(1)-Scheduler

Eine Zeitscheibe, in der ein Prozess rechnet, dauert unter Linux übrigens maximal 1/1000 Sekunde. Sie kann natürlich auch vor Ablauf dieser Zeit abgebrochen werden, wenn das Programm zum Beispiel auf Daten wartet und dafür einen blockierenden Systemaufruf benutzt hat. Bei der Auswahl des nächsten abzuarbeitenden Prozesses wurden dabei *interaktive* vor *rechenintensiven* Prozessen bevorzugt. Interaktive Prozesse interagieren mit dem Benutzer und brauchen so meist eine geringe

Rechenzeit. Dafür möchte der Benutzer bei diesen Programmen eine schnelle Reaktion haben, da eine *Verzögerung* zum Beispiel bei der grafischen Oberfläche X11 sehr negativ auffallen würde. Der O(1)-Scheduler besaß nun ausgefeilte Algorithmen, um festzustellen, von welcher Art ein bestimmer Prozess ist und wo Grenzfälle am besten eingeordnet werden.

Der Completely Fair Scheduler

Seit Kernel 2.6.24 verwendet Linux den »completely fair scheduler«, CFS. Dieser Scheduler basiert auf einem einfachen Prinzip: Beim Taskwechsel wird der Task gestartet, der schon am längsten auf die Ausführung bzw. Fortsetzung wartet. Dadurch wird eine auf Desktop- wie auf Serversystemen gleichermaßen »faire« Verteilung der Prozessorzeit erreicht.

Bei vielen »gleichartigen« Tasks auf Serversystemen ist die Fairness offensichtlich. Auf Desktopsystemen mit vielen interaktiven Prozessen wird jedoch auch die Zeit berücksichtigt, die ein Prozess blockiert ist, weil er bspw. auf Eingaben des Benutzers oder auf Rückmeldung der Festplatte wartet. Ist ein solcher interaktiver Prozess dann lauffähig, wird er mit hoher Wahrscheinlichkeit auch zeitnah vom Scheduler gestartet, da er ja schon lang »gewartet« hat. Beim CFS entfällt somit die Notwendigkeit, über Heuristiken etc. festzustellen, ob es sich um einen interaktiven oder rechenintensiven Task handelt. Auch gibt es keine zwei Listen mehr, da alle Tasks in einer zentralen, nach »Wartezeit« geordneten Datenstruktur gehalten werden.

Details zur Priorisierung von Prozessen und zum Zusammenhang mit Scheduling erfahren Sie in Kapitel 26, »Prozesse und IPC«.

Beenden von Prozessen

Irgendwann wird jeder Prozess einmal beendet. Dafür kann es natürlich verschiedenste Gründe geben, je nachdem, ob sich ein Prozess freiwillig beendet oder beendet wird. Folgende Varianten sind zu unterscheiden:

- normales Ende (freiwillig)
- Ende aufgrund eines Fehlers (freiwillig)
- Ende aufgrund eines Fehlers (unfreiwillig)
- Ende aufgrund eines Signals eines anderen Prozesses (unfreiwillig)

Die meisten Prozesse beenden sich, weil sie ihre Arbeit getan haben. Ein Aufruf des find-Programms durchsucht zum Beispiel die gesamte Festplatte nach bestimmten Dateien. Ist die Festplatte durchsucht, beendet sich das Programm. Viele Programme einer grafischen Oberfläche geben dem Benutzer die Möglichkeit, durch einen Klick auf »das Kreuz rechts oben« das Fenster zu schließen und die Applikation zu beenden – auch eine Art des freiwilligen Beendens. Diesem ging ein entsprechender Wunsch des Benutzers voraus.

Im Gegensatz dazu steht das freiwillige Beenden eines Programms aufgrund eines Fehlers. Möchte man zum Beispiel mit dem gcc eine Quelldatei übersetzen, hat sich aber dabei bei der Eingabe des Namens vertippt, wird Folgendes passieren:

```
$ gcc -o test tset.c
gcc: tset.c: Datei oder Verzeichnis nicht gefunden
gcc: keine Eingabedateien
$
```

Listing 5.10 Freiwilliges Beenden des gcc

Damit sich Programme auf diese Weise freiwillig beenden können, brauchen sie einen Syscall. Unter Unix heißt dieser Aufruf exit(), und man kann ihm auch noch eine Zahl als *Rückgabewert* übergeben. Über diesen Rückgabewert können Fehler und teilweise sogar die Fehlerursache angegeben werden. Ein Rückgabewert von »0« signalisiert dabei »alles okay, keine Fehler«. In der Shell kann man über die Variable $? auf den Rückgabewert des letzten Prozesses zugreifen. Im obigen Beispiel eines freiwilligen Endes aufgrund eines Fehlers erhält man folgendes Ergebnis:

```
$ echo $?
1
$
```

Listing 5.11 Rückgabewert ungleich Null: Fehler

Wie aber sieht nun ein vom Betriebssystem erzwungenes Ende aus? Dieses tritt vor allem auf, wenn ein vom Programm nicht abgefangener und nicht zu reparierender Fehler auftritt. Dies kann zum Beispiel eine versteckte Division durch null sein, wie sie bei folgendem kleinen C-Beispiel auftritt:

```c
#include <stdio.h>

int main()
{
  int a = 2;
  int c;

  // Die fehlerhafte Berechnung
  c = 2 / (a - 2);

  printf("Nach der Berechnung.\n");
  return 0;
}
```

Listing 5.12 Ein Beispielcode mit Division durch Null

Will man dieses Beispiel nun übersetzen, ausführen und sich schließlich den Rückgabewert ansehen, muss man wie folgt vorgehen:

```
$ gcc -o test test.c
$ ./test
Gleitkomma-Ausnahme
$ echo $?
136
```

Listing 5.13 Den Fehler betrachten

Böse Fehler! Der Punkt, an dem der Text »Nach der Berechnung.« ausgegeben werden sollte, wird also nicht mehr erreicht. Das Programm wird vorher vom Betriebssystem abgebrochen, nachdem es von einer Unterbrechung aufgrund dieses Fehlers aufgerufen wurde. Das System stellt fest, dass das Programm einen Fehler gemacht und dafür keine Routine zur einer entsprechenden Behandlung vorgesehen hat – folglich wird der Prozess beendet. Einen solchen Fehler könnte ein Programm noch abfangen, aber für bestimmte Fehler ist auch dies nicht mehr möglich. Sie werden ein solches Beispiel im Abschnitt über Speichermanagement kennenlernen, wenn auf einen vorher nicht mit malloc() angeforderten Bereich des virtuellen Speichers zugegriffen und damit ein *Speicherzugriffsfehler* provoziert wird.

Kommunikation zwischen Prozessen
Jetzt müssen wir nur noch die letzte Art eines unfreiwilligen Prozessendes erklären: die *Signale*. Signale sind ein Mittel der *Interprozesskommunikation* (IPC), über die es in diesem Buch ein eigenes Kapitel gibt. Die dort beschriebenen Mechanismen regeln die Interaktion und Kommunikation der Prozesse miteinander und sind so für die Funktionalität des Systems sehr bedeutend. Ein Mittel dieser IPC ist nun das Senden der Signale, von denen zwei in diesem Zusammenhang für das Betriebssystem besonders wichtig sind:

- **SIGTERM**
  Dieses Signal fordert einen Prozess *freundlich* auf, sich zu beenden. Der Prozess hat dabei die Möglichkeit, dieses Signal abzufangen und noch offene temporäre Dateien zu schließen, bzw. alles zu unternehmen, um ein sicheres und korrektes Ende zu gewährleisten. Jedoch ist für ihn klar, dass dieses Signal eine deutliche Aufforderung zum Beenden ist.

- **SIGKILL**
  Reagiert ein Prozess nicht auf ein SIGTERM, so kann man ihm ein SIGKILL schicken. Dies ist nun keine freundliche Aufforderung mehr, denn der Prozess bemerkt ein solches Signal nicht einmal mehr. Er wird vom Betriebssystem sofort beendet, ohne noch einmal gefragt zu werden.

Ein unfreiwilliges Ende wäre also der Empfang[22] eines SIGKILL-Signals. Beim Herunterfahren des Systems wird entsprechend der Semantik beider Signale auch meist so verfahren: Zuerst wird allen Prozessen ein SIGTERM gesendet, dann einige Sekunden gewartet und schließlich allen ein SIGKILL geschickt.

Der Shutdown

5.3.3 Implementierung

Im Folgenden geben wir einen kurzen Überblick über die Implementierung von Tasks und Threads im Linux-Kernel. Wir haben schon vereinzelt viele Details erwähnt, wenn diese gerade in den Kontext passten. In diesem Abschnitt möchten wir nun einige weitere Einzelheiten vorstellen, auch wenn wir natürlich nicht alle behandeln können.

Konzentrieren wir uns zunächst auf die Repräsentation eines Prozesses im System. Wir haben festgestellt, dass ein Prozess viele zu verwaltende Daten besitzt. Diese Daten werden nun direkt oder indirekt alle im *Prozesskontrollblock* gespeichert. Diese Struktur bildet also ein *Programm* für die Ausführung durch das Betriebssystem in einen *Prozess* ab. Alle diese Prozesse werden nun in einer großen Liste, der *Prozesstabelle* (engl. *process table*), eingetragen. Jedes Element dieser Tabelle ist also ein solcher Kontrollblock.

Sucht man diesen Kontrollblock nun im Kernel-Source, so wird man in der Datei *include/linux/sched.h* fündig. Dort wird nämlich der Verbund `task_struct` definiert, der auch alle von uns erwarteten Eigenschaften besitzt:

So ist's im Code

```
struct task_struct {
  volatile long state;    /* -1 unrunnable,
                             0 runnable, >0 stopped */
  struct thread_info *thread_info;
  ...
```

Listing 5.14 Beginn der task_struct im Kernel

In diesem ersten Ausschnitt kann man bereits erkennen, dass jeder Task (Prozess) einen Status sowie einen initialen Thread besitzt. Dieser erste Ausführungsfaden wird aus Konsistenzgründen benötigt, um beim Scheduling keine weitgreifenden Unterscheidungen zwischen Threads und Prozessen treffen zu müssen.

Status und Thread

Auch zum Scheduling gibt es in dieser Struktur Informationen:

---

22 Dieses Signal kann, wie gesagt, nicht abgefangen werden, aber der Prozess ist doch in gewissem Sinne der *Empfänger* dieses Signals.

```
...
int prio, static_prio;
struct list_head run_list;
prio_array_t *array;

unsigned long sleep_avg;
long interactive_credit;
unsigned long long timestamp, last_ran;
int activated;

unsigned long policy;
cpumask_t cpus_allowed;
unsigned int time_slice, first_time_slice;
...
```

Listing 5.15 Informationen zum Scheduling

Der eigene Speicher

Natürlich hat auch jeder Task seinen eigenen Speicherbereich. In der Struktur mm_struct merkt sich der Kernel, welche virtuellen Adressen belegt sind und auf welche physischen, also real im Hauptspeicher vorhandenen Adressen diese abgebildet werden. Jedem Task ist eine solche Struktur zugeordnet:

```
struct mm_struct *mm, *active_mm;
```

Listing 5.16 Informationen zum Memory Management

Eine solche Struktur definiert nun einen eigenen Adressraum. Nur innerhalb eines Tasks kann auf die im Hauptspeicher abgelegten Werte zugegriffen werden, da innerhalb eines anderen Tasks keine Übersetzung von einer beliebigen virtuellen Adresse auf die entsprechend fremden realen Speicherstellen existiert.

Prozesshierarchie

Später werden in der Datenstruktur auch essenzielle Eigenschaften wie die Prozess-ID oder Informationen über die Prozesshierarchie gespeichert:

```
pid_t pid;
...
struct task_struct *parent;
struct list_head children;
struct list_head sibling;
...
```

Listing 5.17 Prozesshierarchie

Diese Hierarchie ist also so implementiert, dass ein Prozess einen direkten Zeiger auf seinen Elternprozess besitzt und außerdem eine Liste seiner Kinder sowie eine Liste der Kinder des Elternprozesses. Diese Listen sind vom Typ list_head, der einen Zeiger `prev` und `next` zur Verfügung stellt. So kann bei entsprechender Initialisierung schrittweise über alle Kinder beziehungsweise Geschwister iteriert werden.

```
...
uid_t uid,euid,suid,fsuid;
gid_t gid,egid,sgid,fsgid;
...
```

Listing 5.18 Informationen über den Benutzer

Natürlich sind auch alle Benutzer- und Gruppen-IDs für die Rechteverwaltung im Task-Kontrollblock gespeichert. Anhand dieser Werte kann bei einem Zugriff auf eine Datei festgestellt werden, ob dieser berechtigt ist.

Die Rechte

Mehr über die Rechteverwaltung erfahren Sie in den Kapiteln 6 und 13.

Natürlich finden sich auch alle bereits angesprochenen Statusinformationen des Tasks in der Datenstruktur. Dazu gehören unter anderem seine geöffneten Dateien:

```
...
/* file system info */
int link_count, total_link_count;
/* ipc stuff */
struct sysv_sem sysvsem;
/* CPU-specific state of this task */
struct thread_struct thread;
/* filesystem information */
struct fs_struct *fs;
/* open file information */
struct files_struct *files;
/* namespace */
struct namespace *namespace;
/* signal handlers */
struct signal_struct *signal;
struct sighand_struct *sighand;
...
};
```

Listing 5.19 Offene Dateien und Co.

In diesem Ausschnitt konnten Sie auch einige Datenstrukturen für die Interprozesskommunikation erkennen, beispielsweise eine Struktur für Signalhandler, also die Adressen der Funktionen, die die abfangbaren Signale des Prozesses behandeln sollen.

... und der ganze Rest

Mehr zur Interprozesskommunikation finden Sie in Kapitel 26.

Ebenso haben auch Threads einen entsprechenden Kontrollblock, der natürlich viel kleiner als der eines kompletten Tasks ist.

```
union thread_union {
  struct thread_info thread_info;
  unsigned long stack[THREAD_SIZE/sizeof(long)];
};

struct thread_info {
  struct task_struct  *task;      /* main task structure */
  ...
  unsigned long       status;     /* thread flags */
  __u32               cpu;        /* current CPU */
  ...
  mm_segment_t        addr_limit;
  /* thread address space: 0-0xBFFFFFFF for user-thread
     0-0xFFFFFFFF for kernel-thread */
  ...

  unsigned long       previous_esp;
  /* ESP of the previous stack in case of nested
     (IRQ) stacks */
  ...
};
```

Listing 5.20 Thread-Strukturen

An den Strukturen in Listing 1.20 kann man nun sehr schön die reduzierten Eigenschaften eines Threads sehen: Stack, Status, die aktuelle CPU und ein Adresslimit, das die Abgrenzung zwischen Threads des Kernels und des Userspace leistet. Außerdem ist ein Thread natürlich einem bestimmten Task zugeordnet.

Datenstrukturen versus Code Auch wenn Sie jetzt nur einen kurzen Blick auf die den Prozessen und Threads zugrunde liegenden Datenstrukturen werfen konnten, sollen diese Ausführungen hier genügen. Natürlich gibt es im Kernel noch sehr viel Code, der diese Datenstrukturen mit Werten und damit mit Leben fällt – die Basis haben Sie jedoch kurz kennengelernt.

Mehr dazu gibt es natürlich im Quellcode des Kernels.

Kommen wir nun jedoch zum Speichermanagement. Wir haben dieses Thema schon kurz bei der Besprechung der Speicherhierarchie und der Aufgabe des Stacks angeschnitten und wollen uns nun näher mit den Aufgaben sowie den konkreten Lösungen in diesem Problemkreis beschäftigen.

5.4 Speichermanagement

Zur Wiederholung erläutern wir zunächst noch einmal das Prinzip des virtuellen Speichers: Dieses stellt sicher, dass jeder Task beziehungsweise jeder Prozess seinen eigenen *Adressraum* besitzt. Um dies zu erreichen, können Programme nicht direkt auf den Hauptspeicher, sondern nur auf virtuelle Adressen zugreifen, die erst in entsprechende reale Adressen übersetzt werden müssen.

Mit dem virtuellen Speicher ist es also möglich, dass ein Prozess A in der Speicheradresse 0x010010 den Wert 4 und Prozess B den Wert 10 speichert. Beide Prozesse merken nichts voneinander, da für Prozess A die virtuelle Adresse 0x010010 beispielsweise in die reale Adresse 0x111010 und für Prozess B in die reale Adresse 222010 übersetzt wird. Beide Prozesse *wissen* nichts voneinander und können sich auch nicht gegenseitig beeinflussen. Für jeden Prozess sieht es so aus, als ob er den gesamten Speicherbereich für sich allein hätte.

[zB]

5.4.1 Paging

Ein sehr wichtiger Bestandteil des Speichermanagements ist das *Paging*. Hierzu wird der verfügbare Speicher zur besseren Verwaltung in *Seiten* unterteilt, die zum Beispiel bei Intels x86-Architektur meist in 4 KB groß sind. Bei der Übersetzung von virtuellen in reale Adressen muss also nicht mehr jede Adresse *einzeln* verwaltet, sondern es muss lediglich festgestellt werden:

Verwaltung des Hauptspeichers

- Zu welcher Seite eine bestimmte Adresse gehört und
- auf welche physische Seite diese virtuelle Seite übersetzt wird.

Eine »Seite« definiert sich also über die Adressen der entsprechenden 4-KB-Blöcke. Der Adressraum wird mit anderen Worten passend aufgeteilt, anstatt die Seiten dort willkürlich aufzuteilen. Dieses Vorgehen hat außerdem den Vorteil, dass die *externe* Fragmentierung des Hauptspeichers vermieden wird. Natürlich kann eine Seite noch *intern* fragmentieren, es kann also Platz verschenkt werden, wenn einzelne Seiten nicht ganz voll sind.

Man kann sich das so vorstellen, dass bei Adressen der Form 0x010010 beispielsweise die letzten drei Stellen der Adresse zu einer Seite zusammengefasst werden. In diesem Fall würden alle Adressen von 0x010000 bis 0x010FFF auf der entsprechenden Seite 0x010 liegen. Das Betriebssystem muss sich dann nur noch »merken«, dass die virtuelle Seite 0x010 des Prozesses A beispielsweise auf die physische Seite 0x111 gemappt ist, um den korrekten physischen Speicherort für eine konkrete Adresse (wie beispielsweise 0x010010) zu finden.

[zB]

Swapping

Auslagern auf die Platte

Außerdem wird durch die Verwaltung von ganzen Seiten statt einzelner Adressen auch das bereits vorgestellte *Swapping* vereinfacht, bei dem ja bestimmte länger nicht benötigte Speicherbereiche auf die Festplatte ausgelagert werden. Praktischerweise kann man sich beim Paging auf Auslagerungs-Algorithmen für ganze Seiten konzentrieren.

Bei diesen Auslagerungs-Algorithmen geht es nun darum, eine Seite zu finden, die möglichst nicht so bald wieder gebraucht wird. Durch das Auslagern solcher alter Speicherseiten wird bei einer starken Auslastung des Hauptspeichers wieder Platz frei. Für die Ermittlung der zu ersetzenden Seiten gibt es nun unter anderem folgende Verfahren:

- **First in – first out**
  Die Speicherseite, die zuerst angefordert wurde, wird zuerst ausgelagert.

- **Least recently used**
  Bei dieser Strategie wird die am längsten nicht genutzte Seite ausgelagert.

- **Not recently used**
  Seiten, die in einem bestimmten Zeitintervall nicht benutzt und nicht modifiziert wurden, werden bei dieser Strategie bevorzugt ausgelagert. Gibt es keine solche Seite, wird auf die anderen Seiten zurückgegriffen.

- **Not frequently used**
  Hier werden bevorzugt Seiten ausgelagert, auf die in letzter Zeit nicht häufig zugegriffen wurde.

Heutzutage wird Speicher immer billiger. Normale Mittelklasse-PCs haben schon mehrere Gigabyte RAM und Speicheraufrüstungen sind nicht teuer. Aus diesem Grund verliert das Swapping immer mehr an Bedeutung, auch wenn gleichzeitig der Speicherhunger der Applikationen immer größer wird.

Die Pagetable

Der virtuelle Speicher und somit auch das Paging wird vom Betriebssystem verwaltet. Der Kernel sorgt dafür, dass jeder Prozess seinen eigenen Speicherbereich besitzt und auch entsprechend Speicher anfordern kann. Irgendwo muss es also eine Tabelle geben, die jeder virtuellen Seite eines Prozesses eine physische zuordnet. In dieser Tabelle müsste dann auch entsprechend vermerkt sein, wenn eine Seite ausgelagert wurde.

Eigener Speicher für jeden Prozess

Die sogenannte *Pagetable* erfüllt genau diesen Zweck. Der Logik folgend muss also für jeden Prozess beziehungsweise Task eine eigene Pagetable existieren, während die Threads eines Tasks ja alle auf demselben Adressraum operieren und somit keine eigene Pagetable brauchen. Die Seitentabelle liegt dabei im Hauptspeicher und enthält auch diverse Statusinformationen:

- Wurde auf die Seite in letzter Zeit zugegriffen?
- Wurde die Seite verändert?

Interessant ist außerdem der Zusammenhang zwischen der Größe der Pagetable und der Seitengröße: Je größer eine Seite ist, desto höher ist die Möglichkeit zu interner Fragmentierung, aber umso kleiner wird die Pagetable. Schließlich lässt sich der Hauptspeicher bei einer höheren Seitengröße insgesamt in weniger Seiten zerlegen, was sich dann direkt auf die Anzahl der Elemente in der Seitentabelle niederschlägt.

5.4.2 Hardware

Das Umsetzen des Pagings kann natürlich nicht ohne entsprechenden Hardware-Support realisiert werden. Maschinenbefehle greifen nun einmal direkt auf den Hauptspeicher zu, ohne dass das Betriebssystem irgendeine Möglichkeit hätte, diese Übersetzung per Software zu bewerkstelligen.

Die MMU

Als Hardware-Element, das diese Übersetzung vornimmt, haben wir Ihnen bereits kurz die *Memory Management Unit* (MMU) vorgestellt. Nach der Einführung des Pagings können wir nun auch im Detail erklären, wie die Übersetzung der virtuellen in die physische Adresse von der Hardware vorgenommen wird:

1. Aus der virtuellen Adresse wird die zugehörige virtuelle Seite berechnet.
2. Die MMU schaut in der Pagetable nach, auf welche physische Seite diese virtuelle Seite abgebildet wird.
3. Findet die MMU keine entsprechende physische Seite, wird dem Betriebssystem ein *Page Fault* (Seitenfehler) geschickt.
4. Andernfalls wird aus dem Offset (also dem Abstand der abzufragenden virtuellen Adresse vom Seitenanfang) sowie dem Beginn der physischen Seite die physische Adresse berechnet.
5. Der Wert, der an dieser physischen Adresse gespeichert ist, wird jetzt vom Hauptspeicher zum Prozessor kopiert.

Die MMU speichert also keine Kopie der Seitentabelle, sondern bei jedem Prozess- beziehungsweise Taskwechsel werden bestimmte Register neu gesetzt, die zum Beispiel die physische Adresse des Anfangs der Seitentabelle im Hauptspeicher enthalten. Das Verfahren bei einem Speicherzugriffsfehler haben wir ebenfalls kurz erläutert.

Page Fault

Der aktuell laufende und den Fehler verursachende Prozess wird durch einen *Page Fault*-Interrupt[23] unterbrochen und das Betriebssystem mit der entsprechenden Behandlungsroutine gestartet, die nun dafür sorgt, dass die entsprechende *Seite* wieder eingelagert und die *Seitentabelle* aktualisiert wird. Dann kann die fehlgeschlagene Instruktion des abgebrochenen Programms wiederholt werden, da die MMU jetzt eine entsprechende physische Seite finden kann.

Natürlich kann ein Programm auch durch fehlerhafte Programmierung einen Seitenfehler verursachen, wie etwa das folgende Beispielprogramm:

```
#include <stdio.h>

int main()
{
  char* text = "Hello, World!\n";

  // Hier wird fälschlicherweise eine neue Adresse zugewiesen
  text = 13423;
  printf(text);

  return 0;
}
```

Listing 5.21 Ein Programm, das einen Absturz durch einen Seitenfehler verursacht

Speicherzugriffsfehler

Die Variable `text` ist hier ein Zeiger auf den Text »Hello, World!«. Sie enthält also nicht den Text selbst, sondern nur die Adresse, wo dieser zu finden ist.[24] Diese Adresse wird nun im Folgenden »versehentlich« verändert. Beim Versuch, die Zeichenkette auf dem Bildschirm auszugeben, wird nun die MMU zu der betreffenden virtuellen Seite keine physische finden. Das Betriebssystem wird nun wiederum per *Page Fault* benachrichtigt, kann aber mit dem Fehler nichts anfangen – die betreffende Seite wurde nie ausgelagert. Daher wird der verursachende Prozess mit einem *Speicherzugriffsfehler* beendet.

---

23 Eigentlich handelt es sich bei einem Seitenfehler nicht um einen Interrupt, sondern vielmehr um eine Exception. Die Unterbrechung ist nämlich eine gewisse »Fehlermeldung« der MMU und tritt synchron, also immer direkt nach einem fehlerhaften Zugriff, auf. Da das ausgeführte Programm jedoch wirklich unterbrochen wird, wollen wir bei der Bezeichnung *Interrupt* für dieses Ereignis bleiben, auch wenn dies formell nicht ganz korrekt sein mag.

24 In C sind diese *Zeiger* oder auch *Pointer* genannten Variablen sehr mächtig, in anderen Programmiersprachen versteckt man diese Interna teilweise.

Der TLB

Der *Translation Lookaside Buffer* (TLB) ist dafür da, den Zugriff auf häufig genutzte Seiten zu beschleunigen. Der TLB funktioniert dabei als eine Art Cache für die Adressübersetzungen: Da Programme in begrenzten Codeabschnitten meist nur einige wenige Variablen nutzen, werden dort nur jeweils wenige Seiten wieder und wieder genutzt. Damit für diese Adressen der zeitraubende Zugriff auf die Seitentabelle entfallen kann, speichert der TLB die zuletzt übersetzten virtuellen Seiten.

Der MMU-Cache

Wird nun bei einem Zugriff festgestellt, dass die angeforderte virtuelle Adresse im TLB gepuffert wurde, kann man sich die komplizierte Übersetzung sparen. Sinnvollerweise ist der TLB dabei ein besonderer Teil der MMU, da hier der Hardware-Support für den virtuellen Speicher angesiedelt ist.

Natürlich wird bei einem Task-Wechsel mit der MMU auch der TLB geändert: Es werden nämlich alle gepufferten Übersetzungen gelöscht. Für die Dauer einer Zeitscheibe hat dies eine gewisse Auswirkung, da eine Mindestlänge nötig ist, um die Vorteile des TLB und anderer Puffer und Caches wirklich ausnutzen zu können.

5.4.3 Organisation des Adressraums

Wir haben bereits viele Details der Speicherverwaltung behandelt, aber noch nicht die genaue Organisation des Adressraums unter die Lupe genommen. Im Folgenden wollen wir noch einmal zusammenfassen, was wir bisher über den Adressraum – also den für einen Prozess sichtbaren Hauptspeicher – alles wissen:

▶ **Virtualisierung**
Der Speicher und damit natürlich auch der Adressraum sind virtualisiert. Jeder Prozess/Task hat seinen eigenen virtuellen Adressraum, auf den er über virtuelle Speicheradressen zugreift.

▶ **Code und Daten**
Im Adressraum des Prozesses sind der auszuführende Programmcode sowie alle benutzten Daten gespeichert.

▶ **Stack**
Der Stack besteht aus besonderen Daten, denn hier werden die Funktionsaufrufe verwaltet. Jeder neue Aufruf wird dabei oben auf dem Stack abgelegt, so dass beim Funktionsende die entsprechenden Daten gleich gefunden werden.

▶ **Das Betriebssystem**
Wir haben erläutert, warum das Betriebssystem in *jedem* Adressraum einen bestimmten Bereich zugewiesen bekommt: Beim Auftreten von Interrupts kann

vor dem Aufruf der Interrupt-Serviceroutine kein Wechsel des Adressraums erfolgen.

- **Threads**
  Alle Threads eines Tasks arbeiten im selben Adressraum. Das hat den Effekt, dass alle Threads auf die gemeinsamen globalen Daten zugreifen können und dass es auch mehrere Stacks im Adressraum gibt – für jeden Thread einen.

Bei einer 32-Bit-Architektur müssen also alle Daten mit 32 Adressbits adressiert werden können. Damit der Speicherbereich des Betriebssystems immer an derselben Stelle residiert, ist ein uniformes Layout des Adressraums für jeden Prozess gegeben (siehe Abbildung 5.6).

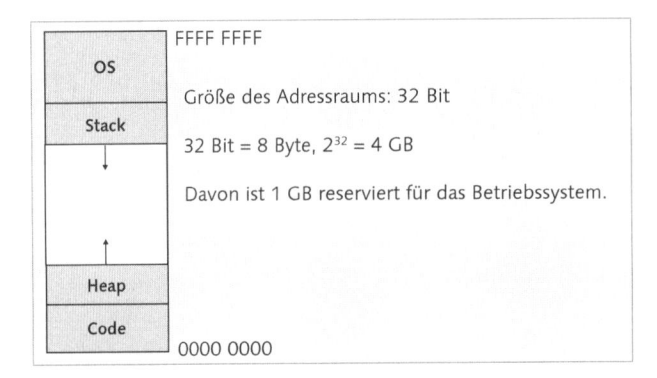

```
┌─────────────────────────────────────────────┐
│ ┌──────┐  FFFF FFFF                          │
│ │  OS  │                                     │
│ ├──────┤  Größe des Adressraums: 32 Bit      │
│ │Stack │                                     │
│ │  ↓   │  32 Bit = 8 Byte, 2³² = 4 GB         │
│ │      │                                     │
│ │      │  Davon ist 1 GB reserviert für das Betriebssystem. │
│ │  ↑   │                                     │
│ ├──────┤                                     │
│ │ Heap │                                     │
│ ├──────┤                                     │
│ │ Code │  0000 0000                          │
│ └──────┘                                     │
└─────────────────────────────────────────────┘
```

Abbildung 5.6 Der Adressraum

Unter Linux liegt das Speichersegment des Betriebssystems im obersten Gigabyte, was also drei Gigabyte Platz für die jeweilige Applikation lässt.[25] Der Stack wächst dabei nach unten und der *Heap* (der Speicherbereich für dynamischen Speicher – mehr dazu auf den nächsten Seiten) nach oben. So wird gewährleistet, dass beide genug Platz zum Wachsen haben.

Das Codesegment

Im untersten Teil des Adressraums ist dabei das Code- oder auch *Textsegment* eingelagert. Wenn das Befehlsregister des Prozessors nun immer auf den nächsten Befehl zeigt, so wird dessen Speicheradresse mit an Sicherheit grenzender Wahrscheinlichkeit in diesem Teil des Adressraums liegen.[26]

Näher erläutern wollen wir in diesem Abschnitt noch den bereits angesprochenen Unterschied zwischen einer ausführbaren Datei und dem puren Maschinencode.

---

25 Windows beansprucht zum Beispiel die obersten zwei Gigabyte des Adressraums.
26 Die Ausnahmefälle wie Buffer-Overflows, bei denen Hacker zum Beispiel Daten mittels Veränderung des Befehlsregisters zur Ausführung bringen, wollen wir hier nicht betrachten.

Linux nutzt normalerweise[27] das *Executable and Linking Format* – kurz ELF – für ausführbare Dateien.

Die Besonderheiten dieses Formats liegen in der Möglichkeit des dynamischen Linkens und Ladens, was bei der Nutzung dynamischer Bibliotheken[28] von großer Bedeutung ist. Eine ELF-Datei ist dabei wie folgt aufgebaut:

1. ELF-Header (mit Verweisen auf die anderen Teile der Datei)
2. Programmkopf-Tabelle
3. Sektionskopf-Tabelle
4. Sektionen
5. Segmente

So ist zum Beispiel in der Sektionskopf-Tabelle verzeichnet, welche Sektionen wo im Speicher angelegt werden sollen, wie viel Platz diese benötigen und wo in der Datei die entsprechenden Daten gefunden werden können. Diese Daten können dann genutzt werden, um den Adressraum entsprechend zu initialisieren. Den genauen Aufbau einer solchen Datei kann man zum Beispiel mit dem Tool `objdump` auf der Kommandozeile studieren:

Aufbau eines Programms

```
$ objdump -h /bin/ls

/bin/ls:     file format elf32-i386

Sections:
Idx Name          Size      VMA       LMA       File off  Algn
...
 9 .init         00000017  0804945c  0804945c  0000145c  2**2
                  CONTENTS, ALLOC, LOAD, READONLY, CODE
...
11 .text         0000c880  08049a50  08049a50  00001a50  2**4
                  CONTENTS, ALLOC, LOAD, READONLY, CODE
12 .fini         0000001b  080562d0  080562d0  0000e2d0  2**2
                  CONTENTS, ALLOC, LOAD, READONLY, CODE
13 .rodata       000039dc  08056300  08056300  0000e300  2**5
                  CONTENTS, ALLOC, LOAD, READONLY, DATA
...
15 .data         000000e8  0805a000  0805a000  00012000  2**5
                  CONTENTS, ALLOC, LOAD, DATA
```

---

27 Es werden auch noch das veraltete a.out-Format sowie eventuell auch Java-Dateien direkt vom Kernel unterstützt.
28 Unter Windows haben diese Dateien die charakteristische Endung .dll, unter Linux führen sie meist den Namensbestandteil .so.

```
...
18 .ctors  00000008  0805a25c  0805a25c  0001225c  2**2
             CONTENTS, ALLOC, LOAD, DATA
19 .dtors  00000008  0805a264  0805a264  00012264  2**2
             CONTENTS, ALLOC, LOAD, DATA
...
22 .bss    000003b0  0805a400  0805a400  00012400  2**5
             ALLOC
```

Listing 5.22 Ein Auszug des Sektionsheaders von /bin/ls

Wenn man sich den Aufbau eines vermeintlich einfachen Programms wie ls ansieht, bemerkt man die doch beachtliche Anzahl der vorhandenen Segmente. Außerdem sind offensichtlich nicht nur die Angaben über diverse Positionen im virtuellen Speicher oder in der Datei gesichert, sondern auch Informationen über Zugriffsrechte und andere Eigenschaften. Im Folgenden stellen wir kurz die wichtigsten Segmente der Datei noch einmal vor:

▶ **.text**
Im Textsegment finden sich die Maschinenbefehle, die später im untersten Teil des Adressraums abgelegt werden. Außerdem ist es wichtig zu erwähnen, dass für diese Seiten nur das Lesen (READONLY) erlaubt ist. Dies geschieht im Wesentlichen aus Sicherheitsgründen, da fehlerhafte Programme sonst durch einen entsprechend falsch gesetzten Pointer den Programmcode modifizieren könnten. Versucht aber ein Programm, nun auf die als nur lesbar markierten Speicherseiten schreibend zuzugreifen, wird das Programm in bekannter Weise mit einem Speicherzugriffsfehler abstürzen.

▶ **.data**
In diesem Segment werden alle Daten und Variablen zusammengefasst, die bereits mit bestimmten Werten vorbelegt sind. Dieses Segment wird ebenfalls direkt in den Hauptspeicher eingelagert, ist jedoch mit Lese- und Schreibrechten ausgestattet.

▶ **.rodata**
In diesem Segment stehen im Prinzip dieselben Daten wie im .data-Segment, diese sind jedoch schreibgeschützt.

▶ **.bss**
In diesem Segment wird angegeben, wie viel Platz die uninitialisierten globalen Daten im Arbeitsspeicher benötigen werden. Uninitialisierte Daten haben keinen speziellen Wert, daher wird für sie auch kein Platz in der ausführbaren Datei und damit im Dateisystem belegt. Bei der Initialisierung des Adressraums werden die entsprechenden Felder dann mit Nullen gefüllt, daher reicht die Angabe des zu verbrauchenden Platzes in diesem Header vollkommen aus.

- **.ctors und .dtors**
  Wer objektorientiert programmiert, kennt Konstruktoren und je nach Sprache auch Destruktoren für seine Klassen. Diese speziellen Funktionen haben in ELF-Dateien auch ein eigenes Segment, das gegebenenfalls in den Codebereich des Adressraums eingelagert wird.

Die restlichen Segmente enthalten ähnliche Daten – teils Verweise auf real in der ausführbaren Datei vorliegende Daten und teils Metadaten. Betrachten wir aber nun die weiteren interessanten Teile des Adressraums.

Der Heap

Den Heap haben wir bereits weitgehend erklärt: Er ist der Speicher für globale Daten. Fordert man per `malloc()` bzw. `new` neuen globalen Speicher an, werden die entsprechenden Bytes hier reserviert und später auch wieder freigegeben.

Globale Daten

Da wir die wichtigsten Grundlagen bereits erläutert haben, wollen wir nun noch einmal kurz den Zusammenhang zum Paging darstellen. Der Kernel kann einem Prozess nur ganze Seiten zuweisen, was mitunter zur bereits angesprochenen *internen* Fragmentierung führt. Schließlich ist es unwahrscheinlich, dass man exakt so viel Platz angefordert hat, dass eine ganze Seite komplett gefüllt ist – selbst wenn man nur ein Byte braucht, muss im Extremfall dafür eine ganze 4-KB-Seite angefordert werden. Der verschenkte Platz ist dabei Verschnitt und wird als interne Fragmentierung bezeichnet. Würde man nun weitere Daten anfordern, würden diese natürlich auf der neuen, bisher nur mit einem Byte belegten Seite abgelegt werden – so lange, bis diese Seite voll ist.

Natürlich kann dieser reservierte Speicher auch im Prinzip beliebig wieder freigegeben werden, was wiederum Lücken in den dicht gepackten Speicher reißen und somit wieder zu interner Fragmentierung führen kann. Man braucht also eine Speicherverwaltung, die solche Lücken auch wieder füllt.

Entsprechend können Seiten auch ausgelagert werden, wenn ein Programm die angeforderten Speicherbereiche beziehungsweise die damit verknüpften Variablen längere Zeit nicht nutzt. In der Theorie unterscheidet man auch zwischen dem *Working Set* und dem *Resident Set*.

Das *Working Set* beschreibt alle in einem bestimmten Programmabschnitt benötigten Daten. Egal, ob ein Programm gerade in einer Schleife einen Zähler erhöht und im Schleifenrumpf ein Array bearbeitet, oder ob ein Grafikprogramm einen Filter auf ein bestimmtes Bild anwendet: immer wird ein Satz bestimmter Daten benötigt.

Working versus Resident Set

Die Seiten dieser Daten sollten natürlich im Hauptspeicher eingelagert sein; wäre dies nicht der Fall, hätte man mit vielen Page Faults zu kämpfen. Wenn das System so überlastet ist, dass es eigentlich nur noch mit dem Aus- und Einlagern von Speicherseiten beschäftigt ist, nennt man das *Thrashing*.

Die Menge aller aktuell im Hauptspeicher befindlichen Daten eines Prozesses bezeichnet man als *Resident Set*.

Um Thrashing zu vermeiden, sollte das Resident Set also zumindest immer das Working Set umfassen können. Dass möglichst keine Seiten aus dem aktuellen Working Set eines Prozesses auf die Festplatte ausgelagert werden, ist wiederum die Aufgabe des Swappers.[29]

Der Stack

Der Stack speichert nun nicht die globalen, sondern mit den Funktionsaufrufen die jeweils lokalen Daten. Auch haben wir bereits erörtert, dass deswegen jeder Thread seinen eigenen Stack braucht. Anders gesagt: Diese Datenstruktur kann auch mehrfach im Adressraum vorkommen.

Stack und Prozessor

Im Normalfall eines Prozesses gibt es also erst einmal nur einen Stack, der an der oberen Grenze des für den Benutzer ansprechbaren Adressraums liegt und nach unten – dem Heap entgegen – wächst. Interessant ist weiterhin, inwieweit die Hardware, sprich der Prozessor, den Stack kennt und mit ihm arbeitet. Der Stack selbst liegt im virtuellen Speicherbereich des Prozesses und kann über Adressen angesprochen werden. Bei der Datenstruktur selbst interessiert dabei nur, was gerade aktuell, sprich »oben«[30], ist. Was liegt also näher, als ein spezielles Register des Prozessors immer zur aktuellen Spitze des Stacks zeigen zu lassen?

Dieser *Stackpointer* muss natürlich bei einem *Kontextwechsel* – also beim Umschalten zu einem anderen Task oder auch zu einem anderen Thread derselben Applikation – entsprechend gesetzt werden. Daher hat ein Prozess- beziehungsweise Thread-Kontrollblock auch immer einen Eintrag für den Stackpointer.

Des Weiteren gibt es auch noch einen im Prinzip eigentlich unnötigen *Framepointer*, also ein weiteres Prozessorregister, das das Ende des aktuellen Kontextes auf dem Stack anzeigt. Den Framepointer braucht man eigentlich nur zur Beschleunigung di-

---

29 Natürlich könnte sich der vom Swapper verwendete Seitenalgorithmus auch richtig dämlich anstellen und immer die aktuellen Seiten des Working Sets zum Auslagern vorschlagen. Da ein Programm aber immer sein aktuelles Working Set im Hauptspeicher benötigt, um arbeiten zu können, würden daher viele Page Faults auftreten und das Betriebssystem zur Wiedereinlagerung der Seiten von der Festplatte in den Hauptspeicher veranlassen – von Performance könnte man also nicht mehr wirklich sprechen. Das Betriebssystem wäre vor allem mit sich selbst beschäftigt – eine Situation, die wir eigentlich vermeiden wollten.

30 Da der Stack nach unten in die Richtung der kleiner werdenden Adressen wächst, müsste man eigentlich korrekterweise von »unten« sprechen. :-)

verser Adressberechnungen, wenn eine Funktion zum Beispiel auf ihre Argumente zugreifen will. Aber schauen wir uns den Stack bei einem Funktionsaufruf einmal etwas genauer an.

In Abbildung 5.7 finden wir alles wieder, was wir schon dem Stack zugeordnet haben: die Rücksprungadresse, lokale Variablen, die Parameter, mit denen die Funktion aufgerufen wurde, und außerdem noch Informationen zur Verwaltung der Datenstruktur selbst.

Diese Verwaltungsinformation ist, wie unschwer aus der Grafik zu erkennen ist, der alte Framepointer. Schließlich ist der Stackframe nicht immer gleich groß, denn Parameterzahl und lokale Variablen variieren von Funktion zu Funktion. Aus dem alten Framepointer kann schließlich der Zustand des Stacks vor dem Funktionsaufruf wiederhergestellt werden. Allerdings wird der Stack nie wirklich physisch gelöscht und mit Nullen überschrieben, was gewisse Auswirkungen auf die Sicherheit haben kann. Bösartige Programme könnten bestimmte Bibliotheksfunktionen aufrufen und hinterher den Inhalt der lokalen Variablen dieser Funktionen inspizieren – Daten, auf die sie eigentlich keinen Zugriff haben dürften.

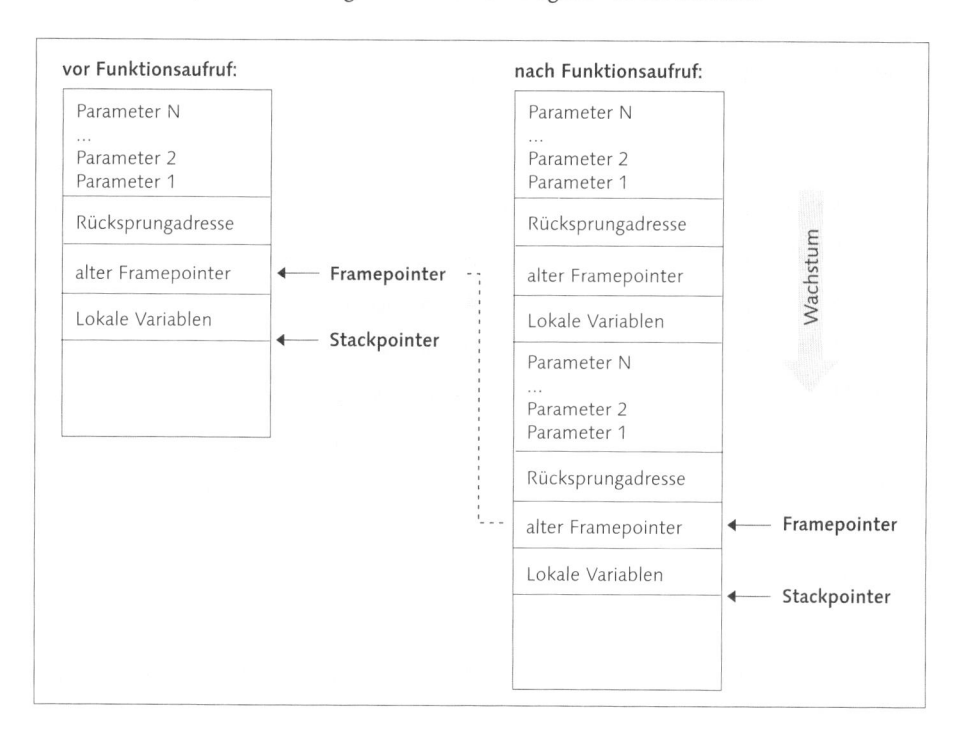

Abbildung 5.7 Der Stack vor und nach einem Funktionsaufruf

Einen interessanten Nebeneffekt hat der Stack auch bei bestimmten Thread-Implementierungen. Prinzipiell kann man Threads nämlich beim Scheduling anders behandeln als Prozesse oder Tasks, was bei puren Userlevel-Threads auch einleuchtet. Dort weiß der Kernel nichts von den Threads der Anwendung, da die Implementierung und die Umschaltung der Threads von einer besonderen Bibliothek im Userspace vorgenommen wird. Aber auch bei Kernellevel-Threads ist es angebracht, das Scheduling von dem der Prozesse und Tasks zu unterscheiden. Es ist nämlich nicht *fair*, wenn eine Anwendung mit zwei Threads doppelt so viel Rechenleistung bekommt wie ein vergleichbares Programm mit nur einem Thread.

Scheduling kooperativ

Da Anwendungsprogrammierer sowieso am besten wissen, wann ihre Threads laufen und nicht mehr laufen können, ist in vielen Thread-Bibliotheken ein sogenanntes *kooperatives Scheduling* implementiert. Im Gegensatz zum *präemptiven Scheduling* wird die Ausführung eines Threads dort nicht beim Ende einer Zeitscheibe unterbrochen. Im Gegenteil: Es gibt überhaupt keine Zeitscheiben. Ein Thread meldet sich einfach selbst, wenn er nicht mehr rechnen kann oder auf Ergebnisse eines anderen Threads warten muss. Dazu ruft er eine meist `yield()` genannte spezielle Funktion auf, die dann einen anderen Thread laufen lässt.

Der Thread ruft also eine Funktion auf und schreibt dabei verschiedenste Daten auf *seinen* Stack – unter anderem den Befehlszeiger. Der Thread merkt sich also mit anderen Worten selbst, wo er hinterher weitermachen muss. Das spart unserer `yield()`-Funktion viel Arbeit. Sie muss jetzt nur noch den nächsten zu bearbeitenden Thread auswählen und den Stack- und Framepointer des Prozessors auf dessen Stack zeigen lassen. Danach kann `yield()` einfach ein `return` ausführen und so zum Aufrufer zurückkehren. Der Rest geschieht quasi von allein, da nun der alte Framepointer zurückgesetzt und der Stack langsam abgebaut wird, wobei natürlich auch die Rücksprungadresse des neuen Threads ausgelesen wird. Der neue Thread macht also dort weiter, wo er beim letzten Mal aufgehört hat: nach einem Aufruf von `yield()`. Bei neuen Threads ist der Ablauf ebenso einfach: Hier muss die Thread-Bibliothek beziehungsweise der Kernel einfach nur den Stack so initialisieren, dass die *Rücksprungadresse* auf den ersten Befehl des neu zu startenden Threads zeigt – genial einfach und einfach genial.

Nur der Vollständigkeit halber sei an dieser Stelle noch erwähnt, dass kooperatives Scheduling von ganzen Applikationen – also von Prozessen und Tasks – so überhaupt nicht funktioniert: Jeder Programmierer würde nämlich sein Programm für das ultimativ wichtigste und die Offenbarung überhaupt halten; und warum sollte er dann freiwillig Rechenzeit freigeben? Außerdem könnte eine Endlosschleife in einer einzigen falsch programmierten Anwendung das ganze System zum Stillstand bringen. Fazit: Kooperatives Scheduling ist, obwohl für das Scheduling von Threads durchaus üblich und eine gute Lösung, für Prozesse und Tasks[31] ungeeignet.

Die in den letzten Abschnitten beschriebenen Komponenten der unteren 3 Gigabyte des Adressraums bilden den für das Benutzerprogramm theoretisch komplett nutzbaren *Adressrahmen*. Wenden wir uns nun dem letzten Gigabyte zu.

Das Betriebssystem

Der Speicherbereich des Kernels befindet sich immer an der oberen Grenze des Adressraums und ist bei Linux ein Gigabyte groß. Der Kernel muss sich immer an derselben Stelle befinden, schließlich war die Interrupt-Behandlung der Grund dafür, einen besonderen Speicherbereich des Betriebssystems im Adressraum einer jeden Anwendung einzurichten. Tritt ein Interrupt auf, so geht der Kernel in den Ring 0 und will sofort zur Interrupt-Serviceroutine springen. Läge diese nun bei jedem Prozess an einer anderen Adresse, würde das ganze Prinzip nicht funktionieren.

<small>Immer erreichbar</small>

Dieser Speicherbereich ist bekanntlich auch so geschützt, dass aus dem Usermode nicht auf die Kerndaten zugegriffen werden kann – ein Zugriff aus Ring 3 würde mit einem Speicherzugriffsfehler quittiert. Dabei ist nicht nur der Kernel-Code selbst schützenswert, sondern insbesondere auch dessen Daten. Der Kernel besitzt selbstverständlich eigene Datenstrukturen wie Prozess- oder Thread-Kontrollblöcke, ebenso wie einen *eigenen* Kernel-Stack.

Der Kernel-Stack wird vom Betriebssystem für die eigenen Funktionsaufrufe genutzt. Der Stack des Anwenderprogramms ist dafür aus mehreren Gründen nicht geeignet:

<small>Kernel- versus Prozess-Stack</small>

- **Welcher Stack?**
  Bei einem Task mit mehreren Threads gibt es mehr als nur einen Stack im Adressrahmen des Prozesses. Das Betriebssystem müsste sich also auf einen Stack festlegen, was dann zu Problemen führen könnte, wenn zwischen den Threads umgeschaltet und somit der Stackpointer verändert wird.

- **Taskwechsel**
  Überhaupt ist das Problem des Taskwechsels nicht geklärt. Was passiert, wenn der Kernel zu einem neuen Task schalten will und daher den Adressraum umschaltet? Die Daten des alten Prozesses und damit der Stack wären nicht mehr adressierbar und damit einfach weg – und irgendwann vielleicht plötzlich wieder da.

---

[31] Außer bei Echtzeitbetriebssystemen mit einer begrenzten Anzahl bestimmter Anwendungen.

▶ **Sicherheit**
Der Benutzer hätte außerdem vollen Zugriff auf *seinen* Stack, da dieser in *seinem* Adressrahmen liegt. Mit etwas Glück könnte er vielleicht sensible Daten des Kernels auslesen, die als lokale Variablen einer Funktion auf dem Stack gespeichert waren und nicht explizit mit Nullen überschrieben wurden.

Das Betriebssystem braucht somit unbedingt seinen eigenen Stack. Beim Eintritt in den Kernel wird dann also unter anderem der Stackpointer so umgebogen, dass jetzt wirklich der Kernel-Stack benutzt werden kann.

Threads des Kernels Obwohl ... einen Stack? Wir haben bereits Kernelmode-Threads vorgestellt, die Arbeiten des Kernels nebenläufig erledigen. Schließlich gibt es keinen Grund, streng einen Syscall nach dem anderen zu bearbeiten – stattdessen könnte man für jede Aktivität einen eigenen Kernelmode-Thread starten, der diese dann ausführt. Aber einzelne Threads brauchen eigentlich auch wieder jeder einen eigenen Stack.

Ein Wort noch zu den physischen Speicherseiten des Betriebssystems: Zwar ist in *jedem* Adressraum das oberste Gigabyte für den Kernel reserviert, aber die betreffenden virtuellen Seiten verweisen natürlich überall auf dieselben physischen Seiten, realisieren also eine Art *Shared Memory*.

5.5 Eingabe und Ausgabe

Kommen wir nun zur Ein- und Ausgabe, einer der wichtigsten Funktionen eines Betriebssystems. Wir wollen diese dabei einmal prinzipiell und einmal konkret am Beispiel des Dateisystems behandeln.

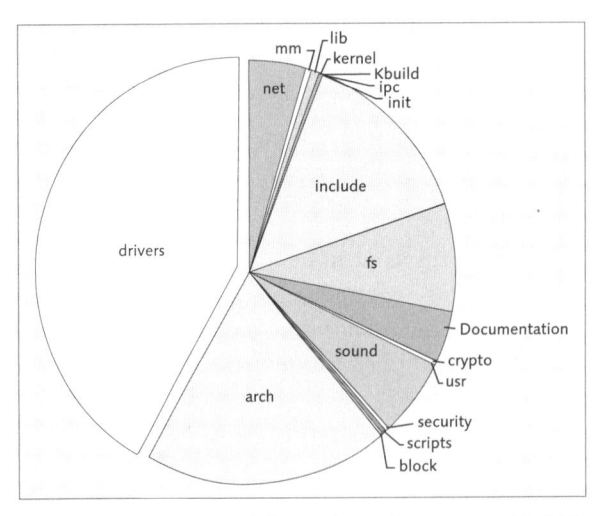

Abbildung 5.8 Der Anteil des Treibercodes am Kernel 2.6.10

Die Grafik in Abbildung 5.8 verdeutlicht bereits, wie wichtig das Ein-/Ausgabe-Subsystem des Kernels ist. Mittlerweile besteht fast die Hälfte des Kernel-Codes aus Quelldateien für verschiedenste *Treiber*. Im Folgenden wollen wir zunächst erklären, was Sie sich unter Treibern vorstellen können.

5.5.1 Hardware und Treiber

Damit ein Gerät angesprochen werden kann, muss man »seine Sprache sprechen«. Man muss genau definierte Daten in spezielle Hardwareregister oder auch Speicherstellen laden, um bestimmte Effekte zu erzielen. Daten werden hin und her übertragen, und am Ende druckt ein Drucker eine Textdatei oder man liest Daten von einer CD.

Zur Übersetzung einer Schnittstelle zwischen den Benutzerprogrammen, die beispielsweise einen CD-Brenner unterstützen, und den eventuell von Hersteller zu Hersteller unterschiedlichen Hardwareschnittstellen, benötigt man *Treiber*. Für die Anwenderprogramme werden die Geräte unter Unix als *Dateien* visualisiert. Als solche können sie natürlich von Programmen geöffnet und benutzt werden: Man sendet und empfängt Daten über Syscalls. Wie die zu sendenden Steuerdaten genau auszusehen haben, ist von Gerät zu Gerät unterschiedlich.

Schnittstelle

Auch das vom Treiber bereitgestellte Interface kann sich von Gerät zu Gerät unterscheiden. Bei USB-Sticks oder CD-ROM-Laufwerken wird es sicherlich so beschaffen sein, dass man die Geräte leicht in das Dateisystem integrieren und auf die entsprechenden Dateien und Verzeichnisse zugreifen kann. Bei einem Drucker jedoch möchte man dem Gerät die zu druckenden Daten schicken; das Interface wird also eine völlig andere Struktur haben. Auch kann ein Gerät durch verschiedene Treiber durchaus mehrere Schnittstellen anbieten: Eine Festplatte kann man sowohl über eine Art *Dateisystem-Interface* als auch direkt über das Interface des IDE-Treibers ansprechen.

Module

Die meisten Treiber sind unter Linux als *Module* realisiert. Solche Module werden zur Laufzeit in den Kernel eingebunden und stellen dort dann eine bestimmte Funktionalität zur Verfügung. Dazu sind aber einige Voraussetzungen zu erfüllen:

- **Interface**
  Der Kernel muss ein Interface anbieten, über das Module erst einmal geladen werden können. Einmal geladen, müssen sie auch irgendwie in den Kernel *integriert* werden können.

▶ **Sicherheit**
Lädt man externe Komponenten in den Kernel, so bedeutet dies immer ein Sicherheitsrisiko, und zwar in doppelter Hinsicht: Einerseits könnten schlecht programmierte Treiber das ganze System zum Absturz bringen, andererseits Hacker durch spezielle Module versuchen, den Kernel zu manipulieren.

▶ **Gerätemanagement**
Ein Modul beziehungsweise ein Treiber muss beim Laden mitteilen können: Ich bin jetzt für dieses oder jenes Gerät verantwortlich. Vielleicht muss mancher Treiber auch erst erkennen, ob und wie viele von ihm unterstützte Geräte angeschlossen sind.

Was aber wäre die Alternative zu Treibern in Modulform? Treiber müssen teilweise privilegierte Befehle zur Kommunikation mit den zu steuernden Geräten nutzen, daher müssen sie zumindest zum großen Teil im Kernel-Mode ablaufen. Und wenn man sie nicht zur Laufzeit in den Kernel laden kann, müssten sie schon von Anfang an in den Kernel-Code integriert sein.

Modulare versus statische Integration

Würde man jedoch alle verfügbaren Treiber »ab Werk« direkt in den Kernel kompilieren, wäre der Kernel sehr groß und damit langsam sowie speicherfressend. Daher sind die meisten Distributionen dazu übergegangen, ihre Kernel mit in Modulform kompilierten Treibern auszuliefern. Der Benutzer kann dann alle Module laden, die er braucht – oder das System erledigt diese Aufgabe automatisch für ihn.[32]

Zeichenorientierte Treiber

Treiber müssen ins System eingebunden werden, mit anderen Worten: Man benötigt eine einigermaßen uniforme Schnittstelle. Aber kann man zum Beispiel eine USB-Webcam und eine Festplatte in ein einheitliches und trotzdem konsistentes Muster bringen? Nun ja, Unix hat es zumindest versucht. Es unterscheidet zwischen *zeichenorientierten* und *blockorientierten* Geräten und klassifiziert damit auch die Treiber entsprechend. Der Unterschied ist dabei relativ simpel und doch signifikant:

Ein zeichenorientiertes Gerät sendet und empfängt Daten direkt von Benutzerprogrammen.

Keine Pufferung

Der Name der zeichenorientierten Geräte leitet sich von der Eigenschaft bestimmter serieller Schnittstellen ab, nur jeweils ein Zeichen während einer Zeiteinheit übertragen zu können. Diese Zeichen konnten nun aber *direkt* – also ohne Pufferung – gesendet und empfangen werden. Eine weitere wichtige Eigenschaft ist die,

---

[32] Wie man selbst Module lädt und das System so konfiguriert, dass es dies automatisch tut, erfahren Sie in Kapitel 14, »Grundlegende Verwaltungsaufgaben«.

dass auf Daten im Allgemeinen nicht wahlfrei zugegriffen werden kann. Man muss eben mit den Zeichen vorlieb nehmen, die gerade an der Schnittstelle anliegen.

Blockorientierte Treiber

Bei blockorientierten Geräten werden im Unterschied dazu meist ganze Datenblöcke auf einmal übertragen. Der klassische Vertreter dieser Gattung ist die Festplatte, bei der auch nur eine blockweise Übertragung der Daten sinnvoll ist. Der Lesevorgang bestimmter Daten gliedert sich nämlich in diese Schritte:

1. Aus der Blocknummer – einer Art Adresse – wird die physische Position der Daten ermittelt.
2. Der Lesekopf der Platte bewegt sich zur entsprechenden Stelle.
3. Im Mittel muss nun eine halbe Umdrehung gewartet werden, bis die Daten am Kopf anliegen.
4. Der Lesekopf liest die Daten.

Die meiste Zeit braucht nun aber die Positionierung des Lesekopfs, denn wenn die Daten einmal am Kopf anliegen, geht das Einlesen sehr schnell. Mit anderen Worten: Es ist für eine Festplatte praktisch, mit einem Zugriff gleich mehrere Daten – zum Beispiel 512 Bytes – zu lesen, da die zeitaufwendige Positionierung dann eben nur einmal statt 512-mal erfolgen muss.

Mehrere Daten auf einmal

> Blockorientierte Geräte haben die gemeinsame Eigenschaft, dass die übertragenen Daten gepuffert werden. Außerdem kann auf die gespeicherten Blöcke *wahlfrei*, also in beliebiger Reihenfolge, zugegriffen werden. Darüber hinaus können Datenblöcke mehrfach gelesen werden.

Bei einer Festplatte hat diese Tatsache nun gewisse Vorteile wie auch Nachteile: Während des Arbeitens bringen zum Beispiel Schreib- und Lesepuffer eine hohe Performance. Wenn ein Benutzer die ersten Bytes einer Datei lesen möchte, kann man schließlich auch gleich ein *Readahead* machen und die darauf folgenden Daten schon einmal vorsichtshalber im Hauptspeicher puffern. Dort können sie dann ohne Zeitverzug abgerufen werden, wenn ein Programm – was ziemlich wahrscheinlich ist – in der Datei weiterlesen will. Will es das nicht, gibt man den Puffer nach einiger Zeit wieder frei.

Beim Schreibpuffer sieht das Ganze ähnlich aus: Um performanter zu arbeiten, werden Schreibzugriffe in der Regel nicht sofort, sondern erst in Zeiten geringer Systemauslastung ausgeführt. Wenn ein System nun aber nicht ordnungsgemäß heruntergefahren wird, kann es zu Datenverlusten bei eigentlich schon getätigten

Schreibpuffer

Schreibzugriffen kommen. Wenn die Daten nämlich in den Puffer, aber eben noch nicht auf die Platte geschrieben wurden, sind sie weg.

Ein interessantes Beispiel für die Semantik dieser Treiber ist eine USB-Festplatte. Es handelt sich bei diesem Gerät schließlich um eine blockorientierte Festplatte, die über einen seriellen, *zeichenorientierten* Anschluss mit dem System verbunden ist. Sinnvollerweise wird die Funktionalität der Festplatte über einen blockorientierten Treiber angesprochen, der aber intern wiederum über den USB-Anschluss und damit über einen zeichenorientierten Treiber die einzelnen Daten an die Platte schickt beziehungsweise von ihr liest.

Der wahlfreie Zugriff auf die Datenblöcke der Festplatte wird also über die am seriellen USB-Anschluss übertragenen Daten erledigt. Der Blocktreiber nutzt eine bestimmte Sprache zur Ansteuerung des Geräts und der zeichenorientierte USB-Treiber überträgt dann die »Worte« dieser Sprache und gegebenenfalls zu lesende oder zu schreibende Daten.

5.5.2 Interaktion mit Geräten

Da wir im letzten Abschnitt die unterschiedlichen Treiber allgemein beschrieben haben, wollen wir im Folgenden den Zugriff auf sie aus dem Userspace heraus betrachten und dabei ihren internen Aufbau analysieren.

Gehen wir also wieder ein paar Schritte zurück und führen wir uns vor Augen, dass Geräte unter Linux allesamt als Dateien unterhalb des */dev*-Verzeichnisses repräsentiert sind. Die Frage ist nun, wie man diese Geräte und Ressourcen *nutzen* kann und wie der Treiber diese Nutzung unterstützt.

Den passenden Treiber finden

Major- und Minor-Nummern

Früher war die Sache relativ einfach: Jeder speziellen Gerätedatei unterhalb des */dev*-Verzeichnisses war eine sogenannte *Major-* und eine *Minor-Nummer* zugeordnet. Anhand der Major-Nummer konnte festgestellt werden, welcher Treiber für diese spezielle Gerätedatei zuständig war. Die Minor-Nummer stellte für den Treiber selbst eine Hilfe dar, um festzustellen, *welches* Gerät nun anzusprechen war – schließlich war es gut möglich, dass in einem System zwei baugleiche Komponenten wie beispielsweise Festplatten verwendet wurden, die zwar vom selben Treiber bedient, aber trotzdem unterschieden werden mussten.

Später dachte man sich, dass man die Geräte doch nicht über statische Nummern identifizieren, sondern stattdessen eine namensbasierte Identifizierung verwenden sollte – das Dateisystem *devfs* war geboren. Der Treiber musste nun beim Laden nicht mehr angeben, welche Major-Nummer er bediente, sondern er registrierte sozusagen den »Namen« des Geräts. Das geschah im Modulcode recht einfach:

```
#include <linux/devfs_fs_kernel.h>
...
static int __init treiber_init(void)
{
  ...
  /* Ist dieses Gerät schon registriert? */
  if(register_chrdev(4, "Treibername", &fops) == 0)
  {
    /* Können wir uns registrieren? */
    if(devfs_mk_cdev( MKDEV(4,64),
      S_IFCHR | S_IRUGO | S_IWUGO, "vc/ttyS%d", 0 ))
      // Wenn nein, dann Fehlermeldung ausgeben
      printk( KERN_ERR "Integration fehlgeschlagen.\n");
  }
  ...
}
```

Listing 5.23 So wurde beim devfs ein Gerät registriert

In diesem Beispiel wurde das zeichenorientierte Gerät ttyS0 über die Funktion devfs_mk_cdev[33] im Verzeichnis vc angelegt. Das devfs hat jedoch nicht zu unterschätzende Nachteile, daher wird es vom 2.6er Linux zwar noch unterstützt, ist aber als *deprecated*, also nicht mehr unterstützt, gekennzeichnet. Die Nachteile sind unter anderem:

Ein Irrweg

- Die Implementierung des devfs ist sehr umfangreich und damit schlecht skalierbar, außerdem wird der Code als nicht besonders gut angesehen.

- Die Gerätedateien haben im devfs neue Namen, die nicht mehr standardkonform sind.

- Nicht alle Treiber funktionieren mit dem devfs.

- Die Methode, die Zugriffsrechte für eine von einem Treiber erstellte Datei zu setzen, ist sehr umständlich.

Man musste also wieder eine neue Lösung finden und kehrte schließlich zu einer Identifizierung über Nummern zurück. Jedoch warf man eine der Altlasten von Unix – die Beschränkung auf jeweils 8 Bit für die Major- und Minor-Nummer – über Bord und führte mit Kernel 2.6 die 32 Bit lange *Gerätenummer* ein. Natürlich kann man, wie im Beispiel gesehen, von den bekannten Major- und Minor-Nummern mittels des MKDEV(major,minor)-Makros diese Nummern auf den 32-Bit-Wert der Gerätenummer abbilden.

---

33 Für blockorientierte Geräte gibt es einen entsprechenden anderen Befehl, der auch mit richtigen Parametern – S_IFCHR steht im Beispiel für zeichenorientierte Geräte – aufgerufen werden muss.

5 | Der Kernel

Also musste wieder etwas Neues her. Im Zuge der Weiterentwicklung des Powermanagements kam den Entwicklern eine andere Art der Geräteverwaltung in den Sinn: die Verwaltung in Form eines Baumes, der die Zusammenhänge des Prozessors mit den Controller-Bausteinen verschiedener Bussysteme und schließlich mit der über diese Bussysteme angebundenen Peripherie abbildet. Das heißt nichts anderes, als dass ein Treiber wissen muss, ob sein Gerät zum Beispiel am PCI- oder USB-Bus hängt. Für das Powermanagement ist das insofern wichtig, als zum Beispiel der PCI-Bus erst nach der Deaktivierung des letzten PCI-Geräts heruntergefahren werden sollte.

Das sysfs und udev

Visualisieren kann man sich diese Struktur über das *sysfs*, ein virtuelles, also nicht irgendwo auf einem Medium abgelegtes, sondern vielmehr dynamisch generiertes Dateisystem. Dieses spezielle Dateisystem muss erst gemountet werden, bevor man die zahlreichen Daten auslesen kann:

```
# mount -t sysfs sysfs /sys
# ls /sys/*
/sys/block:
fd0  hdb  hdd   ram1   ram11  ram13  ram15  ram3  ...
hda  hdc  ram0  ram10  ram12  ram14  ram2   ram4  ...

/sys/bus:
ide  pci  platform  pnp  usb

/sys/class:
graphics  input  mem  misc  net  nvidia  pci_bus  ...

/sys/devices:
pci0000:00  platform  pnp0  pnp1  system

/sys/firmware:
acpi

/sys/module:
8139too    commoncap  ide_disk     nvidia       ...
af_packet  dm_mod     ide_floppy   ppp_generic  ...
agpgart    ext3       ide_generic  pppoe        ...
...        ...        ...          ...          ...

/sys/power:
state
```

Listing 5.24 Das Dateisystem sysfs mounten und anzeigen

An diesem Beispiel kann man schon erkennen, dass das sysfs alle wichtigen Informationen über geladene Module, Geräteklassen und Bussysteme enthält. Ein Gerät kann im sysfs also durchaus mehrfach auftauchen, eine Netzwerkkarte würde zum Beispiel unterhalb des */sys/pci*-Verzeichnisses und unterhalb der Geräteklasse */sys/net* erscheinen.

Mittlerweile werden die Einträge im */dev*-Verzeichnis mit dem Programm udev dynamisch erzeugt, das auf Hotplug-Ereignisse reagiert. udev arbeitet mit sysfs zusammen und ist als Nachfolger des devfs zu betrachten. Im Gegensatz zum devfs-Dateisystem ist udev nicht im Kernel implementiert, sondern läuft im Userspace. Zudem kann udev vom Administrator über Regeln konfiguriert werden.

[udev]

Intelligenterweise muss man sich als Treiberprogrammierer in den seltensten Fällen mit dem Eintrag seines Geräts ins sysfs beschäftigen, Ausnahmefälle wären aber zum Beispiel eine neue Geräteklasse oder besondere Powermanagement-Funktionen.

Einen besonders einfachen Fall wollen wir hier noch einmal kurz zeigen: Ein zeichenorientiertes Gerät mit der Major-Nummer 62 soll ins System integriert werden.

[zB]

```
#include <linux/fs.h>
static struct file_operations fops;

int init_driver(void) {
   if(register_chrdev(62, "NeuerTreiber", &fops) == 0)
     // Treiber erfolgreich angemeldet
     return 0;

   // Ansonsten: Anmeldung fehlgeschlagen
   return -1;
}
```

Listing 5.25 Ein Gerät registrieren

Hier geben wir wieder nur eine Major-Nummer an, denn aus dieser kann der Kernel eine gültige Gerätenummer generieren. Ist die Nummer schon vergeben, wird das Registrieren des Geräts unweigerlich fehlschlagen. Jedoch kann man sich auch über die spezielle Major-Nummer »0« einfach eine beliebige freie Nummer zuweisen lassen. Mit der Zeichenkette »NeuerTreiber« identifiziert sich der Treiber im System, taucht unter dieser Bezeichnung im sysfs auf und kann sich mit dieser Kennung natürlich auch wieder abmelden.

5 | Der Kernel

Auf das Gerät zugreifen

I/O-Syscalls

Geräte sind also Dateien, auf die man im Wesentlichen mit den üblichen Syscalls[34] zur Dateibearbeitung zugreifen wird:

- `open()` – öffnet eine Datei (dies ist notwendig, um in sie zu schreiben und aus ihr zu lesen)
- `write()` – schreibt in eine geöffnete Datei
- `read()` – liest aus einer geöffneten Datei
- `close()` – schließt eine geöffnete Datei
- `lseek()` – ändert den Schreib-/Lesezeiger einer geöffneten Datei, also die Stelle in einer Datei, an der ein Programm arbeitet
- `ioctl()` – bietet ausführliche Funktionen zur Gerätesteuerung

Callbacks

Diese Schnittstellen müssen nun natürlich vom Treiber als *Callbacks* bereitgestellt werden. Callbacks sind Funktionen, die genau dann ausgeführt werden, wenn ein entsprechender Event – in diesem Fall der Aufruf des entsprechenden Syscalls auf eine Gerätedatei – auftritt.

Wenn eine Applikation also mittels `open()` eine Gerätedatei öffnet, stellt der Kernel den zugehörigen Treiber anhand der bereits besprochenen Major/Minor- beziehungsweise der Gerätenummer fest. Danach erstellt er im Prozesskontext eine Datenstruktur vom Typ `struct file`, in der sämtliche Optionen des Dateizugriffs wie die Einstellung für blockierende oder nichtblockierende Ein-/Ausgabe oder natürlich auch die Informationen zur geöffneten Datei gespeichert werden.

Callbacks

Als nächstes wird der in der `file_operations`-Struktur vermerkte Callback für den `open()`-Syscall ausgerufen, dem unter anderem eine Referenz dieser `file`-Struktur übergeben wird. Anhand dieser Referenz wird auch bei allen anderen Callbacks die Treiberinstanz referenziert.

Eine Treiberinstanz ist notwendig, da ein Treiber die Möglichkeit haben muss, *sitzungsspezifische* Daten zu speichern.

Solche Daten könnten zum Beispiel einen Zeiger umfassen, der die aktuelle Position in einem Datenstrom anzeigt. Dieser Zeiger muss natürlich pro geöffneter Datei eindeutig sein, selbst wenn ein Prozess ein Gerät mehrfach geöffnet hat.

---

[34] Bei der Kommunikation mit Gerätedateien werden die C-Funktionen `fopen()`, `fprintf()` usw. in der Regel nicht verwendet. Zwar greifen diese Funktionen intern auch auf die Syscalls zurück, allerdings wird standardmäßig die gepufferte Ein-/Ausgabe benutzt, was im Regelfall für die Kommunikation mit Geräten nicht ideal ist.

5.5.3 Ein-/Ausgabe für Benutzerprogramme

Für Benutzerprogramme spiegelt sich dieser Kontext im *Deskriptor* wider, der nach einem erfolgreichen `open()` als Rückgabewert an das aufrufende Programm übergeben wird:

```
#include <sys/types.h>
#include <sys/stat.h>
#include <fcntl.h>
#include <unistd.h>

int main()
{
  // Ein Deskriptor ist nur eine Identifikationsnummer
  int fd;
  char text[256];

  // Die Datei "test.c" lesend öffnen und den zurück-
  // gegebenen Deskriptor der Variable fd zuweisen
  fd = open( "test.c", O_RDONLY );

  // Aus der Datei unter Angabe des Deskriptors lesen
  read( fd, text, 256 );

  // "text" verarbeiten
  // Danach die Datei schließen
  close( fd );

  return 0;
}
```

Listing 5.26 Einen Deskriptor benutzen

Ein wichtiger Syscall im Zusammenhang mit der Ein-/Ausgabe auf Gerätedateien ist `ioctl()` (*I/O-Control*). Über diesen Syscall werden alle Funktionalität abgebildet, die sich nicht in das standardisierte Interface einbauen lassen.

5.5.4 Dateisysteme

Ein besonderer Fall der Ein-/Ausgabe ist das Dateisystem, das wir im Folgenden näher behandeln wollen. Eigentlich müssen wir zwischen »Dateisystem« und »Dateisystem« unterscheiden, da Unix mehrere Schichten für die Interaktion mit Dateien benutzt.

Der VFS-Layer

Die oberste Schicht des Dateisystems ist der sogenannte *VFS-Layer* (engl. *virtual filesystem*). Das *virtuelle* Dateisystem ist eine Schnittstelle, die die grundlegenden Funktionen beim Umgang mit Dateien von den *physischen* Dateisystemen abstrahiert:

- **open() und close()**

  Treiberarbeit

  Wie Sie schon beim Umgang mit Treibern und Geräten gesehen haben, ist die Möglichkeit zum Öffnen und Schließen von Dateien essenziell. Mit dieser Architektur setzt das VFS jedoch eine *zustandsbasierte* Funktionsweise des Dateisystems voraus. Beim Netzwerkdateisystem NFS z. B. ist dies aber nicht gegeben: Dort gibt es keine open()- oder close()-Aufrufe, stattdessen müssen bei jedem lesenden oder schreibenden Zugriff der Dateiname sowie die Position innerhalb der Datei angegeben werden. Damit ein NFS-Dateisystem von einem entfernten Server nun in das VFS integriert werden kann, muss der lokale Treiber sich den jeweiligen Zustand einer geöffneten Datei merken und bei jedem Zugriff in die Anfragen für den NFS-Server übersetzen.

- **read() und write()**

  Hat man eine Datei einmal geöffnet, kann man über einen Deskriptor Daten an der aktuellen Position in der Datei lesen oder schreiben. Nachdem das VFS bereits beim open() festgestellt hat, zu welchem physischen Dateisystem ein Zugriff gehört, wird jeder read()- oder write()-Aufruf wieder direkt zum Treiber für das entsprechende Dateisystem weitergeleitet.

- **create() und unlink()**

  Das VFS abstrahiert natürlich auch Erstellen und Löschen von Dateien. Die Erstellung wird dabei allerdings über den open()-Syscall abgewickelt.

- **readdir()**

  Genauso muss auch ein Verzeichnis gelesen werden können. Schließlich ist die Art und Weise, wie ein Dateisystem auf einem Medium abgelegt ist, ebenfalls treiberspezifisch.

Der Benutzer beziehungsweise seine Programme greifen nun über solche uniformen Schnittstellen des VFS auf die Funktionen und Daten des physischen Dateisystems zu. Der Treiber des Dateisystems muss also entsprechende Schnittstellen anbieten, damit er in das VFS integriert werden kann.

Mehr Interna zu Dateisystemen finden Sie in Kapitel 28.

Mounting

Das Einbinden eines Dateisystems in das VFS nennt man *Mounting*. Eingebunden werden die Dateisysteme unterhalb von bestimmten Verzeichnissen, den sogenannten *Mountpoints*. Definiert wird das Ganze in einer Datei im Userspace, */etc/fstab*:

```
# Proc-Verzeichnis
proc            /proc       proc    defaults                        0 0

# Festplatten-Partitionen
UUID=c5d055a1-8f36-41c3-9261-0399a905a7d5
                /           ext3    relatime,errors=remount-ro      0 1
UUID=c2ce32e7-38e4-4616-962e-8b824293537c
                /home       ext3    relatime                        0 2

# Swap
/dev/sda7       none        swap    sw                              0 0

# Wechseldatenträger
/dev/scd0       /mnt/dvd    udf,iso9660 user,noauto,exec,utf8       0 0
```

Listing 5.27 Eine /etc/fstab-Datei

Interessant sind für uns im Moment dabei vor allem die ersten beiden Spalten dieser Tabelle: Dort werden das Gerät sowie der Mountpoint angegeben, wo das darauf befindliche Dateisystem eingehängt werden wird.

Besonders interessant ist an dieser Stelle das Root-Dateisystem /. Die *letc/fstab* befindet sich, wie gesagt, irgendwo auf dem Dateisystem, auf das man nur zugreifen kann, wenn man zumindest das Root-Dateisystem schon gemountet hat. Man hat also das klassische Henne-Ei-Problem, das nur gelöst werden kann, wenn der Kernel den Ort des Root-Dateisystems als Option beim Booten übergeben bekommt.

Option beim Booten

So kennen die Bootmanager (bspw. `grub` und der veraltete `lilo`) eine Option `root`, mit der man dem zu bootenden Kernel mitteilt, was sein Root-Dateisystem sein soll. Von diesem kann er dann die *fstab* lesen und alle weiteren Dateisysteme einbinden.

5.6 Zusammenfassung

In diesem Kapitel haben Sie bereits das Wichtigste über Linux gelernt: was der Kernel ist und wie er sich in das System integriert. Dazu wurden wichtige Fakten zur Architektur des Prozessors in Bezug zu Benutzerprogrammen und Multitasking gesetzt und die Syscalls als Einsprungpunkte in den Kernel erläutert.

Nach den Aufgaben eines Betriebssystems wurden schließlich Prozesse und Tasks definiert und von den »leichtgewichtigen« Threads als puren Ausführungsfäden unterschieden. Als weitere wichtige Aufgabe wurde das Speichermanagement in allen Einzelheiten beschrieben. Dabei wurden sowohl das Paging als Aspekt der Software sowie die Unterstützung durch die Hardware besprochen. Am Ende standen die Ein- und Ausgabe sowie das zugehörige Treibermodell von Linux.

Im nächsten Kapitel werden wir uns Linux von der anderen Seite – dem *Userspace* – nähern und anhand der Unix-Philosophie die essenziellen Grundlagen von Linux näher erläutern.

5.7 Aufgaben

Sprücheklopfer

Sie begegnen einem Kollegen, der Ihnen die folgenden Aussagen vom Anfang des Kapitels auftischt. Wie nehmen Sie ihn verbal auseinander?

- »Warum programmiert man nicht endlich mal ein OS in Java, das ist doch so genial objektorientiert?«
- »Benutzerprogramme haben keinen direkten Zugriff auf die Hardware; alles läuft über den Kernel.«
- »Benutzerprogramme können gar nicht auf den Kernel zugreifen, der ist geschützt.«

*»Was für eine Philosophie man wähle,
hängt davon ab,
was für ein Mensch man ist.«*
– Johann Gottlieb Fichte

6 Grundlagen aus Anwendersicht

Im letzten Kapitel haben wir uns ausführlich mit dem Kernel und den Aufgaben eines Betriebssystems wie Linux auseinandergesetzt. In diesem Kapitel wollen wir uns nun mit dem *Userland*[1] und den Grundlagen aus Anwendersicht beschäftigen.

Wurden im ersten Kapitel also vorrangig interessante Hintergründe vermittelt und ein grundlegendes Verständnis für das Betriebssystem als Ganzes geschaffen, so möchten wir uns im Folgenden so langsam der Praxis zuwenden. Dazu setzen wir eigentlich nur voraus, dass Sie ein Linux-System, egal welcher Distribution, zur Hand haben. Vielleicht haben Sie sich im vorhergehenden Teil des Buches bereits ein System installiert, ansonsten können Sie fürs Erste natürlich auch die Live-Version von openSUSE oder Fedora von der dem Buch beigefügten DVD-ROM booten. Beide Systeme sind ohne Installation direkt von der DVD benutzbar und bieten Ihnen die grafischen Oberflächen KDE (openSUSE) und GNOME (Fedora).

Im Großen und Ganzen werden wir dabei unserer Philosophie treu bleiben und Linux *distributionsunabhängig* beschreiben. Wir werden Ihnen nicht nur erklären, wie man etwas genau macht, sondern Ihnen vor allem das Warum und Wieso sowie die Zusammenhänge insgesamt erläutern. Trotzdem wollen wir darauf achten, uns nicht in Belanglosigkeiten und praxisfernen Konzepten zu verlieren, sondern hier und da auch einmal ein konkretes und vor allem interessantes Beispiel zu bringen. Von Ihnen verlangen wir eigentlich nur die Bereitschaft, sich auf unseren zugegeben etwas eigenwilligen Stil einzulassen.

Linux pur!

6.1 Die Unix-Philosophie

Um die Grundlagen aus Anwendersicht ordentlich verstehen zu können, braucht man zuerst einmal ein Verständnis für die Philosophie hinter diesem Betriebssys-

---

[1] Als *Userland*, auch *Userspace*, bezeichnet man die Systemumgebung aus Sicht eines Benutzers.

tem. Außerdem muss man verstehen, dass Unix und Linux eng zusammenhängen – wer einen Linux-Rechner administrieren kann, braucht nur eine sehr kurze Einarbeitungszeit, um andere Unix-Systeme wie Solaris oder BSD zu verstehen. Alle diese Systeme haben eine Gemeinsamkeit: Für Windows-Anwender wirken sie zunächst »anders« und »ungewohnt«, vielleicht sogar »umständlich«. Aber die Entwickler haben sich etwas bei der Konstruktion dieses Systems gedacht, und wir wollen Ihnen diese Gedanken nun näherbringen.

Von Programmierern für Programmierer

Zuerst einmal wurde Unix von Programmierern für Programmierer[2] entwickelt. Auf einem System können *mehrere Benutzer mehrere Programme* gleichzeitig nutzen, zum Beispiel um Software zu entwickeln oder anderweitig zu arbeiten. Die Benutzer sowie die einzelnen Programme können *Daten gemeinsam nutzen* sowie diese auf eine kontrollierte Art und Weise austauschen. Das Design von Unix setzt dabei einigermaßen intelligente Benutzer voraus, die in der Regel wissen, was sie tun – sollte dies aber nicht der Fall sein oder sind böswillige Angreifer am Werk, ist das System durch die Implementierung von unterschiedlichen Benutzerkonten mit einem konsistenten Rechtesystem gut vor Manipulationen geschützt.

All diese Ziele unterscheiden sich nun gewaltig von denen eines Einbenutzerbetriebssystems, das auch Anfängern ermöglichen will, eine Textverarbeitung zu benutzen. Dort möchte man die Benutzer führen und ein Stück weit auch bevormunden, da das System meistens besser weiß, was gut für den Anwender ist, als dieser selber.

6.1.1 Kleine, spezialisierte Programme

Das genaue Gegenteil ist bei Programmierern oder anderweitig erfahrenen Anwendern der Fall: Sie erwarten von einem System, dass es die ihm gestellten Aufgaben effizient löst. Das System muss sich nicht um seine Benutzer kümmern, denn diese wissen in der Regel selbst, was sie wollen und wie sie es erreichen können. Das System muss dazu flexibel und mächtig sein, was Unix auf dem folgenden Weg zu erreichen versucht:

Anstatt große und funktionsbeladene Applikationen anzubieten, werden kleine, spezialisierte Programme bereitgestellt. Jedes Programm sollte idealerweise nur eine Aufgabe erfüllen, diese aber optimal. Durch vielfältige Kombinationen dieser »Spezialisten« kann ein Anwender nun flexibel die ihm gestellten Aufgaben bewältigen.

---

[2] Die Zielgruppe »Programmierer« kann jedoch insgesamt als »professionelle Benutzer« verstanden werden. In den Anfangstagen der Informatik und damit in den Anfangstagen von Unix war beides noch identisch.

Außerdem unterstützen alle Programme eine *konsistente* und *redundanzarme* Bedienung: Warum sollte man `remove` schreiben, wenn `rm` aussagekräftig genug und immer noch eindeutig ist? Außerdem sollte sich der Befehl analog zu anderen Befehlen verhalten: Wenn `ls -R *` alle Inhalte in einem Verzeichnis rekursiv auflistet, sollte `rm -R *` alle diese Dateien rekursiv löschen – und nicht etwa eine Datei namens * und eine Datei, deren Name aus einem Minus, gefolgt von einem großen »R« besteht.

Wenig Redundanz

Überhaupt wird die textuelle Eingabe über die *Shell* der Bedienung des Systems über eine grafische Oberfläche in vielen Fällen vorgezogen. Bei knapp hundert Anschlägen pro Minute tippt sich so ein `rm`-Befehl viel schneller als man je

- zur Maus greifen,
- den Dateimanager durch Doppelklick starten,
- die Dateien heraussuchen,
- sie mit der Maus markieren,
- das Kontextmenü durch einen Rechtsklick öffnen,
- den Punkt LÖSCHEN auswählen
- und die ganze Aktion durch das Klicken auf JA in der Dialogbox bestätigen kann.

Auch kann man in der Shell Befehle einfach kombinieren und häufige oder etwas komplexere Befehle in ganze *Skripts* schreiben. Diese Skripts können auch zentral abgelegt und allen Benutzern eines Systems zur Verfügung gestellt werden. Alternativ kann man diese Skripts zu bestimmten Zeitpunkten – beispielsweise jeden Tag, jede Woche, jeden ersten Sonntag im Monat um 3 Uhr oder in genau zwei Stunden – ausführen lassen.

6.1.2 Wenn du nichts zu sagen hast: Halt die Klappe

Ein weiterer wichtiger Punkt der Unix-Philosophie ist das Verhalten sowie indirekt auch die Bedienung der Programme. Programme unter Unix/Linux verhalten sich nämlich so, wie ein erfahrener Benutzer es erwarten würde: Sie geben im Erfolgsfall keine Meldung aus, sondern nur im Fehlerfall oder wenn es anderweitig Ergebnisse zu präsentieren gibt. Ein »alles okay« am Ende ist schlicht unnötig und redundant.

Außerdem werden Programme zu einem großen Teil nur über Parameter mit Eingaben gefüttert: Man startet zum Beispiel einen Texteditor mit der zu bearbeitenden Datei als *Argument*, anstatt vom Editor nach dem Start nach der Datei gefragt zu werden. Für Neulinge ist dies zum Teil recht frustrierend, da man oft Befehle tippt, die dann keine Ausgabe erzeugen – aber gerade dann ist ja alles in Ordnung.

Parameter statt Nachfragen

Diese Prinzipien sind jedoch vor allem in der Shell anzutreffen. Unter grafischen Oberflächen sind die eben genannten Prinzipien nur schwer zu realisieren und oft auch nicht sinnvoll.

6.1.3 Die Shell

Ja, die Shell – viel wird von Neulingen über diese »anachronistische« Eingabeaufforderung geschimpft. Erfahrene Unix-Anwender möchten ihre Shell jedoch nicht missen und empfinden in der Regel umgekehrt ein System, das sie zur Mausbenutzung *zwingt*, als Zumutung.

Grafik unter Unix/Linux

Natürlich gibt es auch unter Unix und Linux eine komplette und funktionsreiche grafische Oberfläche: das X-Window-System. Viele professionelle Unix-Anwender nutzen diese Oberfläche nur, um viele grafische Terminals und damit viele Shells gleichzeitig im Blick zu haben. Außerdem bietet zum Beispiel das populäre KDE als grafische Oberfläche eine nahezu komplette Bedienung über Tastenkürzel und Shortcuts an. So muss man nicht einmal die Hand von der Tastatur nehmen, wenn man zu einem anderen Bildschirm[3] oder einer anderen grafischen Shell wechseln will.

Aber natürlich gibt es auch Anwendungen, die sich in der Shell nur schlecht realisieren lassen. Ein populäres Beispiel dafür ist das Surfen im Web – es gibt zwar Webbrowser für eine Textoberfläche, aber eine wirkliche Alternative zu den grafischen Varianten sind sie nicht.

6.1.4 Administration

Ein weiterer wichtiger Bestandteil der Unix-Philosophie ist die Administration des Systems. Von vielen wird genau dies als Nachteil gesehen: Man beklagt sich, dass man bei Linux »basteln« muss, um zu einer vernünftigen Lösung zu kommen. Man beklagt den fehlenden Hardware-Support für die allerneueste Grafikkarte und dieses oder jenes nicht unterstützte exotische Feature bei einem neuen PC.

Bastellösungen

Diese Klagen beruhen auf einem Missverständnis. Ja, Unix (und damit auch Linux) lässt sich bis ins letzte Detail konfigurieren und personalisieren. Schließlich handelt es sich dabei um ein System für professionelle Anwender und weniger für absolute Computerneulinge. Und Profis *können* und *wollen* sich – zumindest in einem gewissen Rahmen – mit ihrem System auseinandersetzen. Außerdem zieht das Argument der Bastelei inzwischen nicht mehr wirklich, da heute eine frische Installation einer

---

3 X11 unterstützt das Konzept der virtuellen Bildschirme, auf denen man jeweils andere Fenster geöffnet und sogar unterschiedliche Hintergrundbilder aktiviert haben kann. Der Benutzer kann nun leicht von einem Bildschirm zum anderen wechseln und so die Arbeit mit vielen Fenstern besser meistern.

gängigen Linux-Distribution weitaus weniger Nacharbeit per Hand erforderlich als ein frisches Windows – schließlich ist alle wichtige Software schon installiert und sinnvoll konfiguriert.

Aber natürlich ist die Welt nicht perfekt. Alle gängigen Fertig-PCs werden mit Windows ausgeliefert, da die meisten Hersteller und Händler besondere Verträge mit Microsoft geschlossen haben. Dass der Kunde dann für Windows bis zu mehrere hundert Euro bezahlt, auch wenn er diese Software nicht wünscht, sei einmal dahingestellt. Auf jeden Fall erfordert ein neuer PC mit Windows nicht allzu viel Handarbeit – das System ist schließlich schon installiert.

Der Schein trügt

Ein neuer PC mit Linux dagegen muss (bis auf wenige Ausnahmen) erst einmal installiert werden. Ein weiteres Problem von Linux liegt in der mangelhaften Hardwareunterstützung, die zugegeben an einigen wenigen Stellen immer noch Bastelarbeit erfordert. Aber seien wir ehrlich: Wer ist für die Bereitstellung korrekter, funktionsfähiger Treiber zuständig? Freie, unbezahlte Programmierer, die Linux in ihrer Freizeit weiterentwickeln, oder nicht doch die Hardwarehersteller selbst, die im Übrigen auch die Windows-Treiber samt aller einfachen Installationsroutinen zur Verfügung stellen? An diesem Punkt bewegen wir uns leider argumentativ im Kreis: Denn solange sich die mehrheitlich professionellen Linux/Unix-Anwender noch mit halbfertigen Bastellösungen auch seitens der Hardwarehersteller zufriedengeben, wird sich an dieser Situation so schnell nichts ändern.

Fakt ist und bleibt jedoch die Eigenschaft von Linux, dass es sich sehr gut administrieren und anpassen lässt. Im Moment versucht man hier einen dualen Ansatz: Der Anwender soll ein System möglichst benutzerfreundlich und einfach installieren und bedienen können, aber trotzdem weiterhin die gewohnten mächtigen Möglichkeiten zur Personalisierung haben. Dieses Ziel ist zwar vielleicht noch nicht in vollem Umfang erreicht, aber man ist bereits auf einem guten Weg.

6.1.5 Netzwerktransparenz

Ein weiterer wichtiger Ansatz der Unix-Philosophie ist die *Netzwerktransparenz*. Bei einem durchdachten und konsistenten Mehrbenutzer- und Mehrprogrammkonzept hat man natürlich auch mit mehreren Rechnern keine Probleme. Die Netzwerktransparenz spiegelt sich schon in einem in Unix allgegenwärtigen Modell wider: dem Modell von Dienstnehmer (engl. *client*) und Dienstgeber (engl. *server*).

Bei diesem Prinzip der Systemarchitektur nutzt ein Client – meist ein direkt vom Benutzer gesteuertes Programm – die Dienste eines Servers. Ob dieser Server nun ein entfernter Rechner mit spezieller Software oder ein lokal im Hintergrund ablaufendes Programm ist, kann transparent geändert werden. Einige interessante Beispiele für die Netzwerktransparenz von Unix/Linux wollen wir im Folgenden aufzählen:

Lokaler oder netzwerkbasierter Dienst?

▶ **X11 – die grafische Oberfläche**
Die grafische Oberfläche von Unix ist auch netzwerktransparent. Man unterscheidet hier zwischen dem *X-Server*, der die Darstellung auf dem Client-PC des Benutzers vornimmt, und den vom Benutzer gestarteten *X-Clients*, also Programmen, die eine grafische Oberfläche benötigen. Auf welchem Rechner beziehungsweise Server diese Clients nun ausgeführt werden, ist von der Darstellung durch den X-Server unabhängig – das X-Protokoll trennt die *Ausführung* und die *Darstellung* von grafischen Anwendungen.

[»] Ein sehr wichtiges, aber leider sehr oft vernachlässigtes Prinzip bei der Entwicklung sauberer Systeme ist die *Orthogonalität*: Halte alle Dinge auseinander, die nicht in einem unmittelbaren Zusammenhang stehen.

In unserem Beispiel sind die beiden Aspekte der Ausführung und Darstellung eines grafischen Programms sauber durch die Trennung von X-Client und X-Server modelliert.

▶ **Der Logging-Dienst**

Der syslogd

Unter Unix wird sehr viel protokolliert, wobei das Management der Protokoll- beziehungsweise Logdateien von einem bestimmten Dienst, dem `syslogd`, übernommen wird. Die Anwendungen können nun über bestimmte Aufrufe mit diesem Dienst kommunizieren, der dann die Meldungen in die Dateien schreibt. Mit wenigen Änderungen an der Systemkonfiguration ist es möglich, die Anwendungen nicht mehr den lokal laufenden `syslogd` nutzen zu lassen, sondern einen auf einem fremden Rechner installierten `syslogd`.

[»] Die Eigenschaft, mit steigenden Anforderungen mitwachsen zu können, nennt man Skalierbarkeit.

▶ **NFS**

Dateien im Netzwerk

Über das *virtuelle Dateisystem* (VFS) kann man unter Unix, unabhängig vom darunterliegenden Dateisystem, auf Dateien und Verzeichnisse immer auf die gleiche Art und Weise zugreifen. Der Benutzer merkt nicht, ob er gerade auf einer CD-ROM oder einer lokalen Festplatte arbeitet. Dieses Konzept lässt sich auch auf das Netzwerk ausdehnen, bei dem zum Beispiel der für Unix typische NFS-Dienst ganze Verzeichnisbäume von einem Rechner exportieren und anderen Systemen im Netzwerk zur Verfügung stellen kann. Die exportierten Verzeichnisse können von anderen Rechnern schließlich regulär gemountet und wie lokale Medien benutzt werden – für den Benutzer macht es keinen Unterschied, dass die Dateien nicht lokal, sondern auf einem anderen Rechner gespeichert sind.

Diese Liste könnte man fast endlos fortsetzen. Um das *Dienstgeber-Konzept* zu unterstützen, bietet Unix spezielle Prozesse an: die *Hintergrundprozesse*.

Ein Hintergrundprozess ist ein Prozess, der ohne Interaktion mit dem Benutzer seine Arbeit im Hintergrund verrichtet. Somit benötigt ein solcher Prozess keinen Zugang zur Tastatur oder direkt zum Bildschirm.

Ein weiteres Prinzip, das zur Netzwerktransparenz führen kann, ist das *Spooling*.[4] Beim Spooling verwaltet ein Dienst eine Ressource und stellt diese anderen Programmen über eine bestimmte Schnittstelle zur Verfügung. Ein typisches Beispiel für Spooling ist die Verwaltung des Druckers: Ein Dienst hat exklusiven Zugriff auf das Gerät, und druckende Programme greifen nicht direkt auf den Drucker zu, sondern legen die zu druckenden Dateien einfach in eine Warteschlange. Das hat den Vorteil, dass zwei gleichzeitig druckende Programme keine Mischung ihrer Ausdrucke auf dem Papier erzeugen, sondern Druckaufträge nacheinander bearbeitet werden. Auch die Verwaltung der Logdateien als bestimmte Systemressourcen durch den `syslogd` ist eine Art von Spooling. Schließlich können wir nun den Kreis zur Netzwerktransparenz schließen und anmerken, dass ein solcher Dienst im Prinzip auf jedem System im Netzwerk ausgeführt werden kann.[5]

Spooling und das Netzwerk

So viel also erst einmal zur Unix-Philosophie, der sich Linux ebenso wie BSD als Unix-Derivate selbstverständlich anschließen. Vielleicht haben Ihnen diese Themen schon etwas Lust auf mehr gemacht; auf jeden Fall werden wir später im Buch alles näher erläutern. Im Folgenden kommen wir nun endlich zum eigentlichen Thema des Kapitels: zu einer kurzen Einführung in Linux und BSD.

6.2 Der erste Kontakt mit dem System

In diesem Abschnitt beschäftigen wir uns mit dem ersten Kontakt mit einem Linux-System. Dieser »erste Kontakt« kann natürlich nicht jeden Aspekt der Kontaktaufnahme mit dem System umfassend behandeln, daher werden wir später noch ausführlich auf einzelne Punkte eingehen. Der folgende kurze Einstieg schafft jedoch eine gute Basis für spätere Kapitel.

6.2.1 Booten

Beginnen wir mit dem Start des Systems. Egal, ob bei einer Installation auf Festplatte oder beim Laden einer Live-Distribution wie Knoppix – das Geschehen ist eigentlich immer gleich. Im BIOS wird festgelegt, auf welchen Medien in welcher Reihenfolge nach einem zu bootenden Betriebssystem gesucht werden soll. Dabei

---

[4] Ursprünglich wurde Spooling zum Vermeiden von Ressourcenkonflikten konzipiert.
[5] Und tatsächlich gibt es zum Beispiel mit CUPS einen sehr populären netzwerkbasierten Druckdienst.

6 | Grundlagen aus Anwendersicht

kann mittlerweile sogar von exotischen Geräten wie USB-Sticks gestartet werden, wobei die meisten Anwender doch lieber bei CD/DVD-Laufwerken und Festplatten bleiben.

Die ersten 512 Byte

Wird nun auf einem der im BIOS angegebenen Bootlaufwerke ein zu startendes Betriebssystem gefunden, wird dieses auch geladen. Auf allen bootfähigen Medien wird nämlich nach einem gültigen *MBR (Master Boot Record)* gesucht. Dies ist zum Beispiel bei einer Festplatte immer der erste Sektor (= 512 Bytes) der Festplatte. Er enthält dabei folgende Informationen:

- **Bootloader**
  Der Bootloader besteht aus Code zum Laden eines Betriebssystems oder aus weiteren Bootloader-Codes. Damit von einem Medium gebootet werden kann, muss dieser Code gültig sein und ein Betriebssystem laden können.

- **Partitionstabelle**
  Die Partitionstabelle gibt an, welche Partitionen wo auf dem Medium vorhanden sind. Die Partitionstabelle besteht aus vier Einträgen zu je 16 Byte und ist damit insgesamt 64 Byte groß. Sie liegt relativ nah am Ende des Bootsektors bei Byte 446.

- **Magic Number**
  Die fehlenden 2 Byte[6] bis zum Ende des Sektors werden nun mit einem Wert gefüllt, anhand dessen das BIOS entscheiden kann, ob es sich um ein bootbares Medium handelt oder nicht: Ist der Wert 0x55aa, so kann der Code am Anfang des MBR geladen werden. Ändert man diesen Wert, wird das Medium nicht als bootfähig erkannt.

Bootfähige Medien erkennen

[zB] Unter Linux können Sie sich den MBR mit folgenden Befehlen ansehen, wobei das Gerät */dev/sda*[7] die erste Festplatte im System bezeichnet,[8] von dem in unserem Beispiel der MBR gezogen werden soll:

```
# dd if=/dev/sda of=mbr.img count=1 bs=512
# od -x mbr.img
```

Listing 6.1 Extrahieren und Betrachten des MBR

Sehen wir uns den Bootvorgang weiter an: Hat man Linux auf seinem System installiert, so wird mit ziemlicher Sicherheit ein Bootloader wie GRUB geladen. Mit

---

6 Die Partitionstabelle beginnt bei Byte 446 und ist 64 Byte lang – das ergibt 510 von 512 im MBR zur Verfügung stehenden Bytes.
7 Entsprechend */dev/hda* bei älteren Distributionen, die noch nicht die `libata` verwenden.
8 Die Gerätenamen sind einer der zahlreichen kleinen Unterschiede zwischen den einzelnen Unix-Derivaten wie Linux und BSD.

diesem kann man zwischen allen auf diesem Medium installierten Betriebssystemen das zu startende auswählen.

Als Nächstes wird der Kernel geladen, der das System schließlich allmählich initialisiert und mit `init` auch den ersten Prozess des Userlands explizit startet. Dieser Prozess übernimmt das eigentliche Starten des Systems, indem dafür vorgesehene Konfigurationsdateien ausgelesen und entsprechende Dienste im Hintergrund gestartet werden.

Der erste Prozess: init

Dabei werden von `init` verschiedene Systemkonfigurationen, sogenannte *Runlevel*, unterschieden. Je nach Runlevel werden unterschiedliche Dienste gestartet. So gibt es zum Beispiel bei den meisten Systemen einen Runlevel mit grafischer Oberfläche und einen ohne. Auch gibt es bestimmte Runlevel zum Herunterfahren (Level 0) und Neustarten (Level 6) des Systems.

6.2.2 Login

Auch die Login-Dienste der Textoberfläche – realisiert durch das Programm `(m)getty` – werden von `init` gestartet. Je nach Runlevel kann aber auch ein grafischer Login-Dienst wie GDM oder KDM gestartet sein. In jedem Fall wird der Nutzer aufgefordert, sich mit einem Usernamen und einem Passwort einzuloggen, damit er am System arbeiten kann.

Das Login ist dabei wieder ein typisches Beispiel für die Netzwerktransparenz: Normalerweise wird bei der Anmeldung eines Benutzers überprüft, ob sein Benutzername in der Datei */etc/passwd* verzeichnet ist und mit seinem Passwort in der Datei */etc/shadow* unter Linux beziehungsweise der Datei */etc/master.passwd* unter BSD übereinstimmt. Setzt man im Netzwerk jedoch Dienste wie NIS/NIS+ oder LDAP ein, kann man ein Unix-System überreden, die Benutzerinformationen von einem solchen zentralen Server zu laden – der Anwender selbst merkt davon nichts. Verbindet man dieses Feature noch geschickt mit dem Einsatz von NFS, kann einem Anwender so auf jedem System der Firma die gleiche Arbeitsumgebung zur Verfügung gestellt werden.

Netzwerktransparenz

6.2.3 Arbeiten am System

Nach dem Einloggen kann man am System arbeiten. Je nach Aufgabenspektrum oder Präferenz kann dies in verschiedenen Umgebungen erfolgen. Auch die verwendeten Programme werden stark variieren. Eines ist jedoch für alle Benutzer gleich: Der Ort ihrer Arbeit und der Platz zum Speichern wichtiger Daten ist jeweils das *Heimatverzeichnis* (engl. *home directory*, im Deutschen oft auch *Home-Verzeichnis* genannt).

Das Home-Verzeichnis

Unter Linux und BSD besitzt jeder Benutzer sein eigenes Verzeichnis in */home*, wohingegen dieses Verzeichnis unter anderen Unix-Systemen zum Beispiel auch unterhalb von */usr* liegen kann. Im Normalfall hat der Benutzer nur in seinem eigenen Verzeichnis das Recht, Dateien anzulegen, zu ändern und zu löschen.[9] Dafür besitzt er dort dann auch Narren- und Gestaltungsfreiheit. Wie er die Daten organisiert, steht jedem Benutzer absolut frei.

Dateien verstecken

Alle Programme können Dateien im jeweiligen Verzeichnis des Benutzers ablegen. Im Regelfall sind diese jedoch »versteckt«, werden also bei einem normalen Betrachten des Verzeichnisses nicht angezeigt. Die Namen versteckter Dateien beginnen alle mit einem Punkt; solche Dateien können natürlich unter Angabe spezieller Optionen dennoch angezeigt werden. In diesem Sinne sind sie also nicht versteckt, sondern werden im Normalfall schlicht ausgeblendet, um dem Benutzer einen besseren Überblick über die von ihm selbst angelegten und bearbeiteten Dateien zu geben.

Die Verzeichnisstruktur

Wie Sie bereits wissen, besitzt Linux ein virtuelles Dateisystem, das von physischen Speichermedien auf eine Verzeichnisstruktur abstrahiert. Doch auch diese Verzeichnisstruktur selbst ist interessant, da sich das zugrunde liegende Konzept von anderen nicht Unix-artigen Betriebssystemen unterscheidet.

Klassifikation

Im Folgenden wollen wir die wichtigsten Verzeichnisse und ihre Bedeutung kurz erläutern. Dazu müssen vorher noch einige Begriffe geklärt werden, mit denen die Daten später klassifiziert werden:

> Dateien sind *shareable*, wenn sie auf einem Rechner im Netzwerk gespeichert sind und auch auf anderen Rechnern genutzt werden können. Ein gutes Beispiel dafür sind die Dateien in den Home-Verzeichnissen der User, wohingegen den Zugriff auf Systemressourcen auf dem lokalen Rechner kontrollierende Lockfiles eben nicht shareable – also *unshareable* – ist.

Wie man sieht, spielt die Netzwerktransparenz also auch beim Dateisystem eine Rolle. Doch auch die Frage, wann und wie Daten verändert werden, ist für das Dateisystemlayout wichtig:

> Dateien sind *statisch* (engl. *static*), wenn sie nicht ohne die Intervention des Administrators geändert werden können. Im Gegensatz dazu stehen *variable*, also veränderbare Daten.

Typische Beispiele für statische, also im Normalfall nicht schreibbare Daten, sind Programm-Binaries, Dokumentationen oder Systembibliotheken. Veränderbare Da-

---

9 Ja, von Spezialfällen wie dem Verzeichnis für temporäre Dateien */tmp* einmal abgesehen.

teien sind zum Beispiel Logfiles, temporäre Dateien oder Datenbanken. Doch beginnen wir mit den wichtigsten Verzeichnissen und ihrer Bedeutung:

- /bin
  Dieses Verzeichnis beinhaltet essenzielle (Shell-)Programme. Diese sind statisch und durchaus shareable.

- /boot
  Das /boot-Verzeichnis beinhaltet alle wichtigen Dateien zum Hochfahren des Systems, wozu vor allem der Kernel gehört. Diese Dateien sind im Allgemeinen statisch und nicht shareable, da sie durch verschiedene Treiber und die Konfiguration sehr systemspezifisch sind.

  Der Kernel

- /dev
  In diesem Verzeichnis finden sich die Gerätedateien. Je nach Kernel-Version und eingesetzter Technik kann dieses Verzeichnis auch nur virtuell sein.[10]

- /etc
  Jegliche Konfigurationsdateien eines Systems sollten in dessen /etc-Verzeichnis abgelegt sein. Da sich eine Konfiguration selten selbst ändert, sind auch diese Daten statisch und aufgrund des personalisierenden Charakters einer Konfiguration eher als unshareable einzustufen.[11]

- /home
  Das Home-Verzeichnis eines Users unter /home/username haben wir Ihnen bereits vorgestellt. Hier werden die eingeloggten Benutzer in der Regel arbeiten.

- /lib
  In diesem Verzeichnis finden sich alle essenziellen Bibliotheken. In dem Verzeichnis /lib/modules/<kernelversion> finden sich somit auch die Module, die zur Laufzeit dynamisch in den Kernel geladen werden können.

- /mnt
  In /mnt sollten Wechseldatenträger wie CD-ROMs, DVDs oder USB-Sticks gemountet werden. Früher wurden dafür oft direkt Verzeichnisse unter / genutzt, was jedoch dem Konsens über die Verzeichnisstruktur widerspricht.

- /opt
  Damit Softwarepakete auch von Drittanbietern ins System integriert werden können, gibt es das /opt-Verzeichnis. Dort sollten entsprechend dem Firmen-

---

10 Zum Beispiel beim mittlerweile obsoleten `devfs`.
11 Natürlich hindert Sie niemand daran, das /etc-Verzeichnis im Netzwerk freizugeben. Inwieweit das sinnvoll ist, ist allerdings eine andere Frage – und nur darauf bezieht sich die *unshareable*-Aussage.

oder Softwarenamen Unterverzeichnisse angelegt werden, in denen dann die jeweilige Software installiert werden kann.

- **/proc (nur Linux)**
  Im */proc*-Verzeichnis findet sich ein gemountetes virtuelles Dateisystem, in dem sich Informationen über alle Prozesse und über das System abrufen lassen. Dieses Verzeichnis finden Sie allerdings nicht auf jedem System.

- **/root**
  Dies ist das Home-Verzeichnis von `root`. Da man als `root` nicht direkt am System arbeiten sollte, wird dieses Verzeichnis recht selten genutzt werden.

- **/sbin**
  In diesem Verzeichnis finden sich essenzielle System-Binaries.

- **/tmp**
  Dies ist das Verzeichnis für temporäre Daten. Im Regelfall werden während des Bootens alte, von der letzten Sitzung zurückgebliebene Dateien gelöscht.

- **/usr**
  Die */usr*-Hierarchie ist die größte und wichtigste Ansammlung statischer, sharebarer Daten. Die wichtigsten Unterverzeichnisse finden Sie hier:

  - **/usr/X11R6/**
    Verzeichnis für die grafische Oberfläche X11

  - **/usr/bin/**
    Benutzerprogramme (Binaries)

  - **/usr/include/**
    Standardverzeichnis für Include-Dateien[12]

  - **/usr/lib/**
    Bibliotheken für Benutzerprogramme

  - **/usr/local/**
    Extra-Hierarchie für selbstkompilierte Software, in sich wieder genauso gegliedert wie */usr*

  - **/usr/sbin/**
    nicht-essenzielle Systemprogramme

  - **/usr/share/**
    architekturunabhängige Daten[13]

---

[12] Siehe auch das Kapitel 30, »Softwareentwicklung«.
[13] Diese Daten müssen wie alle Daten in */usr read-only*, also statisch, sein.

- **/usr/src/**
  Verzeichnis für Quellcode (optional)

Aus den Charakteristika dieser Daten ergibt sich die Möglichkeit, das Verzeichnis /usr auf eine eigene Partition zu legen, es *read-only* zu mounten[14] und es schließlich im Netzwerk freizugeben und auf anderen Systemen zu mounten.

- **/var**

  Das /var-Verzeichnis umfasst ähnlich wie /usr eine ganze Hierarchie von Unterverzeichnissen mit speziellen Aufgaben. Im Gegensatz zu diesem sind die Daten in /var jedoch variabel und im Allgemeinen nicht shareable.

  - **/var/cache/**
    anwendungsspezifische Cache-Daten

  - **/var/lib/**
    variable Statusinformationen

  - **/var/local/**
    variable Daten für /usr/local

  - **/var/lock/**
    Lockdateien[15]

  - **/var/log/**
    Logdateien

  - **/var/opt/**
    variable Daten für /opt

  - **/var/run/**
    für laufende Prozesse relevante Daten[16]

  - **/var/spool/**
    Spooling-Daten wie beispielsweise zu druckende Dateien oder noch nicht abgeholte Mails

  - **/var/tmp/**
    temporäre Dateien, die *nicht* bei einem Reboot gelöscht werden sollten

---

14 Beim Aktualisieren des Systems muss dann natürlich ein Remount mit möglichem Schreibzugriff erfolgen, da sonst zum Beispiel keine Binaries ersetzt werden können.
15 Diese Dateien stellen den exklusiven Zugriff auf bestimmte Ressourcen sicher: Ist eine bestimmte Datei vorhanden, so ist die zugehörige Ressource belegt. Erst nach dem Löschen der Datei kann wieder versucht werden, die Ressource anzufordern.
16 Soll zum Beispiel ein Programm wie ein bestimmter Serverdienst nur einmal gestartet werden können, kann in /var/run eine Datei mit der Prozess-ID abgelegt werden. Bei einem versuchten zweiten Start des Programms kann dieses anhand der Datei nun feststellen, dass es schon läuft, und daher den Start verweigern.

Auch bei */var* kann sich die Speicherung der Daten auf einer eigenen Partition oder Platte anbieten, um bei knapper werdendem Plattenplatz immer noch etwas Platz auf der Root-Partition freihalten und damit ein funktionierendes System gewährleisten zu können.

Mit Ausnahme des Home-Verzeichnisses wird man mit diesen Verzeichnissen in aller Regel jedoch nur als Administrator zu tun haben. Das liegt vor allem am Rechtesystem: Bis auf die temporären Verzeichnisse darf ein normaler Benutzer nur in sein Homeverzeichnis schreiben.

Das Rechtesystem

Diese Regelung ist sinnvoll, da so kein normaler Benutzer das System manipulieren oder umkonfigurieren kann. Wir wollen im Zusammenhang mit dem Rechtesystem als Erstes natürlich die Rechte etwas näher betrachten, die einem Benutzer gewährt oder nicht gewährt werden können:

- **Write (w)**
  Das Schreibrecht: Hat ein Benutzer dieses Recht (man spricht auch von einem Rechte-*Flag* oder Rechte-*Bit*) auf eine Datei, so kann er sie zum Schreiben öffnen oder sie auch löschen. Diese Berechtigung wird sinnvollerweise fast nur für eigene Dateien im Heimatverzeichnis des Benutzers benötigt und ist daher auch nur dort gesetzt. Auf Verzeichnissen bewirkt dieses Recht, dass ein Benutzer dort Dateien anlegen und löschen kann.

- **Read (r)**
  Das Leserecht: Dieses Recht erlaubt es einem Benutzer, lesend auf entsprechende Dateien zuzugreifen. Die Benutzer haben dieses Recht für die meisten Systemdateien wie Programme oder Dokumentationen. Nur in Ausnahmefällen wie bei wichtigen Passwortdateien bekommen normale Benutzer dieses Recht nicht zugesprochen.

- **Execute (x)**
  Dateien mit diesem Rechte-Flag können ausgeführt werden. Entweder handelt es sich bei diesen Dateien um binäre Formate wie ELF oder um Skriptdateien bestimmter Sprachen wie Bash oder Perl. Bei letzteren muss jedoch in der ersten Zeile des Skripts der Interpreter genannt werden, mit dem die Datei ausgeführt werden kann. Dieses Rechte-Flag wird in erster Linie verwendet, um zwischen Programmen und Daten zu differenzieren, und seltener, um festzulegen, wer ein bestimmtes Programm ausführen darf und wer nicht.

  Bei Verzeichnissen hat dieses Flag eine etwas andere Semantik: Dort wird nämlich durch das x-Flag der Zugriff auf ein Verzeichnis gesteuert. Wem dieses Recht nicht gewährt wird, dem bleibt das Wechseln in den entsprechenden Ordner verwehrt.

Werden Rechte auf Dateien beziehungsweise Verzeichnisse vergeben, so müssen sich von einer bestimmten Rechtemaske auf einer Datei die Berechtigungen für jeden möglichen Benutzer ableiten lassen. Jedem Benutzer ist im System daher eine Benutzer-ID (*UID, User ID*) und mindestens eine Gruppen-ID (*GID, Group ID*) zugeordnet. Eine Datei wird nun auch einem Benutzer – nämlich dem Eigentümer beziehungsweise dem Ersteller der Datei – sowie einer Gruppe zugeordnet.

Für den Rechtekontext bedeutet dies, dass man eine *Rechtemaske* setzen kann, die aus je einem Bit für Read, Write und Execute für den Eigentümer, die Gruppe und schließlich noch für den Rest der Welt besteht. Möchte ein Benutzer nun auf eine Datei zugreifen, so wird zuerst geprüft, ob er der Eigentümer dieser Datei ist. Ist dies der Fall, so wird die entsprechende Rechtemaske zur Prüfung der Gültigkeit des geforderten Zugriffs herangezogen. Ist der Benutzer nicht der Eigentümer, so wird geprüft, ob er in der Gruppe der Datei ist, um eventuell die Rechtemaske dieser Gruppe heranzuziehen. Ist auch dies nicht der Fall, werden automatisch die Rechte für den Rest der Welt gültig.

root

Eine Ausnahme in diesem Rechtekontext bildet der Benutzer `root` (UID 0), der immer auf alle Dateien Zugriff hat. Er ist, vom Eigentümer einer Datei abgesehen, auch der Einzige, der die Rechte auf eine Datei ändern kann. Dieser *Superuser* ist in der Regel der Administrator des Systems und verfügt sozusagen über absolute Macht durch den unbeschränkten Zugriff auf alle Dateien. Und wie man spätestens seit Spider-Man weiß: Mit großer Macht kommt große Verantwortung.

Der Superuser

Rechte und Hardware

Rechte werden nur auf Dateien oder Verzeichnisse vergeben. Da jedoch zum Beispiel Geräte und bestimmte Ressourcen als Dateien im System repräsentiert sind und Unix an sich generell sehr dateiorientiert ist, ergibt sich so wieder ein konsistentes Gesamtbild.

Auch sollte erwähnt werden, dass es problemlos möglich ist, mit mehreren Benutzern *zur selben Zeit* an einem System zu arbeiten. Natürlich ist ein PC in der Regel mit nur einem Bildschirm und nur einer Grafikkarte[17] ausgestattet, jedoch kann zum Beispiel über den SSH-Dienst das *Remote*-Arbeiten, also ausgehend von anderen Rechnern im Netzwerk, ermöglicht werden.

---

17 Auch wenn man Linux durchaus so konfigurieren kann, dass *zwei* Grafikkarten und *zwei* Tastaturen für insgesamt zwei Benutzer zur Verfügung stehen.

6.2.4 Herunterfahren

Ein weiterer wichtiger Schritt im ersten Kontakt mit dem System ist das Herunterfahren. Wie heutzutage bei fast allen komplexeren Systemen üblich, kann man ein System nicht einfach beliebig von seiner Stromquelle trennen. Damit man es in einem konsistenten Zustand halten kann, müssen alle Programme

- ihre temporären Daten speichern,
- alle verwendeten Ressourcen freigegeben und
- das Dateisystem in einem konsistenten Zustand hinterlassen.

Puffer und Caches leeren

Vor allem die Problematik des Dateisystems ist offensichtlich, wenn man sich an das letzte Kapitel und die Tatsache erinnert, dass viele Daten zwischengespeichert und gepuffert werden, um die Performance des Systems zu erhöhen. Werden diese gepufferten Daten nicht zurückgeschrieben oder wird die Festplatte vielleicht sogar inmitten eines Schreibvorgangs unterbrochen, tritt ein Datenverlust auf oder es kommt zu inkonsistenten (Meta-)Daten auf der Festplatte.

Ein System herunterfahren und solche Probleme vermeiden können Sie mit dem Befehl `shutdown`:

- **shutdown -h now**
  Mit diesem Befehl hält man das System an (engl. *halt*). Dazu wird das System in den Runlevel 0 überführt, wobei alle gestarteten Dienste beendet werden. Schließlich werden alle verbleibenden Prozesse über ein `SIGTERM` aufgefordert, sich zu beenden, um sie dann nach kurzer Zeit mit einem `SIGKILL` auf die »harte Tour« durch den Kernel zu beenden.

  Die Prozesse werden gesondert beendet, damit alle offenen Dateien noch geschlossen werden können. Ignorierte man diese im Prozesskontrollblock vermerkten Daten, würden eventuell bisher nur gepufferte Schreibzugriffe nicht ausgeführt und gingen somit verloren.

- **shutdown -r now**
  Mit diesem Befehl wird das System neu gestartet (engl. *reboot*) und dazu in den Runlevel 6 überführt. Alle übrigen Aktionen, vom Herunterfahren der beim Systemstart von `init` aktivierten Dienste bis zum Senden der Signale an alle Prozesse, entsprechen dem Vorgehen beim Systemhalt.

Natürlich muss man diese Befehle nicht auf der Shell eingeben, sondern kann auch von einer grafischen Oberfläche wie KDE aus ein System herunterfahren. Allerdings hat man auf der Shell die Möglichkeit, anstelle von `now` einen genauen Zeitpunkt anzugeben, zu dem das System heruntergefahren oder neu gestartet wird.

Auch kann man hier eine Nachricht eingeben, die vor der shutdown-Aktion an alle eingeloggten Nutzer gesendet wird.

6.2.5 Wie Laufwerke bezeichnet werden

Wenn Sie ein Windows-Anwender sind, dann kennen Sie Laufwerksbezeichnungen als Buchstaben (etwa C: oder D:). Unter Linux ist das Prinzip ähnlich, Laufwerke werden hier allerdings als Gerätedateien repräsentiert und heißen daher anders. Wie für Gerätedateien üblich, sind Dateien, die Laufwerksgeräte repräsentieren, im Verzeichnis */dev* zu finden.

Laufwerke werden (im Falle von CD-, DVD-, ATA- und SCSI-Laufwerken) mit *sdX* bezeichnet, wobei anstelle des *X* ein Kleinbuchstabe eingesetzt wird. */dev/sda* ist etwa eine typische Festplattenbezeichnung, genauso wie */dev/sdb*. Es kann sich bei den jeweiligen Geräten aber auch um CD-Laufwerke und Ähnliches handeln.

sdX

Sollten Sie noch über IDE-Festplatten verfügen, so werden diese unter Linux mit */dev/hda*, */dev/hdb* usw. bezeichnet.

hdX

Auch einzelne Partitionen sind unter Linux als Dateien vorhanden. So ist die erste Partition der Festplatte */dev/sda* als */dev/sda1* ansprechbar, die zweite Partition als */dev/sda2* und so fort.

Partitionen

Die genannten Bezeichner für Festplatten sind für die Systemkonfiguration von großer Bedeutung. Sie werden etwa verwendet, um anzugeben, wo eine Platte im Dateisystem eingehängt werden soll. Es kann allerdings sein, dass eine Festplatte umkonfiguriert und dadurch ihr Bezeichner verändert wird, was wiederum die Systemkonfiguration empfindlich treffen kann. Aus diesem Grund sind viele Distributionen dazu übergegangen, sogenannte UUIDs (*Universally Unique Identifier*) zu verwenden. Dabei handelt es sich um eindeutige Bezeichner für Laufwerke, die auch nach einer Umkonfiguration erhalten bleiben können. Sollten Sie also einmal eine Festplatte umstecken, so müssen Sie die Systemkonfiguration nicht ändern. Eine UUID ist eine eindeutige und zudem recht lange Hex-Zahl. Über das Programm blkid können Sie sich die UUIDs Ihrer Partitionen anzeigen lassen.

UUIDs

```
$ blkid
/dev/sda1: UUID="7b898fa6-391e-4b81-888c-48ef10d7a95f"
SEC_TYPE="ext2" TYPE="ext3"
/dev/sdb1: UUID="7b76eae9-1d58-43b2-856e-f4c6b7a914f9"
SEC_TYPE="ext2" TYPE="ext3"
/dev/sdb2: UUID="c646f84c-2c4c-446b-ac09-9d398099867e"
TYPE="swap"
```

```
/dev/sdb3: UUID="018ad305-97b0-40a6-b8c0-54734cf6e6b3"
SEC_TYPE="ext2" TYPE="ext3"
```

Listing 6.2 Das Programm blkid zeigt die UUIDs des Systems an.

Die erste Spalte enthält die Partitionsbezeichnung. Darauf folgt die eigentliche UUID und zwei Dateisystemtyp-Angaben. Die Angabe TYPE steht für den eigentlichen Dateisystemtyp (hier also »ext3«). Kann ein Dateisystem auch als ein anderes Dateisystem gemountet werden (das Dateisystem ext3 kann auch als ext2-Dateisystem eingehängt werden, ist also rückwärtskompatibel), so gibt SEC_TYPE (*secondary filesystem type*) diesen alternativen Typen an.

Möchten Sie nur die UUID einer bestimmten Partition angezeigt bekommen, können Sie deren Dateinamen auch an `blkid` übergeben:

```
$ blkid /dev/sdb3
/dev/sdb3: UUID="018ad305-97b0-40a6-b8c0-54734cf6e6b3"
SEC_TYPE="ext2" TYPE="ext3"
```

Listing 6.3 Die UUID von /dev/sdb3 anzeigen

Die UUIDs sind als Links im Dateisystem präsent, können also auch durch das `ls`-Programm angezeigt werden.

```
$ ls -l /dev/disk/by-uuid
insgesamt 0
lrwxrwxrwx 1 root root 10 2010-09-12 10:12
    018ad305-97b0-40a6-b8c0-54734cf6e6b3 -> ../../sdb3
lrwxrwxrwx 1 root root 10 2010-09-12 10:12
    7b76eae9-1d58-43b2-856e-f4c6b7a914f9 -> ../../sdb1
lrwxrwxrwx 1 root root 10 2010-09-12 10:12
    7b898fa6-391e-4b81-888c-48ef10d7a95f -> ../../sda1
lrwxrwxrwx 1 root root 10 2010-09-12 10:12
    c646f84c-2c4c-446b-ac09-9d398099867e -> ../../sdb2
```

Listing 6.4 UUIDs mit ls anzeigen

Laufwerke unter BSD

Unter BSD werden Laufwerke anders bezeichnet als unter Linux. Auch sind die Standarddateisysteme andere als unter Linux, doch dazu mehr in Kapitel 28.

Unter OpenBSD und NetBSD werden Serial-ATA- und IDE-Laufwerke mit *wdN*, also *wd0*, *wd1* und so fort bezeichnet. Beachten Sie hier, dass die erste Stelle hier bei 0 beginnt, und nicht – wie bei Linux – bei *a* (also etwa *sda*). Dasselbe gilt für SCSI-Festplatten, deren Bezeichnung mit *sd0* beginnt, gefolgt von *sd1*.

Partitionen tragen hingegen Zahlenbezeichner, womit sich Partitionsbezeichner wie *wd0a* oder *wd0c* ergeben. Auch hier ist zu beachten, dass die Ziffern bei Linux das Laufwerk an sich angeben, nicht die Partition. Details zu beiden Treibern erhalten Sie unter beiden Derivaten in den Manpages `sd` und `wd`.

Auch unter FreeBSD sind die Bezeichner für Laufwerke unterschiedlich. IDE-Festplatten werden mit *adN*, also *ad0*, *ad1* (und so fort) bezeichnet. SCSI- und USB-Platten werden hingegen mit *daN*, IDE-CD/DVD-Laufwerke mit *acdN* und SCSI-CD/DVD-Laufwerke mit *cdN* bezeichnet. Für die alten (maximal vier) verschiedenen DOS-Partitionen verwendet FreeBSD den Ausdruck *Slice*, so bezeichnet *ad0s1* etwa die erste Slice einer IDE-Festplatte und *ad0s1a* die erste Partition im ersten Slice der ersten IDE-Festplatte. *da1s3a* bezeichnet hingegen die erste Partition der dritten Slice der zweiten Platte.

6.3 Bewegen in der Shell

Wir haben die Shell bereits als wichtigen Bestandteil der Unix-Philosophie vorgestellt und sind auch in den Beispielen bisher auf *Befehle* eingegangen. Im Folgenden wollen wir, um den Anspruch dieses Kapitels zu erfüllen, kurz die Grundlagen des Arbeitens in der Shell vorstellen.

6.3.1 Das Prompt

Die Eingabeaufforderung der Shell besteht nicht nur aus einem blinkenden Cursor für die Eingabe, sondern auch noch aus dem *Prompt*. Dieses gibt meist den Kontext der Arbeit durch die Anzeige des Rechner- und Benutzernamens sowie des Arbeitsverzeichnisses wieder. Allerdings kann jeder Benutzer seinen Prompt auch personalisieren und sogar farbig gestalten.

```
$
user@host$
user@host:/home/user$

/root#
```

Listing 6.5 Mögliche Prompts

Dass Informationen wie der Rechner- und Benutzername angezeigt werden, hilft vor allem beim Arbeiten auf verschiedenen Rechnern im Netzwerk. Das *Arbeitsverzeichnis* hilft dabei, den Ausgangspunkt *relativer Pfade* zu bestimmen.

6.3.2 Absolute und relative Pfade

Unix-Systeme kennen keine Laufwerke und sprechen alle Speichermedien über den VFS-Layer und *einen* Verzeichnisbaum an. So ergeben sich zwei verschiedene Arten, wie man Dateien und Verzeichnisse referenzieren kann.

Bei der Angabe eines *absoluten* Pfades wird der Name immer von der Wurzel / des Dateisystems aus angegeben.

Unnötige Redundanz

Dies kann jedoch zu recht langen Eingaben und redundanten Angaben führen, falls ein Benutzer hauptsächlich in einem bestimmten Verzeichnis arbeitet. Daher besitzt jeder Prozess – und damit natürlich auch jede Shell – mit dem aktuellen Arbeitsverzeichnis einen aktuellen Kontext. Von diesem Verzeichnis aus kann man Verzeichnis- oder Dateinamen auch relativ angeben.

Ein relativer Pfad beginnt nicht mit der Wurzel des Dateisystems, sondern wird relativ zum aktuellen Arbeitsverzeichnis des Prozesses interpretiert, indem das Arbeitsverzeichnis vor den relativen Pfad gesetzt und das Ergebnis schließlich als absoluter Pfad gelesen wird.

Erst so wird es möglich, dass man zum Beispiel einen Texteditor mit *text.txt* als Argument aufrufen kann, anstatt sich über den Pfad */home/user/text.txt* auf die Datei zu beziehen.

6.3.3 pwd

Sollte der Prompt einer Shell einmal weniger aussagekräftig sein, so kann man sich das Arbeitsverzeichnis auch mit dem pwd-Befehl anzeigen lassen. Die Abkürzung steht für *print working directory*.

```
$ pwd
/home/jploetner
```

Listing 6.6 Arbeitsverzeichnis mit pwd ausgeben

[»] Ein neuer Prozess entsteht unter Unix stets als Kopie eines bereits bestehenden Prozesses. Als Kopie erbt er alle Eigenschaften wie eben auch das Arbeitsverzeichnis.

6.3.4 cd

Natürlich kann das Arbeitsverzeichnis der Shell auch durch einen bestimmten Befehl gewechselt werden. Der cd-Befehl ist die Abkürzung für *change directory* und erwartet eine Pfadangabe als Argument. Diese kann selbstverständlich wieder relativ oder absolut gemacht werden, wobei man zwei Spezialfälle relativer Pfade unterscheidet:

- ».«

    Jedes Verzeichnis enthält eine Referenz auf sich selbst, die der Kürze halber mit einem einfachen Punkt bezeichnet wird. Diesen Punkt benötigt man vor allem, wenn man eine ausführbare Datei starten möchte, die sich vielleicht im Homeverzeichnis des Benutzers befindet. Normalerweise sucht die Shell nur in bestimmten Ordnern – diese Ordner werden in einer speziellen *Shell-Variable*, dem PATH, gespeichert – nach ausführbaren Dateien, so dass man den Pfad zu einem an anderer Stelle gespeicherten Programm explizit angeben muss:

    Referenz auf sich selbst

    ```
    $ ./schach
    ```

    Listing 6.7 Programm aus dem aktuellen Verzeichnis starten

    Dieser Pfad referenziert nun eine Datei *schach* im aktuellen Verzeichnis. Für den cd-Befehl braucht man die *Selbst*referenz jedoch selten, da man schließlich das Verzeichnis *wechseln* möchte.

- »..«

    Mit den zwei Punkten bezeichnet man das nächsthöhere Verzeichnis. Zusammen mit den direkt referenzierbaren Unterverzeichnissen ergibt sich so die komplette Navigation in der Shell:

    ```
    $ pwd
    /home/jploetner
    $ cd ..
    $ pwd
    /home
    $ cd jploetner
    $ pwd
    /home/jploetner
    ```

    Listing 6.8 Navigation in der Shell

Interessanterweise hat aus Konsistenzgründen auch das Wurzelverzeichnis / einen solchen *Backlink*. Dieser zeigt jedoch wieder auf das Wurzelverzeichnis selbst.

Am Beispiel von cd kann man auch sehr gut sehen, dass Shellbefehle in der Regel im Erfolgsfall keine Meldung ausgeben. Das Kommando erledigt nur seine Aufgabe, und wenn diese zur Zufriedenheit des Benutzers ausgeführt werden konnte, muss es dies nicht extra kundtun. Etwas anderes gilt natürlich im Fehlerfall, also wenn man mit cd in ein nicht existierendes Verzeichnis wechseln will:

Stumme Befehle

```
$ cd swendzel
-bash: cd: swendzel: No such file or directory
$
```

Listing 6.9 Ein fehlgeschlagener cd-Aufruf

Was dieses `-bash` in der obigen Ausgabe zu suchen hat, erfahren Sie im nächsten Kapitel, wo wir den Unterschied zwischen *Programmen* und *Shell-Builtins* erklären.

6.4 Arbeiten mit Dateien

Unser nächster Schwerpunkt soll das Arbeiten mit Dateien sein. Zuerst wollen wir dabei betrachten, wie man sich Dateien in der Shell anzeigen lassen kann.

6.4.1 ls

Dateien eines Verzeichnisses anzeigen

Für die Auflistung von Dateien in der Shell ist der `ls`-Befehl zuständig. Ohne Argument zeigt `ls` den Inhalt des Arbeitsverzeichnisses an, allerdings kann man sich die Dateien jedes beliebigen Verzeichnisses durch dessen Angabe als Argument auflisten lassen:

```
$ pwd
/usr/src/linux-2.6.10
$ ls
arch      crypto    fs       ipc      MAINTAINERS
...
CREDITS   drivers   init     lib      mm
REPORTING-BUGS      sound
$ ls /home
jploetner  mploetner  aploetner
```

Listing 6.10 Dateien auflisten mit ls

Versteckte Dateien anzeigen

Im Normalfall – also wie hier im Listing ohne Angabe weiterer Optionen – zeigt `ls` nur Dateien und Verzeichnisse an. Mit einem Punkt beginnende und somit »versteckte« Elemente eines Verzeichnisses werden ausgeblendet. Möchte man sich diese Dateien dennoch *alle* anzeigen lassen, sollte man das `-a`-Flag benutzen:

```
$ ls
test   test.c
$ ls -a
test   test.c   .vimlog
```

Listing 6.11 Versteckte Dateien anzeigen

Natürlich kann `ls` auch viele mit einer Datei verknüpfte Metadaten wie Rechte oder Eigentümer und Gruppe anzeigen. Man will mit anderen Worten ein *langes* Listing, das man mit dem `-l`-Flag erhält:

```
$ ls -l
-rwxr-xr-x 1 jploetner users  28 05-03-13 22:03 test
-rw-r--r-- 1 jploetner users 371 05-02-10 13:40 test.c
```

Listing 6.12 Lange und ausführliche Dateilistings

In diesem Beispiel können Sie das Rechtesystem auch in der Praxis sehen: Beide Dateien haben den Eigentümer `jploetner` und gehören zur Gruppe `users`. Ganz am Anfang sieht man auch drei Dreiertupel, die in der Reihenfolge »Eigentümer«, »Gruppe« und »Sonstige« jeweils über die Berechtigungen `r` (read), `w` (write) und `x` (execute) Auskunft geben. Wird der entsprechende Buchstabe in der Ausgabe von `ls` angezeigt, so wird das Recht gewährt. Andernfalls signalisiert ein Minus das Fehlen der entsprechenden Berechtigung. Was die weiteren von `ls` angezeigten Daten im Einzelnen bedeuten und was man mit `ls` sonst noch machen kann, erfahren Sie in Teil III, »Die Shell«, und in der Kommandoreferenz ab Seite 1220.

6.4.2 more, less und most

Möchte man sich textuelle Dateien (etwa Shellskripte, ein README oder Dateien aus */etc*) ansehen, so kann man sich zum Beispiel zweier Programme bedienen: `more` und `less`. Beide Tools sind sogenannte *Pager* und zeigen den Inhalt einer Datei als Text interpretiert an. Sie unterscheiden sich dabei nur in ihrer Bedienung, wobei `less` etwas benutzerfreundlicher ist als `more`.

Dateien anzeigen

Bei `more` kann man nur mittels **Enter**-Taste jeweils eine Zeile tiefer scrollen, `less` dagegen erlaubt eine intuitivere und umfassendere Bedienung mittels Cursor- und den Bildlauftasten. Bei beiden Pagern kann man in der angezeigten Datei suchen, indem man den Slash (/), gefolgt vom Suchbegriff, eintippt. Über die Taste **N** kann man schließlich zur nächsten Fundstelle des Suchbegriffs springen.

Mit dem Programm `most` können Sie gegenüber `less` nochmals an Bedienkomfort gewinnen, denn `most` most kann farbige Ausgaben verschiedener Eingabe-Typen (etwa Manpages) erstellen.

Sowohl `less`, als auch `most` können mehrere Dateien gleichzeitig geöffnet haben (das nächste Fenster erhält man durch `:n`, bei `less` kann das vorherige zudem mit `:p` erreicht werden). In `most` können auch Fenster aufgeteilt werden, sodass Sie mehrere geöffnete Dateien gleichzeitig betrachten können (**Strg + X** und anschließend **2** drücken).

Beenden können Sie alle drei Programme durch die Taste **Q**.

6.4.3 Und Dateitypen?

Einige Verwirrung bei der Arbeit mit Dateien entsteht hinsichtlich der Verwendung von Dateiendungen. Endungen wie *.jpg* oder *.txt* sollten ja im Regelfall einen Rückschluss auf den Dateiinhalt erlauben, also im Beispiel auf eine Bild- beziehungsweise Textdatei hinweisen.

Eine konsistente Lösung

Unter Linux wie auch unter BSD und anderen Unix-Versionen ist der Punkt nun ein gültiger Bestandteil des Dateinamens. Mit Ausnahme eines Punkts als ersten Buchstaben im Dateinamen – der bekanntlich eine Datei »versteckt« – kann man den Punkt so oft man will, oder eben auch gar nicht, verwenden. Der Kernel kann nur Programme starten, keine Bild- oder Textdateien. Auf Dateien wird unabhängig vom Dateityp über ein einheitliches Interface mittels `open()`, `read()` und auch `write()` zugegriffen. Für das System sind alle Dateien nur eine Folge von Bits und Bytes. Die Anwendung allein ist dafür zuständig, diese Daten zu *interpretieren*.

Folglich sind Erweiterungen wie *.jpg* und *.txt* nur für Sie als Benutzer relevant. Sie können auf den ersten Blick erkennen, um welche Art Datei es sich handelt. Wenn Sie nun aber unbedingt eine Musikdatei in einem Texteditor bearbeiten wollen, können Sie dies tun – dem System ist das egal.

Eine Einschränkung gilt jedoch für grafische Oberflächen wie KDE oder GNOME: Wenn Sie mit einem Klick auf eine Textdatei diese Datei in einen Editor laden und anschließend bearbeiten wollen, so muss eine gewisse Verknüpfung vom Dateityp zu der für diesen Typ bevorzugten Anwendung bestehen. Der Einfachheit halber bietet es sich dann natürlich an, diese Zuordnung aufgrund der Dateiendungen vorzunehmen.[18]

file

Analyse des Inhalts

Eine weitere Möglichkeit ist der Versuch, den Inhalt aufgrund bestimmter charakteristischer Muster zu erkennen. Für die Kommandozeile ist hier das `file`-Tool das Programm der Wahl: Wird es mit einer zu untersuchenden Datei aufgerufen, gibt es den aufgrund einer Inhaltsanalyse vermuteten Dateityp aus:

```
$ file test.c
test.c: ASCII C program text
$ file test
test:ELF 32-bit LSB executable, Intel 80386, version 1 (SYSV), for
GNU/Linux 2.2.0, dynamically linked (uses shared libs), not stripped
```

Listing 6.13 In Aktion: file

---

[18] Diese »Einfachheit« und die Wahlmöglichkeit gilt für die Programmierer der grafischen Oberfläche, die Ihnen als Nutzer dann schließlich eine Möglichkeit zur Verknüpfung von Dateitypen zu Programmen anbieten.

Je nach Dateityp kann die Analyse dabei relativ kurz oder auch etwas ausführlicher ausfallen.

6.5 Der Systemstatus

Selbstverständlich können Sie in einem gewissen Rahmen auch den Systemstatus kontrollieren. Diesem Thema ist ein eigenes Kapitel zur Administration gewidmet, jedoch wollen wir vorab einige grundlegende und einfache Programme vorstellen.

6.5.1 uname

Mit dem `uname`-Befehl können Sie unter Linux zum Beispiel feststellen, welche Kernel-Version gebootet ist. Aber auch unter anderen Unix-Systemen kann man Näheres über die eingesetzte Betriebssystemversion oder die Rechnerarchitektur erfahren. Alle verfügbaren Informationen können Sie sich mit dem `-a`-Parameter anzeigen lassen:

Informationen über das System

```
$ uname -a
Linux athlon2000 2.6.8-2-k7 #1 Tue Mar 22 14:14:00      \
   EST 2005 i686 GNU/Linux
```

Listing 6.14 uname

Das Format der ausgegebenen Daten kann dabei von Unix-Version zu Unix-Version variieren, da nicht alle dieselbe Implementierung des Programms verwenden.

6.5.2 uptime

Ein weiterer interessanter Befehl ist `uptime`. Mit diesem Kommando kann man sich darüber informieren, wie lange ein System nun schon ohne Neustart läuft – vor allem bei Servern kann dies interessant, aber oft auch wichtig sein.

Laufzeit eines Systems

```
$ uptime
3:21:38 up 4:03, 1 user, load average: 2.09,0.85,0.59
```

Listing 6.15 uptime

Aus der Ausgabe lesen Sie zunächst die aktuelle Systemzeit, gefolgt von der *Uptime* des Rechners und einigen Daten zur Auslastung ab.

6.5.3 date

Mit dem Befehl `date` können Sie die Systemzeit sowie das Datum abfragen und

Zeit anzeigen mit date

auch setzen. Ohne Optionen zeigt das Tool die Uhrzeit samt Datum an:

```
$ date
So Apr 10 19:09:22 CEST 2005
```

Listing 6.16 Die Zeit auslesen

Zeit neu setzen Das Setzen der Zeit geschieht nun über den Parameter -s, gefolgt von der neuen Zeit. Damit die Benutzer mit einem solchen Befehl keine Spielchen treiben und vielleicht zeitkritische Anwendungen durcheinanderbringen, ist das Setzen der Systemzeit nur dem Administrator root erlaubt:

```
# date -s 20:36:40

So Apr 10 20:36:40 CEST 2005
```

Listing 6.17 Die Zeit setzen

Auch wenn es etwas ungewöhnlich ist, aber der Befehl date ist *auch* für die Uhrzeit zuständig. Es gibt zwar einen time-Befehl, doch hat dieser nichts mit der Uhrzeit, sondern vielmehr mit der Zeitmessung zu tun und wird von uns im Kapitel zur Softwareentwicklung behandelt.

6.6 Hilfe

Zu guter Letzt fehlt uns für eine komplette Betrachtung des Einstiegs noch die Möglichkeit, *Hilfe* zu erhalten. Schließlich sind die Optionen und Möglichkeiten vieler Programme so reichhaltig, dass man sie kaum komplett im Kopf behalten kann. Vor allem in nicht ganz alltäglichen Situationen wird man gerne einmal auf Befehlsreferenzen zurückgreifen.

6.6.1 Manpages

Eine solche Befehlsreferenz finden Sie zum einen natürlich am Ende dieses Buches, zum anderen aber auch in den Manpages. Diese sind das traditionelle Hilfesystem für Unix und somit (wie auch nicht anders zu erwarten) in erster Linie über die Shell erreichbar.

Handbuchseiten auf dem PC Zu fast allen Befehlen und Programmen gibt es eine Handbuchseite (engl. *manual page*), die aus der Shell heraus mit dem man-Kommando betrachtet werden kann. Das Scrollen funktioniert dabei wie gewohnt, und das Suchen erfolgt wie bei less oder auch beim vi über die **/**-Taste, gefolgt vom Suchausdruck und Betätigen der Taste **N** zum Aufrufen der nächsten Fundstelle.

```
$ man ls
```

Listing 6.18 Aufrufen der Manpage für ls

Manpages enthalten dabei üblicherweise eine kurze Beschreibung des Programms sowie eine komplette Referenz der verfügbaren Kommandozeilenoptionen. Nur selten findet sich ein ausführlicheres Beispiel in einer Manpage. Und so passt diese Hilfe wieder zur Unix-Philosophie: Erfahrene Nutzer wollen nur kurz die Syntax bestimmter Optionen nachschlagen und sich dafür nicht durch seitenlange Einführungen quälen müssen.

Sections

Für manche Stichwörter gibt es mehr als nur ein Hilfethema und somit auch mehr als eine Manpage. Ein gutes Beispiel dafür ist das Programm man selbst: Es gibt zu diesem Thema einmal eine Hilfeseite zur Bedienung des man-Programms und eine Hilfeseite zur Erstellung von Manpages. Damit man Hilfeseiten zu unterschiedlichen Themenkomplexen unterscheiden kann, gibt es unterschiedliche Sections (Abschnitte), in die die Manpages eingeteilt werden:

Unterschiedliche Themenkomplexe

1. ausführbare Programme oder Shell-Befehle
2. Systemaufrufe (Kernel-Funktionen)
3. Bibliotheksaufrufe (Funktionen in Systembibliotheken)
4. spezielle Dateien (gewöhnlich in */dev*)
5. Dateiformate und Konventionen, z. B. */etc/passwd*
6. Spiele
7. Makropakete und Konventionen, z. B. man(7), groff(7)
8. Systemadministrationsbefehle (in der Regel nur für *root*)
9. Kernel-Routinen (linux-spezifisch)

Die Sektionen sind im System als einfache Verzeichnisse realisiert, in denen dann jeweils die Manpages der entsprechenden Sektionen abgelegt sind. Die Manpages selbst sind wiederum nur Dateien in bestimmter Formatierung.

Möchte man explizit auf eine Seite innerhalb einer Sektion zugreifen, so gibt man beim Aufruf von man einfach die Sektionsnummer des eigentlichen Hilfethemas an:

```
$ man 1 write
$ man 2 write
```

Listing 6.19 Unterschiedliche Man-Sektionen

[zB] In diesem Beispiel wird zuerst die Manpage für das ausführbare Programm write aus der Sektion 1 und danach die Manpage zum Syscall write() aus der Sektion 2 aufgerufen. Lässt man diese explizite Angabe der Sektionsnummer weg und tippt nur man write, so wird die Manpage aus der niedrigsten Sektion – also in unserem Fall die Manpage aus Sektion 1 zum Programm write – angezeigt. Um die Verwirrung zu reduzieren, wird für den Bezug auf eine bestimmte Sektion diese in Klammern nach dem Befehl angegeben, also beispielsweise write(2).

whatis

Das kleine Programm whatis hilft uns nun, alle Sektionen zu einem bestimmten Thema herauszufinden. Das Tool ist dabei lediglich ein Frontend für den Aufruf von man mit dem Parameter -f:

```
$ whatis write
write (1)              - send a message to another user
write (2)              - write to a file descriptor
$ man -f write
write (1)              - send a message to another user
write (2)              - write to a file descriptor
```

Listing 6.20 whatis

Angezeigt werden also der Titel der Manpage, die Sektionsnummer sowie eine kurze Beschreibung des Seiteninhalts.

apropos

Suchbegriff angeben

Eine etwas weiter gefasste Suche ermöglicht das Tool apropos, das wiederum nur Frontend für man mit der Option -k ist:

```
$ apropos write
...
kwrite (1)             - KDE text editor
llseek (2)             - reposition read/write file offset
login (3)              - write utmp and wtmp entries
...
```

Listing 6.21 apropos

Hier werden alle Manpages angezeigt, bei denen im Namen der Seite oder in der Kurzbeschreibung auf das Suchwort Bezug genommen wird. Beide Tools – whatis und apropos – ergänzen somit das Manpage-Hilfesystem von Unix.

6.6.2   GNU info

Ähnlich wie `man` funktioniert das Programm `info` der GNU-Community. Die Bedienung ist etwas anders, aber eigentlich auch recht intuitiv. Der Grund für ein eigenes Hilfesystem dieser Open-Source-Gruppe liegt in der Abkürzung GNU selbst: GNU is Not Unix. Mit `info` sollte ein eigenes Hilfesystem für ein komplett freies GNU-basiertes Betriebssystem geschaffen werden. Mittlerweile spricht man teilweise von GNU/Linux, um auszudrücken, dass Linux zwar den Systemkern, aber GNU die wichtigsten grundlegenden Systemtools zur Verfügung stellt. Aber natürlich gibt es alle GNU-Infoseiten auch als Manpages.

GNU is Not Unix

6.6.3   Programmdokumentation

Solche Manual- oder Infoseiten sind natürlich meist ein zentraler Bestandteil der Dokumentation von Softwarepaketen. Außerdem werden oft sogenannte *README*-Dateien nach */usr/doc* oder */usr/share/doc* installiert, die noch einmal im Detail Auskunft über spezielle Funktionen und Aspekte der Bedienung geben.

Eine Auflistung aller verfügbaren Optionen und damit eine ähnliche Ausgabe wie in den Manpages kann man oft durch die Angabe der Parameter `--help` oder `-h` auf der Kommandozeile erhalten. Ansonsten hilft meistens auch die Homepage weiter, die man bei Open-Source-Software eigentlich immer über eine der folgenden Seiten findet:

- SourceForge: *http://www.sourceforge.net*
- Freshmeat: *http://www.freshmeat.net*

Alternativ gibt es für jede Distribution auch noch zahlreiche Foren auf den entsprechenden Internetseiten. Bei Linux-Fragen sind oft diverse Mailinglisten und Newsgroups recht hilfreich. Ansonsten hilft natürlich auch immer die Suchmaschine Ihrer Wahl, gefüttert mit passenden Suchbegriffen.

6.7   Zusammenfassung

In diesem Kapitel haben Sie anhand der Unix-Philosophie die Grundlagen von Linux und allen verwandten Unix-Systemen kennengelernt – und hoffentlich auch verstanden. Dabei sind wir vor allem auf die Sicht- und weniger auf die Funktionsweise des Systems eingegangen.

Sicher sind Sie über einige interessante Anmerkungen zum Dateisystemlayout, zu den Rechten oder auch zu den Dateitypen gestolpert. Außerdem hatten Sie bereits

Ihren ersten Kontakt mit der Shell, den wir in den nächsten Kapiteln[19] intensivieren werden. Im Anschluss an diese Shell-Grundlagen werden wir uns in Teil IV mit der Administration und Verwaltung eines Linux-Systems befassen.

6.8 Aufgaben

Philosophisches

Ein Bekannter belästigt Sie wieder einmal mit unqualifizierten Aussagen über Linux. Unter anderem erwähnt er die unnötige und anachronistische Komplexität des Systems. Alles sei einfach zu umständlich realisiert. Was antworten Sie ihm?

Richtige Partitionierung

Sie müssen als Administrator eines großen Rechenzentrums einen neuen Linux-Server aufsetzen. Der Server soll verschiedene (Daten-)Verzeichnisse für die Benutzer freigeben. Wie gestalten Sie vom Prinzip her die Partitionierung?

---

19 Ja, wir sprechen im Plural – dieses Buch erspart Ihnen ein weiteres Buch zur Shell. Und das ist gut so. ;-)

TEIL III
Die Shell

*»Die Neugier steht immer an erster Stelle eines Problems,
das gelöst werden will.«*
– Galileo Galilei

7 Die Shell

In diesem Kapitel werden wir uns mit einem Thema beschäftigen, das für die Arbeit mit allen Unix-artigen Systemen zentral ist. Dabei ist es *fast* egal, ob es sich um Linux, *BSD, Solaris, AIX, HP-UX, Mac OS X oder was auch immer handelt. Das Thema dieses Kapitels ist die Shell. Doch ...

7.1 Was ist eine Shell?

Ganz kurz und verständlich: Die Shell ist das Programm, das nach dem Konsolen-Login gestartet wird und in dem Befehle (etwa zum Start weiterer Programme) eingegeben werden können.[1] Die Shell ist somit das Arbeitsinstrument Nummer Eins der klassischen Unix-Umgebung.

```
OpenBSD/i386 (eygo.sun) (ttyC1)

login: swendzel
Password:

swendzel$
```

Listing 7.1 Ein Login mit Shell-Start

Dass Sie sich in einer Shell befinden, bemerken Sie oftmals durch den sogenannten Eingabe-Prompt, der Sie zur Eingabe eines Befehls auffordert. Dieser kann verschieden aussehen – hier sind einige Beispiele für Shell-Prompts:

```
user$
host#
#
$
```

---

[1] Natürlich werden nach dem Login oftmals noch diverse andere Programme, etwa `mail` oder `fortune`, gestartet, doch lassen wir diese hier zunächst noch außer Acht.

```
%
bash2#
```

Listing 7.2 Typische Shell-Prompts

Sofern Sie sich in einer Shell befinden, sollte es kein Problem sein, einen Befehl auszuführen. Probieren Sie es am besten gleich einmal aus.[2] Starten Sie einfach die Bourne-Shell, die unter den meisten Unix-Systemen die Standardshell ist.[3] Dazu geben Sie den Befehl /bin/sh ein.

```
user$ /bin/sh
user$
```

Listing 7.3 Start der Bourne-Shell

Sofern Sie sich bereits in der Bourne-Shell befanden (was durchaus der Fall sein kann), wird sich Ihnen kein interessantes Bild auf dem Bildschirm bieten – Sie erhalten nämlich genau den gleichen Eingabe-Prompt wie bisher. Allerdings arbeiten Sie nun mit der neuen Shell. Würden Sie diese Shell nun verlassen, befänden Sie sich wieder in der Login-Shell.

7.1.1 Eine Shell verlassen

Um eine Shell wieder zu verlassen, verwendet man das Kommando exit. Durch diesen Befehl kann grundsätzlich jede Standard-Shell verlassen werden. Geben Sie dieses Kommando einmal in der soeben gestarteten Bourne-Shell ein, danach werden Sie sich wieder in der Login-Shell befinden. Für eine Login-Shell gilt noch eine besondere Bedingung: Login-Shells können durch das Kommando logout verlassen werden. Anschließend wird die *Shell-Session* des Benutzers beendet, und dieser wird zum erneuten Login aufgefordert.

```
user$ exit
user$ logout

OpenBSD/i386 (eygo.sun) (ttyC1)

login:
```

Listing 7.4 Subshell und Login-Shell verlassen

---

2 Und genießen Sie es – vielleicht spüren Sie ja schon die Faszination …
3 Unter Linux ist die Standardshell die bash und die vermeintliche Bourne-Shell nur ein Hardlink auf die bash.

Weiterhin können Shells auch verlassen werden, in dem man ihnen ein EOF (»end of file«) über die Tastenkombination **Strg+D** sendet.

7.1.2 nologin

Je nach verwendetem Betriebssystem steht Ihnen unter Linux und BSD ein Programm zur Verfügung, das den Login eines Accounts unterbindet, was *nicht* mit einer kompletten Deaktivierung des Accounts gleichzusetzen ist. Das Ausführen von Prozessen ist nämlich auch unter Accounts ohne gültige Login-Shell möglich.

Dieses Programm, oft handelt es sich um `/sbin/nologin` oder auch `/bin/false`, wird als Login-Shell des Benutzers in der Benutzerkonfiguration angegeben (näheres hierzu erfahren Sie im weiteren Verlauf des Buches).

Normalerweise wird beim erfolgreichen Login-Versuch, also bei der Eingabe des korrekten Passworts eines solchen Benutzers, eine Meldung wie »This account is currently not available.« ausgegeben. Unter OpenBSD können Sie diese Meldung jedoch an Ihre Wünsche anpassen, indem Sie den auszugebenden Text selbst in die Datei */etc/nologin.txt* eintragen. Diese Datei muss normalerweise erst von Hand erstellt werden. Weitere Informationen hierzu liefert Ihnen die Manpage `nologin(8)`.

```
$ echo "Account gesperrt." > /etc/nologin.txt
$ chmod 644 /etc/nologin.txt
$ nologin
Account gesperrt.
```

Listing 7.5 Eine eigene Meldung via nologin ausgeben

7.1.3 /etc/shells

In der Datei */etc/shells* stehen die Pfadnamen gültiger Login-Shells. Das bedeutet, dass all diese Shells in der Passwortdatei für einen Benutzer angegeben werden können. Außerdem können diese Shells beim Wechsel der Login-Shell durch das Programm `chsh` (das wir gleich besprechen werden) verwendet werden.

```
$ cat /etc/shells
# /etc/shells: valid login shells
/bin/ash
/bin/csh
/bin/sh
/usr/bin/es
/usr/bin/ksh
/bin/ksh
/usr/bin/rc
/usr/bin/tcsh
```

```
/bin/tcsh
/bin/sash
/usr/bin/esh
/bin/bash
/bin/rbash
/bin/dash
/bin/zsh
/usr/bin/zsh
```

Listing 7.6 Der typische Inhalt von /etc/shells

Möchten Sie selbst installierte Shells als Login-Shells verwenden, so müssen Sie einen entsprechenden Eintrag für die neuen Shells in der */etc/shells* eintragen. Sofern Sie eine Shell über ein Paketmanagementsystem installieren (was fast immer der Fall sein dürfte), werden die Einträge der Datei */etc/shells* meistens automatisch angepasst.

7.1.4 Die Login-Shell wechseln

Beim Login in ein System wird die Shell aufgerufen, die Ihrem Account in der Datei */etc/passwd* zugewiesen wurde. Diese Login-Shell lässt sich jedoch ganz einfach ändern. Dazu wird das Programm `chsh` verwendet. Nachdem Sie Ihr Passwort dort eingegeben haben, geben Sie den Pfad zu der Shell ein, die in Zukunft verwendet werden soll. Ein Blick in */bin* verschafft Ihnen eine Übersicht über die installierten Shells.[4] `chsh` modifiziert anschließend den Eintrag in der Passwort-Datei des Systems.

```
$ chsh
Password:
Ändere die Login-Shell für swendzel
Geben Sie einen neuen Wert an oder ENTER für den Standardwert
        Login-Shell [/bin/bash]: /bin/csh
$
```

Listing 7.7 Die Login-Shell ändern

7.2 Welche Shells gibt es?

sh   Ende der 70er-Jahre wurde mit der Unix-Version 7 von AT&T die erste Bourne-Shell (kurz `sh`) ausgeliefert. Diese Shell wurde in der Programmiersprache C (jedoch unter Verwendung Algol-68-ähnlicher Makros) entwickelt und stellte bereits

---

[4] Unter einigen Systemen (etwa OpenBSD) landen Shells, die als Ports installiert wurden, in */usr/local/bin*.

einige wichtige Funktionalität zur Verfügung, wie etwa Pipes, sowie Ein- und Ausgabeumlenkung. Benannt wurde die Bourne-Shell nach ihrem Entwickler Stephen Bourne.

Die sogenannte *Job Shell* ist eine Weiterentwicklung der Bourne-Shell. Neu in dieser Shell waren die namensgebenden Jobs. Diese Jobs erlauben es (wie Sie später noch genau erfahren werden), Programme im Hintergrund ablaufen zu lassen, anzuhalten und später fortzusetzen. | jsh

Neben der Bourne-Shell wurde in den ersten Jahren der BSD-Geschichte die C-Shell (csh) entwickelt. Ihr Begründer war Bill Joy, ein BSD-Mitentwickler und Gründer von Sun Microsystems. Joy war jedoch auch an diversen anderen wichtigen Projekten, etwa an der Weiterentwicklung der TCP/IP-Protokollfamilie, beteiligt. Die C-Shell wurde zum ersten Mal mit 4.1BSD publiziert. Zu ihren populärsten Features zählen die Funktionalität als Interpreter einer eigenen Skriptsprache (die, wie der Name *C-Shell* erahnen lässt, an die Syntax der Programmiersprache C angelehnt ist), die Kommando-History, die Job-Kontrolle und die interaktive Datei- und Benutzernamenerweiterung. Die C-Shell ist heute in ihrer Bedeutung nicht mehr der Bourne-Shell gleichzusetzen. In einem umfassenden Handbuch wie diesem werfen wir allerdings dennoch in Kapitel 12 einen Blick auf die C-Shell. | csh

Diese beiden Vertreter, also Bourne-Shell und C-Shell, stellen die beiden grundlegenden Shellvarianten unter Unix-Systemen dar. Die meisten populären Folgeentwicklungen bauen entweder auf der C-Shell und ihrer Syntax oder auf der Bourne-Shell und deren Syntax auf. Es gibt zwar auch andere Shells, die ihre Syntax keiner der beiden Shells angepasst haben, etwa die Scheme-Shell (shsh), die an die Syntax der Programmiersprache Scheme angelehnt ist, doch sind diese Shells in der Praxis weitgehend bedeutungslos. Einige Weiterentwicklungen kombinieren auch die Features beider Shells (C-Shell und Bourne-Shell).

Die TENEX-C-Shell (tcsh) ist eine C-Shell-Weiterentwicklung von Christos Zoulas. Diese Shell bietet gegenüber der eigentlichen C-Shell einige Verbesserungen in Sachen Benutzerfreundlichkeit. | tcsh

Die von David Korn entwickelte Korn-Shell (ksh) basiert auf den Eigenschaften und der Syntax der Bourne-Shell. Allerdings übernimmt die Korn-Shell auch einige Features der C-Shell. Die Korn-Shell ist Bestandteil des POSIX-Standards und in der Version ksh93 seit März 2000 als Quelltext zu haben. | ksh

Da die Korn-Shell jedoch nicht immer frei war, entwickelte man die Public-Domain-Korn-Shell (pdksh). Diese Shell beinhaltet alle Funktionalität des ksh88-POSIX-Standards und wird unter OpenBSD als Standardshell verwendet. | pdksh

Die Almquist-Shell (ash) ist eine kleine, der Bourne-Shell ähnliche Shell und stellt unter einigen BSD-Derivaten die Standardshell dar. | ash dash   Die Debian-Almquist-Shell (dash) basiert auf der NetBSD-Version der Shell ash. Unter Debian wird die dash als Ersatz für die ash eingesetzt, und einige Distributionen verwenden die dash anstelle der langsameren bash für ihre Startskripts (etwa Ubuntu). In der Entwicklung der Hardened-Linux-Distribution benutzten wir die dash unter anderem als Skriptsprache für die automatische Generierung von Packages. Die dash ist wie die ash größtenteils kompatibel mit der Bourne-Shell.

bash   Die Bourne-Again-Shell, kurz bash, ist wie die meisten aktuellen Shells ein Open-Source-Projekt.[5] Die bash ist POSIX-Standard-konform und baut auf der Syntax der Bourne-Shell auf. Sie beherrscht sowohl Features der Bourne- und der Korn-Shell als auch solche der C-Shell. Die bash ist die Standardshell unter Linux-Systemen.

zsh   Ein wahrer Bolide unter den Unix-Shells ist die Z-Shell (zsh). Sie vereint die Features der bash, csh und tcsh. Sie bietet diverse individuelle Features wie die Nutzung der Bourne- *und* der C-Shell-Syntax, die Möglichkeit, Themes zu verwenden und sogar Module wie etwa zftp[6] zu laden. Näheres zu dieser Shell erfahren Sie in [Steph99A] und [Wendzel03A].

7.3 Welche Shell für dieses Buch?

Nun ist es leider so, dass nicht unter jedem System die gleichen Shells in der Standardinstallation enthalten sind. Es steht zwar überall die C-Shell zur Verfügung, diese verwendet heutzutage jedoch kaum noch jemand.

Für welche Shell entscheidet man sich in einem Buch, das sowohl Linux als auch BSD behandelt? Unter Linux steht generell immer die bash zur Verfügung, was schon einmal sehr gut ist. Unter OpenBSD ist die pdksh, unter Net- und FreeBSD die ash die Standard-Shell. Sie alle basieren auf der Syntax der Bourne-Shell, und die Shellskripte für den Systemstart sind sowohl unter Linux als auch unter den BSD-Derivaten für diese Shells geschrieben.

In diesem Buch wird, wann immer es sinnvoll ist, die grundlegende Bourne-Shell verwendet, zu der alle anderen Vertreter der Bourne-Shell-Familie (ash, dash, ksh, pdksh, bash und zsh) abwärtskompatibel sind. Für die Konfiguration des Prompts und in der Einführung konzentrieren wir uns auf die bash.

Kurz gesagt: Wir haben einen Weg gefunden, Ihnen genau das beizubringen, was Sie eigentlich überall anwenden können, egal ob Sie BSD, Linux, Solaris, HP/UX, AIX, VxWorks, QNX oder was auch immer verwenden.

---

5 Die bash wird vom GNU-Projekt unter der GNU General Public License entwickelt.
6 Hiermit ist es möglich, sich direkt in der Shell an einem FTP-Server anzumelden, Interprozesskommunikation mit den Dateien eines FTP-Servers (über Pipes) durchzuführen u.v.m.

Unter BSD muss die `bash` zunächst aus den Packages oder Ports installiert werden. Falls Sie nicht wissen, wie dies zu bewerkstelligen ist, bleiben Sie einfach bei der Bourne-Shell. Kapitel 14 demonstriert am Beispiel von OpenBSD, wie man Ports und Packages installiert.

Damit die `bash` nach der Installation auch als Login-Shell fungieren kann, muss für sie ein entsprechender Eintrag in der Datei */etc/shells* hinterlegt werden. Unter BSD (vergessen Sie nicht, den Pfad anzupassen) kann dies durch den folgenden Befehl bewerkstelligt werden:

```
# echo "/bin/bash" >>/etc/shells
```

Listing 7.8 Die bash als Login-Shell zur Verfügung stellen

7.4 Konsolen

Unter Linux, BSD und ähnlichen Systemen steht Ihnen nicht nur eine einzige Konsole zur Verfügung. Sofern nicht die grafische Oberfläche läuft, landen Sie nach dem Systemstart normalerweise auf der ersten Konsole. Je nach Konfiguration gibt es meist zwischen fünf und acht, wobei nicht alle immer als eigentliche Shellkonsole verwendet werden. Auf Konsole fünf oder sieben läuft in der Regel die grafische Oberfläche, und auf einer weiteren Konsole könnten Systemmeldungen angezeigt werden.

Der Wechsel zwischen den Konsolen erfolgt über die Tastenkombination **Strg** + **Alt** + Funktionstaste, also etwa **Strg** + **Alt** + **F2** für die zweite Konsole.

Wie wechseln?

7.5 screen

Ein weiteres wichtiges Werkzeug innerhalb einer Shell ist `screen`. Wird es gestartet, so wird der ganze Bildschirm des Terminals für das Programm verwendet. Ohne Parameter startet `screen` einfach nur eine Shell. Was aber ist das Besondere an diesem Programm?

> Im Folgenden werden die Begriffe *Fenster* und *Terminal* der Einfachheit halber synonym verwendet.

Ganz einfach: `screen` ermöglicht es Ihnen, parallel auf mehreren virtuellen Terminals zu arbeiten, obwohl Sie in Wirklichkeit nur eines verwenden. Nehmen wir einmal an, Sie loggen sich über ein Programm wie SSH oder Telnet auf einem entfernten Rechner ein. Dort möchten Sie ein Programm schreiben. Um dies möglichst komfortabel zu erledigen, benötigen Sie zumindest ein Terminal, in dem ein Texteditor läuft, mit dem man den Quellcode editieren kann, und eines, mit dem man das Programm kompilieren, ausführen und debuggen kann. Mit screen ist genau das möglich, obwohl Sie sich nur ein einziges Mal einloggen müssen.

Das Programm wird durch einen Aufruf von screen (für eine Shell) oder screen [programm] gestartet. Screen legt dafür ein erstes virtuelles Terminal an. Anschließend können Sie in der gestarteten Shell beziehungsweise mit dem gestarteten Programm wie gewohnt arbeiten.

Nehmen wir das obige Beispiel nun zur Hand und erleichtern wir uns die Arbeit an einem Programm. Dazu könnte man beispielsweise einen Editor (etwa vi) starten.[7]

Ein weiteres Terminal

Nun erstellen Sie durch die Tastenkombination **Strg + A** und anschließendes Drücken der Taste **C** (für *create*) ein neues virtuelles Terminal. Sodann wechselt screen auch gleich die Ansicht auf das neu erstellte Terminal, das mit einer Shell auf Eingaben wartet. Sie könnten darin nun den Compiler oder Ähnliches anwerfen.

Terminalwechsel

Um zwischen den existierenden virtuellen Terminals zu wechseln, nutzen Sie die Tastenkombination **Strg + A** und drücken anschließend eine Taste zwischen **0** und **9**. Damit steht die Möglichkeit zur Verfügung, zwischen insgesamt zehn virtuellen Terminals zu wechseln (sofern Sie tatsächlich so viele erzeugen möchten).

Abbildung 7.1 screen mit Fensterliste

Eine weitere Möglichkeit ist der Weg über die Fensterliste (*Window List*). In die Fensterliste gelangen Sie über die Tastenkombination **Strg + A** und anschließendes Drücken der Anführungszeichen-Taste. Mit den Cursortasten wechseln Sie dort zwischen den einzelnen Fenstern (man sieht deren Nummer und Name).

Namen für Terminals

Einzelnen Terminals kann man über die übliche Tastenkombination sowie anschließendes Drücken der Taste **A** auch Namen verpassen. Diese erscheinen dann in der

---

7 Der vi wird in späteren Kapiteln noch genauer behandelt. Sie beenden ihn durch **Esc** (Wechsel in den Kommandomodus) und den Befehl »:q«.

Fensterliste. Nach **Strg + A** und anschließend **W** erscheint am unteren Fensterrand übrigens eine Namensliste der Terminals. Drückt man dann beispielsweise die **1**, so landet man auf dem ersten davon.

Ein Fenster kann durch die Tastenkombination **Strg + A** und anschließendes Drücken von **K** (*kill*) beendet werden. Sie können die Fenster auch schließen, indem Sie die Shell und/oder das gestartete Programm (in dieser Shell) verlassen.[8]

Fenster schließen

Hat man das letzte Fenster zerstört, wird eine Meldung wie »screen is terminating« auf dem Terminal angezeigt und man befindet sich wieder in der Ausgangsshell.

7.6 Die Shell anwenden

Bei der Anwendung der Shell ist generell zwischen zwei verschiedenen Arten der Verwendung zu unterscheiden. Die erste Möglichkeit besteht darin, sie als Arbeitsumgebung, also als Benutzerschnittstelle, zu verwenden. Man startet aus ihr heraus Programme, etwa einen Editor, mit denen man dann Arbeiten verrichtet.

Die zweite Verwendungsmöglichkeit besteht in der Programmierung von Shellskripts. Jede Shell hat dafür ihre eigene Shellskript-Sprache. Wir unterscheiden hierbei primär die Syntax der Bourne-Shell- und der C-Shell-Familie.

Um Ihnen eine Vorstellung vom Unterschied der Syntax beider Varianten zu geben, ist im Folgenden jeweils ein Beispielskript zur Bourne- und zur C-Shell aufgeführt. Beide Shellskripts erledigen die gleiche Aufgabe, sehen aber doch recht unterschiedlich aus. Im Laufe dieses Kapitels werden wir uns mit der Syntax der Bourne-Shell befassen, wonach Sie dann die meisten Shellskripte des Systems verstehen können.

```
#!/bin/sh

for file in dateiA dateiB dateiC; do
    cp $file /backup/
done

if [ "$a" = "test" ]
then
    echo $a
fi
```

Listing 7.9 Bourne-Shell-Skript

---

[8] Was natürlich davon abhängt, ob man das Programm direkt durch `screen` oder erst in einer Shell innerhalb eines virtuellen Terminals gestartet hat.

```
#!/bin/csh

foreach file ( dateiA dateiB dateiC )
    cp $file backup/
end

if ($a == "test") then
    echo $a
endif
```

Listing 7.10 C-Shell-Skript

Shellskripte dienen primär zur Automatisierung von administrativen Arbeitsschritten oder zur Initialisierung und zum Start wichtiger Programme beim Booten des Systems.

Dieses Kapitel wird sich zunächst mit den Grundlagen der Shell befassen. Anschließend werden wir uns in Kapitel 8 den regulären Ausdrücken und den Tools sed und awk widmen. Außerdem werden wir uns in Kapitel 10 mit Editoren und in Kapitel 11 mit Bourne-Shell-Programmierung, also Shellskriptprogrammierung, befassen.

Doch bevor wir mit den Grundlagen beginnen, sei noch etwas zu den Vor- und Nachteilen der Shellskriptprogrammierung gesagt.

Im Vergleich zu anderen interpretierten Programmiersprachen wie Perl sind Shellskripts äußerst langsam. Dies liegt besonders daran, dass einzelne Programme erst aus dem Skript heraus – oft auch mehrmals hintereinander neu – gestartet werden müssen, was sehr viel Zeit kostet. Im Vergleich zu hochperformanten Sprachen wie C++, bei denen die Programme direkt als Binärdatei vorliegen und kein Skript-Interpreter vonnöten ist, ist die Shell natürlich noch viel langsamer.

Der Vorteil der Shell liegt allerdings in der Einfachheit und Flexibilität, mit der Skripts erstellt und gewartet werden können. Shellskriptprogrammierung ist einfach und effizient. Da Sie eigentlich nur auf bereits vorhandene Programme zugreifen müssen, ist es nicht notwendig, komplexe Algorithmen zu implementieren, was in der Regel auch gar nicht möglich ist. Sie sollten in der Shell also keinen Binärbaum implementieren wollen, dafür kann aber beispielsweise binnen kürzester Zeit und mit einem Bruchteil des Aufwandes, den Sie in Sprachen wie C oder Java benötigen würden, ein Skript für das Systembackup erstellt werden.

Zudem sind Shellskripts unter Unix-Systemen sehr portabel, zumindest wenn man sich an gewisse Standards hält. Oftmals müssen Sie gar nichts anpassen und wenn doch, dann in der Regel nur Pfade oder Programmparameter. Die Wahrscheinlichkeit, dass ein bash-Skript, das unter Linux geschrieben wurde, auch unter Solaris oder OpenBSD läuft, ist groß.

7.7 Grundlagen der Shellnutzung

Der folgende Abschnitt zählt zu den wichtigsten des Buches, da hier die elementaren Kenntnisse für die Handhabung der Shell vermittelt werden.

7.7.1 Programme starten

In der Shell werden Programme entweder durch Angabe des Programmnamens oder durch des genauen Pfades zum Programm gestartet.

Beim Programmstart über den Namen durchsucht die Shell ihre interne Liste von Verzeichnissen, die sie in der angegebenen Reihenfolge nach dem jeweiligen Programmnamen durchsucht. Wird das Programm in einem dieser Verzeichnisse gefunden, so wird es gestartet.

Relative Pfadangabe

Diese Verzeichnisliste ist in der Variablen $PATH gespeichert. Sie lernen im weiteren Verlauf des Kapitels noch den Umgang mit solchen Variablen. Um jedoch schon einmal einen Blick auf den Inhalt dieser Variablen zu werfen, können Sie den folgenden Befehl ausführen:

```
$ echo $PATH
/usr/local/sbin:/usr/local/bin:/usr/sbin:/usr/bin:/sbin:/bin:
/usr/games
```

Listing 7.11 Inhalt der PATH-Variablen ausgeben

7.7.2 Kommandos aneinanderreihen

Unter Unix ist es generell möglich, mehr als nur ein Kommando pro Befehl durchzuführen. Ein Befehl endet erst, wenn er mit der Eingabetaste an die Shell geschickt wird. Ein Kommando kann von einem anderen einfach durch ein Semikolon (;) getrennt werden.

Stellen Sie sich einmal vor, Sie möchten fünf verschiedene Suchaktionen hintereinander starten, die aber jeweils eine unbestimmt lange Zeit benötigen werden. Eventuell müssen Sie so stundenlang vor dem Computer sitzen und warten, bis eine Suche nach der anderen durchgelaufen ist, um die jeweils folgende zu starten.

Viel einfacher wäre es da, wenn Sie alle Suchkommandos aneinanderreihen und einfach in einer Stunde mal vorbeischauen könnten, ob der Rechner die Aufgaben inzwischen erledigt hat. So müssen Sie nicht nach jeder einzelnen Suche die nächste starten.

Der Operator ;

Bewerkstelligt wird eine solche Reihung von Kommandos im einfachsten Fall durch Verwendung des Trennungsoperators, des Semikolons. Ungeachtet dessen, ob es Probleme mit einem der Kommandos in der Liste gibt, die Sie der Shell übergeben, laufen alle Kommandos hintereinander ab. Dies bedeutet allerdings auch, dass Probleme entstehen können, wenn ein Befehl auf dem anderen aufbaut.[9]

```
$ ls VerZeiCh ; uname ; find / -name Datei
/bin/ls: VerZeiCh: No such file or directory    // ls
Linux                                            // uname
/usr/local/share/Datei                           // find
/home/user/Datei
```

Listing 7.12 Der Trennungsoperator

Der Operator &&

Verwenden Sie hingegen den &&-Operator, so werden die dadurch aneinandergereihten Kommandos nur so lange ausgeführt, wie der Ablauf der in der Liste angegebenen Kommandos erfolgreich ist. Die Abarbeitung der Kommandoreihe wird also abgebrochen, sobald ein Fehler auftritt. Dies ist allerdings nicht ganz exakt formuliert, denn ein Abbruch gilt nur dann als Fehler, wenn ein Programm mit einem entsprechenden Fehlercode endet.

Unter Unix-Systemen gibt jedes Programm beim Beenden einen Wert an die Shell zurück. Dieser Wert ist entweder 0, wenn das Programm erfolgreich ausgeführt wurde, oder ungleich 0, wenn ein Problem auftrat. In der C-Programmierung wird beispielsweise durch das return-Schlüsselwort in der Funktion int main(...) ein solcher Wert zurückgegeben.

Wenn wir das obige Beispiel nun erneut aufrufen und dabei die Semikolon-Operatoren durch &&-Verknüpfungen ersetzen, werden wir feststellen, dass die Kommandoreihe nicht weiter ausgeführt wird, nachdem das ls-Kommando fehlgeschlagen ist.

```
$ ls VerZeiCh && uname && find / -name Datei
/bin/ls: VerZeiCh: No such file or directory
```

Listing 7.13 Der Operator &&

---

[9] Beispielsweise könnte das Kommando, das ein Backup erstellt, fehlschlagen und das Kommando, das dieses Backup auf einen Storage-Server übertragen soll, dann eine beschädigte Datei übertragen.

Der ||-Operator

Das Gegenstück zum &&-Operator ist der ||-Operator. Anders als bei && werden die durch || aneinandergereihten Kommandos nur dann ausgeführt, wenn das vorherige Kommando fehlschlägt. Man verwendet diesen Operator besonders gerne zur Ausgabe von Fehlermeldungen und zum Ausführen von »Plan B«.

```
pgrep X >/dev/null || echo "use 'startx' to start X"
```

Listing 7.14 Beispielanwendung des ||-Operators

7.7.3 Mehrzeilige Kommandos

Oftmals ist es recht unübersichtlich und unangenehm, sehr lange Kommandolisten oder lange Einzelbefehle zu übergeben. Viel einfacher ist es hingegen, diese auf mehrere Zeilen zu verteilen. Diese mehrzeiligen Kommandos werden mit einem Backslash (\) realisiert.

Im Folgenden übergeben wir `find` das zweite und dritte Element des *Argumentvektors* in einer neuen Zeile:

```
$ find /usr/local/share/doc/usd \
-name bc \
/usr/share/doc/usd/06.bc/bc
```

Listing 7.15 Ein Kommando über mehrere Zeilen

7.7.4 Alias, shell-intern oder -extern?

Wie Sie bereits wissen, ist es in der Shell möglich, normale Programme zu starten. Weiterhin gibt es die Möglichkeit, *shell-interne Kommandos* auszuführen.

Je nach Shell sind verschiedene Kommandos in der Shell selber integriert. Die `bash` enthält beispielsweise ein eigenes `kill`-Kommando. Wird also in der `bash kill` aufgerufen, so wird nicht das Programm aus dem Verzeichnis */bin*, sondern das gleichnamige *Shell-Builtin* gestartet. Da die Shell-Builtins von Shell zu Shell variieren, können wir Ihnen leider nicht allgemein gültig sagen, welche Kommandos shell-intern sind. Zur Lösung des Problems gibt es jedoch das Kommando `type` (das ebenfalls ein Shell-Builtin der `bash` ist[10]). An `type` muss lediglich der Name eines Kommandos oder Programms als Parameter übergeben werden. Daraufhin gibt `type` aus, ob es sich dabei um ein Shell-Builtin oder um ein Programm handelt, dessen absoluter Pfad dann ausgegeben wird.

type

---

[10] Auch andere Shells, etwa die Z-Shell, bieten diese Funktionalität.

```
$ type type
type is a shell builtin
$ type bash
bash is /bin/bash
```

Listing 7.16 Verwendung des Kommandos type

[»] Es ist zu beachten, dass type – sofern für den übertragenen Parameter sowohl eine Programmdatei als auch ein Shell-Builtin zur Verfügung stehen – nur ausgegeben wird, dass ein Builtin vorhanden ist.

```
$ type kill
kill is a shell builtin
$ ls /bin/kill
/bin/kill
```

Listing 7.17 kill ist Programm und Builtin

which In der Grundfunktionalität identisch, jedoch dank einer Option etwas informativer ist das Programm which. Dieses Programm ist in einigen Shells als Builtin vorhanden, existiert aber auch als Programmdatei. which hat die Fähigkeit, über den Parameter -a alle gefundenen Einträge für einen übergebenen Namen auszugeben.[11] Das bedeutet nichts anderes, als dass, wenn kill als Shell-Builtin vorhanden ist, sowohl diese Information als auch der Pfad der Binärdatei in /bin ausgegeben wird. Zudem durchsucht which alle in der Variable $PATH angegebenen Verzeichnisse nach der entsprechenden Datei. Ist beispielsweise which sowohl in /usr/bin als auch in /bin vorhanden, findet es (sofern $PATH entsprechend gesetzt ist) beide Dateien.

```
$ which -a which
which: shell built-in command
/usr/bin/which
```

Listing 7.18 Das Programm which

Alias? In der Shell kann ein so genanntes *Alias* angelegt werden. Das ist ein Befehl, der einen anderen ersetzt – dazu später mehr. type, which und whence (je nach verwendeter Shell) geben Ihnen auch darüber Auskunft, ob ein Kommando ein solches Alias ist.

```
$ type ls
ls is an alias for /bin/ls -aF
$ which -a ls
ls: aliased to /bin/ls -aF
```

---

11 Einige type-Implementierungen unterstützen dieses Feature ebenfalls.

```
/bin/ls
$ whence -va ls
ls is an alias for /bin/ls -aF
ls is /bin/ls
```

Listing 7.19 Alias-Überprüfung

7.7.5 Shell-Aliase

Shell-Aliase bieten eine Möglichkeit zur Kommandosubstitution. Sie erlauben es, einen neuen Befehlsnamen zu vergeben, der stellvertretend für ein Kommando oder eine Kommandoreihe steht. Ein Alias wird über das gleichnamige Kommando `alias` erstellt und modifiziert. Eine Liste der bereits vorhandenen Alias-Einträge können Sie ebenfalls ausgeben lassen.

```
$ alias
cl="cd ..;ls"
cll="cd ..;ll"
ll="ls -alhoF"
ls="/bin/ls -aF"
```

Listing 7.20 Aktuelle Alias-Liste anzeigen

Der Vorteil liegt auf der Hand: Wenn Sie beispielsweise ständig das Kommando `ls -laFh` ausführen und sich dafür das Alias `ll` erstellen, sparen Sie Zeit und vertippen sich dabei nicht. Zudem können einem Alias auch Parameter übergeben werden. Dem Alias `ll` können also auch ein Dateiname und weitere Parameter für das `ls`-Programm übergeben werden.

```
$ ll ../ei12/buch.ps
-rw------- 1 sw sw 37.7M Feb 20 13:55 ../ei12/buch.ps
```

Listing 7.21 der Alias ll

Ein Alias erstellen und modifizieren

Ein Alias erstellt man, indem man den neuen Befehlsnamen sowie den Befehl, der hinter diesem verborgen sein soll, dem `alias`-Kommando übergibt. Erstellen wir beispielsweise einmal ein Alias, um den SSH-Login auf einem Host zu automatisieren:

```
$ alias ssh_milk='export TERM=xterm;ssh swendzel@192.168.0.2'
```

Listing 7.22 Alias verwenden

Ein Alias kann modifiziert werden, indem ihm einfach erneut ein (anderer) Befehl zugewiesen wird.

Ein Alias löschen

Manchmal möchte man eine erstelltes Alias auch wieder löschen. Dies wird ganz einfach dadurch bewerkstelligt, dass man dem Kommando `unalias` den entsprechenden Namen des Alias übergibt.

```
$ alias system="uname -sr"
$ system
OpenBSD 3.6
$ unalias system
$ system
zsh: command not found: system
```

Listing 7.23 Das unalias-Kommando

7.7.6 Verzeichniswechsel

Im letzten Kapitel haben Sie bereits die wichtigsten Grundlagen kennengelernt, um sich frei durch den Verzeichnisbaum zu bewegen, sprich: Verzeichnisse zu wechseln (`cd`), das aktuelle Arbeitsverzeichnis auszugeben (`pwd`) und den Inhalt von Verzeichnissen auszugeben (`ls`).

Im Folgenden wollen wir uns mit einigen teilweise konfigurationsspezifischen Möglichkeiten beschäftigen, die Ihnen, was den Verzeichniswechsel anbelangt, die tägliche Tipperei erleichtern werden. Wahrscheinlich werden Sie auf diese Arbeitsweise, nachdem Sie sich erst einmal an selbige gewöhnt haben, nicht wieder verzichten wollen.

Die ersten zwei Tipps (`cd .` und `cd ..`) kennen Sie bereits aus dem vorherigen Kapitel – sie werden hier jedoch der Vollständigkeit halber ebenfalls erläutert.

».« Der *Punkt* (.) gibt das aktuelle Arbeitsverzeichnis an. Sie benötigen ihn entweder, wenn Sie in das Verzeichnis wechseln wollen, in dem Sie sich momentan befinden[12] (optional, wenn Sie auf eine Datei im aktuellen Verzeichnis zugreifen möchten), aber vor allen Dingen dann, wenn Sie ein Skript oder Programm im Arbeitsverzeichnis ausführen möchten.

---

12 Nun ... zumindest ist dies möglich – der Sinn solch einer Aktion soll an dieser Stelle nicht diskutiert werden.

```
$ pwd
/home/user
$ cd .
$ pwd
/home/user
$ ./script.sh
...
```

Listing 7.24 Ein Skript im aktuellen Verzeichnis ausführen

Verwenden Sie hingegen zwei Punkte, so stehen diese stellvertretend für das nächsthöhere Verzeichnis in der Hierarchie. Dies bedeutet, dass Sie, wenn Sie sich beispielsweise im Verzeichnis /usr/local/bin befinden, mittels `cd ..` in das Verzeichnis /usr/local wechseln können. Diese zwei Punkte können auch durch Slashes mehrfach verkettet werden.

»..«

```
$ pwd
/usr/local/bin
$ cd ../../include
$ pwd
/usr/include
```

Listing 7.25 Verzeichnisebene wechseln mit »..«

Geben Sie die zwei Zeichen ~- beim Verzeichniswechsel an, so wechselt die Shell anschließend wieder in das Verzeichnis, in dem Sie sich vor dem letzten Verzeichniswechsel befanden. Hier ein verdeutlichendes Beispiel, denn beim Zuschauen lernt man ja schließlich am besten:

»~-«

```
$ pwd
/usr/local/bin
$ cd /etc
$ pwd
/etc
$ cd ~-
$ pwd
/usr/local/bin
```

Listing 7.26 Ins vorherige Verzeichnis zurückkehren

Geben Sie für den Verzeichniswechsel eine Tilde (~) an, so wechseln Sie in Ihr Heimatverzeichnis. Verwendet man hingegen die Tilde in Verbindung mit einem Benutzernamen, so wechselt die Shell in das Heimatverzeichnis des jeweiligen Benutzers,

»~«

$HOME und » «   Wechseln Sie mit der Variable `$HOME` das Verzeichnis, so kommen Sie – Sie werden es bereits ahnen – ebenfalls in das eigene Heimatverzeichnis. Die Verwendung der `$HOME`-Variable ist allerdings nur möglich, wenn diese auch (korrekt) gesetzt ist, was bis auf einige Ausnahmesituationen immer der Fall sein sollte.

Derselbe Wechsel in das Heimatverzeichnis ist möglich, indem man dem Kommando `cd` einfach gar keinen Parameter übergibt.

```
$ pwd
/etc
$ cd $HOME; pwd
/home/user
$ cd /etc; cd; pwd
/home/user
```

Listing 7.27 Trautes Heim

7.7.7 echo

Beschäftigen wir uns nun mit einem grundlegenden Programm, das in den meisten Shells allerdings auch als Builtin vorhanden ist. Die Rede ist von `echo`. Dieses Kommando gibt den ihm übergebenen Text auf der Konsole aus und ist besonders nützlich in der Shellskriptprogrammierung, etwa zum Einsehen von *Variablenwerten*.

Wir benötigen `echo` noch sehr oft im weiteren Verlauf des Kapitels, u. a. bei der Kommandosubstitution und wie bereits erwähnt bei der Shellskriptprogrammierung. Die Verwendung des Kommandos ist denkbar einfach: Der auszugebende Text wird als Parameter übergeben und sodann von `echo` ausgegeben.

```
$ echo "Hallo, Welt\!"
Hallo, Welt!
```

Listing 7.28 Das Kommando echo

Wie Ihnen vielleicht aufgefallen ist, gibt es hierbei doch etwas zu beachten: Einige Sonderzeichen, wie im obigen Beispiel das Ausrufezeichen, müssen durch Escape-Sequenzen eingeleitet werden, da diese Zeichen ansonsten andere Aktionen einleiten. Später werden Sie einige solcher Sonderzeichen kennenlernen, etwa das Dollarzeichen ($), das für Variablen Verwendung findet.

---

[13] Dazu muss sowohl das Lese- als auch das Ausführrecht gegeben sein, also (mindestens) `r-x`.

Zunächst einmal werden wir solche Probleme durch Hochkommata umgehen. Alles, was Sie in Hochkommata stellen, wird von der Shell nicht weiter interpretiert, `echo` gibt es dann einfach aus.

```
$ echo 'Hallo, Welt!'
Hallo, Welt!
```

Listing 7.29 echo in Verwendung mit Hochkommas

7.7.8 Shellvariablen

Ein wichtiges Werkzeug im Umgang mit der Shell, insbesondere bei der Skriptprogrammierung, sind Variablen. Einer Variablen können Sie einen Wert zuweisen, auf den Sie später wieder (und beliebig oft) zugreifen können. Solch ein zugewiesener Wert kann eine Zahl, die Ausgabe eines ganzen Programms oder ein String, also eine Zeichenkette wie »Hallo, Welt!«, sein.

Variablen werden über einen wählbaren Namen vergeben. Nehmen wir einmal an, der Name eines glorreichen Getiers, nämlich Felix, solle in einer Variable gespeichert werden. Es wäre beispielsweise sinnvoll, dieser Variable den Namen »KATZE« oder »KATZENNAME« zu geben. In der Regel schreibt man Shellvariablen übrigens in Großbuchstaben; dies ist jedoch nicht zwingend notwendig! Die Zuweisung erfolgt in der Familie der Bourne-Shell[14] durch ein Gleichheitszeichen:

Zuweisung von Werten

```
$ KATZE=Felix
```

Listing 7.30 Der Variable KATZE den Wert »Felix« zuweisen

Durch eine erneute Zuweisung eines Wertes wird der alte Variablenwert überschrieben.

Um den Wert einer Variablen einzusehen, kann unter anderem `echo` verwendet werden. Die Shell übergibt `echo` in diesem Fall den Inhalt der angegebenen Variablen, so dass `echo` nicht mitbekommt, dass es einen Variableninhalt ausgibt. Die beiden folgenden Befehle bewirken folglich dasselbe:

Abfrage von Werten

```
$ echo Felix
Felix
$ echo $KATZE
Felix
```

Listing 7.31 echo mit und ohne Variable

---

[14] In der Familie der C-Shell muss hierzu das Shell-Builtin `set` verwendet werden.

Beachten Sie, dass beim Zugriff auf eine Variable ein Dollarzeichen ($) vor den Namen der Variablen gesetzt werden muss, sonst interpretiert die Shell diesen als String:

```
$ echo KATZE
KATZE
```

Listing 7.32 Fehler: Dollarzeichen vergessen

Löschen von Variablen

Um eine Variable wieder zu löschen, muss deren Name nur dem unset-Kommando übergeben werden.

```
$ echo $KATZE
Felix
$ unset KATZE
$ echo $KATZE
$
```

Listing 7.33 Das Kommando unset

Variablen in Text einbetten und ausgeben

Um eine Variable in den Text einer Ausgabe (oder in den Wert einer anderen Variablen) einzubauen, gibt es zwei Herangehensweisen.

Die erste Möglichkeit besteht darin, die Variable, wie bereits mit echo gezeigt, in der Form $NAME zu verwenden, was fast immer problemlos funktioniert.

```
$ echo "Herzlich willkommen, $KATZE\!"
Herzlich willkommen, Felix!
```

Listing 7.34 Variable im Text

Gehen wir nun davon aus, dass wir neben der Variable KATZE noch eine zweite Variable mit dem Namen KATZE2 benutzen. Für den Fall, dass Sie den Wert von KATZE und direkt danach eine »2« ausgeben möchten, können Sie nun nicht mehr die soeben besprochene Variante verwenden, sondern müssen den Variablennamen in geschweifte Klammern setzen. Das ist nötig, um dessen Anfang und Ende genau zu markieren.

```
$ KATZE2="Mauzi"
$ echo "Herzlich willkommen, $KATZE2\!"
Herzlich willkommen, Mauzi!
$ echo "Herzlich willkommen, ${KATZE}2\!"
Herzlich willkommen, Felix2!
```

Listing 7.35 Variable im Text

Mehr zur Einbettung von Variablenwerten in Text oder andere Variablenwerte erfahren Sie in Abschnitt 7.7.9, »Kommandosubstitution«.

Vorhandene Variablen anzeigen lassen

Alle aktuell vorhandenen Variablen sowie die Werte, die diesen zugewiesen wurden, können Sie mittels des `set`-Kommandos einsehen. Dabei werden sowohl *lokale* als auch *globale* Variablen angezeigt (mehr dazu im nächsten Absatz).[15]

```
$ set
...
XCURSOR_SIZE=""
XCURSOR_THEME=""
XYRIA=/home/swendzel/projekte/xyria_
ZSH_NAME=zsh
ZSH_VERSION=4.2.1
_=set
aliases
...
```

Listing 7.36 set, ausgeführt in der Z-Shell

Variablen einlesen

Selbstverständlich kann man auch den Wert einer Variablen von der Tastatur einlesen lassen. Dies wird über das Builtin `read` bewerkstelligt. Man übergibt `read` den Namen der gewünschten Variablen (ohne das Dollarzeichen davor). Die Eingabe wird durch die Eingabetaste beendet.

```
$ read Name
Felix
$ echo $Name
Felix
```

Listing 7.37 read verwenden

Einige Shells unterstützten weitere Parameter für `read`. So kann etwa mit dem Parameter `-n` ANZAHL die Anzahl der einzulesenden Zeichen angegeben werden. Mit `-s` wird hingegen die Eingabe des Benutzers nicht angezeigt. Mit `read -s -n 8 pw` würde also ein maximal achtstelliger Wert in die Variable »pw« eingelesen und die eingegebenen Zeichen nicht angezeigt.

---

15 In einigen Shells gibt `set` noch zusätzliche Informationen, etwa Shellfunktionen, aus.

Schreibgeschützte Variablen

Variablen können mit einem Schreibschutz versehen werden. Damit lässt sich sicherstellen, dass ihr Wert nicht aus Versehen wieder verändert wird. Hierzu wird dem `readonly`-Kommando einfach der Name der jeweiligen Variablen übergeben. Übergeben Sie `readonly` keinen Parameter, so erhalten Sie eine Liste aller derzeit schreibgeschützten Variablen.

Globale und lokale Variablen

Eben sprachen wir bereits an, dass es sowohl *lokale* als auch *globale* Variablen gibt. Wir wollen Ihnen selbstverständlich nicht den Unterschied zwischen diesen beiden Variablenarten vorenthalten.

Eine globale Variable wird im Gegensatz zu einer lokalen an Unterprogramme übergeben. Viele Programme nutzen dieses Feature, etwa das Programm BitchX, ein freier IRC-Client. Dieser greift für die Konfiguration der IRC-Verbindung auf globale Variablen zurück:

```
IRCNAME="Steffen W"
IRCNICK=cdp_xe
IRCPORT=6667
IRCSERVER=milk.sun
```

Listing 7.38 Globale Variablen für BitchX

Würden Sie nun das Programm bitchx aus einer Shell mit diesen globalen Variablen starten, so würde es deren Werte verwenden.

export — Um sich eine Liste der globalen Variablen, die aktuell in der Shell geladen sind, anzeigen zu lassen, müssen Sie nur das Kommando `export` aufrufen.

Globale Variablen erzeugen — Mittels `export` können Sie übrigens auch globale Variablen erstellen. Sie gehen dabei wie bei der Erstellung von lokalen Variablen vor, nur dass Sie den Erzeugungsbefehl dem Kommando `export` übergeben.

```
$ export KATZE=Felix
$ export | grep KATZE
KATZE=Felix
```

Listing 7.39 Erzeugen einer globalen Variablen

Auch globale Variablen können mit dem Kommando `unset` wieder gelöscht werden.

Die wichtigsten globalen Variablen

Es gibt einige globale Variable, die für die Nutzung des Unix-Betriebssystems äußerst wichtig sind und daher bekannt sein sollten. Wir haben sie sowie ihre Bedeutung in einer kleinen Tabelle zusammengefasst. Einige spezielle Variable wie $? werden wir im Verlauf des Kapitels (nämlich bei der Shellskriptprogrammierung) noch genauer besprechen.

Variable	Bedeutung
$HOME	Heimatverzeichnis des Benutzers
$LOGNAME und teilweise auch $USER	Loginname des Benutzers
$PATH	Liste von Verzeichnissen, die nach einer relativ angegebenen, ausführbaren Datei durchsucht werden sollen (siehe Seite 217).
$PS1 bis $PS4	Kommandozeilen-Prompt (detailliert beschrieben im folgenden Abschnitt)
$RPS1	Prompt am rechten Konsolenrand in der Z-Shell
$TERM	verwendetes Terminal, z. B. »xterm-color«
$0	Name des aktuellen Prozesses
$$	aktuelle Prozess-ID
$n	der einem Skript oder einer Skriptfunktion übergebene Parameter Nummer »n«
$#	Gesamtzahl der an eine Funktion oder ein Skript übergebenen Parameter
$?	Rückgabewert des zuletzt in dieser Shell beendeten Prozesses
$* und $@	alle dem Skript oder einer Funktion übergebenen Parameter
$!	Prozess-ID des letzten Hintergrundprozesses
$_	letzter Parameter des zuletzt ausgeführten Befehls

Tabelle 7.1 Wichtige globale Variablen

Der Shell-Prompt

Eine Shell verfügt über einen *Standardprompt* und einige *Nebenprompts*. Doch was ist eigentlich solch ein Prompt? Im Prinzip ist ein Prompt eine *Ausgabe* von Textzeichen, die Sie zur *Eingabe* eines Kommandos auffordert. Je nach verwendeter Shell und der persönlichen Konfiguration der entsprechenden Variablen kann solch ein Prompt ganz unterschiedlich aussehen. Hier im Buch haben wir meistens user$ und $ als Benutzerprompt, sowie root# und # als Prompt des Superusers verwendet, was typisch für eine Unix-Shell ist.

Jeder Prompt wird über eine bestimmte Variable festgelegt. Der primäre Prompt nennt sich `PS1`, diesen sehen Sie standardmäßig. Versuchen Sie einmal, diesen Prompt zu löschen mit

```
$ unset PS1
```

Listing 7.40

Sie werden feststellen, dass nun jegliche Eingabeaufforderung fehlt. Sie können allerdings nach wie vor Befehle ausführen. Um das Prompt wiederherzustellen, können Sie die Variable `PS1` wieder global setzen – eine passende Übung zur frisch erlernten Variablenbenutzung.[16] Mit dem Prompt lassen sich allerdings noch einige andere Spielereien anstellen. Beispielsweise können Sie, um sich die Arbeit zu erleichtern, das aktuelle Arbeitsverzeichnis oder den Benutzernamen, mit dem Sie derzeit arbeiten, anzeigen lassen.

Dazu müssen Sie sogenannte *Escape-Sequenzen* in die `PS1`-Variable einbauen. Eine Escape-Sequenz ist einfach eine Buchstabenfolge (oder ein einzelner Buchstabe), die durch einen vorangestellten Backslash auf eine bestimmte Art von der Shell interpretiert wird. Die Escape-Sequenzen für die Prompt-Konfiguration sind allerdings von Shell zu Shell verschieden, weshalb wir uns im Folgenden auf die `bash` konzentrieren.

Sequenz	Wirkung
\a	Ausgabe eines Tons im PC-Speaker (nervt)
\d	Zeigt das Datum an.
\e	Escape-Zeichen
\h	der Hostname (z. B. 'rechner')
\H	FQDN-Hostname (z. B. 'rechner.netzwerk.edu')
\j	Anzahl der Hintergrundprozesse
\l	Name des Terminals
\n	neue Zeile (Prompts können tatsächlich über mehrere Zeilen verteilt werden)
\r	Carriage-Return
\s	Name der Shell
\t	Zeit im 24-Stunden-Format
\T	Zeit im 12-Stunden-Format

Tabelle 7.2 Escape-Sequenzen

---

16 Hier eine mögliche Lösung: `export PS1="\$ "`

Sequenz	Wirkung
\@	Zeit im AM/PM-Format
\u	Name des Benutzers
\v	Version der bash
\V	\v, jedoch mit Patch-Level
\w	Gibt das Arbeitsverzeichnis an.
\W	Gibt nur das aktuelle Arbeitsverzeichnis ohne höhere Ebenen der Verzeichnishierarchie an.
\#	Anzahl der bereits aufgerufenen Kommandos während der Shell-Session des Terminals
\$	Ist man als normaler Benutzer eingeloggt, so erscheint ein Dollarzeichen, *root* bekommt eine Raute (#) zu sehen.
\\	ein Backslash

Tabelle 7.2 Escape-Sequenzen (Forts.)

Es existieren noch weitere Escape-Sequenzen, beispielsweise zur Festsetzung der farblichen Hervorhebung. Diese werden im Rahmen dieses Buches jedoch nicht behandelt, da sie nicht auf allen Terminals funktionieren.

Für besonders Interessierte …

Einige Distributionen und sehr viele Benutzer verwenden die Variante `Benutzer@Host Verzeichnis$`, die ein an dieser Stelle besonders gut passendes Beispiel zur Nutzung von Escape-Sequenzen darstellt.

```
user$ PS1="\u@\h \w\$"
swendzel@deb-sid /usr$ ls
...
```

Listing 7.41 Setzung des bash-Prompts mit Escape-Sequenzen

Neben dem Standard-Prompt $PS1 gibt es noch weitere Prompts:

Weitere Prompts

Zum einen sind dies die Eingabeaufforderungen zur Vervollständigung von Shellanweisungen (hiermit sind beispielsweise if-Anweisungen gemeint, die Sie in der Shellskriptprogrammierung kennenlernen werden). Sie werden (je nach Shell) mit $PS2 … $PS4 bezeichnet. Da diese Prompts fast nie verwendet werden, behalten die meisten Benutzer ihre Standardkonfiguration bei.

$PS2..4

Außerdem gibt es in der Z-Shell den $RPS1-Prompt. Dieser Prompt ist ein rechtsseitiger Prompt, den man beispielsweise sehr gut nutzen kann, um sich Uhrzeit und Datum ausgeben zu lassen.

$RPS1

7.7.9 Kommandosubstitution

Die Kommandosubstitution bietet Ihnen – besonders in der Shellskriptprogrammierung – die Möglichkeit, durch etwas Einfaches etwas sehr Nützliches zu erreichen. Sie erlaubt es Ihnen nämlich, die Ausgaben eines Programms direkt in einer Variable zu speichern oder als Parameter für andere Programme zu verwenden.

Erst einmal ganz einfach ...

Für diese Kommandosubstitution werden spezifische Einbettungszeichen verwendet, die sogenannten *Backticks*[17]. Alles, was Sie innerhalb dieser Zeichen schreiben, wird von der Shell als Befehl interpretiert. Dessen Ausgabe wird für alles Weitere, also etwa für die Zuweisung an eine Variable, verwendet.

Schauen wir uns die Anwendung der Backticks einmal an. Im folgenden Beispiel weisen wir der Variablen $OUTPUT die Ausgabe des ls-Befehls zu.

```
user$ OUTPUT=`ls`
user$ echo $OUTPUT
CVS
Makefile
TODO
ZEITPLAN
anhg_komref.aux
anhg_komref.tex
buch.dvi
buch.idx
buch.ilg
buch.ind
...
```

Listing 7.42 Kommandosubstitution

Wie Sie sehen, kann die Variable sofort weiterverwendet werden, indem man sie wie im Beispiel einem Programm wie echo übergibt. Vielleicht fragen Sie sich bereits, ob man eine Kommandosubstitution nicht auch direkt ohne Zwischenspeicherung in einer Variable an einen anderen Befehl übergeben kann. Mit dieser Vermutung haben Sie Recht, wie das folgende Listing zeigt.

Das ls-Programm (siehe Anhang B, »Kommandoreferenz«, auf Seite 1220) soll uns Detailinformationen zu den einzelnen Dateien des Verzeichnisses ausgeben. Diese übergeben wir jedoch über eine Kommandosubstitution. Dies ist nicht sonderlich

---

[17] Auf einer PC-Tastatur drückt man für diese Zeichen **Shift** und ' (Backtick, das ist die Taste neben ?\)

sinnvoll, verdeutlicht aber sehr gut die Funktionsweise der direkten Kommandosubstitution.

```
user$ ls -l `ls`
-rw-------  1 cdp_xe cdp_xe    707 Mar 15 15:45 Makefile
-rw-------  1 cdp_xe cdp_xe    289 Feb 20 14:10 TODO
-rw-------  1 cdp_xe cdp_xe   1809 Mar 17 14:16 ZEITPLAN
-rw-------  1 cdp_xe cdp_xe   2076 Mar 17 19:23 anhgkf.tex
-rw-------  1 cdp_xe cdp_xe 227844 Mar 17 19:24 buch.dvi
-rw-------  1 cdp_xe cdp_xe   2126 Mar 17 19:24 buch.idx
-rw-------  1 cdp_xe cdp_xe    413 Mar 17 19:24 buch.ilg
...
```

Listing 7.43 Direkte Kommandosubstitution

Dieser Aufruf ist nicht mit einem bloßen Aufruf von ls -l gleichzusetzen, da hier Verzeichnisdateien die Ausgabe eines gesamten Verzeichnisinhalts bewirken. Solche feinen Unterschiede sollten bei der Kommandosubstitution generell bedacht werden. Da Sie jedoch schon einige Erfahrung mit Shells haben müssen, um überhaupt an solche Unterschiede zu denken, hilft nur eines: Spielen Sie mit der Shell!

Beachten Sie, dass die Kommandosubstitution nur die Standardausgabe eines Befehls liefert – Fehlermeldungen werden über die Standardfehlerausgabe geliefert und bleiben daher unentdeckt!

Diese Kommandosubstitution ist leider nicht immer ohne Weiteres möglich. Dies gilt auch für die Verwendung von Variablen. Es gibt hier feine, aber entscheidende Unterschiede. Es gibt nämlich verschiedene Arten, wie Text oder Anweisungen eingeschlossen werden können: in Hochkommata, Backticks oder Anführungszeichen. Jede dieser drei Möglichkeiten hat andere Folgen. Nehmen wir im Folgenden einmal an, der Variablen $VAR wurde der Text »hallo« zugewiesen.

In Anführungszeichen werden sowohl Variablenwerte als auch Kommandosubstitutionen umgesetzt.

Anführungszeichen

```
$ echo "$VAR `pwd`"
hallo /home/cdp_xe/books/kompendium
```

Listing 7.44 Anführungszeichen

In Backticks werden Kommandosubstitutionen eingeschlossen. Variablenwerte werden hierbei als Kommando interpretiert.

Backticks

```
$ echo `$VAR` `pwd`
zsh: command not found: hallo
/home/cdp_xe/books/kompendium
```

Listing 7.45 Backticks

Als Alternative zu den Backticks kann auch die Notation `$( Kommando )` genutzt werden.

Hochkommata In Hochkommata sind sowohl Variablenangaben als auch explizit in Backticks angegebene Kommandosubstitutionen wirkungslos.

```
$ echo '$VAR `pwd`'
$VAR `pwd`
```

Listing 7.46 Hochkommata

7.8 Ein- und Ausgabeumlenkung

Normalerweise funktioniert das Arbeiten mit einem Unix-Prozess folgendermaßen: Sie geben die gewünschten Befehle über die Tastatur ein, und der Prozess führt sie aus. Dabei gibt der Prozess die Ergebnisse der Arbeit auf dem Bildschirm aus. Mit der Ein- und Ausgabeumlenkung, einem mächtigen Werkzeug in der Shell, lässt sich dies ändern.

Jedem Prozess sind unter Unix standardmäßig drei *Deskriptoren* zugewiesen. Hierüber können Ein- und Ausgabe des Programms erfolgen. Ein Deskriptor stellt für ein Programm eine Möglichkeit dar, zu lesen und zu schreiben. Ob dabei in eine Datei oder auf den Bildschirm geschrieben wird, ist egal.[18] Deskriptoren sind für ein Programm vollständig transparent.

Doch nun zurück zu den erwähnten drei Standarddeskriptoren. Dies sind:

- Standardeingabe (0, STD**IN**)
- Standardausgabe (1, STD**OUT**)
- Standardfehlerausgabe (2, STD**ERR**)

Die Zahlenwerte in den Klammern sind die dem Deskriptor zugewiesenen Nummern, mit denen Sie in der Shell arbeiten können. Tippen Sie also z. B. »1« für die Standardausgabe, die mit STDOUT bezeichnet wird.

---

[18] Eigentlich kann man nicht sagen, dass »ein Programm auf den Bildschirm schreibt«. Das Programm schreibt die Daten über Deskriptoren, den Rest erledigt der Kernel (s. Kapitel 5).

7.8.1 Ausgabeumlenkung

Fast jedes Programm gibt Daten auf dem Monitor aus. Diese können, wie bereits erwähnt, umgeleitet werden. Doch wohin? Unter Unix-Systemen erfolgt die Umleitung in Dateien.[19] Dadurch kann beispielsweise die Ausgabe eines Programms protokolliert oder später mit einem Editor bearbeitet werden.

Nehmen wir einmal an, die Ausgabe des `ls`-Programms solle in die Datei *list* umgeleitet werden. Dazu muss lediglich folgender Befehl ausgeführt werden:

```
user$ ls 1> list
```

Listing 7.47 Eine Ausgabeumlenkung

Die »1« vor dem Größer-als-Zeichen dient dabei zur Angabe des Deskriptors, hier also STDOUT. Das Größer-als-Zeichen selbst wird von der Shell als Befehl zur Umlenkung der Ausgabe interpretiert. Mit `cat list` können Sie sich die Ausgabe des `ls`-Programmes ansehen.

Eine Ausgabeumlenkung erfolgt durch ein Größer-als-Zeichen (>), wobei die Nummer des Deskriptors (entweder »1« für STDOUT oder »2« für STDERR) vorangestellt werden sollte. Wird keine Nummer vorangestellt, wird automatisch die Standardausgabe (STDOUT) verwendet.

7.8.2 Fehlerumlenkung

Gäbe es im obigen Beispiel einen Fehler, etwa weil die Zugriffsberechtigung das Anzeigen des Dateiinhalts eines bestimmten Verzeichnisses verböte, so erschiene auf dem Bildschirm eine Fehlermeldung. Doch auch diese kann umgelenkt werden.

```
user$ ls /root
ls: root: Permission denied
user$ ls /root 2>log

user$ cat log
ls: root: Permission denied
```

Listing 7.48 Eine Umlenkung der Fehlerausgabe

Wie Sie sehen, ist auch die Umlenkung der Fehlerausgabe sehr einfach zu bewerkstelligen. Ein spezieller Trick zur Unterdrückung von Fehlermeldungen bietet sich

---

19 Später werden Sie Pipes kennenlernen, die ähnliche Möglichkeiten wie die Ein- und Ausgabeumlenkung bieten.

übrigens durch die Umlenkung der Fehlerausgabe auf den »Mülleimer« /dev/null. Diese Technik ist besonders dann hilfreich, wenn man als normaler Benutzer eine Dateisuche mit find im ganzen Dateisystem startet – der Zugriff auf viele Verzeichnisse wird Ihnen dabei nicht gestattet, und der Bildschirm wird mit Fehlermeldungen übersät sein. Durch die Umlenkung der Fehlerausgabe nach /dev/null kann Ihnen dies erspart bleiben. Parallel dazu können Sie – denn auch dies ist möglich – die Standardausgabe in eine Datei umlenken, um die Suchergebnisse zu protokollieren:

```
user$ find / -name Dateiname >Ergebnisse 2>/dev/null
```

Listing 7.49 Unterdrückung von Fehlern

7.8.3 Die Ausgabe an eine Umlenkung anhängen

Manchmal möchte man sowohl die Standardausgabe als auch die Fehlerausgabe protokollieren – und dies in der korrekten Reihenfolge. In diesem Fall bietet die Unix-Shell noch ein weiteres Feature, nämlich das Anhängen einer Umlenkung an eine andere.

Dabei wird hinter die Anweisung zur Ausgabeumlenkung ein *kaufmännisches Und* (&) gesetzt, dem unmittelbar, also ohne Leerzeichen, die Nummer des Deskriptors folgen muss, an dessen Umlenkung die Ausgabe angehängt werden soll, etwa 2>&1.

```
user$ ls /home /root >log 2>&1
user$ cat log
ls: root: Permission denied
/home:
Makefile

backup
cdp_xe

/root:
```

Listing 7.50 Anhängen einer Umlenkung

7.8.4 Eine Ausgabe in eine bestehende Datei umlenken

Manchmal kommt es vor, dass eine Ausgabe in eine Datei umgelenkt werden soll, in der sich bereits ein Inhalt befindet, der jedoch nicht überschrieben werden soll. Um dieses Problem zu lösen, hängen Sie die Ausgabe an den bestehenden Dateiinhalt an. Dies wird mit zwei Größer-als-Zeichen realisiert:

```
$ uname -a >log
$ who am i >>log
$ cat log
OpenBSD eygo.sun 3.6 EYGO#0 i386
cdp_xe     ttyp7    Mar 19 14:30
```

Listing 7.51 Text anhängen

7.8.5 Eingabeumlenkung

In den meisten Fällen gibt man Befehle und Eingaben für Prozesse über die Tastatur ein – dies lässt sich ändern. Falls Sie sich fragen, was Ihnen dieses Feature überhaupt bringen soll, sei gesagt, dass der richtige Nutzwert sich erst in der Programmierung von Shellskripten zeigt. Aber auch im Alltag kann die Eingabeumlenkung hilfreich sein, hierzu ein kleines Beispiel:

Ein Programm soll jeden Tag zwanzigmal ausgeführt werden. Das Programm benötigt dabei verschiedene Eingaben, nämlich den Namen des Anwenders und dessen User-ID. Da Sie diese Daten nicht jeden Tag zwanzigmal erneut eingeben möchten, können Sie sich durch eine Eingabeumlenkung und die somit vorgenommene Automatisierung dieser Eingabe Arbeit ersparen. Zur Demonstration des Beispiels soll ein kleines Shellskript dienen, das eben genau diese Eingaben, also den Benutzernamen und die User-ID, abfragt (gute Programme bekommen dies natürlich allein heraus).

[zB]

```
$ ./tool.sh
Benutzername: Steffen Wendzel
User-ID: 1000
Danke für Ihre Anmeldung, Steffen Wendzel (1000).
```

Listing 7.52 Ein Aufruf von tool.sh

Nun lenken wir die benötigten Eingabedaten einfach in eine Datei um. Dabei sollten Sie wissen, dass die Zeichensequenz \n dem Drücken der Eingabetaste entspricht und in der Ausgabe eine neue Zeile einleitet. Durch den Parameter -e werden die Escape-Sequenzen entsprechend interpretiert. Bei der Z-Shell kann dieser Parameter aber auch weggelassen werden.

```
$ echo -e "Steffen Wendzel\n1000\n" > Eingabe
$ cat Eingabe
Steffen Wendzel
1000

$
```

Listing 7.53 Erstellen einer Datei mit den typischen Eingaben

Die Eingabeumlenkung funktioniert anders als die Ausgabeumlenkung mit einem Kleiner-als-Zeichen (<). Wir lenken nun die Datei *Eingabe* in das `tool.sh`-Skript um und müssen so nie wieder selbst die Eingabe tätigen.

```
$ ./tool.sh <Eingabe
Benutzername: User-ID: Danke für Ihre Anmeldung,
Steffen Wendzel (1000).
```

Listing 7.54 Eingabeumlenkung

7.9 Pipes

Eine ähnliche Möglichkeit wie die Ein- und Ausgabeumlenkung bieten sogenannte *Pipes*. Pipes stellen eine Art der *Interprozess-Kommunikation* dar, für die es in diesem Buch ein eigenes Kapitel (26, »Prozesse und IPC«) gibt. In diesem Abschnitt beschäftigen wir uns ausschließlich mit dem Nutzen und der Anwendung von Pipes in der Shell.

Eine Shell kann als eine Art Kombination aus Aus- und Eingabeumlenkung angesehen werden. Dabei werden die Ausgaben eines Programms an ein anderes weitergeleitet, das diese Ausgaben als Eingabe verwendet. Im Gegensatz zur Ausgabeumlenkung wird die Ausgabe eines Programms also nicht in eine reguläre Datei geschrieben, sondern direkt an ein Programm weitergeleitet. Und im Gegensatz zur Eingabeumlenkung kommt die Eingabe nicht von einer regulären Datei, sondern direkt von einem anderen Programm.

[zB] Zur Verdeutlichung dieser Funktionalität soll ein Beispiel dienen, denn daran lernt man solcherlei Wissen am einfachsten. Um dieses Beispiel zu verstehen, müssen Sie wissen, dass das Programm `more` eine Datei seitenweise auf dem Monitor ausgibt.

Wir möchten in diesem Beispiel erreichen, dass die Ausgaben des Programms `ls` seitenweise auf dem Bildschirm erscheinen. Dazu sollen die Ausgaben von `ls` an `more` weitergeleitet werden.

Diese Weiterleitung erfolgt mit einem Pipe-Operator (|). Dieser Strich wird zwischen die beiden Programme gesetzt, was dann folgendermaßen eingegeben wird:

```
user$ ls /usr/bin | more
Mail
a2p
addftinfo
addr2line
afmtodit
afslog
apply
```

```
apropos
ar
...
```

Listing 7.55 Pipe zwischen ls und more

Probieren Sie es einmal aus – eine Seite weiter »blättern« Sie durch Drücken der Leertaste.

Es ist übrigens auch möglich, mehrere Pipes in einem Befehl zu verwenden. Dies könnte dann beispielsweise so aussehen:

Mehrere Pipes

```
user$ ls -l | awk '{ print $5 }' | sort | uniq
```

Listing 7.56 Mehrere Pipes

Die Standardfehlerausgabe (STDERR) wird nicht über Pipes weitergeleitet. Dies kann man jedoch umgehen, indem man STDERR an STDOUT anhängt: `ProgrammA 2>&1 | ProgrammB`

7.9.1 Duplizieren der Ausgabe mit tee

Manchmal kommt es vor, dass man die Ausgabe eines Programms sowohl in eine Datei umleiten als auch gleichzeitig auf dem Bildschirm ausgeben möchte. Hier schafft das Programm tee Abhilfe. tee gibt die ihm eingegebene bzw. eingeleitete Ausgabe auf dem Bildschirm und in einer Datei aus.

```
user$ ls | tee log.txt
CVS
Makefile
TODO
ZEITPLAN
anhg_komref.tex
...
```

Listing 7.57 Pipes mit tee

7.9.2 Named Pipes (FIFOs)

Named Pipes (sogenannte FIFOs (*First In First Out*)) erweitern die Fähigkeiten einer Pipe. Eine FIFO muss zunächst als Datei im Dateisystem erzeugt werden. Dies wird mit dem Programm mkfifo bewerkstelligt. Der Vorteil gegenüber einer Pipe ist dabei, dass mehrere Prozesse diese FIFO verwenden können.

[»] FIFOs arbeiten nach dem First-In-First-Out-Prinzip. Das bedeutet: Die Daten, die zuerst in eine FIFO geschrieben werden, werden auch als Erste wieder vom lesenden Prozess empfangen.

Das folgende Listing demonstriert diese Möglichkeit anhand einer Endlosschleife. Zunächst wird mit dem Programm mkfifo eine FIFO angelegt. Das tee-Programm lassen wir in die FIFO hineinschreiben, aber gleichzeitig durch Eingabeumlenkung aus ihr lesen. Das bedeutet, dass das Gelesene sofort wieder hineingeschrieben wird. Sobald also Daten in die FIFO geschrieben werden, liest tee diese so lange aus und schreibt sie so lange wieder in die FIFO hinein, bis der Wärmetod des Universums eintritt, der Strom ausfällt oder der Rechner abfackelt.

Doch um den Prozess anzustoßen, schreiben wir einen String, nämlich »Endlosschleife« in die FIFO hinein. Es ist wichtig, dass auch dieser Prozess im Hintergrund gestartet wird, denn irgendwann soll diese Ausgabe ja dann doch gestoppt werden, um nicht das System abzuschießen.

Nachdem eine Sekunde durch sleep (siehe Seite 1231) gewartet wurde, wird das Programm tee durch den Aufruf des pkill-Programms beendet. pkill beendet alle Prozesse, in deren Namen der angegebene Ausdruck vorkommt. Führen Sie diesen Test auf keinen Fall als Superuser auf einem Multiuser-System durch und bedenken Sie, dass alle anderen tee-Prozesse, für die der Benutzer die Beendigungsberechtigung besitzt, ebenfalls beendet werden!

```
user$ mkfifo fifo
user$ ls -l fifo
prw------- 1 cdp_xe cdp_xe 0 Mar 22 19:44 fifo
user$ tee fifo < fifo&
[1] 2702
user$ echo "Endlosschleife" > fifo & ; \
>       sleep 1; pkill tee
[1] 18277
Endlosschleife
Endlosschleife
Endlosschleife
Endlosschleife
...
...
Endlosschleife
Endlosschleife
[1] + terminated   tee fifo < fifo
```

Listing 7.58 Verwendung einer FIFO in der Shell

Wie Ihnen vielleicht aufgefallen ist, wird eine Pipe beim »langen« Listing mit `ls` mit einem `p` gekennzeichnet. Dieses `p` steht für (Named) Pipe und zeigt Ihnen an, dass es sich um keine reguläre Datei handelt. Versuchen Sie einmal, sich mit dem Programm `file` den Typ der Datei anzeigen zu lassen.

7.10 Subshells und Kommandogruppen

In der Shell können nicht nur einfach Kommandos aneinandergereiht werden. Es gibt neben den bloßen (bedingten) Aneinanderreihungen von Kommandos nämlich noch zwei weitere Möglichkeiten, dies zu organisieren.

Die erste Möglichkeit ist das Bilden einer Prozessgruppe. Diese umfasst dabei die aneinandergereihten Prozesse. Dies bietet dem Anwender neue Möglichkeiten, etwa die Ausgabeumlenkung für die gesamte Prozessgruppe. Eine Prozessgruppe wird durch zwei geschweifte Klammern begrenzt. Innerhalb der Prozessgruppe können die in Abschnitt 7.7.2 besprochenen Bedingungen zur Ausführung (etwa das Semikolon zur unbedingten Ausführung) verwendet werden.

Prozessgruppe

```
$ { ls; uname } | tee log.txt
CVS
Makefile
TODO
ZEITPLAN
anhg_komref.tex
...
Linux
```

Listing 7.59 Prozessgruppe

Ohne Prozessgruppe müsste nun die Ausgabe jedes Prozesses explizit umgelenkt werden, aber mit Gruppe benötigen wir nur eine Ausgabeumlenkung, die wir in diesem Fall durch eine Pipe mit `tee` ersetzt haben.

Startet man hingegen durch Verwendung normaler Klammern eine komplette Subshell (und damit einen neuen Prozess mit eigenen Bereichen im Stack) für eine Prozessgruppe, so erhält diese Subshell auch ihre eigenen Variablen.

Subshell

> Wenn Sie also in der Subshell die Werte von Variablen verändern, so ändern sich die Werte *nicht* in der Parent-Shell.

```
user$ katze=Felix
user$ ( katze=Mauzi; echo $katze )
Mauzi
```

```
user$ echo $katze
Felix
user$ { katze=Minka ; echo $katze }
Minka
user$ echo $katze
Minka
```

Listing 7.60 Das unterschiedliche Verhalten mit Shellvariablen

[»] Später werden wir uns noch mit der unterschiedlichen Nutzung von lokalen und globalen Variablen in Shellskriptfunktionen beschäftigen.

Prozessgruppen im Hintergrund
Prozessgruppen können problemlos im Hintergrund gestartet werden. Möchten Sie beispielsweise eine länger dauernde Dateisuche im Hintergrund ablaufen lassen, ist dies möglich, indem Sie die Anweisung, den Prozess im Hintergrund zu starten (&), hinter die schließende Prozessgruppenklammer stellen: `{ find / -name Dateiname ; find / -name DateinameB }&`

7.11 Effektives Arbeiten mit der Bash

Dieses Unterkapitel soll Ihnen zeigen, wie man sich die tägliche Arbeit mit der `bash` (Bourne-Again-Shell) erleichtern kann.

7.11.1 Die Kommando-History

Das einfachste Feature der `bash`, das Ihnen etwas Arbeit abnimmt, sollten Sie unbedingt kennen: die *Kommando-History*. Sie speichert die zuletzt eingegebenen Befehle. Sie können diese abrufen und brauchen sie nicht erneut einzugeben, um sie wieder aufzurufen. Zudem bietet die `bash` die Möglichkeit, diese Befehle zu editieren.

Eine Übersicht über die in der History enthaltenen Befehle liefert Ihnen ein bloßer Aufruf von `history`. Durch Angabe einer Nummer bekommen Sie die letzten n Einträge angezeigt.

```
user$ history 3
  22 cvs commit -m ''
  23 exit
  24 history 3
```

Listing 7.61 Das Kommando history

Unerwünschte Einträge in der History können Sie über `history -d <Nummer>` aus der History-Liste löschen.

Nehmen wir einmal an, es wurde der Befehl `find /usr/local/bin -name "Dateiname"` ausgeführt. Nun möchten Sie den gleichen Befehl mit einem anderen Dateinamen ausführen. Um nicht alles noch einmal eintippen zu müssen, können Sie durch die Cursor-Taste **Nach oben** den zuletzt eingegebenen Befehl in die Kommandozeile laden.

Scrollen in der History

Durch erneutes Betätigen der **Nach-oben**-Taste lädt die `bash` wiederum den Befehl, der vor dem letzten aufgerufen wurde, in die Kommandozeile und so weiter – so einfach ist das. Mit der **Nach-unten**-Taste können Sie die History wieder vorwärts durchsuchen.

Um nun den alten `find`-Aufruf anzupassen, muss der neue Dateiname in die alte Kommandoeingabe eingefügt werden. Sie können sich mittels der Cursor-Tasten **Nach links** und **Nach rechts** in der Kommandozeile bewegen und an allen Positionen Zeichen löschen und einfügen.

Editieren in der Befehlszeile

Das Ausrufezeichen hat eine ganz besondere Funktion in der `bash`. Es dient zum Aufruf von Befehlen aus der History.

Ausrufezeichen

Den zuletzt eingegebenen Befehl können Sie durch zwei Ausrufezeichen wiederholt ausführen lassen:

Vorheriger Befehl

```
user$ uname -a
OpenBSD eygo.sun 3.6 EYGO#0 i386
user$ !!
OpenBSD eygo.sun 3.6 EYGO#0 i386
```

Listing 7.62 Erneutes Ausführen des letzten Befehls

Ebenso können Sie durch Angabe der Befehlsnummer in der Kommando-History einen der darin gespeicherten Befehle wiederholen. Die History-Nummer eines Befehls erhalten Sie durch Aufruf des `history`-Befehls. Der Befehl wird dann durch `!n` (wobei n die Befehlsnummer ist) erneut ausgeführt.

```
user$ history 3
  392 make all view
  393 uname -a
  394 history 3
user$ !393
OpenBSD eygo.sun 3.6 EYGO#0 i386
```

Listing 7.63 !n

Ein äußerst praktisches Feature der `bash` ist das Suchen nach Befehlen durch Angabe der ersten Zeichen eines Befehls. Nun werden Sie sich wohl fragen, was man sich

Suchen nach Befehlen

denn bitteschön darunter vorstellen kann? Man kann – wie so oft – auch diese Funktionalität am besten durch ein Beispiel erläutern.

[zB] Ein Benutzer gibt zunächst den Befehl uname und anschließend den Befehl uptime ein. Nun möchte er erst uptime, später uname erneut aufrufen, ohne diese Befehle erneut einzugeben. Erst in der Kommando-History nachzusehen ist oftmals umständlich. Daher verwendet der Benutzer die Befehlssuche.

Die simpelste Variante ist nun folgende: Der Benutzer gibt ein Ausrufezeichen und darauf unmittelbar folgend den ersten Buchstaben des Befehls, also ein »u«, ein. Daraufhin ruft die Shell den letzten Befehl auf, der mit »u« began, also uptime. Möchte der Benutzer nun aber uname aufrufen, so reicht es nicht, ein »u« hinter das Ausrufezeichen zu stellen. Hierzu muss noch der zweite Buchstabe des Befehls, also ein »n«, angegeben werden, worauf der letzte Befehl, der mit »un« began, erneut ausgeführt wird:

```
user$ !u
uptime
 9:20PM  up  7:30, 3 users, load averages: 0.22,
0.21, 0.17
user$ !un
uname
OpenBSD
```

Listing 7.64 Die Suche nach Befehlen

Den letzten Befehl, der einen bestimmten String enthielt, können Sie durch den Aufruf von !?<String> erneut ausführen lassen.

Aus der Trickkiste   Bedeutend komfortabler ist dies mit der Tastenkombination **Strg + R** zu bewerkstelligen. Bei diesem Verfahren wird Ihnen automatisch von der bash angezeigt, welcher Befehl ausgeführt werden würde, während Sie die Kommandozeile editieren:

```
(reverse-i-search)`un': uname
```

Listing 7.65 Strg + R

Teile alter Befehle ersetzen   Erinnern Sie sich noch an den wiederholten Aufruf von find, den es zu editieren galt, um nach einem neuen Dateinamen zu suchen? Dies kann in der bash nochmals vereinfacht werden, sofern der Befehl find der zuletzt eingegebene war. Durch Angabe der zu ersetzenden Zeichenkette im letzten Befehl kann ein alter Befehl modifiziert ausgeführt werden.

Der besagte find-Aufruf sah folgendermaßen aus: find /usr/local/bin -name "Dateiname". Um nun nach dem Dateinamen *zsh* zu suchen und den gleichen Befehl zu verwenden, muss nach dem Muster

^Alter-String^NeuerString^

eine Manipulation des alten Befehls erfolgen, also:

```
user$ find /usr/local/bin -name "Dateiname"
...
user$ ^Dateiname^zsh^
find /usr/local/bin -name "zsh"
/usr/local/bin/zsh
```

Listing 7.66 Das Kommando find mit neuem Dateinamen

7.11.2 Automatische Vervollständigung von Dateinamen

Ein ähnlich praktisches Feature wie die Kommando-History stellt die automatische Vervollständigung von Dateinamen dar. Sie wird in der bash durch die **Tab**-Taste angesteuert. Da unter Unix auch Programme Dateien darstellen, funktioniert dieses Feature natürlich auch mit diesen.

Bei der Nutzung der **Tab**-Taste sind allerdings zwei Fälle zu unterscheiden:

- Es ist nur eine passende Datei vorhanden.
- Es sind mehrere passende Dateien vorhanden.

Für den ersten Fall erstellen wir ein Beispielverzeichnis, in dem wir eine Datei mit dem Namen *abc.txt* unterbringen.   **Nur ein Kandidat**

```
$ mkdir test
$ touch test/abc.txt
$ cd test
```

Listing 7.67 Beispielverzeichnis mit einer Datei erstellen

Verwenden wir nun ein Programm wie /bin/ls, dem wir diese Datei als Parameter übergeben, müssen wir, da es nur *eine* Datei im Verzeichnis gibt, bloß die **Tab**-Taste betätigen, und die bash setzt uns den Dateinamen automatisch an die gewünschte Position in der Eingabe.

Versuchen Sie es einmal selbst: Wechseln Sie in das neue Verzeichnis, geben Sie ls   **[zB]** und ein Leerzeichen ein, und drücken Sie die **Tab**-Taste. Die bash sollte nun den Dateinamen *abc.txt* automatisch in die Befehlszeile schreiben.

| Mehrere Kandidaten | Nun erstellen wir im Verzeichnis noch eine Datei mit dem Namen *xyz.txt*. Wenn Sie das letzte Beispiel unter den neuen Bedingungen wiederholen, wird es nicht ohne Weiteres funktionieren. Die `bash` weiß nicht von selbst, welche der beiden Dateien sie als Parameter übergeben soll. Der Trick funktioniert nun so, dass so viele Zeichen des Dateinamens eingegeben werden, bis es nur noch einen Dateinamen gibt, auf den die ersten Zeichen zutreffen – in diesem Fall genügt der erste Buchstabe der Datei (entweder ein »a« oder ein »x«), da kein Dateiname gleiche Zeichen enthält. Wird dann erneut die **Tab**-Taste gedrückt, vervollständigt die `bash` den Dateinamen wieder automatisch. |

| Gleiche Anfangsbuchstaben | Doch die `bash` kann Ihnen noch ein Stück Arbeit abnehmen. Nehmen wir an, es seien zwei Dateien *abc* und *abd* in einem Verzeichnis vorhanden. Sofern es sowieso keine Wahl zwischen den Zeichen gibt, bringt eine Betätigung der **Tab**-Taste immer diese Zeichen auf den Monitor. Drücken Sie also in solch einem Verzeichnis die **Tab**-Taste, so schreibt die `bash` Ihnen die beiden ersten Zeichen (da diese sowieso gleich sind und von Ihnen eingegeben werden müssten) auf den Bildschirm. Sie müssen anschließend nur noch ein »c« bzw. »d« eingeben. |

Für den Fall, dass im Verzeichnis noch die Datei *xyz* vorhanden ist, müsste der erste Buchstabe wieder eingegeben werden, da nun wieder zwei Fälle eintreten könnten.

| Doppel-Tab | Wenn mehrere Dateien vorhanden sind, können Sie die **Tab**-Taste auch zweimal betätigen, um sich während der Befehlseingabe eine Übersicht über die Dateien im Verzeichnis zu verschaffen. Durch dieses doppelte Betätigen liefert Ihnen die `bash` immer die nach Ihrer bisherigen Eingabe noch möglichen Dateiauswahlen. |

Das bedeutet im Beispiel: Hätten Sie wieder die drei Dateien *xyz*, *abc* und *abd* im Verzeichnis, so würde Ihnen die `bash` zunächst alle drei auflisten. Wenn Sie dann ein »a« eingeben und die **Tab**-Taste drücken, gibt Ihnen die `bash` das »b« (die einzig sinnvolle Möglichkeit) auf dem Bildschirm aus. Wenn Sie dann wieder doppelt die **Tab**-Taste betätigen, gibt Ihnen die `bash` nun die beiden noch möglichen Dateinamen *abc* und *abd* aus.

Weiterhin ist das Tab-Taste »intelligent«: Am Anfang einer Shelleingabe ist nur ein ausführbares Kommando sinnvoll – entsprechend werden auch nur ausführbare Dateien bzw. Shellbuiltins vervollständigt.

7.12 xargs

Zum Abschluss des einleitenden Shellkapitels möchten wir noch ein Tool namens `xargs` vorstellen. Es leitet die Ausgabe des ersten Programms nicht als Eingabe (wie in einer Pipe), sondern als Parameter für ein zweites Programm weiter.

Soll beispielsweise die Ausgabe von `ls` als Parameter für `grep` (ein Tool, das den Dateiinhalt nach einem vorgegebenen Muster durchsucht) herhalten, würde man dies folgendermaßen realisieren:

```
$ ls *.tex | xargs grep gpKapitel
anhg_komref.tex:\gpKapitel{Kommandoreferenz}
...
kap01_kernel.tex:\gpKapitel{Der Kernel}
kap05_sysadmin.tex:\gpKapitel{Systemadministration}
kapxx_software.tex:\gpKapitel{Softwareentwicklung}
```

Listing 7.68 ls und xargs mit grep

7.13 Zusammenfassung

In diesem Kapitel wurden die Grundlagen der Unix-Shells besprochen. Dabei gibt es zwei primäre Shellzweige: den der Bourne-Shell, zu dem die Bourne-Shell selbst, die `ksh` und die `bash` sowie einige weniger bekannte Shells gehören, und den Zweig der C-Shell, zu dem die C-Shell (`csh`) und die `tcsh` gehören. Des Weiteren gibt es noch exotische Shells wie die Scheme-Shell.

Außerdem wurde mit den Aliasen eine Möglichkeit besprochen, (komplexe) Kommandos über einen kurzen Ersatzbefehl aufzurufen, sowie die Kommandosubstitution, die es ermöglicht, eine Ausgabe eines Befehls als Eingabe oder Wert für andere Befehle und Variablen zu nutzen.

Als kleinen Ausblick auf die Shellskriptprogrammierung wurden Shellvariablen sehr intensiv behandelt.

Sie haben erste Formen der Interprozess-Kommunikation (IPC) kennengelernt: Pipes und FIFOs. Diese leiten die Ausgaben eines Programms an ein anderes weiter, wobei FIFOs als Dateien im Dateisystem vorliegen und mit dem Befehl `mkfifo` erzeugt werden.

Angelehnt an die IPC wurde die Ein- und Ausgabeumlenkung vorgestellt – ein ebenfalls elementares Shell-Feature, das es ermöglicht, die Ausgabe eines Programms in eine Datei umzuleiten oder einen Dateiinhalt als Programm-Input zu nutzen.

Einem weiteren Erkundungsgang durch die Shell mit dem nächsten Kapitel steht nun also nichts mehr im Wege – besonders nicht, nachdem Sie sich die tägliche Arbeit mit der Shell nun durch die Kommando-History sehr einfach machen können.

7.14 Aufgaben

Alias-Wirrwarr

Was geben die folgenden Befehle aus?

```
$ alias q=ls
$ alias q=`q;ls'
$ q
...
```

Listing 7.69

Für angehende Experten

Was passiert, nachdem die folgenden Befehle in der bash ausgeführt wurden?

```
$ uname | tee /tmp/mylog
Linux
$ !?na > x
$ alias displayX=`cat x`
$ displayX
...
```

Listing 7.70

Wie geht das?

Wie können Programme wie chsh (zum Ändern der Login-Shell) oder passwd (zum Ändern des Passworts) die Passwortdateien modifizieren, obwohl sie von nicht privilegierten Benutzern ausgeführt werden können?

*»Gegen Angriffe kann man sich wehren,
gegen Lob ist man machtlos.«*
– Sigmund Freud

8 Reguläre Ausdrücke

Nun kommen wir zu drei sehr populären und mächtigen Tools: `sed`, `grep` und `awk`. Um mit ihnen umgehen zu können, muss man erst einmal sogenannte *reguläre Ausdrücke* (engl. *regular expressions*) verstehen.

Diese Ausdrücke – es gibt übrigens ganze Bücher zum Thema – dienen in der Shell zum Filtern von Zeichenketten (Strings) aus einer Eingabe, etwa einer Textdatei. Am besten lässt sich das an einem Beispiel verdeutlichen.

Das Programm `grep` filtert aus einem Input (Pipe, Datei) Zeilen heraus, in denen ein bestimmtes Muster vorkommt. Gegeben sei eine Datei mit den Namen von Städten, wobei jede Stadt in einer separaten Zeile steht. `grep` soll nun all jene Zeilen herausfiltern, in denen ein kleines »a« enthalten ist. [zB]

```
$ cat Standorte
Augsburg
Bremen
Friedrichshafen
Aschersleben
Bernburg
Berlin
Halle
Essen
Furtwangen
Kehlen
Krumbach
Osnabrueck
Kempten

// Nun werden alle Orte, die ein 'a' enthalten gefiltert:

$ grep a Standorte
Friedrichshafen
Halle
Furtwangen
```

249

```
Krumbach
Osnabrueck
```

Listing 8.1 grep filtert alle Zeilen mit einem »a« heraus

Wie Sie sehen, wurden tatsächlich nur die Zeilen ausgegeben, in denen das Zeichen »a« vorkam. Dies können Sie mit jedem Zeichen und sogar mit ganzen Strings durchführen – hier ein paar Beispiele:

```
$ grep b Standorte      // filtert nach 'b'
$ grep B Standorte      // filtert nach 'B'
$ grep hafen Standorte  // filtert nach 'hafen'
```

Listing 8.2 Weitere Beispiele für reguläre Ausdrücke

Reguläre Ausdrücke sind case-sensitive. Das bedeutet, es wird zwischen Groß- und Kleinbuchstaben unterschieden.

Nun zurück zur eigentlichen Definition regulärer Ausdrücke: Mit ihnen können Sie Muster für solche Filtervorgänge, wie sie gerade gezeigt wurden, angeben. Allerdings können mithilfe dieser regulären Ausdrücke nicht nur explizit angegebene Strings, wie etwa »hafen«, gefiltert werden, sondern dies funktioniert auch dynamisch. So können Sie angeben, dass »hafen« am Zeilenende oder -anfang vorkommen kann, dass das zweite Zeichen ein »a«, aber auch ein »x« sein kann, dass das letzte Zeichen entweder klein- oder großgeschrieben werden darf und so weiter.

Sollen beispielsweise alle Zeilen, die auf »n« oder »g« enden, ausgegeben werden, kann der reguläre Ausdruck [ng]$ verwendet werden:[1]

```
$ grep "[ng]$" Standorte
Augsburg
Bremen
Friedrichshafen
Aschersleben
Bernburg
Berlin
Essen
Furtwangen
Kehlen
Kempten
```

Listing 8.3 Ein erstes Beispiel für einen dynamischen regulären Ausdruck

---

[1] Keine Angst, dies ist nur ein Beispiel – gleich lernen Sie, wie solche Ausdrücke zu lesen und zu schreiben sind.

8.1 Der Aufbau regulärer Ausdrücke

Nach dieser kleinen Einleitung wenden wir uns nun den regulären Ausdrücken selbst zu. Im Folgenden werden Sie lernen, wie solche Ausdrücke, die man übrigens recht oft vorfindet, zu verstehen sind und wie Sie selbst welche formulieren können. Keine Sorge – so schwer ist das nicht.

Eben wandten wir den regulären Ausdruck `[ng]$` an. Wie ist dieser zu verstehen? Das Dollarzeichen ($) steht für das Ende einer Zeile. Vor diesem Dollarzeichen sind in eckigen Klammern zwei Zeichen (»ng«) gesetzt. Das bedeutet, dass diese zwei Zeichen (und kein anderes) am Zeilenende stehen können.

Erst exakt

Und zwar kann nur *genau eines* der beiden Zeichen das *letzte* Zeichen der Zeile ausmachen. Würden Sie in der Klammer also beispielsweise noch ein »h« hinzufügen, so könnte auch dieses »h« das letzte Zeichen in der Zeile sein.

Lesen würde man den Ausdruck so: Das letzte Zeichen der Zeile ($) kann entweder ein »n« oder ein »g« sein (`[ng]`). Reguläre Ausdrücke können sich aus mehreren solcher Muster zusammensetzen. Sie können beispielsweise das Zeichen, das vor dem letzten Zeichen einer Zeile steht, auch noch festlegen und so weiter. Hier ist eine Auflistung der möglichen Filterausdrücke mit Beispielen:

Jetzt einfach

- `abc`
  der String »abc«

- `[xyz]`
  Eines der Zeichen in der eckigen Klammer muss (an der jeweiligen Stelle) vorkommen.

  - `[aA]bc`
    entweder »Abc« oder »abc«

- `[a-b]`
  Mit dem Minus-Operator werden Zeichenbereiche für eine Position festgelegt.

  - `[a-zA-Z0-9]bc`
    In diesem Beispiel werden alle kleinen und großen Zeichen des Alphabets und alle Ziffern von 0 bis 9 akzeptiert, worauf die Zeichen »bc« folgen müssen.

- `[^a-b]`
  Das Zirkumflex (^) negiert die Angabe. Dies funktioniert sowohl mit als auch ohne Minus-Operator. Dieser Ausdruck ist also dann erfüllt, wenn an der entsprechenden Stelle ein Zeichen steht, das nicht »a« oder »b« ist.

- [xyz]*

  Der Stern ist das Joker-Zeichen (*) und steht für eine beliebige Anzahl von Vorkommen eines Zeichens.

  - K[a]*tze

    würde beispielsweise sowohl »Kaaatze«, »Katze« als auch »Ktze« herausfiltern.

- [xyz]\+

  Das Plus-Zeichen (+) steht für eine beliebige Anzahl von Vorkommen eines Zeichens. Im Gegensatz zum Stern muss das Zeichen allerdings mindestens einmal vorkommen.

  - K[a]\+tze

    würde beispielsweise sowohl »Kaaatze«, als auch »Katze« herausfiltern – es muss mindestens 1 »a« vorhanden sein.

- $

  Dieses Zeichen steht für das Zeilenende.

  - hafen$

    Die letzten Zeichen der Zeile müssen »hafen« sein.

- ^

  Dieses Zeichen steht für den Zeilenanfang und ist nicht mit der Negierung (die in eckigen Klammern steht) zu verwechseln.

  - ^Friedrichs

    Die ersten Zeichen der Zeile müssen »Friedrichs« sein.

- .

  Der Punkt steht für ein beliebiges Zeichen.

  - Friedr.chshafen

    In der Zeile muss die Zeichenkette »Friedr« enthalten sein. Darauf muss ein beliebiges Zeichen (aber kein Zeilenende) folgen und darauf die Zeichenkette »chshafen«.

- \x

  Das Metazeichen »x« wird durch den Backslash nicht als Anweisung im regulären Ausdruck, sondern als bloßes Zeichen interpretiert. Metazeichen sind die folgenden Zeichen:
  ^ $. [ ] *

Auch sind Kombinationen aus solchen Filterausdrücken möglich – hier ein Beispiel: Um festzulegen, dass eine Zeile mit einem kleinen oder großen »H« anfangen soll und dass darauf die Zeichen »alle« und das Zeilenende folgen sollen, wäre dieser Ausdruck der richtige: ^[hH]alle$

```
$ grep "^[hH]alle$" Standorte
Halle
```

Listing 8.4 Suche nach einem Stadtnamen

Vergessen Sie nicht, die regulären Ausdrücke in Anführungszeichen oder Hochkommata zu setzen. Wenn Sie diese weglassen, wird die Shell diese Zeichen anders interpretieren und der Ausdruck wird verfälscht. Um einen regulären Ausdruck auch ohne Anführungszeichen verwenden zu können, müssen Sie alle sogenannten *Metazeichen* »escapen«. Das bedeutet, dass den Zeichen \ ^ $. [ ] * ein Backslash (\) vorangestellt werden muss.

Der obige Ausdruck müsste somit folgendermaßen aussehen:

```
\^\[hH\]alle\$
```

Listing 8.5 Regulärer Ausdruck mit Escape-Sequenzen

8.2 Der Stream-Editor sed

In diesem Unterkapitel soll es nicht um die ehemalige DDR-Partei, sondern um einen mächtigen Editor gehen, der zum Standardumfang eines jeden Unix-Systems gehört. sed ist kein herkömmlicher Editor, wie man ihn etwa von einer grafischen Oberfläche, ncurses-basiert oder dem vi ähnelnd, kennt. sed verfügt über keinerlei Oberfläche, nicht einmal über die Möglichkeit, während der Laufzeit interaktiv Eingaben vorzunehmen.

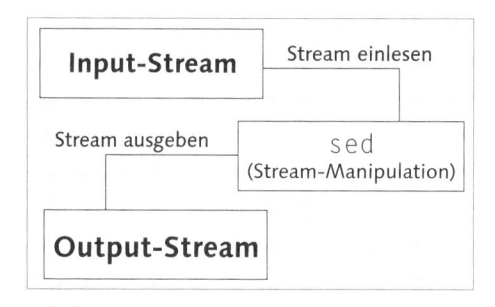

Abbildung 8.1 Die Arbeitsweise von sed

Der Nutzen von sed ist auch nicht ganz mit dem eines »normalen« Editors gleichzusetzen. Die Aufgabe von sed ist die automatische Manipulation von *Text-Streams*. Ein Text-Stream ist nichts anderes als ein »Strom von Zeichen«. Dieser kann sowohl direkt aus einer Datei als auch aus einer Pipe kommen. Dabei liest sed den Stream zeilenweise ein und manipuliert Zeile für Zeile nach dem Muster, das ihm vom Anwender vorgegeben wurde.

8.2.1 Was bringt mir sed?

Der Editor sed ist oftmals dann von hohem Nutzen, wenn es darum geht, ständig wiederkehrende Daten anzupassen beziehungsweise zu manipulieren. Dies ist besonders in Shellskripten und in der Systemadministration oft der Fall. sed nimmt daher neben awk eine dominante Rolle in der Stream-Manipulation ein. Im Gegensatz zu awk bietet sed keine so guten Möglichkeiten in der Programmierung, dafür ist sed oftmals einfacher und schneller einsetzbar, was die bloße Manipulation von Streams anbelangt. Dabei ist es (ähnlich zu awk) besonders durch die Möglichkeit, reguläre Ausdrücke zu verwenden, äußerst einfach und dynamisch zu handhaben.

8.2.2 Erste Schritte mit sed

Der Aufruf von sed erfolgt durch Angabe einer Manipulationsanweisung (entweder direkt in der Kommandozeile oder durch eine Skriptdatei, die diese Anweisung(en) enthält). Dazu übergibt man entweder eine Datei, die als Eingabequelle dienen soll, oder tut eben dies nicht, woraufhin sed von der Standardeingabe liest.

```
sed [Option] [Skript] [Eingabedatei]
```

Listing 8.6 sed aufrufen

[»] Sofern sed ohne Eingabedatei betrieben wird, muss das Programm manuell durch die Tastenkombination **Strg + D** beendet werden. Auf dem Bildschirm erscheint dann die Ausgabe ^D.

Zunächst einmal gibt sed standardmäßig alle Zeilen nach der Bearbeitung aus. Um dies zu veranschaulichen, verwenden wir einen sehr einfachen sed-Aufruf. Dabei wird die Anweisung 'p' verwendet. Diese besagt in diesem Fall nichts weiter, als dass alle Zeilen ausgegeben werden sollen. Doch wie Sie sehen ...

```
user$ sed 'p'
Hallo, Sed!      # dies ist die manuelle Eingabe
Hallo, Sed!      # dies bewirkt 'p'
Hallo, Sed!      # dies ist die standardmäßige Ausgabe
^D               # sed wird durch Strg + D beendet
```

Listing 8.7 sed 'p'

... gibt sed unsere eingegebene Zeile zweimal aus. Die erste Ausgabe kam durch den Befehl 'p' zustande, die zweite durch die standardmäßige Ausgabe jeder manipulierten Zeile. Um dieses, manchmal unerwünschte Feature zu deaktivieren, muss die Option -n verwendet werden:

```
user$ sed -n 'p'
Hallo, Sed!
Hallo, Sed!
^D
```

Listing 8.8 sed -n 'p'

Verwendet man nun eine Datei als Stream-Quelle, muss diese nur zusätzlich beim Aufruf angegeben werden. Da Sie bereits den Befehl 'p' kennen, werden Sie vielleicht schon auf die Idee gekommen sein, sed einmal als cat-Ersatz zu verwenden. cat gibt den Inhalt einer Datei auf dem Bildschirm aus. sed tut dies bei alleiniger Verwendung des 'p'-Befehls ebenfalls.

sed mit Eingabedatei

```
user$ sed -n 'p' /etc/passwd
root:x:0:0::/root:/bin/zsh
bin:x:1:1:bin:/bin:
daemon:x:2:2:daemon:/sbin:
adm:x:3:4:adm:/var/log:
...
```

Listing 8.9 sed mit Eingabedatei

8.2.3 sed-Befehle

Beschäftigen wir uns nun mit den Befehlen, die uns in sed zur Verfügung stehen. Mit dem ersten Befehl 'p' sind Sie bereits in Kontakt gekommen. Dieser Befehl gibt die Zeilen aus.

Doch wie verwendet man nun einen regulären Ausdruck mit solch einem Befehl? Die Antwort ist recht simpel: Man schreibt ihn in zwei Slashes und den Befehl (je nach Befehl) davor oder dahinter. Alles zusammen setzt man der Einfachheit halber in Hochkommata, damit die Metazeichen nicht anderweitig von der Shell interpretiert werden – etwa so:

```
$ sed -n '/[Ff]/p' Standorte
```

Listing 8.10 Verwendung von Slashes

Dieser Ausdruck würde nun alle Zeilen herausfiltern, in denen ein großes oder kleines »f« enthalten ist, und diese anschließend auf der Standardausgabe ausgeben (p).

8 | Reguläre Ausdrücke

Hold- und Patternspace

Zur internen Funktionsweise von sed ist noch anzumerken, dass das Programm mit zwei Puffern arbeitet, in denen die Zeilen gespeichert werden. Der erste Puffer ist der *Patternspace*. In diesen wird eine Zeile geladen, wenn sie einem Muster entsprochen hat. Der zweite Puffer ist der *Holdspace*. Nach der Bearbeitung einer Zeile wird sie vom Pattern- in den Holdspace kopiert. Hier ein Beispiel:

[zB] Der Befehl x tauscht den Inhalt des Patternspace mit dem des Holdspace. Dies geschieht jedes Mal, wenn eine Zeile ein großes »F« enthält, da wir dies als Muster angegeben haben.

```
user$ sed '/F/x' Standorte
Augsburg
Bremen

Aschersleben
Bernburg
Berlin
Halle
Essen
Friedrichshafen
Kehlen
...
```

Listing 8.11 Austausch von Hold- und Patternspace

Wie Sie sehen, folgt nach »Bremen« eine Leerzeile. Dort war der Holdspace noch leer. Da dieser aber mit dem Patternspace (der »Friedrichshafen« enthielt) vertauscht wurde, wurde eine leere Zeile ausgegeben. Nachdem die Leerzeile ausgegeben wurde, befindet sich nun also »Friedrichshafen« im Holdspace. Später wird »Friedrichshafen« ausgegeben, obwohl »Furtwangen« im Patternspace enthalten war. Dies liegt auch wieder daran, dass durch den x-Befehl der Pattern- und der Holdspace vertauscht wurden. Doch es gibt noch einige weitere sed-Befehle, die folgende Tabelle zeigt die wichtigsten.

Befehl	Auswirkung
/ausdruck/=	Gibt die Nummern der gefundenen Zeilen aus.
/ausdruck/a\ string	Hängt »string« an die Zeile an, in der »ausdruck« gefunden wird (append).
b label	Springt zum Punkt »label« im sed-Skript. Falls »label« nicht existiert, wird zum Skriptende gesprungen.
/ausdruck/c\ string	Ersetzt die gefundenen Zeilen durch »string« (change).

Tabelle 8.1 sed-Befehle

Befehl	Auswirkung
/ausdruck/d	Löscht die Zeilen, in denen »ausdruck« gefunden wird (delete).
/ausdruck/D	Löscht den Patternspace bis zum ersten eingebundenen Zeilenumbruch (\n) in »ausdruck«. Sofern weitere Daten im Patternspace vorhanden sind, werden diese übersprungen.
/ausdruck/i\ string	Fügt »string« vor der Zeile ein, in der »ausdruck« gefunden wird (insert).
/ausdruck/p	Gibt die gefundenen Zeilen aus (print).
/ausdruck/q	Beendet sed, nachdem »ausdruck« gefunden wurde (quit).
/ausdruck/r datei	Hängt hinter »ausdruck« den Inhalt der Datei »datei« an (read from file).
s/ausdruck/string/	Ersetzt »ausdruck« durch »string«. Ein Beispiel zu diesem Befehl folgt weiter unten.
t label	Falls seit dem letzten Lesen einer Zeile oder der Ausführung eines t-Befehls eine Substitution (s-Befehl) stattfand, wird zu »label« gesprungen. Lässt man »label« weg, wird zum Skriptende gesprungen.
/ausdruck/w datei	Schreibt den Patternspace in die Datei »datei«. Ein Beispiel zu diesem Befehl folgt weiter unten.
/ausdruck/x	Tauscht den Inhalt von Holdspace und Patternspace. Eine Beispielanwendung dieses Befehls finden Sie in Listing 8.11.
y/string1/string2/	Vertauscht alle Zeichen, die in »string1« vorkommen, mit denen, die in »string2« angegeben sind, wobei die Positionen der Zeichen entscheidend sind: Das zweite Zeichen in »string1« wird durch das zweite in »string2« ersetzt usw. Ein Beispiel zu diesem Befehl folgt weiter unten.

Tabelle 8.1 sed-Befehle (Forts.)

Es folgen nun einige Listings zur exemplarischen Anwendung von sed. Zunächst soll der Befehl w angewandt werden, der die gefundenen Ausdrücke in eine Datei schreibt. Um alle anderen Ausdrücke zu unterdrücken, wird die Option -n verwendet. Es sollen dabei alle Zeilen, in denen ein »F« vorkommt, in die Datei *out.log* geschrieben werden.

```
$ sed -n '/F/w out.log' Standorte
$ cat out.log
Friedrichshafen
Furtwangen
```

Listing 8.12 w-Befehl

s-Befehl — Aber auch die Substitution von Ausdrücken ist in `sed` kein Problem. Mit dem Befehl `s` kann ohne Weiteres ein Ausdruck durch einen String ersetzt werden. Im Folgenden sollen alle »n«-Zeichen durch den String »123456« ersetzt werden.

```
$ sed 's/n/123456/' Standorte
Augsburg
Breme123456
Friedrichshafe123456
Aschersnebe123456
Ber123456burg
Berli123456
Halle
Esse123456
Furtwa123456gen
Kehle123456
Krumbach
Os123456abrueck
Kempte123456
```

Listing 8.13 s-Befehl

y-Befehl — Eine ähnliche Funktionalität bietet der y-Befehl. Dieser Befehl ersetzt keine ganzen Strings, sondern einzelne Zeichen. Er sucht zudem nicht nach Ausdrücken, sondern explizit nach den ihm angegebenen Zeichen. Dem Befehl werden zwei Zeichenketten übergeben. In der ersten steht an jeder Stelle ein Zeichen, das im zweiten String an derselben Stelle ein Ersatzzeichen findet. Daher müssen beide Strings gleich lang sein. Im nächsten Listing soll »a« durch ein »i«, »b« durch ein »j« ... und »h« durch ein »p« ersetzt werden.

```
$ sed 'y/abcdefgh/ijklmnop/' Standorte
Auosjuro
Brmmmn
Frimlrikpspinmn
Askpmrslmjmn
Bmrnjuro
Bmrlin
Hillm
Essmn
Furtwinomn
```

```
Kmplmn
Krumjikp
Osnijrumkk
Kmmptmn
```

Listing 8.14 y-Befehl

8.2.4 Nach Zeilen filtern

Ein weiteres Feature von sed ist die Möglichkeit, nach bestimmten Zeilen zu filtern. Dabei kann entweder explizit eine einzelne Zeile oder ein ganzer Zeilenbereich angegeben werden. Gegeben sei die Datei *myfile* mit dem folgenden Inhalt:

[zB]

```
$ cat myfile
Zeile1
Zeile2
Zeile3
Zeile4
Zeile5
Zeile6
```

Listing 8.15 myfile

Eine Einzelzeile kann durch Angabe der Zeilennummer in Verbindung mit dem p-Befehl herausgefiltert werden. Durch die Option -e lassen sich noch weitere Einzelzeilen in einem einzelnen Aufruf von sed filtern.

Einzelzeilen

```
$ sed -n '2p' myfile
Zeile2
$ sed -n -e '1p' -e '2p' myfile
Zeile1
Zeile2
```

Listing 8.16 Einzelzeilen filtern

Um nun nach Zeilenbereichen zu filtern, gibt man beide Zeilennummern, die diesen Bereich begrenzen, durch ein Komma getrennt an.

Zeilenbereiche

```
$ sed -n '2,5p' myfile
Zeile2
...
Zeile5
```

Listing 8.17 Zeilenbereiche

$ Das Dollarzeichen steht dabei symbolisch für das Zeilenende:

```
$ sed -n '3,$p' myfile
Zeile3
Zeile4
Zeile5
Zeile6
$ sed -n '$p' myfile
Zeile6
```

Listing 8.18 Das Zeichen $

8.2.5 Wiederholungen in regulären Ausdrücken

Kommen wir nun zu einem weiteren Feature in Bezug auf die regulären Ausdrücke für sed: das n-fache Vorkommen eines Ausdrucks. Auch für dieses Thema verwenden wir wieder eine Beispieldatei *wh* (Wiederholung) mit folgendem Inhalt:

```
Ktze
Katze
Kaatze
Katatze
Katatatze
```

Listing 8.19 Die Datei wh

Einzelzeichen · Das mehrmalige Vorkommen von Einzelzeichen kann durch den Stern-Operator (*), den wir Ihnen bereits vorgestellt haben, festgestellt werden. Er lässt sich einen regulären Ausdruck eingebauen und bezieht sich auf das ihm vorangestellte Zeichen. Dabei kann dieses keinmal, einmal oder beliebig oft vorkommen.

```
$ sed -n '/Ka*tze/p' wh
Ktze
Katze
Kaatze
$ sed -n '/Kaa*tze/p' wh
Katze
Kaatze
```

Listing 8.20 Anwendung des *-Operators

Ganze Ausdrücke · Es ist nicht nur möglich, einzelne Zeichen, sondern auch ganze Ausdrücke beliebig oft vorkommen zu lassen. Dabei wird der jeweilige Ausdruck in Klammern geschrieben (die *escaped* werden müssen).

```
$ sed -n '/\(at\)*/p' wh
Ktze
Katze
Kaatze
Katatze
Katatatze
```

Listing 8.21 Der Operator ()

Möchte man hingegen die Anzahl der Vorkommen eines Zeichens oder eines Ausdrucks festlegen, so muss man diese Anzahl in geschweifte Klammern hinter den jeweiligen Ausdruck schreiben. Dabei ist zu beachten, dass auch die geschweiften Klammern als Escape-Sequenzen geschrieben werden.

n Vorkommen

Im nächsten Listing muss der Ausdruck at zweimal hintereinander vorkommen:

```
$ sed -n '/\(at\)\{2\}/p' wh
Katatze
Katatatze
```

Listing 8.22 Mehrmalige Vorkommen mit dem {}-Operator angeben

8.3 grep

Kommen wir nun zu einem weiteren Programm namens grep. Mit grep können Sie ähnlich wie mit sed Filterausdrücke aus einem Input-Stream filtern. Jedoch kann grep diese nicht manipulieren. Vielmehr liegen die Stärken von grep in der einfachen Handhabung und in der höheren Geschwindigkeit gegenüber sed.

Zum Filtern von Ausdrücken übergibt man grep einfach den gewünschten Ausdruck sowie entweder eine Eingabedatei oder den Input aus einer Pipe bzw. der Tastatur.

```
$ grep 'n$' Standorte
Bremen
Friedrichshafen
Aschersleben
Berlin
Essen
Furtwangen
Kehlen
Kempten
```

Listing 8.23 Das Programm grep

8 | Reguläre Ausdrücke

Filternegierung Zudem kann man die Filtervorgabe negieren, womit `grep` alle Zeilen ausgibt, die *nicht* dem angegebenen Ausdruck entsprechen. Dies wird mit der Option `-v` bewerkstelligt.

```
$ grep -v 'n$' Standorte
Augsburg
Bernburg
Halle
Krumbach
Osnabrueck
```

Listing 8.24 grep -v

8.3.1 grep -E und egrep

Sehr hilfreich ist die Fähigkeit, mehrere Ausdrücke in einem Befehl zu filtern. Dabei verwendet man ein logisches ODER in Form eines Pipe-Zeichens zwischen den Ausdrücken sowie entweder `grep` mit der Option `-E` oder das Programm `egrep`.

```
$ egrep -v 'n$|k$' Standorte
Augsburg
Bernburg
Halle
Krumbach
$ grep -vE 'n$|k$' Standorte
Augsburg
Bernburg
Halle
Krumbach
```

Listing 8.25 egrep

[»] Ein Blick in die Manpage verrät uns das Geheimnis: `egrep` ist mit einem Aufruf von `grep -E` gleichzusetzen. Zudem findet man im Dateisystem, zumindest unter Slackware-Linux, den symbolischen Link */bin/egrep* auf */bin/grep*. Dies bedeutet, dass das Programm `grep` intern abfragt, ob der Programmname `egrep` oder nur `grep` lautet, und sein Verhalten der Option `-E` im Falle von `egrep` automatisch anpasst.

8.3.2 Geschwindigkeitsvergleich

Da wir einen Test auf einen regulären Ausdruck sowohl mit `sed` als auch mit `grep` durchführen können, interessiert uns natürlich, welches Programm das schnellere ist. Besonders Shellskripts, die große String-Mengen durchsehen müssen, können dadurch eventuell sinnvoll optimiert werden.

Zum Test haben wir eine 188 MB große Datei mit dem Namen TESTFILEB erzeugt, in der unterschiedlich lange Textstrings enthalten sind. Das Testsystem läuft unter Slackware-Linux 9.1 mit Kernel 2.4.22, einem AMD Athlon XP 2400+ und einer UDMA133-Platte. Hier nun die Testaufrufe sowie deren Ergebnisse:

- `sed -n '/n$/p' TESTFILEB >/dev/null`
  benötigte im Schnitt 9,358 Sekunden, um diese Datenmenge zu bewältigen.

- `grep 'n$' TESTFILEB >/dev/null`
  benötigte durchschnittlich nur 7,075 Sekunden.

- Ein von uns speziell für diesen einen Filtervorgang entwickeltes, geschwindigkeitsoptimiertes, vom GNU-Compiler gcc-3.2.3 optimiertes, gestriptes C-Programm, in dem die darin verwendeten Standard-Libc-Funktionen `strlen()` und `bzero()` durch schnellere ersetzt wurden, benötigte übrigens nur noch 5,940 Sekunden.[2]

8.3.3 Exkurs: PDF-Files mit grep durchsuchen

Es ist möglich, mithilfe der *poppler-utils* (auch *poppler-tools* genannt), den Inhalt von PDF-Dateien in Textform auszugeben. Diese Textform kann dann wiederum mit Programmen wie `grep` durchsucht werden. Die poppler-utils stellen dazu das Programm `pdftotext` bereit. Übergeben wird dem Programm dabei zunächst ein Dateiname und als zweiter Parameter die Ausgabedatei oder ein »-« um zu signalisieren, dass der Inhalt der Datei auf die Standardausgabe geschrieben werden soll.

```
$ pdftotext CovertChannels.pdf - | grep portknocker
keywords : covert, channels, ... portknocker
It seems obvious that t... portknocker or ...
...
```

Listing 8.26 Eine PDF-Datei durchsuchen (Ausgabe gekürzt)

Die poppler-utils beinhalten übrigens auch einige weitere Programme wie etwa `pdftohtml`, mit dem der Inhalt von PDF-Dateien in HTML umgewandelt werden kann. Mit `pdftops` lassen sich die Dateien hingegen ins PostScript-Format konvertieren.

---

[2] Man könnte den Test noch schneller absolvieren, indem man beispielsweise auf Assembler zurückgreift, die Testdatei in eine virtuelle Partition im Hauptspeicher auslagert (oder komplett in den RAM einliest), eventuell eine andere Kernel-Version verwendet oder schlicht auf bessere Hardware zurückgreift.

```
$ pdftohtml essay.pdf essay.html
Page-1
Page-2
...
```

Listing 8.27 Eine PDF-Datei in HTML konvertieren

8.4 awk

Bei awk handelt es sich um eine Programmiersprache, für deren Anwendung sich die Autoren, die sie beschreiben wollen, immer interessante Anwendungsbeispiele ausdenken. In [Herold03A] werden beispielsweise Lebensmitteltabellen und Bundesliga-Ergebnisse ausgewertet, in [VoReJo97A] begnügt man sich mit einer Nummernliste und in unserem Buch »Einstieg in Linux« ([WendPloe08A]) sind es Wohnorte und Benutzer-IDs. Mal sehen, was wir diesmal nehmen.

Die drei Zeichen, aus denen der Name des Programms besteht, leiten sich von den Namen derer ab, die awk (den awk-Interpreter) programmiert haben: Alfred V. Aho, Peter J. Weinberger und Brian W. Kernighan. Diese drei haben übrigens ebenfalls ein Buch ([AhWeKe88A]) über awk geschrieben. Doch mittlerweile gibt es neuere Bücher zu dieser Sprache, etwa [Herold03A] oder eben das vorliegende. Nach der gründlichen Lektüre dieses Unterkapitels werden Sie für den täglichen Umgang mit awk alles Wichtige wissen. Ein vollständiges Buch zur awk-Programmiersprache ersetzt es jedoch nicht.

Bei OpenBSD-Systemen finden Sie ein weiteres awk-Buch der Autoren im Verzeichnis */usr/share/doc/usd/16.awk*. Lassen Sie dort make durchlaufen, was die Datei *paper.ps* erzeugt, die Sie beispielsweise mit GhostView (gv) unter X11 ansehen können.

8.4.1 Nutzen und Interpreter

Die Programmiersprache awk dient, ähnlich wie sed zum Auseinandernehmen und Verarbeiten von Streams. Jedoch bietet sie Ihnen weitaus umfangreichere Möglichkeiten. Es handelt sich dabei schließlich um eine ganze Programmiersprache. Solch eine Skriptsprache benötigt einen Interpreter, der die Anweisungen im Code einliest und ausführt. Dieser heißt wie die Sprache selbst awk. awk ist die älteste Interpreter-Implementierung von awk, es gibt noch neuere Versionen wie nawk (u.a. BSD) und gawk von GNU. In diesem Buch arbeiten wir mit der Variante (n)awk.

Die Syntax von awk ist stark an die Programmiersprache C angelehnt, zudem ist sie äußerst einfach zu erlernen – bereits mit wenigen Zeilen Code kann ein komplexes

Problem gelöst werden, für das man in Sprachen wie C einige Hundert Zeilen Quellcode benötigen würde.[3]

8.4.2 Der Aufruf des Interpreters awk

Ein awk-Aufruf setzt sich aus mehreren Parametern zusammen, die teilweise optional sind.

```
$ awk [Ausdruck] [{ Anweisungen }] [Datei]
```
Listing 8.28 awk-Aufrufschema

Der erste Parameter ist ein regulärer Ausdruck. Dieser muss nicht immer übergeben werden. Da awk, wie auch sed, den Input-Stream zeilenweise durcharbeitet, kann durch den Ausdruck-Parameter jedoch eine Filterung realisiert werden. In englischen Büchern nennt man diesen Ausdruck oft *Pattern*, in einigen deutschsprachigen Büchern auch *Muster* – gemeint ist immer das Gleiche: der reguläre Ausdruck. — Ausdruck

Den zweiten Parameter stellen die awk-Anweisungen – der eigentliche Skriptcode – dar. Diese Anweisungen legen fest, welche Manipulationen am Input-Stream durchgeführt werden sollen. Wichtig ist dabei, dass die Anweisungen in geschweifte Klammern eingebettet werden. Auch der Anweisungen-Parameter muss nicht immer übergeben werden. — Anweisungen

Der Parameter Datei legt die Datei fest, aus der der Input-Stream gelesen werden soll. Auch ihn müssen Sie nicht angeben – awk liest in diesem Fall von der Standardeingabe oder aus einer Pipe. — Datei

Wie Sie sehen, scheinen alle awk-Parameter optionaler Natur zu sein, doch dies stimmt nicht ganz: Es muss immer entweder ein Pattern oder eine Aktion (oder beides) angegeben werden; ganz ohne Pattern und Aktion verweigert awk den Dienst. Zudem muss ein Input-Stream vorhanden sein; dabei ist es jedoch egal, ob dieser nun aus einer angegebenen Datei oder einer Pipe gelesen wird. — [«]

8.4.3 Erste Gehversuche

Testen wir doch einmal das bisher Gelernte, nämlich reguläre Ausdrücke im Zusammenhang mit awk. Dabei werden wir zunächst einmal nur einen regulären Ausdruck, aber keine awk-Anweisungen übergeben. Als Input-Stream soll die Datei */etc/group* dienen. — Reguläre Ausdrücke

---

[3] Allerdings sind interpretierte Sprachen dafür viel langsamer als ein in eine Binärdatei übersetztes C-Programm. Eine Ausnahme stellt Common Lisp dar, das auch ohne Bytecode-Übersetzung relativ schnell läuft.

Um den kompletten Inhalt der Datei auszugeben, muss eigentlich nur ein regulärer Ausdruck angegeben werden, der zwangsweise auf alle Zeilen in der Input-Datei zutrifft. Auf den ersten Blick bietet sich dabei der Ausdruck ».« an. Im Falle der Datei */etc/group* mag dies auch funktionieren, da so jede Zeile ausgegeben wird, in der ein beliebiges Zeichen enthalten ist. Sofern allerdings eine Leerzeile in einer Datei vorkommt, würde dies nicht mehr funktionieren. Dieses Problem kann umgangen werden, indem man ein beliebig häufiges Vorkommen eines beliebigen Zeichens als regulären Ausdruck angibt:

```
$ awk '/(.)*/' /etc/group
wheel:*:0:root,cdp_xe
daemon:*:1:daemon
kmem:*:2:root
sys:*:3:root
tty:*:4:root
operator:*:5:root
bin:*:7:
news:*:8:
wsrc:*:9:
users:*:10:
...
```

Listing 8.29 awk gibt eine Datei aus.

Möchten wir nun alle Zeilen herausfiltern, in denen ein »n« enthalten ist, so gelingt auch dies problemlos:

```
$ awk '/n/' /etc/group
daemon:*:1:daemon
bin:*:7:
news:*:8:
_identd:*:29:
_fingerd:*:33:
_sshagnt:*:34:
_kadmin:*:60:
_token:*:64:
crontab:*:66:
network:*:69:
```

Listing 8.30 awk filtert nach »n«.

Wie Sie sehen, kann awk (wie bereits sed) auf diese Weise die (Grund-)Aufgaben des Programms grep übernehmen.

Lässt man den regulären Ausdruck weg und verwendet an seiner Stelle eine einfache Anweisung, kann man ebenfalls den Dateiinhalt ausgeben. Da kein Filter (durch einen regulären Ausdruck) vorgegeben ist, werden alle Zeilen des Input-Streams an die Anweisungen zur Verarbeitung weitergegeben. Nun müssen diese Zeilen nur noch durch eine entsprechende Ausgabe-Anweisung auf dem Bildschirm ausgegeben werden. Dazu verwenden wir die Anweisung `print`.

Anweisungen

```
$ awk '{print /etc/group}'
wheel:*:0:root,cdp_xe
daemon:*:1:daemon
kmem:*:2:root
sys:*:3:root
tty:*:4:root
operator:*:5:root
bin:*:7:
news:*:8:
wsrc:*:9:
users:*:10:
...
```

Listing 8.31 awk mit Anweisungen

Nun sind wir so weit, dass wir beide Parameter, nämlich regulären Ausdruck und Anweisungen, kombinieren können. Das hierfür verwendete Beispiel ist nicht sonderlich sinnvoll, verdeutlicht jedoch sehr einfach die Funktionsweise von `awk`.

Nun beides zusammen

Hierzu lassen wir den regulären Ausdruck alle Zeilen herausfiltern, in denen ein »x« enthalten ist. Diese Zeilen werden an den Anweisungsblock weitergereicht. Da der Anweisungsblock nur die Anweisung `print` enthält, werden alle gefilterten Zeilen auf dem Bildschirm ausgegeben.

```
$ awk '/x/ {print}' /etc/group
wheel:*:0:root,cdp_xe
_x11:*:35:
proxy:*:71:
cdp_xe:*:1000:
```

Listing 8.32 Regulärer Ausdruck und eine Anweisung

8.4.4 Der Anweisungsblock

Im Anweisungsblock – also dem Teil, der in zwei geschweifte Klammern eingebettet ist – sind ein paar Regeln zu beachten.

Anweisungen separieren

In awk können Anweisungen nicht einfach hintereinander geschrieben werden. Damit der Interpreter weiß, wo eine Anweisung endet und eine neue beginnt, muss – wie in der Shell – eine Separierung der Anweisungen erfolgen. Auch in awk wird diese durch ein Semikolon (;) realisiert. Außerdem können Anweisungen durch Zeilenumbrüche separiert werden.

```
{
    Anweisung1
    Anweisung2
    Anweisung3   Anweisung4        // Fehler!
    Anweisung3 ; Anweisung4        // Richtig!
}
```

Listing 8.33 Anweisungen

Eine weitere Möglichkeit

Neben der Trennung durch ein Semikolon ist es auch möglich, Anweisungen durch geschweifte Klammern zu separieren. Dies wird bei bedingten Anweisungen verwendet, funktioniert aber auch außerhalb von ihnen. Allerdings ist die Verwendung von geschweiften Klammern außerhalb von bedingten Anweisungen schlechter (weil unübersichtlicher) Programmierstil und wird daher nur der Vollständigkeit halber erwähnt.

```
{
    { Anw1 } Anw2 { Anw3 } Anw4
    {
        Anw5
    } Anw6
}
```

Listing 8.34 Anweisungen mit {}

BEGIN und END

Bisher wissen Sie nur, dass es so etwas wie einen Anweisungsblock gibt und dass in diesen die Anweisungen hineingepackt werden. Im Anweisungsblock werden alle Anweisungen *einmalig* ausgeführt, was allerdings nicht immer ausreicht.

Hingegen wird der Anweisungsblock für jede Zeile *erneut* ausgeführt. Was aber tut man, wenn man vor der Bearbeitung der einzelnen Zeilen einige Anweisungen von awk ausführen lassen möchte? Und was tut man, wenn man möchte, dass, nachdem alle Eingabezeilen verarbeitet worden sind, noch weitere Anweisungen ausgeführt werden?

Die Antwort auf diese Fragen ergibt sich aus einer Unterteilung der Anweisungsblöcke in drei Bereiche: den Anfangsteil, den Hauptteil und den Endteil. Man könnte auch von einer aufsatzähnlichen Einteilung in Einleitung, Hauptteil und Schluss sprechen, für den Fall, dass Sie es sich anhand dieser Analogie einfacher merken können.

Der Anfangsteil wird durch das Schlüsselwort BEGIN eingeleitet, der Endteil durch das Schlüsselwort END. Der Hauptteil benötigt kein Schlüsselwort und wird, wie bereits bekannt, einfach durch geschweifte Klammern begrenzt. Diese Klammern werden auch zur Begrenzung der BEGIN- und END-Blöcke verwendet. Somit ergibt sich der folgende schematische Aufbau eines awk-Skripts:

```
BEGIN {
        Anweisung1;
        Anweisung2;
        ...
        AnweisungN;
}

{
        Anweisung1;
        ...
        AnweisungN;
}

END {
        Anweisung1;
        Anweisung2;
        ...
        AnweisungN;
}
```

Listing 8.35 Der Aufbau eines awk-Skripts

Nehmen wir einmal an, eine Datei mit drei Zeilen solle verarbeitet, und vor und nach der Verarbeitung solle ein bestimmter Text ausgegeben werden. Diese Textausgabe wird mit der print-Anweisung umgesetzt, die wir im Laufe des Kapitels noch näher betrachten werden. Dabei ist zu beachten, dass wir den auszugebenden Text in Anführungszeichen gesetzt haben.

```
$ awk ' BEGIN {
       print "Es folgt der Dateiinhalt:"
}

{
      print
}
```

```
END {
    print "Das Ende der Datei ist erreicht."
    print "Tschüss!"
} ' /tmp/Inputdatei
```

Listing 8.36 END und BEGIN angewandt

Wenn die Datei */tmp/Inputdatei* den Inhalt

```
zeile1
zeile2
zeile3
```

Listing 8.37 /tmp/Inputdatei

hat, ergibt sich beim Ausführen des Befehls die folgende Ausgabe:

```
Es folgt der Dateiinhalt:
zeile1
zeile2
zeile3
Das Ende der Datei ist erreicht.
Tschüss!
```

Listing 8.38 Die Ausgabe des awk-Aufrufs

Kommentare

Um Kommentare in einem awk-Skript unterzubringen, verwendet man das Rauten-Zeichen (#). Alles, was hinter diesem Zeichen steht, wird vom Interpreter als Kommentar interpretiert und nicht weiter beachtet. Kommentare bieten Ihnen die Möglichkeit, Ihre Skripte übersichtlicher zu gestalten und komplizierte Anweisungsabschnitte zu kommentieren. Besonders, wenn man nach einigen Monaten oder gar Jahren noch einmal etwas an einem alten awk-Skript verändern möchte (oder muss), wird man sich darüber freuen, dass man komplizierte Stellen im Code mit Kommentaren versehen hat.

```
{
    # Spalte 3 enthält den Benutzernamen
 print $3
}
```

Listing 8.39 Ein simpler Beispielkommentar

Lange Zeilen

Manchmal, etwa bei langen Berechnungen, kommen sehr lange Zeilen zustande. Lange Zeilen lassen sich jedoch je nach Editor relativ schlecht bearbeiten und sind unübersichtlich. awk bietet die Möglichkeit, solche langen Zeilen in mehrere kleine aufzuteilen, wozu man einfach einen Backslash (\) an das Ende einer Zeile stellt, die in der nächsten Zeile fortgesetzt werden soll.

```
# Dies geht nicht. Die zweite Zeile würde als
# eigene Anweisung interpretiert werden und im
# awk-Interpreter einen Fehler verursachen:
print "Dies ist ein Text. Und hier ist"
"noch ein Wert:"

# So ist es richtig:
print "Dies ist ein Text. Und hier ist" \
"noch ein Wert:"
```

Listing 8.40 Anwenden des Backslashs

8.4.5 Variable

Eine Variable ist ein transparentes Mittel, um auf einen Speicherbereich zuzugreifen. Dabei gibt man einer Variablen einen Namen. Über diesen kann man immer wieder auf den Speicherbereich zugreifen und die darin enthaltenen Daten manipulieren. Dabei kann es sich sowohl um eine Zahl als auch um einen oder mehrere Buchstaben handeln – oder auch um eine Kombination aus Zahlen, großen und kleinen Buchstaben sowie Sonderzeichen, etwa einem $. In awk wird dabei zwischen einer Variablen, die nur aus Zahlen besteht (mit denen sich rechnen beziehungsweise vergleichen lässt), und einem sogenannten String unterschieden, dem man neben Zahlen eben auch Buchstaben und Sonderzeichen zuweisen kann.

Der Name einer Variablen sollte dabei nur aus Ziffern, Buchstaben und Unterstrichen bestehen. Dabei ist jedoch zu beachten, dass das erste Zeichen im Namen keine Ziffer sein darf. Gültige Variablennamen sind also beispielsweise »katze«, »katze2«, »_katze« oder »_123KaTzE321_«. Ungültig wären hingegen: »123katze«, »&katze« oder »#Katze«, wobei Letzteres als Kommentar gewertet werden würde.

Zudem sollten Variable keine Namen von Builtin-Funktionen wie `print` oder `printf` tragen, da dies zu Problemen führt. Diese Builtin-Funktionen müssen Sie zu diesem Zeitpunkt noch nicht kennen, wir werden sie jedoch im weiteren Verlauf dieses Kapitels noch besprechen.

Variable deklarieren und initialisieren

Eine Variable wird deklariert, indem man ihren Namen im awk-Skript verwendet. Dadurch weiß awk zumindest schon einmal, dass es eine Variable mit diesem Namen gibt. Über den Speicherbereich, der dieser Variablen zugewiesen wird, müssen Sie sich übrigens nicht kümmern, diese Zuweisung erfolgt nämlich völlig transparent.

Die Initialisierung einer Variablen, also die Zuweisung eines Wertes, wird durch das Gleichheitszeichen (=) realisiert. Dies geschieht in der Form `variable=Wert` und funktioniert sowohl mit Zahlen als auch mit ganzen Strings:

```
BEGIN {
    # Der Name einer Katze sei Felix,
    KatzenName="Felix"

    # ihr Wohnort sei Ettenbeuren.
    Wohnort="12345 Ettenbeuren"

    # Die Hausnummer hingegen sei 123.
    Hausnummer=123
}
```

Listing 8.41 Variable deklarieren und initialisieren

Werte manipulieren

Die Werte von Variablen kann man auf verschiedene Arten manipulieren. Entweder weist man einen komplett neuen Wert durch das Gleichheitszeichen zu oder manipuliert auf Basis des bisherigen. Bei der Manipulation ist zu unterscheiden, ob man Zahlenwerte oder Strings manipuliert. Mit Zahlenwerten können Rechenoperationen durchgeführt werden, bei Strings geht es um die Manipulation von Zeichen.

```
KatzenName="Felix"
# Nun wird der alte Wert verworfen und durch
# "Mauzi" ersetzt
KatzenName="Mauzi"
```

Listing 8.42 Erneute Wertzuweisung durch =

Zahlenwerte manipulieren

Um zunächst einmal grundlegende Rechenoperationen durchführen zu können, muss man Zahlenwerte manipulieren können. Zum Rechnen sind nicht unbedingt Variable notwendig, man kann auch direkt rechnen und das Ergebnis einer Berechnung ausgeben lassen. Jedoch ist es oftmals sehr sinnvoll, ein Ergebnis oder die Zahlen, die in eine Rechnung einfließen, in Variablen zu packen. Das macht die Programmierung einfacher und die Programmstruktur übersichtlicher, dynamischer und verständlicher.

Nehmen wir zur Erläuterung dieses Satzes einmal folgende Situation: Wir wollen eine Rechnung durchführen, bei der der Wert einer Eingabe mit einer aktuellen Prozentzahl und einigen weiteren Werten verrechnet werden soll. Dies könnte etwa so aussehen:

```
{
   neuwert = $1 * 104 + 49 - ( 12 * 13 ) + ( 12 / 4 )
}
```

Listing 8.43 Eine Beispielberechnung

Nehmen wir des Weiteren an, jeder dieser Werte sei dynamisch und müsse eventuell ständig angepasst werden. Dan wäre es doch viel einfacher, wenn man den einzelnen Werten sinnvolle Variablennamen gäbe, was im Code beispielsweise folgendermaßen implementiert werden könnte:

```
{
   Prozentsatz      = 104
   Zuschuss         = 49
   AnzahlBroetchen  = 12
   Preis            = 13
   AnzahlKartoffeln = 12
   Personen         = 4

   neuwert = $1 * Prozentsatz + Zuschuss - \
           ( AnzahlBroetchen * Preis ) + \
           ( AnzahlKartoffeln / Personen );
   print neuwert
}
```

Listing 8.44 Berechnung mit Variablen

Doch welche Möglichkeiten stehen Ihnen beim Rechnen mit awk eigentlich zur Verfügung? Zum einen sind dies diverse Operatoren und zum anderen Builtin-Funktionen. Im Folgenden werden die Operatoren beschrieben; Builtin-Funktionen werden später in einem eigenen Abschnitt erläutert.

Die grundlegenden Rechenoperationen gehen bereits aus dem vorherigen Listing hervor. Dabei handelt es sich um Addition (+), Subtraktion (-), Division (/) und Multiplikation (*). Das Zirkumflex (^) dient zur Angabe eines Exponenten, 2^8 ergäbe beispielsweise 256. Des Weiteren können Klammern verwendet werden. + - * / ^

Das Modulo-Zeichen (%) führt eine Division durch und gibt den Rest dieser Division zurück. Die Anweisung 10%3 ergäbe beispielsweise den Wert »1«. Modulo

awk stellt noch eine weitere Möglichkeit bereit, um die genannten Rechenoperationen durchzuführen. Diese hat allerdings nur den Sinn, den Code übersichtlicher und kürzer zu gestalten. Dabei können Rechenoperationen verkürzt werden, die abhängig vom Wert einer Variablen *derselben* Variablen einen neuen Wert zuweisen. So kann man den Code-Ausschnitt += -= /= *= ^= %=

```
var = var + 1
```
Listing 8.45 Lange Form

auch in der kurzen Form

```
var += 1
```
Listing 8.46 Kurze Form

schreiben. Dies funktioniert mit Addition, Subtraktion, Division, Multiplikation, Modulo und dem Exponenten-Operator.

++ -- Doch awk kann noch mehr: nämlich in- und dekrementieren. Dabei wird der Zahlenwert einer Variablen um den Wert 1 erhöht (Inkrement) bzw. veringert (Dekrement). Das Inkrement wird durch das doppelte Plus-Zeichen, das Dekrement durch ein doppeltes Minus-Zeichen angewandt. Diese beiden Möglichkeiten der Wertmanipulation sind besonders in Schleifen von großer Bedeutung, zudem verkürzen sie den Code. Denn die Anweisung

```
Personen = Personen - 1;
```
Listing 8.47 Dekrementierungsbeispiel

kann durch die Dekrementierung verkürzt als

```
Personen--;
```
Listing 8.48 Dekrementierung

geschrieben werden, was umgekehrt natürlich auch für die Inkrementierung gilt.

Vorher oder nacher? Bei In- und Dekrement ist allerdings zwischen der Prä- und Post-Variante zu unterscheiden. Was bedeutet dies? Nun, um es nicht unnötig kompliziert zu formulieren: Wird der In- bzw. Dekrementierungsoperator vor eine Variable gestellt (das ist die Prä-Variante), so wird ihr Wert vor der Durchführung einer Anweisung verändert. Steht der Operator hingegen hinter einer Variablen (das ist die Post-Variante), so wird erst die Anweisung und dann die Wertveränderung durchgeführt. Das folgende Beispiel verdeutlicht dies:

```
BEGIN {
    Personen = 2;

    # gibt '2' aus:
    print Personen;
```

```
    # gibt '3' aus:
    print ++Personen;

    # gibt auch '3' aus:
    print Personen--;

    # gibt '1' aus:
    print --Personen;
}
```

Listing 8.49 Vorher oder nacher?

Interpreter-Variablen

awk kennt neben den Variablen, die Sie selbst erstellen können, auch sogenannte Builtin-Variablen. Diese haben vordefinierte Namen, die alle in Großbuchstaben geschrieben sind. Sie werden genauso verwendet wie herkömmliche Variable. Die von Ihrem Interpreter unterstützten Variablen finden Sie in der zugehörigen Manpage. Es folgt eine Liste der von jedem Interpreter unterstützten Interpreter-Variablen und ihrer Funktion:

- **$0**

    In dieser Variablen steht der komplette Inhalt einer eingelesenen Zeile.

- **$n**

    (Hier steht n für eine Zahl größer Null.) In $1 ... $n sind die einzelnen Spalteninhalte einer eingelesenen Zeile gespeichert. Dies zu wissen ist besonders wichtig, da Sie fast immer auf diese Variablen zurückgreifen müssen. Hier ein kleines Anwendungsbeispiel zur Verdeutlichung:

```
$ cat /tmp/myfile
root       0    /root
swendzel   1000 /home/swendzel
$ awk '{
    print "Benutzername: " $1 "\tUser-ID: " $2 \
        "\tHomedir: " $3
}' /tmp/myfile
Benutzername: root      User-ID: 0     Homedir: \
  /root
Benutzername: swendzel  User-ID: 1000  Homedir: \
  /home/swendzel
```

Listing 8.50 $n anwenden

- **ARGC (argument count)**

    ARGC enthält die Anzahl der an awk übergebenen Argumente.

- **ARGV (argument vector)**
  ARGV ist ein Array und enthält die übergebenen Argumente selbst.

- **CONVFMT (converting format)**
  Diese Variable legt das Format für die Konvertierung von Zahlenwerten aus Variablen in Strings fest und hat ist standardmäßig den Wert »%.6g« gesetzt, was bedeutet, dass die ersten sechs Nachkommastellen in einen String übernommen werden. Dies lässt sich jedoch ändern, wodurch Ihnen eine äußerst genaue Ausgabe von Kommawerten zur Verfügung steht:

  ```
  $ awk 'BEGIN {
     print "1 / 3 = " 1/3
     CONVFMT="%.15g";
     print "1 / 3 = " 1/3
  }'
  1 / 3 = 0.333333
  1 / 3 = 0.333333333333333
  ```

  Listing 8.51 Verändern von CONVFMT

- **ENVIRON (environment)**
  ENVIRON ist ein *Array*, in dem die Umgebungsvariablen der Shell enthalten sind. Die Index-Elemente enthalten dabei den Wert der jeweiligen Variablen.

  ```
  $ awk 'BEGIN {
     print "Terminal:  " ENVIRON["TERM"];
     print "Mailqueue: " ENVIRON["MQUEUE"];
  }'
  Terminal:  xterm-color
  Mailqueue: /var/spool/mqueue
  ```

  Listing 8.52 ENVIRON nutzen

- **FILENAME**
  In dieser Interpreter-Variablen ist der Name der Datei gespeichert, die derzeit als Input dient. Sofern der Interpreter die Eingabedatei wechselt, wird auch der Wert von FILENAME neu gesetzt.

- **FNR (file number records)**
  In dieser Variablen ist die aktuelle Anzahl der bisher verarbeiteten Eingabezeilen (= *records*) gespeichert.

  ```
  $ awk '{ print FNR }' /etc/passwd
  1
  2
  3
  4
  ```

```
5
...
```
Listing 8.53 Die Variable FNR

- **FS (field separator)**

  Diese Variable ist von großer Bedeutung, denn sie legt das Zeichen fest, das zur Trennung von einzelnen Spalten in der Eingabedatei dient. Normalerweise werden hierfür die Tab- und Newline-Zeichen verwendet. Diese Variable kann übrigens auch durch den Parameter -Fx beim awk-Aufruf gesetzt werden, wobei »x« das Separierungszeichen ist.

```
$ awk -F: '{
    print "User: " $1 "\tShell: " $7
}' /etc/passwd
User: root      Shell: /usr/local/bin/zsh
User: daemon    Shell: /sbin/nologin
User: operator  Shell: /sbin/nologin
...
```
Listing 8.54 Aufteilen der Datei passwd

- **NF (number of fields)**

  In dieser Variablen, die für jede Eingabezeile neu gesetzt wird, steht die aktuelle Anzahl von Spalten der jeweiligen Zeile. Dies ist besonders bei Eingabedateien von Nutzen, bei denen die Anzahl der Spalten von Zeile zu Zeile variiert. Ein üblicher Vertreter solcher Dateien ist */etc/services*.

```
$ awk '{ print NF }' /etc/services
2
4
3
2
```
Listing 8.55 NF in der Datei /etc/services

- **NR (number of records)**

  Die Variable NR enthält die aktuelle Anzahl der bereits verarbeiteten Eingabezeilen.

```
$ cat /tmp/file1
zeile1
zeile2
zeile3
$ cat /tmp/file
hier steht
```

```
auch etwas
drin ;-)
$ awk '{ print NR }' /tmp/file[12]
1
2
3
4
5
6
```

Listing 8.56 Die Variable NR funktioniert auch über mehrere Dateien.

- **OFMT (output format)**
  Diese Variable hat eine ähnliche Wirkung wie `CONVFMT`. Hierbei wird jedoch nicht die Umwandlung von Zahlen in Strings geregelt, sondern wie Zahlen in der direkten Ausgabe umgewandelt werden sollen. Ein Beispiel soll diesen Unterschied verdeutlichen:

```
$ awk 'BEGIN {
    CONVFMT="%.14g"
    X=1.1234567890123456
    print X
}'
1.12346
$ awk 'BEGIN {
    OFMT="%.14g"
    X=1.1234567890123456
    print X
}'
1.1234567890123
```

Listing 8.57 CONVFMT im Vergleich zu OFMT

- **OFS (output field separator)**
  Diese Variable funktioniert analog zur Variable `FS`. Nur ist `OFS` nicht für die Separierung der Eingabespalten, sondern für die Separierung der Ausgabespalten zuständig.

- **ORS (output record separator)**
  Der Wert dieser Variablen separiert die einzelnen Zeilen bei der Ausgabe. Standardmäßig ist dieser Variablen das Newline-Zeichen (\n) zugewiesen.

- **RLENGTH (regular expression length)**
  `RLENGTH` gibt die Länge des regulären Ausdrucks an, der durch die Funktion `match()` gefunden wurde.

- **RS (input record separator)**
  Der Wert dieser Variablen legt das Zeichen fest, das die einzelnen Eingabezeilen separiert. Normalerweise ist dies das Newline-Zeichen.

- **RSTART (regular expression start)**
  Diese Variable enthält den Wert der Anfangsposition des regulären Ausdrucks im String, der der `match()`-Funktion übergeben wurde.

- **SUBSEP (subscript separator)**
  Der Wert von SUBSEP legt das Separierungszeichen der einzelnen Array-Elemente fest. In der Regel muss der Inhalt dieser Variablen nicht verändert werden.

8.4.6 Arrays

Neben normalen Variablen gibt es in awk auch noch die *Arrays*. Unter einem Array kann man sich eine ganze Reihe von Variablen vorstellen. Am besten verdeutlicht man ihre Funktionsweise anhand eines Beispiels.

Nehmen wir einmal an, es gebe drei Katzen. Allen dreien soll ein bestimmtes Alter zugewiesen werden. Dies kann mithilfe von Arrays in awk sehr simpel realisiert werden. Wir legen ein Array mit drei *Elementen* an. Dabei steht jedes für eine Katze. Diesen Elementen (also den einzelnen Variablen des Arrays) weisen wir jeweils einen Wert – das Alter der Katze – zu. Unser Array hat dabei wie eine Variable einen einfachen Namen: `MyArray`.

```
$ awk 'BEGIN
{
    # Ein Array mit drei Elementen anlegen
    MyArray[1]=3;
    MyArray[2]=8;
    MyArray[3]=3;

    # Die Array-Elemente ausgeben
    print "Felix ist " MyArray[1] " Jahre alt.";
    print "Mauzi ist " MyArray[2] " Jahre alt.";
    print "Schröder ist " MyArray[3] " Jahre alt.";
}'

Felix ist 3 Jahre alt.
Mauzi ist 8 Jahre alt.
Schröder ist 3 Jahre alt.
```

Listing 8.58 Arrays in awk

Assoziative Arrays Da awk auch sogenannte *assoziative* Arrays unterstützt, muss nicht durch Indexnummern auf die Elemente zugegriffen werden – man kann sie vielmehr benennen. Wir bezeichnen die Elemente im Folgenden mit dem Namen der jeweiligen Katze. Dies erleichtert das Arbeiten mit Arrays sehr, da man sich nicht mit den Nummern von Array-Elementen herumschlagen muss.

```
$ awk 'BEGIN {
    MyArray["Felix"]=3;
    MyArray["Mauzi"]=8;
    MyArray["Schröder"]=3;

    print "Felix ist " MyArray["Felix"] " Jahre alt.";
    print "Mauzi ist " MyArray["Mauzi"] " Jahre alt.";
    print "Schröder ist " MyArray["Schröder"] " Jahre alt.";
}'
Felix ist 3 Jahre alt.
Mauzi ist 8 Jahre alt.
Schröder ist 3 Jahre alt.
```

Listing 8.59 Assoziative Arrays in awk

Bei awk-Arrays wird der Elementindex in eckigen Klammern angegeben. Dies kann eine Zahl oder ein Assoziativwert, etwa ein String, sein. Einen Assoziativwert muss man dabei in Anführungszeichen setzen. Einem Array-Element weist man, wie auch einer Variablen, durch ein Gleichheitszeichen einen Wert zu.

in Gehen wir nun noch einen Schritt weiter, indem wir den Operator in verwenden. Diesen bauen wir in eine sogenannte for-Schleife ein.[4] Diese Schleife geht in diesem Fall durch den in-Operator jedes Array-Element durch, das im Array MyArray existiert; in weist dabei den Namen eines Elements der Variablen i zu.

```
$ awk 'BEGIN {
    MyArray["Felix"]=3;
    MyArray["Mauzi"]=8;
    MyArray["Schröder"]=3;

    # 'i' selbst ist nun der Name
    # MyArray[i] ist der zugehörige Wert
    for (i in MyArray)
        print i " ist " MyArray[i] " Jahre alt.";
}'
```

---

[4] Schleifen werden in Abschnitt 8.4.8 behandelt. Hier reicht es allerdings erst einmal aus, dass Sie wissen, dass die for-Schleife so lange die nachstehende Anweisung ausführt, bis alle Array-Elemente durchgearbeitet sind.

```
Mauzi ist 8 Jahre alt.
Schröder ist 3 Jahre alt.
Felix ist 3 Jahre alt.
```

Listing 8.60 in-Operator und for-Schleife

Wenn nun eine dieser Katzen verstürbe (was natürlich nicht schön wäre), müsste man sie aus dem Array entfernen. Und natürlich können in awk auch irgendwelche Elemente irgendeines Arrays entfernt werden. Dies geht sogar sehr einfach: mit der delete-Anweisung.

delete

```
$ awk 'BEGIN {
   MyArray["Felix"]=3;
   MyArray["Mauzi"]=8;
   MyArray["Schröder"]=3;

   delete MyArray["Mauzi"];

   for (i in MyArray)
      print i " ist " MyArray[i] " Jahre alt.";
}'
Schröder ist 3 Jahre alt.
Felix ist 3 Jahre alt.
```

Listing 8.61 in-Operator und for-Schleife

8.4.7 Bedingte Anweisungen

Eigentlich wollte ich dieses Unterkapitel mit dem Satz »Eine bedingte Anweisung – darunter versteht man eine Anweisung, die bedingt ausgeführt wird.« einleiten. Ich hoffe, dieser Satz hat wenigstens etwas Erheiterndes für Sie – ich finde ihn gut. Eine bedingte Anweisung besteht aus zwei Komponenten: der Bedingung selbst – sie ist eine Wertabfrage, etwa von einer Variablen – und den Anweisungen oder Anweisungsblöcken. Davon gibt es oftmals sogar zwei: einen für den Fall, dass die Bedingung nicht erfüllt ist, und einen für den Fall, dass die Bedingung erfüllt ist. Die primäre Art von bedingten Anweisungen ist die if-Anweisung. Sie wird in der folgenden Form in einem awk-Skript genutzt:

```
if ( Bedingung ) {
    Anweisung1;
    Anweisung2;
}
```

Listing 8.62 Verwendung von if in einem awk-Skript

Dabei ist zu beachten, dass die geschweiften Klammern für den Anweisungsblock nur dann notwendig sind, wenn mehr als eine Anweisung im Falle einer erfüllten Bedingung ausgeführt werden soll. Soll beispielsweise nur eine `print`-Anweisung ausgeführt werden, wäre der folgende Code vollkommen korrekt:

```
if(1)
   print $3
```

Listing 8.63 print

Aufbau einer Bedingung

Um nun eine `if`-Anweisung in das Skript einzubauen, müssen Sie zunächst wissen, wie sich eine Bedingung eigentlich aufbaut. Dabei wird zwischen *wahr* (Wert ungleich 0) und *falsch* (Wert=0) unterschieden. Ist eine Bedingung erfüllt (also wahr), so werden die Anweisung(en) ausgeführt, die auf die bedingte Anweisung folgen.

```
wahr=1;
falsch=0;

if(wahr)
   print "Dieser Text wird ausgegeben."

if(falsch)
   print "Dieser Text wird nicht ausgegeben."
```

Listing 8.64 wahr und falsch

Vergleichsoperatoren

Damit eine Bedingung jedoch sinnvoll zum Einsatz kommen kann, muss die Möglichkeit bestehen, auch Werte zu vergleichen. Dies kann mit den Operatoren Größer-Gleich (>=), Kleiner-Gleich (<=), Größer (>), Kleiner (<), Gleich (==) und Ungleich (!=) bewerkstelligt werden.

```
wahr=1;
falsch=0;

if(falsch==0)
   print "Diese Bedingung ist erfüllt!"

if(falsch<wahr)
   print "Diese Bedingung ist ebenfalls erfüllt!"

if(falsch>=wahr)
   print "Diese Bedingung ist NICHT erfüllt!"
```

```
if(wahr!=0)
   print "Aber diese ist erfüllt!"
```

Listing 8.65 Vergleichsoperatoren

Das Ausrufezeichen dient zum Negieren einer Bedingung. Möchten Sie beispielsweise darauf prüfen, dass die Bedingung a==1 gerade nicht erfüllt ist, so müsste die Schreibweise

!

```
if(!a==1)
```

Listing 8.66 !a==1

verwendet werden. Diese Methode eignet sich hervorragend, um zu prüfen, ob ein Wert falsch ist:

```
if(!a) {
   ...
}
```

Listing 8.67 !a

Nehmen wir einmal an, es sollen 100 Anweisungen im Falle einer erfüllten Bedingung ausgeführt werden, sowie auch dann, wenn eine andere Bedingung erfüllt ist. Dann wäre es doch sinnvoll, diese Anweisungen nur ein einziges Mal in einen Block einzubauen. Dies ist in awk sehr einfach möglich. Man kann mehrere Bedingungen an eine bedingte Anweisung wie if übergeben und durch ein UND (&&) oder ein ODER (||) verknüpfen. Bei einer UND-Verknüpfung werden die Anweisungen nur ausgeführt, wenn *alle* damit verknüpften Bedingungen wahr sind. Bei einer ODER-Verknüpfung muss nur eine der miteinander erfüllt sein, um die Ausführung des Anweisungsblocks zu veranlassen.

|| und &&

```
$ cat /tmp/myfile
root      0    /root
swendzel  1000 /home/swendzel
$ awk '{
   # ODER: Mindestens eine Teilbedingung
   # MUSS erfüllt sein.
   if(0 || 1)
      print $0
}' /tmp/myfile
root      0    /root
swendzel  1000 /home/swendzel
$ awk '{
   # Hier ist die erste Bedingung falsch, weshalb die Gesamt-
   # bedingung nicht erfüllt ist, da bei einer UND-Verknüpfung
```

```
          # alle Teilbedingungen erfüllt sein müssen.
          if(0 && 1)
             print $0
     }' /tmp/myfile
     $
```

Listing 8.68 && und ||

Klammern In einer Bedingung lassen sich im Übrigen auch Hierarchien einbauen und Teilbedingungen separieren. Dies wird durch Klammerung realisiert. Im folgenden Beispiel ist die Bedingung nur erfüllt, wenn die erste Teilbedingung (1) wahr ist *und* entweder wahr den Wert »1« *oder* falsch den Wert »1« *oder* den Wert »2« hat:

```
if( 1 && ( wahr==1 || (falsch==1 || falsch==2) ) )
   print $0
```

Listing 8.69 Klammerung in Bedingungen

else

Eine weitere einfache, aber wiederum äußerst nützliche Fähigkeit von awk (und so ziemlich jeder anderen Programmiersprache) ist das Formulieren von Anweisungen, die nur dann ausgeführt werden, wenn eine Bedingung *nicht* erfüllt ist. Dazu verwendet man das Schlüsselwort else in Verbindung mit einer if-Anweisung.

```
if(wahr==321) {
   print $2 $1
} else {
   print "Fehler: wahr hat nicht den Wert 321!"
}
```

Listing 8.70 Eine if-else-Anweisung

8.4.8 Schleifen

Um es nicht unnötig kompliziert zu machen: Eine Schleife ist nichts weiter als eine bedingte Anweisung, bei der angegeben wird, wie oft der zugehörige Anweisungsblock ausgeführt werden soll. Die einfachste Form einer Schleife ist die while-Schleife. Mit ihr werden wir uns auch als Erstes beschäftigen.

while

Die while-Schleife hat äußerlich den gleichen Aufbau wie eine if-Anweisung. Ihr Anweisungsblock (oder eine Einzelanweisung) wird so lange ausgeführt, wie die gegebene Bedingung erfüllt ist.

```
while ( Bedingung ) {
   Anweisung1;
   Anweisung2;
}
```

Listing 8.71 Die while-Schleife

In der Regel verwendet man Schleifen in Verbindung mit einer Variablen. Sollen beispielsweise alle Zahlen von 1 bis 10.000 ausgegeben werden, so werden Sie kaum alle Zahlen selbst in den Code schreiben oder einzeln einer Variablen zuweisen wollen. Mit einer Schleife lassen sich diese Aktionen mit wenigen Zeilen Skriptcode realisieren. Dazu verwenden wir einfach irgendeine Variable, die wir so lange hochzählen, bis ein Maximalwert erreicht ist.

```
$ awk 'BEGIN {
   Kundennummer=1;

   while(Kundennummer <= 10000) {
      print "Kunde: " Kundennummer
      Kundennummer++
   }
}'
Kunde: 1
Kunde: 2
Kunde: 3
...
```

Listing 8.72 Ein Beispiel für eine while-Schleife

Dieser Code bietet uns nun eine hervorragende neue Möglichkeit: Egal, wie oft wir die Ausführung einer Anweisung oder eines Anweisungsblocks hintereinander stattfinden lassen wollen, wir müssen sie trotzdem nur ein einziges Mal implementieren. Wenn der obige Code nun nicht 10.000-mal, sondern 9.491.849-mal oder keinmal ausgeführt werden soll, müssen wir nur die Zahl 10000 durch eine andere ersetzen, und awk erledigt den Rest.

Schachtelung von Schleifen

Es ist möglich, mehrere Schleifen ineinander zu schachteln. Dabei ist nichts weiter zu beachten, als dass man den Code möglichst übersichtlich schreiben sollte.

Zur Vertiefung des bisher Gelernten folgt ein Beispiel: Es sollen alle Zahlen ausgegeben werden, die größer als eins und kleiner als 30 sind und die durch drei teilbar sind.

Um diese Aufgabe zu lösen, bauen wir zunächst eine while-Schleife, in der alle Zahlen von 1 bis 29 durchgezählt werden. Für das Durchzählen inkrementieren wir bei jedem Schleifendurchlauf den Wert der Variablen Zahl. Um zu prüfen, ob eine Zahl durch 3 teilbar ist, verwenden wir den bereits bekannten Modulo-Operator. Wenn diese Modulo-Operation den Wert »0« zurückgibt, gab es bei der Divison keinen Rest, Zahl ist also durch 3 teilbar. Ist dies der Fall, geben wir mit print den Wert der jeweiligen Zahl aus.

```
$ awk 'BEGIN {
  Zahl=1;

  while(Zahl<30) {
     if(Zahl%3==0)
        print Zahl
     Zahl++
  }
}'
3
6
9
12
15
18
21
24
27
```

Listing 8.73 Verschachtelung von Schleifen

Endlosschleifen

Eine Endlosschleife ist eine niemals endende Schleife. Diese macht oftmals nur bei größeren Softwareprojekten Sinn, etwa bei einem Hintergrundprozess. In awk sind Endlosschleifen eher selten anzutreffen. Bei solch einer Schleife wird einfach eine immer erfüllte Bedingung übergeben, also etwa »1« oder »27!=31«.

```
while(1)
    print "Dieser Text wird unendlich oft ausgegeben."
```

Listing 8.74 Endlosschleife

break und continue

Um die Verwendung von Schleifen zu vereinfachen, kann man das Verhalten des Skripts bezüglich der Schleife innerhalb ihres Anweisungsblocks beeinflussen. Dies mag sich kompliziert anhören, ist es aber nicht. Es gibt nämlich nur zwei Möglichkeiten, die Abarbeitung der Schleife zu beeinflussen:

▶ **break**

Die Anweisung `break` bricht die Schleife ab. Daraufhin werden die nächsten Anweisungen hinter ihr behandelt. Um die obige Endlosschleife beispielsweise nur einmal zu durchlaufen, könnte man hinter die `print`-Anweisung eine `break`-Anweisung setzen:

```
while(1) {
   print "Dieser Text wird unendlich oft ausgegeben."
   break
}
```

Listing 8.75 Die Anweisung break

▶ **continue**

Die Anweisung `continue` hingegen bricht nur die aktuelle Abarbeitung des Anweisungsblocks einer Schleife ab. Um die obige Endlosschleife so umzuprogrammieren, dass sie niemals die `print`-Anweisung aufruft, sondern schlicht nichts tut, außer vor sich hin zu laufen, müsste man nur eine `continue`-Anweisung vor die `print`-Anweisung setzen.

```
while(1) {
   continue
   print "Dieser Text wird unendlich oft ausgegeben."
}
```

Listing 8.76 Die Anweisung continue

do-while

Eine besondere Form der Schleife ist die `do-while`-Schleife. Dies ist eine `while`-Schleife, deren Anweisungen mindestens einmal ausgeführt werden. Die erste Ausführung des Anweisungsblocks findet also unbedingt statt, für alle weiteren muss die Bedingung jedoch erfüllt sein.

```
do {
   Anweisung1;
   Anweisung2;
   ...
} while ( Bedingung )
```

Listing 8.77 do-while

Würden wir das obige Beispiel also in eine `do-while`-Schleife übertragen, so sähe dies folgendermaßen aus:

```
$ awk 'BEGIN {
  Zahl=1;

  do {
     if( Zahl%3==0 )
        print Zahl
     Zahl++
  } while( Zahl<30 )
}'
3
6
9
12
15
18
21
24
27
```

Listing 8.78 do-while in der Praxis

for-Schleife

Gegenüber der (do-)while-Schleife hat die for-Schleife einen Vorteil: Ihr kann die Variableninitialisierung und die Anweisung zur Veränderung einer Variablen direkt übergeben werden. Das bedeutet, dass die Zuweisung eines Wertes an eine Variable (Initialisierung) und beispielsweise die Dekrementierung einer Variablen bei jedem Schleifendurchlauf nicht extra vor oder in den Anweisungsblock geschrieben werden müssen.

```
for ( Initialisierung; Bedingung; Anweisung ) {
    ...
}
```

Listing 8.79 for-Schleife

Nehmen wir einmal das obige Beispiel zur Ausgabe aller durch 3 teilbaren Zahlen zwischen 1 und 29 und bauen es in eine for-Schleife ein:

```
for( Zahl=1; Zahl<30; Zahl++ )
    if( Zahl%3==0 )
        print Zahl
```

Listing 8.80 Übersichtlicherer Code dank for

Wie zu sehen ist, konnte das Programm übersichtlich in drei Zeilen untergebracht werden.[5]

In Abschnitt 8.4.6, »Arrays«, wurde bereits der `in`-Operator in Verbindung mit einer Schleife besprochen, mit dem die einzelnen Array-Elemente durchlaufen werden können. Daher soll an dieser Stelle lediglich noch einmal auf diesen Operator verwiesen werden.

8.4.9 Funktionen in awk

Ein wichtiges Feature einer Programmiersprache sind die so genannten Funktionen. Wir werden Funktionen nicht nur in awk, sondern auch in der Shellskriptprogrammierung verwenden. Eine Funktion enthält keine, eine oder mehrere Anweisungen und führt diese jedes Mal aus, wenn sie aufgerufen wird. Dabei können ihr immer wieder ein oder mehrere Parameter übergeben werden, mit denen sie dann arbeitet. Dabei unterscheidet man in awk zwischen den Funktionen, die man selbst im Skriptcode implementiert, und den sogenannten *Builtin-Funktionen*. Eine davon kennen Sie sogar bereits: Die `print`-Funktion gibt Text aus, wobei ihr der Text bzw. die Variablennamen übergeben werden müssen. Diese übergebenen Texte und Variablen sind die im vorherigen Absatz angesprochenen Parameter.

Um Funktionen wirklich zu verstehen, wollen wir zunächst eigene Funktionen erstellen. Anschließend werden die wichtigsten Builtin-Funktionen erklärt.[6]

Eigene Funktionen implementieren

Eine eigene Funktion muss, bevor sie angewandt werden kann, zunächst implementiert werden. Zur Implementierung wird das Schlüsselwort `function` verwendet. Dahinter folgt der Name der Funktion und die in Klammern eingeschlossene Parameterliste, die auch leer sein kann.

```
function Funktionsname ( ParameterA, ... ParameterN ) {
    AnweisungA
    AnweisungB
    ...
    AnweisungN
}
```

Listing 8.81 Rohform einer Funktion

---

5 Man könnte es theoretisch auch in eine einzige Zeile schreiben, dies würde jedoch die Lesbarkeit beeinträchtigen.
6 Eine Liste aller von Ihrem awk-Interpreter unterstützten Funktionen finden Sie in der zugehörigen Manpage.

Soll beispielsweise eine Funktion implementiert werden, die den Mittelwert von drei Zahlen berechnet und anschließend ausgibt, könnte dies folgendermaßen aussehen:

```
$ awk '
function mittel(a, b, c) {
   mittelwert=(a+b+c)/3
   print mittelwert
}

BEGIN {
   mittel(1, 3, 3)
   mittel(395, 3918, 49019849)
}'
2.33333
1.63414e+07
```

Listing 8.82 Berechnung des Mittelwerts

Wie Sie sehen, haben wir die Funktion nicht in einen BEGIN-, Haupt- oder END-Block implementiert. Eine Funktion ist in allen Anweisungsblöcken verfügbar.

return   Jedoch können awk-Funktionen noch etwas mehr: Sie können, wie man es z. B. aus der Programmiersprache C kennt, Werte zurückgeben. Diese Rückgabe wird durch das Schlüsselwort return bewerkstelligt. Diesen Wert kann man dann einer Variablen zuweisen oder auch an eine andere Funktion als Parameter übergeben. Zudem kann man den Wert auch in eine Bedingung einbauen.

Nehmen wir uns das vorherige Beispiel noch einmal vor, und verwenden wir nun anstelle der print-Funktion eine return-Anweisung. Dies ermöglicht es uns, die Funktion viel dynamischer einzusetzen. Das Beispiel verwendet den Rückgabewert der Funktion für eine bedingte Anweisung und übergibt den Wert an print.

```
$ awk '
function mittel2(a, b, c) {
   return (a+b+c)/3;
}

BEGIN {
   w1=55
   w2=54
   w3=53

   while(mittel2(w1, w2, w3)>50) {
      print mittel2(w1, w2, w3);
      w1--;
```

```
        w2-=2;
        w3+=0.5;
    }
}'
54
53.1667
52.3333
51.5
50.6667
```

Listing 8.83 return

Builtin-Funktionen

Neben den Funktionen, die Sie selbst implementieren können, stellt awk Ihnen einige vorgegebene Builtin-Funktionen zur Verfügung. Diese gliedern sich in drei Bereiche: mathematische, String- und sonstige Funktionen. Informationen zu letzteren finden Sie in der Manpage Ihres awk-Interpreters.

awk stellt die in Tabelle 8.2 dargestellten mathematischen Builtin-Funktionen zur Verfügung.

Mathematische Funktionen

Funktion	Erklärung
atan2(y, x)	Gibt den Arcus-Tangens von y/x zurück.
cos(x)	Gibt den Kosinus-Wert von x zurück.
exp(x)	Gibt den Wert von e^x zurück.
int(x)	Gibt den Ganzzahlwert (Integerwert) von x zurück. Wäre x beispielsweise 17.341, so würde int(x) den Wert »17« zurückgeben.
log(x)	Gibt den natürlichen Logarithmus von x zurück.
rand()	Gibt eine pseudozufällige Zahl zwischen »0« und »1« zurück. Mit der Funktion srand(x) kann ein neuer Startwert für rand() gesetzt werden.
sin(x)	Gibt den Sinus von x zurück.
sqrt(x)	Gibt die Wurzel von x zurück.

Tabelle 8.2 Mathematische Builtin-Funktionen

Kommen wir zu den wohl wichtigsten Funktionen in awk: den Stringfunktionen. In awk stehen Ihnen davon folgende Typen zur Verfügung: Funktionen, die

String-Funktionen

- Strings in Strings suchen,
- reguläre Ausdrücke suchen und ersetzen,
- die String-Länge zurückgeben,

- Strings aufspalten,
- Text (formatiert) ausgeben,
- Kleinbuchstaben eines Strings in Großbuchstaben umwandeln,
- Großbuchstaben eines Strings in Kleinbuchstaben umwandeln.

Eine Liste aller String-Funktionen samt Beschreibungen finden Sie in der Manpage zu awk beziehungsweise zu nawk oder gawk.

8.4.10 Ein paar Worte zum Schluss

Dies war eine kleine Einführung in die Skriptsprache awk. Doch awk kann noch mehr – es gibt Funktionalität, die wir nicht beschrieben haben (etwa Schlüsselwörter wie next oder exit oder Bedingungen in regulären Ausdrücken beim awk-Aufruf). Das Wichtigste, was Sie über awk wissen sollten, um es täglich zu verwenden, haben Sie aber in diesem Kapitel schon gelernt. Alles Weitere finden Sie in der jeweiligen Manpage Ihres Interpreters.

8.5 Zusammenfassung

In diesem Kapitel haben Sie zunächst die Grundlagen der regulären Ausdrücke kennengelernt. Reguläre Ausdrücke ermöglichen es, Muster zur Filterung von Strings anzugeben. Mit ihnen lässt sich hervorragend Text manipulieren, wozu man am besten zum Stream-Editor sed greift. Möchte man hingegen nur Ausdrücke aus Dateien herausfiltern, so bietet sich grep an. Ebenfalls zum Filtern von Ausdrücken eignet sich die Programmiersprache awk – allerdings stellt awk mit dem gleichnamigen Interpreter awk eine komplette Skriptsprache dar, mit der auch komplexe Aufgaben gelöst werden können. Mit dem bisher erworbenen Wissen zu awk besitzen Sie bereits alle wichtigen Kenntnisse, um das Kapitel 11 zur Shellskriptprogrammierung mit Gewinn zu lesen.

8.6 Aufgaben

Programmieren in awk

Aus der Datei /etc/passwd sollen alle Benutzer mit zugehöriger Benutzer-ID ausgelesen und in der Form »Der Benutzer [Benutzername] hat die User-ID [UID]« ausgegeben werden, sowie zusätzlich die Anzahl der Benutzer des Systems.

*»Humor sollte immer dabeisein,
auch bei Problemen.«*
– Helge Schneider

9 Konsolentools

Rollmops mit Gurke und dazu süßer Kuchen schmeckt furchtbar – trotzdem wollen wir an dieser Stelle einen abrupten Themenwechsel vornehmen und uns im folgenden Kapitel einigen weiteren essenziellen Anwenderprogrammen für die Kommandozeile zuwenden. Viele dieser Programme sind besonders in der Shellskriptprogrammierung von Nutzen. Wir werden uns im Folgenden zunächst die Tools ansehen, mit denen wir den Inhalt einer Datei auf eine bestimmte Weise ausgeben können. In vorherigen Kapiteln lernten Sie bereits die Tools `more` und `less` kennen, die in diese Kategorie gehören. Nun sehen wir uns auch die Werkzeuge `head`, `tail` und `nl` an.

Im Anschluss werden wir Tools betrachten, mit denen eine manipulierte Ausgabe des Dateiinhalts möglich ist: `cut`, `tr`, `paste`, `column`, `colrm`, `tac`, `sort`, `od` und `uniq`. Anschließend werfen wir noch einen Blick auf ein Tool zur Dateisuche (`find`) und außerdem auf:

- `split`, mit dem man den Dateiinhalt in mehrere Teile aufspalten kann;
- `wc`, das Zeichen, Zeilen und Wörter von Dateiinhalten zählt;
- `mc`, einen Dateimanager für die Konsole; und
- `bc`, ein Rechenprogramm.

9.1 head, tail und nl – Dateiinhalte zeigen

Mit dem Programm `head` kann der Anfang einer Datei ausgegeben werden. Standardmäßig sind dies immer die ersten 10 Zeilen. Das Programm `tail` hingegen gibt die letzten Zeilen einer Datei – standardmäßig die letzten fünf – aus. Dabei kann allerdings die Anzahl der auszugebenden Zeilen optional verändert werden:

```
$ head -n 7 /etc/passwd
```

Listing 9.1 Die ersten sieben Zeilen ausgeben (Variante 1)

```
$ head -7 /etc/passwd
```

Listing 9.2 Die ersten sieben Zeilen ausgeben (Variante 2)

Das Programm `tail` verfügt übrigens über eine weitere äußerst nützliche Funktion: Es kann mittels des Parameters `-f` die letzten Zeilen einer Datei ausgeben und bleibt dann so lange aktiv, bis es beendet wird, wobei die jeweils von anderen Programmen in diese Datei geschriebenen Zeilen automatisch auf dem Bildschirm ausgegeben werden. Dies ist besonders dann nützlich, wenn es um die Überwachung von Logdateien geht.

Mit `tail -f /var/log/messages` können Sie beispielsweise veranlassen, dass Sie auf dem Terminal (vorzugsweise `xterm` oder einem ähnlichen) ständig die aktuellen Logmeldungen des Systems einsehen können, ohne irgendwelche neuen Befehle aufrufen zu müssen.

nl Das Programm `nl` gibt Ihnen ebenfalls den Dateiinhalt zeilenweise aus. Allerdings – und das ist besonders dann von Nutzen, wenn man Quellcode erklären möchte und mit Zeilennummern arbeiten will – wird vor jede Zeile der Ausgabe eine Nummer gesetzt.

9.2 column – Ausgaben tabellenartig formatieren

Wie es sich aus dem Namen von `column` bereits erahnen lässt, werden mit diesem Programm Ausgaben spaltenweise dargestellt. Übergibt man ihm eine simple Zahlenfolge, so sieht das Ergebnis folgendermaßen aus:

```
$ seq 1 10 | column
1    3    5    7    9
2    4    6    8    10
```

Listing 9.3 column stellt Zahlen in Spalten dar.

`column` kann in dieser Form beispielsweise dazu verwendet werden, Ausgaben, die zeilenweise aus einer Pipe kommen, spaltenweise darzustellen. Das lässt sich leicht verdeutlichen, wenn man die Ausgabe von `ls`, die normalerweise auch in Spaltenform zu sehen ist, durch eine Pipe schickt:

```
$ mkdir dir; cd dir; touch a b c d
$ /bin/ls
a   b   c   d
$ /bin/ls | more
a
b
```

```
c
d
$ /bin/ls | more | column
a    b    c    d
```

Listing 9.4 Aus zeilenweiser Darstellung wieder eine Spaltendarstellung machen

Ausgaben lassen sich auch in tabellarischer Form (also ein Datensatz pro Zeile) dargestellt werden. Dazu muss der Parameter `-t` verwendet werden. Mit `-s` kann, ähnlich wie bei `awk -F` ein Zeichen angegeben werden, das die einzelnen Attribute teilt.

```
$ head -4 /etc/passwd
root:x:0:0:root:/root:/bin/bash
daemon:x:1:1:daemon:/usr/sbin:/bin/sh
bin:x:2:2:bin:/bin:/bin/sh
sys:x:3:3:sys:/dev:/bin/sh
$ head -4 /etc/passwd | column -t -s :
root    x   0   0   root    /root       /bin/bash
daemon  x   1   1   daemon  /usr/sbin   /bin/sh
bin     x   2   2   bin     /bin        /bin/sh
sys     x   3   3   sys     /dev        /bin/sh
```

Listing 9.5 Die passwd als Tabelle darstellen

Dem Parameter `-s` können Sie auch mehr als ein Zeichen übergeben, da es eine *Zeichenmenge* entgegennimmt. Schreiben Sie diese Zeichen dann ohne Trennung direkt hintereinander.

9.3   colrm – Spalten entfernen

Haben Sie mit `column` soeben gelernt, wie Ausgaben tabellenartig dargestellt werden können, so lernen Sie nun, wie mit `colrm` einzelne Spalten von Texten entfernt werden können. Obwohl dieses Programm seit Urzeiten zu BSD und auch zum Standardumfang eines Linux-Systems gehört, ist es recht unbekannt – ein Grund mehr, es in diesem Buch zu besprechen.

Eingelesen werden Daten immer über die Standardausgabe; sie werden dabei automatisch als in Spalten aufgeteilter Text interpretiert. Für `colrm` sind Spalten keine durch Leerzeichen oder Tabulatoren getrennten Bereiche. Stattdessen bildet jedes Zeichen eine neue Spalte. Ein Dateiinhalt wie etwa »abcd« besteht somit aus vier Spalten. Ein Tabulatorzeichen setzt die Spaltennummer für das darauf folgende Zeichen auf das nächsthöhere Vielfache von acht (also genauso, wie es ein Texteditor üblicherweise auf dem Bildschirm darstellt, wenn Sie ein Zeichen mit dem Tabulator verschieben).

Als Parameter übergeben Sie `colrm` in jedem Fall die Spaltennummer, ab der gelöscht werden soll. Ein optionaler zweiter Parameter dient zur Angabe der Spalte, ab der nicht weiter gelöscht werden soll. Wie so oft ist auch hier ein Beispiel angebracht.

```
$ cat testfile
abcdefg
ABCDEFG
QWERTZX
$ cat testfile | colrm 3
ab
AB
QW
$ cat testfile | colrm 3 6
abg
ABG
QWX
```

Listing 9.6 Spalten abschneiden mit colrm

Um nur eine einzelne Spalte zu entfernen, können Sie als Start- und Stoppspalte denselben Wert angeben:

```
$ cat testfile | colrm 3 3
abdefg
ABDEFG
QWRTZX
```

Listing 9.7 Nur die dritte Spalte einer Eingabe löschen

Sollten Sie mehrere einzelne Spalten löschen wollen, dann müssen Sie `colrm` mehrfach aufrufen. Bedenken Sie dann allerdings, dass sich die Zeichennummerierungen durch die vorhergehende Manipulation bereits verändert haben. Wenn Sie z. B. von sechs Eingabespalten zunächst die zweite und dann die fünfte löschen wollen, müssen Sie `colrm` erst die zweite und anschließend die vierte (und nicht die fünfte) löschen lassen, da es nach dem Löschen der zweiten Spalte nur noch vier Spalten in der neuen Eingabe gibt. Fehlerfreier ist da die Lösung von »hinten«. Das heißt: Sie löschen erst die fünfte Spalte und dann die zweite, müssen also nicht rechnen. Das folgende Listing zeigt beide Fälle:

```
$ echo "123456" | colrm 2 2 | colrm 4 4
1346
$ echo "123456" | colrm 5 5 | colrm 2 2
1346
```

Listing 9.8 Die zweite und die fünfte Spalte löschen

9.4 cut, paste, tac und tr – Dateiinhalte ändern

Dateien (und auch die Standardeingabe) können Sie mit dem Programm cut auf die eigenen Bedürfnisse zuschneiden. Besonders bei der Erstellung von Shellskripten spielen solche Funktionalität eine wichtige Rolle, da oftmals Datenströme angepasst werden müssen, um bestimmte Ausgaben zu erreichen. (Solch eine Aufgabe könnte man oft jedoch genauso gut oder noch besser mit awk lösen.)

cut

Das Programm cut kann die Eingabedaten auf zwei Weisen zurechtschneiden: nach Spalten (-c) und nach Feldern (-f). Dabei werden die Nummern der jeweiligen Einheit durch Kommas getrennt bzw. mit einem »-« verbunden.

Im Folgenden soll die Datei */etc/hosts*, die aus drei Spalten besteht, die jeweils durch ein Leerzeichen voneinander getrennt sind,[1] an unsere Bedürfnisse angepasst werden. Die erste Spalte der Datei gibt die IP-Adresse eines Computers an, die zweite seinen vollen Domainnamen und die dritte seinen Hostnamen. Wir interessieren uns nun ausschließlich für die IP-Adresse und den Hostnamen.

[zB]

Da die einzelnen Felder durch ein Leerzeichen getrennt sind, geben wir dies durch den Parameter -d als Trennzeichen für die Spalten an. Da es sich beim Leerzeichen um ein nicht druckbares Zeichen handelt, escapen wir es, indem wir ihm einen Backslash voranstellen: »\ «

```
$ cut -d\  -f 1,3 /etc/hosts
127.0.0.1 localhost
192.168.0.1 merkur
192.168.0.2 venus
192.168.0.3 erde
192.168.0.4 mars
192.168.0.5 jupiter
```

Listing 9.9 Beispielanwendung für cut

paste fügt Dateiinhalte über ein angebbares Trennungszeichen zeilenweise zusammen.

paste

Schauen wir uns einmal die Ausgabe des obigen cut-Beispiels an. Dort geben wir die IP-Adressen und die Hostnamen der Rechner im Netzwerk aus. In der folgenden Situation gehen wir davon aus, dass die IP-Adressen in der Datei *IPAdressen* und die Hostnamen in der Datei *Hostnames* untergebracht sind. Wir möchten nun eine zeilenweise Zuordnung erstellen, wobei die einzelnen Spalten durch einen Doppelpunkt voneinander getrennt sein sollen.

---

1 Dies ist oftmals nicht der Fall, es könnten auch Tab-Zeichen oder mehrere Leerzeichen sein.

```
$ paste -d : IPAdressen Hostnames
127.0.0.1 localhost
192.168.0.1:merkur
192.168.0.2:venus
192.168.0.3:erde
192.168.0.4:mars
192.168.0.5:jupiter
```

Listing 9.10 Beispiel für das Zusammenfügen zweier Dateien

tac   Es könnte vorkommen, dass ein Dateiinhalt in einer Form vorliegt, die umgekehrt werden muss. In diesem Fall hilft `tac` sehr einfach weiter – es dreht den Dateiinhalt nämlich um. Wie Sie sehen, gibt es in der Unix-Konsole für so ziemlich jeden denkbaren Editiervorgang ein Programm.

```
$ tac /etc/hosts
192.168.0.5 jupiter.sun jupiter
192.168.0.4 mars.sun mars
192.168.0.3 erde.sun erde
192.168.0.2 venus.sun venus
192.168.0.1 merkur.sun merkur
127.0.0.1 localhost localhost
```

Listing 9.11 Das Tool tac dreht unsere hosts-Datei um.

tr   Das Tool `tr` ersetzt Zeichen in Text-Streams. Dabei können ganze Zeichenbereiche, also etwa [a-z], angegeben werden. Ein Aufruf von `tr` hat mindestens zwei Parameter: das Zeichen oder der Zeichenbereich, der ersetzt werden soll, und das Zeichen oder der Zeichenbereich, der anstelle des alten Zeichen(bereichs) eingesetzt werden soll. Möchte man etwa alle Kleinbuchstaben eines Textes durch Großbuchstaben ersetzen, könnte man dies folgendermaßen tun:

```
$ echo hallo | tr '[a-z]' '[A-Z]'
HALLO
```

Listing 9.12 Das Werkzeug tr

9.5 sort und uniq – sortiert und einzigartig

sort und uniq   Als Shellanwender kommt man recht oft – auch wenn man es aus der Windows-Welt kommend nicht so ganz glauben mag – in die Situation, bestimmte Zeilen von Dateien zu sortieren und redundante Datensätze zu entfernen.

Gegeben sei folgende Beispieldatei, die zwei Spalten umfasst. Die erste Spalte gibt eine Nummer an, die dem Protokoll (Spalte 2) zugeordnet ist. Einige Dateneinträge sind redundant. Im Folgenden wollen wir diese Datensätze ordnen lassen.

```
001 ICMP
002 IGMP
089 OSPF
003 GGP
006 TCP
022 IDP
022 IDP
000 IP
012 PUP
017 UDP
255 RAW
```

Listing 9.13 Die Beispieldatei

Das Programm `sort` hilft uns nun, diese Daten in Reihenfolge korrekt zu sortieren. Hat die Datei keine führenden Nullen, muss die numerische Sortierung über den Parameter `-n` explizit aktiviert werden. Anschließend müssen die redundanten Datensätze nur noch entfernt werden, so dass jeder Datensatz exakt einmal vorkommt. Dies wird mittels `uniq` bewerkstelligt:

```
$ sort Beispieldatei | uniq
000 IP
001 ICMP
002 IGMP
003 GGP
006 TCP
012 PUP
017 UDP
022 IDP
089 OSPF
255 RAW
```

Listing 9.14 Die intelligente Lösung

9.6 wc – Dateiinhalt vermessen

Mit dem Programm `wc` können Sie ganz einfach die Wörter (`-w`) eines Textes, der im ASCII-Format vorliegt, zählen – beziehungsweise die Zeilen (`-l`) des neuesten Quellcodes oder dessen Zeichen (`-c`).

```
$ wc -lc kap04_shell.tex
    3639  160511 kap04_shell.tex
```

Listing 9.15 Zeilen einer Buchdatei zählen

9.7 Dateien finden mit find

Die Suche nach Dateien ist eine grundlegende Aufgabe für jeden Systemadministrator und Benutzer. Unter Linux steht Ihnen für diese Aufgabe das Programm `find` zur Verfügung – zumindest die GNU-Version davon. `find` verfügt, wie Sie gleich sehen werden, über weitaus mehr Funktionalität, als man auf den ersten Blick vermuten würde.

find ist rekursiv

`find` durchsucht den ihm übergebenen Pfad rekursiv, also einschließlich der Unterverzeichnisse des Pfades. Ohne weitere Parameter werden alle Dateien gesucht und ausgegeben. Möchte man – wie es wohl fast immer der Fall sein wird – lieber bestimmte Kriterien für die Suche festlegen, so müssen diese zusätzlich übergeben werden. Soll dann wiederum noch eine Aktion mit den gefundenen Dateien, wie etwa das Löschen der Dateien, durchgeführt werden, so lässt sich diese Aktion ebenfalls noch angeben.

Aktion

```
# Aufruf: find [Pfad] [Kriterium] [Aktion]

# Die Datei 'buch.ps' im Heimatverzeichnis
# und dessen Unterverzeichnissen suchen

$ find /home/$USER -name 'buch.ps'
/home/swendzel/books/kompendium/buch.ps
/home/swendzel/books/itsec_buch/buch.ps
/home/swendzel/books/eil2/buch.ps
```

Listing 9.16 find-Aufruf

9.7.1 Festlegung eines Auswahlkriteriums

Es stehen eine Reihe von Parametern zur Verfügung, die `find` beim Aufruf übergeben werden können, um Kriterien für die Auswahl bei der Dateisuche festzulegen. Unter anderem kann nachdem Namen, Erstellungszeit, Größe, Zugriffsrechten, Erstellungs- oder Modifikationszeit einer Datei gesucht werden – die folgende Tabelle verschafft Ihnen einen Überblick über alle Parameter und Kriterien:

Parameter	Kriterium
-amin/atime [n]	Sucht nach Dateien, auf die in den letzten *n* Minuten bzw. Tagen ein Zugriff erfolgte.
-cmin/ctime [n]	Sucht nach Dateien, die in den letzten *n* Minuten/Tagen neu erstellt wurden.
-empty	Sucht nach leeren, regulären Dateien und Verzeichnissen.
-fstype [Typ]	Sucht in Dateisystem vom Typ *Typ*.
-gid [n]	Sucht nach Dateien, deren Gruppen-ID *n* ist.
-group [Name]	Sucht nach Dateien, die der Gruppe *Name* zugeordnet sind.
-inum [inode]	Sucht nach Dateien mit der Inode-Nummer *inode*.
-links [n]	Sucht nach Dateien, auf die *n* Hardlinks verweisen.
-mmin/mtime [n]	Sucht nach Dateien, deren Inhalt innerhalb der letzten *n* Minuten/Tage modifiziert wurde.
-name [Name]	Sucht nach Dateien mit dem Namen *Name*.
-nouser/group	Sucht nach Dateien, deren Benutzer-/Gruppen-ID keinem Eintrag in der Passwortdatei zugeordnet werden kann.
-perm [Recht]	Sucht nach Dateien mit dem Zugriffsrecht *Recht*.
-size [n]	Sucht nach Dateien mit der Größe *n*, wobei die Einheit festgelegt werden kann. Dabei kann nach der Größe in Blocks(b), in Byte (c), in Kilobyte (k) oder in Worten (w; ein Wort ist 2 Zeichen groß) gesucht werden: 2k entspricht also der Angabe von 2 Kilobyte.
-type [Typ]	Sucht nach Dateien des Typs *Typ*. Mögliche Angaben sind b (Blockdatei), c (Character-Datei), d (Verzeichnis), p (FIFO), f (reguläre Datei), l (Softlink) und s (Socket).
-uid [UID]	Sucht nach Dateien, die dem Benutzer mit der ID *UID* gehören. Übrigens kann mittels -user [Name] auch direkt über den Benutzernamen gesucht werden.

Tabelle 9.1 Suchkriterien

Suchen wir einmal nach einer Datei, die mit dem Zugriffsrecht 0644 (oktal) versehen ist, die dem Benutzer *swendzel* gehört und deren Name mit *.tex* endet. Wie Sie sehen, stellt es für find kein Problem dar, mehrere Kriterien gleichzeitig zu beachten.

```
$ find . -perm 644 -user wendzel -name '*.tex'
./anhang.tex
./buch.tex
./glossar.tex
./kap01.tex
./kap02.tex
./kap03.tex
```

```
./kap04.tex
./kap05.tex
...
```

Listing 9.17 Beispielsuche

Merkmale für Suchkriterien können auch mit dem Additions- oder dem Subtraktionszeichen spezifiziert werden. `-size +2048k` sucht beispielsweise nach Dateien, die mindestens 2 Megabyte groß sind:

```
$ find /usr/local/bin -ctime -3 -perm +2755 \
  -links +2 -name '[euolimn]*'
```

Listing 9.18 Wenn nach Details gesucht werden muss ...

Logische Operationen

Die Suchkriterien können auch mit logischen Operationen verknüpft werden. So kann eine *logische Verneinung* (!-Operator) beispielsweise dazu führen, dass alle Dateien gesucht werden, die *nicht* dem Suchkriterium entsprechen. Darüber hinaus können ein logisches UND sowie ein logisches ODER in den Kriterien vorkommen, womit alle Suchbedingungen (logisches UND) beziehungsweise nur eine (logisches ODER) erfüllt sein muss, damit eine Datei dem Suchkriterium entspricht.

```
$ find . ! -name '*.tex'
.
./images
...
```

Listing 9.19 Alle Dateien suchen, die nicht auf .tex enden

Sollen mehrere Bedingungen erfüllt sein (logisches UND), werden diese einfach nebeneinander geschrieben oder durch `-a` (wahlweise auch `-and`) getrennt. Das obige logische NICHT kann auch mittels `-not` ausgedrückt werden, und ein logisches ODER kann mit `-o` und `-or` formuliert werden.

Gruppierungen   Einzelne Kriteriengruppen werden durch Klammern voneinander getrennt.

9.7.2 Festlegung einer Aktion

`find` bietet die Möglichkeit, mit den gefundenen Dateien bestimmte Aktionen durchzuführen, die hinter den Suchkriterien festgelegt werden.

Parameter	Aktion
-exec [cmd]	Führt das Kommando cmd mit den gefundenen Dateien aus. Einige Hinweise, die hierbei beachtet werden sollten, finden Sie im Anschluss an diese Tabelle.
-print	Gibt jeden gefundenen Dateinamen in einer separaten Zeile aus. Diese Einstellung ist der Standard. -print0 hingegen gibt den Dateinamen mit anschließendem '\0'-Zeichen aus.
-ls	Listet die gefundenen Dateien mit dem Kommando ls -lisa auf.
-fls/fprint [Datei]	Diese Kommandos erzeugen eine äquivalente Ausgabe wie -ls oder -print – mit dem Unterschied, dass die Ausgabe in die Datei *Datei* geschrieben wird.

Tabelle 9.2 *Mögliche Aktionen*

Das per -exec übergebene Kommando wird mit einigen zusätzlichen Parametern aufgerufen: Der aktuell gefundene Dateiname wird durch geschweifte Klammern vertreten, und die Kommandos müssen mit Semikola abgeschlossen werden, die in Anführungszeichen stehen:

```
$ find . -name '*' -exec du -h {} ";"
16.0K    ./xyria_/echod/CVS
28.0K    ./xyria_/echod
6.0K     ./xyria_/echod/echod.fas
...
```

Listing 9.20 exec

9.8 split – Dateien aufspalten

Ein nettes Tool, um große Dateien in kleinere Hälften aufzuteilen, ist split. Die Aufteilung erfolgt entweder basierend auf Zeilen (-l) oder aber auf Bytes (-b).

Gehen wir einmal davon aus, dass eine Datei auf mehrere Teile zu je 1440 Kb aufgeteilt werden soll. Die Ursprungsdatei selbst hat eine Größe *x*. split erstellt nun so lange 1440 KB große Dateien, bis die komplette Datei aufgeteilt ist.

Wenn die Datei nicht die Größe eines Vielfachen von 1440 KB hat, wird die letzte Datei natürlich nur die verbleibenden Restdaten, also das Ende der Ursprungsdatei enthalten und damit nicht den kompletten Speicherplatz belegen. Bei der Aufteilung in Byte können folgende Suffixe verwendet werden: *b* für Blockeinheiten zu je 512 Byte, *k* für Kilobyte sowie *m* für Megabyte.

```
user$ split -b 1440k backup.tgz
user$ ls xa?
xaa xab xac xad xae xaf xag
```

Listing 9.21 Aufteilen der Backup-Datei in 1440 KB große Teile

Dateien zusammenfügen

Die Dateien *xaa*, *xab*, *xac* usw. sind die neu erstellten Teildateien. Doch wie fügt man sie »nu wieder z'amm'«? Hierzu gibt es viele Möglichkeiten – die einfachste dürfte jedoch ein Aufruf von cat in Verbindung mit einer Ausgabeumlenkung sein.

```
$ cat xa? > backup.tgz
```

Listing 9.22 Zusammenfügen der Dateien

9.9 Midnight Commander (mc)

Vielleicht gehören Sie wie wir zu einer Generation von Computernutzern, die vor vielen, vielen Jahren mit dem »Norton Commander« unter MS-DOS gearbeitet haben. Für Linux gibt es seit vielen Jahren einen freien Klon dieses Programms. Dieser Klon trägt den Namen »Midnight Commander« und sieht nicht nur wie der Norton Commander aus, sondern er funktioniert auch wie dieser.

Der Midnight Commander wird über mc gestartet und bietet je nach Terminal ein buntes oder ein schwarz-weißes Bild.

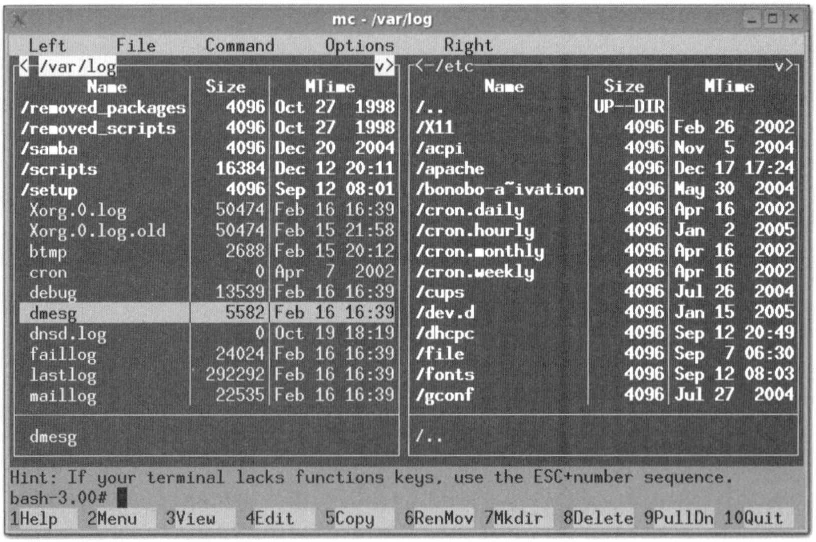

Abbildung 9.1 Der Midnight Commander

Erscheint der Midnight Commander unter X11 nur in schwarz-weiß, setzen Sie die TERM-Variable auf den Wert »xterm-color«.

9.9.1 Bedienung

Generell bewegt man sich mit den Cursor-Tasten zwischen den Dateien hin und her. Für Bildsprünge im Dateibaum können Sie die **Bild-Auf/Bild-Ab**-Tasten verwenden.

Kommandos können direkt unten im Prompt des Bildschirms eingegeben werden. Diese werden dann mit der **Enter**-Taste ausgeführt. Ist jedoch kein Kommando eingegeben, dient die **Enter**-Taste zum Start von grün markierten, ausführbaren Dateien.

Zwischen den zwei Bildschirmhälften können Sie mit der **Tab**-Taste wechseln.

Das Menü des Commanders wird mit **F9** aufgerufen, der interne Datei-Viewer mit **F3**, der Editor mit **F4**. Zudem können Dateien kopiert (**F5**), verschoben und umbenannt (**F6**), Verzeichnisse erstellt (**F7**) und diverse andere Dateisystem-Operationen durchgeführt werden.

9.9.2 Verschiedene Ansichten

Was eine der beiden Seiten anzeigen soll, können Sie frei auswählen. Dazu muss im *Left*- bzw. *Right*-Menü eine Anzeigeart ausgewählt werden.

- **Listing mode** legt fest, welche Attribute der Dateien im Dateilisting angezeigt werden sollen.

    - **Full file list** zeigt den Namen, die Größe und die Modifikationszeit der Datei an.

    - **Brief file list** zeigt zwei Dateispalten an, in denen ausschließlich die Dateinamen zu sehen sind.

    - **Long file list** zeigt die gleiche Ausgabe wie `ls -l`, verwendet dazu aber den kompletten Darstellungsbereich des Midnight Commanders.

- **info** gibt genauere Informationen über die auf der gegenüberliegenden Seite markierte Datei an (Abbildung 9.2).

- **Quick View** zeigt, ähnlich wie `head`, den Kopfbereich des Dateiinhalts an.

- **Tree** zeigt einen Verzeichnisbaum inklusive Unterverzeichnissen an. Verzeichnisse werden durch **Return** geöffnet, und ihre Dateien werden auf der gegenüberliegenden Seite gezeigt.

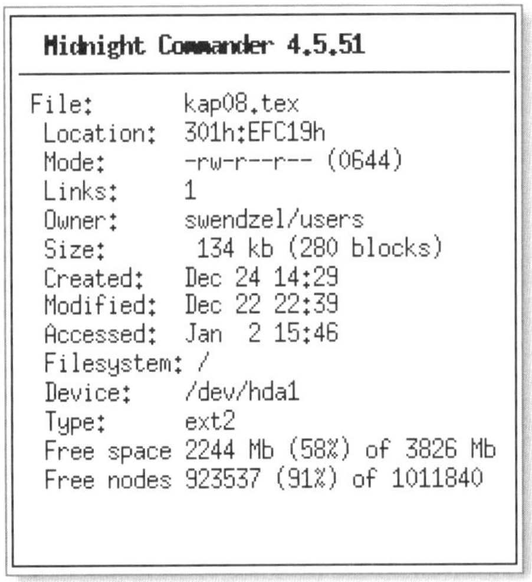

```
Midnight Commander 4.5.51
File:       kap08.tex
Location:   301h:EFC19h
Mode:       -rw-r--r--  (0644)
Links:      1
Owner:      swendzel/users
Size:       134 kb (280 blocks)
Created:    Dec 24 14:29
Modified:   Dec 22 22:39
Accessed:   Jan  2 15:46
Filesystem: /
Device:     /dev/hda1
Type:       ext2
Free space  2244 Mb (58%) of 3826 Mb
Free nodes  923537 (91%) of 1011840
```

Abbildung 9.2 Info-View

Hilfe zum Midnight Commander erhalten Sie, wenn Sie **F1** drücken.

Leider steht einem zur Arbeit mit dem Dateisystem nicht immer der Midnight Commander zur Verfügung, oder aber er stößt an seine Grenzen. In diesem Buch lernen Sie deshalb natürlich alles, was der Midnight Commander kann, auch via Shell zu bewerkstelligen.

9.10 Spezielle Tools

Eben betrachteten wir die grundlegenden Tools zur Arbeit mit Dateien. Nun werden wir uns den etwas spezielleren Tools widmen, deren Funktion sich grundlegend von jener der allgemeinen Tools unterscheidet.

9.10.1 bc – der Rechner für die Konsole

Bei bc handelt es sich um ein Rechenprogramm. Es kann Ihnen zwar nicht wie die meisten Grafiktaschenrechner eine grafische Funktionsausgabe bieten,[2] er verfügt dafür aber im Gegensatz zu den Produkten von Casio und Co. über eine hübsche Syntax für die Programmierung.

---

[2] In Verbindung mit dem Tool gnuplot ist aber auch dies kein Problem. Die meisten Distributionen umfassen ein gnuplot-Package.

Doch wollen wir uns hier nicht zu sehr auf die Programmierung des bc stürzen, sondern primär zeigen, wie man ihn überhaupt verwendet. Denn programmieren können Sie ja schließlich bereits mit awk und bald auch mit Shellskripten.[3]

In diesem Kapitel verwenden wir nicht den originalen bc aus AT&Ts Unix-Version 6, sondern die komplett neu geschriebene Version des OpenBSD-Projekts.[4] Gestartet wird der Rechner über seinen Namen, beendet wird er mit der Tastenkombination **Strg + D** oder dem Befehl quit. Man füttert ihn einfach mit einer Rechenaufgabe, worauf er meistens das gewünschte Ergebnis ausgibt.

```
$ bc
4+4
8
9*9
81
1049*(5-4)-1
1048
^D
```

Listing 9.23 Beispielrechnungen mit dem Rechner bc

Die Betonung liegt nun allerdings auf dem Wort *meistens*. Dazu sei gesagt, dass der bc Ergebnisse von Divisionen, wenn man es ihm nicht explizit anders befiehlt, nur als Ganzzahlen ausgibt. Um dies zu ändern, muss die Anzahl der Nachkommastellen mit dem Befehl scale angegeben werden.

```
$ bc
7/2
3
scale=1
7/2
3.5
scale=10
1904849/103941494
.0183261652
quit
```

Listing 9.24 bc mit scale

---

[3] Falls Ihnen dies nicht reicht, sollte Ihnen das Kapitel zur Programmierung in C und Perl weiterhelfen. Zudem gibt es für die Programmierung des bc zahlreiche Webseiten, die Sie mit Google finden können.
[4] Diese Version gibt es seit OpenBSD 3.5.

Die Math-Library — Übergibt man dem `bc` beim Start den Parameter `-l`, lädt er die mathematische Bibliothek, wodurch Funktionen wie `s()` (Sinus), `c()` (Kosinus), `e()` (Exponentialfunktion) und `l(x)` (Logarithmus) zur Verfügung stehen. Diese Funktionen verwendet man, indem man sie – ähnlich wie in awk oder C – in der Form `Funktion(Wert)` aufruft.

```
$ bc -l
s(3.141592)
.00000065358979323841
```

Listing 9.25 bc -l: Sinus von einem Wert nahe Pi berechnen

Das letzte Ergebnis — Das Ergebnis der letzten Rechnung wird in eine neue Berechnung durch einen Punkt (.) eingebunden. Möchte man beispielsweise den obigen Sinus-Wert zu der Zahl 1 addieren, so addiert man den Punkt zur 1:

```
.+1
1.00000065358979323841
.+1
2.00000065358979323841
.+3
5.00000065358979323841
.*0
0.00000000000000000000
```

Listing 9.26 Das letzte Ergebnis erneut verwenden

Programmierung — Wie bereits erwähnt wurde, werden wir an dieser Stelle nicht näher auf die Programmierung mit dem `bc` eingehen. Doch sei zumindest gesagt, dass Ihnen darin Schleifen und die Möglichkeit, eigene Funktionen zu implementieren, zur Verfügung stehen.

```
$ bc
for(x=0;x<6;++x){
    "Der Wert von x ist: "; x;
}
Der Wert von x ist: 0
Der Wert von x ist: 1
Der Wert von x ist: 2
Der Wert von x ist: 3
Der Wert von x ist: 4
Der Wert von x ist: 5
```

Listing 9.27 Ein einfaches Programmierbeispiel im bc

Zudem kann man im bc sehr einfach Variablen verwenden:

```
a=3
b=100
a*b
300
x=(a*b)*394.13+4919489
x
5037728.00
```

Listing 9.28 Variablen im bc

Im bc können Sie auch mehrere Befehle aneinanderreihen, was eine leicht übersichtliche Ergebnisdarstellung ermöglicht. Dazu trennen Sie in derselben Zeile einfach mehrere Anweisungen durch ein Semikolon, also etwa x=4;x+99;.+99.

9.10.2 dd – blockweises Kopieren

Mit dem Programm dd (*dump device*) werden Dateien blockweise kopiert. Da unter Unix und Linux Geräte ebenfalls Dateien sind, können Sie mit dd aber auch ganze Speichermedien kopieren. So ist es beispielsweise problemlos möglich, eine ganze Diskette oder Festplatte zu klonen.

Mit if wird dabei die Eingabedatei und mit of die Ausgabedatei angegeben. Beide können sowohl Geräte als auch reguläre Dateien sein.

```
$ dd if=/dev/hda of=/dev/hdb
```

Listing 9.29 Festplatte klonen

Mit bs lässt sich die Größe der zu lesenden oder zu schreibenden Blöcke angeben, und mit count können Sie die Anzahl dieser Blöcke limitieren.

```
$ dd if=/datei of=/datei_1m_kopiert bs=1M count=1
```

Listing 9.30 Ein Megabyte einer Datei kopieren

Wie Sie sehen, müssen Sie die Größe der Blöcke nicht unbedingt in Byte angeben. Mit den Endungen »k«, »M« und »G« können Kilo-, Mega- und Gigabyte-Angaben verwendet werden.[5]

---

[5] Es gibt noch weitere Möglichkeiten, die Blockgröße anzugeben. Werfen Sie dazu einmal einen Blick in die zugehörige Manpage.

9.10.3 od und hexdump – Dateidumping

Die nächsten beiden Tools, die wir uns anschauen wollen, sind od und hexdump. Beide geben den Inhalt einer Datei auf verschiedene Weisen wieder, standardmäßig in einer Hex-Form. Je nachdem, welches der beiden Tools man verwendet, werden durch verschiedene Parameterübergaben verschiedene Ausgabeformate erzielt. So bewirkt beispielsweise -b bei od die Ausgabe im 1-Byte-Oktalformat:[6]

```
$ od -b /bin/ls | head
0000000   177 105 114 106 001 001 001 000 000 000 ...
0000020   002 000 003 000 001 000 000 000 140 001 ...
0000040   320 272 002 000 000 000 000 000 064 000 ...
0000060   016 000 015 000 001 000 000 000 000 000 ...
0000100   000 000 000 034 206 114 002 000 206 114 ...
0000120   000 020 000 000 001 000 000 000 000 120 ...
0000140   000 000 000 074 273 107 000 000 273 107 ...
0000160   000 020 000 000 001 000 000 000 000 240 ...
0000200   000 120 000 074 074 032 000 000 074 032 ...
0000220   000 020 000 000 001 000 000 000 074 272 ...
```

Listing 9.31 od -b

9.10.4 script – Terminal-Sessions aufzeichnen

Mit script(1) stellte 3.0BSD erstmals eine Möglichkeit zur Aufzeichnung von Aus- und Eingaben einer Terminal-Session bereit. Diese Textströme werden dabei in einer Datei mit dem Namen *typescript* im aktuellen Arbeitsverzeichnis geschrieben. Darin finden Sie übrigens auch alle Sonderzeichen der Eingabe in Binärform vor – zum Beispiel die Betätigung der **Return**-Taste bei jedem Kommandoabschluss.

```
$ cd /tmp
$ script
Script started, output file is typescript
$ ...
...
$ exit
Script done, output file is typescript
```

Listing 9.32 Das Tool script nutzen

Die Session finden Sie in der *typescript*-Datei vor, die Sie sich beispielsweise mit einem Editor oder mit cat ansehen können:

---

6 Die Listing-Ausgabe wurde von uns wegen der Begrenzung der Seitenbreite abgeschnitten.

```
$ cat /tmp/typescript
Script started on Fri Apr 22 17:02:16 2005
swendzel> ls
kde-cdp_xe ksocket-cdp_xe sylpheed-1000 typescript
swendzel> ls -l /*bsd*
-rwx------ 1 root wheel 5441490 Feb  7 10:27 /bsd
-rw-r--r-- 1 root wheel 4710072 Dec 11 23:37 /bsd.rd
-rw-r--r-- 1 root wheel 5298400 Dec 11 23:37 /obsd
swendzel> exit
exit

Script done on Fri Apr 22 17:02:44 2005
```

Listing 9.33 typescript

9.11 Zusammenfassung

In diesem Kapitel haben Sie einige wichtige Shell-Tools kennengelernt, mit denen Sie Text-Streams verändern können. Außerdem wurde der mächtige und programmierbare Konsolentaschenrechner bc besprochen, den man hervorragend in Shellskripts einbauen kann – wie Sie auch in Kapitel 11 sehen werden.

Das Programm dd wird verwendet, um blockweise Rohkopien von Dateien und Medien anzufertigen, und der Midnight Commander ist ein nützlicher Dateimanager für die Konsole.

Mit den beiden Tools od und hexdump lassen sich die Inhalte von Dateien zu verschiedenen Zahlenbasen ausgeben, was besonders beim Debuggen von Software nützlich ist. Schließlich sind wir noch auf das Tool script eingegangen, mit dem sich ganze Shell-Sessions aufzeichnen lassen.

9.12 Aufgaben

Anwenden der Programme

Geben Sie die dritt- und viertletzte Zeile der Datei */etc/passwd* aus, und ersetzen Sie alle Kleinbuchstaben durch Großbuchstaben. Verwenden Sie dabei nur die in diesem Kapitel angesprochenen Programme.

*»Der springende Punkt ist,
ob man Autorität hat
oder eine Autorität ist.«*
– Erich Fromm

10 Die Editoren

In diesem Kapitel zeigen wir Ihnen, wie Sie sich die Arbeit bei der im nächsten Kapitel besprochenen Shellskriptprogrammierung sowie bei der Systemkonfiguration maßgeblich erleichtern. Denn genau hierbei unterstützt Sie ein Text-Editor, also ein Programm, in das man Text eingibt und mit dem man diesen dann als Datei abspeichern kann.

Unter Unix schreibt man nicht nur Shellskripte im Editor, sondern wickelt nahezu die gesamte Systemkonfiguration über Editoren ab, denn anders als unter grafischen Systemen wie Windows erfolgt die Konfiguration hier nicht mit der Maus, sondern zu fast 100 % über Konfigurationsdateien. Um ein System richtig zu konfigurieren, benötigen Sie folglich einen Editor sowie das Know-how, um diesen zu bedienen. Außerdem müssen Sie den Aufbau jeder einzelnen Konfigurationsdatei undihrederen Syntax kennen.[1]

Neben dem historisch sicherlich wertvollen `ed`-Editor, mit dem wir Sie aber erst gegen Ende des Kapitels quälen, gibt es noch einige gute und daher äußerst beliebte Editoren.

Zum einen ist da der `vi`-Editor. Er steht eigentlich auf jedem Unix-System zur Verfügung. Beherrscht man ihn, kann man unter jedem Unix Konfigurationen abwickeln. Zum anderen stellen wir den Editor Emacs[2] vor. Er ist nicht überall verfügbar, besitzt aber einige besondere Features, etwa die Möglichkeit, in der Programmiersprache Lisp verfasste Skripte zu verwenden.

vi, Emacs

Beide Editoren haben ihre Anhänger, die jeweils davon überzeugt sind, dass ihr Editor der beste sei. Doch das ist, wie so vieles im Leben, Ansichtssache.

[«]

---

1 Das hört sich schlimmer an, als es ist: Die Softwareentwickler achten natürlich darauf, eine möglichst einheitliche Syntax für die Konfigurationsdateien zu implementieren.
2 Editor *MACroS*

10.1 Anforderungen an Editoren

Syntax-Highlighting

Heutzutage stellen die Anwender eines Editors schon etwas höhere Anforderungen an dessen Funktionsumfang, als es noch vor einigen Jahrzehnten der Fall war. Ein guter Editor sollte das Highlighting von Klammer-Paaren beherrschen (also die Fähigkeit, eine geschlossene Klammerung aufblinken zu lassen, wenn man sie mit dem Cursor anvisiert) und vor allen Dingen Syntax-Highlighting. Dabei handelt es sich um Funktionalität, die es ermöglicht, bestimmte Schlüsselwörter und Operatoren von Programmiersprachen (farbig) hervorzuheben, um die Programmierung zu vereinfachen. Dabei können Integer-Werte von Strings und Gleitkommazahlen oder Funktionen von Schlüsselwörtern auch visuell unterschieden werden. Heutige Editoren unterstützen oftmals eine Vielzahl von Sprachen in dieser Funktionalität. Besonders häufig unterstützt werden folgende:[3]

- Assembler (speziell GNU-Assembler)
- C und C++
- Fortran
- Tcl
- Java
- Lua
- Common Lisp, Scheme und diverse weitere Lisp-Dialekte
- Perl
- Ruby
- Python
- JavaScript
- SQL
- PHP
- (X)HTML, XML
- LaTeX
- Bourne-Shell und häufig auch C-Shell

---

[3] Für unsere ganz smarten Leser sei angemerkt, dass natürlich nicht jede der folgenden »Sprachen« (etwa XML) auch der Definition einer Programmiersprache entspricht.

Mit Sprachen (und das gilt insbesondere für funktionale Sprachen) wie den folgenden ist man schon wesentlich schlechter dran, was oftmals am geringen Verbreitungsgrad der Sprachen unter Linux liegt:

- Prolog
- Haskell
- Smalltalk
- Erlang
- Eiffel
- Pascal
- BASIC
- viele unbekanntere Sprachen

Umfangreiche Softwareprojekte oder auf mehrere Dateien verteilte Dokumente werden wiederum durch die Unterstützung von *Multiple Document Editing*, also durch die Übersicht über alle Dateien in einem Editorfenster (wobei sich jeweils eine Datei zur aktuellen Bearbeitung auswählen lässt) sehr viel übersichtlicher.

Multiple Document Editing

Oftmals müssen auch bereits vollzogene Änderungen im Text wieder verworfen werden. Einige Editoren sind allerdings nur in der Lage, die allerletzte Änderung rückgängig zu machen. Abhilfe schafft *Multilevel Undo/Redo*. Diese Technik erlaubt es Ihnen, mehrere Schritte der Textveränderung rückgängig zu machen oder wiederherzustellen.

Multilevel Undo/Redo

Weitere nützliche Funktionen sind das Finden und Ersetzen von Textstellen, eine Rechtschreibprüfung, aber auch die Möglichkeit, Dokumente zu drucken. Ferner stellen auch Remote-Editieren (beispielsweise über FTP-Server) oder die Unterstützung für Versionskontrollsysteme wie Subversion (SVN) oder Git interessante und manchmal nützliche Features dar.

Generell unterscheidet man zwischen zwei Arten von Editoren: den zeilen- und den bildschirmorientierten. Zeilenorientierte Editoren wie etwa der `ed` zeigen Ihnen immer die Zeile an, die aktuell bearbeitet wird. Mittels eher umständlicher Kommandos kann dann eine höhere oder tiefere Zeile dargestellt werden. Bildschirmorientierte Editoren wie der `vi` nutzen den ganzen Bildschirm bzw. das ganze Terminalfenster zur Anzeige des Inhalts der Textdatei. Sie sehen also mehrere Zeilen (so viele, wie gerade auf den Bildschirm passen) gleichzeitig, was die Bedienung eines solchen Editors bequemer gestaltet.

10.2 vi

Auch wenn der vi-Editor nicht alle der obigen Features abdecken kann, so ist er doch – hat man ihn einmal verstanden – recht einfach zu bedienen. Vor allen Dingen aber ist er klein, schnell und überall verfügbar.

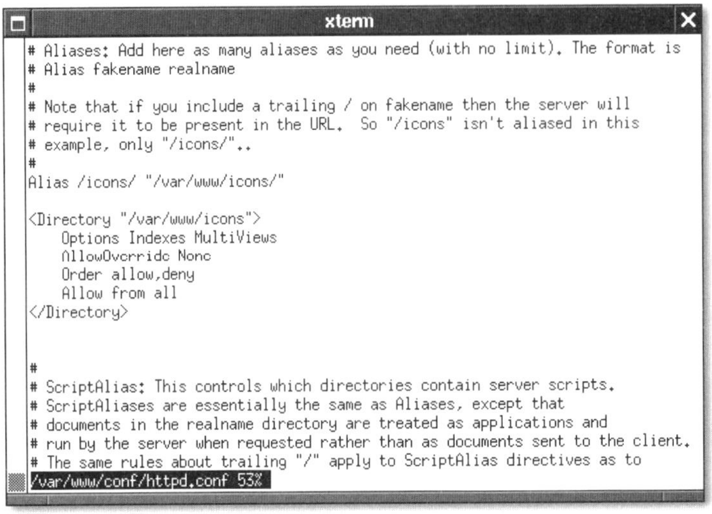

Abbildung 10.1 Der vi-Editor mit geladener httpd.conf

10.2.1 Den vi starten

Der Editor wird über die Kommandozeile aufgerufen. Dabei wird optional der Name einer zu editierenden oder neu zu erstellenden Datei[4] übergeben.

Status-Zeile — Nachdem der Editor geladen worden ist, bekommt man ein fast leeres Terminalfenster[5] zu sehen. Die Tilden stehen für leere Zeilen. Die unterste Zeile wird als Statuszeile genutzt und gibt Ihnen den Dateinamen sowie die Zeilenanzahl und die Dateigröße in Zeichen respektive Bytes an:

```
# Statuszeile bei einer neuen Datei:
/tmp/file: new file: line 1

# Statuszeile bei einer bereits gesicherten Datei:
/tmp/file: 1 lines, 5 characters.
```

Listing 10.1 Statuszeile

---

[4] Dieser wird erst beim Abspeichern der Textdatei tatsächlich erstellt.
[5] Der vi-Editor läuft nicht auf allen Terminals ganz perfekt. Ein VT100- oder VT220-kompatibles Terminal sollte jedoch problemlos seinen Dienst tun.

10.2.2 Kommando- und Eingabemodus

Um mit dem `vi` arbeiten zu können, muss man zunächst wissen, dass er über zwei Modi verfügt: den *Eingabe-* und den *Kommandomodus*. Im Eingabemodus wird Text eingefügt, ersetzt oder gelöscht. Im Kommandomodus lässt sich der Editor konfigurieren. Zudem werden die wichtigen Operationen wie das Abspeichern einer Datei oder das Suchen von Textstellen in diesem Modus abgewickelt.

Wie kommt man überhaupt wieder heraus?

Ganz einfach: Zunächst wechseln Sie mit der **Esc**-Taste in den Kommandomodus. Anschließend können Sie in der Statuszeile (die nun zur Kommandozeile geworden ist) den Befehl zum Beenden eingeben. Da Steuerbefehle mit einem Doppelpunkt beginnen und zum Beenden der Quit-Befehl (q) verwendet wird, muss nun folglich `:q` eingegeben werden.

10.2.3 Dateien speichern

Dateien werden im Kommandomodus gespeichert. Das hierfür notwendige Kommando »write« (w) schreibt die Datei unter dem geöffneten Namen auf das Speichermedium. Allerdings kann auch ein Name für die Datei als Parameter für w übergeben werden: `:w /home/user/test`. Um zu speichern und gleichzeitig den Editor zu beenden, können die Befehle kombiniert werden: `:wq [Dateiname]`.

Soll ohne Rücksicht auf Verluste von veränderten Daten (also ohne die Änderungen zu speichern) ein *Quit* durchgeführt werden oder sollen Veränderungen an einer schreibgeschützten Datei – für die man natürlich Änderungsrechte besitzen muss – durchgeführt werden, muss dem Kommando ein Ausrufezeichen übergeben werden: `:q!` beziehungsweise `:w!` oder `:wq!`. [+]

10.2.4 Arbeiten mit dem Eingabemodus

Nach dem Start des `vi`-Editors befinden Sie sich zunächst im Kommandomodus. Um Text zu schreiben, wechseln Sie in den Eingabemodus. Dies kann mit verschiedenen Eingabekommandos erfolgen.

Kommando	Wirkung
i (insert)	Text vor dem aktuellen Zeichen einfügen
I	Text am Anfang der Zeile einfügen
a (append)	Text hinter dem aktuellen Zeichen einfügen

Tabelle 10.1 Eingabemodi

Kommando	Wirkung
A	Text am Ende der Zeile einfügen
o (open)	Text in einer neuen Zeile unterhalb der aktuellen Zeile einfügen
O	Text in einer neuen Zeile oberhalb der aktuellen Zeile einfügen

Tabelle 10.1 Eingabemodi (Forts.)

[»] Am besten probieren Sie alle obigen Kommandos einmal an einer Beispieldatei aus. Schreiben Sie sich einfach eine Mail im vi, und senden Sie sich diese dann via Eingabeumlenkung mit dem mail-Programm selbst zu.

10.2.5 Navigation

Um sich im Text zu bewegen, greift man in der Regel auf die Cursor-Tasten zurück. Mit diesen allein sind leider oftmals längere Scroll-Abenteuer unvermeidlich. Aus diesem Grund haben sich die Entwickler des Editors einige Features überlegt, um sich effizient und schnell im Text bewegen zu können.

Kommando	Wirkung
$	Ende der aktuellen Zeile
^ und 0	zum Anfang der aktuellen Zeile
w	ein Wort vorwärts
b	ein Wort zurück
Strg + F	eine Seite vorwärtsblättern (geht manchmal auch mit der **Bild-Ab**-Taste)
Strg + B	eine Seite zurückblättern (geht manchmal auch mit der **Bild-Auf**-Taste)
G	zur letzten Zeile der Datei bewegen
f[n]	zum nächsten Vorkommen des Zeichens *n* in der aktuellen Zeile gehen (Achtung: case-sensitive)
:[n] und [n]G	zur Zeile *n* bewegen (eignet sich gut, um Compilierfehlern im Quellcode nachzugehen)

Tabelle 10.2 Navigationskommandos

[»] An älteren Unix-Terminals standen oftmals keine Cursor-Tasten zur Verfügung. Daher kann auch mit den Befehlen h (rechts), j (runter), k (rauf) und l (links) navigiert werden. Dazu muss allerdings in den Kommandomodus gewechselt werden.

10.2.6 Löschen von Textstellen

Sofern Sie an die Editoren grafischer Oberflächen wie etwa aus der Windows-Welt gewöhnt sind, ist Ihnen bekannt, dass mit der **Backspace**-Taste ein geschriebenes Zeichen wieder gelöscht werden kann. Im vi-Editor steht diese Funktionalität nicht zur Verfügung.

Ein Löschvorgang muss – wie immer – über den Kommandomodus mit entsprechenden Anweisungen bewerkstelligt werden. Die nachstehende Tabelle fasst die vi-Kommandos zum Löschen von Textstellen zusammen:

Kommando	Wirkung
dw	Löscht das aktuelle Wort.
d$ und D	Löscht vom aktuellen Zeichen bis zum Ende der Zeile.
d0 und d^	Löschen vom aktuellen Zeichen bis zum Zeilenanfang.
df[c]	Löscht vom aktuellen Zeichen bis zum Vorkommen von *c* in der aktuellen Zeile.
dG	Löscht alles von der aktuellen bis zur einschließlich letzten Zeile des Buffers.
d1G	Löscht alles von der aktuellen bis zur einschließlich ersten Zeile des Buffers.
dd	Löscht die aktuelle Zeile.

Tabelle 10.3 Löschkommandos

Sollten Sie einmal aus Versehen eine Aktion durchgeführt haben, die Sie wieder rückgängig machen möchten (etwa unbeabsichtigtes Überschreiben oder Löschen), so ist dies mit dem Kommando u (undo) möglich. Doch beachten Sie, dass diese Möglichkeit nur für den jeweils letzten Vorgang besteht. Sobald Sie hinter dem Wort, das Sie wieder löschen möchten, ein neues Wort geschrieben haben, ist Ihnen diese Möglichkeit also verbaut. Da hilft nur das vorher erstellte Backup oder das Beenden ohne Speichern (:q!).

10.2.7 Textbereiche ersetzen

Oftmals möchten Sie ein Wort nicht einfach nur löschen, sondern es überschreiben, einzelne Zeichen eines Wortes ersetzen oder Ähnliches. Dies können Sie mit den c-Kommandos umsetzen.

Kommando	Wirkung
cw	Überschreibt ein ganzes Wort.
c$ und D	Überschreibt vom aktuellen Punkt bis zum Ende der Zeile.
c0 und c^	Überschreibt vom aktuellen Punkt bis zum Anfang der Zeile.
cf[c]	Überschreibt bis zum nächsten Zeichen »c« der aktuellen Zeile.

Tabelle 10.4 Ersetzen-Kommandos

[zB] Nehmen wir einmal an, der Inhalt einer Datei *text.txt* enthält den String »Dies ist der Inhalt von 'text.txt'.«. Nun soll das Wort »ist« in »wird« geändert werden. Bewegen Sie den Cursor dazu auf den Buchstaben »i« des Wortes »ist«, und drücken Sie zunächst die Taste **C** und anschließend **W**.

Daraufhin wandelt sich der letzte Buchstabe des Wortes in ein Dollarzeichen ($) um und signalisiert damit das Ende des Textbereichs, den Sie nun ersetzen können. Alles, was nun eingetippt wird, setzt der vi-Editor vor den String »der Inhalt ...«:

```
# nach Aktivierung von 'cw':
Das is$ der Inhalt von 'test.txt'.
# daraus wird:
Das wird der Inhalt von 'text.txt'.
```

Listing 10.2 So ändert man Textstellen.

10.2.8 Kopieren von Textbereichen

Der Kopiervorgang im vi-Editor gestaltet sich ein wenig kompliziert. Zunächst einmal muss zwischen dem Verschieben und dem tatsächlichen Kopieren von Textbereichen unterschieden werden.

Löscht man einen Textbereich mit dem dX-Kommando (etwa dd, um eine ganze Zeile zu löschen), so wird dieser in den Zwischenspeicher kopiert und kann an beliebiger Stelle wieder eingefügt werden. Dazu muss lediglich die Taste **P** betätigt werden. Ein kleines »p« fügt den Text vor der Cursor-Position ein, ein großes »P« dahinter.

Kopieren Möchte man den Text jedoch tatsächlich kopieren, so muss man das y-Kommando verwenden. Die Handhabung entspricht der des oben genannten dx-Kommandos. Der Unterschied besteht lediglich darin, dass der Text nicht gelöscht wird.

10.2.9 Shiften

Mithilfe von zwei Größer- bzw. Kleiner-als-Zeichen (») und («) kann eine Zeile um eine Shift-Einheit nach links bzw. rechts gerückt werden. Dieses Feature eignet sich hervorragend bei programmiertechnischen Anwendungen des Editors, etwa wenn es darum geht, eine Schleife um einen Kommandoblock zu setzen. Die Shift-Einheit kann über den Befehl `:set shiftwidth=x` gesetzt werden, wobei `x` die Anzahl der Zeichen ist, um die der Text verschoben werden soll.

10.2.10 Die Suchfunktion

Im `vi` wurde eine exzellente Suchfunktion implementiert. Sie gestattet neben den normalen Suchvorgängen auch die Suche mittels regulärer Ausdrücke, wie Sie sie bereits in Kapitel 8 kennengelernt haben.

Generell wird eine Suche mit einem Slash im Kommandomodus des Editors eingeleitet. Diesem Slash folgt der Suchbegriff, etwa `/Bewerbung`. Mithilfe von regulären Ausdrücken kann auch nach dem Zeilenanfang und -ende, nach dem Wortanfang und -ende oder nach Strings mit beliebigen Zeichen gesucht werden.

```
# Nach dem Wort ' awk ' suchen:
/\ awk\

# Nach einer Zeile suchen, die mit 'Eine' beginnt:
/^Eine

# Suchen nach Wörtern, die auf 'h' enden. Dabei kann
# hinter dem 'h' ein Leerzeichen, Punkt oder
# Ausrufezeichen stehen:
/?*h[\ .!]
```

Listing 10.3 Suchen nach Textstellen

Um zum nächsten Suchergebnis zu springen, muss lediglich erneut ein Slash im Kommandomodus eingetippt werden.

[+]

10.2.11 Konfiguration

Natürlich lässt sich der `vi`-Editor auch konfigurieren. Dies geschieht mit dem `set`-Kommando. Über einen Aufruf von `:set all` erhalten Sie eine Liste möglicher optionaler Einstellungen. Die folgende Auflistung fasst die wichtigsten zusammen:[6]

- (no)autoindent
  Diese Option bewirkt, dass Einrückungen auch in Folgezeilen fortgeführt werden. Dies ist sehr praktisch, wenn es um Programmierung geht.

---

[6] Dabei ist zu beachten, dass einige Optionen durch »no« abgeschaltet werden; »noautoindent« stellt beispielsweise »autoindent« ab.

- `(no)number`
  Diese Option schaltet die Zeilenzahlen an. Die Zahlen werden dabei am linken Rand des Editors angezeigt. Der Nachteil besteht im schwindenden Editierplatz.

- `shiftwidth & tabstop`
  `shiftwidth` wurde bereits weiter oben in Abschnitt 10.2.9 erläutert. Ähnlich wie `shiftwidth` legt `tabstop` eine Zeichen-Weite fest. Während `shiftwidth` die Shift-Weite, also die Einrück-Einheit festlegt, tut `tabstop` dies für die Tabulator-Einheit: `:set tabstop/shiftwidth=x`

- `(no)showmatch`
  Diese Option lässt Klammerpaare bei der Schließung aufblinken. Dies kann sich bei der Softwareentwicklung als sehr praktisch erweisen.

- `(no)showmode`
  Diese Option zeigt in der unteren rechten Ecke der Statuszeile den Modus an, in dem sich der Editor momentan befindet (z. B. »append«, »command« oder »insert«).

[»] Um diese Einstellungen dauerhaft zu setzen, sollte man sie in die Datei */.exrc* eintragen:

```
set autoindent
set number
set showmode
```

Listing 10.4 Eine exemplarische .exrc-Datei

10.3 vim

Neben dem Standardeditor `vi` existiert noch eine sich ständig in Entwicklung befindende Version mit dem Namen `vim` (vi-improved), die als ein Klon des `vi` angesehen werden kann.

Verglichen mit dem Standard-`vi` läuft der `vim` auf noch mehr Systemen und Plattformen. Zudem kommt eine auf GTK+ basierende grafische Oberfläche hinzu, und farbiges Syntax-Highlighting für diverse Programmiersprachen ist implementiert. Der `vim` ist vollständig `vi`-kompatibel und unterstützt jedes seiner Features. Mehr über diesen Editor erfahren Sie unter *http://www.vim.org*.

Die grafische Variante zum `vim`, der Editor `gvim`, bietet zudem noch diverse Farbeinstellungen (sogenannte *Themes*) an. Sehr praktisch ist zudem die Möglichkeit, mehrere Dateien parallel in separaten Fenstern zu laden. Dabei wird der Hauptbereich des `vim` in Subfenster aufgeteilt. Programme können direkt aus dem Editor kompiliert werden, und einige zusätzliche Features wie ein Hex-Editor sind ebenfalls integriert.

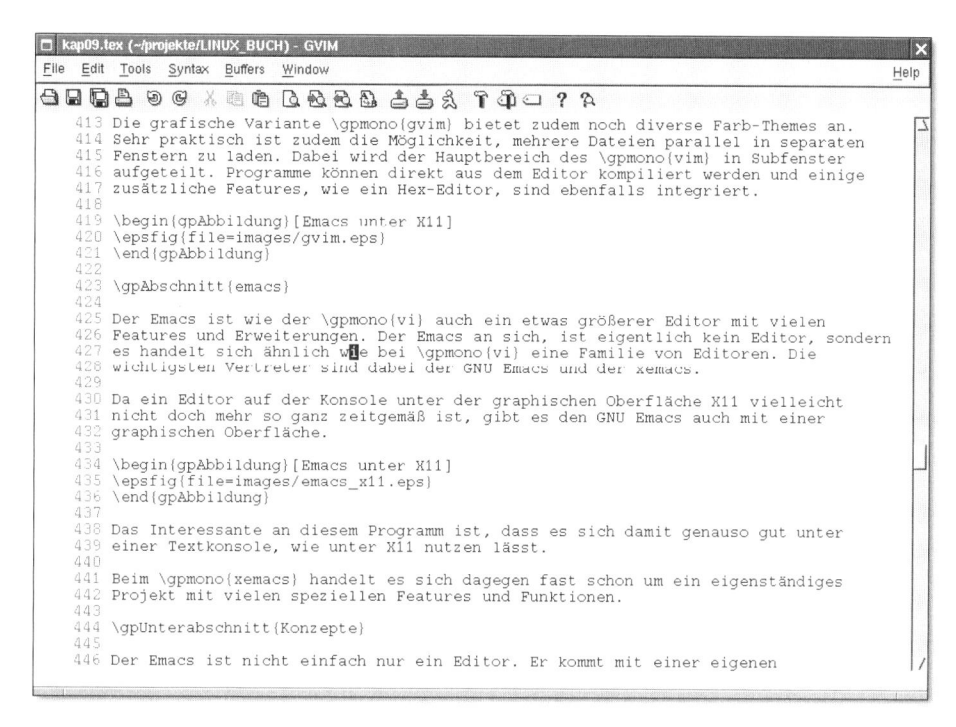

Abbildung 10.2 vi unter X11

10.4 Emacs

Emacs ist wie der vi ein etwas größerer Editor mit vielen Features und Erweiterungen. An sich ist er eigentlich kein Editor, sondern eine Familie von Editoren. Die wichtigsten Vertreter sind dabei der GNU Emacs und XEmacs.

Da ein Editor auf der Konsole unter der grafischen Oberfläche X11 vielleicht doch nicht mehr so ganz zeitgemäß ist, gibt es den GNU Emacs auch mit einer grafischen Oberfläche. Das Interessante an diesem Programm ist, dass es sich genauso gut unter einer Textkonsole wie unter X11 nutzen lässt.

Beim XEmacs handelt es sich um ein eigenständiges Projekt mit vielen abweichenden Features und Funktionen.

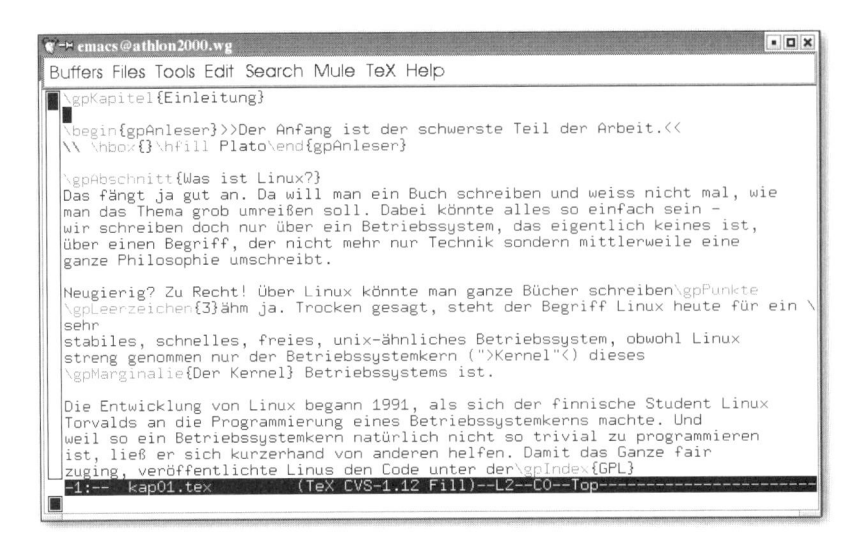

Abbildung 10.3 Emacs unter X11

10.4.1 Konzepte

Emacs ist nicht einfach nur ein Editor. Er verfügt über eine eigene Programmiersprache – Emacs Lisp, kurz Elisp – und eine Menge bereits eingebauter Optionen. Jedem Tastendruck wird dann eine bestimmte Funktion in dieser Sprache zugeordnet.

Auf diese Weise können neue Funktionen einfach hinzugefügt, bereits vorhandene Funktionen von neuen Nutzern relativ schnell gefunden oder von versierten Nutzern auf einzelne Tasten gelegt werden. Damit wird der Emacs zu einem wirklich mächtigen Werkzeug.

Tastaturnotationen

Da der Emacs noch stärker als der vi auf Tastatureingaben angewiesen ist, wollen wir zuerst die Tastaturnotation vorstellen:

Taste	Bezeichnung	Bedeutung
C	Control	die Steuerungstaste (**Strg**)
M	Meta	die Meta-Taste (**Alt**)
SPC	Space	die Leertaste
RET	Return	die **Enter**-Taste
DEL	Delete	die **Backspace**-Taste

Tabelle 10.5 Emacs-Tastaturnotation

Mit diesen Tasten kann nun in Kombination mit den »normalen« Tasten gearbeitet werden. Meistens liest man dann Kommandos wie `C-x C-c`, was bedeutet: »Halte **Strg** gedrückt und drücke **X**. Dann lasse beide Tasten los und drücke als Nächstes **Strg** und **C** gleichzeitig.«

Ein solches Tastaturkommando würde nun die an dieses Kommando gebundene Elisp-Funktion aufrufen. Möchte man eine solche Funktion durch ihren Namen aufrufen, einfach weil man die zugehörige Tastenkombination vergessen oder dieser Funktion keine Taste zugeordnet hat, so benötigt man eine spezielle Tastaturkombination: `M-x Funktionsname RET`.

Puffer

Damit man im Emacs komfortabel arbeiten kann, abstrahiert der Editor die Sicht auf reguläre Dateien. Man arbeitet nämlich stattdessen auf Puffern (engl. *buffer*). Diese können, müssen aber nicht mit regulären Dateien assoziiert sein.

Der beim Start geladene `*scratch*`-Puffer zum Beispiel ist keiner Datei zugeordnet. Er ist für Dinge gedacht, die erst einmal so notiert werden sollen. Später kann man dann im wahrsten Sinne des Wortes einen Text *from scratch* schreiben.

Fenster

Die Fenster (engl. *windows*) des Emacs stellen Sichtweisen auf Puffer dar. Dabei kann der Emacs mehrere Fenster gleichzeitig anzeigen, und jedes Fenster steht für einen Puffer. Auch können mehrere Fenster auf denselben Puffer zeigen -- da aber jedes Fenster eine eigene Sichtweise auf einen Puffer darstellt, kann man sozusagen eine Datei gleichzeitig an zwei Stellen ansehen.

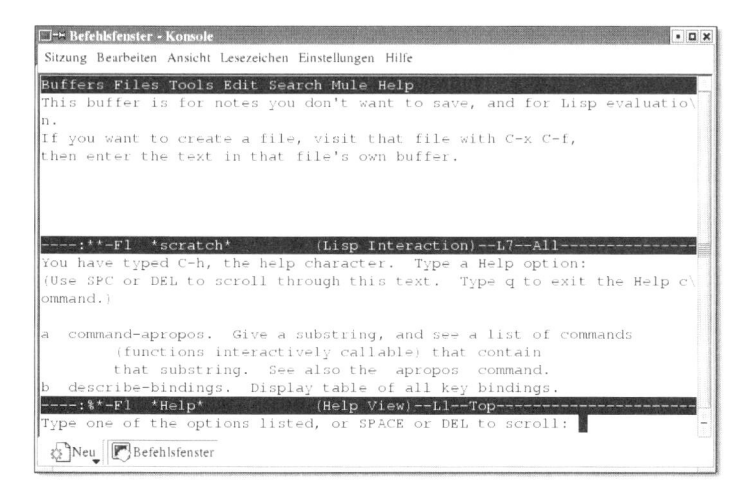

Abbildung 10.4 Zwei Fenster im Emacs

In Abbildung 10.4 sehen Sie den Emacs mit zwei geöffneten Fenstern – die Fenster haben also wirklich nichts mit den Ihnen vielleicht bekannten Fenstern einer grafischen Oberfläche zu tun.

In diesen Fenstern sehen Sie zwei Puffer, die beide mit keiner Datei assoziiert sind. Im obersten Fenster ist der Standardpuffer `*scratch*` zu sehen. Im unteren Fenster haben wir uns mit `C-h ?` eine Übersicht über alle Hilfethemen anzeigen lassen.

Region

Auch das Konzept der Regionen macht Emacs sehr mächtig, da es das Markieren von Text etwas abstrahiert. Man kann mit dem Cursor (dem *Point*) eine sogenannte *Mark* setzen, die dann den Anfang der Region darstellt. Die aktuelle Cursor-Position ist dann immer der Anfang. Regionen können nun, wie von anderen Editoren her bekannt, kopiert, ausgeschnitten und wieder eingefügt werden.

Modi

Jeder Puffer befindet sich in einem sogenannten *Modus*, der bestimmte Verhaltensweisen oder auch das Aussehen des Textes regelt. In einem Modus gibt es beispielsweise Syntax-Highlighting für Programmcode und in einem anderen das Feature für automatische Code-Einrückung.

10.4.2 Grundlegende Kommandos

Grundlegende Kommandos fangen meist mit `C-x` an. Sie müssen sie sich nicht alle auf einmal merken; mit der Zeit prägen Sie sich schon das Notwendige ein. Mit folgenden Tastaturkommandos werden Sie den Emacs bereits für einfache Editierarbeiten benutzen können:

Tasten	Kommando	Aktion
C-x C-c	save-buffers-kill-emacs	Emacs beenden
C-x C-f	find-file	Datei/Verzeichnis öffnen
C-x C-s	save-buffer	Puffer in einer Datei speichern
C-x C-w	write-file	Speichern unter …
C-_	undo	letzte Aktion rückgängig machen
C-s	isearch-forward	suchen (vorwärts)
C-r	isearch-backward	suchen (rückwärts)
C-g	keyboard-quit	aktuelle Aktion abbrechen
C-h	help-command	Hilfe anzeigen

Tabelle 10.6 Grundlegende Kommandos

10.4.3 Arbeiten mit Puffern und Fenstern

Nun bedeutet aber das Arbeiten mit Emacs auch das Arbeiten mit Puffern. Die folgenden Kommandos bilden eine wichtige Basis, um mit Puffern vertraut zu werden. Spätestens jetzt sollten Sie auch damit anfangen, mit einem Emacs etwas zu »üben«.

Tasten	Kommando	Aktion
C-x b	switch-to-buffer	anderen Puffer auswählen
C-x C-b	list-buffers	alle Puffer anzeigen
C-x k	kill-buffer	Puffer löschen
C-x 2	split-window-vertically	Fenster halbieren
C-x 1	delete-other-windows	Fenster maximieren
C-x o	other-window	Fenster wechseln
C-x ^	enlarge-window	Fenster vergrößern

Tabelle 10.7 Arbeiten mit Puffern und Fenstern

10.4.4 Arbeiten mit Mark und Region

Nun wollen wir ein wenig ins Detail gehen, was das Arbeiten mit Emacs betrifft. Dazu gehört das Umgehen mit *Mark* und *Region* und den damit verbundenen Operationen wie Ausschneiden und Kopieren.

Tasten	Kommando	Aktion
C-SPC	set-mark-command	Mark setzen
C-k	kill-line	bis zum Ende der Zeile löschen
C-x C-x	exchange-point-and-mark	Point und Mark vertauschen (setzt Cursor auf die alte Mark)
C-w	kill-region	Region ausschneiden
M-w	kill-ring-save	Region kopieren
C-y	yank	Kopiertes einfügen
M-y	yank-pop	vorher Kopiertes einfügen

Tabelle 10.8 Arbeiten mit Mark und Region

10.4.5 Das Menü nutzen

Wie Ihnen sicherlich schon aufgefallen ist, besitzt der Emacs eine Menüleiste. Unter einer grafischen Oberfläche können Sie diese wie gewohnt einfach mit der Maus nutzen. In einer Textkonsole ohne Mausunterstützung müssen Sie sich jedoch anders behelfen.

Im Normalfall öffnen Sie die Menüleiste durch einfaches Drücken von **F10** bzw. mit der Tastenkombination **M** + **'** (Apostroph). Daraufhin gelangen Sie in einen Modus, in dem es möglich ist, die Menüleiste zu verwenden. Natürlich hat jeder Eintrag im Menü auch ein normales Tastenkürzel bzw. steht für eine Elisp-Funktion, so dass Sie die Funktionalität auch auf dem »normalen« Weg erreichen.

10.4.6 Emacs konfigurieren

Zum Konfigurieren editieren Sie einfach die Datei *.emacs* in Ihrem Home-Verzeichnis oder nutzen – was noch besser ist – die eingebaute Konfigurationsmöglichkeit über das Kommando `M-x customize`.

Sie werden dann zwar mit einer Vielzahl von Konfigurationsmöglichkeiten konfrontiert, aber schließlich ist der Emacs auch mehr als ein Editor. Außerdem sind die meisten Möglichkeiten selbsterklärend, und bei weiterführenden Fragen bringt Sie auch die eingebaute Hilfe weiter.

10.5 Der Editor »ed«

Der `ed` ist ein sehr alter UNIX-Editor. Mit ihm kommen Sie nur selten in Kontakt (etwa falls Sie bei der OpenBSD-Installation einmal von Hand Konfigurationen ändern wollen), aber das Know-how in Bezug auf dieses Urgestein kann in einigen Situationen sehr hilfreich sein – vielleicht werden Sie auch einmal ganz froh darüber sein, mit diesem Buch eine Einführung in die Arbeit mit dem `ed` zu erhalten, bei dieser wollen wir es aber auch belassen.

10.5.1 Grundlagen

Der `ed`-Editor wird ähnlich bedient wie `vi`, einige Kommandos sind sogar fast gleich benannt. Allerdings muss erwähnt werden, dass für das Editieren von Dateien mit dem `ed` deutlich mehr Aktionen seitens des Benutzers notwendig sind. Allein das Anzeigen einer Datei bzw. von Dateibereichen geschieht nicht ganz ohne weiteres Zutun, doch beginnen wir besser bei den absoluten Grundlagen.

Starten, Beenden, Speichern und Laden

Um eine Datei mit dem `ed` zu laden, geben Sie einfach `ed Dateiname` ein. Sie verlassen den Editor durch Eingabe von `q` bzw. `Q` (Letzteres verwirft getätigte Änderungen ohne Rückfrage, dazu gleich mehr). Sie können `ed` auch ohne Angabe einer Datei starten, dann müssen Sie allerdings einen Dateinamen beim Speichern angeben.

Verwenden Sie zum Speichern den Befehl w und zum Speichern in eine neue Datei den Befehl w Dateiname.

```
$ ed /etc/passwd
2198
q
```

Listing 10.5 Die /etc/passwd einlesen

10.5.2 Eingeben und Anzeigen von Inhalten

Der nächste wichtige Schritt ist, dass Sie lernen, Dateiinhalte anzuzeigen. Zur Anzeige von Inhalten wird der Befehl p verwendet. Sie müssen dabei allerdings auch angeben, *welchen* Inhalt Sie ansehen möchten: Dem p-Befehl setzen Sie dazu die gewünschte Zeilennummer vor, wobei 1 die erste und $ die letzte Zeile der Datei repräsentieren. 2p würde also beispielsweise die zweite Zeile der Datei ausgeben. Sie können auch ganze Bereiche angeben, indem Sie Start- und Endzeilennummer durch ein Komma getrennt eingeben: A,Bp. Um die aktuelle Zeile auszugeben, verwenden Sie den Punkt: .p.

Inhalte anzeigen

```
$ ed myfile
28
1p
Hallo Welt.
.p
Hallo Welt.
2,5p
2,5p
A
B
C
D
1,$p
Hallo Welt.
A
B
C
D
E
F
G
H
```

Listing 10.6 Eine Datei auszugsweise und ganz anzeigen

Wo befinden Sie sich? Die aktuelle Zeilennumer gibt Ihnen ed über den Befehl .n aus. Sie können auch mehrere Zeilen samt Nummern ausgeben lassen, indem Sie den Zeilenbereich analog zum p-Befehl beim n-Befehl angeben.

```
2p
A
.n
2
```

Listing 10.7 Zeilennummer anzeigen

Eingaben tätigen Wie auch beim vi-Editor müssen Sie bei ed für Texteingaben in den Eingabemodus wechseln. In diesen gelangen Sie über den Befehl i bzw. a. Mit Ni können Sie Text vor der N.ten Zeile einfügen. Mit Na fügen Sie Text hingegen hinter der N.ten Zeile ein. Um Text an das Ende der Datei anzufügen, benutzen Sie für den a-Parameter die Adressangabe $, also: $a.

Nachdem Sie in den Eingabemodus gewechselt sind, können Sie dort mehrzeilige Eingaben tätigen. Um ihn wieder zu verlassen, muss in eine Zeile ein einzelner Punkt geschrieben werden. Wenn Sie die letzte gemachte Eingabe wieder rückgängig machen möchten, verwenden Sie einfach den Undo-Befehl (u).

```
$ ed myfile
28
4,$p
C
D
E
F
G
H
$a
Neues Ende
.
4,$p
C
D
E
F
G
H
Neues Ende
u
4,$p
C
D
```

```
E
F
G
H
Q
```

Listing 10.8 Dateiinhalt anhängen und wieder löschen

10.5.3 Inhalte kopieren und einfügen

Beim Kopieren und Einfügen von Inhalten müssen – wie immer – die Nummern der Zeilen, von denen Sie kopieren und in die Sie einfügen möchten, angegeben werden. Verwendet wird dazu der Befehl t. Vor ihn schreiben Sie den Zeilenbereich, den Sie kopieren möchten. Hinter den Befehl schreiben Sie die Nummer der Zeile, hinter die eingefügt werden soll. Soll vor der ersten Zeile eingefügt werden, muss als Ziel die Adresse 0 angegeben werden. Hier einige Beispiele:

```
1,$n
1 Hallo Welt.
2 A
3 B
4 C
5 D
6 E
7 F
8 G
9 Neuer Input
10 H
2,4t10
1,$n
1 Hallo Welt.
2 A
3 B
4 C
5 D
6 E
7 F
8 G
9 Neuer Input
10 H
11 A
12 B
13 C
2,4t0
1,$n
1 A
```

```
2 B
3 C
4 Hallo Welt.
5 A
6 B
7 C
8 D
9 E
10 F
11 G
12 Neuer Input
13 H
14 A
15 B
16 C
```

Listing 10.9 Anwendung des t-Befehls

10.5.4 Beenden erzwingen

Wie im vi-Editor (und wie bereits erwähnt) gibt es zum Beenden des ed-Editors zwei verschiedene Befehle. Der eine Befehl, nämlich Q führt zur unbedingten Beendigung des Editors, was auch ungespeicherte Änderungen verwirft. Mit dem kleingeschriebenen q-Befehl bekommen Sie hingegen bei ungespeicherten Änderungen ein Fragezeichen präsentiert. Geben Sie dann nochmals q ein, wird auch in diesem Falle der Editor ohne ein Speichern der getätigten Veränderungen beendet.

```
$ ed myfile
28
i
Neuer Input
.
q
?
w
40
q
```

Listing 10.10 Änderungen speichern und beenden

10.5.5 Weitere wichtige Befehle

Selbstverständlich kennt der ed noch weitere wichtige Befehle, die wir in dieser Übersicht erwähnen möchten (die Aufzählung enthält auch die bereits erwähnten):

- **A,Bc**

  Ermöglicht die Eingabe von Inhalten, die die Zeilen von A bis B ersetzen. Die Angabe von B ist optional.

- **A,Bd**

  Löschen der Zeilen von A bis B. Die Angabe von B ist optional.

- **Ai bzw. Aa**

  i fügt Inhalt vor Zeile A ein, a fügt Inhalt nach Zeile A ein. Die Eingabe von neuen Inhalten wird mit einer Zeile, in der nur ein Punkt (.) steht, beendet.

- **A,BmC**

  Der Inhalt der Zeilen von A bis B wird an die Zeile C verschoben (auch hier kann C wieder den Wert 0 annehmen, B ist optional).

- **A,Bn**

  Gibt die Zeilen von A bis B mit vorangestellter Zeilennummer aus.

- **A,Bp**

  Gibt die Zeilen von A bis B aus, wobei die Angabe von B optional ist.

- **P**

  Schaltet den Eingabe-Prompt an bzw. aus.

- **q bzw. Q**

  q beendet den Editor, fragt aber bei ungespeicherten Änderungen nach. Q beendet sofort.

- **A,Bs/Jetzt/Dann**

  Ersetzen der Zeichenkette »Jetzt« durch »Dann« in den Zeilen von A bis B. Die Angabe von B ist optional.

- **A,BtC**

  Kopiert den Inhalt der Zeilen von A bis B hinter die Zeile C. Um Inhalte an den Dateianfang zu kopieren, kann für C auch die Zeile 0 angegeben werden. Die Angabe von B ist optional.

- **u**

  Macht die letzte Änderung rückgängig.

- **A,Bw Dateiname**

  Speichert (in der Datei mit dem angegebenen Namen). Bei Angabe von einem Bereich (A bis B) werden nur die entsprechenden Zeilenbereiche gespeichert.

- **!xyz**

  Führt den Befehl xyz aus und gibt seine Ausgabe aus.

10.6 Editoren in der Shell

Viele Programme wie das Tool `crontab` greifen auf die Shellvariable EDITOR zurück, um Ihren liebsten Editor herauszufinden. Sollten Sie innerhalb dieser Programme eine Datei editieren müssen, wird automatisch dieser Editor gestartet. Dort können Sie dann alle auswendig gelernten Tastenkürzel und Kniffe einsetzen, um nach dem normalen Beenden des Editors wieder im ursprünglichen Programm zu landen.

10.7 Zusammenfassung

In diesem Kapitel haben Sie etwas sehr Wichtiges kennengelernt: Editoren. Sie wissen nun, wie man mit ihnen arbeitet und welche die wichtigsten Konsolen-Editoren unter Linux und Unix sind. Außerdem lernten Sie wichtige Begriffe wie den des *Syntax-Highlighting* kennen. Mit diesem Handwerkszeug können Sie nun komfortabel Ihre ersten eigenen Shellskripts schreiben und an der Systemkonfiguration schrauben.

10.8 Aufgaben

Welchen Editor mögen Sie?

Probieren Sie sowohl den `vi`- als auch den `vim`- und den `emacs`-Editor aus, und finden Sie heraus, welcher Editor Ihnen am besten gefällt. Einigen Anwendern graut es vor den `vi`-Modi, anderen wiederum vor den Scroll-Methoden des `emacs`.

»Werke dauern lange, so lange, wie sie uns beschäftigen.
Je länger sie dauern, umso reicher können sie werden.
Was fertig ist, was niemanden mehr berührt, ist am Ende.«
– Günter Behnisch

11 Shellskriptprogrammierung mit der bash

Nun kommen wir endlich zum Thema der Shellskriptprogrammierung. Dieses Kapitel befasst sich mit der Programmierung in der Bourne- sowie in der Bourne-Again-Shell (bash). Erst jetzt verfügen Sie über das nötige Grundwissen, um richtig in die Shellskriptprogrammierung einzusteigen. Natürlich gibt es über dieses Thema dicke Bücher, aber das Wichtigste lernen Sie auch aus diesem Kapitel.

Auch in der Shell können Sie Schleifen anwenden und mit Variablen (die Sie bereits kennengelernt haben) und Arrays arbeiten. Doch das Wichtigste ist: Sie haben Zugriff auf alle Programme des Systems und können diese in Ihre Shellskripts einbauen und miteinander agieren lassen.

Shellskripts werden primär von Installationsroutinen und zur automatisierten Administration, etwa einem Systembackup, eingesetzt. Der Administrator, der für seine Aufgabe, die von Hand erledigt jedes Mal eine Stunde dauert, ein Shellskript schreibt, kann sich in Zukunft zurücklehnen und einen Kaffee trinken, während sein Skript die Arbeit erledigt. Daher gilt besonders für Administratoren:

Anwendung

Schreiben Sie für alle oft anfallenden Tätigkeiten ein Shellskript, um sich Zeit und Arbeit zu sparen.

[+]

Solche Shellskripte kann man in ein Verzeichnis wie etwa */root/scripts* packen und den Zugriff darauf komfortabel gestalten, indem man der PATH-Variable einen Eintrag für das Verzeichnis hinzufügt:

```
$ export PATH=$PATH:/root/scripts
```

Listing 11.1 PATH erweitern

Doch bevor wir in einsteigen, sei zunächst erst einmal gesagt, was Shellskriptprogrammierung überhaupt ist. Um in der Shell zu programmieren, bedarf es keiner Skriptdatei. Sie können die Befehle direkt am Prompt eingeben. Diese Direkteingabe ist allerdings unübersichtlich und nicht permanent abrufbar. Daher speichert man

Definition

eine Reihe von Shellbefehlen einfach in einer Datei, dem so genannten Shellskript, ab.

Dieses Shellskript enthält dann die Definitionen und Aufrufe der gewünschten Befehle, Funktionen, Schleifen, Variablen usw., die es für seine Aufgabe benötigt.

11.1 Das erste Shellskript

Schreiben wir also ein erstes Shellskript. Legen Sie dazu mit dem Editor Ihrer Wahl (oder mit cat) eine Datei an, und schreiben Sie ein paar Befehle in diese hinein. Nutzt man cat, kann man den folgenden Befehl verwenden, der die eingegebenen Zeilen in die Datei *shellskript.sh* schreibt.[1] Die Eingabe wird durch eine Zeile beendet, in der nur die Zeichen »EOF« stehen.

```
$ cd /tmp
$ cat >shellskript.sh <<EOF
> #!/bin/sh
>
> echo "Mein erstes Shellskript!"
> EOF
$
```

Listing 11.2 Ein Shellskript anlegen

Wie Sie sehen, besteht dieses Skript nur aus zwei Zeilen. In der ersten Zeile eines Shellskripts stehen immer zunächst die zwei Zeichen »#!«. Dadurch weiß das System beim Ausführen der Datei, dass es sich um eine Skriptdatei handelt, die von einem entsprechenden Interpreter (etwa awk, der C-Shell, der Bourne-Shell oder perl) ausgeführt werden muss. Der Pfad zur Programmdatei des Interpreters folgt unmittelbar auf diese zwei Zeichen. Wir geben hier die Bourne-Shell (*/bin/sh*) an. Die restlichen Zeilen des Skripts werden also von dieser Shell ausgeführt. Die zweite Zeile beinhaltet den echo-Befehl, der einfach einen Text auf dem Bildschirm ausgibt.

```
$ cat shellskript.sh
#!/bin/sh
echo "Mein erstes Shellskript!"
```

Listing 11.3 Das Shellskript

Damit dieses Skript nun gestartet werden kann, muss die Datei auch das entsprechende Ausführungsrecht erhalten, was sich mit chmod bewerkstelligen lässt:

---

[1] Die Dateiendung *.sh* ist für Shellskripte zwar üblich, aber nicht notwendig.

```
$ chmod +x shellskript.sh
```

Listing 11.4 Das Shellskript ausführbar machen

Nun, da das Shellskript ausführbar ist, kann es gestartet werden und damit den einzigen darin enthaltenen Befehl ausführen.

```
$ ./shellskript.sh
Mein erstes Shellskript!
```

Listing 11.5 Das Shellskript starten

11.2 Kommentare

In einem Shellskript können über das Raute-Zeichen (#) Kommentare eingeleitet werden. Diese helfen Ihnen, wie auch in awk, Shellskripts verständlich zu halten und übersichtlicher zu gestalten. Ausgenommen von dieser Kommentarregel sind jedoch die ersten zwei Zeichen der ersten Zeile, die den Interpreter angeben.

```
#!/bin/sh

# Dieses Shellskript zählt die Dateien im
# Verzeichnis /etc

/bin/ls /etc | wc -l
```

Listing 11.6 Kommentare verwenden

11.3 Rechnen in der Shell

Rechnen kann man in der Shell auf verschiedene Weisen. Man kann über ein awk-Skript, über eine Pipe mit dem bc, via expr oder über Integer-Variablen eine Berechnung ausführen lassen. Den awk-Interpreter und den bc kennen Sie ja bereits. Nun werden wir uns mit expr und Integer-Variablen beschäftigen.

11.3.1 Integer-Variablen

Integer-Variablen können Sie in der Bourne-Again-, Korn- und Z-Shell über das Kommando typeset -i anlegen. Anschließend können Sie durch erneute Wertzuweisung mit einer Variable rechnen. Möglich sind dabei nicht nur Addition, Subtraktion, Division (allerdings ohne Kommastellen!), Multiplikation und Modulo, sondern auch das aus C bekannte Bit-Shiften mit >>n und <<n sowie ein bitweises

typeset -i

UND (&), ODER (|), XOR (^) und Negieren (~). Außerdem möglich sind die ebenfalls aus awk und C bekannten Abkürzungsoperatoren wie +=, -= oder ^=.

```
$ typeset -i zahl
$ zahl=301*2
$ echo $zahl
602
$ zahl=$zahl+1
$ zahl=$zahl/3
$ echo $zahl
201
$ zahl=8\<\<3
1024
```

Listing 11.7 typeset -i anwenden

Um einer Variablen einen Wert zuzuweisen, benutzt man nur ihren Namen. Will man dagegen auf ihren Wert zugreifen, muss man dem Variablennamen ein Dollarzeichen ($) voranstellen.

Achten Sie außerdem immer darauf, Sonderzeichen wie (oder > in Ihren Rechnungen durch einen Backslash vor der Interpretation durch die Shell zu schützen. Eine bloße Klammerung würde beispielsweise als Subshell und ein > als Ausgabeumlenkung interpretiert werden.

let   Weitere Möglichkeiten, mit Integer-Variablen zu arbeiten, sind die Nutzung des let-Befehls:

```
$ let x=37+13
$ echo $x
50
```

Listing 11.8 Der Befehl let

sowie die doppelte Klammerung:

```
$ ((produkt=37*13))
$ echo $produkt
481
```

Listing 11.9 ((...))

und, in bash und zsh, eckige Klammern:

```
$ z=$[13*37]
$ echo $z
481
```

Listing 11.10 Eckige Klammern

11.3.2 expr

Eine Möglichkeit, Rechnungen durchzuführen, die in jeder Shell funktioniert, um ist expr. Dem Programm wird dabei der entsprechende Term übergeben. Die Ausgabe erfolgt entweder über die Standardausgabe oder man weist das Ergebnis durch eine Kommandosubstitution einer Variablen zu.

```
$ expr 13 + 37
$ ergebnis=`expr 13 + 37`
$ echo $ergebnis
50
```

Listing 11.11 Das Programm expr

11.3.3 Den bc nutzen

Den Konsolenrechner bc kennen Sie bereits aus Abschnitt 9.10.1. Er stellt einige zusätzliche Rechenfunktionen bereit, die in der reinen Shellskriptprogrammierung nicht möglich sind, etwa das Rechnen mit Dezimalbrüchen. Wenn man solche Aufgaben lösen muss, kann man ganz einfach den bc in eine Berechnung einbinden, was folgendermaßen notiert wird:

```
$ echo "scale=5; 31.2/494" | bc
.06315
$ ergebnis=`echo "scale=5; 31.2/494" | bc`
$ echo $ergebnis
.06315
```

Listing 11.12 bc und Shellvariablen

11.4 Arrays

Mit Arrays haben wir uns bereits im Zusammenhang mit der Skriptsprache awk auseinandergesetzt. Nun werden wir auf Arrays in der Shell eingehen. Ein Array ist auch hier eine Zusammenfassung von mehreren Variablen zu einer einzigen. Dabei wird auch in der Shell auf die Werte elementweise zugegriffen.

Werte zuweisen

Um einem Array Werte zuzuweisen, benutzt man im einfachsten Fall folgende Schreibweise:

```
NamensArray=(Alfredo Berta Carsten Diana ...)
```

Listing 11.13 Zuweisen von Elementen

Es ist jedoch auch möglich, gezielt Array-Elemente mit neuen Werten zu belegen. Dafür verwendet man eckige Klammern wie in awk:

```
name[2]="Max Musterman"
```

Listing 11.14 Einen Wert an Element 2 zuweisen

Auf Werte zugreifen

Um nun auf die gesetzten Werte zuzugreifen, wird die Schreibweise

```
${name[2]}
```

Listing 11.15 Auf Array-Elementwerte zugreifen

genutzt. Es ist jedoch auch möglich, alle Array-Elemente auf einmal ausgeben zu lassen. Dazu verwendet man das Stern-Zeichen (*).

```
$ usrbinprogs=(`/bin/ls /usr/bin`)
$ echo ${usrbinprogs[*]}
Mail a2p addftinfo addr2line afmtodit afslog apply
apropos ar arch as asa asn1_compile at atq atrm aucat
audioctl awk b64decode b64encode banner basename
batch bc bdesbiff c++ c++filt c2ph cal calendar
cap_mkdb captoinfo cc cdio checknr chflags chfn
chpass chsh ci clear cmp co col colcrt colrm column
comm compile_et compress cpan cpp crontab ctags cu
cut cvs cvsbug dbmmanage dc deroff diff diff3 dirname
dprofpp du egrep elf2olf enc2xs encrypt env eqn ex
...
...
```

Listing 11.16 Alle Array-Elemente ausgeben

Anzahl der Elemente

Die Anzahl der Elemente eines Arrays kann abgefragt werden, indem man in der »Gib alle Elemente aus«-Schreibweise noch eine Raute einfügt. Verwenden wir nun das Array aus dem letzten Listing für diese Abfrage, so zeigt uns die Ausgabe, dass sich unter OpenBSD-3.6 ganze 387 Dateien im Verzeichnis */usr/bin* befinden.

```
$ echo ${#usrbinprogs[*]}
387
```

Listing 11.17 Elementanzahl

Um die Zeichenlänge eines Elements herauszubekommen, so verwendet man anstelle des Sterns bei der Abfrage der Elementanzahl einfach die Nummer des Elements: ${#usrbinprogs[2]}

Länge eines Elements

Möchte man einzelne Elemente oder ein komplettes Array löschen, verwendet man unset für diese Aufgabe:

Elemente löschen

```
$ unset usrbinprogs[2]
$ echo ${#usrbinprogs[*]}
386
$ unset usrbinprogs
$ echo ${#usrbinprogs[*]}
0
```

Listing 11.18 unset versteht keinen Spaß.

11.5 Bedingte Anweisungen

Auch in der Shell können bedingte Anweisungen verwendet werden. Wir werden uns im Folgenden die bereits aus awk in ähnlicher Form bekannte if-Anweisung und später die case-Anweisung ansehen.

11.5.1 if

Die bedingte Anweisung, die man am häufigsten verwendet, ist if. Sie hat einen einfachen Aufbau: Hinter dem if-Befehl selbst folgt die in der Regel in eckigen Klammern eingeschlossene Bedingung, wobei man stets darauf achten sollte, die nötigen Leerzeichen um die eckigen Klammern zu setzen. Darauf folgt das Schlüsselwort then, das die Anweisungen einleitet, die abgearbeitet werden sollen, sofern die Bedingung erfüllt ist.

Ist die erste Bedingung nicht erfüllt, wird – sofern vorhanden – die mit elif angehängte nächste Bedingung geprüft. Ist auch diese nicht erfüllt, werden die restlichen elif-Bedingungen so lange überprüft, bis entweder eine davon erfüllt oder keine weitere elif-Bedingung mehr vorhanden ist.

elif

Ist keine Bedingung erfüllt, werden – sofern vorhanden – die Anweisungen hinter dem else-Schlüsselwort ausgeführt.

else

Die if-Anweisung wird durch das Schlüsselwort fi beendet.

fi

```
if [ Bedingung ]
then
    Anweisung1
    Anweisung2
```

```
    ...
elif [ Bedingung2 ]
then
    Anweisung1
    Anweisung2
    ...
elif [ BedingungN ]
then
    Anweisung1
    Anweisung2
    ...
else
    Anweisung1
    Anweisung2
    ...
fi
```

Listing 11.19 Die if-Anweisung

Eine if-Anweisung muss weder eine elif- noch eine else-Anweisung beinhalten.

Es ist auch möglich, den Skriptcode für eine if-Anweisung in einer zeilensparenden und gleichzeitig übersichtlicheren Form zu schreiben, sofern man trennende Semikola verwendet.[2] Diese Methode werden wir in den restlichen Beispielen dieses Kapitels anwenden.

```
if [ Bedingung ]; then
    Anweisung1
    Anweisung2
    ...
elif [ Bedingung2 ]; then
    Anweisung1
    Anweisung2
    ...
elif [ BedingungN ]; then
    Anweisung1
    Anweisung2
    ...
else
    Anweisung1
    Anweisung2
```

---

[2] Man kann auch die komplette if-Anweisung inklusive sämtlicher Sub-Bedingungen und Anweisungen in eine einzelne Zeile, separiert durch Semikola, schreiben. Dies ist allerdings sehr unübersichtlich und soll nur der Vollständigkeit halber erwähnt werden.

```
    ...
fi
```

Listing 11.20 if kürzer fassen

Wirft man einen Blick in das Dateisystem, so wird man beispielsweise unter OpenBSD im Verzeichnis */bin* den Dateinamen `[` vorfinden. Dabei handelt es sich um ein ausführbares Programm namens `test`. Tatsächlich ist die Syntax der `if`-Anweisung in der folgenden Form aufgebaut:

Die Klammern

```
if Testbefehl; then
    Anweisungen
fi
```

Listing 11.21 Die if-Anweisung: korrekte Syntax

Das Programm `test` erlaubt uns nun, eine Bedingung zu erstellen. Ist diese Bedingung erfüllt, gibt `test` wahr bzw. im anderen Fall falsch an `if` zurück. Sie können jedoch auch jedes andere Programm in eine `if`-Anweisung einbauen:

```
$ if test 1
then
    echo "Test"
fi
Test
$ if /bin/ls >/dev/null
then
    echo "Test"
fi
Test
$ if /bin/gibtsnicht
then
    echo "blah"
else
    echo "Fehler"
fi
bash: /bin/gibtsnicht: No such file or directory
Fehler
```

Listing 11.22 Das Programm »test« in Verbindung mit der if-Anweisung

Doch nun zurück zu den eigentlichen Bedingungen, die uns das Programm `test` bietet. Zunächst werden wir uns ansehen, wie Vergleiche zwischen Zahlenwerten programmiert werden, wofür es verschiedene Möglichkeiten gibt. Wir werden uns mit der einfachsten und unserer Meinung nach besten davon beschäftigen. Dabei

Zahlen-Vergleiche

verwendet man vier runde an Stelle zweier eckiger Klammern und die bereits aus awk bekannten Vergleichsoperatoren ==, != oder =>:

```
if (( 17 < 20 ))
then
    echo "17 ist kleiner als 20"
else
    echo "hier stimmt irgendetwas nicht..."
fi
```

Listing 11.23 Zahlenvergleich

String-Vergleiche Möchte man hingegen Strings vergleichen, so gilt hier, dass man bei diesen auch reguläre Ausdrücke einbauen kann. Ein String wird dabei in Anführungszeichen gesetzt, was auch für Variablen gilt.

```
# direkter Stringvergleich:
if [ "abc" = "abc" ]; then
    echo "Bedingung ist wahr."
fi

# Variablen mit Strings
A="abc"
if [ "$A" = "abc" ]; then
    echo "Bedingung ist wahr."
fi

# reguläre Ausdrücke (Achtung: Doppelklammer!)
if [[ "$A" == a?? ]]; then
    echo "Bedingung ist wahr."
fi
```

Listing 11.24 Strings vergleichen

11.5.2 case

Mit case stellt die Shell jedoch noch eine Option zur Verfügung, mit der eine bedingte Anweisung in Skripts eingebaut werden kann. Hierbei werden die möglichen »Fälle«, die eintreten können, explizit angegeben, was in folgender Form geschieht, wobei Testwert in der Regel der Wert einer Variablen ist:

```
case Testwert in
    Fall1)
        Anweisung1;
        Anweisung2;
        ;;
```

```
    Fall2)
        Anweisung1;
        Anweisung2;
        ;;
esac
```

Listing 11.25 case

Das von der if-Anweisung bekannte else-Schlüsselwort finden wir in ähnlicher Form (nämlich als Fall *) auch für die case-Anweisung vor. Dieser enthält die Anweisungen, die ausgeführt werden sollen, wenn keiner der zuvor aufgeführten Fälle eintritt.

else für case

Ein Anweisungsblock für einen Fall ist durch zwei Semikola abzuschließen.

Im folgenden Beispiel soll gezeigt werden, wie der *)-Fall und die Abschlusssequenz angewandt werden.

[zB]

```
ZAHL=5

case $ZAHL in
    3)
        echo "Die Zahl ist 3!"
        ;;
    4)
        echo "Die Zahl ist 4!"
        ;;
    *)
        echo "Zahl ist nicht 3 oder 4!"
        ;;
esac
```

Listing 11.26 case-Beispiel

Möchte man nicht für jeden Fall, für den ähnlicher oder gar gleicher Skriptcode ausgeführt werden soll, den Anweisungsblock neu schreiben, kann man sich Arbeit ersparen und sogar einen übersichtlicheren Code erstellen, indem man Bedingungen zusammenfasst. Dazu verwendet man die ODER-Verknüpfung. Ein Fall ist dann erfüllt, wenn zumindest eine einzige der angegebenen Möglichkeiten zutrifft.

Etwas kompakter

```
ZAHL=3

case $ZAHL in
    3|4)
        echo "Die Zahl ist 3 oder 4!"
```

```
            ;;
      *)
         echo "Zahl ist nicht 3 oder 4!"
         ;;
esac
```

Listing 11.27 Die kompakte Version

11.6 Schleifen

Auch in der Shell stehen Ihnen verschiedene Schleifen zur Verfügung. Die `for`- und die `while`-Schleife kennen Sie ja bereits von der Skriptsprache awk, die in Abschnitt 8.4 behandelt wurde. Neu hinzu kommt die `until`-Schleife, die eine Art Negation der `while`-Schleife darstellt, doch dazu später mehr. Zunächst werden wir uns mit der bereits bekannten `while`-Schleife beschäftigen, damit der Umstieg von awk- auf Shell-Schleifen möglichst einfach gelingt.

11.6.1 while

Die `while`-Schleife setzt sich aus einer bedingten Anweisung, wie sie bereits von `if` bekannt ist, und einem Anweisungsblock zusammen. Dieser wird wird durch das Schlüsselwort `do` eingeleitet und durch `done` beendet.

```
while [ Bedingung ]
do
   Anweisung1
   Anweisung2
   Anweisung3
done
```

Listing 11.28 Aufbau der while-Anweisung

Auch hier lässt sich eine übersichtlichere Schreibweise durch Gliedern mit Semikola erreichen:

```
while [ Bedingung ]; do
   AnweisungA
   AnweisungB
   AnweisungC
done
```

Listing 11.29 Mehr Übersicht

Auch in der Shelllassen sich können Endlosschleifen realisieren. Dazu muss nur eine ständig wahre Bedingung übergeben werden – beispielsweise 1, true, "a" oder auch der simple Doppelpunkt:

Endlosschleifen

```
while :; do
   echo "test"; sleep 2; done
```

Listing 11.30 Ein Beispiel

Mit while kann man nun bereits simple Menüs für Shellskripts erstellen.[3] Dazu lassen wir bei jedem Schleifendurchlauf erneut einen Wert durch read einlesen und vergleichen diesen mit vorgegebenen Werten.

[zB]

```
VALUE=""
while [ "$VALUE" != "ende" ]; do
   clear
   echo "Auswahlmenü:"
   echo
   echo "Eingabe    Auswirkung"
   echo "benutzer: zeigt die eingeloggten Benutzer an"
   echo "prozesse: zeigt die aktuellen Prozesse an"
   echo "laufzeit: zeigt die Laufzeit des Systems an"
   echo "ende:     beendet das Skript"

   echo "Ihre Auswahl: "
   read VALUE

   if [ "$VALUE" = "benutzer" ]; then
      w
   elif [ "$VALUE" = "prozesse" ]; then
      ps
   elif [ "$VALUE" = "laufzeit" ]; then
      uptime|awk -F, '{print $1}'
   elif [ "$VALUE" = "ende" ]; then
      echo 'Bis bald!'
   else
      echo "Ihre Eingabe wird nicht unterstützt."
   fi

   echo "Drücken Sie Return, um fortzufahren."
   read garbage
done
```

Listing 11.31 Ein Menü mit while

---

3 Später werden Sie die select-Anweisung kennenlernen, die speziell für das Erstellen von Auswahlmenüs in Shellskripten gedacht ist.

11.6.2 until

Zu den bereits bekannten Schleifen kommt nun noch die until-Schleife hinzu. Diese neue Schleife kann als Negation der while-Schleife verstanden werden. Der Anweisungsblock der until-Schleife wird so lange ausgeführt, wie die Bedingung *nicht* erfüllt ist. Man kann praktisch die until-Schleife mit einer while !-Schleife gleichsetzen:

```
while [ ! 1 ]; do echo Test; done
until [ 1 ]; do echo Test; done
# oder noch kürzer:
until :; do echo Test; done
```

Listing 11.32 until und while !

11.6.3 for

Die letzte Schleife in diesem Abschnitt ist die ebenfalls in ähnlicher Form aus awk bekannte for-Schleife. Der Aufbau dieser Schleife gestaltet sich wie folgt:

```
for VAR in WERT1 WERT2 WERT3
do
    Anweisung1
    Anweisung2
done
```

Listing 11.33 for-Syntax

for arbeitet einen Anweisungsblock mit jedem angegebenen Wert einmal durch. Dieser Wert wird während des Durchlaufens des Anweisungsblocks der Variable VAR zugewiesen, mit der die Anweisungen arbeiten können. Der Anweisungsblock wird, wie bei der while-Schleife, durch do eingeleitet und mit done beendet.

[zB] Auch hierzu ein Beispiel, um Ihnen die Anwendung der Schleife möglichst leicht verständlich zu machen. Wir nehmen dabei als Werte alle TeX-Dateien in einem Verzeichnis an (in diesem Fall das Verzeichnis mit unserem Buch), die wir an die Variable DATEI zuweisen. Für jede Datei soll die Anzahl der darin enthaltenen Wörter ausgegeben werden, und zusätzlich soll die Gesamtzahl der Wörter summiert und nach Beendigung der Schleife ausgegeben werden.

```
#!/bin/bash

typeset -i WORDS=0

for DATEI in *.tex
do
```

```
    NWORDS=`wc -w $DATEI| awk '{print $1}'`
    echo "Datei $DATEI beinhaltet $NWORDS Woerter."

    WORDS=WORDS+NWORDS
done

echo
echo "Woerter gesamt: $WORDS"
```

Listing 11.34 Beispiel: for-Schleife

Wenn wir dieses Skript nun ausführen, erhalten wir die folgende Ausgabe:

```
$ ./wordcount
Datei anhg_csh.tex beinhaltet 2461 Woerter.
Datei anhg_dvd.tex beinhaltet 440 Woerter.
Datei anhg_install.tex beinhaltet 3757 Woerter.
Datei anhg_komref.tex beinhaltet 8349 Woerter.
Datei anhg_loesungen.tex beinhaltet 5732 Woerter.
Datei anhg_misc.tex beinhaltet 696 Woerter.
Datei buch.tex beinhaltet 210 Woerter.
Datei glossar.tex beinhaltet 837 Woerter.
Datei kap01_kernel.tex beinhaltet 18220 Woerter.
Datei kap03_einstieg.tex beinhaltet 9067 Woerter.
Datei kap04_2_regex.tex beinhaltet 9800 Woerter.
Datei kap04_3_tools.tex beinhaltet 4514 Woerter.
Datei kap04_4_skripting.tex beinhaltet 5347 Woerter.
Datei kap04_editoren.tex beinhaltet 5029 Woerter.
Datei kap04_shell.tex beinhaltet 10668 Woerter.
Datei kap05_2.tex beinhaltet 26118 Woerter.
Datei kap05_sysadmin.tex beinhaltet 9490 Woerter.
Datei kap07_dienste_dns.tex beinhaltet 2602 Woerter.
Datei kap10_kdegnomewm.tex beinhaltet 4025 Woerter.
Datei kap13_spiele.tex beinhaltet 7810 Woerter.
Datei kap_boot.tex beinhaltet 8999 Woerter.
Datei kap_einleitung.tex beinhaltet 5955 Woerter.
Datei kap_erste_schritte.tex beinhaltet 2539 Woerter.
Datei kap_install_vorbereitung.tex beinhaltet 5137 Woerter.
Datei kapinterna_filesystem.tex beinhaltet 8615 Woerter.
Datei kapinterna_prozesse.tex beinhaltet 8777 Woerter.
Datei kap_lamp.tex beinhaltet 5862 Woerter.
Datei kap_mailserver.tex beinhaltet 4739 Woerter.
Datei kap_netz_clients.tex beinhaltet 5456 Woerter.
Datei kap_netz_dienste.tex beinhaltet 7175 Woerter.
Datei kap_netzsicherheit_ueberwachen.tex beinhaltet 10801 Woerter.
Datei kap_netzwerk.tex beinhaltet 10850 Woerter.
```

```
Datei kap_progsprachen.tex beinhaltet 17432 Woerter.
Datei kap_sicherheit.tex beinhaltet 14667 Woerter.
Datei kap_ssh.tex beinhaltet 3486 Woerter.
Datei kap_virtualmach.tex beinhaltet 5512 Woerter.
Datei kap_workstation.tex beinhaltet 3719 Woerter.
Datei kap_x11apps.tex beinhaltet 5532 Woerter.
Datei kap_x11.tex beinhaltet 6209 Woerter.
Datei kapxx_software.tex beinhaltet 13918 Woerter.
Datei k_vorwort.tex beinhaltet 4950 Woerter.
Datei literatur.tex beinhaltet 799 Woerter.
Datei newIcons.tex beinhaltet 174 Woerter.
Datei new-macros.tex beinhaltet 110 Woerter.
Datei trennung.tex beinhaltet 224 Woerter.
Datei using-icons.tex beinhaltet 511 Woerter.

Woerter gesamt: 297320
```

Listing 11.35 Anzahl der Wörter in unserem Buch

[»] Sie können als Wertliste für `for` auch eine Kommandosubstitution übergeben. Sucht ein Skript beispielsweise alle Codedump-Dateien des Systems, so kann ein `find`-Aufruf für die Kommandosubstitution verwendet werden:

```
for DATEI in `find / -name *core 2>/dev/null`
do
   echo "Lösche Datei $DATEI..."
   rm $DATEI
done
```

Listing 11.36 for mit Kommandosubstitution

11.6.4 seq – Schleifen mit Aufzählungen

Manchmal kommt es vor, dass man eine Schleife über eine Ziffernfolge durchlaufen möchte oder aus irgendeinem anderen Grund eine Ziffernfolge benötigt. Dafür wurde das Programm `seq` geschrieben, das hier nur kurz angesprochen werden soll. Eine Parameterliste für `seq` finden Sie in der Kommandoreferenz.

Soll `seq` beispielsweise alle Zahlen von 1 bis 10 auflisten, dann ist dies ganz einfach. Übergeben Sie den Start- und Endwert:

```
$ seq 1 10
1
2
3
4
```

```
5
6
7
8
9
10
```
Listing 11.37 seq in Aktion

Möchte man `seq` nun in eine Schleife packen, so nutzt man am besten die Kommandosubstitution. Will man etwa einen bestimmten Satz Dateien löschen, dann wäre folgendes eine Möglichkeit:

for und seq

```
$ for i in `seq 1 10`; do
     rm "file$i"
done
```
Listing 11.38 seq in einer for-Schleife

11.7 Menüs mit select

Vor Kurzem haben wir uns damit beschäftigt, ein Menü mittels einer `while`-Schleife zu erstellen. Solch ein Menü lässt sich allerdings besser und gleichzeitig einfacher in ein Skript einbauen, wenn man die `select`-Anweisung verwendet. Der Aufbau von `select` gestaltet sich ähnlich wie der Aufbau der `for`-Schleife.

```
select VAR in WERT1 WERT2 WERT3
do
    Anweisung1
    Anweisung2
    Anweisung3
    ...
done
```
Listing 11.39 Aufbau von select

Allerdings zeigt `select` ein Menü dieser Werte an und lässt den Anwender über eine Zahl eingeben, welchen Eintrag er auswählen möchte. Der ausgewählte Eintrag wird der Variable `VAR` zugewiesen und kann damit – wie auch bei der `for`-Schleife – für den Anweisungsblock verwendet werden.

```
#!/bin/bash

echo "Was haben Sie für ein Haustier?"
```

```
select HAUSTIER in Hund Katze Maus Fisch Gueteltier
do
    echo "Sie haben also ein/eine(n) $HAUSTIER"
    echo "Kann Ihr Haustier auch in Common-Lisp programmieren?"
done
```

Listing 11.40 select-Beispiel

```
$ ./haustier.sh
Was haben Sie für ein Haustier?
1) Hund
2) Katze
3) Maus
4) Fisch
5) Gueteltier
#? 1
Sie haben also ein/eine(n) Hund
Kann Ihr Haustier auch in Common-Lisp programmieren?
#? 2
Sie haben also ein/eine(n) Katze
Kann Ihr Haustier auch in Common-Lisp programmieren?
#? 3
Sie haben also ein/eine(n) Maus
Kann Ihr Haustier auch in Common-Lisp programmieren?
#? ^D
```

Listing 11.41 Aufruf des Beispielskripts

11.8 break

Um eine Schleife mitten im Durchlauf an einer beliebigen Stelle zu verlassen, muss man dort nur das break-Schlüsselwort setzen. Dies funktioniert sowohl mit while- als auch mit for- und until-Schleifen.

[»] Da die select-Anweisung wie eine Schleife fungiert, kann man sie durch **Strg + D** abbrechen, oder man integriert eine Abbruchfunktion, in der man break verwendet. Letzteres ließe sich folgendermaßen umsetzen:

```
#!/bin/bash

echo "Was haben Sie für ein Haustier?"

select HAUSTIER in Hund Katze Beenden
do
    if [ "$HAUSTIER" = "Beenden" ]; then break; fi
```

```
    echo "Sie haben also ein/eine(n) $HAUSTIER"
    echo "Kann Ihr Haustier auch in Common-Lisp programmieren?"
done
```

Listing 11.42 select-Beispiel

11.9 Funktionen

Funktionen sind in jeder vernünftigen Programmiersprache zu haben. Sie

- machen Ihren Code übersichtlicher und wartungsärmer,
- können, nachdem sie einmal geschrieben worden sind,
  - auf beliebig vielen Werten und
  - beliebig oft ausgeführt werden,
- sparen Entwicklungszeit und
- lassen sich rekursiv aufrufen.

Das hört sich doch schon mal gut an, oder? Doch was ist eine Funktion genau? Eine Funktion besteht zunächst einmal aus einem *Funktionskopf* und einem Anweisungsblock. Der Kopf gibt den Namen der Funktion an und wird entweder in der Form

```
function NAME
```

Listing 11.43 Variante 1

oder in der Form

```
NAME()
```

Listing 11.44 Variante 2

eingeleitet. Wir haben uns im Folgenden für die zweite Variante entschieden.

Der Anweisungsblock wird durch geschweifte Klammern begrenzt.

```
Funktionsname() {
    Anweisung1
    ...
}
```

Listing 11.45 Syntax einer Funktion

11.9.1 Eine simple Funktion

Zunächst wollen wir eine Funktion schreiben, die die Dateien in einem Verzeichnis zählt und das Ergebnis eingebettet in einen Text ausgibt. Wir nennen diese Funktion »Zaehle«.

```
Zaehle()
{
   echo "Dateien: `ls | wc -l`"
}
```

Listing 11.46 Simples Funktionsbeispiel

Eine Funktion kann im restlichen Teil des Shellskripts aufgerufen werden, indem man den Funktionsnamen als Anweisung angibt:

```
cd /

for DIR in `ls`
do
   echo "Verzeichnis $DIR:"
   cd $DIR
   Zaehle
   cd ..
done
```

Listing 11.47 Aufruf der Funktion »Zaehle()«

Führen wir dieses Skript nun aus (wobei beide Listings in einer Datei kombiniert sein müssen), so erhalten wir unter OpenBSD die folgende Ausgabe:

```
$ ./script.sh
Verzeichnis altroot/:
Dateien:        2
Verzeichnis bin/:
Dateien:       47
Verzeichnis boot:
bash: cd: boot: Not a directory
Dateien:       27
Verzeichnis bsd:
bash: cd: bsd: Not a directory
Dateien:       27
Verzeichnis bsd.rd:
bash: cd: bsd.rd: Not a directory
Dateien:       27
Verzeichnis bsd.rd:
bash: cd: bsd.rd: Not a directory
```

```
Dateien:         27
Verzeichnis dev/:
Dateien:         1249
Verzeichnis etc/:
Dateien:         117
...
```

Listing 11.48 Ausführen des Skripts

11.9.2 Funktionsparameter

Nachdem Sie nun eine erste Funktion verstanden haben, können wir auch die restlichen Subthemen zu Funktionen behandeln. Doch keine Bange – Funktionen sind nicht nur sehr nützlich, sondern auch sehr einfach zu verstehen.

Funktionsparameter ermöglichen es, eine Funktion immer wieder mit verschiedenen Werten auszuführen. Sie können sich diese Funktionsweise wie eine for-Schleife vorstellen. Eine solche wird mit jedem Wert einmal ausgeführt, wobei der Anweisungsblock diesen Wert verwendet. Eine Funktion ist zwar keine Schleife, doch die ihr übergebenen Werte (also Parameter) werden ebenfalls dem Anweisungsblock zur Verfügung gestellt.

Anders als bei Programmiersprachen wie C werden die Funktionsparameter nicht zuvor festgelegt, benannt oder gar auf bestimmte Datentypen festgelegt. Daher passieren auch schnell Fehlaufrufe, wenn man Parameter in ihrer Reihenfolge vertauscht.

Um den Gebrauch von Funktionsparametern auf einfache Weise zu verdeutlichen, werden wir eine Funktion schreiben, die das Quadrat einer Zahl bildet. Dazu multiplizieren wir die Zahl mit sich selbst, was expr für uns erledigt.

```
quadr()
{
    expr $1 \* $1
}
```

Listing 11.49 Funktionsparameter

Wie Sie sehen, verwenden wir beim Aufruf von expr die Variable $1. Diese Variable ist der erste Parameter, der der Funktion übergeben wurde. Entsprechend ist der zweite Parameter $2, der dritte $3 usw. Wenn wir die Funktion nun aufrufen, übergeben wir einfach eine Zahl als Parameter:

```
$ quadr()
{
   expr $1 \* $1;
}
$ quadr 3
9
$ quadr -10
100
$ quadr 3490128
12180993456384
```

Listing 11.50 quadr() aufrufen

11.9.3 Rückgabewerte

Shellfunktionen haben noch eine weitere Eigenschaft: Sie können einen Wert *zurückgeben*. Man nennt diesen Wert daher den *Rückgabewert*.

Nutzen   Diesen Rückgabewert liefern nicht nur Funktionen (bei diesen ist er im Übrigen optional), sondern auch Programme. Mithilfe dieses Rückgabewerts kann in der Shell geprüft werden, ob die Ausführung einer Funktion oder eines Programms erfolgreich war. Dabei wird der Rückgabewert in der Variable $? gespeichert.

Fragt man diese Variable nun ab, erhält man in der Regel (denn so sollte es sein) bei erfolgreichem Ablauf den Wert »0«, bei fehlerhaftem Ablauf den Wert »1«.

```
$ ls
...
$ echo $?
0
$ ls /root
ls: root: Permission denied
$ echo $?
1
```

Listing 11.51 Die Variable $?

return   Um Wertrückgabe im eigenen Shellskript zu nutzen, baut man die Anweisung `return` in den Funktionscode ein. Diese Anweisung macht den ihr zum Rückgabewert der Funktion, in der sie aufgerufen wird, und verlässt diese sofort.

```
$ dols()
>   cd $1
>   if [ "$?" = "1" ]; then return 1; fi
>   ls
>   if [ "$?" = "1" ]; then return 1; fi
>   return 0
```

```
>
$ dols /
...
$ echo $?
0
$ dols /root
cd: /root: Permission denied
$ echo $?
1
```

Listing 11.52 dols()

11.10 Temporäre Dateien

Manchmal benötigt man für ein Skript eine oder mehrere temporäre Datei(en). Zur Erzeugung einer solchen Datei gibt es verschiedene Verfahren.

Zunächst einmal geht es um den Ort, an dem eine solche Datei erstellt werden soll. Es könnte das aktuelle Arbeitsverzeichnis, das Verzeichnis /tmp oder auch jedes andere Verzeichnis sein. Es empfiehlt sich jedoch, für temporäre Dateien auch das spezielle Verzeichnis für temporäre Dateien (also /tmp) zu verwenden.

Verzeichnis wählen

Es ist nicht sonderlich schlau, eine Datei wie /tmp/a und /tmp/b als temporäre Datei zu verwenden. Zum einen sind diese Dateien vom Namen her recht einfallslos, was zur Folge haben kann, dass auch andere Programme oder Skripte denselben Dateinamen verwenden.[4] Zum anderen ergibt sich ein Sicherheitsproblem: Ein Angreifer könnte eine *Race Condition* erschaffen und ausnutzen. Sagen wir, dass Ihr Shellskript auf die folgende Weise in die Datei /tmp/a schreibt:

Dateinamen wählen

```
echo $1 > /tmp/a
```

Listing 11.53 Sehr verwundbarer Code

Besitzt der Angreifer auch nur einen Hauch von Hacking-Know-how, so sieht er sofort, dass dieser Code, wenn er vom Superuser ausgeführt wird, praktisch alle Türen auf einem Linux-System öffnet. Erzeugt der Angreifer nun einfach vorher einen Link von /tmp/a auf /etc/passwd, so würde der Superuser beim Aufruf des Skripts (vielleicht ohne es zu merken) die Passwortdatei überschreiben.

Wäre der Angreifer zudem in der Lage, den übergebenen Parameter `$1` zu manipulieren, könnte er den neuen Inhalt der Passwortdatei selbst gestalten.[5]

---

[4] Solche Programme gehören im Übrigen in den Mülleimer.
[5] Mehr zum Thema »Sichere Programmierung« erfahren Sie in unserem Buch »Praxisbuch Netzwerk-Sicherheit«, 2. Auflage 2007.

Prozess-ID Nun könnte man meinen, dass der einfachste Weg, hier Abhilfe zu schaffen, der sei, dass man an dem Dateinamen die Prozess-ID des Shellskripts anhängt, den Skriptcode also folgendermaßen modifiziert:

```
echo $1 > /tmp/a.$$
```

Listing 11.54 Immer noch verwundbarer Code

Dies ist aber immer noch relativ unsicher, da sich Prozess-IDs unter Linux inkrementieren und daher sehr einfach voraussagen lassen.[6]

mktemp Eine wesentlich bessere Lösung stellt das Programm mktemp dar, das beim Aufruf eine Datei im Verzeichnis */tmp* erstellt und ihren Namen ausgibt. Diese Datei hat eine recht lange und vor allen Dingen zufällige Endung, die sich nur sehr schwer voraussagen lässt. Das obige Skript ließe sich also folgendermaßen wesentlich sicherer implementieren:

```
echo $1 > `mktemp`
```

Listing 11.55 Bereits relativ sicherer Code

Das Problem besteht nun darin, dass Sie keine Ahnung haben, wie die entsprechende Datei heißt. Daher muss der Dateiname gemerkt (und am besten auch gleich nach der Verwendung wieder überschrieben) werden.

```
TMPFILE=`mktemp`
echo $1 > $TMPFILE
...
...
# Den Dateinamen in $TMPFILE überschreiben
rm -f $TMPFILE
TMPFILE="XXXXXXXXXXXXXXXXXXXXXXXXXXXXXXXXXX"
```

Listing 11.56 Ein noch besser abgesicherter Code

Jetzt müsste es dem Angreifer schon gelingen, den Dateinamen vorherzusagen, oder er müsste das Programm mktemp hacken und durch eine eigene Version ersetzen.[7]

Selbstverständlich ist der Inhalt der temporären Datei noch nicht unwiderruflich gelöscht, aber auch dies soll nur erwähnt werden, weil eine Lösung des Problems das eigentliche Thema (Shellskriptprogrammierung) übersteigt.

---

6 Es sei denn, man verwendet Kernel-Patches wie GRSecurity, die randomisierte Prozess-IDs ermöglichen.
7 Dies wiederum ließe sich mit Intrusion-Detection-Systemen für Dateisysteme herausfinden. Mehr hierzu ebenfalls in unserem »Praxisbuch Netzwerk-Sicherheit«, 2. Auflage, 2007.

11.11 Syslog-Meldungen via Shell

Manche Shellskripte müssen in der Lage sein, den systemweiten Syslog-Dienst (dieser wird in Abschnitt 14.4.2 genauer besprochen) zu benutzen. Syslog protokolliert Geschehnisse in den Dateien im Verzeichnis */var/log*, etwa in */var/log/messages*. Um eine Nachricht an diesen Dienst zu schicken, kann in der Shell das Programm `logger` verwendet werden.

```
$ logger 'Hallo, Welt!'
$ tail -1 /var/log/messages
Jun  8 16:29:25 koschka swendzel: Hallo, Welt!
```

Listing 11.57 Eine Logmeldung via logger schicken

11.12 Pausen in Shellskripte einbauen

Pausen können sekundengenau in Shellskripte eingebaut werden, indem `sleep` aufgerufen wird. Dem Programm übergeben Sie dazu die Anzahl der Sekunden, die es zur Ausführung benötigen – also den Ablauf eines Skripts verzögern – soll.

```
$ sleep 10
```

Listing 11.58 Anwendung von sleep: 10 Sekunden warten

Die meisten `sleep`-Implementierungen unterstützten die Angabe von Minuten-, Stunden- und Tageswerten über die Wert-Endungen `m` (minute), `h` (hour), `d` (day). Im Normalfall handelt es sich um Sekundenangaben (`s`), doch ist das Anhängen von `s` (wie im obigen Beispiel gezeigt) optional.

```
# sleep 20m ; halt -p
```

Listing 11.59 In 20 Minuten (20m) den Rechner herunterfahren

11.13 Zusammenfassung

In diesem Kapitel haben Sie die wichtigen Grundlagen wie auch einige fortgeschrittene Techniken zur Shellskriptprogrammierung mit der Bourne Again Shell (bash) kennen gelernt.

Shellvariablen, die bereits aus vorhergehenden Kapiteln bekannt sind, wurden dabei neben anderen Grundlagen dazu herangezogen, ein Verständnis für die Skriptprogrammierung zu vermitteln. Shellkommentare werden mit einer Raute (#) eingeleitet, Shellskripte selbst durch den String `!#shellpfad`.

Nach Klärung dieser Grundlagen wurden die Möglichkeiten, in der Shell zu rechnen, Integer-Variablen, das Programm `expr` und das Piping mit dem Rechner `bc` gezeigt.

Arrays stellen eine Möglichkeit dar, mehrere Elemente in einer einzigen Variablen über Indizes anzusprechen und Skripte auf diese Weise übersichtlich zu halten. Bedingte Anweisungen sind bereits aus `awk` bekannt. Auch in der Shell gibt es sie in Form von `if case`. Bei Letzterem werden die möglichen Bedingungen bereits vorgegeben. Schleifen werden mittels `while`, `until` (die umgekehrte `while`-Schleife, quasi `while-not`) und `for` realisiert.

Außerdem stellt die Shell mit `select` eine Möglichkeit zur Verfügung, Menüs innerhalb von Shellskripten zu erstellen, die dem Benutzer eine vorher definierte Auswahloption bereitstellen.

Im letzten wesentlichen Abschnitt des Kapitels ging es um Shellfunktionen. Funktionen können mehrfach mit verschiedenen Werten aufgerufen werden, wobei sie Anweisungen abhängig von diesen Werten (den sogenannten Funktionsparametern) ausführen. Sie können auf zwei Arten (`function name` und `name()`) eingeleitet werden. Funktionen sparen Platz im Shellskript und machen die Programmierung übersichtlicher und zeitsparender.

11.14 Aufgaben

Abschließend wollen wir das bisher vermittelte Wissen zur Shell kombinieren. Wer möchte, kann sich den folgenden Aufgaben stellen, die recht hohe Anforderungen an Neulinge in der Shellskriptprogrammierung stellen, jedoch definitiv lösbar sind. Sie im Anhang. Beachten Sie jedoch, dass es fast immer eine Vielzahl von Lösungsmöglichkeiten für jede Aufgabe gibt. Wie Sie eine Aufgabe genau lösen, ist letztlich relativ egal; zunächst einmal geht es darum, *dass* Sie sie lösen können.

Die größten Programme

Zum »Warmwerden« zunächst eine etwas leichtere Aufgabe: Es sollen die zehn größten ausführbaren Programme und Skripte in den Verzeichnissen der PATH-Variable in einer sortierten Top-Ten-Liste ausgegeben werden.

[+] Achten Sie darauf, dass Sie keine Verzeichnisse mit in die Suche einbeziehen!

Rausschmiss!

Die zweite Aufgabe besteht darin, eine Funktion zu schreiben, die Sie in die Startdatei Ihrer Shell integrieren können. Diese Funktion soll einen angemeldeten Benutzer aus dem System schmeißen. Dazu müssen alle Prozesse des Benutzers beendet werden.

»Jede hinreichend fortgeschrittene Technologie ist von Magie nicht mehr zu unterscheiden.«
– Arthur C. Clarke

12 Die C-Shell

Hauptsächlich setzen die meisten Benutzer mittlerweile die im Hauptteil dieses Buches besprochene Bourne Again Shell (bash), die Bourne-Shell oder kompatible Shells wie etwa die Korn-Shell oder Z-Shell ein. Auch die meisten Linux-Distributionen verwenden diese Shell-Familie für ihre Skripte. Dennoch möchten wir in einem so dicken Buch nicht darauf verzichten, die alternative Shell-Familie der C-Shells, zu der auch die TENEX-C-Shell gehört, zu behandeln.

12.1 Einleitende Anmerkungen

Da wir bereits in Abschnitt 7.2 das Wichtigste zur C-Shell aus historischer Sicht beschrieben haben, sparen wir uns an dieser Stelle weitere geschichtliche Details und kommen gleich zum praktischen Teil.

Vieles, was Ihnen bereits aus der Bourne-Shell bekannt ist, gilt auch für die C-Shell; oder anders ausgedrückt: Sie müssen für die C-Shell nicht wieder bei Null anfangen. Auf der anderen Seite stellt die C-Shell vieles gar nicht erst zur Verfügung (es gibt beispielsweise keine Funktionen, was die C-Shell für größere Skripte relativ untauglich macht). Auch gibt es einige Texte, die sich sehr kritisch mit der C-Shell auseinandersetzen und von ihrer Verwendung abraten.[1] Wir behandeln diese Shell vor allem aus zwei Gründen: Zum einen erhielten wir im Laufe der letzten Jahre von unseren Lesern immer wieder Mails mit dem Wunsch, doch auch etwas über die C-Shell zu lesen. Zum anderen verwenden einige Systeme diese oder auf ihr aufbauende Shells als Standard.[2]

Nutzen Sie lieber die bash!

Auch wenn man die Standardshell selbstverständlich wechseln kann, schadet es natürlich nicht, mit ihr umgehen und im Zweifelsfall in einem Buch wie diesem nachlesen zu können, wie sich ein Problem lösen lässt. Diese beiden Gründe recht-

---
1 Z.B. www.grymoire.com/Unix/CshTop10.txt oder www.grymoire.com/Unix/CshTop10.txt
2 So wird z.B. unter FreeBSD und seinen Abkömmlingen DragonFlyBSD, DesktopBSD und Co. die tcsh als Standardshell verwendet.

fertigen jedoch keine *so* intensive Auseinandersetzung mit der C-Shell wie mit der wesentlich populäreren und auch deutlich besseren Bourne-Shell(-Familie).

12.2 Die C-Shell starten

In dem meisten Anwendungsfällen außerhalb der Shellskript-Programmierung arbeiten Sie mit der C-Shell durchaus ähnlich wie mit der Bourne-Shell. Nachdem man sie einmal über `csh` gestartet hat, wird man feststellen, dass sich das Prompt der Shell in ein Prozentzeichen geändert hat.

```
$ csh
%
```

Listing 12.1 Die C-Shell starten

Befehle werden in der C-Shell im Wesentlichen ähnlich wie in der Bourne-Shell gestartet: Sie geben dazu einfach den Kommandonamen ein, den Sie aufrufen möchten.

```
% echo "Hallo"
Hallo
% ls
datei1.txt datei2.txt datei3.txt
```

Listing 12.2 Kommandos ausführen

[»] Wie in der `bash` können Sie auch in der C-Shell die Ausgabe von `echo` so durchführen lassen, dass keine neue Zeile begonnen wird. Dazu wird der Parameter `-n`, also etwa `echo -n "Hallo"` verwendet.

12.3 Kommentare in der C-Shell

In der C-Shell werden Kommentare, wie Sie es von der Bourne-Shell her kennen, mit einer Raute (#) eingeleitet. Ein Kommentar beginnt also mit der Raute und endet beim Zeilenende.

```
Befehl # Kommentar
# Kommentar Kommentar Kommentar
```

Listing 12.3 Kommentare in der C-Shell

12.4 Ausgabe- und Eingabeumlenkung

Auch Umlenkungen der Standardausgabe und das Anhängen von Ausgaben an den Inhalt einer bereits bestehenden Datei sind wie in der Bourne-Shell möglich. Allerdings müssen Sie auf die Umlenkung der Fehlerausgabe, die in der Bourne-Shell mit `Kommando 2> Ziel` funktioniert, verzichten, denn diese kennt die C-Shell leider nicht. Dafür funktioniert jedoch die Eingabeumlenkung.

```
% echo "Test1" > datei
% cat datei
Test1
% echo "Test2" >> datei
% cat datei
Test1
Test2
% cat /dev/null > datei
% cat datei
%
% echo "Hallo" > datei
% cat < datei
Hallo
%
```

Listing 12.4 Ausgabe- und Eingabeumlenkung

12.5 Pipes

Sie erinnern sich bestimmt noch an Pipes, die wir bereits in den letzten Kapiteln besprochen haben und die Ausgabe eines Befehls als Eingabe an einen weiteren Befehl weiterleiten. Auch die C-Shell kennt Pipes, und auch hier wird das |-Zeichen zur Verkettung verwendet.

```
% ls /bin | more
bash
bsd-csh
bunzip2
bzcat
bzcmp
bzdiff
bzegrep
bzexe
bzfgrep
...
```

Listing 12.5 Ausgabeumlenkung

12.6 Variablen

Variablen werden in der C-Shell mit dem Befehl `set` erstellt und gesetzt. Verwendet werden sie, wie Sie es aus der Bourne-Shell kennen, über den Variablennamen mit vorangestelltem $-Zeichen, also etwa `$variable`.

```
% set Kater="Charlie"
% echo $Kater
Charlie
% echo "Hallo $Kater"
Hallo Charlie
```

Listing 12.6 Der Befehl set und die Benutzung von Variablen

Wie auch in der Bourne-Shell, so lassen sich Variablen in der C-Shell nicht immer ohne Probleme auf die gezeigte Weise in Text einbetten. Manchmal muss der Variablenname durch ein Sonderzeichen vom auszugebenden Text getrennt werden, damit die Shell den Variablennamen korrekt interpretieren kann. Entsprechend ist es ein guter Programmierstil, Variablen immer in geschweifte Klammern einzubetten:

```
% echo "Hallo ${Kater}"
Hallo Charlie
% echo "Hallo, ${Kater}. Wie geht es dir?"
Hallo, Charlie. Wie geht es dir?
% echo "Hallo, $Katerlala."
Katerlala: Undefined variable.
% echo "Hallo, ${Kater}lala."
Hallo, Charlielala
```

Listing 12.7 Variablen in Text einbetten, um Probleme zu vermeiden

12.6.1 Arrays

In der C-Shell sind auch Variablen mit mehreren Elementen definierbar. Zu ihrer Initialisierung kommt wieder das `set`-Kommando zum Einsatz. Die Verwendung von Arrays erfolgt recht ähnlich zur Bourne-Shell. Wichtig ist, dass das erste Element nicht die Nummer 0, sondern die Nummer 1 hat.

```
% set katzen = (Mauzi Charlie)
% echo $katzen
Mauzi Charlie
% echo $katzen[1]
Mauzi
% echo $katzen[2]
Charlie
```

```
% echo $katzen[3]
katzen: Subscript out of range.
```

Listing 12.8 Arrays erstellen und verwenden

Arrays können geleert werden, indem ihre Elemente gelöscht werden. Dazu wird `set` mit leeren Klammern (also elementlos) aufgerufen.

```
% set katzen = ()
% echo $katzen[1]
katzen: Subscript out of range.
```

Listing 12.9 Array leeren

12.6.2 Variablen löschen

Mit dem Befehl `unset <variable>` lassen sich Variablen löschen.

```
% unset katzen
% echo $katzen[1]
katzen: Undefined variable.
% echo $katzen
katzen: Undefined variable.
```

Listing 12.10 Variablen löschen

12.6.3 Auflisten existierender Variablen

Wird `set` ohne Parameter aufgerufen, erhalten Sie eine Liste derzeitig gesetzter Variablen und erfahren deren Werte.

```
% set
argv ()
cwd /home/test
entry service:/etc/timidity:/bin/false
home /home/test
i 2748
machine testhost
path (/usr/local/sbin /usr/local/bin /usr/sbin /usr/bin /sbin /bin)
prompt %
prompt2 ?
shell /bin/csh
status 0
term xterm
user test
```

Listing 12.11 Welche Variablen existieren?

12.6.4 Rechnen mit Variablen

Das Rechnen mit Variablen ist in der C-Shell verhältnismäßig praktisch realisiert. Um eine Variable als Integer-Variable zu deklarieren, verwenden Sie anstelle von `set` den @-Operator. Auf die mit @ deklarierte Variable können Sie weiterhin wie gewohnt zugreifen, doch zur Veränderung des Wertes der Variablen muss stattdessen `@ Rechenoperation` geschrieben werden.

```
% @ i = 0
% echo $i
0
% @ i ++
% echo $i
1
% @ i = $i + 99
% echo $i
100
```

Listing 12.12 Integer-Variablen in der C-Shell

12.7 Funktionen gibt es nicht

Die C-Shell kennt keine Funktionen und die einzige Möglichkeit, eine zumindest halbwegs ähnliche Funktionalität zu erreichen, ist es, ein Alias zu erstellen, wie Sie es von der `bash` her kennen.

```
% alias li '/bin/ls -li'
% li
...
```

Listing 12.13 Ein Alias in der C-Shell erstellen und verwenden

In einem Alias können Sie Parameter verwenden, indem Sie \!: gefolgt von der Nummer des Parameters schreiben, also etwa \!:2 für den zweiten übergebenen Parameter. Hier einige Beispiele für die Anwendung dieser Schreibweise:

```
% alias l '/bin/ls \!:1'
% l
...
% alias copy 'cp \!:1 /tmp/\!:2'
% copy filea fileb
% ls /tmp/fileb
/tmp/fileb
```

Listing 12.14 Alias-Parameter verwenden

Möchten Sie einen bestimmten Parameter sowie alle darauf folgenden (also etwa Parameter 2 und die Parameter 3, 4, usw.) einbinden, muss hinter den Startparameter ein *-Zeichen gesetzt werden:

```
% alias copyall 'cp \!:1* /tmp/'
% copyall -v /bin/ls /bin/cat /bin/less
"/bin/ls" -> "/tmp/ls"
"/bin/cat" -> "/tmp/cat"
"/bin/less" -> "/tmp/less"
% ls /tmp/{ls,cat,less}
/tmp/cat   /tmp/ls   /tmp/less
```

Listing 12.15 Verwenden von Folgeparametern

12.8 Bedingte Anweisungen und Schleifen

12.8.1 if

Selbstverständlich kennt die C-Shell bedingte Anweisungen wie if sowie Schleifen wie while. Bei der Verwendung dieser Anweisungen unterscheidet sich die Syntax erneut von jener der Bourne-Shell. Beginnen wir zunächst bei der normalen bedingten Anweisung if. Deren Syntax sieht folgendermaßen aus:

```
if (Bedingung(en)) then
    Kommandos
else if (Alternative Bedingung(en))
    Kommandos
else
    Kommandos
endif
```

Listing 12.16 Die if-Anweisung

Auf den ersten Blick erkennen Sie als aufmerksamer Leser, dass die C-Shell runde, die Bourne-Shell hingegen eckige Klammern verwendet. Als zweites fällt auf, dass die if-Anweisung nicht mit fi, sondern mit endif abgeschlossen wird.

Geben Sie eine mehrzeilige C-Shell-Anweisung direkt ein, ist es etwas verwirrend, zwischenzeitlich den %-Prompt zu sehen, lassen Sie sich dadurch also nicht irritieren.

```
% set a=1
% echo $a
1
% if (${a} == "1") then
```

```
%    echo "a ist 1"
a ist 1
% endif
% if ($a == "99") then
?    echo "a ist 99"
? else
% %    echo "a ist nicht 99!"
a ist nicht 99!
% endif
%
```

Listing 12.17 Anwendung der if-Anweisung (direkt eingegeben)

12.8.2 Bedingungen formulieren

Wenn Sie bereits wissen, wie Bedingungen in Programmiersprachen formuliert werden, können Sie dies auch in der C-Shell – Bedingungen sind dort beispielsweise denen der Programmiersprache C ähnlich. Ihnen stehen etwa die Operatoren && und ||, die wir im Kapitel zur C-Programmierung noch einmal näher erläutern werden, zur Verfügung.

```
if ($a == 1 && $b == 2)
   ...
endif

if ($a == 1 || $a == 2)
   ...
endif

if ($a > 1)
   ...
endif

if ($b >= 2)
   ...
endif

if ($a == 0) then
   echo "a ist 0"
else if ($a == 1) then
   echo "a ist 1"
else
   echo "a ist nicht 0 und nicht 1"
endif
```

Listing 12.18 Beispiel-Bedingungen für die if-Anweisung

Außerdem können Sie, ähnlich wie in der Bourne-Shell, Prüfungen für verschiedene Attribute von Dateien durchführen, wie die folgende Tabelle zeigt.

Operator	Beschreibung
-d	Datei ist ein Verzeichnis.
-e	Datei existiert.
-f	Datei ist eine reguläre Datei
-z	Datei ist leer.
-o	Datei gehört dem Benutzer.
-r	Datei ist lesbar.
-w	Datei ist schreibbar.
-x	Datei ist ausführbar.

Tabelle 12.1 Operatoren zur Prüfung von Datei-Attributen in der C-Shell

```
if (-d /tmp) then
   echo "/tmp ist ein Verzeichnis"
endif

if (-e /gibtsnicht) then
   echo "/gibtsnicht existiert"
else
   echo "/gibtsnicht existiert nicht"
endif

if (-o $HOME) then
   echo "$HOME gehoert dem Benutzer $USER"
endif
```

Listing 12.19 Einige Beispielanwendungen für Datei-Attribute

12.8.3 while-Schleifen

Die `while`-Schleife hat einen ähnlichen Aufbau wie `if` und führt die entsprechenden Anweisungen so oft aus, wie ihre Bedingung erfüllt ist. Sie kennen sie aus dem Kapitel zur Bourne-Shell-Programmierung.

```
while (Bedingung(en))
   Kommandos
end
```

Listing 12.20 Syntax der while-Schleife in der C-Shell

```
% @ i = 0
% while ($i < 10)
?     @ i ++
?     echo $i
? end
1
2
3
4
5
6
7
8
9
10
```

Listing 12.21 Beispielanwendung der while-Schleife

12.8.4 foreach-Schleifen

Neben `while` kennt die C-Shell noch eine weitere Schleife zur Verarbeitung von Listen. Sie heißt `foreach` und hat eine ähnliche Funktion und Syntax, wie Sie Ihnen bereits von der `for`-Schleife der Bourne-Shell bekannt ist.

```
foreach Variable (Liste)
    Kommandos
end
```

Listing 12.22 Syntax der foreach-Schleife in der C-Shell

Die einzelnen Werte von `Liste` werden dabei nacheinander (eine pro Schleifendurchlauf) der Variablen `Variable` zugewiesen. Auch für die `foreach`-Schleife haben wir selbstverständlich eine Beispielanwendung für Sie. Die folgende `foreach`-Schleife berechnet die Anzahl der Dateien im Verzeichnis */etc* (ohne Dateien der Unterverzeichnisse):

```
@ i = 0
foreach datei (/etc/*)
    @ i ++
end
echo "Es gibt $i Dateien in /etc"
```

Listing 12.23 Dateien in /etc zählen (Variante 1)

Auch eine Kommandosubstitution ist bei Bedingungen in der C-Shell möglich. So können wir etwa `find` nutzen, um alle Dateien im Verzeichnis */etc* inklusive der Unterverzeichnisse zu zählen.

```
@ i = 0
foreach datei (`find /etc`)
   @ i ++
end
echo "Es gibt $i Dateien in /etc"
```

Listing 12.24 Dateien in /etc zählen (Variante 2)

Üblicherweise werden Sie als normaler Benutzer (also ohne Superuser-Privilegien) einige Fehlermeldungen erhalten, wenn `find` versucht, Verzeichnisse zu durchsuchen, auf die nur `root` Zugriff hat.

12.8.5 switch

Auch die `switch`-Anweisung, die in der Bourne-Shell `case` heißt, ist Ihnen bereits bekannt. Man übergibt ihr einen Wert und verschiedene möglicherweise zutreffende Fälle sowie im entsprechenden Fall auszuführende Bedingungen.

```
switch (Wert)
   case Fall1:
      Kommandos
      breaksw
   case Fall2:
      Kommandos
      breaksw
   ..
   default:
      Kommandos
      breaksw
endsw
```

Listing 12.25 Syntax der switch-Anweisung in der C-Shell

Die einzelnen Fälle der `switch`-Anweisung werden mit `breaksw` (*break switch*) abgeschlossen. Fehlt `breaksw`, so werden die Kommandos des nächsten `case`-Blocks ebenfalls mit ausgeführt. Sollte kein explizit abgefragter Fall eintreten, so werden die Kommandos im Block `default` ausgeführt. Beendet wird die `switch`-Anweisung mit `endsw`. Ein Beispiel soll die Anwendung der `switch`-Anweisung in der C-Shell verdeutlichen:

```
switch ($a)
   case 0:
      echo "a ist 0"
      breaksw
   case 1:
      echo "a ist 1"
      breaksw
   default:
      echo "a ist nicht 0 oder 1"
      breaksw
endsw
```

Listing 12.26 Anwendungsbeispiel für die switch-Anweisung

Reguläre Ausdrücke und Strings

Auch Strings und reguläre Ausdrücke können für case-Fälle verwendet werden, so können Sie etwa case [cC]harlie schreiben.

```
switch ($katze)
   case [mM]auzi:
      echo "Mauzi hat das schoenste Fell!"
      breaksw
   case [cC]harl*:
      echo "Charlie frisst zu viel!"
      breaksw
endsw
```

Listing 12.27 switch mit regulären Ausdrücken

12.9 Benutzereingaben

Möchte man einen Benutzer einen Wert für eine Variable einlesen lassen, so ist das in der C-Shell sehr einfach zu bewerkstelligen. Hier wird die Variable $< in Verbindung mit dem Ihnen bereits bekannten Kommando set verwendet.

```
echo "Bitte geben Sie Ihr Alter ein: "
set alter = $<
echo "Sie sind $alter Jahre alt."
```

Listing 12.28 Eine Benutzereingabe einlesen

Warum nun diese besondere Syntax? Um zu verstehen, wie der obige Befehl genau funktioniert, werfen wir zunächst einen Blick auf den ersten Teil der Anweisung, also set alter = ... Dieser Teil ist Ihnen bereits bekannt: Er weist der Variable alter einen Wert zu. Die besondere Variable $< liest einen Wert ein und enthält diesen anschließend. Es handelt sich also um keine Variable im eigentlichen Sinne, sondern vielmehr um eine Kombination aus Kommando und Variable.

Um uns das Verhalten von `$<` noch etwas besser zu veranschaulichen, betrachten wir einfach, wie sich `$<` in Verbindung mit dem `echo`-Befehl auswirkt: Wie Sie sehen können, wird zunächst Text eingelesen (das erste »Hallo«), dieser wird in `$<` gespeichert und direkt ausgegeben (das zweite »Hallo«).

```
% echo $<
Hallo
Hallo
```

Listing 12.29 Eingegebenen Text ausgeben

12.10 Zusammenfassung

Die C-Shell ist eine ausgereifte Shell, hat aber heutzutage längst nicht mehr die Bedeutung, wie sie die Bourne-Shell und ihre Abkömmlinge haben. Das liegt insbesondere daran, dass die Bourne-Shell einige wichtige Funktionen bereitstellt, die die C-Shell so nicht kennt. Besonders ärgerlich ist, dass die C-Shell keine Funktionen, sondern nur Aliase mit Parametern beherrscht. Ein Alias ist allerdings nicht mit einer Funktion gleichzusetzen (so liefert es keinen Rückgabewert). Für mittelgroße und große Shellskripte eignet sich die C-Shell aus diesem Grund nicht. Da sie bzw. ihre Abkömmlinge jedoch nach wie vor zum Einsatz kommen, schadet es auch nicht, sich mit ihr zu befassen.

12.11 Aufgaben

Namen in Arrays

Schreiben Sie ein C-Shell-Skript, das zwei Namen einliest und in einem Array speichert. Das Array soll mithilfe der `foreach`-Schleife ausgegeben werden.

Erweiterung: Beliebige Parameterzahl

Erweitern Sie das erstellte Skript um die Möglichkeit, so viele Namen einzulesen, wie der Benutzer wünscht, und geben Sie nach den Namen auch die Gesamtzahl der eingelesenen Namen aus.

TEIL IV
System- & Netzwerkadministration

*»Treffen Einfalt und Gründlichkeit zusammen,
entsteht Verwaltung.«*
– Oliver Hassencamp

13 Benutzerverwaltung

Nach Konzepten aus Kernel- und Userspace sowie dem wichtigsten Unix-Werkzeug – der Shell – wollen wir uns in den folgenden Kapiteln mit Systemadministration befassen. Wie gewohnt werden wir dabei ins Detail gehen und Linux und BSD »pur«, also ohne distributionsspezifische Merkmale betrachten.

Als erstem und wichtigstem Thema wollen wir uns dabei der Benutzerverwaltung widmen. Dass Unix schon in den Anfangstagen mehrbenutzerfähig wurde und sich dieses Konzept somit durchgängig und vor allem konsistent in den Betriebssystemkern integriert, wissen Sie spätestens seit dem ersten Kapitel. Im Folgenden werden wir wieder mehr von Unix als von Linux und BSD reden, da die Benutzerverwaltung eine der vielen Gemeinsamkeiten dieser Systeme ist.

13.1 Benutzer in Unix

Betrachten wir also zuerst die Implementierung der Benutzer in Unix. Wenn Sie an das Kernel-Kapitel denken, werden Sie sich zwar an Prozesse, Rechte und Benutzer erinnern, aber eine konkrete *Datenstruktur* für Benutzer beziehungsweise deren Rechte werden Sie sich nicht ins Gedächtnis rufen können: Sie existiert nämlich nicht.

Benutzer und Prozesse

13.1.1 UID und GID

Stattdessen sind die Benutzer- (UID, *user ID*) und Gruppenidentitäten (GID, *group ID*)

1. nichts weiter als Zahlen sowie
2. Eigenschaften von Prozessen

und als solche im Prozesskontrollblock hinterlegt. Jedoch muss hier bereits eingeschränkt werden: Es gibt nicht *die* UserID. Stattdessen unterscheidet man zwischen der *realen* UID (RUID), der *effektiven* UID (EUID) und der *saved* UID (SUID). Linux

Verschiedene IDs

kennt zudem noch eine Benutzeridentität für den Zugriff auf Dateisysteme: die *Filesystem* UID (FSUID):

▶ **RUID und RGID**
Die reale Benutzer- und Gruppenidentität entspricht der Identität des Benutzers, der den Prozess gestartet hat.

▶ **EUID und EGID**
Die effektive Identität wird bei Rechteprüfungen genutzt. Der Administrator kann sie bei bestimmten Programmen durch das Setzen des setuid-Flags in der Rechtemaske verändern. So können normale Benutzer mit erweiterten Rechten ausgestattete vertrauenswürdige Programme für bestimmte Aufgaben wie das Setzen eines neuen Passworts benutzen.

▶ **SUID und SGID**
Die gesicherte Identität ist ein Feature, das durch den POSIX-Standard in die Kernel von Linux und BSD eingeführt wurde. Beim Verändern der EUID wird der neue Wert, sofern er sich von der RUID unterscheidet, als SUID abgelegt. Später kann dann dieser Wert wieder als EUID gesetzt werden.

Dies hat den Vorteil, dass mit speziellen erweiterten Rechten ausgestattete Programme diese nur zu nutzen brauchen, wenn sie es müssen. Setzt nämlich ein Programm eine von der RUID unterschiedliche Benutzeridentität als EUID, so wird dieser Wert in der SUID gespeichert. Später kann dann die EUID wieder zur RUID zurückgesetzt werden, was den Inhalt der SUID nicht verändert. Sollten die erweiterten Rechte dann noch einmal gebraucht werden, so kann man die EUID wieder auf den in der SUID gespeicherten privilegierten Wert setzen.

▶ **FSUID und FSGID**
Unter Linux ist die FSUID die Identität für den Zugriff auf das Dateisystem. Sie ist normalerweise mit der EUID identisch und wird somit auch verändert, wenn die EUID neu gesetzt wird. Jedoch hat man unter Linux über den Syscall `setfsuid()` die Möglichkeit, sie gesondert zu ändern.

Beschränkung auf das Dateisystem

So können zum Beispiel Programme wie einen NFS-Server[1] in ihren Rechten nur auf den Dateizugriff beschränkt werden, was eine zusätzliche Sicherheitsstufe gewährleistet.

Zu erwähnen bleibt noch die Besonderheit der UID 0: Sie kennzeichnet den Administrator `root`, der generell uneingeschränkte Rechte hat. Da man mit einer solchen Macht ausgestattet allerdings auch versehentlich viel Schaden anrichten kann, wird

---

[1] NFS ist das *Network Filesystem*. Andere Unix-Systeme können die von einem NFS-Server freigegebenen Verzeichnisse wie lokale Datenträger mounten.

empfohlen, nicht direkt als `root` zu arbeiten. Stattdessen sollte man die Hilfsprogramme `su` und `sudo` nutzen, die wir später noch ausäuhrlich erläutern werden.

Außerdem kann ein Benutzer natürlich Mitglied in mehreren Gruppen sein. Nähere Auskunft über die Gruppenzugehörigkeit eines Users erhalten Sie mit dem `groups`-Befehl:

```
jploetner@workstation:~$ groups
jploetner cdrom sudo audio video games users ssh
```

Listing 13.1 Die Gruppenzugehörigkeit

Interessant ist auch der Zeitpunkt, zu dem diese Rechte gesetzt werden: beim Login. Stellen Sie sich dazu folgende Situation vor: Um einem User erweiterte Zugriffsrechte zu gewähren, wird er vom Administrator zu einer weiteren Gruppe hinzugefügt. Ist der Benutzer zu diesem Zeitpunkt aber eingeloggt, so bleibt die Änderung erst einmal unbemerkt. Schließlich sind die aktuell gültigen Rechte eine Eigenschaft der Shell und haben nichts mit den vom Administrator veränderten Konfigurationsdateien zu tun. Diese werden erst beim nächsten Login ausgelesen; somit werden die erweiterten Rechte erst dann aktiv.

Login und Rechte

13.1.2 /etc/passwd

Die Information über Benutzer und dabei auch die Abbildung von Benutzernamen auf die UID ist in einer besonderen Datei abgelegt, der */etc/passwd*. Eine typische Zeile dieser Datei sieht wie folgt aus:

```
jploetner:x:500:500:Johannes:/home/jploetner:/bin/bash
```

Listing 13.2 Eine Zeile der Datei /etc/passwd

Die einzelnen durch Doppelpunkte getrennten Felder enthalten dabei jeweils unterschiedliche Eigenschaften eines Benutzerkontos:

▸ **Benutzername**
Der meist aus Kleinbuchstaben und manchmal auch aus Zahlen bestehende Benutzername wird zum Beispiel zum Einloggen oder bei anderen Repräsentationen der UID im System benötigt. Er muss dabei mit einem Buchstaben beginnen – den Grund hierfür werden wir später noch erklären.

▸ **Passwort**
Im nächsten Feld sollte eigentlich das verschlüsselte Passwort stehen. Warum in unserem Fall jedoch ein »x« an dieser Stelle steht, werden wir im nächsten Abschnitt erklären.

▸ **UID**
Im nächsten Feld wird die UID angegeben. Diese Zahl wird nun im Prozesskontrollblock und auch innerhalb des Dateisystems zur Repräsentation der Benutzeridentität verwendet. Der Benutzername ist also für den Benutzer gedacht, die ID für das System. Natürlich sollte kein Benutzername auf eine bereits vergebene ID abgebildet werden.

Systeminterne Repräsentation

▸ **GID**
Im nächsten Fall wird die primäre Gruppe des Benutzers angegeben, also jene, zu der er bei seiner Erstellung hinzugefügt wurde. In vielen Linux-Distributionen ist das eine für diesen Benutzer eigens angelegte Gruppe – dies hat den Sinn, dass die verschiedenen Benutzer wirklich voneinander getrennt und damit voreinander geschützt sind. In unserem Fall ist die GID sogar dieselbe Nummer wie die UID, ein Zufall, der nicht unbedingt gegeben sein muss.

▸ **Info-Feld**
Das nächste Feld ist für Informationszwecke frei nutzbar. In den meisten Fällen findet man hier den bürgerlichen Namen des Benutzers, theoretisch können aber auch Adressen, Telefonnummern oder Zimmernummern abgelegt werden.

▸ **Heimatverzeichnis**
Als Nächstes folgt das Heimatverzeichnis des Benutzers. Hierauf sollte der Benutzer Schreibrechte haben, da sonst unter Umständen das Login fehlschlagen kann.[2]

▸ **Shell**
Als letztes, aber nicht unwichtigstes Feld kann der Benutzer hier seine Lieblings-Shell angeben (wie Sie spätestens seit Buch-Teil III wissen, gibt es mehr als *eine* Shell).

Natürlich braucht man als Administrator diese Datei nicht von Hand zu bearbeiten. Wie man komfortabel Benutzer anlegen und auch wieder löschen kann, werden wir bald behandeln.

13.1.3 Die Shadow Suite

Die Passwörter schützen

Im Folgenden wollen wir uns mit der Speicherung der Passwörter in modernen Unix-Systemen beschäftigen. Aus verschiedensten Gründen muss nämlich die */etc/passwd* für alle Benutzer lesbar sein. Das würde nun bedeuten, dass jeder Benutzer die verschlüsselten Passwörter auslesen könnte. Theoretisch könnte man diese dann auf einem beliebigen (Hochleistungs-)Rechner zu knacken versuchen.

---

[2] Diese Anspielung bezieht sich vor allem auf die grafischen Oberflächen wie beispielsweise KDE, die beim Start unter anderem temporäre Dateien ablegen wollen.

Es bietet sich also an, die Metainformationen über Benutzer und die gespeicherten Passwörter in verschiedene Dateien aufzuteilen. Und so sind die Metadaten in der Datei */etc/passwd* und die Passwörter unter Linux in der Datei */etc/shadow* gespeichert. Diese ist dabei nur vom Administrator `root` lesbar. In ihr steht nur die Kombination von Benutzername und Passwort:

```
jploetner:$1$QJgtvoES$Ji/rS...Zrbq1:12201:0:99999:7:::
```

Listing 13.3 Eine Zeile der Datei /etc/shadow

Das zweite Feld ist dabei das verschlüsselte Passwort, dem nun bestimmte Felder, die die Gültigkeit des Passworts betreffen, folgen. Fassen wir nun noch einmal alle Felder der Datei */etc/shadow* zusammen:

▶ **Benutzername**
Der Benutzername muss mit dem Benutzernamen in der Datei */etc/passwd* übereinstimmen.

▶ **Verschlüsseltes Passwort**
Im nächsten Feld steht das verschlüsselte Passwort, das statt in der für alle Benutzer lesbaren */etc/passwd* in der nur für `root` lesbaren Datei */etc/shadow* gespeichert werden soll.

▶ **Letzte Änderung**
Hierin steht der Zeitpunkt der letzten Passwortänderung. Er wird als Anzahl der Tage seit dem 1. Januar 1970 angegeben.

▶ **Minimale Gültigkeitsdauer**
Im nächsten Feld steht die minimale Gültigkeitsdauer eines Passworts. Mit anderen Worten: Das Passwort kann frühestens nach Ablauf der hier angegebenen Anzahl von Tagen geändert werden.[3]

▶ **Maximale Gültigkeitsdauer**
Hier steht die maximale Gültigkeitsdauer des Passworts. Sie wird wieder in Tagen angegeben. Der Benutzer muss vor Ablauf dieser Frist sein Passwort ändern.

Regelmäßige Änderungen

▶ **Vorwarnzeit**
Damit der Benutzer für die Änderung genug Zeit hat, kann man im nächsten Feld eine Vorwarnzeit (wieder in Tagen) angeben. In dieser Zeitspanne vor Ablauf des Passworts wird der Benutzer daran erinnert, sein Passwort zu ändern.

▶ **Inaktivität**
Die Anzahl der Tage nach Ablauf der Gültigkeit eines Passworts, nach denen der Account inaktiv gesetzt wird.

---

3 Dieser Wert ist eigentlich fast immer auf Null gesetzt.

▶ **Account-Ende**
Das absolute Ende des Accounts: Hier gibt man das Datum an, wann der Account deaktiviert werden soll. Form der Angabe ist wieder die Anzahl der Tage seit dem 1. Januar 1970.

▶ **Kennzeichen**
Dieses Feld ist für spätere Erweiterungen reserviert und sollte frei bleiben.

Natürlich reicht das Anlegen einer neuen Datei wie der */etc/shadow* allein nicht aus, schließlich sollte ihre Funktionalität auch von den entsprechenden Programmen unterstützt werden. Die Sammlung entsprechend angepasster Programme nennt man dabei die *Shadow Suite*.

13.2 Benutzer anlegen, ändern und löschen

Kommen wir nun zur praktischen Benutzerverwaltung und somit zu den Programmen, mit denen man bspw. neue Nutzer anlegen kann. Solche Programme kümmern sich im Normalfall um Feinheiten wie um die Wahl einer noch freien UID.

13.2.1 Benutzer anlegen

Zum Anlegen neuer Benutzer gibt es im Wesentlichen zwei distributionsunabhängige Hilfsprogramme: useradd und adduser. Natürlich hat auch jede Distribution noch ihr eigenes Administrationstool, mit dem sich weitere Benutzer anlegen lassen. Schließlich wird während der Installation auf jeden Fall das Administratorkonto root sowie im Regelfall noch mindestens ein Benutzerkonto konfiguriert.

Beide Programme funktionieren nun so, wie man es erwarten würde: useradd verhält sich ganz konform zur Unix-Philosophie. Alle Informationen müssen vom Bediener – im Regelfall kann nur der Administrator root neue Benutzer anlegen – per Parameter an das Programm übergeben werden.

Viele Möglichkeiten — Ruft man useradd ohne Option auf, werden die verfügbaren Parameter angezeigt:

```
# useradd
usage:
useradd   name [-u uid [-o]] [-g group,...] [-G group]
               [-d home] [-s shell] [-c comment]
               [-m [-k template]] [-f inactive]
               [-e expire ] [-p passwd]
useradd   -D  [-g group] [-b base] [-s shell]
               [-f inactive] [-e expire ]
```

Listing 13.4 useradd ohne Argument

Man kann über die Kommandozeile also entweder einen neuen Benutzer anhand seines Benutzernamens anlegen oder auch die Voreinstellungen (Default, -D) entsprechend ändern. Gibt man nur den Benutzernamen an, wird ein wie folgt aussehender Eintrag in der Datei */etc/passwd* angelegt:

```
# useradd johannes
# grep johannes /etc/passwd
johannes:x:1002:100::/home/elena:
# grep johannes /etc/shadow
johannes:!:12895:0:99999:7:::
# ls /home/johannes
ls: /home/johannes: No such file or directory
```

Listing 13.5 Anlegen eines Benutzers mit useradd

Wie man sieht, verhält sich useradd wirklich streng konservativ gemäß der Unix-Philosophie: Der Benutzer wird ohne gültiges Passwort und ohne eigens angegebene Login-Shell[4] mit der nächsten freien UID angelegt; ein Home-Verzeichnis wird nicht erstellt.[5] Auch bleibt der Befehl im Erfolgsfall stumm – typisch Unix.

Konservative Voreinstellungen

Möchte man das Standardverhalten nun ändern und einen Benutzer nicht zur Gruppe users – die eigentlich auf allen Systemen die GroupID 100 hat –, sondern zu einer anderen Gruppe hinzufügen, so kann man den Switch -D nutzen. Die Konfiguration wird schließlich in der Datei */etc/default/useradd* gespeichert, einem typischen Verzeichnis für solche Konfigurationen.

Im Verzeichnis */etc/default* sind sinnvolle Vorbelegungen für sehr viele einzelne Programme oder Systemteile gespeichert. Die Konfigurationsdateien heißen dabei in der Regel wie das Programm selbst.

Im Regelfall möchte man jedoch eine intuitivere Möglichkeit zum Anlegen von Benutzern haben. Her kommt das Programm adduser ins Spiel, ein Frontend für useradd. Bei adduser wird ein neuer Benutzer auch ohne weitere Kommandozeilenoptionen fertig angelegt. Dazu wird der Administrator jedoch während der Erstellung des Benutzers nach wichtigen Daten gefragt:[6]

Freundlicheres Frontend

---

4 Ist das Feld in der */etc/passwd* leer, wird der Standardwert */bin/sh* benutzt.
5 Natürlich kann man über verschiedene Kommandozeilenoptionen, wie im Listing zu sehen, auch einen funktionierenden Account erstellen.
6 Das widerspricht auf den ersten Blick natürlich der Unix-Philosophie. Wenn man aber sieht, dass dieses Tool nur ein vereinfachendes Frontend und damit eine Alternative für den klassischen Weg ist, wird alles wieder konsistent. Schließlich hat man die Wahl.

```
# adduser jploetner
Adding user `jploetner'...
Adding new group `jploetner' (1001).
Adding new user `jploetner' (1001) with group `jploetner'.
Creating home directory `/home/jploetner'.
Copying files from `/etc/skel'
Enter new UNIX password:
Retype new UNIX password:
passwd: password updated successfully
Changing the user information for jploetner
Enter the new value, or press ENTER for the default
        Full Name []: Johannes Plötner
        Room Number []:
        Work Phone []:
        Home Phone []:
        Other []:
Is the information correct? [y/N] y
```

Listing 13.6 Den Benutzer »jploetner« anlegen

Der auffälligste Unterschied bei der Nutzung beider Programme besteht nun darin, dass man bei `adduser` im Gegensatz zu `useradd` auch ohne eine lange Liste von Kommandozeilenoptionen einen funktionierenden Account bekommt. Die wichtigsten Unterschiede wollen wir im Folgenden betrachten:

- **Eigene Gruppe**
  Der neu erstellte Benutzer bekommt eine eigene Gruppe mit seinem eigenen Namen. Zwar kann man auch bei `useradd` mit dem `-g`-Parameter eine beliebige Gruppe angeben, welcher der Benutzer dann hinzugefügt wird, jedoch muss diese Gruppe bereits existieren. Da man Benutzer natürlich auch mehreren Gruppen hinzufügen kann, ist eine exklusive Gruppe für jeden neuen Benutzer zunächst einmal ein sicherer Ansatz.

- **Ein eigenes Home-Verzeichnis**
  Bei `useradd` wurde zumindest ohne Angabe des Parameters `-d` zwar ein Home-Verzeichnis in die Datei */etc/passwd* eingetragen, es wurde aber nicht angelegt.

Vorlage für das Home-Verzeichnis

Bei `adduser` jedoch wird auch standardmäßig die Vorlage für neue Home-Verzeichnisse – das Verzeichnis */etc/skel* – an die entsprechende Stelle kopiert und mit den Benutzer- und Gruppenrechten des neuen Users versehen. Wenn Sie als Administrator den Inhalt eines neuen Home-Verzeichnisses verändern möchten, vielleicht um angepasste Konfigurationen oder kleine Hilfedateien unterzubringen, müssen Sie also das Verzeichnis */etc/skel* anpassen.

- **Ein fertiges Passwort**
  Während der Erstellung des Benutzerkontos wird man aufgefordert, das Passwort für das neue Konto einzugeben. Da Passwörter unter Unix/Linux üblicherweise nicht angezeigt werden,[7] wird man aufgefordert, die Eingabe zu wiederholen. Bei `useradd` dagegen kann man das Passwort über den `-p`-Parameter setzen, wobei hier aber schon das *verschlüsselte* Passwort als Eingabe erwartet wird.[8]

- **Benutzerinformationen**
  Wie unschwer zu sehen ist, wird man bei `adduser` aufgefordert, diverse Daten über den Benutzer einzugeben. Diese werden dann, durch Kommata getrennt, im frei verwendbaren Feld der Datei */etc/passwd* gespeichert. Bei `useradd` muss man dazu den Parameter `-c`, gefolgt vom gewünschten Kommentar, angeben.

- **Shell**
  Zu guter Letzt einer der wichtigsten Punkte: die Shell. Bei `useradd` wurde ohne den `-s`-Parameter keine Shell eingetragen und somit die Default-Shell */bin/sh* genutzt. Bei `adduser` jedoch wird eine – für gewöhnlich »bessere« – Shell in die */etc/passwd* eingetragen.

Sehen wir uns also abschließend noch den von `adduser` in der Datei */etc/passwd* angelegten Eintrag an:

```
# grep jploetner /etc/passwd
jploetner:x:1001:1001:Johannes Ploetner,,,:/home/jploetner:\
    /bin/bash
```

Listing 13.7 Der neue Eintrag in der /etc/passwd

Die Einstellungen für sinnvolle Defaultwerte (beispielsweise für die Standardshell) kann man wie bei `useradd` auch in einer Konfigurationsdatei – der */etc/adduser.conf* – vornehmen. Diese ist sehr gut dokumentiert, und außerdem gibt es noch eine Manpage zur Syntax. Daher wollen wir uns auch nur einen Ausschnitt dieser Datei ansehen, um einen Eindruck von den vorhandenen Optionen und Konfigurationsmöglichkeiten zu bekommen:

Standardeinstellung ändern

```
...
# The USERGROUPS variable can be either "yes" or "no".
# If "yes" each created user will be given their own
# group to use as a default, and their home directories
# will be g+s.  If "no", each created user will be
# placed in the group whose gid is USERS_GID.
```

---

[7] Schließlich lässt zum Beispiel die Anzahl der »Sternchen« einen Rückschluss auf die Länge des Passworts zu.
[8] Das Passwort muss mit der Bibliotheksfunktion `crypt()` verschlüsselt sein.

```
USERGROUPS=yes

# If USERGROUPS is "no", then USERS_GID should be the
# GID of the group 'users' (or the equivalent group) on
# your system.
USERS_GID=100
...
```

Listing 13.8 Ein Auszug aus der /etc/adduser.conf

In diesem Abschnitt der Datei wird das Verhalten hinsichtlich der Benutzergruppen geregelt: Ist die Variable USERGROUPS auf yes gesetzt, so bekommt jeder neue Benutzer eine eigene Gruppe – es passiert also genau das, was wir in unserem adduser-Beispiel gesehen haben. Setzt man sie auf no, erreicht man ein ähnliches Verhalten wie bei useradd, da der neue Benutzer dann der Gruppe zugewiesen wird, die in USERS_GID festgelegt ist.

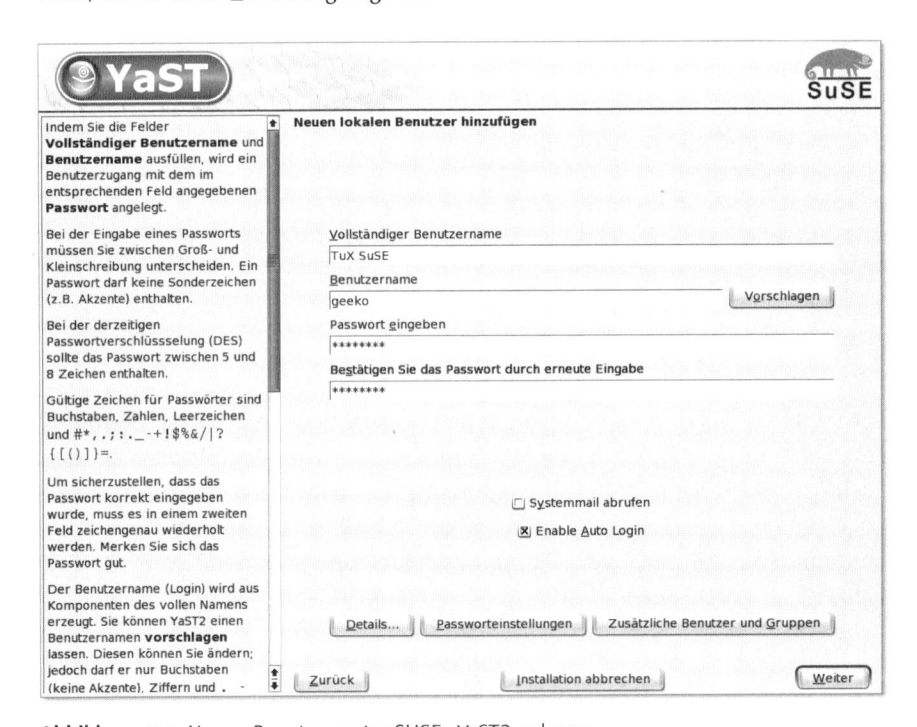

Abbildung 13.1 Neuen Benutzer unter SUSEs YaST2 anlegen

Unterschiede der Distributionen

Nachdem wir also die Repräsentation der Benutzer im System über die IDs im Prozesskontrollblock und die Informationen in der /etc/passwd besprochen sowie die distributionsunabhängigen Programme useradd und adduser zum Anlegen neuer

Benutzer erklärt haben, wollen wir noch kurz ein Wort über *distributionsabhängige* Möglichkeiten, neue Benutzer anzulegen, verlieren.

Prinzipiell werden Sie bei grafischen Administrations-Frontends wie YaST2 von (open-)SUSE mit denselben Fragen nach Benutzernamen, bürgerlichem Namen und Passwort wie bei `adduser` behelligt. Oft sehen auch die Home-Verzeichnisse »besonders« aus, zum Beispiel wenn es ein */Documents-* oder ein */public_html*-Verzeichnis gibt. Wenn Sie also diese Voreinstellung ändern wollen, wissen Sie nun, dass Sie im */etc/skel*-Verzeichnis nachsehen müssen.

13.2.2 Benutzer ändern

Der nächste interessante Punkt ist das Ändern von Benutzerdaten. Auch wenn es vielleicht nicht offensichtlich ist – das Ändern dieser Daten ist oft wichtig. Vor allem in Mehrbenutzersystemen müssen manchmal Accounts deaktiviert oder Benutzer zum regelmäßigen Ändern des Passworts angehalten werden.

Diese vielleicht häufigste Änderung an den Benutzerdaten führt man als einfacher Benutzer in der Regel selbst mit dem `passwd`-Programm durch:

Das Passwort ändern

```
jploetner@workstation:~$ passwd
Changing password for jploetner
(current) UNIX password:
Enter new UNIX password:
passwd: password updated successfully
jploetner@workstation:~$
```

Listing 13.9 Ein neues Passwort mit passwd setzen

Dieses fragt einmal nach dem alten Passwort und zweimal nach dem neuen, da das Passwort wie üblich während der Eingabe nicht angezeigt wird. Nun gibt es aber auch die Situation, in der der Administrator das Passwort für einen Benutzer neu setzen muss – etwa weil dieser es vergessen hat. Dazu ruft der Administrator das Programm `passwd` mit dem Benutzernamen als Argument auf:

```
# passwd jploetner
Enter new UNIX password:
Retype new UNIX password:
passwd: password updated successfully
```

Listing 13.10 Der Admin ändert das Passwort für einen Benutzeraccount.

Dabei wird root natürlich nicht nach dem Passwort gefragt: Erstens muss er es nicht wissen,[9] und zweitens geht das alte Passwort den Admin nichts an.

Die naheliegendste Möglichkeit für weitergehende Änderungen an den Benutzerkonten ist nun das direkte Editieren der Datei /etc/passwd beziehungsweise der Datei /etc/shadow. Soll zum Beispiel ein Account auf diese Art deaktiviert werden, so besteht eine Möglichkeit darin, einfach ein Ausrufezeichen vor das verschlüsselte Passwort in der /etc/shadow zu setzen. Dieses ist nämlich ein Zeichen, das bei der Verschlüsselung eines Passworts nicht entstehen kann. Daher wird nun also das richtige wie auch jedes andere denkbare Passwort in seiner verschlüsselten Form nicht mit dem verschlüsselten Passwort in der /etc/shadow übereinstimmen und das Login somit fehlschlagen.

usermod Ein anderer, weniger umständlicher Weg ist es, das Programms usermod zu nutzen. Mit ihm kann man alle nötigen Felder der Dateien setzen und verändern. Alle möglichen Optionen erhält man wie bei useradd durch Eingabe des Befehls ohne Argumente oder eben in der Manpage:

```
# usermod
usage:
usermod  [-u uid [-o]] [-g group] [-G group,...]
         [-d home [-m]] [-s shell] [-c comment]
         [-l new_name] [-f inactive] [-e expire ]
         [-p passwd] [-L|-U] name
```

Listing 13.11 Die Optionen von usermod

Um den Benutzer zu identifizieren, den man ändern will, muss man also den Login- bzw. Benutzernamen angeben. Darauf lassen sich UID, GID, weitere Gruppenzugehörigkeiten, das Home-Verzeichnis, die Shell, der Kommentar, der Benutzername selbst sowie natürlich das Passwort – das hier wieder nicht im Klartext, sondern bereits verschlüsselt angegeben werden muss –, ändern.

Aber auch die Inaktivitätseinstellungen für Accounts können mit diesem Programm verändert werden. Da diese bei Mehrbenutzersystemen recht oft Verwendung finden, wollen wir sie uns im Folgenden daher gezielt ansehen:

▶ -L
  Hiermit wird ein Account mit sofortiger Wirkung auf »inaktiv« gesetzt. Der entsprechende Benutzer kann sich mit seinem Passwort in Zukunft nicht mehr einloggen, da – wie bereits erläutert – diese Option dazu führt, dass ein Ausrufezeichen vor das verschlüsselte Passwort in der /etc/shadow gesetzt wird.

---

9 Schließlich kann root auf die /etc/shadow auch schreibend zugreifen und so das Passwort, wenn auch in verschlüsselter Form, leicht selbst neu setzen.

- **-U**
  Diese Option reaktiviert einen vorher mittels `usermod -L username` ausgeschalteten Account.

- **-e Ablaufdatum**
  Hiermit können Sie ein Datum festlegen, ab dem der Account deaktiviert ist. Es muss in der Form »JJJJ-MM-TT« angegeben werden. Intern wird natürlich das entsprechende Feld in der */etc/shadow* gesetzt:

  Nur die shadow

  ```
  # grep jploetner /etc/shadow
  jploetner:$1$fy...dssKXM.9aLU.1:12897:0:99999:7:::
  # usermod -e 2005-04-28 jploetner
  # grep jploetner /etc/shadow
  jploetner:$1$fy..dsKXM.9aLU.1:12897:0:99999:7::12901:
  ```

  Listing 13.12 Das Ablaufdatum für einen Account setzen

  Das Datum wird dabei also offensichtlich durch `usermod` aus der für einen Benutzer leicht lesbaren Form in die etwas umständliche Notation »Tage ab dem 1. Januar 1970«[10] konvertiert.

- **-f Inaktivität**
  Hiermit können Sie nun die Anzahl der Tage nach Ablauf des Passworts angeben, nach denen der Account schließlich deaktiviert wird. Geben Sie hier 0 an, erfolgt die Deaktivierung sofort nach Ablauf des Passworts; eine -1 schaltet das Feature hingegen ab.

Wie Sie sehen, kann mit `usermod` die Handhabung der Konfigurationsdateien zur Benutzerverwaltung mitunter deutlich vereinfacht werden. Außerdem ist dieses Tool auch bei anderen Unix-Varianten vorhanden und erleichtert so den Umstieg, da */etc/passwd* und */etc/shadow* unter Umständen etwas anders aufgebaut oder auch benannt sein können.

13.2.3 Benutzer löschen

Natürlich gibt es auch Programme, die einem beim Löschen eines nicht mehr benötigten Benutzers helfen. Besonders interessant ist in diesem Fall das Löschen der Dateien des Benutzers: Schließlich hat ein User vielleicht nicht nur sein Home-Verzeichnis, sondern auch noch ein E-Mail-Verzeichnis unterhalb von */var/mail* sowie andere Dateien oder Verzeichnisse, auf die er noch Rechte besitzt.

Dateien nicht vergessen

---

10 Also ab dem Beginn der »Unix-Zeit«.

[ZB] Betrachten wir dazu folgendes Beispiel: Eine Datei *test.txt* gehöre einem Benutzer andreas mit UID 1003, der aber ohne Rücksicht auf seine Dateien gelöscht wurde. Das folgende Beispiel zeigt den Effekt der Löschung auf die Datei:

```
# ls -l test.txt
-rw-rw----   1 1003 1003 0 2005-04-17 21:25 test.txt
```

Listing 13.13 Listing der Datei test.txt

Unbekannte Benutzer

Man kann unschwer erkennen, dass anstelle des Benutzer- und Gruppennamens im langen Dateilisting von ls nur noch die UID und die – in diesem Fall identische – GID angezeigt werden. Schließlich wird im System *intern* nur die UID beziehungsweise die GID zur Identifikation eines Benutzers herangezogen. So konnte die im Dateikopf – der *Inode* – gespeicherte UID/GID nicht mehr in einen Benutzernamen übersetzt werden und musste daher »pur« angezeigt werden.

Damit es in solchen Fällen nicht zu Verwechslungen mit eventuell existierenden Benutzernamen kommt, *müssen* Benutzernamen immer mit einem Buchstaben beginnen.

Sehen wir uns jetzt an, welche Programme uns zum Löschen eines Benutzers zur Verfügung stehen. Der viel gepriesenen Logik und Konsistenz von Unix und damit auch von Linux folgend müssten wir die zwei Programme userdel und deluser zur Verfügung haben – und so ist es auch.[11]

Die Basis bildet wieder einmal userdel: Gibt man außer dem Benutzernamen keine weiteren Parameter an, so wird der Benutzer einfach aus der */etc/passwd* und der */etc/shadow* gelöscht. Seine Dateien im Home- und Mail-Verzeichnis werden jedoch nur gelöscht, wenn man zusätzlich die -r-Option auf der Kommandozeile angibt.

deluser

Dagegen bietet wie gewohnt das deluser-Frontend einige weitere Optionen. Ohne weitere Parameter wird natürlich wieder nur der User selbst, aber nicht dessen Dateien gelöscht. Die Parameter jedoch sind etwas anders und erlauben ein differenzierteres Vorgehen als bei userdel:

▶ **--remove-home**
Mit dieser Option wird das Home-Verzeichnis des zu löschenden Benutzers entfernt.

▶ **--remove-all-files**
Diese Option löscht dagegen wirklich alle Dateien des Benutzers – also nicht nur das Home-Verzeichnis und die Mail-Dateien. Mit dieser Option ist der Parameter --remove-home unnötig.

---

11 Wie Sie sicherlich schon bemerkt haben, ist einzig bei usermod kein moduser-Äquivalent geläufig.

- **--backup**

  Interessanterweise kann man die zu löschenden Dateien auch sichern lassen. Das Backup wird schließlich in Form einer komprimierten Datei ins aktuelle Verzeichnis abgelegt.

Natürlich werden wir diese Vorgehensweise an einem Beispiel veranschaulichen: [zB]

```
# deluser --remove-all-files --backup jploetner
Looking for files to backup/remove...
Backing up files to be removed to . ...
/bin/tar: Removing leading `/' from member names
Removing files...
Removing user `jploetner'...
done.
# ls
jploetner.tar.bz2
```

Listing 13.14 Einen Benutzer und alle seine Dateien löschen

Hiermit wollen wir uns von der puren Benutzerverwaltung verabschieden und uns den Gruppen zuwenden.

13.3 Benutzer und Gruppen

Bisher haben wir die Gruppenzugehörigkeit von Benutzern etwas stiefmütterlich behandelt: Sie wissen, dass ein Benutzer zu mehreren Gruppen gehören kann, aber dass in der Datei *ND /etc/passwd* nur die Nummer einer primären Gruppe gespeichert wird – dies ist zugegebenermaßen nicht ganz konsistent.

Diese Lücke wollen wir nun schließen und Ihnen die Datei */etc/group* vorstellen: /etc/group

```
video:x:44:jploetner
staff:x:50:
games:x:60:jploetner
users:x:100:jploetner,swendzel
nogroup:x:65534:
jploetner:x:1000:
...
```

Listing 13.15 Ein Auszug aus /etc/group

Diese Datei speichert ähnlich wie die */etc/passwd* die Zuordnung von Gruppennamen zur Gruppen-ID sowie natürlich die Mitglieder dieser Gruppe. Betrachten wir die einzelnen Felder samt ihren Zusammenhängen etwas näher:

- **Gruppenname**
  Das offensichtlichste Feld enthält den Gruppennamen. Dieser ist wie der Username bei Benutzern nur für die Anzeige durch ls und andere Programme bestimmt, die mit Gruppen arbeiten. Schließlich möchte sich ein menschlicher Benutzer nicht mit GIDs und anderen kryptischen Zahlenfolgen, sondern vielmehr mit aussagekräftigen Namen befassen.

- **Gruppenpasswort**
  In der nächsten Spalte steht das Gruppenpasswort beziehungsweise ein x, falls die Information in der Shadow-Datei */etc/gshadow* abgelegt ist. Gruppenpasswörter werden selten eingesetzt,[12] erlauben es aber, Gruppen beizutreten, in denen man normalerweise nicht Mitglied ist.

/etc/gshadow

- **Gruppen-ID**
  Die Gruppen-ID bezeichnet die systemintern zur Repräsentation der Gruppe genutzte Zahl. Damit hat die GID eine ähnliche Aufgabe und Eigenschaft wie die UID.

- **Die Mitglieder**
  Bisher haben wir nur gesehen, dass man die primäre Gruppe eines Benutzers – die normalerweise auch die Gruppenzugehörigkeit neuer Dateien definiert – in der Datei */etc/passwd* als GID angeben musste. Soll ein Benutzer darüber hinaus noch in weiteren Gruppen Mitglied sein, so trägt man die entsprechenden Usernamen in das letzte Feld der Datei */etc/group* ein.

Ein Benutzer muss im Übrigen seiner in der */etc/passwd* bereits festgelegten Standardgruppe nicht mehr explizit hinzugefügt werden.

13.3.1 Gruppen anlegen

Möchte man eine neue Gruppe anlegen, so geht man dazu erst einmal äquivalent zur Erstellung eines neuen Benutzers vor: Man nutzt nämlich die Programme groupadd beziehungsweise addgroup, die beide zur Erstellung einer leeren Gruppe dienen.

```
# groupadd test
# addgroup test2
Adding group `test2' (1002)...
Done.
# grep test /etc/group
test:x:1001:
test2:x:1002:
# grep test /etc/gshadow
```

---

12 Gruppenpasswörter müssen dann einer Gruppe von Menschen bekannt sein, was eigentlich dem Passwortgedanken widerspricht.

```
test:!::
test2:!::
```

Listing 13.16 groupadd und addgroup

Anzumerken ist jedoch, dass `addgroup` ein Frontend zu `adduser` ist, das mit dem Parameter `--group` aufgerufen wird. Aus diesem Grund ist `addgroup` auch im Gegensatz zu `groupadd` über die */etc/adduser.conf* konfigurierbar.

Wieder ein Frontend

13.3.2 Benutzer zu Gruppen hinzufügen

Die wichtigste Arbeit bei der Verwaltung von Benutzergruppen ist sicherlich das Hinzufügen von Benutzern zu ihnen. Natürlich kann diese Arbeit wie immer durch das Editieren der */etc/group* beziehungsweise der */etc/gshadow* erfolgen, jedoch kann man auch das Allround-Frontend `adduser` mit dem Benutzer und der Gruppe als Argument benutzen:

```
# adduser jploetner test
Adding user `jploetner' to group `test'...
Done.
# grep test /etc/group
test:x:1001:jploetner
# grep test /etc/gshadow
test:x::jploetner
```

Listing 13.17 Hinzufügen eines Benutzers zu einer Gruppe mit adduser

Alternativ könnte man auch das Programm `gpasswd` mit dem Parameter `-a` benutzen:

```
# gpasswd -a jploetner test2
Adding user jploetner to group test2
```

Listing 13.18 Einen Benutzer mit gpasswd zu einer Gruppe hinzufügen

Das Ergebnis ist jedoch bei allen Methoden gleich: Der Benutzer wird der Gruppe hinzugefügt und bekommt die Rechte für alle Dateien derselben Gruppe.

13.3.3 Gruppenpasswörter und /etc/gshadow

Doch mit `gpasswd` kann man noch viel mehr machen. So wird zum Beispiel mit `gpasswd`, gefolgt vom Gruppennamen, das Passwort der Gruppe gesetzt – ähnlich wie bei `passwd`, wo das Benutzerpasswort, gefolgt von einem Benutzernamen gesetzt wird. Das Passwort der Gruppe wird ebenfalls wie bei der Benutzerverwaltung in einer speziellen Shadow-Datei – der */etc/gshadow* – gespeichert.

Für Gruppen: gpasswd

```
# ls -l /etc/group /etc/shadow
-rw-r--r-- 1 root root    735 05-05-08 7:52 /etc/group
-rw-r----- 1 root shadow  827 05-04-28 7:29 /etc/shadow
```

Listing 13.19 Eingeschränkte Rechte der Shadow-Datei

Die Rechte dieser Datei sind wie gesagt eingeschränkt: Es darf nicht jeder den Inhalt der Datei lesen, sondern nur der Systemadministrator `root` und alle Benutzer der Gruppe `shadow`. Das Setzen eines Passworts hat dabei folgende Auswirkungen:

```
# grep test /etc/gshadow
test:!::
# gpasswd test
Changing the password for group test
New Password:
Re-enter new password:

# grep test /etc/gshadow
test:yYSiruuynqlK.::
```

Listing 13.20 Setzen eines Gruppenpassworts

Es wird also ein Feld in der */etc/gshadow* gesetzt. An dieser Stelle wollen wir selbstverständlich auch alle Felder dieser Datei besprechen:

▶ **Gruppenname**
Dieses Feld referenziert ähnlich wie bei der */etc/shadow* das Namensfeld in der */etc/group*.

▶ **Gruppenpasswort**
Standardmäßig wird kein Passwort gesetzt, jedoch haben wir im Beispiel mittels `gpasswd` eines gesetzt. Welche Möglichkeiten den Benutzern eines Systems damit offenstehen, werden wir im Anschluss behandeln.

▶ **Gruppenadministratoren**
Im nächsten Feld steht eine Liste von Gruppenadministratoren. Diese können zum Beispiel mit `gpasswd` das Gruppenpasswort ändern oder auch Benutzer zur Gruppe hinzufügen beziehungsweise aus ihr entfernen.

▶ **Gruppenmitglieder**
Im letzten Feld sind, wie in der */etc/group* auch, alle Mitglieder der Gruppe aufgeführt.

Wozu aber dient ein Gruppenpasswort? Ganz einfach: Wenn ein Benutzer nicht in einer Gruppe ist, so kann er mit dem Befehl `newgrp` und der Angabe des Passworts doch Mitglied werden:

```
jploetner@host:~$ groups
jploetner cdrom sudo audio video games users ssh
jploetner@host:~$ newgrp test
Kennwort:
jploetner@host:~$ groups
test cdrom sudo audio video games users ssh jploetner
```

Listing 13.21 Einer Gruppe beitreten

Ruft man `newgrp` für eine Gruppe auf, in der man schon über die */etc/group* Mitglied ist, so wird man natürlich nicht nach dem Passwort gefragt. Was jedoch geändert wird, sind die GID und EGID der Shell. Die aktuellen Werte kann man mit dem Programm `id` erfahren:

```
$ id
uid=1000(jploetner) gid=1000(jploetner),Gruppen=24(cdrom),
27(sudo),29(audio),44(video),60(games),100(users),101(ssh),
1000(jploetner),1001(test)
$ newgrp ssh; id
uid=1000(jploetner) gid=101(ssh),Gruppen=24(cdrom),
27(sudo), 9(audio),44(video),60(games),100(users),101(ssh),
1000(jploetner),1001(test)
```

Listing 13.22 Auswirkungen auf die GID

Für den Dateizugriff hat diese Änderung allerdings keine Auswirkungen: Man hat Zugriff auf eine Datei, wenn es entweder die Besitzer-, die Gruppen- oder die sonstigen Rechte erlauben. Die Gruppenzugehörigkeit wird dabei jedoch nicht allein von der GID, sondern von allen Gruppen, denen der des Benutzer angehört, abhängig gemacht. Relevant ist dies zum Beispiel bei der Erstellung neuer Dateien. Eine Datei kann nämlich immer nur *einer* Gruppe gehören. Und diese wird nun einmal durch die GID des erstellenden Benutzers bezeichnet:

Erstellung neuer Dateien

```
$ touch test && ls -l test
-rw-r--r--   1 jploetner ssh 0 2005-05-08 20:41 test
```

Listing 13.23 Dateien der Gruppe ssh erstellen

Beachten Sie, dass die Datei der Gruppe `ssh` und nicht der primären Gruppe des Benutzers zugewiesen wurde. ändert man die GID beziehungsweise EGID nicht, so werden Dateien mit der primären, also in der */etc/passwd* angegebenen Gruppenzugehörigkeit angelegt.

13.3.4 Gruppenadministratoren

So viel zur Nutzung der verschiedenen Gruppenrechte. Im Folgenden wollen wir jedoch noch auf einen anderen Aspekt der Gruppenverwaltung eingehen: auf die Gruppenadministratoren. Gruppenadministratoren werden im dritten Feld der */etc/gshadow* angegeben und können mittels `gpasswd` folgende Aufgaben übernehmen:

- **Das Gruppenpasswort ändern**
  Nicht nur `root` kann das Gruppenpasswort mit `gpasswd` und dem Gruppennamen als Parameter ändern, sondern auch der Gruppenadmin kann diese Aufgabe wahrnehmen.

- **Benutzer zur Gruppe hinzufügen**
  Über den Parameter `-a` kann auch ein Gruppenadministrator neue Benutzer zu einer Gruppe hinzufügen. Die neuen User bekommen somit die entsprechenden Gruppenberechtigungen, ohne dass sie erst `newgrp` aufrufen und das Gruppenpasswort eingeben müssen.

- **Benutzer löschen**
  Analog zum Hinzufügen neuer Benutzer können bereits einer Gruppe zugewiesene User über den `-d`-Parameter wieder aus ihr gelöscht werden.

Einen Gruppenadministrator kann nur der Systemadministrator `root` über den `-A`-Parameter festlegen:

```
# grep test /etc/gshadow
test:!::
# gpasswd -A jploetner test
# grep test /etc/gshadow
test:!:jploetner:
```

Listing 13.24 Einen Gruppenadministrator festlegen

Der Passwortgedanke

Hiernach kann sich der Benutzer `jploetner` um die Gruppe kümmern. Somit konnten administrative Aufgaben verlagert werden, ohne dem betreffenden Benutzer weitergehende Administratorenrechte einzuräumen. Eines sollten Sie sich jedoch immer vor Augen halten:

> Ein Passwort, das einer ganzen Gruppe von Benutzern bekannt ist, ist nicht sicher und widerspricht dem eigentlichen Passwortgedanken.

Das ist auch der Hauptgrund, weshalb Gruppenpasswörter in der Praxis fast nie Verwendung finden. Die Festlegung eines Gruppenadministrators ist in der Regel jedoch in größeren Netzwerken eine durchaus erwägenswerte Option.

13.3.5 Gruppen löschen

Natürlich kann man auch Gruppen wieder löschen – und wie erwartet erledigen `groupdel` und `delgroup` diese Aufgabe:

```
# delgroup test
Removing group `test'...
done.
#
```

Listing 13.25 Eine Gruppe löschen

Damit ist die Gruppe `test` aus den Dateien */etc/group* und */etc/gshadow* gelöscht.

13.4 Als ein anderer Benutzer arbeiten

Natürlich gibt es vor allem an Arbeitsplatzrechnern, aber auch an tatsächlichen Mehrbenutzerrechnern, manchmal die Notwendigkeit, als ein anderer Benutzer im System zu arbeiten. Im Folgenden wollen wir dafür einerseits Fallbeispiele, andererseits aber natürlich auch Lösungsmöglichkeiten für damit einhergehende Probleme angeben.

13.4.1 Der Systemadministrator als User

Ein wichtiger Problemfall ist der Benutzer `root`. Dieser Account ist aufgrund seiner Machtfülle nicht als persönliches Konto eines Systemadministrators, sondern wirklich nur zum Erledigen wichtiger Aufgaben gedacht. Ein Administrator sollte für die tägliche Arbeit (wie zum Lesen von Mails oder zum Websurfen) einen nichtprivilegierten Account nutzen und bei Bedarf schnell `root` werden können.

Zu große Macht

Dies gilt vor allem dann, wenn ein Unix-Rechner zu Hause genutzt und nur von einer einzigen Person verwendet wird. Auf Windows-Rechnern führt nämlich die dauernde Benutzung von privilegierten Accounts in der Regel dazu, dass diverse Viren, Würmer und Trojaner es relativ einfach haben, sich auf dem System häuslich einzurichten. Auch wenn Linux von diesen Gefahren noch nicht in gleichem Maße betroffen ist, ist man als nichtprivilegierter Benutzer immer auf der sicheren Seite, da keine wichtigen Systemdateien oder -programme verändert werden können.

13.4.2 su

Möchte man nun als `root` oder als ein anderer Benutzer arbeiten, so steht einem zunächst der Weg eines erneuten Logins offen. Da dies jedoch sehr umständlich ist, können Sie mit dem Programm `su` eine neue Shell als der gewünschte Benutzer starten. Alternativ kann man über den Parameter -c auch nur einen bestimmten Befehl zur Ausführung bringen.

Ohne Passwort

Auf jeden Fall müssen Sie, um als normaler Benutzer unter fremden Rechten zu arbeiten, das Passwort des betreffenden Accounts angeben. Einzig root kann ein normaler User werden, ohne ein Passwort angeben zu müssen. Aber dies ist auch sinnvoll: Schließlich gibt root Rechte ab, während normale Benutzer fremde Berechtigungen hinzugewinnen. Zudem sollte ein Administrator die Passwörter seiner Benutzer nicht kennen – schließlich ist es das Wesen eines Passworts, *geheim* zu sein.

Betrachten wir also ein Beispiel:

```
jploetner@host:/home/jploetner$ su
Passwort: *******
root@host:/home/jploetner# su - swendzel
swendzel@host:/home/swendzel$
```

Listing 13.26 su benutzen

In diesem Beispiel hat sich der Benutzer zuerst in root verwandelt: Gibt man nämlich bei su keinen Benutzernamen an, so wird das Passwort des Superusers abgefragt und bei Erfolg die entsprechende Shell gestartet. Als root können Sie sich schließlich ohne Passworteingabe in jeden beliebigen Benutzer verwandeln.

Eine Besonderheit sei hier noch erwähnt: Ein Minuszeichen vor dem Benutzernamen[13] macht die neue Shell zu einer Login-Shell. Daher wird in diesem Fall unter anderem das Arbeitsverzeichnis auf das Home-Verzeichnis des neuen Benutzers gesetzt.

13.4.3 sudo

Ein einzelnes Programm ausführen

Das Programm sudo öffnet im Gegensatz zu su keine Shell mit der Identität des Benutzers, sondern wird genutzt, um ein Programm mit den entsprechenden Rechten zu starten. Wie auch bei su gilt: Ist kein Benutzer – hier über die Option -u – direkt angegeben, wird root als neue Identität ausgewählt.

Die Datei /etc/sudoers

Der folgende Aufruf führt das Programm lilo als root aus:

---

[13] Natürlich kann man auch ein Minus als alleinigen Parameter an su übergeben, um root zu werden.

```
$ sudo lilo
```

Listing 13.27 sudo

Damit man als Benutzer die Vorzüge von `sudo` genießen kann, muss man mit einer entsprechenden Zeile in der Datei */etc/sudoers* eingetragen sein:

```
...
# Den Benutzern der Gruppe users ohne Passwort alles
# erlauben
%users  ALL=(ALL)      NOPASSWD: ALL
# Dem Benutzer Test das Mounten/Unmounten von CD-ROMs
# erlauben (hier wird der Befehl direkt angegeben)
test   ALL=/sbin/mount /cdrom,/sbin/umount /cdrom
...
```

Listing 13.28 Die Datei /etc/sudoers

Wie die Kommentare dieser Datei suggerieren, kann man für bestimmte Gruppen und Benutzer ziemlich genau einschränken, inwieweit `sudo` benutzt werden darf. Als Erstes wird dabei der Benutzer- beziehungsweise der Gruppenname angegeben, woraufhin eine Liste der Form `Rechner=Befehle` die möglichen per `sudo` ausgeführten Befehle festlegt.

Würde die */etc/sudoers* zum Beispiel über NIS oder NIS+ im Netzwerk verteilt werden, so könnte man anstatt `ALL=` sinnvolle Namen von Rechnern angeben, auf denen die nach dem = folgenden Befehle ausgeführt werden dürfen. Die Angabe von `NOPASSWD: ALL` in einer der Zeilen bewirkt zusätzlich, dass beim Aufruf von `sudo` für alle Befehle *kein* Passwort angegeben werden muss.

Netzwerk-transparenz

> Anders als bei `su` muss bei `sudo` nicht das Passwort des zu benutzenden, sondern des *eigenen* Accounts angegeben werden.

Aus diesem Grund ist auch die besondere Konfiguration über die Datei */etc/sudoers* notwendig. Schließlich ist `sudo` im engeren Sinn eine Verwässerung der Benutzerverwaltung und des Rechtesystems, die aber trotzdem ihre Daseinsberechtigung hat. In jedem Fall sollte man bei der Konfiguration von `sudo` Vorsicht walten lassen.

Für die normalen Anwendungsfälle sollten diese Beispiele eigentlich ausreichen. Bei wirklich exotischen Setups helfen Ihnen die Manpages zu `sudo` und zur su-doers-Datei weiter.

13.4.4 setuid/setgid

Eine weitere Möglichkeit, die Berechtigungen eines anderen Users zu nutzen, sind die setuid/setgid-Bits. Diese Rechte werden bei Dateien gesetzt, die nicht mit den Rechten des ausführenden Users, sondern mit denen des zugeordneten Eigentümers beziehungsweise der zugeordneten Gruppe der Datei ausgeführt werden sollen. Diese Zusammenhänge werden von uns im Zusammenhang mit dem Rechtesystem näher besprochen.

13.5 NIS/NIS+

Benutzerverwaltung im Netzwerk

Bis hier ist die Benutzerverwaltung relativ einfach, da sie noch *lokal* ist. Schwieriger wird es im Netzwerk. Dort möchte man möglichst nur eine Datenbasis für alle Benutzer und Gruppen pflegen und nicht die Einstellungen für jeden Server oder eventuell sogar jeden Client extra verwalten.

13.5.1 Funktionsweise

Eine Möglichkeit, solche Daten zentral zu verwalten, ist der *Network Information Service* (NIS). NIS ist ein Verzeichnisdienst, der Konfigurationswerte wie Benutzerdaten oder Rechnernamen im Netzwerk verteilt. Es wurde ursprünglich von Sun Microsystems unter dem Namen »Yellow Pages« (YP) entwickelt. Jedoch ist diese Bezeichnung in Großbritannien durch das Markenrecht geschützt,[14] daher musste die Umbenennung in NIS erfolgen.

Ein Verzeichnisdienst ist eine im Netzwerk verteilte (meist hierarchische) Datenbank.

Intern nutzen NIS wie auch seine sicherere Variante NIS+ sogenannte *Remote Procedure Calls* (RPC). Damit können Funktionsaufrufe auf fremden Rechnern – in der Regel synchron – ausgeführt werden. Wenn ein Client eine solche *entfernte Funktion* aufruft, so wartet er, bis der Server das Ergebnis zurücksendet. Unter Linux übernimmt der `portmap`-Dienst die Koordination der angebotenen Funktionen. Jedes Serverprogramm, das RPC-Dienste anbieten will, muss sich demzufolge beim `portmap`-Dienst anmelden. Ein Client greift dann über TCP- beziehungsweise den UDP-Port 111 auf den `portmap` zu und kann dort dann die gewünschten Funktionen ausführen lassen.

---

14 Auch in Deutschland kennt man ja in einem anderen Zusammenhang die »Gelben Seiten«, in denen Gewerbetreibende verzeichnet sind.

Starten von RPC

Um RPC zu verwenden, müssen Sie nur den `portmap`-Dienst starten. Der Dateiname dieses Programms lautet unter einigen Systemen jedoch nicht unbedingt `portmap`. Unter Slackware-Linux wird zum Beispiel das Programm `rpc.portmap` und unter Solaris 2.5 `rpcbind` gestartet. Um zu überprüfen, ob der Portmapper läuft, sollte eine `rpcinfo`-Abfrage genügen.

```
# rpcinfo -p
   program vers proto    port
    100000    2   tcp     111  portmapper
    100000    2   udp     111  portmapper
```

Listing 13.29 Das Programm rpcinfo

NIS selbst ist viel eher ein *Protokoll* und weniger eine *Software*, da es verschiedene Implementierungen für die einzelnen Unix-Systeme gibt.

NIS kann aber nicht *nur* Account-Daten netzweit verfügbar machen, sondern kümmert sich auch darum, einige Konfigurationsdateien zu übertragen. Dazu gehören:

- /etc/group
- /etc/passwd
- /etc/ethers
- /etc/hosts
- /etc/networks
- /etc/protocols
- /etc/services
- /etc/aliases (enthält E-Mail-Aliase)

NIS betrachtet diese Dateien intern als Datenbanken, so genannte NIS-Maps. Die vom Server angebotenen NIS-Maps erfragt man mit dem Befehl `ypcat -x`.

Wir werden uns im Folgenden nur mit NIS und nicht mit NIS+ auseinandersetzen. Dies hat den Grund, dass NIS+ auf den meisten Linux- und Unix-Systemen nicht verfügbar ist und wir selbst auch immer nur NIS-Systeme verwendet haben.[15]

---

15 Falls Sie sich für die Administration von NIS+ (unter Solaris) interessieren, sei Ihnen [HenMrks00A] und bedingt auch [Hertzog02A] empfohlen.

13.5.2 Konfiguration der NIS-Clients

Der NIS-Client wird auf eine sehr einfache Weise eingerichtet: Man setzt nur den NIS-Domainnamen. Dieser ist unabhängig vom DNS-Domainnamen zu betrachten, denn beide Dienste verwenden ein ganz unterschiedliches Protokoll.

Der NIS-Domainname wird mit dem Kommando `domainname` konfiguriert. In den meisten Fällen wird ein ähnlicher (oder gleicher) Name wie beim DNS-System verwendet. Wir empfehlen diese Vorgehensweise, da man sich so nur einen Hostnamen pro Rechner und einen Domainnamen pro Subnetz merken muss.

Unser Netzwerk heißt »sun«, was nichts mit Sun Microsystems zu tun hat, sondern damit, dass die meisten Hosts die Namen von Planeten bekommen haben.

```
# domainname sun
# domainname
sun
```

Listing 13.30 Setzen und Abfragen des NIS-Domainnamens

Um das Setzen des NIS-Domainnamens zu automatisieren, genügt es in der Regel, ihn in der Datei */etc/domainname* einzutragen. Da die Authentifizierung via NIS erfolgen soll, wird, um dies zu signalisieren, in die */etc/shadow* bzw. bei BSD in die */etc/master.passwd* unter die bestehenden Account-Daten die folgende Zeile eingetragen:

```
+:*::::::::
```

ypbind
Um die Konfiguration zu testen, startet man das System am besten neu. So weiß man gleich, ob der Rechner automatisch `ypbind` (das Tool, das via Broadcast den NIS-Server lokalisiert) aufruft, was man zur Laufzeit aber auch manuell erledigen kann.

[»] In der Regel sollten noch Veränderungen an der Datei */etc/nsswitch.conf* vorgenommen werden, um den Client anzuweisen, bestimmte Daten über NIS und nicht lokal zu beziehen. Das Schlüsselwort `nis` muss in diesem Fall vor dem Schlüsselwort `files` stehen. Für die Datei */etc/protocols* würde ein Eintrag beispielsweise folgendermaßen aussehen:

```
protocols:   nis files
```

Listing 13.31 Ausschnitt einer nsswitch.conf-Datei

13.5.3 Konfiguration des NIS-Servers

Auch auf dem Server wird zunächst der NIS-Domainname gesetzt. Der Server wird anschließend im Verzeichnis */var/yp* mit `make` initialisiert.[16]

Auf dem Server werden schließlich die Dienste `ypserv` und `ypbind` gestartet. Von nun an können Clients über RPC (*Remote Procedure Calls*) Anfragen an den Server senden.

Server initialisieren

13.5.4 Testen der Konfiguration

Nun sollte `ypwhich` unseren Server als NIS-Server anzeigen, und die bereitgestellten Dateien können via `ypcat <Dateiname>` vom Server geladen werden. Ist dies nicht der Fall, sollte zunächst mit `rpcinfo` und `pgrep` überprüft werden, ob RPC funktioniert und `ypserv` und `ypbind` auf dem Server laufen. Falls dies so ist und trotzdem Probleme auftreten, hilft ein Blick in die Logdateien weiter.

13.5.5 Sicherheit

NIS selbst ist recht unsicher, da Systemdateien während der Übertragung abgefangen werden können. Es empfiehlt sich daher, ein VPN (virtuelles privates Netzwerk) und/oder Kerberos einzusetzen. Mehr zu diesen beiden Themen erfahren Sie in unserem Buch »Praxisbuch Netzwerksicherheit« ([PloeWend07A]).

13.6 LDAP

In modernen Rechnernetzen und vor allem in heterogenen Umgebungen wird auch oft das *Lightweight Directory Access Protocol* (LDAP) eingesetzt. LDAP ist wie NIS ein Verzeichnisdienst, der jedoch nicht auf RPC basiert. Im Vergleich zu einer normalen relationalen SQL-Datenbank hat LDAP folgende Vorteile:

- **Optimiert auf Lesen**
  LDAP ist für den lesenden Zugriff optimiert. Mit anderen Worten: Das Schreiben von Daten kann relativ lange dauern.

- **Erweiterte Suchfunktionen**
  Um den lesenden Zugriff auf die Daten weiter zu optimieren, stellt LDAP verschiedene, sehr flexible Suchfunktionen zur Verfügung.

---

16 Unter OpenBSD verwendet man `ypinit -m`.

▸ **Erweiterbare Datenstrukturen**
LDAP erlaubt es, seine zugrunde liegenden Datenstrukturen – sogenannte *Schemata* – zu erweitern und so den Bedürfnissen des Dienstbetreibers gerecht zu werden.

▸ **Standardkompatibilität**
LDAP ist ein in verschiedenen RFCs spezifiziertes Protokoll, wodurch die Interoperabilität zwischen verschiedenen Implementierungen gewährleistet wird.[17]

▸ **Verteilte Daten**
Die Daten eines LDAP-Baums können im Netzwerk verteilt gespeichert werden. LDAP nutzt außerdem verschiedenste Replizierungstechniken, um die Daten im Netzwerk zu verteilen und vor allem konsistent zu halten. Außerdem ist LDAP so sehr gut skalierbar.

Flexible Datenbank

LDAP eignet sich nun aber nicht nur zur Speicherung von Benutzerdaten. Aufgrund der flexiblen Struktur und der Ausrichtung auf statische, selten veränderte Daten können fast beliebige Informationen in einem *LDAP-Baum*[18] gespeichert werden.

Eine häufige Anwendung sind zum Beispiel Telefonlisten – es bietet sich an, auch weitere benutzerdefinierte Informationen in einer LDAP-Datenbank zu speichern, wenn man sie schon zur Benutzerverwaltung nutzt – oder auch eine Übersicht über verschiedene Rechner.

Ein paar Beispiele für häufig in LDAP-Datenbanken gespeicherte Daten sind:

▸ Benutzer und Gruppen

▸ IP-Dienste und -Protokolle

▸ NIS-Netzwerkgruppen

▸ Boot-Informationen

▸ Mountpunkte für Dateisysteme

▸ IP-Hosts und -Netzwerke

▸ RFC-822-konforme Mail-Aliase

---

17 Hierin besteht auch ein Gegensatz zu SQL: Zwar ist die SQL-Syntax auf verschiedenen Datenbanken fast gleich, jedoch gibt es Unterschiede bei komplexen Details wie Stored Procedures etc.
18 Ein LDAP-Verzeichnisdienst ist hierarchisch aufgebaut und besitzt somit eine Baumstruktur: Er besteht aus einer Wurzel, einigen Verzweigungen und vielen Blättern.

13.6.1 So funktioniert es

Bevor wir eine Beispielkonfiguration zur Benutzerverwaltung betrachten, wollen wir zuerst die Funktionsweise von LDAP anhand der OpenLDAP-Implementierung erläutern. OpenLDAP ist auf Linux und BSD standardmäßig verfügbar und kann auch auf anderen Unix-Systemen eingerichtet werden.

Ein Eintrag (engl. *entry*) in einem LDAP-Verzeichnis besteht aus Attributen (engl. *attributes*) und wird durch einen eindeutigen Namen (engl. *distinguished name*, *dn*) identifiziert.

Ein eindeutiger Name

```
cn=Sebastian,ou=members,dc=doomed-reality,dc=org
```

Listing 13.32 Beispiel für den distinguished name (dn) eines Eintrags

Welche Attribute ein Eintrag haben kann, wird von dessen *Objektklasse(n)* bestimmt. Diese Objektklassen sind wiederum in *Schemata* definiert. Dort ist festgelegt, wie die Attribute einer Objektklasse heißen, welche Werte zulässig sind und ob ein Attribut jeweils notwendig oder optional ist. Jeder Eintrag in der Datenbank enthält dann die Attribute der Klassen dieses Eintrags.

Die Attribute eines Eintrags besitzen einen bestimmten Namen und entsprechend einen oder mehrere Werte. So steht zum Beispiel der Attributname cn als Abkürzung für *common name* und erlaubt als Argument eine normale Zeichenkette – im Regelfall den Namen einer Person. Im Gegensatz dazu steht mail für *email address* und erlaubt eine Mail-Adresse der Form *johannes.ploetner@gmx.de*. Aber auch binäre Daten wie ein Bild eines Benutzers im Feld jpegPhoto sind möglich.

13.6.2 Einen LDAP-Server konfigurieren

Die Konfiguration eines LDAP-Servers beginnt mit der Definition der Wurzel des Verzeichnisbaums. Diese *base dn* wird als dc (engl. *domain component*) bezeichnet und setzt sich im Normalfall aus den Komponenten der Domain des zu verwaltenden Rechnernetzes zusammen. In der Konfigurationsdatei des OpenLDAP-Servers, der */etc/ldap/slapd.conf*, sieht die Angabe dieses *Suffixes* wie folgt aus:

```
...
# Beispiel für die Domain doomed-reality.org
suffix          "dc=doomed-reality,dc=org"
...
```

Listing 13.33 Konfiguration der Wurzel des LDAP-Verzeichnisbaums

Außerdem wichtig für die Konfiguration eines LDAP-Servers sind die verwendeten Schemata. In den Schemadateien sind schließlich die möglichen und notwendi-

Attribute definieren

gen Attribute für eine Objektklasse definiert. Sie Schemata bindet man über eine `include`-Anweisung in der Konfigurationsdatei ein:

```
...
# Schema and objectClass definitions
include         /etc/ldap/schema/core.schema
include         /etc/ldap/schema/cosine.schema
include         /etc/ldap/schema/nis.schema
include         /etc/ldap/schema/inetorgperson.schema
include         /etc/ldap/schema/misc.schema
...
```

Listing 13.34 Einbinden von Schemata

Schemata kann man nun beliebig erweitern und auch eigene Definitionen einbinden. Wir werden später ein Beispiel betrachten, bei dem wir eine Datei *samba.schema* einbinden, um so einem Samba-Server zu erlauben, Benutzerdaten auf unserem LDAP-Server zu speichern. Mit diesen Benutzerdaten können sich dann Anwender auf Windows-PCs einloggen und sich über Samba an einer NT-Domäne anmelden. Samba selbst prüft dann die Gültigkeit des Benutzername-/Passwort-Paares über LDAP.

Man darf dabei jedoch nicht vergessen, dass ein LDAP-Server in erster Linie eine Datenbank ist. Daher bietet der Server nur ein Interface – eben das Lightweight Directory Access Protocol – zum Zugriff auf die Daten. Zugreifen müssen entsprechende Programme nun jedoch selbst: Ein E-Mail-Client könnte zum Beispiel ein Adressbuch auf LDAP-Basis bereitstellen. Dazu bräuchte er nur die Attribute von Einträgen der Objektklasse `inetOrgPerson` (wie zum Beispiel das Attribut `mail` und das Attribut `cn`, das bei Personen den vollen Namen beinhaltet) auszulesen und über ein komfortables Interface bereitzustellen.

Dagegen könnte ein Login-Dienst wie SSH oder das normale Unix-Login das vom Benutzer eingegebene Passwort mit dem im `userPassword` gespeicherten Hashwert vergleichen und so entscheiden, ob das Passwort richtig und das Login damit erfolgreich war.

Zugriffsrechte definieren

Um entsprechende Zugriffe zu kontrollieren, braucht man natürlich noch ein Rechtesystem, das Zugriffe auf Datensätze zulässt oder verweigert. Die Zugriffsrechte auf einzelne Datensätze und Funktionen werden ebenfalls in der */etc/ldap/slapd.conf* konfiguriert:

```
access to attrs=userPassword
  by dn="cn=admin,dc=doomed-reality,dc=org" write
  by anonymous auth
  by self write
  by * none
```

```
access to *
  by dn="cn=admin,dc=doomed-reality,dc=org" write
  by * read
```

Listing 13.35 Beispiel für die Zugriffskontrolle

Der erste Block definiert hier den Zugriff auf das Attribut userPassword: Der Benutzer cn=admin,dc=doomed-reality,dc=org hat als Administrator Schreibrechte auf dieses Attribut. Im Gegensatz dazu hat ein anonymer, also noch nicht authentifizierter Nutzer das Recht, sich anzumelden. Ein User (self) darf sein eigenes Passwort noch ändern, alle anderen Zugriffe sind jedoch verboten. Als Nächstes wird der Zugriff auf alle anderen Elemente definiert: Wieder darf admin schreiben und der Rest der Welt nur lesen.

Natürlich gibt es zur Konfiguration eines LDAP-Servers noch viel mehr zu sagen. Gerade in größeren Netzwerken möchte man die anfallende Last vielleicht auf mehrere Server verteilen und daher den Datenbestand entweder replizieren oder erst zer- und dann verteilen. Prinzipiell kann man mit OpenLDAP und anderen LDAP-Implementierungen noch viel mehr tun, jedoch gehen diese Features deutlich über den Umfang dieses Linux-Buches hinaus. Für ein kleines Setup sollten die hier vermittelten Informationen jedoch ausreichen.

13.6.3 Einträge hinzufügen, verändern und löschen

Für LDAP gibt es die verschiedensten Benutzerschnittstellen – vorstellen wollen wir Ihnen zwei: die Schnittstelle ldap-utils für die Kommandozeile und das Webinterface phpldapadmin. Das Webinterface ist dabei die intuitivere Variante der Bedienung: An der linken Seite kann man den Verzeichnisbaum durchsuchen und in jeder Ebene neue Elemente hinzufügen oder vorhandene Elemente zum Editieren oder Löschen aufrufen.

Die Bedienung ist dabei selbsterklärend, sofern man das Prinzip von LDAP halbwegs verstanden hat. Möchte man einen neuen Eintrag in den Verzeichnisbaum einfügen, so wird man zuerst nach der Objektklasse des neuen Objekts gefragt. Möchte man seine Daten dabei in verschiedene Verzeichnisse gliedern, so wird man auf der ersten Ebene meist eine organisational unit (ou) anlegen wollen. Als Nächstes wird man nach den für die Objektklasse unbedingt notwendigen Attributen gefragt. Bei einer ou ist dies nur deren Name, bei der Objektklasse posixAccount sind dies jedoch die wichtigen bekannten Daten wie der Benutzername, die UID/GID, das Home-Verzeichnis und die Shell.

LDAP-Verzeichnis organisieren

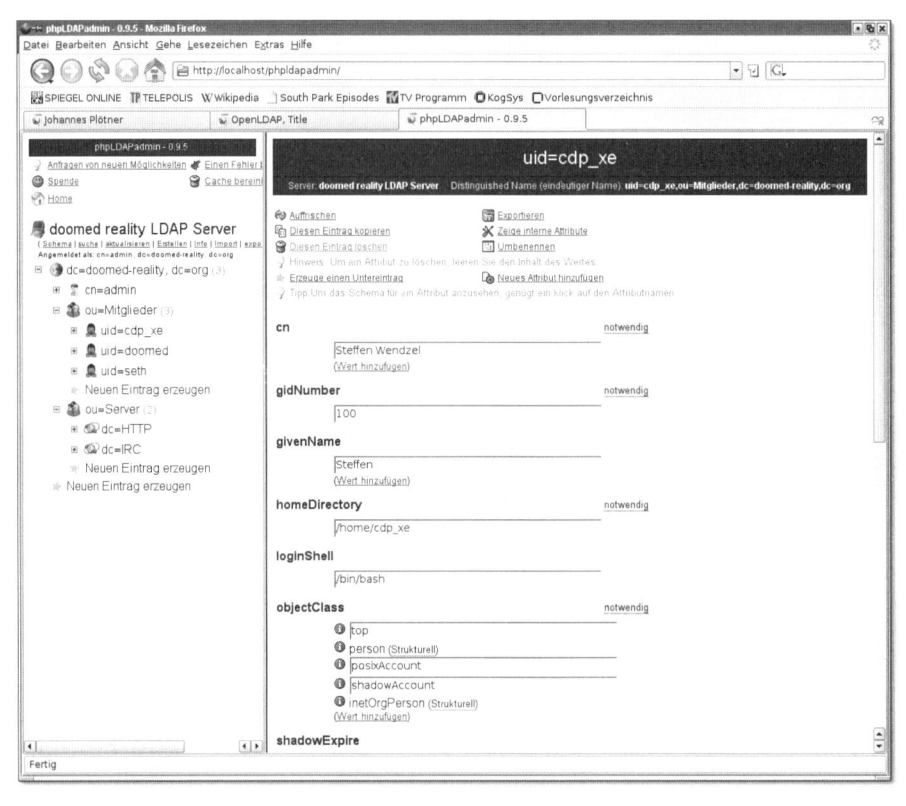

Abbildung 13.2 Das Webinterface phpldapadmin

Das LDAP-Datenformat

Kommandozeilentools wie `ldapmodify` oder `ldapadd` bieten diesen Komfort nicht. Dort gibt man die Daten eines neuen Datensatzes im *LDIF-Format* (*LDAP Data Interchange Format*) an, einem einfachen, für Menschen lesbaren Textformat. Vergisst man ein notwendiges Attribut für einen neuen Eintrag, so kann dieser eben nicht eingefügt werden.

```
dn: uid=cdp_xe,ou=Mitglieder,dc=doomed-reality,dc=org
uid: cdp_xe
givenName: Steffen
sn: Wendzel
cn: Steffen Wendzel
userPassword: SHAs3SUjNlV4lEhEY4W4Uya7ut0sxE=
loginShell: /bin/bash
uidNumber: 2001
gidNumber: 100
homeDirectory: /home/cdp_xe
shadowMin: -1
shadowMax: 999999
shadowWarning: 7
```

```
shadowInactive: -1
shadowExpire: -1
shadowFlag: 0
objectClass: top
objectClass: person
objectClass: posixAccount
objectClass: shadowAccount
objectClass: inetOrgPerson
```

Listing 13.36 Ein vollständiges LDIF-Beispiel für einen Benutzereintrag

Im obigen Beispiel kann man sehr gut sehen, dass für einen Eintrag der eindeutige Name (dn) gleichzeitig seinen Platz im Netz festlegt: Auf dem Server dc=doomed-reality,dc=org ist der Benutzer uid=cdp_xe unterhalb des Knotens ou=Mitglieder platziert. Des Weiteren ist ebenfalls zu erkennen, dass der Eintrag *mehreren* Objektklassen angehört, deren Attribute allesamt mit sinnvollen Werten[19] belegt sind.

Bekannte Eigenschaften

Speichert man diesen Datensatz in einer Datei, so kann man ihn mittels des Programms ldapadd folgendermaßen auf den Server laden:

```
# ldapadd -x -w pass -D "cn=admin,dc=..." -f new.ldif
adding new entry "uid=cdp_xe,ou=Mitglieder, dc=...org"
```

Listing 13.37 Mit ldapadd einen Benutzer hinzufügen

Dieser Aufruf loggt sich mit der Benutzerkennung cn=admin,dc=doomed-reality, dc=org und dem Passwort pass auf dem lokalen Server ohne eine geschützte Verbindung ein (-x, kann, falls keine Verschlüsselung verwendet wird, auch weggelassen werden). Die einzufügenden Daten finden sich dabei in der Datei *new.ldif*.

Möchte man nun bestehende Einträge verändern, so nutzt man das Programm ldapmodify. Intern ist ldapadd im Übrigen auch nur ein Frontend für ldapmodify mit dem Parameter -a. Zu unserem bekannten und einfachen LDIF-Format kommt nun noch die Aktion hinzu, die durch das Attribut changetype: definiert wird. Es gibt an, ob man Einträge hinzufügen[20] (add), sie verändern (modify) oder sie löschen (delete) will.

Einträge verändern

Beim Ändern muss man zusätzlich über das Schlüsselwort replace: das betroffene Attribut angeben:

---

[19] Im Falle eines Benutzereintrags kennen Sie diese Felder natürlich bereits aus den Dateien */etc/passwd* und */etc/shadow*. Dabei wird auch bei LDAP das Passwort nicht im Klartext, sondern verschlüsselt abgespeichert.
[20] Diese Aktion wird beim Aufruf des Programms über ldapadd automatisch angenommen.

```
dn: uid=doomed,dc=doomed-reality,dc=org
changetype: modify
replace: uidNumber
uidNumber: 1000
-
add: mail
mail: johannes.ploetner@gmx.de
-
delete: jpegPhoto
-
```

Listing 13.38 Änderungen an einem Eintrag

In diesem Beispiel wird, wie unschwer zu erkennen ist, das Attribut uidNumber in den Wert »1000« geändert, das Attribut mail mit dem entsprechenden Wert hinzugefügt und das Attribut jpegPhoto gelöscht. Die Änderung macht man nun ganz analog zu ldapadd wirksam:

```
# ldapmodify -x -w pass -D "cn=admin,dc=...,dc=org" -f test.ldif
modifying entry "uid=doomed,ou=Mitglieder,dc=...=org"
```

Listing 13.39 Die Änderungen durchführen

Man muss sich also wieder auf dem Server einloggen und die Datei mit den Änderungen aufspielen. Als eine kurze Einführung in die Administration eines LDAP-Servers soll dies zunächst genügen. Schließlich wollen wir in diesem Kapitel den Fokus auf die Benutzerverwaltung legen.

13.6.4 Die Benutzerverwaltung mit LDAP

Sie wissen nun, was ein LDAP-Server ist, wie die Grundlagen seiner Konfiguration aussehen, und Sie haben zwei Beispiele für seine Administration kennengelernt. Ein wichtiger Punkt fehlt in unserer Betrachtung jedoch noch: Wie konfiguriert man einen Client so, dass er zur Authentifizierung nicht nur die lokalen /etc/passwd- und /etc/shadow-Dateien, sondern auch einen LDAP-Server nutzt?

PAM   Die Antwort hierauf ist *PAM* (*Pluggable Authentication Module*). Eigentlich alle neueren Login-Dienste setzen auf PAM als Interface zur Verifikation von Benutzerauthentifizierungen auf. Vereinfacht gesagt nimmt PAM das eingegebene Passwort und nutzt intern verschiedene Datenbanken und Dienste, um den Login zu bestätigen. Mit pam_ldap.so steht auch ein Plugin für den Support von LDAP bereit, so dass ein Login über diesen Dienst einfach zu konfigurieren ist.

Die Datei /etc/nsswitch.conf

Als Erstes müssen Sie hierzu die unterschiedlichen Varianten an Authentifizierungsmöglichkeiten festlegen und schließlich differenzieren, in welcher Reihenfolge diese abgearbeitet werden sollen. Diesen Zweck erfüllt die */etc/nsswitch.conf*, die nicht nur den Zugriff auf bestimmte Daten für die Benutzerverwaltung über traditionelle Unix-Dateien, sondern auch verschiedene Netzwerkdienste koordiniert.

Möchte man bei einem Login zuerst die Unix-Dateien und dann erst den LDAP-Server fragen, so sollte man die Datei wie folgt ändern:

```
passwd:   files ldap
group:    files ldap
shadow:   files ldap
...
```

Listing 13.40 Die angepasste /etc/nsswitch.conf-Datei

Mit dieser Änderung fügen Sie Support für LDAP hinzu, der aktiv wird, wenn ein Benutzername nicht in einer der normalen Dateien gefunden wurde. Oft findet man in der */etc/nsswitch.conf* anstelle des `files`-Schlüsselworts das Wort `compat`: Dieses dient dazu, nur wie früher üblich, Benutzernamen, die mit einem + beginnen, über NIS zu überprüfen – jedoch wird man in einem Netzwerk kaum LDAP und NIS parallel einsetzen, weshalb man ruhig auch `files` statt `compat` schreiben kann.

Diese Konfiguration regelt jedoch nur den Zugriff auf die Benutzerdaten über die Standardbibliothek `glibc`:

```
# getent passwd
root:x:0:0:root:/root:/bin/bash
...
cdp:x:2001:100:Steffen Wendzel:/home/cdp:/bin/bash
```

Listing 13.41 Alle bekannten Benutzer mit getent ausgeben

So kann man sich zum Beispiel mit dem Befehl `getent` alle bekannten Benutzer anzeigen lassen. Nach der Änderung an der */etc/nsswitch.conf* zeigt das Programm nicht nur alle Benutzer aus der */etc/passwd*, sondern zusätzlich auch noch die auf dem LDAP-Server eingetragenen an. PAM-Login-Dienste müssen jedoch gesondert konfiguriert werden.

... und die glibc

Die Konfiguration von PAM

Für jeden Dienst, der die PAM-Funktionalität in Anspruch nimmt, gibt es in der Regel eine eigene Konfigurationsdatei mit dem Namen des Dienstes im Verzeichnis */etc/pam.d* angelegt. Dort kann man dann verschiedene Einstellungen zu den unterschiedlichen Aktionen `auth`, `account`, `password` und `session` vornehmen.

Verschiedene Dienstklassen

Die Unterschiede sind dabei nicht besonders relevant: auth beschreibt zum Beispiel die Funktion, die Identität bestimmter Benutzer sicherzustellen, und ist damit sehr eng mit dem password-Dienst verbunden. Über account-Dienste kann überprüft werden, ob zum Beispiel das Passwort eines Benutzers abgelaufen ist oder ob dieser Berechtigungen für einen bestimmten Dienst hat. Analog umfasst der session-Dienst bestimmte Sitzungsdienste wie das Mounten des Home-Verzeichnisses.

Natürlich muss man nicht jede Datei editieren, die sich in diesem Verzeichnis befindet. Die meisten Anwender binden nur die Standard-Konfigurationsdateien ein, die wie folgt zu editieren sind:

▸ **common-auth**

```
auth sufficient pam_ldap.so
auth required pam_unix.so nullok use_first_pass
```

Listing 13.42 Die Datei /etc/pam.d/common-auth

▸ **common-account**

```
account sufficient pam_ldap.so
account required pam_unix.so use_first_pass
```

Listing 13.43 Die Datei /etc/pam.d/common-account

▸ **common-session**

```
session sufficient pam_ldap.so
session required pam_unix.so use_first_pass
```

Listing 13.44 Die Datei /etc/pam.d/common-session

▸ **common-password**

```
password sufficient pam_ldap.so
password required pam_unix.so use_first_pass
```

Listing 13.45 Die Datei /etc/pam.d/common-password

Automatisches Home-Verzeichnis

Das Problem bei neuen LDAP-Benutzern ist meist, dass sie auf den einzelnen Maschinen noch kein Home-Verzeichnis haben. Jedoch hilft PAM auch in diesem Fall, da über eine entsprechende session-Direktive automatisch ein Home-Verzeichnis angelegt wird, wenn sich ein »wohnungsloser« Benutzer einloggt:

```
session required pam_mkhomedir.so    skel=/etc/skel    umask=0022
```
Listing 13.46 Automatisch ein Home-Verzeichnis anlegen

Mit diesen Änderungen ist unser einfaches LDAP-Setup schon komplett. Für weitere und ausführlichere Informationen sei an dieser Stelle auf das Internet (zum Beispiel die Webseite *www.openldap.org*) und auf die Vielzahl der Bücher verwiesen, die über LDAP geschrieben wurden.

13.7 Zusammenfassung

In diesem Kapitel haben wir uns im Detail der Benutzerverwaltung gewidmet. Begonnen haben wir dabei mit der Integration der Benutzer und Gruppen beziehungsweise ihrer IDs in das System. Anschließend wurde die Verwaltung der Benutzer und schließlich die der Gruppen ausführlich erläutert.

Außerdem wurden die Grenzen der Benutzerverwaltung erklärt: Mit den Kommandos su oder sudo kann man beispielsweise unter einem anderen Account arbeiten oder über bestimmte Rechte-Flags die Berechtigungen eines Prozesses modifizieren. Abgeschlossen haben wir das Kapitel mit zwei Möglichkeiten zur Benutzerverwaltung im Netzwerk: NIS und LDAP.

Im nächsten Kapitel werden wir uns grundlegenden Aufgaben der Verwaltung wie dem Rechtesystem oder der Softwareinstallation widmen.

13.8 Aufgaben

Sichere Passwörter

Sie wollen Ihren Benutzern sichere Passwörter zuweisen. Wie würden Sie eine zufällige Sequenz von acht Buchstaben und/oder Zeichen generieren? Auch wenn in diesem Kapitel nicht weiter auf dieses Problem eingegangen wurde, ist dies doch eine Fragestellung, die sich aus der Darstellung entwickeln lässt.

Passwort vergessen!

Da Sie in der Regel ganz vorbildlich als normaler Benutzer arbeiten, haben Sie doch tatsächlich das root-Passwort Ihres Rechners vergessen! Wie gehen Sie nun vor?

*»Ich sehne mich danach, eine große und noble Aufgabe zu erfüllen,
doch es ist meine größte Pflicht, kleine Aufgaben so zu erfüllen,
als ob sie groß und nobel wären.«*
– Helen Keller

14 Grundlegende Verwaltungsaufgaben

Nachdem wir uns im letzten Kapitel in aller Ausführlichkeit der Benutzerverwaltung gewidmet haben, wollen wir im Folgenden weitere wichtige Themen zur Systemadministration behandeln. Beginnen wollen wir dabei mit einem Punkt, der sehr eng mit der Benutzerverwaltung zusammenhängt.

14.1 Rechteverwaltung

Die Rechteverwaltung wurde zum Teil bereits in vorhergehenden Kapiteln vorgestellt und soll im Folgenden vom Kopf auf die Füße gestellt werden. Bisher ist Ihnen bekannt, dass jede Datei einen Eigentümer besitzt und einer Gruppe zugeordnet ist. Für Eigentümer und Gruppe sowie für den Rest der Welt werden nun jeweils drei Rechte vergeben oder verweigert: Das Recht zu lesen, zu schreiben und auszuführen. Verändern kann diese Rechte nur der Eigentümer oder eben root, für den ohnehin keine Einschränkungen gelten. Rechte anzeigen können wir dabei mit ls:

```
$ ls -l
-rwxr-xr-x 1 jwmp users 12262 2005-05-08 20:41 test
-rw-r--r-- 1 jwmp users   245 2005-04-16 18:27 test.c
```

Listing 14.1 Rechte betrachten mit ls

Wir haben auch schon über die Interpretation der hier angezeigten Daten gesprochen: Beide angezeigten Dateien gehören dem Benutzer jwmp und der Gruppe users. Für die Datei *test* hat der Eigentümer die Rechte rwx, während die Gruppe und die »anderen« die Rechte r-x – also das Lese- und Ausführrecht, aber kein Schreibrecht – besitzen.

14.1.1 chmod

Rechte verändern

Zuerst stellt sich also die Frage, wie man die Rechte auf Dateien verändern kann. Hierzu dient das Programm chmod, das neben der Datei noch die zu verändernden Rechte als Argument auf der Kommandozeile entgegennimmt. Die neuen Rechte können dabei auf zwei Arten angegeben werden: als eine Oktalzahl, die das Bitmuster der Rechteverteilung repräsentiert, oder als symbolischer Ausdruck.

Rechte als Oktalzahl

Die Rechtemaske für den Eigentümer, die Gruppe und den Rest besteht aus jeweils drei Bits. Ein Bit repräsentiert dabei den Zustand eines Rechts: 0 steht für ein verweigertes Recht, 1 für ein gegebenes Recht. Eine Oktalzahl ist nun eine Zahl zur Basis 8.[1] Damit kann man eine Ziffer mit drei Bits darstellen: das Bitmuster 000 entspricht der Null, 001 der Eins, 010 der Zwei und schließlich 111 der Sieben.

Binär zu zählen ist relativ einfach: Das hinterste Bit entspricht dem Wert 2^0, also der 1. Das zweite Bit entspricht dem Wert $2^1 = 2$ und das vorderste Bit dem Wert $2^2 = 4$. Möchte man eine Zahl nun binär darstellen, so zerlegt man sie einfach in diese Komponenten: 5 wird damit zu 4 + 1 und damit – man muss jetzt nur die entsprechenden Bits setzen – zu 101 binär.

Drei Zahlen

Um die Rechtemaske einer Datei nun als Oktalzahl darzustellen, brauchen wir drei Oktalzahlen. Die erste Oktalzahl repräsentiert die Rechte des Eigentümers, die zweite die der Gruppe und die dritte schließlich die Rechte der »anderen«. Dazu ein einfaches Beispiel:

[zB]

Nehmen wir die Zahl 660. Die Zahl 6 lässt sich als 4 plus 2 schreiben, womit in der binären Darstellung das zweite und dritte Bit (von rechts gelesen) gesetzt wird. Die Binärzahl 110 wird nun so interpretiert, dass die erste Eins die Rechte für alle anderen Benutzer definiert: Da die Null natürlich kein einziges Bit gesetzt hat, dürfen die anderen Benutzer die Datei weder lesen noch schreiben und schon gar nicht ausführen.

Wie kann man nun die Rechte einer Datei entsprechend den eigenen Vorstellungen setzen? Zuerst muss man sich natürlich überlegen, welche Rechte diese Datei nun eigentlich bekommen soll – und zwar aufgeschlüsselt nach Eigentümer, Gruppe und »andere«. Hat man sich also einmal überlegt, dass man als Eigentümer die Datei lesen, schreiben und ausführen will, die Gruppe und alle anderen sie jedoch nur lesen und ausführen können sollen, ist wieder etwas Mathematik und Übung gefragt:

---

[1] Im Oktalsystem gibt es also keine Ziffer »8« und keine Ziffer »9«. Man zählt somit 1, 2, 3, 4, 5, 6, 7, 10, 11, 12 etc.

Das Lesen, Schreiben und Ausführen zu gewähren bedeutet, dass alle drei Bits in der ersten Oktalzahl gesetzt werden müssen. Diese Zahl ist also 1 + 2 + 4 = 7. Da die Rechtemaske des Eigentümers zuerst genannt wird, steht diese Zahl im Oktetttripel an erster Stelle. Die Zahlen für die Gruppe und den Rest der Welt ergeben sich analog: Hier soll nur das Lesen und das Ausführen erlaubt sein, wozu das erste und das letzte Bit in der Binärzahl gesetzt sein müssen. Diese Zahl 101 wird nun als 4 + 1 = 5 gelesen und damit entsprechend umgewandelt. Da diese Maske für die Gruppe und den Rest der Welt gilt, ergibt sich eine endgültige Rechtemaske von 755. Mit `chmod` wird die Maske wie folgt gesetzt:

```
$ ls -l test.sh
-rw-r--r-- 1 jwmp users 122 2005-05-08 20:41 test.sh
$ chmod 755 test.sh
$ ls -l test.sh
-rwxr-xr-x 1 jwmp users 122 2005-05-08 20:41 test.sh
```

Listing 14.2 Setzen der Zugriffsrechte mit chmod

Auf Anfänger wirkt diese Art der Rechtevergabe oft abschreckend, da ihre mathematischen Spitzfindigkeiten zugegeben etwas kompliziert sind. Hat man sich jedoch an diese Notation gewöhnt, wird man sie nicht mehr missen wollen, da sie alle Fakten sehr kompakt und eindeutig wiedergibt. An dieser Stelle sei wieder auf die Unix-Philosophie verwiesen: Professionellen Anwendern wird diese Notation irgendwann in Fleisch und Blut übergehen, und redundanzarm ist sie auch.

Zu kompliziert?

Rechte als symbolischer Ausdruck

Einfacher ist der symbolische Ausdruck. Die Manpage von `chmod` beschreibt ihre Syntax mit dem regulären Ausdruck

```
[ugoa...][[+-=][rwxXstugo...]...][,...]
```

Spätestens an dieser Stelle wäre es nun praktisch, die Ausführungen unseres Kapitels über reguläre Ausdrücke verstanden zu haben – aber natürlich werden wir die genaue Notation hier noch erläutern.

Man kann den Bezeichnern `u` (user), `g` (group), `o` (others) und `a` (all) beziehungsweise sinnvollen Kombinationen aus ihnen bestimmte Rechte-Flags zuordnen (=), sie hinzufügen (+) oder auch entfernen (-). Hier einige Beispiele:

Intuitive Syntax

▶ **Der Gruppe das Schreibrecht erteilen**
 In einem solchen Fall würden wir nicht die ganze bestehende Rechtemaske ändern, sondern nur ein Flag hinzufügen. Die Aufgabe erledigt folgender Befehl:

```
$ chmod g+w test.txt
```

Listing 14.3 Schreibrecht für die Gruppe

Benutzt wurde also das w-Flag, um der Gruppe (g) zusätzlich (+) das Schreibrecht zu gewähren.

- **Allen Benutzern das Ausführungsrecht entziehen**
  Diese Aktion funktioniert analog zum Erteilen des Schreibrechts:

```
$ chmod a-x test.sh
```

Listing 14.4 Nur noch Lese- und Schreibrecht für den Eigentümer

Nun kann die Datei *test.sh* weder vom Eigentümer noch von der Gruppe oder irgendwem sonst ausgeführt werden.

- **Dem Eigentümer das Lesen und Schreiben erlauben**
  Anders als bei den vorherigen Beispielen möchte man in diesem Beispiel nicht die bestehenden Rechte verändern, sondern für den Eigentümer gleich eine ganz neue Maske setzen:

```
$ chmod u=rw test.ldif
```

Listing 14.5 Keine Ausführungsrechte mehr

Der Eigentümer kann nun unabhängig vom vorherigen Rechtestatus der Datei diese lesen und auch schreiben, aber nicht ausführen.

Diese Beispiele sollten den intuitiven Charakter der symbolischen Notation verdeutlicht haben. Wenn man jedoch unterschiedliche Rechte für Eigentümer, Gruppe sowie »andere« setzen will, bietet sich weiterhin die Oktalnotation an.

14.1.2 chown

Eigentümer ändern — Wenn man besondere Rechte für den Eigentümer und die Gruppe festlegen kann, stellt sich natürlich die Frage, wie man einen neuen Eigentümer beziehungsweise eine neue Gruppenzuordnung für eine Datei festlegen kann. Wie wir bereits erklärt haben, wird eine *neue* Datei immer als Eigentümer den Benutzer haben, der sie erstellt hat, und als Gruppenzuordnung dessen GID. Aber gerade wenn man als Systemadministrator arbeitet und verschiedenen Benutzern neue Dateien zur Verfügung stellt, ist es wichtig, den Eigentümer jedes Mal entsprechend anpassen zu können.

Für diesen Zweck steht Ihnen das Tool `chown` (engl. *change owner*) zur Verfügung. Es wird ähnlich wie `chmod` mit dem neuen Eigentümer und der betroffenen Datei als Parameter aufgerufen:

```
# ls -l ssc.h
-rw------- 1 jwmp users 946 1999-05-21 14:12 ssc.h
# chown steffen ssc.h
# ls -l
-rw------- 1 steffen users 946 1999-05-21 14:12 ssc.h
```

Listing 14.6 Den Eigentümer ändern

Im Beispiel wird der Eigentümer von `jwmp` in `steffen` geändert. Möchte man auch die Gruppenzuordnung ändern, so sollte man eine der folgenden Notationen verwenden:

Gruppen ändern

- **User:Gruppe**
  Wenn man einen Doppelpunkt, gefolgt von der neuen Gruppe, ohne Leerzeichen an den Benutzernamen anhängt, wird zusätzlich zum neuen Eigentümer auch die Gruppe verändert.

- **:Gruppe**
  Möchte man nur die Gruppe ändern, so lässt man einfach den Benutzernamen weg und gibt stattdessen einen Doppelpunkt, gefolgt vom Gruppennamen, ein. Diese Notation verhindert also das Ändern des Eigentümers beim Zuordnen zu einer neuen Gruppe.

- **User:**
  Im letzten Fall kann man die neue Gruppenzuordnung der Datei auch auf die Login-Gruppe – also die in der Datei */etc/passwd* angegebene GID – setzen. Dazu schreibt man nach dem Benutzernamen einfach nur einen Doppelpunkt ohne die explizite Angabe einer Gruppe.

Statt mit den Benutzer- und Gruppennamen kann bei `chown` auch mit UIDs beziehungsweise GIDs gearbeitet werden. Allerdings kann bei den meisten Unix-Systemen aus Sicherheitsgründen nur `root` einen Eigentümer respektive auch eine neue Gruppenzuordnung für Dateien festlegen.

chgrp

Ein einfacheres Frontend zum Ändern der Gruppenzuordnung ist `chgrp`. Diesem Programm wird einfach die neue Gruppe als Argument übergeben. Oft werden so beim Ändern von Eigentümer und Gruppe einer Datei die Programme `chown` und `chgrp` nacheinander benutzt, anstatt den gesamten Vorgang gleich über einen `chown`-Aufruf zu erledigen.

Ein einfaches Frontend

Oft möchte man natürlich mehr als eine Datei beeinflussen und entweder alle Dateien in einem Verzeichnis oder sogar ganzen Verzeichnisstrukturen rekursiv ändern. Sollen alle – oder auch nur bestimmte – Dateien in einem Verzeichnis betroffen sein, helfen logischerweise die bekannten Wildcards der Shell weiter. Für das rekursive Ändern ganzer Verzeichnisse stellen jedoch alle Programme den Parameter -R bereit. Dann muss entsprechend ein *Verzeichnis* als Argument für chmod, chown oder chgrp angegeben werden. Allerdings werden Verzeichnisse unter Unix ohnehin, was die Rechte anbelangt, wie normale Dateien behandelt.

14.1.3 Erweiterte Rechte

Außer rwx gibt es auch noch weitere, ergänzende Rechte-Flags, die wir im Folgenden behandeln wollen. Konkret geht es dabei um das *setuid/setgid*-Flag sowie um das *Sticky*-Bit.

Das setuid/setgid-Flag

Programme mit Eigentümerrechten

Dieses Flag ist eine Modifizierung des Execute-Bits: Programme mit dem Set-UID/SetGID-Flag haben die Möglichkeit, unter den Berechtigungen des Eigentümers beziehungsweise der zugeordneten Gruppe der Datei ausgeführt zu werden – auch wenn der ausführende Benutzer über diese Rechte normalerweise nicht verfügt.

Ein populäres Beispiel für diese erweiterten Rechte ist das passwd-Programm. Es soll einfachen Benutzern erlauben, ihr Passwort zu ändern, ohne dass diese Zugriff auf den Ort der Speicherung – die Datei */etc/shadow* – haben müssen. Somit gehört das Programm dem Benutzer sowie der Gruppe root und hat das setuid-Flag gesetzt, was man in der ls -l-Ausgabe am Buchstaben »s« erkennt:

```
$ ls -l /usr/bin/passwd
-rwsr-xr-x 1 root root 9616 Apr 4 4:39 /usr/bin/passwd
```

Listing 14.7 Programm mit dem setuid-Flag: passwd

setuid()

Wird das Programm nun von einem einfachen User wie jploetner ausgeführt, so wird nach dem setuid()-Syscall des Programms die EUID des Prozesses auf »0« gesetzt; das Programm kann nun auf die Datei */etc/shadow* zugreifen und das Passwort für diesen Benutzer ändern.

Nur ganz besonders vertrauenswürdige Programme sollten mit dem setuid/setgid-Flag versehen werden, da ein Fehler in einem so privilegierten Programm das gesamte System kompromittieren kann.

Ohne den `setuid()`-Syscall werden die erweiterten Rechte aus Sicherheitsgründen nicht aktiv. Erstens werden so verschiedene Attacken über Hardlinks oder Shellskripte verhindert und zweitens beschränkt diese Vorgehensweise die Nutzung der erweiterten Privilegien auf ein Minimum, was wiederum die Sicherheit erhöht.

Außerdem ist die Lösung eines solchen Problems »sauber«, da der Zugriff auf besonders geschützte Daten über ein vertrauenswürdiges Interface kanalisiert wird. Alternativ könnte man in diesem Beispiel dem Benutzer ein Lese- oder Schreibrecht auf die gesamte Datei geben, was dem Schutzgedanken jedoch deutlich widersprechen würde.

Mit dem Parameter `u+s` setzt man mit `chmod` das setuid-Flag, mit `g+s` das setgid-Flag. In der Oktaldarstellung setzt man noch eine weitere Ziffer vor die drei Oktalziffern: Addiert man zu ihr 2^2, so wird das setuid-Flag gesetzt, und 2^1 setzt das setgid-Flag.

```
$ chmod g+s test
$ ls -l test
-rwxr-sr-x 1 jploetner users 162 2005-05-08 20:41 test
$ chmod 4755 test
$ ls -l test
-rwsr-xr-x 1 jploetner users 162 2005-05-08 20:41 test
$ chmod 755 test
$ ls -l test
-rwxr-xr-x 1 jploetner users 162 2005-05-08 20:41 test
```

Listing 14.8 Das setuid-Flag mit chmod setzen

Das Sticky-Bit

Das *Sticky-Bit* wird heutzutage meistens auf Verzeichnissen gesetzt: Durch diese Veränderung können dort nur `root` und der jeweilige Eigentümer Dateien löschen oder umbenennen. Ist das Sticky-Bit nicht gesetzt, könnte jeder Benutzer, der Schreibrechte auf das Verzeichnis besitzt, Dateien umbenennen oder auch löschen.

Sicherheit für Eigentümer

Aus diesem Grund werden vor allem öffentlich schreibbare Verzeichnisse wie */tmp* mit dem Sticky-Bit versehen. In diesem Verzeichnis können Programme aller Benutzer temporäre Dateien anlegen. Fatale Sicherheitsprobleme wären die Folge, wenn solche Dateien von anderen Benutzern einfach entfernt oder umbenannt werden könnten.

```
$ ls -ld /tmp
drwxrwxrwt 14 root root 4096 2005-05-24 23:33 /tmp
```

Listing 14.9 Das /tmp-Verzeichnis mit Sticky-Bit

Bei Dateien ist dieses Bit mittlerweile unüblich. Die Semantik war ursprünglich, dass ein entsprechender Prozess nicht in den Swap-Bereich der Festplatte ausgelagert werden soll. Jedoch weiß das Betriebssystem in der Regel selbst am besten, was wann ausgelagert wird, und so wird das Bit je nach verwendetem Unix-Derivat in der Regel ignoriert.

Um das Sticky-Bit zu setzen, nutzen Sie wieder chmod: Als symbolischen Ausdruck wählen Sie entweder +t oder setzen in der oktalen Repräsentation in der vierten, zusätzlichen Ziffer das 2^0-Bit:

```
$ ls -ld world
drwxrwxrwx 2 jploetner users 48 2005-05-24 23:48 world
$ chmod +t world
$ ls -ld world
drwxrwxrwt 2 jploetner users 48 2005-05-24 23:48 world
$ chmod 777 world
$ ls -ld world
drwxrwxrwx 2 jploetner users 48 2005-05-24 23:48 world
$ chmod 1777 world
$ ls -ld world
drwxrwxrwt 2 jploetner users 48 2005-05-24 23:48 world
```

Listing 14.10 Das Sticky-Bit setzen

14.1.4 umask

Voreinstellungen für Rechte

Das letzte Rechte-Thema soll nun das umask-Tool sein, mit dem man Voreinstellungen für die Rechte neu angelegter Dateien setzen kann. Diese werden ähnlich wie bei chmod durch eine Oktettmaske von vier Zahlen repräsentiert. Jedoch ist diese Maske *invertiert*, das heißt, es werden alle durch umask gesetzten Rechte-Bits bei neuen Dateien *nicht* gesetzt und die damit verknüpften Rechte somit entzogen.

Mit anderen Worten: Eine umask von 0022 verhinderte, dass bei neuen Dateien das Schreibrecht für die Gruppe und den Rest der Welt gesetzt würde. Die umask kann man mit dem gleichnamigen Konsolenprogramm verändern:

```
$ umask
0022
$ umask 0002
$ umask
0002
```

Listing 14.11 Die umask verändern

Um das ganze Vorgehen besser zu verstehen, wollen wir ein wenig unter die Haube schauen. Die umask ist eine Eigenschaft des *Prozesses* und kann über einen gleichnamigen Syscall verändert werden. Nichts anderes tut auch das kleine Shell-Builtin.

```
$ type umask
umask is a shell builtin
```

Listing 14.12 Programm oder Builtin?

Diese Prozesseigenschaft wird nun relevant, wenn Sie eine Datei mit dem `open()`-Syscall erstellen: Dort wird das diesem Syscall optional übergebbare `mode`-Argument intern mit der `umask` verknüpft, um so die Rechte einer neuen Datei zu bestimmen. Bei einem Standard-`mode` von 0666 und einer `umask` von 0022 würde eine Datei also mit den Rechten 0666 - 0022 = 0644, d. h. `rw-r--r-`, angelegt. Allerdings hat der Programmierer einer Applikation die Möglichkeit, das `mode`-Argument zu verändern oder aber nach dem Aufruf direkt einen `chmod()`-Syscall aufzurufen, um die Rechte der soeben mit den `umask`-Einschränkungen erstellten Datei zu ändern.

14.1.5 Access Control Lists

Manchmal ist die Welt leider etwas zu kompliziert, um sie mit Unix-Rechten befriedigend abbilden zu können. Aus diesem Grund wurden für einige Dateisysteme wie beispielsweise XFS oder ext3 so genannte *Access Control Lists*, kurz ACLs, implementiert. Möchte man ACLs mit ext2/ext3-Dateisystemen nutzen, so benötigt man nur einen aktuellen 2.6er-Kernel.[2]

Access Control Lists sind im Prinzip eine mächtige Erweiterung der Standardrechte. Stellen Sie sich vor, Sie hätten eine Firma mit einer Abteilung Rechnungswesen. Diese Abteilung darf natürlich auf eine Datei bzw. eine Datenbank mit den aktuellen Rechnungen zugreifen. Nun ist aber ein Mitarbeiter in Ungnade gefallen, und Sie möchten ihm das Zugriffsrecht für diese eine Datei entziehen, allerdings soll er weiterhin auf alle anderen Daten der Gruppe »Rechnungswesen« zugreifen dürfen. Mit Unix-Rechten ist diese Situation, wenn überhaupt, nur sehr kompliziert zu lösen, mit ACLs ist es jedoch so einfach wie mit `chmod`, ein solches einzelnes Recht zu setzen.

Bei ACLs werden die Rechte nicht mehr nur für den Eigentümer, die Gruppe und den Rest der Welt festgelegt. Vielmehr wird, wie der Name schon sagt, mit einer Art Liste der Zugriff für jeden Nutzer und jede Gruppe separat gesteuert.

ACLs aktivieren

Auch wenn der ACL-Support in aktuellen Kerneln bereits aktiviert ist, müssen je nach Distribution noch die Userland-Tools zum Arbeiten mit ACLs installiert werden. Meist heißt das entsprechende Paket schlicht `acl`, und nach der Installation

---
2 Bei Kerneln der 2.4er-Reihe benötigte man noch einen speziellen Patch.

muss der entsprechende Support als Option für das Mounten nur noch in der Datei */etc/fstab* aktiviert werden:

```
/dev/hda3 /home ext3 defaults,acl 0 2
```

Nach einem Reboot beziehungsweise einem Remount der entsprechenden Partition können nun ACLs genutzt werden. Wichtig ist allerdings, dass ACLs vom Dateisystem unterstützt werden müssen, wie dies beispielsweise bei ext3 der Fall ist.

ACLs setzen

Mit einem einfachen Aufruf des Programms `setfacl` aus den ACL-Tools kann man nun entsprechende Rechte für Benutzer beziehungsweise Gruppen setzen:

```
$ setfacl -m u:jploetner:--- test.txt
$ setfacl -m g:autoren:rwx test.txt
```

Listing 14.13 ACL-Administration mit setfacl

In diesem Beispiel werden für die Datei *test.txt* zwei zusätzliche Rechte definiert. Dazu wird die Option `-m` genutzt, da man die Zugriffskontrollliste *modifizieren* möchte. Dem Benutzer (gekennzeichnet durch ein vorangestelltes `u:`) `jploetner` wurden alle Rechte auf die Datei explizit entzogen (Setzen auf `---`), und der Gruppe (`g:`) `autoren` wurden alle Rechte gegeben.

Bevor wir uns damit beschäftigen, wie man die soeben gesetzten ACLs anzeigen lassen kann, wollen wir zuerst einmal klären, wie die ACLs nun im System aktiv werden und ob das bisher konsistente Gesamtbild der Rechte durch dieses neue Feature gestört wird.

ACLs werden aktiv

Möchte ein Benutzer auf eine Datei zugreifen, so sind zunächst die Standardrechte relevant. Ist er der Besitzer der Datei, läuft alles wie gehabt. Andernfalls werden die ACLs abgefragt, und es gilt: Die speziellste Regel greift. Ist also ein Eintrag für den Benutzer selbst vorhanden, so gilt dieser Eintrag. Ansonsten gilt der Eintrag der Gruppe, soweit einer vorhanden ist. Die Rechte aus der ACL können dabei aber nur so weit reichen, wie es die Standardgruppenrechte der Datei erlauben. Damit stehen also die normalen Unix-Rechte über den ACLs, und alles hat seine Ordnung. Und wenn schlussendlich kein spezieller Eintrag für den Benutzer oder seine Gruppe in der ACL existiert, werden wie bisher die Vorgaben für den Rest der Welt bindend.

ACLs abfragen

Eine ACL für eine bestimmte Datei oder ein bestimmtes Verzeichnis kann man sich mit `getfacl <Datei>` ähnlich wie bei `ls -l <Datei>` ansehen.

Um eine tabellarische Auflistung zu erhalten, können Sie den Parameter `-tabular` verwenden.

```
$ getfacl file.txt
#file:file.txt
#owner:jploetner
#group:users
user::rw-
user:swendzel:rw-
group::r--
mask::rw-
other::---
```

Listing 14.14 getfacl

Hier im Beispiel hat also der Benutzer `swendzel` noch ein explizit angegebenes Schreibrecht. Ansonsten sieht man die normalen Eigentümer- und Gruppenrechte sowie die sonstigen Rechte und die durch die Gruppenrechte gegebene effektive Maske für die ACLs.

Neue Versionen der GNU-`coreutils` können ebenfalls mit ACLs umgehen.[3] So zeigt `ls` beim langen Listing ein Plus nach den Rechten an, wenn ACLs vergeben wurden:

```
$ ls -l file.txt
-rw-rw----+ 1 jploetner users 36 Jun 21 13:56 file.txt
```

Listing 14.15 ACLs und ls

Mit diesem kleinen Ausblick wollen wir die Besprechung der Rechteverwaltung abschließen. Als Nächstes erläutern wir eine weitere wichtige Verwaltungsaufgabe: Die Installation von Software.

14.2 Softwareinstallation

Die nachträgliche Installation von Softwarepaketen sowie regelmäßige Updates des bereits installierten Systems sind ein zentraler Bestandteil der Administration und werden hier daher auch mit einem eigenen Abschnitt gewürdigt.

---

[3] Die meisten Distributionen liefern ihre `coreutils` schon mit einkompiliertem ACL-Support aus, hier ist also keine Handarbeit notwendig.

Bevor wir uns mit dem Thema Paketverwaltung genauer befassen, sollten wir noch einmal klären, was Pakete (engl. *packages*) genau sind. Ein Paket enthält vereinfacht gesagt eine Software, etwa den vi-Editor. Dazu zählt allerdings mehr als nur eine Datei: Ein Paket umfasst die ausführbare Programmdatei (Binärdatei oder Skript), Manpages, zusätzliche Dokumentation (die zum Beispiel im HTML-Format oder als TeX-Datei vorliegt), vorgefertigte Konfigurationsdateien und manchmal auch Skripte, um die Software zu starten und zu beenden.[4]

Bei Ports wird die Software hingegen erst aus dem Quellcode kompiliert. Bei einem Port werden die Binärdateien also nicht mitgeliefert, sondern frisch erzeugt.

Ein Paket oder Port muss aber nicht immer eine Software – und damit ein Skript oder eine Binärdatei – enthalten. Typische Beispiele hierfür sind etwa Dokumentationspakete, die nur Dokumentationsdateien enthalten. Unter Slackware gibt es bspw. auch Pakete, die nur einzelne Spezialdateien enthalten. Hierzu zählen aaa_base, das den Standardverzeichnisbaum (dazu zählen in diesem Fall Verzeichnisse wie */etc*, */root*, */var*, */usr*, */sbin* und auch Unterverzeichnisse wie */usr/doc* oder */var/log*) umfasst.

Zudem kann eine Software auch aus mehreren Paketen bestehen. Der Apache-Webserver ist bei einigen Distributionen beispielsweise in die eigentliche Webserver-Software und die zugehörige Administrationssoftware aufgeteilt, so dass man zwei oder noch mehr Pakete installieren muss, um »alles, was dazugehört« zu bekommen. Die Entscheidung über den Inhalt eines Packages trifft dabei der jeweilige Package-Maintainer (das ist die Person, die sich um ein Paket kümmert) oder der Distributor selbst.

Pakete werden nicht als einfache Dateien, sondern als komprimierte Archive bereitgestellt. Dafür gibt es mindestens zwei Gründe.

1. Die meisten Updates werden über Internetverbindungen durchgeführt. Bandbreite kostet sowohl den Distributor als auch den Benutzer Zeit und Geld. Komprimierte Pakete können die zu übertragende Datenmenge sehr verkleinern.

2. Einige Distributionen sind auch auf CDs und DVDs erhältlich, enthalten aber im Extremfall über 20.000 einzelne Pakete, die bereits im komprimierten Format auf fünf, sechs oder noch mehr Medien verteilt werden müssen. Je besser dabei die Komprimierung ist, desto weniger CDs/DVDs werden benötigt, um eine Distribution zu vertreiben, was nicht nur Geld für Rohlinge spart, sondern Ihnen auch häufiges Wechseln von Datenträgern während der Installation erspart.[5]

---

[4] Solche Startskripte finden sich in der Regel im Verzeichnis */etc/init.d* oder */etc/rc.d* und werden für Dienste verwendet, die permanent laufen und daher beim Systemstart automatisch gestartet werden sollen.
[5] Frühere Slackware-Versionen waren übrigens auf ganze 80 Disketten verteilt!

14.2.1 Paketverwaltung und Ports

Ein effizientes Mittel, um häufige Änderungen an den installierten Programmpaketen vorzunehmen und trotzdem ein sauberes System zu behalten, ist das Paketmanagement.

> Der Begriff *Paketmanagement* bezeichnet eine Software, die die Installation, Aktualisierung und Löschung von Paketen zentral verwaltet.

Pakete sind Sammlungen der eigentlichen binären Programmdateien sowie von Konfigurations- und Datendateien. Zu einem Paket gehören immer auch *Metadaten*:

- Wie heißt das Paket und in welcher Version liegt es vor? Dazu kommen weitere Informationen zum Paket, beispielsweise Kurzbeschreibungen und Schlagwörter.
- Welche Arbeiten (Skripts) sind auszuführen, wenn das Paket installiert, aktualisiert oder gelöscht werden soll?
- Welche weiteren Softwarepakete (Abhängigkeiten) werden benötigt, damit das Paket läuft?

Je nachdem, wie die Pakete und die Paketverwaltung organisiert sind, spricht man von unterschiedlichen Paketsystemen. Die bekanntesten Softwareverwaltungsformate aus der Linux-Welt sind auch tatsächlich paketbasierte, wie etwa das `deb`-Format von Debian oder `RPM` von RedHat beziehungsweise SUSE. Die zugehörigen Pakete sind eigentlich nichts weiter als Archive[6] mit einer festen Struktur. Diese Struktur kann zum Beispiel so aussehen, dass es bestimmte reservierte Dateinamen für Metadaten oder Skripte gibt, die jeweils beim Installieren, Updaten oder Löschen ausgeführt werden.

Unterschiedliche Standards

Pakete werden dann schließlich entweder im Internet oder auch auf CD zu sogenannten *Repositories* – also zu Verzeichnissen[7] – zusammengefasst, auf die dann Programme wie APT (*Advanced Packaging Tool*) zugreifen können, um die Pakete zu laden.

Einen anderen Umgang mit Metadaten haben die BSD-Derivate mit den sogenannten *Ports* gewählt. Ursprünglich waren die Ports eine Sammlung von *Makefiles*, die Targets für das Herunterladen, Auspacken, Kompilieren und Installieren der entsprechenden Softwarepakete besaßen. Jedoch können auch andere Skriptsprachen wie beispielsweise Python bei Gentoo Linux (eine der wenigen Linux-Distributio-

Ports

---

6 Als *Archiv* bezeichnet man eine gepackte Datei.
7 Repositories sind Verzeichnisse mit Paketen samt diverser Metadaten.

nen mit einem Ports-ähnlichen System) oder Tcl bei MacPorts (einem Ports-System für Mac OS X) verwendet werden.

14.2.2 APT – Advanced Packaging Tool

Stellvertretend für RPM- und DEB-basierte Systeme soll hier die Paketverwaltung mit APT besprochen werden. Auch wenn dieses System mittlerweile auch für SUSE und andere RPM-basierte Systeme existiert, so kommt es ursprünglich doch aus der Debian-Welt. Aus diesem Grund wollen wir in Beispielen auch auf Debian eingehen. Die Beispiele lassen sich in jedoch allesamt ohne große Änderungen auch auf RPM-basierte Systeme übertragen.

Die Datei sources.list

Welches Repository? In der Datei */etc/apt/sources.list* kann man zuerst einmal die Repositories festlegen. Diese können sowohl im Internet liegen als auch lokal auf Datenträgern wie CD-ROMs oder DVDs abgelegt sein. Dabei spielt es keine Rolle, ob auf die Server über HTTP oder FTP zugegriffen werden soll oder wie viele unterschiedliche Repositories definiert wurden. Betrachten wir also eine mögliche *sources.list*:

```
# debian unstable
deb http://ftp.de.debian.org/debian/ unstable main   \
   non-free contrib
deb-src http://ftp.de.debian.org/debian/ unstable    \
   main non-free contrib
deb ftp://ftp.nerim.net/debian-marillat/ unstable main
```

Listing 14.16 Eine beispielhafte sources.list

[zB] In diesem Beispiel wurden zwei Repositories definiert: eines auf dem Server *ftp.de.debian.org*, von dem Binär- und Quellpakete (`deb` oder `deb-src`) geladen werden können, und zum anderen eines auf dem Rechner *ftp.nerim.net*, von dem offensichtlich nur Binärpakete geladen werden sollen. Die weiteren Argumente bezeichnen die genaue Verzeichnisstruktur auf dem Server, von dem die Paketlisten geladen werden sollen. So hat das Verzeichnis *dists/unstable* auf dem ersten Server drei Unterverzeichnisse: *main*, *non-free* und *contrib*. Jedes davon enthält nun eine Datei *Packages*, die die Informationen sowie den Speicherort der Pakete dieser Sektion enthält.

apt-get

Auf diese Repositories kann man nun zum Beispiel über das Kommandozeilenprogramm `apt-get` zugreifen. Die wichtigsten Optionen lauten dabei wie folgt:

- **update**
  Mit dem Befehl `apt-get update` werden die aktuellen Paketdaten von den in der *sources.list* angegebenen Repositories geladen. Vor allem bei Quellen im Internet und vor jedem `upgrade` oder `dist-upgrade` ist dieser Schritt zu empfehlen.

- **upgrade bzw. safe-upgrade**
  Mit dieser Option werden die installierten Pakete aktualisiert, jedoch werden unter keinen Umständen Pakete gelöscht oder neue Pakete installiert. Mit anderen Worten führt ein `apt-get upgrade` ein »sicheres« Upgrade durch.

- **dist-upgrade bzw. full-upgrade**
  Einen etwas schlaueren Upgrade-Mechanismus setzt `apt-get dist-upgrade` ein. Hier wird nämlich versucht, mit Abhängigkeiten korrekt umzugehen, die sich durch neue Paketversionen ändern. So können zum Beispiel nicht mehr benötigte Pakete gelöscht oder in der aktualisierten Version neu hinzugekommene Abhängigkeiten durch neu zu installierende Pakete gelöst werden.

- **install <Paket>**
  Mit dieser Option kann man ein neues Paket installieren. Die Abhängigkeiten werden dabei automatisch bestimmt und nach einer kurzen Nachfrage auf Wunsch mitinstalliert.

  Pakete installieren!

- **remove (--purge) <Paket> ... <Paket>+**
  Das Gegenstück zu `install` ist `remove`. Möchte man ein oder mehrere Pakete deinstallieren, kann man sich jedoch noch entscheiden, ob die Konfigurationsdateien der Programme ebenfalls mit gelöscht werden sollen – die zusätzliche Option `--purge` aktiviert dieses Feature. Möchte man Pakete löschen und *gleichzeitig* andere installieren, so reicht es, beim `remove` ein + an die zu installierenden Pakete anzuhängen. So verhindert man das Problem, dass man eines von zwei sich gegenseitig ausschließenden Paketen installiert hat, zum anderen wechseln möchte, aber aufgrund von vielfältigen Abhängigkeiten *immer* eines der beiden installiert sein muss. Man möchte es nicht glauben, aber so etwas kommt durchaus vor. Sehen wir uns nun eine beispielhafte Deinstallation an:

```
# apt-get remove --purge xmame-x
Paketlisten werden gelesen... Fertig
Abhängigkeitsbaum wird aufgebaut... Fertig
Die folgenden Pakete werden ENTFERNT:
  xmame-common* xmame-x*
0 aktualisiert, 0 neu installiert, 2 zu entfernen  \
  und 0 nicht aktualisiert.
Es müssen 0B Archive geholt werden.
Nach dem Auspacken werden 43,4MB Plattenplatz     \
  freigegeben sein.
Möchten Sie fortfahren? [J/n]
```

```
(Lese Datenbank ... 16302 Dateien und Verzeichnisse\
  sind derzeit installiert.)
Entferne xmame-x ...
Lösche Konfigurationsdateien von xmame-x ...
Entferne xmame-common ...
Lösche Konfigurationsdateien von xmame-common ...
```

Listing 14.17 Das Paket xmame-x deinstallieren

Hierbei fällt das intelligente Abhängigkeitsmanagement ins Auge: Müssen Pakete nur installiert werden, um bestimmte Abhängigkeiten zu erfüllen, so können sie getrost gelöscht werden, wenn diese Abhängigkeiten nicht mehr bestehen – wie hier im Beispiel das Paket `xmame-common`, das nach der Deinstallation von `xmame-x` nicht mehr benötigt und daher auch gelöscht wird.

▶ **source <Paket>**
Diese Option ruft ein Quellpaket von einem der mit `deb-src` bezeichneten Repositories ab. Das Paket wird heruntergeladen und im aktuellen Verzeichnis als *.tar.gz*-Archiv gespeichert. Zu bemerken bleibt noch, dass sich normale Repositories (`deb`) von Quellen-Repositories (`deb-src`) unterscheiden und so ein Quellpaket nicht immer in derselben Version wie ein Binärpaket verfügbar sein muss. Auch ist es wichtig zu wissen, dass die Installation eines Quellpakets nicht weiter registriert wird.

Ein solches entpacktes Quellpaket kann man unter Debian mit `dpkg-buildpackage` übersetzen. Damit das Programm weiß, was es tun soll, liest es die in jedem Debian-Quellpaket vorhandene Datei *debian/rules* aus. Möchte man also die Installationsoptionen verändern – was meistens der Grund für das Heranziehen eines Quellpaketes ist –, so muss man diese Datei entsprechend ändern und anschließend `dpkg-buildpackage` aufrufen, das eine *.deb*-Datei mit der eben übersetzten Software enthält. Dieses Paket kann nunmehr mittels `dpkg -i <Paket-Datei>` sauber ins System installiert und später über `apt-get remove <Paket>` auch wieder sauber deinstalliert werden.

▶ **build-dep <Paket>**
Diese Option ist sehr nützlich, wenn man mittels `apt-get source <Paket>` ein Quellpaket geladen hat und diese Quellen nun übersetzen will. Mit der Option `build-dep` werden nämlich alle für das übersetzen des Quellpaketes `<Paket>` benötigten Pakete installiert.

▶ **clean**

Cache leeren Diese Option löscht schließlich den Paket-Cache unter */var/cache/apt/archives/* sowie */var/cache/apt/archives/partial/*. Alle heruntergeladenen Pakete werden dort nämlich gespeichert, so dass man etwa nach einem Update auch problemlos auf die alte Version zurückgehen kann, die vielleicht nicht mehr auf dem Internet-Repository zu finden ist.

Sie können also mit `apt-get` fast die gesamte Paketverwaltung auf einfache Weise von der Kommandozeile aus organisieren. Aber natürlich können Sie auch alle verfügbaren Pakete durchsuchen und sich gegebenenfalls die Details der potenziell zu installierenden Pakete anzeigen lassen.

apt-cache

Zum Suchen nutzt man das Programm `apt-cache` mit dem Parameter `search`, gefolgt vom Suchbegriff. Um also nach Paketen zum Programm `xchat` zu suchen, nutzen Sie folgenden Befehl:

```
$ apt-cache search xchat
xchat - IRC client for X similar to AmIRC
xchat-common - Common files for X-Chat
xchat-systray - xchat systray notification icon
xchat-text - IRC client for console similar to AmIRC
```

Listing 14.18 Pakete suchen mit apt-cache

Die Details eines bestimmten Pakets können Sie sich schließlich mit dem Parameter `show` anzeigen lassen:

```
$ apt-cache show exim
Package: exim
Priority: extra
Section: mail
Installed-Size: 1400
Maintainer: Mark Baker <mark@mnb.org.uk>
Architecture: i386
Version: 3.36-17
Replaces: mail-transport-agent
Provides: mail-transport-agent
Depends: libc6 (>= 2.3.2.ds1-4), libdb3 (>= 3.2.9-20),
 libident (>= 0.22-1), libldap2 (>= 2.1.17), libpam0g
 (>= 0.76), libpcre3 (>= 4.5), cron (>= 3.0pl1-42)
Recommends: netbase
Suggests: mail-reader, eximon
Conflicts: mail-transport-agent, exim-doc-html
 (<= 3.00-2), suidregister (<< 0.50)
Filename: pool/main/e/exim/exim_3.36-17_i386.deb
Size: 759024
MD5sum: 9e796f3e4155e193b41c6720fef71785
Description: An MTA (Mail Transport Agent)
 This MTA is rather easier to configure than smail or
```

```
sendmail. It is a drop-in replacement for sendmail/
mailq/rsmtp. Advanced features include the ability to
reject connections from known spam sites, and an
extremely efficient queue processing algorithm.
```

Listing 14.19 Paketdetails für »exim«

Offline verfügbar

Beachten Sie dabei, dass alle diese Informationen aus der *Packages*-Datei des Repositories stammen. Das Paket muss also weder installiert sein noch heruntergeladen werden, um eine solche Suche durchführen zu können. Betrachten wir die wichtigsten der bereitgestellten Informationen:

- **Version**
  Die Version ist vor allem für den Update-Mechanismus wichtig: Gibt es nämlich eine *neuere* Version auf dem Repository, als gerade installiert ist, so kann man das System *upgraden*, indem man die neue Version installiert. Außerdem ist die Version wichtig, um Abhängigkeiten zu managen: Manche Pakete setzen andere Pakete in einer bestimmten Version voraus.

- **Provides**
  Dieses Schlüsselwort gibt an, welches *virtuelle* Paket vom betrachteten Paket bereitgestellt wird. So wird zum Beispiel unterschieden, welcher Dienst (z. B. `mail-transport-agent`, das virtuelle Paket) von welcher Software genau (z. B. `exim`, dem betrachteten Paket) bereitgestellt wird. Ein virtuelles Paket hat den Zweck, dass andere Pakete von ihm abhängen können, aber der Benutzer noch entscheiden kann, welche Software er zur Implementierung dieses speziellen Dienstes einsetzen möchte.

- **Depends**
  Dieses Feld gibt die Abhängigkeiten als Paketnamen an. Falls notwendig, wird hinter dem Paketnamen angegeben, welche Version genau (=) oder mindestens (>=) vorausgesetzt wird.

- **Suggests**
  Diese Pakete werden vom betrachteten Paket vorgeschlagen. Im Regelfall werden sie jedoch nicht automatisch mit dem betrachteten Paket installiert.

- **Conflicts**
  Diese Pakete können nicht gleichzeitig mit dem betrachteten Paket installiert werden. In unserem Beispiel liegt ein Konflikt mit anderen Paketen vor, die ebenfalls `mail-transport-agent` bereitstellen. Mit anderen Worte: Man kann immer nur *einen* MTA installieren.

- **Filename**
  Unter diesem Dateinamen ist das Paket auf dem Repository zu finden.

- **MD5sum**
  Hier steht die Prüfsumme des Pakets. Anhand ihrer können eventuelle Veränderungen festgestellt werden.

- **Description**
  Der letzte Punkt enthält schließlich eine kurze Beschreibung des Pakets. Hier erfahren wir, dass `exim` eine Art Mailserver (MTA, Mail Transport Agent) ist.

Auch wenn die Paketverwaltung mittels APT hier anhand des DEB-Formats von Debian erklärt wurde, haben Sie trotzdem auch das RPM-Format von (open-)SUSE und Redhat (beziehungsweise Fedora) verstanden: Dieses funktioniert nämlich fast genauso. Die unterschiedlichen Paketformate sind historisch gewachsen und wurden sich mit der Zeit immer ähnlicher. Mit dem APT-Frontend hat man nun auch die Möglichkeit, die Paketverwaltung einheitlich zu managen, egal welches Paketformat letztendlich dahinter steht – und das ist auch der Grund für die ausführliche Vorstellung dieses Frontends.

SUSE & Co.

aptitude

Nun sind Konsolen-Tools nicht jedermanns Sache. Mit `aptitude` steht aber ein übersichtliches Frontend für die Konsole bereit, das viele Aufgaben erleichtert und alles »unter einem Dach« zusammenfasst.

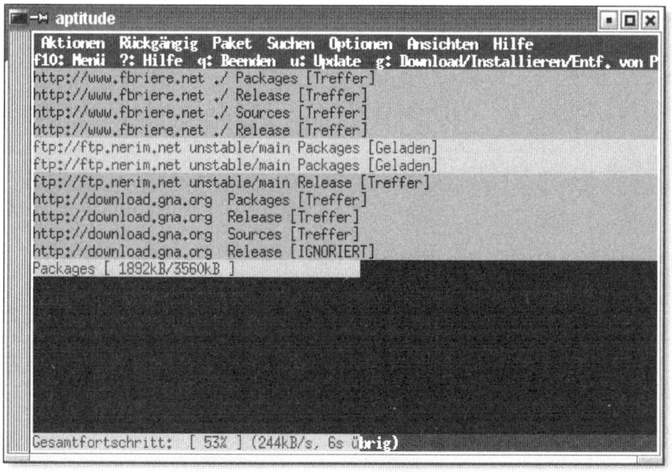

Abbildung 14.1 Das Repository updaten

Die Funktionalität entspricht dabei der von `apt-get`, mit dem einzigen Unterschied, dass Aktionen nicht über Kommandozeilenparameter, sondern über Tastenkürzel ausgeführt werden. Eine Liste aller Kürzel kann man sich durch die Eingabe des Fragezeichens anzeigen lassen.

Text-Interface

Im Regelfall beginnt man eine `aptitude`-Sitzung mit einem `update`. Dazu drückt man die Taste **U**, woraufhin `aptitude` mit dem Herunterladen der aktuellen Repository-Daten beginnt.

Ready ... Daraufhin kann man im `aptitude`-Startbildschirm einen zusätzlichen Eintrag mit einer Liste aller aktualisierbaren Pakete sehen. In einer solchen *Sektion* navigiert man recht intuitiv: Durch Drücken der **Enter**-Taste öffnet man eine Sektion, die wie ein Verzeichnis auf einer Festplatte entweder wieder Untersektionen oder eben eine Reihe von Paketen enthalten kann.

Ansonsten funktionieren die Cursortasten wie zu erwarten und ein **Enter** auf eine Datei öffnet eine Detailansicht, aus der man mit einem Druck auf **Q** wieder herausspringen kann. Drückt man **Q** auf dem Startbildschirm, wird man gefragt, ob man das Programm beenden möchte.

... Set ... Bei einem Paket hat man folgende Möglichkeiten: Man kann das Paket zum Installieren (durch Drücken von **+**), Deinstallieren (**-**), Updaten (ebenfalls **+**) und *Purgen*[8] (**_**) markieren. Alternativ kann man auch gleich alle aktualisierbaren Pakete durch Drücken von **U** zum *Upgraden* auswählen beziehungsweise sogar in den Optionen festlegen, dass dies automatisch geschehen soll.

Abbildung 14.2 Der aptitude-Startbildschirm

Als Ergebnis sehen Sie schließlich in der Statusleiste eine Zusammenfassung aller Platzangaben. Sie können dort ablesen, wie sich der Plattenplatz verändern wird und wie viel dabei heruntergeladen werden muss (siehe Abbildung 14.2).

---

8 Deinstallieren mit Löschen aller Konfigurationsdateien, also das Äquivalent zu `apt-get remove --purge Paket`

Alle markierten Aktionen führen Sie schließlich über die Taste **G** (für *go*) aus. Infolgedessen sehen Sie nun noch einmal eine Liste aller vorgemerkten Aktionen. Diese bestätigen Sie durch nochmaliges Drücken von **G**.

... Go!

Sodann beginnt der Download, gefolgt von der Installation aller heruntergeladenen Pakete. Eventuell werden Sie dabei, wie von `apt-get` gewohnt, zu manchen Konfigurationsdetails gefragt (siehe Abbildung 14.3).

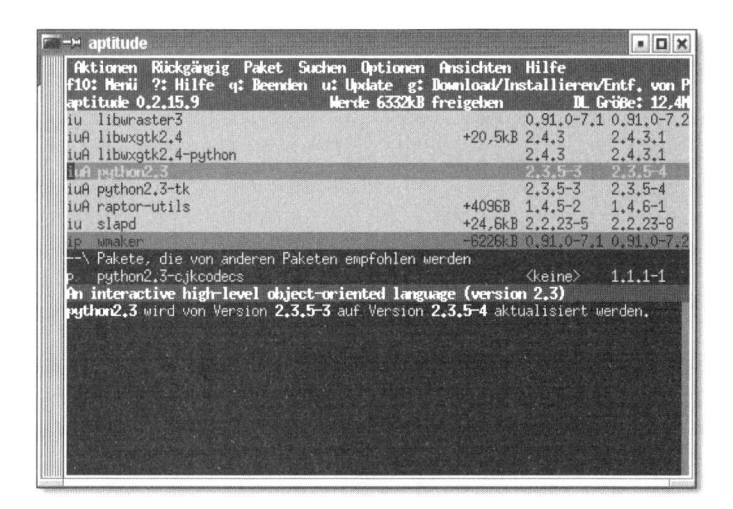

Abbildung 14.3 Durchzuführende Aktionen

Bei dieser Auflistung ist, wie in der Paketliste auch, vor allem der Zustand interessant, der durch das vor jedem Paketnamen stehende Buchstabentripel angegeben wird. Der erste Buchstabe bezeichnet dabei den aktuellen Status: i steht für installierte, p für noch nicht installierte und c für früher einmal installierte Pakete, von denen noch die Konfigurationsdateien im System vorhanden sind.

Der nächste Buchstabe gibt den Status *nach* dem Durchführen der gewünschten Aktion an: Bei einem i soll das Paket installiert werden, ein d zeigt eine Deinstallation an, p ein Purge und u ein Upgrade eines bereits installierten Pakets.

Der optionale dritte Buchstabe bezeichnet nun besondere Eigenschaften von Paketen: Ein großes A gibt zum Beispiel an, dass ein Paket automatisch installiert wurde. Sobald es nicht mehr wegen irgendwelcher Abhängigkeiten benötigt wird, wird es automatisch deinstalliert. Der Administrator kann ein Paket auch im Nachhinein mit **M** als automatisch installiert markieren beziehungsweise diese Markierung wieder aufheben.

Sie können auch Pakete mittels = von einem automatischen Update ausschließen. Sie werden dann mit einem h für *hold* markiert.

Pakete zurückhalten

Abschließend sei hier noch die Syntax zum Suchen nach bestimmten Paketen erläutert: Wie von anderen Programmen wie `less` gewohnt, erreichen Sie eine Suchmaske durch Eingabe eines Slashs (/). Dort können Sie den Suchausdruck angeben und nach einer Bestätigung schließlich danach suchen lassen. In Suchausdrücken sind zwei besondere Zeichen erlaubt: »^« bezeichnet den Anfang des Paketnamens, und »$« entsprechend das Ende. So sucht man durch Eingabe von »test« nach allen Paketen mit dem Namensbestandteil »test« im Namen, während die Eingabe von »^test$« nur das Paket mit dem genauen Namen »test« findet.

Distributionsspezifische Tools

Hat man `aptitude` einmal verstanden, so wird man auch die Funktionsweise von anderen, vielleicht distributionsspezifischen Programmen zur Paketverwaltung problemlos verstehen. Für SUSE Linux ist hier vor allem YOU – das Yast Online Update – erwähnenswert, das ähnlich wie `aptitude` auf ein Repository zugreift und nach aktualisierbaren Paketen sucht.

14.2.3 Pakete in Handarbeit: dpkg und rpm

Manchmal ist die Welt leider nicht so einfach, wie man sie sich mit `aptitude` oder `apt-get` ausmalt. Einfaches Herunterladen, Installieren und Konfigurieren in einem Schritt ist zum Beispiel dann nicht möglich, wenn das betreffende Paket nicht im Repository vorhanden ist, weil man z. B. die Paketdatei selbst per Hand von einer ominösen Seite heruntergeladen hat.

Zwei Programme, die solche Probleme lösen, sind `dpkg` und `rpm`. Diese Paketmanager sitzen sozusagen eine Abstraktionsebene tiefer als das prinzipiell formatunabhängige APT-System. Aus diesem Grund müssen wir an dieser Stelle auch zwischen Debian-ähnlichen beziehungsweise -basierten Distributionen wie natürlich Debian selbst mit dem DEB-System, aber auch Ubuntu, und den Red-Hat-ähnlichen Distributionen wie Fedora oder SUSE mit dem RPM-System unterscheiden.

dpkg

Beginnen wir mit dem Programm `dpkg`. Bei der Beschreibung von `apt-get` wurde bereits das Tool `dpkg-buildpackage` erwähnt, mit dem man heruntergeladene Sourcepakete wieder zu einem eventuell personalisierten Paket übersetzen lassen kann. Mit `dpkg` und seinen Freunden lässt sich also viel anstellen, jedoch soll die vordergründige Frage hier erst einmal sein: Was kann `dpkg`, was APT nicht kann? Dazu wollen wir die wichtigsten Kommandozeilenoptionen betrachten, mit denen man `dpkg` in Ergänzung zu APT gut nutzen kann:

▶ **-i <Dateiname>**
Möchte man eine heruntergeladene Paketdatei installieren, ruft `dpkg` mit dem Parameter `-i`, gefolgt vom entsprechenden Dateinamen, auf:

```
# cd Downloads
# dpkg -i vim_4.5-3.deb
...
```

Listing 14.20 Ein heruntergeladenes DEB-Paket installieren

Gelöscht werden kann das Paket dann wie gewohnt mit `apt-get` oder `aptitude`. Zu beachten ist jedoch, dass man diese Tools *nicht* mit dem Datei-, sondern nur mit dem Paketnamen aufruft, da dieser bereits eindeutig ist. Das Beispielpaket könnte man also mit `apt-get remove vim` wieder deinstallieren.

▶ -l

Möchte man eine Auflistung über alle installierten Dateien haben, so kann man diese zwar auch in `aptitude` betrachten, einfacher ist jedoch oft ein `dpkg -l`, in dessen Ausgabe natürlich auch »ge-`grep`t« werden kann:

```
$ dpkg -l | grep vim
rc kvim         6.3   Vi IMproved - KDE 3.x version
ii vim          6.3   Vi IMproved - enhanced vi editor
ii vim-common   6.3   Vi IMproved - Common files
ii vim-gtk      6.3   Vi IMproved - GTK2 Version
```

Listing 14.21 Alle installierten vim-Pakete anzeigen

Als Ausgabe erhält man hier alle Pakete mit dem Namensbestandteil »vim«.

▶ -L Paket

Dagegen zeigt ein `-L`, gefolgt vom Paketnamen, den *Inhalt* eines Pakets und somit alle installierten Dateien an:

```
$ dpkg -L tuxracer
/.
/usr
/usr/games
/usr/games/tuxracer
/usr/share
/usr/share/doc
/usr/share/doc/tuxracer
/usr/share/doc/tuxracer/README.Debian
/usr/share/doc/tuxracer/copyright
/usr/share/doc/tuxracer/changelog.Debian.gz
```

Listing 14.22 Der Inhalt des Pakets »tuxracer«

Oft möchte man nämlich wissen, was man eigentlich gerade installiert hat und wo entsprechende Dateien zu finden sind. Vor allem von kommerziellen Anbietern bereitgestellte Pakete halten sich oft nicht an das unter Linux/Unix übliche Verzeichnisschema. Da werden ausführbare Dateien schon mal statt nach */usr/bin/* nach */usr/firma/programm* installiert, so dass die entsprechenden Binärdateien nicht wie vielleicht erwartet im PATH zu finden sind.

Das »letzte Geheimnis« ist nun die bereits angesprochene Installation eines Quellpakets nach einer Übersetzung der mit apt-get source geladenen Quellen. Um zum Beispiel das Paket bash aus dem Quellcode zu installieren, muss man das Paket per apt-get laden:

```
$ apt-get source bash
Paketlisten werden gelesen... Fertig
Abhängigkeitsbaum wird aufgebaut... Fertig
Es müssen 2606kB der Quellarchive geholt werden.
Hole:1 http://ftp.de.debian.org unstable/main bash    \
   3.0-15 (dsc) [725B]
Hole:2 http://ftp.de.debian.org unstable/main bash    \
   3.0-15 (tar) [2417kB]
Hole:3 http://ftp.de.debian.org unstable/main bash    \
   3.0-15 (diff) [188kB]
Es wurden 2606kB in 11s geholt (233kB/s)
dpkg-source: extracting bash in bash-3.0
$
```

Listing 14.23 Die bash-Sourcen installieren

Das geladene Archiv wurde nach dem Herunterladen gleich entpackt. Doch bevor wir die Sourcen übersetzen, wollen wir alle Pakete installieren, die zum Übersetzen des Pakets notwendig sind. In unserem Fall handelt es sich dabei um die drei Pakete automake, build-essential und texi2html:

```
# apt-get build-dep bash
Paketlisten werden gelesen... Fertig
Abhängigkeitsbaum wird aufgebaut... Fertig
Die folgenden NEUEN Pakete werden installiert:
  automake1.8 build-essential texi2html
0 aktualisiert, 3 neu installiert, 0 zu entfernen und\
  0 nicht aktualisiert.
Es müssen 555kB Archive geholt werden.
Nach dem Auspacken werden 2040kB Plattenplatz        \
  zusätzlich benutzt.
Möchten Sie fortfahren? [J/n]
Hole:1 http://ftp.de.debian.org unstable/main        \
  automake1.8 1.8.5 [454kB]
Hole:2 ...
...
```

```
Es wurden 555kB in 2s geholt (204kB/s)
Wähle vormals abgewähltes Paket automake1.8.
(Lese Datenbank ... 160324 Dateien und Verzeichnisse \
  sind derzeit installiert.)
Entpacke automake1.8 (aus automake1.8_1.8.5_all.deb) \
Wähle vormals abgewähltes Paket build-essential.
...
Richte automake1.8 ein (1.8.5) ...

Richte build-essential ein (10.1) ...
Richte texi2html ein (1.66-1.2) ...
```

Listing 14.24 Die build-Dependencies installieren

Das Paket selbst kann nur als `root` oder mithilfe des `fakeroot`-Tools übersetzt und gebaut werden:

```
$ su
Password:
# cd bash-3.0
# dpkg-buildpackage
dpkg-buildpackage: source package is bash
dpkg-buildpackage: source version is 3.0-15
dpkg-buildpackage: source maintainer is Matthias     \
  Klose <doko@debian.org>
dpkg-buildpackage: host architecture is i386
 debian/rules clean
dh_testdir
dh_testroot
...
dh_gencontrol -pbash-minimal
dh_md5sums -pbash-minimal
dh_builddeb -pbash-minimal
dpkg-deb: baue Paket `bash-minimal' in              \
  `../bash-minimal_3.0-15_i386.deb'.
#
```

Listing 14.25 Das Paket als root bauen

Schließlich kann man die gebauten Pakete betrachten und per `dpkg` installieren:

```
# ls ../bash*.deb
../bash_3.0-15_i386.deb
../bash-minimal_3.0-15_i386.deb
../bash-builtins_3.0-15_i386.deb
../bash-static_3.0-15_i386.deb
../bash-doc_3.0-15_all.deb
```

```
# dpkg -i ../bash_3.0-15_i386.deb
...
```

Listing 14.26 Das Resultat installieren

rpm

Die Pakete des Red-Hat-Paketsystems haben die Endung *.rpm* und ähnlich komplizierte Namen wie die des Debian-Paketsystems. Im Prinzip sind aber auch sie nur gepackte Archive, und das Programm, das sie verarbeitet, heißt schlicht rpm – Red Hat Package Manager. Das rpm-Programm lässt sich dabei sehr gut mit dem bereits vorgestellten dpkg von Debian vergleichen und erwartet auch ähnliche Optionen, die wir im Folgenden kurz durchgehen wollen, damit Sie einen Eindruck von ihm gewinnen können.

Pakete installieren und löschen

Heruntergeladene Pakete installiert man ganz einfach mit der Option -i, und genau wie bei dpkg muss als Argument der volle Dateiname angegeben werden:

```
# rpm -i tkphone-1.0.2-2.i386.rpm
```

Listing 14.27 Pakete installieren mit rpm

Pakete löscht man entsprechend mit der Option -e (*erase*) und dem Paketnamen.

alien

Pakete konvertieren

Oft steht man jedoch auch vor dem Problem, dass man zwar ein bestimmtes Programm im Internet gefunden hat, aber kein passendes Paket für die eigene Distribution vorfindet. Für diesen Fall gibt es das Tool alien, das Pakete unterschiedlicher Distributionen ineinander konvertieren kann. Anzugeben ist dabei zum einen das heruntergeladene und zu konvertierende Paket sowie natürlich das Zielformat. Im Einsatz sieht das Ganze dann ungefähr so aus:

```
# alien --to-rpm tkphone_1.0.2-1_i386.deb
tkphone-1.0.2-2.i386.rpm generated
# ls tkphone*
tkphone_1.0.2-1_i386.deb   tkphone-1.0.2-2.i386.rpm
```

Listing 14.28 Paketumwandlung mit alien

Das in diesem Beispiel von DEB in RPM umgewandelte Paket könnte nun auf dem eigenen System installiert werden. Da die Paketformate allerdings sehr unterschiedlich sind und auch die Distributionen trotz aller Ähnlichkeiten von der Verzeichnishierarchie her teilweise noch recht unterschiedlich aufgebaut sind, wird dringend davon abgeraten, wichtige Systemsoftware durch alien-Pakete zu ersetzen – man würde wohl ziemlich sicher das System zerschießen.

Aber es gibt auch noch andere, etwas absonderliche Formen der Interaktion: So können Sie das `rpm`-Programm des RedHat-Paketsystems auch unter Debian als optionales Paket nachinstallieren. Damit können Sie dann theoretisch zwei Paketsysteme auf einem Rechner einsetzen, was aber nur bedingt sinnvoll ist.

```
$ apt-cache search rpm | grep "^rpm "
rpm - Red Hat package manager
$
```

Listing 14.29 Kurios: RedHat-Paketmanager unter Debian

Wie Sie gesehen haben, sind sich die unterschiedlichen Paketverwaltungssysteme bis auf wenige Unterschiede durchaus ähnlich. Schließlich kümmern sie sich bei allen Abweichungen im Detail immer um dasselbe: Es soll Software installiert werden. Dabei können Abhängigkeiten und Konflikte auftreten, und manchmal sollen auch diverse Skripte zur Konfiguration vor, während oder nach der Installation des Pakets ausgeführt werden.

14.2.4 Das Slackware-Paketsystem

Slackware-Linux und diverse auf Slackware basierende Distributionen (wie etwa Easys, Slamd64, SLAX oder Zenwalk) benutzen das Slackware-Paketformat, das ein einfaches *.tar.gz*-Archiv mit zusätzlichen Dateien darstellt. Allerdings verwenden nicht alle dieser Distributionen die blanken Slackware Package Tools, sondern fügen teilweise noch zusätzliche Funktionalität hinzu, die Slackware von Haus aus nicht bietet. Zenwalk verwendet beispielsweise das Programm `netpkg`, das die Slackware-Packages um Abhängigkeiten erweitert. Es existieren noch weitere Tools, die dieses Paketformat erweitern. Dazu zählen unter anderem `slapt-get` und `slackpkg`. Im Folgenden werden wir uns mit den Basisprogrammen zur Verwendung von Slackware-Paketen beschäftigen.

Seit Slackware 13.0 werden auch weitere Kompressionsformate, nämlich *.tbz*, *.tlz* und *.txz*, vom Paketsystem unterstützt.

Der Name einer Paketdatei setzt sich dabei generell aus dem Namen der Software, ihrer Versionsnummer, der Prozessorarchitektur, für die das Paket übersetzt wurde, und einer Nummer zusammen, die angibt, um die wievielte Version des Packages es sich handelt. Die einzelnen Werte werden dabei durch einen Bindestrich getrennt, und das Paket bekommt die Dateiendung *.tgz*. Ein korrekter Paketname für den Linux-Kernel in der Version 2.6.20.1, der für die x86-Intel-Prozessoren (i386) übersetzt wurde und die erste Paketversion bezeichnet, würde also lauten: *linux-2.6.20.1-i386-1.tgz*.

Paketnamen

pkgtool

pkgtool   Es gibt verschiedene Methoden zur Installation und Deinstallation der Packages. Die komfortabelste ist wohl das `pkgtool`. Es kann Packages aus einem Verzeichnis, aber auch von Datenträgern installieren und bietet eine grafische Oberfläche auf Konsolenebene.

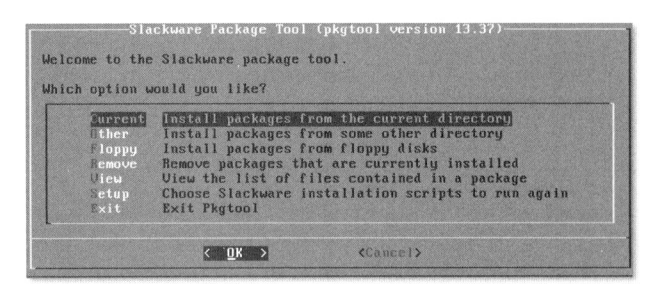

Abbildung 14.4 pkgtool

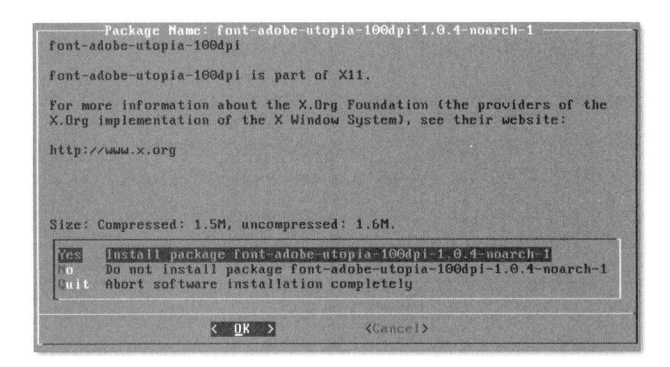

Abbildung 14.5 Package-Installation mit pkgtool

Möchten Sie beispielsweise das Package `gnuplot` von der Slackware-CD-ROM installieren, mounten Sie diese und starten im Verzeichnis *slackware/xap* der CD das Programm `pkgtool`. Wählen Sie anschließend den Menüpunkt CURRENT aus, um die Packages dieses Verzeichnisses zu installieren. Beim entsprechenden Package sollte YES ausgewählt werden.

installpkg

Die Kommandozeilenvariante zur Package-Installation nennt sich `installpkg`. Die Handhabung dieses Programms ist ebenfalls sehr simpel. Als Parameter genügt die *txz*-Datei des Packages. Der Parameter `-warn` zeigt Ihnen an, welche Veränderungen vorgenommen würden, sofern ein Package installiert würde.

```
# installpkg gnuplot-4.4.3-i486-1.txz
Verifying package gnuplot-4.4.3-i486-1.txz.
Installing package gnuplot-4.4.3-i486-1.txz [OPT]:
PACKAGE DESCRIPTION:
# gnuplot (plotting utility)
#
# Gnuplot is a command-line driven interactive function
# plotting utility for UNIX, MSDOS, and VMS platforms.
# The software is copyrighted but freely distributed
# (i.e., you don't have to pay for it).  It was
# originally intended as graphical program which would
# allow scientists and students to visualize
# mathematical functions and data.  Gnuplot supports
# many different types of terminals, plotters, and
# printers (including many color devices, and pseudo-
# devices like LaTeX) and is easily extensible to
# include new devices.
#
Package gnuplot-4.4.3-i486-1.txz installed.
```

Listing 14.30 Das Programm installpkg installiert gnuplot.

Deinstallation eines Packages

Auch zur Deinstallation eines Packages kann `pkgtool` hervorragend verwendet werden. Wählen Sie einfach den Menüpunkt REMOVE • REMOVE PACKAGES THAT ARE CURRENTLY INSTALLED aus. Anschließend erscheint eine Liste mit installierten Packages, aus der Sie nur das gewünschte zur Deinstallation auszuwählen brauchen.

Eine kommandozeilenbasierte Möglichkeit zur Deinstallation ist `removepkg`. Dieses Tool benötigt nur den Namen des Packages und schon werden dessen Dateien deinstalliert. Auch hier ist der `-warn`-Parameter von `installpkg` vorhanden.

Pakete löschen

```
# removepkg gnuplot-4.4.3-i486-1

Removing package /var/log/packages/gnuplot-4.4.3-i486-1...
Removing files:
  --> Deleting /usr/bin/gnuplot
  --> Deleting /usr/doc/gnuplot-4.4.3/BUGS
  --> Deleting /usr/doc/gnuplot-4.4.3/ChangeLog
  --> Deleting /usr/doc/gnuplot-4.4.3/CodeStyle
  --> Deleting /usr/doc/gnuplot-4.4.3/Copyright
  --> Deleting /usr/doc/gnuplot-4.4.3/INSTALL
  --> Deleting /usr/doc/gnuplot-4.4.3/NEWS
  --> Deleting /usr/doc/gnuplot-4.4.3/PATCHLEVEL
  --> Deleting /usr/doc/gnuplot-4.4.3/PGPKEYS
```

```
    --> Deleting /usr/doc/gnuplot-4.4.3/PORTING
    --> Deleting /usr/doc/gnuplot-4.4.3/README
...
```

Listing 14.31 removepkg deinstalliert gnuplot.

Updaten der Slackware-Packages

Das Kommando `upgradepkg` hat die gleiche Syntax wie seine beiden Verwandten `removepkg` und `installpkg`. Das angegebene Package wird entfernt, und eine neue Version davon wird installiert.

Im Folgenden soll die alte `pidgin`-Version 2.7.11 durch eine neuere namens 2.9.0 ersetzt werden, die eine Sicherheitslücke schließt.

```
# upgradepkg pidgin-2.9.0-i486-1_slack13.37.txz


+==============================================================
| Upgrading pidgin-2.7.11-i486-1 package using
./pidgin-2.9.0-i486-1_slack13.37.txz
+==============================================================

Pre-installing package pidgin-2.9.0-i486-1_slack13.37...

Removing package /var/log/packages/pidgin-2.7.11-i486
-1-upgraded-2011-09-02,09:16:53...
    --> Deleting /usr/doc/pidgin-2.7.11/AUTHORS
    --> Deleting /usr/doc/pidgin-2.7.11/COPYING
    --> Deleting /usr/doc/pidgin-2.7.11/COPYRIGHT
    --> Deleting /usr/doc/pidgin-2.7.11/HACKING
    --> Deleting /usr/doc/pidgin-2.7.11/INSTALL
    --> Deleting /usr/doc/pidgin-2.7.11/NEWS
    --> Deleting /usr/doc/pidgin-2.7.11/PLUGIN_HOWTO
    --> Deleting /usr/doc/pidgin-2.7.11/README
    --> Deleting /usr/doc/pidgin-2.7.11/README.MTN
    --> Deleting /usr/doc/pidgin-2.7.11/README.mingw
    --> Deleting /usr/doc/pidgin-2.7.11/doc/TracFooter...
    --> Deleting /usr/doc/pidgin-2.7.11/doc/TracHeader...
...
...
...
Verifying package pidgin-2.9.0-i486-1_slack13.37.txz.
Installing package pidgin-2.9.0-i486-1_slack13.37.txz:
PACKAGE DESCRIPTION:
# pidgin (GTK+ instant messaging program)
#
```

```
# Pidgin allows you to talk to anyone using a variety
# of messaging protocols, including AIM (Oscar and TOC),
# ICQ, IRC, Yahoo!, MSN Messenger, Jabber, Gadu-Gadu,
# Napster, and Zephyr.  These protocols are implemented
# using a modular, easy to use design.  To use a
# protocol, just load the plugin for it.
#
# For more info, see:  http://www.pidgin.im
#
Executing install script for pidgin-2.9.0-i486-1_slack13.37.txz.
Package pidgin-2.9.0-i486-1_slack13.37.txz installed.

Package pidgin-2.7.11-i486-1 upgraded with new package
./pidgin-2.9.0-i486-1_slack13.37.txz.
```

Listing 14.32 upgradepkg pidgin

Paketinhalt entpacken

Der Inhalt eines Pakets lässt sich mit dem Programm `explodepkg` in das aktuelle Arbeitsverzeichnis entpacken. Dabei werden Skripte, die im Paket enthalten sind, nicht ausgeführt.

explodepkg

Alternativ kann man Slackware-Packages auch mit `tar -xvzf Paket.tgz` entpacken.

Pakete erstellen

Sie können Slackware-Pakete mit dem Programm `makepkg` auch relativ einfach selbst erstellen. Der folgende Aufruf würde ein Paket der Software »MeinTool« erstellen; `-l y` bewirkt dabei, dass auch symbolische Links in das Package aufgenommen werden, und `-c n` bewirkt, dass die Zugriffsrechte von Verzeichnissen nicht automatisch auf »755« und Eigentümer sowie Gruppe `root` gesetzt werden.

makepkg

```
$ makepkg -l y -c n MeinTool-1.0-i486-1.tgz
```

Listing 14.33 makepkg erstellt das Package für MeinTool

`makepkg` verwendet als Inhalt des Packages übrigens den Inhalt des aktuellen Arbeitsverzeichnisses. Darin sollte sich ein Verzeichnis namens *install/* befinden, und in diesem wiederum eine Datei namens *slack-desc*, die eine kurze Beschreibung des Paketinhalts enthält. Bei Bedarf kann noch die Datei *doinst.sh* im *install*-Verzeichnis abgelegt werden. Dabei handelt es sich um ein Shellskript, das bei der Installation automatisch ausgeführt wird.

slack-desc und doinst.sh

14.2.5 Gentoo Portage

Das Paketsystem von Gentoo ist dem BSD-Ports-System – auf das wir noch zu sprechen kommen werden – sehr ähnlich. Unter Gentoo Linux wird Software (sogenannte *Ebuilds*) aus dem Quellcode kompiliert, was eine bessere Anpassung der Pakete an die Prozessorarchitektur des Rechners sowie eine Verbesserung der Performance mit sich bringen kann. Der Nachteil besteht darin, dass es viele Stunden (auf langsamen Rechnern gar Tage!) dauert, die Programme eines Systems vollständig zu übersetzen. Auch bei einem Paket-Update muss erneut kompiliert werden.

emerge

Gesteuert wird das Gentoo Portage System über das Programm `emerge`, das sich darum kümmert, die einzelnen Ebuilds zu übersetzen, zu suchen, zu erneuern und zu installieren. Dabei werden auch Abhängigkeiten automatisch aufgelöst. Zusätzliche Informationen liefert Ihnen `emerge` generell mit der Option `-v`.

(De-)Installation | Möchte man ein Programm installieren, so ruft man `emerge` mit dessen Namen, also etwa mit `emerge vim`, auf. Mit `emerge -depclean vim` würde man das Programm hingegen wieder deinstallieren und mit `emerge -depclean` generell nicht mehr benötigte Abhängigkeiten entfernen.

Updates | Das Paketsystem kann durch einen Aufruf von `emerge -auDN world` auf den neuesten Stand gebracht werden, wobei vor dem Ersetzen einer Software durch eine neue Version nachgefragt wird (`-a`).

Software suchen | Auch die Suche von Software kann mit `emerge` erledigt werden. Dabei sucht man entweder nur nach einem Paketnamen (`emerge -search Suchausdruck` bzw. `-s Suchausdruck`) oder durchsucht auch die Paketbeschreibung (`-S Suchausdruck` bzw. `-searchdesc Suchausdruck`).

Portage updaten | Das Portage-Verzeichnis, das eine Liste der verfügbaren Ebuilds (und die Ebuilds selbst) enthält, lässt sich durch `emerge -sync` aktualisieren.

14.2.6 BSD-Ports

Nun kommen wir zu den bereits erwähnten Ports. Ports werden primär unter BSD-Systemen verwendet und sind nicht mit den Ports im Sinne von Portierungen zu verwechseln. Ein solcher ist die Portierung eines Systems auf eine bestimmte Prozessorarchitektur, ein Software-Port hingegen enthält Anweisungen, um eine Software aus dem Quellcode heraus zu übersetzen und eventuell um diese Quellen zunächst automatisch herunterzuladen.

Das Prinzip ist immer sehr ähnlich: Man lädt ein Archiv, das die Dateien der aktuellen Ports enthält, von einem Server, entpackt es, wechselt systematisch in ein entsprechendes Unterverzeichnis, startet einen automatischen Vorgang zur Installation eines Ports und kann diesen anschließend verwenden.

Dabei werden die Quelldateien meist direkt von den Servern der Entwickler heruntergeladen und im sogenannten *distfiles*-Unterverzeichnis gespeichert. Dieses Verzeichnis enthält alle heruntergeladenen Archive und sollte nicht gelöscht werden. Löschen Sie dieses Verzeichnis auch dann nicht, wenn Sie eine neuere Version der Ports herunterladen, denn sonst müssen Dateien, die schon vorhanden waren und erneut benötigt werden, nochmals heruntergeladen werden.

distfiles

Natürlich muss man unter BSD nicht zwangsläufig auf Ports zurückgreifen. Man kann sich bei jedem populären Derivat auch die fertig übersetzten Binärpakete herunterladen und installieren lassen. Dies funktioniert genauso wie unter Debian oder Slackware, nur dass die Tools anders heißen, etwa `pkg_add`.

[«]

NetBSD Package Collection

Um die NetBSD Package Collection zu installieren, benötigt man zunächst einmal deren aktuelle Version. Diese finden Sie auf dem FTP-Server von NetBSD, wobei die Datei *pkgsrc.tar.gz* geladen werden muss.[9] Diese entpackt man üblicherweise in das Verzeichnis */usr*, in dessen Unterverzeichnis *pkgsrc* anschließend der Ports-Tree zu finden ist.

```
# wget ftp://..../pkgsrc.tar.gz
# cd /usr
# tar -xzf pkgsrc.tar.gz
# cd pkgsrc
# ls
...
```

Listing 14.34 Laden und entpacken

Im *pkgsrc*-Verzeichnis finden Sie verschiedenste Unterverzeichnisse. Sie unterteilen die Ports in verschiedene Kategorien und stellen somit eine größere Übersicht her, als wenn alle Ports in einem Verzeichnis liegen würden. Einen Mail-Client wird man schließlich nicht im *sysutils*-Verzeichnis suchen.

Hat man sich für einen Port entschieden, wechselt man in das jeweilige Verzeichnis des Ports und führt `make` aus. Dadurch werden die benötigten Quelldateien heruntergeladen und der Port (falls nötig) kompiliert. Außerdem werden eventuell benötigte Abhängigkeiten von Ports automatisch erkannt und heruntergeladen. Sollten diese ihrerseits Abhängigkeiten aufweisen, so werden diese ebenfalls heruntergeladen und so weiter.

---

9 *ftp.netbsd.org/pub/NetBSD/NetBSD-current/tar_files/*

Wollen Sie zum Beispiel KDE installieren, so benötigt Ihr System zunächst einmal diverse Bibliotheken und Programme, die ihrerseits andere Bibliotheken benötigen. Das Ports-System kümmert sich um all diese Abhängigkeiten – Sie müssen nur lange genug warten, bis alles geladen, entpackt und kompiliert ist.[10]

Nach dem Übersetzungsvorgang muss das jeweilige Paket noch vorkonfiguriert und installiert werden. Dies wird mit dem Aufruf von `make install` bewerkstelligt. Anschließend kann man die entpackten Quelldateien sowie die kompilierten Objektdateien wieder löschen, um Plattenplatz freizugeben. Mit `make clean` wird das für den jeweiligen Port übernommen. `make clean-depends` »räumt« auch noch die gesamten Abhängigkeiten »auf«. Die heruntergeladenen Archivdateien finden Sie im Verzeichnis */usr/pkg/distfiles*.

OpenBSD Ports-Tree

Den OpenBSD-Ports-Tree beziehen Sie ebenfalls vom jeweiligen FTP-Server des Projekts als Archivdatei (*ports.tar.gz*).[11] Nachdem Sie diese Datei ebenfalls in */usr* entpackt haben, wechseln Sie in das Verzeichnis *ports*. Dort finden Sie eine Verzeichnishierachie vor, die jener der NetBSD Package Collection sehr ähnlich ist. Der Vorgang zur Installation von Software wird auf dieselbe Weise bewerkstelligt wie unter NetBSD. Installieren wir beispielsweise einmal das KDE-3-Basissystem:

```
# cd /usr/ports
# cd x11/kde/base3
# make
...
# make install
...
# make clean
===> Cleaning for kdebase-3.4.1
# make clean-depends
===>   Cleaning for bzip2-1.0.3
===>   Cleaning for aspell-0.50.5p1
===>   Cleaning for docbook-dsssl-1.72
===>   Cleaning for help2man-1.29
===>   Cleaning for autoconf-2.59
===>   Cleaning for autoconf-2.57
===>   Cleaning for autoconf-2.54
===>   Cleaning for metaauto-0.5
...
```

Listing 14.35 Den Port kde/base3 installieren

---

10 Falls Sie einen langsamen Rechner haben, sollten Sie nicht mit KDE anfangen, da dieser Übersetzungsvorgang dann durchaus mehrere Stunden dauern könnte.
11 *ftp://ftp.openbsd.org/pub/OpenBSD/*

Sie können diesen Vorgang auch mit verketteten `make`-Aufrufen verkürzen:

```
# alias create_port="make && make install clean clean-depends"
```

Listing 14.36 Alias für make

Die anschließend heruntergeladenen Archivdateien finden Sie im Verzeichnis */usr/ports/distfiles*.

FreeBSD Ports Collection

Um die Ports Collection unter FreeBSD zu beziehen, verwendet man entweder `/stand/sysinstall` (unter CONFIGURE • DISTRIBUTIONS • PORTS) oder CVS. Die Installation der Ports erfolgt ebenfalls via `make` und `make install`.

Wichtige Dateien

Doch wie ist so ein Port eigentlich aufgebaut? Je nach Derivat ist der Aufbau etwas verschieden. Allerdings lässt sich ein allgemeiner Aufbau zumindest grob erläutern.

Im jeweiligen Port-Verzeichnis finden sich, wenn man vom Beispiel OpenBSD ausgeht, folgende wichtige Dateien:

- **CVS**
  Das CVS-Verzeichnis wird benötigt, um die aktuelle Version eines Ports herunterzuladen.

- **Makefile**
  Die Makefile enthält wichtige Informationen zum Port: eine kurze Beschreibung, die Abhängigkeiten und die Versionsnummer.

- **distinfo**
  In dieser Datei sind die Prüfsummen der jeweiligen *distfile* enthalten.

- **patches**
  Dieses Verzeichnis enthält die Patches, die benötigt werden, um die Software zu kompilieren.

- **pkg/DESCR**
  Diese Datei enthält ausführliche Informationen zum Port.

- **pkg/PLIST**
  Diese Datei enthält die Namen der Dateien, die zu dieser Software gehören und installiert werden.

[+] Unter anderen Systemen haben die entsprechenden Dateien sehr ähnliche Namen, so heißt *pkg-descr* unter FreeBSD beispielsweise *DESCR*.

```
# cd /usr/ports/mail/sylpheed
# more Makefile
COMMENT=          "mail/news client in gtk+"

VERSION=          1.0.4
DISTNAME=         sylpheed-$VERSION
CATEGORIES=       mail news x11
HOMEPAGE=         http://sylpheed.good-day.net
MAINTAINER=       Damien Couderc <couderc@openbsd.org>

LIB_DEPENDS=      gdk_pixbuf.2::graphics/gdk-pixbuf

# GPL
PERMIT_PACKAGE_CDROM=    Yes
PERMIT_PACKAGE_FTP=      Yes
PERMIT_DISTFILES_CDROM=  Yes
PERMIT_DISTFILES_FTP=    Yes
WANTLIB=                 X11 Xext Xi c crypto gdk \
                         glib gmodule gtk iconv intl \
                         jpeg m png pthread ssl tiff z

MASTER_SITES=     $HOMEPAGE/sylpheed/v1.0/
...
# more pkg/DESCR
Sylpheed is an e-mail client (and news reader) based
on GTK+, running on the X Window System, and aiming
for:

    Quick response
    Graceful, and sophisticated interface
    Easy configuration, intuitive operation
    Abundant features

FLAVORS:
        * compface: support X-Face header
        * gpgme: compile with gnupg made easy support
```

Listing 14.37 Wichtige Informationen am Beispiel von Sylpheed

Port-Management

Update   Das Port-Management gestaltet sich recht simpel. Ein Update des Ports-Trees wird durchgeführt, indem entweder eine neue Archivdatei der Ports vom jeweiligen

Server geladen oder ein CVS-Update durchgeführt wird.[12] Vergessen Sie jedoch nie, ein Backup der *distfiles* durchzuführen!

Ports und Packages werden meist mit einem Tool wie `pkg_delete` gelöscht. — Packages löschen

Informationen zu installierten Ports und Packages erhält man mittels `pkg_info`. — Informationen

Kompilierte Ports, also Packages, kann man in der Regel mit `pkg_add` installieren und sogar direkt herunterladen lassen. — Packages installieren

Zudem gibt es noch Tools wie `pkg_create`, um selbst Packages zu erstellen. Weitere Tools, etwa NetBSDs `pkg_admin` oder `pkglint`, sollen an dieser Stelle nicht angesprochen werden. Weiterführende Informationen finden Sie in der jeweiligen Online-Dokumentation und in den Manpages. — Weitere Möglichkeiten

14.2.7 Softwareinstallation ohne Pakete

Irgendwann kommt ein Punkt, an dem man im Internet ein nettes Programm findet, für das aber noch niemand ein passendes Paket erstellt hat. Dann bleibt einem oft nichts anderes übrig, als das Programm »von Hand« zu installieren. Da Linux selbst ein Produkt der Open-Source-Gemeinde ist, sind auch sehr viele Programme *frei*. Das bedeutet, dass Sie alle Quelltexte der entsprechenden Programme bekommen können, und oft werden Ihnen auch nur diese vorgesetzt. Es ist also notwendig, mit solchen Situationen umgehen zu können.

Das Standardvorgehen

Als erstes brauchen Sie die richtige Software, um solche Quellcodes zu übersetzen. In den Installationsroutinen verschiedener Distributionen kann man dazu meist Punkte wie DEVELOPMENT oder Ähnliches auswählen. Als Nächstes müssen Sie die oft gepackt gelieferten Sourcen irgendwohin entpacken:

```
$ tar -xzf quellen.tar.gz
```

Listing 14.38 Entpacken eines Archivs

Im Normalfall gibt es dann ein neues Verzeichnis, in das man mit dem `cd`-Kommando wechseln kann. Dort kann man sich in aller Ruhe eventuell vorhandene READMEs in den INSTALL-Dateien durchlesen. Fast immer reduziert sich die Installation jedoch auf die folgenden Befehle:

---

[12] In Kapitel 30, »Softwareentwicklung«, erfahren Sie Genaueres zur Nutzung des CVS.

```
$ cd quellen-x.y
$ ./configure
$ make
...
$ su
Password:
# make install
...
# exit
$
```

Listing 14.39 Kompilieren von Quellcode

Das Paket wird zuerst mittels `./configure` konfiguriert und dann mit `make` übersetzt. Schließlich kopiert man als `root` mit `make install` die fertigen Programme noch an die richtige Stelle des Dateisystems.

Standardmäßig werden selbst erstellte Programme nicht in die »normalen« Verzeichnisse wie /usr/bin kopiert, sondern in eine Extrahierarchie unter /usr/local. Die fertigen Binaries landen dann beispielsweise unter /usr/local/bin und die Manpages in /usr/local/man. Dies hat den Vorteil, dass das Deinstallieren der Programme von Hand recht einfach ist. Zudem trennt man so Distributionsspezifisches sauber von selbst Hinzugefügtem.

Leider ist jede Software anders und je nachdem, wie der oder die Autoren das Paket entworfen haben, kann der Installationsvorgang auch einmal anders aussehen. Allerdings sind das Vorgehen sowie alle Voraussetzungen meistens im Detail beschrieben, so dass das Kompilieren auch dann keine allzu große Hürde mehr darstellt.

Das Vorgehen bei Problemen

Natürlich klappt nicht immer alles reibungslos. Im Folgenden wollen wir kurz die wichtigsten Fehler und deren Ursachen behandeln.

configure schlägt fehl
Mit `configure` konfigurieren wir das Paket. So wird zum Beispiel geprüft, welche Bibliotheken (*libs*) in welchen Versionen vorhanden sind und ob bestimmte Voraussetzungen erfüllt sind. Eigentlich macht also `configure` nichts anderes, als die Abhängigkeiten, wie sie bei Paketen von den Distributoren per Hand eingestellt werden, vor dem Kompilieren zu überprüfen. Treten hier Fehlermeldungen auf, so sind diese meist selbsterklärend.

Oft reicht es dann aus, wenn man zum Beispiel fehlende Bibliotheken einfach nachinstalliert, also sich noch einmal die Installations-CDs heranholt oder einfach mal ein `apt-get install lib_die_fehlt` ausprobiert. Zudem gibt es *Include-Dateien*, eine Art Inhaltsverzeichnis für Softwarebibliotheken. Dass `configure` solche Dateien nicht findet, hat in der Regel zwei Gründe:

- **Falsches Verzeichnis**
  Include-Dateien werden standardmäßig in bestimmten Verzeichnissen vermutet. Manchmal befinden sie sich aber woanders, beispielsweise wegen unpassender Versionsnummern oder aufgrund der Tatsache, dass es sich bei Ihrem System um eine andere Distribution als bei dem der Programmierer handelt und die Verzeichnisse etwas anders strukturiert sind. Setzen Sie doch einfach einen Link, oder kopieren Sie alles entsprechend an die richtige Stelle. Vielleicht muss auch nur eine Shellvariable gesetzt werden? Manchmal hilft bei solchen Problemen, die zugegeben eher selten auftreten, auch die README oder eine FAQ weiter.

- **Falsche Bibliotheksversion**
  Manche Distributionen wie beispielsweise Debian unterscheiden in ihren Paketen zwischen Bibliotheken für normale Systeme und Bibliotheken zum Programmieren. Dies hat den Vorteil, dass eine normale Installation so erheblich kleiner wird, da Include-Dateien wirklich nur zum Übersetzen gebraucht werden. Allerdings kann man manchmal schon verzweifeln, da man die entsprechende Bibliothek ja wirklich installiert hat, aber trotzdem nichts funktioniert. In so einem Fall versuchen Sie einfach mal ein `apt-get install (lib)-dev` für die Development-Version.

  Manchmal benötigt ein Programm vielleicht eine ältere Bibliothek, die nicht mehr auf dem System installiert ist. In so einem Fall ist allerdings Fingerspitzengefühl gefragt, damit es nicht zu Problemen mit veränderten Abhängigkeiten kommt.

Wenn make abbricht
Tritt beim Kompilieren ein Fehler auf, dann ist entweder eine Bibliothek nicht vorhanden oder es liegt ein Programmierfehler vor – Letzteres ist allerdings sehr selten, und normalerweise kann man dann auch (ausgenommen man ist Informatiker) nichts machen. In so einem Fall hilft dann einfach nur das Warten auf eine neue Version oder eine Mail an die Entwickler.

make install funktioniert nicht
Wenn `make install` einen Fehler liefert, liegt dies meist an fehlenden Rechten und seltener an unfähigen Programmierern. Falls Sie wirklich `root` sind, können Sie ja versuchen, aus den Fehlermeldungen schlau zu werden – einen allgemeinen Lösungsvorschlag kann man hier leider nicht geben.

14.3 Tätigkeiten automatisieren

In diesem Abschnitt wollen wir uns die Frage stellen, wie man typische administrative Aufgaben möglichst einfach automatisieren kann. Das Leben eines Administrators besteht oft aus stupiden Handlungsfolgen, beispielsweise dem Anlegen eines neuen Benutzers. Dazu müssen Sie

1. den neuen Benutzer mit einer freien UID auf dem LDAP-Server anlegen,
2. entsprechende Gruppenzugehörigkeiten festlegen,
3. ein zufälliges Passwort erzeugen, setzen und dem User mitteilen,
4. einen E-Mail-Account anlegen usw.

Eine weitere Klasse von zu automatisierenden Tätigkeiten ist die der regelmäßigen Aufgaben, wie zum Beispiel tägliche Backups.

14.3.1 Skripte & Co.

Die einfachste Möglichkeit, Shellbefehle zu kombinieren, stellt natürlich ein Shellskript dar. Wie Sie in Kapitel 7 bereits gelernt haben, kann man diese Befehlskombinationen noch mit Variablen, Bedingungen und Schleifen flexibel gestalten.

Andererseits gibt es für besonders lange und häufig genutzte Befehle die Shell-Aliase. Diese sind jedoch nur für den interaktiven Modus relevant und für die folgenden Themen eher uninteressant.

14.3.2 Cronjobs

Möchte man Aufgaben regelmäßig ausführen lassen, so wird man im Allgemeinen einen entsprechenden *Cronjob* einrichten. Zur Abarbeitung dieser Aufträge läuft mit cron ein Dienst im Hintergrund, der regelmäßig überprüft, ob es abzuarbeitende Aufträge gibt.

Dieses Vorgehen erspart es dem Administrator, für jeden Auftrag einen entsprechenden Dienst beziehungsweise Dämon[13] aufzusetzen, der nur zu bestimmten Zeiten aktiv wird und so unnötig Ressourcen verbraucht.

---

[13] Ein Dämon ist ein im Hintergrund – also ohne Verbindung zu Tastastur oder Maus – laufender Prozess.

Die Konfiguration

Die Konfiguration geschieht über verschiedene Crontab-Dateien, die angeben, welcher Befehl zu welcher Zeit an welchem Datum ausgeführt werden soll. Nun gibt es aber mehrere Orte, an denen sich diese Dateien befinden können:

- **/etc/crontab**
  Das ist die systemweite Crontab des Administrators. Hier werden in der Regel alle regelmäßig abzuarbeitenden administrativen Aufgaben eingetragen.

- **/var/spool/cron/crontabs/**
  In diesem Verzeichnis liegen alle Crontabs der lokalen Benutzer, benannt nach dem jeweiligen Usernamen.

- **/etc/cron.{daily,weekly,monthly}**
  Diese drei Verzeichnisse stellen einen Sonderfall dar, da alle hier abgelegten Skripte wirklich Skripte und keine speziellen Crontab-Dateien sind. Je nachdem, in welchem dieser Verzeichnisse die Skripte liegen, werden sie täglich, wöchentlich oder monatlich ausgeführt. Im Übrigen wird die Abarbeitung dieser Verzeichnisse intern wieder über die Datei */etc/crontab* gesteuert.

- **/etc/cron.d**
  Die Möglichkeit, einfach eine Datei in ein Verzeichnis zu legen, ist natürlich vor allem für Pakete interessant. Wenn Pakete nun eine etwas genauere Steuerung des Ausführungszeitpunkts als »täglich«, »wöchentlich« oder »monatlich« benötigen, können sie auch eine Datei im Crontab-Format in diesem Verzeichnis ablegen.

Die Verzeichnisse in */etc* sind also vorrangig für das Paketmanagement realisiert, während die Crontabs der Benutzer in */var/spool/cron/crontabs/* beziehungsweise die Datei */etc/crontab* des Administrators für eigene Änderungen vorgesehen sind.

Das crontab-Tool

Jedoch ist es nicht Usus, dass diese Dateien direkt bearbeitet werden. Stattdessen nutzen Sie zum Editieren das Programm `crontab`. Dieses wählt mit dem optionalen Parameter `-u`, gefolgt von einem Benutzernamen, die Crontab des entsprechenden Benutzers aus. Mit einem der folgenden Parameter lässt sich dann schließlich die auszuführende Aktion auswählen:

- **-l**
  Diese Option sorgt dafür, dass der Inhalt der entsprechenden Crontab auf dem Bildschirm ausgegeben wird.

- **-r**
  Diese Option löscht die Crontab-Datei.

- **-e**

  Mit dieser Option kann man die Datei *editieren*. Dazu wird der Editor benutzt, der in der Shellvariable `EDITOR` beziehungsweise `VISUAL` angegeben ist.

Der notwendige Umweg über das `crontab`-Programm ergibt sich aus der Art und Weise, wie der `cron`-Dienst seine Dateien verwaltet. Beim Systemstart werden die Dateien von `cron` eingelesen, das sich die Startzeitpunkte der einzelnen Aktionen merkt. Zur Laufzeit sieht sich nun `cron` jeweils die Zeit der letzten Veränderung des Spooling-Verzeichnisses beziehungsweise der Datei */etc/crontab* an.

Sollte sich diese Zeit geändert haben, steigt `cron` in das entsprechende Verzeichnis hinab und untersucht alle dort vorhandenen Crontabs daraufhin, ob sich Änderungen ergeben haben, die anschließend gegebenenfalls nachgeladen werden. Aus diesem Grund ist es also nicht notwendig, `cron` nach Änderungen an einer Crontab neu zu starten. Es muss schlicht die Veränderungszeit des entsprechenden Verzeichnisses geändert werden, und genau das macht `crontab -e` für uns.

[»] Da der Timestamp der Datei */etc/crontab* direkt angesehen wird, kann hier die Bearbeitung auch direkt mit einem Editor erfolgen.

Die Crontab-Syntax

Zu guter Letzt ist noch die *Syntax* der Crontab-Dateien zu betrachten, die ja im Gegensatz zu den Dateien unter */etc/cron.daily* und Co. keine Shellskripte im eigentlichen Sinne sind. Stattdessen handelt es sich um Dateien, in denen jede Zeile entweder ein mit # eingeleiteter Kommentar oder eben die Definition eines Cronjobs ist.

Diese Definitionen bestehen aus jeweils sechs (beziehungsweise bei der */etc/crontab* aus sieben) durch Leerzeichen oder Tabs getrennten Feldern. Die ersten fünf Felder bestimmen dabei den Zeitpunkt, zu dem der Befehl im letzten Feld ausgeführt werden soll. Das vorletzte Feld bei der */etc/crontab* enthält den Benutzer, unter dessen Rechten der Befehl ausgeführt werden soll. Bei den benutzereigenen Crontabs unter */var/spool/cron/crontabs* werden die Befehle unter den Rechten des jeweiligen Users ausgeführt, weshalb dieser Eintrag auch entfällt. Eine typische */etc/crontab* könnte also wie folgt aussehen:

```
# run five minutes after midnight, every day
5 0 * * *     root /root/bin/daily.job >> /root/tmp/out
# run at 2:15pm on the first of every month
15 14 1 * *   root /bin/monthly
# run at 10 pm on weekdays, annoy Joe
0 22 * * 1-5  joe  mail -s "Hey" joe%Joe,%%Wo bist du?%
```

Listing 14.40 Eine typische /etc/crontab-Datei

Dabei sind nun die Felder interessant, die den genauen Zeitpunkt der Ausführung angeben. Sie haben folgende Bedeutung:

- **Minute**
  Dieses erste Feld gibt die Minute der Ausführung an.

- **Stunde**
  Zusammen mit dem Minutenfeld ergibt sich mit diesem Wert die genaue Uhrzeit der Ausführung des Befehls.

- **Tag des Monats**
  Gibt an, am Wievielten eines Monats der Befehl ausgeführt werden soll.

- **Monat**
  Gibt den Monat der Ausführung an. Anstelle der Monatszahlen von 1 bis 12 kann man hier auch Namen verwenden.

- **Tag der Woche**
  Unabhängig vom genauen Datum kann man auch einen Wochentag in Form einer Zahl von 0–7 (die 0 und die 7 bezeichnen jeweils den Sonntag) oder durch den entsprechenden Namen angeben.

Wie Sie aber schon im Beispiel gesehen haben, erhält cron seine Flexibilität erst durch die Wildcard »*«. Wird dieses Zeichen in einem Feld genutzt, so wird es als »jeder Zeitpunkt« interpretiert. Mit anderen Worten: Gibt man einem Befehl die Zeitsignatur »* * * * *«, so wird er an jedem Tag, zu jeder Stunde und zu jeder Minute einmal aktiv, während die Angabe von »5 * * * *« eine stündliche Ausführung – nämlich immer 5 Minuten nach der vollen Stunde – veranlassen würde.

Entsprechend bezeichnet »5 6 * * *« eine tägliche[14], »15 6 15 * *« eine monatliche[15] und »35 6 * * 5« eine wöchentliche[16] Ausführung.

Bei allen Werten sind auch Bereiche wie »3-7« oder Listen wie »2,3,5« und natürlich auch Listen von Bereichen erlaubt. Bei Bereichen sowie der Wildcard kann zusätzlich eine Schrittweite angegeben werden: So würde zum Beispiel »0-9/2« für die Liste »0,2,4,6,8« stehen. Bei der Angabe »alle zwei Stunden« kann man so auf »*/2« zurückgreifen.

Zuletzt sei noch eine Besonderheit der Interpretation der Tage erwähnt. Wenn nämlich der Tag des Monats sowie ein Wochentag angegeben wird, so wird der Befehl ausgeführt, sobald *eine* von beiden Angaben passt. So bedeutet die Angabe

---

14 Jeden Tag um 6:05 Uhr.
15 An jedem 15. eines Monats um 6:15 Uhr.
16 Jeden Freitag um 6:35 Uhr.

von »40 6 1,15 * 1« die Ausführung eines Befehls um 6:40 Uhr an jedem 1. und 15. im Monat sowie an jedem Montag.

Variablen

Nun kann man in den Crontabs auch mit Variablen arbeiten, die in jeder Zeile recht einfach in der Form

`Variablenname=Wert`

definiert werden können. Sie werden später den ausgeführten Programmen als Umgebungsvariablen zur Verfügung gestellt oder haben sogar eine Bedeutung für cron selbst. Dabei belegt cron schon einige Variablen mit bestimmten Werten vor:

- **HOME**
  Diese Variable wird mit dem Wert des Feldes aus der /etc/passwd vorbelegt.

- **SHELL**
  Diese Variable wird ebenfalls mit dem entsprechenden Wert aus der Datei /etc/passwd belegt. Sie ist für cron selbst wichtig, da der hier genannte Interpreter zum Ausführen des Kommandos genutzt wird.

- **PATH**
  Die Variable PATH wird wie immer genutzt, um Programme ohne absoluten Pfadnamen zu finden. Von cron ist diese Variable mit /usr/bin:/bin vorbelegt, als Benutzer kann man diesen Wert jedoch auch ändern.

Eine weitere wichtige Variable ist MAILTO. Sie kann vom Benutzer in der Crontab gesetzt werden und legt dabei die Adresse fest, an die eventuelle Ausgaben des im Hintergrund ausgeführten Prozesses gemailt werden sollen. So kann ein Benutzer Fehler nachvollziehen, die während der Ausführung aufgetreten sind. Ist diese Variable nicht gesetzt, wird die Mail an den Eigentümer der Crontab geschickt.

14.3.3 Punktgenau mit »at«

Während cron für die regelmäßige Ausführung zuständig ist, ist at im Gegenzug für eine einmalige Ausführung zu einem bestimmten Zeitpunkt in der Zukunft verantwortlich.

```
$ date
Mi Jul 13 19:42:26 CEST 2005
$ at 19:43
warning: commands will be executed using /bin/sh
at> echo "Hallo" > /dev/pts/2
at> <EOT>
job 1 at 2005-07-13 19:43
```

```
$ Hallo
date
Mi Jul 13 19:43:05 CEST 2005
```
Listing 14.41 at im Einsatz

Das Beispiel zeigt recht eindrucksvoll, wie einfach das Tool `at` zu bedienen ist. Am besten ruft man nämlich `at` mit der gewünschten Ausführungszeit als Argument auf. Danach startet eine Art Shell, in der man die Kommandos eingeben kann. Die Eingabe wird durch ein EOF-Zeichen quittiert, das man in der `bash` durch Drücken der Tastenkombination **Strg + D** erzeugt. Alternativ zu dieser interaktiven Form kann man über die Option `-f` auch ein abzuarbeitendes Skript angeben.

Damit es besonders anschaulich wird, haben wir uns in diesem Beispiel einfach etwas auf die aktuelle Konsole schreiben lassen. Und siehe da, zwei Minuten später tauchte plötzlich ein ominöses »Hallo« auf, ohne dass wir etwas eingegeben hätten – `at` hat also seine Arbeit erledigt.

Die Zeit angeben

Allerdings erlaubt `at` auch andere Arten, um die Ausführungszeit anzugeben. Gibt man nur die Uhrzeit an, so wird – sofern die Zeit noch nicht verstrichen ist – das Kommando zur angegebenen Zeit ausgeführt. Andernfalls wird angenommen, dass die Uhrzeit des nächsten Tages gemeint ist.

Es ist ebenfalls möglich, einer Uhrzeit die im Englischen üblichen Kürzel `am` für den Vormittag oder `pm` für den Nachmittag anzuhängen. Ergänzend kann man mit den Schlüsselwörtern `now` oder auch `midnight` arbeiten. Auch kann man zu einem Zeitpunkt eine bestimmte Anzahl *Zeiteinheiten* dazuaddieren. Solche Einheiten können `minutes`, `hours`, `days` oder auch `weeks` sein und werden wie in `at 8am + 3 days` angegeben.

Alternativ kann man nach der Uhrzeit auch direkt das Datum angeben. Ob Sie dabei die Form `TT.MM.JJ` oder die englische Variante mit abgekürzten Monatsnamen und dem anschließend genannten Tag wählen, bleibt Ihnen selbst überlassen. Zur besseren Verständlichkeit folgen nun einige Beispiele samt Erläuterungen:

- **at 8pm + 3 days**
  Diese Zeitangabe würde die Ausführung des Jobs um 8 Uhr abends in 3 Tagen verursachen.

- **at 12:34 Jul 21**
  Hier wäre 12:34 Uhr am 21. Juli der Zeitpunkt der Ausführung.

- **at 14:35 28.07.**
  Diese alternative und für uns vielleicht etwas intuitivere Datumsangabe ist auch möglich.

Hat man nun einmal einen Job abgesetzt, so gibt es unter Umständen verschiedenste Verwaltungsaufgaben.

at-Jobs verwalten

Die Warteschlange

Für diesen Zweck gibt es zwei Tools, die jedoch nichts anderes als Aliase auf at mit speziellen Optionen sind. Da wäre zum einen atq, das die Warteschlange der noch nicht ausgeführten Jobs anzeigt:

```
$ atq
12      2005-07-14 12:00 a jploetner
13      2005-07-14 20:35 a jploetner
14      2005-07-14 21:02 a jploetner
```

Listing 14.42 atq

Zum anderen gibt es das atrm-Tool, mit dem man bereits angesetzte Jobs wieder löschen kann. Dazu übergibt man einfach die bei atq abgelesene Job-ID als Argument:

```
$ atrm 12
$
```

Listing 14.43 atrm

Hat man vergessen, was ein Job eigentlich macht, so sollte man at mit der Option -c, gefolgt von der Jobnummer, aufrufen. Als Ausgabe erhält man schließlich alle Befehle so, wie sie von at abgearbeitet werden würden.

Wundern Sie sich bei interaktiv eingegebenen Jobs nicht über die Menge der Ausgabezeilen: Die gesamten Umgebungsvariablen der Shell werden in diesem Skript genauso gesetzt wie das Arbeitsverzeichnis, das zur Definition des Jobs aktiv war. Erst dann folgen die Befehle.

Batch-Jobs

Andererseits möchte man auch manchmal Jobs absetzen, die eben nicht zu einer bestimmten Zeit ausgeführt werden sollen, sondern immer dann, wenn das System gerade wegen geringer Last noch Ressourcen für die Aufgabe übrig hat. Für diese sogenannten *Batch-Jobs* kann man das Programm batch heranziehen, das sich genau wie at – nur eben ohne Zeitangabe im Argument – bedienen lässt.

14.4 Logging

Ein weiteres interessantes Thema der Systemverwaltung ist das *Logging*. Vor allem bei Problemen kann man in den sogenannten *Logfiles* häufig die Ursache oder sogar Ansatzpunkte zu einer Lösung finden, etwa in Form einer Fehler- oder Statusmeldung eines Dienstes oder des Systems.

Wichtige Systeminfos

14.4.1 Logdateien

Am wichtigsten beim Logging sind zweifelsohne die Logdateien (Logfiles). In ihnen werden je nach Konfiguration schwere Fehler, wichtige Vorgänge oder unter Umständen auch unwichtige Informationen verzeichnet. Dabei haben viele Softwarepakete eigene Logdateien, die jedoch im Allgemeinen immer in */var/log* oder diversen Unterverzeichnissen davon zu finden sind.

/var/log/messages

Die wichtigste Logdatei eines Systems ist */var/log/messages*. Sie enthält so ziemlich alles, was der Kernel und die wichtigsten Systemprozesse mitzuteilen haben. So schreibt der Kernel eigene Meldungen in diese Datei, aber auch Anwendungen ohne eigene Logdateien haben die Möglichkeit, Nachrichten hineinzuschreiben. Betrachten wir im Folgenden einen Auszug aus der Datei:

```
...
Oct 12 11:44:44 localhost kernel: eth0: no IPv6      \
  routers present
...
...
Oct 12 14:59:00 localhost /USR/SBIN/CRON[2011]:      \
  CMD ( rm -f /var/spool/cron/lastrun/cron.hourly)
Okt 12 15:29:09 localhost su: FAILED SU (to root)    \
  jploetner on /dev/pts/4
Okt 12 15:29:16 localhost su: (to root) jploetner    \
  on /dev/pts/4
Okt 12 15:29:16 localhost su: pam_unix2: session     \
  started for user root, service su
Okt 12 15:31:42 localhost su: pam_unix2: session     \
  finished for user root, service su
```

Listing 14.44 Auszug aus /var/log/messages

Hier wird bereits der generelle Aufbau einer typischen Logdatei deutlich: Es werden das Datum und die genaue Uhrzeit vor der eigentlichen Nachricht angegeben. Im Falle von */var/log/messages* folgt nach der Zeit der Name des Rechners, der die

Meldung verursacht hat, dann der Name des aufrufenden Programms, gefolgt von der eigentlichen Meldung.

[zB] In unserem Fall enthält die Datei ausschließlich Meldungen eines einzigen Computers, der im Logfile als localhost[17] identifiziert wird. In unserem Beispiel finden wir Meldungen von cron, su und dem Kernel.

Ein fehlgeschlagenes Login

An der Ausgabe können wir zum Beispiel erkennen, dass der Benutzer jploetner einmal vergeblich versucht hat, sich per su-Kommando die root-Identität zu verschaffen, um als Systemadministrator Aufgaben zu übernehmen. Ein paar Sekunden später hat er es aber dann doch geschafft und war für ein paar Minuten in einer Session als root aktiv.

Aus den Meldungen des Kernels wurde eine beliebige herausgegriffen, in diesem Fall eine Meldung vom Bootvorgang, die beim Initialisieren der Netzwerkschnittstellen auftrat.

Eine typische Information ist bspw. der Eintrag des cron-Programms. Eine solche Logdatei bietet einen komfortablen Weg, eine Rückmeldung über die gestarteten Programme zu bekommen – in diesem Fall wurde einfach nur eine Statusdatei mit dem Kommando rm gelöscht, um die Festplatte nicht mit unnützen Daten zu verstopfen.

/var/log/wtmp – wer arbeitet(e) am System?

Die letzten Logins

Die *wtmp*-Datei enthält Informationen über die letzten Logins oder Login-Versuche *für jeden einzelnen Nutzer*. Leider ist die Datei in keinem für Menschen lesbaren (Text-)Format gespeichert, daher kann man diese Informationen nur über das lastlog-Programm anzeigen lassen:

```
$ lastlog
Username   Port    From         Latest
root       tty2                 Don Sep 18 16:35:01 2005
bin                             **Never logged in**
...
jploetner  :0      console      Son Okt 16 11:46:30 2005
swendzel   pts/5   jupiter.wg   Son Okt 16 20:05:22 2005
...
```

Listing 14.45 Die letzten Logins mit lastlog

Beim einfachen Aufruf von lastlog werden also alle Benutzer mit den entsprechenden Daten ausgegeben. Zu diesen Daten gehört einerseits der Zeitpunkt, andererseits aber auch der Ort, von dem aus sich der entsprechende Benutzer eingeloggt

---

17 Der Name localhost bezeichnet immer den aktuellen, lokalen Rechner.

hat. Diese kann eine lokale Konsole wie beispielsweise `tty2` oder auch ein fremder Rechner (`jupiter.wg`) sein, der eine virtuelle Konsole (`pts/5`) zum Einloggen nutzt.

Eng im Zusammenhang mit diesem Logfile steht nun die Datei */var/run/utmp*.[18] Sie enthält nämlich Informationen über die *momentan* eingeloggten Benutzer. Da auch diese Datei in einem unlesbaren Format geschrieben ist, kann man zum Beispiel das Programm w nutzen, um die entsprechenden Informationen auszulesen:

Alle aktuell eingeloggten User

```
# w
13:40:18 up 1:12, 2 users, load average: 0.34,0.4,0.51
USER     TTY   FROM         LOGIN@  IDLE  JCPU   PCPU  WHAT
jploetne :0    -            12:29   ?xdm? 5:24   0.00s -:0
root     pts/3 jupiter.wg   13:40   0.00s 0.00s  0.00s w
```

Listing 14.46 Alle eingeloggten User mit w

Hier sind also gerade zwei Benutzer – `root` und `jploetner` – eingeloggt. Dabei ist `jploetner` lokal auf der grafischen Oberfläche (`:0`, siehe Kapitel 24, »X11-Programme«) eingeloggt, während `root` von einem anderen Rechner aus eine virtuelle Konsole benutzt.

Es gibt mit who und whoami noch zwei weitere Programme, mit denen Sie herausfinden können, wer sich derzeit beim System angemeldet hat bzw. als wer Sie selbst gerade am System eingeloggt sind und an welchem Terminal Sie arbeiten. Im Wesentlichen sind die ausgegebenen Informationen dieselben wie beim zuvor besprochenen Programm w.

who und whoami

```
$ who
swendzel tty7        2010-08-28 10:16 (:0)
swendzel pts/0       2010-08-28 17:11 (:0.0)
swendzel pts/1       2010-08-28 17:41 (:0.0)
$ whoami
swendzel
$ echo $USER
swendzel
```

Listing 14.47 who und whoami

who liefert mit dem Parameter -q zudem die Anzahl der derzeit eingeloggten Benutzer:

---

18 Auf einigen Systemen ist die *utmp* auch unter */var/log* gespeichert. Da diese Datei jedoch Laufzeitparameter speichert, ist sie unter */var/run* besser aufgehoben.

```
$ who -q
swendzel swendzel swendzel swendzel
# Benutzer=4
```

Listing 14.48 Anzahl derzeit angemeldeter Benutzer anzeigen

Auch ein paar *Eastereggs* sind mit dem Programm möglich, wie das folgende Listing zeigt. Sobald Sie mindestens zwei textuelle Parameter angeben, nimmt who nämlich an, Sie hätten den Parameter -m angegeben, der bewirkt, das nur Ihr Login erscheint.

```
$ who am i
swendzel  pts/1        2010-08-28 17:41 (:0.0)
$ who wrote this book?
swendzel  pts/1        2010-08-28 17:41 (:0.0)
```

Listing 14.49 who-Eastereggs

/var/log/Xorg.log

Ein typisches Beispiel für eine anwendungsspezifische Logdatei ist */var/log/Xorg.log*. Bei dieser Datei handelt es sich um eine Logdatei der grafischen Oberfläche X11. Sie enthält zahlreiche Informationen zum Start des sogenannten X-Servers. Vor allem bei unerklärlichen Abstürzen findet man hier häufig einen Anhaltspunkt zur Lösung des Problems.

14.4.2 syslogd

Als Nächstes wollen wir uns ansehen, wie die Nachrichten in die Logfiles kommen. Bei einer anwendungsspezifischen Datei wie der *Xorg.log* ist der Fall klar: Die Anwendung öffnet die Datei und schreibt die Nachrichten einfach hinein. Im schlimmsten Fall muss die Anwendung beim Logging mehrere Instanzen verkraften können, falls mehrere User dieses Programm gleichzeitig nutzen.

Für eine zentrale Logdatei wie die */var/log/messages* ist eine solche Vorgehensweise jedoch nicht praktikabel. Schließlich könnte es sowohl zu Synchronisations- als auch zu Sicherheitsproblemen kommen. Vermischte oder von »bösen« Programmen gelöschte Meldungen wären möglich. Um solche Schwierigkeiten auszuschließen, braucht man eine zentrale Instanz zur Verwaltung der Logdateien. Unter Linux ist eine solche Instanz im syslogd realisiert.

Zugriff auf den syslogd

Um nun eine Nachricht in die System-Logfiles zu schreiben, muss ein Programmierer eine entsprechende Bibliotheksfunktion nutzen. Diese Funktion heißt syslog() und nimmt als Argumente eine Ganzzahl sowie den einzutragenden Text entgegen, der ähnlich wie bei `printf()` formatiert werden kann. Wie das Ganze nun aussehen kann, zeigt dieser Beispielcode:

```
#include <syslog.h>

int main()
{
  /* Der erste Parameter von syslog() enthält einen
   * durch logische ODER-Verknpüfungen zusammengefügten
   * Bitwert. Im folgenden Absatz beschreiben wir die
   * Werte, die diese Bitmaske annehmen kann.
   */
  syslog( LOG_USER | LOG_INFO, "Nachricht\n" );

  return 0;
}
```

Listing 14.50 Ein syslog()-Testcode

Hier wird der Text »Nachricht« an den `syslogd` übergeben, damit er diesen in die Logfiles schreibt. Dabei spezifiziert das erste Integer-Argument von `syslog()` die Priorität – den *Loglevel* – sowie die Herkunft der Nachricht und wird aus der ODER-Verknüpfung der Konstanten `LOG_INFO` und `LOG_USER` gebildet. Diese letzte Konstante – die *Facility* – zeigt im Beispiel an, dass die Nachricht von einem normalen Benutzerprogramm kommt. Sie kann jedoch unter anderem auch die folgenden Werte annehmen:

- **LOG_AUTHPRIV**
  Diese Facility wird bei sicherheitsrelevanten Authentifizierungsnachrichten benutzt. Ein Beispiel dafür wäre das `su`-Programm, über das sich Benutzer eine andere Identität verschaffen können, für die sie das Passwort kennen müssen.

- **LOG_CRON**
  Diese Facility wird von den weiter oben vorgestellten Diensten `cron` und `at` genutzt (Abschnitt 14.3.2 bzw. 14.3.3).

- **LOG_DAEMON**
  `LOG_DAEMON` ist für alle Dienste gedacht, die keine eigene Facility besitzen. Es lässt sich jedoch sehr oft konfigurieren, welche Facility und welchen Loglevel ein bestimmter Dienst haben soll. Für eine bessere Differenzierung beim späteren Filtern nach dieser Facility können in einem solchen Fall auch die folgenden Facilities genutzt werden:

- LOG_LOCAL0 bis
- LOG_LOCAL7

Diese sind zwar vom Namen her weniger aussagekräftig, bieten aber lokal doch eine gewisse Flexibilität. Vorsicht bei der Bedeutungstreue ist nur dann geboten, wenn im Netzwerk geloggt wird.

- **LOG_FTP**
  FTP-Serverdienste können diese Facility nutzen, um ihre Lognachrichten zu speichern.

- **LOG_KERN**
  Diese Facility wird für Kernel-Nachrichten genutzt; ein normales Benutzerprogramm hat mit dieser Facility nichts zu tun. In den Linux-Implementierungen des syslog-Dienstes bedient ein eigener Prozess die Requests des Kernels: der klogd.[19] Er wurde aus Konsistenzgründen eingeführt und tut nichts anderes, als die Nachrichten des Kernels an den Syslog weiterzuleiten. Dieser verarbeitet diese Nachrichten dann ganz normal.

Logging des Kernels

- **LOG_LPR**
  Druckerdienste wie der lpd oder cupsd setzen über diese Facility ihre Nachrichten ab.

- **LOG_MAIL**
  Entsprechend nutzen Maildienste wie exim, sendmail und postfix diese Log-Facility, um Meldungen in den Systemlogfiles zu speichern.

- **LOG_NEWS**
  Newsserver wie der cdpnntpd nutzen die LOG_NEWS-Facility.

- **LOG_SYSLOG**
  Diese Facility hingegen wird nur vom syslogd selbst genutzt und ist nicht für die Nutzung in normalen Benutzerprogrammen oder Systemdiensten bestimmt.

- **LOG_USER (default)**
  Wird keine Facility weiter angegeben, so ist LOG_USER die Vorgabe des Systems. Diese Facility wird auch für jedes nicht weiter spezifizierte Programm aus dem Userland genutzt.

Über die Facility kann ein Programm also dem syslogd mitteilen, *woher* eine Nachricht kommt. Inwieweit der Logging-Dienst diese Information zur Verarbeitung der Nachricht heranzieht, werden wir bei der Konfiguration des Dienstes noch näher

---

[19] Daher bezeichnet man das entsprechende Paket auch als sysklogd, um diese Trennung zu betonen und von der traditionellen Implementierung aus der BSD-Welt zu unterscheiden, bei der es diese Trennung so noch nicht gab.

erläutern. Im Folgenden soll jedoch erst einmal eine Übersicht über die unterschiedlichen Loglevel beziehungsweise Prioritäten einer Nachricht gegeben werden:

- **LOG_EMERG**
  Nachrichten dieser Priorität zeigen ein *unbenutzbares* System an.

- **LOG_ALERT**
  Bei dieser Gefahrenstufe muss *sofort* gehandelt werden.

- **LOG_CRIT**
  Nachrichten dieser Priorität bezeichnen einen *kritischen* Zustand.

- **LOG_ERR**
  Mit diesem Wert kann man einfache Fehlernachrichten belegen.

- **LOG_WARNING**
  Entsprechend bezeichnet `LOG_WARNING` einfache Warnungen, die also weniger kritisch sind.

- **LOG_NOTICE**
  Diese Nachricht bezeichnet eine normale, aber immer noch wichtige Nachricht.

- **LOG_INFO**
  Diese Stufe bezeichnet eine einfache Information ohne besondere Wichtigkeit, die auch ignoriert werden kann.

- **LOG_DEBUG**
  Debug-Nachrichten sind die am wenigsten relevanten Nachrichten und werden vor allem zum *Debugging*, also zum Überprüfen frisch geschriebener Software auf eventuelle Fehler genutzt.

Inwieweit diese Informationen nun relevant für die Verarbeitung der Nachrichten vom `syslogd` sind, wird spätestens bei der Konfiguration des Dienstes klar, die wir im Folgenden darstellen. Dazu müssen wir aber noch zwischen zwei Implementierungen differenzieren: dem *Syslog* und dem *Syslog-ng*.

Der Syslog-ng-Dienst ist eine Alternative zum traditionellen Syslog und kann auf fast allen Distributionen nachinstalliert werden. Seine Vorteile sind höhere Flexibilität und die bessere I/O-Performance bei vielen Log-Einträgen. Diese erhöhte Flexibilität führt aber auch zu einer komplexeren Konfigurationsdatei. Daher wollen wir hier die Konfiguration des traditionellen Syslogs erläutern. Mit diesem Basiswissen und der Manpage zum Syslog-ng können Sie diesen dann ebenfalls an Ihre eigenen Bedürfnisse anpassen.

syslog-ng

Die Datei /etc/syslog.conf

Den Syslog konfigurieren

Im Folgenden wollen wir also die Konfiguration des traditionellen, ursprünglich aus der BSD-Welt kommenden Syslogs über die Datei */etc/syslog.conf* behandeln. Diese ist dabei als eine Ansammlung von unterschiedlichen Regeln zu verstehen, die bestimmen, wie mit Nachrichten aus bestimmten Facilities und Logleveln verfahren werden soll. Um diese Regeln nun zu erklären, werden wir im Folgenden einzelne, typische Beispiele erläutern.

Eine Regel ist eine Zeile, die einen *Selektor* enthält und eine *Aktion* definiert. Dabei können über einen Backslash (\) auch mehrere Zeilen zu einer Regel zusammengefasst werden.

Ein Selektor besteht aus mehreren Paaren der Form `facility.log-level` und spezifiziert damit die Herkunft einer Nachricht. Eine Aktion ist dann typischerweise die Datei, in die die Nachricht geschrieben wird. Es ist jedoch auch möglich, die gewählten Nachrichten mit @ auf einen fremden Rechner, eine lokale Konsole oder direkt an die Shell eines angemeldeten Users zu schicken. Außerdem kann man die Selektoren noch über Symbole wie =, !=, ! oder auch * recht flexibel handhaben.

```
*.=crit;kern.none           /var/log/critical.log
```

Listing 14.51 Was kommt in die Datei /var/log/critical.log?

Diese Regel würde alle Nachrichten des Loglevels `LOG_CRIT`, ausgenommen alle Kernel-Messages, in der Datei */var/log/critical.log* speichern. Dazu wurde im Selektor zuerst für die Facility eine Wildcard (*) eingesetzt, der Loglevel mittels = jedoch auf `crit` festgelegt. Die Wildcard von eben wird jedoch im nächsten Schritt durch `kern.none` wieder eingeschränkt, da dadurch eben Nachrichten der `LOG_KERN`-Facility ausgeschlossen werden.

```
kern.*                      /var/log/kern.log
kern.crit                   @gateway
kern.crit                   /dev/console
kern.info;kern.!err         /var/log/kern-info.log
```

Listing 14.52 Nachrichten des Kernels

Kernel-Logging

Diese Regeln sind schon etwas komplizierter. Die erste davon gibt an, dass alle Nachrichten der `LOG_KERN`-Facility in der */var/log/kern.log* gesichert werden sollen.

Die zweite Regel leitet zusätzlich alle mindestens kritischen Nachrichten dieser Facility zum Rechner *gateway*. Es ist sinnvoll, zumindest solche kritischen Nachrichten noch extern zu speichern, da im Falle eines Festplattencrashs oder eines entsprechenden Treiberproblems die Meldungen nicht verloren gehen und noch nachvollzogen werden können.

Sollte allerdings der Netzwerk-Stack des Kernels ebenfalls ein Problem haben, so wird auch eine Weiterleitung nichts bringen. Daher sollen alle diese Nachrichten ebenfalls auf der Konsole des aktuell eingeloggten Users ausgegeben werden, die durch das Device */dev/console* repräsentiert wird.

Schließlich sollen alle Nachrichten der Facilities `LOG_INFO`, `LOG_NOTICE` und `LOG_WARNING` in der */var/log/kern-info.log* gespeichert werden. Mit `kern.info` wählt man alle Nachrichten aus, die mindestens den Loglevel `LOG_INFO` beitzen, und `kern.!err` schließt alle Meldungen aus, die als `LOG_ERR` oder wichtiger klassifiziert wurden, so dass die genannten übrig bleiben.

```
mail.=info                /dev/tty12
```

Listing 14.53 Auf die 12. Konsole!

Dieser Ausdruck leitet alle Nachrichten der Facility `LOG_MAIL` im Level `LOG_INFO` an das Gerät */dev/tty12*, die zwölfte Konsole, weiter. So können Nachrichten durch Drücken von **Strg + Alt + F12** auf eben dieser Konsole gelesen werden. Durch Drücken von **Strg + Alt + F7** oder **Alt + F7** kommt man anschließend wieder auf die grafische Oberfläche oder durch Drücken einer anderen F-Taste eben wieder auf die entsprechende Textkonsole.

Ein Grund für die gesonderte Behandlung dieses einen Facility/Loglevel-Paares könnte der Umstand sein, dass zum Beispiel der TCP-Wrapper `tcpd` standardmäßig diese Einstellungen benutzt und man ihn von der »normalen« Behandlung des Mail-Loggings ausnehmen möchte.

```
mail.*;mail.!=info        /var/log/mail.log
```

Listing 14.54 Das restliche Mail-Logging

Möchte man alle anderen Nachrichten der `LOG_MAIL`-Facility in */var/log/mail.log* sammeln, so genügt die folgende Regel. In ihr wird eigentlich nach Facility geloggt (`mail.*`) und nur genau der Loglevel `LOG_INFO` ausgeschlossen (`mail.!=info`).

```
*.=info;*.=notice;*.=warn;\
      auth,authpriv.none;\
      cron,daemon.none;\
      mail,news.none          -/var/log/messages
```

Listing 14.55 /var/log/messages

In dieser Regel wird definiert, was alles in */var/log/messages* geschrieben wird. Dies wären unter anderem alle Nachrichten der Loglevel `LOG_INFO`, `LOG_NOTICE` und `LOG_WARNING`. Nicht mit von der Partie sind Nachrichten der Facilities `LOG_AUTH`, `LOG_AUTHPRIV` oder auch `LOG_CRON`.

An diesem Beispiel waren vor allem zwei Dinge neu: Mehrere Facility-Bezeichnungen konnten durch Kommas getrennt werden, und es stand ein Minuszeichen vor dem Dateinamen. Dieses Zeichen verhindert das sofortige Schreiben neuer Nachrichten auf die Platte und ermöglicht durch die so mögliche Pufferung eine bessere Performance bei vielen Log-Einträgen.

```
*.=emerg                        *
```

Listing 14.56 Alle Notfälle an alle User schicken

Diese Regel schickt nun alle `LOG_EMERG`-Meldungen auf die Konsolen aller aktuell eingeloggten Benutzer. Dieses Feature wird ansonsten vom Programm `wall` angeboten, dessen Features wie immer auf der entsprechenden Manpage gefunden werden können.

```
*.alert                         root,jploetner
```

Listing 14.57 Den Administrator benachrichtigen

Remote-Logging

Hier geben wir an, dass alle Nachrichten vom Level `LOG_ALERT` oder wichtiger direkt auf die Konsolen der User `root` und `jploetner` geleitet werden, so diese denn eingeloggt sind.

```
*.*                             @gateway
```

Listing 14.58 Remote-Logging komplett

Besonders bei einem mittleren bis größeren Rechenzentrum oder einem Rechner-Cluster ist es oft sinnvoll, das gesamte Logging auf einem einzigen Rechner vorzunehmen. Mit einer solchen Regel würde man offensichtlich *alles* – der Selektor »*.*« trifft keine Einschränkungen – auf den Rechner *gateway* weiterleiten.

Damit der `syslogd` auf dem entsprechenden Rechner auch Nachrichten aus dem Netzwerk annimmt, muss er mit der Option `-r` gestartet werden. Um dies zu automatisieren, muss diese Option im Startup-Skript des Dienstes eingetragen werden. Unter Debian wäre dies die */etc/init.d/syslogd*, in der man folgende Zeilen findet:

```
# Options for start/restart the daemons
#   For remote UDP logging use SYSLOGD="-r"
SYSLOGD=""
```

Listing 14.59 Den syslogd netzwerkfähig machen

Verführt man nun wie in dem Kommentar beschrieben, können alle Rechner im Netzwerk auf diesem System loggen. Wie Sie allerdings Ihr Netzwerk korrekt kon-

14.4.3 logrotate

Logdateien werden mit der Zeit immer größer, und übergroße Logdateien können potenziell ein System außer Gefecht setzen, indem sie irgendwann die ganze Festplatte füllen. Für dieses Problem gibt es das Programm `logrotate`. Wird eine Logdatei zu groß oder ist ein bestimmter Zeitabschnitt vorüber, so wird sie gepackt beziehungsweise gelöscht, und eine neue, leere Datei erstellt.

Logfiles aufräumen

Dabei ist `logrotate` jedoch kein Dämonprozess – und dies hat auch seine Gründe. Es ist nicht notwendig, dass das Programm die gesamte Zeit im Hintergrund läuft und Speicher sowie Rechenzeit frisst. Stattdessen läuft `logrotate` als Cronjob, wird also vom `cron`-Dämon in einem regelmäßigen Intervall gestartet.

Viele Distributionen haben `logrotate` schon als Cronjob sinnvoll vorkonfiguriert, und wenn Sie in Ihrem Logverzeichnis */var/log* ein paar durchnummerierte und gepackte Dateien finden, ist `logrotate` schon am Werk.

```
$ls /var/log/messages*
/var/log/messages
/var/log/messages-20050510.gz
/var/log/messages-20050629.gz
```

Listing 14.60 logrotate bei der Arbeit

Die Konfiguration

Sie konfigurieren `logrotate` über die Datei */etc/logrotate.conf*. Eine Beispieldatei sieht folgendermaßen aus:

```
# see "man logrotate" for details
# rotate log files weekly
weekly

# keep 4 weeks worth of backlogs
rotate 4

# create new (empty) log files after rotating old ones
create

# we want our log files compressed
compress

# packages drop log rotation information into this  directory
```

```
include /etc/logrotate.d

/var/log/wtmp {
    missingok
    monthly
    create 0664 root utmp
    rotate 1
}
```

Listing 14.61 Eine einfache logrotate.conf

Die Datei ist also wie folgt aufgebaut: Am Anfang der Datei stehen »globale« Optionen, die – falls keine speziellen, übergreifenden Regelungen getroffen wurden – für alle Logdateien gelten. In unserem Beispiel wäre mit diesen Optionen geregelt, dass die Dateien wöchentlich *rotiert* (also als Backup gespeichert), dass vier dieser Backups komprimiert vorgehalten und dass nach dem Rotieren die Logdateien selbst wieder leer initialisiert werden.

Außerdem werden bei diesem der Debian-Standardinstallation entnommenen Beispiel alle im Verzeichnis */etc/logrotate.d* befindlichen Dateien eingebunden. So können Softwarepakete die Rotation ihrer Logfiles selbst bestimmen, indem sie einfach eine entsprechende Datei in dem Verzeichnis ablegen.

Die Logfiles an sich werden in den von geschweiften Klammern eingefassten Blöcken ähnlich dem hier aufgeführten */var/log/wtmp*-Beispiel noch einmal genau spezifiziert. Erst jetzt weiß `logrotate`, welche Dateien genau überwacht werden sollen und ob eventuell globale Optionen wie im Beispiel teilweise geändert wurden.

14.4.4 logcheck

Gerade bei mehreren Servern oder großen Datenvolumen ist es umständlich, die Logdateien regelmäßig nach auffälligen Meldungen zu durchforsten. So kommt es oft zu der paradoxen Situation, dass Sicherheitsvorfälle zwar protokolliert, aber schlicht nicht beachtet werden.

Logfiles überprüfen Abhilfe können Sie zum Beispiel durch den Einsatz von `logcheck` schaffen, einem Tool, das bei den meisten Distributionen erst noch nachinstalliert werden muss. Über die sehr einfache Konfigurationsdatei */etc/logcheck/logcheck.conf* teilen Sie dem Programm mit, welche der drei Alarmstufen `paranoid`, `server` und `workstation` Sie benutzen möchten und an welchen Mail-Account die Reports geschickt werden sollen.

```
# Controls the level of filtering:
# Can be Set to "workstation", "server" or "paranoid"
# for different levels of filtering. Defaults to
# paranoid if not set.
REPORTLEVEL="server"

# Controls the address mail goes to:
SENDMAILTO="admin@ihrefirma.de"

# Should the hostname of the generated mails be
# fully qualified?
FQDN=1
```

Listing 14.62 Eine minimale logcheck.conf

Standardmäßig werden nur die Dateien */var/log/syslog* und */var/log/auth.log* überprüft, Sie können aber über die Datei *logcheck.logfiles*, die sich wie die *logcheck.conf* meist im Verzeichnis */etc/logcheck* befindet, weitere Logfiles hinzufügen.

```
# these files will be checked by logcheck
# This has been tuned towards a default syslog install
/var/log/syslog
/var/log/auth.log
```

Listing 14.63 logcheck

Intern arbeitet `logcheck` mit einer Datenbank von Filterausdrücken, die sich für die einzelnen Reportlevel in ihrer Ausführlichkeit unterscheiden. Diese Filter anzupassen ist im Allgemeinen jedoch unnötig, daher werden wir an dieser Stelle nicht weiter darauf eingehen.

14.5 Dateisystemverwaltung

In diesem Abschnitt wollen wir uns nun um Verwaltungsaufgaben kümmern, die mit dem Dateisystem zu tun haben. Dabei gibt es wiederum Grundlagen, die vor den eigentlich interessanten Themen behandelt werden müssen. Im ersten Kapitel haben wir dabei schon das VFS, das Mounting sowie */etc/fstab* erwähnt. Diese Themen wollen wir nun aufgreifen.

14.5.1 /etc/fstab

Betrachten wir im Folgenden noch einmal das Beispiel aus Kapitel 5, und konzentrieren wir uns dabei auf die Felder, die wir noch nicht besprochen haben:

```
# Proc-Verzeichnis
proc            /proc       proc    defaults                    0 0

# Festplatten-Partitionen
UUID=c5d055a1-8f36-41c3-9261-0399a905a7d5
                /           ext3    relatime,errors=remount-ro  0 1
UUID=c2ce32e7-38e4-4616-962e-8b824293537c
                /home       ext3    relatime                    0 2

# Swap
/dev/sda7       none        swap    sw                          0 0

# Wechseldatenträger
/dev/scd0       /mnt/dvd udf,iso9660 user,noauto,exec,utf8      0 0
```

Listing 14.64 Eine /etc/fstab-Datei

Aufbau — Der Aufbau dieser Datei ist tabellarisch. Jeder Datensatz steht in einer eigenen Zeile, jedes Attribut ist durch Leerzeichen vom nächsten getrennt. Die erste Spalte legt das Blockgerät – die Gerätedatei des Speichermediums – fest, das gemountet werden soll. An dieser Stelle können auch Netzwerkdateisysteme in der Form `Rechner:Verzeichnis` angegeben werden.

In Spalte zwei ist der Mountpoint angegeben. Beschreibt ein Datensatz jedoch den Swap-Auslagerungsspeicher, so ist hier kein Mountpoint, sondern »none« anzugeben.

Das dritte Feld legt das Dateisystem fest. Auf einer CD-ROM findet sich schließlich ein ganz anderes Dateisystem als auf einer Windows- oder Linux-Partition. Generell können hier folgende Dateisystemtypen angegeben werden:

▶ ext
  Der Vorläufer des bei Linux hauseigenen Dateisystems ext2.

▶ ext2
  Dieses Dateisystem erlaubt recht lange Dateinamen und benutzt Inodes zur Verwaltung der Dateien.

▶ ext3/ext4
  Die aktuellen Journaling-Versionen des ext2-Dateisystems. Diese Extended-Dateisysteme sind speziell für Linux entwickelt worden und damit für den Einsatz damit prädestiniert. Sie sind abwärtskompatibel. Man kann demnach eine ext3-Partition mit einem ext2-Treiber mounten, und alles läuft glatt. Darüber hinaus entfällt bei ext3 und ext4 ein langes Überprüfen der Partition, wenn beispielsweise durch einen Stromausfall das Dateisystem nicht ordentlich aus-

gebunden werden konnte, was sonst beim Shutdown des Systems automatisch passiert.

- **xfs**

  SGIs XFS. Dieses schon alte Dateisystem benötigt einen Kernel-Patch, bietet sich jedoch besonders für die Verwaltung sehr großer Datenmengen an und unterstützt Access Control Lists sowie Journaling.

- **reiserfs**

  ReiserFS (Filesystem) ist ein relativ neues und sehr weit verbreitetes Journaling-Dateisystem, das binäre Bäume als Grundlage seiner Datenverwaltung benutzt. Als das ext3-System noch nicht fertiggestellt war, wurde ReiserFS aufgrund seiner Journaling-Fähigkeiten dem Dateisystem ext2 oft vorgezogen.

- **swap**

  Das Swap-Dateisystem wird zur Auslagerung momentan nicht benötigter Hauptspeicherdaten benutzt.

- **msdos/vfat**

  Microsofts FAT16/32-Dateisysteme. Sollten Sie eine ältere Windows- oder DOS-Partition benutzen, so kann diese hiermit auch von Linux aus genutzt werden.

- **ntfs**

  Das Dateisystem NTFS von Microsoft, das auf neueren Windows-Versionen zum Einsatz kommt, wird ebenfalls (jedoch nicht immer mit Schreibzugriff) unterstützt.

- **iso9660**

  Dieses Dateisystem wird auf CD-ROMs und DVDs verwendet.

- **nfs**

  Das Netzwerkdateisystem NFS (*Network Filesystem*) wird für die Speicherung von Dateien auf Fileservern genutzt. Ein so von einem anderen Rechner gemountetes Dateisystem ist für den Benutzer mit Ausnahme von Performanceaspekten nicht von lokalen Verzeichnissen zu unterscheiden.

- **proc**

  Das Prozessdateisystem proc enthält unter anderem Informationen über die aktuellen Prozesse des Rechners sowie andere Einstellungen und Laufzeitdaten des Kernels. Dieses Dateisystem ist ein Pseudodateisystem, da Sie die Dateien und Verzeichnisse zwar sehen, aber alles auf Ihren Zugriff hin zur Laufzeit für Sie erstellt wird. Es benötigt also keinerlei Platz auf der Festplatte.

Die vierte Spalte wird zur Festlegung einiger Optionen benutzt. Mehrere angegebene Optionen werden durch ein Komma getrennt. Die wichtigsten lauten:

- auto/noauto
  Hiermit wird festgelegt, ob ein Dateisystem automatisch beim Booten gemountet werden soll. Mountet man ein Dateisystem nicht beim Booten, so genügt später ein einfaches mount mit dem Mountpoint oder dem Device als Parameter, um das Dateisystem einzubinden.

- user=steffen,gid=1000

  Integration ins VFS

  Mit einem solchen Parameter können die Rechte für den Zugriff auf ein Dateisystem gesetzt werden. Das ist vor allem für Dateisysteme interessant, die selbst keine Benutzer- oder Rechteinformationen verwalten, wie etwa Microsofts FAT16/32. Bei einem Listing mit ls -l werden dann die hier vorgegebenen (Rechte-)Daten angezeigt.

- ro/rw
  Mit diesen Optionen kann festgelegt werden, ob ein Dateisystem nur lesbar (ro, read-only) oder mit Lese- und Schreibzugriff (rw, read & write) gemountet wird.

- suid/nosuid
  Über die suid-Option können Sie festlegen, ob Dateien mit den SUID- und SGID-Berechtigungen ausgeführt werden dürfen. Vor allem für »fremde« (Netzwerk-)Dateisysteme empfiehlt es sich, das nosuid-Flag zu setzen, um Sicherheitsrisiken zu minimieren.

- sync/async
  Soll ein asynchroner oder synchroner I/O-Zugriff auf das Medium erfolgen?

- atime/noatime
  Regelt, ob die Zugriffszeiten auf Dateien angepasst werden sollen oder nicht.

- dev/nodev
  Erlaubt beziehungsweise verbietet die Nutzung von Character- und Block-Geräten in diesem Dateisystem. Demnach sollte das Dateisystem, auf dem sich das Verzeichnis */dev* befindet, diese Option sinnvollerweise gesetzt haben – andere, vor allem fremde Dateisysteme aus Sicherheitsgründen eher nicht.

- exec/noexec
  Diese Option erlaubt bzw. verhindert die Ausführung von Binärdateien.

- user/nouser
  Mit der nouser-Option hat nur root die Berechtigung, dieses Medium zu mounten. Ist die user-Option gesetzt, so dürfen auch andere Benutzer das Medium mounten.

- default

  Default-Option

  Diese Option setzt die Optionen rw, suid, dev, exec, auto, nouser und async.

Es existieren noch einige weitere, teilweise dateisystemspezifische Optionen, die an dieser Stelle nicht weiter erläutert werden sollen. Falls Sie sich dafür interessieren, so hilft Ihnen die `mount`-Manpage weiter.

Spalte Nummer fünf beinhaltet entweder eine »1« oder eine »0«. Ist eine »1« gesetzt, so wird das Dateisystem für die Backup-Erstellung mittels des `dump`-Kommandos markiert. Da dieses Kommando aber kaum noch genutzt wird, brauchen Sie sich über diesen Wert keine Gedanken zu machen. Wenn Sie es genau nehmen, sollten allerdings alle Wechselmedien mit einer »0« gekennzeichnet werden. Schließlich wird man ja – wenn überhaupt – nur die lokalen Platten, aber keine zufällig eingelegten CD-ROMs sichern wollen.

Die letzte Spalte (eine »2«, »1« oder eine »0«) gibt ein Flag für das Tool `fsck` an. Ist es auf eine Zahl größer Null gesetzt, so überprüft `fsck` beim Booten nach einem fehlerhaften oder ganz fehlenden Unmount (beispielsweise nach dem Absturz des Rechners) das Dateisystem auf Fehler hin. Die Zahlen selbst geben dabei die Reihenfolge beim Überprüfen an. Man sollte daher die Rootpartition (/) mit einer »1« und alle anderen Platten und Partitionen mit einer »2« versehen. Dort ist die Reihenfolge schließlich egal.

14.5.2 mount

Das `mount`-Tool wurde bereits kurz angesprochen: Es wird benutzt, um ein Dateisystem per Hand einzuhängen. Dabei werden der Dateisystemtyp (mit dem Parameter `-t`), das zu mountende Gerät und der Mountpoint angegeben. Das Gerät kann sowohl ein CD-ROM-Laufwerk als auch eine Festplattenpartition, eine Netzwerkressource (Network Filesystem) oder Ähnliches sein.

Dateisysteme einbinden

Ein Aufruf von `mount` hat die Form `mount Optionen Quelldateisystem Mountpunkt`, also etwa `mount -t ext3 /dev/sdb1 /public`. In diesem Beispiel wurde die erste Partition der zweiten Festplatte[20], auf der sich ein ext3-Dateisystem befindet, in das Verzeichnis */public* gemountet. Ruft man `mount` ohne Parameter auf, werden alle aktuell eingehängten Dateisysteme angezeigt:

```
# mount
/dev/sda5 on / type ext3 (rw)
proc on /proc type proc (rw)
...
```

Listing 14.65 Was haben wir denn Feines eingehängt?

---

[20] Genauer gesagt: der Primary Slave des SATA-Hostadapters.

[+] Mit dem Kommando `umount` wird ein Dateisystem wieder ausgehängt. Einsteigern bereitet dieses Kommando jedoch oft Kopfzerbrechen, da sich so manches Dateisystem nicht ohne Weiteres unmounten lässt. Dies liegt dann oft daran, dass noch ein Prozess läuft, der sein aktuelles Arbeitsverzeichnis in diesem Dateisystem hat – beispielsweise befindet man sich mit dem Arbeitsverzeichnis der Shell oft selbst noch im Mountpoint.

```
# umount /public
```

Listing 14.66 Unmounten einer Partition

14.5.3 Platz beschränken: Quotas

Im Folgenden wollen wir die sogenannten *Quotas* besprechen. Quotas sind dazu da, den Speicherplatz zu begrenzen, den ein Benutzer zur Verfügung hat. Dies ist auf Mehrbenutzersystemen oft effektiver, als auf die Kooperation der Nutzer zu hoffen. Quotas werden somit vor allem in größeren Unix-Rechenzentren eingesetzt.

Es sei hier erwähnt, dass Quotas in erster Linie von den ext-Dateisystemen in dieser Form unterstützt werden. Möchte ein Prozess eine Datei anlegen oder anderweitig mehr Speicherplatz beanspruchen, so prüft der Kernel zuerst, ob der mit dem Prozess assoziierte Nutzer überhaupt das Recht dazu hat.

Harte und weiche Grenzen

Um den Benutzern den Umgang mit dieser Kontrolle zu erleichtern, können sogenannte *harte* und *weiche Grenzen* definiert werden. Ein Überschreiten der weichen Grenzen ist auf eine gewisse Dauer beschränkt und wird mit einer Warnmeldung quittiert. Im Gegensatz dazu ist es unmöglich, harte Grenzen zu überschreiten. Auf diesem Weg kann man klare Limits setzen und trotzdem zeitweilige Ansprüche befriedigen.

Um solche Speicherplatzbeschränkungen einrichten zu können, muss zunächst der Quota-Support in den Kernel kompiliert sein, was jedoch bei allen Standard-Kerneln, so wie sie von den Distributoren ausgeliefert werden, der Fall sein sollte.

Den Quota-Support aktivieren

Anschließend kann in der */etc/fstab* für die entsprechenden Partitionen der Quota-Support aktiviert werden. Dies geschieht im Optionenfeld durch Angabe der Schlüsselwörter `usrquota` beziehungsweise `grpquota`, je nachdem, ob man eine Beschränkung für Benutzer oder für Gruppen aktivieren möchte. Natürlich ist auch eine Kombination dieser Parameter möglich.

```
/dev/sda3   /home ext3 defaults,usrquota,grpquota  1 2
```

Listing 14.67 Aktivieren von Quotas in der fstab-Datei

Hier im Beispiel wurden für die */home*-Partition beide Begrenzungsmöglichkeiten aktiviert. Als Nächstes muss man sicherstellen, dass in der Wurzel der entsprechenden Partitionen die Datei *quota.user* beziehungsweise *quota.group* existiert. Da diese Dateien beim Erstellen auch leer sein können, reicht ein Anlegen der Dateien mit `touch`, dass leere Dateien anlegen bzw. die zeitlichen Zugriffswerte von Dateien ändern kann:

```
# cd /home
# touch quota.user
```

Listing 14.68 Anlegen einer quota.user-Datei

Mit den Kommandos `quotaon` und `quotaoff` kann nun der Administrator die Quotas aktivieren und wieder abschalten. Sinnvollerweise sollten die Befehle, soweit sie noch nicht von der Distribution über ein bestimmtes Paket[21] vorkonfiguriert sind, in ein Skript in */etc/init.d* eingebaut werden. Am besten eignet sich dafür die Datei */etc/init.d/boot* oder die */etc/init.d/boot.local*, in die beispielsweise folgende Zeilen eingefügt werden könnten:

```
if [ -x /usr/sbin/quotaon ]
then
  echo "Aktivieren der Speicherplatzbeschränkung"
  /usr/sbin/quotaon -avug
fi
```

Listing 14.69 Quotas im Initscript

Dieses kurze Codefragment testet, ob die Datei */usr/sbin/quotaon* vorhanden und ausführbar ist. Im Erfolgsfall wird das Programm dann mit einer kurzen Meldung einfach gestartet.

Des Weiteren ist es empfehlenswert, vor dem Aktivieren die Quotas überprüfen zu lassen. Dazu führt man vor dem Befehl `quotaon` das Kommando `quotacheck` aus. Analog dazu können Quotas natürlich mit `quotaoff` wieder deaktiviert werden.

Quotas setzen

Nun möchten wir natürlich noch die Quotas ändern können. Es ist zwar unter Unix-Systemen unüblich, Konfigurationsdateien im Binärformat zu speichern, die

---

[21] Natürlich sollte man vor jeder Aktion im Repository der eigenen Distribution nachsehen, ob man sich vielleicht etwas Arbeit durch ein vorkonfiguriertes Paket sparen könnte.

quota.user bzw. *quota.group* sind aus Performancegründen allerdings hierfür optimiert. Aus diesem Grund kann man sie auch nicht per Hand editieren, sondern benötigt das Programm `edquota`. Mit `edquota -u jploetner` kann man dann beispielsweise die Quotas für den Benutzer `jploetner` ändern.

Das Programm `edquota` nutzt dafür den in der Shellvariablen `EDITOR` benannten Editor. Es wird sich dann die Möglichkeit eröffnen, für die Werte `soft = 0`, `hard = 0` entsprechende Grenzen einzutragen. Aber Vorsicht: Hier sind die Größen in Blocks oder Inodes angegeben! Daher müssen Sie eventuell erst zurückrechnen, wie viel Platz das letztendlich wäre. Standardgrößen sind 1024, 2048 oder 4096 Bytes pro Block. Über die Inodes lässt sich dann die Anzahl der Dateien und Verzeichnisse regeln.

```
# edquota -u jploetner
Quotas for user jploetner:
/dev/sda3:
    blocks in use: 6, limits (soft = 0, hard = 0)
    inodes in use: 5, limits (soft = 0, hard = 0)
```

Listing 14.70 Die Limits für den Benutzer »jploetner« ändern

Hier könnte man nun ein entsprechendes Limit eintragen. Dabei wird jedoch das *hard*-Limit erst genutzt, wenn man eine *grace-time*, eine Art »Gnadenfrist«, definiert hat. In dieser Zeit kann das Softlimit überschritten werden, das Hardlimit jedoch nicht. Setzen kann man diese Frist mit dem Parameter `-t`:

```
# edquota -t
Time units may be: days, hours, minutes, or seconds
Grace period before enforcing soft limits for users:
/dev/sda3:
    block grace period: 0 days,
    file grace period: 0 days
```

Listing 14.71 Die grace-time setzen

Nach dem Speichern der Datei und dem Beenden des Editors werden die Daten schließlich übernommen. Wir könnten Ihnen nun noch sehr viel über die vielfältigen Spielereien erzählen, die mit Quotas möglich sind, jedoch würde dies den Rahmen des Kapitels sprengen. Stattdessen wollen wir uns von der administrativen Sichtweise verabschieden und im Folgenden einen Blick auf die Benutzer in einer von Quotas bestimmten Welt werfen.

Benutzer und Quotas

Natürlich werden Benutzer durch Quotas in dem ihnen zur Verfügung stehenden Speicherplatz eingeschränkt. Die Frage ist jedoch, wie sie mit dieser Einschränkung umgehen können. Grundsätzlich sollten die Benutzer einen Überblick über den bisher verbrauchten Speicher sowie die gesetzten Grenzen haben. Dazu können sie recht einfach das `quota`-Programm nutzen:

```
$ quota
Disk quotas for user steffen (uid 1021):
Filesystem  blocks   quota   limit   grace
/dev/hda3   37760    80000   90000
            files    quota   limit   grace
            1272     8000    9000
```

Listing 14.72 Das quota-Programm

Natürlich kann sich auch der Administrator über die Option `-u`, gefolgt vom Benutzernamen, beziehungsweise `-g`, gefolgt vom Gruppennamen, diese Daten anzeigen lassen.

14.5.4 du und df

In diesem Zusammenhang ebenfalls interessant sind Informationen über die Gesamtgröße bestimmter Verzeichnisse oder Dateisammlungen. Zu diesem Zweck gibt es das Tool `du`:

```
$ du -h Kompendium/
12K     Kompendium/CVS
12K     Kompendium/images/CVS
13M     Kompendium/images
45M     Kompendium/
```

Listing 14.73 Verzeichnisplatz anzeigen: du

Offensichtlich zeigt `du` also den aufsummierten Speicherverbrauch eines bestimmten Verzeichnisses an – alternativ auch einer Datei oder mehrerer Dateien – samt aller Unterverzeichnisse. Hier wurde die Option `-h` (vom englischen *human readable*) benutzt, die die Angabe des Speicherplatzes in »üblichen Größen« veranlasst. Ohne diese Option dürfte man entsprechend von der Anzeige in Kilobyte zurückrechnen. Ebenfalls häufig genutzt wird die Parameterkombination `-sch`, die am Ende nur für jedes auf der Kommandozeile angegebene Argument sowie die Gesamtheit aller Argumente eine Summe produziert und ausgibt:

```
$ du -sch Kompendium/
45M     Kompendium/
45M     insgesamt
```

Listing 14.74 Nur die Summen: du -sch

Mit du behält der Benutzer auf einem durch Quotas reglementierten Dateisystem einen guten Überblick über seinen Speicherplatzverbrauch.

In größeren Maßstäben denken: df

Größe eines Dateisystems

Dagegen ist das df-Tool (vom englischen *disk free*) dazu gedacht, die Auslastung ganzer Dateisysteme zu überwachen. Dazu übergibt man bei jedem Aufruf am besten ebenfalls die Option -h, da spätestens bei etwas größeren Platten der Umgang mit mehreren hundert Millionen Kilobytes etwas unhandlich wird. Eine Anzeige in Gigabyte ist allemal handlicher:

```
$ df -h
Dateisystem    Größe Benut  Verf Ben% Eingehängt auf
/dev/hda1       20G   8,2G   11G  44% /
tmpfs          380M   4,0K  380M   1% /dev/shm
/dev/hda2       21G   7,5G   13G  38% /mnt/openbsd
/dev/hda3       35G    30G  4,5G  96% /home
```

Listing 14.75 Platz auf der Platte: df

Vielleicht werden Sie sich an dieser Stelle fragen, warum der verfügbare Plattenplatz, addiert zum benutzten Plattenplatz, so gar nicht mit der Größe der Partition zusammenhängt. Der Grund dafür ist in der Struktur der Dateisysteme zu suchen: Für Metadaten wie »Eigentümer« oder »Zugriffsrechte« von Dateien beziehungsweise Verzeichnissen wird ebenfalls Speicherplatz benötigt. Diese Metadaten werden in Form von sogenannten *Inodes* am Anfang einer Partition abgelegt. Mehr Informationen zum Thema »Dateisysteme« finden Sie im gleichnamigen Kapitel 28.

14.5.5 SoftRAID und LVM

Dieser Abschnitt zeigt Ihnen Möglichkeiten auf, wie Sie aus Linux bezüglich der Speicherplatzverwaltung das Optimum herausholen können. Dabei gibt es – abgesehen von hardwarebasierten Lösungen, die wir hier nicht besprechen wollen – unter Linux zwei Ansätze: SoftRAID und LVM.

▶ **LVM**
  Der LVM (*Logical Volume Manager*) bietet Ihnen die Möglichkeit, Dateisysteme über mehrere Partitionen, ja sogar über mehrere Speichermedien, zu verteilen.

▶ **SoftRAID**
  SoftRAID dagegen bietet Ihnen eine Softwarelösung, um Ihr System in verschiedenen RAID-Leveln zu fahren und damit Performance beziehungsweise Datensicherheit zu gewinnen. Zwar muss der Prozessor dafür etwas Leistung einbüßen, da er sich um Dinge kümmern muss, die sonst ein RAID-Controller übernehmen

würde, doch kann man diese Einbuße auf modernen, leistungsfähigen Rechnern durchaus in Kauf nehmen.

Zuerst wollen wir jedoch klären, was ein RAID überhaupt ist, welche Unterschiede bestehen und was das für Linux bedeutet.

RAID

Ein RAID (*Redundant Array of Inexpensive/Independent Disks*) dient zur Organisation mehrerer Festplatten in einem Computersystem.

Man kann ein RAID unterschiedlich nutzen, je nachdem, ob man in erster Linie Performance, Datensicherheit durch Redundanz oder eine möglichst gute Kombination aus beiden Vorteilen haben will. Die wichtigsten Arten, ein RAID zu betreiben – die sogenannten RAID-Level – sind in der folgenden Übersicht zusammengefasst:

Performance und Sicherheit

▶ **Level 0**
Bei RAID 0 (*Striping*) werden mehrere Festplatten ohne Fehlertoleranz zusammengeschlossen. Um eine Performanceverbesserung zu erreichen, werden dabei jeweils Schreib- und Leseoperationen parallel auf allen verfügbaren Platten durchgeführt. Es wird also zum Beispiel Datenblock 1 auf die Platte 1 und gleichzeitig Datenblock 2 auf Platte 2 geschrieben.

Parallelisierung

Fällt hier allerdings eine Platte aus, so können die Daten nicht wiederhergestellt werden, da keine Fehlertoleranz genutzt wurde. Daher ist RAID 0 auch eigentlich kein echtes RAID, da die Daten nicht *redundant* gespeichert werden.

▶ **Level 1**
Auf RAID 1-(*Mirroring*-)Systemen wird eine Festplatte einfach nur von einer anderen Platte permanent gespiegelt. Fällt eine der Platten aus, können die Daten dann selbstverständlich von der anderen Platte aus rekonstruiert werden. Auch wenn man es auf den ersten Blick vielleicht übersieht, ist hier zumindest beim Lesen ein Performancegewinn möglich, da eine große Datei parallel von beiden Platten gelesen werden kann.

Spiegelung

Da RAID 1 aber bezüglich der verwendeten und dann nutzbaren Kapazität recht ineffizient und teuer ist, wird es meist nur bei sehr kleinen Servern eingesetzt.

▶ **Level 5**
Der RAID-Level 5 (*Striping and distributed parity mode*) versucht, die Vorteile von Level 0 und Level 1 zu kombinieren, indem eine *Paritätsinformation*[22] auf den Platten verteilt wird. Für RAID 5 braucht man mindestens 3 Platten und

---

22 Die Paritätsinformation wird datenblockweise in einer Art und Weise gebildet, dass beim Verlust eines Datenblocks dieser wiederhergestellt werden kann. Für alle, die es interessiert: Die mathematische Funktion XOR leistet genau das Gewünschte: a XOR b = c, a XOR c = b und b XOR c = a.

kann dann bei n Platten immerhin $\frac{n-1}{n}$ der Gesamtkapazität effektiv nutzen. Man braucht also nur eine Platte für die Paritätsinformation.

Dadurch, dass für jeden Datenblock auch die Paritätsinformation geschrieben werden muss, dauert das Schreiben natürlich länger als bei anderen RAID-Leveln. Dafür erfolgt das Lesen ähnlich wie bei RAID 0 parallel von mehreren Platten und ist daher prinzipiell schneller als bei einzelnen Festplatten. Aufgrund dieser Datensicherheit durch Redundanz sowie des Performance-Gewinns ist RAID 5 der meistgenutzte RAID-Level.

Ein RAID kann nun auf unterschiedliche Weise realisiert werden; so gibt es zum Beispiel RAID-Controller in Hardware und Software. Eine Softwarelösung wäre bspw. die im Folgenden beschriebene *Soft-RAID-Implementierung* im Linux-Kernel. Dort kann man einzelne Festplatten zu neuen, *virtuellen* Devices zusammenfassen, die sich dann wie ganz normale Platten ins Dateisystem einbinden lassen. Ein Hardware-RAID funktioniert vom Prinzip her nicht anders, nur dass die Intelligenz nicht in Form von Softwaretreibern für das Betriebssystem, sondern in Mikrochips implementiert ist.

SoftRAID konfigurieren

Die Verwaltung von mehreren unabhängigen Festplatten beziehungsweise Partitionen als ein RAID-Device fällt eindeutig in den Aufgabenbereich des Kernels, was bei der Übersetzung des Kernels die Einbindung entsprechender Features – direkt oder als Modul – voraussetzt.

Setzt man nun einen Standard-Kernel ein, so wird man die benötigten Treiber in der Regel als Modul finden. Man kann zum Beispiel den Support für RAID 5 durch Laden des gleichnamigen Moduls aktivieren:

```
# modprobe raid5
```

Listing 14.76 Die benötigten Module laden

Da modprobe alle durch Abhängigkeiten benötigten Module automatisch mitlädt, werden die Module md und xor mitgeladen, wie man an der Ausgabe von lsmod erkennt:

```
# lsmod
raid5                  22592  0
md                     49544  1 raid5
xor                    15688  1 raid5
...
```

Listing 14.77 lsmod

Sind die Module eingebunden, so wird im */proc*-Verzeichnis die Datei *mdstat* angelegt, die immer den aktuellen RAID-Status des Systems enthält. Zu Anfang ist jedoch noch kein RAID konfiguriert:

```
$ cat /proc/mdstat
Personalities : [raid5]
unused devices: <none>
```

Listing 14.78 Die /proc/mdstat

Möchte man nun ein RAID-System konfigurieren, so benötigt man bestimmte Programme. Früher hat man zur Konfiguration oft das `raidtools`-Paket herangezogen, jedoch ist man mit der Zeit zum einfacheren `mdadm` übergegangen. Nach der Installation des entsprechenden Pakets kann man nun ein RAID anlegen.

Normalerweise würde man als Devices zum Zusammenstellen eines RAIDs verschiedene, möglichst gleich große Partitionen[23] auf unterschiedlichen Festplatten zusammenschließen. Da jedoch die meisten Heimanwender eben keine zwei oder drei Festplatten übrig haben, kann man zum Testen auch Ramdisks verwenden.

Eine *Ramdisk* ist ein Bereich im Hauptspeicher, der nicht Programmen zur Verfügung steht, sondern mit einem Dateisystem formatiert und in das VFS (*Virtual File System*) eingebunden werden kann.

Der Aufruf von `mdadm` zum Anlegen eines neuen RAID 5-Devices aus drei Ramdisks sieht nun wie folgt aus:

```
# mdadm --create --verbose /dev/md0 --level=raid5    \
    --raid-devices=3 /dev/rd/0 /dev/rd/1 /dev/rd/2
mdadm: layout defaults to left-symmetric
mdadm: chunk size defaults to 64K
mdadm: size set to 8128K
mdadm: array /dev/md0 started.
```

Listing 14.79 Ein RAID-System anlegen

Als Ausgabe erhält man auch gleich die entsprechenden Erfolgsmeldungen. An der */proc/mdstat* kann man ebenfalls die Veränderung erkennen. Dort wird aufgeführt, dass `md0` ein RAID 5-Gerät ist und aus drei Ramdisks besteht:

---

23 Die kleinste Partition bestimmt die Gesamtgröße des RAIDs, da alle Platten parallel genutzt werden.

```
# cat /proc/mdstat
Personalities : [raid5]
md0 : active raid5 ram2[2] ram1[1] ram0[0]
      16256 blocks level 5, 64k chunk,
      algorithm 2 [3/3] [UUU]

unused devices: <none>
```

Listing 14.80 Änderungen in der /proc/mdstat

Dateisystem formatieren

Bevor wir das RAID nun nutzen können, muss es mit einem Dateisystem formatiert werden. Bei richtigen (Soft-)RAID-Systemen wird man hier noch einige Parameter zur Performanceverbesserung anpassen wollen, aber da eine Ramdisk im Gegensatz zu einer Festplatte auch so unschlagbar schnell ist, wollen wir es hier bei einem einfachen Aufruf belassen:

```
# mke2fs /dev/md0
mke2fs 1.38-WIP (20-Jun-2005)
Filesystem label=
OS type: Linux
Block size=1024 (log=0)
Fragment size=1024 (log=0)
4064 inodes, 16256 blocks
812 blocks (5.00%) reserved for the super user
...
```

Listing 14.81 Unser RAID formatieren ...

Nun kann unser neues Device auch gemountet werden. Im Anschluss daran könnte man Dateien speichern und das RAID als vollwertiges Dateisystem nutzen.

```
# mount -t ext2  /dev/md0 /mnt/
# mount
...
/dev/md/0 on /mnt/ type ext2 (rw)
# ls /mnt/
lost+found
```

Listing 14.82 ... und mounten!

In unserem Fall sind jedoch alle Einstellungen und Formatierungen spätestens nach dem nächsten Neustart vergessen, schließlich wurde alles nur im flüchtigen Hauptspeicher angelegt.

Diese Ausführungen sollen an dieser Stelle genügen. Es wurde gezeigt, wie SoftRAID funktioniert und wie man es aufsetzen könnte. Da diese Informationen natürlich für einen ernsthaften Einsatz nicht ausreichen, findet sich auf der Buch-DVD das SoftRAID-HOWTO, in dem Sie Details zum Performance-Tuning und zur Verwaltung zur Laufzeit finden. Ansonsten hilft Ihnen natürlich auch die sehr ausführliche Manpage zu `mdadm` weiter.

14.5.6 Backups, Archive & Co.

Auch ein RAID-System, das dank Redundanzen den Ausfall von einer bis teilweise mehreren Festplatten verkraften kann, schützt nicht vor einem Totalausfall. Es muss nicht einmal das ganze Haus abbrennen, damit ein Backup benötigt wird: Auch wenn man versehentlich eine wichtige Datei löscht, ist es vorteilhaft, noch irgendwo eine Sicherungskopie zu haben.

In der Regel möchte man dabei nicht das ganze System, sondern nur ausgewählte Dateien sichern. Diese befinden sich oft in einem bestimmten Verzeichnis, oder es handelt sich um eine einzelne besondere Datei. Anstatt diese Daten nun einfach nur zu kopieren, bietet es sich an, sie vorher zu komprimieren.

Sicherung bestimmter Dateien

Wo man unter Windows die Daten einfach »zippen« würde, ist unter Linux ein etwas anderes Vorgehen angebracht. Man unterscheidet hier nämlich zwischen einem Archiv und einer gepackten Datei:

> Ein Archiv enthält mehrere Dateien und Verzeichnisse, während eine gepackte Datei einfach nur eine einzige, komprimierte Datei darstellt.

Archive mit tar

Damit Rechte und andere Dateiattribute bei der Komprimierung erhalten bleiben, werden mehrere Dateien vor dem Packen in ein Archiv gesteckt. Dies hat den Vorteil, dass bei Änderungen an den Dateiattributen nicht jedes einzelne Komprimierungsprogramm neu geschrieben werden muss. Vor allem im Hinblick auf ACLs ist diese Trennung sinnvoll.

Rechte erhalten

Das Archivierungsprogramm der Wahl ist unter Linux so gut wie immer `tar`, der *Tape ARchiver*. Wie man dem Namen entnehmen kann, stammt das Programm aus einer Zeit, als Backups noch auf große Magnetbänder geschrieben wurden – und ACLs auch noch weitgehend unbekannt waren.

```
$ tar -c Verzeichnis > Verzeichnis.tar
$ ls *.tar
Verzeichnis.tar
```

Listing 14.83 Ein Archiv mit tar erstellen

`tar` schreibt die binären Daten standardmäßig einfach auf die Standardausgabe, also in unserem Fall auf den Bildschirm. Weil wir sie aber nicht dort, sondern lieber in einer Datei haben wollen, müssen wir die Ausgabe mit dem >-Operator in eine Datei *umlenken*. Alternativ könnte man mit der Option -f auch einen Dateinamen auf der Kommandozeile angeben.

Möchten wir das Ganze auch packen, dann müssen wir zur Option -c für *create* noch ein -z anfügen, um das Resultat dann zu *gzippen*. Das erspart uns den Aufruf eines Extraprogramms, und so ist es also nicht ganz richtig, wenn wir am Anfang sagten, dass Archivierer und Packer streng voneinander getrennt sind. Das Resultat ist es allerdings dasselbe wie nach einem getrennten Aufruf des Komprimierungsprogramms `gzip`: Es handelt sich um ein gepacktes `tar`-Archiv.

```
$ tar -cz Verzeichnis > Verzeichnis.tar.gz
$ ls *.gz
Verzeichnis.tar.gz
```

Listing 14.84 Ein komprimiertes Archiv mit tar erstellen

Jetzt haben wir alle Dateien im »Verzeichnis« wirklich gepackt. Da Linux nicht auf das DOS-Format von 8.3-Dateinamen[24] beschränkt ist, drücken wir die Beziehung, dass wir das »Verzeichnis« erst gepackt und dann komprimiert haben, durch die Endung *.tar.gz* aus, die aber oft auch als *.tgz* abgekürzt wird.

Möchten wir ein solches Archiv wieder entpacken, nutzen wir statt -c für *create* einfach die Option -x für *eXtract*. Handelt es sich um ein mit `gzip` komprimiertes `tar`-Archiv, packen wir, wie beim Erstellen, einfach nur noch das -z dazu.

```
$ tar -xz Verzeichnis.tar.gz
```

Listing 14.85 Ein Archiv mit tar entpacken

Weitere wichtige Optionen von `tar` sind im Folgenden aufgelistet:

- **-r, --append**
  Ruft man `tar` mit dieser Option auf, so kann man Dateien zu einem bestehenden Archiv hinzufügen. Ein Beispiel könnte so aussehen:

  ```
  $ tar -cf a.tar Ausarbeitung/
  $ tar -rf a.tar paper-ssl.pdf
  ```

  Listing 14.86 Dateien hinzufügen

---

[24] Unter DOS waren Dateinamen auf acht Buchstaben vor und drei nach dem Punkt beschränkt.

Im zweiten Schritt wird hier die Datei *paper-ssl.pdf* zum bereits bestehenden Archiv *a.tar* hinzugefügt.

- **-t, --list**
  Diese Option gibt den Inhalt eines Archivs aus:

  Was ist drin?

  ```
  $ tar -tf a.tar
  Ausarbeitung/
  ...
  Ausarbeitung/vortrag.tex
  paper-ssl.pdf
  ```

  Listing 14.87 Inhalt anzeigen

  Im Beispiel wurde also der Inhalt des eben erzeugten Archivs ausgegeben, das wie erwartet den Inhalt des Verzeichnisses *Ausarbeitung* sowie die PDF-Datei enthält.

- **-u, --update**
  Mit dieser Option kann man Dateien in einem Archiv aktualisieren, die neuer als die dort enthaltenen Versionen sind.

- **-d, --diff**
  Mit dieser Option ermitteln Sie Unterschiede zwischen einem Archiv und den auf dem Dateisystem gespeicherten Daten:

  ```
  $ tar -df a.tar
  paper-ssl.pdf: Änderungszeit ist unterschiedlich
  paper-ssl.pdf: Größe ist unterschiedlich
  ```

  Listing 14.88 Änderungen erkennen

  In diesem Beispiel hat sich also etwas an der PDF-Datei geändert.

Hier wurde, anstatt über die Ein-/Ausgabeumlenkung zu arbeiten, illustriert, wie man über den Parameter `-f` (wie weiter oben beschrieben) das Archiv auch auf der Kommandozeile angeben kann. Konsistenterweise müsste man für die Arbeit mit einem mittels `gzip` komprimierten Archiv nur die Option `-z` auf der Kommandozeile hinzufügen. Mit den unterschiedlichen Komprimierungsmethoden wollen wir uns nun im Folgenden näher beschäftigen.

Komprimieren mit gzip, bzip2 und compress

Wie bereits erwähnt wurde, gibt es unterschiedliche Komprimierungsprogramme, die alle unterschiedliche Algorithmen einsetzen und daher mehr oder weniger effektiv beziehungsweise effizient sind. Je stärker eine Datei komprimiert wird, umso länger muss in der Regel für diese Komprimierung gerechnet werden.

Im Folgenden stellen wir die entsprechenden Komprimierungsprogramme einander gegenüber. Dazu haben wir unser Buchverzeichnis gepackt, das im Original zum aktuellen Zeitpunkt stolze 13 Megabyte umfasst.[25]

```
$ ls -lh Buch*
-rw-r--r-- 1 jploetner users   2.2M  Oct9  Buch.tar.bz2
-rw-r--r-- 1 jploetner users   3.7M  Oct9  Buch.tar.gz
-rw-r--r-- 1 jploetner users   3.8M  Oct9  Buch.Z
-rw-r--r-- 1 jploetner users    13M  Oct9  Buch.tar
...
```

Listing 14.89 Vergleich der Komprimierungsprogramme

Unterschiedlicher Erfolg

Wie Sie sehen können, sind die Ergebnisse doch sehr unterschiedlich. Das GNU-Programm gzip ist in Verbindung mit tar äquivalent zum PKZIP aus der DOS/Windows-Welt und liefert ein mittelmäßiges Ergebnis. Mit Abstand die kleinste Datei hat bzip2 erzeugt, allerdings hat das Programm dafür auch am längsten gebraucht. Dies ist ein Grund dafür, weshalb man in der Unix-Welt oft auf den Kompromiss gzip zurückgreift.

Man sieht ebenfalls sehr schön, dass tar die Daten standardmäßig nicht packt – das *.tar*-Archiv ist nämlich genauso groß wie das Verzeichnis selbst. Im Folgenden möchten wir Ihnen die Komprimierungsprogramme kurz einzeln vorstellen und ihre Bedienung erläutern.

compress

Dieses Programm hat mittlerweile nur noch historische Bedeutung und wird in der Praxis kaum noch eingesetzt. Die Programme zum Packen und Entpacken heißen compress und uncompress. Die meist auf *.Z* endenden Dateien dieser Tools werden dabei einfach auf der Kommandozeile übergeben. Weil compress kaum noch genutzt wird, ist auf vielen Systemen oft nur uncompress vorhanden. So haben Sie zwar die Möglichkeit, noch vorhandene alte Archive zu entpacken, können jedoch keine neuen erstellen.

bzip2

Das bisher effektivste unter den Komprimierungsprogrammen wird durch die Kommandos bzip2 und bunzip2 gesteuert, an die sich der Dateiname der zu komprimierenden Datei anschließt. Optional kann man beim Packen beispielsweise noch das Verhältnis von Geschwindigkeit und Effektivität durch die Parameter -1 bis -9 steuern, wobei -1 die schnellste und -9 die effektivste Art zu packen bezeichnet.

---

[25] Mittlerweile sind es 773 MB, davon sind etwa 2700 KB .tex-Dateien!

Sie können eine gepackte Textdatei[26] auch lesen, ohne sie gleich entpacken zu müssen. Für diesen Fall gibt es nämlich das praktische Programm `bzcat`, das den Inhalt der Datei einfach ausgibt, ohne dass man diese vorher extra entpacken müsste:[27]

Mit gepackten Dateien arbeiten

```
$ bzcat Readme.bz2
Das ist ein Test.
$
```

Listing 14.90 Gepackte Dateien lesen mit bzcat

Ein mit `bzip2` gepacktes TAR-Archiv heißt dann entsprechend *Datei.tar.bz2*, und aus `tar` heraus kann man auf die BZip2-Kompression mit dem Parameter `-j` zugreifen, der dann beim Packen und Entpacken anstelle des Parameters `-z` wie beim GZip-Format gesetzt wird.

gzip

Die einfache Steuerung durch zwei Programme zum Packen und Entpacken gibt es für das GZip-Format natürlich auch – `gzip` und `gunzip`. Allerdings gibt es für das beliebte und populärste Packprogramm weitaus mehr Tools als nur ein `zcat` wie bei `bzip2`. Es sind nämlich unter anderem die Programme `diff`, `less` und `grep` jeweils durch ein vorangestelltes `z` auch für auf diese Weise gepackte Dateien verfügbar.

p7zip und unrar

Zwei weitere Programme zur (De-)Komprimierung sollen noch vorgestellt werden. Wir empfehlen Ihnen, lieber die seit Jahrzehnten genutzten und gleichzeitig sehr stabilen Programme `bzip2` und `gzip` zu verwenden – doch nicht immer kann man sich aussuchen, in welchem Dateiformat man z. B. Mail-Anhänge erhält.

`p7zip` stellt eine Portierung von `7za.exe` auf POSIX-Plattformen dar. Es unterstützt das besonders stark komprimierende 7-Zip-Format, gehört aber nicht zum Standardumfang der meisten Linux-Distributionen.

Mit `unrar` lassen sich hingegen WinRAR-Archive unter Linux dekomprimieren. Dazu muss das Programm mit dem `e`-Parameter und dem jeweiligen Dateinamen aufgerufen werden. Auch `unrar` muss von Hand nachinstalliert werden.

```
$ unrar e datei.rar
...
```

Listing 14.91 Entpacken eines Winrar-Archivs

---

[26] Was bei großen Textdateien durchaus sinnvoll ist ...
[27] Der Exaktheit halber ist zu erwähnen, dass `bzcat` die Datei im Hintergrund dennoch entpackt – Sie müssen sich jedoch nicht selbst darum kümmern.

14.6 Kernel kompilieren

Die Königsdisziplin im Aufgabenspektrum eines Linux-Admins ist sicherlich die Kompilierung eines eigenen Kernels. Linux ist bekanntlich Open Source und somit in Form von Quellcode verfügbar. Das impliziert natürlich, dass man diese Quellen auch selbst in Maschinencode übersetzen kann.

Die erste Frage ist jedoch die nach dem Warum. In der Tat ist es für die meisten, auch professionellen Linux-Benutzer nicht notwendig, sich einen eigenen Kernel zu »backen«. Schließlich ist der Mensch faul, und die Standard-Kernel der gängigen Distributionen bieten in der Regel alle denkbaren Features als Module und werden zudem noch regelmäßig aktualisiert.

Etwas anders sieht das Ganze natürlich bei Administratoren aus, die ein bestimmtes Feature unbedingt benötigen, das eben noch nicht auf diese Weise in den Kernel integriert ist. Meistens gibt es dann einen Patch für die aktuellen Kernel-Sourcen, den man recht einfach mit dem Programm patch, der Option -p0 oder – je nachdem, wie er erstellt wurde – mit -p1 als Argument sowie der Patch-Datei als Input einspielt.

14.6.1 Kernel-Quellen besorgen

Bevor man aber einen Patch anwenden kann, sollte man sich erst einmal die aktuellen Kernel-Quellen besorgen. Die meisten Distributionen bieten hierfür spezielle Kernel-Source-Pakete an, die je nach Einsatzgebiet den »nackten« Originalquelldateien vorgezogen werden sollten. Schließlich bauen einige Distributionen teilweise auch selbst schon diverse Verbesserungen in Form von Patches in die Quellen ein, und Verbesserungen sind schließlich immer gut.

Die aktuelle Version Die aktuelle Linux-Version erfährt man am besten direkt über die Webseite *http://www.kernel.org*. Nachdem man dort die Quellpakete entweder von der Webseite oder per FTP von *ftp.kernel.org* gezogen hat, sollte man das Archiv nach */usr/src* entpacken. Nutzt man ein Paket der hauseigenen Distribution, so wird sich hier der Installation entweder schon das entpackte Verzeichnis samt Quellen oder noch ein Quellcode-Archiv finden.

In jedem Fall sollte man einen Link von */usr/src/linux* nach */usr/src/linux-3.0.XX* anlegen. Dies erledigt das ln-Programm für uns:[28]

---

[28] Mehr zu Links erfahren Sie in Abschnitt 28.3.3.

```
# cd /usr/src/
# tar -xjvf linux-3.0.XX.tar.bz2
# ls
linux-3.0.XX/   linux-3.0.XX.tar.bz2
# ln -s linux-3.0.XX/ linux
```

Listing 14.92 Die Arena vorbereiten

Eventuell muss man einen alten Link noch per rm löschen, bevor man den neuen anlegen kann. Im Anschluss zeigt jedenfalls das Verzeichnis *linux/* auf das Verzeichnis *linux-3.0.XX/* – dies ist nicht nur so üblich, sondern wird teilweise von einigen Programmen vorausgesetzt. Schließlich könnte man mehrere Linux-Versionen unter */usr/src* entpackt haben, und ein Skript kann ja schlecht raten, welches nun die von uns als »aktuell« betrachtete Version ist.[29]

14.6.2 Konfiguration

Die Konfiguration ist leider zu komplex, als dass sie hier umfassend erläutert werden könnte. Wenn man beispielsweise mit

```
# cd linux/
# make menuconfig
```

Listing 14.93 Die Quellen konfigurieren

die Konfiguration über eine Textoberfläche oder mit `make xconfig`[30] die Konfiguration über ein grafisches Programm wählt, bekommt man in einer Reihe von Sektionen und Untersektionen verschiedenste Optionen zur Wahl gestellt. Die meisten Optionen lassen sich statisch in den Kernel einkompilieren, als Modul übersetzen oder deaktivieren. Einige Optionen lassen sich auch einfach nur »an-« oder »ausschalten«. Außerdem gibt es zu jedem Punkt eine recht umfangreiche Hilfe, von der man beim ersten selbstgebauten Kernel reichlich Gebrauch machen sollte. Als unverzichtbar erweist sich dabei die Kenntnis der eigenen Hardware. Vor allem die Bezeichnung der Chipsätze ist interessant und wird oft gefordert. Entgegen mancher Meinungen sollte man auch alles, was »Treiber« ist, als Modul kompilieren, da so bei einem Problem die Chancen gut stehen, nur den Treiber und nicht gleich den ganzen Kernel beim Absturz beobachten zu müssen.

---

[29] Dabei muss es sich schließlich nicht notwendigerweise um die höchste Versionsnummer handeln.
[30] Achtung: Sowohl `xconfig` als auch `menuconfig` benötigen diverse Bibliotheken in der Development-Version. Entsprechend müssen also höchstwahrscheinlich Pakete wie `libncurses-dev` oder `libqt-dev` von Hand nachinstalliert werden.

14.6.3 Den Kernel übersetzen

Beim Übersetzen des Kernels hilft wiederum das Programm `make`. Die Übersetzung dauert je nach Konfiguration und aktivierter Features recht lange, so dass man sich währenddessen durchaus mal wieder einen Kaffee holen kann. Tee geht auch.

```
# make all
...
# make modules_install
...
```

Listing 14.94 Den Kernel übersetzen

Das Image   Das Kernel-Image befindet sich nach dem Kompilieren im Unterverzeichnis *arch/i386/boot/* und heißt *bzImage*. Es muss noch aus den Quellen an die richtige Stelle – in das Verzeichnis */boot* – kopiert werden:

```
# pwd
/usr/src/linux-3.0.XX/
# cp arch/i386/boot/bzImage /boot/kernel-3.0.XX
# cp System.map /boot/System-3.0.XX.map
# cp .config /boot/config-3.0.XX
```

Listing 14.95 Den Kernel an die richtige Stelle schieben

14.6.4 Den Bootloader anpassen

Die meisten Distributionen nutzen mittlerweile den Bootloader GRUB (»*Grand unified Bootloader*«) bzw. dessen neuere Version GRUB 2.[31] Der folgende Aufruf findet den neuen Kernel und aktualisiert das Bootmenü:

```
# update-grub
Searching for GRUB installation directory ... found: /boot/grub .
Testing for an existing GRUB menu.list file... found: /boot/grub/men...
Searching for splash image... none found, skipping...
Found kernel: /boot/vmlinuz-2.6.31-1-686
Found kernel: /boot/vmlinuz-2.6.30-2-386
Found kernel: /boot/kernel-3.0.XX
Updating /boot/grub/menu.lst ... done
```

Listing 14.96 GRUB aktualisieren

Mehr zu GRUB erfahren Sie in Abschnitt 27.4.2.

---

[31] Der ältere Bootloader LILO (»*Linux Loader*«) wird nahezu nicht mehr verwendet und daher von uns auch nicht mehr beschrieben.

Darüber, ob der neue Kernel korrekt arbeitet, gibt erst ein Reboot mit dem neuen Kernel Aufschluss. Hinweis: Eine Nachricht, die in irgendeiner Form die Worte »Kernel Panic« beinhaltet, ist dabei selten ein gutes Zeichen. Lesen Sie die Fehlermeldungen, suchen Sie bei Bedarf mit einer Suchmaschine nach zusätzlichen Informationen und versuchen Sie es noch einmal.

Bei diesen Aktionen sollte man also lediglich dafür sorgen, dass man immer noch einen »alten«, garantiert bootfähigen Kernel in Reserve hat, falls das neue, selbst gebastelte Prachtexemplar doch nicht ganz das macht, was man sich vorstellt.

14.6.5 BSD-Kernel kompilieren

Je nach BSD-Derivat gestaltet sich die Kompilierung des Kernels etwas anders. Wir gehen an dieser Stelle vom OpenBSD-System aus. Das geschilderte Vorgehen lässt sich allerdings sehr einfach auf FreeBSD und NetBSD übertragen.

Zunächst sollte man Kernel-Quellen der verwendeten Systemversion installieren. Es ist wichtig, nicht die topaktuellen Kernel-Quellen zu laden, da dies zu Problemen mit dem restlichen System führen kann. Entweder man kompiliert also den entsprechenden Kernel des verwendeten Systems, oder man installiert den aktuellen Snapshot und kompiliert dessen Kernel.[32]

Die Datei mit den Kernel-Quellen nennt sich *sys.tar.gz* und ist auf der CD-ROM und auf den FTP-Mirrors des OpenBSD-Projekts zu finden. Nachdem die etwa 15 Megabyte große Datei in */usr/src* entpackt wurde, wechselt man in das Unterverzeichnis *sys*.

Die Konfiguration des Kernels wird über eine Konfigurationsdatei abgewickelt (nein, es gibt kein grafisches Tool dafür). Diese Datei findet sich im Unterverzeichnis *arch/PLATFORM/conf*. Für *PLATFORM* muss der Name der Prozessorarchitektur eingesetzt werden, die Sie verwenden. Diese kann durch einen Aufruf von `uname -m` ermittelt werden, was beispielsweise »i386« für die Intel-386-basierte Architektur ausgibt.

Die Konfigdatei

Die standardmäßig verwendete Kernel-Konfiguration ist in der Datei *GENERIC* abgelegt und die für Multiprozessor-Systeme in der Datei *GENERIC.MP*, die allerdings nur die Compiler-Option (und damit letztlich Makrodefinitionen für den C-Compiler) »MULTIPROCESSOR« hinzufügt. Egal, ob Sie ein Single- oder ein Multiprozessorsystem Ihr Eigen nennen, erstellen Sie zunächst ein Backup der Konfigurationsdatei, und arbeiten Sie nur mit einer Kopie davon. Das ermöglicht es Ihnen, jederzeit Veränderungen am Kernel rückgängig zu machen.

---

32 Oder man lädt das komplette System als Quellcode vom CVS-Server und macht sich daran, das ganze System mit einem `make world` zu übersetzen.

```
# cd /usr/src/sys/arch/`uname -m`/conf
# pwd
/usr/src/sys/arch/i386/conf
# cp GENERIC MYKERNEL
```

Listing 14.97 Eine Kopie der Konfiguration erstellen

Wenn Sie sich diese Konfigurationsdatei einmal mit `less` ansehen, werden Sie feststellen, dass sie sehr lang ist. Wir werden den genauen Inhalt im Rahmen dieses Buches nicht besprechen können, dafür finden sich aber recht viele Kommentare in dieser Datei. Es ist allerdings wichtig, einige grundlegende Dinge zu wissen:

- **machine**
  Mit `machine` wird die Prozessorarchitektur festgelegt.

- **include**
  Ähnlich wie mit der `include`-Anweisung der Programmiersprache C wird bei einem solchen `include` eine weitere Datei in die Kernel-Konfiguration eingebaut.

- **option**
  Mit dem Schlüsselwort `option` wird der Kernel um eine Funktionalität erweitert. Beispielsweise erreichen Sie die Unterstützung für einen 686er-Prozessor der Intel-Architektur mittels `I686_CPU`.

- **COMPAT_***
  Die `COMPAT`-Optionen dienen dazu, die Kompatibilität für Binärdateien anderer Unix-Systeme in den Kernel einzubauen.

- **globale GENERIC-Datei**
  Werfen Sie doch einmal einen Blick in die allgemeine, architekturunabhängige Konfigurationsdatei, die ebenfalls *GENERIC* heißt und sich im Verzeichnis */usr/src/sys/conf* befindet. Sie werden eine Menge Features des Kernels, etwa das Crypto-Framework, die Unterstützung für das Berkeley-Fast-Filesystem (FFS), für ladbare Kernel-Module (LMs), für diverse Dateisysteme oder für die TCP/IP-Protokolle darin entdecken.

[zB] Möchten Sie die Unterstützung für eine Hardwarekomponente, die vom System generell unterstützt wird, jedoch nicht einkompiliert wurde, in Ihren neuen Kernel integrieren, muss in den meisten Fällen nur die Auskommentierung der jeweiligen Zeile gelöscht werden. Die Schnittstelle, an der ein Gerät gefunden werden soll, wird durch `at <Schnittstelle>?` angegeben.

Um hingegen die Unterstützung einer Hardwarekomponente aus dem Kernel zu entfernen, muss der jeweilige Eintrag in der Konfigurationsdatei auskommentiert werden.

Informationen zu einzelnen Hardwarekomponenten erhalten Sie über die Manpage des jeweiligen Treibers. Für die Zeile `rl* at pci? ...` suchen Sie beispielsweise in der Manpage `rl(4)` weitere Informationen. Sie werden feststellen, dass es sich dabei um den Treiber für die Realtek 8129- und 8139-Fast-Ethernet-Karten handelt.

Konfiguration erstellen

Nachdem die Konfiguration in der jeweiligen Datei abgelegt wurde, muss mit dem Programm `config` noch die Kompilierung des Kernels vorbereitet werden. Es kümmert sich unter anderem darum, dass die `options` der Konfiguration in Compiler-defines umgesetzt werden.

```
# config MYKERNEL
```

Listing 14.98 Konfiguration erzeugen

Kernel kompilieren

Nun ist es so weit – der neue Kernel kann übersetzt werden. Wechseln Sie hierzu zunächst in das von `config` erstellte Verzeichnis zur jeweiligen Konfigurationsdatei und führen Sie `make depend` und anschließend `make` aus.

Übersetzen!

Sollte an der Konfiguration etwas verändert worden sein, so muss der Kernel erneut übersetzt werden, zudem sollte vorher `make clean` ausgeführt werden.

```
# cd /usr/src/sys/arch/`uname -m`/compile/MYKERNEL
# make depend
...
# make
...
...
DISPLAY_COMPAT_USL -DWSDISPLAY_COMPAT_RAWKBD
-DWSDISPLAY_DEFAULTSCREENS="6"
-DWSDISPLAY_COMPAT_PCVT -DPCIA
GP -D_KERNEL -Di386  -c vers.c
rm -f bsd
ld -Ttext 0xD0100120 -e start -N -x -o bsd \
${SYSTEM_OBJ} vers.o
text    data     bss     dec     hex
4888810 118364   859728  5866902 598596
```

Listing 14.99 Kernel übersetzen

Den Kernel installieren

Nachdem der Kernel kompiliert wurde, erhält er den Dateinamen *bsd*. Diese Datei sollte nun ins Wurzelverzeichnis / kopiert werden und lässt sich beim nächsten Booten mit `boot <Kernel>` verwenden.

Doch Achtung! Dieser Kopiervorgang ist gefährlich, da Sie auf diese Weise den alten Kernel */bsd* überschreiben. Sollte der neue Kernel also nicht korrekt booten, läuft Ihr System nicht mehr selbstständig. Daher empfiehlt es sich, vorher ein Backup des bisherigen Kernels zu erstellen. Für den Fall, dass der neue Kernel Probleme verursacht, können Sie auf diese Weise beim Bootprompt immer noch den alten Kernel verwenden und das System wieder in den vorherigen Zustand versetzen.

Um diesen Backup-Vorgang zu automatisieren, hat das OpenBSD-Team ein `install`-Target in die Kernel-Makefile eingebracht. Verwenden Sie nach dem Aufruf von `make` zur Kernel-Kompilierung also am besten `make install`, um den Kernel sicher zu installieren.

`make install` beugt außerdem der Möglichkeit vor, dass das System nach einem Stromausfall während des Kopiervorgangs des Kernels nicht mehr bootfähig ist.

```
# make install
rm -f /obsd
ln /bsd /obsd
cp bsd /nbsd
mv /nbsd /bsd
#
```

Listing 14.100 Kernel installieren

Der alte Kernel kann folglich als »obsd« gebootet werden.

14.7 Kernelmodule verwalten

Wir wollen uns nun der Frage widmen, wie man unter Linux Kernel-Module und damit Treiber für bestimmte Hardware laden und wieder loswerden kann. Notwendig dafür ist der entsprechende Support im Kernel. Ist dieser vorhanden, so sind die jeweils verfügbaren Module im Verzeichnis */lib/modules/<Kernel-Version>* zu finden. Welchen Kernel man gerade gebootet hat, kann man mit dem `uname`-Tool erfahren:

```
# uname -a
Linux steffenmobile 2.6.31-20-generic #58-Ubuntu SMP Fri Mar
12 05:23:09 UTC 2010 i686 GNU/Linux
```

Listing 14.101 Kernel-Version mit uname ermitteln

Das Verzeichnis */lib/modules/2.6.31-20-generic* enthält also die zum verwendeten Kernel gehörigen Kernelmodule.

14.7.1 modprobe

Möchte man ein Modul zur Laufzeit in den Kernel laden, so ist in der Regel `modprobe` das Tool der Wahl. Man übergibt ihm nur den Namen des Moduls, und es lädt die entsprechende Moduldatei samt eventuell vorhandener Abhängigkeiten.

Um diese Abhängigkeiten auflösen zu können, greift `modprobe` auf die *modules.dep*-Datei im entsprechenden Verzeichnis unter */lib/modules/<Kernel-Version>* zu. Diese wird in der Regel während des Bootens von `depmod` erstellt. Dazu durchsucht `depmod` das gesamte Verzeichnis und löst alle Referenzen und damit alle Abhängigkeiten der Module untereinander auf.

Automatische Abhängigkeiten

Sehen Sie sich die entsprechende *modules.dep*-Datei auf Ihrem Rechner ruhig einmal an. Das folgende Listing enthält einen Auszug aus der entsprechenden Datei eines unserer Notebooks. Sie sehen in jeder Zeile den Dateinamen eines Moduls und hinter dem Doppelpunkt eine Liste anderer Module, von denen es abhängt. Die Liste kann auch leer sein, wenn keine Abhängigkeiten bestehen (in diesem Fall endet die Zeile nach dem Doppelpunkt).

```
kernel/drivers/staging/cpc-usb/cpc-usb.ko:
kernel/drivers/staging/pata_rdc/pata_rdc.ko:
kernel/drivers/staging/udlfb/udlfb.ko:
kernel/drivers/platform/x86/asus-laptop.ko: kernel/drivers/
leds/led-class.ko
kernel/drivers/platform/x86/eeepc-laptop.ko:
kernel/drivers/platform/x86/msi-laptop.ko:
kernel/drivers/platform/x86/compal-laptop.ko:
kernel/drivers/platform/x86/dell-laptop.ko: kernel/drivers/
firmware/dcdbas.ko
kernel/drivers/platform/x86/dell-wmi.ko:
kernel/drivers/platform/x86/acer-wmi.ko: kernel/drivers/
leds/led-class.ko
kernel/drivers/platform/x86/acerhdf.ko:
kernel/drivers/platform/x86/hp-wmi.ko:
kernel/drivers/platform/x86/tc1100-wmi.ko:
```

Listing 14.102 Auszug einer modules.dep-Datei

Mit dem Parameter `-r` kann man Module auch wieder aus dem Kernel entfernen. Dabei versucht `modprobe`, rekursiv ebenfalls alle nicht weiter benötigten Module zu entladen, von denen das auf der Kommandozeile angegebene Modul abhängt.

14.7.2 lsmod

Geladene Module anzeigen

Möchten Sie sich alle geladenen Module anzeigen lassen, so hilft Ihnen das Tool `lsmod` weiter. Seine Ausgabe nennt alle geladenen Module, ihre Größe sowie die von ihnen jeweils abhängigen anderen Module.

```
# lsmod
Module                  Size    Used by
...
dell_laptop             8128    0
dcdbas                  7292    1 dell_laptop
```

Listing 14.103 lsmod

In diesem Beispiel sehen Sie, dass der Treiber für Dell-Laptops `dell_laptop` das Kernelmodul `dcdbas` benötigt (vergleichen Sie dazu den obigen Auszug aus der Datei *modules.dep* in Listing 14.102, die genau diese Abhängigkeit enthält). Möchte man mehr Informationen über ein bestimmtes Modul, kann man auf das Tool `modinfo` zurückgreifen:

```
$ modinfo dcdbas
filename:       /lib/modules/2.6.31-20-generic/kernel/drivers/
                firmware/dcdbas.ko
alias:          dmi:*:[bs]vnD[Ee][Ll][Ll]*:*
license:        GPL
author:         Dell Inc.
version:        5.6.0-3.2
description:    Dell Systems Management Base Driver (version
                5.6.0-3.2)
srcversion:     69CF3C336BF107F5812D0B9
depends:
vermagic:       2.6.31-20-generic SMP mod_unload modversions
                586
$ modinfo dell_laptop
filename:       /lib/modules/2.6.31-20-generic/kernel/drivers/
                platform/x86/dell-laptop.ko
alias:          dmi:*svnDellInc.:*:ct8:*
license:        GPL
description:    Dell laptop driver
author:         Matthew Garrett <mjg@redhat.com>
```

```
srcversion:      9739006FA71D2495175583A
depends:         dcdbas
```
Listing 14.104 modinfo

14.7.3 insmod und rmmod

Weniger clever[33] als `modprobe` sind die Tools `insmod` und `rmmod`. Beiden ist gemeinsam, dass sie keine Abhängigkeiten zwischen unterschiedlichen Modulen berücksichtigen können. Bei `insmod` ist es sogar notwendig, den genauen Dateinamen statt des kürzeren Modulnamens anzugeben.

Wir wollten diese beiden Tools nur einmal erwähnt haben; näher ausführen werden wir ihre Benutzung nicht. Nutzen Sie lieber `modprobe`, das die Aufrufe von `insmod` beziehungsweise `rmmod` vor Ihnen als Benutzer versteckt.

14.7.4 /etc/modules und Co.

Nun bleiben natürlich noch ein paar Fragen offen, beispielsweise wann und wie man Module schon zur Bootzeit laden kann. Dies wird auf den verschiedenen Distributionen leider recht unterschiedlich gelöst, nutzen Sie daher im Zweifelsfall lieber die distributionseigenen Tools.

Wenn Sie jedoch per Hand etwas editieren möchten oder müssen, schauen Sie im Verzeichnis */etc* nach Dateien, deren Name den String `mod` enthält:

```
$ ls -l /etc | grep mod
drwxr-xr-x   2 root root 4096 2010-02-03 12:54 modprobe.d
-rw-r--r--   1 root root  202 2010-01-29 21:30 modules
```
Listing 14.105 Durchforsten des /etc-Verzeichnisses

Auf diesem System gibt es also die Datei *modules* und das Verzeichnis *modprobe.d* (manchmal wird statt diesem auch eine Datei namens *modprobe.conf* verwendet). Bei näherem Betrachten der Kommentare am Anfang der Dateien erschließt sich auch gleich ihr Zweck:

modules, modprobe.conf und modprobe.d

```
$ cat /etc/modules
# /etc/modules: kernel modules to load at boot time.
#
# This file should contain the names of kernel
# modules that are to be loaded at boot time, one
```

---

[33] Das sagt sogar die Manpage: »Most users will want to use modprobe(8) instead, which is cleverer.«

```
# per line. Comments begin with a "#", and
# everything on the line after them are ignored.
lp
rtc
```

Listing 14.106 Die /etc/modules

Hier kann man leicht sehen, dass einfach nur die beim Booten zu ladenden Modulnamen angegeben werden müssen.

Natürlich haben Module auch untereinander Abhängigkeiten, die manchmal aufgrund von Namenskonflikten nicht aufgelöst werden können, oder Sie möchten nach bzw. vor dem Laden bestimmter Module Skripte oder andere Aktionen ausführen. In diesem Fall helfen *modprobe.conf* bzw. *modprobe.d* weiter:

```
$ ls /etc/modprobe.d
alsa-base.conf
blacklist-ath_pci.conf
blacklist.conf
blacklist-firewire.conf
blacklist-framebuffer.conf
blacklist-modem.conf
blacklist-oss.conf
blacklist-watchdog.conf
dkms.conf
libpisock9.conf
nvidia-kernel-nkc.conf
```

Listing 14.107 Das Verzeichnis /etc/modprobe.d

Es handelt sich bei all diesen Dateien um typische Textdateien. Im Folgenden sind die darin möglichen Befehle beschrieben:

▶ **alias Name1 Name2**
Der Befehl `alias` definiert einen Ersatznamen `Name1` für das Modul, das über `Name2` angegeben wurde. Mit `alias` lassen sich etwa Kurznamen für sehr lange Modulnamen definieren: `alias Kurz LaaaaaangerNaaaaame`.

▶ **options Modul Optionen**
Beim Laden eines Moduls (etwa via `modprobe`) können Parameter übergeben werden, die Sie über den `options`-Befehl festlegen.

▶ **install Ladebefehl**
Dieser Befehl ermöglicht es Ihnen, einen bestimmten Shellbefehl beim Laden des Kernelmoduls über `modprobe` ausführen zu lassen, anstatt das Modul auf dem Standardweg automatisch zu laden.

- **remove Befehl**
  Wenn Sie mit `modprobe -r` ein Modul aus dem Kernel entfernen und Sie für dieses Modul eine `remove`-Direktive angelegt haben, wird der dort angegebene Befehl ausgeführt.

- **include Datei**
  Ähnlich wie in diversen Programmiersprachen können Sie über den `include`-Befehl Datei-Inhalte und sogar ganze Verzeichnisinhalte in Ihre Konfigurationsdatei einbinden.

- **blacklist Modul**
  Um zu verhindern, dass ein Modul automatisch geladen wird, können Sie den Befehl `blacklist` verwenden.

14.7.5 modconf

Der Weg, den Debian sowie seine Ableger Ubuntu und Co. bei der Konfiguration von Modulen gehen, ist etwas anders. Dort müssen Sie die Dateien wie */etc/modules* nicht unbedingt direkt editieren, sondern können stattdessen das Tool `modconf` benutzen. Sie wählen darin die Module aus den entsprechenden Kategorien aus und erkennen dort auch deren Status. Die Bedienung selbst ist intuitiv: Sie erfolgt durch die Cursortasten sowie **Enter**.

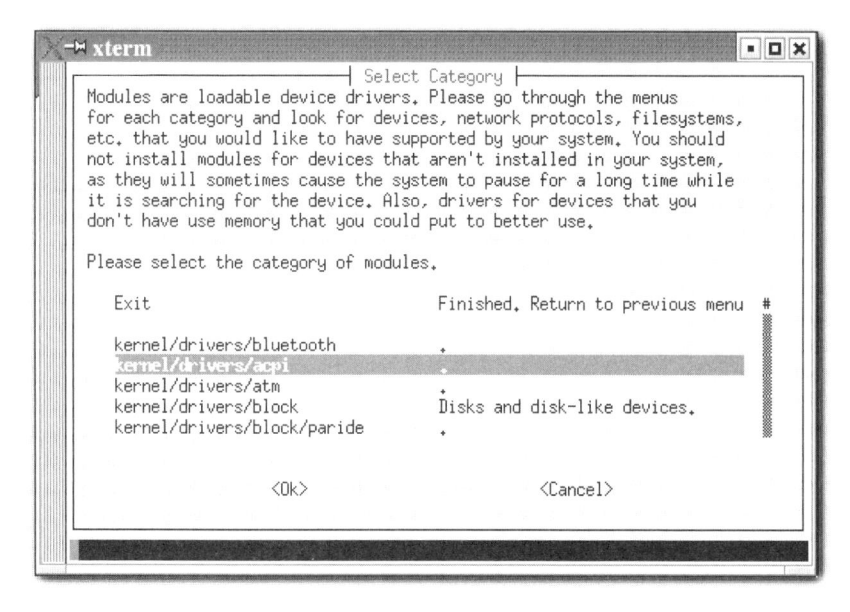

Abbildung 14.6 modconf

Das Tool macht letztendlich natürlich auch nichts anderes, als die eben genannten Dateien zu editieren. Aber durch die Oberfläche finden Sie passende Module schneller, und zudem werden Tippfehler vermieden.

14.8 Magic SysRq

Vielleicht hat sich Linux bei Ihnen schon einmal aufgehängt und ließ sich nicht mehr ansprechen, geschweige denn herunterfahren. Für diesen Fall haben wir eine sehr gute Nachricht für Sie: Dass sich Linux wirklich überhaupt nicht mehr steuern lässt, ist ein äußerst seltener Ausnahmefall, da fast immer ein (relativ unbekanntes) Rettungsmanöver funktioniert.

Es funktioniert folgendermaßen: Die SysRq-Taste[34] wird in Kombination mit einer weiteren Taste gedrückt, um dem Kernel eine Direktanweisung zu geben.[35] Wenn Sie an einem üblichen x86/x64-Rechner oder an einem Rechner mit PPC-Prozessor arbeiten, dann werden Sie sich sicherlich fragen, wo denn dort eine solche Taste sein soll? Diese Taste gibt es auf solchen Systemen nicht, verwenden Sie hier stattdessen die Tastenkombination **Alt + Druck**.

Alternativ (und das funktioniert immer, solange man noch Befehle in der Konsole eingeben kann) kann man den jeweiligen Buchstaben der Tastenkombination auch in die Datei */proc/sysrq-trigger* schreiben:

```
# echo h > /proc/sysrq-trigger
```

Listing 14.108 SysRq via /proc/sysrq-trigger

14.8.1 Aktivierung von SysRq

Bevor wir die eigentlichen Tastenkombinationen vorstellen, soll noch gezeigt werden, wie man herausfindet, ob SysRq aktiviert ist, und wie man es im Kernel aktivieren kann.

Kernel-Konfiguration

Eine Untersuchung der Kernel-Konfiguration auf die Variable `CONFIG_MAGIC_SYSRQ` hin (etwa mit `grep CONFIG_MAGIC_SYSRQ .config`) zeigt, ob die Unterstützung für SysRq einkompiliert wurde. Falls dem nicht so ist, kann man dies durch Hinzufügen dieser Option jederzeit ändern.

Ist SysRq aktiviert?

Über die Datei */proc/sys/kernel/sysrq* lässt sich steuern, ob (und wenn ja, wie), SysRq-Support aktiviert werden soll. Trägt man eine »0« in diese Datei ein, wird SysRq deaktiviert. Eine »1« bewirkt die Aktivierung der gesamten SysRq-Funktionalität.

---

[34] SysRq ist die Abkürzung für *System Request*.
[35] Die Kernel-Dokumentation bezeichnet dies als »magische Tastenkombination«.

Ein Wert größer 1 wird als Bitmaske gewertet, um auf diese Weise nur bestimmte Funktionen zu aktivieren. Sie finden die entsprechenden Werte in der Datei *Documentation/sysrq.txt* Ihrer Kernel-Version.

```
# echo 1 >/proc/sys/kernel/sysrq
```

Listing 14.109 SysRq vollständig aktivieren

14.8.2 Tastenkombinationen

Im Folgenden sind die wichtigsten SysRq-Tastenkombinationen für die zum Zeitpunkt des Schreibens aktuelle Kernel-Version aufgelistet. Sie finden die zu Ihrer Kernel-Version passenden Tastenkombinationen in der Datei *Documentation/sysrq.txt* des Kernel-Quellcodes.

- **SysRq+b**: Sofortiger Neustart des Systems (ohne Synchronisation der Speichermedien!)
- **SysRq+e**: Sendet *SIGTERM* an alle Prozesse außer `init`.
- **SysRq+h**: Gibt eine Hilfe-Information auf der Konsole aus.[36]
- **SysRq+i**: Sendet *SIGKILL* an alle Prozesse außer `init`.
- **SysRq+k**: Beendet alle Prozesse der aktuellen Konsole.
- **SysRq+m**: Führt einen Memory-Dump auf der Konsole aus.
- **SysRq+o**: Fährt das System herunter und schaltet es (falls möglich) aus.
- **SysRq+p**: Führt einen Dump (eine Ausgabe) der aktuellen Registerinhalte und Flags auf der Konsole aus.
- **SysRq+r**: Schaltet den RAW-Mode des Tastaturtreibers ab und wechselt in den XLATE-Modus.[37]
- **SysRq+s**: Synchronisiert alle gemounteten Dateisysteme.
- **SysRq+t**: Führt einen Dump der Tasks auf der Konsole aus.
- **SysRq+u**: Mountet alle Dateisysteme erneut im Read-only-Modus.

---

[36] Der Dokumentation ist zu entnehmen, dass jeder nicht weiter festgelegte Buchstabe ebenfalls zur Ausgabe der Hilfe-Informationen führt. Allerdings sei der Buchstabe »h« in diesem Zusammenhang leichter zu merken.

[37] X11 und auch svgalib-Programme ändern den Keyboard-Modus. Stürzen diese ab, so bleibt die Tastaur unter Umständen im RAW-Modus, was sich mit SysRq+r lösen lässt.

14.9 Lokalisierung

Unter *Lokalisierung* versteht man die Anpassung an lokale Gegebenheiten. Im Fall von Linux und BSD ist dies die Anpassung an deutsche Gegebenheiten wie die Verwendung eines deutschen Tastaturlayouts oder der deutschen Sprache in der Ausgabe von Programmen.

> Wenn es um Lokalisierung geht, trifft man oft auf die Abkürzungen i18n oder auch l10n. Sie stehen für *Internationalization* beziehungsweise *Localization*. Bei beiden Wörtern hat man die mittleren Buchstaben ausgelassen und durch ihre jeweilige Anzahl ersetzt.

14.9.1 Tastaturbelegung

Nach der Installation einer Linux-Distribution bzw. der Installation eines BSD-Derivats ist das System oftmals nicht auf die deutsche Tastaturbelegung konfiguriert. Dies möchte man in der Regel verändern, was allerdings von Derivat zu Derivat und innerhalb der Linux-Distributionen unterschiedlich gelöst wird.

[»] Die folgenden Informationen beziehen sich auf die Konsole. Die Veränderungen werden nicht für die grafische Oberfläche (X11) übernommen. Wie Sie die deutsche Tastaturbelegung unter X11 einstellen, erfahren Sie in Kapitel 22.

Linux

Normalerweise wird unter Linux das Tastaturlayout bereits während der Installation festgelegt. Sollten Sie es einmal ändern wollen, so ist dies natürlich möglich.

Mit dem Tool `loadkeys` kann man eine Tastaturbelegung laden. Die einzelnen Belegungsdefinitionen befinden sich in der Regel im Verzeichnis */usr/share/kdb/keymaps*. Dort wechselt man in das Unterverzeichnis seiner Plattform (für die Intel-Architektur ist dies *i386/*) und anschließend in das Unterverzeichnis, dessen Name die Reihenfolge der Buchstaben oben links auf der Tastatur wiedergibt. Für deutsche Tastaturen ist dies das Verzeichnis *qwertz/*.

Die einzelnen *map.gz*-Dateien sind komprimierte Tastaturcodierungen, die nun geladen werden können. Die deutsche Tastaturbelegung zaubert man natürlich aus dem Verzeichnis *qwertz/* mit der Datei *de-latin1-nodeadkeys.map.gz* herbei, wie es auch in der Slackware-Installation im Anhang beschrieben ist. Um nun beispielsweise die schwedische – ein schönes Land, finden Sie nicht? – Tastaturbelegung zu laden, lädt man aus dem Verzeichnis *qwerty/* die Datei *se-lat6.map.gz* auf folgende Weise:

```
# loadkeys se-lat6.map.gz
```

Listing 14.110 Talar du svenska?

Um die gewählte Tastaturbelegung nun permanent zu verwenden (also auch nach einem Neustart), muss man sie in der entsprechenden Konfigurationsdatei der jeweiligen Distribution eintragen. Da die Distributionen leider viele unterschiedliche Dateien für diesen Zweck verwenden, sei das Universalbeispiel von Slackware-Linux genannt, das Sie praktisch überall einsetzen können: Man verwendet ein Shellskript, das nach allen anderen Skripten beim Systemstart ausgeführt wird. Unter Slackware ist dies */etc/rc.d/rc.keymap*. Es besteht aus den folgenden Zeilen:

```
#!/bin/sh
# Load the keyboard map. More maps are in
# /usr/share/kbd/keymaps.
if [ -x /usr/bin/loadkeys ]; then
 /usr/bin/loadkeys de-latin1-nodeadkeys.map
fi
```

Listing 14.111 Keymap-Startkonfiguration

OpenBSD

Unter OpenBSD steht Ihnen nach der Installation zunächst nur die standardmäßige amerikanische Tastaturbelegung zur Verfügung. Um diese zu verändern, müssen Sie mit dem Programm `wsconsctl` die Belegung auf »de« umstellen.

```
root# wsconsctl -a | grep keyboard
wsconsctl: Use explicit arg to view keyboard.map.
keyboard.type=pc-xt
keyboard.bell.pitch=400
keyboard.bell.period=100
keyboard.bell.volume=50
keyboard.bell.pitch.default=400
keyboard.bell.period.default=100
keyboard.bell.volume.default=50
keyboard.repeat.del1=400
keyboard.repeat.deln=100
keyboard.repeat.del1.default=400
keyboard.repeat.deln.default=100
keyboard.ledstate=2
keyboard.encoding=de
```

Listing 14.112 Tastaturbelegung abfragen

```
root# wsconsctl keyboard.encoding=de
keyboard.encoding -> de
```

Listing 14.113 Die deutsche Tastaturbelegung einstellen

Um diese Veränderung jedoch permanent zu machen, sollte der Eintrag `keyboard.encoding=de` in der Datei */etc/wsconsctl.conf* eingebaut werden.

NetBSD

Unter NetBSD geht man ähnlich vor wie unter OpenBSD. Man setzt ebenfalls mit `wsconsctl` eine entsprechende Variable auf den Wert »de«.

```
# wsconsctl -k -w encoding=de
```

Listing 14.114 Deutsche Tastaturbelegung unter NetBSD

Um diese Veränderung permanent zu machen, wird auch diesmal ein Eintrag in einer zugehörigen Konfigurationsdatei abgelegt, der aus einer einzelnen Zeile besteht. Diesmal muss dafür die Zeile `encoding=de` in */etc/wscons.conf* platziert werden.

[»] Achten Sie darauf, dass die `rc`-Variable `WSCONS` auf YES gesetzt ist, damit die Datei *wscons.conf* verarbeitet wird.

FreeBSD

Unter FreeBSD setzt man den Wert für die (deutsche) Tastaturbelegung mit `kbdcontrol` bzw. `kbdmap`.

```
# kbdcontrol -l german.iso
```

Listing 14.115 Deutsche Tastaturbelegung unter FreeBSD

Für eine dauerhafte Verwendung des gewünschten Tastaturlayouts muss in */etc/rc.conf* der folgende Eintrag platziert werden:

```
keymap=german.iso
```

Listing 14.116 Dauerhafte Veränderungen

14.9.2 Deutsche Sprache

LANG   Die Lokalisierung umfasst aber nicht nur das Tastaturlayout, sondern natürlich auch die deutsche Sprache bei der Ausgabe von Befehlen. Für die Konsole beziehungsweise auch die grafischen Shells unter X11 setzt man dabei am besten die zugehörigen Umgebungsvariablen in der eigenen *~/.bashrc*:

```
# Die wichtigste Umgebungsvariable für Sprachen:
# Wir wollen eine deutsche Umgebung mit Euro-Zeichen
LANG=de_DE@euro

# Einige Programme nutzen auch die LANGUAGE-Variable
# Hier geben wir unsere Präferenzen an: erst Deutsch,
# und wenn das nicht verfügbar ist, Englisch.
LANGUAGE=de_DE:de:en_GB:en

# Variablen exportieren
export LANG LANGUAGE
```

Listing 14.117 Spracheinstellungen setzen

Für unsere Leser aus Österreich wäre der betreffende Wert natürlich `de_AT` und für die deutschsprachige Schweiz `de_CH`. Ältere Systeme benutzen meist noch die `LC_ALL`-Variable, um die Systemumgebung zu setzen:

```
export LC_ALL=de
```

Listing 14.118 Ältere Systeme

Bei der grafischen Oberfläche X11 ist es wiederum eine Frage des Window-Managers, in welcher Sprache man begrüßt wird. Bei KDE beispielsweise wird man beim ersten Start gefragt, welche Sprache beziehungsweise welche Umgebung man bevorzugt. Hat man die entsprechenden `i18n`-Pakete installiert, wird einem hier auch die eigene Sprache angeboten.

14.9.3 Einstellen der Uhr

Dass man mit `date` die Uhrzeit anzeigt und einstellt, wissen Sie bereits. Was Ihnen aber noch fehlt, ist das Verständnis der Zusammenhänge rund um die Uhr.

Wie Linux die Zeit versteht

Beim Booten wird die Hardwarezeit des BIOS vom Kernel ausgelesen. In der Regel wird diese in UTC, also in der internationalen Standardzeit, laufen. Unter Linux bereitet dies keine Probleme, da die Uhr nicht von Sommerzeit auf Winterzeit umgestellt werden muss. Wer dagegen manchmal auch Windows startet, hat mit der Hardwarezeit in UTC Probleme und wird die Uhr daher eher auf die lokale Zeit stellen.

Auf jeden Fall berechnet Linux aus dieser Zeit die *Unix-Zeit*, die Anzahl der Sekunden (in UTC) seit dem 1. Januar 1970. (Dieser Zeitpunkt ist im Sprachgebrauch der Geschichtswissenschaft die Epoche der Unix-Ära, und für ihn ist daher auch

Unix-Zeit

die englische Bezeichnung *epoch* in Gebrauch.) Den Wert der bisher verstrichenen Sekunden bezeichnet man auch als die *Systemzeit* des Kernels. Möchte sich der Benutzer die Uhrzeit anzeigen lassen, wird aus diesem Wert und dem Wissen über die Zeitzone des Benutzers die entsprechende Zeichenkette generiert.

Die Zeitzone einstellen

Die Zeitzone regelt man über die Datei */etc/localtime*, die auf die entsprechende Zeitzone unter */usr/share/zoneinfo* verlinkt. Auf deutschen Systemen sollte man also diesen Link setzen:

```
$ ls -l /etc/localtime
lrwxrwxrwx 1 root root 33 2005-12-05 16:56           \
  /etc/localtime -> /usr/share/zoneinfo/Europe/Berlin
```

Listing 14.119 Der localtime-Link

Anschließend kann wie gewohnt die Zeit über `date` eingestellt werden.

Die Hardwareuhr

Anschließend kann man die Hardwareuhr mittels `hwclock` setzen. Dabei macht es natürlich einen Unterschied, ob die Uhr auf UTC oder auf die lokale Zeit gestellt werden soll:

```
# hwclock -wu
```

Listing 14.120 Die Hardwareuhr auf UTC stellen

```
# hwclock -w
```

Listing 14.121 Die Hardwareuhr auf lokale Zeit stellen

Beim Booten wird übrigens ebenfalls `hwclock` ausgeführt – allerdings mit der Option `-s`, um nicht die Hardware-, sondern die Systemuhr zu stellen. Die Option `-u` entscheidet auch hier wieder darüber, ob die Hardwareuhr als UTC oder lokale Zeit interpretiert werden soll.

14.9.4 Texte von anderen Plattformen

Manchmal kommt man in die Verlegenheit, einen unter Windows erstellten Text unter Linux verarbeiten zu wollen – oder auch anders herum. Probleme gibt es vor allem bei den Zeilenenden: Linux nimmt dafür einen Zeilenvorschub, Mac-Systeme nehmen einen Wagenvorlauf und Windows nimmt gleich beides.

Um Texte zwischen den Systemen austauschen zu können, hilft das Programm `recode`. Damit kann man sich – am besten ebenfalls in der eigenen *./.bashrc*-Datei – ein paar nützliche Aliase definieren:

```
alias unix2dos='recode lat1.ibmpc'
alias dos2unix='recode ibmpc.lat1'
alias unix2mac='recode lat1.mac'
alias mac2unix='recode mac.lat1'
```

Listing 14.122 Texte konvertieren

Anschließend kann man unter Nutzung der Aliase einfach und schnell Texte für die jeweilige Plattform erstellen beziehungsweise von ihr konvertieren.

14.10 Zusammenfassung

In diesem Kapitel haben wir uns mit verschiedenen Aufgaben der Verwaltung oder Administration eines Linux/Unix-Systems befasst. Im Anschluss an das letzte Kapitel haben wir dabei mit der Rechteverwaltung begonnen, wobei wir nützliche kleine Programme wie `chmod` zum Ändern der Rechte, `chown` zum Ändern der Eigentumsverhältnisse und `umask` zum Ändern der Rechtevorgaben besprochen haben. Des Weiteren erhielten Sie einen kurzen Ausblick auf erweiterte Rechtesysteme wie Access Control Lists (ACLs).

Ebenfalls wurden verschiedene Möglichkeiten zum Automatisieren von Tätigkeiten vorgestellt. Besonders hervorzuheben sind dabei `cron` für regelmäßige Aufgaben und `at` für einmalige Aufgaben zu einem bestimmten Zeitpunkt. Als weitere sehr wichtige Tätigkeit wurde die Softwareverwaltung beschrieben. Dabei haben wir verschiedene Paketmanagementsysteme wie RPM und DEB sowie ihre Gemeinsamkeiten, wie sie sich beispielsweise in APT herauskristallisieren, besprochen.

Außerdem gab es einen längeren Abschnitt zum Thema Logging. Besprochen wurden der `syslogd`, `logrotate` und auch `logcheck`. Im Anschluss daran wurde die Dateisystemverwaltung behandelt, woraufhin mit (Soft-)RAID auch das intelligente Zusammenschalten verschiedener Festplatten erläutert wurde.

Weiter behandelt wurde die »Königsdisziplin«, das Bauen des eigenen Kernels und SysRq-Tastenkombinationen. Geschlossen wurde das Kapitel mit den Einstellungen zur Lokalisierung.

14.11 Aufgaben

Rechte

Stellen Sie folgende Rechte als Oktalzahl dar, und geben Sie ihre Bedeutung umgangssprachlich an:

- rw-rw-rw-
- rwsr-xr-x
- rwxrwxrwt

Syslog

Sie sind ein böser Mensch. Überlegen Sie sich anhand des Beispielcodes auf Seite 465, wie ein Programm aussehen müsste, das die Logfiles eines Systems mit Müll (über-)füllt.

[»] Im Normalfall werden gleichlautende Meldungen vom Logger zusammengefasst und als *eine* Meldung mit der entsprechenden Häufigkeit des Auftretens gespeichert. Wie können Sie dies böswillig umgehen?

Übersicht über Kernelmodule

Verschaffen Sie sich eine Übersicht über die auf Ihrem Linux-System verfügbaren sowie derzeit geladenen Kernelmodule.

Die größten Dateien finden

Schreiben Sie ein kurzes Shellskript beziehungsweise eine Anweisungsfolge, die die zehn größten Dateien in Ihrem Home-Verzeichnis findet.

[+] Für die Lösung können Sie zum Beispiel find und du in Kombination nutzen.

> »It would be nice if the Food and Drug Administration stopped issuing
> warnings about toxic substances and just gave me the names of one or
> two things still safe to eat.«
> – Robert Fuoss

15 Netzwerkgrundlagen

Nachdem Sie nun bereits einiges über das System wissen, werden wir uns ein weiteres wichtiges Thema, die Netzwerke sowie die Netzwerkkonfiguration, vornehmen. Typischerweise handelt es sich dabei um ein Kapitel, das man schon fertig im Kopf hat, bevor man beginnt, es zu schreiben, und bei dem einem trotzdem keine »vernünftige« Einleitung einfällt. Da wir eine solche Einleitung übersprungen haben, legen wir gleich los.

An dieser Stelle soll nicht ausführlich auf Netztheorien oder Ähnliches eingegangen werden. Wir möchten Ihnen in diesem Kapitel vielmehr die wichtigsten Kenntnisse bezüglich TCP/IP vermitteln, was all jenen, die von dieser Thematik zum ersten Mal hören, recht kompliziert erscheinen mag. Zudem wollen wir uns der grundlegenden und teilweise der fortgeschrittenen Administration widmen.

Als weiterführende Lektüren empfehlen wir Ihnen die Publikationen »Aufbau und Betrieb eines TCP/IP-Netzes« von Washburn und Evans sowie »TCP/IP Illustrated, Volume 1: The Protocols« von W. R. Stevens. Das Werk von Stevens setzt sich leider nicht mit IPv6 auseinander,[1] geht dafür aber intensiver als Washburn und Evans auf Protokolldetails unter Unix-artigen Systemen ein.

15.1 Grundlegendes zu TCP/IP

Computer kommunizieren über Netzwerksysteme miteinander. Diese Systeme benutzen verschiedenste Medien nach Maßgabe so genannter *Protokolle*. Diese Protokolle, die z. B. für die Steuerung des Datenflusses und die Zustellung der Daten über verschiedene Knotenpunkte (Router) zuständig sind, regeln wiederum den Transport der eigentlichen *Nutzdaten*.

---

[1] Was darauf zurückzuführen ist, dass das Buch bereits 1994 erschien und der Autor verstarb, bevor er eine neue Auflage schreiben konnte.

15 Netzwerkgrundlagen

TCP/IP stellt eine Sammlung solcher Protokolle dar und umfasst zahlreiche Standards. Die Buchstaben TCP stehen dabei für das Transportprotokoll »Transmission Control Protocol«, die Buchstaben IP für »Internet Protocol«. Doch mehr dazu später.

Schichtenmodell Die Kommunikationsarchitektur ist dabei so aufgebaut, dass sie aus verschiedenen Schichten besteht. Schauen wir uns diese Schichten zunächst einmal an.

Unser Modell verwendet, wie auch wir im gesamten Buch, die englischen Namen für die einzelnen *Protokoll-Schichten* (Layer). Das hat ganz einfach den Grund, dass Sie so auch andere Bücher zum Thema TCP/IP leichter verstehen können, die oft in englischer Sprache verfasst sind.[2]

4. Application Layer
3. Transport Layer
2. Internet Layer
1. Network Access Layer

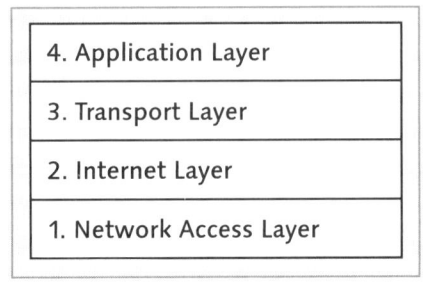

Abbildung 15.1 Das TCP/IP-Schichtenmodell

Jeder Layer kommuniziert dabei mit seinem Gegenüber auf dem Zielsystem. Der Internet-Layer eines Rechners A kommuniziert folglich nur mit dem Internet-Layer des Kommunikationspartners B. Die Layer nutzen dabei jeweils die Dienste der *darunter* liegenden Schichten, so dass das Abstraktionsniveau, aber auch das Leistungsvermögen mit jeder Schicht ansteigt.

Der Vorteil dieser Architektur ist, dass verschiedene Layer auch verschiedene Aufgaben übernehmen und eine einzelne Schicht nicht die Verantwortung für die gesamte Kommunikation übertragen muss.[3]

[»] Für den Anwender sind diese Layer völlig transparent, er benötigt lediglich eine Endapplikation (beispielsweise einen Browser oder ein Mail-Programm), um auf die Dienste des Netzwerks zuzugreifen.

---

2 Im oben genannten Buch von Washburn und Evans werden leider die deutschen Begriffe für diese Schichten verwendet, was erfahrungsgemäß bei Neueinsteigern für Verwirrung sorgt. Es existiert jedoch auch eine englische Originalausgabe.
Es gelten folgende Übersetzungen: Network Access Layer = physische Schicht, Internet Layer = Internet-Schicht, Transport Layer = Transportschicht und Application Layer = Anwendungsschicht.
3 Die erste TCP-Implementierung hatte genau diese problematische Eigenschaft. Mittlerweile ist die Arbeitsfunktion von TCP jedoch auf den Transport-Layer beschränkt worden.

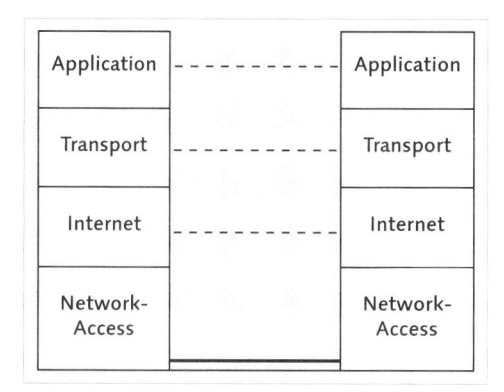

Abbildung 15.2 Kommunikation mit der Gegenschicht

15.1.1 Network Access Layer

Dieser Layer hat die Aufgabe, die einzelnen Bits über ein physisches Medium zum Zielsystem zu übertragen. Dies könnte zum Beispiel ein Crossover-Kabel sein, das an einer handelsüblichen Ethernet-Netzwerkkarte angeschlossen ist. Auf diesem Layer kommunizieren die Systeme mittels sogenannter *Frames*.

15.1.2 Internet Layer

Der Internet Layer hat die Aufgabe, Daten mithilfe des Internet-Protokolls (IP), das wir später noch genauer betrachten werden, zu versenden und zu empfangen. Zu diesem Zweck besitzt jeder Rechner eine eindeutige Adresse – die sogenannte *IP-Adresse* –, die ihn eindeutig in einem Netzwerk identifiziert. Im Gegensatz zum Network Access Layer erfolgt auf diesem Layer sogenanntes *Routing*.

IP Layer

> Routing stellt sicher, dass Daten über verschiedene Netzwerke versendet werden können. Dazu werden Informationen benötigt, die angeben, über welche Router oder anderen Rechner man diese Netzwerke erreichen kann.

Die Informationen über die Wegfindung, also die Routing-Informationen, werden in den *Routing-Tabellen* der einzelnen Rechner abgelegt. Diese können entweder statisch vom Administrator konfiguriert oder über Routing-Protokolle dynamisch verwaltet werden.

15.1.3 Transport Layer

Die übergeordnete Schicht, der Transport Layer, hat die Aufgabe, die durch die Layer 1 und 2 zum Ziel beförderten Daten an die richtigen *Ports* zu senden. Dieser

Layer stellt neben wichtigen Routing-Protokollen wie OSPF im Prinzip nur zwei herausragende Protokolle, TCP (*Transmission Control Protocol*) und UDP (*User Datagram Protocol*), bereit.

TCP verursacht eine etwas größere Datenlast als UDP und arbeitet dadurch zwar langsamer, verfügt aber über einen Fehlerkorrekturalgorithmus, der die Auslieferung der *Segmente* gewährleisten soll. UDP hingegen kümmert sich nicht darum, ob die von ihm transferierten *Datagramme* überhaupt ankommen. UDP wird daher für Systeme eingesetzt, die hohes Datenaufkommen bei ständig wechselnden, aber *prinzipiell gleichen* Daten verursachen.[4]

Ein weiterer Unterschied zwischen TCP und UDP besteht darin, dass TCP *verbindungsorientiert* arbeitet. Das bedeutet, dass eine Verbindung vor einer Kommunikation zunächst aufgebaut und nach ihrer Beendigung wieder geschlossen werden muss.

15.1.4 Application Layer

Der sogenannte Application Layer, also die Anwendungsschicht, wird von den einzelnen Netzwerkprogrammen und -diensten verwendet. Diese stellen einen Dienst auf einem Port zur Verfügung (beziehungsweise greifen auf diesen clientseitig zu) und können über diesen Port senden und empfangen. Solche Applikationen benötigen jeweils ihre eigenen, in der Regel glücklicherweise standardkonformen Protokolle. Die wichtigsten davon sind: HTTP (Webserver <–> Browser), SMTP (Mailtransfer-Agent [MTA] <–> E-Mail-Client), FTP (FTP-Server <–> FTP-Client) und POP3 (POP3-Server <–> E-Mail-Client).

Im Application-Layer spricht man nicht mehr von Paketen und Segmenten, sondern von Messages[5] (UDP) und Streams (TCP).

Zusammenfassung

Fassen wir zusammen: Ein Programm, das mit einem anderen Programm auf einem entfernten Rechner kommuniziert, benötigt ein Protokoll. Das Protokoll wird benötigt, damit die Kommunikation fehlerfrei funktionieren kann. Ohne ein wie auch immer geartetes Protokoll ist auch keine Form von Kommunikation möglich, ähnlich wie zwei Menschen, die keine gemeinsame Sprache sprechen, sich auch nicht (oder nur sehr eingeschränkt) unterhalten können.

[zB] Möchte man beispielsweise mit dem Browser auf einen anderen Rechner zugreifen, wird zunächst dessen IP-Adresse benötigt. Der eigene Computer baut nun über den

---

4 Dies kann beispielsweise bei Statusdaten, die einmal pro Sekunde komplett übertragen werden, der Fall sein.
5 Zu Deutsch: Nachrichten.

Network Access Layer eine physische Verbindung zum Zielrechner auf. Dieser wird über eine Schnittstelle mit der besagten IP-Adresse angesprochen. Zu dieser Adresse senden die nächst-»höheren« Protokolle im TCP/IP-Protokoll-Stack (die sich nun keineswegs mehr um physische Details kümmern müssen) ihre Daten. Dabei handelt es sich beispielsweise um TCP oder UDP, also Protokolle des Transport Layers. Über diese kann der jeweilige Port des Servers bzw. Clients angesprochen werden. Bei einer Browser-Verbindung wird dafür das TCP-Protokoll und der Server-Port 80 verwendet. Im TCP-Paket ist zudem noch ein Paket des Application-Layers, in diesem Fall das HTTP-Protokoll, verpackt. Dieses enthält dann auch die eigentlichen Nutzdaten.

15.2 Grundlegendes Netzwerk-Setup

Im Folgenden werden wir nach und nach alle Schritte durchführen, die notwendig sind, um einen Rechner in ein Netzwerk zu integrieren, genauer: um ihn als ersten Host in ein neues Netzwerk zu integrieren.

15.2.1 Hostname setzen

Einem Rechner, der sich im Netzwerk befindet, gibt man zunächst einmal einen sogenannten *Hostnamen* – einen Namen, der im jeweiligen Netzwerk einzigartig ist und zur Identifikation des Rechners (Hosts) dient. Man unterscheidet dabei zwischen einem bloßen Hostname (das ist die namentliche Bezeichnung des Rechners im Netzwerk) und einem FQDN (*Fully Qualified Domain Name*). Bei Ersterem handelt es sich um einen einfachen Namen, wie etwa »jupiter«. Ein FQDN hingegen besteht aus dem einfachen Hostname und der kompletten Domain, der dieser Host angehört, etwa »jupiter.sun.milkyway«. Jupiter würde also zum Netz »sun« im Netz »milkyway« gehören.

Wir möchten unseren Host im Netzwerk »sun« (so können Sie, falls Sie noch keinen Netzwerknamen haben, auch Ihr Netzwerk nennen) platzieren und ihm den oben bereits erwähnten Namen »jupiter« geben. Um dies zu verwirklichen, brauchen Sie das Tool `hostname`. Um einen Hostname zu setzen, übergibt man den FQDN als Parameter an `hostname`.

```
$ hostname jupiter.sun
```

Listing 15.1 Hostname setzen

Die Funktionalität von `hostname` ist im Übrigen nicht mit der von `domainname` zu verwechseln. Letzteres setzt nämlich den Domainname für eine NIS-Domain!

Die Abfrage gestaltet sich von System zu System etwas anders. Die Prompts zeigen im folgenden Listing die jeweiligen Systeme und den zugehörigen `hostname`-Aufruf an.

```
linux$ hostname
jupiter
linux$ hostname -f
jupiter.sun

bsd$ hostname
jupiter.sun
bsd$ hostname -s
jupiter
```

Listing 15.2 Hostname abfragen

15.2.2 Netzwerkadressen für alle

Unser Host hat zwar bereits einen FQDN, aber noch keine eigene IP-Adresse. Diese wird via `ifconfig` gesetzt. Dieses Tool dient generell zur Administration von Netzwerkschnittstellen. Wir werden uns die wichtigen Features von `ifconfig` im Folgenden ansehen; zunächst aber wollen wir einer Netzwerkschnittstelle eine IP-Adresse zuweisen.[6]

Zunächst lässt man sich mit `ifconfig` die im System integrierten Netzwerkschnittstellen auflisten. Dazu übergibt man am besten den Parameter `-a`. Er bewirkt, dass auch wirklich jede Netzwerkschnittstelle angezeigt wird.

```
# ifconfig -a
eth0    Link encap:Ethernet   HWaddr 00:50:04:E9:AE:1B
        inet addr:192.168.0.3  Bcast:192.168.0.255
        Mask:255.255.255.0
        UP BROADCAST RUNNING MULTICAST   MTU:1500 Metric:1
        RX packets:210 errors:0 dropped:0 overruns:0 frame:0
        TX packets:187 errors:0 dropped:0 overruns:0 carrier:0
        collisions:0 txqueuelen:1000
        RX bytes:22668 (22.1 Kb)  TX bytes:30717 (29.9 Kb)
        Interrupt:9 Base address:0xd400
```

---

6 Welche Veränderungen hierbei im Hintergrund ablaufen und im Kernel vor sich gehen, soll an dieser Stelle nicht diskutiert werden. Wenn wir in diesem Kapitel eine IP-Adresse »vergeben«, dann bedeutet dies schlicht, dass wir einen Host über eine bestimmte Adresse erreichbar machen. Außerdem werden keine virtuellen Adressen vergeben; jedes Device soll über eine einzige Adresse verfügen. Hintergrundinformationen erhalten Sie in der `ifconfig`-Manpage und in diversen Büchern über TCP/IP.

```
lo        Link encap:Local Loopback
          inet addr:127.0.0.1  Mask:255.0.0.0
          UP LOOPBACK RUNNING  MTU:16436  Metric:1
          RX packets:4 errors:0 dropped:0 overruns:0 frame:0
          TX packets:4 errors:0 dropped:0 overruns:0 carrier:0
          collisions:0 txqueuelen:0
          RX bytes:296 (296.0 b) TX bytes:296 (296.0 b)
```

Listing 15.3 ifconfig -a

Diese Ausgabe enthält gleich eine Menge Informationen – viel mehr, als wir benötigen. Das Wichtigste ist: Es gibt zwei Netzwerkschnittstellen: eth0 und lo. Die Schnittstelle lo ist die sogenannte *Loopback-Schnittstelle*. Sie dient nur zur rechnerinternen Kommunikation und ist auf jedem System vorhanden (sofern nicht gerade TCP/IP-Support im Kernel deaktiviert ist). Diese Schnittstelle bekommt immer die IP-Adresse 127.0.0.1 und die Netzwerkmaske 255.0.0.0. Der Grund ist, dass das gesamte Netzwerk 127.x.x.x für die Loopback-Kommunikation reserviert ist.

Bei der Schnittstelle eth0 handelt es sich um eine Ethernet-Netzwerkkarte. Unter Linux erhalten diese Netzwerkkarten die Bezeichnung ethX, wobei X eine laufende Nummer darstellt, die mit jeder Schnittstelle erhöht wird. Die erste Schnittstelle heißt eth0, die zweite eth1 usw.

Wie Sie sehen, hat die Ethernet-Karte die Adresse 192.168.0.3 und das Netzwerk die Broadcast-Adresse 192.168.0.255. Die Netzwerkmaske ist 255.255.255.0, die IP-Adressen befinden sich also im Bereich von 192.168.0.1 bis 192.168.0.254.

Unter den BSD-Systemen werden die Netzwerkschnittstellen jeweils anders bezeichnet. Die Loopback-Schnittstelle wird in der Regel mit lo0 bezeichnet, Ethernet-Schnittstellen erhalten je nach Typ völlig unterschiedliche Bezeichnungen, etwa ne3[7] oder rl1[8]. Zudem werden einige Werte standardmäßig in hexadezimaler Form ausgegeben.

```
obsd$ ifconfig -a
lo0: flags=8049<UP,LOOPBACK,RUNNING,MULTICAST> mtu
     33224
     inet 127.0.0.1 netmask 0xff000000
     inet6 ::1 prefixlen 128
     inet6 fe80::1%lo0 prefixlen 64 scopeid 0x5
ne3: flags=8863<UP,BROADCAST,NOTRAILERS,RUNNING,
     SIMPLEX,MULTICAST> mtu 1500
     address: 00:50:bf:11:35:a5
     media: Ethernet autoselect (10baseT)
```

---

7 NE2000- oder kompatibler Treiber (OpenBSD)
8 Realtek 8129/8139-Fast-Ethernet-Treiber (OpenBSD)

15 | Netzwerkgrundlagen

```
            inet 192.168.0.1 netmask 0xffffff00 broadcast
            192.168.0.255
            inet6 fe80::250:bfff:fe11:35a5%ne3 prefixlen
            64 scopeid 0x1
pflog0: flags=0<> mtu 33224
pfsync0: flags=0<> mtu 2020
enc0: flags=0<> mtu 1536
```

Listing 15.4 ifconfig -a, BSD

Adresse Um eine Adresse festzulegen, übergibt man `ifconfig` den Namen der gewünschten Schnittstelle sowie die zugehörige IP-Adresse.[9]

```
linux# ifconfig eth0 192.168.0.3
```

Listing 15.5 ifconfig

Medium Einige Netzwerkkarten verfügen über eine Combo-Schnittstelle und sind damit beispielsweise sowohl für 10base2- als auch für 10baseT-Netzwerke verfügbar. Allerdings kann immer nur eine Schnittstellenart zur gleichen Zeit konfiguriert werden. Daher bietet `ifconfig` die Möglichkeit an, das gewünschte Übertragungsmedium bei der Adressvergabe mit anzugeben.

```
linux# ifconfig eth0 192.168.0.3 media 10baseT
```

Listing 15.6 Medientyp angeben

Netzmaske Um die Netzmaske (Netmask) manuell zu vergeben, was durchaus manchmal nötig ist, wird der Parameter `netmask` verwendet. Hinter ihm gibt man in gewohnter Form die Netzmaske an. Zudem kann man diesen Aufruf mit der Konfiguration der Adresse und des Übertragungsmediums kombinieren:

```
linux# ifconfig eth0 192.168.0.3 netmask \
255.255.255.0 media 10baseT
```

Listing 15.7 ifconfig

Mehrere Adressen Es ist durch sogenannte *virtuelle Schnittstellen* möglich, einer Netzwerkschnittstelle mehr als nur eine IP-Adresse zuzuweisen. Dies wird eigentlich unter jedem System anders realisiert, weshalb wir im Folgenden nur auf `ifconfig` unter Linux eingehen.

---

9 Sie können dabei IP-Adressen aus den Adressbereichen `10.z.y.x`, `172.16.y.x` und `192.168.y.x` wählen. Zu jedem Bereich kann noch eine zugehörige Netzmaske gewählt werden.

Im Anwendungsbeispiel soll der Schnittstelle `eth0` eine zweite Instanz in Form einer virtuellen Schnittstelle mit der IP-Adresse 192.168.1.3 hinzugefügt werden. Dazu gibt man hinter der Schnittstellenbezeichnung die Instanznummer an (in diesem Fall die »1« für die erste virtuelle Instanz):

[zB]

```
# ifconfig eth0:1 192.168.1.3 netmask 255.255.255.0
linux# ifconfig
eth0     Link encap:Ethernet   HWaddr 00:50:04:E9:AE:1B
         inet addr:192.168.0.3  Bcast:192.168.0.255
         Mask:255.255.255.0
         UP BROADCAST RUNNING MULTICAST  MTU:1500
         Metric:1
         RX packets:210 errors:0 dropped:0 overruns:0
         frame:0
         TX packets:187 errors:0 dropped:0 overruns:0
         carrier:0
         collisions:0 txqueuelen:1000
         RX bytes:22668 (22.1 Kb)  TX bytes:30717
         (29.9 Kb)
         Interrupt:9 Base address:0xd400

eth0:1   Link encap:Ethernet   HWaddr 00:50:04:E9:AE:1B
         inet addr:192.168.1.3  Bcast:192.168.1.255
         Mask:255.255.255.0
         UP BROADCAST RUNNING MULTICAST  MTU:1500
         Metric:1
         Interrupt:9 Base address:0xd400

lo       Link encap:Local Loopback
...
```

Listing 15.8 eth:1 anlegen

Um »mal eben schnell« eine Schnittstelle herunterzufahren, ohne den Rechner dafür ausschalten zu müssen, wird der Parameter `down` verwendet.

Schnittstellen abstellen

```
# ifconfig eth0:1 down
```

Listing 15.9 Schnittstelle abstellen

> Doch bedenken Sie: Die Konfiguration mit `ifconfig` bleibt nur während der Laufzeit des Systems bestehen.

Nach einem Neustart des Systems müssen die Netzwerkschnittstellen neu konfiguriert werden. Daher verfügen die Distributionen und auch die BSD-Derivate über Tools, die während der Installation die dauerhaft (nämlich jeweils automatisch beim Startvorgang) zu setzenden Adressen abfragen. Möchten Sie nach der Installation des Systems noch Veränderungen an dieser Konfiguration vornehmen, so müssen Sie entweder direkt die Konfigurations- und Skriptdateien in */etc* abändern (die von Distribution zu Distribution und bei den einzelnen Derivaten verschieden sind), oder Sie müssen ein distributionsspezifisches Hilfstool, etwa `netconfig` unter Slackware, erneut ausführen.

15.2.3 Wireless LAN

Damit Sie unter Linux auch mit Ihrer WLAN-Karte Spaß haben können, brauchen Sie zwei Sachen: den richtigen WLAN-Treiber und die `wireless-tools`, die wir im Folgenden beschreiben. Der richtite Treiber sollte heutzutage kein Problem mehr darstellen. Notfalls können sogar Windows-Treiber geladen werden. Wenn Ihre WLAN-Schnittstelle bei den Interfaces in `ifconfig -a` auftaucht, stellt Linux den entsprechenden Treiber für Ihren Chipsatz bereit. Wenn nicht, helfen die System-Logfiles in jedem Fall weiter.

Die verfügbaren Netze scannen

Die Wireless-Eigenschaften legt man nun aber nicht mittels `ifconfig`, sondern mit dem `iwconfig`-Tool aus dem `wireless-tools`-Paket fest. Zunächst aber möchten Sie vielleicht testen, welche Funk-LANs gefunden werden. Rufen Sie dazu das Tool `iwlist` mit dem Parameter `scanning` auf:

```
# iwlist scanning
lo    Interface doesn't support scanning.

eth0  Interface doesn't support scanning.

eth1  Scan completed :
      Cell 01 - Address: 00:0B:6B:30:15:C0
          ESSID:"zuhause"
          Protocol:IEEE 802.11bg
          Mode:Master
          Channel:1
          Encryption key:off
          Bit Rate:54 Mb/s
          Extra: Rates (Mb/s): 1 2 5.5 6 ... 36 48 54
          Signal level=-75 dBm
          Extra: Last beacon: 23ms ago
...
```

Listing 15.10 iwlist

In diesem Beispiel wurde das Interface `eth1` als WLAN-Interface erkannt und auch ein Netz mit der ESSID »zuhause« gefunden. Entsprechend können Sie nun die eigene WLAN-Karte konfigurieren.

[zB]

iwconfig

Für die Konfiguration gibt es, wie gesagt, das `iwconfig`-Tool, mit dem man wichtige Parameter wie die ESSID oder den zu verwendenden Schlüssel einstellen kann. Sind alle Parameter richtig gewählt, so ist man anschließend mit einem Access Point verbunden:

```
# iwconfig eth1 essid zuhause key off
# iwconfig eth1
eth1   IEEE 802.11g   ESSID:"zuhause"
       Mode:Managed   Frequency:2.462 GHz
       Access Point: 0A:0B:6B:30:17:8E
       Bit Rate=24 Mb/s   Tx-Power=20 dBm
       RTS thr:off    Fragment thr:off
       Encryption key:off
       [...]
```

Listing 15.11 iwconfig

Anschließend kann man sich um die Konfiguration des Netzwerks kümmern. Das geht entweder wie gewohnt per Hand mit `ifconfig` oder – bei WLAN eigentlich der Regelfall – automatisch per DHCP.

15.2.4 DHCP

Eine andere Möglichkeit, eine Netzwerkkarte ganz einfach zu konfigurieren, ist BOOTP oder eben DHCP, eine neuere und erweiterte Version von BOOTP. Wenn Sie DHCP, das Dynamic Host Configuration Protocol, nutzen, brauchen Sie im Allgemeinen gar nichts von Hand einzustellen – alles läuft automatisch.

Alles automatisch

Der Nachteil ist natürlich, dass Sie einen DHCP-Server im Netzwerk brauchen. Diesen Server, der Ihrem Rechner die notwendigen Informationen zur Konfiguration gibt, lernen Sie allerdings erst in Kapitel 17, dem Kapitel über Netzwerkserver kennen.

Vereinfacht gesagt schicken Sie nur einen großen Hilferuf ins Netzwerk – also über das Funknetz oder eben über das Kabel, das an Ihrer Netzwerkkarte angeschlossen ist. Der DHCP-Server fühlt sich daraufhin angesprochen und schickt Ihnen die Daten zu. So wird Ihnen beispielsweise automatisch eine freie (oder je nach Konfiguration auch eine ganz bestimmte) IP-Adresse zugewiesen, und es wird dem Rechner gesagt, welches Default-Gateway er benutzen soll.

Die meisten Distributionen lassen Ihnen bei der Installation die Wahl zwischen dem automatischen Beziehen der IP-Adresse mittels DHCP oder der weiter oben vorgestellten statischen Methode.

dhcp-client

Für den Fall, dass Sie Ihre Schnittstelle nicht (wie oft in der Installation von Distributionen und Derivaten vorgesehen) statisch per Hand, sondern über DHCP konfigurieren wollen, sei kurz auf das Programm dhcp-client und sein Pendant dhclient hingewiesen. Über einen einfachen Aufruf eines dieser Programme können Sie eine Netzwerkschnittstelle per DHCP konfigurieren:

```
# dhcp-client -i eth1
// Alternativ: dhclient
# dhclient eth1
```

Listing 15.12 Die Schnittstelle eth1 mittels dhcp-client konfigurieren lassen

Unter anderen Systemen gibt es in der Regel kein dhcp-client-Tool. Manpages wie dhcp(8) helfen Ihnen an dieser Stelle weiter, wobei des Rätsels Lösung oftmals ähnlich einfach ist wie unter Linux. Unter OpenBSD wird der Schnittstellenkonfiguration zum Beispiel einfach der Parameter dhcp in der jeweiligen *hostname.xyz* vorangestellt.

15.2.5 /etc/hosts

Nachdem einem Netzwerk-Interface eine IP-Adresse zugewiesen worden ist, möchte man natürlich auch mit anderen Hosts im Netzwerk kommunizieren. Um sich diese Kommunikation zu erleichtern, »spricht« man die anderen Systeme über ihre Hostnames und nicht über ihre IP-Adressen an.

Jeder Unix-Rechner verfügt daher über die Datei */etc/hosts*, in die eine (kleine) Liste der vorhandenen Hostnamen inklusive deren IP-Adressen eingetragen werden kann. Der Rechner kann über diese Datei schnell die zu einem Host gehörige IP-Adresse herausfinden. Dies funktioniert aber nur, wenn alle gewünschten Hosts eine zugeordnete IP-Adresse in der Datei haben und alle diese Einträge aktuell sind. Bei größeren Netzwerken ist dies definitiv nicht mehr von Hand zu erledigen, weshalb man einen DNS-Server braucht, welchen wir in Kapitel 20 behandeln werden.

Der Aufbau der Datei gestaltet sich denkbar einfach. Zunächst wird die Adresse angegeben (entweder IPv4 oder IPv6), und hinter diese Adresse werden die dafür gültigen Hostnamen geschrieben.

```
::1 localhost.sun localhost
127.0.0.1 localhost.sun localhost
192.168.0.1 eygo.sun eygo
192.168.0.2 milk.sun milk
192.168.0.3 yleigu.sun yleigu
192.168.0.5 yorick.sun yorick
```

Listing 15.13 Beispiel einer /etc/hosts-Datei

Hier bekommt der lokale Rechner die IPv6-Adresse ::1 und die IPv4-Adresse 127.0.0.1. Er kann sowohl als »localhost« wie auch über den FQDN als »localhost.sun« angesprochen werden. Ähnliches gilt auch für die anderen Hosts. Beispielsweise hat der Host »eygo.sun« auch den Namen »eygo« und ihm wurde die IP-Adresse 192.168.0.1 zugewiesen.

> In der Datei /etc/hosts besteht ein Eintrag aus genau einer Zeile. Zunächst gibt man die Adresse und danach beliebig viele Hostnamen an. Zwischen den einzelnen Werten sollten Leerzeichen stehen, Tabs dürften allerdings auch funktionieren.

Übrigens wurde die *hosts*-Datei mit 4.2BSD eingeführt, also zu einer Zeit, in der DNS-Informationen noch etwas anders verbreitet wurden. Für geschichtlich Interessierte sei an dieser Stelle ein Auszug aus der hosts(5)-Manpage von Slackware-Linux 10.1 zitiert:

> *Before the advent of DNS, the host table was the only way of resolving hostnames on the fledgling Internet. Indeed, this file could be created from the official host data base maintained at the Network Information Control Center (NIC), though local changes were often required to bring it up to date regarding unofficial aliases and/or unknown hosts. The NIC no longer maintains the hosts.txt files, though looking around at the time of writing (circa 2000), there are historical hosts.txt files on the WWW. I just found three, from 92, 94, and 95.*

Nichtsdestotrotz ist diese Datei für kleine Netzwerke ohne einen DNS-Server noch äußerst nützlich.

15.2.6 /etc/networks

In der Datei */etc/networks* wird, ähnlich wie in der Datei *hosts*, eine Liste von Adressen abgelegt. In diesem Fall werden allerdings ganze Netzwerkadressen in Netzwerknamen (und vice versa) übersetzt, was in Verbindung mit DNS anwendbar ist. Die *networks*-Datei wurde, wie auch die *hosts*-Datei, mit 4.2BSD eingeführt.

```
linux$ cat /etc/networks
loopback          127.0.0.0
localnet          192.168.0.0
openbsd$ cat /etc/networks
BASE-ADDRESS.MCAST.NET  224
loopback                127       loop
```

Listing 15.14 Ein Beispiel einer /etc/networks-Datei

In der ersten Spalte steht der offizielle Netzwerkname, in der zweiten die Netzwerkadresse (etwa 127 oder 127.0.0.0). Spalte Nummer drei legt noch ein Alias fest. Der Aufbau dieser Datei kann von System zu System etwas variieren.

15.2.7 /etc/resolv.conf

Über die Datei *etc/resolv.conf* wird der lokale Resolver konfiguriert, der von der C-Library verwendet wird.

[»] Ein Resolver ist dafür zuständig, DNS-Anfragen »aufzulösen«. Das bedeutet, dass er sich darum kümmert, Ihrem System die DNS-Informationen zu beschaffen, die benötigt werden. Dabei kann es sich beispielsweise um die IP-Adresse zu einem Hostnamen, den Hostnamen zu einer IP-Adresse, einen Mail-Exchanger oder Ähnliches handeln.

Kommentare werden in dieser Datei durch Rauten (#) oder Semikola (;) eingeleitet. Diese funktionieren wie die Rauten-Kommentare in der Shell. Ansonsten besteht die Datei primär aus Schlüsselwörtern (Keywords) und zugehörigen Werten. Eine typische *resolv.conf* sieht in etwa folgendermaßen aus:

```
lookup file bind          ; Erst /etc/hosts, dann DNSd
nameserver 192.168.0.2    ; Erst 192.168.0.2 fragen,
nameserver 194.25.2.129   ; dann 194.25.2.129
```

Listing 15.15 Typische resolv.conf

Wenden wir uns nun den einzelnen Keywords zu, die in die *resolv.conf* eingetragen werden können.

Das Keyword *nameserver* legt einen Nameserver fest. Hinter es kann genau eine Nameserver-Adresse geschrieben werden. Dabei kann es sich sowohl um eine IPv4- als auch um eine IPv6-Adresse handeln. Es können (je nach Implementierung) maximal drei Nameserver angegeben werden, die in ihrer aufgelisteten Reihenfolge vom Resolver abgefragt werden. Der wichtigste Server sollte also immer zuerst stehen, nachfolgend können (falls vorhanden) eventuelle Notfallserver gelistet werden, die dann angesprochen werden, wenn der erste Server nicht erreichbar ist. Wird kein

Server angegeben, wird versucht, einen Nameserver über die Adresse 127.0.0.1 (also lokal) anzusprechen.

Mit *domain* wird der lokale Domainname angegeben. Damit können Hosts auch über ihren direkten Nicht-FQDN-Hostnamen angesprochen werden, ohne dass dieser zuvor explizit in der Datei */etc/hosts* so angegeben wurde.

Die Möglichkeiten zur Datenabfrage werden durch die *lookup*-Zeile spezifiziert. Dabei gibt es drei verschiedene Werte, die an dieser Stelle angegeben werden können: *bind* (Nameserver-Abfrage), *file* (*/etc/hosts* abfragen) und *yp* (NIS-Abfrage durch `ypbind`).

Wird keine Lookup-Zeile in der *resolv.conf* angegeben, verhält sich der Resolver so, als wäre die Konfiguration *bind file*. Das bedeutet: Zunächst wird der Nameserver abgefragt, und erst, wenn dieser keine Antwort weiß, die *hosts*-Datei.

Gibt man keinen FQDN an, fragt der Resolver verschiedene Domains ab, denen der gesuchte Hostname angehören kann. Zu diesem Zweck kann über das Keyword *search* eine Liste von bis zu sechs Domains angegeben werden, die in einer entsprechenden Reihenfolge abgefragt werden sollen. Neben der Bevorzugung von Domains gibt es zusätzlich eine Liste für IP-Adressen. Die Adressliste, die Programmen übergeben wird, die eine IP-Adresse über den Resolver angefordert haben,[10] kann nämlich durch *sortlist* in eine bestimmte Reihenfolge gebracht werden, wobei auch eine Netzmaske angegeben werden kann. Es sind (abhängig von der Implementierung) meist maximal zehn Sortierungseinträge möglich.

```
sortlist 192.168.0.0/255.255.0.0 10.0.0.0/255.255.255.31
```

Listing 15.16 Beispiel einer sortlist-Anwendung

Zudem existiert noch eine weitere Konfigurationsmöglichkeit, die sich *options* nennt. Hinter diesem steht jeweils ein weiteres Keyword, dessen Varianten Sie in der entsprechenden Manpage zu *resolv.conf* nachlesen können. Da diese Optionen kaum verwendet werden und über das in diesem Kapitel vermittelte Wissen hinausgehen würden, werden wir an dieser Stelle nicht weiter auf sie eingehen.

15.2.8 Nun gibt es aber ein Problem ...

Und dieses Problem ist die Reihenfolge der Abfragen von DNS-Server und *hosts*-Datei. Was hat nun Priorität: der DNS-Server des Providers, die lokalen *hosts*- und *networks*-Dateien oder gar ein eventuell vorhandenes NIS-System? Für diese Probleme gibt es eine Lösung: die Datei */etc/nsswitch.conf*.

---

[10] Dies läuft im Übrigen über die Funktion `gethostbyname()`.

```
$ cat /etc/nsswitch.conf
passwd: compat
group:  compat

hosts:          files dns
networks:       files dns

services:       files
protocols:      files
rpc:            files
ethers:         files
netmasks:       files
netgroup:       files
publickey:      files

bootparams:     files
automount:      files nis
aliases:        files
```

Listing 15.17 Bringt Ordnung ins Chaos: /etc/nsswitch.conf

Uns interessiert eigentlich der Eintrag für *hosts* und *networks*: Es soll zuerst lokal gesucht werden, dann erst im DNS des Providers. Dies macht im Normalfall eigentlich immer Sinn und ist daher auch eine Voreinstellung. Die anderen Optionen in der Datei tragen einfach dem Fakt Rechnung, dass man noch viel mehr per NIS bzw. NIS+ im Netzwerk verteilen kann als nur diese beiden Dateien.

15.2.9 Windows und Namensauflösung

Hauptsache anders

Nun gibt es auch unter Windows die Möglichkeit, Rechnern im Netzwerk Namen zu geben. Die Windows-Namensauflösung funktioniert allerdings noch einmal völlig anders, nämlich über das sogenannte *NETBIOS*-System. Als Laie kann man sich das so vorstellen, dass Microsoft in diesem Fall das Rad einfach noch einmal neu erfunden hat,[11] mit dem Unterschied, dass das Rad diesmal ausschließlich mit anderen Rädern desselben Herstellers optimal funktioniert und sich leider nur in eine Richtung drehen kann – aber nur bei gutem Wetter. NETBIOS setzt zwar auf TCP/IP auf, macht sonst aber sein eigenes Ding.

Sollte man es wirklich ernsthaft in Erwägung ziehen, diese Namensauflösung zu nutzen, muss man das sogenannte *Samba*-Paket installieren. Mit diesem hat man

---

11 Tatsächlich ist es so, dass es lange Zeit viele konkurrierende Netzwerkprotokolle neben TCP/IP gegeben hat, von denen Microsoft nicht abhängig sein wollte. Also gehört NETBIOS als Programmier-Interface viel eher zu den »Altlasten«; am Ende läuft es aber auf dasselbe hinaus.

die Möglichkeit, auf freigegebene Windows-Laufwerke zuzugreifen und eben die Namensauflösung zu nutzen. In diesem Fall kann man in die Datei */etc/nsswitch.conf* auch noch `winbind` als Quelle für entsprechende Nameninformationen eintragen. Mehr Hinweise zu Samba folgen in Abschnitt 17.7.

15.3 Grundlagen des Routings

Wir werden uns an dieser Stelle mit Routing-Grundlagen auseinandersetzen – genauer gesagt mit den Grundlagen des *statischen* Routings, also desjenigen, bei dem die Routing-Einträge von Hand konfiguriert werden müssen. Es gibt auch *dynamisches* Routing, bei dem so genannte *Routing-Protokolle* verwendet werden, um die Routing-Administration zu automatisieren.[12]

Doch was bedeutet Routing? Routing ist die Funktionalität, die Datenpakete in Netzwerken an ihr Ziel bringt. Dieses Ziel kann mehrere Knotenpunkte (also andere Rechner, die auf der Strecke liegen, oder *Hops*) vom eigentlichen Absender entfernt sein. Routing sorgt in diesem Fall dafür, dass das Datenpaket von einem Rechner über den nächsten zum Ziel gesendet wird.

Die auf Ihrem System verfügbaren Routen werden in einer Datenstruktur gespeichert, die sich *Routing-Tabelle* nennt. Sie können ihren Inhalt mit zwei verschiedenen Programmen abfragen: `netstat` und `route`.[13]

Routing-Tabelle

`netstat` liefert Ihnen generelle Informationen über den Netzwerkstatus des Systems – die Routing-Tabelle stellt nur einen kleinen Teil davon dar und wird mit dem Parameter `-r` abgefragt. Fügt man noch `-n` hinzu, wird die DNS-Auflösung der einzelnen Einträge unterdrückt, so dass IP-Adressen angezeigt werden.

```
openbsd$ netstat -nr
Routing tables

Internet:
Destination     Gateway            Flags  Refs  Use    Mtu    Int
default         192.168.0.2        UGS    0     24     -      ne3
127/8           127.0.0.1          UGRS   0     0      33224  lo0
127.0.0.1       127.0.0.1          UH     1     0      33224  lo0
192.168.0/24    link#1             UC     3     0      -      ne3
192.168.0.1     0:50:bf:11:35:a5   UHLc   0     1048   -      lo0
```

---

12 Dabei unterscheidet man zwischen verschiedenen Arten wie internen und externen Protokollen, solchen mit Link-State- und solchen mit Distanzvektor-Algorithmus und so weiter. Die wichtigsten dieser Protokolle sind wohl OSPF, RIP und BGP sowie diverse kommerzielle Protokolle von Cisco.

13 Für alle technisch Interessierten: Die Routing-Tabelle befindet sich im Speicher des Kernels und wird in der Regel als (doppelt) verkettete Liste implementiert.

```
192.168.0.2     0:60:8:77:1b:b2  UHLc  1    30      -     ne3
192.168.0.5     0:0:cb:59:fd:be  UHLc  0    6       -     ne3
224/4           127.0.0.1        URS   0    0       33224 lo0

Internet6:
Destination Gateway Flags Refs Use Mtu Interface
::/104              ::1  UGRS  0    0      -     lo0 =>
::/96               ::1  UGRS  0    0      -     lo0
::1                 ::1  UH    12   0      33224 lo0
::127.0.0.0/104 ::1  UGRS  0    0      -     lo0
::224.0.0.0/100 ::1  UGRS  0    0      -     lo0
::255.0.0.0/104 ::1  UGRS  0    0      -     lo0
::ffff:0.0.0.0/96 ::1 \
                    UGRS  0    0      -     lo0
2002::/24       ::1  UGRS  0    0      -     lo0
2002:7f00::/24 ::1  UGRS  0    0      -     lo0
2002:e000::/20 ::1  UGRS  0    0      -     lo0
2002:ff00::/24 ::1  UGRS  0    0      -     lo0
fe80::/10       ::1  UGRS  0    0      -     lo0
fe80::%ne3/64 link#1 UC  0    0      -     ne3
fe80::250:bfff:fe11:35a5%ne3 0:50:bf:11:35:a5 \
                    UHL   0    0      -     lo0
fe80::%lo0/64 fe80::1%lo0 \
                    U     0    0      -     lo0
fe80::1%lo0 link#5 UHL   0    0      -     lo0
fec0::/10       ::1  UGRS  0    0      -     lo0
ff01::/32       ::1  UC    0    0      -     lo0
ff02::%ne3/32 link#1 UC  0    0      -     ne3
ff02::%lo0/32 ::1  UC    0    0      -     lo0

Encap:
Source Port Destination Port Proto SA(Address/Proto \
                                    /Type/Direction)
```

Listing 15.18 netstat lädt die Routing-Tabelle

Die Ausgabe von netstat ist in diesem Fall wie die der Routing-Tabelle durch route aufgebaut. Von System zu System kann die Ausgabe leicht variieren, die grundsätzlichen Inhalte sind jedoch gleich.

Die Ausgabe ist hier (was nicht immer der Fall ist) in drei (manchmal sind es nur zwei oder gar nur eine) Sektionen aufgeteilt: Internet (IPv4), Internet6 (IPv6) und Encap (Tunneling). In jeder Sektion sind die protokollspezifischen Routing-Einträge aufgelistet. Später sehen Sie, wie Sie explizit bestimmte Sektionen zur Anzeige auswählen können.

Ein Routing-Eintrag (wir mussten aufgrund der Beschränkung der Seitenbreite leider eine etwas unübersichtlichere Darstellung der Routing-Tabelle wählen) teilt sich in folgende Spalten auf:

- **Destination**
  Die Zieladresse eines Datenpakets. Die Destination *Default* gibt das sogenannte *Default-Gateway* an. Dieses wird verwendet, wenn das System keine spezielle Route für ein Ziel kennt. Dann wird ein Datenpaket nämlich immer zum Default-Gateway weitergeleitet.

- **Gateway**
  Gibt den zur Erreichung des Ziels zu verwendenden Rechner im Netzwerk an, der weiß, wie er die Datenpakete zum Ziel weiterleiten kann. Man bezeichnet solche Routing-fähigen Systeme als *Router* oder *Gateways*.[14]

- **Flags**
  Flags signalisieren grundlegende Eigenschaften einer Verbindung und sind in der Manpage nachzulesen.

- **Refs**
  Diese Spalte gibt die aktuelle Anzahl Nutzungen dieser Route an.

- **Use**
  Gibt die Anzahl der Datenpakete an, die seit der letzten Netzwerkinitialisierung über diese Route gesendet wurden.

- **Mtu**
  Die *Maximum Transmission Unit* gibt die maximale Größe für Datenpakete an, die über ein Interface gesendet werden können.

- **Interface**
  Gibt die Schnittstelle an, die dieser Routing-Eintrag betrifft.

Möchten Sie nur die Routing-Tabelle einer bestimmten Adressfamilie ausgeben, so kann dies bei einigen Implementierungen (etwa unter OpenBSD) durch `-f <Protokollfamilie>` bewirkt werden. Mögliche Werte entnehmen Sie Tabelle 15.1.

Keyword	Makro	Protokoll
inet	AF_INET	IPv4
inet6	AF_INET6	IPv6

Tabelle 15.1 Protokollfamilien

---

14 Wir möchten auf den kleinen, aber feinen Definitionsunterschied zwischen den Begriffen *Router* und *Gateway* hinweisen: Ein Router leitet Datenpakete auf Layer 2 im TCP/IP-Modell (Internet Layer) weiter, ein Gateway leitet Datenpakete auf Layer 4 (Application Layer) weiter. In der Gateway-Spalte wird der Begriff jedoch synonym mit »Router« verwendet.

Keyword	Makro	Protokoll
ipx	AF_IPX	Novell IPX
atalk	AF_APPLETALK	AppleTalk
ns	AF_NS	Xerox NS
encap	PF_KEY	IPSec (VPN-Tunneling)
local	AF_LOCAL	lokale Sockets (etwa FIFO)
unix	AF_UNIX	lokale Sockets (etwa Unix-Domain-Socket)

Tabelle 15.1 Protokollfamilien (Forts.)

`netstat` unterstützt noch zahlreiche weitere Features. Diese können wir im Rahmen dieses Buches allerdings nicht erläutern, zudem bietet die Manpage eine hervorragende Dokumentation zu diesem Programm.

15.3.1 Routing-Administration: route

Möchte man nun selbst das Routing in einem Netzwerk einrichten, müssen die einzelnen Hosts und Router entsprechend konfiguriert werden. Dazu werden wir erneut das Tool `route` verwenden.

Eine Route einfügen

Um eine Route in die Routing-Tabelle einzufügen, müssen zwei ihrer Eigenschaften bekannt sein: das Ziel (dies kann eine einzelne Adresse oder auch ein ganzes [Sub-]Netzwerk sein) und die Adresse des direkt erreichbaren Rechners, über den man diese Route erreichen kann.

Wenn wir »direkt erreichbar« sagen, dann meinen wir damit, dass zwischen dem Router und dem Host, auf dem die Route konfiguriert werden soll, kein weiterer Host steht – beide Rechner befinden sich also im gleichen (Sub-)Netzwerk, denn IP-Pakete werden von Host zu Host weitergeleitet.

[zB] Nun konfigurieren wir eine Beispielroute. Es soll das gesamte Netzwerk 192.168.1.0 (Netzmaske 255.255.255.0)[15] erreicht werden; der Host selbst befindet sich im Netzwerk 192.168.0.0 und das Zielnetzwerk soll über den lokalen Router 192.168.0.5 erreicht werden.

Unter Linux fügt man eine Route entweder für einen einzelnen Host (`-host`) oder für ein gesamtes Netzwerk (`-net`) in die Routing-Tabelle ein. Die Netzmaske gibt man mit `netmask`, das Gateway mit `gw` an.

---

[15] Man kann diese Schreibweise im Übrigen auch verkürzen, indem man die Subnetzmaske in Bit-Form angibt. In diesem Fall wäre dies 192.168.1.0/24.

```
# route add -net 192.168.1.0 netmask 255.255.255.0 \
gw 192.168.0.5
```

Listing 15.19 Linux route add

Um unter BSD mit `route` eine Route hinzuzufügen, wird der Parameter `add` verwendet. Als zweites Argument folgt das Zielsystem bzw. -netzwerk und als dritter Parameter der zu verwendende Router. Es ergibt sich für unser Beispiel also folgender Aufruf:

```
# route add 192.168.1.0 192.168.0.5
add host 192.168.0: gateway 192.168.0.5
```

Listing 15.20 route add

Fragt man die Routing-Tabelle nun erneut ab und greift sich mit `grep` das Netzwerk 192.168.1.0 heraus, findet man auch gleich die entsprechende Route:

```
linux# route | grep 192.168.1.0
192.168.1.0   192.168.0.5   255.255.255.0  UG   0  0  0 eth0
openbsd$ netstat -nr | grep 192.168.1.0
192.168.1.0       192.168.0.5       UGHS  0  0  - ne3
```

Listing 15.21 route

`route` gibt unter Linux eine Spalte mit der Überschrift *Metric* aus. Ihr Wert gibt die Distanz des Routing-Ziels an, wenn man Daten über die jeweilige Route schickt. Daher wird die Routing-Metrik verwendet, um kürzere Routen zu bevorzugen. Meist ist es so, dass die Metrik für einen Rechner, der direkt an einer Schnittstelle angeschlossen ist (etwa durch ein serielles Kabel oder einen Switch), den Wert »1« hat, ein Rechner, der hingegen zwei Router entfernt ist, bekommt meist die Metrik »3«. Die Router-Entfernung zwischen den Systemen nennt man *Hops*.

Metrik und Hops

Um eine bestehende Route wieder aus der Routing-Tabelle zu löschen, wird statt des Parameters `add` unter Linux `del` und unter BSD `delete` verwendet. Mit `change` kann man Routen unter BSD nachträglich verändern; unter Linux verwendet man hierzu ebenfalls `add`.

Routen löschen oder ändern

```
# route del -net 192.168.13.0
```

Listing 15.22 Eine Route löschen

Lässt man `route` im Monitoring-Modus laufen (dies wird unter Linux jedoch nicht unterstützt), wird man im Übrigen über Veränderungen und neue Einträge in der Routing-Tabelle auf dem Laufenden gehalten.

```
openbsd$ route monitor
got message of size 76 on Mon Aug 22 19:20:34 2005
RTM_ADD: Add Route: len 76, pid: 32686, seq 1, errno
22, flags:<UP,GATEWAY,STATIC>
locks:  inits:
got message of size 108 on Mon Aug 22 19:21:29 2005
RTM_ADD: Add Route: len 108, pid: 6086, seq 1, errno
0, flags:<UP,GATEWAY,HOST,DONE,STATIC>
locks:  inits:
sockaddrs: <DST,GATEWAY>
 192.168.1.0 yorick
got message of size 148 on Mon Aug 22 19:30:09 2005
RTM_ADD: Add Route: len 148, pid: 0, seq 0, errno 0,
flags:<UP,HOST,DONE,LLINFO,CLONED>
locks:  inits:
sockaddrs: <DST,GATEWAY,IFP,IFA>
 faust link#1 00:50:bf:11:35:a5 eygo
```

Listing 15.23 Monitor-Modus

15.3.2 Router aufsetzen

Um einen Router aufzusetzen, muss man die obigen Schritte zur Routing-Konfiguration ebenfalls entsprechend durchführen. Allerdings ist es oftmals zusätzlich notwendig, die Schnittstellen, über die geroutet werden soll, mit anzugeben. Unter Linux wird bei route mit dem Parameter add über das Keyword dev die Schnittstelle mit angegeben, also etwa dev eth1.

Um aber das Routing seitens des Kernels definitiv zu veranlassen, muss das System wissen, dass es auch Pakete anderer Hosts *weiterleitet*. Das wird von System zu System unterschiedlich konfiguriert.

Linux regelt solche Verhaltenskonfigurationen des Kernels beispielsweise über das Proc-Dateisystem. Je nachdem, ob in der Datei *ip_forward* in */proc/sys/net/ipv4* (das gilt auch analog für IPv6) eine »0« oder eine »1« steht, ist das Weiterleiten von TCP/IP-Datenpaketen entweder explizit unterbunden oder explizit erlaubt.

```
# echo 1 >/proc/sys/net/ipv4/ip_forward
```

Listing 15.24 Routing unter Linux aktivieren

Unter BSD hingegen erledigt man solche Einstellungen mit dem Tool sysctl. Dabei wird je nach System eine andere Variable auf »1« oder »0« gesetzt. Unter OpenBSD heißt diese beispielsweise *net.inet.ip.forwarding* bzw. für IPv6 *net.inet6.ip6.forwarding*.

```
# sysctl -n net.inet6.ip6.forwarding
0
# sysctl -w net.inet6.ip6.forwarding=1
0 -> 1
```

Listing 15.25 forwarding abfragen und setzen

Solche Einstellungen sind sowohl unter Linux als auch unter BSD nur temporär. Nach dem nächsten Neustart müssen sie neu konfiguriert werden. Dies erledigt man am besten über ein Shellskript oder über distributions- bzw. derivatspezifische Konfigurationsdateien wie */etc/sysctl.conf*.

15.4 Netzwerkverbindungen

Das Tool `netstat` kennen Sie bereits. Es ist in der Lage – der Name lässt bereits darauf schließen – eine Übersicht über den »Status« des Netzwerks zu geben. Dies umfasst zum Beispiel eine Übersicht über bestehende IPv6-Verbindungen oder die Nutzung von Netzwerkschnittstellen. Letztere Information erhält man im Übrigen auch via `ifconfig`.

15.4.1 Datenaufkommen von Schnittstellen

Das Datenaufkommen kann entweder durch `ifconfig` oder via `netstat` abgefragt werden.

```
$ ifconfig eth0
eth0  Link encap:Ethernet  HWaddr 00:50:04:E9:AE:1B
      inet addr:192.168.0.3  Bcast:192.168.0.255
      Mask:255.255.255.0
      UP BROADCAST RUNNING MULTICAST  MTU:1500  Metric:1
      RX packets:1207 errors:0 dropped:0 overruns:0 frame:0
      TX packets:1086 errors:0 dropped:0 overruns:0 carrier:0
      collisions:0 txqueuelen:1000
      RX bytes:126448 (123.4 Kb)  TX bytes:171926 (167.8 Kb)
      Interrupt:9 Base address:0xd400
```

Listing 15.26 Informationen zur Ethernet-Schnittstelle

```
$ netstat -i|egrep 'Iface|eth0'
Iface MTU Met  RX-OK RX-ERR RX-DRP RX-OVR TX-OK TX-ERR TX-DRP TX-OVR Flg
eth0  1500 0   1254  0      0      0      1121  0      0      0      BMRU
```

Listing 15.27 netstat

Gehen wir die wichtigsten Teile dieser beiden Ausgaben einmal durch. Zunächst füllt vielleicht der Parameter `HWaddr 00:....` auf. Dabei handelt es sich um die sogenannte *MAC*-Adresse der Ethernet-Schnittstelle.[16] Layer 1 des TCP/IP-Schichtenmodells verwendet diese MAC-Adresse zur Identifikation. Die Internet-Adresse sowie die Netzmaske sind Ihnen bereits bekannt; die Broadcast-Adresse (*Bcast*) hingegen ist Ihnen wahrscheinlich neu. Über sie lassen sich alle Hosts in diesem (Sub-)Netzwerk zugleich erreichen (sofern sie darauf konfiguriert sind, auf Broadcast-Nachrichten zu antworten).

Die Flags `UP`, `BROADCAST`, `RUNNING` und `MULTICAST` signalisieren, dass das Interface aktiv ist, Daten empfangen kann und Broadcasting sowie Multicasting unterstützt.[17]

Außerdem ist zu sehen, dass die maximale Datenmenge (Maximum Transmission Unit, MTU) 1500 Bytes beträgt – der Standardwert für Ethernet-Netzwerke. Die Routing-Metrik dieses Interfaces hat den Minimalwert »1«. Das bedeutet, dass Datenpakete auf *direktem* Wege zum Ziel gelangen. Weitere Informationen stellen unter anderem die bereits über das Interface übermittelte Datenmenge, die Anzahl der Kollisionen und die Anzahl der versendeten bzw. erhaltenen Frames dar.

Die Ausgabe von `netstat -i` ist der von `ifconfig` inhaltlich recht ähnlich. Die Spalten *MTU* und *Met* geben die bereits bekannte Maximum Transmission Unit sowie die Metrik der Schnittstelle an. Die *RX*- und *TX*-Spalten geben an, wie viele Pakete empfangen bzw. gesendet wurden. Dabei stehen die Abkürzungen »OK« jeweils für erfolgreich versandte bzw. empfangene Pakete, »ERR« für fehlerhafte Pakete, »DRP« für gedroppte (verworfene) Pakete und »OVR« für Overruns.

15.4.2 Protokollstatistiken

Allgemeine Protokollstatistiken kann `netstat` ebenfalls ausgeben. Dazu übergibt man einfach den Parameter `-s`. Von System zu System scheint einem die Datenmenge dabei entweder zu genügen oder überraschend groß zu sein. Zu sehen ist zunächst ein Aufruf des Kommandos unter Linux und später – allerdings stark verkürzt und nur, um Ihnen einen Einblick in die Statistikfähigkeit des BSD-Kernels zu geben – eine Ausgabe des gleichen Kommandos unter OpenBSD.

```
linux# netstat -s
Ip:
    1339 total packets received
    0 forwarded
    0 incoming packets discarded
    1309 incoming packets delivered
```

---

16 MAC steht für *Medium Access Control*.
17 Multicasting ist eine spezielle Möglichkeit, um, ähnlich wie beim Broadcasting, mehrere Systeme auf einmal anzusprechen. Näheres erfahren Sie im RFC zum IGMP-Protokoll.

```
        1309 requests sent out
Icmp:
    29 ICMP messages received
    2 input ICMP message failed.
    ICMP input histogram:
        destination unreachable: 15
        echo requests: 14
    29 ICMP messages sent
    0 ICMP messages failed
    ICMP output histogram:
        destination unreachable: 15
        echo replies: 14
Tcp:
    1 active connections openings
    2 passive connection openings
    0 failed connection attempts
    0 connection resets received
    1 connections established
    1310 segments received
    1265 segments send out
    0 segments retransmited
    0 bad segments received.
    1 resets sent
Udp:
    0 packets received
    0 packets to unknown port received.
    0 packet receive errors
    15 packets sent
TcpExt:
    ArpFilter: 0
    4 delayed acks sent
    2 packets directly queued to recvmsg prequeue.
    820 packets header predicted
    TCPPureAcks: 191
    TCPHPAcks: 888
    TCPRenoRecovery: 0
    TCPSackRecovery: 0
    TCPSACKReneging: 0
    TCPFACKReorder: 0
    TCPSACKReorder: 0
    TCPRenoReorder: 0
    TCPTSReorder: 0
    TCPFullUndo: 0
    TCPPartialUndo: 0
    TCPDSACKUndo: 0
    TCPLossUndo: 0
```

15 | Netzwerkgrundlagen

```
        TCPLoss: 0
        TCPLostRetransmit: 0
        TCPRenoFailures: 0
        TCPSackFailures: 0
        TCPLossFailures: 0
        TCPFastRetrans: 0
...
...
openbsd$ netstat -s
ip:
        10609 total packets received
        0 bad header checksums
        0 with size smaller than minimum
        0 with data size < data length
        0 with header length < data size
        0 with data length < header length
        0 with bad options
        0 with incorrect version number
        0 fragments received
        0 fragments dropped (duplicates or out of...
        0 malformed fragments dropped
        0 fragments dropped after timeout
        0 packets reassembled ok
        10570 packets for this host
        39 packets for unknown/unsupported protocol
        0 packets forwarded
        0 packets not forwardable
        0 redirects sent
        5819 packets sent from this host
        5122 packets sent with fabricated ip header
        0 output packets dropped due to no bufs, etc.

        0 output packets discarded due to no route
        0 output datagrams fragmented
        0 fragments created
        0 datagrams that can't be fragmented
        0 fragment floods
        0 packets with ip length > max ip packet size
        0 tunneling packets that can't find gif
        0 datagrams with bad address in header
        0 input datagrams checksum-processed by h...
        0 output datagrams checksum-processed by h...

icmp:
...
igmp:
```

```
...
ipencap:
...
tcp:
...
udp:
...
esp:
...
ah:
...
etherip:
...
ipcomp:
...
carp:
...
pfsync:
...
ip6:
...
icmp6:
...
rip6:
...
```

Listing 15.28 Protokollstatistiken

15.4.3 Aktive TCP-Verbindungen

Um uns eine Liste aktiver TCP-Verbindungen zu verschaffen, verwenden wir wieder einmal unser Lieblingstool `netstat`, denn TCP-Verbindungen aufzulisten zählt zu seinen Spezialitäten. Für jede aktive TCP-Verbindung gibt `netstat -a` das Flag ESTABLISHED aus.[18]

```
netstat -a | grep ESTABLISHED
tcp 0 48 faust.sun:ssh 192.168.0.1:40406 ESTABLISHED
```

Listing 15.29 Aktive TCP-Verbindungen

Durch einen Doppelpunkt getrennt sind dabei zunächst der eigene Host und der lokale Port aufgelistet, anschließend der Remote-Host und dessen Port.

---

18 Es gibt noch diverse andere TCP-Flags wie FIN_WAIT. Stevens beschreibt sie hervorragend in seinem leider etwas veralteten Buch »TCP/IP Illustrated Vol. 1«.

15.4.4 Listen-Ports

Auf fast jedem Rechner im Netzwerk laufen ein paar Dienste, etwa SSH oder ein Webserver. Diese Dienste benötigen in aller Regel (allerdings gibt es tatsächlich Ausnahmen) einen offenen Port, um Daten entgegenzunehmen. Geöffnete TCP-Ports werden in netstat mit dem Flag LISTEN versehen; unter UDP sieht man nur einen Eintrag ohne Flag. netstat zeigt Ihnen sogar aktive UNIX-Domain-Sockets an.

```
$ netstat -a|more
Active Internet connections (including servers)
Proto Recv-Q Send-Q Local Address   Foreign Ad. (state)
tcp     0      0    eygo.40406       faust.ssh   ESTABLISHED
tcp     0      0    eygo.nntp        *.*         LISTEN
tcp     0      0    localhost.nntp   *.*         LISTEN
tcp     0      0    *.ssh            *.*         LISTEN
tcp     0      0    *.www            *.*         LISTEN
tcp     0      0    localhost.submissi *.*       LISTEN
tcp     0      0    localhost.smtp   *.*         LISTEN
Active Internet connections (including servers)
Proto Recv-Q Send-Q Local Address   Foreign Ad. (state)
udp     0      0    *.*              *.*
udp     0      0    *.syslog         *.*
Active Internet connections (including servers)
Proto Recv-Q Send-Q Local Address   Foreign Ad. (state)
tcp6    0      0    localhost.nntp   *.*         LISTEN
tcp6    0      0    *.ssh            *.*         LISTEN
tcp6    0      0    localhost.submissi *.*       LISTEN
tcp6    0      0    localhost.smtp   *.*         LISTEN
Active UNIX domain sockets
...
```

Listing 15.30 netstat -a

Verwendet man bei netstat -a zusätzlich die Option -n, so unterdrückt man die Adressauflösung und sieht blanke IP-Adressen. Das Gleiche gilt für die Dienstbezeichnungen bei den einzelnen Ports. netstat bezieht die Port-Bezeichnungen aus der Datei */etc/services* – in diese können gegebenenfalls auch eigene Dienste eingetragen werden. Diese Datei besteht aus Zeilen der Form »Name Portnummer/Protokoll«:[19]

```
tcpmux         1/tcp
echo           7/tcp
echo           7/udp
...
```

---

[19] Analoge Informationen zu den einzelnen Protokollen finden Sie in der Datei */etc/protocols*.

```
netstat         15/tcp
...
chargen         19/udp
ftp-data        20/tcp
ftp             21/tcp
ssh             22/tcp
ssh             22/udp
telnet          23/tcp
...
```

Listing 15.31 Auszug aus /etc/services

15.4.5 ARP-Cache

Die Hardwareadresse, also die MAC-Adresse, von Ethernet-Schnittstellen hatten wir bereits erwähnt. Über das *(Reverse) Address Resolution Protocol* (ARP) tauschen die einzelnen Hosts Informationen über MAC-Adressen und IP-Adressen aus. Diese werden im sogenannten *ARP-Cache* abgelegt, den man über das Programm arp abfragen und administrieren kann. In ihm werden Zuordnungen zwischen IP- und MAC-Adresse hergestellt, wodurch also von der MAC-Adresse auf die IP-Adresse geschlossen werden kann und umgekehrt.

Die Informationen sind (bis auf wenige explizit zu konfigurierende Ausnahmen) dynamisch, das heißt, sie werden nach einer bestimmten Zeit wieder gelöscht und müssen neu abgefragt werden, was netzwerkorganisatorische Gründe hat. Den aktuellen ARP-Cache kann man mit arp -a abfragen.

```
# arp -an
? (192.168.0.2) at <incomplete> on eth0
? (192.168.0.1) at 00:50:BF:11:35:A5 [ether] on eth0
```

Listing 15.32 ARP-Cache abfragen

Der Rechner im Listingbeispiel scheint also in letzter Zeit keine Kommunikation mit einem Host, der nicht im ARP-Cache steht, geführt zu haben. Um nun beispielsweise den Host 192.168.0.5 zu erreichen, müssen die Rechner zunächst untereinander ARP-Informationen austauschen. Diesen Austausch erzwingen wir, indem wir eine TCP/IP-Kommunikation (der Einfachheit halber über das Tool ping) mit dem Host starten.

```
# ping 192.168.0.5
PING 192.168.0.5 (192.168.0.5) 56(84) bytes of data.
64 bytes from 192.168.0.5: icmp_seq=1 ttl=128
time=0.279 ms
^C
```

```
--- 192.168.0.5 ping statistics ---
1 packets transmitted, 1 received, 0% packet loss,
time 0ms
rtt min/avg/max/mdev = 0.279/0.279/0.279/0.000 ms
```

Listing 15.33 Anpingen des Hosts 192.168.0.5

Nun enthält der ARP-Cache auch die IP- und MAC-Adresse des Hosts 192.168.0.5:

```
# arp -an
? (192.168.0.2) at <incomplete> on eth0
? (192.168.0.1) at 00:50:BF:11:35:A5 [ether] on eth0
? (192.168.0.5) at 00:00:CB:59:FD:BE [ether] on eth0
```

Listing 15.34 Der aktuelle ARP-Cache

15.4.6 tcpdump

Sniffing — Hin und wieder (zum Beispiel bei der Entwicklung von Netzwerksoftware oder zur Fehlererkennung bei der Netzwerkadministration) ist es notwendig, sich die Netzwerkpakete anzusehen, die auf einer Schnittstelle ankommen und gesendet werden. Diese Tätigkeit bezeichnet man als *Sniffing* (Schnüffeln). Sniffing wird oft auch von Angreifern in Tools integriert, die dann Passwörter aus dem Datenstrom, der über eine Netzwerkschnittstelle läuft, herausfiltern oder Verbindungsinformationen filtern, die für ein erfolgreiches Hijacking benötigt werden. Da wir nun aber keine bösen Absichten verfolgen, werden wir Ihnen einfach das Standardtool vorstellen, mit dem Sie diese Funktionalität zur Fehlererkennung nutzen können.

Dieses Tool nennt sich `tcpdump`. Da es je nach Betriebssystem auf eine andere Art und Weise an die Daten der Netzwerkschnittstelle herankommt, verwendet `tcpdump` die *Packet Capture Library* (PCAP). Diese Library stammt von einigen Entwicklern der University of California (dort kommt auch BSD her) und kann systemunabhängig in jede mögliche Sniffing-Software integriert werden – sehr nützlich.

Startet man das Tool als normaler Nutzer, wird man feststellen, dass man keine Berechtigung zum Sniffen hat. Daher kann auch kein normaler Nutzer Netzwerkdaten auf diese Art und Weise ausspähen, was sicherheitstechnisch eindeutig von Vorteil ist.

Startet man `tcpdump` als Superuser, gibt man entweder eine gewünschte Schnittstelle an, auf der man sniffen möchte, oder aber man gibt keine an und lässt `tcpdump` selbst eine Schnittstelle wählen (was nicht immer das gewünschte Resultat bringt).

Übrigens: Läuft `tcpdump` erst einmal, läuft es so lange, bis man es mit **Strg + C** beendet.

```
# tcpdump
tcpdump: listening on ne3
18:24:18.376898 eygo.sun.38307 > yleigu.sun.ssh: P
3028219738:3028219786(48) ack 3768993598 win 16384
<nop,nop,timestamp 427496211 202175> (DF) [tos 0x10]
18:24:18.377807 yleigu.sun.ssh > eygo.sun.38307: P
1:49(48) ack 48 win 10880 <nop,nop,timestamp 351730
427496211> (DF) [tos 0x10]
18:24:18.497974 eygo.sun.38307 > yleigu.sun.ssh: P
48:96(48) ack 49 win 16384 <nop,nop,timestamp
427496212 351730> (DF) [tos 0x10]
18:24:18.498655 yleigu.sun.ssh > eygo.sun.38307: P
49:97(48) ack 96 win 10880 <nop,nop,timestamp 351743
427496212> (DF) [tos 0x10]
18:24:18.542230 eygo.sun.38307 > yleigu.sun.ssh: P
96:144(48) ack 97 win 16384 <nop,nop,timestamp
427496212 351743> (DF) [tos 0x10]
18:24:18.544097 yleigu.sun.ssh > eygo.sun.38307: P
97:145(48) ack 144 win 10880 <nop,nop,timestamp
351747 427496212> (DF) [tos 0x10]
18:24:18.554155 yleigu.sun.ssh > eygo.sun.38307: P
145:705(560) ack 144 win 10880 <nop,nop,timestamp
351748 427496212> (DF) [tos 0x10]
18:24:18.554254 eygo.sun.38307 > yleigu.sun.ssh: .
ack 705 win 15824 <nop,nop,timestamp 427496212
351747> (DF) [tos 0x10]
18:24:18.554609 yleigu.sun.ssh > eygo.sun.38307: P
705:769(64) ack 144 win 10880 <nop,nop,timestamp
351748 427496212> (DF) [tos 0x10]
18:24:18.750072 eygo.sun.38307 > yleigu.sun.ssh: .
ack 769 win 16384 <nop,nop,timestamp 427496212
351748> (DF) [tos 0x10]
^C

10 packets received by filter
0 packets dropped by kernel
```

Listing 15.35 tcpdump

In unserem Fall hat sich `tcpdump` die Schnittstelle `ne3` ausgewählt, um darauf zu sniffen. Dabei wird (sofern nicht der Parameter `-p` angegeben wurde) diese Schnittstelle in den sogenannten *Promiscuous Mode* geschaltet. In diesem Modus werden alle Netzwerkpakete angenommen, die die Schnittstelle annehmen kann (auch wenn sie nicht an sie adressiert sind). In Netzwerken mit einem Hub bekommt man auf diese Weise alle Daten des Netzwerks; in Netzwerken mit einem Switch ist dies nicht der Fall. Ob sich eine Netzwerkkarte im Promiscuous Mode befindet, zeigt ein Aufruf von `ifconfig` durch das `PROMISC`-Flag.

```
$ ifconfig ne3
ne3: flags=8b63<UP,BROADCAST,NOTRAILERS,RUNNING,
     PROMISC,ALLMULTI,SIMPLEX,MULTICAST>
     mtu 1500
     address: 00:50:bf:11:35:a5
     media: Ethernet autoselect (10baseT)
     inet 192.168.0.1 netmask 0xffffff00 broadcast
     192.168.0.255
     inet6 fe80::250:bfff:fe11:35a5%ne3 prefixlen
     64 scopeid 0x1
```

Listing 15.36 Promiscuous Mode

Doch nun zurück zur Ausgabe von `tcpdump`. Wie ist diese Ausgabe zu interpretieren? Leider ist zum wirklichen Verständnis dieser Daten eine detaillierte Kenntnis der TCP/IP-Protokolle vonnöten, die wir in diesem Buch nicht voraussetzen können. Wir wollen allerdings zumindest den Aufbau und einige Details der Ausgabe erläutern.

Jedes empfangene Paket wird (standardmäßig ohne zusätzliche Parameter zur Detailausgabe) in einer Zeile ausgegeben. Zunächst sieht man den Zeitpunkt, an dem das Paket erhalten wurde – den sogenannten *Timestamp* (etwa 18:24:18.376898). Darauf folgt in diesem Fall (denn es handelt sich um eine TCP-Verbindung) der Quellhost mit Quellport, worauf der Zielhost und Zielport zu sehen sind. Im obigen Listing kommuniziert also der Host `eygo.sun` als SSH-Client mit dem SSH-Server `yleigu.sun`. Die restlichen Ausgaben betreffen Details der TCP-Verbindung, etwa das gesetzte `PUSH`-Flag, die Sequenz- und Acknowledgement-Nummer und die Window-Size. Zu sehen ist auch das Flag `DF` (vom Englischen *don't fragment*), das in Verbindung mit dem IP-Header steht, sowie der Type-of-Service-Wert des IP-Headers.

```
18:24:18.376898 eygo.sun.38307 > yleigu.sun.ssh: P
3028219738:3028219786(48) ack 3768993598 win 16384
<nop,nop,timestamp 427496211 202175> (DF) [tos 0x10]
```

Listing 15.37 Die erste Zeile der Ausgabe

Möchte man sich nun einen genaueren Überblick über solche Pakete verschaffen, verwendet man den Parameter `-v` oder auch `-X` für hexadezimale Ausgaben des Inhalts. Um eine noch detailliertere Ausgabe zu erzielen, kann man anstelle von `-v` auch `-vv` verwenden.

```
18:38:59.185321 eygo.sun.28042 > yleigu.sun.www: P[tcp sum ok] 1:18(17)
ack 1 win 16384 <nop,nop,timestamp 427497973 439551> (DF) [tos 0x10]
(ttl 64, id 44354, len 69)
  0000: 4510 0045 ad42 4000 4006 0c0c c0a8 0001   ...E.B@.@.......
  0010: c0a8 0003 6d8a 0050 e1cc 1457 ced0 2310   ....m..P...W..#.
  0020: 8018 4000 9d3a 0000 0101 080a 197b 19f5   ..@..:.......{..
  0030: 0006 b4ff 4845 4144 202f 2048 5454 502f   ....HEAD / HTTP/
  0040: 312e 300d 0a                              1.0..

18:38:59.185615 yleigu.sun.www > eygo.sun.28042: . [tcp sum ok] 1:1(0)
ack 18 win 5792 <nop,nop,timestamp 439806 427497973> (DF) (ttl 64, id
38895, len 52)
  0000: 4500 0034 97ef 4000 4006 2180 c0a8 0003   E..4..@.@.!.....
  0010: c0a8 0001 0050 6d8a ced0 2310 e1cc 1468   .....Pm...#....h
  0020: 8010 16a0 9f63 0000 0101 080a 0006 b5fe   .....c..........
  0030: 197b 19f5                                 .{..
```

Listing 15.38 Auszug aus tcpdump -vvX

Zu sehen ist eine HTTP-Kommunikation zwischen den beiden oben erwähnten Hosts. Dabei wird ein `HTTP-HEAD`-Request von `eygo.sun` an `yleigu.sun` gesendet, der daraufhin dieses TCP-Datenpaket bestätigt.

15.5 Mit Linux ins Internet

Wenn man mit Linux ins Internet will, ist man mit anderen Gegebenheiten konfrontiert, als wenn man ein lokales Netzwerk aufbauen möchte. So verkabelt man nicht selbst mehrere Rechner miteinander, sondern verbindet sich mit einem Provider. Dieser Provider stellt dann den Internetzugang zur Verfügung.

Solch eine Verbindung stellt man im Allgemeinen durch eine Punkt-zu-Punkt-Verbindung über die Telefonleitung her. Dazu benötigt man je nach Anschluss ein analoges Modem, eine ISDN-Karte oder ein DSL-Modem. Mit diesen Geräten können Sie dann das Medium »Kupferkabel« überwinden und Ihre Daten zum Provider senden, der sie dann ins Internet routet.

Mittlerweile gibt es zum Einrichten dieser Punkt-zu-Punkt-Verbindungen auch unter Linux komfortable grafische Tools wie zum Beispiel `kppp`. Auch wenn diese Programme Sie mit technischen Details kaum noch behelligen, finden wir es trotzdem wichtig, dass Sie über den technischen Hintergrund Bescheid wissen.

Komfortabel?

Abbildung 15.3 Einfache Konfiguration mit kppp: Einrichten-Dialog

15.5.1 Point-to-Point Protocol

... aber zuerst die Grundlagen!

Zu den Grundlagen gehört das Point-to-Point Protocol. Mit diesem Protokoll kann man, wie der Name schon sagt, Verbindungen von einem Punkt zu einem anderen aufbauen – also zum Beispiel von Ihrem Rechner zu Hause per Modem über die Telefonleitung zu Ihrem Provider. Aber betrachten wir zuerst einmal die pure Theorie.

Das Point-to-Point Protocol (PPP) ist die Grundlage moderner Datenkommunikation für Internetverbindungen über serielle Leitungen. Es ist verbindungsorientiert und schafft damit die Grundlage dafür, dass Ihr Internetprovider zeitbezogen abrechnen kann.

Eine PPP-Verbindung wird jeweils zwischen zwei Rechnern (Points) eingerichtet. Bei der Übertragung von Daten auf einer seriellen Leitung werden die Internetpakete, also die IP-Datagramme, in den Datenbereich der PPP-Datenpakete eingebettet.

Die so verpackten Pakete werden von Ihrem Rechner an den sogenannten *Peer-Host*, beispielsweise den Einwahlrechner Ihres Internet-Service-Providers (zum Beispiel T-Online), weitergeleitet. Dieser Rechner entpackt die PPP-Pakete und leitet die IP-Datagramme schließlich ins Internet weiter.

Authentifizierung via PPP

Damit PPP zumindest halbwegs sicher ist, wird in der Regel eine Benutzerauthentifizierung verwendet. Mit anderen Worten: Sie können sich nur mit gültigem Benutzernamen und dazugehörigem Passwort über die PPP-Verbindung *einwählen*. Fast jeder Provider bietet so etwas an, beziehungsweise es gibt kaum einen mehr, der diesen Mechanismus außen vor lässt. Leider ist diese Einwahl keineswegs trivial, und daher sollten Sie wissen, was da vor sich geht. Das PPP stellt zwei Mechanismen zur Authentifizierung zur Verfügung: *PAP* und *CHAP*.

PAP (*Password Authentification Protocol*) ist eine sehr rudimentäre Möglichkeit, einen Passwortschutz abzuwickeln. Hierbei werden die Passwörter tatsächlich noch unverschlüsselt im Klartext übermittelt.

PAP

Nachdem das LCP (*Link Control Protocol*) eine Verbindung aufgebaut hat, übermittelt PAP die Authentifizierungsdaten. Das PAP-Paket wird dabei konsequenterweise in ein PPP-Paket eingebettet und kennt eigentlich nur drei Typen: Zunächst wird die Authentifizierung gesendet (Authentification Request), dann folgt eine Antwort: entweder die Bestätigung (auth. ACK) oder eine Zurückweisung (auth. NAK).

CHAP (*Challenge Handshake Authentification Protocol*) bietet gegenüber PAP etwas mehr Sicherheit. CHAP verwendet alle Passwörter nur ein einziges Mal und bietet zusätzlich zu diesem Feature noch die Verschlüsselung über einen sogenannten *Falltür-Algorithmus*. Wie PPP wird auch CHAP über LCP übertragen, kennt aber vier mögliche Pakettypen: die Anforderung zur Authentifizierung, die Antwort darauf, und eine Erfolgsmeldung bzw. eine Meldung über einen misslungenen Versuch.

CHAP

Wenn Sie mehr über dieses Thema erfahren möchten, sollten Sie RFC 1334 [Lloyd92A] lesen.

[«]

PPP unter Linux

Wie stellt man nun eine Internetverbindung her, und dies möglichst, ohne sich zu intensiv mit PPP beschäftigen zu müssen? Genau diese Problemstellung möchten wir an dieser Stelle erörtern. Ganz ohne PPP-Hintergrundwissen wird es nicht gelingen, aber einen Kurzeinstieg gab es ja bereits.

Der Kernel muss, damit PPP überhaupt läuft, mit der Option »PPP (point-to-point) support« übersetzt werden. Im Normalfall ist bereits im Standard-Kernel der Distribution die entsprechende Unterstützung vorhanden. Falls dies nicht der Fall ist, sollte der Kernel erneut mit angepassten Optionen übersetzt werden.

Der Kernel muss mitspielen

Zusätzlich wird der – in der Regel ebenfalls auf jedem System vorhandene – PPP-Dämon (`pppd`) benötigt. Er wird aufgerufen, um eine Verbindung mit dem Einwahlrechner herzustellen und die Kommunikation bis zum Ende der Verbindung zu leiten. Genau ihn müssen wir nun konfigurieren.

Und dann wäre da noch pppd

Der `pppd`-Dienst kann sowohl als Server als auch als Client für PPP-Verbindungen eingesetzt werden. Hinzu kommt die hier wohl wichtigste Unterstützung für Wählverbindungen und permanente Verbindungen zwischen zwei Rechnern.

Zuerst wollen wir den `pppd` für eine simple permanente Verbindung aufrufen. Dabei geben wir die zu verwendende Schnittstelle, also die serielle Leitung, an der beispielsweise ein Nullmodemkabel hängt, deren Übertragungsrate sowie die gewünschten Optionen an:

```
// Syntax: pppd [Gerät] [Geschwindigkeit] [Optionen]
# pppd /dev/ttyS0 57600 crtscts defaultroute \
192.168.4.1:192.168.4.2
```

Listing 15.39 pppd aufrufen

Im obigen Beispiel wird die erste serielle Schnittstelle (unter DOS COM1) verwendet, um eine 56 KBit/s schnelle Verbindung herzustellen. `crtscts` aktiviert die Flusskontrolle, und `defaultroute` legt, sofern keine andere Standardroute vorhanden ist, diesen Link als Standardroute fest. Mit einem Nullmodemkabel und einem `pppd` auf beiden Rechnern hätte man nun schon eine Punkt-zu-Punkt-Verbindung hergestellt.

15.5.2 Einwahl mit einem Modem

Für eine Einwahlverbindung via Modem benötigen Sie erst einmal einige Daten, die Sie von Ihrem Provider bekommen haben (zumindest sollte das passiert sein, als Sie den Internetanschluss angemeldet haben). Falls Ihnen einige dieser Daten fehlen, fragen Sie einfach beim Provider nach.

- **Einwahlnummer**
  Damit `pppd` weiß, mit welchem Rechner eine Verbindung aufgebaut werden kann, wird eine Einwahlnummer benötigt.

- **DNS-Server**
  Um Namen von Netzwerkrechnern in IP-Adressen aufzulösen, wird, wie Sie bereits wissen, ein DNS-Server benötigt. Es muss geklärt werden, welche IP-Adressen die DNS-Server des Providers haben. Jeder Provider sollte mindestens zwei DNS-Server haben.

- **Anmeldung**
  Die Anmeldung am Server erfolgt entweder ohne Passwort oder aber mit PAP bzw. CHAP.

- **Anmeldedaten**
  Wenn mit PAP beziehungsweise CHAP gearbeitet wird, benötigt man einen Account, also den Benutzernamen und das zugehörige Passwort.

- **Adresszuweisung**
  Erfolgt die Zuweisung der IP-Adresse automatisch oder verfügen Sie über eine

statische Adresse? Wenn eine statische Adresse verwendet wird, wie sieht dann die Netzwerkmaske aus?

Sofern alle obigen Informationen bereitstehen, können wir uns mit der Grundkonfiguration beschäftigen. Diese Konfiguration wird über PPP-Optionen festgelegt, die entweder direkt beim Aufruf von pppd übergeben oder in der Datei */etc/ppp/options* abgelegt werden können. Letzteres ist die praktischere Methode. Da es sehr viele PPP-Optionen gibt, werden wir an dieser Stelle nur die wichtigsten erläutern.

- **noipdefault**
  Diese Option bewirkt, dass der Client eine dynamische IP-Adresse verwendet.

- **ipcp-accept-local/ipcp-accept-remote**
  Mit dieser Option wird die lokale Adresse für den Client vom Server empfangen bzw. die Adresse des Servers als Peer akzeptiert.

- **defaultroute**
  Sofern keine Standardroute gesetzt ist, wird die PPP-Verbindung als solche eingerichtet.

- **a.b.c.d:w.x.y.z**
  Diese beiden Kombinationen aus jeweils vier Zahlen bilden IP-Adressen ab. Die erste ist die Client-Adresse, die zweite die des Servers. Bei Verwendung von statischen Adressen sollte dieser Parameter beim pppd-Aufruf verwendet werden. Es sind auch folgende Modifikationen möglich: 1.2.3.4: weist nur dem Client eine statische Adresse zu, und :1.2.3.4 verwendet nur für den Server eine statische Adresse.

- **auth**
  Es soll ein Protokoll zur Authentifizierung verwendet werden.

- **+/-chap**
  (De)aktiviert die Verwendung des CHAP-Protokolls.

- **+/-pap**
  (De)aktiviert die Verwendung des PAP-Protokolls.

- **connect <Skript>**
  Ruft ein Connect-Skript auf.

- **disconnect <Skript>**
  Ruft ein Disconnect-Skript auf.

- **(-)crtscts**
  (De)aktiviert die Hardware-Flusssteuerung.

- **lock**

  Diese Option weist `pppd` an, das verwendete Gerät zu »locken«, das heißt, für den exklusiven Zugriff zu sperren. Kein anderer Prozess kann darauf zugreifen, solange es in Verwendung ist.

Okay, schreiten wir nun zur Tat und erstellen eine eigene Optionsdatei mit einem beliebigen Editor. Die Beispieldatei für ein Standardmodem und die Einwahl bei einem fiktiven Serviceprovider sieht folgendermaßen aus:

```
# Die erste serielle Schnittstelle verwenden, weil
# dort das Modem angeschlossen ist.
/dev/ttyS0

# Die Übertragungsrate ist 57600 Bit/s
57600

# Flusskontrolle aktivieren und Schnittstelle
# für andere Prozesse sperren
crtscts
lock

# Keine eigene IP-Adresse verwenden - wir
# bekommen sie vom Provider
noipdefault

# Nach der Einwahl eine neue Standardroute setzen
defaultroute

# alle 10 Sekunden ein Testpaket schicken und maximal
# 5 Fehlversuche dulden
lcp-echo-interval 10
lcp-echo-failure 5

# Als Benutzer Kunde0184 anmelden. Achtung: Dies
# sollte auskommentiert werden, sofern die Anmeldung
# via 'chat' (s. weiter unten) erfolgen soll.
user Kunde0184
```

Listing 15.40 Beispiel für eine Optionsdatei

Chat-Skript

Kommen wir nun zum eigentlichen Einwahlvorgang. Dieser wird über ein sogenanntes `chat`-Skript abgewickelt.[20] Bevor wir Sie nun mit den Details und Mythen

---

20 Es gibt auch andere Möglichkeiten, etwa die Verwendung eines `dip`-Skripts.

der chat-Skripts plagen, verfolgen wir doch lieber das Prinzip *Learning by doing* und erläutern die Funktionsweise von chat anhand eines Beispiels.

```
TIMEOUT 30
ABORT "NO CARRIER"
ABORT BUSY
ABORT "NO DIALTONE"
ABORT ERROR

'' +++ATZ

OK ATDT1234567890
CONNECT ""

# Für den Fall, dass das Login über das Chat-Skript
# und nicht etwa über chap erfolgen soll, kann nun
# an dieser Stelle das Login vollzogen werden.
# Im fortlaufenden Beispiel werden wir allerdings
# die meist gebräuchliche PAP-Authentifizierung
# verwenden.

ogin> Kunde0815
assword> DasPassWort
```

Listing 15.41 Das Beispielskript dial.chat

Zunächst wird mit dem Befehl TIMEOUT eine Wartezeit festgelegt. Innerhalb von 30 Sekunden muss der nächste String empfangen werden. Wird NO CARRIER oder NO DIALTONE empfangen, so wird der Vorgang abgebrochen. Gleiches gilt, wenn die Leitung besetzt ist (BUSY) oder wenn ein Fehler (ERROR) auftritt.

Nachdem der String " " – also nichts – empfangen wurde, wird das Modem zurückgesetzt. Nachdem der »OK«-Prompt des Modems empfangen wurde, wird die Verbindung über den Befehl ATDT zur Einwahlnummer 1234567890 aufgebaut.

Sobald der String CONNECT empfangen wurde (was bedeutet, dass die Verbindung zunächst einmal steht), wird zwei Sekunden lang gewartet (\d\d) und darauf ein Zeilenvorschub gesendet. Daraufhin sollte der String Login> oder auch login> empfangen werden. Um nicht mit der Schreibweise in Konflikt zu geraten, werden nur die letzten Zeichen geprüft und der Benutzername wird gesendet. Gleiches gilt für das Passwort.

Sofern obiges Beispiel ohne Verwendung von PAP für Ihren Provider genügt, kann nun bereits eine Testverbindung aufgebaut werden. Dazu muss pppd mit dem chat-Skript verwendet werden.

```
# pppd connect "/usr/sbin/chat -v -f /etc/dial.chat"
```
Listing 15.42 Die Testverbindung

[+] Damit jeder Benutzer `pppd` verwenden kann (was sicherheitstechnisch nicht sehr ratsam ist), kann das setuid-Bit für das Kommando gesetzt werden.

Verbindungstest — Mit einem simplen `ping` kann nun die Erreichbarkeit eines Internethosts getestet werden – unter der Voraussetzung, dass DNS konfiguriert wurde. Läuft etwas schief, sollte die Datei */var/log/messages* weiterführende Fehlermeldungen enthalten.

PAP verwenden

Sehen wir nun einmal vom direkten Login via Chat ab und verwenden die Authentifizierung via PAP. Dazu können die Login-Zeilen aus dem obigen *dial.chat*-Skript entfernt werden. Stattdessen wird eine Datei namens */etc/ppp/pap-secrets* angelegt, in die nun die Anmeldedaten in der Form

```
Benutzername * Passwort
```

eingetragen werden. Der Stern bedeutet, dass die Kennung für alle Einwahlserver gültig ist. Andere Konfigurationen kommen so gut wie gar nicht vor.

```
Kunde0184 * 389wefn3utn
Kunde1085 * 049jgenwlkr
```
Listing 15.43 Die Datei pap-secrets

Der Einwahltest

Sofern alles richtig konfiguriert wurde, sollte dem erfolgreichen Verbindungsaufbau nichts mehr im Wege stehen. Eine Verbindung wird mittels folgender Kommandos aufgebaut bzw. wieder beendet:

```
# pppd connect "/usr/sbin/chat -v -f /etc/dial.chat"
...
// Wir sind im Netz!
...
# kill -INT `cat /var/run/ppp0.pid`
...
```
Listing 15.44 Verbindungsaufbau und -abbau

[»] Im Verzeichnis */etc/ppp* können die Skripts *ip-down* und *ip-up* platziert werden. Diese Shellskripts können Kommandos enthalten, die beim Einwählen (up) bzw. bei der Verbindungstrennung (down) ausgeführt werden sollen.

Wie man unter den einzelnen BSD-Derivaten via Modem ins Internet gelangt, wird hervorragend in den jeweiligen Online-Dokumentationen der Derivate beschrieben. Unter OpenBSD erledigt man die Einwahl über ppp (wahlweise auch pppd, das ist aber etwas komplizierter) mit der Online-FAQ, Kapitel 6, »Networking«, binnen fünf Minuten.

15.5.3 Einwahl über DSL

Auch bei DSL ist der Aufbau einer Internetverbindung keine Zauberei. Da dort ebenfalls PPP genutzt wird, müssen wir eigentlich nichts mehr erklären. Aber wie es das Wort »eigentlich« schon andeutet, ist nicht immer alles so selbstverständlich, wie man sich das *eigentlich* gedacht hat.

DSL nutzt nämlich eine besondere PPP-Variante: PPPoE (*PPP over Ethernet*). Das ist nötig, weil eine *verbindungsorientierte* Kommunikation über ein *paketorientiertes* und damit eigentlich verbindungsloses Medium aufgebaut werden soll.

Dieser Unterschied liegt in der Technik begründet. Hat man bei einer analogen oder bei ISDN auch digitalen Internetverbindung eine ganze Telefonleitung zur Verfügung, so werden bei DSL Frequenzbänder außerhalb der hörbaren Bereiche genutzt, und die Kommunikation wird somit erst einmal unabhängig von der normalen Telefonleitung ermöglicht.[21] Um diese Signale nun »abfangen« zu können, braucht man einen *Splitter* vor dem eigentlichen ISDN-NTBA beziehungsweise vor dem analogen Telefon. Dieser Splitter teilt (»splittet«) die Daten so auf, dass die normalen Frequenzbänder an das Telefon und die DSL-Frequenzen an das DSL-Modem geschickt werden. Dieses ist dann entweder über ein Netzwerkkabel (Ethernet) oder WLAN mit dem PC verbunden.

Mit anderen Worten: Man braucht also nur eine Erweiterung für den pppd, damit man mit DSL auch ins Internet kommt. Die gängigste Implementierung dafür ist »rp-pppoe«, und ist bei den meisten Distributionen schon mitinstalliert. Die Konfiguration gestaltet sich ganz einfach: Die Datei */etc/ppp/peers/dsl-providers* ist nur eine *ppp.options*, die dann für DSL genutzt wird. Und eigentlich sind nur die letzten Zeilen wichtig:

```
...
plugin rp-pppoe.so eth0
user "jploetner@versatel"
```

Listing 15.45 Die Datei /etc/ppp/peers/dsl-provider

---

[21] Trotzdem ist und bleibt ein Telefonanschluss – egal ob analog oder ISDN – zwingende Voraussetzung für DSL. Schließlich braucht der Provider ein physisches Medium, um die Daten überhaupt zum Endbenutzer transportieren zu können.

In der vorletzten Zeile aktivieren Sie die erste Netzwerkschnittstelle für PPPoE, und in der letzten geben Sie Ihren Benutzernamen an. Zu diesem sollte sich in der *pap-secrets* natürlich auch ein Passwort finden:

```
jploetner@versatel       *          geheim
```

Listing 15.46 Das Passwort in der Datei pap.secrets

Nun können Sie mit dem Kommando `pon dsl-provider` auf der Kommandozeile eine Verbindung starten. Da dieses Skript nur ein Frontend für den `pppd` ist, könnte man so selbstverständlich auch Modem- oder ISDN-Verbindungen kontrollieren. Entsprechend schaltet `poff` eine Verbindung wieder ab, und `plog` gibt den Status des `pppd` aus.

Wer die Konfiguration eines DSL-Zugangs noch einfacher haben möchte, kann auch gleich zu einem Frontend greifen. Sehr beliebt und verbreitet ist beispielsweise `pppoeconf`, aber einige Distributionen helfen Ihnen auch gleich während der Installation dabei, Ihren Internetzugang entsprechend zu konfigurieren.

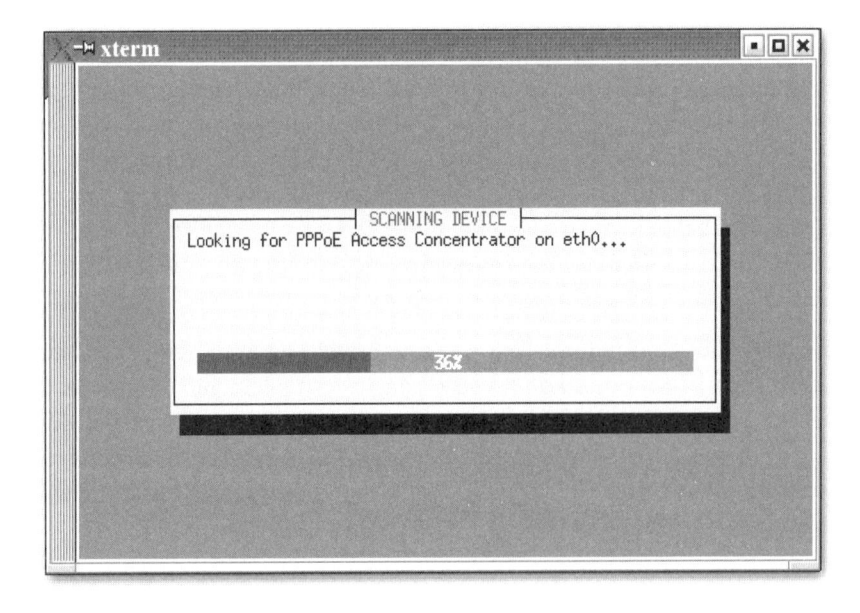

Abbildung 15.4 pppoeconf

15.6 Zusammenfassung

In diesem Kapitel haben Sie die Grundlagen des »Netzwerkens« unter Unix gelernt. Angefangen haben wir mit dem TCP/IP-Protokoll-Stack, der erst dafür sorgt, dass sich zwei Rechner überhaupt »unterhalten« können. Anschließend haben wir mit Tools wie `ifconfig` und `route` gezeigt, wie man ein Netzwerk aufsetzt.

Ebenfalls behandelt wurden Debugging-Möglichkeiten wie die Traffic-Analyse per `tcpdump` oder die Verbindungsübersicht mit `netstat`. Anschließend haben wir die Einwahl ins Internet über Modem, ISDN und DSL beleuchtet und dabei Tools wie `pppoeconf` vorgestellt.

15.7 Aufgaben

Server erreichbar

Sie werden als Administrator einer Firma eines schönen Wochenendes von Ihrem Chef angerufen, der Ihnen mitteilt, dass der Webserver aus dem Internet nicht mehr zu erreichen ist. Wie gehen Sie vor, um das Problem zu lokalisieren?

Firewall-Probleme

Gerade Server haben oft mehrere Netzwerkschnittstellen. Da gibt es z. B. das Interface mit der öffentlichen IP-Adresse, an dem der Traffic aus dem Internet ankommt, sowie das Interface mit der internen IP-Adresse für alle Zugriffe aus dem lokalen Netz.[22]

Folgende Situation sei gegeben: Für alle Benutzer des externen Interfaces gelten besondere Regeln und Einschränkungen, beispielsweise könnten einige Serverdienste nicht erreichbar sein. Diese Regeln wollen Sie nun testen, aber der Name des Servers wird intern nur in die lokale IP-Adresse übersetzt. Was machen Sie?

---

22 Ob dies nun virtuelle und reale Schnittstellen seien, sei einmal dahingestellt.

*»Franzosen und Russen gehört das Land,
Das Meer gehört den Briten,
Wir aber besitzen im Luftreich des Traums
Die Herrschaft unbestritten.«*
– Heinrich Heine

16 Anwendersoftware für das Netzwerk

Neues Kapitel, alte Philosophie. Auch im Folgenden werden wir kaum intuitiv erlernbare Software ansprechen, sondern uns auf das konzentrieren, was man wirklich in einem Buch nachlesen muss, um es zu verstehen. Und um welche Software soll es gehen? Unser Thema ist die Client-Software für Netzwerke, genauer gesagt für TCP/IP-Netzwerke.

16.1 Telnet

Hinter dem Begriff *Telnet* steckt zum einen ein Protokoll – TELNET – das speziell für die Kommunikation zwischen mehreren Netzwerkkonsolen entwickelt wurde. Zum anderen steckt hinter Telnet aber auch das Tool `telnet`, das sich nicht nur über das TELNET-Protokoll mit einem Telnet-Server verbinden und mit diesem über TCP kommunizieren, sondern auch Verbindungen zu diversen anderen ASCII-basierten Diensten aufbauen kann und sich daher als äußerst hilfreich erweist.

Wir werden uns in diesem Buch nur mit dem Tool `telnet` auseinandersetzen. Für am TELNET-Protokoll Interessierte sei auf das Buch [WaEv98A] verwiesen.

Standardmäßig verbindet man sich über `telnet` mit einem Telnet-Server.[1] Telnet läuft über TCP und benutzt den Port 23. Telnet kann man vereinfacht ausgedrückt so verstehen, dass man sich auf einem Rechner (lokal oder entfernt) mit einem dort vorhandenen Account einloggt, wie man es beim Standard-Login auf der Konsole gewohnt ist.

Nachdem das Login erfolgt ist, wird die Login-Shell des Benutzers gestartet, und man kann mit diesem System so auf der Konsole arbeiten, als säße man direkt

---

[1] in der Regel `telnetd` oder der `inetd`-interne Server

vor dem Rechner. Beendet wird die Verbindung, indem man die Shell durch `exit` beziehungsweise `logout` verlässt.

16.1.1 Die erste Verbindung

Um sich mit einem Telnet-Server zu verbinden, gibt man dessen IP-Adresse oder Hostnamen als Parameter an `telnet` weiter. Optional kann man noch den Port des Dienstes angeben. Wenn man sich jedoch mit dem Standardport 23 verbinden will, ist diese explizite Port-Angabe nicht notwendig.

```
cdp_xe@eygo:~/books/kompendium$ telnet 192.168.0.5
Trying 192.168.0.5...
Connected to 192.168.0.5.
Escape character is '^]'.

yorick login: cdp_xe
Password:
Linux 2.4.29.
Last login: Thu Oct  6 13:39:20 +0200 2005 on tty2.
No mail.

Dealing with failure is easy:
        Work hard to improve.
Success is also easy to handle:
        You've solved the wrong problem.  Work hard to
        improve.

cdp_xe@yorick:~% ls
./              .gconf/    .gnome2_private/
../             .gconfd/   .kde/
.ICEauthority   .gnome/    .kderc
.Xauthority     .gnome2/   .mcop/
...
...
cdp_xe@yorick:~% exit
Connection closed by foreign host.
```

Listing 16.1 Beispiel einer Telnet-Sitzung

16.1.2 HTTP, SMTP, POP3

Da `telnet` auch mit diversen Plaintext-Protokollen umgehen kann, ist es *bei Kenntnis des jeweiligen Protokolls* überhaupt kein Problem, eine einfache Kommunikation mit einem entsprechenden Server durchzuführen.

Nehmen wir als Beispiel eine HTTP-Verbindung. Dieses Protokoll wird bei der Kommunikation zwischen Browser und Webserver verwendet, um Webseiten zu übertragen, HTML-Formulare zu senden, Server-Informationen zu erfragen und ähnliche Aktionen durchzuführen.

[zB]

Der TCP-Port des Webservers ist dabei der Port 80. Man gibt diesen Port entweder als Zahl oder als Kurzform an. Die Kurzformen (etwa `http`) finden Sie, wie Sie bereits aus dem letzten Kapitel wissen, in der Datei */etc/services*.

Um eine Webseite anzufordern, verwendet man das HTTP-Kommando `GET`, gefolgt von dem URI[2] des Dokuments und der Protokollversion:

```
$ telnet yorick.sun 80
Trying 192.168.0.5...
Connected to yorick.sun.
Escape character is '^]'.
GET /index.html HTTP/1.0

HTTP/1.1 200 OK
Date: Wed, 19 Oct 2005 18:00:58 GMT
Server: Apache/1.3.33 (Unix)
Content-Location: index.html.en
Vary: negotiate,accept-language,accept-charset
TCN: choice
Last-Modified: Sun, 31 Oct 2004 21:05:08 GMT
ETag: "571c8-a71-41855384;41855385"
Accept-Ranges: bytes
Content-Length: 2673
Connection: close
Content-Type: text/html
Content-Language: en
Expires: Wed, 19 Oct 2005 18:00:58 GMT

<!DOCTYPE HTML PUBLIC "-//W3C//DTD HTML 3.2 Final//EN">
<HTML>
 <HEAD>
  <TITLE>Test Page for the SSL/TLS-aware Apache
         Installation on Web Site</TITLE>
  <STYLE TYPE="text/css">
  H1 {
      font-weight: bold;
      font-size: 18pt;
      line-height: 18pt;
```

---

2 Uniform Resource Identifier

```
        font-family: arial,helvetica;
        font-variant: normal;
        font-style: normal;
    }
...
...
</BODY>
</HTML>
Connection closed by foreign host.
```

Listing 16.2 HTTP-Session mit Telnet

16.2 Die R-Tools

Der Vollständigkeit halber möchten wir noch kurz auf die sogenannten R-Tools eingehen. Die R-Tools stellen eine Telnet-ähnliche Funktionalität zur Verfügung, ersparen es dem Anwender jedoch, dass er sich extra an einem System anmelden muss. Stattdessen setzt man einzelne Hosts in Vertrauensbeziehungen und spart sich so den nervigen Login-Vorgang. Aber wie Sie sich vielleicht schon denken werden, bringt dies Sicherheitsrisiken, und zwar *große* Sicherheitsrisiken mit sich. Da diese Dienste so unsicher sind, dass sie von vielen Systemen gar nicht mehr standardmäßig mitinstalliert werden, sollen im Folgenden nur die einzelnen R-Tools aufgelistet werden.

[»] Alle Funktionalität der R-Tools können mit SSH, auf das wir in Kapitel 21 näher eingehen, realisiert werden. Auch auf den Komfort eines automatischen Logins – und zwar eines sehr sicheren – müssen Sie bei SSH nicht verzichten.

- **rlogin**
  Das Tool `rlogin` führt einen (automatischen) Login auf einem entfernten Rechner durch.

- **rcp**
  Das Programm `rcp` kopiert Dateien von einem Host zu einem anderen. Das entsprechende SSH-Tool heißt übrigens `scp` und bietet zudem noch eine vernünftige Verschlüsselung des Transfers. Da SSH keineswegs komplizierter zu benutzen ist als `rcp`, empfehlen wir Ihnen, `scp` zu benutzen.

- **rexec**
  Mittels `rexec` können Befehle auf entfernten Systemen ausgeführt werden. Unter manchen Systemen heißt dieses Tool auch `rsh`, was nicht mit der Restricted Shell zu verwechseln ist.

16.3 FTP

Das *File Transfer Protocol* (FTP) wird, wie der Name schon sagt, zur Übertragung von Dateien verwendet. Dabei ist es egal, ob es sich um Binär- oder ASCII-Dateien handelt. FTP ist ein recht schnelles, aber altes Protokoll mit einigen Tücken. Trotzdem ist es noch sehr weit verbreitet, daher gehört ein FTP-Client zum Standardumfang Unix-artiger Systeme, ja sogar von Windows.[3]

Ähnlich wie bei Telnet loggt man sich auf einem FTP-Server zunächst mit einem Benutzernamen und Passwort ein. Es gibt auch Fälle, in denen solch ein Login nicht nötig ist. Server, bei denen dies der Fall ist, unterstützen einen sogenannten »anonymous«-Account. Dieser ermöglicht es allen Besuchern des Servers, auf bestimmte freigegebene Dateien zuzugreifen. Automatischerweise versucht der Browser in der Regel, sich bei FTP-Servern als »anonymous« anzumelden. In Konsolen-Clients gibt man entweder den Login »ftp« oder »anonymous« ein. Falls noch nach einem Passwort gefragt wird, sollte man seine E-Mail-Adresse eingeben, worauf man aber auch oft verzichten kann.

Der Konsolen-Client unter Unix heißt `ftp`. Startet man ihn, so erscheint ein `ftp>`-Prompt. Entweder übergibt man die Adresse des Hosts, mit dem man sich verbinden will, beim Aufruf als Parameter, oder man verwendet danach das Kommando `open`, gefolgt von einem Hostnamen.

ftp

```
$ ftp 192.168.0.1
Connected to 192.168.0.1.
220 eygo.sun FTP server (Version 6.6/OpenBSD) ready.
Name (192.168.0.1:cdp_xe): cdp_xe
331 Password required for cdp_xe.
Password:
230- OpenBSD 3.6 (EYGO) #1: Mon Sep  5 17:51:54 CEST
2005
230-
230 User cdp_xe logged in.
Remote system type is UNIX.
Using binary mode to transfer files.
ftp>
```

Listing 16.3 FTP-Login

Nach dem Login erscheint wieder das `ftp>`-Prompt. In diesem können diverse Befehle ausgeführt werden. Eine Übersicht der von Ihrem Client unterstützten

---

[3] Der Vollständigkeit halber sei erwähnt, dass Windows auch einen Telnet-Client, diverse andere Clients und Konsolen-Administrationsprogramme enthält.

Befehle erhalten Sie durch Eingabe von `help`. Wir werden im Folgenden nur die wichtigsten Befehle vorstellen.

- **!Befehl**
  Führt einen Shell-Befehl auf dem lokalen System aus.

- **lcd**
  Wechselt auf dem lokalen System das Arbeitsverzeichnis.

- **pwd**
  Zeigt das Arbeitsverzeichnis auf dem Server an.

- **binary**
  Wechselt in den Binärmodus. Viele Unix-Clients wechseln nach dem Login automatisch in diesen Modus. Dateien werden somit nicht in ASCII-Codierung übertragen.

- **ascii**
  Der ASCII-Modus ist eigentlich nur für Windows-Anwender von Bedeutung.

- **cd <Verzeichnis>**
  Wechselt das Arbeitsverzeichnis auf dem Server.

- **get <Datei>**
  Lädt eine Datei herunter.

- **put <Datei>**
  Lädt eine Datei auf den Server hoch.

- **del <Datei>**
  Löscht eine Datei.

- **ls/dir**
  Zeigt den Inhalt des Arbeitsverzeichnisses auf dem Server an.

- **chmod**
  Setzt, wie von der Shell her bekannt, Zugriffsrechte. Dieses Feature wird nur von einigen Unix-Servern unterstützt.

- **by/bye**
  Beendet eine FTP-Sitzung.

Hier eine kleine Beispielsitzung zur Verdeutlichung der wichtigsten Befehle:

```
ftp> pwd
257 "/home/cdp_xe" is current directory.
ftp> lcd /tmp
Local directory now /tmp
ftp> get setne3.sh
```

```
local: setne3.sh remote: setne3.sh
229 Entering Extended Passive Mode (|||61496|)
150 Opening BINARY mode data connection for
    'setne3.sh' (295 bytes).
100% |*******************************| 295 00:00
226 Transfer complete.
295 bytes received in 0.18 seconds (1.59 KB/s)
ftp> put setne3.sh
local: setne3.sh remote: setne3.sh
229 Entering Extended Passive Mode (|||64013|)
150 Opening BINARY mode data connection for
    'setne3.sh'.
100% |*******************************| 295 00:00
226 Transfer complete.
295 bytes sent in 0.20 seconds (1.47 KB/s)
ftp> !rm setne3.sh
ftp> by
221 Goodbye.
```

Listing 16.4 Fortsetzung der obigen FTP-Session

Neben den Konsolen-Clients gibt es allerdings noch weitaus komfortablere Clients für X11. Diese zeigen Ihnen hübsche Fortschrittsbalken, ermöglichen mehrfache Verbindungen (sowie mehrere Downloads zur selben Zeit) und sehen in der Regel auch noch gut aus.

Als Alternativen stehen Ihnen zum Beispiel der Firefox-Browser oder der KDE-Konqueror zur Verfügung. Dies sind allerdings keine reinen FTP-Clients, und Konqueror erwies sich bei uns in der Vergangenheit noch als recht instabil, was FTP-Sessions anbelangt.

Browser, gFTP

Greifen Sie daher besser auf gFTP zurück. Dieser Client ist mittlerweile stabil, performant und kann mit so ziemlich jedem FTP-Server umgehen.[4]

gFTP ist in C geschrieben und verwendet GTK+ für die grafische Schnittstelle. Das Programm unterstützt neben FTP auch noch HTTP, HTTPS, SSH sowie FSP und kann FTP- und HTTP-Proxys benutzen. Außerdem bietet es Lesezeichen, mit denen Sie zügig auf schon einmal genutzte Verbindungen zurückgreifen können.

---

[4] Leider sind z. B. Directory-Listings in ihrer Formatierung für FTP nicht standardisiert. Viele FTP-Clients haben mit dieser Misere ihre Schwierigkeiten. gFTP unterstützt die Listingformate von UNIX, EPLF, Novell, MacOS, VMS, MVS und Windows.

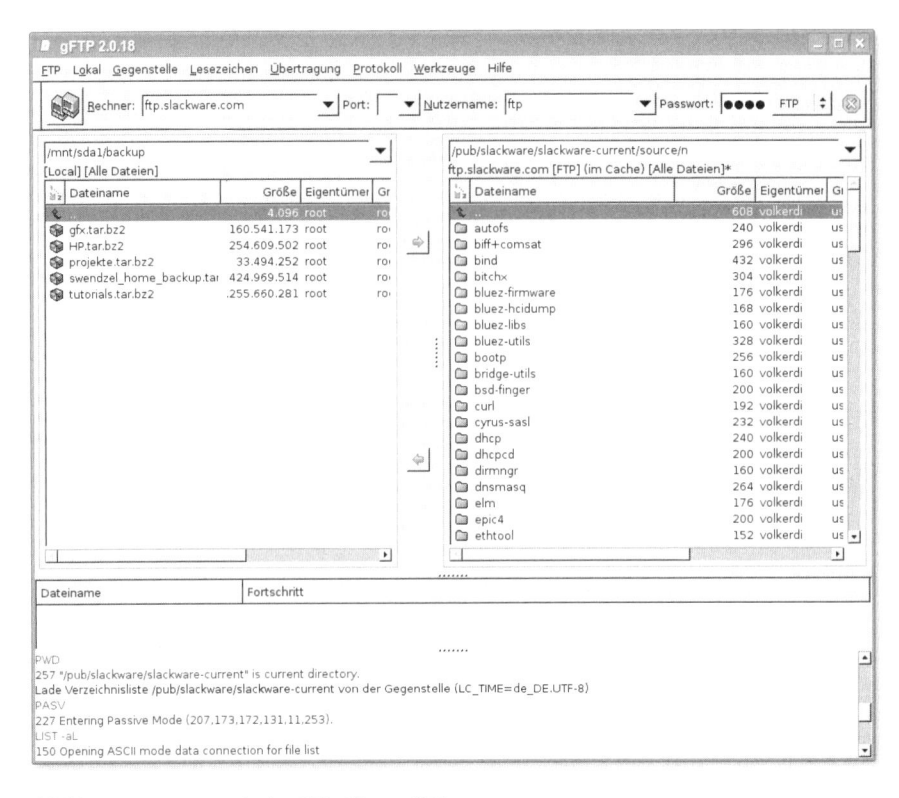

Abbildung 16.1 Der grafische FTP-Client gFTP

16.4 Browser für die Konsole

Aus Kapitel 4 kennen Sie mit Firefox bereits einen der wichtigsten Linux-Browser. Bei den meisten Browsern handelt es sich um grafische Programme für die X11-Oberfläche. Doch auch in der Konsole ist das Surfen im Internet möglich – solange es sich um Textinhalte ohne Bilder und ohne Javascript handelt.

Lynx und Links   Als echter Linux-User sollten Sie natürlich in der Lage sein, auch einmal ohne die grafische Oberfläche im Internet zu »surfen«. Zu diesem Zweck gibt es sehr ausgefeilte Konsolenbrowser wie lynx und links. Die Browser kann man dabei bequem über die Kommandozeile direkt mit der aufzurufenden URL starten:

```
$ links www.google.de
```

Listing 16.5 links aufrufen

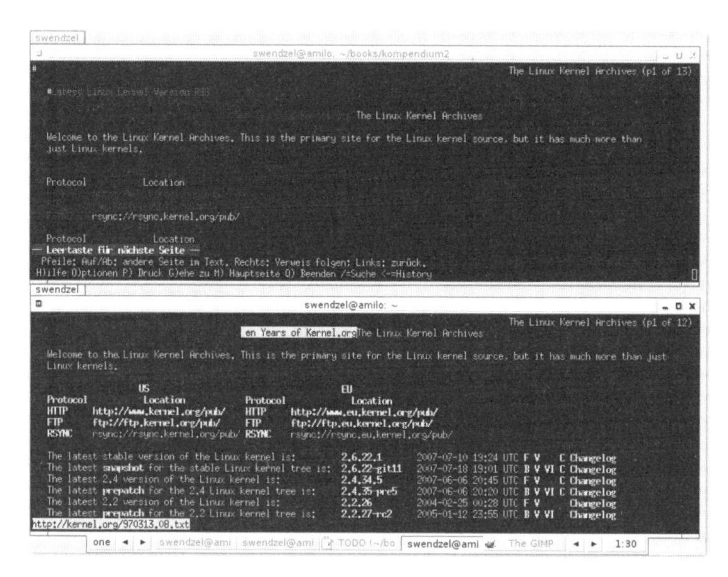

Abbildung 16.2 oben: lynx, unten: links

Möchten Sie hingegen nur gezielt eine Datei von einem Web- oder FTP-Server herunterladen, so genügen meistens die Features des Tools wget. Die einzige Voraussetzung für die Benutzung von wget ist, dass Sie die exakte Adresse (URL) der Datei kennen müssen, die geladen werden soll. wget eignet sich übrigens hervorragend für Shellskripte, die automatisch eine oder mehrere Dateien herunterladen sollen.

wget

```
$ wget http://hikoki.localnet/pub/backup.tgz
```

Listing 16.6 Ein typischer wget-Aufruf

16.5 Mailprogramme

Nun möchten wir Ihnen einige Mailprogramme vorstellen – zum einen Mailprogramme, die typisch sind für Unix, und zum anderen sonstige konsolenbasierte und hervorragende grafische Mailprogramme für X11. Je nachdem, auf welcher Art von Unix-System Sie sich einloggen, können Sie nach der Lektüre dieses Abschnitts notfalls immer auf irgendein Mailprogramm zurückgreifen.

16.5.1 mail

Nach einem erfolgreichen Login am System wird in der Regel zunächst geprüft, ob neue Mails für Sie eingetroffen sind. Es erscheint dann entweder die Meldung You have mail oder No mail for [Benutzer]. Die Prüfung wird über das Programm

Konsolen-
Mailprogramme

`mail` vorgenommen – ein recht simples Mailprogramm, das zum Standardumfang eines jeden Unix-Systems gehört.

[»] Leider unterstützt `mail` weder POP3 noch IMAP. Es greift schlicht auf das Verzeichnis */var/mail* zu, um sich über den Status von eingetroffenen Mails zu informieren. Wie man dieses Programm trotzdem indirekt dazu bringt, POP3- und IMAP-Accounts »abzuholen«, erfahren Sie in den Abschnitten 16.5.4 und 16.5.5: Dazu holen Sie mit dem Tool `fetchmail` Ihre Mails ab und leiten sie an das Tool `procmail` weiter.

Mails senden

Um eine Mail zu senden, werden lediglich die Betreffzeile und der Empfänger übergeben. Wenn Sie auf dem lokalen Rechner eine Mail an sich selbst versenden wollen, würde dies etwa folgendermaßen aussehen:

```
user$ Mail -s testmail swendzel
Hallo,

dies ist eine Testmail.
Viel Spaß beim Lesen.

.
EOT
```

Listing 16.7 Eine Mail senden

Nachdem das Kommando eingegeben worden ist, folgt der Mail-Text. Um diesen abzuschließen, sollte in einer Leerzeile ein Punkt geschrieben werden. Daraufhin sollte das Programm die Mail absenden und `EOT` (End Of Text) ausgeben.

Mails empfangen

Zum Empfang von E-Mails wird lediglich das `mail`-Programm aufgerufen. Es gibt daraufhin seine Versionsnummer und Ihre Mailbox-Daten aus. Darunter wird eine Liste der verfügbaren Mails angezeigt, die sich momentan in der Mailbox befinden.

```
user$ Mail
Mail version 8.1.2 01/15/2001. Type ? for help.
"/var/mail/swendzel": 2 messages 2 new
>N  1 swendzel@sun  Sat Dec 20 13:59  18/588  testmail
>N  2 swendzel@sun  Sat Dec 20 14:01  15/549  2.testmail
&
```

Listing 16.8 Mails empfangen

In der ersten Spalte wird mit einem Signalbuchstaben angezeigt, ob die Mail neu ist (N, *new*) oder bereits empfangen, aber noch nicht gelesen wurde (U, *unread*). Die zweite Spalte zeigt eine laufende Nummer an, die der Mail zugeordnet ist. Danach folgen der Absender, das Versanddatum und die Uhrzeit sowie die Größe der Mail und der Betreff.

Mails lesen

Mit dem Kommando type (kurz t) kann über dic laufende Nummer die anzuzeigende Mail ausgewählt werden.

```
& type 1
Message 1:
From: swendzel@sun Sat Dec 20 13:59 18/588 testmail
From: Steffen Wendzel <swendzel@sun>
To: swendzel@sun
Subject: testmail
Hallo,

dies ist eine Testmail.
Viel Spaß beim Lesen.

.
&
```

Listing 16.9 Mails anzeigen

Mails beantworten

Um eine Antwort auf eine Mail zu schreiben, müssen Sie diese entweder auswählen (also mit type anzeigen) und anschließend reply angeben, oder Sie übergeben dem reply-Befehl die Nummer der Mail. Dem Mail-Betreff wird nun ein »Re:« (Reply) vorangesetzt, und Sie können damit beginnen, den Mail-Text zu verfassen. Abgeschlossen wird dieser Vorgang, indem Sie in einer Leerzeile einen Punkt schreiben.

```
& reply 1
To: swendzel@sun
Subject: Re: testmail

Danke für deine kreative Mehl.
.
EOT
&
```

Listing 16.10 Mails beantworten

16.5.2 Mails löschen und weitere Aktionen

Mit dem Befehl `delete` können Sie eine E-Mail durch Angabe ihrer Nummer löschen: `delete n`.

[»] Um die Liste der aktuellen Mails erneut aufzurufen, können Sie das Kommando `f` verwenden. Sie möchten mehr zu diesem Programm erfahren? In [Shoens94A] finden Sie eine komplette Beschreibung. Des Weiteren helfen die Manpage und die integrierte Hilfe-Funktion (einfach `help` eingeben) oft schon weiter.

16.5.3 Elm, Mutt und Co.

Unter Linux existieren noch einige weitere Mailprogramme, deren funktionaler Umfang sich hinter kommerziellen Applikationen wie MS Outlook[5] nicht verstecken muss. Ganz im Gegenteil: Die Linux-Projekte sind den kommerziellen oft einen Schritt voraus.

Konsolenprogramme

Elm — Die bekanntesten Konsolen-Mailprogramme sind Elm, das nicht mehr weiterentwickelte Pine und Mutt. Elm ist ein etwas älterer Mailclient, der ähnliche Funktionalität wie `mail` bietet. Der Vorteil besteht unter anderem darin, dass Elm ein etwas komfortableres Benutzer-Interface bietet. Weitere Informationen zu Elm erhalten Sie in [Pember92A].

Mutt — Mutt[6] ist ein kleiner, aber sehr leistungsfähiger Mailclient. Er bietet eine farbige GUI, MIME-Support, Verschlüsselung von E-Mails (über externe Programme) und Unterstützung der wichtigsten Protokolle (POP3, IMAP, LDAP).

Grafische Mailprogramme

Natürlich stehen Ihnen auch unter X11 einige hervorragende Mailprogramme zur Verfügung. Mit KDE wird KMail geliefert und GNOME enthält Evolution. Ein weiteres, sehr empfehlenswertes Mailprogramm ist Sylpheed.

All diese Programme kommen ohne lokales `sendmail`-System aus, können über den Mailserver Ihres Providers senden und multiple Mail-Accounts verwalten. Sylpheed ist zudem als Newsreader einsetzbar.

---

5 Falls Sie bisher Outlook verwendet haben, lohnt sich ein Blick auf die GNOME-Software Evolution.
6 http://www.mutt.org

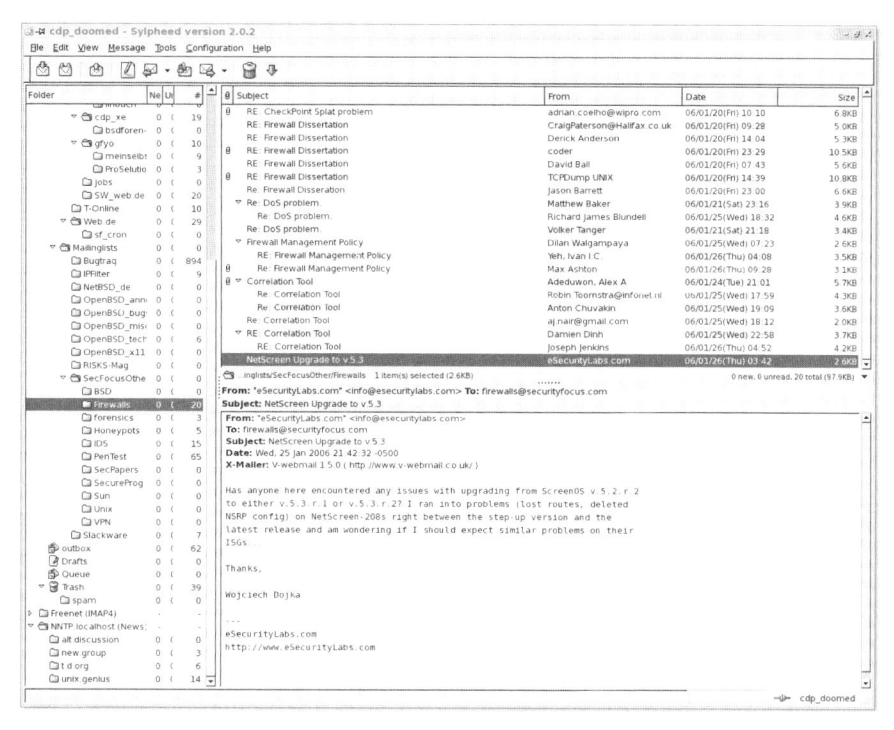

Abbildung 16.3 sylpheed

16.5.4 Fetchmail

Einige Mailprogramme beziehen die Mails aus lokalen Mailboxen. Im Übrigen kann jeder gute Client darauf konfiguriert werden, Mails aus solch einer Mailbox zu beziehen. Fetchmail ist ein Programm, das die Mails für eine beliebige Anzahl von Accounts von den Servern der Provider herunterlädt und in lokale Mailboxen einträgt bzw. an einen sogenannten Mail Delivery Agent (MDA) weiterleitet. Fetchmail unterstützt dabei diverse Protokolle wie POP2, POP3, IMAP und einige weitere, auch verschlüsselte Verbindungen. Die Feature-Liste ist recht lang und soll hier auch gar nicht zu sehr im Mittelpunkt stehen. Konzentrieren wir uns lieber auf eine einfache Basiskonfiguration anhand eines Beispiels.

Die Konfiguration von Fetchmail wird in der Datei ˜/.fetchmailrc abgelegt. Im einfachsten Fall sieht diese Datei folgendermaßen aus: [zB]

```
# Entweder so:
server pop3.sun
proto pop3
user swendzel
pass mypass
# keep
```

```
mda /usr/local/bin/procmail

# Oder so:
poll pop3.sun with proto pop3:
    user swendzel there has password mypass
      is swendzel here and wants mda  \
      /usr/local/bin/procmail
    user nocheiner there has password xyz
      is nobody here and wants mda /bin/mail
```

Listing 16.11 Grundlegende .fetchmailrc-Datei

Fetchmail und Procmail

In diesem Fall wird Post vom Server `pop3.sun` abgeholt. Er ist über das in `proto` angegebene Protokoll (POP3) anzusprechen. Der Port des Servers kann optional mit dem Befehl `port` angegeben werden. Der Name des Accounts ist `swendzel`, das Passwort ist in `pass` festgelegt. Alle empfangenen Mails werden an den Mail Delivery Agent (MDA) Procmail weitergeleitet. Dieser wird die Post anschließend sortieren und in entsprechenden Mailboxen ablegen. Statt an Procmail können Sie die Mails aber auch einfach an Sendmail weiterleiten. Bei der Testkonfiguration sollten die vorhandenen Mails zwar heruntergeladen, jedoch nicht vom Server gelöscht werden – es könnte schließlich etwas schiefgehen. Dieses Verhalten erzwingt man durch den `keep`-Befehl in der Datei *.fetchmailrc*.

[»] Da die Passwörter im Klartext in der Konfigurationsdatei abgelegt werden, sollte die Datei mit entsprechenden Zugriffsrechten versehen werden. Das heißt, nur dem Eigentümer sollten das Schreib- und Leserecht zustehen, die restlichen Bits sind auf Null zu setzen.

Testen der Konfiguration

Am besten testet man Fetchmail mit der Option `verbose`. Dadurch erhält man beim Aufruf detailliertere Meldungen. Ein erfolgreicher Testlauf sieht etwa so aus:

```
user$ fetchmail
1 message for swendzel@sun at pop3.sun (845 octets).
reading message swendzel@sun@pop3.sun:1 of 1 (845 octets)
procmail: [19470] Mon Dec 22 17:04:09 2005
procmail: Assigning "COMSAT=off"
procmail: Assigning "COMSAT=no"
procmail: Assigning "MAILDIR=~/Mail"
procmail: Assigning "PMDIR=~/.procmail"
procmail: Assigning "LOGFILE=~/.procmail/log"
procmail: Opening "~/.procmail/log" flushed
```

Listing 16.12 Fetchmail-Test

Fetchmail als Dämonprozess

Das Tolle an Fetchmail ist, dass das Tool auch als Dämonprozess betrieben werden kann. So kann beispielsweise alle 30 Minuten Post abgeholt werden, ohne dass ein Aufruf des Programms erfolgen muss. Dafür verwenden wir den Parameter -d [Zeit], wobei [Zeit] die Wartezeit in Sekunden angibt, die gewartet werden soll, bis wieder neue Post abgeholt werden kann. Der Parameter -L protokolliert die Ausgaben von Fetchmail in der Datei */var/log/fetchmail*:

```
# fetchmail -d 1800 -L /var/log/fetchmail
# tail -2f /var/log/fetchmail
fetchmail: starting fetchmail 6.2.4 daemon
fetchmail: sleeping at Mon, 22 Dec 2005 17:17:54 +0100 (CET)
```

Listing 16.13 Fetchmail als Dämon

16.5.5 Procmail

Wie bereits festgestellt wurde, handelt es sich bei Procmail um einen Mail Delivery Agent (MDA). Er nimmt Mails (etwa von Fetchmail) entgegen und sortiert diese. Damit ist es beispielsweise möglich, die Mails für die Mailing-Liste X in Mailbox Y, die Mails von Freunden in Mailbox Z oder Spam nach */dev/null* zu sortieren.

Für die Verwendung von Procmail muss im Home-Verzeichnis eine *.procmailrc*-Datei angelegt werden, die wie folgt aussehen könnte:

.procmailrc

```
VERBOSE=on               # Detailliertere Ausgaben
COMSAT=off               # Keine Benachrichtigung über
                         # neue Mails via comsat

MAILDIR=$HOME/Mail/      # Mailbox-Verzeichnis
PMDIR=$HOME/.procmail    # Das procmail-Verzeichnis
LOGFILE=$HOME/.procmail/log  # Die Logdatei

# Alle Post, die an den T-Online-Account geht, in
# die Mailbox IN.TONLINE packen:
:0:
* ^To:.*@t-online.de
IN.TONLINE

# Die Post für einen GMX-Account in die entspr.
# Mailbox packen:
:0:
* ^To:.*@gmx.net
IN.GMX
```

Listing 16.14 Eine typische .procmailrc-Datei

Filtren   Wie Sie sehen, arbeitet der Filter mithilfe regulärer Ausdrücke. Eine Mail hat unter anderem auch eine »To:«-Zeile; somit können wir mittels regulärer Ausdrücke prüfen, ob der Anfang einer Mail-Zeile dieses »To:« enthält. Darauf folgen beliebig viele beliebige Zeichen (.*) (also der Empfängeraccount) und der String »@t-online.de« für die Host-Bezeichnung. Analog könnten wir auch die »From:«- oder »Subject:«-Zeile einer Mail auf verschiedene Ausdrücke hin filtern.

Zwar kann Procmail noch einiges mehr, dennoch soll an dieser Stelle diese kleine Einführung reichen. Wir verweisen aber auf die Manpage `procmailrc(5)`.

16.6 Client-NTP-Konfiguration

Die lokalen Uhren von Computern müssen nicht immer die richtige Zeit kennen, sie können vor- und nachgehen, wie Ihre Armbanduhr. Für einige Netzwerkdienste und Anwendungen ist es allerdings von Bedeutung, dass der Rechner die »richtige« Uhrzeit kennt und weder vor- noch nachgeht. In vielen Fällen ist es sogar notwendig, dass alle Rechner im Netzwerk die exakt gleiche Uhrzeit verwenden.[7] Zu diesem Zweck wurden das *Network Time Protocol* (NTP) sowie das einfachere *Simple NTP* (SNTP) entwickelt. Ein NTP-Client synchronisiert dabei die aktuelle Uhrzeit mit der des NTP-Servers.[8]

ntpdate   Unter vielen Linux-Distributionen läuft mittlerweile standardmäßig nach der Installation ein vorkonfigurierter NTP-Client. Dabei gibt es verschiedenste Implementierungen des NTP. Unter Ubuntu kommt beispielsweise der NTP-Client `ntpdate` zum Einsatz. Serverimplementierungen gibt es ebenfalls mehrere, etwa den `openntpd`, der vom OpenBSD- Projekt entwickelt wird.[9]

Die Verwendung von `ntpdate` ist dabei sehr einfach: Man ruft als Superuser das Programm auf und übergibt dabei den Namen des zu verwendenden NTP-Servers.

```
# /usr/sbin/ntpdate ntp.ubuntu.com
12 Aug 18:03:59 ntpdate[7698]: adjust time server 82.211.81.145 offset
   0.010155 sec
```

Listing 16.15 ntpdate verwenden

Ein passender Cronjob könnte etwa folgendermaßen aussehen:[10]

---

7 Stellen Sie sich vor, in einem Rechenzentrum würde ein zentrales Netzwerk-Logging durch `syslogd` benutzt, aber die Rechner des Netzwerks benutzten unterschiedliche Zeiteinstellungen!
8 Mehr zum Protokoll finden Sie unter *www.ntp.org*.
9 Mehr hierzu finden Sie unter *www.openntpd.org*.
10 Zur Erinnerung: Editieren lässt sich die Konfiguration durch `crontab -e`.

```
# Alle 30min Zeit setzen
0.30 * * * * /usr/sbin/ntpdate ntp.ubuntu.com
```
Listing 16.16 Der Cronjob für ntpdate

16.7 IRC-Clients

Linux- und Unix-Systeme sind übrigens auch mit freien IRC-Clients gesegnet. Das gilt sowohl für Konsolen- als auch für grafische IRC-Clients. Die wichtigsten Vertreter sind hier wohl `BitchX` als Konsolen-Client und X-Chat als X11-Vertreter.

BitchX konfiguriert man auf recht einfache Weise über Shellvariablen. Die praktischste Methode ist, diese direkt in die Shell-Startskripte zu integrieren. So muss man die Konfiguration nur einmal durchführen.

BitchX

```
export IRCNICK="swendzel"
export UIRCUSER="cdp_xe"
export IRCHOST="milk.sun"
export IRCNAME="Steffen W"
export IRCSERVER="192.168.0.2"
export IRCPORT=6667
```
Listing 16.17 BitchX-Konfiguration

XChat bietet alles, was ein IRC-Client bieten muss, beispielsweise werden UTF-8, Locales, SSL-Verschlüsselung und automatisches Channel-Joining unterstützt. XChat lernen Sie in Abschnitt 24.5.1 näher kennen.

XChat

16.8 Usenet

Das Usenet bietet eine Diskussionsplattform, auf der sich die Anwender über Clients mit der jeweiligen Serversoftware verbinden und über sie Nachrichten austauschen können. Betrachten wir diesen Vorgang im Folgenden etwas genauer.

Das Usenet kann man sich als hierarchisch organisiertes Forum zu verschiedensten Themen vorstellen. Dabei heißen die Diskussionsforen zu den Themen *Newsgroups*. Ein Beispiel für eine Newsgroup ist die Gruppe *de.comp.lang.c*. In diesem Beispiel wird schon sehr gut der hierarchische Aufbau des Usenets deutlich. Der Name *de.comp.lang.c* lässt sich nämlich wie folgt unterteilen:

Hierarchie & Gruppen

- **de**
  Die Newsgroup wird in deutscher Sprache geführt.

- **comp**
  Sie befasst sich mit Computern.

- **lang**
  Sie befasst sich, genauer gesagt, mit Programmiersprachen.

- **c**
  Und zwar befasst sie sich mit der Programmiersprache C.

Namen von Newsgroups beginnen meist mit einer der sieben Primärgruppen oder einer Sprachkennung wie »de«, »it« oder »at«. Bei den sieben Primärgruppen handelt es sich um:

- **comp**
  Computerthemen

- **misc**
  Alle Themen, die keiner anderen Primärgruppe zugeordnet werden können

- **news**
  Diskussionen über das Usenet

- **rec**
  Hobby/Freizeit etc.

- **sci**
  Wissenschaft (*science*)

- **soc**
  Soziale Themen

- **talk**
  Diskussionen zu allen möglichen und unmöglichen Themen

Posting Diese Newsgroups sind so lange nicht von Nutzen, bis man beginnt, sie auch wirklich zur Diskussion zu verwenden. Diese Diskussion wird durch Postings umgesetzt. Dabei schreibt jemand einen Artikel (= Posting) und sendet diesen Artikel zum Server (= posten). Der Server speichert das Posting und stellt es allen anderen Mitgliedern des Usenets zur Verfügung. Dabei tauschen die Usenet-Server (wenn sie keine Einzelserver oder privaten Intranet-Server sind) untereinander die aktuellen Postings aus.

Follow-up Auf solch ein Posting kann nun wieder jemand antworten. Das Posting dieser Antwort bezeichnet man als *Follow-up-Posting*. Auf jedes Posting und jedes Follow-up können beliebig viele weitere Follow-up-Postings folgen.

Damit Sie sich die Größe des Usenets zumindest ungefähr vorstellen können, möchten wir Ihnen ein Fundstück aus der Wikipedia nicht vorenthalten:

Größe des Usenets

> *Eine interessante Einrichtung war das DejaNews-Archiv (Deja.com), das es sich zum Ziel gesetzt hatte, die News-Beiträge dauerhaft zu archivieren. Das Archiv von Deja.com reichte bis etwa 1995 zurück. Nach dem Konkurs von Deja.com wurde dessen Datenbestand Anfang 2001 von Google aufgekauft und in das eigene GoogleGroups integriert. Ende 2001 wurden von Google ca. 700 Millionen weitere Artikel aus diversen ursprünglich privaten Archivierungen in das Archiv integriert, die teilweise bis in die Anfangszeit des Usenet zurück reichen, für die Zeit vor 1991 allerdings mangels vollständiger Archive etwas lückenhaft bleiben müssen. (...) Heutzutage kann niemand sagen, wie viele Newsserver und Newsgroups es weltweit gibt. Schätzungen gehen von Zahlen zwischen 50.000 und 100.000 aus.*[11]

16.8.1 Das Protokoll

Beim Usenet handelt es sich um eine recht alte Form der Kommunikation. Bereits vor vielen Jahren vernetzte man Usenet-Server mit einigen Clients und ließ sie über das zugehörige NNTP-Protokoll kommunizieren. NNTP, das Network News Transfer Protocol, wurde zum ersten Mal 1986 als Standard verabschiedet, das Usenet selbst wurde jedoch bereits 1979 via UUCP zwischen zwei Unix-Systemen realisiert.

Beim NNTP-Protokoll handelt es sich um ein Plaintext-Protokoll, das relativ mühsam zu verarbeiten ist. Dafür kann man notfalls aber auch ohne Client, nämlich direkt mit Telnet, Artikel lesen und posten. Da NNTP-Befehle jedoch nicht case sensitive sind und es oft mehrere Möglichkeiten gibt, diese Befehle (und auch Header-Zeilen) zu senden, müssen Usenet-Server diverse langsame und aufwendige Parsing-Techniken für jeden Befehl und jedes Posting anwenden.

Wir werden hier im Folgenden, da es sich ja nicht um ein TCP/IP-Buch, sondern um ein Linux-Buch handelt, nur die essentiellen NNTP-Befehle aus RFC 977 beschreiben und die NNTP-Extensions aus RFC 2980 außen vor lassen.

NNTP funktioniert ähnlich wie die Protokolle FTP und HTTP: Der Client sendet eine Plaintext-Anfrage, und der Server antwortet mit einer Plaintext-Response, die einen Response-Code in Form einer Zahl enthält. Diese Zahl teilt dem Client mit, ob die Anfrage erfolgreich war oder ob es dabei Probleme gab.

Grundlegendes

Der Fehlercode 411 gibt beispielsweise an, dass eine Newsgroup nicht existiert, während der Code 211 die Bestätigung für das Wechseln zur jeweiligen Newsgroup angibt.

---

[11] Quelle: *http://de.wikipedia.org/wiki/Usenet*, irgendwann im Verlauf der Versionsgeschichte ...

```
group de.comp.lang.c
211 5129 66442 71881 de.comp.lang.c
group die.gibts.nicht
411 No such group die.gibts.nicht
post
340 send article to be posted. End with <CR-LF>.<CR-LF>
...
quit
205 bye, bye.
```

Listing 16.18 Ausschnitt aus einer NNTP-Session

Wichtige Befehle

Wir wollen diesen Abschnitt mit einer Übersicht über die wichtigsten NNTP-Befehle abschließen. Zur Administration von Usenet-Servern und um Probleme mit dem Client zu verstehen, kann es nämlich sehr hilfreich sein, zumindest diese Kommandos zu kennen.[12]

- **LIST**
  Der Server sendet die Liste der Newsgroups inklusive der Kennungen von deren erstem und letztem verfügbarem Artikel sowie dem Posting-Flag, das besagt, ob das Posten in einer Newsgroup erlaubt ist oder nicht.

- **GROUP <Gruppe>**
  Selektiert eine Newsgroup.

- **ARTICLE <Message-ID | Nummer>**
  Der Server sendet den Header und den Body des mit der angegebenen Message-ID bzw. newsgroup-internen Nummer angegebenen Artikels an den Client.

- **HELP**
  Der Server sendet eine Befehlsliste an den Client, die in der Regel einige Erklärungen umfasst.

- **POST**
  Postet einen neuen Artikel. Dabei muss der Header mindestens aus den Zeilen Absender (From:), Betreff (Subject:) und Zielnewsgroup(s) (Newsgroups:) bestehen und einen Body aufweisen, der mit einer Zeile abgeschlossen wird, in der nur ein Punkt steht.[13]

- **QUIT**
  Beendet die Verbindung.

---

[12] Diese Kommandos sind nicht case sensitive, wir haben sie nur der Einheitlichkeit halber alle großgeschrieben. Statt LIS wäre also auch List, list oder LisT etc. möglich.

[13] Genauer gesagt sendet der Client nach jeder Zeile zunächst die Zeichenkombination CR-LF (Return und Newline), also <CR-LF>.<CR-LF> zum Abschluss des Postings.

16.8.2 Clients

Unter Linux stehen einem eine ganze Menge von Clients zur Verfügung. Dabei gibt es Text-Clients für die Konsole, grafische Clients für die Konsole (meist Cliets, die die ncurses-Bibliothek verwenden) und Clients für die grafische Oberfläche X11, die auf diversen Libraries basieren. Wir werden Ihnen eine Auswahl der ausgereiftesten Clients vorstellen und die jeweiligen Vorzüge erläutern. Welchen dieser Clients Sie letztendlich verwenden, müssen Sie selbst entscheiden.

slrn

`slrn` ist ein ncurses-basierter Usenet-Client für die Konsole. Der Vorteil des Programms liegt daher primär darin, dass es auch auf Systemen ohne grafische Oberfläche und natürlich im Netzwerk, etwa via Telnet oder SSH, verwendet werden kann. `slrn` ist durch Makros erweiterbar und neben Linux auch für Unix, Mac OS X, Windows und einige weitere Systeme verfügbar. Das Programm verdankt seine Beliebtheit primär der Tatsache, dass es sich in ständiger Weiterentwicklung befindet und sein Quellcode offen ist.

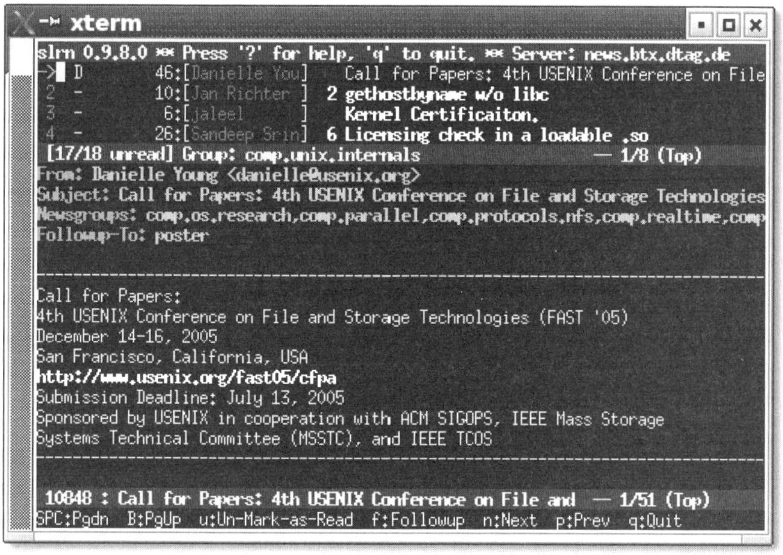

Abbildung 16.4 Der Konsolen-NNTP-Client slrn

Die Konfiguration des kleinen, aber mächtigen Clients erfolgt über das Environment und eine Text-Konfigurationsdatei. Damit lassen sich zum Beispiel die Farben anpassen. Diese Konfigurationsdatei kann man dann, etwa mit Secure-Copy (`scp`) auf alle weiteren Workstations übertragen, die man nutzt. So muss man `slrn` nur einmal konfigurieren.

Sinnvoll ist besonders die Möglichkeit zum Editieren von Postings und Follow-ups mit einem externen Editor. So kann man slrn beispielsweise den vim aufrufen lassen, um Postings darin zu schreiben. Übrigens unterstützt slrn auch GnuPG.

KNode

Als vorletzten, ebenfalls sehr empfehlenswerten Client dieser Runde möchten wir Ihnen KNode (siehe Abbildung 16.5) vorstellen.

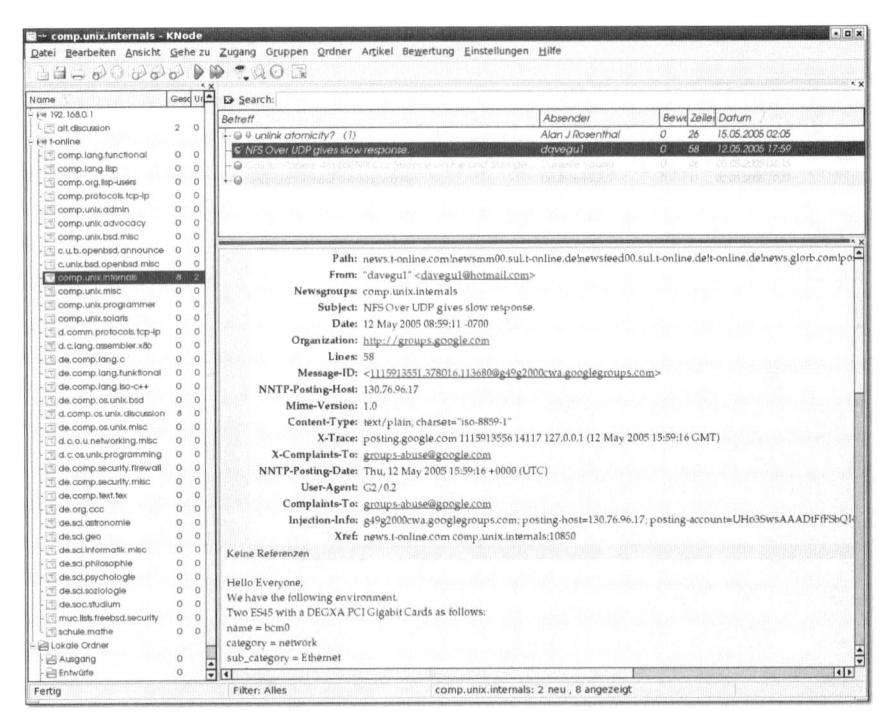

Abbildung 16.5 Der Client Knode

KNode ist im Gegensatz zu Sylpheed ein reiner Usenet-Client. Er unterstützt auch mehrere Accounts und ist hervorragend konfigurierbar. Als Bestandteil des KDE-Projekts basiert er auf den Qt-Bibliotheken. Auch dieses Programm kann viele Bilddateien direkt im integrierten Betrachter anzeigen und stellt einen Filtermechanismus ähnlich dem von Sylpheed zur Verfügung.

Sylpheed(-Claws)

Sylpheed ist ein GTK+-basierter Mail- und Usenet-Client. Er unterstützt diverse Protokolle, etwa IMAP, POP3 oder NNTP, kann mehrere Accounts gleichzeitig handhaben, unterstützt MIME-Anhänge, hat einen integrierten, konfigurierbaren

Nachrichtenfilter und vieles andere mehr. Wir werden uns hier jedoch nur mit den Usenet-Features auseinandersetzen.

Auch Sylpheed unterstützt GnuPG, zudem auch noch das von `slrn` bekannte Nutzen eines externen Editors – was unserer Meinung nach jedoch nicht notwendig ist, da der interne Editor alles kann, was man zum Posten braucht.

Sylpheed unterstützt keine HTML-Mails und wandelt eingehende HTML-Mails automatisch in Text-Mails um, wobei die originale HTML-Mail als Anhang über einen externen Browser einsehbar ist. Für verschiedene Typen von Anhängen können externe Viewer konfiguriert werden; die meisten Arten angehängter Bilddateien kann Sylpheed jedoch direkt anzeigen. Zudem können Templates verwendet, Postings und Mails gedruckt sowie Absender im XML-basierten Adressbuch gespeichert werden.

Es existiert von Sylpheed noch eine zweite Variante namens Sylpheed-Claws. Sie bietet diverse zusätzliche Features wie etwa eine Rechtschreibprüfung durch das Programm `aspell`, Themes und Plugins. Zu den Plugins zählen unter anderem ein Anti-Virus-Plugin (Clam AntiVirus), ein Image-Viewer sowie der Spam-Filter SpamAssassin.

Sylpheed-Claws

16.9 RSS

RSS (*Really Simple Syndication*, wobei auch andere Ausschreibungen von RSS existieren[14]) ist ein Standard mit verschiedenen Versionen und eine alternative Form der Nachrichtenverteilung zum Usenet. RSS bietet nicht die Möglichkeit, auf vorhandene Beiträge zu antworten, und modelliert daher kein Diskussionsforum. RSS wird hingegen verwendet, um Nachrichten – in der Regel speziell von Webseiten – zu speichern. Diese Speicherung geschieht im XML-Format.

Immer mehr Webseiten bieten RSS-basierte News-Meldungen an, und es gibt plötzlich immer mehr Clients für diese News. Natürlich muss man auch unter Linux und BSD nicht auf das Lesen von *RSS-Feeds* (oder auch: *Newsfeeds*) verzichten. Es gibt dafür einige Clients, von denen wir Ihnen zwei vorstellen möchten.

16.9.1 Snownews

Der erste Client nennt sich *Snownews* und ist ein ncurses-basierter RSS-Reader für die Konsole. Nach dem Startvorgang (der Name der Binärdatei wird kleingeschrieben, also `snownews`) sieht man zunächst nur einen recht leeren Bildschirm vor sich.

---

14 Siehe *http://en.wikipedia.org/wiki/RSS*

Der Grund dafür ist, dass Snownews noch keine Liste von Newsfeeds übergeben wurde, die es für Sie lesen soll.

Liste füllen | Möchte man nun einen ersten Eintrag in diese Liste bringen, drückt man die Taste **A**. Daraufhin erscheint eine Eingabeaufforderung, in der man die URL (also HTTP-Adresse) des gewünschten Newsfeeds einträgt. Um beispielsweise den RSS-Feed von Galileo Computing zu laden, muss die folgende URL eingegeben werden:[15]

http://www.galileocomputing.de/download/rss/galileocomputing.xml

Daraufhin erscheint eine Zeile mit dem Titel »Galileo Computing«. Drückt man nun **Return**, wird einem die Liste der aktuellen Nachrichten des Verlags angezeigt. Zurück in das vorherige Menü kommen Sie durch Drücken der Taste **Q**, wodurch Sie im Hauptmenü auch das Programm beenden können. Die interne Hilfe wird mit **H** aufgerufen.

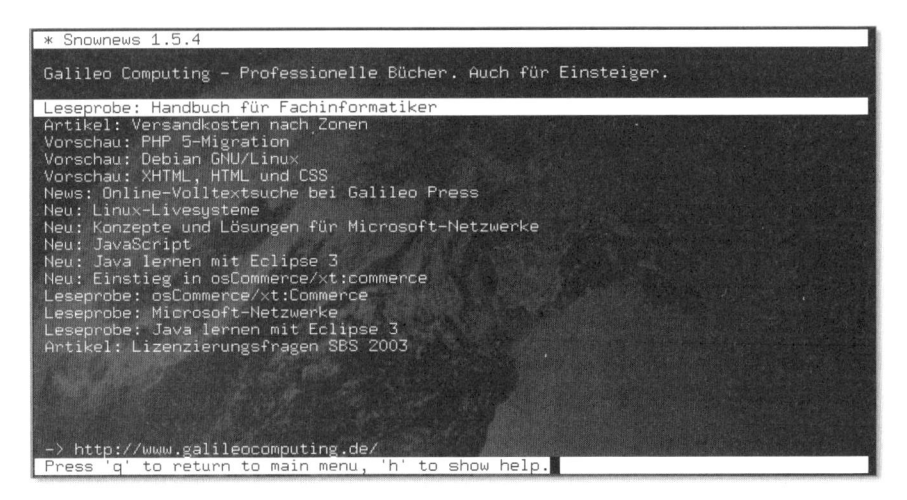

Abbildung 16.6 Snownews

16.9.2 Liferea

Liferea (*Linux Feed Reader*) ist ein RSS- und OPML-Reader mit grafischer Oberfläche, der auf GTK+ aufsetzt. Er verfügt über einen internen Browser, der Tabs und JavaScript unterstützt, kann aber auch jederzeit den Standardbrowser benutzen.

---

15 Den Feed zu unseren Büchern erhalten Sie übrigens über die URL *http://linuxbuch.blogspot.com/feeds/posts/default*.

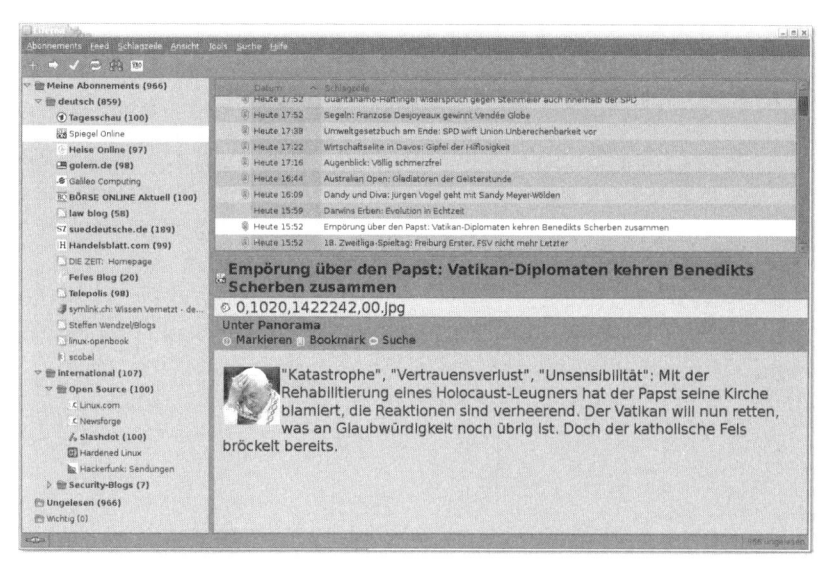

Abbildung 16.7 Liferea

16.10 Zusammenfassung

In diesem Kapitel haben Sie verschiedene Netzwerk-Clients kennen gelernt. Dazu zählen Telnet, ein Tool zum Arbeiten mit der Shell auf anderen Hosts, einige IRC-Clients, das FTP-Tool zum Transfer von Dateien über TCP/IP-Netzwerke und die R-Tools. Darüber hinaus wurden einige Mailprogramme vorgestellt, darunter das Konsolentool `mail`, die X11-Tools Sylpheed und KMail, aber auch Fetchmail zum Abholen von Mails und Procmail zum Sortieren von Mails in einzelne Mailboxen.

Über den NNTP-Client können Sie sich nun mit anderen Anwendern unterhalten, Konfigurationen von Software diskutieren und sich außerdem mit dem RSS-Client (etwa Snownews) über Updates Ihrer Lieblingsseiten auf dem Laufenden halten.

16.11 Aufgaben

telnet + Sniffer

Probieren Sie einmal, sich mit `telnet` irgendwo einzuloggen, und lassen Sie parallel auf einer anderen Konsole einen Sniffer wie `tcpdump` oder `ngrep`[16] laufen.

---

16 `ngrep` ist ein Tool, das mit `tcpdump` vergleichbar ist. Es zeichnet auch den Datenverkehr auf und lässt sich ebenfalls durch verschiedene Filterausdrücke konfigurieren. Der Unterschied zu `tcpdump` besteht darin, dass der Inhalt der aufgezeichneten Pakete schöner dargestellt wird, weshalb sich `ngrep` vor allem zum Sniffen textbasierter Protokolle eignet.

»Wer klug zu dienen weiß,
ist halb Gebieter.«
– Publilius Syrus

17 Netzwerkdienste

In diesem Kapitel möchten wir uns nun mit einigen grundlegenden Diensten auseinandersetzen, die Linux- und Unix-Systeme mit sich bringen – davon gibt es übrigens eine ganze Menge. In den folgenden Kapiteln werden daher noch weitere besonders wichtige und populäre Dienste wie Nameserver und SSH sowie der Einsatz von Linux als »LAMP«-Server besprochen.

17.1 inetd und xinetd

Als Erstes wollen wir uns mit den sogenannten »Superservern« befassen. Dabei handelt es sich um die beiden Dienste `inetd` und `xinetd`. Je nach Distribution bzw. Derivat wird entweder standardmäßig der `inetd` oder der neuere und bessere `xinetd` auf Ihrem System vorhanden sein. Welchen Dienst Sie nutzen, ist aber für die weitere Lektüre prinzipiell egal – wir besprechen beide.[1]

Superserver?

Zur grundlegenden Funktionsweise ist zu sagen, dass die Superserver darauf warten, dass bestimmte Netzwerkverbindungen hergestellt werden. Ist zum Beispiel eine FTP-Funktionalität konfiguriert, wird der entsprechende FTP-Dienst erst gestartet, wenn eine Verbindungsanfrage seitens eines Clients vorliegt.

Es gibt dabei sowohl Superserver-interne als auch -externe Dienste. Die internen sind dabei kleine Dienste, für die man keine gesonderten Binaries verwenden will. Sie brauchen also nicht explizit über ein anderes Programm gestartet werden, sondern werden vom Superserver selbst bereitgestellt. Externe Programme, etwa ein FTP-Server, werden in einem eigenen Prozess gestartet und kommunizieren dann indirekt mit dem Client, da sich zwischen den beiden Endpunkten immer noch der Superserver befindet.

---

[1] Sind wir nicht toll...?

Diese Superserver können sowohl mit UDP- als auch mit TCP-Diensten, ja sogar mit RPC-Diensten umgehen.[2] Aber warum sollte man überhaupt so etwas wie Superserver einsetzen wollen?

Ein von (x)inetd verwalteter Dienst wird erst gestartet, wenn ein Verbindungswunsch vorliegt. Der entsprechende Serverdienst wird also nur aktiv, wenn er auch wirklich benötigt wird. Für selten genutzte Dienste können so Ressourcen gespart werden, auch wird man hier die durch den Start des Dienstes bedingte minimale Verzögerung bei der ersten Antwort vom Server akzeptieren.

Einen Serverdienst bezeichnet man als *standalone*, wenn er nicht durch einen Superserver gestartet wird, sondern permanent im Hintergrund läuft und auf Anfragen wartet.

[»] Eine Anleitung zur Programmierung von Superserver-basierten Diensten finden Sie in [Stevens00A].

17.1.1 inetd

Zunächst wollen wir uns mit der alten, aber immer noch sehr verbreiteten Variante inetd beschäftigen. Veröffentlicht wurde der Dienst mit 4.3BSD, spätere Weiterentwicklungen mit SunOS 4.1 fügten die Unterstützung für Sun RPC hinzu. Unter BSD wurde 1999 der IPv6-Support durch das KAME-Projekt hinzugefügt.

Die primäre Konfiguration des Superservers erfolgt über die Datei */etc/inetd.conf*. Der Aufbau der Datei ist, wie für Unix-Systeme üblich, sehr einfach. Sehen wir uns einmal eine solche Konfigurationsdatei an:[3]

```
ftp     stream tcp   nowait root /usr/libexec/ftpd ftpd -US
ftp     stream tcp6  nowait root /usr/libexec/ftpd ftpd -US
telnet  stream tcp   nowait root \
        /usr/libexec/telnetd telnetd -k
telnet  stream tcp6  nowait root \
        /usr/libexec/telnetd telnetd -k
shell   stream tcp   nowait root /usr/libexec/rshd rshd -L
shell   stream tcp6  nowait root /usr/libexec/rshd rshd -L
uucpd   stream tcp   nowait root /usr/libexec/uucpd uucpd
uucpd   stream tcp6  nowait root /usr/libexec/uucpd uucpd
```

---

2 RPC steht für *Remote Procedure Call* und wird zum Beispiel von NFS und NIS verwendet. Es erlaubt sogenanntes Distributed Computing. Nähere Informationen hierzu erhalten Sie in Andrew Tanenbaums Buch »Verteilte Systeme« [TanVanSt07].

3 Leider ist aufgrund der Seitenbreite die Lesbarkeit dieses Listings etwas beeinträchtigt. Die Backslashes am Ende der Zeile zeigen wie immer an, dass eine Zeile in der darauffolgenden Zeile fortgesetzt wird.

```
finger  stream tcp   nowait  _fingerd \
        /usr/libexec/fingerd fingerd -lsm
finger  stream tcp6  nowait  _fingerd \
        /usr/libexec/fingerd fingerd -lsm
...
...
echo    dgram udp   wait    root        internal
echo    dgram udp6  wait    root        internal
...
...
sprayd/1 dgram rpc/udp wait root \
        /usr/libexec/rpc.sprayd rpc.sprayd
```

Listing 17.1 Ausschnitt aus einer inetd.conf

Betrachten wir zunächst die erste Spalte. Sie gibt den Namen des Dienstes an und informiert den Superserver über den zu verwendenden Port. Wie Sie sich sicherlich erinnern, werden diese Informationen aus der Datei /etc/services bezogen. Hinter einem Slash kann zusätzlich die Dienstversion angegeben werden.

Die zweite Spalte gibt an, ob es sich um einen datagramm- (dgram) oder einen verbindungsorientierten Dienst (stream) handelt. UDP ist ein Datagramm-Protokoll. Daher wird bei UDP-Diensten dgram gesetzt und bei TCP-Diensten stream, da TCP ein verbindungsorientierter (Stream-)Dienst ist.[4]

Die dritte Spalte gibt das Transport-Layer-Protokoll des Dienstes an. Unterstützt werden tcp für TCP über IPv4, tcp6 für TCP über IPv6 und dasselbe analog für UDP mit udp und udp6. Außerdem kann man RPC mit beiden Protokollen verwenden (was dann durch einen Slash in der Form rpc/Protokoll angegeben wird) oder Unix-Domain-Sockets via unix-Keyword einsetzen.[5]

Spalte vier ist nur für UDP-Dienste interessant. Hier wird entweder wait oder nowait angegeben. Handelt es sich um einen Dienst, der so programmiert ist, dass er jeweils nur eine Verbindung handhaben kann, wird wait verwendet. inetd startet in diesem Fall den Dienst und wartet auf dessen Beendigung, bevor neue Verbindungen entgegengenommen werden. Wird hingegen nowait angegeben, muss der Server in der Lage sein, mehrere Verbindungen gleichzeitig zu handhaben.[6]

---

[4] In der Netzwerkprogrammierung ist dieser Wert als »Socket-Type« bekannt. Bei einem Aufruf von socket() wird entsprechend SOCK_DGRAM oder SOCK_STREAM als Parameter übergeben.
[5] Wenn Sie diese Informationen mit denen des letzten Absatzes klug kombinieren, werden Sie feststellen, dass dgram nur in Verbindung mit udp genutzt wird und stream nur in Verbindung mit tcp.
[6] Dies funktioniert beispielsweise durch Threads und Child-Prozesse.

Anschließend folgt die Angabe eines Benutzers. Mit den Berechtigungen des Benutzers wird der Dienst gestartet. Im Übrigen ist es auch möglich, eine Gruppe in der Form `user.group` oder `user:group` anzugeben.

Die nächste Spalte gibt die Programmdatei an, die gestartet werden soll – oder eben das Keyword `internal` für einen `inetd`-internen Dienst.

Alle folgenden Spalten sind zu übergebende Startparameter für das festgelegte Programm. Der erste Parameter (C-Programmierer kennen ihn vom Argument-Vektor `argv[]`) ist der Programmname selbst, die nächsten Parameter sind optional und abhängig vom jeweiligen Dienst.

17.1.2 tcpd

Was `inetd` nun aber noch fehlt, ist eine Zugriffskontrolle. Diese wickelt man bei Bedarf über `tcpd` ab. Dieses Programm nennt sich TCP-Wrapper und wird zwischen `inetd` und den jeweiligen Dienst gesetzt. Es überprüft die Autorisierung einer Verbindung anhand zweier Konfigurationsdateien: */etc/hosts.allow* und */etc/hosts.deny*.

Die Vorgehensweise ist dabei die folgende: Ist ein Dienst/Client in der *hosts.allow* gelistet, wird die Verbindung erlaubt. Ist dort nichts zu finden, wirft `tcpd` einen Blick in die *hosts.deny*. Ist dort ein entsprechender Eintrag zu finden, wird die Verbindung nicht erlaubt. Ist in keiner dieser Dateien ein Eintrag zu finden, wird die Verbindung wiederum erlaubt.

Um einen Dienst, der über `inetd` gestartet werden soll, zusätzlich mit dem `tcpd` zu überprüfen, wird anstelle der Binaries des Dienstes die Binary des `tcpd` angegeben. Aus einem Eintrag wie

```
finger stream tcp nowait nobody /usr/libexec/fingerd fingerd
```

Listing 17.2 Ohne tcpd

wird folglich ein Eintrag der Form

```
Dienst [stream/dgram] Protokoll [no]wait Benutzer    \
tcpd-Binary [Dienst-Name bzw. Binary des externen   \
Dienstes]
```

Listing 17.3 Mit tcpd: Form

```
finger stream tcp nowait nobody /usr/libexec/tcpd \
       fingerd
```

Listing 17.4 Mit tcpd: ein Beispiel

17.1.3 xinetd

Die Konfiguration des Superservers xinetd[7] gestaltet sich geringfügig komplizierter. Belohnt wird der Mehraufwand aber mit vielen zusätzlichen Features:

- Schutz vor Denial-of-Service-(DoS-)Attacken
- Logging via syslog und eigenes Logging-System
- Zugriffskontrolle und Unterstützung der Dateien *hosts.allow* und *hosts.deny* – daher wird kein tcpd mehr benötigt!
- Verbindungsbeschränkungen
- tageszeitbezogene Bewilligungen von Verbindungen
- Dienste können explizit auf bestimmten Adressen, beispielsweise nur lokal, angeboten werden.
- Weiterleitung von TCP-Verbindungen auf (interne) Rechner

Die xinetd.conf

Die Konfiguration des Servers xinetd wird über die Datei */etc/xinetd.conf* abgewickelt. Diese Datei ist allerdings anders aufgebaut als */etc/inetd.conf*. Zunächst einmal werden Standardattribute konfiguriert, was in der defaults-Sektion erledigt wird.

Basic Setup

Als Erstes wird festgelegt, dass nie mehr als 10 Serverdienste (instances) gleichzeitig laufen sollen. Möchte man keine Begrenzung, kann man statt einer Zahl auch das Keyword UNLIMITED eintragen.

Protokolliert wird über die Datei */var/log/xinetd.log*, und bei erfolgreichen Verbindungen (log_on_success) werden Hostname, Prozess-ID, Benutzer-ID, Verbindungszeit und Exit-Status festgehalten. Tritt aber ein Fehler auf (log_on_failure), werden Hostname, User-ID, der Grund für den Fehler (ATTEMPT) sowie einige weitere Informationen (RECORD) ausgegeben.

Durch das Schlüsselwort only_from gestatten wir im Beispiel nur Zugriffe von den Rechnern im Netz 192.168.1.0/24. Das Schlüsselwort disabled wird nur im Sektionsbereich defaults angewandt und unterbindet die Nutzung einiger Dienste.

```
defaults
{
    instances        = 10
    log_type         = FILE /var/log/xinetd.log
    log_on_success   = HOST PID USERID DURATION EXIT
```

---

[7] Das »x« steht hierbei für extended (also erweitert), da xinetd als verbesserte Version des inetd angesehen wird.

```
    log_on_failure    = HOST USERID ATTEMPT RECORD
    only_from         = 192.168.1.0/24

    disabled = finger
    disabled += systat netstat
    disabled += exec
}
```

Listing 17.5 Eine defaults-Sektion

Dienste konfigurieren Kommen wir nun zur expliziten Konfiguration eines Dienstes. Als Beispiel soll wieder ein FTP-Server dienen:

```
service ftp
{
    socket_type     = stream
    wait            = no
    user            = root
    server          = /usr/sbin/wu.ftpd
    server_args     = -a
    instances       = 2
    access_times    = 8:00-13:00 14:00-19:00
    nice            = 10
    only_from       = 192.168.1.123 192.168.1.124
}
```

Listing 17.6 Konfiguration eines FTP-Servers

Für TCP wählt man auch beim `xinetd` die Stream-Option als Socket-Typ und als Analogon zu `(no)wait` bei `inetd` das `no` beim `wait`-Flag. Der FTP-Dienst soll als Superuser gestartet werden (`user`). Das Binary ist `wu.ftpd`, und als Parameter für den Aufruf des Programms wird `-a` übergeben.

Der Server soll von 8 bis 13 Uhr und von 14 bis 19 Uhr erreichbar sein, zum Beispiel, weil von 13 bis 14 Uhr Mittagspause ist und nachts alle Mitarbeiter schlafen … zumindest die meisten.

Außerdem soll die Nice-Priorität auf »10« gesetzt und der Zugriff nur von den Hosts `192.168.1.123` und `192.168.1.124` gestattet werden.

17.2 Standarddienste

Im Folgenden wollen wir einige Standarddienste besprechen. Viele dieser Dienste werden von `inetd` bzw. `xinetd` bereits intern bereitgestellt, andere hingegen sind in der Regel als einzelne Programme zu finden.

17.2.1 Echo

Der Echo-Dienst läuft auf Port 7 und kann sowohl über UDP als auch über TCP betrieben werden. Echo funktioniert nach einem sehr einfachen Prinzip: Der Client sendet einen String an den Server, und dieser antwortet darauf, indem er genau denselben String wieder zurück an den Client schickt.

17.2.2 Discard

Discard läuft auf Port 9 und kann ebenfalls sowohl über TCP als auch über UDP betrieben werden. Der Client verbindet sich dabei mit dem Server, woraufhin dieser eine Gegenverbindung zum Client aufbaut. Nachdem eine Antwort des Clients eingetroffen ist (und diese vom Server verworfen wurde), beendet sich der Dienst. Falls Sie sich nun fragen, wozu das gut sein soll: Der Dienst spielt in der Server-Landschaft praktisch keine Rolle, sein Nutzen besteht darin, Testverbindungen aufzubauen.

17.2.3 Systat und Netstat

Der Dienst Systat (TCP-Port 11) liefert Statusinformationen über die Prozesse des Serversystems an den Client. Möchten Sie hingegen Informationen über die Netzwerkverbindungen und Sockets des Systems, hilft Ihnen Netstat auf TCP-Port 15 weiter.

17.2.4 Daytime und Time

Der Daytime-Dienst verwendet den TCP/UDP-Port 13 und sendet an einen Client die aktuelle Uhrzeit in einer für *Menschen verständlichen Form*. Der Time-Dienst (TCP/UDP Port-37) sendet die gleichen Informationen, allerdings in einer nur für den *Computer lesbaren Form*.

```
$ telnet 192.168.0.5 daytime
Trying 192.168.0.5...
Connected to 192.168.0.5.
Escape character is '^]'.
Thu Nov 24 17:24:27 2005
Connection closed by foreign host.
```

Listing 17.7 daytime-Anfrage via telnet

17.2.5 QotD

Ein sehr populärer Dienst ist der QotD-Dienst. QotD steht für *Quote of the Day* und liefert dem Client auf Port 17 (UDP und TCP) einen Spruch, ein Zitat oder Ähnliches.

17.2.6 Chargen

Der TCP/UDP-Dienst Chargen verwendet den Port 19. Zweck des Dienstes ist es, einen Zeichenstrom zu generieren. Dabei werden pausenlos Daten an den Client gesendet. Chargen wird zur Performancemessung eingesetzt.

17.2.7 Finger

Der TCP-Dienst Finger (Port 79) gibt Informationen über eingeloggte Benutzer an den Client weiter. Dies stellt generell ein hohes Sicherheitsrisiko dar. Der Finger-Dienst kann verwendet werden, um zu überprüfen, ob ein Account existiert, ob er derzeit verwendet wird, ob der Account eine Login-Shell verwendet, wie lange der Benutzer bereits eingeloggt ist bzw. wann der letzte Login stattfand, ob es Informationen in der *.plan*-Datei des Benutzers gibt und noch so einige Dinge mehr.

```
$ finger root@192.168.0.5
[192.168.0.5/192.168.0.5]
Login: root                        Name: (null)
Directory: /root                   Shell: /bin/bash
On since Thu Nov 24 17:06 (CET) on tty1,
                                   18 seconds idle
No mail.
No Plan.
```

Listing 17.8 Eine finger-Anfrage

Der Finger-Dienst wird aber auch oft für andere Zwecke verwendet, nämlich zur Informationspräsentation. Versuchen Sie einmal, einen Finger-Request auf den Host `ftp.kernel.org` durchzuführen. Das Kommando dazu lautet `finger @ftp.kernel.org`.[8]

17.2.8 Telnet und R-Dienste

Telnet und die R-Dienste kennen Sie bereits aus dem vorhergehenden Kapitel zum Thema »Netzwerk-Clients«. Sowohl für Telnet als auch für die R-Dienste stellen die Betriebssysteme jeweils einzelne Binaries zur Verfügung. Es ist eher ungewöhnlich, dass `telnetd` oder ähnliche Dienste intern im `(x)inetd` laufen.

---

8 Es wird also kein Benutzername angegeben.

Im Übrigen sollten sowohl Telnet als auch die R-Dienste aus Sicherheitsgründen nicht mehr verwendet werden. Nutzen Sie lieber SSH, dafür gibt es sogar ein eigenes Kapitel (Kapitel 21).

17.3 DHCP

Der DHCP-Service[9] dient zur automatischen Konfiguration von Netzwerksystemen. DHCP ist Client/Server-basiert und funktioniert nach folgendem Schema:

Ein Netzwerkrechner bootet und kennt zum Zeitpunkt X nur die Hardwareadresse seiner Netzwerkschnittstelle (auch MAC-Adresse genannt). Da er als DHCP-Client konfiguriert ist, sendet er eine Broadcast-Nachricht an alle Hosts des Subnetzwerks. Diese Nachricht, die abstrakt gesehen den Inhalt »Ich bitte darum, dass mir irgendjemand eine IP-Adresse gibt« hat, wird vom lokalen DHCP-Server empfangen. Dieser sendet (adressiert an die MAC-Adresse des DHCP-Clients) die entsprechenden Informationen an den Client. Dabei handelt es sich natürlich hauptsächlich um die jeweilige IP-Adresse, aber auch einige weitere Informationen können zur automatischen Konfiguration des DHCP-Clients versendet werden, zum Beispiel die Netzmaske oder das Standard-Gateway.

Da DHCP Client/Server-basiert arbeitet, werden wir uns sowohl mit der Konfiguration des Servers als auch mit der recht einfachen Konfiguration eines Clients beschäftigen.

17.3.1 dhcpd

Kommen wir zunächst zur Server-Software. Normalerweise setzt man hierfür den `dhcpd` ein, der zum Standardumfang von Unix-Derivaten und Linux-Distributionen gehört. Die Konfigurationsdatei des Dienstes heißt *dhcpd.conf* und befindet sich meistens in */etc*.

In der *dhcpd.conf* legt man nun erst einmal einen Subnet-Block an. Dazu verwendet man das Keyword `subnet`, gefolgt von der Netzadresse und der Netzmaske, die man via `netmask` angibt. In geschweiften Klammern werden dann die genaueren Eigenschaften des Subnetz-Blocks definiert.

dhcpd.conf

---

[9] DHCP bedeutet *Dynamic Host Configuration Protocol* und ist der Nachfolger des BOOTP-Protokolls.

Netz(maske)	In diesem Beispiel vergeben wir IP-Adressen des Netzes `192.168.1.0` mit der Netzmaske `255.255.255.0`. Es gehören also alle IP-Adressen von `192.168.1.1` bis `192.168.1.255` zu diesem Subnetz.
Range	Allerdings sollten in den meisten Fällen nicht alle IP-Adressen des gesamten Subnetzes vergeben werden. Schließlich verwendet der DHCP-Server selbst oft eine Adresse, die aus diesem Adressbereich stammt, und zudem sind oftmals noch einige Server und/oder Gateways im Subnetz mit einer festen IP-Adresse platziert. Um eventuelle Probleme mit doppelt vergebenen IP-Adressen zu vermeiden, gibt es das Keyword `range`. Ihm folgen die Anfangs- und Endadresse des Adressbereiches, den man durch DHCP zuweisen will – in unserem Fall also alle Adressen von `192.168.1.50` bis `192.168.1.99`.
Vergabezeit	Die Zeit, die ein Host über eine Adresse verfügen soll, wird mit dem Schlüsselwort `default-lease-time` in Sekunden angegeben. Die Maximalzeit, wie lange eine Adresse vergeben werden darf, wird in derselben Zeiteinheit mit `max-lease-time` angegeben. Spätestens nach Ablauf dieser Zeitspanne muss der Client eine neue IP-Adresse anfordern.
Gateway, Broadcast, Netmask	Das Standard-Gateway für die DHCP-Clients im Netzwerk wird mit der Option `routers` spezifiziert, die Broadcast-Adresse mit `broadcast-address` und die Subnetz-Maske mit `subnet-mask`.
DNS, WINS, Domain	Es folgt die Angabe eines DNS-Servers, den die Clients verwenden sollen, und – das ist für Windows-Clients wichtig – der WINS-Server des Netzes. Die Standarddomain der Hosts kann durch die Option `domain-name` angegeben werden.

```
subnet 192.168.1.0 netmask 255.255.255.0 {
    # zu vergebender Adressbereich
    range 192.168.1.50 192.168.1.99;

    # Vergebe-Zeiten für Adressen
    default-lease-time 86400;
    max-lease-time 86400;

    # Standardgateway
    option routers 192.168.1.1;

    option broadcast-address 192.168.1.255;
    option subnet-mask 255.255.255.0;

    # DNS-Server
    option domain-name-servers 192.168.1.11;

    # Domainname
    option domain-name "example.org";
```

```
# WINS-Server
option netbios-name-servers 192.168.1.100;
}
```

Listing 17.9 Beispiel einer dhcpd.conf

Nun sollen bestimmte Hosts, etwa Serversysteme[10], immer dieselbe IP-Adresse bekommen. Dazu legt man im jeweiligen Subnetz-Bereich einen Unterbereich über das Keyword `host`, gefolgt vom entsprechenden Hostnamen, an.

Adressreservierung

```
host Fileserver {
    hardware ethernet 08:00:2b:4c:59:23;
    fixed-address 192.168.1.222;
}
```

Listing 17.10 Explizite Adressvergabe

DHCP identifiziert einzelne Hosts über die bereits erwähnte MAC-Adresse der Netzwerkkarte. Diese wird über `hardware ethernet` für Ethernet-Netze angegeben und kann durch `ifconfig` beim Client erfragt werden. Mit `fixed-address` verpasst man dem System dann eine »statische« IP-Adresse.

Gestartet wird der `dhcpd` direkt über */usr/sbin/dhcpd* oder über ein entsprechendes Init-Skript.

Start

17.3.2 Client-Konfiguration

Nun müssen die Clients nur noch darauf konfiguriert werden, einen DHCP-Server zu verwenden. Dies geschieht beim Bootvorgang (oder auch für die aktuelle Laufzeit temporär) mit dem allseits beliebten Tool `ifconfig`.

Unter Linux wird generell während der Systeminstallation abgefragt, wie eine Netzwerkkarte verwendet werden soll. Mit Tools wie `netconfig` oder `yast2` kann man dies aber auch sehr komfortabel nachholen. Wem dieser Luxus nicht vergönnt ist, der kann noch immer auf `dhclient` zurückgreifen. Dieses Tool konfiguriert einen DHCP-Client und gehört zum Standardumfang der meisten Distributionen. Nach dem Start der Software versucht sie automatisch, die Netzwerk-Interfaces zu konfigurieren, indem DHCP-Server periodisch angesprochen werden. Besondere Einstellungen muss man anschließend nicht mehr vornehmen. Wer allerdings ganz bestimmte Vorstellungen davon hat, wie sein DHCP-Client vorgehen soll, der kann

---

10 Für Serversysteme sollten eigentlich keine dynamischen Adressen verwendet werden, um deren Verfügbarkeit auch bei einem Ausfall des DHCP-Systems zu gewährleisten und ein Durcheinander zu vermeiden.

dhclient über /etc/dhclient.conf konfigurieren. Die gleichnamige Manpage enthält weitere Details.

[»] Bedenken Sie aber: dhclient konfiguriert standardmäßig alle Devices automatisch. Möchte man z. B. nur eth0 via DHCP konfigurieren, so kann man den Schnittstellennamen als Parameter an dhclient übergeben.

Auf einigen Systemen wird anstelle der Programmdatei dhclient das Programm dhcp-client verwendet. Die Verwendung ist ebenfalls sehr einfach:

```
# dhcp-client -i eth1
```

Listing 17.11 eth1 mittels dhcp-client konfigurieren lassen

Unter OpenBSD erstellt man einfach die Datei /etc/hostname.XXX (wobei XXX die Schnittstellenbezeichnung repräsentiert (also etwa rl0 oder ne3)) und trägt das Keyword dhcp ein, gefolgt von optionalen Parametern etwa zur Medium-Konfiguration.

17.4 NNTP-Server (WendzelNNTPd 2)

Leider hat man bei der Wahl eines Usenet-Servers nicht sonderlich viele Optionen. Zwar gibt es gute Software, die Usenet-Postings aus einer konfigurierbaren Newsgroup-Liste von anderen Servern herunterlädt und im internen Netzwerk zur Verfügung stellt, jedoch macht dies recht wenig Sinn, wenn es sich nicht um Hunderte von Usenet-Lesern handelt, die alle die gleichen Groups lesen. Aus eben diesem Grund werden wir uns an dieser Stelle damit beschäftigen, wie sich ein Usenet-Server aufsetzen lässt.

Wenn es darum geht, einen Usenet-Server aufzusetzen, fällt einem entweder gar keine Software ein, oder man denkt sofort an den INNd (InterNetNews-Daemon) des ISC. Diese Software stellt wirklich *alle* Features des Usenets zur Verfügung und ist als Referenzimplementierung absolut standardkonform. Der Nachteil dieser Software ist jedoch die schwierige und aufwendige Konfiguration. Auch uns sagt diese Konfiguration nur bedingt zu, weshalb wir an dieser Stelle eine alternative, im Funktionsumfang etwas eingeschränkte Lösung vorstellen wollen. Aber immerhin werden wohl nur wenige Leser *alle* Usenet-Features, etwa die Kommunikation zwischen Usenet-Servern, nutzen wollen.

Die hier vorgestellte Eigenimplementierung ist freie Software und nennt sich WendzelNNTPd. Der Dienst unterstützt IPv6 und ein ausgefeiltes rollenbasiertes Rechtesystem. Der Server unterstützt zugegebenermaßen nicht alle von RFC977 geforderten Befehle – dafür ist er in zwei Minuten aufgesetzt.

Herunterladen lässt sich die Software von *http://www.wendzelnntpd.org*, die Installation läuft folgendermaßen ab: Zunächst lädt man sich (am besten als *.tgz*-Datei) das Quellcode-Archiv herunter, entpackt es und führt anschließend `configure` aus. Lesen Sie dazu auch die Datei *INSTALL*.

```
$ tar -xzvf wendzelnntpd-<version>.tgz
$ cd wendzelnntpd-<version>
$ ./configure
$ make
```

Listing 17.12 Entpacken des Archivs

Mittels `make install` (als Superuser) können Sie die Software anschließend installieren.

17.4.1 Konfiguration

Die Konfiguration gliedert sich in zwei Schritte: jene des Dienstes über die Konfigurationsdatei selbst und die anschließende Konfiguration von Newsgroups.

Zunächst muss die Konfigurationsdatei */usr/local/etc/wendzelnntpd.conf* editiert werden. Dabei müssen Sie zunächst auswählen, welches Datenbank-Backend Sie verwenden möchten. Am einfachsten ist ein SQLite3-Backend aufzusetzen, da WendzelNNTPd dies automatisch erledigt.

Konfigurationsdatei

```
database-engine sqlite3
```

Listing 17.13 WendzelNNTPd für SQlite3 konfigurieren

Alternativ kann MySQL verwendet werden:

```
database-server 127.0.0.1
# Nur für MySQL benötigte Parameter:
database-port 3306
database-username benutzer
database-password passwort
```

Listing 17.14 WendzelNNTPd für MySQL konfigurieren

Anschließend müssen Sie eigentlich nur die IP-Adressen der Schnittstellen angeben, über die der Dienst erreichbar sein soll.

```
listen 192.168.0.1
listen 127.0.0.1
```

Listing 17.15 Ausschnitt einer beispielhaften wendzelnntpd.conf-Datei

Der `listen`-Befehl funktioniert auch mit IPv6-Adressen. Möchte man einen anderen Port als den NNTP-Standardport (119) wählen, so lässt sich das durch den `port`-Befehl umsetzen.

```
port 119
```

Listing 17.16 Weiterer Ausschnitt einer möglichen wendzelnntpd.conf

Newsgroups anlegen

Newsgroups werden mit dem Tool `wendzelnntpadm` verwaltet. Dieses Tool erzeugt und löscht Newsgroups aus der Datenbank der Serversoftware. Um eine Newsgroup zu erzeugen, ruft man einfach den folgenden Befehl auf:

```
Die Form:
# wendzelnntpd addgroup <Newsgroupname> y

Beispiel:
# wendzelnntpadm addgroup unix.genius y
```

Listing 17.17 Erzeugen einer Newsgroup

Das `y` am Ende des Befehls gibt das Posting-Flag an und bedeutet, dass Postings erlaubt sind, `n` bedeutet das Gegenteil. Derzeit ist dies jedoch nicht relevant, weil dieses Flag bisher noch wirkungslos ist und das Posten in jedem Fall erlaubt ist.

Nun ist die Basiskonfiguration bereits erledigt. Sie können natürlich beliebig viele weitere Newsgroups anlegen, wenn Sie möchten.

Newsgroups ausgeben

Mit `wendzelnntpadm` können Sie sich auch die Liste der momentan existierenden Newsgroups ausgeben lassen. Dazu verwenden Sie den Parameter `listgroups`.

```
# sudo wendzelnntpadm listgroups
Newsgroup, Low-, High-Value, Posting-Flag
----------------------------------------
alt.wendzelnntpd.test 0 0 y
my.group 0 0 y
done.
```

Listing 17.18 Erzeugen einer Newsgroup

Das Löschen von Newsgroups erfolgt analog mit `delgroup Gruppe`.

17.4.2 Server starten

Beim ersten Start des Servers empfiehlt es sich, die `syslog`-Meldungen im Auge zu behalten, da WendzelNNTPd auftretende Fehler via `syslog` protokolliert.[11]

---
11 Außerdem werden die Meldungen in die Datei */var/log/wendzelnntpd* eingetragen.

Der eigentliche Start erfolgt durch einen simplen Aufruf von wendzelnntpd. Gelingt der Start, gibt die Software etwa diese Zeilen aus:

```
WendzelNNTPd-OSE (Open Source Edition): peak: 3,
    size_sockinfo: 1
WendzelNNTPd-OSE (Open Source Edition):
    version 2.0.0-beta 'Stockholm'  -
    (Jun 20 2011 20:29:17 #2380) is ready.
```

Listing 17.19 Ausgabe bei Erfolg

Nun sollte ein auf das Serversystem konfigurierter Usenet-Client Newsgroups abonnieren, Postings und Follow-ups senden sowie aktuelle Postings herunterladen können. Spaß für die ganze Familie!

WendzelNNTPd lässt sich durch den Parameter -d auch als Dämonprozess starten.   **Als Daemonprozess**

17.4.3 Authentifizierung

Soll nicht jedermann Zugriff auf den Server haben, so gibt es die Möglichkeit, eine Anmeldung zu verlangen. Derzeit gibt es jedoch keine Benutzerverwaltung, sondern lediglich eine einzige gültige Kombination aus Benutzername und Passwort, über die die Authentifizierung durchgeführt wird.

Zur Aktivierung der Authentifizierung für den Server muss zunächst der Befehl use-authentication in der Konfiguration eingetragen werden.

> Für eine erweiterte Rollen-basierte Konfiguration, die eher für Unternehmen geeignet ist, empfiehlt es sich, use-acl in der Konfiguration zu aktivieren. Eine Anleitung zur ACL-Konfiguration findet sich auf der Projekt-Webseite. Mit Hilfe von ACLs können Sie auch einzelnen Benutzern sowie ganzen Rollen Zugriff auf einzelne Newsgroups erlauben. Wir werden im Folgenden nur die Basis-Authentifizierung für einzelne Benutzer betrachten. Alle Informationen zur Konfiguration für ACL-basierte Administration finden sich unter *wendzelnntpd.org*.

Anschließend werden die Benutzer mit wendzelnntpadm adduser [Benutzername] angelegt. Mit wendzelnntpadm listusers können Benutzer angezeigt werden, und mit wendzelnntpadm deluser werden sie wieder gelöscht.

```
# sudo wendzelnntpadm adduser swendzel
$ sudo wendzelnntpadm adduser swendzel
Enter new password for this user (max. 100 chars):
User swendzel does currently not exist: okay.
done.
```

```
# sudo wendzelnntpadm listusers
Name, Password
--------------
swendzel, MeinTollesPass
done.

# sudo wendzelnntpadm deluser swendzel
done.

# sudo wendzelnntpadm listusers
done.
```

Listing 17.20 Anlegen und Löschen eines Benutzers

17.4.4 Anonyme Message-IDs

Wird in der Konfigurationsdatei der Befehl `enable-anonym-mids` eingetragen, werden IP-Adressen bzw. Hostnames kein Bestandteil der von WendzelNNTPd generierten Message-ID, was das Normalverhalten des Servers ist.

17.5 Network File System

Unter Windows stehen Ihnen über Netzwerkfreigaben und SMB einzelne Dateien, Verzeichnisbäume und sogar ganze Laufwerke netzwerkweit zur Verfügung. Unter Linux kann man dies entweder mittels Samba auf die gleiche Art und Weise umsetzen, was jedoch nur sinnvoll ist, wenn man auch Windows-PCs mit diesen Netzwerkfreigaben verbinden möchte. Eine pure und saubere Unix-Lösung wäre hingegen das *Network File System*.

Mit dem NFS kann praktisch jedes Unix-System, jedes BSD-System und jedes Linux-System arbeiten. Es gibt auch eine kostenpflichtige Implementierung für Windows. Das Network File System, im Folgenden nur noch NFS genannt, wurde von Sun Microsystems entwickelt. Daher findet man auf den Dokumentationsseiten von Sun (z. B. *docs.sun.com*) auch tonnenweise Informationsmaterial zum Thema.

NFS ermöglicht es also, Verzeichnisse – und das können in Form von Mountpoints auch ganze Partitionen sein – im Netzwerk bereitzustellen. Die Freigaben liegen dabei physisch auf dem NFS-Server. Die NFS-Clients können dann über entsprechende Software, die in der Regel bereits direkt in den Kernel implementiert ist, auf diese Freigaben zugreifen und sie ins eigene Dateisystem einhängen. Daher ist NFS für den Anwender völlig transparent.

Es macht keinen Unterschied, ob man unter Unix auf eine Diskette, eine Festplatte oder ein Netzwerk-Dateisystem schreibt. Ebenso kann die Netzwerkfreigabe beim Server auf einer Festplatte oder einem anderen Medium liegen.[12]

NFS kann dadurch den Bedarf an lokalem Festplattenspeicher in Workstations und damit effektiv Kosten senken. Für den Administrator ist es wiederum einfacher, Backups zu erstellen, da er diese nur noch von den Daten des NFS-Servers ziehen muss. Wie bei Client/Server-Architekturen üblich, besteht der Nachteil darin, dass bei einem Serverausfall niemand mehr an seine Daten herankommt.

17.5.1 NFS-Server aufsetzen

NFS verwendet den RPC-Dienst, daher muss zunächst der Portmapper gestartet werden. Wie dies funktioniert, haben Sie bereits in Kapitel 13, »Benutzerverwaltung«, erfahren.[13] Der restliche Teil der Konfiguration ist nicht sonderlich schwer.

Es gibt verschiedene Dienste, die alle miteinander kooperieren und erforderlich sind, um einen funktionsfähigen NFS-Server zu betreiben. Dazu zählen:

- **nfsd**
  Der nfsd nimmt NFS-Anfragen von Clients entgegen.

- **(rpc.)mountd**
  Der mountd verarbeitet die Mount-Anfragen der Clients.

- **(rpc.)lockd**
  Dieser Dienst kümmert sich um Anforderungen des File-Lockings.

- **(rpc.)statd**
  Dieser Dienst wird zum Monitoring und für lockd benötigt.

Die Dienste lockd und statd laufen übrigens auch auf Client-Systemen. In der Regel werden sie vom jeweiligen Derivat beziehungsweise von der jeweiligen Distribution über Shellskripts beim Startvorgang gestartet. Ist dies nicht der Fall, müssen Sie diese Dienste selbst starten.

Dateien freigeben

Nun sind aber noch gar keine Dateien freigegeben. Um dies zu ändern, gibt es zwei Wege: Entweder man verwendet ein Unix-System, das das Tool share zur Verfügung stellt (etwa Solaris), oder man verwendet die Datei */etc/exports*. Da die zweite Variante unter Linux und BSD immer funktioniert, werden wir uns im Folgenden auf die *exports*-Datei beschränken.

---

12 Einmal abgesehen von erheblichen Performanceunterschieden.
13 In Abschnitt 13.5, *NIS/NIS+*.

Dort werden die freizugebenden Verzeichnisse sowie deren Zugriffsrechte[14] festgelegt. Zugriffsrechte können nämlich nicht nur wie im Unix-Dateisystem (von ACLs einmal abgesehen) konfiguriert, sondern bei Bedarf auch hostspezifisch gesetzt werden.

Die Einträge sind, wie unter Linux üblich, zuerst zeilenweise und anschließend spaltenweise zu interpretieren. In der ersten Spalte wird das Verzeichnis angegeben, das man freigeben möchte. Darauf folgen verschiedene Parameter, die den Zugriff auf die Freigabe regeln.

```
/exports/pub_ftp (ro)
/exports/homes   192.168.0.0/24(rw)
```

Listing 17.21 Beispiel einer exports-Datei

In diesem Beispiel haben wir das Verzeichnis */exports/pub_ftp* für alle Hosts aller Netzwerke freigegeben. Allerdings darf niemand auf diese Ressource schreiben (»ro« = read-only). Das Verzeichnis *homes*, in dem alle Heimatverzeichnisse der Nutzer enthalten sind, wird für das gesamte Netzwerk 192.168.0.0/24 mit Lese- und Schreibrechten freigegeben.

Netzmaske — Wie Ihnen sicher aufgefallen ist, können Netzwerke also in der Form Adresse/Netzmaske angegeben werden. Falls Ihnen die Bit-Schreibweise der Netzmaske nicht geläufig ist, kann sie auch ausgeschrieben werden. Im Beispiel wäre die Netzmaske also 255.255.255.0.

Wildcards — Außerdem können Wildcards verwendet werden. Sollen beispielsweise alle Hosts im Netz *doomed-reality.org* auf eine Ressource zugreifen können, so lässt sich auch *.doomed-reality.org schreiben.

(a)sync — Durch das Schlüsselwort async kann man die Performance von NFS-Netzwerken verbessern. Werden Daten verändert, so werden diese sofort auch im Netzwerk in veränderter Form verfügbar, selbst dann – und das ist der springende Punkt –, wenn sie noch nicht auf dem Datenträger abgespeichert worden sind. Es herrscht folglich *kein synchroner* Zustand zwischen Speicher und Medium.

async hat nicht nur den Vorteil der Performancesteigerung, sondern auch den Nachteil, dass bei Absturz des Servers die Daten im Speicher verloren gehen, bevor sie auf das Medium gespeichert wurden. Daher stellt ein möglicher Datenverlust ein großes Risiko dar. Um dies zu verhindern, kann man NFS dazu zwingen, die Daten *synchron* zu halten, und zwar mit dem Schlüsselwort sync.[15]

---

14 ... bei denen man eigentlich schon von Access Control Lists sprechen kann.
15 Übrigens gibt es – unabhängig von NFS – auch das Dateisystem-Tool sync, das die Daten, die aktuell nur im Speicher sind, auf die eingehängten Speichermedien des Systems schreibt.

Das Schlüsselwort `dev` bewirkt, dass auch Device-Dateien über das Netzwerk verfügbar gemacht werden dürfen oder eben nicht (`nodev`). — (no)dev

`exec` erlaubt das Ausführen von Dateien im Netzwerk-Dateisystem; `noexec` bewirkt das Gegenteil. — (no)exec

Bei gesetztem `nosuid`-Keyword dürfen keine Binaries mit setuid-Flag ausgeführt werden. Dies verbessert die Sicherheit von NFS. Das Keyword `suid` bewirkt natürlich wieder das Gegenteil. — (no)suid

Falls nur `root` ein Dateisystem mounten dürfen soll, wird das Schlüsselwort `nouser` angegeben. — (no)user

Es gibt noch diverse weitere NFS-Optionen. Diese würden allerdings den Rahmen dieses Abschnitts sprengen und sind zudem oft systemabhängig. Wir verweisen daher auf die jeweilige `exports`-Manpage. — Weitere Optionen

17.5.2 Clients konfigurieren

Auch auf dem Client wird RPC sowie `(rpc.)lockd` und `(rpc.)statd` gestartet. Anschließend kann ein Remote-Dateisystem mit `mount` eingehängt werden, wozu Sie den NFS-Server und die Freigabe angeben müssen. Unter Linux verwendet man für NFS den Parameter `-t nfs`; unter OpenBSD wird einfach `mount_nfsd` benutzt.

```
# mount -t nfs 192.168.0.5:/exports/homes /home
# df -h | grep homes
192.168.0.5:/exports/home 6.6G 2.6G 3.7G 42% /home
```

Listing 17.22 Dateisystem mounten unter Linux

Um nun zu überprüfen, welche Freigaben auf einem Host verfügbar sind, nutzen Sie das Tool `showmount`. — showmount

```
# showmount -e localhost
Export list for localhost:
/exports/pub_ftp (everyone)
/exports/homes   192.168.0.0/24
```

Listing 17.23 showmount

NFS wird, wie Sie im Beispiel gesehen haben, häufig für die Verteilung von Home-Verzeichnissen eingesetzt. So kann gewährleistet werden, dass für einen Benutzer die Dateien samt Arbeitsumgebung auf allen Rechnern in einem Pool identisch sind. Um keine Konflikte mit der Rechtevergabe und der Benutzerverwaltung zu bekommen, wird NFS daher auch oft in Verbindung mit LDAP oder NIS eingesetzt. — [zB]

17.6 FTP

Den FTP-Dienst haben wir unter den Aspekten »Funktionsweise«, »Protokoll« und »Client« bereits in vorhergehenden Kapiteln vorgestellt. Im Folgenden werden wir uns mit der Konfiguration eines FTP-Servers auseinandersetzen.

Welche Software? Wir werden uns im Rahmen dieses Buches den Server ProFTPd ansehen – aber warum ausgerechnet diesen und nicht einen anderen? Prinzipiell steht es Ihnen natürlich frei, jeden Server Ihrer Wahl zu nutzen. ProFTPd ist aber ein einfacher, kleiner Server. Er wurde entwickelt, um sicherer und schneller als andere Programme zu sein. Inwieweit das Projekt nun im Einzelnen diese Ziele erreicht hat, sei einmal dahingestellt; für ein Heimnetzwerk ist ProFTPd aber sicher eine gute Wahl.

[»] Die meisten Systeme verfügen bereits über einen vorinstallierten FTP-Server, den man nur noch in der Datei *(x)inetd.conf* freischalten muss. Oftmals steht alternativ auch ein Standalone-Dienst zur Verfügung. So kann man unter OpenBSD den FTP-Server auch permanent als Dämonprozess laufen lassen, indem man `/usr/libexec/ftpd -D` aufruft.

17.6.1 Konfigurationsdateien

Dämon vs. (x)inetd Der Server ProFTPd wird hauptsächlich über die Datei */etc/proftpd.conf*[16] gesteuert. Bevor man ans Konfigurieren geht, muss man sich aber entscheiden, ob man den Dienst `standalone` oder über den `inetd` starten will – in einem Heimnetzwerk ist meistens die `inetd`-Variante vorzuziehen.

Sollten Sie den ProFTPd über Ihren Paketmanager installiert haben, brauchen Sie also nur noch die Konfigurationsdatei zu suchen und zu editieren. Eventuelle Startskripts im `init.d`-Verzeichnis und die Einträge in der Datei */etc/inetd.conf* sollten dann schon vorhanden sein.

Das folgende Listing zeigt eine Beispielkonfiguration für die Software. Beachten Sie bitte, dass für anonymes FTP ein Benutzer names `ftp` mit gültigem Homeverzeichnis auf Ihrem System vorhanden sein muss.

```
# Dies ist eine einfache Konfiguration für den
# ProFTPd. Sie realisiert einen einfachen, durch
# inetd gestarteten Server mit anonymous Login.

# Der Servername
ServerName                      "FTP Server"

# inetd oder standalone?
```

---

[16] Die Datei kann bei Ihrer Distribution natürlich auch an einem anderen Ort liegen.

```
ServerType                      inetd
DeferWelcome                    off
```

Listing 17.24 Beginn einer proftpd.conf

Wenn wir uns für den Start über `inetd` entschieden haben, sollte erstens eine Zeile in der *inetd.conf* für unseren FTP-Server angelegt werden, und zweitens sollte der `inetd` auch laufen – sonst wird's nix mit FTP.

```
# Standardoptionen
MultilineRFC2228                on
DefaultServer                   on
ShowSymlinks                    on
AllowOverwrite                  on

# Verbindungstimeouts...
TimeoutNoTransfer               600
TimeoutStalled                  600
TimeoutIdle                     1200

# Diese Dateien im Homeverzeichnis der User werden
# bei den entsprechenden Aktionen angezeigt:
DisplayLogin                    welcome.msg
DisplayFirstChdir               .message

# Langes Listing bei "ls"
ListOptions                     "-l"


# Hier kann man "böse" Befehle blockieren.
DenyFilter                      .*/
```

Listing 17.25 Fortsetzung von proftpd.conf

In diesem Abschnitt wurden nun einige Optionen zum Verhalten des Dienstes konfiguriert. Dazu gehören verschiedene Timeouts ebenso wie Banner, also Textdateien, die beim Eintritt in bestimmte Verzeichnisse ausgegeben werden.

```
# Port 21 ist der Standard-FTP-Port
Port                            21

# Um Denial-of-Service-Attacken gegen den Server
# vorzubeugen, werden hier nicht mehr als 30
# Verbindungen zu einem bestimmten Zeitpunkt
# erlaubt. Das funktioniert allerdings nur bei
# "ServerType standalone", ansonsten muss dies über
```

```
# den inetd geregelt werden.
MaxInstances                    30

# Benutzer- und Gruppenrechte für den Server setzen
User                            nobody
Group                           nogroup
```

Listing 17.26 Port und Rechte

Die Wahl des Ports spielt nur nur bei Standalone-Servern eine Rolle. Wird der Dienst durch den `inetd` gestartet, so legt man in der entsprechenden Zeile der Konfigurationsdatei den Port fest, zu dem der Client anschließend eine Verbindung aufbauen kann. Der FTP-Dienst selbst wird erst dann aufgerufen, wenn die Verbindung bereits besteht.

```
# Standardeinstellung für Benutzerverzeichnisse
<Directory /*>
  # Die umask für Dateien und Verzeichnisse setzen
  Umask                         022 022
  # Dateien sollen überschreibbar sein
  AllowOverwrite                on
</Directory>

# Eine einfache Konfiguration für anonymes FTP

<Anonymous ~ftp>
  User                          ftp
  Group                         nogroup
  # Benutzer sollen sich sowohl mit "ftp" als auch
  # mit "anonymous" einloggen können.
  UserAlias                     anonymous ftp

  # Benutzer "ftp" braucht keine Shell in der
  # /etc/passwd
  RequireValidShell             off

  # Maximale Anzahl von anonymen Logins
  MaxClients                    10

  DisplayLogin                  welcome.msg
  DisplayFirstChdir             .message

  # überall das Schreiben verbieten
  <Directory *>
    <Limit WRITE>
      DenyAll
```

```
        </Limit>
    </Directory>

    # Für ein Upload-Verzeichnis sollten Sie die
    # folgenden Zeilen entkommentieren.
    # <Directory incoming>
    #     Umask                             022    022
    #     # Lesen und ändern verboten...
    #     <Limit READ WRITE>
    #         DenyAll
    #     </Limit>
    #     # ...aber Hochladen erlaubt
    #     <Limit STOR>
    #         AllowAll
    #     </Limit>
    # </Directory>

</Anonymous>
```

Listing 17.27 Die Freigaben

Durch diese Freigaben ist folgendes Szenario definiert: Alle lokal existierenden Benutzer können sich auch via FTP mit ihrer Benutzerkennung samt Passwort einloggen und erhalten so Zugriff auf ihr Home-Verzeichnis. Zusätzlich kann man sich anonym einloggen, hat dann aber nur lesenden Zugriff auf das Home-Verzeichnis des `ftp`-Users.

17.7 Samba

Wenn man nichts anderes kennt, verspürt man vielleicht den Wunsch, sich mit Windows-Freigaben zu verbinden oder selbst Dateien freizugeben. Das entsprechende Protokoll heißt SMB und baut auf NETBIOS auf. NETBIOS ist dabei eine von Microsoft entworfene Methode, lokale Windows-Netze zu organisieren. Die Linux-Software, die das SMB-Protokoll[17] versteht und implementiert, heißt *Samba*.

Windows-Freigaben

---

[17] SMB wurde von Microsoft inzwischen in CIFS (Common Internet Filesystem) umbenannt – und Raider heißt jetzt Twix. Naja, der alte Name ist zumindest bei SMB/CIFS immer noch gebräuchlich.

17.7.1 Windows-Freigaben mounten

Leider ist NETBIOS im Funktionsumfang recht beschränkt und nicht gerade intuitiv zu verstehen. Immerhin stammt es ja aus einer Zeit, in der sich TCP/IP noch nicht wirklich durchgesetzt hatte.

Wenn man selbst Dateien freigeben will, spielt man natürlich Server. Aber auch, wenn man als Client auf fremde Freigaben zugreifen will, braucht man Samba. Da sich aber alles in das Gesamtkonzept von Linux einfügt, braucht man, um Freigaben einzubinden, nur ein spezielles mount-Kommando:

```
# mount -t smbfs -o username=jploetner,password=foobar
  //Server/test /mnt/win
```

Listing 17.28 Mounten einer Freigabe

In diesem Beispiel würde vom Rechner mit der Windows-Bezeichnung Server die Freigabe test nach */mnt/win* gemountet. Bei einer Windows-Freigabe handelt es sich um den Dateisystemtyp smbfs, und man benötigt auch eine Login-Kennung. Die Login-Kennung übergibt man mit dem Parameter -o entweder in der Form username=xyz,password=xyz, oder der Zugang erfolgt anonym, wobei jedoch das Schlüsselwort guest angegeben werden muss.

17.7.2 Dateien freigeben

Möchte man nun selbst Dateien freigeben, müssen zunächst der Samba-Dämon smbd sowie der nmbd, eine Art DNS für NETBIOS, laufen. Die Samba-Software ist für alle wichtigen Distributionen als Paket verfügbar, so dass Sie sich eigentlich nicht um das Kompilieren und das Erstellen von Runlevel-Skripts kümmern müssen. Eine eigene Konfiguration ist aber trotzdem notwendig, um den Dienst sinnvoll nutzen zu können.

Die Datei *smb.conf* ist in sogenannte *Sektionen* unterteilt. Zwingend vorgeschrieben ist dabei nur die generelle Einstellungen betreffende Sektion [global]; alle anderen Sektionen beschreiben Drucker oder Dateifreigaben. Außerdem sollte man sich vor Augen führen, dass Samba eigentlich eine Software ist, die zu *übersetzen* versucht. Dieses Übersetzen ist immer nötig, wenn zwei Welten miteinander kommunizieren möchten, in diesem Fall die Windows-Welt mit der Linux-Welt.

17.7.3 smb.conf

Wie sieht so eine Konfigurationsdatei aber im Detail aus? Im Folgenden möchten wir mit Ihnen wieder eine kommentierte Konfigurationsdatei analysieren, aus der Sie genug Rückschlüsse für eigene Setups ziehen können. Samba wird dabei hauptsächlich über eine einzige Datei konfiguriert, die meist im Verzeichnis */etc/samba/* befindliche *smb.conf*.

```
[global]
# workgroup = Domainname bzw. Workgroup-Name
  workgroup = MYGROUP
# server string = ein sprechender Namen für unseren Server
  server string = Samba Server
```

Listing 17.29 smb.conf – erste Einstellungen

Die nächste Option ist für die Sicherheit wichtig. Mit ihr kann man den Zugriff auf den Server auf bestimmte Netze beschränken. Im vorliegenden Beispiel wird der Zugriff auf zwei Klasse-C-Netzwerke sowie das Loopback-Interface beschränkt.

```
hosts allow = 192.168.1. 192.168.2. 127.
```

Listing 17.30 Erlaubte Rechner

Wenn Sie Ihre Drucker automatisch laden wollen, anstatt Druckerfreigaben manuell zu konfigurieren, sollten Sie diese Option verwenden.

```
load printers = yes
```

Listing 17.31 Drucker automatisch laden

Mit der nächsten Option können Sie den Account für den Gastzugang festlegen. Dieser sollte natürlich auch tatsächlich auf dem Serversystem existieren.

```
guest account = nobody
```

Listing 17.32 Gastzugriff

Die nächste Option veranlasst Samba, für jeden sich verbindenden Client eine eigene Logdatei anzulegen. Außerdem wird eine Beschränkung von auf 50 KB für die Größe der Logdateien eingeführt.

```
log file = /var/log/samba/%m.log
max log size = 50
```

Listing 17.33 Logging

Mit den folgenden Sicherheitseinstellungen legen Sie eine benutzerbasierte Authentifizierung fest.

Für einzelne Unix-Benutzer muss dazu das Samba-Passwort über das `smbpasswd`-Tool gesetzt beziehungsweise später auch geändert werden.[18]

```
security = user
encrypt passwords = yes
```

Listing 17.34 Sicherheit

Mit den folgenden Optionen erzielen Sie auf Linux-Systemen eine bessere Performance und beschränken den Dienst auf einige bestimmte Netzwerkschnittstellen. Dies ist jedoch nur sinnvoll, wenn der Server mehrere (virtuelle) Netzwerkkarten hat.

```
  socket options = TCP_NODELAY SO_RCVBUF=8192 \
                   SO_SNDBUF=8192
# interfaces = 192.168.12.2/24 192.168.13.2/24
```

Listing 17.35 Netzwerk

Die folgenden Einstellungen betreffen NetBIOS-Interna. Haben Sie mehrere SMB-Server im Netzwerk, so können Sie Samba beispielsweise verbieten, lokaler Master zu werden. Diese Option ist jedoch erst in größeren Netzwerken interessant. Andernfalls nimmt Samba mit dem eingestellten OS-Level an den »Wahlen« zum lokalen Master teil.[19]

```
# local master = no
# os level = 33

# Die folgende Option erlaubt Samba, auch über
# Subnetzgrenzen hinweg zu operieren. Falls Sie schon
# einen NT-Domain-Controller haben, wird diese Option
# jedoch nicht benötigt.
  domain master = yes
```

Listing 17.36 NetBIOS-Einstellungen

Aktivieren Sie die folgende Option, um Samba als Domain-Logon-Server für Windows-Systeme zu aktivieren:

---

18 Sie erinnern sich: In der /etc/shadow werden die Passwörter nicht im Klartext, sondern nur verschlüsselt gespeichert. Das Passwort im SMB-Protokoll muss aber für die Kompatibilität mit neueren Clients unbedingt vor der Übertragung verschlüsselt werden – und zwar anders, als Unix das macht. Darum braucht Samba eine eigene Passwortdatenbank, die mit `smbpasswd` verwaltet wird.
19 Das soll in Microsoft-Netzwerken bewirken, dass immer das »neueste« Windows die Gruppe führt – aber Samba kann hier mitmischen.

```
# domain logons = yes
```
Listing 17.37 Domain-Logons

Die Netzwerk- und Computernamen, die man aus der Windows-Welt kennt, haben leider nichts mit DNS zu tun. Es handelt sich dabei um WINS-Namen (*Windows Internet Name Serving*). Samba kann nun entweder selbst ein entsprechender Nameserver sein oder einen externen WINS-Server benutzen. Alternativ kann Samba auch DNS-Proxy spielen und WINS-Namen über DNS auflösen. Das ist umständlich, aber für »fremde« Protokolle gilt die Unix-Philosophie leider nicht – und es kommt zu Redundanzen, Unklarheiten und unnötigen Problemen.[20]

```
  wins support = yes
# wins server = w.x.y.z

  dns proxy = yes
```
Listing 17.38 WINS und DNS

Kommen wir nun endlich zu den Freigaben. Der spezielle Freigabenname homes erlaubt jedem Benutzer den Zugriff auf sein Home-Verzeichnis.

```
[homes]
   comment = Heimatverzeichnisse
   browseable = no
   writable = yes
```
Listing 17.39 Die Freigaben – Home-Verzeichnis

Eine Freigabe ohne Beschränkungen für temporäre Daten:

```
[tmp]
   comment = Temporary file space
   path = /tmp
   read only = no
   public = yes
```
Listing 17.40 Die Freigaben – temporäre Dateien

Ein öffentliches Verzeichnis, in dem nur die Mitglieder der Gruppe staff schreiben dürfen:

---

20 ... die leider auch in reinen Windows-Netzwerken auftreten.

```
[public]
    comment = Public Stuff
    path = /home/samba
    public = yes
    writable = yes
    printable = no
    write list = @staff
```

Listing 17.41 Die Freigaben – Public

Zu guter Letzt folgen die Druckerfreigaben: Mit einem BSD-ähnlichen Druckersystem brauchen Sie hier nichts extra zu definieren, da wir mit `load printers` alle verfügbaren Drucker automatisch freigeben.

```
[printers]
    comment = All Printers
    path = /usr/spool/samba
    browseable = no
#   public = yes # erlaubt dem Gastbenutzer, zu drucken
    guest ok = no
    writable = no
    printable = yes
```

Listing 17.42 Die Druckerfreigaben

17.7.4 Samba, LDAP & Co.

Nun ist es tatsächlich sehr umständlich, für jeden Benutzer *zwei* Passwortdatenbanken – die normale */etc/shadow* und die Samba-Passwörter – zu verwalten. Aber was bei mehreren Rechnern schon funktioniert hat, funktioniert auch bei Samba: LDAP. Ein entsprechend konfigurierter Server[21] kann mit folgenden Anweisungen in der `[globals]`-Sektion genutzt werden:

```
obey pam restrictions = yes
passdb backend = ldapsam:ldap://192.168.0.3 guest
ldap admin dn = cn=admin,dc=example,dc=com
ldap suffix = dc=example,dc=com
```

Listing 17.43 LDAP-Support

---

21 Man muss natürlich das entsprechende Samba-Schema laden, damit ein Benutzerobjekt alle von Samba benötigten Eigenschaften wie eben sein SMB-Passwort besitzt. Hilfe hierzu finden Sie in der Samba-Dokumentation.

Man braucht also nur den LDAP-Server, das entsprechende Suffix sowie den Administrator-Benutzer anzugeben, und schon können auf dem Server angelegte und entsprechend konfigurierte Benutzer sich über Samba anmelden, und der Admin hat weniger Arbeit.[22]

Wenn Sie Samba mit ACLs nutzen wollen, brauchen Sie seit Samba 3.0 die ACLs eigentlich nur noch auf Dateisystemebene zu aktivieren, um von Ihrem Windows-PC aus mit einem Rechtsklick auf entsprechend freigebene Dateien die Unix-Rechte zu ändern. Jetzt müsste man nur noch einen Unix-Admin finden, der so etwas auch tun würde ...

17.8 Zusammenfassung

In diesem Kapitel wurden wichtige und grundlegende Netzwerkdienste behandelt. Angefangen haben wir mit den Superservern `inetd` und `xinetd`, die auf bestimmten Ports lauschen und bei einer Verbindungsanfrage den zugehörigen Dienst starten. Ebenfalls besprochen wurde der DHCP-Server `dhcpd`, der Rechner in einem Netzwerk automatisch mit ihrer IP-Adresse und allen anderen nötigen Daten initialisieren kann.

Mit dem Usenet-Server WendzelNNTPd kann man einen eigenen Newsserver aufsetzen und verwalten. Darüber hinaus haben Sie die Fileserver NFS, FTP und Samba kennengelernt. NFS ist ein Dienst aus dem Unix-Umfeld, der ohne größere Probleme mit NIS oder LDAP kombiniert werden kann. Samba dagegen kommt aus der Windows-Welt und ermöglicht es Linux-Benutzern, Windows-Freigaben zu mounten und eigene Verzeichnisse freizugeben. FTP ist ein altes Protokoll, das in der Regel nicht zum Mounten von Dateisystemen genutzt wird.

17.9 Aufgaben

Kontrolle

Untersuchen Sie Ihr System auf laufende Dienste. Versuchen Sie herauszufinden, was bei Ihnen alles so läuft und vor allem: warum. Werfen Sie einen Blick auf die Konfiguration dieser Default-Dienste und überlegen Sie, welche Auswirkungen die jeweilige Konfiguration auf die Sicherheit Ihres Systems haben könnte.

---

22 Da sich über Samba auch Windows-Benutzer an einer Domäne anmelden können, hat man mit dieser Konstruktion sogar eine einheitliche Benutzerverwaltung für heterogene Netzwerke.

DHCP

Der Admin hat geschlafen, und plötzlich laufen zwei DHCP-Server in einem Netzwerk. Was wird im Netzwerk passieren, wenn ein Client einen DHCP-Request schickt?

Inetd

Ein über den Superserver `inetd` zu startender Server läuft nicht. Woran kann das liegen, und wie ermitteln Sie die Ursache?

*»Interaktive Dienste sollten höher priorisiert werden,
da bei ihnen die Geschwindigkeit direkt erfahren wird!«
– Aus den Weisheiten eines Administrators*

18 Mailserver unter Linux

In diesem Kapitel möchten wir einige der vielfältigen Möglichkeiten betrachten, einen Mailserver unter Linux zu betreiben. Bevor wir uns jedoch auf konkrete Konfigurationsdateien stürzen, sollen noch einige Anmerkungen gemacht werden.

18.1 Mailserver in Theorie und Praxis

Zuerst einmal mächten wir klören, wer überhaupt welchen Mailserver braucht. Normalerweise sind Mailserver nur für Unternehmen mit eigenem IP-Segment und Standleitung interessant – Hobby-Bastler können zwar mit über Nacht laufenden Systemen und DynDNS experimentieren, aber ein produktives System sollte man aufgrund der Ausfallgefahr trotzdem nicht unbedingt aufsetzen.[1]

Auch sprechen wir bei E-Mail in der Regel von zwei Serverklassen: von SMTP-Servern, die Mails entgegennehmen und versenden, und von POP3-/IMAP-Servern, über die die Benutzer ihre Mails abrufen können. In kleinen Umgebungen kann man beide Dienste zwar auch über ein System realisieren, doch gerade in größeren Unternehmen skaliert der verteilte Ansatz besser.

SMTP versus POP3/IMAP

18.1.1 Funktionsweise von Internet-Mail

Wie aber funktioniert »E-Mail« nun konkret? Im Folgenden wollen wir die wichtigsten Schritte vom Schreiben bis zur Auslieferung einer Mail betrachten, um anschließend auf wichtige Features und Techniken gesondert einzugehen.

Das Simple Mail Transfer Protocol

Das *Simple Mail Transfer Protocol* (SMTP) ist das Protokoll, das seit Urzeiten zum Versenden von E-Mails benutzt wird. Da es textbasiert und für Menschen lesbar ar-

E-Mails versenden

---

1 Darüber hinaus werden E-Mails von Mailservern aus Dial-up-Pools von den meisten Providern auch gar nicht erst angenommen.

beitet, kann man die Funktionsweise anhand einer einfachen telnet-Sitzung nachvollziehen. Dazu wird eine Verbindung mit einem Mailserver auf Port 25 aufgebaut, dem Standard-Port für SMTP.

```
$ telnet mail.ploetner-it.de 25
Trying 89.110.147.184...
Connected to mail.ploetner-it.de.
Escape character is '^]'.
220 v935.ncsrv.de ESMTP Exim 4.63 Tue, 01 May 2007 13:34:46 +0200
HELO localhost
250 mail.ploetner-it.de Hello localhost
MAIL FROM: test@localhost
250 OK
RCPT TO: jploetner@ploetner-it.de
250 Accepted
DATA
354 Enter message, ending with "." on a line by itself
From: "Ich bin's!" <test@localhost>
To: "Johannes" <jploetner@ploetner-it.de>
CC: xyz@ploetner-it.de
Subject: Dies ist eine Testmail

Hallo.

Dies ist eine normale Testmail mit einem Header und etwas Text.
Nix Besonderes.

MfG
.
250 OK id=1Hiqdl-0007Hn-Am
QUIT
221 mail.ploetner-it.de closing connection
Connection closed by foreign host.
```

Listing 18.1 Eine SMTP-Sitzung

In diesem Beispiel kann man die fünf wichtigsten SMTP-Befehle erkennen: HELO, MAIL FROM, RCPT TO, DATA und natürlich QUIT. Mit HELO stellt sich der versendende Rechner vor, und mittels MAIL FROM und RCPT TO gibt er den Absender beziehungsweise den Empfänger an. Die eigentliche Mail wird dann aber – samt Header! – im DATA-Befehl übertragen.

Der im Beispiel verwendete Beispiel-Mailheader enthält wiederum das eigentliche »From«, »To«, »CC« und »Subject« der Mail. Im Normalfall werden »From« und »To« mit den in MAIL FROM und RCPT TO angegebenen Adressen übereinstimmen – sie müssen es aber nicht. Zwischen dem Header und dem eigentlichen Text der Mail muss eine Leerzeile liegen, abgeschlossen wird der Text durch einen auf einer Zeile einzeln stehenden Punkt. Die Verbindung wird anschließend noch durch ein `QUIT` korrekt geschlossen.

Nach jedem SMTP-Befehl antwortet der Server mit einem Statuscode. Folgende Statuscodes sind definiert:

- **1XX**
  Bei diesem Statuscode wurde die Eingabe zwar akzeptiert, jedoch ist noch eine Bestätigungsmeldung erforderlich.

- **2XX**
  Der Befehl wurde korrekt und ohne Fehler ausgeführt. Im Beispiellisting wurden ausschließlich 2XX-Codes zurückgegeben.

- **3XX**
  Bei diesem Code benötigt der Mailserver weitere Informationen, um den Befehl ausführen zu können.

- **4XX**
  Dieser Status zeigt einen temporären Fehler oder eine Überlastsituation beim Mailserver an. Zu einem anderen Zeitpunkt kann dieselbe Befehlsfolge durchaus zum Erfolg führen.

- **5XX**
  Dieser Statuscode zeigt einen fatalen Fehler an: Die Ausführung des SMTP-Befehls ist fehlgeschlagen.

Mailversand in der Praxis

Im Folgenden soll nun das SMTP-Protokoll in den richtigen Praxiskontext gesetzt werden. Die einzelnen Schritte beim Versenden einer E-Mail sehen dabei in der Regel wie folgt aus:

1. **Mailclient: Senden an den Smarthost**
   Im Mailclient ist konfiguriert, an welchem Mailserver – dem sogenannten *Smarthost* – alle ausgehenden E-Mails versendet werden sollen.[2] Der Mailclient verständigt sich mit diesem Server über das SMTP-Protokoll. Steht dieser Server im Internet, so muss sich der Mailclient in der Regel über eines von vielen möglichen Verfahren authentifizieren.

---

2 Ein Smarthost ist ein E-Mail-Server, der von einem Sender E-Mails annimmt und an beliebige Empfänger weiterleitet.

Da das ursprüngliche SMTP-Protokoll keine Mechanismen zur Authentifizierung[3] bietet, wurden später verschiedene Features nachgerüstet. Diese Authentifizierungs-Verfahren kann man nur mit Extended-SMTP (ESMTP) nutzen – das erste Kommando des SMTP-Clients heißt hier dann nicht mehr HELO, sondern EHLO. Je nach SMTP-Server und Konfiguration stehen dann weitere Befehle zur Verfügung, um sich mit dem eigenen Benutzernamen und Passwort einzuloggen. Erst danach kann mit MAIL FROM und den anderen Befehlen eine E-Mail verschickt werden.

2. **Smarthost: Lookup des Empfängers**
Damit der Smarthost dem Empfänger die E-Mail zustellen kann, muss er wissen, welcher Server überhaupt für die Domain des Empfängers zuständig ist. Dazu ruft er aus dem DNS den MX-Record der Domain des Empfängers ab.

```
$ host -t MX ploetner-it.de
ploetner-it.de mail is handled by 10 mail.ploetner-it.de.
```

Listing 18.2 Den MX-Record per Hand aus dem DNS abfragen

Anschließend wird die E-Mail mittels SMTP an diesen Server übertragen.

3. **Optional: Sender Policy Framework (SPF)**
Der Mailserver des Empfängers kann durch das Sender Policy Framework feststellen, ob der sendende Mailserver überhaupt autorisiert ist, Mails für eine bestimmte Domain zu versenden. Welche Systeme zum Versenden von E-Mail einer Domäne berechtigt sind, ist aus dem SPF- oder TXT-Record des DNS-Eintrags der Domain ersichtlich:

```
$ host -t TXT gmx.de
gmx.de descriptive text "v=spf1 ip4:213.165.64.0/23 -all"
```

Listing 18.3 Den SPF-Record per Hand aus dem DNS abfragen

Dieses Beispiel zeigt, dass für die Domain gmx.de nur Rechner aus dem Netz 213.165.64.0/23 Mails verschicken dürfen. Ein Mailserver, der SPF unterstützt, wird also keine Mails mit einer GMX-Absenderadresse annehmen, wenn diese von anderen Rechnern verschickt werden.[4]

Allerdings wird SPF nicht von allen Mailservern unterstützt oder genutzt, da es durchaus einige Probleme und Kritikpunkte an diesem Verfahren gibt: Beispiels-

---

3 Wird der Zugriff auf einen Smarthost nicht eingeschränkt und kann jeder beliebige Internetnutzer über diesen Server E-Mails versenden, so spricht man von einem *offenen Relay*. Es ist ein großer Fehler, ein offenes Relay einzurichten, da der Server ziemlich schnell von Spammern missbraucht und in der Folge von vielen E-Mail-Anbietern geblockt werden wird.
4 Darum sollten Sie sich auch hüten, Mails von solchen »fremden« Adressen über einen selbst betriebenen E-Mail-Server zu verschicken.

weise ist das automatische Weiterleiten von E-Mails schwierig, da der weiterleitende Rechner unter Umständen nicht per SPF autorisiert ist, entsprechende Absenderadressen zu verwenden. Abhilfe schafft hier jedoch ein Whitelisting (siehe Abschnitt 18.1.3) des Servers beziehungsweise der Absenderadressen auf dem Mailserver, der die weitergeleiteten Mails empfängt.

4. **Mailserver: Mails abholen mit POP3 oder IMAP**
   Auf dem Zielsystem angekommen, müssen die Mails noch vom Empfänger abgeholt werden. Für diesen Vorgang kommt *nicht* SMTP, sondern ein anderes Protokoll – in der Regel POP3 oder IMAP – zum Einsatz. Über eines der beiden Protokolle wird sich der E-Mail-Client des Empfängers mit dem Server verständigen, um sich über die Anzahl ungelesener E-Mails informieren zu lassen und diese gegebenenfalls auch herunterzuladen.

Mails abholen

SMTP-Server müssen nun aber oft mehr leisten, als E-Mails einfach nur korrekt weiterzuleiten beziehungsweise auszuliefern. Gerade in Produktivsystemen mit vielen Nutzern ist es wichtig, böswilligen Content bereits frühzeitig auszufiltern. Virenscanner sind dabei ein wichtiger Baustein.

18.1.2 Virenschutz

Der bekannteste Virenscanner für Linux ist sicherlich die Open-Source-Software ClamAV. Sie kann als Bibliothek in eigene Programme eingebunden werden, steht jedoch auch als Dämon und als Kommandozeilenprogramm zur Verfügung. Neben ClamAV gibt es für Linux noch weitere Virenscanner wie beispielsweise VirusScan von McAfee. Jedoch sollte man nicht vergessen, dass diese Scanner fast ausschließlich nach Viren für »Fremdbetriebssysteme« suchen und deshalb auch vor allem auf Mail- oder Fileservern eingesetzt werden.

ClamAV

18.1.3 Spamschutz

Ein weiterer wichtiger Punkt ist der Schutz vor Spam. Kaum ein Mailserver kommt heute noch ohne effektiven Spamfilter aus. Der unter Linux und anderen Unix-Systemen am häufigsten eingesetzte Spamfilter ist *SpamAssassin*. Die Perl-basierte Software kann mit vielen verschiedenen SMTP-Servern, aber teilweise auch mit Mailclients eingesetzt werden, um eingehende E-Mails auf Spam zu untersuchen.

SpamAssassin wendet auf jede Mail einen ganzen Satz von Regeln an. Jedes Zutreffen einer Regel führt zur Vergabe eines bestimmten Punktwerts, und erst wenn die Summe der Punkte einen gewissen Schwellenwert übersteigt, wird die Mail als Spam gekennzeichnet. Je nach Konfiguration werden die Mails in diesem Fall mit einem bestimmten Betreff (beispielsweise **** SPAM ****) oder einen speziellen Header-Eintrag entsprechend markiert.

Reguläre Ausdrücke

Normale SpamAssassin-Regeln sind eigentlich nichts weiter als reguläre Ausdrücke.[5] Eine einfache Regel kann dabei beispielsweise so aussehen:

```
body     FB_HARD_ERECTION   /hard(?:er)? (?:erection|penis)/i
score    FB_HARD_ERECTION   2.169
```

Listing 18.4 Regel im SpamAssassin

Der Name der Regel ist hier `FB_HARD_ERECTION`. Wird in der Mail ein Text wie »harder erection« gefunden, auf den der reguläre Ausdruck passt, so werden zum aktuellen Score der E-Mail 2,169 Punkte addiert. Da der Standard-Schwellenwert meist bei 5 Punkten liegt, ist dann die Grenze zur Markierung als »Spam« schnell überschritten. Solche Regeln kann man auch recht einfach selbst schreiben, allerdings erfordern die Punkte-Bewertung und die genaue Gestaltung des regulären Ausdrucks ein hohes Maß an Fingerspitzengefühl und Erfahrung.

Bayes-Filter

Statistisches Filtern

In SpamAssassin kann aber auch ein sogenannter *Bayes-Filter* zum Einsatz kommen. Dieser statistische Filter schließt anhand von charakteristischen Wörtern in einer E-Mail auf die Wahrscheinlichkeit, dass es sich bei ihr um Spam handelt. Damit ein Bayes-Filter ordentlich funktionieren kann, muss man ihn »trainieren«: Man gibt SpamAssassin eine Mailbox voller Spam sowie eine Mailbox voller »Ham« (also Nicht-Spam, normale Mails). Anhand dieser Charakteristiken wird dann eine Bayes-Datenbank aufgebaut, mithilfe derer dann die Wahrscheinlichkeit ermittelt werden kann, dass es sich bei einer untersuchten E-Mail um Spam handelt. Je nach Wahrscheinlichkeit können dann wieder unterschiedliche Punktwerte vergeben werden.[6]

White- und Blacklists

Auch eine Art »Regel« stellen White- und Blacklists dar. In einer Whitelist sind alle Absender oder Absenderdomains eingetragen, denen man vertraut und von denen man keinen Spam erwartet. Diese Mails sollen also – unabhängig von ihrem Inhalt – immer unmarkiert ankommen. Im Gegensatz dazu kann man über Blacklists bestimmte Absender oder ganze Domains von vornherein sperren. Natürlich gliedern sich auch White- und Blacklists in das Punkteschema des SpamAssassins ein. So vergeben Whitelists normalerweise -100 und Blacklists 100 Punkte.

---

[5] Falls Sie selbst Regeln schreiben wollen: Regulären Ausdrücken haben wir das ganze Kapitel 8 gewidmet.

[6] Dabei sind für geringe Wahrscheinlichkeiten natürlich auch negative Werte möglich, um den Score insgesamt etwas abzusenken.

Greylisting

Greylisting beschreibt ein relativ neues Konzept, mit dem Spam effektiv abgewehrt kann. Die Idee hinter Greylisting ist, eine E-Mail beim ersten Zustellungsversuch temporär abzuweisen. »Echte« SMTP-Server werden die Zustellung nach einer gewissen Zeit erneut versuchen, während von fiesen Spammern gekaperte Rechner diesen Zustellungsversuch wahrscheinlich nicht erneut unternehmen.

Temporäres Zurückweisen

Im Detail ist der Ablauf beim Greylisting wie folgt:

[zB]

1. **SMTP-Verbindung des Absenders**
   Die Verbindung des Absenders läuft bis zum `RCPT-TO:`-Schritt genau so ab wie in obigem Beispiel. Danach allerdings wird ein temporärer Fehler gemeldet:

   ```
   $ telnet mail.ploetner-it.de 25
   Trying 89.110.147.184...
   Connected to mail.ploetner-it.de.
   Escape character is '^]'.
   220 v935.ncsrv.de ESMTP Exim 4.63 Tue, 01 May 2007 13:34:46 +0200
   HELO localhost
   250 mail.ploetner-it.de Hello localhost
   MAIL FROM: johannes.ploetner@de.clara.net
   250 OK
   RCPT TO: jploetner@ploetner-it.de
   451-212.82.240.100 is not yet authorized to deliver mail from
   451 <johannes.ploetner@de.clara.net> to <jploetner@ploetner-it.de>.
      Please try later.
   ```

   Listing 18.5 Eine SMTP-Sitzung

   Zu diesem Zeitpunkt kennt der Greylisting einsetzende Empfänger drei Daten: die Absender-IP-Adresse, von der die Verbindung stammt, den Absender sowie den Empfänger der Mail. Dieses Tripel wird nun gespeichert.

2. **Warteschlange**
   Der Absender ist laut SMTP-Protokoll verpflichtet, den Zustellungsversuch nach einer gewissen Zeit (meist ist eine halbe Stunde eingestellt) zu wiederholen. Sollte dieser Versuch wieder fehlschlagen, wird die Zeit bis zum nächsten Versuch meist etwas erhöht.

3. **Zweiter Versuch**
   Beim zweiten Versuch des absendenden Mailservers hat der Empfänger das Tripel (Absender-IP, Absender-E-Mail, Empfänger-E-Mail) schon in seiner Datenbank und wird diesen Zustellversuch annehmen.

4. **Whitelists**
   Normalerweise wird das betreffende Tripel nach einer solchen erfolgreichen Zustellung noch in eine temporäre Whitelist eingetragen, damit bei einer erneuten Kommunikation des betreffenden Absenders mit dem zugehörigen Empfänger für die Dauer des Whitelistings keine temporäre Zurückweisung mehr erfolgt.

Spam-Erkennung zur Versandzeit

Error nach DATA   Normalerweise werden E-Mails erst nach dem Empfang auf Spam gescannt und gegebenenfalls in einen separaten Spam-Ordner verschoben oder gleich ganz gelöscht. Eine Alternative dazu ist das Scanning zur Versandzeit *SMTP-time filtering)*. Dabei wird, während vom versendenden Host noch die DATA-Sektion gesendet wird, die E-Mail bereits auf Spam gescannt. Wird eine Spam-Mail vermutet, bekommt dies der versendende Host direkt nach der DATA-Sektion als Error-Code zurückgeliefert. Normalerweise hat der SMTP-Server, der die Mail nicht ausliefern konnte und den Fehlercode empfing, dann eine Error-Mail an den Absender zu schicken. Diese Mail soll den Absender informieren, dass sein Zustellversuch fehlgeschlagen und die E-Mail nicht angekommen ist.

Im Folgenden wollen wir nun eine Möglichkeit betrachten, wie man unter Linux einen SMTP- oder POP3/IMAP-Server aufsetzen kann. Aufgrund der vielfältigen Softwareprojekte kann man die hier vorgestellte Funktionalität aber auch mit ganz anderen Komponenten realisieren.

18.2   SMTP-Server mit Exim

Im Folgenden wollen wir beschreiben, wie ein Exim-SMTP-Server (siehe auch *http://www.exim.org*) arbeitet und was man beim eigenen Betrieb beachten sollte. Dabei stellt sich natürlich die Frage: Warum Exim und nicht Postfix, Sendmail oder ein anderer Mailserver? Bis zu einem gewissen Grad gibt es gute Argumente für Exim – der Server gilt beispielsweise als sehr flexibel und ist auch der Standard-Mailserver vieler Distributionen –, aber ab einem gewissen Punkt spielt natürlich auch der persönliche Geschmack eine Rolle.

18.2.1   Die Exim-Philosophie

Exim ist dafür ausgelegt, als Mailserver auf permanent am Internet angeschlossenen Systemen zu arbeiten. Exim lauscht dabei an Port 25 auf eingehende Mails, um diese dann weiterzuverarbeiten.

Access Control Lists – ACLs

Bevor eine Mail jedoch überhaupt angenommen wird, können theoretisch nach jedem Schritt im SMTP-Protokoll sogenannte Access Control Lists (ACLs) aktiv sein. Diese ACLs definieren Regeln, die testen, ob eine Mail überhaupt angenommen werden soll. Der Sinn dieser Aktion ist es, kein *offenes Relay* zu betreiben, bei dem *jeder* Absender an beliebige Empfänger im Internet senden kann.

Meist greift mindestens eine ACL nach dem Kommando `RCPT TO` im SMTP-Protokoll und prüft Folgendes:

RCPT TO

1. **Lokaler Empfänger**
   Ist die Mail, wenn sie aus dem Internet kommt, für einen lokalen Empfänger bestimmt?

2. **Empfänger im Internet**
   Ist der Empfänger im Internet: Kommt die Mail von einem lokalen Absender (der sich beispielsweise über Benutzername und Passwort authentifiziert hat)?

Andernfalls wird die Mail oft verworfen. Täte man das nicht, könnten Spammer Ihren Mailserver zum Spam-Versand nutzen, was schnell sehr unangenehm werden kann – und zwar spätestens dann, wenn die eigene IP-Adresse auf diversen Blacklists gelandet ist und kein Mailserver mehr Ihre regulären Nicht-Spam-Mails annimmt.

Auch kann man Greylisting über eine ACL nach dem `RCPT-TO`-Kommando und die Spam-Erkennung zur Versandzeit über eine ACL nach dem `DATA`-Kommando abbilden.[7]

Spooling

Nach Annahme einer Message durch Exim wird sie im Spooling-Verzeichnis abgelegt. Die Mail wird dazu in zwei Dateien aufgespalten, um den Header und den eigentlichen Mail-Inhalt zu trennen.[8]

Die Dateinamen im Spooling-Verzeichnis sind dabei aus der *Message-ID* abgeleitet, die `exim` jeder E-Mail zuteilt. Eine Message-ID sieht beispielsweise so aus: `1IRfRs-00023e-6K`. Im entsprechenden Spooling-Verzeichnis findet man dann die Dateien *1IRfRs-00023e-6K-H* und *1IRfRs-00023e-6K-D* mit dem Mailheader beziehungsweise den eigentlichen Daten.

---

7 Als einer der Hauptvorteile von `exim` wird im Übrigen die Möglichkeit angesehen, in diesen ACLs exzessiven Gebrauch von (gern auch ausgefallenen) SQL-Statements zu machen.
8 Dies geschieht aus Effizienzgründen: Die Headerdaten werden von `exim` für interne Zwecke benötigt und müssen unter Umständen öfter gelesen werden als der eigentliche Mail-Inhalt.

Das Spooling-Verzeichnis selbst ist in der Regel in mehrere Unterverzeichnisse aufgeteilt. Hintergrund dieser Aufteilung sind Performancegedanken: Eine große Queue lässt sich leichter indizieren, wenn sie in kleine Teile aufgebrochen ist.

Routers und Transports

Die eigentliche Auslieferung übernehmen *Routers* und *Transports*. Kurz gesagt legt ein Router anhand der Empfängeradresse fest, *wie* eine Zustellung erfolgen soll – ein Transport führt diese Auslieferung schließlich durch.

In der Exim-Konfiguration sind in der Regel mehrere Router konfiguriert, die alle *nacheinander* für eine Mail durchlaufen werden. Einer der Router wird schließlich die Empfängeradresse akzeptieren und sie einem Transport zuweisen. Alternativ kann der Router die Adresse auch »bouncen« lassen, also die Zustellung als fehlgeschlagen definieren und den Absender per E-Mail über die gescheiterte Zustellung informieren.

Der vom Router gewählte Transport stellt schließlich die Mail zu: beispielsweise lokal in die Mailbox des Users oder auch an einen entfernten Server, wenn für diesen relayt wird.

Wenn eine Nachricht mehrere Empfänger hat, so werden alle Router für jeden Empfänger einzeln durchlaufen. Somit kann es durchaus vorkommen, dass dieselbe Nachricht über unterschiedliche Transports verschickt wird – nämlich beispielsweise an einen lokalen und an einen entfernten Empfänger.

18.2.2 Exim installieren und konfigurieren

Für dieses Buch ist die eigentliche Konfiguration des Exim-Servers eher weniger interessant. Zum einen kommt man auch mit einer weitgehenden Standardkonfiguration sehr weit und kann bereits mit dieser eigene Server im Internet betreiben. Zum anderen ist jedoch die Syntax von Exim so komplex, dass man darüber ein eigenes Buch schreiben müsste, wenn man einigermaßen ins Detail gehen wollte. Daher werden wir uns im Folgenden vor allem mit Optionen beschäftigen, die eine Standardkonfiguration hinreichend an die eigenen Bedürfnisse anpassen.

Der Mailname

Eine der wichtigsten Einstellungen ist der sogenannte *Mailname*. Dieser Hostname wird vom *versendenden* SMTP-Server im `HELO`- beziehungsweise `EHLO`-Kommando genutzt. Normalerweise nutzt Exim dafür den normalen Hostnamen des Systems, jedoch gibt es Fälle, wo man einen anderen Mailnamen verwenden möchte. Dann kann man den primären Hostnamen auch wie folgt setzen:

```
primary_hostname = foo.example.com
```

Listing 18.6 Der Mailname

Diese Änderung ist vor allem bei gemieteten Servern interessant, die standardmäßig einen vom Provider vorgegebenen Namen tragen, mit dem sich der eigene Mailserver aber nicht unbedingt vorstellen sollte.

Lokale Domains

Lokale Domains sind alle, für die der eigene Mailserver E-Mails *annimmt*. In der Konfigurationsdatei wird diese Einstellung als einfache Liste von Domains definiert, auf die dann in den entsprechenden ACLs zugegriffen wird:

```
domainlist local_domains = @
```

Listing 18.7 local_domains sehr lokal

Das @ steht in diesem Fall wieder für den lokalen Hostnamen. Möchte man aber nicht nur E-Mail-Adressen wie *user@foo.example.com*, sondern auch die »schönere« Form *user@example.com* verwenden, muss man dem Exim an dieser Stelle mitteilen, dass er auch für diese Domain Mails annehmen soll:

```
domainlist local_domains = @ : example.com
```

Listing 18.8 local_domains etwas globaler

Weitere Domains, für die der Server E-Mails annehmen soll, müssen durch einen Doppelpunkt abgetrennt an die Liste angefügt werden.

Relaying

Eine andere Variable beschreibt Domains, für die E-Mails zwar auch akzeptiert werden sollen, die jedoch nicht zu den *lokalen* Domains zählen, sondern von denen an einen anderen Server weitergeleitet werden soll. Zwar spielt es für den SMTP-Protokollablauf keine Rolle, ob eine Domain in `local_domains` oder `relay_to_domains` liegt, da in beiden Fällen Mails für diese Domains angenommen werden, jedoch kommen die Variablen in den ACLs an unterschiedlichen Stellen zum Einsatz, und folglich werden entsprechende E-Mails auch unterschiedlich behandelt.[9]

---

9 ... nämlich entweder lokal zugestellt oder an einen anderen Rechner weitergesendet.

```
domainlist relay_to_domains =
```

Listing 18.9 relay_to_domains

Eine weitere das Relaying betreffende Einstellung ist die Liste `relay_from_hosts`. Hier werden alle IP-Adressen eingetragen, von denen aus Mails an das ganze Internet akzeptiert werden.

Normalerweise steht hier nur `localhost`, aber wenn ein eigenes LAN Zugriff auf den Server hat, kann auch dieses hier gelistet werden:

```
hostlist relay_from_hosts = 127.0.0.1
```

Listing 18.10 relay_from_hosts

Wie Sie vielleicht bemerkt haben, sind wir bisher nur auf Variablen eingegangen. Je nach Exim-Konfiguration können diese Variablen zwar theoretisch anders heißen oder ganz fehlen, jedoch sind diese rudimentären Listen in so ziemlich jeder Exim-Konfiguration enthalten und damit durchaus relevant.

Weitere Punkte

Einige weitere wichtige Punkte, die Sie bei einer Installation beachten sollten, haben wir in der folgenden Auflistung zusammengefasst:

- **Richtiger lokaler Transport**
  Je nachdem, welchen POP3/IMAP-Server Sie verwenden, sollten Sie den richtigen lokalen Transport wählen. Exim kann Mails unter anderem im *MBox*-[10] oder im *Maildir*-Format[11] ablegen.

- **Richtige Listen-IP(s)**
  Achten Sie darauf, dass Ihr Mailserver auch an den richtigen IP-Adressen auf eingehende Mails horcht. Bei manchen Distributionen bindet Exim, wenn er »frisch« aus dem Paket kommt, nur auf `localhost`.

- **Authenticators**
  Wenn Sie Ihren Server im Internet betreiben, werden Sie höchstwahrscheinlich von dynamischen IP-Adressen über Ihren Mailserver versenden wollen. Da Sie in einem solchen Setup nicht einfach *alle* IP-Adressen per `relay_from_hosts` freischalten können, müssen Sie *Authenticators* definieren. Dann können Sie

---

10 Erzeugt eine große Datei, in der alle Mails stehen. Dieses Format ist nur für POP3 effizient, da bei diesem Protokoll das gesamte Postfach komplett abgeholt wird und anschließend alle Mails vom Server gelöscht werden.
11 Dieses Format hat meist eine eigene Verzeichnisstruktur im Home-Verzeichnis des Users, die Unterordner usw. abbilden kann und daher für IMAP-Postfächer geeignet ist.

sich über verschiedene Verfahren über SMTP mit Benutzernamen und Passwort authentifizieren und dürfen anschließend relayen.

▶ **Kein Open Relay**
Man kann es nicht oft genug betonen: Bitte überprüfen Sie vor einer Inbetriebnahme den Server gründlich daraufhin, ob er nicht vielleicht doch Spammern hilft, ihre vermeintlich potenzsteigernden Nachrichten unters Volk zu bringen. Dabei können Sie einerseits selbst »SMTP« per `telnet` mit Ihrem Server sprechen, andererseits gibt es sehr viele Webseiten, die solche Tests durchführen.[12]

18.2.3 Die Arbeit mit Exim-Tools

Es gibt einige typische Anwendungsfälle, mit denen Sie bei der Administration eines Mailservers früher oder später konfrontiert werden. Die wichtigsten finden Sie in den folgenden Abschnitten beschrieben.

Logfiles

Das wichtigste Exim-Logfile ist das *mainlog*, das Sie beispielsweise unter */var/log/exim/mainlog* finden. Im Mainlog sehen Sie alle eingehenden Verbindungsversuche sowie wichtige Informationen zur Mail-Verarbeitung. Anhand dieser Informationen können auftretende Probleme recht gut debuggt werden.

```
2007-09-04 15:21:35 1ISYLX-0001Rm-N3 <= johannes@ploetner-it.de
  H=fw0-frankfurt.de.clara.net ([192.168.0.104]) [212.82.224.202]
  P=esmtpsa X=TLS-1.0:RSA_ARCFOUR_MD5:16 DN=""
  A=login_server:jploetner S=1260
  id=1188912188.4001.10.camel@laptop.pit
2007-09-04 15:21:36 1ISYLX-0001Rm-N3 => swendzel
  <steffen@ploetner-it.de> R=local_user T=maildir_home
2007-09-04 15:21:47 1ISYLX-0001Rm-N3 ==
  judith.stevens@galileo-press.de
  R=dnslookup T=remote_smtp defer (-44): SMTP error from
  remote mail server after RCPT TO:<judith.stevens@galileo-press.de>:
  host mail.galileo-press.de [194.8.219.19]: 451 Please try again
2007-09-04 16:05:25 1ISYLX-0001Rm-N3 =>
  judith.stevens@galileo-press.de
  R=dnslookup T=remote_smtp H=mail.galileo-press.de [194.8.219.19]
  X=TLS-1.0:RSA_AES_256_CBC_SHA1:32 DN="C=XX,ST=XX,L=XX,O=XX,OU=XX,
  CN=mail.galileo-press.de,EMAIL=x.x"
2007-09-04 16:05:25 1ISYLX-0001Rm-N3 Completed
```

Listing 18.11 Auszug aus dem mainlog

---

12 Googeln Sie einfach einmal nach »Open Relay Test«.

In diesem Beispiel erkennen Sie folgenden Ablauf:

1. **Eingang der Mail**
   Der Mailserver empfängt (<=) eine E-Mail mit johannes@ploetner-it.de als Absender von der IP-Adresse 212.82.224.202. Die Verbindung ist mittels TLS verschlüsselt, und der Authenticator login_server wird mit dem Usernamen jploetner benutzt. Die Mail hat die Message-ID 1ISYLX-0001Rm-N3.

2. **Erster Empfänger**
   Der erste Empfänger dieser Mail (steffen@ploetner-it.de) ist ein lokaler User. Die Mail wird unter Verwendung des Routers local_user und des Transports maildir_home zugestellt.

3. **Zweiter Empfänger**
   Die Auslieferung an den zweiten Empfänger der Mail ist beim ersten Versuch fehlgeschlagen: Wir bekommen ein 451 Please try again als Antwort vom Server, also einen temporären Fehler. Beim zweiten Auslieferungsversuch nimmt der Mailserver die Mail jedoch an.[13]

4. **Completed**
   Damit ist die Mail an alle Empfänger ausgeliefert und kann somit aus der Queue gelöscht werden.

Arbeiten mit der Queue – mailq

Um sich den Inhalt der Queue und damit alle aktuell noch nicht ausgelieferten Mails anzeigen zu lassen, gibt es den Befehl `mailq`:

```
$ mailq
[...]
90m   19K 1ISaNw-00006x-Rd <bar@super-freemailer.com>
          foo@example.com
[...]
```

Listing 18.12 Der Befehl mailq

Die wichtigsten Informationen sind hier die Message-ID sowie der Absender (*bar@super-freemailer.com*) und der Empfänger (*foo@example.com*). Bei kleinen Mailservern sollte die Queue allerdings die meiste Zeit leer sein.

Queuerunner & Instant Delivery

Sollten trotzdem einmal große Queues (das ist die Warteschlange für Mails) auftreten, kann man einige *Queuerunner* anstoßen. Ein Queuerunner versucht, die aktuell in der Queue gespeicherten Mails auszuliefern:

---

13 Und nebenbei ist das ein hübsches Beispiel für Greylisting.

```
# exim4 -qf &
# exim4 -qf &
# exim4 -qf &
# exim4 -qf &
```

Listing 18.13 Queuerunner

Da ein Queuerunner immer nur eine Mail zu einem bestimmten Zeitpunkt ausliefern will, ist es kein Problem, mehrere Queuerunner gleichzeitig zu starten, um die Auslieferungsgeschwindigkeit noch einmal zu erhöhen. Alternativ kann man aber auch eine bestimmte E-Mail über die Message-ID sofort ausliefern lassen:

```
# exim4 -M 1ISaNw-00006x-Rd
```

Listing 18.14 Instant Delivery

Die /etc/aliases

Ein weiterer wichtiger Bestandteil in der Arbeit mit einem Mailserver ist die Verwaltung der *Aliase*. Normalerweise wird eine einkommende E-Mail *user@host.com* – sofern *host.com* eine *local_domain* ist – dem Benutzer user zugestellt. Wenn man nun aber eine Adresse wie *hans.mueller* an den Account hans zustellen will, kommt die Datei */etc/aliases* ins Spiel.

Die */etc/aliases*-Datei hat ein einfaches Format: Links steht die »Quelle«, gefolgt von einem Doppelpunkt, rechts stehen ein oder mehrere, gegebenenfalls mit Kommas getrennte »Ziele«. Für den ominösen Hans Müller müsste man also eine Zeile wie die folgende einfügen:

```
hans.mueller:    hans
```

Listing 18.15 Ein typischer Eintrag in der Datei /etc/aliases

Jedoch können über die Aliase auch andere Weiterleitungsziele gewählt werden:

▶ **E-Mail-Adresse**
Anstelle eines lokalen Users kann man als Empfänger auch eine entfernte E-Mail-Adresse angeben. Auf diese Weise lassen sich globale Weiterleitungen einrichten.

▶ **Pipe**
Man kann als Ziel auch einfach eine Pipe zu einem Programm eintragen, das die Mail dann weiterverarbeitet. Auch eine Pipe nach */dev/null* ist möglich.[14]

---

[14] Für eine Pipe muss aber prinzipiell ein Transport in der Exim-Konfiguration definiert sein – das ist leider nicht bei allen Default-Konfigurationen so. Speziell bei Debian (und seinen Abkömmlingen) müssen Sie das Paket *exim-daemon-heavy* installieren.

Im Übrigen hat die Datei */etc/aliases* ihren eigenen Router, der die Datei auswertet und gegebenenfalls den richtigen Transport aufruft.

Neue Konfigurationen testen

Sollten Sie doch einmal an Ihrer Konfiguration schrauben, bietet es sich, gerade bei produktiven Systemen, an, die neue Konfigurationsdatei vor dem Einsatz zu testen. Dabei helfen folgende Optionen, die man dem Exim-Programm übergeben kann:

- **-C DATEI**
  Mit dieser Option lässt sich Exim eine alternative Konfigurationsdatei angeben. Da es wenig Sinn macht, eine bereits »live« gegangene Konfiguration im Nachhinein zu testen, sollte man diese Option immer mit einer der beiden folgenden Optionen kombinieren.

- **-bV**
  Überprüft die Konfigurationsdatei auf Fehler.

- **-bh IP**
  Mit dieser sehr nützlichen Option kann man eine SMTP-Sitzung simulieren, die von der angegebenen IP-Adresse kommt. Dazu gibt man wie bei einem `telnet` auf Port 25 alle SMTP-Befehle ein und sieht die genaue Abarbeitung der ACLs usw. in der Ausgabe.

18.3 POP3/IMAP-Server mit Courier

Exim verarbeitet eine Mail so weit, dass sie – im Idealfall – irgendwo in einer Mailbox des Users landet. Solange man aber keinen lokalen Mailclient nutzt, der direkt auf die Mailbox zugreift, benötigt man einen POP3- oder IMAP-Server, mit dem sich der eigene Mailclient verbinden kann, um neue E-Mails abzuholen.

Im Folgenden wird nun der Courier-IMAP-Server beschrieben. Neben ihm gibt es auch andere weit verbreitete IMAP-Server wie beispielsweise den Cyrus IMAP, der zwar mächtiger, aber auch deutlich schwieriger zu konfigurieren ist.

Funktionsweise von Courier

Der Courier erwartet, dass jeder User seine Mails im *Maildir*-Format – also einer Ordnerstruktur in seinem Home-Verzeichnis – speichert.[15] Andere Formate wie das oft genutzte *MBox*-Format werden nicht unterstützt.

Zur Authentifizierung nutzt Courier einen eigenen Dienst, den `authdaemond`. Dieser authentifiziert zwar standardmäßig gegen PAM, kann aber auf LDAP oder MySQL

---

15 Dafür, dass seine Mails überhaupt dort landen, sorgt der MTA, z. B. Exim.

konfiguriert werden.[16] Für jeden »eigentlichen« Dienst – also IMAP, IMAP over SSL, POP3, POP3 over SSL – gibt es wiederum separate Dienste, die alle den `authdaemond` zur Überprüfung der Login-Daten des Users nutzen.

In den meisten Fällen werden Sie an den Konfigurationsdateien nichts ändern müssen – und so viele Optionen gibt es da auch gar nicht. Neben den üblichen Diensteinstellungen wie Port und Listen-IP können Sie jedoch auch die Anzahl der maximalen Verbindungen einstellen. Gerade wenn man eine größere Installation vornimmt, sollte man diesen Wert entsprechend anpassen.

Webmail

Eine sinnvolle Erweiterung für den eigenen Web- und Mailserver ist ein Webmail-Frontend. Beispiele hierfür sind Squirrelmail (*http://www.squirrelmail.org*) und Horde/IMP (*http://www.horde.org/imp*). Einen funktionsfähigen Webserver mit PHP vorausgesetzt, können Sie über die einfache Angabe Ihres IMAP-Servers (wahrscheinlich `localhost`) per Web-Frontend auf Ihre Mails zugreifen. Wie Sie einen solchen Webserver aufsetzen, erfahren Sie im nächsten Kapitel.

18.4 Zusammenfassung

Bei den Mailservern unterscheidet man zwei große Klassen: SMTP- und IMAP/POP3-Server. Als SMTP-Server empfängt Exim E-Mails und stellt diese zu. Während des Empfangs sind ACLs aktiv, die festlegen, ob der Server die Mail annimmt oder ablehnt. Wenn Exim eine Mail zustellt, sind dagegen Router und Transports aktiv, die entweder festlegen, wie eine Mail zugestellt wird, oder diese Zustellung vornehmen. Die Bereitstellung der empfangenen Mails eines Accounts erfolgt über IMAP- bzw. POP3-Server.

---

16 Man kann zwar auch PAM entsprechend umbiegen, man muss dies aber nicht tun.

»Wenn das Aug' nicht sehen will,
So helfen weder Licht noch Brill'.«
– Sprichwort

19 LAMP & Co.

In diesem Kapitel wollen wir uns mit einer sehr populären Erscheinung auseinandersetzen. Die ganze Welt spricht von *LAMP* – Linux mit Apache, MySQL und PHP[1]. Mit dieser Open-Source-Kombination kann man einen voll funktionsfähigen Web-Applikationsserver aufsetzen. Die Webseiten können dabei aufgrund der jeweiligen Skriptsprache – in der Regel PHP – dynamisch gestaltet und mit einem Datenbankzugriff auf das MySQL-Backend ausgestattet werden.

Dieses Konzept ist nun in aller Munde, weil bei einem solchen Einsatz ein völlig lizenzkostenfreies System entsteht. Gleichzeitig hat man mit Apache, PHP und MySQL auf Marktführer beziehungsweise Quasistandards gesetzt. In diesem Kapitel zeigen wir Ihnen, wie Sie einen solchen LAMP-Webserver aufsetzen und im Prinzip mit ihm arbeiten.

Lizenzfreies Setup

Die Installation

Die Grundlage für ein solches Setup ist ein frisches, pures Linux-System ohne allzu viel Schnickschnack. Wie Sie verschiedene Linux-Distributionen installieren, erfahren Sie in Kapitel 2. Vermeiden sollten Sie dabei vor allem die grafische Oberfläche X11 sowie andere Netzwerkdienste wie SMTP- oder POP3-Server.

Bei Serversystemen sollte man sich nämlich auf das Wesentliche beschränken. Wenn man einen SMTP-Dienst auf einem Webserver nur laufen lässt, weil dieser zufällig bei jeder Installation der Lieblingsdistribution mit auf die Platte geschaufelt wird, so tut man höchstens einem Angreifer einen Gefallen – denn alle anderen brauchen den Dienst nicht, er hingegen hat eine weitere Angriffsmöglichkeit.

19.1 Apache

Nicht nur beim Basteln der eigenen Homepage kann ein Webserver hilfreich sein. In Zeiten von immer billiger werdenden Flatrates und virtuellen Servern (*V-Servern*)

---

[1] Manchmal wird das »P« aus LAMP auch als Abkürzung für Perl oder Python interpretiert.

wird auch ein eigener Internetserver immer verbreiteter. Ein HTTP-Dienst gehört bei einem solchen Setup eigentlich auch immer dazu.

Als Software empfehlen wir dabei das »A« aus LAMP: Apache – den im Internet am weitesten verbreiteten Webserver. Aufgrund seiner Verbreitung ist es ziemlich wahrscheinlich, dass Ihre Distribution bereits ein Apache-Paket enthält.

Etwas zur Geschichte

Der Grund für den Erfolg von Apache liegt sicherlich in seiner Geschichte. Unter der Bezeichnung »NCSA HTTPd« wurde er als einer der ersten Webserver vom National Center for Supercomputing Applications an der University of Illinois entwickelt.

A patchy Server Irgendwann wurde der Support für das Produkt allerdings eingestellt, und die Administratoren der zahlreichen NCSA-Installationen, die es bis dahin gab, waren auf sich allein gestellt. Schon bald kursierten viele Patches und Erweiterungen. Diese Bestrebungen wurden später im Apache-Projekt koordiniert, dessen Name sich aus dieser Geschichte erklärt: *A PAtCHy sErver*.

Viele Jahre lang wurde der Apache-Server in der Version 1.3.x eingesetzt, die auch wir noch in der ersten Auflage dieses Buches besprochen haben. Für Neuinstallationen wird allerdings praktisch kaum mehr auf Version 1.3.x zurückgegriffen, weshalb wir uns im Folgenden auf die Apache-Version 2.x konzentrieren werden.

Die Datei »apache2.conf«

Konfiguration Im Folgenden wollen wir den Apache konfigurieren.[2] Dazu editieren wir die Datei *apache2.conf*, die sich meistens in */etc/apache2* bzw. */etc/httpd* befindet. Die Datei ist relativ groß – kein Wunder bei einer so wichtigen und umfangreichen Software. Falls die Datei bei Ihnen eher klein ist, dann wird es wahrscheinlich mehrere Include-Anweisungen geben, die andere Konfigurationsdateien in diese Datei einbinden (etwa *ports.conf* zur Konfiguration der Ports, auf denen der Apache Verbindungen entgegennimmt). Eine Übersicht über die Include-Anweisungen Ihrer *apache2.conf*-Datei liefert Ihnen ein grep-Aufruf:

```
$ grep Include /etc/apache2/apache2.conf
# Include module configuration:
Include /etc/apache2/mods-enabled/*.load
Include /etc/apache2/mods-enabled/*.conf
# Include all the user configurations:
Include /etc/apache2/httpd.conf
# Include ports listing
```

---

2 Die Installation haben Sie bestimmt schon ganz selbstständig über das Paketverwaltungstool Ihrer Distribution erledigt – vielleicht haben Sie sich sogar die Quellen von *apache.org* gezogen und selbst übersetzt. :-)

```
Include /etc/apache2/ports.conf
# Include of directories ignores editors' and
# dpkg's backup files,
# Include generic snippets of statements
Include /etc/apache2/conf.d/
# Include the virtual host configurations:
Include /etc/apache2/sites-enabled/
```

Listing 19.1 Welche Include-Befehle enthält die apache2.conf-Datei?

Wie Sie sehen, existieren für den Apache eine ganze Reihe an Include-Anweisungen, die teilweise sogar ganze Unterverzeichnisse wie *mods-enabled* einbinden. Aber keine Sorge: Hauptsächlich werden wir in diesem Buch Konfigurationsparameter aus den Dateien *apache2.conf*, *httpd.conf* und *ports.conf* besprechen, schließlich handelt es sich nur um eine Einführung. In welcher Datei sich ein Konfigurationsparameter befindet, erfahren Sie jeweils durch `grep -R [Parameter-Name] /etc/apache2`. Um beispielsweise herauszufinden, in welcher Konfigurationsdatei der Parameter `PidFile` versteckt ist, ist folgendes Kommando nötig:

```
$ grep -R PidFile /etc/apache2/
/etc/apache2/apache2.conf:# PidFile: The file in which the
server should record its process
/etc/apache2/apache2.conf:PidFile $APACHE_PID_FILE
```

Listing 19.2 Herausfinden, in welcher Datei ein Parameter verwendet wird

Doch lassen Sie uns nun die wichtigsten Konfigurationsparameter des Apache-2.x beschreiben.

```
# Standalone-Server auf Port 80
Listen            80
PidFile           /var/run/apache2.pid
```

Listing 19.3 Grundkonfiguration

Unser Apache läuft auf Port 80 (`Listen 80`). Sie können durch mehrere `Listen`-Befehle auch erzwingen, dass der Apache-Server parallel auf mehreren unterschiedlichen Ports läuft. Um den Server an eine bestimmte IP-Adresse zu binden (hierbei funktionieren auch IPv6-Adressen), genügt ein `Listen`-Befehl der Form `Listen Adresse:Port`, also etwa `Listen 192.168.2.99:8080`. In die unter *PidFile* angegebene Datei schreibt der Dienst nach dem Start seine Prozess-ID hinein.

Listen, PidFile

```
Timeout           300
```

Listing 19.4 Timeout

| Timeout | Mit dem `Timeout`-Befehl geben Sie die Anzahl Sekunden an, nach denen eine Verbindung durch ein Netzwerk-Timeout beim Senden oder Empfangen geschlossen wird. |

```
User          www-data
Group         www-data
```

Listing 19.5 Rechte

| Kein root | Mit den folgenden beiden Anweisungen legen Sie die Rechte fest, unter denen der Prozess laufen soll. Auf keinen Fall sollten hier administrative `root`-Rechte vergeben werden. Wichtig ist nur, dass der betreffende Benutzer Zugriff auf das `DocumentRoot`-Verzeichnis mit allen Webseiten hat. |

```
DefaultType      text/plain
HostnameLookups  Off
```

Listing 19.6 Weitere Konfigurationsparameter

| DefaultType | Mit der Option `DefaultType` geben Sie den im Normalfall zu verwendenden MIME-Typ für Dokumente an, bei denen der Server diesen nicht selbst feststellen kann. Diesen Wert müssen Sie im Normalfall nicht verändern. |

| HostnameLookups | Für die Option `HostnameLookups` können Sie die Werte `On`, `Double` oder `Off` vergeben. Wenn Sie die Option mit `On` aktivieren, versucht der Apache-Server die IP-Adressen von Clients über einen Nameserver in Hostnamen umzusetzen. In Ihren Logdateien finden Sie dann entsprechend den Hostname eines Clients anstelle seiner IP-Adresse. Sollten Sie nach einem DNS-Reverse-Lookup noch ein Forward-Lookup durchführen wollen, können Sie die Option `Double` verwenden. Laut Apache-Dokumentation ist die Option standardmäßig auf `Off` gestellt, um Netzwerktraffic zu sparen und schneller die Anfragen von Clients beantworten zu können. |

```
ErrorLog      /var/log/apache2/error.log
LogLevel      warn
CustomLog     /var/log/apache2/others.log vhost_combined
```

Listing 19.7 Logdateien

| ErrorLog, LogLevel und CustomLog | Wichtige Konfigurationsparameter sind auch solche, die die Protokollierung (das Logging) betreffen. Dabei ist zu beachten, dass die in der *apache2.conf* enthaltenen Einstellungen nur für virtuelle Hosts gelten, wenn die Parameter bei deren Konfiguration nicht gesetzt wurden – aber dazu später mehr. |

Über die durch `ErrorLog` angegebene Logdatei werden Fehlermeldungen protokolliert. Der `LogLevel` kann den Wert `debug`, `info`, `notice`, `warn`, `error`, `crit`, `alert` oder `emerg` annehmen. Der Unterschied der einzelnen Werte liegt darin, wie detailliert die Protokollierung erfolgen soll. Während debug *alles* protokolliert (selbst das Öffnen einer Datei!) und Ihnen die Festplatte mit solchen Meldungen praktisch zumüllt, wodurch durchaus wichtige Meldungen untergehen können, gibt Ihnen das andere Extrem emerg nur Notfall-Warnungen aus. Es ist sinnvoll, die Voreinstellung (warn) beizubehalten. Sollten Sie etwas ausführlichere Informationen benötigen, können Sie auch einmal notice oder (die Vorstufe zu debug) info ausprobieren.

CustomLog legt die eigentliche Logdatei, die Zugriffe enthält, fest. Beachten Sie, dass in dieser Datei HTTP-Requests protokolliert werden; Fehlermeldungen werden in die über ErrorLog angegebene Datei geschrieben.

```
ServerRoot        "/etc/apache2"
```

Listing 19.8 ServerRoot

In diesem Verzeichnis sucht der Apache weiter nach verschiedenen Konfigurationsdateien. Dieses Verzeichnis kann je nach Distribution auch anders heißen und braucht in der Regel nicht geändert zu werden.

```
$ ls -l /etc/apache2/mods-enabled/mime.load \
        /etc/apache2/mods-enabled/dir.load
lrwxrwxrwx 1 root root 26 Feb 15  2007
     /etc/apache2/mods-enabled/dir.load ->
     ../mods-available/dir.load
lrwxrwxrwx 1 root root 27 Feb 15  2007
     /etc/apache2/mods-enabled/mime.load ->
     ../mods-available/mime.load
```

Listing 19.9 Module aktivieren

Apache kennt zudem Module, die seine Funktionalität erweitern (es gibt beispielsweise ein PHP-Modul). Die verfügbaren installierten Module finden sich dabei meist im Unterverzeichnis *mods-available/* des ServerRoot-Verzeichnisses. Um ein Modul zu aktivieren, wird ein symbolischer Link im Verzeichnis *mods-enabled* auf die entsprechende Datei im Verzeichnis *mods-available/* erstellt. Eine Übersicht der aktivierten Module erhalten Sie daher ganz einfach über einen Blick in das Verzeichnis:

Module

```
$ ls mods-enabled/
alias.conf              cgi.load            php5.conf
alias.load              dir.conf            php5.load
auth_basic.load         dir.load            rewrite.load
authn_file.load         env.load            ruby.load
authz_default.load      fastcgi.conf        setenvif.conf
authz_groupfile.load    fastcgi.load        setenvif.load
authz_host.load         mime.conf           status.conf
```

```
authz_user.load      mime.load            status.load
autoindex.conf       negotiation.conf
autoindex.load       negotiation.load
```

Listing 19.10 Aktivierte Apache-Module

In diesem Fall wurde eine ganze Reihe an Modulen geladen, die unterschiedlich wichtig sind. Eines der wichtigsten Module ist `mime`; es bringt unserem Webserver bei, unterschiedliche Datentypen zu verstehen und vor allem, dies dem Browser mitzuteilen. Nur so kann dieser wissen, ob er gerade eine Webseite (also HTML-Code) oder ein JPEG-Bild (also Binärdaten) lädt.

index.html finden

Ein weiteres wichtiges Modul ist `dir`; es lässt den Webserver nach einem »Standarddokument« suchen, wenn in der URL nichts weiter angegeben wurde. So gelangt man beim Aufruf von *example.com* auf die Seite *example.com/index.html* – oder, wenn sie im entsprechenden Verzeichnis vorhanden ist, auf die Seite */index.htm*.

Virtuelle Hosts und DocumentRoot

DocumentRoot

Im Apache kann für jede Site, die auf dem Server läuft, ein eigenes Verzeichnis für die angebotenen Webdateien festgelegt werden. Die Standardsite (*default site*) wird über die Datei *sites-available/default* konfiguriert. In diesem Abschnitt legt man nun fest, dass das Wurzelverzeichnis für Webdokumente */var/www* ist. Lädt man also *http://www.example.com/index.html*, so wird die lokale Datei */var/www/index.html* an den Client gesendet.

```
DocumentRoot /var/www/
  <Directory />
    Options FollowSymLinks
    AllowOverride None
  </Directory>
  <Directory /var/www/>
    Options Indexes FollowSymLinks MultiViews
    AllowOverride None
    Order allow,deny
    allow from all
    # This directive allows us to have apache2's default start page
    # in /apache2-default/, but still have / go to the right place
    RedirectMatch ^/$ /apache2-default/
  </Directory>
```

Listing 19.11 Die Datei /etc/apache2/sites-available/default (Ausschnitt)

Virtual Hosts

Im Zusammenhang mit Sites spricht man auch von *virtuellen Hosts* (engl. *virtual hosts*). Liefert Ihr Webserver etwa bisher die Site *meine-site.xyz* und soll nun noch eine weitere Site *tolle-site.abc* zur Verfügung stellen, können Sie für die neue Site einen neuen virtuellen Host anlegen.

Dazu muss zunächst im Verzeichnis *sites-available* eine Datei für die neue Site angelegt werden (kopieren Sie dazu einfach die *default*-Site): `cp default tolle-site.abc`.

Die neue Datei bearbeiten Sie so, dass Sie ihr ein neues Verzeichnis verpassen (über `DocumentRoot`) und über `ServerName` die neue Domain konfigurieren, damit Apache weiß, für welche Domain er das neue `DocumentRoot` verwenden soll. Weitere Alternativ-Domains (etwa mit *www*-Subdomain) können durch `ServerAlias` angegeben werden. Insgesamt sieht Ihre neue Datei dann in etwa so aus:

```
<VirtualHost *>
ServerAdmin ich@mein-mail-provider.xyz
ServerName tolle-site.abc
ServerAlias www.tolle-site.abc

DocumentRoot /var/www/tolle-site
<Directory />
Options FollowSymLinks
AllowOverride None
</Directory>

ErrorLog /var/log/apache2/meine-tolle-site.error.log

# Possible values include: debug, info, notice, warn, error,
# crit, alert, emerg.
LogLevel info

CustomLog /var/log/apache2/meine-tolle-site.access.log combined
</VirtualHost>
```

Listing 19.12 Virtual Host mit Apache

Sämtliche Anweisungen, die sich im `VirtualHost`-Block befinden (der mit `</VirtualHost>` abgeschlossen wird) beziehen sich dabei auf Ihren neuen virtuellen Host. Wichtig ist hierbei noch, dass über die `ErrorLog`-Anweisung und die Anweisung `CustomLog` zwei zusätzliche Logdateien konfiguriert wurden. Unterschiedliche Logdateien für unterschiedliche virtuelle Hosts zu erstellen, können wir Ihnen nur empfehlen, da dadurch die Übersichtlichkeit der Logmeldungen erhalten bleibt.

Um den virtuellen Host zu aktivieren, müssen Sie nun einen symbolischen Link im Verzeichnis *sites-enabled* erstellen:

```
# cd /etc/apache2
# ln -s sites-available/meine-tolle-site \
sites-enabled/100-meine-tolle-site
```

Listing 19.13 Den neuen virtuellen Host aktivieren

Anschließend muss der Server neu gestartet werden, was wir im Folgenden beschreiben.

19.1.1 Apache verwalten

Natürlich muss man einen Serverdienst wie den Apache auch zur Laufzeit verwalten können. Im Folgenden wollen wir kurz auf das Tool `apache2ctl` und die wichtigsten Logfiles eingehen.

apache2ctl

Mit dem Programm `apache2ctl` kann man Apache kontrollieren. Dazu gehört neben den Möglichkeiten des Startens, Neustartens und Stoppens natürlich auch die Option, die Konfigurationsdatei auf Korrektheit hin zu überprüfen. Hier eine Übersicht über die Möglichkeiten des Tools:

```
# Die Konfiguration testen:
# apache2ctl configtest

# Den Server starten:
# apache2ctl start

# Den Server beenden:
# apache2ctl stop

# Den Server neustarten:
# apache2ctl restart

# Statusbericht anzeigen
# apache2ctl status / fullstatus
```

Listing 19.14 apache2ctl

Konfigurationsdatei prüfen — Ist die *apache2.conf* fehlerhaft, so wird bei `apache2ctl configtest` ein Fehler ausgegeben. Mit dieser Hilfe kann das Problem dann oft recht einfach und schnell behoben werden. Nach einer eventuellen Änderung an der *apache2.conf* kann Apache dann mit der `restart`-Option neu gestartet werden:

```
# apachectl restart
/usr/sbin/apachectl restart: httpd restarted
```

Listing 19.15 Apache neu starten

Ebenfalls interessant ist die Möglichkeit, sich über den Status des Servers informieren zu lassen. Dafür kann man entweder den Parameter `status` oder – für noch mehr Informationen – den Parameter `fullstatus` verwenden:

```
$ apache2ctl fullstatus
                    Apache Server Status for localhost

   Server Version: Apache/2.2.12 (Ubuntu) mod_fastcgi/2.4.6
        PHP/5.2.10-2ubuntu6.4 with Suhosin-Patch
        mod_ruby/1.2.6 Ruby/1.8.7(2009-06-12)

   Server Built: Mar 9 2010 22:11:44
   _____


   Current Time: Friday, 02-Apr-2010 15:52:48 CEST
   Restart Time: Friday, 02-Apr-2010 10:43:33 CEST
   Parent Server Generation: 0
   Server uptime: 5 hours 9 minutes 14 seconds
   1 requests currently being processed, 4 idle workers

W_......................................................
........................................................
........................................................
........................................................

   Scoreboard Key:
   "_" Waiting for Connection, "S" Starting up, "R" Reading
       Request,
   "W" Sending Reply, "K" Keepalive (read), "D" DNS Lookup,
   "C" Closing connection, "L" Logging, "G" Gracefully
       finishing,
   "I" Idle cleanup of worker, "." Open slot with no current
       process
```

Listing 19.16 apache2ctl zeigt den Status des Apache an

Eine vollständige Liste der von Ihrem `apache2ctl`-Programm unterstützten Funktionen und Befehle finden Sie in der zugehörigen Manpage.

Module

Diese wenigen Direktiven reichen nun bereits aus, um einen einfachen kleinen Webserver mit Apache zu betreiben. Natürlich gibt es noch viel mehr als die bisher hier vorgestellten Module. Teilweise bringen diese auch ihre eigenen Schlüsselwörter mit, über die entsprechende Funktionalität konfiguriert werden kann. Häufig genutzte Module sind unter anderem:

- **mod_cgi.so**
  Mit diesem Modul kann man CGI-Skripte nutzen. Das CGI (Common Gateway Interface) war historisch die erste Möglichkeit, interaktive Webinhalte zu gestalten.

- **libphp5.so**
  Mit diesem Modul kann man in PHP erstellte Webseiten mit dem Apache darstellen. PHP selbst ist, wie viele andere Erweiterungen, nicht Teil der Standard-Apache-Distribution[3] und muss separat installiert werden. Eine gute Adresse für alles rund um PHP ist *www.php.net*.

- **mod_ssl.so**

Sicheres Surfen
  Mit diesem Modul kann man einen HTTPS-Server aufsetzen und damit über den sogenannten *Secure Sockets Layer* eine verschlüsselte Verbindung zwischen Client und Server aufbauen.

Je nach Distribution gibt es nun spezielle Pakete, die den Apache mit der einen oder anderen Funktion nachrüsten, sowie Pakete, die einen zum Beispiel bereits für SSL vorkonfigurierten Apache installieren.

Die Logdateien

Standardmäßig schreibt der Apache in zwei unterschiedliche Logdateien. Die Datei *access.log* wird zur Protokollierung einzelner Zugriffe genutzt; in *error.log* werden nur Fehler geschrieben.

Kontrolle Beide Dateien befinden sich oft in einem Verzeichnis unterhalb von */var/log/* beziehungsweise von */usr/local/(apache2/)*, falls Sie den Apache von Hand aus den Quellen kompiliert haben.

```
85.181.56.167 - - [05/Sep/2007:22:35:38 +0200] "GET
/favicon.ico HTTP/1.1" 200 1406 "-" "Mozilla/5.0
(Windows; U; Windows NT 5.1; de; rv:1.8.1.5)
Gecko/20070713 Firefox/2.0.0.5"
```

Listing 19.17 Eine Zeile aus der access.log-Datei

---

3 Bei diesem umfangreichen Projekt spricht man auch von einer »Distribution«, beachten Sie jedoch den Unterschied zu den Linux-Distributionen.

Hier sehen Sie eine Zeile aus *access.log*. Wie Sie bemerken, schickt Ihr Browser sehr viele Informationen über sich und das entsprechende Betriebssystem mit. Außerdem können Sie noch ablesen, dass die Anfrage nach *index.html* vom Rechner 172.20.2.1 kam.

```
[Sun Jul 01 08:52:23 2007] [error] [client 66.249.66.180]
     File does not exist: /var/www/robots.txt
[Sun Jul 01 09:15:00 2007] [error] [client 65.55.208.135]
     File does not exist: /var/www/robots.txt
```

Listing 19.18 Ausschnitt aus der Datei error.log

An dieser Stelle können Sie feststellen, wofür *error.log* außer für die Fehler-Eintragungen sonst noch genutzt wird: für Servernachrichten. Im Beispiel sehen Sie die Nachrichten, die der Apache bei unserem Restart hinterlassen hat.

19.2 MySQL

Das »M« in LAMP steht für die freie Datenbank MySQL. Egal ob Webshop, Blog oder Auktionsbörse: Ohne Datenbank geht in der Regel nichts. Eine sehr gute Open-Source-Lösung ist MySQL. Diese Datenbank ist recht einfach zu administrieren und reicht vom Funktionsumfang her auch für größere Projekte noch aus.

19.2.1 Administration

Nach der Installation der entsprechenden Pakete aus der Distribution Ihrer Wahl stehen Sie schließlich vor der Frage, was Sie nun mit diesem Datending machen sollen. In der Regel ist die Datenbank nach ihrer Installation sofort einsatzbereit – es sei denn, die Distribution konfiguriert sie so, dass sie zum Beispiel nur für den lokalen Gebrauch nutzbar ist.

Eine solche Vorgehensweise wird zum Beispiel oft bei Debian oder Slackware angewandt, um dem unerfahrenen Benutzer keine potenziellen Gefahren frei Haus zu liefern. Wenn Ihre Datenbank also standardmäßig nur auf dem Loopback-Interface und damit nur lokal zu erreichen ist, wissen Sie zumindest, was Sache ist. Meist sind aber die entsprechenden Optionen in den zugehörigen Konfigurationsdateien ausführlich kommentiert, so dass im Fall von MySQL ein kurzer Blick in die Datei *my.cnf* das Problem lösen sollte.

mysql

In jedem Fall sollte das Tool `mysql` zur Administration lokal funktionieren. Alternativ kann man mittels der Option `-h` auch auf eine entfernte Datenbank zugreifen.

Auf der Konsole!

In jedem Fall müssen Sie jedoch einen bestimmten Usernamen und ein Passwort für den Zugriff auf die Datenbank angeben:

```
$ mysql -h host -u user -p
Enter password: ********

Welcome to the MySQL monitor. Commands end with ; or \g.
Your MySQL connection id is 1090639
Server version: 5.0.51a-24+lenny5 (Debian)

Type 'help;' or '\h' for help. Type '\c'
to clear the buffer.

mysql>
```

Listing 19.19 Einloggen

Anschließend öffnet sich ein Prompt, und Sie können mit der Datenbank kommunizieren. Mit einem einfachen `quit` können Sie diese Shell wieder verlassen.

Eigene Benutzer   Um keine Verwirrung aufkommen zu lassen, möchten wir noch erwähnen, dass MySQL, wie viele andere komplexe Serverdienste auch, eine *eigene* Benutzerverwaltung besitzt. Die Usernamen und Passwörter sind also völlig getrennt von denen der auf Ihrem System konfigurierten Unix-Accounts.

[»]   MySQL kann nicht nur mit unterschiedlichen Benutzern umgehen, sondern ihnen auch verschiedene Rechte gewähren. Der Datenbankadministrator heißt wie unter Unix üblich `root`. Wie bereits gesagt, hat er jedoch nichts mit dem Unix-root zu tun, und demzufolge hat er meistens auch ein anderes Passwort, das entweder bei der Paketinstallation gesetzt wurde oder aber »leer«, also nicht vorhanden, ist.[4]

19.2.2 SQL

Nachdem man sich mittels `mysql` mit der Datenbank verbunden hat, stellt sich die Frage, wie man mit ihr kommuniziert. Zu diesem Zweck gibt es eine von allen praxisrelevanten relationalen Datenbanken implementierte Sprache: SQL. Mit ihr kann man auf Datenbanken arbeiten: Tabellen anlegen, Daten einfügen und löschen sowie natürlich nach bestimmten Tupeln in der Datenbank suchen. Es ist sogar möglich, bestimmte komplexe Konsistenzbedingungen zu überwachen.

---

4 Ein Grund mehr, den Datenbankzugriff direkt nach der Installation über das Netzwerk nicht zu erlauben.

Erste Schritte

Um einen ersten Eindruck von SQL zu bekommen, kann man ein paar Standardwerte abfragen, die das Datenbanksystem auch ohne jede vordefinierte Tabelle bereithält. Solche Werte sind zum Beispiel das aktuelle Datum sowie die eingesetzte Version:

```
mysql> SELECT VERSION(), CURRENT_DATE;
+--------------+--------------+
| version()    | CURRENT_DATE |
+--------------+--------------+
| 3.22.20a-log | 2005-12-04   |
+--------------+--------------+
1 row in set (0.01 sec)
```

Listing 19.20 Einige Werte abfragen

Datenbanken anlegen

MySQL kann natürlich mehr als nur eine Datenbank verwalten. Zu einer Datenbank gehören in der Regel eine oder mehrere Tabellen, die wiederum bestimmte Spalten besitzen. Damit unterschiedliche Applikationen, die alle denselben Datenbankserver benutzen, sich mit ihren Tabellen nicht in die Quere kommen, kann MySQL – wie eigentlich jedes andere Datenbanksystem auch – mehrere Datenbanken unterscheiden. Eine neue Datenbank legt man dabei wie folgt an:

Mehrere Anwendungen unterstützen

```
mysql> CREATE DATABASE test;
```

Listing 19.21 Datenbank anlegen

Diese Datenbank wollen wir nun im Folgenden auch benutzen, was wir mit folgender Direktive erreichen:

```
mysql> USE test;
```

Listing 19.22 Eine bestimmte Datenbank benutzen

Tabellen anlegen und füllen

Eine eigene Tabelle legt man wiederum mit dem Schlüsselwort CREATE an. Beim Erstellen einer Tabelle muss man auch immer gleich die zugehörigen Spalten samt ihres Typs und anderer Attributwerte angeben:

```
mysql> CREATE TABLE adressbuch (
    -> vorname VARCHAR(25),
    -> nachname VARCHAR(25),
    -> telefon VARCHAR(15));
```

Listing 19.23 Eine Tabelle anlegen

[zB] In diesem Beispiel wurde ein einfaches Telefonbuch erzeugt, bei dem jeder Eintrag einen Vor- und Nachnamen sowie eine Telefonnummer besitzt. Alle Spalten haben im Beispiel denselben Datentyp: `VARCHAR(25)` bezeichnet Zeichenketten dynamischer Länge mit maximal 25 Buchstaben. Das Beispiel ist nicht sonderlich durchdacht, da es zu unschönen Effekten kommt, wenn zu einer Person beispielsweise zwei Telefonnummern gespeichert werden sollen. Aber solche Fragen sind nicht Teil unseres Buches, daher wollen wir nicht näher darauf eingehen.

Stattdessen wollen wir lieber betrachten, wie man Daten in unsere neue Tabelle einfügen könnte. Dazu muss natürlich der Tabellenname gegeben sein. Außerdem werden die Werte in der richtigen Reihenfolge der Spaltennamen erwartet:

```
mysql> INSERT INTO adressbuch
    -> VALUES ('Johannes','Plötner','0123/456789');
```

Listing 19.24 Daten einfügen

Diese kurze Einführung soll als Überblick über die Datenbankerstellung genügen. Wie immer besteht die Welt aus mehr als diesem Buch, so dass wir uns Gott sei Dank nicht jedem Detail widmen müssen.

Abfragen starten!

Interessant ist jedoch noch die Art und Weise, wie man auf Daten zugreifen kann. Um Daten abzufragen, wird das `SELECT`-Statement genutzt. Dazu müssen Sie ein Kriterium sowie die entsprechende Tabelle angeben. Um sich einfach alles ausgeben zu lassen, wird folgendes Statement benutzt:

```
mysql> SELECT * FROM adressbuch;
+----------+----------+-------------+
| vorname  | nachname | telefon     |
+----------+----------+-------------+
| Johannes | Plötner  | 0123/456789 |
| Maria    | Plötner  | 123         |
| Steffen  | Wendzel  | 456         |
+----------+----------+-------------+
```

Listing 19.25 Alle Daten einer Tabelle

Gezielt suchen Spannend wird das Ganze aber erst, wenn wir bestimmte Daten gezielt abfragen. Dazu benutzen wir zusätzlich zu unserem `SELECT`-Statement eine `WHERE`-Klausel:

```
mysql> SELECT vorname, telefon FROM adressbuch
    -> WHERE nachname='Plötner';
+----------+---------+
| vorname  | telefon |
```

```
+----------+-------------+
| Johannes | 0123/456789 |
| Maria    | 123         |
+----------+-------------+
mysql> SELECT telefon FROM adressbuch
    -> WHERE vorname='Steffen';
+---------+
| telefon |
+---------+
| 456     |
+---------+
```

Listing 19.26 Gezielte Abfragen

Unsere kleine Einführung in SQL endet hier fürs Erste. Sehen wir uns nun an, wie dies alles in der Praxis eingesetzt wird. Schließlich wird man dort kaum mit dem `mysql`-Tool herumfingern, um an irgendwelche Daten heranzukommen.

19.2.3 APIs

In der Regel möchte man aus verschiedenen Programmen heraus auf die Funktionalität von MySQL zugreifen können, anstatt diese Features alle selbst und damit eine eigene Datenbank zu implementieren. Aus diesem Grund gibt es für jede mindestens halbwegs relevante Programmiersprache eine SQL-API, über die man auch mit MySQL sprechen kann.

... und PHP?

Was uns interessiert, ist nun der Zusammenhang mit PHP. Mit diesem wollen wir uns im nächsten Abschnitt befassen.

19.3 PHP

Auch wenn viele »Informatiker« bei der Frage nach ihren Programmierkenntnissen die Sprache HTML angeben, so hat die *Hypertext Markup Language* rein gar nichts mit Programmierung an sich zu tun. (X)HTML ist eine reine *Seitenbeschreibungssprache*.

> Eine Seitenbeschreibungssprache wie HTML beschreibt nur das *Aussehen* und die *Struktur* von Dokumenten, aber nicht ihr *Verhalten*.

Mit anderen Worten: Man kann mit HTML zwar sagen, dass ein fett gedruckter Text neben einem Bild mit grüner Schrift auf blauem Untergrund erscheinen soll, jedoch muss man diesen Text bereits bei der Erstellung des Dokuments *von Hand* statisch eintragen.

Dynamischer Inhalt

Möchte man den Text dynamisch erstellen und beispielsweise die beim Aufruf jeweils aktuelle Uhrzeit anzeigen, dann kommen Skriptsprachen wie PHP ins Spiel. Dazu muss der Webserver selbstverständlich entsprechend konfiguriert sein, schließlich soll das nun dynamische Dokument zuerst durch einen Parser gejagt werden, der die Skriptbefehle auswertet und am Ende pures (X)HTML ausspuckt. Diese Ausgabe wird bei jedem Aufruf neu erzeugt, bevor sie schließlich an den Client geschickt wird.

19.3.1 (X)HTML

Bevor wir uns also den eigentlichen Skriptsprachen widmen, möchten wir ein paar Worte über (X)HTML verlieren. An erster Stelle steht dabei die Frage, was das X bei XHTML bedeutet und wo der Unterschied zu HTML liegt.

Die Geschichte von HTML

Dazu müssen wir uns kurz die Geschichte von HTML in Erinnerung rufen. Die Sprache wurde 1989 von Tim Berners-Lee und Robert Caillau entwickelt, um mit dem ebenfalls entwickelten HTTP-Protokoll ein verteiltes Informationssystem für ihre Arbeit am Kernforschungsinstitut CERN zu erleichtern. Damals wurde HTML in erster Linie zur Strukturierung von Textdaten gebraucht; Elemente für die Visualisierung wurden erst später hinzugefügt.

Diese Erweiterungen führten zu bekannten Problemen: Da die Spezifikationen zur Darstellung anfangs recht ungenau und sogar unvollständig waren, gab es Spielräume bei der Interpretation von HTML-Seiten. Die daraus resultierenden Unterschiede in der Darstellung von Webseiten im Internet Explorer oder im Netscape Navigator führten so manchen Webdesigner bis an den Rand des Suizids.

XML

Später entwickelte man auf Basis des erfolgreichen HTML die Strukturierungssprache XML. Diese Sprache wurde regelrecht hochgejubelt: man könne mit ihr »alles machen«! Und das stimmt in gewissem Sinne auch: XML definiert nur, wie ein Dokument strukturiert sein muss. Es wurden ganze Bücher über dieses Thema geschrieben, jedoch lässt sich das Wichtigste zu XML in wenigen Sätzen zusammenfassen:

Mit XML strukturiert man seine Daten durch *Tags* und *Attribute*. Tags können Attribute enthalten und weitere Tags umschließen. Dazu muss jedem Start-Tag `<Tag>` ein schließendes Tag `</Tag>` folgen.

XHTML ist nun nichts anderes als XML-konformes HTML. Da XML selbst keine Aussage dazu macht, welche Tags beziehungsweise Attribute erlaubt sind, definiert man sogenannte Schemata. Und im passenden XHTML-Schema sind eben die für XHTML vorgesehenen Werte definiert.

HTML »programmieren«

Wie »programmiert« man nun eigentlich HTML? Für einen Einführungskurs eignet sich am besten die Online-Referenz *http://de.selfhtml.org* sowie natürlich auch die Referenz des World Wide Web Consortiums *http://www.w3c.org*.

Referenzen

```
<!DOCTYPE HTML PUBLIC "-//W3C//DTD HTML 4.01 Transitional//EN"
  "http://www.w3.org/TR/html4/loose.dtd">
<html>
  <head>
    <title>Text des Titels</title>
  </head>
  <body>
    <h2>Überschrift</h2>
    <p>Text im Absatz</p>
  </body>
</html>
```

Listing 19.27 Beispiel für eine HTML-Datei

In diesem kleinen Beispiel ist zu erkennen, dass eine Webseite mit der Überschrift »Überschrift« und einem Absatz mit dem Text »Text im Absatz« erstellt wurde. Die Tags `<h2>` und `<p>` sind dabei intuitiv nach der Strukturierung benannt: *heading* bedeutet »Überschrift«, und *paragraph* ist das englische Wort für »Absatz«.

[zB]

Einige Designrichtlinien

Heutzutage rückt mit XML und dem künftigen Standard XHTML 2.0 die eigentliche Aufgabe von HTML wieder mehr in den Vordergrund: das Strukturieren des Inhalts. Die Visualisierung sollte dagegen über CSS-Stylesheets vorgenommen werden.

Für entsprechende Anpassungen eignen sich besonders die `<div>`-Tags, da diese kein festgeschriebenes Erscheinungsbild aufweisen und so frei konfiguriert werden sollen. Vor allem sollte man von einer Layout-Gestaltung mittels Tabellen Abstand nehmen und auf eben diese `div`s zurückgreifen. Mit einer solchen Umsetzung des Layouts hat man in der Regel auch in exotischen Browsern kaum Darstellungsprobleme und trägt sogar zur Barrierefreiheit des Internets bei.

Tabellen versus divs

Einsteiger neigen des Weiteren auch dazu, auf einer »Homepage« alles unterbringen zu wollen, was sie können oder im Web finden. Bunte, blinkende, mit GIF-Grafiken überladene Webseiten sind die Folge. Weniger ist da meistens mehr. Und Sie wollen doch auch nicht, dass Ihre Webseite aussieht, als sei sie von einem unter Drogen gesetzten Zehnjährigen entworfen worden.

Jedenfalls gibt es im Netz viele gute Seiten – allen voran natürlich die vom W3C (*www.w3c.org*) –, auf denen man viel über Webdesign und die typischen Fehler lernen kann.

19.3.2 PHP-Support im Apache aktivieren

Modul laden

Bevor wir nun die ersten *dynamischen* Webseiten programmieren wollen, müssen wir den PHP-Support im Apache aktivieren. Dazu wird ein spezielles Modul benötigt, das in der Konfigurationsdatei auch geladen werden will:

```
$ cat /etc/apache2/mods-enabled/php5.conf
<IfModule mod_php5.c>
  AddType application/x-httpd-php .php .phtml .php3
  AddType application/x-httpd-php-source .phps
</IfModule>
$ cat /etc/apache2/mods-enabled/php5.load
LoadModule php5_module /usr/lib/apache2/modules/libphp5.so
$ grep php /etc/apache2/mods-enabled/dir.conf
DirectoryIndex index.html index.php index.xhtm
```

Listing 19.28 PHP-Support in Apache 2.x

Ebenfalls müssen die Dateiendungen den entsprechenden MIME-Typen zugeordnet sowie die Indexdateien definiert werden. Die meisten Distributionen bieten dafür spezielle Pakete an, die den PHP-Support automatisch zu Ihrem Webbrowser hinzufügen. So reicht beispielsweise unter Debian folgender Befehl aus:

```
# aptitude install php5 apache2
```

Listing 19.29 PHP-Apache unter Debian

Anschließend muss der Apache-Server noch über `apache2ctl` neu gestartet werden.

19.3.3 PHP lernen

Natürlich können wir in diesem Buch keine komplette Einführung in die Programmiersprache PHP geben; der Verlag Galileo Press hat eigene Bücher zu diesem Thema publiziert. Einige zum Verständnis notwendige Grundlagen möchten wir jedoch vermitteln.

PHP ist eine in HTML *eingebettete* Skriptsprache mit Ähnlichkeiten zu C, Java und Perl. Mit PHP können dynamisch generierte Webseiten schnell entwickelt werden.

Wie kann man nun PHP nutzen? Betrachten wir dazu ein kleines Beispiel, das zum Ausprobieren auf unserem PHP-fähigen Apache einfach nur als *.php*-Datei unterhalb von `DocumentRoot` gespeichert werden muss.

[zB]

```
<!DOCTYPE HTML PUBLIC "-//W3C//DTD HTML 4.01 Transitional//EN"
  "http://www.w3.org/TR/html4/loose.dtd">
<html>
 <head>
  <title>PHP-Testseite</title>
 </head>
 <body>
   <?php echo '<p>PHP-Text</p>'; ?>
 </body>
</html>
```

Listing 19.30 Ein kleines Beispiel für PHP

Man kann gut erkennen, dass PHP wirklich in HTML eingebettet ist. Der `echo`-Befehl zur Ausgabe einer Zeichenkette – in unserem Fall ein `<p>`-Tag samt Text – muss dazu in eine spezielle Umgebung platziert werden. Bei der Anforderung der Webseite durch einen Webbrowser wird darum der PHP-Parser den Text zwischen `<?php` und `?>` nehmen und als PHP-Code interpretieren. Anschließend wird er den HTML-Code generieren, der schließlich an den Browser geschickt wird.

Um nun etwas Dynamik in die Sache zu bringen, wollen wir kurz die Auswertung des folgenden HTML-Formulars betrachten:

```
...
<form action="auswertung.php" method="post">
 <p>Name: <input type="text" name="name"></p>
 <p>Alter: <input type="text" name="age" /></p>
 <p><input type="submit" value="Abschicken" /></p>
</form>
...
```

Listing 19.31 Dynamik!

Dieses Formular muss nicht in einer PHP-Datei stehen. Wichtig ist nur, dass das *Ziel* dieses Aufrufs ein PHP-Skript ist. Diesem Skript – wie hier der Datei *auswertung.php* – werden die Eingaben des Benutzers geschickt, die wie folgt abgerufen werden könnten:

Formulare auswerten

```
...
<p>
  Hallo <?php echo $_POST['name']; ?>!
  Sie sind <?php echo $_POST['age']; ?> Jahre alt.
</p>
...
```

Listing 19.32 Die Eingaben auslesen

Auf die entsprechenden Formulardaten kann über das Array _POST zugegriffen werden. Variablen werden in PHP durch ein vorangestelltes Dollarzeichen identifiziert und lassen sich mit echo ausgeben. Selbstverständlich gibt es bei PHP die Möglichkeit von Schleifen, Funktionen oder Abfragen von Bedingungen. Aber für einen ersten Eindruck sollen diese Ausführungen genügen.

Für weitere Informationen sollten Sie die offizielle Webseite *www.php.net* aufsuchen, auf der Tutorials, eine Referenz und viele praktische Beispiele zu finden sind.

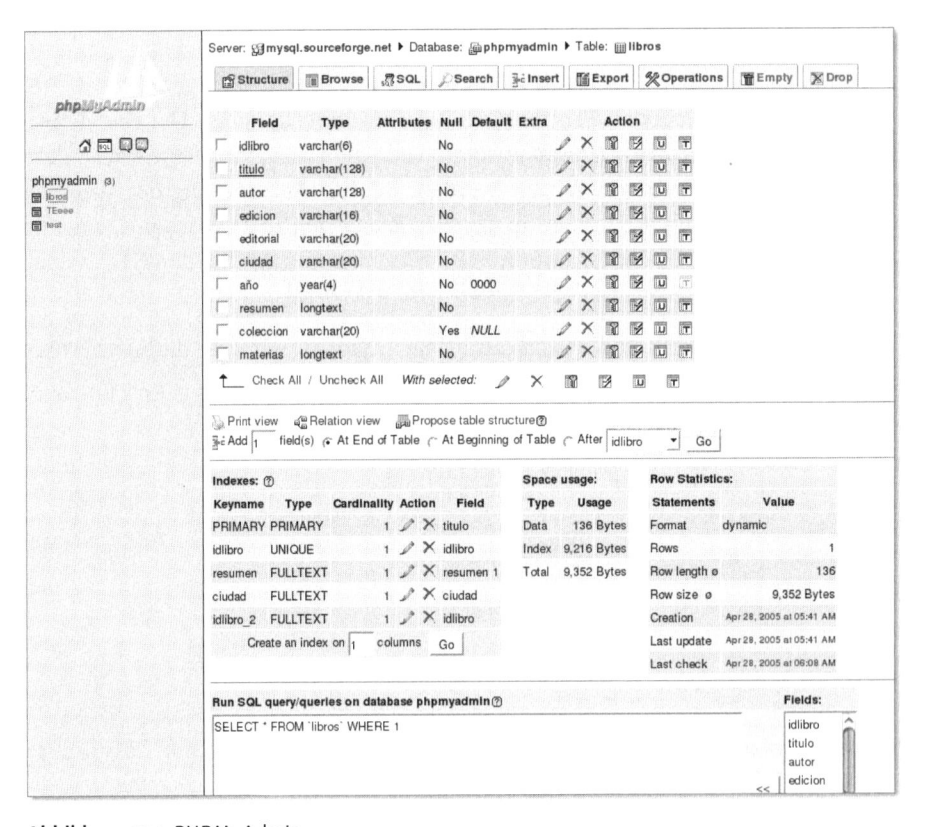

Abbildung 19.1 PHPMyAdmin

19.3.4 PHP und MySQL

Natürlich ist PHP auch der Punkt, an dem es an die *Nutzung* der Datenbank gehen kann. PHP bietet dafür sogar verschiedene APIs an. Ausführliche Dokumentationen und Hilfen hierzu gibt es wie immer auf *php.net*.

Wir wollen uns zunächst einen Anwendungsfall für das Zusammenspiel von PHP und MySQL ansehen: phpMyAdmin, eine Oberfläche zur Administration einer MySQL-Datenbank über das Web.

phpMyAdmin

Für viele Administrationen ist phpMyAdmin (*phpmyadmin.net*) das Tool der Wahl, wenn es um die Administration einer MySQL-Datenbank geht. Ein übersichtliches Webinterface und der große Funktionsumfang machen es möglich.

MySQL-Webadministration

Aber vor allem ist dieses Projekt ein wunderschöner Anwendungsfall, da alle hier alle Aspekte von LAMP verbunden werden. Auch wenn man selbst keinen eigenen Webserver mit MySQL und PHP betreibt, kann man mit phpMyAdmin in Berührung kommen, da viele Webhoster die Software installieren, um ihren Kunden Zugriff auf deren Datenbanken anzubieten.

Datenbank-Zugriff programmieren

Zum Abschluss dieses Kapitels möchten wir Ihnen noch zeigen, wie Sie von PHP aus direkt auf Ihre MySQL-Datenbank zugreifen können.[5] Wir entwickeln zu diesem Zweck eine HTML-Seite mit PHP-Code. Mit dieser Seite soll es möglich sein, über Namen von Linux-Befehlen nach deren Zweck zu suchen.

Dazu erstellen wir zunächst eine Datenbank samt Tabelle und loggen uns dazu zunächst mit dem Datenbank-Benutzer root in die Datenbank ein. Es kann sein, dass dieser Benutzer auf Ihrem System kein Passwort hat (drücken Sie dazu einfach bei der Passworteingabe die **Enter**-Taste), oder dass Sie keinen Benutzernamen angeben müssen (geben Sie in diesem Fall nur mysql ein).

```
$ mysql -u root -p
Enter password:
Welcome to the MySQL monitor.  Commands end with ; or \g.
Your MySQL connection id is 51
Server version: 5.1.37-1ubuntu5.1 (Ubuntu)

Type 'help;' or '\h' for help. Type '\c' to clear
the current input statement.
```

---

[5] Für weiteres Know-how zum Thema empfehlen wir Ihnen das ebenfalls bei Galileo Press erschienene Buch »Einstieg in PHP und MySQL« von Thomas Theis.

```
mysql> create database LinuxBefehle;
Query OK, 1 row affected (0,05 sec)

mysql> use LinuxBefehle;
Database changed

mysql> create table befehle (
    -> `name` VARCHAR(24) NOT NULL,
    -> `bedeutung` VARCHAR(128) NOT NULL );
Query OK, 0 rows affected (0,20 sec)
```

Listing 19.33 Datenbank und Befehlstabelle erstellen

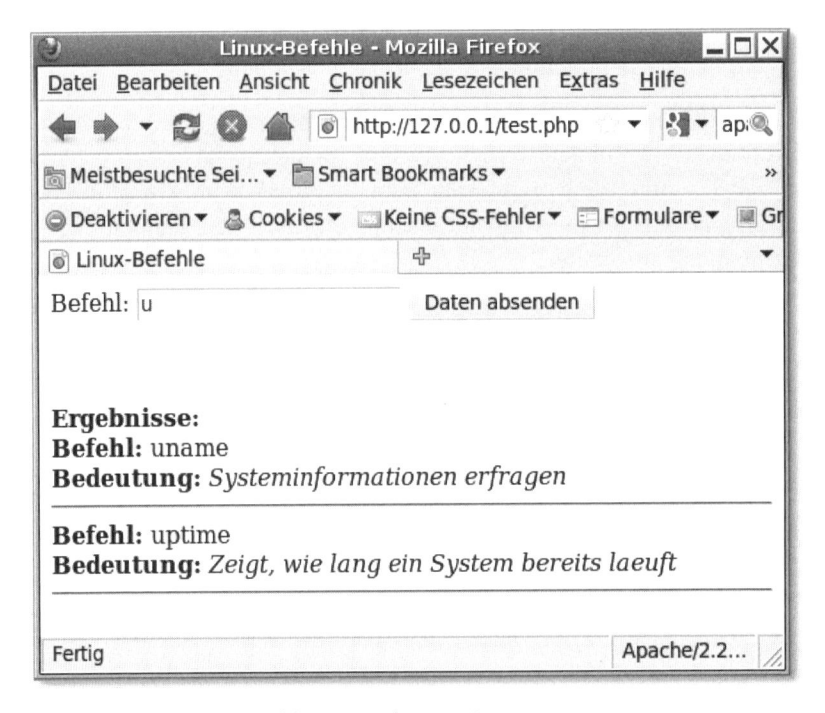

Abbildung 19.2 Das ausgeführte PHP-Skript im Browser

Nun füllen wir die Tabelle mit einigen wenigen Beispielbefehlen:

```
mysql> insert into befehle (`name`,`bedeutung`) VALUES
('ls', 'Listet Dateien in Verzeichnissen auf'),
('echo', 'Gibt Text aus'),
('uptime','Zeigt, wie lang ein System bereits laeuft'),
('uname', 'Systeminformationen erfragen');
Query OK, 4 rows affected (0,01 sec)
Records: 4  Duplicates: 0  Warnings: 0
```

```
mysql> quit
Bye
```

Listing 19.34 Befehlstabelle mit Beispieldaten füllen

Danach erstellen wir ein neues PHP-Skript für die Verarbeitung der Suchanfrage (das Skript muss *test.php* heißen, damit das HTML-Formular seine Daten an das richtige Ziel richtet):

```
$ cat /var/www/test.php
<html>
<head>
  <title>Linux-Befehle</title>
</head>
<body>

<form method="POST" action="test.php">
Befehl: <input type="text" name="befehl"
        value="<?php echo $_POST["befehl"]; ?>"/>
<input type="submit" />
</form>

<?php

if (!empty($_POST['befehl'])) {

/* Zur Datenbank verbinden */
$sqluser = 'Benutzername'; /* anpassen*/
$sqlpass = 'Passwort';     /* anpassen */
if (!($mysql_link = mysql_connect('localhost',
$sqluser, $sqlpass))) {
   die('Could not connect');
}

/* Datenbank auswählen */
if (!($db_selected = mysql_select_db('LinuxBefehle',
$mysql_link))) {
   die('Could not find database');
}

/* SQL-Befehl abschicken: Wichtig: Mit Punkten werden in
 * PHP Strings zusammengesetzt. */
$sql_cmd = "SELECT * FROM befehle WHERE `name` LIKE '"
. $_POST['befehl']."if (!($res = mysql_query($sql_cmd))) {
die('Invalid MySQL query');
}
```

```
/* Ergebnisse abholen und anzeigen */
echo '<br><br><b>Ergebnisse:</b><br>';
while ($dsatz = mysql_fetch_assoc($res)) {
echo '<b>Befehl:</b> ' . $dsatz["name"] . "<br>";
echo '<b>Bedeutung:</b> <i>' . $dsatz["bedeutung"]
. "</i><br>";
echo '<hr />';
}

/* Verbindung zur Datenbank schließen */
mysql_close($mysql_link);
}
?>
</body>
</html>
```

Listing 19.35 Das PHP-Skript

Im Weiteren erstellen wir eine typische HTML-Seite mit einem Formular, wie Sie es bereits kennengelernt haben. Mit der PHP-Funktion empty() prüfen wir, ob ein Wert leer ist oder nicht. Letztlich überprüft die if-Bedingung (grob gesagt), ob der Formularwert befehl leer ist oder nicht.

Mit der Funktion mysql_connect() verbinden wir uns mit der lokalen Datenbank mit dem Benutzer $sqluser und dessen Passwort $sqlpass. Diese beiden Werte müssen Sie in Ihrem Beispiel anpassen. Schlägt die Verbindung fehl, teilt uns dies die die()-Funktion mit und beendet das Programm.

Um MySQL zu sagen, mit welcher Datenbank wir arbeiten möchten, wählen wir diese anschließend mit mysql_select_db() aus, wozu wir ihren Namen und den Verbindungs-Link, den wir von mysql_connect() erhalten haben, übergeben.

Der folgende SQL-Befehl holt alle Datensätze aus der Tabelle »befehle«, bei denen der Wert in der Tabellenspalte »name« mit dem Wert, der im Post enthalten ist, beginnt.

In der while-Schleife holen wir alle Datensätze, die zum Ergebnis des SQL-Befehls zählen, ab und speichern bei jedem Durchlauf ein Ergebnis im Array $dsatz. Über dieses (PHP hat assoziative Arrays) können wir einzelne Spalten-Werte des jeweiligen Datensatzes (etwa den Wert der Spalte »bedeutung«) bequem und einfach abfragen.

Die Verbindung zum Datenbank-Server wird über die Funktion mysql_close() geschlossen, der wir zu diesem Zweck die Verbindungsinformationen übergeben.

Bevor Sie Webanwendungen für die Öffentlichkeit entwickeln, sollten Sie sich [+]
mit dem Thema der Sicherheit solcher Webanwendungen befassen. Das gilt nicht
nur für PHP-basierte Webseiten, sondern auch für solche, die in anderen dafür
geeigneten Programmiersprachen bzw. Technologien wie Java Server Pages, Python,
Ruby on Rails, Perl, FastCGI/CGI usw. entwickelt werden. Beim Fachbuchhändler
gibt es mittlerweile recht viele Bücher zu diesem Thema.

19.4 Zusammenfassung

Ein LAMP-Server bietet ein passendes Umfeld für professionelle dynamische Weblösungen. Linux stellt dabei mit seiner sehr flexiblen Konfiguration die Grundlage für jedes System dar. Darauf aufbauend wird bei LAMP ein Apache-Webserver aufgesetzt, der PHP oder eine andere Skriptsprache unterstützt. Über diese Skriptsprache greift man auf die ebenfalls lokale MySQL-Installation zu.

19.5 Aufgaben

Installation

Installieren und konfigurieren Sie unter Ihrer Lieblingsdistribution ein LAMP-System. Installieren Sie dazu auch phpMyAdmin.

Webhoster

Stellen Sie sich jetzt vor, Sie hätten eine kleine Firma, die Kunden Webspace mit PHP- und MySQL-Support zur Verfügung stellt. Wie müssten Sie Ihr System konfigurieren, damit jeder Kunde z.B. per FTP Zugriff auf seinen Webspace hat und alles online administrieren kann?

»Geld bewirkt viel, ein kluges Wort kaum weniger.«
– Chinesisches Sprichwort

20 DNS-Server

Was das *Domain Name System* (DNS) ist, wissen Sie bereits aus Kapitel 15, »Netzwerkgrundlagen«. Auch wissen Sie, wie der lokale Rechner konfiguriert werden kann, um den DNS-Server Ihres Internet-Providers zu nutzen. Was wir allerdings noch nicht besprochen haben, ist, wie Sie einen eigenen DNS-Server aufsetzen und welche Möglichkeiten sich Ihnen dabei bieten.

20.1 Die Serversoftware wählen

Die Standardsoftware, die man auf DNS-Servern unter Linux, BSD und Unix einsetzt, ist *BIND*, eine Entwicklung des *Internet Software Consortium* (ISC). Da BIND sehr weit verbreitet und entsprechend populär ist, werden wir uns hier primär – aber nicht nur – auf dieses Softwarepaket konzentrieren.

Falls Ihnen BIND nicht zusagen sollte, so schauen Sie sich doch einmal die Alternative `djbdns` an. Daniel J. Bernstein hat diese Software geschrieben, weil ihm BIND nicht sonderlich gefiel. Mittlerweile ist `djbdns` eine sehr populäre Software und gilt – vielleicht mit Ausnahme der OpenBSD-Implementierung von BIND – sogar als sicherer als BIND.[1] Wir werden im Rahmen dieses Buches allerdings nur den Caching-Server des `djbdns` besprechen.

djbdns

20.2 BIND aufsetzen

In diesem Buch soll der Software mit dem größeren Funktionsumfang – also dem DNS-Server BIND – der Vortritt gelassen werden. Zwar gibt es Tools für die Konfiguration von BIND – doch diese stehen erstens nicht auf jedem System zur Verfügung, und zweitens wollen wir Ihnen grundsätzliches Hintergrundwissen vermitteln. Daher lernen Sie im Folgenden, wie Sie BIND mittels der zugehörigen Konfigurationsdateien zum Laufen bringen.

---

[1] Mehr zu `djbdns` erfahren Sie unter *http://cr.yp.to/djbdns.html*.

Die Basiskonfiguration von BIND erfolgt über die Datei *named.conf*. Je nach Linux-Distribution beziehungsweise BSD-Derivat befindet sie sich Datei meist im Verzeichnis */etc*, */var/named* oder */usr/local/etc*.

Zone konfigurieren

Zunächst wird eine Zone konfiguriert. Um beispielsweise das lokale Netzwerk »sun« einzubauen, müsste diese Zone den Namen »sun« erhalten. Dabei soll der neue Server Master-Server der Domain werden, was man mit `type master` spezifiziert. Die Daten der Resource Records (also die Dateneinheiten im DNS-Server, dazu zählen beispielsweise Zuweisungen von Hostnames zu IPs) sollen in der Datei *sun* im BIND-Unterverzeichnis *master* liegen – also zum Beispiel in */var/named/master/sun*.

```
zone "sun" {
        type master;
        file "master/sun";
};
```

Listing 20.1 sun

Slave-Server

Ein Slave-Server spiegelt die Daten eines anderen DNS-Servers (Master-Server) und dient der Ausfallsicherheit. Um einen Slave-Server zu konfigurieren, geben Sie `type slave` und einen oder mehrere Master an:

```
masters { 192.168.0.1; [...;] };
```

Listing 20.2 Master angeben

Caching-only

Ein Caching-only-Server ist ein Server, der selber keine Resource Records beinhaltet, sondern nur als ein Proxy dient. Ein Caching-only-Server wird im lokalen Netz verwendet, um Anfragen an einen übergeordneten DNS-Server weiterzuleiten. Die Antworten der übergeordneten Server werden zwischengespeichert (gecached) und entsprechende Antworten können somit bei wiederholter Anfrage eines Resource Records schneller beantwortet werden. Um einen Caching-only-Server aufzusetzen, müssen hingegen noch Hosts spezifiziert werden, zu denen die DNS-Requests weitergeleitet werden sollen. Dies funktioniert durch das Schlüsselwort `forwarders`, das man im `options`-Teil hinzufügt:

```
options {
   ...
   forwarders { 10.0.0.213; };
   ...
}
```

Listing 20.3 forwarders

Um nun eine eigene Zone mit eigenen Resource Records (RR) anzulegen, erstellt man die in der Zonen-Konfiguration mit dem Schlüsselwort `file` angegebene Datei und fügt in diese mit einem Texteditor die Resource Records ein.

Resource Records anlegen

Eine fertige RR-Datei sieht etwa folgendermaßen aus:

```
$ORIGIN sun.
```

Listing 20.4 sun-Datei

Mit `$ORIGIN` wird die Domain für alle folgenden Hosts festgelegt. Der Eintrag `sun.` hängt an alle unten definierten A-Records (also Zuweisungen von Hostnames an IP-Adressen) die Domain .sun. an und spart somit Arbeit, zudem trägt er zur Übersichtlichkeit der Konfigurationsdatei bei.

Domain

```
$TTL 6h

; Das ist ein Kommentar
```

Listing 20.5 sun-Datei (Fortsetzung)

Mittels `$TTL` (*time to live*) wird eine allgemein gültige Lebensspanne für die Resource Records festgelegt. Sie kann auch für jeden Record einzeln festgelegt werden was aber nur selten sinnvoll ist.

Lebensspanne

Kommentare werden durch ein Semikolon eingeleitet. Man kann dieses Kommentarzeichen mit der Raute (#) in der Shell vergleichen.

Kommentare

```
@       IN      SOA     eygo.sun. admin.sun. (
                        1       ; serial
                        1h      ; refresh
                        30m     ; retry
                        7d      ; expiration
                        1h )    ; minimum
```

Listing 20.6 sun-Datei (noch eine Fortsetzung)

Als Erstes wird ein SOA-Record (Start-Of-Authority) angelegt. Über diesen werden grundlegende Eigenschaften der Zone festgelegt, die verwendet werden, um mit anderen Servern dieser Zone zu kommunizieren. Bei BIND wird dabei zunächst die DNS-Klasse festgelegt. In diesem Fall ist dies »IN«, also Internet-Klasse. Die anderen Klassen sind praktisch tot, weshalb Sie bei einigen DNS-Servern gar nicht mehr anzugeben brauchen, welche Klasse Sie verwenden möchten.

SOA

Nach dem Typ des Records (SOA) folgen zwei Hostnamen. Der erste davon gibt den Master-DNS-Server an, der zweite ist eine Mail-Adresse. Da in der Konfiguration allerdings keine @-Zeichen verwendet werden dürfen, muss »admin.sun.«

als »admin@sun« gelesen werden. Innerhalb der Klammern folgen verschiedene numerische Werte:

- Die erste Zahl – die Serial Number – legt die Version der Datei fest. Damit kann geprüft werden, ob Clients bereits die aktuelle Konfigurationsversion geladen haben.

- Die zweite Zahl – die Refresh Number – gibt an, in welchen Zeitabständen Slave-Server prüfen sollen, ob sie über die aktuelle Version der Konfiguration verfügen.

- Die dritte Zahl – die Retry Number – legt fest, nach welcher Zeitspanne der Slave erneut versuchen soll, Kontakt mit dem Master aufzunehmen, falls dieser nicht antwortet (beispielsweise wegen Wartungsarbeiten oder einem Absturz).

- Die vierte Zahl – Expire – legt fest, wie lange ein Slave die Datenbestände behalten soll, bevor sie als »obsolet« gewertet und gelöscht werden sollen, wenn der Slave den Master nicht zwecks Update kontaktieren kann.

- Die fünfte Zahl legt fest, wie groß die Mindestlebenszeit (*Time to Live*, kurz TTL) eines Resource Records sein muss, bevor seine Aktualität überprüft werden soll.

Weitere RR-Typen

Anschließend wird mit dem RR-Typ »NS« ein Nameserver für die Domain festgelegt, der mit dem A-Record-Typ eine IPv4-Adresse bekommt und dessen lokale IPv6-Adresse ::1 ist (AAAA). Danach werden noch weitere IPv4-Records angelegt. Mit diesen wird hier im Beispiel dem Rechnernamen »milk« die IP-Adresse 192.168.0.2 zugewiesen. BIND unterstützt noch diverse weitere Typen von Resource Records wie MX, TXT oder PTR, deren Definitionen Sie im RFC 1033 [Lot87A] finden.

```
              NS      eygo.sun.
              A       192.168.0.1
              AAAA    ::1

milk    A     192.168.0.2
yorick  A     192.168.0.5
```

Listing 20.7 Weitere RR-Typen

BIND starten

BIND wird über die Programmdatei `named` gestartet. Dabei werden eventuelle Probleme über den `syslogd` protokolliert:

```
# tail -f /var/log/messages&
...
...
```

```
# /usr/sbin/named
#
Jul 12 17:40:39 eygo named[19507]: starting BIND 9.3.0
```

Listing 20.8 named mit Fehlerdiagnose starten

20.3 djbdns

Das `djbdns`-Paket besteht aus mehreren DNS-Servern, die jeweils einen eigenen Aufgabenbereich betreuen.

Zu diesen Servern zählen:

- **dnscache**
  ein Caching DNS Resolver (den wir im folgenden Abschnitt beschreiben werden)

- **tinydns**
  ein kleiner DNS-Server

- **pickdns**
  ein DNS-Server mit Load Balancing

- **walldns**
  ein Reverse-Lookup-Server, der nur IP-Adressen in Domains übersetzt

- **axfrdns**
  ein Server für Zone-Transfers

Außerdem beinhaltet `djbdns` noch DNS-Clients sowie diverse kleinere Tools zum Auffinden von Konfigurationsproblemen.

Zur Installation eines Servers genügt meist nicht die Installation des entsprechenden Packages oder Ports. Unter Debian müssen Sie beispielsweise erst `djbdns-installer` sowie `daemontools-installer` installieren und anschließend `build-daemontools` und `build-djbdns` aufrufen. Für die meisten Distributionen gibt es aber viele gute Anleitungen im Internet.

Wir werden im Folgenden einen Caching-only-Server mit `dnscache` aufsetzen. Das Prinzip eines Caching-Servers ist einfach zu erklären: Die DNS-Clients im lokalen Netzwerk (das sind üblicherweise alle mit dem Internet verbundenen Rechner) greifen nicht mehr direkt auf den DNS-Server eines Providers oder auf einen anderen Nameserver zu, sondern verwenden stattdessen den Caching-Server. Dieser kennt keine eigenen Records und leitet die Anfragen der Clients nur an die eigentlichen DNS-Server weiter. Die erhaltenen Antworten »merkt« er sich allerdings für eine gewisse Zeit. Greifen DNS-Clients nun auf bereits erhaltene Antworten zu, so muss der Caching-Server keine neue Anfrage an den zugehörigen Nameserver stellen, sondern kann die gespeicherte Antwort an den Client weiterleiten. Wozu das gut ist? Es erhöht die Performance! Einen solchen Server setzt man sehr häufig sowohl in privaten als auch in Unternehmensnetzwerken ein.

dnscache-conf — Die Konfiguration von `dnscache` erfolgt mithilfe von `dnscache-conf`. Dem Programm gibt man in dieser Reihenfolge folgende Informationen: den Accountnamen, unter dem `dnscache` laufen soll; den Eigentümer der Logging-Informationen, das Verzeichnis, in dem `dnscache` arbeiten soll; sowie (optional) die IP-Adresse, auf der der Dienst (auf Port 53 UDP und TCP) Verbindungen entgegennimmt.

Unter Debian (und den meisten anderen Distributionen und Derivaten) werden für die `djbdns`-Dienste automatisch entsprechende Benutzer (hier `dnscache` und `dnslog`) angelegt.

```
# dnscache-conf dnscache dnslog /etc/dnscache
```

Listing 20.9 dnscache konfigurieren

Für die Daemontools muss nun im Verzeichnis */service* ein Link zu */etc/dnscache* erstellt werden, damit `dnscache` gestartet wird.

Ob der Service läuft, erführt man durch ein `svstat`:

```
# svstat /service/dnscache
/service/dnscache: up (pid 23196) 24 seconds
```

Listing 20.10 Prüfen, ob dnscache läuft

Das Funktionieren lässt sich mit dem Programm `nslookup` überprüfen, das wir in Abschnitt 20.4.2 noch beschreiben werden.

```
$ nslookup
> server 127.0.0.1
Default server: 127.0.0.1
Address: 127.0.0.1#53
> google.de
Server:         127.0.0.1
Address:        127.0.0.1#53

Non-authoritative answer:
Name:   google.de
Address: 66.249.93.104
Name:   google.de
Address: 216.239.59.104
Name:   google.de
```

```
Address: 72.14.221.104
> exit
```

Listing 20.11 Prüfen, ob der lokale Caching-Server arbeitet

Zudem sollten Sie bei allen Clients, die den Caching-Server benutzen sollen, konfigurierte IP-Adressen des DNS-Servers entsprechend auf jene des Caching-Servers abändern (unter Linux in *ic/etc/resolv.conf*).

20.4 DNS-Tools

Unter BSD und Linux stehen Ihnen diverse Tools zur Verfügung, mit denen Sie DNS-Requests absetzen können. Sie sind zum einen äußerst nützlich, wenn es darum geht, einen DNS-Server zu debuggen, zum anderen, wenn man testen möchte, ob die Konfiguration, die man einem DNS-Server übergeben hat, funktioniert.

20.4.1 host

Das Tool `host` kann DNS-Requests an einen Server schicken. Es unterstützt alle gängigen Typen von Resource Records und ist IPv6-kompatibel. Außerdem kann es mit verschiedenen DNS-Klassen umgehen. Um den lokalen DNS-Server nach der Adresse des Hosts »eygo.sun« zu fragen, übergibt man `host` einfach dessen Namen und den DNS-Server der Wahl. In unserem Fall wollen wir den lokalen DNS-Server auf 127.0.0.1 testen:

```
$ host eygo.sun 127.0.0.1
Using domain server:
Name: 127.0.0.1
Address: 127.0.0.1#53
Aliases:

eygo.sun has address 192.168.0.1
Using domain server:
Name: 127.0.0.1
Address: 127.0.0.1#53
Aliases:

eygo.sun has IPv6 address fe80::250:bfff:fe11:35a5
eygo.sun has IPv6 address ::1
Using domain server:
Name: 127.0.0.1
Address: 127.0.0.1#53
```

```
Aliases:

Host eygo.sun not found: 3(NXDOMAIN)
```

Listing 20.12 Einfaches host-Query

Die letzte Meldung »Host eygo.sun not found« kommt dadurch zustande, dass `host` auch ein Mail-Exchanger-Lookup durchführt und in unserer DNS-Konfiguration kein MX-Record definiert wurde.

> Für den Fall, dass ein Resource Record nicht gefunden werden kann, gibt ein DNS-Server NXDOMAIN zurück.

Möchte man nun etwas gezielter vorgehen und/oder genauere Angaben von `host` erhalten, verwendet man natürlich dessen Optionen, die leicht verständlich in der Manpage erklärt sind. Wir wollen hier wenigstens ein Beispiel zeigen, das die wichtigsten dieser Optionen erklärt:

[zB] Es sollen detaillierte Informationen (`-v`) zur IPv6-Adresse (`-t AAAA`) des Rechners »eygo.sun« über eine IPv6-Verbindung (`-6`) zum Server mit der IP ::1 ausgegeben werden. Dabei soll die DNS-Klasse »Internet« (`-c IN`) verwendet werden:

```
$ host -v -c IN -t AAAA -6 eygo.sun ::1
Trying "eygo.sun"
Using domain server:
Name: ::1
Address: ::1#53
Aliases:

;; ->>HEADER<<- opcode: QUERY, status: NOERROR, id:
;; 8778
;; flags: qr aa rd ra; QUERY: 1, ANSWER: 2,
;; AUTHORITY: 0, ADDITIONAL: 0

;; QUESTION SECTION:
;eygo.sun.            IN      AAAA

;; ANSWER SECTION:
eygo.sun.   3600 IN   AAAA    fe80::250:bfff:fe11:35a5
eygo.sun.   3600 IN   AAAA    ::1

Received 98 bytes from ::1#53 in 4 ms
```

Listing 20.13 Gezieltes Host-Lookup

Die Ausgaben von host gliedern sich in drei Teile: den DNS-Header, die Question-Section (in der die Frage steht, die host dem Server stellt) und die Answer-Section, in der die Antworten des DNS-Servers auf diese Frage stehen. Die Ausgabe der Resource Records ist dabei in dem Format gehalten, das auch in der BIND-Konfiguration anzuwenden ist: Hostname, TTL (in diesem Fall 3600 Sekunden), DNS-Klasse (IN), RR-Typ (AAAA) und Wert (in diesem Fall die Adresse).

20.4.2 nslookup

Ein weiteres wichtiges Tool ist nslookup. Es verrichtet im Grunde fast die gleiche Arbeit wie host, ist jedoch interaktiv. Nach dem Programmstart hat man die Möglichkeit, das Verhalten von nslookup zu verändern (diese Möglichkeit besteht auch vor und nach jeder Anfrage, die man mit nslookup an einen DNS-Server sendet).

Interaktive Abfragen

Zunächst kann man den gewünschten Server via server <server> angeben. Weiteren Variablen weist man über set Werte zu. Um etwa den DNS-Server 192.168.0.2 nach IPv4-Adress-Records zu fragen, setzt man die Variable type auf »A«.

```
$ nslookup
> server 192.168.0.2
Default server: 192.168.0.2
Address: 192.168.0.2#53
> set type=A
> eygo.sun
Server:         192.168.0.2
Address:        192.168.0.2#53

Name:   eygo.sun
Address: 192.168.0.1
> milk.sun
Server:         192.168.0.2
Address:        192.168.0.2#53

Name:   milk.sun
Address: 192.168.0.2
```
Listing 20.14 nslookup

Möchte man die DNS-Klasse oder den Port des Servers ändern, sollten die Variablen class und port über den set-Befehl angepasst werden. Eine Liste der aktuellen Variablenwerte erhält man über das Kommando set all.

```
> set class=IN
> set port=53
> set all
```

```
Default server: 192.168.0.2
Address: 192.168.0.2#53
Default server: 194.25.2.129
Address: 194.25.2.129#53

Set options:
  novc              nodebug           nod2
  search            recurse
  timeout = 0       retry = 3         port = 53
  querytype = A     class = IN
  srchlist =
```

Listing 20.15 nslookup – Teil 2

Auch die Abfrage weiterer Records wie etwa von NS oder PTR ist kein Problem. Beendet wird `nslookup` über den Befehl `exit`:

```
> set type=NS
> sun
Server:        192.168.0.2
Address:       192.168.0.2#53

sun     nameserver = milk.sun.
> set type=PTR
> 192.168.0.1
Server:        192.168.0.2
Address:       192.168.0.2#53

1.0.168.192.in-addr.arpa       name = eygo.sun.
> exit
$
```

Listing 20.16 nslookup – Teil 3

[»] Mit `set debug` (und bei noch mehr Bedarf über `set debug2`) liefert Ihnen `nslookup` eine ganze Menge an zusätzlichen Informationen – ähnlich wie `host -v`.

```
> set debug
> set debug2
> set type=A
> yorick.sun
Server:        192.168.0.2
Address:       192.168.0.2#53

------------
    QUESTIONS:
        yorick.sun, type = A, class = IN
```

```
    ANSWERS:
    -> yorick.sun
        internet address = 192.168.0.5
    AUTHORITY RECORDS:
    ADDITIONAL RECORDS:
------------
Name:    yorick.sun
Address: 192.168.0.5
```

Listing 20.17 Debug-Modus

20.4.3 dig

Das Tool `dig` verrichtet wiederum im Wesentlichen dieselben Aufgaben wie `host` und `nslookup` und wird daher hier nur der Vollständigkeit halber erwähnt.

20.4.4 whois

Ein völlig anderes Tool ist `whois`. Dieses Programm richtet keine Anfrage an einen DNS-Server, sondern an eine sogenannte *Whois-Datenbank*, in der Domain-Informationen gespeichert sind. Über dieses Tool erhalten Sie Informationen über den Eigentümer einer Domain, ihren eventuellen Service-Provider oder ihre Nameserver.

```
$ whois google.net

Whois Server Version 1.3

[3 Zeilen Text entfernt]

    Domain Name: GOOGLE.NET
    Registrar: ALLDOMAINS.COM INC.
    Whois Server: whois.alldomains.com
    Referral URL: http://www.alldomains.com
    Name Server: NS2.GOOGLE.COM
    Name Server: NS1.GOOGLE.COM
    Name Server: NS3.GOOGLE.COM
    Name Server: NS4.GOOGLE.COM
    Status: REGISTRAR-LOCK
    Updated Date: 12-feb-2005
    Creation Date: 15-mar-1999
    Expiration Date: 15-mar-2006
```

```
>>> Last update of whois database: Wed, 13 Jul 2005
04:22:03 EDT <<<

NOTICE: The expiration date displayed in this...
[48 Zeilen Text entfernt]

Registrant:
      Google Inc.
      (DOM-258962)
      2400 E. Bayshore Pkwy
      Mountain View
      CA
      94043
      US

   Domain Name: google.net

      Registrar Name: Alldomains.com
      Registrar Whois: whois.alldomains.com
      Registrar Homepage: http://www.alldomains.com

   Administrative Contact:
      DNS Admin
      (NIC-1340142)
      Google Inc.
      2400 E. Bayshore Pkwy
      Mountain View
      CA
      94043
      US
      dns-admin@google.com
      +1.6503300100
      Fax- +1.6506181499
   Technical Contact, Zone Contact:
      DNS Admin
      (NIC-1340144)
      Google Inc.
      2400 E. Bayshore Pkwy
      Mountain View
      CA
      94043
      US
      dns-admin@google.com
      +1.6503300100
      Fax- +1.6506181499
```

```
Created on..............: 1999-Mar-15.
Expires on..............: 2006-Mar-15.
Record last updated on..: 2005-Feb-12 06:14:05.

Domain servers in listed order:
NS1.GOOGLE.COM
NS2.GOOGLE.COM
NS3.GOOGLE.COM
NS4.GOOGLE.COM
...
```

Listing 20.18 whois-lookup

20.5 Zusammenfassung

In diesem Kapitel haben Sie gelernt, wie DNS genau funktioniert und wie Sie einen eigenen Nameserver aufsetzen können. Ein populärer und funktionaler DNS-Server ist BIND; eine leichtgewichtige Alternative bietet `djbdns`.

Ein A-Record ordnet dabei einem Rechnernamen eine IPv4-Adresse zu, ein NS-Record legt einen Nameserver für eine Domain fest, und ein MX-Record spezifiziert den Rechner, an den alle Mails für eine Domain gehen sollen.

20.6 Aufgaben

example.com

Finden Sie heraus, was es mit der Domain *example.com* auf sich hat. Wozu ist sie gut, und wieso haben wir sie wohl nicht verwendet?

Webhoster[2]

Nehmen Sie die Beispielaufgabe aus dem letzten Kapitel zur Hand. Jetzt möchten Sie *zusätzlich* zur dortigen LAMP-Konfiguration Ihren Kunden nicht nur Webspace, sondern auch eigene Domains zur Verfügung stellen. Wie könnte eine entsprechende Konfiguration prinzipiell aussehen?

Whois

Spielen Sie ein wenig mit dem `whois`-Tool. Welche Whois-Dienste gibt es noch?

»Vertraue Allah, aber binde dein Kamel an.«
– anonym

21   Secure Shell

Dieses Kapitel behandelt eine wichtige Frage der Administration: Wie kann man die verschiedenen Server im eigenen Netzwerk administrieren, ohne zum Turnschuh-Admin zu mutieren? Eine Lösung ist, mit der *Secure Shell* (SSH) zu arbeiten – *dem* Remote-Administrationswerkzeug für Unix-Server schlechthin. Das durch das freie *OpenSSH* (www.openssh.org) implementierte SSH-Protokoll bietet ähnlich wie der Telnet-Dienst Login-Dienste[1] über das Netzwerk an – mit dem Unterschied, dass bei SSH jegliche Kommunikation inklusive der Übertragung der Passwörter verschlüsselt stattfindet.

Einmal verbunden, können alle Arbeiten so vorgenommen werden, als wäre man lokal am System angemeldet. Damit nicht genug, SSH kann unter anderem auch folgende Dienste ersetzen:

Remote-Administration

- **Telnet**
  Dass man sich über SSH remote einloggen und dann auf einer Shell arbeiten kann, ist das wohl bekannteste Feature von SSH. Im Gegensatz zu Telnet ist es bei SSH nicht möglich, Passwörter einfach abzuhören oder gar Kommandos in eine bereits aufgebaute Verbindung einzufügen.

- **R-Dienste**
  Wer heutzutage anfängt, sich mit Unix zu beschäftigen, lernt Gott sei Dank kaum noch die berüchtigten R-Dienste wie `rsh`, `rcp`, `rlogin` etc. kennen; bei uns haben Sie auch nur am Rande von ihnen erfahren. Diese Programme hatten so viele Sicherheitslücken, dass diese hier aufzuzählen wohl den Rahmen des Kapitels sprengen würde. Jedenfalls kann man auch über SSH Dateien mit `scp` remote kopieren, und das Einloggen funktioniert ja bekanntermaßen auch.

- **ftp**
  FTP und SSH? Manche mögen es für einen Widerspruch halten, aber mit dem entsprechenden Client (`sftp`) kann man SSH-Server, die dieses Feature aktiviert

---

[1] Auch wenn SSH ein Standard und damit nicht auf Unix-Systeme beschränkt ist, wird es meist nur von Unix-Servern genutzt.

haben, als sichere Fileserver nutzen, ohne dabei auf die Features des FTP-Protokolls verzichten zu müssen.

▶ **Remote-Desktop**
Durch das optionale Feature der X11-Weiterleitung können auch Fenster des SSH-Servers auf dem lokalen Client angezeigt werden.

21.1 Das Protokoll

Bevor wir aber in die Praxis einsteigen, wollen wir einen kurzen Blick auf das von SSH verwendete Protokoll werfen. Eigentlich gibt es »das Protokoll« bei SSH nicht, man unterscheidet zwei zueinander inkompatible Varianten: das SSH-Protokoll 1 und das SSH-Protokoll 2.

21.1.1 SSH-Protokoll 1

Version 1 benutzt das bekannte RSA-Protokoll zum Schlüsselaustausch und setzt dann für die eigentliche Kommunikation die symmetrischen Verfahren 3DES, Blowfish oder auch IDEA ein. Ursprünglich war auch noch RC4 vorgesehen, das aber aufgrund von Problemen bezüglich der Implementierung nicht genutzt wird. Auch wird IDEA zumindest von OpenSSH nicht verwendet, da dieser Algorithmus in einigen Ländern Patenten unterliegt und seine Verwendung in freier Software somit problematisch ist.

Bekannte Probleme — Das große Problem bei Protokoll 1 ist allerdings der einfache CRC-Algorithmus zur Prüfsummenberechnung. Von diesem ist nämlich bekannt, dass er diverse Angriffe wie zum Beispiel das Einfügen von Daten in die verschlüsselte Kommunikation erlaubt. Auch wenn über die Jahre mehrere Fixes und Workarounds dieses Problem eingegrenzt haben, ist im Allgemeinen doch die neuere Variante 2 dem Protokoll 1 vorzuziehen.

21.1.2 SSH-Protokoll 2

Version 2 des SSH-Protokolls wurde entwickelt, um erstens das Problem mit dem anfälligen CRC-Algorithmus zu lösen und zweitens das damals noch aktuelle Patentproblem bezüglich RSA zu umgehen. Diese Patente sind aber mittlerweile ausgelaufen, und so kann RSA auch von jedermann ohne Einschränkung genutzt werden. Trotz alledem nutzt das Protokoll Version 2 die patentrechtlich absolut freien Algorithmen DSA und DH. Außerdem wurde das CRC-Problem durch die Verwendung eines HMAC-Algorithmus gelöst. Davon abgesehen kann man mit der Version 2 auch noch eine Vielzahl weiterer symmetrischer Algorithmen nutzen.

21.2 Konfiguration eines OpenSSH-Servers

Viele Unix-Systeme haben bereits einen SSH-Server vorinstalliert, und im Fall der weit verbreiteten Unix-Derivate Linux, Free-, Net- und OpenBSD handelt es sich meist um OpenSSH. Aus diesem Grund wollen wir im Folgenden eine typische Konfigurationsdatei (meist in */etc/ssh/sshd_config* gespeichert) auszugsweise behandeln und entsprechend kommentieren.

/etc/ssh/sshd_config

Schauen wir uns also den ersten Teil der Konfiguration an:

```
# What ports, IPs and protocols we listen for
Port 22
# Use these options to restrict which interfaces/
# protocols sshd will bind to
#ListenAddress ::
#ListenAddress 0.0.0.0
```

Listing 21.1 Netzwerkeinstellungen

Hier legt man fest, auf welchem Port und gegebenenfalls auf welcher Adresse der SSH-Server Verbindungen entgegennehmen soll. Laut IANA ist Port 22 für SSH reserviert, manchmal ist es jedoch sinnvoll, einen anderen Port für den Dienst zu wählen.

Die meisten Port-Scanner suchen nämlich alle (privilegierten) Ports unterhalb von 1024 sowie eben die durch die IANA festgelegten »Known Ports« ab. Wählt man nun einen entsprechend »hoch« gelegenen Port, der auch nicht in der */etc/services* auftaucht, hat man relativ gute Chancen, unentdeckt zu bleiben. Dies ist natürlich noch keine Sicherheit im eigentlichen Sinne, aber man muss Hacker ja nicht mutwillig provozieren, wenn man diesen Dienst schon anbieten will oder muss.

Security by Obscurity

```
Protocol 2
# HostKeys for protocol version 2
HostKey /etc/ssh/ssh_host_rsa_key
HostKey /etc/ssh/ssh_host_dsa_key
```

Listing 21.2 Protokolleinstellungen

Im Folgenden kann man festlegen, welche Protokollversionen unterstützt werden sollen. Das Beispiel aus dem vorhergehenden Listing beschränkt sich auf Version 2, aber theoretisch könnte man über die Direktive »1,2« auch beide Versionen unterstützen. Außerdem können hier die Dateien zur Ablage der privaten Schlüssel des Systems angegeben werden.

Unterstützte Protokollversionen

```
#Privilege Separation is turned on for security
UsePrivilegeSeparation yes

# ...but breaks Pam auth via kbdint, so we have to
# turn it off Use PAM authentication via keyboard-
# interactive so PAM modules can properly interface
# with the user (off due to PrivSep)
#PAMAuthenticationViaKbdInt no
# Lifetime and size of ephemeral version 1 server key
KeyRegenerationInterval 3600
ServerKeyBits 768

# Logging
SyslogFacility AUTH
LogLevel INFO
```

Listing 21.3 Sicherheitseinstellungen

Eine recht wichtige Option ist `UsePrivilegeSeparation`, die nach dem erfolgreichen Einloggen die Kommunikation über einen Kindprozess des Servers laufen lässt, der mit den Rechten des eingeloggten Users gestartet wird. Außerdem können die Anzahl der Bits des Serverschlüssels vorgegeben sowie die Einstellungen für den `syslogd` vorgenommen werden.

```
# Authentication:
LoginGraceTime 600
PermitRootLogin yes
StrictModes yes

RSAAuthentication yes
PubkeyAuthentication yes
#AuthorizedKeysFile     %h/.ssh/authorized_keys
```

Listing 21.4 Authentifizierung

Methoden der Authentifizierung

Die Zahl nach `LoginGraceTime` gibt an, nach wie vielen Sekunden die Verbindung vom Server her getrennt wird, falls sich der Benutzer nicht korrekt einloggen konnte. In der nächsten Zeile erlaubt dann per `PermitRootLogin` das Login des Superusers über SSH.

Bis auf einige Ausnahmefälle ist es nämlich unnötig und damit ein potenzielles Sicherheitsrisiko, dass sich `root` remote einloggen kann. Schließlich kann sich ein Administrator als ganz normaler Benutzer einloggen und dann per `su` oder `sudo` seine Aufgaben erledigen.

Über die Direktiven `RSAAuthentication` und `PubkeyAuthentication` lässt sich jeweils die Möglichkeit des Einloggens über ein asymmetrisches Schlüsselpaar für SSH-Protokoll 1 beziehungsweise SSH-Protokoll 2 ein- und ausschalten.

```
#rhosts authentication should not be used
#RhostsAuthentication no
#Don't read the user's ~/.rhosts and ~/.shosts files
IgnoreRhosts yes
#For this to work you will also need host keys in
#/etc/ssh_known_hosts
RhostsRSAAuthentication no
#similar for protocol version 2
HostbasedAuthentication no
#Uncomment if you don't trust ~/.ssh/known_hosts for
#RhostsRSAAuthentication
#IgnoreUserKnownHosts yes
```

Listing 21.5 Rhosts

In diesen Zeilen wird unter anderem festgelegt, dass die Dateien *.rhosts* und *.shosts* im Home-Verzeichnis der Benutzer nicht für eine eventuell mögliche hostbasierte Authentifizierung verwendet werden. Da diese Authentifizierung an sich schon problematisch ist, sollte man diese Optionen, wie schon per Default festgelegt, besser nicht nutzen.

```
#To enable empty passwords, change to yes (NOT RECOMMENDED)
PermitEmptyPasswords no

#Uncomment to disable s/key passwords
#ChallengeResponseAuthentication no

#To disable tunneled clear text passwords, change to no here!
PasswordAuthentication yes
```

Listing 21.6 Passwörter

Im ersten Abschnitt aus dem obigen Listing verbieten wir nun leere Passwörter und schalten gleichzeitig die Möglichkeit ein, sich mit einem Passwort einzuloggen. Würde man dagegen `PasswordAuthentication` auf `no` setzen, könnte man sich immer noch über Public-Key-Verfahren einloggen.

```
X11Forwarding no
X11DisplayOffset 10
PrintMotd no
#PrintLastLog no
KeepAlive yes
```

```
#UseLogin no

#MaxStartups 10:30:60
#Banner /etc/issue.net
#ReverseMappingCheck yes

Subsystem       sftp    /usr/lib/sftp-server

UsePAM yes
```

Listing 21.7 ... und der Rest

X11 Forwarding
Im letzten Teil der Konfigurationsdatei können wir einstellen, ob der SSH-Server X11-Forwarding unterstützen soll. Haben der Server und der Client[2] beide dieses Feature aktiviert, so kann man per `ssh` auf dem Server ausgeführte X11-Anwendungen auf dem Client als Fenster darstellen und bedienen.

> Mit anderen Worten: So ist durch das mögliche *Tunneln* grafischer Anwendungen über den verschlüsselten SSH-Zugang eine komplette und vor allem auch sichere Remote-Administration von Unix-Servern möglich.

Des Weiteren wird auch das bereits erwähnte `sftp`-Subsystem aktiviert und die Nutzung des PAM-Systems zur Verifikation des Logins erlaubt.

Ein SSH-Server bietet also vor allem sicherheitsrelevante Einstellungen, auf die wir uns im letzten Abschnitt konzentriert haben. Sämtliche Informationen (auch zu den von uns ausgeklammerten Direktiven) finden Sie auch in der Manpage von `sshd_config(5)`.

21.3 SSH nutzen

Nachdem wir unseren Server konfiguriert haben, wollen wir einen Blick auf die vielfältigen Möglichkeiten werfen, die uns SSH bietet.

21.3.1 Remote-Login

Eines der wichtigsten Features ist das Remote-Login. Dazu gibt es zwei Möglichkeiten: Zum einen kann man unter Unix-Systemen den Kommandozeilen-Client `ssh` nutzen, zum anderen bietet sich unter Windows-Systemen ein Tool wie PuTTY an.

---

2 Um das X11-Forwarding beim Client zu aktivieren, muss entweder in dessen Konfigurationsdatei die Option ebenfalls aktiviert oder alternativ das `ssh`-Kommandozeilenprogramm mit dem Parameter `-X` gestartet werden.

Das ssh-Tool gehört zum Inventar eines jeden Unix-Administrators – Sie müssen es einfach kennen. Der Aufruf des Programms selbst ist sehr einfach:

In Aktion: ssh

```
ploetner@elbs:~$ ssh root@192.168.128.171
Password:
Last login: Mon Apr 26 16:57:14 2004
ldap-server:~#
```

Listing 21.8 Kommandozeilen-ssh unter Unix

In diesem Beispiel haben wir uns also von unserem aktuellen System elbs aus, auf dem wir mit der Benutzerkennung ploetner eingeloggt sind, mit dem Rechner mit der IP-Adresse 192.168.128.171 verbunden und uns dort als der Superuser root eingeloggt.

[zB]

Auch wurde die uns von der Konfiguration her bekannte PasswordAuthentication genutzt, die jedem Unix-Benutzer vom normalen Login-Vorgang her geläufig sein sollte. Zudem musste beim Server für diese Aktion die Option PermitRootLogin auf yes gesetzt sein, damit wir uns erfolgreich als Superuser einloggen konnten.

21.3.2 Secure Copy

Oft muss man zwischen Servern auch Dateien austauschen, was ohne entsprechende Dienste recht aufwendig und schnell auch unsicher werden kann. Aus diesem Grund kann man für diese Aufgabe sinnvollerweise auch den SSH-Zugang nutzen, so dass man nicht zu viele selten benötige Dienste pflegen muss und die Daten auch sicher kopieren kann.

Von welchem Unix-System aus Sie auch arbeiten, die benötigten Client-Programme werden in 99 % aller Fälle bereits installiert sein. Dies gilt auch für scp, das ähnlich wie das bekannte cp-Kommando Dateien kopieren kann. Zusätzlich können Dateien per SSH von Servern geholt beziehungsweise auf Server kopiert werden, was sinnvoll ist. Dazu muss nur die Syntax von cp bezüglich Quelle und Ziel entsprechend angepasst werden:

Dateien über SSH kopieren

```
$ scp user@host:quelle ziel
```

Listing 21.9 Dateien holen

```
$ scp quelle [quelle2 ...] user@host:ziel
```

Listing 21.10 Dateien senden

Genau wie cp kann auch scp rekursiv Verzeichnisse kopieren oder Wildcards wie »*« oder »?« nutzen, die dann auf dem entfernten Rechner aufgelöst werden.

```
$ scp jploetner@172.20.2.1:~/Projekte/*.PNG .
Password:
pscp.PNG                    100%   53KB   53.2KB/s   00:00
PuTTYgen.PNG                100%   61KB   61.4KB/s   00:00
PuTTY_term.PNG              100%   53KB   52.7KB/s   00:00
PuTTY_X11.PNG               100%   63KB   62.8KB/s   00:00
$
```

Listing 21.11 Dateien kopieren mit Wildcards

21.3.3 Authentifizierung über Public-Key-Verfahren

RSA in der Praxis

Im Folgenden wollen wir uns mit den bereits angesprochenen Public-Key-Verfahren zur Authentifizierung beim SSH-Server beschäftigen. Bevor man irgendwelche öffentlichen und privaten Schlüssel nutzen kann, muss man diese erst einmal erstellen.

Dazu dient das Kommando `ssh-keygen`, dem man über den Parameter `-t` den Algorithmus angeben muss, mit dem wir das Schlüsselpaar später nutzen wollen.

```
cvs@ploetner:~$ ssh-keygen -t rsa
Generating public/private rsa key pair.
Enter file in which to save the key (~/.ssh/id_rsa):
Enter passphrase (empty for no passphrase):
Enter same passphrase again:
Your identification has been saved in ~/.ssh/id_rsa.
Your public key has been saved in ~/.ssh/id_rsa.pub.
The key fingerprint is:
df:4e:09:cc:33:02:0a:7f:30:9b:10:79:24:3d:e3:86 cvs@ploetner
cvs@ploetner:~$
```

Listing 21.12 Erstellung eines Schlüsselpaares mittels ssh-keygen

Im Allgemeinen wird man sich wohl zwischen RSA und DSA entscheiden. Im Beispiel haben wir uns für das Ihnen bereits bekannte RSA-Verfahren entschieden. Nach der Erzeugung des Schlüsselpaares fragt das Programm, in welcher Datei der erzeugte Schlüssel gespeichert werden soll. Meistens ist die Vorgabe */.ssh/id_rsa* beziehungsweise */.ssh/id_dsa* sinnvoll, es sei denn, man möchte den Schlüssel nicht für den aktuellen User auf diesem System generieren.

Als Nächstes wird nach einer Passphrase gefragt. Diese wäre das Äquivalent zu einem ganz normalen Benutzerkennwort, da der private Schlüssel mit ihr verschlüsselt wäre, müsste also bei jeder Benutzung des Schlüssels angegeben werden. Da wir uns aber gänzlich ohne Passwort einloggen möchten – und demzufolge ganz auf die Sicherheit und Integrität des privaten Schlüssels vertrauen –, geben wir keine Passphrase an.

Die Schlüsseldateien

Es wurden also zwei wichtige Dateien erstellt:

- **/.ssh/id_rsa**
  In dieser Datei liegt der private Schlüssel. Normalerweise ist er – sofern nichts anderes angegeben wurde – bei RSA und DSA 1024 Bit lang, kann aber durch die Option -b auch verlängert werden. Wurde der Schlüssel nicht über eine Passphrase mit 3DES verschlüsselt, sollte man strengstens darauf achten, dass diese Datei von niemandem gelesen werden kann.

  ```
  cvs@ploetner:~$ ls -l .ssh/id_rsa
  -rw-------   1 cvs    cvs    887 Jul  3 11:28 .ssh/id_rsa
  ```

  Listing 21.13 Der private Schlüssel bei RSA: id_rsa

  Im Falle einer Kompromittierung wären nämlich alle Systeme, auf die man von diesem User-Account aus über den Schlüssel Zugriff hätte, ebenfalls offen.

- **/.ssh/id_rsa.pub**
  Diese Datei enthält den öffentlichen Schlüssel unseres Schlüsselpaares, den wir im Folgenden auf den Servern verteilen müssen, auf denen wir uns später ohne Passwort einloggen wollen.

Dazu hängen wir mit *ssh* und *scp* den Inhalt von *id_rsa.pub* an die Datei *authorized_keys* im *.ssh*-Verzeichnis des Benutzeraccounts auf dem Server an, auf dem wir uns nachher so problemlos einloggen möchten. In vielen Fällen müssen wir vorher aber erst noch besagtes Verzeichnis auf dem Rechner anlegen, bevor wir die Datei schließlich kopieren können:

```
cvs@ploetner:~$ ssh root@192.168.128.171
The authenticity of host 'ldap-server           \
  (192.168.128.171)' can't be established.
RSA key fingerprint is                          \
  9e:00:79:9f:de:53:c2:27:2a:9b:4d:b6:eb:1e:b3:cc.
Are you sure you want to continue connecting
(yes/no)? yes
Warning: Permanently added '192.168.128.171' (RSA) \
  to the list of known hosts.
Password:
Last login: Wed Jun 30 10:48:50 2004 from elbs
ldap-server:~# mkdir .ssh
ldap-server:~# scp cvs@ploetner:~/.ssh/id_rsa.pub .
Password:
```

```
id_rsa.pub                100%  222     0.2KB/s   00:00
ldap-server:~# cat id_rsa.pub >> .ssh/authorized_keys
ldap-server:~# exit
logout
```

Listing 21.14 Den öffentlichen Schlüssel aktivieren

Dazu loggen wir uns zuerst per SSH auf dem Server ein und erstellen per `mkdir` das entsprechende Verzeichnis. Schließlich kopieren wir mit `scp` den Schlüssel zuerst in das aktuelle Verzeichnis.

Da durchaus mehrere öffentliche Schlüssel *autorisierte* Schlüssel sein können, wollen wir die */.ssh/authorized_keys* nicht einfach überschreiben, sondern wir hängen den Inhalt der Schlüsseldatei mittels `cat` und Ausgabeumleitung an die Datei an.

Sicheres Login ohne Passwort

Im Folgenden testen wir, ob die Authentifizierung ohne Passwort funktioniert:

```
cvs@ploetner:~$ ssh root@192.168.128.171
Last login: Wed Jun 30 11:58:03 2004 from ploetner
ldap-server:~#
```

Listing 21.15 Passwortloses Login über Public-Key-Authentifizierung

Eine solche Authentifizierung über Public-Key-Verfahren ist besonders beim Einsatz von Diensten und Skripten sinnvoll, die sich ohne Benutzermitwirkung automatisch auf fremden Systemen einloggen sollen.

Achtung auf fremden Systemen

Damit das Ganze wie in dem eben vorgestellten Beispiel funktioniert, muss auf dem Server die bereits erläuterte `PubkeyAuthentication`-Option gesetzt sein.[3] Außerdem ist zu beachten, dass die Sicherheit bei einem Schlüssel ohne Passphrase allein darauf beruht, dass *niemand* außer dem betreffenden Benutzer Zugriff auf diesen Schlüssel hat.

Sicherheitsprobleme

Daraus ergeben sich natürlich Implikationen für Systeme, auf denen Sie kein Vertrauen in den Systemadministrator haben können – und dazu gehören unter Umständen auch Benutzer mit eingeschränkten `sudo`-Rechten. Schließlich kann `root` uneingeschränkt auf alle Dateien zugreifen, selbst wenn er formal in der Unix-Rechtemaske keine Rechte hat.

> Achten Sie also darauf, von unsicheren Systemen aus niemals mit privaten Schlüsseln ohne Passphrase zu arbeiten.

---

[3] Wir haben also bisher immer implizit das SSH-Protokoll Version 2 genutzt, wie Sie vielleicht bereits an dem verwendeten Verfahren (DSA) gemerkt haben.

Diese Anmerkungen betreffen natürlich nicht die Datei *authorized_keys* und den öffentlichen Schlüssel. Wenn Sie das Prinzip der asymmetrischen Kryptografie verstanden haben, dann ist Ihnen dieser Fakt auch ganz klar: Die Authentifizierung gelingt nämlich immer nur in einer Richtung, sie ist nicht bidirektional. Mit anderen Worten: Sie müssen zwei Schlüsselpaare erstellen, wenn Sie mit Public-Key-Authentifizierung von System A auf System B *und* von System B auf System A zugreifen wollen.

> Die *authorized_keys*-Datei sollte allerdings immer nur für den Besitzer der Datei schreibbar sein, da sich sonst jeder User, der Schreibrechte auf diese Datei besitzt, Zugriff auf den Account verschaffen kann.

21.3.4 Secure File Transfer

Ist das `sftp`-Subsystem (*SSH File Transfer Protocol* auf dem SSH-Server aktiviert, so kann man FTP-ähnliche Dateitransaktionen über eine SSH-Verbindung laufen lassen. Man braucht dazu nichts weiter als das Programm `sftp`, das Bestandteil der Open-SSH-Distribution ist. Einmal verbunden, kann man alle bereits vom normalen Konsolen-`ftp` her bekannten Befehle nutzen:

Ersatz für FTP

```
$ sftp ploetner@comrades.are-crazy.org
Connecting to comrades.are-crazy.org...
sftp> ls
.              ..             .alias         .bash_history  .bash_profile
.bashrc .cshrc     .ssh
sftp> get .bash_profile
Fetching /home/ploetner/.bash_profile to .bash_profile
~/.bash_profile              100%   704   0.7KB/s   00:01
sftp> exit
```

Listing 21.16 SFTP-Sitzung mit Public-Key-Authentication

21.3.5 X11-Forwarding

Damit Sie Ihre Administration von Unix-Servern perfektionieren können, wollen wir noch die Benutzung des X11 Forwarding erläutern. Mit diesem Feature können bekanntlich auf dem Server ausgeführte X-Anwendungen auf dem Client in einem Fenster dargestellt werden. Damit dies serverseitig überhaupt funktionieren kann, muss die Option `X11Forwarding` in der Datei */etc/ssh/sshd_config* aktiviert (»yes«) sein.

Entfernte Fenster

Auf der Client-Seite benötigt man nur einen laufenden X-Server, also reicht zum Beispiel eine ganz normale KDE- oder GNOME-Sitzung des Benutzers, der auch den `ssh`-Befehl ausführt,[4] vollkommen aus. Clientseitig kann man das Forwarding entweder über die */.ssh/config* ähnlich wie in der *sshd_config* anschalten oder es explizit über die Kommandozeilenoption `-X` aktivieren.

Anschließend kann man auf dem Server einfach über ein `xterm &` versuchen, ein grafisches Terminal zu starten. Ist die Applikation auf dem Server installiert, sollte sich nun auf dem Desktop ein Fenster mit der Applikation öffnen. Dieses kann nun ohne Einschränkungen bedient werden. Vor allem für grafische Administrationstools wie `YaST2` auf SUSE-Linux-Servern ist dieses Feature äußerst sinnvoll, da es nun wirklich keinen Grund mehr gibt, einen Server permanent mit Bildschirm und Tastatur auszustatten.

21.3.6 SSH-Port-Forwarding

Wie Sie bisher gesehen haben, stellt SSH bereits eine ganze Reihe nützlicher Dienste für die Remote-Administration von Unix-Servern bereit. Es gibt auch den Fall, dass man eine unverschlüsselte Kommunikation über eine unsichere Leitung übertragen muss oder aufgrund von Firewall-Regeln an bestimmte Ports nicht direkt herankommt.

Dienste tunneln

Um so ein Problem zu lösen, gibt es die sogenannten *SSH-Tunnel*. Zur Errichtung eines SSH-Tunnels verbindet man sich ganz normal mit einem SSH-Server, der dann zu Ihrem gewünschten Kommunikationspartner eine Verbindung aufbaut. Diese Verbindung wird anschließend über die von Ihnen gestartete SSH-Sitzung zu einem Port auf Ihrem lokalen Rechner weitergeleitet. Verbinden Sie sich nun zum Beispiel mittels eines Webbrowsers oder eines beliebigen anderen Programms mit eben diesem lokalen Port auf Ihrem Rechner, so kommunizieren Sie indirekt über die verschlüsselte SSH-Verbindung – also über den Umweg über den SSH-Server – mit Ihrem Kommunikationspartner.

Einen Tunnel richtet man unter Linux wie folgt ein:

```
$ ssh -f -N -C -L 8888:rechner:6667 -l user ssh-server
```

Listing 21.17 Einen Tunnel aufbauen

Dieser Aufruf bewirkt Folgendes:

---

4 Normalerweise kann nur der Benutzer auf den X-Server zugreifen, der ihn auch gestartet hat. Wollen Sie zum Beispiel als `root` ein Fenster auf einem Display öffnen, das `jploetner` geöffnet hat, so wird das ohne Weiteres nicht funktionieren. Demzufolge würde auch in diesem Fall ein von `root` versuchtes `ssh` mit X11 Forwarding fehlschlagen, da er keinen Zugriff auf den Desktop bekommt.

- **-f**
  Nach dem erfolgreichen Verbindungsaufbau *forkt*[5] sich SSH in den Hintergrund, so dass die Shell nicht weiter blockiert wird.

- **-N**
  SSH führt nach einer erfolgreichen Verbindung auf der Gegenseite kein Kommando aus – wir wollen ja nur die Port-Weiterleitung.

- **-C**
  Die Verbindung wird komprimiert, damit der Datentransfer beschleunigt wird.

- **-L 8888:rechner:6667**
  Öffnet uns den lokalen Port 8888, der dann über den Tunnel mit dem Port 6667 auf `rechner` verbunden ist. Die Strecke zwischen den beiden Systemen wird mit SSH bis zu unserem SSH-Server getunnelt und läuft ab dort unverschlüsselt weiter.

- **-l user**
  Wir loggen uns auf dem SSH-Server mit dieser Benutzerkennung ein.

- **ssh-server**
  Wir verbinden uns, um den Tunnel aufzubauen, mit dem SSH-Port dieses Systems. Von dort wird dann die Verbindung zu dem im Parameter `-L` angegebenen System aufgebaut.

Jetzt müssen wir, um die verschlüsselte Verbindung zu nutzen, unserem Client-Programm nur noch sagen, dass wir statt mit `rechner:6667` mit `localhost:8888` sprechen wollen. Ein `netstat -tcp` sollte uns dann eine Verbindung zum `localhost`-Port 8888 und eine Verbindung zum `ssh-server` auf den SSH-Port anzeigen.

Als normaler Benutzer können Sie unter Unix keinen der sogenannten privilegierten Ports unterhalb von 1024 belegen, da diese `root` vorbehalten sind. Wählen Sie lieber einen noch nicht belegten höheren Port.

21.4 Zusammenfassung

SSH ist eines der besten und sichersten Tools zur Remote-Administration. Es kann sowohl als Ersatz für Telnet und die R-Dienste als auch als Alternative zum FTP-Dienst dienen. Weitere Kern-Features von SSH sind verschlüsselte Datenübertragung und Tunneling.

---

5 Mehr zum Thema *forking* erfahren Sie in Abschnitt 5.3.2.

21.5 Aufgaben

Schlüssel anlegen

Erzeugen Sie für sich einen lokalen Schlüssel mittels `ssh-keygen`, und testen Sie dabei unterschiedliche Verfahren und Schlüssellängen aus. Verteilen Sie den Public Key auf andere Systeme, und loggen Sie sich entsprechend ein.

Sicherheitsfragen

Auf welchen Systemen sollten Sie solche Schlüssel überhaupt erzeugen beziehungsweise speichern? Wo könnte es Probleme geben? Denken Sie nicht nur an das im Text vorgestellte Beispiel.

Eine Berechtigung für Telnet

Wieso möchte man den Telnet-Client trotz des flächendeckenden Einsatzes von SSH manchmal doch gern auf dem eigenen System installiert haben?

TEIL V
Die grafische Oberfläche

*»Wenn du den Wert des Geldes kennenlernen willst,
versuche, dir welches zu leihen.«*
– Benjamin Franklin

22   Die grafische Oberfläche

Es ist zwar ganz nett, eine Konsole zu haben, und eventuell ist es auch nett, damit zu arbeiten, aber ohne grafische Oberfläche läuft heute kein Arbeitsplatzrechner und kein heimischer PC mehr. Das hat natürlich viele Gründe – etwa den, dass man mit einem Textbrowser wie `lynx` nicht vernünftig browsen kann, keine Bilder ansehen kann, auf ausgefallene Textformatierung verzichten muss, weil einem nur ASCII-Text zur Verfügung steht, und so weiter.

In diesem Kapitel soll es also darum gehen, unter Linux und BSD eine grafische Oberfläche einzurichten. Natürlich gibt es diverse Distributionen und Installationsprogramme, die diese Arbeit bereits für Sie übernehmen – wir aber wollen uns hier auf den harten Weg konzentrieren: den Weg von Hand, der überall funktioniert. Eine automatische Installationsroutine hat ja nicht umsonst das Prädikat *automatisch* und bedarf daher keiner Beschreibung. Und wenn es doch etwas gibt, das man bei solchen Routinen selbst entscheiden muss, so kann dies in der Regel intuitiv erfolgen. Unter Linux und BSD wird die grafische Oberfläche durch das sogenannte X-Window-System implementiert, das auch X11 oder X11R7 genannt wird.

Doch bevor wir uns nun mit der Funktionsweise dieser Implementierung auseinandersetzen, sei noch eines gesagt: Das X-Window-System ist eine Anwendersoftware und – anders als Windows – kein komplettes Betriebssystem. Das X-Window-System kann vollständig vom Rest des Systems abgekoppelt oder durch ein anderes Window-System ersetzt werden.

22.1   Geschichtliches

Das Massachussetts Institute of Technology (kurz MIT) entwickelte im Rahmen des Athena-Projekts in Zusammenarbeit mit DEC (später DIGITAL, inzwischen zerschlagen) und IBM Mitte der 80er Jahre das X Window System. Aus der Idee, eine netzwerktransparente grafische Oberfläche zu erstellen, wurde 1986 schließlich der Standard X10R4 (X Window System Version 10, Release 4) entwickelt.

Das vom MIT ins Leben gerufene X Consortium befasste sich in den darauffolgenden Jahren mit der Weiterentwicklung des Systems. So wurden ab September 1987, beginnend mit X11R1 bis zu X11R5 (1991), im Jahresrhythmus jeweils neue Versionen veröffentlicht.

1992 entschloss man sich zur Gründung der X Consortium, Inc. Das Konsortium war eine Non-Profit-Gesellschaft mit dem Ziel, die Weiterentwicklung des X-Window-Systems voranzutreiben. Aus ihren Entwicklungen entstand die Version X11R6, die noch bis heute Verwendung findet. Am 31. Dezember 1996 übertrug das X Consortium die Rechte an X an die Open Software Foundation (später in The Open Group aufgegangen).

Aus genannter Foundation ging das XFree86-Projekt hervor. Dort wurde zwar vor allem an der Entwicklung eines X-Window-Systems auf Intel-Plattformen gearbeitet, doch aufgrund seines modularen Designs ist X11 mittlerweile in sehr vielen Umgebungen verfügbar, wozu auch Mac OS X zählt. 2004 übernahm schließlich X.Org die Weiterentwicklung des X-Window-Systems.

Wesentliche Beiträge zur Popularität und damit geschichtliche Bedeutung haben auch die Entwicklung einiger Window-Manager und Desktops (hauptsächlich KDE und GNOME), auf die wir im nächsten Kapitel eingehen werden.

Die herausragende Eigenschaft des X11-Standards ist sicherlich die Netzwerktransparenz, die es bei Windows oder anderen Systemen so nicht gibt. Sie können unter X11 nämlich ein Programm auf einem Rechner starten und die grafische Ausgabe (»das Fenster«) auf einem anderen Rechner im Netzwerk sehen und damit arbeiten. Nichts anderes bedeutet das Wort Netzwerktransparenz.[1]

22.2 Und so funktioniert's

Nun werden wir uns etwas genauer mit der Funktionsweise des X-Window-Systems auseinandersetzen. Dazu sei zunächst gesagt, dass X11 client/server-basiert ist.

22.2.1 Client, Server, Protokoll

Der X-Server kümmert sich um die Steuerung der Geräte, etwa um die Maus- und Tastatureingabe und die Bildschirmausgabe des Rechners, an dem der Anwender arbeitet.

---

[1] Korrekterweise sei angemerkt, dass es solche Features über spezielle Software auch für Windows gibt.

Einen X-Client hingegen findet man in Form eines X11-Programms, etwa eines grafischen Terminals oder eines Textverarbeitungsprogramms. Diese Programme können auf Remote-Systemen oder lokal gestartet werden und kommunizieren dann mit dem jeweils gewünschten X-Server. Der X-Client sendet also beispielsweise seine Ausgabewünsche für den Bildschirm an den X-Server, der diese anschließend ausgibt. Der X-Server hingegen sendet beispielsweise die Tastatureingabe zur Verarbeitung an den X-Client. X-Server und X-Client kommunizieren dabei über das X-Protokoll, dessen Definition und Referenzimplementierung frei zugänglich sind.

hardwareunabhängig	X Client
	Toolkit
	X Lib

hardwareabhängig	X Server
	Grafikkarte

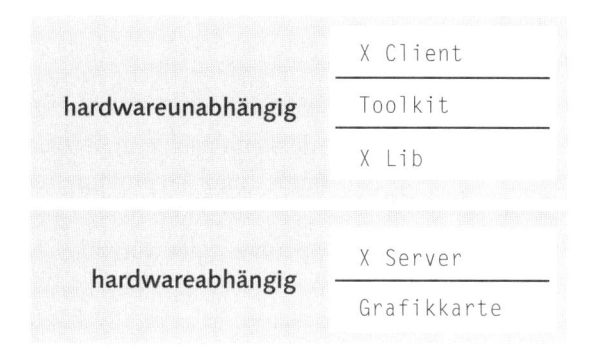

Abbildung 22.1 X-Window-System

Der X-Server läuft also auf der lokalen Workstation des Anwenders, und ein X-Client kann sowohl auf dem lokalen als auch auf einem beliebigen anderen System laufen.

Daher ist es nur logisch, dass die hardwareabhängigen Komponenten von den hardwareunabhängigen Komponenten des Systems getrennt sind.

22.2.2 Toolkit und XLib

Mit dem X-Window-System wird eine Bibliothek, die Xlib, ausgeliefert, mit der X11- Programme entwickelt werden können. Sie kümmert sich dabei um die Kommunikation mit dem X-Server. Da die Programmierung mit der Xlib jedoch etwas komplex ist, gibt es für eben diese Library verschiedene Toolkits wie Qt, GTK+ oder Tk, auf denen auch große Oberflächen wie KDE oder GNOME aufsetzen.

Man entwickelt daher Programme nicht direkt mit XLib, sondern mit der Abstraktionsebene der Toolkits. Dies spart Zeit und Quellcode und hält den Code übersichtlicher. Außerdem bringen die Toolkits mittlerweile eine ganze Reihe von Features mit, die man in der reinen Xlib nicht findet und erst in aufwendigem Code implementieren müsste.

Der Vorteil von Xlib und Toolkits besteht aber auch darin, dass sich weder Entwickler noch Anwender um die Kommunikation zwischen X-Client und X-Server kümmern müssen; die gesamte Kommunikation läuft transparent ab. Es macht keinen Unterschied, ob man eine Anwendung lokal oder von einem entfernten Rechner startet. Zudem können X-Clients aufgrund ihrer Hardwareunabhängigkeit hervorragend auf andere Systeme portiert werden.

Einen Einblick in die Programmierung mit der Xlib und dem GTK+-Toolkit erhalten Sie in [Wolf06A].

22.2.3 Wohin soll die Reise gehen?

Wenn nun ein X-Client auf einem Rechner gestartet wird, muss dieser wissen, mit welchem X-Server er kommunizieren soll. Dazu dient die Shellvariable DISPLAY. In ihr werden die Adresse des X-Servers, die Display-Nummer und die Nummer des virtuellen Desktops angegeben. Damit kann genau festgelegt werden, wo das bzw. die Anwendungsfenster angezeigt werden soll(en). Der Aufbau der Variablen hat dabei die Form Adresse:Display.Desktop:

```
$ echo $DISPLAY
192.168.0.3:0.0
```

Listing 22.1 DISPLAY-Variable

Dabei ist Display Nummer 0 immer das erste Display, und »0« ist auch immer der erste virtuelle Desktop. Möchte man sich nur mit dem lokalen X-Server verbinden, genügt es übrigens, die DISPLAY-Variable auf den Wert :0 zu setzen, also Adresse und virtuellen Desktop wegzulassen.

22.2.4 Zugriffskontrolle

Um wenigstens einen Hauch von Sicherheit in dieses Netzwerksystem zu bringen, wurde die Zugriffskontrolle auf dem X-Server implementiert. Damit verhindert man, dass fremde Rechner oder Benutzer den X-Server ansprechen können.

22.2.5 xhost

Die Zugriffskontrolle für X11 steuert man mit dem Programm xhost, das Bestandteil der Oberfläche ist. Ist man nämlich nicht unter den auserwählten autorisierten Hosts, bekommt man beim Versuch, einen X-Client zu starten, eine entsprechende Fehlermeldung von der Xlib.

```
Error: Can't open display: :0.0.
Xlib: connection to ":0.0" refused by server
```

Listing 22.2 Keine Rechte für X

Um einem Host den Zugriff auf den X-Server zu erlauben bzw. zu untersagen, genügt ein `xhost`-Aufruf mit dem + (erlauben) bzw. - (verbieten) vor dem Hostnamen, um die Autorisierung des X-Servers abzuändern.

```
# xhost +localhost
```

Listing 22.3 xhost

22.2.6 Benutzer und xauth

Wer aufgepasst hat, wird vielleicht bemerkt haben, dass hier nur ganze Hosts den Zugriff auf das System bekommen – oder eben nicht bekommen. Einzelne Benutzer können auf diese Weise nicht mit einer Autorisierung bedacht werden. Mittels Remote Procedure Calls (RPC) und NIS, das wir in Abschnitt 13.5 besprochen haben, ließe sich dieses Problem zwar beheben, aber auf diese Weise schösse man mit Kanonen auf Spatzen. Der Vollständigkeit halber sei gesagt, dass sich die Administration dann mit folgendem Befehl erledigt:

NIS

```
# xhost +nis:user@domain
```

Listing 22.4 xhost und NIS

Die Alternative zu `xhost` nennt sich `xauth` und erspart einem genau diesen Administrationsaufwand. Bei diesem System verfügt der Benutzer über einen oder mehrere Schlüssel, die in der Datei *~/.Xauthority* im Heimatverzeichnis eingetragen werden. Mit diesen Schlüsseln kann dann die Anmeldung am X-Server über verschiedene kryptografische Algorithmen wie etwa Triple DES erfolgen. Die Möglichkeiten, die Ihnen hierbei zur Verfügung stehen, finden Sie in der Manpage zu `Xsecurity` sowie in unserem Buch »Praxisbuch Netzwerksicherheit«. An dieser Stelle soll der Hinweis auf diese Möglichkeit genügen.

xauth

22.2.7 Terminals

Damit man auch unter X11 nicht auf die Shell verzichten muss, gibt es Software, die eine Shell in einem Anwendungsfenster ausführt. Die Eingaben werden dabei an die Shell weitergeleitet, und die Ausgaben der Shell werden im Anwendungsfenster ausgegeben. Solche Terminalsoftware gehört zu den wichtigsten Anwenderprogrammen unter X11.

Standardmäßig wird Xterm mit X11 ausgeliefert. Es gibt aber auch viele weitere Implementierungen anderer Entwickler, die zusätzliche Features wie eine nahtlose Integration in das jeweilige Desktopsystem oder einfach nur grafische Verschönerungen wie einen transparenten Hintergrund implementieren. Entsprechend bringen auch die Desktopsysteme KDE und GNOME ihre eigenen Terminals mit.

Dieser Abschnitt behandelt den Xterm, da dies zum Standardumfang des X-Window-Systems gehört. Für Desktopsysteme und weitere Anwendersoftware sind jeweils eigene Kapitel vorgesehen.

Xterm

Xterm ist das Standardterminal unter X11. Seine Funktionalität fällt dabei minimalistisch aus. Trotzdem kann diese Software – mit Ausnahme von mehreren Terminals in einem Fenster – alle wirklich wichtigen Anforderungen des Anwenders befriedigen.

Typischerweise übergibt man Xterm nicht allzu viele Parameter. Nützlich ist jedoch vor allem der Parameter `-e`. Er bewirkt, dass im Terminal ein bestimmtes Programm ausgeführt wird. Dies eignet sich unter anderem hervorragend zur Prozessüberwachung mit `top`: `xterm -e top`.

Ebenfalls beliebt sind die Parameter zur Farbkonfiguration, die mit `-bgcolor <Farbe>` für den Hintergrund und `-fgcolor <Farbe>` für den Vordergrund bestimmt werden können. Gültige Werte finden Sie in der Manpage zu xterm.[2]

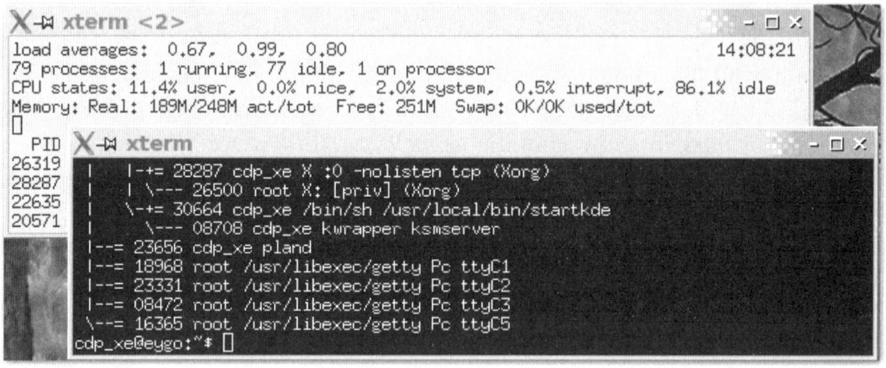

Abbildung 22.2 Xterm und Farben

---

[2] Hier dennoch einige Beispiele zum Ausprobieren: green, blue, black, lightblue, lightgreen, darkgreen, cyan3, gray90.

Die Konfiguration von Xterm kann aber auch ganz einfach via Mausklick erfolgen. Dazu drückt man die Taste **Strg** und dazu entweder

- die linke Maustaste, um die Hauptoptionen zu verändern (hierzu gehört auch das Senden von Signalen),

- die mittlere Maustaste für Optionen, die das virtuelle Terminal selbst betreffen (etwa das Ein- und Ausschalten des Rollbalkens), oder

- die rechte Maustaste für die Optionen zu Schrift und Zeichensatz (kleine Schriften, große Schriften, UTF-8-Unterstützung usw.).

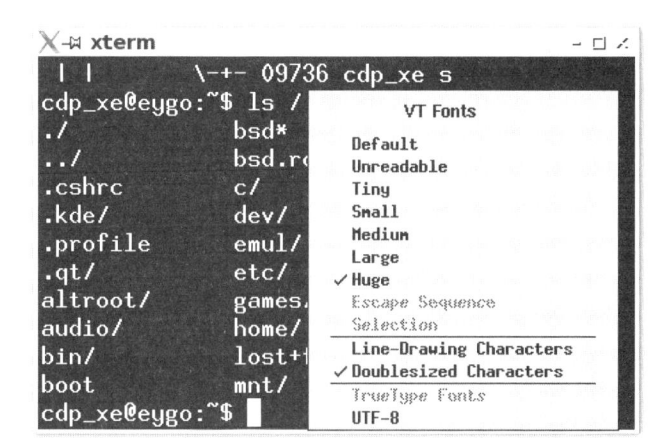

Abbildung 22.3 Xterm-Optionen

Weitere X11-Terminals

Neben dem Xterm gibt es noch weitere, bekannte Terminals wie die Konsole (KDE) oder Eterm. Beide unterstützen übrigens auch transparente Hintergründe.

22.3 Weitere Standardtools für X11

Keine Sorge, in den nächsten beiden Kapiteln werden wir Ihnen die moderneren grafischen Anwendungen wie OpenOffice.org vorstellen; doch hier möchten wir noch eine kleine Auflistung von uralt aussehenden Programmen bieten, auf die Sie praktisch immer Zugriff haben werden – und die eben darum nützlich sind. In aktuellen Linux-Büchern werden diese Programme zwar kaum mehr behandelt, aber wir bieten auch an dieser Stelle lieber zusätzliches Alternativwissen.

Aufruf mit	Kurzbeschreibung
xcalc	nützlicher Taschenrechner
xclock	eine grafische Uhr
xconsole	Gibt Logmeldungen des Systems aus.
xedit	ein sehr einfacher Texteditor
xkill	Beendet grafische Programme durch Anklicken.
xload	Zeigt die Systemlast grafisch als Verlauf an.
xmag	grafischer Zoom für Bildschirmausschnitte
xman	grafische Anzeige von Manpages
xterm	Terminal-Emulator, den wir in Abschnitt 22.2.7 besprochen haben
xwininfo	Gibt Informationen über das angeklickte Fenster auf der Konsole aus.

Tabelle 22.1 Standardprogramme unter X11 (Auswahl)

xkill ist ein sehr nützliches Programm, mit dem Sie »hängende« Programme abschießen können. Alternativ könnten Sie dazu aber auch kill von der Konsole aus nutzen. Generell können fast alle Programme durch Ihnen bereits bekannte Shellprogramme ersetzt werden: xcalc durch bc, xedit durch vi(m), xconsole durch tail -f /var/log/Logdatei und xload durch top.

22.4 Schnellstart

Es gibt zahlreiche Möglichkeiten, um X.Org zu konfigurieren. Neben den obligatorischen Kommandozeilenparametern gibt es zwei häufig genutzte Wege: Die klassische Konfigurationsdatei */etc/X11/xorg.conf* und sowie die automatische Konfiguration des X-Servers selbst.

Im Normalfall sollten Sie nach der Installation der meisten Distributionen automatisch eine grafische Oberfläche konfiguriert und nach dem Boot gestartet bekommen. Ist das nicht der Fall, können Sie einfach den folgenden Befehl ausprobieren:

```
$ startx
```

Listing 22.5 X11 starten

Im Normalfall sollten Grafikkarte, Bildschirm sowie die Eingabegeräte wie Maus und Tastatur auch bei einer leeren oder nicht vorhandenen Datei *xorg.conf* automatisch erkannt und korrekt konfiguriert werden. Nur wenn es an dieser Stelle Probleme gibt ist die manuelle Konfiguration notwendig.

Ob als Ausgangsbasis für eigene Modifikationen oder aus reiner Neugier kann man X direkt mit dem Parameter `-configure` starten. X legt dabei eine Datei *xorg.conf.new* im Homeverzeichnis des Benutzers an. Sie kann in der Folge angesehen und selbstverständlich auch mit einem normalen Editor angepasst werden. Wenn Sie Ihren X-Server mit der neuen Datei testen wollen, nutzen Sie den Schalter `-config ˜xorg.conf.new` – über diesen Schalter kann der Name der X11-Konfigurationsdatei auf einen anderen Ort geändert werden. Im Erfolgsfall sehen Sie je nach X-Version einfach einen schwarzen Bildschirm oder ein schwarz-weisses Raster mit einem großen schwarzen X als Mauscursor.[3]

Wenn Sie versuchen, diese Befehle bei *gestartetem* X11, d.h. unter einer grafischen Oberfläche, auszuprobieren, werden Sie eine Fehlermeldung bekommen, dass X bereits auf dem Display »0« aktiv ist. Hängen Sie in diesem Fall einfach ein »:1« an alle Befehle an, um den X-Server auf einem anderen Display zu starten. Mit den Tasten **Strg + Alt + F7** kommen Sie dann wieder zu Ihrer ursprünglichen Oberfläche zurück.[4] Brechen Sie den X-Server von der Shell aus einfach mit **Strg + C** wieder ab.

```
# X -configure [:1]
[...]
# X -config ˜xorg.conf.new -retro [:1]
[...]
Strg + C
```

Listing 22.6 Konfigurationsdatei erzeugen und X11 damit starten

Nachdem die Datei editiert und erfolgreich getestet wurde, sollte sie nach */etc/X11/xorg.conf* verschoben werden, damit sie bei nächsten Start von X automatisch geladen wird.

22.5 /etc/X11/xorg.conf

Betrachten wir nun die Konfigurationsdatei *xorg.conf* etwas näher. Bei älteren Versionen des X-Window-Systems (bspw. unter NetBSD) heißt diese Datei noch *XF86Config*. In beiden Fällen finden Sie sie im Verzeichnis */etc/X11*.

Die Datei ist in verschiedene Sektionen (*Sections*) aufgeteilt, die wir einzeln besprechen werden. Sektionen beginnen mit dem Schlüsselwort `Section`, gefolgt vom

---

[3] Wenn Sie nur schwarz sehen, probieren Sie zusätzlich den Schalter `-retro`, um zur klassischen Rasteransicht zu gelangen.
[4] Mit dieser Kombination wechseln Sie zwischen den virtuellen Konsolen. Da die Konsolen 1 bis 6 normalerweise mit entsprechenden Text-Modi vorbelegt sind, beginnen die X11-Displays bei 7 mit dem Display »0«. Das Display »1« erreichen Sie demzufolge wieder über **Strg + Alt + F8**.

jeweiligen Namen. Abgeschlossen wird sie durch das Schlüsselwort `EndSection`. Untergeordnete Sektionen (*SubSections*) werden mit dem Schlüsselwort `SubSection` eingeleitet und mit `EndSubSection` abgeschlossen.

[»] Wie in der Shell, so werden auch in dieser Datei Kommentare durch eine Raute (#) eingeleitet und reichen bis zum Ende einer Zeile. Wenn ein Schlüsselwort oder eine Sektion fehlt oder auskommentiert ist, wird X versuchen den Wert automatisch zu ermitteln oder andernfalls auf einen Default-Wert zurückgreifen.

22.5.1 Sektion »Module«

Das X-Window-System bietet die Möglichkeit, während des Startvorgangs Module dynamisch zu laden. Module sind dabei Erweiterungen der eigentlichen Grundsoftware, die nur bedingt Verwendung finden. Der Vorteil dieser Implementierung besteht darin, dass kein überflüssiger Erweiterungscode ausgeführt werden muss, den man nicht braucht bzw. benutzen will, man aber trotzdem auf keine Features verzichten muss. Zudem spart diese Modularität etwas Speicher, was aber nur historisch gesehen relevante Vorteile hatte. Module können durch SubSection-Optionen konfiguriert werden.

Die Funktion einzelner Module erfahren Sie in der X.Org-Dokumentation – in der Regel müssen Sie in dieser Sektion keine Änderungen vornehmen. Die einzige öfters auftretende Ausnahmesituation ist die, dass das Modul `glx` nicht geladen wird. Das Modul sorgt für die OpenGL-Unterstützung in X11. Viele Programme, etwa einige Extensions des MP3-Players XMMS, machen von OpenGL Gebrauch.

```
Section "Module"
    Load        "dbe"       # Double buffer extension

    SubSection  "extmod"
      Option    "omit xfree86-dga"
    EndSubSection

# This loads the font modules
    Load        "type1"
#   Load        "speedo"
    Load        "freetype"
#   Load        "xtt"

    Load        "glx"       # This loads the GLX module
#   Load        "dri"       # This loads the DRI module

EndSection
```

Listing 22.7 Module-Sektion

22.5.2 Sektion »Files«

In der Files-Sektion geht es darum, bestimmte Pfade mitzuteilen, in denen sich zum Beispiel Module, eine Farbdatenbank oder Schriftarten befinden. Normalerweise sind in dieser Sektion keine Veränderungen notwendig.

```
Section "Files"

    RgbPath       "/usr/X11R6/lib/X11/rgb"

    FontPath      "/usr/X11R6/lib/X11/fonts/misc/"
    FontPath      "/usr/X11R6/lib/X11/fonts/TTF/"
    FontPath      "/usr/X11R6/lib/X11/fonts/Type1/"
    FontPath      "/usr/X11R6/lib/X11/fonts/CID/"
    FontPath      "/usr/X11R6/lib/X11/fonts/75dpi/"
    FontPath      "/usr/X11R6/lib/X11/fonts/100dpi/"
    FontPath      "/usr/X11R6/lib/X11/fonts/local/"
#   FontPath      "/usr/X11R6/lib/X11/fonts/Speedo/"
#   FontPath      "/usr/X11R6/lib/X11/fonts/TrueType/"
#   FontPath      "/usr/X11R6/lib/X11/fonts/freefont/"
#   ModulePath "/usr/X11R6/lib/modules"
EndSection
```

Listing 22.8 Typische Files-Sektion

22.5.3 Sektion »ServerFlags«

In dieser Sektion wird das Verhalten der Oberfläche konfiguriert. Die jeweiligen Kommentare über den Optionen sowie die *xorg.conf*-Manpage verraten Ihnen, welche Funktion die einzelnen Optionen haben und welche zur Wahl stehen. Im Normalfall verändert man an dieser Sektion ebenfalls nichts.

22.5.4 Sektion »InputDevice«

Die InputDevice-Sektion behandelt die Eingabegeräte Maus und Tastatur. Für jedes Gerät muss eine einzelne »InputSection« definiert werden. Es können übrigens mehrere Tastaturen und Mäuse gleichzeitig konfiguriert werden.

Als InputDevice können beispielsweise auch Spaceballs oder Touchscreens konfiguriert werden. Unter X11 müssen Sie also keineswegs auf etwas verzichten. In Anhang C finden Sie einen Abdruck der vorkonfigurierten »InputDevice«-Sektionen für beide Hardwarekomponenten.

Tastatur

In der Keyboard-Sektion wird die zu verwendende Tastatur konfiguriert. Den Treiber, den man für die Tastatur verwenden möchte (dieser ist auch für die Tastenbelegung zuständig), kann man über `Driver` angeben. In der Regel bedarf es aber auch hier wieder keiner Änderung. Viel interessanter ist da schon die Auswahl der Tastatur. Wenn man beispielsweise doch 105 (`Option "XkbModelpc105"`) statt der geratenen 102 Tasten hat, kann man dies hier ändern. Außerdem lässt sich die eben erwähnte Tastenbelegung über die Option `XgbLayout` angeben. Für eine amerikanische Tastaturcodierung muss beispielsweise `us`, für die deutsche natürlich `de` angegeben werden.

```
Section "InputDevice"
    Identifier  "Keyboard1"
    Driver      "kbd"
    Option "AutoRepeat" "500 30"
    Option "XkbRules"   "xorg"
    Option "XkbModel"   "pc105"
    Option "XkbLayout"  "de"
EndSection
```

Listing 22.9 Typische »InputDevice«-Sektion

Maus

Es folgt die InputDevice-Sektion für die Maus. Zu beachten sind die Parameter wie der Treiber (`Driver`), das Protokoll (`Protocol`) und die Schnittstelle (`Device`) der Maus.

Dritte Maustaste emulieren — Für die bereits bei der Konfiguration angesprochene Emulation der dritten Maustaste kann die Option `Emulate3Buttons` aktiviert werden. Dazu wird ein gleichzeitiges Drücken der beiden Maustasten als ein Klick mit der dritten Maustaste interpretiert. Der Zeitraum, der zwischen den beiden Tastenklicks vergehen darf, um sie noch als Klick der dritten Maustaste zu interpretieren, wird mit `Emulate3Timeout` angegeben.

Mausrad — Die Benutzung eines Mausrades wird durch `ZAxisMapping` aktiviert.

```
Section "InputDevice"

# Identifier and driver
    Identifier  "Mouse1"
    Driver      "mouse"
    Option      "Protocol" "auto"
    Option      "Device" "/dev/input/mice"

#   Option "Emulate3Buttons"
```

```
#   Option "Emulate3Timeout"     "50"
    Option "ZAxisMapping" "4 5"
EndSection
```

Listing 22.10 InputDevice-Section

22.5.5 Section »Monitor«

Nun geht es an die Konfiguration des Monitors bzw. der Monitore. Später werden wir noch darauf zu sprechen kommen, X11 mit mehreren Monitoren gleichzeitig zu betreiben. Betrachten wir aber zunächst die Konfiguration des primären Monitors.

Angegeben werden hier lediglich der bereits erwähnte Identifier und die beiden Werte für die Horizontal- und Vertikalfrequenz des Monitors (HorizSync und VertRefresh). Die Angaben werden dabei generell in der Einheit (k)Hz interpretiert.

```
Section "Monitor"
    Identifier  "My Monitor"
    HorizSync   31.5 - 82.0 # kHz
    VertRefresh 50-90       # Hz
EndSection
```

Listing 22.11 Monitor-Section

22.5.6 Section »Device«

Nun folgt die Konfiguration der Grafikkarte. Sind mehrere Monitore vorhanden, so braucht man für diese oft mehrere Grafikkarten. Daher erlaubt Ihnen X11, auch mehrere Grafikkarten (jeweils repräsentiert durch eine Device-Section) zu konfigurieren.

```
Section "Device"
    Identifier  "Standard VGA"
    Driver      "vesa"
    BusID       "PCI:1:0:0"
EndSection
```

Listing 22.12 VGA-Karte

Die Bezeichnungen der einzelnen Attribute sprechen für sich. Der vesa-Treiber ist ein Kompatibilitätstreiber, der mit den meisten Grafikkarten funktionieren sollte. Der dann dargestellte Modus wird aber in Punkto Auflösung und Farbtiefe den heutigen Ansprüchen in der Regel micht mehr gerecht. In der Regel sollte man den zum Chipsatz passenden Treiber direkt auswählen, um ansprechende Ergebnisse zu erzielen:

```
Section "Device"
    Identifier  "Card0"
    Driver      "radeon"
    BusID       "PCI:1:0:0"
EndSection
```

Listing 22.13 Eine weitere Grafikkarte

[»] Sollten Sie mit VMware arbeiten, kann übrigens dessen eigener SVGA-Treiber verwendet werden, den Sie ebenfalls in der Grafikkartenauswahl während des Setups im Listing finden. Sie können aber auch einfach als Treiber vmware angeben und gegebenenfalls einen Blick in die zugehörige Manpage werfen.

22.5.7 Sektion »Screen«

In der vorletzten Sektion, »Screen«, wird die Bildschirmanzeige konfiguriert und einer Grafikkarte (Device) sowie einem Monitor (Monitor) zugeordnet.

Es gibt verschiedene Konfigurationen für eine Bildschirmanzeige. Diese sind von der Farbtiefe abhängig – in der Regel sind das die Werte 8, 16 und 24. Die standardmäßig beim Start zu verwendende Farbtiefe wird über DefaultDepth angegeben.

Für jede Farbtiefe gibt es wiederum eine Display-Subsection. In dieser wird primär festgelegt, welche Auflösungen verwendet werden sollen; die Standardauflösung sollte dabei zuerst aufgelistet sein.

Die folgende Grafikkarte wird also nach dem Start, wenn alles glattgeht, mit einer Farbtiefe von 24 Bits und einer Auflösung von 1280 x 1024 Pixel initialisiert.

```
Section "Screen"
    Identifier   "Screen 1"
    Device       "Card0"
    Monitor      "My Monitor"
    DefaultDepth 24

    Subsection "Display"
        Depth     8
        Modes     "1280x1024" "1024x768"
        ViewPort  0 0
    EndSubsection
    Subsection "Display"
        Depth     16
        Modes     "1280x1024" "1024x768"
        ViewPort  0 0
    EndSubsection
    Subsection "Display"
```

```
        Depth        24
        Modes        "1280x1024"
        ViewPort     0 0
    EndSubsection
EndSection
```

Listing 22.14 Screen-Sektion

22.5.8 Sektion »ServerLayout«

Die ServerLayout-Sektion hat die Aufgabe, alle Eingabe- und Ausgabedefinitionen zusammenzubinden, damit X11 letztlich auch weiß, welche Grafikkarte, welche Maus, welcher Monitor, welche Bildschirmanzeige und welche Tastatur überhaupt verwendet werden sollen.

```
Section "ServerLayout"
    Identifier   "Simple Layout"
    Screen "Screen 1"
    InputDevice "Mouse1" "CorePointer"
    InputDevice "Keyboard1" "CoreKeyboard"
EndSection
```

Listing 22.15 Eine typische ServerLayout-Sektion

Wie Sie sehen, werden hier einfach die oben angegebenen Identifier verwendet.

22.5.9 Optionale Sektionen

Es stehen noch einige weitere Sektionen zur Verfügung, die bei Bedarf verwendet werden können. Dazu zählt beispielsweise die DRI-Sektion, die zusätzliche Informationen für die »direkte Rendering-Infrastruktur« liefert, oder die Vendor-Sektion, die zusätzliche herstellerspezifische Informationen bereitstellt.

... und dann gibt es noch die sogenannte VideoAdaptor-Sektion, bei der wir einfach einmal die xorg.conf-Manpage von OpenBSD zitieren:

```
VIDEOADAPTOR SECTION
     Nobody wants to say how this works. Maybe
     nobody knows ...
```

Listing 22.16 VideoAdaptor-Sektion

22.6 Treiber für NVIDIA- und ATI-Karten

Seit geraumer Zeit stellen NVIDIA und ATI offizielle Treiber für andere Betriebssysteme als Windows zur Verfügung. NVIDIA beispielsweise bietet seine Treiber auch für Linux, Solaris und FreeBSD an. Im Folgenden werden wir jeweils eine ATI- und eine NVIDIA-Grafikkarte unter Linux zum Laufen bringen.

22.6.1 NVIDIA-Grafikkarten

Zunächst werden wir uns mit den Karten von NVIDIA befassen. Einige Distributionen bieten bereits die Möglichkeit, spezielle Pakete zu installieren, die die entsprechenden Treiber enthalten, doch da wir ein distributionsunabhängiges Handbuch schreiben, machen wir alles von Hand.

Zunächst lädt man von *nvidia.com* den aktuellen Treiber herunter. Der Treiberdatei verpasst man durch `chmod +x` Ausführungsrechte und startet als `root` anschließend das Setup durch Ausführung der Datei.

Man wird nun Schritt für Schritt und ohne dass man viel zu wissen bräuchte, durch die Installation geleitet. Gegen Ende fragt das Setup-Programm, ob die Konfigurationsdatei von X11 modifiziert werden soll, was man in der Regel bestätigen sollte. Zudem wird eine Backup-Datei erstellt, die – gesetzt den Fall, dass es Probleme geben sollte – weiterhin mit der vorherigen Konfiguration verwendet werden kann.

22.6.2 ATI-Grafikkarten

Ähnlich einfach gestaltet sich die Installation des ebenfalls proprietären ATI-Treibers `fglrx`. Auch hier kann das zum eigenen System passende Treiberpaket – es werden sowohl 32- als auch 64-Bit-Systeme unterstützt – von der Homepage des Herstellers *ati.com* heruntergeladen werden. Zu beachten ist jedoch, dass für etwas ältere Chips auch den Open-Source-Treiber `radeon` gibt. Dieser Treiber wird nicht von ATI entwickelt und vertrieben, sondern ist Teil des X.org-Projekts.

Der für die neuesten Karten benötigte `fglrx`-Treiber gliedert sich in den eigentlichen X-Server und ein für die DRI[5]-Unterstützung notwendiges Kernel-Modul, das für den eigenen Kernel übersetzt werden muss. Unter der heruntergeladenen Datei versteckt sich wie bei NVIDIA ein ausführbares X11-Programm, das den Benutzer durch die wiederum recht einfach gehaltene Installation führt.

---

5 Direct Rendering Interface

Nachdem man die Installation so weit abgeschlossen hat, kann man automatisch eine passende *xorg.conf*-Datei erzeugen lassen. Dafür kann man das mit dem Treiber mitgelieferte Tool `aticonfig` nutzen:

```
# aticonfig --initial
```

Listing 22.17 aticonfig ausführen

Nach einem Restart von X oder alternativ auch nach einem Reboot sollte der neue Treiber dann bereits im Einsatz sein.

Alternativ bieten viele Distributionen bereits Pakete für ATI- sowie NVIDIA-Karten an, obwohl beide Treiber teilweise auf Closed Source basieren. Außerdem gibt es oft unterschiedliche Pakete für die Kernel-Modulquellen und den eigentlichen Userspace-Treiber. Diesen kann man zwar auch allein installieren, muss dann jedoch auf eine beschleunigte 3D-Darstellung verzichten.

22.6.3 Funktionstest

Dass der 3D-Support korrekt funktioniert, erkennt man bei ATI an der Ausgabe von `fglrxinfo`:

ATI

```
$ fglrxinfo
display: :0.0  screen: 0
OpenGL vendor string: ATI Technologies Inc.
OpenGL renderer string: ATI Mobility Radeon X1600 Generic
OpenGL version string: 2.0.6011 (8.28.8)
```

Listing 22.18 3D-Beschleunigung aktiviert?

Bei NVIDIA-Grafikkarten kann man einfach `glxinfo` aufrufen:

NVIDIA

```
$ glxinfo
name of display: :0.0
display: :0  screen: 0
direct rendering: Yes
server glx vendor string: NVIDIA Corporation
server glx version string: 1.4
server glx extensions:
...
client glx vendor string: NVIDIA Corporation
client glx version string: 1.4
client glx extensions:
...
```

Listing 22.19 glxinfo

Bei deaktivierter Beschleunigung und Software-Rendering würde im »Vendor-String« die freie Mesa-Bibliothek genannt werden. Eine kleine Demonstration der 3D-Fähigkeiten samt Benchmark liefert bei ATI-Karten das Programm `fgl_glxgears`, das sich drehende Zahnräder animiert und die dabei erzielte Frame-Rate auf der Konsole ausgibt. Bei NVIDIA-Karten kann man stattdessen `glxgears` ausführen.

Wie dem auch sei, wenn Sie sich eine neue Grafikkarte hauptsächlich für den Linux-Betrieb kaufen möchten, sollten Sie sich am besten *vorab* im Internet informieren, welche Erfahrungen bereits von anderen Usern gesammelt wurden, welche Produkte wie gut unterstützt werden und welche nicht. Bilden Sie sich also ein Urteil abseits von Leistungs-Benchmarks der Hersteller und großer Zeitschriften.

22.7 Window-Manager und Desktops

Wer zum ersten Mal mit dem X-Window-System in Kontakt kommt, den wird sicherlich ein Konzept ganz besonders interessieren: Es gibt nicht nur *eine* grafische Oberfläche, vielmehr kann man sich seine Oberfläche aussuchen, denn es gibt eine ganze Menge davon. So eine Oberfläche wird als *Window-Manager* bezeichnet.

Ein Window-Manager bestimmt das allgemeine Aussehen der Oberfläche. So kann die Farbe der Anwendungen genauso wie deren Fensterkomponenten oder das Aussehen des Mauszeigers bestimmt werden.[6] Außerdem sehr beliebt sind Features wie Hintergrundbilder und Themes.

Man unterscheidet bei den Window-Managern zwischen bloßen Window-Managern und sogenannten *Desktops*. Desktops zeichnen sich dadurch aus, dass sie noch eine ganze Palette von Zusatzprogrammen mitbringen. Die bekanntesten Window-Manager sind der Window Maker und der alte FVWM. Die bekanntesten Desktops sind KDE, GNOME, XFCE und mittlerweile auch LXDE.

Wie wir bereits beim Unterschied zwischen X-Clients und X-Servern festgestellt haben, ist das X-Window-System sehr modular aufgebaut. Im Gegensatz zu großen »Einheitsbrei-Systemen« kann man einzelne Teile gezielt austauschen und ersetzen.

Das beste Beispiel für diese Modularität sind neben den austauschbaren X-Servern (verschiedene Hardware) die Window-Manager. Das zeigt wieder einmal die für Linux typische Philosophie, dass eine gute Lösung nicht unbedingt für jeden Anwender auch notwendig die beste sein muss.

---

6 Den eigentlichen vom Programm definierten Fensterinhalt bestimmt ein Window-Manager jedoch nicht, kann aber dessen Darstellung durchaus beeinflussen.

22.7.1 Aufgaben

Mit dem Window-Manager wird das Verhalten des Fensters und dessen Position von der Anwendung abstrahiert. Er übernimmt im Einzelnen unter anderem folgende Aufgaben:

▸ **Eingabefokus**
Der Window-Manager verwaltet den Eingabefokus so, dass beispielsweise nur das jeweils aktive Fenster die Tastatureingaben bekommt. Zudem wird sichergestellt, dass der Benutzer irgendwie (meistens mit der Maus) zwischen den Fenstern wechseln kann.

▸ **Fensterrahmen**
Der Window-Manager zeichnet Rahmen um die Fenster.

▸ **Verwaltung der Eingabe-Events**
Der Window-Manager kümmert sich abgesehen vom Eingabefokus auch allgemein um Maus und Tastatur. Manche Eingaben sind ja auch für ihn selbst gedacht, beispielsweise wenn ein Benutzer ein Fenster schließen möchte und dazu die entsprechende Aktion ausführt.

▸ **Verwaltung der Fenster an sich**
Natürlich muss der Benutzer die Fenster bewegen und zwischen ihnen wechseln können – auch hierfür ist der Window-Manager zuständig.

22.7.2 Konzepte

Zum komfortablen Arbeiten braucht es etwas mehr, als diese Features. Viele Fenster werden zum Beispiel schnell etwas unübersichtlich. Für dieses Problem gibt es mehrere Ansätze:

Wichtige Vokabeln

▸ **Iconifizieren von Fenstern**
Man kann, wie allseits bekannt ist, Fenster minimieren und dann als kleines Icon in der Taskleiste sehen, bis man sie das nächste Mal braucht. Dann lässt sich, meist mit einem Klick auf das entsprechende Icon, das Fenster wieder vergrößern. Da so etwas im weitesten Sinne mit der *Verwaltung von Fenstern* zu tun hat, kümmert sich der Window-Manager auch um diese Aufgaben. Das Minimieren an sich kann dann von Window-Manager zu Window-Manager anders realisiert sein.

▸ **Virtual Desktops**
Virtuelle Desktops sind eine Möglichkeit, Ihren Bildschirm um ein paar logische Bildschirme zu erweitern. Sie können dann Ihre Fenster über diese virtuellen Desktops verteilen und meistens über einen sogenannten *Pager* mit Miniatur-

ansichten der Desktops auf diese zugreifen. Auch diese Funktionalität ist vom Window-Manager abhängig.

- **Workspace**
  Workspaces sind im Prinzip dasselbe wie virtuelle Desktops, allerdings mit dem Unterschied, dass man versucht, die Fenster thematisch zu gruppieren. Man hat dann also beispielsweise einen Arbeitsbereich für die Textverarbeitung, einen für die E-Mail-Kommunikation sowie einen weiteren für das Arbeiten mit der Shell.

- **Taskleiste**
  In einer Taskleiste werden alle offenen Fenster einer X-Session bzw. eines Workspaces angezeigt, so dass man trotz überlappender Fenster schnell auf alles zugreifen kann.

- **Startleiste**
  Eine Startleiste ist kein Feature, um vorhandene Fenster zu verwalten, sondern eher um komfortabel neue Programme starten zu können. Meistens findet man in einer Startleiste daher Icons für bestimmte Programme oder auch Startmenüs, die wiederum eine Vielzahl verschiedener Programme enthalten. Des Weiteren findet man oft Hybride zwischen Task- und Startleisten, also Leisten, die beide Funktionalität kombinieren.

Die Window-Manager unterscheiden sich, wie Sie sehen, nicht nur in Äußerlichkeiten, sondern auch im Funktionsumfang.

22.7.3 Was steht zur Auswahl?

[»] Bei dieser Einleitung in das Thema Window-Manager und Desktops soll es in diesem Buch nicht bleiben. Da dieses Thema für die meisten Leser so wichtig ist, haben wir das ganze nächste Kapitel 23 darauf ausgelegt, Ihnen die wichtigsten Window-Manager und Desktops etwas genauer zu zeigen.

22.8 Grafischer Login

Normalerweise wird das Login über die Konsole mittels der Programme getty und login abgewickelt. Doch vielleicht ist Ihnen bereits einmal ein grafisches Login unter X11 aufgefallen. X11 unterstützt durch das standardmäßig mitgelieferte Tool XDM ein eigenes grafisches Login, das man auf Wunsch in seine Login-Shellskripte einbauen kann, so dass man man immer ein grafisches Login zur Verfügung hat.

Unter Linux genügt es in der Regel, wenn man als Default-Runlevel den Runlevel 4 angibt (mehr zu diesem Thema verrät Kapitel 27, »Bootstrap und Shutdown«). Testweise kann man aber auch, um zu sehen, ob einem das grafische Login überhaupt gefällt, erst einmal durch ein `init 4` ausprobieren, ob dessen Start gelingt.

Wer es etwas hübscher haben möchte, kann auf den von KDE mitgelieferten KDM oder den von GNOME mitgelieferten GDM zurückgreifen. Diese lassen sich einfacher konfigurieren (KDM beispielsweise über die KDE-Systemeinstellungen) und bieten Ihnen die Möglichkeit, den zu startenden Window-Manager beim Login auszuwählen.

Bedenken Sie jedoch, dass Sie eine entsprechende Locale für X11 einstellen müssen, wenn Sie die deutsche Tastaturbelegung inklusive der Umlaute verwenden wollen. Im Normalfall sind in den Login-Dateien für die Shell entsprechende Befehle für Umgebungsvariablen wie `LANG` eingebunden. Dies reicht nun aber nicht mehr, da diese Dateien von den Login-Managern nicht verwendet werden. Ein Eintrag in die *~/.xsession* sollte aber Abhilfe schaffen:

[«]

```
#!/bin/sh
export LANG=de_DE.ISO8859-15
exec /usr/bin/startkde
```

Listing 22.20 .xsession

22.9 Tuning

Im Folgenden wollen wir uns mit einigen etwas ausgefalleneren und vielleicht auch interessanteren Aspekten der X11-Nutzung auseinandersetzen.

Spaß!

22.9.1 Xinerama und Dual-Head

Haben Sie vielleicht eine Dual-Head-Grafikkarte oder noch eine ältere PCI-Grafikkarte samt Monitor zu Hause herumliegen? Es wäre doch schade, wenn sie einfach so verstaubte, denn Sie können beide noch einsetzen. Bevor es aber ans Konfigurieren geht, muss man sich darüber im Klaren sein, was man überhaupt erreichen möchte:

▶ **Xinerama**
Mit der Xinerama-Erweiterung werden die beiden Monitore als gemeinsamer Desktop behandelt. Hat man also zwei von diesen schicken 24-Zoll-Bildschirmen mit jeweils einer Auflösung von 1920x1080 Pixel, kann man diese zu einem großen 3840x1080-Desktop verbinden. Sie können alternativ auch drei, vier oder noch mehr Monitore kombinieren (vertikal und horizontal) oder Uralt-Monitore im Zusammenspiel für eine brauchbare Arbeitsumgebung recyclen.

- **Doppelte Oberfläche**
  Sie können auch zwei getrennte Desktops wählen, die sich dann etwa mit unterschiedlicher Auflösung oder Farbtiefe konfigurieren lassen; bspw. lässt sich auch KDE auf dem zweiten Desktop anders als auf dem ersten konfigurieren.

- **Zwei X-Server**
  Prinzipiell ist es natürlich auch möglich, gleich zwei völlig autonome X-Server zu konfigurieren. Manche Leute haben es auf diese Weise geschafft, sich die Kosten für einen zweiten PC zu sparen. Sie haben nämlich einfach eine zweite Maus, eine zweite USB-Tastatur sowie eine zweite Grafikkarte samt Monitor angeschlossen und entsprechend konfiguriert, so dass man wie an zwei Arbeitsplätzen völlig autonom arbeiten kann. Dies zu realisieren ist zwar nicht ganz einfach, aber im Netz finden Sie gute Anleitungen dazu.

Zwei Rechner statt einem

Die Konfiguration

Als Erstes müssen Sie wie immer die Konfigurationsdatei editieren. Statt einer Grafikkarte, eines Monitors und einer Screen-Sektion brauchen Sie jetzt von allem zwei – nämlich für das zweite Grafikkarte/Monitor-Paar.

Als einzige Neuerung müssen Sie in der Grafikkarten-Sektion im Feld `BusID` die PCI-Bus-ID eintragen. Sie wird zum Beispiel mit `lspci`, `cat /proc/pci` oder eben über `X -configure` ermittelt und gleich richtig in die Beispielkonfiguration eingetragen.

Beachten Sie, dass der Identifier bei beiden Karten unterschiedlich ist, ansonsten gibt es selbstverständlich Probleme. Und achten Sie darauf, welchem Monitor Sie welche Grafikkarte zuordnen – auch hier sollten Sie die Identifier nicht durcheinanderbringen. Um solchen Problemen vorzubeugen, ist `X -configure` nur zu empfehlen.

```
Section "Device"
        Identifier    "Card1"
        Driver        "radeon"
        BusID         "PCI:0:15:0"
EndSection
```

Listing 22.21 Device-Section mit BusID-Feld

Haben Sie nun also die Grafikkarten, Monitore und Screens konfiguriert, müssen Sie diese noch im `ServerLayout` zusammenfügen. Unser Beispiel hier ist selbsterklärend. Achten Sie nur darauf, die `Xinerama`-Option wieder auszukommentieren, falls Sie einen gemeinsamen Desktop wünschen:

```
Section "ServerLayout"
        Identifier      "My Layout"
        Screen       0  "Screen0"       0 0
        Screen       1  "Screen1"       RightOf "Screen0"
        InputDevice     "Mouse0"        "CorePointer"
        InputDevice     "Keyboard0"     "CoreKeyboard"
#       Option          "Xinerama"      "on"
EndSection
```

Listing 22.22 Zwei Desktops ohne Xinerama

22.9.2 X11 in einem Fenster

Sie können auch X-Sessions in einem Fenster in Ihrem bereits vorhandenen Desktop anzeigen lassen. Dazu benötigen Sie das Programm `Xnest`.

Gestartet wird `Xnest` via `startx`:

```
$ startx -- /usr/X11R6/bin/Xnest :1
```

Listing 22.23 X in einem Fenster starten

Abbildung 22.4 Eine Window-Maker-Sitzung in Xnest

22.9.3 Mehrere X-Sessions

Wie bereits erwähnt, können Sie auf einem Rechner auch mehrere X-Sessions gleichzeitig starten. Sie müssen allerdings darauf achten, dass diese auf verschiedenen Displays laufen:

```
$ startx -- :1
```

Listing 22.24 Eine zweite X-Session starten

Hier müssen Sie das Display nicht als Shellvariable, sondern als Argument für den Aufruf von `startx` verwenden.

22.10 Root werden

Vielleicht haben Sie bereits den Versuch unternommen, aus einem X-Terminal heraus als `root`-Benutzer ein X11-Programm zu starten. Dies wird in aller Regel nicht gelingen. Stattdessen wird eine Fehlermeldung wie diese angezeigt:

```
# gedit
Xlib: connection to ":0.0" refused by server
Xlib: No protocol specified

cannot open display:
```

Listing 22.25 root startet gedit

xhost Dies liegt daran, dass der lokale `root`-Benutzer keinen Zugriff auf das X11-Display bekommt. Abhilfe schafft in diesem Fall `xhost`, mit dem man diesen lokalen Zugriff erlauben kann.

```
$ xhost +LOCAL:
non-network local connections being added to access control list
$ su
Password:
# gedit
```

Listing 22.26 Der Benutzer erlaubt den Zugriff, und root startet gedit

GKSu und KDE su GNOME und KDE liefern mit `GKSu` sowie `KDE su` jeweils ein Frontend für die Ausführung von Programmen mit Superuser-Rechten. Auf diese Weise lässt sich – ohne eigens `xhost` aufzurufen – das gleiche Ergebnis erzielen.

```
$ kdesu gedit /etc/shadow
```

Listing 22.27 /etc/shadow in gedit laden

22.11 Zusammenfassung

Dieses Kapitel hat sich mit der grundlegenden Konfiguration der grafischen Oberfläche unter Linux, dem sogenannten X-Window-System (X11), auseinandergesetzt. Zudem wurden die Prinzipien der Window-Manager und Desktops sowie weitergehende Konfigurationsmöglichkeiten wie etwa Xinerama besprochen.

22.12 Aufgabe

Setzen Sie X11 auf

Konfigurieren Sie X11 von Hand. Legen Sie, falls bereits eine bestehende Konfiguration vorhanden ist, eine Sicherungskopie von ihr an. Damit können Sie den vorher konfigurierten Zustand wiederherstellen, falls die neue Konfiguration nicht gelingt. Werfen Sie nach der Konfiguration einen Blick in die Datei */etc/X11/xorg.conf*, und vergleichen Sie die darin enthaltenen Abschnitte mit den im Kapitel angesprochenen.

»Die Praxis sollte das Ergebnis des Nachdenkens sein, nicht umgekehrt.«
– Hermann Hesse

23 Window-Manager und Desktops

In diesem Kapitel betrachten wir die grafischen Oberflächen für X11. Diese Oberflächen gliedern sich dabei in »einfache« Window-Manager und »umfangreiche« Desktop-Oberflächen.

Anders als die normalen Window-Manager bringen Desktop-Oberflächen in der Regel ein relativ umfangreiches Sortiment an passender Software für den Alltag mit. So ist der Window Maker als typischer Window-Manager eine bloße Oberflächensoftware. KDE enthält hingegen als Desktop-Oberfläche diverse Zusatzprogramme, etwa einen Browser oder eine Office-Umgebung.

Im Übrigen laufen alle populären Window-Manager und Desktop-Oberflächen für X11 sowohl unter Linux als auch unter BSD-Systemen. Dies gilt insbesondere für die im Rahmen dieses Kapitels besprochenen Projekte.

23.1 KDE

Wie Sie grundlegend mit der KDE-Oberfläche umgehen, wurde bereits in Abschnitt 3.3 besprochen. An dieser Stelle finden Sie daher nur vertiefende Informationen zu diesem Desktop-System.

Das KDE-Projekt betrachtet Unix als beste Workstation-Plattform und definiert sein Projektziel darin, eine einfach zu bedienende und gleichzeitig funktionstüchtige Oberfläche, wie man sie von Microsofts Windows oder Apples Mac OS her kennt, als freie Open-Source-Lösung für X11 zu entwickeln. Dass KDE frei ist, bedeutet im Übrigen auch, dass jede Kernkomponente als Open-Source-Version freigegeben ist, man das ganze Softwarepaket also auch in kommerziellen Umgebungen nutzen kann.

> *It is our hope that the combination Unix/KDE will finally bring the same open, reliable, stable and monopoly-free computing to the average computer user that scientists and computing professionals world-wide have enjoyed for years.*
> – Auszug aus http://kde.org (circa 2005)

23 | Window-Manager und Desktops

Das KDE-Projekt wurde 1996 gegründet. Die erste stabile Version 1.0 kam allerdings erst zwei Jahre später, im Juli 1998, heraus. Im Jahr 2000 folgte Version 2.0, 2002 die Version 3.0 und schließlich 2008 die Version 4.0. Die aktuellen Versionsnummern bewegen sich im 4.x'er-Bereich. Laut Angaben von *kde.org* umfasst das Projekt über 4 Millionen Zeilen Quellcode (Stand 2009) und hat damit eine ähnlich umfangreiche Codebasis wie ein Betriebssystem mittlerer Größe. Bis Version 3.x hieß das Projekt »K Desktop Environment« und seit Version 4 »KDE Software Compilation« (KDE SC). Wir sprechen der Einfachheit halber in diesem Buch immer von »KDE«, wenn wir die KDE SC meinen.

Benutzerfreundlichkeit und -feindlichkeit

Tatsächlich handelt es sich beim KDE-Projekt um eine äußerst einfach zu handhabende Oberfläche. In seinen Anfangstagen war dieses Softwareprojekt zwar von Instabilität geprägt, dieses Problem konnte aber in den letzten Jahren halbwegs behoben werden. KDE läuft seit einigen Jahren äußerst stabil und zudem performanter als noch vor einigen Jahren. Die Performance wurde mit KDE 4.0 erneut gegenüber den Vorgängerversionen verbessert, was jedoch leider nicht für die Stabilität gilt. Auch die Version 4.4.x produziert noch diverse Fehler. Wir empfehlen Ihnen daher, wenn Sie die Wahl haben, die GNOME-Oberfläche zu wählen.

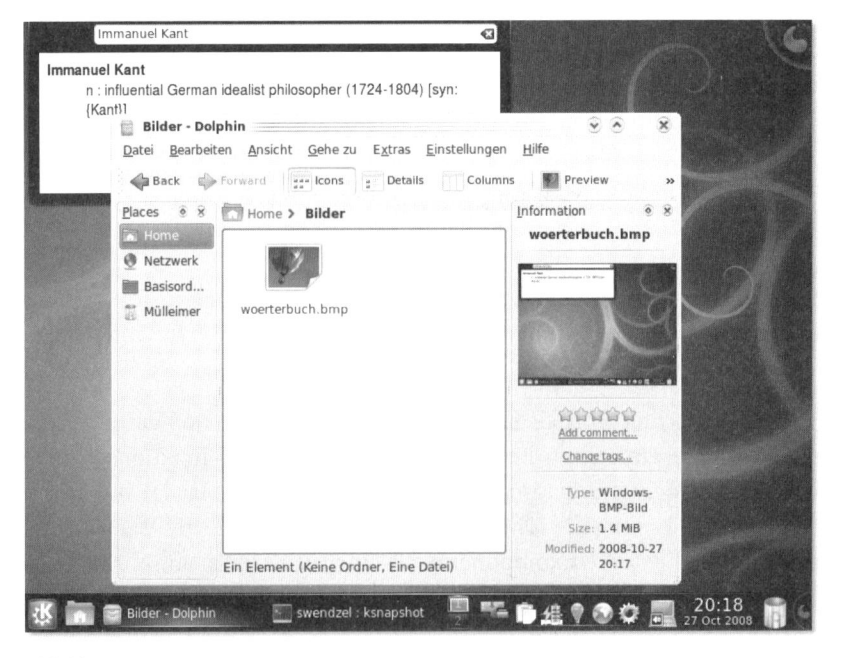

Abbildung 23.1 KDE

Besonders hilfreich für Einsteiger und Anwender ohne Englischkenntnisse ist die Tatsache, dass die KDE-Software und -Dokumentation in etwa 50 Sprachen übersetzt wurde. Zudem ist KDE nicht nur für Linux und BSD, sondern beispielsweise auch für Solaris zu haben – man muss also unter fast keinem Unix-Derivat auf KDE verzichten.

KDE bringt eine große Anzahl an Tools mit sich. Außerdem gibt es diverse auf KDE ausgelegte Programme. Populär sind dabei etwa der CD-Player KsCD, das Brennprogramm K3b, der Audioplayer Amarok (den es mittlerweile auch für Windows gibt), viele Bildungsprogramme und Spiele, Netzwerktools, Administrationstools, die Entwicklungsumgebung KDevelop, die Web-Entwicklungsumgebung Quanta+ und die Office-Suite KOffice. Mehr zu einigen dieser Tools erfahren Sie in den nächsten Abschnitten.

Programmvielfalt

23.1.1 KDE starten und beenden

KDE wird über `startkde` gestartet. Sie können KDE auch über `startx` starten. Dabei müssen Sie jedoch beachten, dass Sie in Ihrer ~/.xinitrc-Datei auch den Befehl zum Starten von KDE angeben müssen.

KDE starten

```
PATH="$PATH:/usr/local/bin"
exec startkde
```

Listing 23.1 Eine .xinitrc zum Start von KDE

KDE wird über den K-Button beendet. Dazu müssen Sie lediglich die Menüoption LOGOUT bzw. ABMELDEN anklicken.

KDE beenden

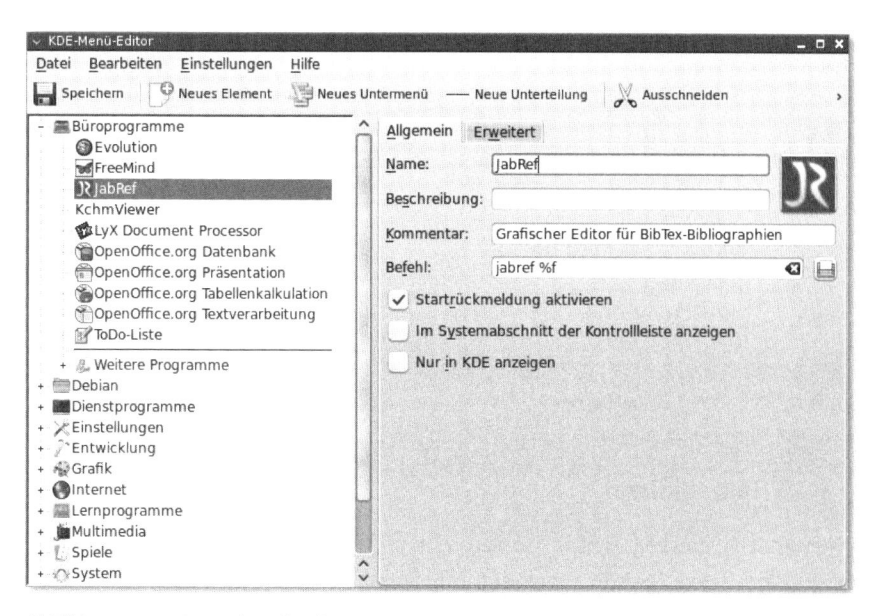

Abbildung 23.2 Der Editor für das Startmenü

23.1.2 Das K-Menü editieren

Mit dem Programm KMenuEdit (Abbildung 23.2) können Sie die aktuelle Konfiguration des K-Menüs anzeigen lassen. Sie können mit diesem Tool auch Programme in das Menü aufnehmen und aus ihm Menü entfernen. Vorhandene Programmeinträge können natürlich auch verändert werden. Starten können Sie KMenuEdit entweder direkt über den Befehl oder über das Menü, das sich nach einem Rechtsklick auf das K-Icon öffnet.

23.1.3 KDE System Settings

Die KDE System Settings (Abbildung 23.3, früher hieß es »KDE-Kontrollzentrum« oder »KControl«) können Sie sich wie die Systemsteuerung unter Windows vorstellen. Mit ihnen können Sie beispielsweise das Tastatur-Layout, die Spracheinstellungen, Einstellungen zu Benachrichtigungen und zu Ihrem Account sowie das Aussehen von KDE verändern. Gestartet werden die System Settings über den Befehl `systemsettings` oder über das K-Menü.

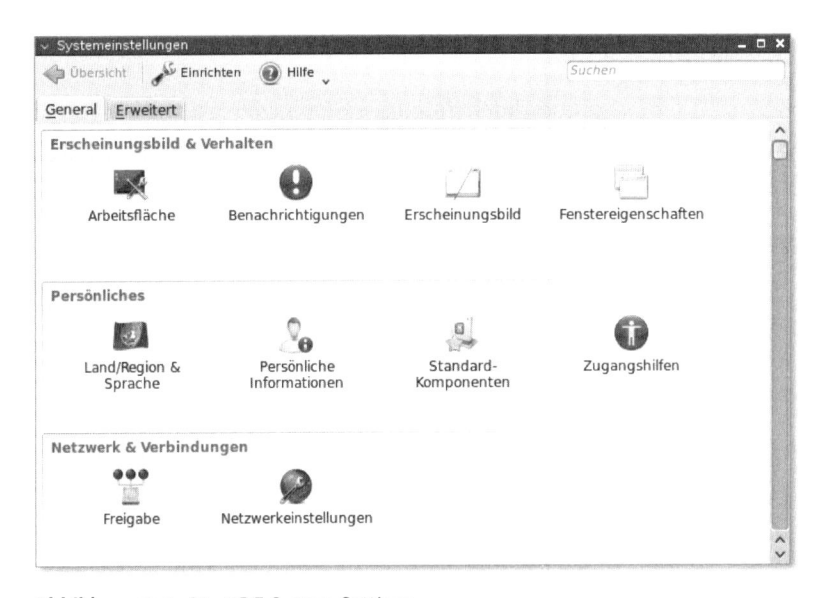

Abbildung 23.3 Die KDE System Settings

23.1.4 KDE-Tastenkürzel

KDE unterstützt Tastenkürzel, die Sie für sehr viele verschiedene Aktionen konfigurieren können. Die folgende Tabelle enthält die wichtigsten Tastenkürzel für den täglichen Umgang mit der Oberfläche.

Tastenkombination	Wirkung
Strg + Druck	ein Bildschirmfoto erzeugen
Strg + F1	Umschalten auf Arbeitsfläche 1
Strg + F2	Umschalten auf Arbeitsfläche 2
Strg + F3	Umschalten auf Arbeitsfläche 3
Strg + F4	Umschalten auf Arbeitsfläche 4
Strg + Fn	Umschalten auf Arbeitsfläche n
Strg + Alt + Esc	ein Fenster beenden (killen)
Alt + F2	einen Befehl ausführen
Alt + F3	Aktionsmenü eines Fensters aufklappen
Alt + Tab	zwischen Fenstern durchschalten
Alt + Umschalten + Tab	zwischen Fenstern durchschalten (in Gegenrichtung)

Tabelle 23.1 Ausgewählte KDE-Tastenkürzel

23.1.5 Softwarekomponenten

Neben der blanken Oberfläche und deren Administrationstools gibt es noch eine Reihe weiterer wichtiger KDE-Komponenten, die teilweise im nächsten Kapitel detailliert behandelt werden.

Zunächst gibt es mit dem Konqueror einen *Next Generation Browser*.[1] Was an diesem Browser so besonders im Vergleich zu anderen Browsern ist, ist uns nicht so recht klar – Sie können genauso gut den Firefox verwenden, nur ist dieser eventuell nicht so gut in KDE integriert. Unterstützt werden von Konqueror jedoch alle wichtigen Webfeatures wie JavaScript, Java-Applets, HTML, XHTML, CSS-1, CSS-2 (Cascading Style Sheets), SSL (Secure Socket Layer) und Netscape Communicator Plugins, um Flash, Realaudio, Realvideo und Ähnliches abzuspielen.

Konqueror

Wurde in KDE 3.x noch der Konqueror als Dateimanager eingesetzt, so hat mit KDE 4.x Dolphin diese Aufgabe übernommen. Dolphin ist äußerst benutzerfreundlich und einfach aufgebaut, verfügt aber dennoch über zahlreiche Features.

Dolphin

Des Weiteren gibt es ein komplettes Office-Paket namens »KOffice«, das eine ganze Reihe von Programmen enthält. Dazu zählen beispielsweise das Schreibprogramm KWord, ein Präsentationsprogramm (KPresenter), ein Organizer (KOrganizer), eine Rechtschreibprüfung und ein Programm zum Erstellen von Formeln. KOffice haben wir Ihnen bereits in Abschnitt 4.1.2 vorgestellt.

KOffice

---

1 Zitat von *kde.org*

Systemverwaltung Das KDE-Projekt beinhaltet zudem noch diverse grafische Programme, die die Systemverwaltung vereinfachen sollen. Dazu gehören beispielsweise KCron (zur Planung und Verwaltung von Cronjobs), KSystemLog (das aktuelle Logeinträge anzeigt) sowie das KDE-Backup-Tool Keep.

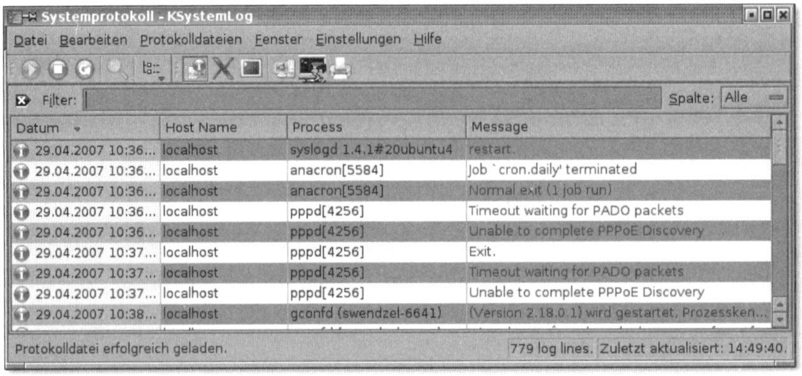

Abbildung 23.4 KSystemLog

KDevelop, Quanta+ Für Softwareentwickler stehen mit KDevelop und Quanta+ (siehe Abschnitt 30.7) zudem hervorragende Entwicklungsumgebungen zur Verfügung. KDevelop kann eigentlich alles, was man jeweils brauchen könnte, aber meistens nicht benötigt. Es handelt sich dabei um eine integrierte Entwicklungsumgebung (IDE), die Ihre Projekte managt, sich um den SVN/Git-Zugriff kümmert, automatisch `configure`-Skripte erstellt und den GNU-Debugger nutzen kann. Außerdem gibt es im Wizard diverse vorbereitete Skripte und Code-Vorlagen für die Sprachen C, C++, Perl, Ruby und viele andere mehr, die teilweise auch mit Tk-, GTK+- oder Qt-Anbindung genutzt werden können. Quanta+ hingegen ist eine Entwicklungsumgebung für Webprojekte. Beide Umgebungen verfügen über diverse kleine Features wie die Auto-Vervollständigung von Kommandos und speziellen Keywords (etwa `&amp;` in HTML), Klammerpaar-Highlighting und natürlich Syntax-Highlighting für alle möglichen Sprachen.[2]

Spiele KDE bringt eine ganze Menge kleiner Spiele mit, die an die Windows-Klassiker für zwischendurch erinnern. Unter den Arcade-, Brett-, Strategie- und Kartenspielen finden sich Klassiker wie Mahjongg (KMahjongg)[3], Asteroids (KAsteroids), KBackgammon, Vier Gewinnt, Schiffe versenken, Sokoban (KSokoban) und Minesweeper (KMines). Doch nun genug – zu Spielen gibt es ja noch den Abschnitt 25.10.

---

[2] Viele Anwender meinen, KDevelop verfüge über diverse Features, die keine andere Entwicklungsumgebung hat. Fakt ist jedoch, dass beispielsweise Microsofts Visual-C++ 6 bereits vor Jahren ähnliche Features (und das teilweise sogar besser) implementiert hat.

[3] Ich persönlich rate Ihnen zu `xmahjongg`, einem sehr alten Spiel, das kaum Features besitzt, aber übersichtlicher ist als das KDE- oder GNOME-Mahjongg.

Ein sehr schönes Spielzeug ist übrigens das Programm SuperKaramba. Dieses kennt zahlreiche Plugins, die Ihren KDE-Desktop mit mehr oder minder nützlichen Zusatzfunktionen versehen. Möchten Sie beispielsweise immer über den Speicherverbrauch und die CPU-Auslastung sowie Ihre Festplattenzugriffe Bescheid wissen, dann können Sie sich eines der Monitoring-Plugins einbauen.

SuperKaramba!

Es gibt noch diverse Zusatzprogramme, über die sich sicherlich ein ganzes Buch verfassen lässt. Der Vollständigkeit halber seien aber noch ein paar interessante Vertreter genannt.

Tausend Seen

Mit KNotes können Sie sich Post-Its auf den Desktop holen, die Sie an alle wichtigen Dinge erinnern, die noch zu erledigen sind – ein durchaus nützliches Feature. Interessant wäre eventuell auch KDEs grafische Variante von `top` namens `kpm`.

Mit KWrite steht zudem noch ein recht guter Editor zur Verfügung, und KMail ist ein leistungsfähiges Mailprogramm, das sich hinter Projekten wie Outlook nicht zu verstecken braucht. Gleiches gilt für KNode als leicht zu bedienenden Usenet-Client.

Näheres zu den diversen Multimediaprogrammen von KDE erfahren Sie in Abschnitt 25.3.2.

23.2 GNOME

Wie Sie grundlegend mit der GNOME-Oberfläche umgehen, wurde bereits in Abschnitt 3.4 besprochen. An dieser Stelle finden Sie daher nur vertiefende Informationen zu diesem Desktop-System.

[«]

GNOME (*GNU Network Object Model Environment*) ist ein Desktop-System, das auf der GTK+-Library basiert und wohl als populärster Konkurrent des KDE-Desktops angesehen werden kann. Besonders in den USA ist GNOME – was auch für die Programmierung mit der GTK+-Library gilt – sehr verbreitet. GTK+ wurde eigentlich für das Grafikprogramm GIMP entwickelt, das wir im Abschnitt 24.3.1 besprechen werden. GTK+ steht ursprünglich für »GIMP Toolkit« und gelangte zu seiner gegenwärtigen Bedeutung, weil KDE die damals nicht völlig freie Qt-Library verwendet. Mit GNOME sollte eine Oberfläche entstehen, die keine eingeschränkt nutzbaren Bibliotheken mit sich bringt.[4]

Entstehung von GNOME und Gtk

Das Ziel des GNOME-Projekts ist ... nun, eigentlich könnte man an dieser Stelle erneut den KDE-Text abtippen, der letztlich auch für GNOME gilt. Jedenfalls geht

---

4 Außerdem sei noch ein kleiner »Vorteil« von GTK+ gegenüber Qt genannt: GTK+ kann auch mit C benutzt werden. Je nach Geschmack ist dies auch als Nachteil zu sehen: Qt ist nämlich sehr komfortabel zu programmieren und GTK+ hat dagegen recht lange Funktionsnamen, es sei denn, man benutzt den C++-Wrapper gtkmm.

es mal wieder darum, eine möglichst einfach zu verwendende, stabile und internationalisierte Desktop-Oberfläche zu schaffen, was den Entwicklern offensichtlich auch gelungen ist. Nicht zu vergessen ist dabei die Portabilität der Oberfläche – GNOME läuft unter Linux, Solaris, HP-UX, BSD und Darwin.

Wie KDE bietet auch GNOME diverse Tools für seine Anwender. GNOME verfügt über ein Panel (das GNOME-Panel), in dem alle laufenden Anwendungen durch Buttons verfügbar gemacht werden, und über ein Startmenü, über das Programme gestartet werden können und die Desktop-Konfiguration aufgerufen werden kann.

Nautilus — Was unter KDE Dolphin ist, ist unter GNOME der Dateimanager Nautilus. Nautilus geht sparsamer mit den Ressourcen des Rechners um und ist also etwas performanter als Dolphin. Seit Version 2.30 kann Nautilus auch mehrere Verzeichnisse gleichzeitig anzeigen. Drücken Sie für die Erstellung einer zusätzlichen Verzeichnisansicht die Taste **F3**. Wenn Sie nochmals **F3** drücken, verschwindet die zweite Ansicht wieder.

Virtuelle Desktops — Auch stehen virtuelle Desktops zur Verfügung, die jeweils wiederum in virtuelle Teilbereiche untergliedert sind. Zwischen solchen Teilbereichen lässt sich, je nach Konfiguration, hin- und herscrollen, indem man die Maus an den Bildschirmrand bewegt.

Auch für den GNOME-Desktop stehen Ihnen viele Zusatzprogramme zur Verfügung (die auch unter KDE eingesetzt werden können). Hierzu zählt zum Beispiel der schlanke Editor `gedit` (mehr zu `gedit` erfahren Sie in Abschnitt 24.2.1).

The GIMP und Rhythmbox — Das Grafikprogramm The GIMP ist wohl der populärste Vertreter dieser Programme. Wir werden uns, wie bereits erwähnt, im nächsten Kapitel noch genauer mit The GIMP beschäftigen. Rhythmbox ist ein großartiges Programm zur Wiedergabe von Audiodateien und Audiostreams. Näheres zu den Multimediaprogrammen von GNOME erfahren Sie in Abschnitt 25.3.2.

Office-Umgebung — Für Zeitplanung, Kontaktmanagement und als Mailprogramm steht Ihnen Evolution zur Verfügung. Zudem werden mit Abiword ein Programm zur Textverarbeitung und mit Gnumeric eine Tabellenkalkulation mitgeliefert.

23.3 Unity

2010 wurde das Unity-Projekt gegründet. Es handelt sich dabei um eine Oberfläche, die zwar eine Programmierschnittstelle (API), aber keine eigenen Programme mitbringt; Unity selbst ist also kein Desktop-System. Unity wurde zunächst für Ubuntu entwickelt, ist mittlerweile aber auch in anderen Distributionen zu finden.

Unity bringt ein neues, besonders platzsparendes Bedienkonzept mit sich und wurde zunächst auf der Netbook-Edition von Ubuntu eingesetzt, bevor es zur Standardoberfläche wurde. Neben dem Einsatz auf Netbooks wurde Unity auch für den Einsatz auf Touchscreens konzipiert.

Um Platz für Menüleisten von Programmen zu sparen, werden diese an der oberen Bildschirmkante angezeigt. Die dort angezeigte Menüleiste ist entsprechend abhängig von vom jeweils angeklickten Fenster (vgl. Mac OS X). Aktuell laufende Tasks sowie Schnellstarticons befinden sich an der linken Bildschirmseite. Bei Maximierung eines Fensters oder seiner Platzierung im Bereich der linken Menüleiste verschwindet diese automatisch, um den verfügbaren Bildschirmplatz bestmöglich nutzbar zu machen. Über das Ubuntu-Logo können, relativ ähnlich wie bei GNOME und KDE, Anwendungen gestartet und gesucht werden. Herunterfahren, Sperren des Bildschirms, Aufrufen von Programmen zur Systemkonfiguration, die aktuelle Uhrzeit, Informationen zu momentanen Netzwerkverbindungen und Ähnliches passieren im rechten Teil der Menüleiste am oberen Bildschirmrand.

23.4 XFCE

Das dritte Desktop-System, das wir Ihnen nun vorstellen werden, ist XFCE. Es verfügt, ähnlich wie GNOME, über ein Panel und eine Taskbar; zudem gibt es, wie bei jedem Window-Manager und Desktop, virtuelle Desktops. Das Desktop-System ist so konfigurierbar, wie man es von der Systemsteuerung unter Windows gewohnt ist: Es gibt für alle möglichen Konfigurationsbereiche ein Icon, das auf einen Doppelklick hin ein Menü öffnet. Unterstützt werden neben Standard-Themes auch Icon-Themes und Plugins, die sich in Form von Miniprogrammen in das Panel integrieren lassen und zum Beispiel die Wettervorhersage der Region anzeigen können.

Die Vorzüge von XFCE bestehen darin, dass es relativ sparsam im Speicherverbrauch ist und zudem eine verhältnismäßig gute Performance erzielt. Diese bleibt erhalten, solange man keine Programme startet, die dann doch wieder auf die etwas umfangreicheren und speicherhungrigeren Umgebungen oder Libraries wie KDE/Qt aufbauen. Wenn Sie also Konqueror und Co. in XFCE verwenden möchten, dann können Sie auch gleich bei KDE bleiben. Das bedeutet jedoch nicht, dass man nicht auch ohne solche Programme auskommen könnte, denn XFCE bringt eine ganze Menge eigener Software mit; und trotz einer grafischen Oberfläche können Sie schließlich auch immer auf die Möglichkeiten der Shell zurückgreifen.

Die Vorzüge

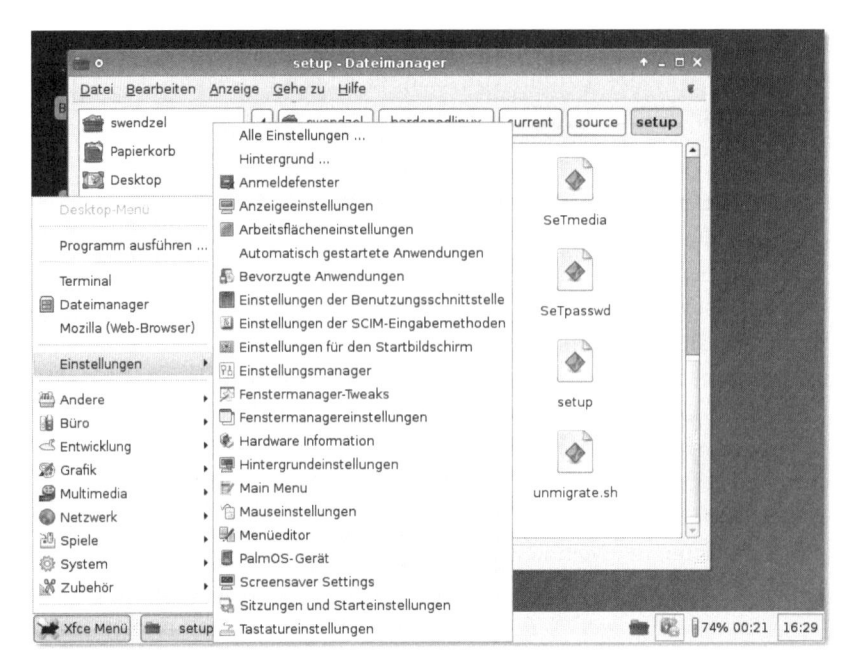

Abbildung 23.5 XFCE

Thunar
Zu der XFCE-eigenen Software zählt auch ein Dateimanager. Thunar ähnelt dem Nautilus-Dateimanager des GNOME-Projekts recht stark und ist ebenso einfach zu bedienen.

Mousepad
Mit Mousepad liefert XFCE einen äußerst minimalistischen Editor. Er erinnert eher an den Windows-Editor Notepad als an einen wirklich guten Texteditor. Mousepad fehlen recht viele grundlegende Features (etwa Syntax-Highlighting), er ist dafür aber äußerst performant.

Weitere Anwendungen
XFCE liefert noch eine ganze Reihe weiterer Anwendungen. Dazu gehören etwa das Terminal, der Kalender *Orange*, das CD- und DVD-Brennprogramm Xfburn und der Bildbetrachter *Ristretto*. Außerdem gehört noch ein eigener Browser namens *Midori* zum Projekt.

23.5 LXDE

Seit einiger Zeit macht ein weiteres Desktop-System von sich reden: LXDE (*Lightweight X11 Desktop Environment*). LXDE verfolgt – ähnlich wie XFCE – das Ziel, einen äußerst schlanken Desktop zu entwickeln, der zudem energieeffizient ist. Dies ist dem Projekt bisher auch gelungen. Der Preis für die hohe Performance ist die für Desktop-Systeme minimale Ausstattung. Wer also etwas mehr haben möchte als nur einen Window-Manager, aber trotzdem die wichtigsten Features eines Desktop-Systems nutzen möchte, für den ist LXDE sicherlich einen Versuch wert.

LXDE bringt eine Vielzahl an Komponenten mit sich. Dazu zählen beispielsweise der Window-Manager *Openbox*, der Texteditor *Leafpad*, auf dem der XFCE-Texteditor Mousepad basiert, und der Bildbetrachter *GPicView*. Außerdem gibt es noch das Archivprogramm *XArchiver*, einen Connection Manager, einen Audioplayer, ein Terminal und diverse Konfigurationskomponenten.

Komponenten

23.6 Window Maker

Nachdem wir Ihnen die Desktop-Oberflächen für X11 vorgestellt haben, werden wir unser Augenmerk nun auf einen der bekanntesten Window-Manager – den *Window Maker* – lenken. Dieser ist ein sehr schlankes Softwarepaket, das durchaus als hochperformant bezeichnet werden darf. Ziel des Projekts ist es, eine Oberfläche zu schaffen, die der von NeXTSTEP ähnelt (das ist übrigens auch das Ziel des Window-Managers AfterStep, der entsprechend ähnlich aussieht).

Im Gegensatz zu Desktop-Oberflächen bietet ein Window-Manager natürlich keine Unmengen von Spezialfunktionen – diese benötigt man auch gar nicht, wenn man gewohnt ist, mit dem Window Maker zu arbeiten. Dieser Window-Manager bringt ein NeXTSTEP-ähnliches Look and Feel auf den Bildschirm und bringt ein kleines Konfigurationstool mit, das es dem Anwender erspart, die Konfiguration mittels Editor anzulegen (wie es bei anderen Window-Managern leider noch der Fall ist). Arbeiten kann man, je nachdem, wie man sich den Window Maker konfiguriert, mit verschiedenen virtuellen Desktops, *Workspaces* genannt, die den »virtuellen Arbeitsflächen« von KDE ähneln und von eigentlich jedem X11-Window-Manager unterstützt werden.

Außerdem unterstützt der Window Maker Hintergrundbilder und Themes – auch dies müssen bei anderen Window-Managern teilweise externe Tools übernehmen! Außerdem gibt es i18n-Support für über 11 Locales, und das Ausführen von KDE- und GNOME-Anwendungen ist auch kein Problem.

Ähnlich wie das KDE- oder GNOME-Panel verfügt auch der Window Maker über eine Art Panel. In dieses werden alle Schnellstart-Programme via Mausklick eingefügt. Dazu muss das Icon, das nach dem Start eines Programms erscheint, in die Icon-Leiste hineingezogen werden, wodurch es dort dauerhaft plaziert wird. Hinzu kommt jedoch noch eine ebenfalls von KDE her bekannte Funktion, nämlich die Integration von diversen Tools in diese Schnellstart-Leiste.

Jede gute Distribution bzw. jedes gute Derivat bietet eine Fülle solcher Tools, die sich übrigens auch dem jeweiligen Theme anpassen. Eines davon ist beispielsweise WMWeather, ein Programm, das Ihnen die aktuellen Wetterdaten anzeigt. Des Weiteren existieren Programme zur Steuerung des MP3-Players XMMS, zum Überprüfen von eingehenden Mails, diverse Uhren, Animationen (etwa Feuer oder schwimmende Fische) sowie weitere mehr oder minder nützliche Tools.

23.7 Weitere Window-Manager

Neben den bereits besprochenen Window-Managern und Desktops gibt es noch einige nennenswerte Alternativen, die jedoch in den meisten Kreisen weniger populär sind als KDE, GNOME, XFCE und der Window Maker.

23.7.1 FVWM, FVWM2, FVWM95

Recht alt, aber dafür noch immer recht bekannt, ist der Window-Manager FVWM. Der FVWM stammt vom TWM (dem Tab-Window-Manager) ab und wurde als Window-Manager mit minimalem Speicherverbrauch entwickelt. Außerdem wurden Anwendungsfenster eingebaut, die aussehen, als seien sie dreidimensional. Der FVWM2 löste den FVWM ab, ist aber immer noch nicht in der Lage, grundlegende Konfigurationsmaßnahmen via Mausklick durchzuführen (das ist typisch für die meisten Window-Manager). Ein Hintergrundbild muss zum Beispiel über eine externe Anwendung eingestellt werden, die man als Hintergrundprozess via *.xinitrc* startet. Die gesamte FVWM-Konfiguration wird über die Datei *.fvwm2rc* abgewickelt und ist äußerst mühsam. Trotzdem hat dieser Window-Manager sehr viele Anhänger. Übrigens unterscheiden sich FVWM und FVWM2 zumindest äußerlich kaum. Als Alternative steht Ihnen noch der FVWM95 mit Windows 95-Aussehen zur Wahl. Wegen der schwindenden Bedeutung des FVWM werden wir die Konfigurationsdatei in diesem Buch nicht besprechen. Sollten Sie allerdings darüber nachdenken, sich auf die Konfiguration des FVWM einzulassen, dann bietet Ihnen das nachstehende Listing einen Ausblick darauf, was Sie erwartet:

```
EdgeResistance 250 10
EdgeScroll 100 100
ClickTime 750

DeskTopSize 2x2
Menustyle * fvwm, Font \
-adobe-times-bold-r-*-*-12-*-*-*-*-*-*-*
MenuStyle * Foreground lightblue, Background dimgrey

Style "*" Color #cccccc / #506070

ColormapFocus FollowsMouse
```

```
# default Styles:
# make sure these fonts exist on your system:
Style *    Font -adobe-times-bold-r-*-*-12-*-*-*-*-*-*-*
Style *    IconFont -adobe-times-bold-r-*-*-13-*-*-*-*-*-*-*
Style *    HilightFore black, HilightBack lightgrey
Style *    BorderWidth 7, HandleWidth 7
Style *    Icon unknown1.xpm, Color lightgrey/dimgrey
Style *    MWMFunctions, MWMDecor, HintOverride
Style *    DecorateTransient, NoPPosition
Style *    IconBox 0 -10 -280 -1
Style *    FocusFollowsMouse
```

Listing 23.2 Ausschnitt einer .fvwm2rc-Datei

Wie Sie sehen, werden Schriftarten, Farben (später auch die Konfiguration der Maus und des Menüs) komplett von Hand festgelegt.

23.7.2 Blackbox, Fluxbox und Co.

Neben der FVWM-Familie gibt es noch diverse Window-Manager, die dem Window-Manager Blackbox ähneln. Sie sind (wie die meisten reinen Window-Manager) extrem sparsam im Speicherverbrauch und laufen auch auf älterer Hardware hervorragend. Sie bieten dabei moderne Oberflächen mit hübschem Aussehen. Auch hier erfolgt die Konfiguration noch über Dateien – aber keine Sorge, sie ist einfach zu meistern!

> Im Folgenden orientieren wir uns am Window-Manager Fluxbox. Die Konfiguration in anderen Window-Managern der Blackbox-Familie ist größtenteils gleich.

Die Konfiguration erfolgt über Dateien im Verzeichnis ~/.fluxbox und kann ohne viel Vorwissen bewerkstelligt werden. Die Hauptkonfiguration findet dabei in der Datei *init* statt (die meisten Einstellungen dieser Datei lassen sich aber auch über das Fluxbox-Menü erledigen und werden daher nicht weiter beschrieben). Die wirklich interessanten Einstellungen nehmen Sie in anderen Dateien vor, die durch die *init*-Datei spezifiziert sind:

Konfiguration

```
session.menuFile:    ~/.fluxbox/menu
session.keyFile:     ~/.fluxbox/keys
```

Listing 23.3 Auszug aus der init-Datei

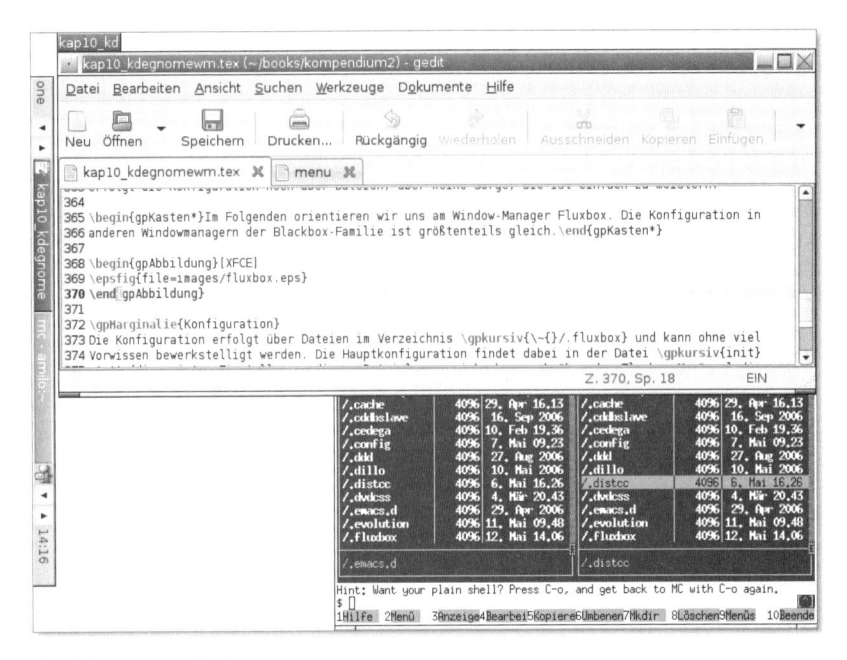

Abbildung 23.6 Fluxbox

Die Datei *menu* legt die Konfiguration des Menüs fest, das standardmäßig nach dem Drücken der rechten Maustaste erscheint. In der Datei *keys* hingegen werden Tastenkombinationen eingestellt.

keys-Datei

Werfen wir zunächst einen Blick in die Datei *keys*. Hier sind zeilenweise die Tastenkombinationen für Fluxbox festgelegt. Dabei sind die zu drückenden Tasten durch Leerzeichen voneinander getrennt aufgelistet. Es folgt ein Doppelpunkt und die durchzuführende Aktion.

```
Mod1 Tab :NextWindow
Mod1 Shift Tab :PrevWindow
Mod1 F1 :Workspace 1
Mod1 F2 :Workspace 2
Mod1 F3 :Workspace 3
Mod1 F4 :Workspace 4
Mod1 F5 :Workspace 5
Mod1 F6 :Workspace 6
Mod1 F7 :Workspace 7
Mod1 F8 :Workspace 8
Mod1 F9 :Workspace 9
Mod1 F10 :Workspace 10
Mod1 F11 :Workspace 11
```

Listing 23.4 Die Datei keys

Die Taste **Mod1** steht in diesem Fall übrigens für **Alt**. Drückt man also **Alt + F2**, so landet man auf der zweiten Arbeitsfläche (Workspace 2). Mit **Alt + Tab** können Sie sich durch die Fenster schalten.

Die Menüdatei ist ebenfalls sehr verständlich aufgebaut. Einträge für den Programmstart können durch [exec] (Name) {Befehl} hinzugefügt, Submenüs durch den Befehl [submenu] (Name) erstellt werden. Das Ende des Submenüs wird durch [end] angegeben.

menu-Datei

Das Konfigurationsmenü wird durch [config] (Bezeichnung) eingebunden, und Desktop-Themen werden durch [stylesdir] (Verzeichnis) eingeleitet. Die restlichen Befehle sind zur Auswahl des virtuellen Desktops (Workspace), zum erneuten Einlesen der Konfiguration (Reconfig) sowie zum Neustart (Restart) und Beenden von Fluxbox (Exit) gedacht.

```
[begin] (fluxbox)
[submenu] (Apps)
        [exec] (xterm) {xterm -bg black -fg lightblue}
        [exec] (firefox) {firefox}
        [exex] (sylpheed) {sylpheed}
        [exec] (pidgin) {pidgin}
        [exec] (xlock blank) {xlock -mode blank}
        [exec] (gedit) {gedit}
[end]

[config] (Configuration)

[submenu] (Styles)
        [stylesdir] (/usr/share/fluxbox/styles)
        [stylesdir] (~/.fluxbox/styles)
[end]

[workspaces] (Workspaces)
[reconfig] (Reconfigure)
[restart] (Restart)
[exit] (Exit)
[end]
```

Listing 23.5 Ausschnitt aus einem Blackbox-Menü

Vielleicht vermissen Sie im Fluxbox-Menü bisher einen Eintrag wie »Befehl ausführen«. Abhilfe schafft das Programm fbrun, das Sie einen Befehl in eine Zeile eingeben lässt und diesen dann ausführt. Hat man fbrun installiert, so lässt sich das Menü ganz einfach folgendermaßen um diese Funktionalität erweitern: [exec] (fbrun) {fbrun}.

fbrun

fluxbat Weil es derzeit kein Programm gibt, das im Window-Manager Fluxboxden Ladestatus von Notebook-Akkus anzeigt, habe ich (Steffen) ein kleines Tool namens `fluxbat` geschrieben, das den aktuellen Ladestand des Akkus in das Fluxbox-Menü integriert. Zu finden ist das Programm unter *http://www.wendzel.de*.

Themes Zahlreiche Themes mit hübschen Hintergrundbildern für Fluxbox finden Sie unter *http://fluxbox.sf.net/themes.php*.

Dokumentation Die Dokumentation zu Fluxbox mit vielen weiteren Informationen in Deutsch gibt es zudem unter *http://fluxbox.sourceforge.net/docbook/de/html/*.

23.8 Zusammenfassung

Dieses Kapitel hat Ihnen einen Einblick in die Verwendung sowie in das Aussehen der wichtigsten Window-Manager und Desktop-Systeme verschafft. Ihnen stehen zum einen die sehr umfangreichen Desktop-Projekte KDE und GNOME zur Verfügung, die eine Vielzahl an Anwendungen mitbringen. Zum anderen gibt es auch kleinere Desktopsysteme (XFCE und LXDE), die mit weniger Ressourcen zurechtkommen, dafür aber weniger komfortabel sind und weniger Anwendungen mitliefern. Praktisch gar keine oder überhaupt keine Anwendungen bringen Window-Manager wie Window Maker, FVWM oder Fluxbox mit. Sie bieten Ihnen eine reine Arbeitsoberfläche und müssen in der Regel von Hand über eine Konfigurationsdatei angepasst werden. Window-Manager benötigen die wenigsten Ressourcen und laufen auch auf ältester Hardware (etwa einem 486er) noch mit akzeptabler Performance.

23.9 Aufgaben

Test them all

Im Internet gibt es viele Webseiten, die die Eigenschaften einzelner Window-Manager und Desktops zusammenfassen. Suchen Sie diese bei Google, und versuchen Sie (gegebenenfalls durch Ausprobieren) herauszufinden, welcher Window-Manager Ihnen am besten gefällt. Diese Arbeit ist eine lohnende Investition in die Zukunft.

»'Not like cats!' cried the Mouse, in a shrill, passionate voice.
'Would you like cats if you were me?'
'Well, perhaps not', said Alice in a soothing tone: 'don't be angry about it. And yet I wish I could show you our cat Dinah: I think you'd take a fancy to cats if you could only see her. She is such a dear quiet thing', Alice went on, half to herself, as she swam lazily about in the pool, 'and she sits purring so nicely by the fire, licking her paws and washing her face – and she is such a nice soft thing to nurse – and she's such a capital one for catching mice – oh, I beg your pardon!' cried Alice again (...)«
– Lewis Carroll: Alice's Adventures in Wonderland

24 X11-Programme

Einige besonders wichtige Programme, etwa den Browser Firefox, das Mailprogramm Thunderbird und die Office-Suite OpenOffice.org, haben Sie bereits in Kapitel 4 kennengelernt. In diesem Kapitel werden wir Ihnen weitere populäre und praktische Anwendungen für die Arbeit mit Linux vorstellen. Dazu zählen beispielsweise das Textsatzsystem LaTeX und das Grafikprogramm The GIMP.

24.1 Textsatz mit LaTeX

Bei LaTeX handelt es sich nicht um eine Textverarbeitung, sondern vielmehr um ein populäres *Textsatzsystem*. Viele Wissenschaftler verwenden es, um damit ihre Publikationen zu erstellen. LaTeX eignet sich nämlich hervorragend, wenn es beispielsweise darum geht, mathematische Ausdrücke darzustellen. Auch dieses Buch haben wir in LaTeX geschrieben. Wir werden uns nun im Folgenden mit dem blanken LaTeX-System ohne besondere Templates auseinandersetzen. So können Sie auf Ihrem Linux-Rechner mit einer LaTeX-Standardinstallation problemlos alle folgenden Abschnitte nachvollziehen und ausprobieren; auf diese Weise werden Sie den Umgang mit LaTeX schnell begreifen lernen.

LaTeX unterscheidet sich deutlich von einem WYSIWYG-Programm[1] wie etwa KWord). Der Grund hierfür ist der, dass in LaTeX Anweisungen ähnlich wie in einer

---

[1] WYSIWYG steht für *What You See Is What You Get* und bezeichnet Software, die Ihnen beim Schreiben den Text so anzeigt, wie er auch im fertigen Zustand auf dem Bildschirm beziehungsweise in einem Ausdruck erscheinen würde.

HTML-Datei hinterlegt werden, die erst von einem Programm übersetzt werden müssen, um auf dem Bildschirm sichtbar zu werden.[2]

Mit den mitgelieferten Tools kann man aus den LaTeX-Quelldateien PostScript-, PDF-, DVI- oder HTML-Dateien erstellen. Eine Weiterverarbeitung von PS-Dateien und die Konvertierung in HTML-Dateien sind ebenfalls möglich.[3] Wir werden im Folgenden PDF-Dateien erstellen.

Was benötigt man aber nun, um LaTeX-Dateien zu erstellen? Theoretisch genügt hierfür `echo` oder `cat`, aber da wir im 21. Jahrhundert leben, werden wir uns den Luxus gönnen, einen vernünftigen Editor zu verwenden. Viele davon wurden bereits in Kapitel 10 vorgestellt. Der Abschnitt nach dem LaTeX-Teil dieses Kapitels beschäftigt sich ebenfalls mit Editoren – diesmal allerdings mit echten X11-Editoren.

[»] Das Thema LaTeX ist im Übrigen (leider) so umfangreich, dass wir hier nur die Grundlagen erläutern können. Wir verweisen daher auf die vielen LaTeX-Einführungen, die Sie im Internet finden können.

24.1.1 Ein erstes Dokument

documentclass — In einer LaTeX-Quelldatei müssen Sie zunächst festlegen, welchen Typ eines Dokuments Sie erstellen wollen. Vier verschiedene Möglichkeiten stehen Ihnen dabei zur Auswahl:

- **book**
  In diesem Fall wird ein Buch erstellt. In den Kolumnentiteln erscheinen auf den geraden Seiten automatisch die Namen der Kapitel und auf den ungeraden Seiten die Namen der jeweiligen Abschnitte. Das Buch wird in Teile, Kapitel und Abschnitte aufgeteilt.

- **report**
  Diese Dokumentklasse ist für kürzere Texte geeignet und erzeugt keine lebenden Kolumnentitel. Unterteilt wird das Ganze in Kapitel und Abschnitte.

- **article**
  Verzichtet man beim Report noch auf die Möglichkeit, ein Dokument in Kapitel zu untergliedern, so ist man beim Format für Artikel angelangt.

- **letter**
  In diesem Fall wird ein Brief (in amerikanischem Format) erzeugt.

---

[2] Darin besteht der Unterschied zwischen einer Textverarbeitung und einem Textsatzsystem ;)
[3] Hierzu können die Programme `ps2pdf` (von PostScript in PDF) und `latex2html` (von TeX- in HTML-Dateien) verwendet werden.

Im Folgenden wollen wir einen Artikel erstellen. Angegeben wird dies durch eine erste LaTeX-Anweisung zu Beginn des Dokuments, die sich `documentclass` nennt.

```
\documentclass{article}
```

Listing 24.1 documentclass

LaTeX-Befehle werden durch eine Escape-Sequenz, also durch einen Backslash, eingeleitet. Parameter solcher Befehle werden in geschweifte Klammern, optionale Parameter in eckige Klammern gesetzt.

Anschließend werden bei Bedarf – und dieser besteht allein schon darin, dass man wahrscheinlich in deutscher Sprache schreiben möchte – diverse LaTeX-Packages eingebunden. Die zwei wichtigsten dürften wohl `german` und `amsmath` sein.

Packages

Das Package `german` erlaubt eine »deutsche Umgebung« in LaTeX-Dokumenten. Umlaute dürfen dabei allerdings noch nicht ohne Weiteres eingebaut werden; man muss für das jeweilige Zeichen erst ein Anführungszeichen und anschließend einen Buchstaben einfügen: Zum Beispiel `\"a` für »ä« (Großbuchstaben erhält man, indem man analog einfach einen Großbuchstaben hinter dem Anführungszeichen einfügt) und `"s` für »ß«. Möchte man auch Umlaute direkt schreiben können, so sollte man zusätzlich das Paket `latin1` mit der Option `inputenc` verwenden.

german

Mit dem `amsmath`-Package kommt man hingegen in den Genuss mathematischer Symbole. Wer also ein Summenzeichen, einen Bruchstrich oder griechische Buchstaben verwenden möchte, muss dieses Package einbinden. Die mathematischen Kommandos werden dabei in zwei Dollarzeichen eingebettet. So schreiben Sie etwa `$\sum_{i=0}{n}{q(i)}$` für die Summe von i=0 bis n aus q(i).

amsmath

In LaTeX werden bestimmte Bestandteile eines Dokuments durch die Schlüsselwörter `begin` und `end` begrenzt – so auch das Dokument selbst. Durch die Befehle `\begin{document}` und `\end{document}` kann man genau dies bewerkstelligen.

begin & end

Unser bisheriges Dokument zeigt genau genommen noch gar nichts als Inhalt an und sieht zusammengefasst so aus:

Zwischenstand

```
\documentclass{article}
\usepackage{amsmath}
\usepackage{german}
\usepackage[latin1]{inputenc}
\begin{document}
\end{document}
```

Listing 24.2 Dokument samt geladener Pakete

Der eigentliche Inhalt wird zwischen den Anweisungen `begin` und `end` geschrieben, die den Teil `document` begrenzen.

24.1.2 Dokumente übersetzen

Nun könnten Sie einfach einen beliebigen Text schreiben, und Sie werden sehen, dass dieser Text auch angezeigt wird. Das muss nicht explizit demonstriert werden, weil es aus späteren Beispielen sowieso hervorgeht. Wir sollten jedoch zeigen, wie so ein Dokument anschließend eigentlich erstellt wird.

Die Antwort ist ganz trivial: Man ruft entweder `latex <Datei>` auf, um eine DVI-Datei zu erhalten, die man zum Beispiel mit `gv` oder `xdvi` betrachten kann, oder man verwendet, wie wir es im Folgenden tun, `pdflatex`, um eine PDF-Datei zu generieren. Diese kann man dann mit `gv`, `xpdf` und -zig anderen PDF-Tools betrachten. Alternativ könnte man auch zuerst eine DVI-Datei erstellen und diese später in eine PDF-Datei konvertieren, aber das ist uns hier vorerst zu umständlich.

Wundern Sie sich nicht über die sonderbaren Ausgaben, diese gehören – solange es sich nicht um eine Fehlermeldung handelt – dazu.

```
$ pdflatex hids.tex
This is pdfTeX, Version 3.14159-1.10b (Web2C 7.4.5)
(./hids.tex{/usr/local/share/texmf/pdftex/config/pdf
tex.cfg}
LaTeX2e <2001/06/01>
Babel <v3.7h> and hyphenation patterns for american,
french, german, ngerman, nohyphenation, loaded.
(/usr/local/share/texmf/tex/latex/base/article.cls
Document Class: article 2001/04/21 v1.4e Standard
LaTeX document class
(/usr/local/share/texmf/tex/latex/base/size10.clo))
(/usr/local/share/texmf/tex/latex/amsmath/amsmath.sty
For additional information on amsmath, use the `?'
option.
(/usr/local/share/texmf/tex/latex/amsmath/amstext.sty
(/usr/local/share/texmf/tex/latex/amsmath/amsgen.sty))
(/usr/local/share/texmf/tex/latex/amsmath/amsbsy.sty)
(/usr/local/share/texmf/tex/latex/amsmath/amsopn.sty))
No file hids.aux.

[1{/usr/local/share/texmf/dvips/config/pdftex.map}]
(/usr/local/share/texmf/tex/latex/base/omscmr.fd) [2]
 [3] [4] (./hids.aux) ) (see the transcript file for
additional information) {/usr/local/share/texmf/dvips
/tetex/0ef0afca.enc}</usr/local/share/texmf/fonts/typ
```

```
e1/bluesky/cm/cmr5.pfb></usr/local/share/texmf/fonts/
type1/public/tt2001/fmex7.pfb>{</usr/local/share/texmf
/dvips/tetex/bbad153f.enc}</usr/local/share/texmf/fon
ts/type1/bluesky/cm/cmsy7.pfb>{</usr/local/share/texmf
/dvips/tetex/f7b6d320.enc}</usr/local/share/texmf/fon
ts/type1/bluesky/cm/cmr7.pfb>{/usr/local/share/texmf/
dvips/tetex/aae443f0.enc}</usr/local/share/texmf/font
s/type1/bluesky/cm/cmmi5.pfb></usr/local/share/texmf/
fonts/type1/bluesky/cm/cmmi7.pfb></usr/local/share/te
xmf/fonts/type1/bluesky/cm/cmsy10.pfb>{/usr/local/sha
...
...
Output written on hids.pdf (4 pages, 89893 bytes).
Transcript written on hids.log.
$ xpdf hids.pdf
```

Listing 24.3 Das Dokument erstellen

24.1.3 Das erste richtige Dokument

Nun werden wir ein erstes richtiges Dokument erstellen. Das Ziel besteht darin, eine Überschrift für das Dokument sowie ein Inhaltsverzeichnis zu erstellen. Eigentlich sollte man sagen »erstellen zu lassen«, denn aktiv daran beteiligt ist man nicht – LaTeX kümmert sich um diese Aufgabe. Das folgende Listing zeigt ein gekürztes Dokument, an dessen Beispiel die wichtigsten LaTeX-Kommandos erklärt werden sollen.

```
\documentclass{article}
\usepackage{amsmath}
\begin{document}

\author{Steffen Wendzel}
\title{Implementierung eines
benutzerprofil-basierten Intrusion-Detection-
Systems in den OpenBSD-Kernel}

\maketitle

\tableofcontents

\newpage
\section{Einleitung}
Die Sicherheit von IT-Systemen ist in der Gegenwart
wichtiger als je zuvor. Immer mehr Unternehmen und
Projekte befassen sich mit diesem Thema. Oft
...
```

```
...

\section{Design}

...

...

\subsection{Funktionsweise}
Fupids funktioniert recht simpel: Der sys\_execve()-
Syscall (Ausführung von Binaries)

...

...

\end{document}
```

Listing 24.4 fupids.tex

Überschrift | Durch den Befehl \author{...} wird der Name des Autors festgelegt. Den Titel des Dokuments bestimmen Sie mit \title{}. Mit dem Befehl \maketitle{} fügt LaTeX beides zu einer hübschen Überschrift zusammen.

Inhalt und Newpage | Ein Inhaltsverzeichnis wird mit \tableofcontents automatisch für Sie generiert. Mit \newpage weist man LaTeX an, die aktuelle Seite zu beenden und die nächste zu beginnen.

Kapitel und Abschnitte | Kapitel werden mit \chapter und Abschnitte mit \section eingeleitet, Unterabschnitte beginnen mit \(sub)subsection.

In diesem Dokument sehen Sie auch nochmals die Anwendung der Umlaute des german-Packages *ohne* Benutzung von inputenc.

[»] In LaTeX müssen Sie einige Sonderzeichen, darunter Unterstriche und geschweifte Klammern, durch einen Backslash davor schützen, von LaTeX als direkte Anweisung interpretiert zu werden.

24.1.4 Weitere Funktionalität

Nun wollen wir noch etwas weiter gehen und uns mit einigen weiteren Möglichkeiten von LaTeX beschäftigen. Dazu zählen Auflistungen, mathematische Elemente, Bilder und Listings in Maschinenschrift. Zudem werden Sie erfahren, wie man kursiv und fett schreibt.

Fett- und Kursivschrift

Fettschrift wird durch den Befehl \textbf{...} dargestellt. Für Kursivschrift verwendet man hingegen den Befehl \emph{...}.

Auflistungen

Eine Auflistung wird in LaTeX mit dem bereits bekannten `begin`-Keyword eingeleitet. Als Parameter übergibt man nun allerdings `itemize`. Einzelne Items werden mit `\item` eingeleitet. LaTeX setzt vor jedes Item einen schwarzen Punkt in einer neuen Zeile.

```
Folgende Katzen haben sich für den Nobelpreis
qualifiziert:

\begin{itemize}
\item Prof. Dr. Felix: Rechnen bis Zehn
\item Dr. Schnuki: Philosophie der Futterproduktion
\end{itemize}
```

Listing 24.5 Beispiel einer Auflistung

Kompiliert ist diese Aufzählung ein (echter) Blickfang, der unserer Nobelpreis-Kandidaten würdig erscheint:

> Folgende Katzen haben sich für den Nobelpreis qualifiziert:
>
> • Prof. Dr. Felix: Rechnen bis Zehn.
>
> • Dr. Schnuki: Philosophie der Futterproduktion.

Abbildung 24.1 itemize

Listings

Listings in Maschinenschrift benötigt man besonders für Quellcode-Beispiele immer wieder.

```
Daten zum Betriebssystem erfragen:

\begin{verbatim}
\$ uname -a
OpenBSD eygo.sun 3.6 EYGO\#2 i386
\end{verbatim}
```

Listing 24.6 verbatim

Das schicke Ergebnis können Sie auch dieses Mal wieder zu Weihnachten verschenken oder als Foto an den Kühlschrank heften:

Daten zum Betriebssystem erfragen:

```
$ uname -a
OpenBSD eygo.sun 3.6 EYGO#2 i386
```

Abbildung 24.2 verbatim

Die wichtigsten Symbole der Mathematik

Zu guter Letzt folgt die wohl attraktivste Möglichkeit, LaTeX zu verwenden: mathematische Ausdrücke. Davon gibt es auch wirklich viele. Sehr, sehr viele. Aus diesem Grund sollen nur ein paar Beispiele genannt werden.[4]

Potenz, Index — Um eine Potenz oder einen Index darzustellen, wird ein Zirkumflex(Potenz) bzw. ein Unterstrich (Index) verwendet. Das folgende Beispiel zur Darstellung von $(A_i)^2$ zeigt die Anwendung dieser Funktion:

```
$(A_i)^2$
```

Listing 24.7 Anwendung von Potenz und Index

Sie können mit LaTeX natürlich auch Indizes von Indizes erstellen. Beispielsweise ergibt der Befehl `$A_{i_{XYZ}}$` die Ausgabe $A_{i_{XYZ}}$. Analog funktioniert dasselbe auch mit Potenzen.

Symbole für Mengen — Hin und wieder benötigt man auch Zeichen wie $\in$ (Element einer Menge), $\forall$ (»für alle«) oder $\exists$ (»es existiert«) im Zusammenhang mit Mengen. Diese Zeichen lassen sich mit `$\in$` (für $\in$), `$\forall$` (für $\forall$) und `$\exists$` (für $\exists$) anzeigen.

Symbole für Vergleiche — Das normale Gleichheitszeichen (=) sowie die Zeichen < und > werden direkt eingegeben, doch die Zeichen für $x \le y$, $x \ge y$ und $x \neq y$ müssen über die Befehle `$x \le y$`, `$x \ge y$` und `$x \neq y$` eingegeben werden.

Summe — Das Summe-Zeichen an sich produziert LaTeX bereits durch `$\sum$`. Doch in der Regel möchte man auch noch mit einer Variablen arbeiten, die angibt, von welchem Startwert bis zu welchem Zielwert diese durchläuft. Dazu verwendet man die Summen-Funktion mit Unterstrich und gibt in drei Abschnitten, die man durch geschweifte Klammern kennzeichnet und nach der ersten Klammer mit einem Dach-Zeichen trennt, zunächst den Startwert an, dann den Endwert und zuletzt den Ausdruck, der summiert werden soll.

---

[4] *http://www.fi.uib.no/Fysisk/Teori/KURS/WRK/TeX/symALL.html* bietet eine umfangreiche Liste der mathematischen LaTeX-Funktionen.

```
$\sum_{i=1}^{3}{f(i)}$
```

Listing 24.8 Eine LaTeX-Summe

Übersetzt sieht der fertige Ausdruck folgendermaßen aus:

$\sum_{i=1}^{3} f(i)$

Das Gleiche funktioniert auch analog mit Produkten via `$\prod$`. Um beispielsweise das Produkt aus A_1, A_2, ..., A_5 zu berechnen, wäre folgende Formel richtig:

Produkte

```
attacker\_level(x) = $\prod_{i=1}^{5}{A_i(x)}$
```

Listing 24.9 Anwendung der Produkt-Funktion

Das Resultat sieht wie folgt aus:

attacker_level(x) = $\prod_{i=1}^{5} A_i(x)$

Bruchstriche werden durch `\frac{x}{y}` realisiert. Der Ausdruck x stellt dabei den Zähler, der Ausdruck y den Nenner dar.

Bruchstriche

```
$\frac{1}{(x\_chg(X) + y\_chg(X)) * 2}$
```

Listing 24.10 Anwendung von frac

Das Resultat sollte nicht überraschen:

$\frac{1}{(x\_chg(X)+y\_chg(X))*2}$

Wurzeln werden über den Befehl `\sqrt{}` erstellt, also etwa `\sqrt{2t}` für $\sqrt{2t}$. Möchten Sie die n-te Wurzel darstellen, so muss der n-Wert als Zusatzparameter in eckige Klammern gesetzt werden: `\sqrt[n]{2t}` ergibt $\sqrt[n]{2t}$.

Wurzeln

Das Zeichen für die Unendlichkeit (∞) lässt sich ebenfalls in LaTeX darstellen. Es wird über den Befehl `\infty` gesetzt. Den Limes bekommt man mit `\lim`; soll dieser gegen x laufen, wird das $\to$-Zeichen via `\to` vor x gesetzt. Logarithmen setzt man hingegen via `\log` und `\ln`. Zur Veranschaulichung ein letztes mathematisches Beispiel:

Unendlichkeit, Limes, Logarithmus

```
\lim\limits_{x \to \infty}x\log x
```

Listing 24.11 Anwendung des Limes, der Unendlichkeit und des Logarithmus

$\lim\limits_{x \to \infty} x \log x$

Auch Integrale können mit LaTeX problemlos dargestellt werden: `$\int_0^\infty 2x^3 dx$` ergibt das Integral $\int_0^\infty 2x^3 dx$.

Integrale

Sonstige mathematische Symbole

Vektoren werden mit dem Befehl \vec{x} gesetzt (F̄). Das Symbol für die Zahl π (3,14...) erhalten Sie mit dem Befehl \pi.

Bilder

LaTeX kann mit *eps*-Bilddateien umgehen. Diese lassen sich aus allen anderen Dateiformaten sehr einfach mit The GIMP erstellen – einem Grafikprogramm, das Sie im Laufe des Kapitels noch kennenlernen werden. Eingebunden werden diese Bilder durch einen figure-Block. Dies funktioniert aber nur, wenn man auch das entsprechende Package einbindet.

```
% Am Anfang des Quelltextes:

\usepackage{epsfig}

% Im Text:

\begin{figure}
  \epsfig{file=Felix.eps}
  \caption{Felix schlaeft}
\end{figure}
```

Listing 24.12 Bilder einbinden

Literaturverweise

Mit LaTeX haben Sie verschiedene Möglichkeiten, ein Literaturverzeichnis für Ihre Texte zu erstellen. Wir werden im Folgenden die wohl einfachste beschreiben, die in den meisten Fällen alle Anforderungen erfüllen dürfte. Sehen wir uns zu diesem Zweck ein einfaches Beispieldokument an:

```
\documentclass{article}
\usepackage{ae}
\usepackage{german}

\begin{document}

Diverse Techniken zum oben genannten Thema werden in
\cite{Ahsan:PktOrder} beschrieben, darunter auch ein Covert
Timing Channel, der die Reihenfolge von Paketen interpretiert.
Hier noch ein weiterer Beispieleintrag für unser Buch
``Einstieg in Linux'': \cite{EiL10}.

\begin{thebibliography}{xxx}
 \bibitem[Ahs02]{Ahsan:PktOrder} Ahsan, K.: Covert Channel
   Analysis and Data Hiding in TCP/IP, Master-Thesis (University
   of Toronto), 2002.
```

```
\bibitem[WePl10]{EiL10} Wendzel, S., Plötner, J.: Einstieg in
  Linux. Eine Einführung in alle Distributionen, 4. Auflage,
  Galileo Press, 2010.
\end{thebibliography}

\end{document}
```

Listing 24.13 Ein Literaturverzeichnis erstellen

Betrachten wir zunächst den `thebibliography`-Block. Er enthält die Einträge des Literaturverzeichnisses, wobei der Parameter `{xxx}` angibt, wie breit der Abstand vom Text des Literaturverzeichnisses zum linken Rand sein soll (in diesem Fall drei Zeichen). Einzelne Einträge werden mit `\bibitem[Abk]{Ref}` angelegt. `Abk` ist dabei die Abkürzung, die jeweils für einen Eintrag ganz links angezeigt wird und den `Ref`-Wert können Sie im restlichen Text verwenden, um auf einen Literatureintrag zu verweisen. Zum Verweisen benutzen Sie den Befehl `\ref{}`, wie im Beispiel zu sehen.

Zum Übersetzen der LaTeX-Datei rufen Sie zweimal hintereinander `pdflatex` auf, um alle Verweise auf Literatureinträge auch im Fließtext darzustellen (leider lässt sich dies nicht ändern). Anschließend können wir die fertige PDF-Datei betrachten.

Diverse Techniken zum oben genannten Thema werden in [Ahs02] beschrieben, darunter auch ein Covert Timing Channel der die Reihenfolge von Paketen interpretiert. Hier noch ein weiterer Beispieleintrag für unser Buch "Einstieg in Linux": [WePl10].

Literatur

[Ahs02] Ahsan, K.: Covert Channel Analysis and Data Hiding in TCP/IP, Master-Thesis (University of Toronto), 2002.

[WePl10] Wendzel, S., Plötner, J.: Einstieg in Linux. Eine Einführung in alle Distributionen, 4. Auflage, Galileo Press, 2010.

Abbildung 24.3 Das fertige Literaturverzeichnis mit Fließtext

Kommentare

Innerhalb des LaTeX-Quelltextes können auch Kommentare verwendet werden. Diese werden durch ein Prozentzeichen eingeleitet. Möchte man hingegen das Prozentzeichen im Text verwenden, muss man einen Backslash vor dieses Zeichen setzen.

24.1.5 Warum LaTeX?

Zugegeben: Das Ganze hört sich ziemlich umständlich an. Stellen Sie sich nun aber vor, Sie wollten eine wissenschaftliche Publikation oder ein solches Fachbuch schreiben, wie Sie es gerade in den Händen halten. Alles, was Sie mit LaTeX tun müssen, ist, Ihren Text zu strukturieren. Das Inhaltsverzeichnis, der Index, alle Seitenverweise und der ganze Kram werden automatisch erstellt und in entsprechender Form ausgegeben. Texte entsprechenden Umfangs in Word oder OpenOffice/LibreOffice geraten demgegenüber schnell zum K(r)ampf.

Und warum haben wir dieses Thema ausgerechnet im Kapitel für grafische Anwendungen behandelt? Na ja, der Weg zum fertigen PDF-Dokument muss zwar nicht unbedingt über X11 erfolgen, aber er kann. Und spätestens das Ergebnis wird man grafisch betrachten und verarbeiten wollen. Außerdem passt dieser Abschnitt thematisch zum Komplex Open- und KOffice.

24.2 Editoren

Editoren kennen Sie bereits aus dem gleichnamigen Kapitel 10, das sich allerdings primär auf Konsolen-Editoren bezog.

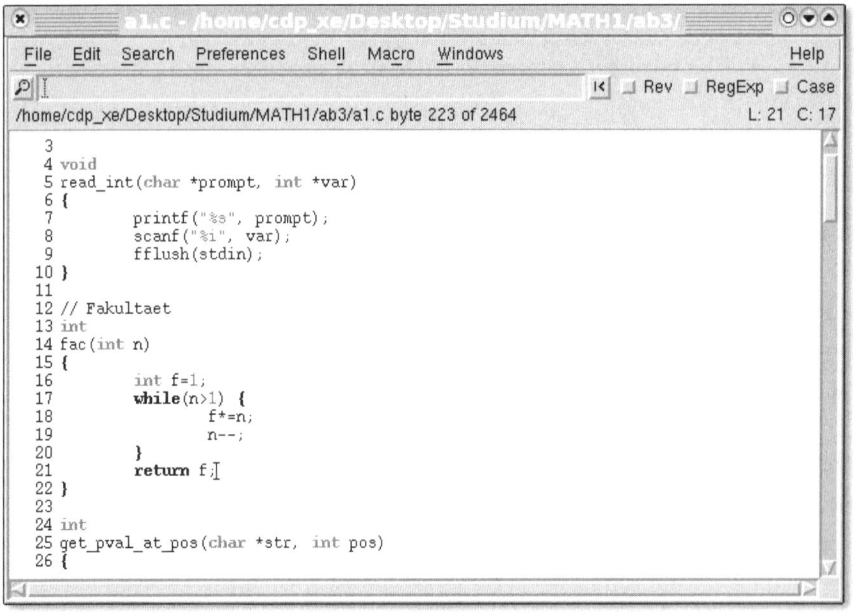

Abbildung 24.4 NEdit mit Highlighting für C-Syntax

Unter X11 bieten sich für Editoren allerdings viele zusätzliche Möglichkeiten, die Ihnen die Arbeit mit einem Editor sehr erleichtern. Dazu gehört zum Beispiel, dass auf einem Bildschirm mit einer Standardauflösung von 1280 x 1024 Pixel viel mehr in eine Zeile passt, als das in der Textkonsole mit 80 Zeichen der Fall ist.

Zwei X11-Editoren kennen Sie tatsächlich bereits aus Kapitel 10: den `gvim` und den XEmacs. Beide sollen daher an dieser Stelle nicht nochmals besprochen werden. Stattdessen werden wir Ihnen die Editoren NEdit, gedit und Kate vorstellen.

24.2.1 NEdit und gedit

Bei NEdit und gedit handelt es sich um zwei sehr kleine Editoren. Beide unterstützen Syntax-Highlighting und das gleichzeitige Laden mehrerer Dateien. Gedit basiert auf GTK+ und `nedit` auf der Motif-Library. Speziell NEdit läuft auf praktisch jedem System, gedit zwar auch, aber er benötigt ein paar Bibliotheken mehr.

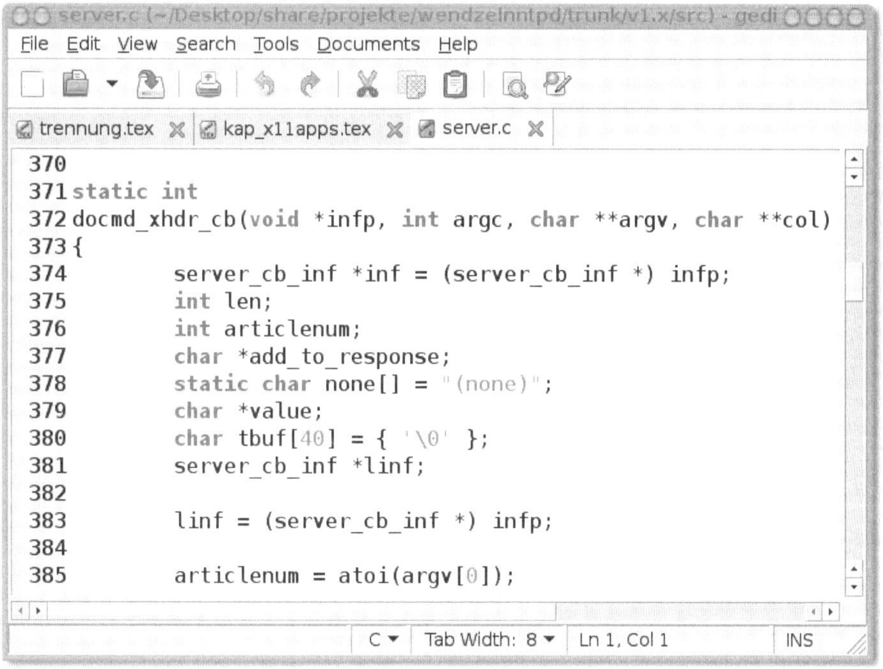

Abbildung 24.5 Gedit, ebenfalls mit Highlighting für C-Syntax

24.2.2 Kate

Kate hingegen ist Bestandteil des KDE-Projekts und basiert auf den Qt-Bibliotheken. Er unterstützt projektbasiertes Arbeiten, hat eine eingebaute Konsole, unterstützt

Plugins, eine Vielzahl von Syntax-Highlighting-Varianten[5] und vieles mehr. Wer Kate mag, braucht sich unserer Meinung nach nicht mit einer umfangreichen integrierten Entwicklungsumgebung wie KDevelop, die eventuell langsam ist, herumzuplagen. Kate kann alles, was man benötigt, um Software unter Unix zu entwickeln. Übrigens wurde dieses Buch zum Teil auch in Kate geschrieben.[6]

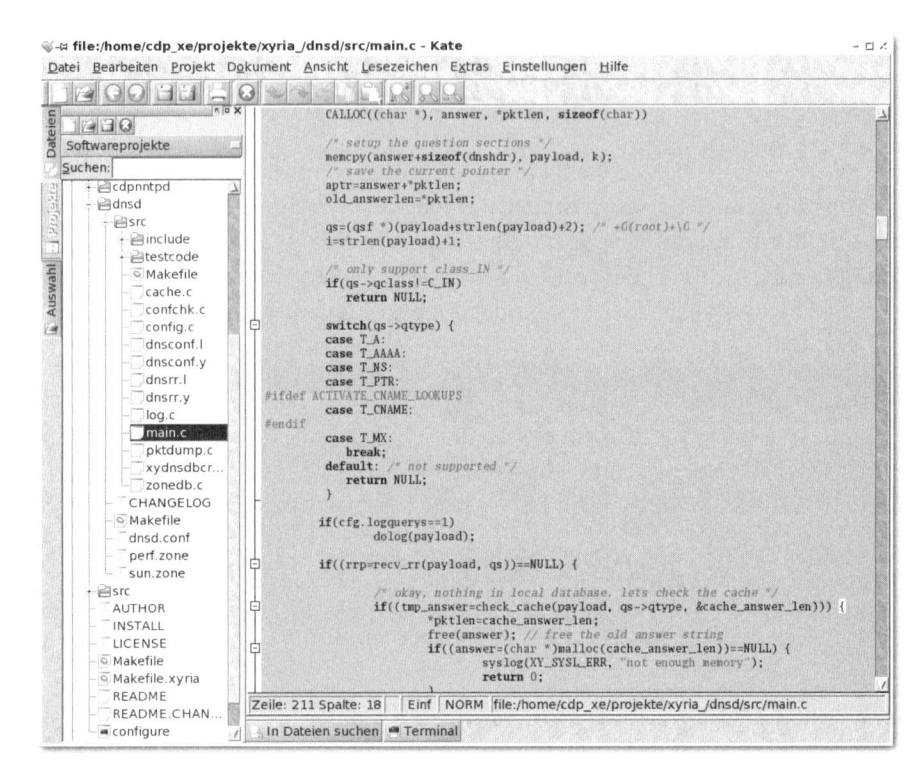

Abbildung 24.6 »kate« mit Highlighting für C-Syntax

24.3 Grafikprogramme

Das wohl bekannteste Grafikprogramm unter Linux ist The GIMP. Wir möchten Ihnen an dieser Stelle aber noch drei weitere nützliche Programme vorstellen.

---

5 ... und man kann auch via XML sehr einfach selbst neue Syntaxvarianten definieren.
6 Und die Teile, die nicht in Kate entstanden, wurden in gedit und für die erste Auflage in NEdit getippt.

24.3.1 The GIMP

Das *GNU Image Manipulation Program* (The GIMP oder auch nur GIMP) hatten wir bereits kurz angesprochen, als es um herausragende GNOME-Programme ging. Hier wollen wir nun etwas mehr über The GIMP und die entsprechenden Konzepte erzählen und beschreiben, was dieses Programm alles kann.

Professionelle Grafikverarbeitung

Welche Bedeutung GIMP für die Linux-Community hatte und hat, wird vielleicht aus folgendem Artikel deutlich, der anlässlich Version 1.0 der Grafiksuite im Linux Journal erschien:

> *It has been a long time coming, but the wait is over: Linux has its first real end-user power tool. It's not for administrators. It's not for network hacks. It's not another developers tool. It's for artists. It's for media managers and graphics nuts. It's for fun. It's for real. It's the GIMP.*
>
> – Michael Hammel (Linux Journal, November 1997)

Wie der Name schon sagt, ist GIMP ein Bildbearbeitungsprogramm. Aber eigentlich ist es mehr als das. Man kann GIMP zur professionellen Bearbeitung von Fotos, zum Erstellen von Grafiken, zum Konvertieren von Bildformaten, als Bild-Renderer und für vieles mehr verwenden. Im Folgenden haben wir eine von `gimp.org` adaptierte kurze und deshalb unvollständige Liste von Features zusammengestellt:

- vielfältige Zeichentools wie Pinsel, Bleistift, Airbrush, Klonen etc.
- ausgefeiltes Speichermanagement, so dass die Bildgröße nur durch den vorhandenen Plattenspeicher begrenzt ist
- hochwertiges Anti-Aliasing durch Sub-Pixel-Sampling
- voller Alphakanal-Support für Transparenzeffekte
- Unterstützung von Bildebenen und Farbkanälen
- prozedurale Datenbank, über die interne Funktionen durch externe Plugins genutzt werden können
- erweiterte Skripting-Möglichkeiten
- mehrfaches Rückgängigmachen/Wiederherstellen
- nur durch die Hardwareressourcen begrenzte Anzahl gleichzeitig offener Bilder
- mächtiger Editor für Farbverläufe und Überblendungen
- Unterstützung von Animationen über die Bildebenen (frame-as-layer)
- Transformationstools zum Rotieren, Skalieren, Ausschneiden, Spiegeln etc.

- viele unterstützte Dateiformate wie *gif, jpg, png, xpm, tiff, tga, mpeg, ps, pdf, pcx, bmp* etc.
- Auswahltools für rechteckige, elliptische, freie, unscharfe und »intelligente« Bereiche
- Plugin-Support für die Unterstützung neuer Dateiformate und Effekte
- Über 100 bereits vorhandene Plugins
- eigene Pinselformen und Muster

Chaos auf dem Desktop?

Wenn man GIMP das erste Mal startet, fällt einem auf, dass das Programm aus mehreren separaten Fenstern besteht. Windows-Anwendern mag dies vielleicht etwas ungewohnt erscheinen, aber wenn man mehrere virtuelle oder auch reale Bildschirme zur Verfügung hat, ist es einfach angenehmer, alle zu bearbeitenden Bilder in separaten Fenstern entsprechend verteilen zu können.

GIMP erlaubt es nun, Grafikdateien relativ unabhängig vom verwendeten Format professionell zu bearbeiten. Dazu werden mehrere Bildebenen (*Layer*) unterstützt, und zudem besitzt GIMP eine ganze Reihe schon vorkonfigurierter Plugins sowie Schnittstellen für eigene Erweiterungen.

Für welche Arbeiten und wie man GIMP dann letztendlich nutzt, sei jedem selbst überlassen. Es gibt tausendseitige Bücher über GIMP, daher wollen wir hier nicht zu sehr ins Detail gehen. Unser Tipp: Sehen Sie sich einmal die Dokumentation auf *www.gimp.org* an, wenn Sie sich näher mit dem Programm beschäftigen möchten.[7] Gerade der Umgang mit Layern und Plugins ist wichtig und für Neulinge vielleicht nicht ganz intuitiv zu begreifen.

Letztendlich kann man das Resultat dann in vielen verschiedenen Formaten speichern. Um während des Bearbeitungsprozesses keinen Restriktionen zu unterliegen, bringt GIMP mit *.xcf* sogar ein eigenes Dateiformat mit.

24.3.2 Freemind

Mit Freemind gibt es ein nützliches (wenn auch nicht sonderlich performantes) und Java-basiertes Programm zur Erzeugung von Mindmaps. Freemind kann Mindmaps auch in HTML-Code exportieren. Da die Bedienung von Freemind sehr intuitiv ist, sei an dieser Stelle nur gesagt, dass neue Unterpunkte erzeugt werden, indem Sie auf einen Oberpunkt klicken und die Taste **Einfg** drücken.

---

[7] Es gibt mittlerweile auch gute Tutorials zu GIMP in Form von Video-Podcasts im Internet – etwa auf *http://meetthegimp.org*.

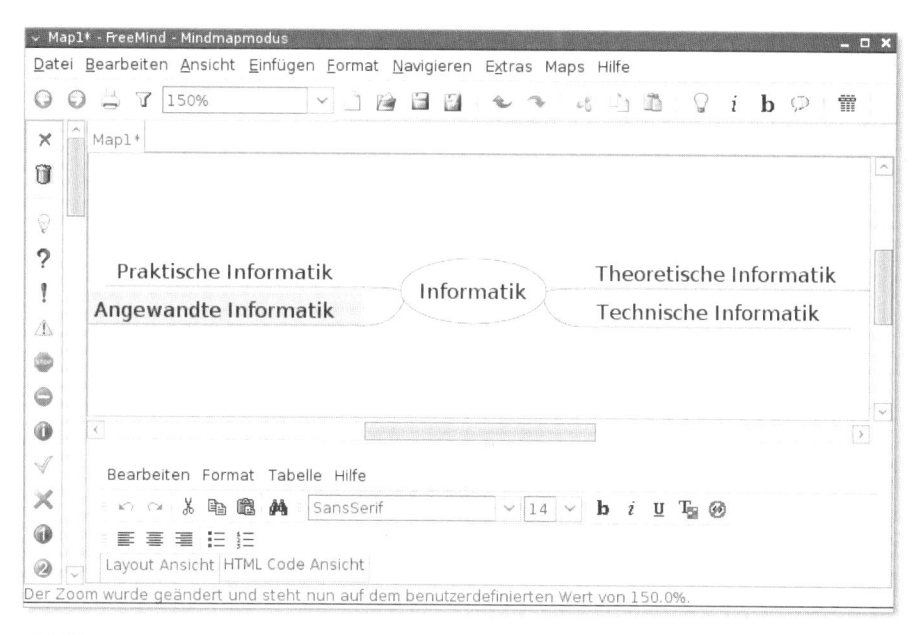

Abbildung 24.7 Freemind

24.3.3 OpenOffice.org/LibreOffice Draw

Das bereits in Abschnitt 4.1.1 erwähnte Draw der OpenOffice.org-/LibreOffice-Suite soll an dieser Stelle nicht fehlen. Draw eignet sich besonders für das Zeichnen von Flächen, Kreisen, Diagrammen, Ablaufplänen und Ähnlichem. Die Bedienung von Draw ist zudem sehr einfach.

24.3.4 Dia

BPMN und UML sind grafische Modellierungssprachen, mit denen sich Geschäftsprozesse modellieren lassen.[8] Mit UML können zudem noch diverse Diagrammtypen erstellt werden, die besonders in der Softwareentwicklung eine große Rolle spielen (etwa Sequenz-, Klassen- oder Aktivitätsdiagramme).

Wenn Sie UML- oder BPMN-Diagramme erstellen möchten, dann können Sie dies mit dem Programm Dia erledigen. Das Dia-Projekt sieht sich selbst als Anbieter einer Alternative zum kommerziellen Microsoft Visio. Dia verwendet ein XML-basiertes Dateiformat und unterstützt den Export in diverse anderen Formaten (etwa EPS, SVG, xfig, WMF und PNG).[9]

---

[8] UML steht für *Unified Modeling Language* und BPMN für *Business Process Modeling Notation*.
[9] Quelle: Dia-Projektseite *http://live.gnome.org/Dia*

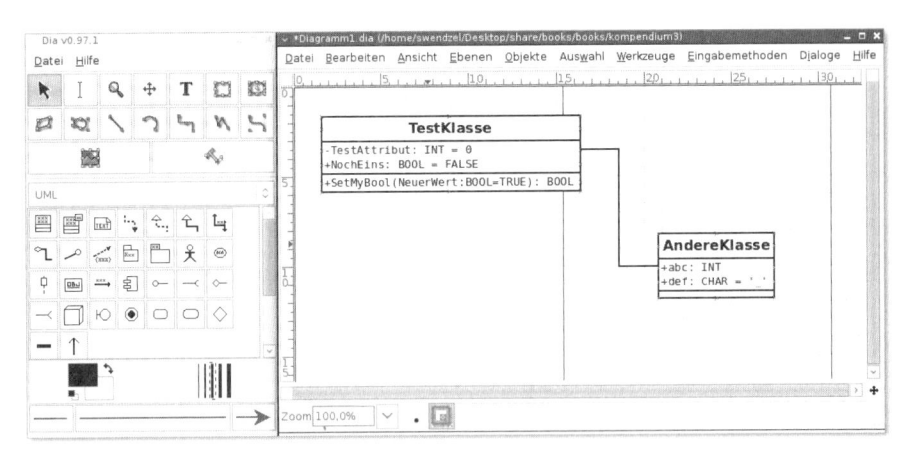

Abbildung 24.8 Dia

24.4 Bild- und Dokumentbetrachter

Textdateien, HTML-Dateien und Office-Dateien können Sie bereits mit den Programmen öffnen, die Sie in diesem Buch kennengelernt haben. Während Audioplayer und Videobetrachter in Kapitel 25 vorgestellt werden, möchten wir Ihnen an dieser Stelle die wichtigsten Betrachter für typische nicht editierbare Dokumentenformate sowie für Bilddateien vorstellen. Selbstverständlich können Sie Bilddateien auch mit The GIMP öffnen, das wir Ihnen vor kurzem vorgestellt haben, doch gibt es auch Programme, mit denen das Anzeigen von Dokumenten schneller geht.

24.4.1 PDF- und PS-Dateien anzeigen

Unter Linux (und natürlich auch den meisten anderen Unix-ähnlichen Betriebssystemen) stehen Ihnen eine Vielzahl an Betrachtern für PDF-Dokumente und Co. zur Verfügung. Die großen Desktopumgebungen bringen dabei Ihre eigenen Viewer mit sich, doch auch ohne diese Mitbringsel ist es kein Problem, sich entsprechende Dateien anzusehen. Wir raten Ihnen nicht zu proprietärer Software wie dem Adobe Reader, den es auch für Linux gibt, dessen Quellcode allerdings nicht frei ist. Stattdessen gibt es freie Programme, nämlich Xpdf und gv. Mit Letzterem können Sie sowohl PostScript- als auch PDF-Dateien ansehen. Xpdf zeigt hingegen nur PDF-Dateien an, lädt Ihnen, wenn Sie stattdessen zxpdf starten, aber auch GZip-komprimierte PDF-Dateien.

KDE und GNOME   Unter KDE ist der Standardbetrachter Okular (früher KPDF) und unter GNOME nennt er sich Evince.

Abbildung 24.9 Shotwell

24.4.2 CHM-Dateien anzeigen

Sofern Sie einmal Hilfedateien von Windows anzeigen möchten, werden diese aller Wahrscheinlichkeit nach im CHM-Format vorliegen. In diesem besonderen Fall hilft Ihnen das KDE-Programm `kchmviewer`.

24.4.3 Bilddateien anzeigen

Wenn wir an dieser Stelle von Bildbetrachtern sprechen, so meinen wir damit Programme, die Ihnen Bilder erstens schnell anzeigen und zweitens das Wechseln zwischen den Bildern, die es in einem Verzeichnis gibt, ermöglichen.

Tatsächlich ist es so, dass eigentlich jeder gute Dateimanager zumindest eine Voransicht eines Bildes gewährt (für Dolphin und Nautilus ist das gar kein Problem), doch wenn Sie ein Bild in Originalgröße oder gezoomt betrachten möchten, muss etwas besseres her. Typischerweise bringt jedes Desktopsystem einen eigenen Bildbetrachter mit, und zudem gibt es für alle, die gar nicht auf Bildbetrachter von Desktopsystemen zurückgreifen möchten, noch eine ziemlich alte, aber funktionale Alternative, nämlich xv (X-View). Leider ist xv bei vielen Distributionen nicht mehr im Lieferumfang enthalten, weshalb Sie es sich eventuell aus dem Quellcode kompilieren müssen.

Desktops und Screenshots

Unter GNOME heißt der Bildbetrachter EOG (Eye of GNOME). Wie üblich können Sie mit dem Mausrad in ein Bild hinein und aus ihm herauszoomen. Die Originalgröße des Bildes wird über die Taste **1** dargestellt und ein auf die Fenstergröße skaliertes Bild erhalten Sie durch Drücken der Taste **F**. Unter KDE heißt das gleichwertige Programm *KSquirrel* (es gibt allerdings auch *Gwenview*) und unter XFCE *Ristretto*. Außerdem bringen KDE und GNOME noch Programme für die Archivierung, Speicherung und Betrachtung von Fotos mit (unter GNOME heißt das entsprechende Programm Shotwell (bis vor einiger Zeit war es F-Spot) und unter KDE digiKam bzw. KPhotoAlbum).

24.5 Chatprogramme

Bisher haben wir Ihnen zur Kommunikation zwar Mail- und Usenet-Clients, jedoch noch keine Chatprogramme vorgestellt, was wir in diesem Abschnitt ändern wollen.

24.5.1 XChat – ein IRC-Client

Chat-Clients können unentbehrlich sein, wenn man im Zeitalter der globalen Kommunikation mithalten will – denn die wird heutzutage oft durch Chatten realisiert.

Chatten! XChat ist ein recht populärer Client für den *Internet Relay Chat* (IRC). Bei dieser vielleicht etwas archaisch anmutenden Art des Chats müssen Sie sich manuell mit einem Server verbinden, um dort in bestimmten Räumen (*Channels*) unter einem Fantasienamen (*Nick*) chatten zu können.

Startet man XChat zum ersten Mal, bekommt man eine Standardliste mit den verschiedensten Servern. Wählen Sie zunächst einen Nickname, suchen Sie – falls Sie nicht schon wissen, wo Sie hinwollen – einen Server aus der Liste heraus, und versuchen Sie, sich zu verbinden. Wenn Sie verbunden sind, probieren Sie ein `/join #test`, um den Test-Channel zu betreten. Vielleicht finden Sie dort andere Leser dieses Buches, die auch gerade die entsprechende Passage ausprobieren.

Doch ohne konkretes Ziel wird der Ausflug in den IRC ein recht langweiliges Unterfangen. Schauen Sie deshalb einfach einmal bei Ihrem Lieblings-Open-Source-Projekt vorbei, und suchen Sie nach einem entsprechenden Server/Channel-Paar. Die Chancen stehen relativ gut, dass Sie entsprechende Hinweise finden werden.

In den Channels selbst wird hauptsächlich über spezifische Themen geredet – oft allerdings auch über das Themengebiet hinaus, was jedoch sehr stark vom Channel abhängig ist. Manchmal ist es unerwünscht, wenn andere Themen angeschnitten werden.

24.5.2 Exkurs: Instant Messenger

ICQ & Co. Den Gegensatz zu dieser traditionellen Art des Chats bilden sogenannte *Instant Messenger*. Dort lädt man sich im schlimmsten Fall ein mit Ad- und Spyware versehenes Programm von einem mit Werbung überfluteten Server eines kommerziellen

Anbieters herunter, um sich dann nach einer Registrierung mit dem Tool auf dem zentralen Server des Anbieters anzumelden.[10]

Sie können dann über diverse Spielarten der *Buddy-Listen* Ihre Freunde »verwalten«, die Sie auch gleich anschreiben können, sobald sie online – also auf dem zentralen Server des Anbieters – angemeldet sind.

Im Gegensatz dazu hat IRC fast menschliche Züge. Man trifft sich, wenn man denn möchte, auf einem bestimmten Server in einem bestimmten Raum und kann dort mit anderen Usern über diverse Themen plaudern – so richtig sozial mit vielen Leuten.

Es fällt ziemlich schwer, manche Entwicklung wie den Verfall der Netzkultur objektiv und teilnahmslos hinzunehmen und zu kommentieren. Natürlich können Sie auch unter Linux die durchaus vorhandenen Vorteile des Instant Messaging nutzen – wir empfehlen Ihnen aufgrund der Bedienbarkeit und der Unterstützung für eine große Anzahl an verschiedenen Instant Messenger-Netzwerken das Programm Pidgin (früher `gaim`).

Besonderheiten des IRC

Falls Sie nur mit solchen Instant Messengern vertraut sind, gibt es für Sie beim IRC ein paar Neuheiten. In jedem Channel gibt es sehr wahrscheinlich ein paar *Operatoren*, die durch das +o-Flag gekennzeichnet sind. Diese Administratoren des Channels können störende Benutzer hinauswerfen und sie auch daran hindern, in den Channel zurückzukehren. Außerdem gibt es moderierte Channels, in denen eben nur Operatoren bzw. Moderatoren und Benutzer mit *voice* sprechen können. Letztere zeichnen sich durch ein +v-Flag aus.

24.6 Weitere nützliche Programme

Im Folgenden sollen einzelne nicht inhaltlich zusammenhängende Tools Erwähnung finden, die durch Ihre Nützlichkeit eine Nennung verdient haben.

24.6.1 K3b – CDs/DVDs brennen

Eine weitere wichtige Anwendung ist natürlich das Brennen von CDs oder DVDs. Dazu wurden in der Vergangenheit in der Regel Kombinationen unterschiedlicher Konsolentools – wie beispielsweise `mkisofs` oder `cdrecord` – genutzt, was aber zugegebenermaßen recht umständlich ist.

---

10 Mit der Open-Source-Software, die wir Ihnen im Folgenden vorstellen, ist dies hingegen äußerst unwahrscheinlich.

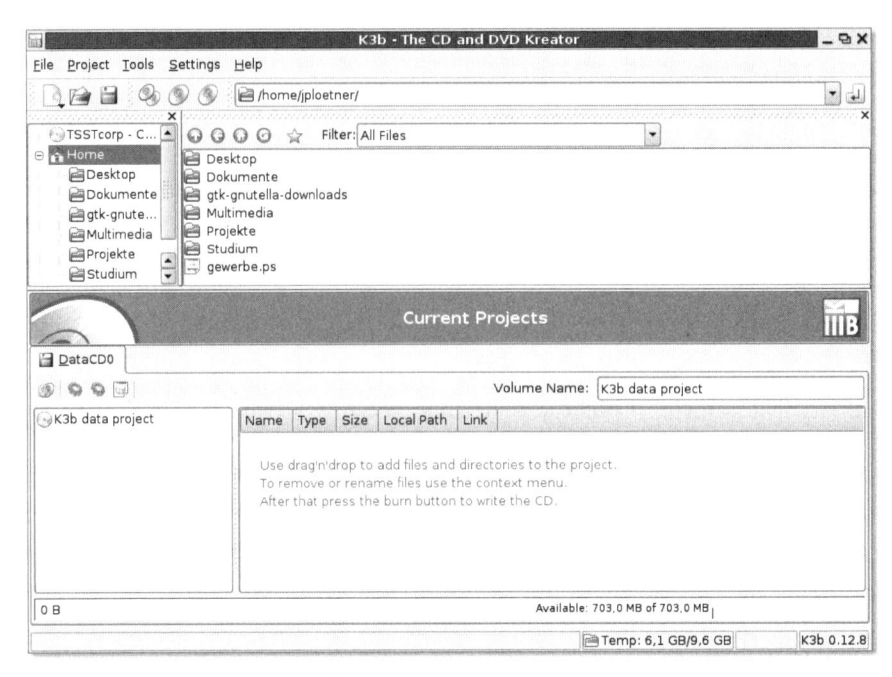

Abbildung 24.10 Brennen mit K3b

Viel angenehmer ist dagegen die Nutzung eines Frontends unter X11. Nicht nur unter KDE ist dabei K3b das Tool der Wahl. Beim ersten Start wird eine kurze Frage zu den erkannten Brennern gestellt, worauf Sie im Anschluss auch gleich loslegen können. Man kann Audio- und Daten-CDs beziehungsweise -DVDs erstellen und entsprechende Medien natürlich auch kopieren. Die Zusammenstellung der Images erfolgt dabei komfortabel durch Drag & Drop.

24.6.2 Krusader – ein Dateimanager

Der Krusader ist ein interessanter Dateimanager. Er verbindet die Funktionalität des Programms Midnight Commander (ein Zwei-Fenster-Dateimanager für die Konsole, der sich mit Hotkeys bedienen lässt) mit den Vorteilen der grafischen Oberfläche.

Natürlich kann man diesen Dateimanager auch nach wie vor mit der Maus benutzen, aber mit den Hotkeys bewältigen Sie diverse Aufgaben einfach schneller. Mit **F7** lässt sich beispielsweise ein neues Verzeichnis erstellen. Mit **F5** wird eine Datei von der aktiven Fensterseite (diejenige, auf der gerade eine Datei markiert ist) zur inaktiven Seite kopiert. Mit **F6** können Sie Dateien verschieben und umbenennen. Alle weiteren wichtigen Hotkeys sind am unteren Rand des Fensters dargestellt.

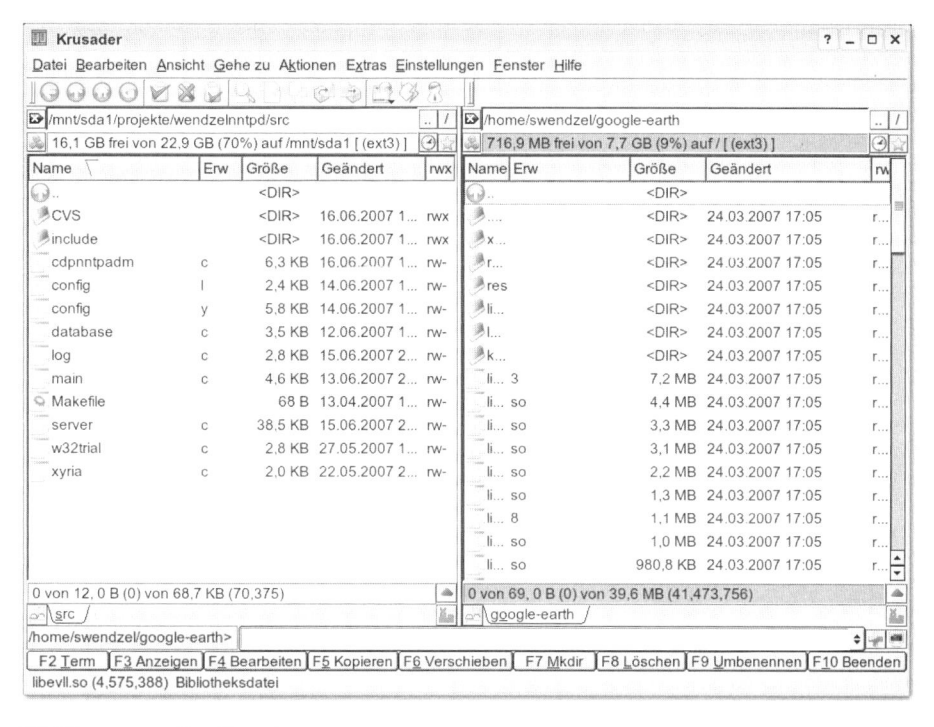

Abbildung 24.11 Der Krusader

24.6.3 yakuake – ein Quake-Terminal für KDE

Für alle Anhänger von Quake und alle, die Effekte mögen, könnte der Terminal-Emulator `yakuake` genau das Richtige sein.[11] Er nimmt generell keinen Platz auf dem Desktop weg, da er unsichtbar ist. Erst, wenn man die Taste **F12** drückt, scrollt das Terminal-Fenster vom oberen Bildschirmrand herab und nimmt Befehle entgegen.

Unterstützt werden mehrere parallel laufende Terminalsitzungen in Tabs sowie verschiedene Farbeinstellungen inklusive Pseudotransparenz.

24.6.4 Wörterbuch mit dict und StarDict

Unter Linux gibt es mehrere Möglichkeiten, Wörterbücher einzusehen. Unter den meisten Desktop-Umgebungen stehen etwa Plugins für das Panel und unter GNOME zusätzlich das `gnome-dictionary` zur Verfügung, die auf einen lokalen Dictionary-Server zugreifen können. Einen solchen Wörterbuchserver kann man unter Linux mit `dictd` aufsetzen. Unter Ubuntu installiert man dazu das Paket `dictd` sowie zuge-

---

11 *http://extragear.kde.org/apps/yakuake/*

hörige freie Wörterbücher, etwa `dict-freedict-eng-spa` für Übersetzungen vom Englischen ins Spanische.

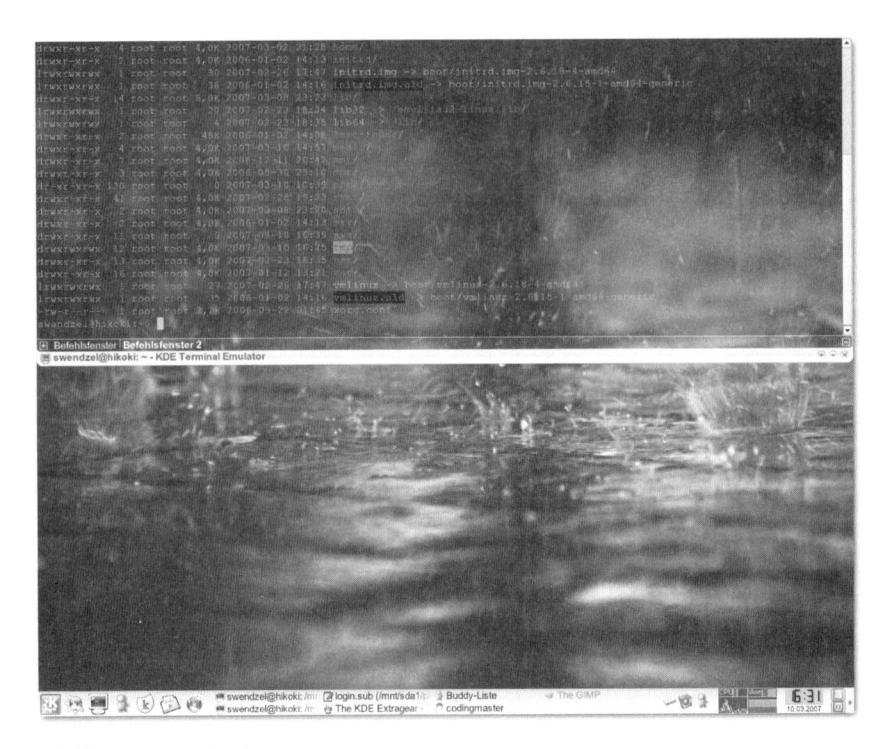

Abbildung 24.12 yakuake

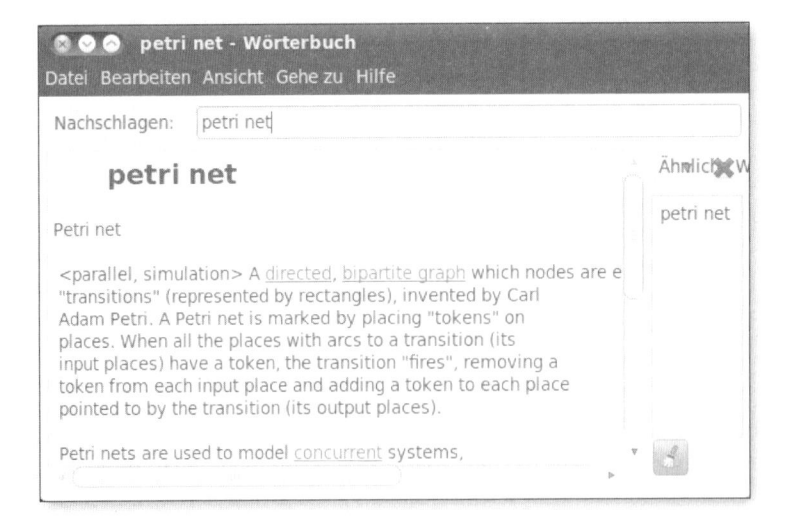

Abbildung 24.13 »gnome-dictionary« zeigt einen Eintrag über Petri-Netze an.

Besonders empfehlenswert ist zudem das Programm StarDict, das es es auch für Windows gibt. Es hat eine leicht zu bedienende GTK+-Oberfläche und es stehen online unzählige Wörterbücher zum freien Download zur Verfügung. Das zugehörige Softwarepaket ist bei den meisten Distributionen enthalten, Wörterbücher müssen jedoch explizit vom StarDict-Forum (*www.stardict.org/forum/*) heruntergeladen werden.

StarDict

24.6.5 KWordQuiz – der Vokabeltrainer

Für Linux gibt es verschiedene Vokabeltrainer. Vorstellen möchten wir Ihnen hier kurz zwei populäre Vertreter: KWordQuiz ist leider ein recht instabiles Programm, weist aber eine schöne Oberfläche und praktische Funktionen auf (etwa Kartenabfrage über Multiple Choice sowie Direkteingabe von Antworten). Besonders praktisch ist, dass Sie direkt im Programm neue Vokabelsätze herunterladen können, worunter sich unter anderem Zuordnungsabfragen wie »Land – Hauptstadt« oder »Erfinder – Erfindung« befinden.[12]

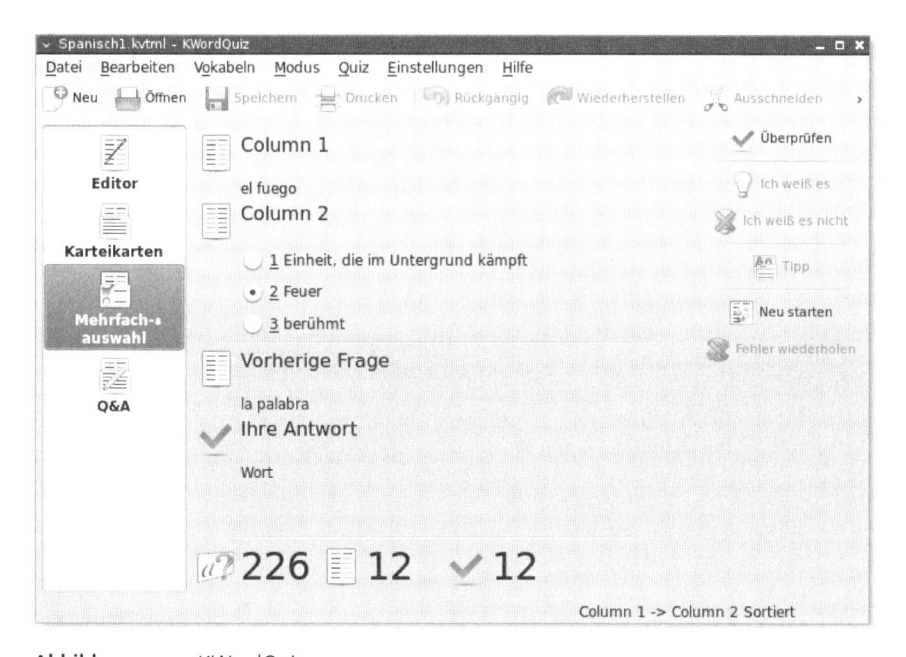

Abbildung 24.14 KWordQuiz

Wer keine Qt-basierte Oberfläche haben möchte, für den ist eventuell `langdrill` die richtige Wahl. Dieses Programm liefert Ihnen einzelne kleine Sprachtrainings

---

12 Ähnliche Features und ebenfalls sehr viele Abfragekataloge hat auch das Konsolenprogramm `quiz`, das Bestandteil der BSD Games ist und sich in der Regel in */usr/games* befindet.

mit, die Sie im Verzeichnis */usr/share/langdrill* bzw. */usr/local/share/langdrill* finden. Um eine dieser Sprachprüfungen auszuwählen, übergeben Sie den vollen Pfad des jeweiligen Dateinamens beim Programmstart, andernfalls wird die Standardsprache (*default.drill*) geladen.

24.6.6 JabRef

Wie Freemind ist auch JabRef in Java geschrieben. Ansonsten haben beide Projekte nichts miteinander gemeinsam. Mit JabRef können Sie Literaturquellen verwalten, was sich besonders für wissenschaftliche Arbeiten wie Bachelor- und Diplomarbeiten eignet. Dabei werden eine Vielzahl unterschiedlicher Quelltypen (etwa für Masterarbeiten, Dissertationen, wissenschaftliche Artikel oder Standards) unterstützt. Auch können Sie zu jedem gelesenen Text einen eigenen Kommentar sowie einen Link zu einer Datei bzw. einer Web-Adresse angeben, um ein Dokument direkt zu öffnen. Praktischerweise können Sie mit diesem Programm direkt BibTeX-Angaben für LaTeX erzeugen. Außerdem können wissenschaftliche Archive durchsucht werden.

24.7 Zusammenfassung

In diesem Kapitel haben wir Ihnen einige wichtige und interessante Anwendungen für X11 vorgestellt. Insbesondere haben Sie das Textsatzsystem LaTeX und das Grafikprogramm GIMP kennengelernt. Sie kennen nun außerdem einige grafische Editoren, das Brennprogramm K3b und Kommunikationsprogramme wie XChat und Pidgin. Das Kapitel endet mit einer Übersicht über verschiedene nützliche Programme, darunter das Wörterbuch StarDict und viele andere.

Natürlich gibt es noch zahlreiche weitere Applikationen, die hier nicht erwähnt wurden, die Sie aber vielleicht noch für sich entdecken werden. Werfen Sie hierzu einfach einmal einen Blick auf *sourceforge.net* oder in die Liste der verfügbaren Softwarepakete Ihrer Distribution.

24.8 Aufgaben

LaTeX, 1. Teil

Erstellen Sie mit LaTeX ein kleines Dokument, das aus einem Inhaltsverzeichnis sowie einigen Abschnitten und Unterabschnitten besteht. Kompilieren Sie es mit `pdflatex` zu einer PDF-Datei, und erzeugen Sie aus ihr mit `pdf2ps` eine PostScript-Datei.

LaTeX, 2. Teil

Bauen Sie in das obige Dokument die folgende erste Binomische Formel $(a+b)^2 = a^2 + 2ab + b^2$ und die Formel zur Berechnung der Entropie ein: $H(p_1, p_2, ..., p_k) = -\sum_{i=1}^{k} p_i \log_2 p_i$. Falls Sie mehr über Entropie im Kontext der Theoretischen Informatik erfahren möchten, empfehlen wir Ihnen [Schoen08A].

IRC und ICQ

Probieren Sie auch einmal den IRC-Client XChat aus. Im Internet werden Sie zudem den konsolenbasierten Client Irssi finden. Auch er ist einen Test wert.

»Ein kluger Mann schafft mehr Gelegenheiten, als er findet.«
– Francis Bacon

25 Multimedia und Spiele

In diesem Kapitel wollen wir uns mit dem für viele Menschen wichtigsten Thema befassen: Multimedia und Spiele unter Linux. Wir möchten uns in diesem Kapitel nicht auf die unterschiedlichen BSD-Derivate beziehen, da deren Hardwaresupport im Allgemeinen leider schlechter als unter Linux ist. Dies liegt teilweise an anders gesetzten Schwerpunkten – wie beispielsweise der Sicherheit bei OpenBSD – und teilweise wieder einmal an der mangelnden Unterstützung seitens der Hersteller.

25.1 Grundlagen zu »Multimedia«

Bevor man »Multimedia« mit einem Linux-PC »machen« kann, muss das System in der Regel mehrere Voraussetzungen erfüllen. In den meisten Fällen muss schon der Betriebssystemkern fit für die entsprechende Technik sein.

25.1.1 Integration ins System

Handelt es sich bei der Multimedia-Komponente beispielsweise um eine Soundkarte, so muss der Kernel einen Treiber für den entsprechenden Chipsatz besitzen. Spezielle Soundkarten bieten neben einer »nativen« Chip-API oft auch noch verschiedenste Kompatibilitätsmodi – zum Beispiel »Soundblaster 16« –, mit denen man die Komponente im Notfall (also dann, wenn absolut keine anderen Treiber verfügbar sind) auch betreiben kann.

Eine Soundkarte benutzen

Ein Treiber stellt schließlich ein bestimmtes Interface bereit, auf das über ein Device im */dev*-Verzeichnis zugegriffen werden kann. Dieses allein bietet allerdings noch keinen Hörgenuss – man muss darauf auch entsprechend zugreifen können.

Doch Anwenderprogramme wie beispielsweise MP3-Player nutzen nur sehr selten direkt Multimedia-Devices. Stattdessen kommt in der Audiowelt oft das bereits aus Kapitel 5, »Der Kernel«, bekannte Spooling-Prinzip zum Einsatz, wobei jedoch hier statt des Druckers die Soundkarte verwaltet wird. Möchten mehrere Applikationen nun gleichzeitig auf ein Sound-Device zugreifen, werden ihre Zugriffe »übereinandergelegt«. Man würde also die Tonwiedergabe mehrerer Applikationen gleichzeitig hören. Bei Audiodaten bietet sich dies natürlich an – ein Drucksystem wird die einzelnen Anfragen jedoch sequenziell abarbeiten.

Dienste und Devices

Das Device würde also von einem eigenen Dienst verwaltet werden, auf den Anwendungen über eine bestimmte API zugreifen können. Allerdings sind je nach Multimedia-Gebiet auch Bibliotheken verfügbar, die eine bestimmte API auf die Treiber abbilden. Ein populäres Beispiel ist die OpenGL-API für Grafikkarten. Soll dort eine Hardwarebeschleunigung genutzt werden, so muss die Bibliothek über das Device den Chip der Grafikkarte so ansteuern können, dass man am Ende auch wirklich eine Beschleunigung erreicht.

25.1.2 Die richtige Hardware kaufen

Bei einer Neuanschaffung stellt sich in der Regel die Frage, welches Produkt nun für den heimischen PC am besten geeignet ist. Denn unter den verschiedenen BSDs wie auch unter Linux ist ein Top-Produkt nicht immer auch die beste Wahl: Schließlich sollte die neue Grafik-/Sound-/Was-auch-immer-Karte auch vom System in allen ihren Features unterstützt werden.

Meinungen einholen

Hat man ein interessantes Produkt gefunden, so sollte man selbstverständlich zuerst beim Hersteller nach dem entsprechenden Treibersupport suchen. Zumindest bei aktuellen Grafikkarten und teilweise auch bei Druckern wird man hier fündig. Unabhängig vom Ergebnis sollten Sie auf jeden Fall noch im Internet nach Erfahrungsberichten diverser User suchen. Mit wie viel Aufwand und welchem Ergebnis wurde das Ding schließlich zum Laufen gebracht? Überwiegt Frust oder Freude?

Einige Distributoren wie beispielsweise openSUSE verwalten, wie im Installationskapitel bereits erwähnt, auf ihren Webseiten auch eine *Supportdatenbank*, in der die unterstützte Hardware aufgeführt ist. Auch wenn diese Listen nicht immer unbedingt vollständig sind, so kann man bei einem Fund der entsprechenden Hardwarekomponente in der Regel davon ausgehen, dass dieses Produkt auch unter anderen Distributionen unterstützt wird.

Muss man sich mit einer vorhandenen Hardware auseinandersetzen, so geht man prinzipiell genauso vor. Jedoch ist man hier darauf angewiesen, auch fündig zu werden, wohingegen man bei einer Neuanschaffung ja durchaus noch Alternativen hat.

25.2 Audio

Das erste praktische Multimedia-Thema, dem wir uns widmen wollen, ist das Thema »Audio«. Beginnen wollen wir mit der Konfiguration der Soundkarte. Um die

Unterstützung des Kernels für diese Ressource zu aktivieren, muss man wissen, wie die Sound-Unterstützung des Kernels aussieht.[1]

25.2.1 Bis Kernel 2.6 – OSS

Die Kernel der 2.4er-Entwicklungsreihe waren die letzten, die standardmäßig mit OSS, dem *Open-Sound-System*, als Unterstützung für Soundkarten ausgeliefert wurden; einige solcher Systeme sind nach wie vor im Einsatz. Man unterscheidet dabei zwischen der OSS-API, einem Interface zu Audiotreibern, das neben Linux auch noch von vielen anderen Unix-Varianten unterstützt wird, und den OSS-Treibern, die eben dieses Interface für den Kernel implementieren.

Open-Sound-System

Der Grund, warum OSS heutzutage[2] immer noch ein Thema ist, besteht in der weiten Verbreitung der OSS-API. Diese wird beispielsweise auch von den FreeBSD- und OpenBSD-Soundtreibern unterstützt. OSS bildet damit den kleinsten gemeinsamen Nenner der Unix-Sound-APIs.

Treiber laden

Die Vorbereitungen bei der Kernel-Konfiguration sehen bei OSS so aus, dass zuerst die entsprechenden Treibermodule für den Kernel kompiliert werden müssen. Die Unterstützung für eine Karte wird dann durch Laden der entsprechenden Kernel-Module aktiviert. Nach einem Laden mit `modprobe` sieht man dann meist eine Ausgabe wie die folgende:

[zB]

```
# lsmod
...
es1370                 30348  1
gameport                1388  0 [es1370]
soundcore               3428  4 [es1370]
...
```

Listing 25.1 OSS im Kernel

In diesem Beispiel wurde eine Ensoniq-1370-kompatible Soundkarte benutzt, deren Modul noch das `soundcore`-Modul als Basis sowie die Gameport-Unterstützung nachgeladen hat.

---

1 Bevor Sie weiterlesen: Testen Sie einfach einmal, ob Ihre Soundkarte nach der Installation nicht schon automatisch erkannt wurde. Auch wenn Sie keinen Ton hören, reicht es vielleicht aus, einfach die Lautstärkeregler aufzudrehen.
2 Kernel 2.6!

Ist der Treiber erfolgreich geladen, wird das entsprechende Device /dev/dsp aktiviert. Wurde aber der falsche Treiber geladen, schlägt dies fehl und eine entsprechende Meldung wird ausgegeben:

```
# modprobe i810_audio
/lib/modules/2.4.22/kernel/drivers/sound/i810_audio.o:
  init_module: No such device
...
```

Listing 25.2 Ein Treiber für die falsche Karte wird geladen.

Man kann auf diese Weise also auch eine einfache Form der Hardwareerkennung durchführen: einfach so lange alle Treibermodule laden, bis kein Fehler mehr auftritt. Eine Alternative zu dieser brutalen Methode bietet das Programm lspci:

```
$ lspci
...
0000:00:06.0 Ethernet controller: Accton Technology
  Corporation SMC2-1211TX (rev 10)
...
0000:00:11.5 Multimedia audio controller: VIA
  Technologies, Inc. VT8233/A/8235/8237 AC97 Audio
  Controller (rev 10)
0000:01:00.0 VGA compatible controller: nVidia
  Corporation NV17 [GeForce4 MX 440] (rev a3)
```

Listing 25.3 Die gefundenen PCI-Karten

Aus diesem Output kann man schon einen relativ guten Anhaltspunkt dafür gewinnen, welche Treiber benötigt werden. Eine Alternative bieten automatische Tools wie sndconfig (siehe Abbildung 25.1).

Alles automatisch   Dieses Tool stammt ursprünglich aus der Red-Hat-Distribution, ist aber mittlerweile auch für andere Distributionen wie Debian verfügbar.

Test der Konfiguration

Eine hübsche Spielerei zum Testen einer funktionierenden Soundinstallation ist die sogenannte *voice of god*:

```
# cat /vmlinuz >/dev/dsp
```

Listing 25.4 voice of God

Bei diesem Beispiel leiten wir einfach die binären Daten des Kernels per Ausgabeumleitung auf die Soundkarte – wenn Sie nun ein lautes Rauschen hören, funktioniert Ihre Soundkarte, – und Sie wissen, wie sich der Kernel anhört.

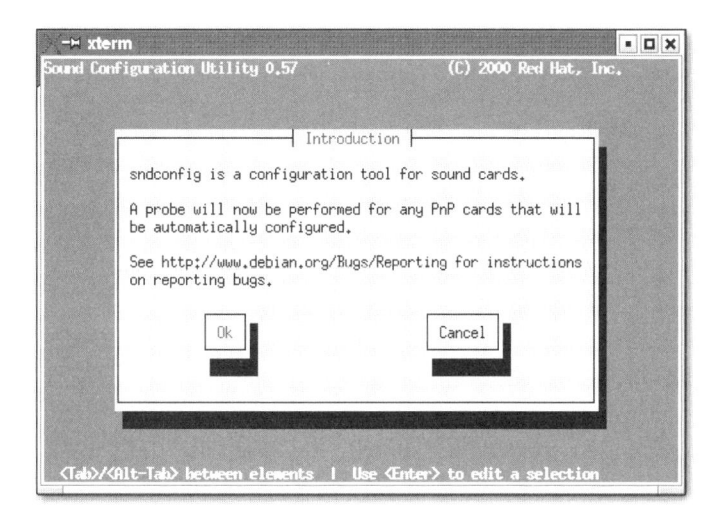

Abbildung 25.1 sndconfig

25.2.2 Ab Kernel 2.6 – ALSA

ALSA steht für *Advanced Linux Sound Architecture*, ist seit Kernel 2.6.0 standardmäßig enthalten und hat damit das Open-Sound-System ersetzt. ALSA bietet folgende Vorteile:

- guter Support für alle Arten von Audioschnittstellen wie normale Soundkarten oder professionelle Multichannel-Soundkarten
- modularisierte Soundtreiber
- ein multiprozessor- und threadsicheres Design
- eine Userspace-Bibliothek (*alsa-lib*), die die Anwendungsentwicklung vereinfacht und eine höhere Funktionalität bietet
- Unterstützung für das alte OSS-Interface zwecks Kompatibilität mit den meisten OSS-Programmen

Darüber hinaus klingen ALSA-Treiber oft auch besser als ihre entsprechenden OSS-Varianten.

Die Konfiguration von ALSA läuft dabei gar nicht so anders als die von OSS ab. Sie müssen auch hier die entsprechenden Module samt Parametern laden. Damit man sie von ihren entsprechenden OSS-Äquivalenten unterscheiden kann, haben alle ALSA-Module das Präfix `snd-` vor ihrem Namen.

```
# lsmod
Module                  Size    Used by
...
snd_via82xx             25184   3
snd_seq_oss             34560   0
snd_seq_midi_event      7936    1 snd_seq_oss
...
snd                     52516   17 ...
```

Listing 25.5 ALSA im Kernel

Ausführliche Hilfen   Die Module per Hand zu laden, ist recht umständlich. Bei den meisten Distributionen wird die entsprechende Hardware jedoch bereits bei der Installation erkannt und eingebunden. In jedem Fall hilft die Webseite des Projekts, *http://www.alsa-project.org*, bei Problemen weiter. Dort erfahren Sie, ob Ihre Karte unterstützt wird, und Sie finden zudem im Problemfall noch Installationshinweise speziell für Ihre Hardware und Distribution.

25.3 Audiowiedergabe

Im letzten Abschnitt haben wir nur die Soundkarte konfiguriert und haben somit, egal ob via alter OSS- oder aktueller ALSA-Treiber, bis jetzt nur das Sound-Device zur Verfügung.[3] Was uns noch fehlt, sind Applikationen, die es benutzen – die *voice of God* zählen wir mal nicht dazu.

25.3.1 Ausgabemöglichkeiten

Blockade unter OSS   Unter OSS wurden verschiedene Sound-Dämonen etabliert, damit Applikationen bei der Benutzung der OSS-Treiber nicht unnötig das für den Sound zuständige Device (meist */dev/dsp*) blockieren, da auf dieses unter OSS nur ein exklusiver Zugriff möglich war. Entsprechend den unterschiedlichen Sound-Diensten gibt es für die meisten Programme unterschiedliche Ausgabe-Plugins:

Schnittstelle	Beschreibung
OSS	Die OSS-API wird direkt zur Ausgabe genutzt. Dabei kann nur eine Applikation das Device nutzen.
ALSA	Die ALSA-Schnittstelle wird direkt genutzt.

Tabelle 25.1 Die wichtigsten Sound-Ausgabemöglichkeiten

---

[3] Da ALSA zu OSS kompatibel ist, findet sich selbstverständlich das Device */dev/dsp* auch unter aktuellen Kerneln mit ALSA-Support.

Schnittstelle	Beschreibung
SDL	SDL – eine Medienbibliothek – wird als Ausgabeschnittstelle genutzt. Sie setzt wiederum beispielsweise auf OSS oder ALSA auf.
aRts	Der KDE-Sound-Dämon – er wird normalerweise beim KDE-Start aktiviert.
ESD	Der Sound-Dämon alter GNOME-Versionen
PulseAudio	ein neuer Sound-Dämon, der zum Beispiel auf Ubuntu ESD abgelöst hat und mit ALSA und OSS umgehen kann

Tabelle 25.1 Die wichtigsten Sound-Ausgabemöglichkeiten (Forts.)

Nun stellt sich natürlich die Frage, wie die Zusammenarbeit mit ALSA funktioniert: Mit diesen Treibern kann man blockadefrei auch mit mehreren Programmen gleichzeitig die Audioschnittstelle nutzen. Das Problem hierbei ist nun viel eher, dass einige Programme noch kein Ausgabe-Plugin für ALSA besitzen und Programmierer es aus verschiedenen Gründen einfacher finden, die API eines Sound-Dämons statt ALSA direkt zu nutzen.

25.3.2 MP3-Player und Co.

Jetzt kommen wir endlich zu den Playern. Musik abzuspielen wird wohl zu den Hauptaufgaben einer Soundkarte gehören. Daher wollen wir im Folgenden dieses wichtige Anwendungsgebiet betrachten.

Abbildung 25.2 Audacious

Audacious

Audacious (früher als XMMS, X-Multimedia-System, bekannt) ist recht weit verbreitet und unterstützt alle möglichen Audio- und zum Teil auch Videoformate. Für fast alle Sound-APIs können Sie ein Ausgabe-Plugin bekommen. Alles in allem erinnert der Player in seinem Aussehen und Verhalten an den WinAMP 2.0, mit dem Un-

MP3!

terschied, dass Audacious mittlerweile deutlich mehr Features unterstützt als das einstige Vorbild.

Die KDE- und GNOME-Player

Desktops und Sound

Als komplette Desktop-Umgebung hat KDE natürlich auch im Bereich Multimedia viele Programme im typischen Look and Feel zu bieten. Im Bereich »MP3-Player« und »Sound« allgemein hat KDE dabei gleich mehrere Tools am Start:

- **Amarok**
  Amarok ist ein umfangreicher Audio-Player für KDE. Er spielt nicht nur Streams ab, sondern kann Audio-Podcasts abonnieren, Ihre MP3-Sammlung verwalten und unterstützt Plugins (etwa zur Anzeige von Songtexten). Amarok enthält auch einen Kontext-Browser, mit dem Sie beispielsweise den Wikipedia-Artikel zu einem Künstler anzeigen lassen können. Nach dem ersten Start von Amarok sollten Sie zunächst über EINSTELLUNGEN • AMAROK EINRICHTEN • SAMMLUNG die Verzeichnisse angeben, in denen Sie Ihre Audio-Dateien abgelegt haben, damit das Programm diese erfassen und anzeigen kann.

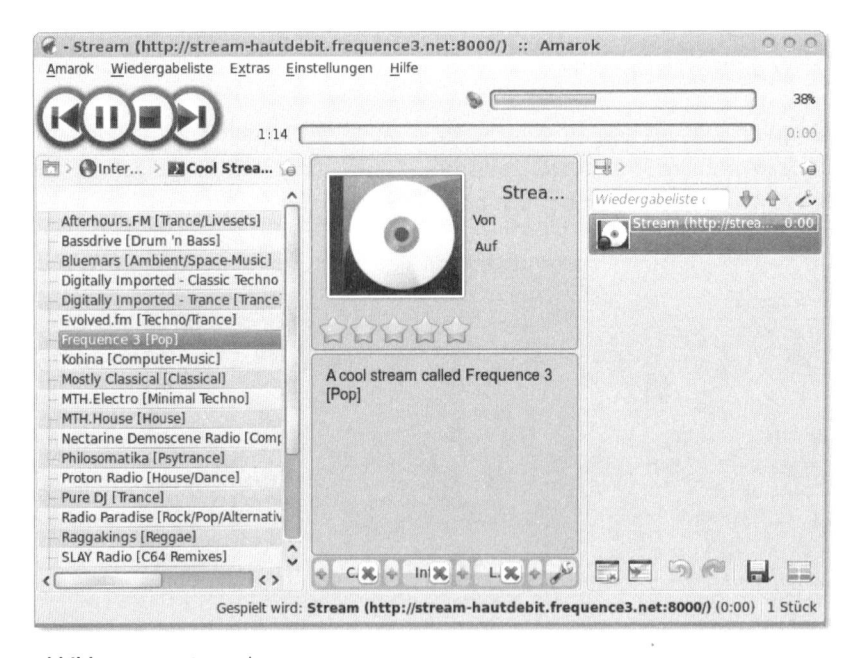

Abbildung 25.3 Amarok

- **KMix**
  Ein normaler Soundmixer. Egal, ob Sie ALSA, OSS oder den aRtsd-Soundserver nutzen, mit diesem Programm können Sie für jeden Kanal einzeln die Lautstärke steuern.

- **KsCD**
  Dieses Tool ist ein CD-Player, der den Namen und die Tracks einer CD dank seines CDDB-Supports automatisch aus dem Internet laden und anzeigen kann.

Mit KMid und KMidi besitzt KDE auch Unterstützung für das im privaten Umfeld eher wenig genutzte MIDI-Format. Welchen Player man nun einsetzen sollte, hängt im Wesentlichen vom persönlichen Geschmack ab. Handfeste Vor- oder Nachteile gibt es in der Regel nicht. Unter GNOME wird man dagegen eher folgende Applikationen einsetzen wollen:

- **Rhythmbox**
  Rhythmbox ist der standardmäßig unter Distributionen, die GNOME verwenden, installierte Audio-Player, der diverse Formate (etwa OGG, MP3 oder WAV) abspielen kann. Er bietet Suchfunktionen für Ihre Audio-Dateien, kann Streams abspielen und ist darüber hinaus sehr schlicht aufgebaut und einfach zu bedienen. Des Weiteren unterstützt Rhythmbox Plugins (etwa für Visualisierungen) und kann Audio-Podcasts abonnieren. Nach dem ersten Start von Rhythmbox sollten Sie über BEARBEITEN • EINSTELLUNGEN • MUSIK das Verzeichnis angeben, in dem Sie Ihre Audio-Dateien abgelegt haben, damit das Programm diese Dateien erfassen und anzeigen kann.

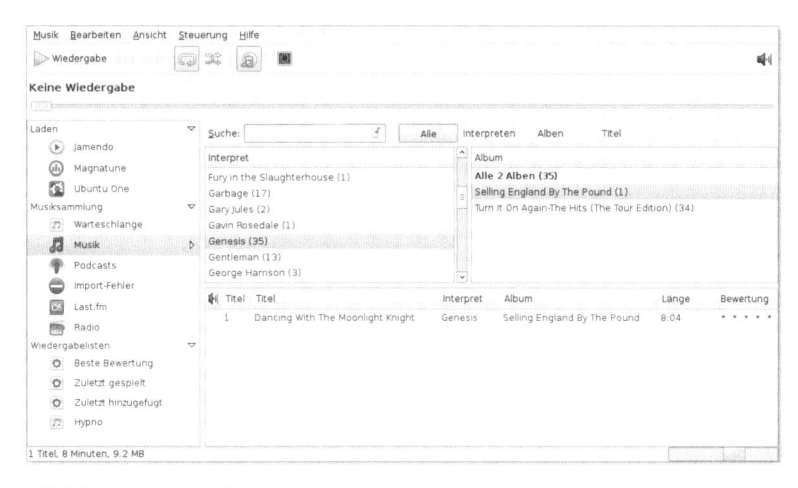

Abbildung 25.4 Rhythmbox

- **gnome-cd**
  Der CD-Spieler von GNOME. Von den Features her ist er durchaus mit KsCD zu vergleichen.

- **Totem**
  Der Audio/Video/DVD-Player von GNOME mit Playlist-Support und allem Drum und Dran. Schick!

[+] Probieren Sie je nach Ihrer persänlichen Desktopumgebung am besten entweder Amarok oder Rhythmbox aus und importieren Sie gleich Ihre MP3-Sammlung.

SoX

Die Shell und Sound

Als Nicht-GUI-Softwarepaket sei hier noch kurz `sox` erwähnt – gleichsam das »Schweizer Taschenmesser« für Audio. Auf der Kommandozeile kann man mit SoX die unterschiedlichsten Formate ineinander konvertieren und diverse Filter auf die Audiodaten anwenden.

Ein Programm dieses Softwarepakets ist `play`. Wollen Sie von der Kommandozeile aus in eine Datei hineinhören, können Sie dieses Programm nutzen:

```
$ play song.mp3
playing song.mp3
$
```

Listing 25.6 Multimedia auf der Konsole

Wenn man bedenkt, dass man sonst das X-Window-System für Multimedia braucht, so hat man mit SoX eine nette Spielerei für die Kommandozeile.

25.3.3 Text-to-Speech

Linux liest

Sie wollen sich einmal einen Text von Ihrem Computer vorlesen lassen? Probieren Sie doch einmal ein Text-to-Speech-Tool wie *Festival* aus. Mittlerweile gibt es auch eine Reihe netter Festival-Plugins für alle möglichen Anwendungen, beispielsweise Browser, mit denen Sie sich sogar Webseiten vorlesen lassen können.

25.4 Video

Im letzten Abschnitt haben wir uns um den Ton gekümmert – der nächste Schritt ist das dazugehörige Bild. Wer jetzt denkt, dass man unter Linux mit viel Glück nur die wichtigsten AVIs oder MPEG-Videos abspielen kann, hat weit gefehlt – das war einmal. Mittlerweile steht Linux mit der entsprechenden Software Windows in nichts nach, und teilweise kann man sogar mit einfachen Mitteln mehr anstellen als mit dem Betriebssystem aus Redmond. Doch schauen wir uns dazu die entsprechende Software an.

25.4.1 DVDs, DivX und Co.

Vorher wollen wir aber noch ein paar Begriffe und Gegebenheiten klären, damit Sie später nicht ins Schleudern kommen.

Codec

Videos sind, wie überhaupt jede Multimedia-Datei, immer in einem speziellen Format hinterlegt. Um dieses Format *lesen* zu können, brauchen wir einen Decoder, der uns die Daten dann entsprechend ausgibt.

Videos entschlüsseln

Ein Codec (**co**der/**dec**oder) ist eine Art Softwarebibliothek mit entsprechenden Funktionen.

Ein Codec wäre zum Beispiel eine Bibliothek, die MP3-Dateien liest und uns die Daten in einem anderen Format zurückliefert. Die Frage nach dem richtigen Codec ist also nicht nur in der Videowelt manchmal ein Problem.

DivX

DivX ist ein besonderer Codec (genauer: eine Codec-Familie) für Videodateien. Oft sind Filme, die man aus dem Netz laden kann, platzsparend als DivX kodiert. Raubkopien haben DivX erst richtig berühmt gemacht – immerhin kann eine 8-GB-DVD so nahezu ohne Qualitätsverluste auf eine 600-MB-Videodatei eingedampft werden, die dann auch gebrannt werden kann.

DVD

Das gängige Format für gekaufte oder verliehene Filme ist schon lange die DVD. Wichtig bei diesen Video-DVDs sind vor allem die Ländercodes. Sie sollen verhindern, dass eine DVD überall abgespielt werden kann und der Filmindustrie damit Verluste entstehen.[4] Tabelle 25.2 können Sie die DVD-Ländercodes entnehmen.

Videos gucken!

Code	Region
0	überall spielbar
1	USA und Kanada
2	Europa, Grönland, Südafrika, Japan, Ägypten und Naher Osten
3	Südostasien, Südkorea, Hongkong, Indonesien, Philippinen und Taiwan
4	Australien, Neuseeland, Mexiko, Zentralamerika und Südamerika
5	Russland und andere Länder der ehemaligen UdSSR, Osteuropa, Indien und Afrika
6	VR China
7	reserviert für zukünftige Nutzung
8	internationales Territorium, zum Beispiel in Flugzeugen oder auf Schiffen

Tabelle 25.2 DVD-Ländercodes

---

4 Frei nach dem Motto: Vorsicht, Kunde!

Zudem ist die »Verschlüsselung« mit dem CSS-Verfahren zu beachten. Ursprünglich sollte dieses Feature das Abspielen auf nicht lizenzierten Playern verhindern, allerdings wurde die aufgrund von Exportbeschränkungen recht schwache Verschlüsselung recht bald geknackt.

Bei der Debian-Distribution wirkt sich dieses Problem so aus, dass man die entsprechende Bibliothek zum Entschlüsseln der CSS-Keys nicht direkt in der Distribution findet. Stattdessen gibt es ein Pseudo-Paket, das die eigentliche Bibliothek aus dem Internet nachlädt. Das ist umständlich, aber leider notwendig, wenn man sich nicht strafbar machen will.

25.4.2 MPlayer

Ein Videoplayer hat nun die Aufgabe, die (Video-)Dateien einzulesen, mithilfe des entsprechenden Codecs zu decodieren und schließlich das Video wiederzugeben. Ein unter Linux sehr weit verbreitetes Tool ist der MPlayer (MoviePlayer). Schaut man sich die Features an, so weiß man, warum. Der MPlayer bietet unter anderem:

- Support für MPEG 1/2/4, DivX 3/4/5, Windows Media 7/8/9, Real-Audio/Video bis Version 9, QuickTime 5/6 und Vivo 1/2

- viele für MMX/SSE(2)/3DNow!(Ex) optimierte native AV-Codecs

- Support für XAnim- und binäre RealPlayer-Codec-Plugins

- Support für Windows-Codec-DLLs (!)

- grundlegende VCD/DVD-Abspielfunktionalität (inklusive Untertitel)

- Videoausgabe auf allen möglichen und unmöglichen Schnittstellen

- Jedes unterstützte Dateiformat kann in Raw/DivX/MPEG4 AVI (mit PCM/MP3 Audio) konvertiert werden.

- Zugriff auf V4L-Geräte wie beispielsweise Webcams

Unterstützung für Windows-Codecs Wie Sie sehen, kann der MPlayer als besonderer Clou sogar mit Windows-Codecs umgehen. Aus diesem Grund ist auch eine brandneue Version von DivX für den MPlayer kein Problem. Eventuell sollten Sie aber beachten, dass Sie die Win32-Codecs als eigenes Paket in Ihrer Distribution finden, so dass Sie dieses unter Umständen noch installieren müssen, bevor alles wirklich so funktioniert, wie es soll.

Konfiguration

Wie bei allen anderen Multimedia-Playern gibt es auch beim MPlayer das Problem, das passende Ausgabe-Plugin zu wählen – nur müssen Sie außer den bekannten Audioschnittstellen auch noch einen passenden Videotreiber auswählen. Letzteres geht aber meistens recht schnell, wenn Sie ein Paket Ihrer Lieblingsdistribution nutzen.

Videotreiber

Alle entsprechenden Plugins müssen nämlich mit einkompiliert werden, weshalb die entsprechenden Bibliotheken auf Ihrem Rechner vorhanden sein sollten.[5] In einem Paket sind aber schon die wichtigsten Plugins enthalten – Sie können also einfach ein Paket nach dem anderen ausprobieren.

Exkurs: Bugfixes in freier Software

Eigentlich gehört das folgende Thema ja nicht hierher[6], aber: Bei der Recherche für MPlayer sind wir aber auf der MPlayer-Homepage *www.mplayerhq.hu* auf folgenden interessanten Ablauf eines Bugfixes gestoßen:

Ein großer Bug hatte sich in ein Beta-Release des MPlayer geschlichen – die Software ließ sich auf einigen Architekturen nicht kompilieren. Hier der Ablauf der Fehlerbehebung:

Fehlerbehebung

- **09.12.2003 05:24 GMT**
  Der Bug wurde entdeckt.

- **09.12.2003 09:15 GMT**
  Der Bugfix befindet sich im CVS.

- **09.12.2003 10:00 GMT**
  Auf dem FTP-Server sind die neuen Dateien erhältlich.

Binnen fünf Stunden war also ein wichtiger Bug gefixt. Dies wirft zwangsläufig Fragen auf: Warum ging das so schnell? Warum kommt so ein Bug überhaupt in ein (Beta-)Release?

Um diese Fragen beantworten zu können, muss man die Prinzipien freier Software verstehen. Die Entwickler sind eben darauf angewiesen, dass Software getestet wird und es Rückmeldungen durch die Nutzer gibt. Immerhin investieren sie ihre Freizeit und viel Energie in ihre Projekte – dies sollte man respektieren und im Rahmen der eigenen Möglichkeiten unterstützen. Freie Software würde sonst nicht funktionieren.

---

5 Die meisten Anwendungen, wie der MPlayer auch, überprüfen während des Übersetzungsvorgangs, welche der Möglichkeiten auf Ihrem Rechner vorhanden sind – daher sollten die entsprechenden Bibliotheken vorher installiert und die Ausgabe dieser Überprüfung kurz begutachtet werden.
6 Asche auf unser Haupt.

Und dass ein gemeldeter Bug dann möglichst umgehend gefixt wird, ist natürlich Ehrensache der Entwickler.

25.4.3 xine

xine ist ein mit MPlayer vergleichbarer Videoplayer. Auch sonst ist die Feature-Liste ähnlich lang wie bei diesem. Daher fassen wir im Folgenden einige Punkte zusammen:

- Abspielen von CDs, DVDs und VCDs
- Support für alle möglichen und unmöglichen Video- und Audiodateien
- Support für Multimedia-Streams aus dem Netz

Geschmackssache Ob man sich nun für xine oder den MPlayer entscheidet, ist weitestgehend Geschmackssache. Wer will, kann natürlich auch beide installieren und ausgiebig testen. Meistens lässt sich einer von beiden leichter konfigurieren, in jedem Fall hilft aber die entsprechende Dokumentation – wenn man nicht zu faul ist, sie auch zu lesen.

Konfiguration

Für die Konfiguration von xine gilt, was die Ausgabe-Plugins anbelangt, dasselbe wie für die von MPlayer. Falls es mit der Konfiguration von xine nicht so richtig klappen will, ist oft die Webseite des Projekts (*www.xinehq.de*) ein guter Ausgangspunkt für die Problemlösung. Teilweise muss man noch für DVD-Support und Ähnliches Bibliotheken installieren, damit alles funktioniert. Beispielsweise benötigen Sie zum Abspielen von DVDs die folgenden Bibliotheken:

- libdvd
- libdvdread
- libdvdnav

25.4.4 VLC

Ein sehr schlanker, auch für Windows verfügbarer Videoplayer ist der VLC. Er kann nicht nur DVDs und alle möglichen Videoformate, sondern auch Internet-Audio-Streams abspielen.

Abbildung 25.5 VLC spielt den Deutschlandradio Kultur-Audio-Stream

25.5 Flash

Um Audio und Video auch im Internetbereich genießen zu können, benötigen Sie ein Flash-Plugin für Ihren Webbrowser. Flash ist eines der am weitesten verbreiteten Browser-Plugins. Erst mit Flash können Sie sich beispielsweise auf Youtube Filme ansehen oder Musik hören, und auch viele andere große und kleine Webseiten setzen einen installierten Flash-Player voraus.

Youtube

25.5.1 SWF, Flash-Player und Co.

Wenn von »Flash« auf Webseiten die Rede ist, bezieht sich dies auf so genannte SWF-Dateien (*Shockwave Flash*), die mittels des HTML-Tags <embed> in den Quellcode der Webseite eingebunden werden. Der Browser des Webseitenbesuchers sollte bei installiertem Flash-Plugin wissen, dass er diese SWF-Dateien mit dem Flash-Player interpretieren kann.

In Flash beziehungsweise SWF können von einfachen Vektorgrafiken über MP3-Tonspuren bis hin zu Videoformaten verschiedene Inhalte kodiert und so »Web-tauglich« gemacht werden. Teilweise wird Flash auch für Werbebanner oder sogar ganze Webseiten benutzt.

Flash ist dabei ein kommerzielles, proprietäres Produkt. Adobe Flash bezeichnet eigentlich eine Entwicklungsumgebung zur Erstellung eben dieser SWF-Inhalte für das Internet. Der Flash-Player beziehungsweise das notwendige Plugin für jeden Webbrowser kommt in der Regel auch von Adobe.

25.5.2 Flash und freie Software

Da Flash ein proprietäres Produkt ist, handelt es sich beim wichtigen Flash-Plugin für den Firefox-Browser natürlich nicht um freie Software. Das Plugin kann zwar kostenlos von der Webseite des Herstellers Adobe *www.adobe.com* heruntergeladen werden, in den meisten Distributionen wie beispielsweise Ubuntu kann es jedoch nicht ohne Weiteres enthalten sein. Dort finden sich dann meist Pakete, die zwar selbst keine Software enthalten, aber bei ihrer Installation ein Skript ausführen, das das Flash-Plugin automatisch herunterlädt und installiert.

Weiterhin handelt es sich bei Flash bzw. SWF nicht um einen offenen Standard, was eine alternative Implementierung in Open-Source natürlich erschwert. Trotzdem gibt es freie Flash-Player und -Plugins:

- **Gnash**
  Gnash ist ein Teil des GNU-Projekts. Mit Gnash können SWF-Dateien außerhalb des Browser abgespielt werden, auch wenn natürlich ein Plugin für alle wichtigen Browser vorhanden ist. Gnash läuft unter Linux und verschiedenen BSD-Varianten.

- **Swfdec**
  Swfdec ist ein ähnliches Projekt, das mittlerweile aber laut den Entwicklern nicht mehr aktiv weiterentwickelt wird. Trotzdem funktionieren wichtige Features wie beispielsweise die Wiedergabe von Youtube-Videos.

Beide Projekte unterstützen nicht alle Features des kommerziellen Flash-Players, was dessen Einsatz in der Praxis oft noch unumgänglich macht. Flash wird jedoch (Stand heute) beharrlich von Apple boykotiert, und das Fehlen der Flash-Unterstützung auf iPhone und iPad wird wohl auf absehbare Zeit offene Standards wie beispielsweise HTML5 beflügeln.

25.6 Installation einer TV-Karte

Die Installation einer TV-Karte ist ein weiterer Schritt in Richtung Multimedia-PC. Wie auch bei den Soundkarten ist in erster Linie der auf der Karte verwendete Chip wichtig, für den die Unterstützung dann im Kernel aktiviert werden muss. Achten Sie beim Kompilieren des Kernels also auf folgende Punkte:

- `<*> Enable loadable module support`
- Video For Linux[7]
  - `[M] Video For Linux`
  - `[M] BT848 Video For Linux`

Der hier selektierte Chipsatz ist für die meisten marktüblichen TV-Karten der richtige. Da aber viele Karten diesen Chip besitzen, müssen Sie beim Laden der Module noch entsprechende Optionen angeben, die die Karte identifizieren. Lesen Sie da-

---

7 Video4Linux (v4l) ist die Video-API des Kernels.

zu bitte unbedingt die Dokumentation im Verzeichnis des Kernel-Quellcodes (bzw. unter */usr/share/doc*, falls Sie vorkompilierte Pakete verwenden) oder eben im Netz.

```
# insmod videodev.o
# insmod i2c.o verbose=0 scan=1 i2c_debug=0
# insmod tuner.o debug=1 type=1
# insmod msp3400.o debug=0
# insmod bttv.o card=10 pll=1 radio=0
```

Listing 25.7 Installation einer WinTV-PCI-Karte

Nach Ausführung dieser Kommandos sollte die Karte ohne Probleme funktionieren, und das Programm kann mit Tools wie XawTV unter X11 angesehen werden.

Erst die Treiber, dann die Tools

25.7 Webcams und Webcam-Software

Für Webcams gilt Ähnliches wie für die TV-Karten: Vor der Nutzung müssen die entsprechenden V4L-Treiber eingebunden werden. Nun benötigt man aber für unterschiedliche Modelle unterschiedliche Module, daher raten wir Ihnen, sich zuerst im Internet Hilfe zu suchen, und eine aktuelle, dort als Linux-tauglich beurteilte Webcam zu suchen.

Wir werden hier ein Beispiel zur Einrichtung einer Webcam behandeln, damit Sie die Handlungsabläufe prinzipiell verstehen.

25.7.1 Beispiel: IBM-USB-Cam einrichten

Um den Support für diese Webcam einzubinden, benötigen Sie zunächst folgende Module:

- **videodev**
  Video4Linux-Modul

- **usbcore**
  USB-Core-Modul – wird auf jeden Fall benötigt

- **input**
  Input-Modul, wird im Allgemeinen auch benötigt

- **usb-uhci**
  Dieses Modul braucht man, um USB auf dem Mainboard zu aktivieren. Werden beim Laden dieses Moduls Fehler angezeigt, so sollten Sie usb-ohci oder die uhci-Treiber ausprobieren.

- **ibmcam**

  das Webcam-spezifische Modul – andere mögliche Webcam-Module (für andere Modelle) sind:

  - `ov511` z.B. für Creative WebCam III
  - `dc2xx` z.B. für verschiedene Kodak-Modelle
  - `cpia`, `cpia_usb` z.B. für Creative WebCam II

Durch die Module werden die entsprechenden Einträge im Verzeichnis */dev* in der Regel automatisch erzeugt. Nun fehlt nur noch die entsprechende Software, um die Devices nutzen zu können.

25.7.2 Webcam-Software

Nun sollten Sie mit entsprechenden Tools schon ein Bild auf dem Bildschirm sehen. Ein paar wichtige Programme wollen wir Ihnen dazu vorstellen.

XawTV

Noch mehr XawTV

Das Programm XawTV können Sie nicht nur zum Fernsehen, sondern auch für den Zugriff auf alle möglichen Multimedia-Devices – wie eben auch Webcams – nutzen.

```
$ xawtv -hwscan
This is xawtv-3.71, running on Linux/i686 (2.6.12)
looking for available devices

/dev/v4l/video0: OK       [ -device /dev/v4l/video0 ]
type : v4l
name : BT878(Hauppauge (bt878))
flags: overlay capture tuner

/dev/v4l/video1: OK       [ -device /dev/v4l/video1 ]
type : v4l
name : IBM USB Camera
flags: capture
```

Listing 25.8 Verfügbare Video-Devices suchen

Hier haben wir eine WinTV-Karte sowie eine IBM-USB-Webcam gefunden. Mit folgender Option kann man anschließend auf die Webcam zugreifen: `xawtv -c /dev/video1`.

streamer

Mit `streamer` gibt es ein hübsches Programm, um von der Kommandozeile aus diverse Webcams anzusteuern. Man kann dabei einzelne Bilder oder auch Videostreams aufnehmen.

```
$ streamer -c /dev/video1 -b 16 -o bild.jpg
```

Listing 25.9 Bild aufnehmen

Wie bei XawTV auch gibt man hier mit der `-c`-Option das Video-Device an. Mit `-b` stellt man die Farbtiefe ein und `-o` legt die Ausgabedatei fest. Ganz ähnlich funktioniert dies auch mit einem Video-Stream:

Videos in der Shell

```
$ streamer -c /dev/video1 -f rgb24 -r 4 -t 00:05:00 -o video.avi -q
```

Listing 25.10 Ein Video aufnehmen

Dieser Aufruf würde ein fünfminütiges (`-t 00:05:00`) TrueColor-AVI (`-f rgb24`) mit vier Frames pro Sekunde (`-r 4`) aufnehmen.

Gqcam

Gqcam wurde ursprünglich für Connectix-QuickCams entwickelt, kann mittlerweile aber so ziemlich alle Video4Linux-Devices ansprechen. Das Programm zeichnet sich durch seine einfache Oberfläche und intuitive Bedienung aus.

Motion

Motion ist ein nettes Programm, das Bewegungen auf dem Kamerabild erkennt und dann verschiedene Handlungen ausführen kann – beispielsweise eine E-Mail versenden, einen Video-Stream aufnehmen oder auch die Daten auf einen Webserver hochladen.

Bewegungserkennung

Cheese

Cheese ist eine Software des GNOME-Projekts, mit der über eine Webcam Bilder und Videos aufgenommen werden können. Die Bedienung von Cheese ist sehr einfach, der Funktionsumfang auf das Wichtigste beschränkt. Einfache grafische Effekte können ebenfalls hinzugefügt werden.

Abbildung 25.6 Cheese

Weitere interessante Programme finden Sie beispielsweise auf *freshmeat.net* oder *sourceforge.net*.

25.8 Drucken mit CUPS

Zugegeben: Drucken ist kein klassisches Multimedia-Thema, aber es passt gut in den Kontext. Auch hier geht es um Hardware, für die zuerst ein entsprechender Treiber gefunden werden muss, bevor Sie sie von einem Anwendungsprogramm aus über einen die Ressource verwaltenden Dienst ansprechen können.

Die Software der Wahl ist dabei sowohl unter Linux als auch unter BSD das *Common Unix Printing System*, kurz CUPS.

25.8.1 Das BSD-Printing-System

Früher wurde das Drucken noch über den lpd (*line printing daemon*) erledigt, ein aus der BSD-Welt stammendes Drucksystem. Hatte man dort seinen Drucker konfiguriert, konnte man über die lp-Tools auf den meistens mit lp (kurz für *lineprinter*) bezeichneten Drucker zugreifen. Die wichtigsten Tools seien hier kurz genannt:

- **lpq**

    Das q in `lpq` steht für *Queue* und deutet bereits an, dass man mit diesem Tool die Druckerwarteschlange betrachten kann.

- **lpr**

    Mit diesem Kommando kann man Dateien zum Drucker schicken.

- **lprm**

    Mit `lprm` löschen Sie Daten anhand ihrer Jobnummer, die Sie über `lpq` bekommen haben, wieder aus der Druckerwarteschlange.

In der Praxis sieht die Anwendung der Tools dann im einfachsten Fall so aus:

```
$ lpr kap13.tex
$ lpq
lp is ready and printing
Rank      Owner       Job    File(s)       Total Size
active    jploetner   18     kap13.tex     6144 bytes
$ lprm 18
$ lpq
lp is ready
no entries
```

Listing 25.11 lpr, lpq und lprm in Aktion

CUPS ist nun im gewissen Sinne zum `lpd` kompatibel, da es eigene Varianten der `lp`-Tools mitbringt, die sich jedoch genauso wie ihre Vorbilder bedienen lassen.

25.8.2 Installation

Wie so vieles sollte CUPS eigentlich schon standardmäßig auf Ihrem System installiert sein. Andernfalls müssen Sie nach einem entsprechenden Paket für Ihre Distribution Ausschau halten, oder Sie gehen direkt auf *www.cups.org*.

Bevor Sie sich nun aber an die Konfiguration machen, sollten Sie sich informieren, mit welchem Druckertreiber Ihr Drucker am besten funktioniert. Idealerweise finden Sie mit der Suchmaschine Ihrer Wahl unter Angabe Ihres Druckernamens und des Schlüsselwortes »CUPS« gleich ein paar Erfahrungsberichte samt wertvollen Hinweisen zur Treiberauswahl. Gerade bei brandneuen Geräten kann es vorkommen, dass noch kein dedizierter Treiber für genau dieses Modell vorhanden ist. In solchen Fällen können Erfahrungen der Community mit alternativen Treibern von unschätzbarem Wert sein.

Welcher Treiber?

Druckertreiber haben nichts mit Kernel-Modulen zu tun. Der Kernel stellt als eigentlichen Hardwaretreiber nur den Zugriff auf die entsprechende Schnittstelle – beispielsweise einen

USB- oder den Parallelport – bereit. Ein Druckertreiber ist CUPS-spezifisch und erlaubt es dem Druckerserver, über die vom Kernel bereitgestellte Schnittstelle »in der richtigen Sprache« mit dem Drucker zu kommunizieren.

[»] Im Idealfall informieren Sie sich bereits vor dem Kauf eines neuen Geräts über die Linux-Unterstützung des Herstellers. Brother und HP wird beispielsweise oft eine gute Linux-Unterstützung zugeschrieben, ansonsten hilft meist die Suche nach dem Hersteller und der exakten Modellbezeichnung gemeinsam mit dem Schlüsselwort »Linux« oder eben »CUPS« in der Suchmaschine Ihrer Wahl, um letzte Fragen vor dem Kauf zu klären und unliebsame Überraschungen zu vermeiden.

Aktuelle Linux-Distributionen bieten des weiteren eine Hardwareerkennung, so dass bspw. per USB angeschlossene Drucker (den benötigten Treiber als vorhanden vorausgesetzt) automatisch erkannt und in CUPS eingerichtet werden. Eine manuelle Installation entfällt hier in der Regel.

25.8.3 Konfiguration

CUPS selbst bietet ein Webinterface, über das es sich konfigurieren lässt. Standardmäßig werden Sie auf Port 631 des lokalen Rechners eine Administrationsoberfläche unter folgender URL vorfinden:

```
http://127.0.0.1:631/admin
```

Listing 25.12 CUPS-Webinterface

Alternativ könnten Sie beispielsweise auch die KDE-Systemeinstellungen nutzen, die auch eine einfache Möglichkeit zur Konfiguration von CUPS bieten. Gehen Sie dort als `root` auf ANGESCHLOSSENE GERÄTE • DRUCKER, und klicken Sie mit der rechten Maustaste auf das weiße Feld, um aus dem Kontextmenü DRUCKER HINZUFÜGEN auszuwählen.

Die nächsten Schritte sind einfach und ähneln denen beim Hinzufügen eines Druckers mit dem Webinterface. In den meisten Fällen sollte für einen parallelen Drucker die Option LOKALER DRUCKER (PARALLEL, SERIELL, USB) und auf der nächsten Seite der Punkt PARALLEL PORT #1 mit `parallel:/dev/lp0` ausgewählt werden. Hat man anschließend den passenden Treiber gewählt, kann nach vollendeter Druckerinstallation eine erste Testseite gedruckt werden.

Qualität Stellt man dabei eine mangelhafte Druckqualität fest, lässt man über die Optionen beispielsweise die DPI-Zahl erhöhen oder in Extremfällen auch ein anderer Treiber ausprobieren. Alles in allem bietet CUPS sehr viele Möglichkeiten, um auch unter Unix einen optimalen Druck zu gewährleisten.

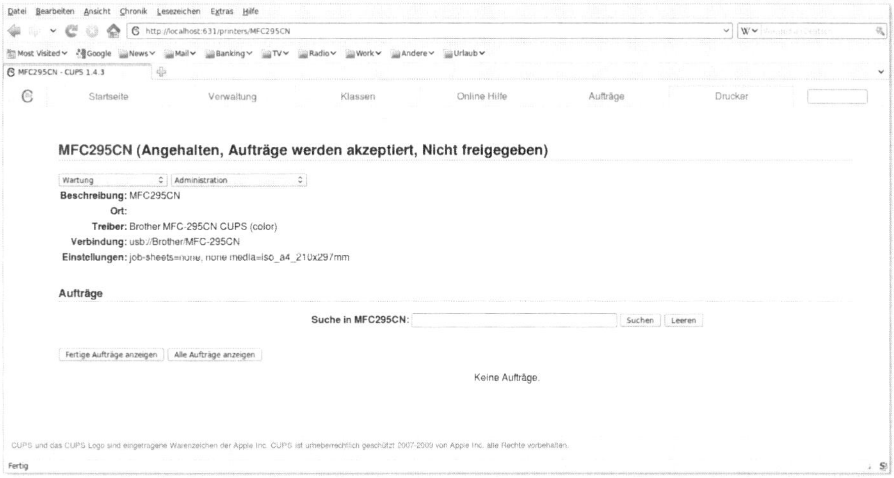

Abbildung 25.7 Die CUPS-Weboberfläche samt konfiguriertem Drucker

Anwenderprogramme wie OpenOffice.org kommen in der Regel sehr gut mit CUPS-Druckern zurecht. Nur manchmal ist noch etwas Handarbeit nötig, bevor die erste Seite gedruckt werden kann. Meistens muss dann, falls es sich nicht um »localhost« handelt, per Hand explizit der Druckerserver eingetragen werden, damit die Liste der verfügbaren Drucker angezeigt werden kann.

Mit CUPS kann man auch prima im Netzwerk drucken. Das liegt vor allem am unterstützten IPP (*Internet Printing Protocol*). Ab Windows 2000[8] kann man direkt mit den IPP-Treibern in Windows über die URI *http://server:631/printers/druckername* auf den Drucker *druckername* des Servers *server* zugreifen.

Drucken im Netzwerk

Auf älteren Windows-Maschinen können Sie entweder ein entsprechendes IPP-Client-Programm installieren oder die Drucker gleich über Samba als Netzwerkdrucker freigeben. Das macht unter allen Windows-Versionen am wenigsten Probleme, erfordert aber etwas zusätzlichen Aufwand bei der Samba-Konfiguration, wenn man nicht sowieso schon einen Samba-Dienst einsetzt. In jedem Fall reicht die folgende Zeile in der *smb.conf* aus, um wunschlos glücklich zu werden:

CUPS und Samba

```
printing = cups
```

Listing 25.13 Samba mit CUPS

Der Drucker ist anschließend in dem von Samba bereitgestellten Windows-Netzwerk als Netzwerkdrucker verfüg- und ansprechbar.

---

[8] Dass Unix-Rechner im Netzwerk mit CUPS drucken können, versteht sich von selbst.

25.9 Scannen mit SANE

Nachdem in der heutigen Zeit immer mehr Kombigeräte aus Drucker, Kopierer, Scanner und gegebenenfalls auch Fax in Mode kommen, soll hier das Thema »Scannen« auch nicht länger unerwähnt bleiben.

SANE – ein Akronym für *Scanner Access Now Easy* – ist eigentlich nur eine API, die den Zugriff auf bildgebende Geräte wie Scanner, Digital- oder Videokameras über verschiedene Schnittstellen wie USB oder Firewire erlaubt.

25.9.1 Backends und Frontends

SANE unterscheidet strikt zwischen *Backends* und *Frontends*. Ein Backend kann man sich als eine Art Treiber vorstellen: Es kommuniziert über verschiedene Schnittstellen mit dem zu steuernden Gerät und ist nach außen über eine einheitliche Schnittstelle bzw. API ansprechbar.

Will man also einen Scanner (oder ein ähnliches Gerät) unter Linux ansprechen, ist das passende Backend entscheidend. Wieder muss man sich informieren, ob es freie Treiber gibt oder ob der Hersteller eventuell sogar Pakete für die eigene Distribution bereitstellt. Auf der Webseite *sane-project.org/sane-backends.html* finden Sie beispielsweise eine Übersicht der direkt durch die SANE-Bibliothek unterstützten Geräte.

Jedoch gibt es nicht nur SANE-Backends, die echte Treiber sind. Auch beliebige Bilddaten aus Dateien oder Prozessen sind genauso über ein spezielles Backend verfügbar wie eine Quelle für weißes Rauschen. Frontends dagegen sind Teil der Anwenderprogramme, mit denen auf die Backends und damit die entsprechenden Geräte zugegriffen werden kann. Die Backends stellen den Frontends dabei ihre Fähigkeiten (Auflösung, Farbtiefe etc.) als Optionen zur Verfügung. Da die Schnittstelle der Backends einheitlich ist, kann somit jedes Frontend ohne besondere Anpassungen auf jedes Backend zugreifen.

[+] Nutzen Sie das Tool `sane-find-scanner`, um unkonfigurierte, lokal angeschlossene Scanner zu finden.

25.9.2 Scanning-Tools

Unter Linux gibt es beispielsweise die folgenden Tools, um auf Scanner zuzugreifen:

- **xsane**
  `xsane` ist vermutlich das am weitesten verbreitete Scanning-Tool unter Linux.

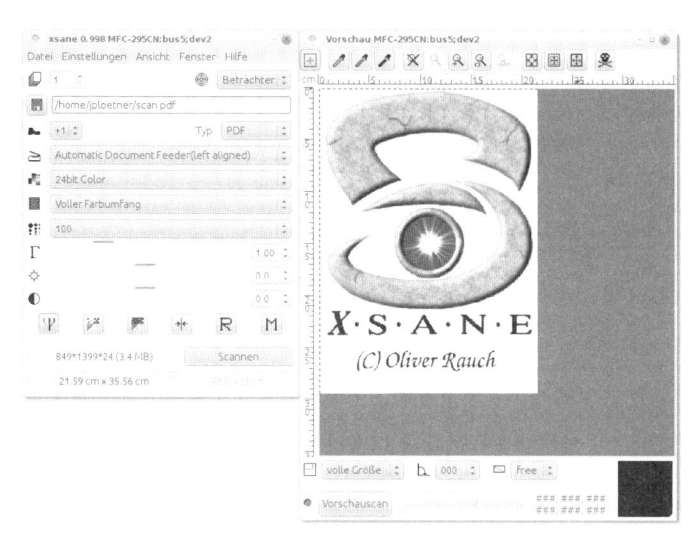

Abbildung 25.8 Xsane

- **gscan2pdf**
  `gscan2pdf` ist eine GNOME-Anwendung, um Bilder zu scannen und direkt im PDF-Format abzuspeichern.

- **kooka**
  `kooka` ist eine KDE-Anwendung, die neben dem reinen Scanning auch noch eine automatische Texterkennung unterstützt.

- **scanimage**
  `scanimage` ist ein einfaches Tool des SANE-Projekts, um ohne X11 auch über die Kommandozeile einen Scanner beziehungsweise ein SANE-Backend ansprechen zu können.

- **xscanimage**
  `xscanimage` ist eine X11-Version von `scanimage` und wird von GIMP als Scanning-Plugin genutzt.

Mit einem dieser Tools sollte das Scannen unter Linux kein Problem mehr darstellen – ein passendes Backend natürlich vorausgesetzt.

25.10 Spiele

Eines möchten wir vorwegnehmen: Linux ist kein Betriebssystem für hauptberufliche Gamer. So haben Sie in Kapitel 6 bei der Beschreibung der Unix-Philosophie kein Wort über das Spielen gelesen, und auch die meisten Linux-Spiele wirken beim ersten Kontakt eher wie eine kleine Ablenkung für zwischendurch. Komplexe, tiefgründige und grafisch anspruchsvolle Spiele sind selten. Allerdings liegt dies in der Natur der Sache, schließlich handelt es sich im Gegensatz zu kommerziellen Produkten professioneller Entwicklerteams in vielen Fällen um kleinere Projekte einzelner Hobbyprogrammierer.

25.10.1 Professionell spielen unter Linux

Einige Publisher bringen allerdings auch regelmäßig Linux-Versionen ihrer Spiele heraus. Lobend zu erwähnen ist dabei vor allem die Firma id Software, die ihre Shooter der Quake- und Doom-Reihe seit jeher auch nativ auf Linux portiert. Zu jedem ihrer Spiele gibt es eine FAQ (siehe *http://zerowing.idsoftware.com/*), die auf alle Fragen zum Setup der Spiele unter Linux eingeht. Meist sieht dieses jedoch nur so aus, dass Besitzer einer Originalversion des Spiels sich einen Linux-Client herunterladen müssen, um das Spiel auch unter Linux nutzen zu können.

Publisher

Bis vor Kurzem gab es mit Loki Games auch einen Publisher für native Linux-Spiele. Diese Firma hat populäre Spiele auf Linux portiert und dann veröffentlicht, jedoch hat sich das Geschäft wohl aufgrund der zu geringen Nachfrage nicht gelohnt, und die Firma musste ihren Betrieb einstellen.

Für viele populäre Netzwerk- beziehungsweise Online-Spiele gibt es wenn schon keinen Client zum Spielen, so doch zumindest einen *dedicated Server*. So können Linux-Rechner wenigstens die Spiele als Server hosten, während Windows die eigentliche Spielplattform bleibt.

Webseiten für Spieler

Im Internet findet man einige größere Seiten, die sich mit dem Spielen unter Linux beschäftigen. Sucht man einmal etwas Abwechslung, so kann man dort in der Regel sehr viele interessante Projekte – ob Open Source, Free- oder Shareware – sowie aktuelle News rund ums Spielen finden:

- *http://www.holarse-linuxgaming.de*
- *http://liflg.org*
- *http://www.linux-gamers.net*

Ansonsten helfen natürlich auch normale Softwareseiten wie Freshmeat[9] oder SourceForge (*http://sourceforge.net*) beim Thema »freie Spiele« weiter.

---

9 *http://freshmeat.net*

25.10.2 Klassische Unix/Linux-Spiele

Nun gibt es auch noch klassische Unix/Linux-Spiele, die wir Ihnen im Folgenden vorstellen möchten. Dabei soll jedoch nicht weiter auf die kleinen KDE- oder GNOME-Spiele eingegangen werden, die diese Desktop-Umgebungen jeweils mitbringen. Stattdessen wollen wir uns wirklichen Klassikern wie nethack widmen.

nethack

nethack war ursprünglich ein »D&D«-ähnliches[10] Spiel für die Konsole. Das Ziel des Spiels ist es, das Amulett von Yendor zu finden, das irgendwo unterhalb des 20. Dungeons liegen soll. Die Level sind dabei mehr oder weniger zufällig erstellt – es gibt natürlich ein paar »Spezial-Level«, die eigentlich fast in jedem Spiel irgendwo auftauchen – und bieten aufgrund der vielen unterschiedlichen Items, Charaktere und kleinerer bis riesengroßer Problemchen lange Spielspaß.

Gesteuert wird der auf der Konsole mit einem @ bezeichnete Charakter über die Tastatur. Verschiedene Tastenkürzel für das Inventar, diverse Zaubersprüche, den Kampf oder andere Aktionen machen den Einstieg jedoch nicht immer leicht. Ein Charakter hat dabei neben seinem Inventar verschiedene Eigenschaften wie Stärke, Weisheit oder Charisma.

Konsolengrafik

Gott sei Dank gibt es für nethack auch verschiedenste grafische Oberflächen, vom einfachen X11-basierten xnethack bis hin zum Iso-3D-Interface »FalconsEye«. Um das Spielprinzip zu verstehen, sollte man sich jedoch einige Zeit zugestehen. Hilfreich können dabei verschiedene *Spoiler* sein. Diese Texte erklären wichtige Items und Taktiken und lassen sich sowohl im Netz als auch in mancher Distribution finden.

Alternativ bieten auch die Tasten ? und / Hilfe bei Problemen. Die erste Taste ruft die generelle Hilfe auf, und die zweite kann dazu genutzt werden, unbekannte Objekte auf dem Bildschirm zu identifizieren, was natürlich vor allem bei der Konsolenvariante des Spiels hilfreich ist.

Überhaupt sollte man die Konsolenvariante von nethack nicht unterschätzen. Vor allem bei einer Arbeit als Linux-Admin sieht der nethack-Bildschirm sehr kryptisch aus, sodass alle Besucher denken, man hätte ein unglaublich schwieriges und wichtiges Problem in Angriff genommen. Gerüchteweise können durch nethack sogar einem über die Schulter guckende Chefs zu einem ehrfürchtigen Gesichtsausdruck verleitet werden. Und wenn man auf die Frage »Ist das unsere neue Netzwerkmanagementsoftware?« noch einen lockeren Spruch auf den Lippen hat, macht die Arbeit gleich doppelt so viel Spaß.

---

10 Dungeons & Dragons

25 | Multimedia und Spiele

```
You displaced your saddled pony.

            -----------
            |.........|
            |...@.......###########
            |...u.){...|          #
            ..........|       ----.----
            |..>.......|      |........|
            ----.-------      |.....<.|
               #              |........|         ################
               #              |........|         #------    ###
               #                ----.---         #   ### #|....|   #
              ###       ######################|.....######
                 #       #       #           ###|..[.|
               --.---    #                     #..[..|
               |....|    #                     |....|
               |..`...#######                  |....|
               |..).|                          ------
               |....|
               |.....
                -----

Og the Gallant    St:16 Dx:9 Co:9 In:9 Wi:15 Ch:17 Lawful
Dlvl:1  $:29 HP:4(16) Pw:5(5) AC:3   Exp:1
```

Listing 25.14 nethack auf der Konsole

fortune

Glückskeks!   Eigentlich ist `fortune` kein Spiel, sondern vielmehr ein »elektronischer Glückskeks«. Bei jedem Aufruf wird – je nach verwendeter Sprüchedatenbank[11] – ein Spruch ausgegeben. Oft findet man diesen echten Unix-Klassiker in Login-Skripten wie der *~/.bashrc*. So hat man nach jedem Login einen netten, lustigen, interessanten oder irgendwann auch nervenden Spruch auf der Kommandozeile:

```
$ fortune
Es gibt Leute in Amerika, die haben Wichtigeres zu
tun, als Präsident zu sein.
                -- Sir Peter Ustinov
```

Listing 25.15 Automatischer Glückskeks: fortune

---

11 Es gibt auch Pakete für deutsche Sprüche.

Unter Debian sind im deutschen Paket zu `nethack` – `fortunes-de` – sogar ein paar Programme dabei, die einem normalen Informatiker noch die Entscheidung abnehmen, was und wie er kochen soll:

```
$ pwd
/usr/games
$ ls
beilagen   brot         dessert   hauptgericht   kalt
kuchen     plaetzchen   regeln    salat          sauce
suppe      vorspeise    ...
...
$ sauce
Rezept: Tsatsiki
 Kategorie: Saucen
 Für:       1 Gedeck
 Zutaten:   1     Salatgurke
            1/2 l Joghurt
            1 tb  Olivenöl
            1 ts  Essig oder Zitronensaft
            1     zerdrückte Knoblauchzehe
                  Salz
                  frisch gehackten Dill
 Die Salatgurke schälen und hobeln oder stifteln. Mit
 Joghurt, Olivenöl, Essig, Knoblauch, Salz und Dill
 anrühren. Kalt stellen und ziehen lassen.
```

Listing 25.16 fortune und Essen

Jetzt müsste der Computer nur noch selber kochen können, und die Welt wäre perfekt. Die Funktion dieser Skripts ist dabei genau wie die von `fortune`:[12] Es wird aus einer Spruch- beziehungsweise Rezeptdatenbank zufällig ein Datensatz ausgegeben.

GNU Chess/XBoard

GNU Chess ist, wie der Name schon sagt, ein klassischer Schachsimulator für die Konsole. Das Tool XBoard ist dabei das Interface für die grafische Oberfläche X11. Damit kann man nicht mehr nur gegen den Computer spielen, sondern auch im Internet gegen menschliche Gegner sein Glück versuchen.

Schach

Zudem gibt es zahlreiche Bibliotheken mit Eröffnungszügen und klassischen Spielen. Ebenso wie für alle anderen klassischen Spiele wird sich in fast jeder Distribution ein entsprechendes Paket finden.

---

[12] Diese Skripts nutzen auch intern `fortune` mit der jeweiligen Spruchdatenbank als Argument.

25.10.3 Freie Spiele

Bei den weiteren hier vorgestellten Spielen ist es leider nicht notwendigerweise so, dass in jeder Distribution ein entsprechendes Paket zum Spiel zu finden ist. Dafür bieten diese Spiele in der Regel eine höhere Spieltiefe und grafisch anspruchsvolle Interfaces. Möglich wurde das alles durch die ständig wachsende Popularität von Linux/Unix. Daher ordnen wir diese, größtenteils willkürlich ausgewählten Spiele auch nicht den »klassischen« Linux-Spielen zu.

Vega Strike

Weltraum-Simulation

Vega Strike ist eine umfang- und actionreiche Weltraum-Simulation mit vielen Freiheiten für den Spieler. Dieser kann sich über verschiedenste »Aufträge« beispielsweise als Händler, Kopfgeldjäger oder Eskorte Geld für neue Raumschiffe, technische Erweiterungen und später ganze Flotten verdienen.

Auch Rollenspielelemente lassen sich entdecken: Durch die einzelnen Aufträge verändern sich die Sympathiewerte der einzelnen Rassen im Universum zueinander und zum Spieler selbst. Im schlimmsten Fall wird man in bestimmten Sektoren des Universums zur Persona non grata erklärt und sozusagen auf die schwarze Liste gesetzt.

Warmux

Warmux ist ein freier Worms-Klon. Ziel dieses Spiels ist es, die gegnerische Horde Würmer komplett über den Jordan zu befördern – nicht nur für die Fans des Klassikers ein nettes Game.

OpenMortal

Dieses Spiel ist ein Klon des Klassikers »Mortal Kombat«. Das Besondere ist nun die Offenheit, die das Spiel auch im Namen trägt. Denn eigentlich ist das Spiel eine Satire: Anstatt kraftstrotzender Charaktere haben sich die Entwickler selbst in diesem Spiel verewigt. Eine Anleitung, wie man sich mit einer kleinen DV-Kamera und etwas grünem Tuch für eine Blue Box selbst als Charakter für das Spiel verewigen kann, gibt es auch. Das ist zwar alles ziemlich sinnlos, aber in jedem Fall ein Riesenspaß.

Freeciv

Klon

Seriöser kommt da schon Freeciv daher. Dieser Civilization-Klon ist ein klassisches »Aufbauen-und-Entwickeln«-Game. Und wenn man will, kommt es sogar ohne Gewalt aus. Leider ist die Grafik recht anachronistisch, Spaß macht es aber trotzdem.

SuperTux

Bei diesem Spiel handelt es sich um ein Jump 'n' Run im Stil von Super Mario. Der Hauptunterschied liegt jedoch im Charakter: Anstatt eines kleinen, dicken italienischen Klempners steuert man hier einen kleinen, dicklichen Pinguin durch verschiedene Level und Welten. Bezahlen muss man dafür natürlich auch keinen Cent.

ExtremeTuxRacer

PPRacer (Planet Penguin Racer) ist ein klassisches Arcade-Game, das als »TuxRacer« recht bekannt wurde. Eine aktuelle Variante des Spiels ist *Extreme Tux Racer*. In diesem Spiel rutscht man als Pinguin verschiedene Eis- oder Schneebahnen herunter und versucht nebenbei, Heringe einzusammeln und Hindernissen auszuweichen.

Vor allem der Geschwindigkeitsrausch, in den man hier schnell kommt, macht den Reiz des Spieles aus. Aber auch ein gewisser Suchtfaktor trägt dazu bei, dass man die verschiedenen Cups einfach nur noch schaffen will.

Sauerbraten

Sauerbraten ist ein 3D-Shooter, der sehr an Quake erinnert. Das Spiel läuft auch auf etwas älteren Rechnern und verfügt über einen Multiplayer-Modus.

Brutal Chess

Brutal Chess ist ein sehr hübsches Schachspiel. Es werden drei verschiedene Schwierigkeitsstufen unterstützt. Neben Brutal Chess ist übrigens auch noch XBoard zu empfehlen. Dieses Spiel ist allerdings nicht so schick ;-)

Abbildung 25.9 Brutal Chess

Yo Frankie!

Yo Frankie! ist ein kostenloses Blender-Spiel. Als fieses Gleithörnchen muss man in diesem hübschen Jump 'n' Run Nüsse sammeln.

FooBillard

FooBillard ist eine 3D-Simulation für Snooker und Pool-Billard. Das Spiel unterstützt verschiedene Schwierigkeitsstufen der Gegner sowie verschiedene Tischgrößen und -designs.

Abbildung 25.10 FooBillard

Boson

Boson ist ein OpenGL-Echtzeit-Strategiespiel. Man kann Armeen führen, Basen aufbauen und Feinde besiegen – und das alles in 3D.

FlightGear

FlightGear ist ein klassischer Flugsimulator. Wer einmal in den neuen A380 steigen und ein paar Runden drehen will, kann das bei diesem Spiel ohne Probleme tun. Besonderen Spaß machen dabei die spektakulären Landschaften, über die man fliegt, wie San Francisco mit Alcatraz und der Golden Gate Bridge.

Tremulous

Tremulous ist ein schneller und schöner Multiplayer-Shooter. Das Spiel lässt sich auch über das Internet spielen, wozu man einfach einen der verfügbaren Server auswählt. Weitere Informationen zum Spiel gibt es unter *tremulous.net*.

Weitere Spiele ...

Darüber hinaus finden Sie natürlich auch im Internet auf den bereits vorgestellten Webseiten zahlreiche weitere, freie Spieleprojekte. Und bevor Sie irgendwelche *.tar.gz*-Archive von Hand entpacken und kompilieren, sollten Sie immer zuerst nach einem entsprechenden Paket für Ihre Distribution suchen. Das kann Ihnen viel Arbeit sparen.

Unter *http://linux-gamers.net/* gibt es viele nützliche Informationen über Linux-Spiele. Das Team von Linux-Gamers hat zuletzt im Juni 2009 eine Live-DVD herausgebracht. Diese lässt sich herunterladen und enthält diverse der oben genannten Spiele. Die Spiele können Sie ohne Installation auf der Festplatte starten.[13]

Woher nehmen?

Wie Sie Windows-Spiele unter Linux mithilfe von Wine zum Laufen bringen können, erfahren Sie in Abschnitt 29.2.1.

[+]

25.11 Zusammenfassung

In diesem Kapitel haben Sie gelernt, dass Linux zwar kein typisches »Gamer«-System ist, aber trotzdem im Multimedia-Bereich mithalten kann. Mit ALSA und optionalen Sound-Diensten kann man unter aktuellen Linux-Systemen verschiedene Player – wie beispielsweise Audacious oder Amarok – zum Laufen bringen. Als Videoplayer haben wir Ihnen den MPlayer und xine vorgestellt, die beide mit den entsprechenden Bibliotheken auch DVDs abspielen können. Außerdem haben Sie in diesem Kapitel viele Anreize für unproduktiven Zeitvertreib bekommen. :-)

25.12 Aufgaben

Traditionelle »Aufgaben« machen sich im Spiele- und Multimedia-Bereich sicherlich nicht so gut. Viel eher möchten wir Ihnen Angebote unterbreiten, wie Sie Ihren PC in diesem Bereich vielleicht nutzen können.

MP3-Dateien selbst gebaut

Finden und benutzen Sie ein Tool, mit dem man aus einer Audio-CD entsprechende MP3-Dateien erstellen kann. Idealerweise werden Sie dabei im Umfang Ihrer Distribution fündig, aber auch das Internet bietet »gültige« Lösungen.

---

13 Siehe *http://live.linux-gamers.net/*.

Spiel ein Spiel mit mir

Ja, Sie haben richtig gehört. An dieser Stelle sollten Sie etwas unter – und damit natürlich auch *mit* – Linux spielen. Und zwar so lange, bis Sie ein Spiel gefunden haben, das Sie fesselt. Sie dürfen erst weiterlesen, wenn Sie das wirklich gemacht haben.

TEIL VI
Systeminterna

> *»Ich könnte mir in allen großen Zeitungen des Landes*
> *folgende Mitteilung vorstellen:*
> *Wichtige Mitteilung an alle Bürgerinnen und Bürger:*
> *Die Welt ist hier und jetzt!«*
> *– Jostein Gaarder*

26 Prozesse und IPC

In diesem Kapitel geht es um *Prozesse* sowie um deren *Kommunikation* (engl. *Inter Process Communication*, IPC) aus der Sicht des Userspaces und damit des Benutzers. An dieser Stelle sollten Sie bereits einiges über Prozesse an sich wissen. Die wichtigsten Fakten sind hier noch einmal zusammengefasst:

- **Prozesse sind Programme in Ausführung**
  Damit das Betriebssystem eine Programmdatei überhaupt ausführen kann, muss ein entsprechender Prozess erstellt werden. Ein Prozess ist dabei nur als eine Datenstruktur im Kernel – der Prozesskontrollblock – präsent.

- **Eigenschaften eines Prozesses**
  In diesem Kontrollblock finden sich alle wichtigen Daten, darunter die einen Prozess identifizierende PID, die UID des ausführenden Benutzers und das Arbeitsverzeichnis.

- **Speicher**
  Jeder Prozess hat seinen eigenen Adressraum. Alle (virtuellen) Adressen, die das Programm während seiner Ausführung nutzt, müssen von der MMU (*Memory Management Unit*)[1] in physische, also real im Hauptspeicher vorhandene Adressen übersetzt werden. Das Betriebssystem hat die Möglichkeit, einzelne Speicherbereiche (sogenannte *Pages*) ohne Wissen des Prozesses auf die Festplatte auszulagern.

Mit diesen Grundlagen kann man sich nun auch schon den Erklärungen im Userspace widmen. Dort ist es im Großen und Ganzen irrelevant, wie genau das Multitasking realisiert oder ein Prozess intern behandelt wird. Statt um Interrupts kümmert man sich hier um Signale, statt um das konkrete Scheduling um die sinnvolle Strukturierung paralleler Programme. Diese und andere Aufgabenbereiche wollen wir im Folgenden umfassend erläutern.

---

[1] Siehe Kapitel 5, »Der Kernel«.

26 Prozesse und IPC

26.1 Prozessarten

Hintergrundprozesse haben Sie bereits in den Kapiteln zur Shell und auch kurz im Kernel-Kapitel kennengelernt. Auch von Diensten oder gar Dämonprozessen war in diesem Buch schon häufig die Rede. Im Folgenden sollen die Zusammenhänge erklärt und die Unterschiede noch einmal verdeutlicht werden.

26.1.1 Hintergrundprozesse

Hintergrundprozesse – oder auch *Jobs* – werden im Hintergrund durch ein in der Kommandozeile an den Befehl angehängtes kaufmännisches »Und« (&) erzeugt. »Im Hintergrund« bedeutet hier, dass die ersten Dateideskriptoren – 0, 1 und 2 – nicht mit der Tastatur und nicht unbedingt mit dem Bildschirm verbunden sind.

Man verwendet Hintergrundprozesse in erster Linie, um durch einen langwierigen Prozess nicht vom weiteren Arbeiten abgehalten zu werden. Charakteristisch für klassische Hintergrundprozesse ist, dass sie weiterhin Kindprozess der Shell bleiben.

```
$ Prozess &
[1] 14215
$
...
[1]  + done   /usr/local/bin/Prozess
$
```

Listing 26.1 Schreibweise zum Starten eines Prozesses im Hintergrund

Die Job-ID Das Listing zeigt einen Prozess, der im Hintergrund gestartet wird. Nach dem Start wird die Nummer des Hintergrundprozesses – die sogenannte *Job-ID* – in eckigen Klammern (in diesem Fall [1]), gefolgt von der Prozess-ID (hier 14215), ausgegeben. Nach einiger Zeit hat der Prozess seine Aufgaben abgearbeitet. Dem Benutzer wird dies durch die »done«-Zeile mitgeteilt.

26.1.2 Dämonprozesse

Eine spezielle Art von Prozessen sind die sogenannten *Dämonprozesse*. Sie arbeiten im Hintergrund und werden vorwiegend für Aufgaben genutzt, die keiner direkten Kontrolle bedürfen. Dabei handelt es sich oft um Serverdienste, wie beispielsweise Webserver oder Mailserver.

Oftmals werden Dämonprozesse mit den Hintergrundprozessen der Shell verwechselt. Wie oben jedoch erläutert wurde, sind Dämonprozesse eigene Sessionführer und unabhängig von einer Shell – und somit auch kein Kind der Shell.

Solche Dämonprozesse werden normalerweise während des Bootens gestartet und erst beim Shutdown des Systems beendet, indem der Kernel ein TERMINATE- oder KILL-Signal an den Prozess sendet. Entsprechend sind Dämonprozesse also in der Regel ein Kind von init.

26.2 Prozesse in der Shell

Im Folgenden wollen wir uns nun der Kontrolle der Prozesse widmen. Wie bereits erwähnt, haben Hintergrundprozesse neben der PID eine Job-ID zur Identifikation. Folglich ist es möglich, mehrere Prozesse parallel im Hintergrund ablaufen zu lassen:

```
$ sleep 10 &
[1] 10203
$ sleep 10 &
[2] 10204
$ sleep 10 &
[3] 10205
$ sleep 1
[3] + Done                   sleep 10
[2] - Done                   sleep 10
[1]   Done                   sleep 10
```

Listing 26.2 Parallele Hintergrundprozesse

Beachten Sie, dass ein Hintergrundprozess automatisch läuft und es somit beispielsweise nicht möglich ist, Tastatureingaben an diesen Prozess zu senden.[2] Des Weiteren werden die Ausgaben des Hintergrundprozesses einfach zwischen die Ausgaben anderer Shellprogramme gemischt. Die Deskriptoren 1 und 2 sind bei Hintergrundprozessen noch mit dem Bildschirm verbunden.[3]

```
$ (sleep 1; echo "Hallo") &
[12] 9790
$ Hallo
```

Listing 26.3 Nach einer Sekunde »Hallo« sagen

26.2.1 Wechseln zwischen Vorder- und Hintergrund

In einigen Shells, zum Beispiel in der bash oder der ksh, ist es möglich, zwischen Vorder- und Hintergrundprozessen zu wechseln. Damit aus einem Vordergrundprozess ein Hintergrundprozess wird, muss dieser zuerst angehalten – »gestoppt«

---

[2] Die einzige direkte Eingabemöglichkeit besteht durch Eingabeumlenkung.
[3] Anders sieht das Ganze natürlich bei einer Ausgabeumlenkung aus.

– werden. Dazu verwenden Sie die Tastenkombination **Strg + Z**. Dies können Sie folgendermaßen testen:

```
$ sleep 10
^Z[1] + Stopped                       sleep 10
```

Listing 26.4 Stoppen eines Vordergrundprozesses

[+] Sollte die Tastenkombination **Strg + Z** bei Ihnen nicht funktionieren, so ist Ihr Terminal wahrscheinlich auf eine andere Tastenkombination eingestellt. Prüfen Sie die Terminal-Konfiguration mit dem Kommando `stty -a`. Die Kombination für `susp` (suspend) ist zum Anhalten eines Prozesses vorgesehen. Die Zeichen vor den Großbuchstaben stehen hierbei für die Tastenkombination **Strg + <Buchstabe>**.

```
$ stty -a
...
eol2 = <undef>; start = ^Q; stop = ^S; susp = ^Z...
...
```

Listing 26.5 Was tun, wenn's nicht funktioniert?

bg und fg Um diesen Vordergrundprozess nun in den Hintergrund zu befördern, müssen Sie das Kommando `bg` (von englisch *background*, Hintergrund) aufrufen. Man kann es in der Form `bg %<Job-ID>` aufrufen, um einen bestimmten Job in den Hintergrund zu befördern. Lässt man den Parameter weg, wird der letzte gestoppte Prozess im Hintergrund fortgesetzt:

```
$ sleep 10
^Z[1] + Stopped                       sleep 10
$ bg
[1] sleep 10
[1] + Done                            sleep 10
```

Listing 26.6 Einen Prozess in den Hintergrund befördern

Hin und wieder kommt es jedoch vor, dass man einen Prozess wieder zurück in den Vordergrund bringen möchte. Dazu wird analog das Kommando `fg` verwendet:

```
$ sleep 120
^Z[1] + Stopped                       sleep 120
$ bg %1
[1] sleep 10
$ fg %1
sleep 120
$
```

Listing 26.7 Zurück in den Vordergrund

Bei der Verwendung der Prozessnummer eines Hintergrundprozesses mit einem Kommando wie `kill`, `fg` oder `bg` müssen Sie, wie in den Beispielen gesehen, das Prozentzeichen (%) vor die ID setzen:

```
$ bg %1
$ fg %1
$ kill -STOP %1 && kill -CONT %1
```

Listing 26.8 Beispielaufrufe mit Modulo

Alternativ können Sie auch mit der PID arbeiten, aber diese ist meist eine größere Zahl, und die Gefahr, dass man sich vertippt, ist daher recht hoch. Außerdem sind Informatiker diesbezüglich faul.

26.2.2 Jobs – behalten Sie sie im Auge

Oftmals hat man mehrere Prozesse oder gar Prozessgruppen parallel im Hintergrund laufen. Wird die Shell jedoch beendet, werden alle Hintergrundprozesse – im Gegensatz zu den shell-unabhängigen Dämonprozessen – »mit in den Tod gerissen«. Um dies zu vermeiden, geben die meisten Shells bei dem ersten Versuch, die Shell zu beenden, eine Warnung aus, sofern noch Hintergrundprozesse ablaufen.

Im nächsten Beispiel starten wir in der laufenden Shell eine weitere Shell, um nach der Beendigung der neu gestarteten Shell die Ausgabe der letzten zu sehen.

```
$ zsh
...
$ sleep 10000&
[1] 782
$ exit
zsh: you have running jobs.
$ exit
zsh: warning: 1 jobs SIGHUPed
```

Listing 26.9 Warnmeldungen der Z-Shell beim Beenden

Nachdem wir uns nicht um den noch laufenden Hintergrundprozess gekümmert haben, wird dieser über ein sogenanntes `HUP`-Signal (Hang-UP) beendet.

Das Kommando jobs

Um sich eine Übersicht über die jeweils laufenden Hintergrundprozesse zu verschaffen, wird das Kommando `jobs` verwendet, das alle Hintergrundprozesse der aktuellen Shell auflistet. Es werden also nicht immer alle Hintergrundprozesse eines Benutzers angezeigt, denn ein Benutzer kann gleichzeitig mehrere Shells verwenden.

```
$ jobs
[1]+  Running                 sleep 10000 &
$ jobs -p
214
$ jobs -l
[1]+   214 Running            sleep 10000 &
```

Listing 26.10 Das Kommando `jobs`

Wird der Parameter `-p` verwendet, werden die Prozess-IDs der Hintergrundprozesse ausgegeben, und bei `-l` werden diese zur Default-Ausgabe hinzugefügt.

26.2.3 Hintergrundprozesse und Fehlermeldungen

Es kommt sehr häufig vor, dass Hintergrundprozesse störende Fehlermeldungen auf die Konsole schreiben. Dies kann durch eine nicht gefundene Datei, eine Zugriffsverletzung oder Ähnliches hervorgerufen werden. In diesem Fall sollte man sich mit der Ausgabeumlenkung der Fehlerausgabe behelfen – natürlich bevor man den Prozess startet.

Schauen wir uns einmal folgendes Beispiel an: Der Benutzer startet ein Programm im Hintergrund, das versucht, die Datei */etc/blub* zu löschen. Es wird nun eine Fehlermeldung direkt auf die Konsole geschrieben, da diese Datei gar nicht vorhanden ist:

```
$ rm /etc/blub &
[1] 132
$ rm: cannot remove '/etc/blub': No such file or directory
[1]+  Exit 1            rm /etc/blub
```

Listing 26.11 Fehlermeldungen bei Hintergrundprozessen

Stellen Sie sich ein Programm vor, das im Sekundentakt solche lästigen Meldungen ausgibt. Über die bereits bekannte Umlenkung des zweiten Deskriptors – der Fehlerausgabe `stderr` – kann dies nun vermieden werden. Leiten wir also die Fehlerausgabe einmal in eine Datei *Logdatei* um:

```
$ rm /etc/blub 2>Logdatei &
[1] 133
$
[1]+  Exit 1            rm /etc/blub
$ cat Logdatei
rm: cannot remove '/etc/blub': No such file or directory
```

Listing 26.12 Fehlermeldungen umlenken

Auf diese Weise haben wir gleich zwei Fliegen mit einer Klappe geschlagen: Die lästigen Ausgaben sind weg, und wir haben den Fehler archiviert. Und jetzt könnten wir sogar gestresste Support-Mitarbeiter mit der exakten Fehlermeldung nerven!

26.2.4 Wann ist es denn endlich vorbei?

Keine Sorge, dies ist der letzte Abschnitt zum Thema Hintergrundprozesse. Die Überschrift gilt jedoch einer anderen Angelegenheit: dem Warten auf die Beendigung eines Hintergrundprozesses.

Hierfür wird ganz einfach das Kommando wait verwendet. Als Parameter wird der gewünschte Hintergrundprozess, beziehungsweise dessen Nummer, angegeben. An dieser Stelle ist wieder der Modulo-Operator (%) gefragt.

```
$ sleep 10&
[1] 237
$ jobs
[1]+   Running                 sleep 10 &
$ wait %1
[1]+   Done                    sleep 10
$
```

Listing 26.13 Warten

26.3 Prozesse und Signale

So wie der Prozessor Interrupts als Benachrichtigungen für bestimmte Ereignisse (wie den Ablauf eines Timers oder die Verfügbarkeit aus dem Speicher angeforderter Daten) behandelt, kann ein Prozess über *Signale* die verschiedensten Ereignisse abfangen.

26.3.1 Das Syscall-Interface

Das eigentliche Versenden und Empfangen von Signalen läuft über den Kernel. Die entsprechenden Schnittstellen sind dabei als Syscalls realisiert:

▶ **int kill(pid_t pid, int signum);**
   Mit dem kill-Syscall kann man Signale versenden. Das Signal selbst wird dabei intern nur über eine Nummer referenziert, wobei dem Programmierer beziehungsweise dem Benutzer in der Shell auch Signalnamen zur Verfügung stehen. Mit pid wird die PID des Prozesses bezeichnet, der das Signal empfangen soll. Wird hier jedoch »0« angegeben, so wird das Signal an alle Prozesse der eigenen Prozessgruppe gesendet. Bei »-1« wird das Signal an alle Prozesse außer init

geschickt, und der Wert -PID bezeichnet die Prozessgruppe des Prozesses mit der entsprechenden PID. Ein Beispiel:

```
#include <sys/types.h>
#include <signal.h>

int main(int argc, char* argv[])
{
  kill(1234, SIGTERM);
  return 0;
}
```

Listing 26.14 Der Syscall kill

Nach der Einbindung der entsprechenden Headerdateien wird dem Prozess mit der PID 1234 hier das SIGTERM-Signal geschickt.

▸ **sighandler_t signal(int signum, sighandler_t handler);**
Diese Funktion dient dazu, eine Funktion – einen sogenannten *Handler* (auch *Callback*) – festzulegen, die beim Empfang des entsprechenden Signals vom Kernel aufgerufen werden soll. Allerdings gibt es auch Signale, die aufgrund ihrer Semantik nicht abgefangen werden können, sondern die direkt vom Kernel bearbeitet werden.

Für den Anwender interessanter als die Frage nach den einzelnen Syscalls ist in den meisten Fällen die Frage nach den unterschiedlichen Signalen. Aus dem ersten Kapitel kennen Sie bereits verschiedene, mehr oder weniger gnadenlos zum Prozessende führende Signale: SIGKILL und SIGTERM. Doch zunächst soll kurz besprochen werden, wie man eigentlich Signale von der Kommandozeile senden kann.

26.3.2 Signale von der Kommandozeile senden: kill

Der Benutzer kann mit dem Kommando kill Signale an Prozesse versenden. Hierbei werden wie beim gleichnamigen Syscall der Signaltyp und die Prozess-ID des Zielprozesses beziehungsweise dessen Jobnummer angegeben:

```
$ kill 499
$ kill -9 500
$ kill -SIGKILL 501
```

Listing 26.15 Beispielaufruf des kill-Kommandos

Wird `kill` ohne einen Signalparameter und lediglich mit einer Prozess-ID aufgerufen, so wird das Signal SIGTERM an den Prozess gesendet, das ihn zur Beendigung auffordert, diese aber nicht zwingend erwirkt – denn das Signal kann abgefangen werden.

26.3.3 Welche Signale gibt es?

Es gibt also zwei Gruppen von Signalen: Eine Gruppe kann vom Prozess ignoriert beziehungsweise abgefangen werden, die andere nicht. Der Adressat dieser Signale ist viel eher der Kernel, der mit einer bestimmten Aktion gegenüber dem Empfängerprozess reagieren soll. Dies verdeutlichen die folgenden Beispiele:

- **Signal 9, »SIGKILL« oder »KILL«**
  Dieses Signal beendet einen Prozess zwingend durch den Kernel.

- **Signal 19, »SIGSTOP« oder »STOP«**
  Dieses Signal unterbricht die Verarbeitung eines Prozesses, bis er durch SIGCONT fortgesetzt wird.

- **Signal 18, »SIGCONT« oder »CONT«**
  Dieses Signal setzt einen gestoppten Prozess fort.

Im Folgenden sollen abfangbare Signale erläutert werden. Die Liste ist nicht vollständig; es gibt sehr viel mehr als nur die hier genannten Signale. Die wichtigsten Signale können jedoch wie folgt zusammengefasst werden:

- **Signal 1, »SIGHUP« oder »HUP«**
  Der Prozess soll sich selbst beenden und neu starten. Dieses Signal wird oftmals benutzt, um Dämonprozesse neu zu starten, damit diese ihre Konfigurationsdaten neu einlesen.

- **Signal 14, »SIGALRM« oder »ALARM«**
  Dieses Signal meldet den Ablauf eines Timers, den ein Programmierer mit dem Syscall `alarm()` starten kann.

- **Signal 15, »SIGTERM« oder »TERM«**
  Dieses Signal soll den Prozess dazu bewegen, sich freiwillig zu beenden. Wenn der Computer heruntergefahren wird, sendet der Kernel allen Prozessen solch ein Signal. Daraufhin haben die Prozesse einige Sekunden Zeit, sich zu beenden und beispielsweise Konfigurationsdaten zu speichern, bevor letztendlich das SIGKILL-Signal an alle Prozesse gesendet wird.[4]

---

[4] Hierbei sollten Sie beachten, dass nicht alle Prozesse auf das SIGTERM-Signal reagieren. Es liegt im Ermessen des Softwareentwicklers, ob eine entsprechende Signalbehandlungsroutine im Quellcode implementiert wird.

[+] Aus den Kapiteln zur Shell wissen Sie bereits, dass einige Shells (z. B. die bash) ihre eigenen Implementierungen des kill-Kommandos als Builtin mitbringen. Diese Implementierungen bieten vereinzelt weitere Signaltypen. Die bash zum Beispiel unterstützt über 60 verschiedene Signale.

Eine Liste der von Ihrem kill-Kommando unterstützten Signale können Sie durch den Aufruf von kill -l anzeigen lassen. Das Linux-kill-Kommando kennt darüber hinaus den -L-Parameter für eine tabellarische Ausgabe.

26.3.4 Rechte

Natürlich darf nicht jeder Benutzer fremden Prozessen einfach durch Signale mehr oder weniger unverblümt mitteilen, dass sie doch bitte die wertvolle Rechenzeit freigeben und sich lieber beenden sollen. Dazu muss schon wenigstens die reale oder effektive Benutzer-ID des sendenden Prozesses mit der realen oder gespeicherten Benutzer-ID des Zielprozesses übereinstimmen.

Somit wird gewährleistet, dass ein Benutzer jeweils nur eigene Prozesse »abschießen« kann – mit Ausnahme von root, der ja bekanntlich alles darf.

26.3.5 In der Praxis: Signale empfangen

Im Folgenden sollen noch einmal alle Fakten zu einem abschließenden Beispiel kombiniert werden. Dazu betrachten wir den folgenden Code, der ein Callback handler() zur Behandlung eines Signals über den Syscall signal() beim Kernel registriert:

```
#include <signal.h>
#include <stdio.h>

static int x = 0;

void handler(int i)
{
  printf("Signal empfangen: %i", i);
  x = 1;
  return;
}

int main(int argc, char* argv[])
{
  typedef void (*sighandler_t)(int);

  signal(SIGALRM, &handler);
```

```
    while(x == 0) {};
    return 0;
}
```

Listing 26.16 Ein Callback für SIGALRM

Dem Syscall `signal()` übergibt man also das abzufangende Signal sowie die Adresse der Funktion, die das Signal behandeln soll. Diese Funktion darf nichts zurückgeben – sie ist vom Typ `void` – und bekommt als Argument die Nummer des empfangenen Signals übergeben. Das ist insofern sinnvoll, als dass man mit diesem Argument bei einem Handler für mehrere Signale recht einfach überprüfen kann, was genau man da gerade empfangen hat.

Trifft nun ein Signal ein, so wird der Prozess vom Kernel nicht mehr an der alten Stelle – in diesem Fall in der leeren Schleife – fortgesetzt. Stattdessen wird die Funktion `handler()` aufgerufen, die die Variable x auf »1« setzt. Nach dem Ende der Funktion wird das Programm an der vorherigen Stelle fortgesetzt. Da das Programm in der Schleife unterbrochen wurde, wird es auch dort fortgesetzt – allerdings ist die Abbruchbedingung jetzt erfüllt, und der ganze Prozess kann beendet werden. Die Funktionalität kann man wie folgt testen:

```
$ gcc -o test test.c
$ ./test &
[1] 9172
$ kill -SIGALRM %1
$ Signal empfangen: 14
[1]+  Exit 1                  ./test
```

Listing 26.17 Das Beispiel ausprobieren

Dabei wird der Sourcecode zuerst kompiliert und anschließend mit dem kaufmännischen »Und« (&) als Hintergrundprozess gestartet. In diesem Augenblick durchläuft das Programm immer wieder die leere Schleife. Erst nachdem wir diesem Job das SIGALRM-Signal geschickt haben, gibt das Programm die Meldung samt der Signalnummer auf der Konsole aus und beendet sich dann, da die Variable x auf »1« gesetzt wurde und somit das Abbruchkriterium für die Schleife erfüllt ist.

26.4 Prozesse finden und beeinflussen

Im Folgenden wollen wir einige Tools vorstellen, mit denen Sie sich einen Überblick über alle verfügbaren Prozesse verschaffen, bestimmte Prozesse heraussuchen und »bearbeiten«, ihnen also Signale schicken können.

26.4.1 top und htop

Ein Standardprogramm zum Anzeigen der Prozesse für die Kommandozeile ist `top`. Es gibt die Prozessliste periodisch auf dem Bildschirm aus und sortiert diese Ausgabe nach einigen vorgegebenen Kriterien – beispielsweise nach der CPU-Nutzung oder dem Speicherverbrauch der einzelnen Prozesse.

Nachdem man `top` gestartet hat, zeigt sich ein Header mit anschließender Prozesstabelle (siehe Abbildung 26.1). Dieser mehrzeilige Header enthält die Laufzeit des Systems (`uptime`) und die aktuelle Uhrzeit, die Anzahl der aktuell angemeldeten Benutzer (`x users`) und die durchschnittliche Anzahl der Prozesse in den letzten 1, 5 und 15 Minuten, die auf ihre Abarbeitung durch die CPU warten (`load average`).

Die zweite Zeile des Headers gibt die Anzahl der Prozesse und deren Status an, also wie viele dieser Prozesse gerade »schlafen«, von der CPU verarbeitet werden, Zombie-Prozesse sind oder gestoppt wurden.

Die dritte Zeile gibt Aufschluss über die Verteilung der Rechenzeit an den Userspace (`user`), den Kernelspace (`system`) und an die verwendete Priorität (`nice`). Die `idle`-Angabe zeigt an, zu wie viel Prozent der Zeit der Prozessor nicht ausgelastet ist.

```
                              xterm [1]                               X
 4:53pm  up  1:00,  4 users,  load average: 0.05, 0.01, 0.00
42 processes: 39 sleeping, 3 running, 0 zombie, 0 stopped
CPU states:  4.1% user,  1.1% system,  0.0% nice, 94.6% idle
Mem:    93916K av,   80844K used,   13072K free,       0K shrd,    2720K buff
Swap:  181432K av,    9740K used,  171692K free,                 54432K cached

  PID USER     PRI  NI  SIZE  RSS SHARE STAT  %CPU %MEM   TIME COMMAND
 2037 root      18   0  6980 5736  1784 R      2.3  6.1   0:15 X
    1 root       8   0    80   68    68 S      0.0  0.0   0:04 init
 2040 swendzel   9   0  1944 1800  1464 S      0.1  1.9   0:02 wmaker
 5616 swendzel  12   0 15292  14M  3312 S      0.9 16.2   0:01 gimp
 5619 swendzel   9   0  2784 2784  1260 S      0.0  2.9   0:00 script-fu
   83 root       9   0   220    4     4 S      0.0  0.0   0:00 sshd
 2046 swendzel   9   0  1376 1196  1044 S      0.0  1.2   0:00 xterm
   78 root       9   0   916  208   164 S      0.0  0.2   0:00 klogd
 5615 swendzel  10   0  1008 1008   804 R      0.3  1.0   0:00 top
 5613 root       9   0  2184 2184  1716 R      0.0  2.3   0:00 xterm
    3 root       9   0     0    0     0 SW     0.0  0.0   0:00 kswapd
  111 root       8   0   336  156    80 S      0.0  0.1   0:00 bash
 2047 swendzel   9   0   732  648   528 S      0.0  0.6   0:00 bash
  112 swendzel   9   0   384  188   112 S      0.0  0.2   0:00 bash
 5624 swendzel  13   0  2556 2556  2092 S      1.1  2.7   0:00 screenshot
 5621 root       8   0  1152 1152   912 S      0.0  1.2   0:00 bash
   75 root       9   0   268  228   228 S      0.0  0.2   0:00 syslogd
```

Abbildung 26.1 top

Die Zeilen vier und fünf beschreiben den physischen Hauptspeicher und den Swap-Speicher. Der Wert vor `av` gibt den maximal verfügbaren Speicher an, `used` den davon momentan benutzten Teil und `free` den unbenutzten Anteil.

Speicherauslastung

Die Prozesstabelle ist ähnlich wie bei `ps` aufgebaut und besteht im Wesentlichen aus den gleichen Spalten (siehe Abbildung 26.1).

Rufen Sie `top` mit dem Parameter `-i` auf, um nur die aktuell laufenden Prozesse anzuzeigen.

[+]

Es gibt noch eine Weiterentwicklung von `top` namens `htop`. Das Tool `htop` muss auf gängigen Distributionen von Hand nachinstalliert werden, bietet dafür aber ein paar zusätzliche Features (etwa vertikales und horizontales Scrollen sowie Maus-Unterstützung).

htop

Ordnung im Chaos

Die Sortierungsfunktion von `top` wird über die Steuertasten aufgerufen. Eine Liste dieser Steuertasten erhalten Sie, indem Sie **H** für »help« drücken; die wichtigsten finden Sie auch in Tabelle 26.1:

Taste	Funktionalität
N	aufsteigende Sortierung nach Prozess-ID
A	aufsteigende Sortierung nach dem Alter
P	absteigende Sortierung nach CPU-Nutzung
M	absteigende Sortierung nach Speichernutzung
T	absteigende Sortierung nach bisheriger Beanspruchung von CPU-Zeit

Tabelle 26.1 Funktionstasten für die Sortierung der Prozessliste

26.4.2 ps und pstree

Anders als `top` bieten die Tools `ps` und `pstree` keine interaktive Oberfläche, sondern geben die aktuellen Prozesse in ihrer jeweils eigenen Form auf der Kommandozeile aus. Die Programme eignen sich somit zur Weiterverarbeitung in Skripten oder Ähnlichem.

Das Kommando `pstree` (*process tree*) gibt dabei den Prozessbaum aus. Dies ist eine sehr sinnvolle Funktion, um sich einen Überblick über das Verhalten einiger Programme und ihrer Kindprozesse zu verschaffen. Darüber hinaus eignet sich das Kommando hervorragend, um sich die Linux-Prozesse und ihre Hierarchie vor Augen zu führen.

Was ist ein hierarchischer Prozessbaum? Die Hierarchie der Prozesse kennen Sie bereits. `pstree` visualisiert im Prinzip deren Ordnung in einem ASCII-Baum – jeder Zweig des Baumes stammt von einem Elternprozess ab.

```
$ pstree
init-+-5*[agetty]
     |-atd
     |-bash-startx-xinit-+-X
     |                   `-wmaker-+-xterm-bash-vi
     |                            `-xterm-bash-pstree
     |-bdflush
     |-cardmgr
     |-crond
     |-gpm
     |-httpd-5*[httpd]
     |-inetd
     |-keventd
     |-klogd
     |-kreclaimd
     |-kswapd
     |-kupdated
     |-lpd
     |-mdrecoveryd
     |-rpc.portmap
     |-sshd
     `-syslogd
```

Listing 26.18 pstree ohne Argumente

Ein interessantes Feature, das Sie im obigen Listing sehen, ist die Gruppierung der Kindprozesse zu ihrem Elternprozess. In der Form `Parent--Anzahl*[Child]` wird dabei angegeben, dass `Child` der Name des Kindprozesses ist und `Anzahl` die Anzahl der parallel laufenden Kindprozesse angibt. Der Webserver (`httpd`) hat in der obigen Ausgabe beispielsweise fünf Kindprozesse, und der `init`-Prozess hat fünfmal `agetty` gestartet.

Eine ausführlichere Ausgabe erhalten Sie mit dem Parameter `-a`. Dieser bewirkt, dass die beim Programmstart eines jeden Prozesses übergebenen Parameter mit angezeigt werden.

```
$ pstree -a
init)
  |-agetty) 38400 tty2 linux
  |-agetty) 38400 tty3 linux
  |-agetty) 38400 tty4 linux
  |-agetty) 38400 tty5 linux
```

```
  |-agetty) 38400 tty6 linux
  |-atd) -b 15 -l 1
...
```

Listing 26.19 pstree mit Detail

Sofern Sie ein Terminal mit Fettschriftunterstützung verwenden, kann der Parameter -h (*highlight*) verwendet werden. Dieser zeigt den pstree-Prozess inklusive aller seiner Elternprozesse in Fettschrift an. Dies ist eine gute Möglichkeit, sich die Hierarchie der Prozesse nochmals zu veranschaulichen.

Weitere wichtige Parameter sind -p für eine Ausgabe der Prozess-IDs aller Prozesse und -u für die Angabe des jeweiligen Benutzers eines Prozesses.

```
$ pstree -apu
init,1)
  |-agetty,112) 38400 tty2 linux
  |-agetty,113) 38400 tty3 linux
  |-agetty,114) 38400 tty4 linux
  |-agetty,115) 38400 tty5 linux
  |-agetty,116) 38400 tty6 linux
  |-atd,92) -b 15 -l 1
  |-bash,111,swendzel)
  |   `-startx,131) /usr/X11R6/bin/startx
  |       `-xinit,140) /home/swendzel/.xinitrc --
  |           |-X,141,root) :0
  |           `-wmaker,144)
  |               |-xterm,161,root) -sb -bg black...
  |               |   `-bash,162,swendzel)
  |               |       `-vi,213) kap06.tex
  |               `-xterm,192,root) -sb -bg black...
  |                   `-bash,193,swendzel)
  |                       `-pstree,214) -apu
  |-(bdflush,5)
  |-cardmgr,53)
  |-crond,89) -l10
  |-gpm,109) -m /dev/mouse -t ps2
  |-httpd,107)
  |   |-httpd,117)
  |   |-httpd,118)
  |   |-httpd,119)
  |   |-httpd,120)
  |   `-httpd,121)
  |-inetd,80)
...
```

Listing 26.20 pstree-Parameterkombination

Prozessauflistung mit Details via ps

Kommen wir nun zu einem der wichtigsten Programme des Unix-Systems – dem ps-Kommando. Das Kommando gibt Ihnen eine Übersicht über Ihre eigenen oder auch alle laufenden Prozesse des Systems. Dabei werden diverse Prozessattribute auf Wunsch mit ausgegeben.

Die Besonderheit an der Linux-Version von ps besteht darin, dass das Kommando hier sowohl die Features der SVR4- als auch der BSD-Version von ps unterstützt. Hinzu kommen einige GNU-Features. Oftmals führen daher mehrere Parameter zum selben Resultat.

Bei einem parameterlosen Aufruf des Programms erscheint eine Liste aller Prozesse, die in Ihrer aktuellen Shell laufen:

```
$ ps
  PID TTY          TIME CMD
  241 pts/2    00:00:00 bash
  243 pts/2    00:00:00 ps
```

Listing 26.21 Das Kommando ps

Wie Sie sehen, erfolgt die Ausgabe in Form einer Tabelle. Die Spalte »PID« enthält die Prozess-ID, und die »TTY«-Spalte gibt das Terminal an, auf dem der Prozess läuft. »TIME« gibt die bereits für den Prozess aufgebrauchte CPU-Zeit an. Die letzte Spalte, »CMD«, repräsentiert das eigentliche Kommando, also den Befehl, so wie er irgendwann einmal eingegeben wurde.

Befassen wir uns nun mit den Parametern. Die Parameter -A und -e geben alle momentan laufenden Prozesse aus. Der Parameter -a zaubert eine Ausgabe aller Prozesse des Terminals hervor.

Sofern Sie sehr detaillierte Informationen zur Prozessliste benötigen, nutzen Sie den Parameter -f. Mit -l wird das »long format« benutzt, das heißt, User-IDs werden in Benutzernamen aufgelöst und die Aufrufparameter der Prozesse werden gezeigt.

Sehr interessant sind im Übrigen einige BSD-Parameter wie u oder f. Der erste bewirkt die benutzerspezifische Ausgabe, gibt also Ihre eigenen Prozesse aus, der letzte gibt den Prozessstatus[5] in der Spalte »STAT« an und erstellt außerdem – ähnlich wie pstree, jedoch nicht so hübsch – einen Prozessbaum.

---

[5] Der Status wird in Form eines Großbuchstabens repräsentiert. »S« steht beispielsweise für »Sleep«, »R« steht für »Running«. Das Thema Prozessstatus wurde bereits zu Beginn dieses Kapitels besprochen.

Für Individualisten gibt es noch den Parameter -o. Dieser liefert eine selbst konfigurierbare Ausgabe. Dabei kann die Ausgabe in der Form »SpalteA SpalteB SpalteC« festgelegt werden.

Schlüsselwort	Beschreibung
pcpu	CPU-Nutzung
group	Gruppenzugehörigkeit
ppid	Elternprozess-ID
user	Eigentümer
args	Parameter beim Programmaufruf
comm	Name des Prozesses
nice	Nice-Priorität
pid	Prozess-ID
pgid	Prozessgruppen-ID
time	verbrauchte Rechenzeit
tty	benutztes Terminal
ruser	relativer Benutzer
rgroup	relative Gruppe

Tabelle 26.2 Schlüsselwörter für Individualisten

Probieren wir ein Beispiel aus. Unser Ziel ist es, alle Prozesse auszugeben, die momentan in der Prozessliste aufzufinden sind. Dabei sollen jedoch nur der Benutzername, die Prozess-ID, das Kommando selbst und das Terminal des Prozesses ausgegeben werden.

```
$ ps -eo "user pid comm tty"
USER       PID COMMAND            TT
root         1 init               ?
root         2 keventd            ?
root         3 kswapd             ?
root         4 kreclaimd          ?
root         5 bdflush            ?
root         6 kupdated           ?
root         8 mdrecoveryd        ?
root        53 cardmgr            ?
bin         69 rpc.portmap        ?
root        75 syslogd            ?
root        78 klogd              ?
root        80 inetd              ?
root        83 sshd               ?
```

```
root              87 lpd                 ?
root              89 crond               ?
daemon            92 atd                 ?
...
...
root             240 xterm            tty1
swendzel         241 bash             pts/2
swendzel         351 kdeinit             ?
swendzel         352 vi               pts/1
swendzel         355 ps               pts/2
```

Listing 26.22 Individueller ps-Aufruf

26.4.3 pgrep, pidof und pkill

Ein anderes Problem stellt sich, wenn man nur bestimmte Prozesse suchen oder diesen ein Signal schicken will. Für diese Fälle gibt es die Tools `pgrep` und `pidof` sowie `pkill` und `killall`.

pgrep und pidof

Das Tool `pgrep` gibt die PIDs aller gefundenen Prozesse aus. Möchte man also zum Beispiel nach allen Prozessen suchen, die `ssh` im Namen tragen, so ist nur der entsprechende String als Parameter zu übergeben:[6]

```
$ pgrep ssh
2641
4277
```

Listing 26.23 Alle ssh-Prozesse suchen

Um die Namen der gefundenen Prozesse zu kontrollieren – also um zu sehen, ob diese auch wirklich `ssh` enthalten –, kommen uns die Kenntnisse des `ps`-Programms zugute:

```
$ ps -eo "comm pid" | grep ssh
sshd            2641
ssh-agent       4277
```

Listing 26.24 Kontrolle

In diesem einfachen Beispiel hätten wir allerdings auch `pgrep` mit der Option `-l` aufrufen können, was die Ausgabe des ausgeführten Kommandos zusätzlich zur PID bewirkt. Weitere interessante Argumente sind:

---

[6] Das Gleiche funktioniert auch mit dem Programm `pidof`.

- **-f**
  Bringt `pgrep` dazu, das Muster nicht nur auf das ausgeführte Kommando, sondern auf die gesamte Kommandozeile inklusive aller Argumente anzuwenden.

- **-u euid**
  Sucht die effektive Benutzer-ID »euid«.

- **-U uid**
  Sucht die reale Benutzer-ID »uid«.

- **-g pgrp**
  Sucht alle Prozesse der Prozessgruppe mit der ID »pgrp«.

- **-G gid**
  Sucht alle Prozesse mit der realen Gruppen-ID »gid«.

- **-v**
  Invertiert die Suche.

Möchte man den gefundenen Prozessen nun ein Signal senden, so bietet sich das Programm `pkill` an, das im Prinzip dieselben Argumente wie `pgrep` verwendet. Das Einzige, was neu hinzukommt, ist ein Signal, das ähnlich wie bei `kill` angegeben wird:

```
$ pkill -HUP top
$ pkill -9 -u jploetner
```

Listing 26.25 pkill anwenden

Im ersten Beispiel wird allen Instanzen von `top` sowie allen Programmen mit »top« im Namen das `SIGHUP`-Signal geschickt, und im zweiten Fall werden alle Prozesse des Benutzers `jploetner` abgebrochen. Offensichtlich ist also ein `pkill -SIG Prozess` nichts anderes als ein `kill -SIG ´pgrep Prozess´`.

Das Tool `killall` bietet ebenfalls diverse Möglichkeiten, einen Prozess über seinen Namen zu beenden. Mit `killall -r` können beispielsweise Prozessnamen durch einen regulären Ausdruck gefiltert werden. Mit `-w` wird den Prozessen hingegen eine Sekunde Zeit gelassen, um sich zu beenden, was unter Umständen einen saubereren Abschluss ermöglicht.

26.5 Prozesse, Scheduling und Prioritäten

In diesem Abschnitt wollen wir uns nun den Prioritäten von Prozessen und Threads widmen. Für einen normalen Desktop-PC ist dieses Thema zwar eher weniger wichtig, für kleine bis große Servermaschinen, Mainframes oder generell für Mehrbenutzersysteme können Prioritäten jedoch sehr wichtig werden.

26.5.1 Das Scheduling

Die meisten Menschen haben beim Thema »Prioritäten« etwas verquere Vorstellungen: Sie möchten am liebsten *alles* mit einer hohen Priorität versehen, um *alles* zu beschleunigen. Jedoch werden durch das Setzen von entsprechenden Zahlenwerten keine neuen Ressourcen geschaffen, es kann im Gegenteil nur über eine *eventuelle Bevorzugung* von einigen Prozessen entschieden werden.

Aus Kapitel 5, »Der Kernel«, dürfte Ihnen noch bekannt sein, dass der Scheduler den nächsten abzuarbeitenden Prozess auswählt. Prioritäten können diesen Prozess in gewisser Weise beeinflussen. Bevor wir nun auf die Details eingehen, möchten wir den Scheduling-Vorgang noch einmal hinsichtlich der Prioritäten erläutern.

Linux kennt drei verschiedene *Scheduling Policies* und unterscheidet *statische* und *dynamische* Prioritäten. Jedem Prozess ist dabei eine statische Priorität zugeordnet, die jedoch über Syscalls geändert werden kann.

Der Scheduler verwaltet für jede Priorität im Bereich von 0 bis 99 eine Liste – eine sogenannte *Wait Queue* oder auch *Warteliste* – mit lauffähigen Prozessen. Will der Scheduler nun den nächsten abzuarbeitenden Prozess heraussuchen, so wählt er den ersten Prozess aus der ersten nicht leeren Liste mit der höchsten Priorität. Die Scheduling Policy legt schließlich für jeden Prozess fest, wo er in der Liste seiner (statischen) Priorität wieder eingeordnet wird und wie er sich in der Liste bewegt.

SCHED_OTHER

Die normale Scheduling-Strategie ist dabei `SCHED_OTHER`. Sie gilt für alle Prozesse der statischen Priorität 0, die keine besonderen Erweiterungen für die Echtzeit benötigen. Dieses Scheduling nutzt das Zeitscheibenverfahren, bei dem jedem Prozess eine bestimmte Zeitdauer zugeteilt wird. Nach Ablauf dieser Zeitscheibe wird der aktuelle Prozess unterbrochen und ein anderer darf stattdessen arbeiten.

In diesem Zusammenhang wirken auch die *dynamischen* Prioritäten, auch *Nice-Werte* genannt. Diese Prioritäten können wieder über Syscalls (nämlich `nice()` beziehungsweise `setpriority()`) als Werte zwischen –20 und 20 vergeben werden, wobei –20 für die höchste zu vergebende Priorität steht.

Allerdings kann nur `root` seine Prozesse beschleunigen, indem er ihnen einen niedrigeren Nice-Wert als 0 zuordnet. Normale Benutzer können nur »nett« sein, also die Priorität ihrer Prozesse herabsetzen und damit weniger Ressourcen in Anspruch nehmen. Über diese dynamischen Prioritäten wird auch die *Fairness* des Schedulings geregelt: Wird nämlich bei der Auswahl des nächsten abzuarbeitenden

Prozesses ein *lauffähiger* Prozess übergangen, so wird seine dynamische Priorität etwas erhöht, damit er beim nächsten Mal bessere Chancen hat.

26.5.2 nice und renice

Bevor wir uns nun dem Echtzeit-Scheduling widmen, wollen wir zuerst das für den normalen Benutzer interessante Handling der Nice-Werte erläutern. Schließlich werden auf »normalen« Systemen die Echtzeitfähigkeiten in der Regel nicht genutzt.

Das Kommando »nice«

Die Setzung der Nice-Werte erfolgt beim Start eines Programms in der Shell mit dem nice-Kommando. Das englische *nice* bedeutet so viel wie »nett«, und nett ist man ja, wenn man freiwillig auf Rechenzeit verzichtet. Dem Kommando wird die Priorität über den Parameter -n mitgeteilt, das eigentliche Kommando wird nachstehend mit allen Aufrufargumenten beschrieben:

```
$ nice -n 19 find / -name libcurses.a >Ergebnis
```

Listing 26.26 Das Kommando »nice« in Aktion: Unser find-Prozess hat Zeit.

Bereits laufende Prozesse

Die dynamische Priorität bereits laufender Prozesse wird mit dem Kommando renice verändert. Dabei kann die Priorität mit dem Parameter -p über die Prozess-ID, mit dem Parameter -u über den Benutzernamen oder mit -g über die Benutzergruppe geändert werden.

Im folgenden Listing wird die Nice-Priorität des Prozesses mit der PID 491 um den Wert 10 verringert. Das Gleiche gilt für alle Prozesse des Benutzers »nobody«.

```
$ renice +10 -p 491 -u nobody
```

Listing 26.27 renice für Benutzer und PIDs

26.5.3 Echtzeit-Scheduling unter Linux

Die beiden Echtzeit-Strategien des Schedulings unter Linux (SCHED_FIFO und SCHED_RR) nutzen jeweils die statischen Prioritäten 1 bis 99. Ein entsprechender Prozess wird also, sofern er lauffähig ist, auch jeden anderen normalen Prozess verdrängen.[7]

---

[7] Das war schließlich die Semantik der unterschiedlichen Prioritäten, und »normale« SCHED_OTHER-Prozesse nutzen nun einmal nur die geringste statische Priorität.

Prioritäten größer Null und damit alle Echtzeit-Features können nur von root beziehungsweise von dessen Prozessen genutzt werden.

SCHED_FIFO ist die einfachere der beiden Echtzeit-Strategien. Sie funktioniert wie folgt: Wenn ein solcher Prozess von einem Prozess mit einer höheren statischen Priorität verdrängt wird, bleibt er am Anfang seiner Liste und wird erst wieder ausgeführt, wenn alle Prozesse mit höherer Priorität beendet beziehungsweise geblockt sind.

Wird ein solcher Prozess – z. B. nach einem blockierenden Syscall – wieder lauffähig, so wird er am Ende der Liste mit allen Prozessen seiner Priorität einsortiert. Ein Aufruf der Syscalls sched_setscheduler() oder sched_setparam() wird den entsprechenden Prozess wieder an den Anfang der Warteliste befördern und so möglicherweise auch den aktuellen Prozess unterbrechen. Ein Aufruf von sched_yield() dagegen wird den Prozess wieder an das Ende der Liste setzen. Ein SCHED_FIFO-Prozess läuft also, bis er durch einen I/O-Request blockiert, durch einen höher priorisierten Prozess verdrängt oder durch einen Aufruf der Funktion sched_yield() dazu gebracht wird, freiwillig die Ressource Prozessor freizugeben.

SCHED_RR ist nun eine einfache Erweiterung von SCHED_FIFO: Hier gibt es zusätzlich eine begrenzte Zeitscheibe, die ein Prozess nutzen kann, bevor er wieder an das Ende seiner Warteliste gesetzt wird. Wird ein solcher Prozess von einem höher priorisierten Task unterbrochen, so verbleibt er am Anfang seiner Liste, um später den Rest seiner Zeitscheibe noch zu vollenden.

Egal welche Scheduling-Strategie oder -parameter man nun einsetzt, ein Kindprozess wird diese immer durch fork() erben. Wer aber nun wirklich entsprechende Applikationen entwickeln will, sollte einen Blick auf die Manpages von sched_setscheduler() und sched_setparam() werfen. Dort wird die Thematik noch einmal vertieft, und es wird auch erläutert, was alles schiefgehen kann. So wird beispielsweise empfohlen, bei der Entwicklung entsprechender Programme diese nur unter einer noch höher priorisierten Shell zu testen, da ansonsten bei einer Endlosschleife kein anderer Prozess mehr an die Reihe kommt und somit das ganze System hängt.[8]

Man sollte bei diesem Thema jedoch immer beachten, dass Linux ein Mehrzwecksystem ist und nicht dafür entworfen wurde, *harte* Echtzeit-Anwendungen zu unterstützen. Bei diesen Anwendungen müssen Deadlines – also Zeitpunkte, bis zu denen eine Aufgabe ausgeführt werden muss – in jedem Fall eingehalten werden, ansonsten gibt es im schlimmsten Fall (et-

---

8 Also kann auch diese Gefahr als ein Grund dafür angesehen werden, dass nur root solche Prozesse starten darf.

wa bei einer kritischen Zeitscheibe einer Reaktion des IT-Systems in einem Atomkraftwerk) eine Katastrophe.

Schließlich wurde Linux auf die durchschnittliche und nicht auf eine Worst-Case-Performance hin optimiert. In diesem Sinne kann Linux höchstens »weiche« Echtzeit-Anforderungen erfüllen, also eine vorgegebene Deadline *in der Regel* einhalten, wie dies beispielsweise bei Multimedia-Anwendungen wünschenswert ist.

In der Regel ist das ja auch gerade das, was man will: Die durchschnittliche Antwortzeit auf Interrupts kann zum Beispiel auf Kosten der *theoretisch* maximal möglichen Zeit verkürzt werden. Wer jedoch wirklich harte Echtzeit-Anforderungen erfüllen muss, sollte einen Blick auf folgende Projekte werfen:

- **RTLinux**: *http://www.rtlinux.org*
- **RTAI**: *http://www.rtai.org*

Alternativ gibt es auch Betriebssysteme wie QNX, die eigens für diesen Anwendungsbereich entwickelt wurden.

26.6 IPC im Detail

Als Nächstes wollen wir uns etwas näher mit der *Interprozesskommunikation*, der IPC, auseinandersetzen. In diesem Kapitel haben wir uns bereits ausführlich mit Signalen beschäftigt. Für Benutzer sind Signale – von der klassischen Ein-/Ausgabe einmal abgesehen – einer der wichtigsten Wege, mit den eigenen Prozessen zu interagieren.

26.6.1 Pipes und FIFOs

Pipes und FIFOs kennen Sie bereits aus der Shell als eine wichtige Möglichkeit, zwei Prozesse miteinander interagieren zu lassen. Die Anwendung sah dabei so aus, dass über das Pipe-Symbol »|« die Ausgabe eines Prozesses auf die Eingabe eines anderen umgeleitet wird. Bei einer Named Pipe/FIFO würde man dagegen eine entsprechende Datei erstellen, um per expliziter Eingabe-/Ausgabeumleitung schließlich die Daten auszutauschen. Die »Kommunikation zweier Prozesse« bezieht sich jedoch in jedem Fall auf die zu verarbeitenden Daten und weniger auf wechselseitig ausgetauschte (Status-)Informationen.

Da bei einer Pipe (wie generell bei jeder Art von IPC) Daten zwischen zwei Prozessen ausgetauscht werden müssen, die eigentlich durch den Kernel voreinander geschützt sind, ist natürlich ein Syscall notwendig. Der Syscall zum Erstellen einer

Pipe lautet demzufolge auch `pipe()`. Als Argument für diesen Syscall wird ein Ganzzahl-Array der Größe 2 erwartet, in dem die zwei Dateideskriptoren gespeichert werden.

Über diese Dateideskriptoren kann schließlich auf die Pipe genau wie auf normale Dateien zugegriffen werden. Dabei ist der eine Deskriptor zum Schreiben da und der andere zum Lesen aus der Pipe. Wird also eine Pipe vor einem `fork()` erstellt, kann über die vererbten Deskriptoren eine Kommunikation vom Elternprozess zum Kindprozess aufgebaut werden.

```
int fds[2];
pipe(fds);

if( fork() == 0 )
{
  // Kind-Prozess
  ...
  read(fds[0], buffer, sizeof(buffer));
  ...
} else {
  // Elternprozess
  ...
  write(fds[1], buffer, sizeof(buffer));
  ...
}
```

Listing 26.28 Zugang zu einer Pipe vererben

Die Shell intern

Die Shell arbeitet mit dem Pipe-Symbol »|« ganz ähnlich. Denn die Shell nutzt ebenfalls `fork()` und `exec()`, um Kindprozesse zu erzeugen und anschließend in diesem neuen Prozess das gewünschte Programm zu starten. Um jedoch den Spezialfall erreichen zu können, dass die Ausgabe beziehungsweise die Eingabe eines Prozesses umgeleitet wird, müssen die Pipe-Deskriptoren auf die Standardeingabe beziehungsweise -ausgabe *kopiert* werden.

[zB] Dies erledigt man mit dem Syscall `dup2`, dem man als Argument den zu kopierenden sowie den Zieldeskriptor übergibt. Betrachten wir hierzu das folgende Beispiel, in dem der Aufruf `ps | tail` ausgeführt werden soll:

```
int fds[2];
pipe(fds);

if( fork() != 0 )
{
  // ps starten
```

```
  dup2( fd[1], 1 );
  execvp( "ps", NULL );
}

if( fork() != 0 )
{
  // tail starten
  dup2( fd[0], 0 );
  execvp( "tail", NULL );
}
```

Listing 26.29 So arbeitet die Shell.

Im ersten Abschnitt wird das beschreibbare Ende der Pipe auf die »1«, also auf die Standardausgabe, kopiert, und anschließend wird ps gestartet, das nun nicht auf den Bildschirm, sondern in die Pipe schreibt. Anschließend wird im zweiten Kindprozess das lesbare Ende der Pipe auf die Standardeingabe »0« kopiert. Im Folgenden wird also tail nicht von der Tastatur, sondern aus der Pipe lesen.

Und der Kernel?

Für den Kernel ist eine Pipe nur ein 4-kB-Puffer, bei dem er sich noch merken soll, wo zuletzt gelesen und wo zuletzt geschrieben wurde. Natürlich sind mit diesen Daten auch noch die Deskriptoren verknüpft – schließlich muss ja auch irgendwer lesen und schreiben können. Aber das war es dann auch.

26.6.2 Semaphore

Semaphore bieten im Gegensatz zu Pipes keine Möglichkeit, Daten zwischen unterschiedlichen Prozessen auszutauschen. Es handelt sich vielmehr um Datenobjekte, auf die zwei Operationen ausgeführt werden können: einen Zähler erhöhen beziehungsweise herabsetzen.

Mit diesen Operationen können Zugriffe auf exklusive Ressourcen synchronisiert werden. Schließlich ist beim Multitasking keine feste Reihenfolge der Prozess- und Thread-Ausführung garantiert, und eine Unterbrechung kann jederzeit eintreten. Sollen also komplexe Datenstrukturen verwaltet und Inkonsistenzen vermieden werden, könnte man zum Beispiel auf Semaphore zurückgreifen.

Semaphore sind dabei nichts weiter als Zähler: Ist der Zähler größer als Null, sind die Ressourcen noch verfügbar. Das Betriebssystem oder eine Thread-Bibliothek wird nun die Operation des Verkleinerns des Zählers *atomar* anbieten.

Eine atomare Ausführung kann nicht unterbrochen werden.

Was aber muss beim Verkleinern atomar ausgeführt werden? Nun ja, schließlich muss der Originalwert zuerst ausgelesen werden, dann muss er auf Eins getestet werden, und zum Schluss muss der neue Wert geschrieben werden. Würde der Prozess/Thread während dieser Ausführung zum Beispiel nach dem Lesen des Wertes unterbrochen, so könnte ein nun lauffähiger Prozess versuchen, auf dieselbe Ressource zuzugreifen.

Dieser zweite Prozess würde ebenfalls eine Eins auslesen, den Wert verringern und die Null zurückschreiben. Dann könnte er die Ressource nutzen und würde mittendrin wieder unterbrochen. Käme nun der erste Prozess wieder an die Reihe, würde er einfach weitermachen und eine Null in den Speicher schreiben. Natürlich glaubte er, dass er die Ressource jetzt allein nutzen könne, und dies auch tun. Das Ergebnis wäre eine potenziell zerstörte Datenstruktur, da zwei Prozesse, die nichts voneinander wissen, auf ihr arbeiten. Außerdem gäben beide Prozesse anschließend das Semaphor wieder frei und erhöhten dazu den gespeicherten Zähler jeweils um eins. Das Ergebnis wäre ein Semaphor, das plötzlich zwei Prozessen den Zugriff auf eine exklusive Ressource erlauben würde – double trouble!

Wie bereits erwähnt, gibt es viele verschiedene Implementierungen für Semaphore. Soll dieses Konzept zum Beispiel für Prozesse oder Kernel-Threads implementiert werden, muss das Betriebssystem über Syscalls entsprechende Schnittstellen anbieten. Sollen Userlevel-Threads mittels Semaphoren synchronisiert werden, muss die Thread-Bibliothek dagegen entsprechende Möglichkeiten anbieten. Zwar kann der Prozess mit den vielen Userlevel-Threads auch unterbrochen werden, wenn dort gerade ein Semaphor umschaltet, jedoch ist für das Scheduling der Threads immer noch die Bibliothek zuständig – und die wird sich schon nicht selbst sabotieren.

Die POSIX-Schnittstelle für Semaphore wollen wir im Folgenden erläutern. Nach Einbinden der Headerdatei *semaphore.h* können folgende Aufrufe genutzt werden:

- **int sem_init(sem_t* sem, int pshared, unsigned int value)**
  Mit diesem Aufruf wird ein Semaphor vom Typ `sem_t` initialisiert. Als Argumente werden diesem Aufruf zwei Werte übergeben: Der erste legt fest, ob das Semaphor lokal für den erzeugenden Prozess (`pshared = 0`) ist – mithin also ein Semaphor zur Synchronisation von Threads – oder ob es über mehrere Prozesse geteilt werden soll (`pshared > 0`). Mit `value` wird das Semaphor schließlich initialisiert.

  Zurzeit sind mit dieser API leider »nur« Per-Thread-Semaphore möglich – Werte über 0 für `pshared` führen zu Problemen. Na ja, vielleicht wird's ja irgendwann noch. ;-)

- ▶ int sem_wait(sem_t* sem)

  Mit diesem Aufruf wird man versuchen, ein Semaphor »zu bekommen«. Dazu wird der Thread so lange blockiert, bis die Ressource verfügbar ist.

- ▶ int sem_trywait(sem_t* sem)

  Dieser Aufruf funktioniert wie `sem_wait()`, blockiert aber anders als dieser nicht. Stattdessen kehrt die Funktion mit einem entsprechenden Rückgabewert zurück.

- ▶ int sem_post(sem_t* sem)

  Mit diesem Aufruf wird das Semaphor erhöht und die Ressource somit wieder freigegeben.

- ▶ int sem_getvalue(sem_t* sem, int* sval)

  Mit diesem Aufruf kann man schließlich den Wert eines Semaphors auslesen. Dazu muss ein Zeiger auf eine Integer-Variable übergeben werden, in der dann der entsprechende Wert gespeichert werden kann.

- ▶ int sem_destroy(sem_t* sem)

  Mit diesem Wert wird das Objekt »zerstört«, was aber nichts weiter bewirkt, als dass alle noch wartenden Threads wieder lauffähig werden.

Natürlich kann man mit Semaphoren als Programmierer auch viel Mist bauen. Schließlich funktioniert die Synchronisierung von verschiedenen Prozessen oder Threads nur, wenn man sie auch richtig einsetzt. Da dies leider nicht selbstverständlich ist und es schon so manche Selbstblockade (Verklemmung, *Deadlock*) – gegeben hat, bieten manche Programmiersprachen eigene, einfachere Konzepte zur Synchronisierung an. So kann zum Beispiel in Java eine Methode als Monitor deklariert werden, was zur Folge hat, dass jeweils nur ein Thread in dieser Funktion laufen kann. Andere Threads, die den Monitor aufrufen, werden blockiert und erst wieder gestartet, wenn dieser wieder frei ist.[9]

26.6.3 Message Queues

Bei den sogenannten *Message Queues* handelt es sich ebenfalls um eine Variante der IPC. Message Queues stellen eine Warteschlange dar. Mit ihnen werden Nachrichten eines bestimmten Typs gesendet, die dann nacheinander vom Empfänger abgeholt werden. Dabei gelten allerdings einige Einschränkungen: MSGMAX gibt die maximale Anzahl an Bytes an, die gesendet werden können, MSGMNB hingegen gibt die maximale Anzahl an Bytes an, die eine Message Queue ausmachen darf. MSGMNI gibt die maximale Anzahl der Message Queues an, die verwendet werden dürfen,

---

9 Allerdings soll es auch in dem einen oder anderen Monitor schon mal eine Endlosschleife gegeben haben ...

und `MSGTQL` die maximale Anzahl der Messages, die gesendet werden dürfen, bevor sie abgeholt werden müssen.[10]

Es stehen die folgenden Funktionen zur Verfügung:

- **int msgget(key_t key, int msgflag)**
  `msgget()` gibt die ID einer Message Queue zurück, die mit dem Schlüssel `key` verbunden ist. Die Variable `msgflag` enthält die gesetzten Zugriffsrechte dieser Queue.

- **int msgsnd(int id, const void *msgp, size_t sz, int flg)**
  Die Funktion `msgsnd()` wird dazu verwendet, eine Message zu versenden. Dabei ist `id` die ID der Message Queue, an die diese Message geschickt werden soll; dieser Wert entspricht dem Rückgabewert von `msgget()`. `msgp` ist die Nachricht, die versandt werden soll, und `sz` ist deren Länge in Byte. Dabei gibt `mtype` den Message-Typ an und `mtext` den Inhalt des Texts, dessen Länge je nach Wunsch angepasst werden muss.

  ```
  struct my_msg {
      long mtype;
      char mtext[123];
  }
  ```

  Listing 26.30 Message Queue

  Der letzte Parameter `flg` wird bei nicht-blockierender Kommunikation verwendet. Sollte beispielsweise die Queue voll sein, wird gewartet, bis Platz in der Queue ist, um die Message zu senden. Dies kann unter Umständen *zu* lange dauern, daher können Sie diese Funktion bei Bedarf durch das Flag `IPC_NOWAIT` unterdrücken.

- **int msgrcv(int msqid, void *msgp, size_t msgsz, long msgtyp, int flg)**
  Um eine gesendete Message zu empfangen, wird die Funktion `msgrcv` verwendet. Ihr übergibt man zunächst die ID der Message Queue via `msqid`. In `msgp` wird die empfangene Message gespeichert. Dabei werden maximal `msgsz` Bytes empfangen.

  Über `msgtyp` wird der Typ der Message festgelegt, die man empfangen möchte. Soll einfach die nächste vorliegende Message empfangen werden, so setzt man den Wert auf 0. Setzt man `msgtyp` auf einen Wert, der kleiner als 0 ist, wird die nächste Message empfangen, deren Typ maximal den Wert des absoluten Betrags von `msgtyp` hat.

---

[10] Oftmals sind `MSGMAX` und `MSGMNB` auf denselben Wert, etwa 2048, gesetzt. Auch `MSGMNI` und `MSGTQL` sind oft auf den gleichen Wert gesetzt. Dies kann z.B. 40 (OpenBSD) oder 50 (Linux) sein. Die für Ihr System definierten Werte finden Sie in *sys/msg.h*.

Auch hier bestimmt der Parameter flg wieder über die nicht blockierenden Arbeitsweise. Normalerweise wird, wenn ein explizit gewünschter Typ (oder überhaupt eine Message) noch nicht vorliegt, so lange gewartet, bis solch eine Message vorliegt und aus der Message Queue abgeholt werden kann. Auch hier lässt sich diese Blockierung durch das Flag IPC_NOWAIT unterbinden.

- **int msgctl(int msqid, int cmd, struct msqid_ds *buf)**
  Der msgctl()-Syscall wird verwendet, um Manipulationen an der Message Queue mit der ID msqid durchzuführen. Die gewünschte Aktion, die msgctl() dabei durchführen soll, wird über cmd festgelegt, das folgende Werte annehmen kann:

  - **IPC_STAT**
    Hierbei wird die Statusinformation einer Message Queue in buf geschrieben.

  - **IPC_SET**
    Setzen von Eigentümer- und Zugriffsrechten. Diese Werte übergibt man via buf.

  - **IPC_RMD**
    Löscht eine Message Queue.

  Der letzte Parameter buf wird abhängig von den eben genannten Operationen verwendet. Die Struktur msqid_ds hat die folgenden Bestandteile:

```
struct msqid_ds {
 struct ipc_perm msg_perm; /* Zugriffsrechte */
 u_long msg_cbytes;   /* verwendete Bytes */
 u_long msg_qnum;     /* Anzahl der Messages */
 u_long msg_qbytes;   /* Max. Byte-Anzahl */
 pid_t msg_lspid;     /* PID der letzten msgsnd() */
 pid_t msg_lrpid;     /* PID der letzten msgrcv() */
 time_t msg_stime;    /* Zeitpunkt letzt. msgsnd() */
 time_t msg_rtime;    /* Zeitpunkt letzt. msgrcv() */
 time_t msg_ctime;    /* Zeitpunkt letzt. msgctl() */
};
```

Listing 26.31 msqid_ds

Um Ihnen zumindest ein kurzes Anwendungsbeispiel zu geben, haben wir im Folgenden einige Zeilen des AstroCam-Quellcodes[11] abgedruckt. Dieser Code erstellt eine Message Queue mit bestimmten Zugriffsrechten und empfängt an diese Message Queue versandte Messages in einer Schleife.

[zB]

---

11 Der vollständige Quellcode ist auf *www.wendzel.de* zu finden.

```
/* Zunächst wird eine Message Queue mit der ID von
 * ipckey erstellt. */

  if((srvid=msgget(globconf.ipckey,
          S_IRWXU|S_IWGRP|S_IWOTH|IPC_CREAT))==-1){
    perror("msgget");
    sighndl(1000);
    return -1;
  }
  ...

/* Schleife zum Empfang der Messages */

  while(msgrcv(srvid, &recvdata, 10, 0, 0)!=-1)
  {
    if(something happens){
      /* Message Queue löschen */
      if(msgctl(srvid, IPC_RMID, NULL)==-1)
        logit("msgctl (rmid) problem!");
      exit(1);
    }
    ...
  }
```

Listing 26.32 Message Queues in der Praxis

26.6.4 Shared Memory

In diesem Abschnitt müssen wir uns etwas näher mit dem schönen Wörtchen »eigentlich« befassen. Schließlich haben wir gesagt, dass die Adressräume unterschiedlicher Prozesse voneinander getrennt sind. Eigentlich. Eine Ausnahme von dieser Regel bildet das IPC-Konzept des sogenannten *Shared Memory* (SHM).

Wie Shared Memory funktioniert, soll am typischen Gebrauch der Syscalls erläutert werden:

1. **int shm_open(const char *name, int oflag, mode_t mode)**
   Zuerst öffnet man mit `shm_open()` ein durch einen Namen identifiziertes SHM-Objekt. Ein solches Objekt wird ähnlich wie ein absoluter Dateiname mit einem Slash »/« beginnen, aber weiter keine Sonderzeichen enthalten. Mit weiteren Flags kann dann – ähnlich wie beim normalen `open()`-Syscall – noch bestimmt werden, wie genau der SHM-Bereich geöffnet werden soll. Näheres dazu finden Sie auf der Manpage.

Interessant ist jedoch, dass der Aufruf im Erfolgsfall einen *Dateideskriptor* zurückgibt. Über diesen Deskriptor kann man dann auf den gemappten Bereich zugreifen.

2. **void* mmap(void* start, size_t len, int pro , int flags, int fd, off_t o)**
   Mittels `mmap()` kann nun ein File-Deskriptor `fd` in den Speicher eingebunden – *gemappt* – werden. Dazu wird diesem Syscall unter anderem der entsprechende Dateideskriptor übergeben. Der Syscall selbst liefert dann einen Pointer auf den Speicherbereich zurück, über den auf die »Datei« zugegriffen werden kann.

   Natürlich kann `mmap()` auch normale Dateien in den Hauptspeicher mappen, da aber Shared Memory nach einem Aufruf von `shm_open()` auch durch einen Dateideskriptor identifiziert wird, kann hier derselbe Mechanismus greifen.

3. **int shm_unlink(const char *name)**
   Mit diesem Kommando kann man schließlich einen mit `shm_open()` geöffneten Bereich wieder freigeben.

Damit zwei oder mehr Prozesse auf einen solchen gemeinsamen Speicherbereich zugreifen können, müssen alle dieselbe ID angeben – sonst geht's schief. Auch intern ist das Ganze recht einfach realisiert: Es werden nämlich identische physische Speicherseiten des RAMs in die unterschiedlichen Adressräume der Prozesse eingebunden. Betrachten wir noch ein kurzes Beispiel:

```
#define MODE (S_IRUSR | S_IWUSR | S_IRGRP | S_IROTH)

fd  = shm_open("/test", O_RDWR | O_CREAT, MODE);
ptr = mmap(NULL, 64, PROT_READ | PROT_WRITE, \
           MAP_SHARED, fd, 0);
...
memcpy(ptr, "Hello World!", 13);
...
shm_unlink("/test");
```

Listing 26.33 Ein Beispiel

Auf den gemappten Speicher kann also wirklich wie auf normale Variablen zugegriffen werden. In diesem Beispiel fehlt natürlich noch der Code eines weiteren Prozesses, der den Bereich dann beispielsweise auslesen könnte.

Es bleibt noch das Problem der Synchronisierung zwischen zwei kommunizierenden Prozessen bestehen, schließlich sollen keine Nachrichten durch überschreiben verloren gehen oder andere Phänomene auftreten – wie beispielsweise das Auslesen des Speicherbereichs, während dieser gerade geändert wird. Dafür bieten sich nun wiederum Mechanismen wie Signale oder Semaphore an.

26.6.5 Unix-Domain-Sockets

Sockets dienen der Herstellung und Identifizierung von Netzwerkkommunikation. In einem gewissen Sinne findet auch dort eine Kommunikation zwischen Prozessen statt, nur sind diese Prozesse eben durch ein Netzwerk voneinander getrennt.

Sockets sind im Unterschied zu Pipes eine *bidirektionale* Schnittstelle zur Interprozess- oder Netzwerkkommunikation.

Die gängigen TCP/IP-Sockets zur Netzwerkkommunikation werden nun unter Unix durch die *Unix-Domain-Sockets* für die Interprozess-Kommunikation ergänzt. Während bei TCP/IP die Verbindung über die beiden Rechneradressen sowie die jeweils benutzten Port-Nummern charakterisiert wird, geschieht dies bei Unix-Domain-Sockets über einen Dateinamen.

Bei der IPC über Unix-Domain-Sockets wird, wie im »richtigen« Netzwerk, das Client-Server-Modell angewandt. Auf dem Client sind für einen Verbindungsaufbau folgende Schritte durchzuführen:

1. **int socket(int domain, int type, int protocol)**
   Es muss ein Socket vom Typ AF_UNIX mit dem socket()-Syscall angelegt werden.

2. **int connect(int fd, const struct sockaddr* serv, socklen_t len)**
   Der Socket wird über den connect()-Syscall mit der Serveradresse – dem Dateinamen des Unix-Domain-Sockets – verbunden. Befindet sich ein Unix-Domain-Socket im Dateisystem, so finden natürlich keine Zugriffe auf das Speichermedium statt. Es handelt sich lediglich um eine Repräsentation der Verbindung.

3. **ssize_t read(int fd, void* buf, size_t count)**
   ssize_t write(int fd, const void* buf, size_t count)
   Der Client kann nun mittels des write()-Syscalls Daten senden und mit dem read()-Syscall auch Daten empfangen.

4. **int close(int fd)**
   Die Verbindung kann mittels des close()-Syscalls beendet werden.

Für den Server sehen diese Schritte etwas anders aus. Hier liegt der Schwerpunkt auf dem Bereitstellen einer Serveradresse:

1. **int socket(int domain, int type, int protocol)**
   Wie auch beim Client muss zuerst der Socket mit dem richtigen Typ über den socket()-Syscall angelegt werden.

2. **int bind(int fd, const struct sockaddr* addr, socklen_t len)**
   Als Nächstes muss der Socket mittels des bind()-Syscalls an eine Adresse gebunden werden.

3. **int listen(int fd, int backlog)**
   Schließlich wird mit `listen()` auf dem Socket nach ankommenden Verbindungen gelauscht.

4. **int accept(int fd, struct sockaddr* addr, socklen_t* len)**
   Diese Verbindungen können schließlich mit dem `accept()`-Syscall akzeptiert werden. Ruft der Server diesen Syscall auf, so wird sein Prozess in der Regel blockiert, bis ein Client »angebissen« hat.

5. **ssize_t read(int fd, void* buf, size_t count)**
   ssize_t write(int fd, const void* buf, size_t count)
   Nach Aufbau der Verbindung können wiederum Daten gesendet und empfangen werden.

6. **int close(int fd)**
   Auch der Server kann ein `close()` zum Schließen der Verbindung aufrufen.

Bei TCP/IP-Sockets sieht der Ablauf natürlich sehr ähnlich aus, allein die Adressstrukturen sind anders. Auch per TCP/IP ist über *localhost* (IP 127.0.0.1) eine Kommunikation mit anderen lokal laufenden Prozessen möglich.

In jedem Fall nutzt diese Art der IPC den Vorteil, dass der Server keine Kenntnisse von potenziellen Clients haben muss – bei einer Pipe ist dies bekanntlich anders. Dort müssen sogar die Deskriptoren vererbt werden, während bei Unix-Domain-Sockets lediglich der Dateiname bekannt sein muss. Dieser kann jedoch auch automatisch generiert oder vom Benutzer festgelegt werden.

Man könnte nun behaupten, dass Unix-Domain-Sockets aufgrund der möglichen lokalen TCP/IP-Kommunikation überflüssig wären. Sie sind es aber nicht. Der mit diesem Socket-Typ erreichbare Durchsatz liegt nämlich um Größenordnungen über einer TCP/IP-Verbindung, die lokal über das Loopback-Interface genutzt wird. Da sich beide Socket-Typen auch nur in der Adressierung voneinander unterscheiden, wird von Entwicklern auch häufig `AF_UNIX` als Alternative zu `AF_INET` angeboten, um so mehrere Gigabyte pro Sekunde von einem Prozess zu einem anderen schaufeln zu können und trotzdem netzwerktransparent[12] zu bleiben.

26.7 Zusammenfassung

Mit Signalen können sich Prozesse Nachrichten schicken. Eine Pipe ist ein Ringpuffer, der maximal 4096 Bytes speichern kann und ein Ende zum Lesen und ein anderes zum Schreiben besitzt. Die entsprechenden Dateideskriptoren müssen mit dem `pipe()`-Syscall angelegt werden, um schließlich an die betreffenden Kindpro-

---

[12] Wir erinnern uns an die Unix-Philosophie ...

zesse vererbt zu werden. Semaphore werden nicht zum Datenaustausch, sondern vielmehr zur Synchronisation zwischen zwei oder mehr Prozessen benutzt. Shared Memory ermöglicht es, in eigentlich streng voneinander getrennten Adressräumen auf gemeinsame Variablen zuzugreifen. Unix-Domain-Sockets erlauben schließlich eine klassische Client-Server-Architektur in der IPC.

Mit `ps`, `pstree` und `pgrep` beziehungsweise `pkill` können Sie Prozesse anzeigen und suchen. Mit `nice` bei neuen und `renice` bei bereits gestarteten Prozessen können Sie hingegen deren Priorität verändern.

26.8 Aufgaben

Named Pipe

Erstellen Sie eine Named Pipe, und extrahieren Sie den Output von `ps`.

Jobkontrolle

Starten Sie einen Prozess, stoppen Sie den Prozess, lassen Sie ihn wieder im Vordergrund laufen, und stoppen Sie ihn erneut. Lassen Sie ihn anschließend im Hintergrund laufen, damit Sie ihn von der Konsole aus beenden können.

»Prinzipien kann man leichter bekämpfen
als nach ihnen zu leben.«
– Alfred Adler

27 Bootstrap und Shutdown

In diesem Kapitel möchten wir erneut auf den Ihnen bereits aus Kapitel 6 bekannten *Bootstrap-Vorgang* zu sprechen kommen, um das Thema zu vertiefen.

27.1 Was ist der Bootstrap-Vorgang?

Als Bootstrap-Vorgang wird der Start des Betriebssystems bezeichnet. Der Bootstrap-Vorgang ist dabei von System zu System unterschiedlich und wird allgemein in fünf Phasen aufgeteilt:

1. Booten der Hardware
2. Bootcode-Phase
3. Startphase des Kernels
4. Der Kernel startet den `init`-Prozess. Dieser initialisiert anschließend das System.
5. Bootskript-Phase

Diese Phasen werden im Folgenden detailliert besprochen. Zunächst konzentrieren wir uns auf die ersten zwei Phasen des Bootstraps: auf den Bootvorgang der Hardware und auf die Bootcode-Phase.

27.2 Hardware-Booten

Nachdem der Computer eingeschaltet beziehungsweise ein Reset durchgeführt wurde, wird ein Programm geladen, das die Hardware initialisiert. Dieses Programm befindet sich auf einem Read-only-Speicher, also einem Speicher, auf dem keine Schreib-, sondern nur Leseoperationen durchgeführt werden können.[1] Dieses Pro-

---

[1] Als Speichermedium dient üblicherweise ein sogenannter PROM-Baustein. PROM steht für *Programmable Read-only-Memory*.

gramm zur Hardwareinitialisierung führt zunächst System-Selbsttests durch und übergibt die Kontrolle anschließend dem Bootcode.

Typischerweise wird auf *Intel-Plattformen* nach dem Start des Computers als Programm zur Hardwareinitialisierung das sogenannte *BIOS (Basic Input and Output System)* gestartet. Das BIOS durchsucht das System in einer konfigurierbaren Reihenfolge nach Laufwerken, von denen es ein Betriebssystem booten kann. Dabei kann es sich um bootbare Disketten, CD-ROMs, DVDs, Festplatten oder USB-Sticks handeln. Wird keines dieser Laufwerke als bootfähig erkannt, bricht das BIOS den Startvorgang ab. Wird hingegen ein bootfähiges Medium, etwa die Festplatte, gefunden, so startet es den darin enthaltenen *Bootcode*.

27.3 Bootcode

Der Bootcode befindet sich bei Festplatten im Master Boot Record (MBR). Dieser Bereich, der sich im ersten Sektor der Festplatte befindet, ist so aufgeteilt, dass darin sowohl der Bootcode als auch die Partitionstabelle der Festplatte untergebracht sind. Die Aufgabe des Bootcodes besteht nun entweder darin,

- das Betriebssystem zu starten, das sich auf der als *aktiv* markierten Partition befindet,
- oder dem Benutzer zunächst die Möglichkeit zu bieten, eines von mehreren Betriebssystemen – oder einen von mehreren Kernels – auszuwählen und zu starten.

Platzprobleme Da ein Sektor auf PC-Systemen nur eine Größe von 512 Bytes aufweist, müssen sich Bootcode und Partitionstabelle diesen Platz teilen: In den ersten 446 Bytes wird der Programmcode des Bootloaders ausgelagert, und in den nächsten 64 Bytes wird die Partitionstabelle untergebracht. Die letzten zwei Bytes enthalten den Wert 0xaa55, der zur Identifizierung des MBRs selbst dient.

Die verfügbaren 446 Bytes reichen definitiv nicht aus, um einen vernünftigen Bootloader darin unterzubringen. Daher dient dieser Code in der Regel nur dazu, einen zweiten Code zu laden, der sich auf einer der Partitionen befindet. Diesen zweiten Bootloader bezeichnet man als *Secondary Bootloader*. Typische Secondary Bootloader für Linux-Systeme sind LILO und GRUB (bzw. das neuere GRUB2). Ebenfalls sehr bekannt ist GAG.

27.3.1 Die Partitionstabelle

Die Partitionstabelle besteht aus vier jeweils 16 Byte langen Einträgen. Daraus lässt sich schließen, dass pro Festplatte auch nur maximal vier Primärpartitionen erstellt werden können.

Partitionstabelle

Im Wesentlichen enthält solch ein Partitionseintrag nicht allzu viele Daten. Zunächst werden die Anzahl der Partitionssektoren und die Anzahl der vor dieser Partition liegenden Sektoren angegeben, des weiteren der Anfangszylinder und -sektor sowie der Endzylinder und -sektor. Damit sind der Anfang, das Ende und die Größe einer Partition festgelegt – und mehr Informationen braucht man an dieser Stelle schließlich auch nicht.

Für das Verständnis dieser Thematik ist es überaus wichtig zu wissen, dass in einem Datensatz der Partitionstabelle auch der Typ der Partition festgelegt wird. Dabei wird eine Nummer zur Identifikation des Dateisystems verwendet, mit dem die jeweilige Partition formatiert ist. Bei Programmen wie `fdisk` müssen Sie durch die Angabe einer zweistelligen Hexadezimalzahl genau diese Identifikationsnummer selbst auswählen. Der Wert der Nummer liegt dabei immer zwischen 0 (0x0) und 255 (0xff).

Partitionstyp

In der folgenden Auflistung sind die wichtigsten Partitionstypen samt ihrer IDs zu finden.

- 00 – Die Partition wird nicht verwendet.
- 01 – FAT12-Dateisystem (alte MS-DOS-Versionen)
- 04 – FAT16-Dateisystem (MS-DOS, größer als 32 MB)
- 05 – erweiterte DOS-Partition
- 06 – alte MS-DOS-FAT16-Partition
- 07 – HPFS/NTFS (Windows 2000, Windows XP)
- 08 – AIX-Partition
- 09 – AIX-Bootpartition
- 0b/(0c) – Windows FAT32 (LBA)
- 4d – QNX 4.x
- 80 – Minix (alte Version)
- 81 – Minix (neue Version)
- 82 – Linux Swap

- 83 – Linux 2nd/3rd/4th extended
- 85 – Linux extended
- 9f – BSDi
- af – FreeBSD
- a6 – OpenBSD
- a7 – NeXTSTEP
- a8 – Mac OS X
- a9 – NetBSD
- be – Solaris-Bootpartition
- bf – Solaris-Partition
- eb – BeOS

27.3.2 Ein Beispiel

An dieser Stelle wollen wir uns einmal einen MBR anschauen. Sie finden in Anhang D eine Kopie des ersten Sektors einer Festplatte.

Die vielen Bytes am Anfang des Sektors, die Sie vielleicht für binären Schrott halten könnten, enthalten den Bootloader – in diesem Fall eine Version von LILO. Es folgt eine Anzahl Nullbytes, an die sich in den letzten vier Zeilen des Listings die Partitionstabelle anschließt.

Gehen Sie den Aufbau der Partitionstabelle einmal durch, wie er oben erklärt wurde – natürlich nicht im Detail, aber wenn Sie erkennen, dass die ersten drei Partitionen vom Typ 83 (Linux ext2/3) und die letzte Partition vom Typ 82 (Linux Swap) ist, sind Sie schon gut. Am Ende des Bootsektors finden Sie natürlich auch den Hexcode 0xAA55,[2] der den MBR identifiziert und abschließt.

27.4 Bootmanager

In diesem Abschnitt soll es um die Bootmanager gehen, mit denen man Linux (und andere Betriebssysteme) hochfahren kann. Bootloader mit einem Auswahlmenü

---

[2] ... der mit dem niederwertigsten Byte zuerst gespeichert wurde, wie es auf der i386-Architektur üblich ist.

werden in der Regel im Master Boot Record (MBR) platziert[3] und dazu verwendet, beim Start des Computers eines von mehreren installierten Betriebssystemen zu starten.

Typische Bootmanager sind GAG und die beiden besonders populären Vertreter LILO und GRUB. Viele Distributionen sind mittlerweile vom »alten« Linux Loader (LILO) zu GRUB(2) gewechselt, doch es gibt auch einige, etwa Slackware-Linux, die noch immer den LILO verwenden. Wir werden in diesem Buch daher beide Bootmanager besprechen.

27.4.1 GRUB (alte Version)

Die großen Linux-Distributionen wie Debian, Ubuntu und openSUSE setzen allesamt GRUB als Bootmanager ein. Die Software ist so komfortabel, dass man sich in der Regel um nichts kümmern muss. Modifiziert man die GRUB-Konfiguration jedoch von Hand, sind folgende Schritte notwendig:

1. **In den MBR installieren**
   Möchte man den Bootmanager in den Bootsektor der ersten Festplatte installieren, ruft man einfach grub-install mit der Gerätedatei der entsprechenden Festplatte als Argument auf:

   ```
   # grub-install /dev/hda
   Installation finished. No error reported.
   [...]
   (hd0)   /dev/hda
   ```

   Listing 27.1 grub-install

2. **Die Kernel-Liste updaten**
   Im Normalfall erkennt GRUB alle installierten Kernel und alle weiteren Betriebssysteme auf der Platte automatisch. Um diese Erkennung nach der Installation eines neuen Kernels jedoch manuell noch einmal anzustoßen, genügt folgender Aufruf:

   Neuer Kernel?

   ```
   # update-grub
   Searching for GRUB installation directory ...       \
     found: /boot/grub
   Testing for an existing GRUB menu.list file ...     \
     found: /boot/grub/menu.lst
   Searching for splash image ... none found, skipping
   Found kernel: /boot/vmlinuz-2.6.14-2-686
   ```

---

3 Theoretisch kann man einen Bootloader auch in den ersten Sektor einer Partition stecken, was jedoch nur selten sinnvoll ist.

```
Found kernel: /boot/vmlinuz-2.6.8-2-386
Updating /boot/grub/menu.lst ... done
```

Listing 27.2 update-grub

Dieses Skript wurde für Debian entwickelt, ist aber auch für andere Distributionen verfügbar. Zum Standardumfang des GNU-GRUB-Projekts gehört es jedoch leider nicht.

Die Datei /boot/grub/menu.lst

Sie kommen also möglicherweise in die Verlegenheit, die *menu.lst* selbst editieren zu müssen. Da dies bei der Benutzung von update-grub automatisch geschieht, sollte man *nur* die Direktiven ändern, die *einfach* kommentiert sind. Doppelte Kommentare nach zwei Rauten sind dabei erst normale Kommentare, und alles, was nicht kommentiert ist, wird automatisch erstellt. Möchte man zum Beispiel die allen Kerneln gemeinsamen Bootoptionen ändern, editiert man folgende Zeile:

```
## e.g. kopt=root=/dev/hda1 ro
##      kopt_2_6_8=root=/dev/hdc1 ro
##      kopt_2_6_8_2_686=root=/dev/hdc2 ro
# kopt=root=/dev/hda5 ro
```

Listing 27.3 menu.lst mit update-grub

Für GRUB ist diese Zeile ein Kommentar, für update-grub jedoch nicht. Darum werden nach einem erneuten Aufruf des Skripts auch alle Einträge des Kernels automatisch angepasst. Verzichtet man selbst oder eben die Distribution der Wahl auf dieses Skript, so muss man für einen neuen Kernel einen neuen Eintrag nach folgendem Beispiel einfügen:

```
title    Debian GNU/Linux, kernel 2.6.8-2-386
root     (hd0,1)
kernel   /boot/vmlinuz-2.6.8-2-386 root=/dev/hda1 ro
initrd   /boot/initrd.img-2.6.8-2-386
savedefault
boot
```

Listing 27.4 Ein Eintrag im Bootmenü

Dieses Beispiel ist weitestgehend selbsterklärend; einzig die Wurzel des Dateisystems muss dem Kernel wie auch GRUB extra mit auf den Weg gegeben werden. Schließlich befindet sich die Datei */etc/fstab* mit diesen Informationen ja auf der Partition, die man einbinden will.

Wenn Sie beim Booten etwas in diesen Einstellungen ändern wollen, drücken Sie einfach die Taste **E**. GRUB erlaubt Ihnen dann, den entsprechenden Eintrag quasi zur Laufzeit anzupassen. Sollen die Änderungen jedoch dauerhaft gespeichert werden, müssen Sie sie noch in der Datei *menu.lst* fixieren.

Wenn Sie mehr über GRUB erfahren möchten, sei Ihnen die Manpage sowie die Homepage des Projekts auf *gnu.org* ans Herz gelegt.

27.4.2 GRUB Version 2

Gegenüber der Vorgängerversion bietet GRUB2 einige Vorteile, darunter die Unterstützung für weitere Dateisystemtypen und UUIDs (also die neuen Identifikationsnummern für Dateisysteme). Bei neueren Versionen von Ubuntu Linux sowie einigen weiteren Distributionen ist GRUB2 mittlerweile der Standard-Bootloader. Die Konfiguration von GRUB2 erfolgt über die Datei */etc/default/grub*, die Sie im folgenden Listing sehen.

```
GRUB_DEFAULT=0
GRUB_TIMEOUT=5
GRUB_DISTRIBUTOR=`lsb_release -i -s 2> /dev/null || echo Debian`
GRUB_CMDLINE_LINUX_DEFAULT="quiet"
GRUB_CMDLINE_LINUX=""
```

Listing 27.5 Die Datei /etc/default/grub unter Debian 6

`GRUB_DEFAULT=0` legt fest, dass der erste (0.) Booteintrag standardmäßig im GRUB-Menü ausgewählt werden soll. Ansteller einer Zahl kann auch ein String für die Bezeichnung des jeweiligen Eintrags oder das Wort »saved« angegeben werden, womit der zuletzt gebootete Eintrag automatisch beim nächsten Boot vorselektiert wird. Um »saved« verwenden zu können, sollte zudem `GRUB_SAVEDEFAULT=true` gesetzt werden, was bewirkt, dass sich GRUB2 auch tatsächlich den zuletzt gebooteten Eintrag abspeichert.

`GRUB_TIMEOUT=5` legt die Zeitspanne (in Sekunden) fest, die gewartet werden soll, bis der Standardeintrag gebootet wird. Wird der Timeout-Wert auf 0 gesetzt, wird sofort gebootet, ohne dem Benutzer eine Auswahlmöglichkeit zu bieten. Falls Sie Ihrer Linux-Distribution einen eigenen Namen vergeben möchten, können Sie zudem die Zeile `GRUB_DISTRIBUTOR` anpassen. Die beiden Zeilen `GRUB_CMDLINE_LINUX` und `GRUB_CMDLINE_LINUX_DEFAULT` übergeben Parameter an den Kernel, wobei beide Variablen für den normalen Bootmodus gelten, aber nur `GRUB_CMDLINE_LINUX` auch für den Recovery-Bootmodus verwendet wird.

Die Konfiguration der Booteinträge und des Bootscreens erfolgt über die Dateien im Verzeichnis */etc/grub.d*, wobei gilt, dass die Skripte mit dem niedrigsten

Nummernpräfix zuerst ausgeführt werden. Es handelt sich hierbei um relativ komplexe Shellskripte, weshalb wir ihre Innereien hier nicht im Einzelnen besprechen können. Mit Hilfe des Wissens aus den vorherigen Kapiteln zur Shell und zur Shellskriptprogrammierung werden Sie allerdings in der Lage sein, sie zu verstehen.

```
/etc/grub.d$ /bin/ls
00_header          10_linux       30_os-prober  41_custom
05_debian_theme    20_linux_xen   40_custom     README
```

Listing 27.6 /etc/grub.d

Das Programm `grub-mkconfig` verwendet die Dateien in */etc/grub.d* und die Einstellungen, die in */etc/default/grub* angegeben wurden, um daraus die eigentliche Konfigurationsdatei für GRUB2, nämlich */boot/grub/grub.cfg*, zu generieren. In der Regel brauchen Sie dazu aber nur `update-grub` aufzurufen, welches `grub-mkconfig` von sich aus aufruft.[4] In der *grub.cfg* finden Sie anschließend auch die zur Verfügung stehenden Booteinträge und weiteren Konfigurationswerte für GRUB2 (etwa das Laden von Video-Modulen für die grafische Ausgabe oder die Konfiguration von Farbeinstellungen). Wenn Sie sich die Datei anschauen, werden Sie feststellen, dass der Aufbau gemäß der durchnummerierten Skripte in */etc/grub.d* gestaltet ist. Die weniger wichtigen Designparameter werden an dieser Stelle nicht besprochen und sind zum Großteil selbst erklärend, doch ist es wichtig und interessant, einen Menüeintrag zu verstehen. Ein solcher Menüeintrag in der Datei sieht folgendermaßen aus (die Backslash-Zeichen signalisieren einen Umbruch, den wir zur besseren Lesbarkeit eingefügt haben und der in der Originaldatei nicht vorkam):

```
menuentry 'Debian GNU/Linux, with Linux 2.6.32-5-686'\
 --class debian --class gnu-linux --class gnu \
 --class os {
        insmod part_msdos
        insmod ext2
        set root='(hd0,msdos1)'
        search --no-floppy --fs-uuid --set \
         fbe90871-9893-4899-aefb-4e6377e114bc
        echo     'Loading Linux 2.6.32-5-686 ...'
        linux    /boot/vmlinuz-2.6.32-5-686 \
         root=UUID=fbe90871-9893-4899-aefb-4e6377e114bc \
         ro   quiet
        echo     'Loading initial ramdisk ...'
        initrd   /boot/initrd.img-2.6.32-5-686
}
```

Listing 27.7 Auszug aus der grub.cfg

---

4 Im Detail ruft `update-grub` genau `grub-mkconfig -o /boot/grub/grub.cfg` auf.

Um den Eintrag zu verstehen, sollten wir zunächst den generellen Aufbau eines Menüeintrags betrachten:

```
menuentry Titel [--class=Klasse ..] [--users=Benutzer ..] \
    [--hotkey=Taste] { Konfigurationsbefehle }
```

Listing 27.8 Der Aufbau von menuentry

Die Angabe eines Titels für den Menüeintrag ist selbsterklärend. Klassen dienen der Gruppierung von Einträgen und sind optional, sie können für unterschiedliche Darstellungen von Menüeinträgen verwendet werden. Mit Benutzerzuordnungen (ebenfalls optional) kann der Zugriff auf den Menüeintrag bestimmten Benutzern vorbehalten werden (diese müssen allerdings erst in GRUB angelegt werden). Mit hotkey lässt sich dem Eintrag eine Taste zuordnen. Wird diese gedrückt, wird der entsprechende Eintrag ausgewählt. Auch für Hotkeys gilt: Es ist kein Muss, sie zu vergeben.

Betrachten wir nun die restlichen Komponenten des menuentry-Eintrags. insmod lädt ein dynamisches GRUB-Modul in den Speicher, während set Umgebungsvariablen setzt. Mit search werden bootbare Partitionen gesucht, wobei -set der Variable root das erste gefundene Gerät zuweist. Alternativ können mit set auch andere Variablen gesetzt werden, wobei diese dann direkt angegeben werden müssen: -set=Variable. Mit -no-floppy wird verhindert, das Diskettenlaufwerke durchsucht werden. -fs-uuid bewirkt, dass search nach einer bestimmten UUID (nämlich der am Zeilenende angegebenen) sucht.

echo erzeugt wie in der Shell eine Ausgabe, und linux bewirkt, dass ein Linux-Kernel gestartet werden soll. Die Angabe des Bootkernels und der zu verwendenen UUID (die zuvor über search ermitelt wurde, und weitere Bootparameter für den Kernel können dort angeben werden. Mit initrd wird hingegen die RAM-Disk spezifiziert, die verwendet werden soll.

27.4.3 LILO

Der ältere und etwas weniger komfortable LILO (*Linux Loader*) wird über die Datei */etc/lilo.conf* konfiguriert. Diese Datei wird von den meisten Distributionen automatisch durch Tools wie liloconfig erzeugt. Mithilfe dieser Datei wird schließlich auch die Installation des LILO im MBR vollzogen. Die bisher im LILO konfigurierten Betriebssysteme kann man mit dem Tool */sbin/lilo* abfragen.

```
# lilo -q
Slackware102      *
Windows2000
```

Listing 27.9 lilo -q

Betrachten wir einmal eine Beispielkonfiguration, um die einzelnen Konfigurationsoptionen zu verstehen.

```
boot = /dev/hda
delay = 10

prompt

lba32

menu-title="Bootmenue Host yorick.sun"

# Linux-Partition
image = /boot/vmlinux
  root = /dev/hda3
  label = Slackware102
  read-only

# Windows-Partition
other = /dev/hda1
  table = /dev/hda
  label = Windows2000
```

Listing 27.10 /etc/lilo.conf

Mit dem Schlüsselwort `boot` gibt man die Festplatte an, die den Bootsektor enthält – in diesem Fall also */dev/hda*, die erste IDE-Festplatte. Die Zeit, die LILO warten soll, bis das Standardbetriebssystem gebootet wird, wird via `delay` angegeben. Durch `prompt` erscheint die Eingabemöglichkeit, in der das Bootlabel angegeben werden kann, das LILO laden soll.

Falls Sie jenseits der 1024-Zylinder-Grenze booten möchten, so müssen Sie LILO bei der Konfiguration noch das Schlüsselwort `lba32` mit auf den Weg geben, um den Bootvorgang in diesem Fall überhaupt zu ermöglichen. Via `menu-title` wird, wie Sie vielleicht schon ahnen, der Titel des LILO-Menüs angepasst.

Mit `image` geben Sie an, wo sich der Linux-Kernel befindet. Da dies allein aber noch nicht ausreicht, weil eine Datei auf mehreren Partitionen vorhanden sein könnte, müssen Sie auch noch angeben, von welcher Partition der Kernel geladen werden soll – hierzu nutzen Sie `root=xxx`. Die Option `label` verpasst dem Eintrag im Bootmenü einen Namen.

Unter Linux wird das Root-Dateisystem aus Sicherheitsgründen zunächst nur mit Leserechten gemountet, daher das Schlüsselwort `read-only`. Später wird es dann mit Schreibzugriff gemountet. Sie können mit `read-write` aber auch erzwingen, dass es gleich während des Bootvorgangs mit Schreibzugriff gemountet wird.

Um ein System, bei dem es sich nicht um Linux handelt, als Booteintrag zu verwenden, gibt man dies durch `other` an. Mit `table` wird noch spezifiziert, wo die Partitionstabelle liegt.

Um den LILO im Bootsektor zu installieren, rufen Sie `/sbin/lilo` auf.

LILO installieren

```
# /sbin/lilo
Added Slackware102 *
Added Windows2000
```

Listing 27.11 LILO installieren

Um den LILO wieder aus dem Bootsektor zu entfernen, rufen Sie `lilo -u` auf.   [«]

27.5 Startphase des Kernels

Wenn der Bootloader den Kernel geladen hat, beginnt dieser damit, die BIOS-Register zu prüfen und die Geräte des Systems über die entsprechenden Treiber zu initialisieren. Wir werden uns die Ausgaben, die der Kernel dabei macht, im Folgenden einmal ansehen. Dabei können wir allerdings nur die wichtigsten Ausgaben betrachten, denn bei einem normalen Bootvorgang erzeugt der Kernel etwa 900 Ausgaben.

Zunächst wird die Kernelversion und zugehörige Informationen zu dessen Kompilierung angezeigt. Auch die vom Kernel unterstützten CPUs (in diesem Fall CPUs der x86-Platform) werden gelistet. Auch erfahren wir, wie viel Hauptspeicher (1150 MByte + 887 MByte = 2037 MByte) der Rechner hat, wobei »Lowmem« der Teil des Speichers ist, dessen logische Adressen im Kernelspeicher liegen. Außerdem wird der Prozessor (ein 2-GHz-Prozessor mit 32 kByte L1-Cache und 2 MByte L2-Cache, sowie 2 Cores) erkannt. Die CPU-Kerne (CPU0 und CPU1) werden nacheinander initialisiert, weshalb zweimal fast dieselbe Ausgabe zu sehen ist.

```
[    0.000000] Linux version 2.6.32-32-generic
(buildd@roseapple) (gcc version 4.4.3 (Ubuntu
4.4.3-4ubuntu5) ) #62-Ubuntu SMP Wed Apr 20
21:54:21 UTC 2011 (Ubuntu 2.6.32-32.62-generic
2.6.32.38+drm33.16)
[    0.000000] KERNEL supported cpus:
[    0.000000]   Intel GenuineIntel
[    0.000000]   AMD AuthenticAMD
[    0.000000]   NSC Geode by NSC
[    0.000000]   Cyrix CyrixInstead
[    0.000000]   Centaur CentaurHauls
[    0.000000]   Transmeta GenuineTMx86
```

```
[    0.000000] Transmeta TransmetaCPU
[    0.000000]  UMC UMC UMC UMC
...
[    0.000000] 1150MB HIGHMEM available.
[    0.000000] 887MB LOWMEM available.
...
[    0.000000] Memory: 2036720k/2087348k available
   (4674k kernel code, 49216k reserved, 2120k data,
   668k init, 1178044k highmem)
...
[    0.000000] Detected 1995.019 MHz processor.
...
[    0.004218] CPU: L1 I cache: 32K, L1 D cache: 32K
[    0.004221] CPU: L2 cache: 2048K
[    0.004224] CPU: Physical Processor ID: 0
[    0.004226] CPU: Processor Core ID: 0
[    0.004230] mce: CPU supports 6 MCE banks
[    0.004238] CPU0: Thermal monitoring enabled (TM2)
...
[    0.078386] CPU0: Intel(R) Core(TM)2 Duo CPU
              T7250  @ 2.00GHz stepping 0d
...
[    0.008000] CPU: L1 I cache: 32K, L1 D cache: 32K
[    0.008000] CPU: L2 cache: 2048K
[    0.008000] CPU: Physical Processor ID: 0
[    0.008000] CPU: Processor Core ID: 1
[    0.008000] CPU1: Thermal monitoring enabled (TM2)
[    0.164041] CPU1: Intel(R) Core(TM)2 Duo CPU
              T7250  @ 2.00GHz stepping 0d
[    0.168019] Brought up 2 CPUs
...
```

Listing 27.12 Beginn des Kernel-Startups

Nebenher werden diverse Subsysteme (SCSI-Support, USB, ACPI etc.) initialisiert.

```
[    0.297025] SCSI subsystem initialized
[    0.297117] libata version 3.00 loaded.
[    0.297193] usbcore: registered new interfaces
              driver usbfs
[    0.297208] usbcore: registered new interface
              driver hub
[    0.297237] usbcore: registered new device driver usb
[    0.297404] ACPI: WMI: Mapper loaded
[    0.297407] PCI: Using ACPI for IRQ routing
```

Listing 27.13 Weitere Kernel-Ausgaben

Auch das Netzwerksystem wird initialisiert (mit Unterstützung für TCP/IP), weitere Chips und das Virtual File System (VFS), Disk-Quotas, das Filesystem in Userspace (FUSE) und diverse weitere Komponenten (etwa PCI-Express oder das Tunneling-Device tun und PPP) werden initialisiert.

```
[    0.381305] NET: Registered protocol family 2
[    0.381412] IP route cache hash table entries: 32768
(order: 5, 131072 bytes)
[    0.381769] TCP established hash table entries: 131072
(order: 8, 1048576 bytes)
[    0.382249] TCP bind hash table entries: 65536
(order: 7, 524288 bytes)
[    0.382468] TCP: Hash tables configured
(established 131072 bind 65536)
[    0.382472] TCP reno registered
[    0.382569] NET: Registered protocol family 1
[    0.382591] pci 0000:00:02.0: Boot video device
[    0.382770] Simple Boot Flag at 0x79 set to 0x1
[    0.382958] cpufreq-nforce2: No nForce2 chipset.
[    0.382985] Scanning for low memory corruption
every 60 seconds
[    0.383102] audit: initializing netlink socket
(disabled)
[    0.383113] type=2000 audit(1308565710.379:1):
initialized
[    0.393211] highmem bounce pool size: 64 pages
[    0.393217] HugeTLB registered 4 MB page size,
pre-allocated 0 pages
[    0.394829] VFS: Disk quotas dquot_6.5.2
[    0.394890] Dquot-cache hash table entries: 1024
(order 0, 4096 bytes)
[    0.395481] fuse init (API version 7.13)
[    0.395567] msgmni has been set to 1679
[    0.395800] alg: No test for stdrng (krng)
[    0.395855] Block layer SCSI generic (bsg) driver
version 0.4 loaded (major 253)
...
[    0.396111] pcieport 0000:00:1c.0: irq 24 for
MSI/MSI-X
...
[    0.425458] PPP generic driver version 2.4.2
[    0.425496] tun: Universal TUN/TAP device driver, 1.6
...
```

Listing 27.14 Weitere Kernel-Ausgaben

Daraufhin werden weitere Netzwerkschnittstellen und (SATA-)Festplatten, sowie der VGA-Framebuffer initialisiert:

```
[    1.005615] ata3: SATA max UDMA/133 abar
m2048@0xfe9fb800 port 0xfe9fb900 irq 28
[    1.005618] ata4: DUMMY
[    1.005621] ata5: SATA max UDMA/133 abar
m2048@0xfe9fb800 port 0xfe9fba00 irq 28
...
[    1.314311] eth0: Tigon3 [partno(BCM95906) rev c002]
(PCI Express) MAC address 00:1d:09:35:87:c4
[    1.314315] eth0: attached PHY is 5906
(10/100Base-TX Ethernet) (WireSpeed[0])
[    1.314318] eth0: RXcsums[1] LinkChgREG[0]
MIirq[0] ASF[0] TSOcap[0]
[    1.314320] eth0: dma_rwctrl[76180000]
dma_mask[64-bit]
[    1.324131] ata3: SATA link up 1.5 Gbps
(SStatus 113 SControl 300)
[    1.324164] ata5: SATA link down
(SStatus 0 SControl 300)
[    1.330181] ata3.00: ATA-8: SAMSUNG HM121HI,
LZ100-11, max UDMA7
[    1.330187] ata3.00: 234441648 sectors, multi 8:
LBA48 NCQ (depth 31/32), AA
[    1.336381] ata3.00: configured for UDMA/133
[    1.353289] scsi 2:0:0:0: Direct-Access
ATA      SAMSUNG HM121HI  LZ10 PQ: 0 ANSI: 5
...
[    2.481164] vga16fb: initializing
[    2.481168] vga16fb: mapped to 0xc00a0000
[    2.481171] vga16fb: not registering due to another
framebuffer present
```

Listing 27.15 Noch mehr Kernel-Output

Das System stellt die Konsole nun auf eine Auflösung von 160x50 Zeichen um, startet das Dateisystem-Journaling und initialisiert das Swap-Device.

```
[    2.817118] Console: switching to colour frame
buffer device 160x50
[   11.501889] kjournald starting.  Commit
interval 5 seconds
[   11.501912] EXT3-fs: mounted filesystem with
ordered data mode.
[   41.448308] udev: starting version 151
```

```
[   41.499816] Adding 4796408k swap one
/dev/mapper/steffenmobile-swap_1.
Priority:-1 extents:1 across:4796408k
```

Listing 27.16 Kernel-Ausgaben

27.6 init

Nachdem der Kernel seinen Startup-Vorgang erfolgreich beendet hat, startet er den ersten Prozess `/sbin/init`. Diesem wird dabei immer die Prozess-ID 1 zugewiesen.

`init` wird auch als *parent of all processes*, also als Elternprozess aller Prozesse bezeichnet, was er mit Ausnahme seiner selbst auch ist. Der Grund dafür liegt darin, dass `init` alle weiteren Prozesse dadurch erstellt, dass er sich kopiert (*forkt*). Die erzeugten Prozesse sind somit »Kinder« (engl. *children*) von `init`. Diese Child-Prozesse können dann wiederum weitere Prozesse durch Forking erzeugen, so dass der Kernel nur den `init`-Prozess wirklich erstellen (und nicht kopieren) muss. [5]

Die Hauptaufgabe von `init` besteht allerdings darin, jene Prozesse zu starten, die das System initialisieren und sogenannte *Runlevel-Skripte* ausführen. Außerdem startet es jene Prozesse, die die Terminal-Zugriffe ermöglichen.

Bei Runlevel-Skripten handelt es sich um Skripte, die beim Einleiten und Verlassen eines bestimmten *Runlevels* ausgeführt werden. In der Regel sind diese in der Syntax der Bourne-Shell verfasst. Runlevel sind eine Entwicklung, die aus System V Release 4 stammt und nicht nur unter Linux und BSD, sondern auch unter Solaris zum Einsatz kommt.

Ein Runlevel ist ein *Systemstatus*, bei dem bestimmte Dienste laufen beziehungsweise nicht laufen. Entsprechend starten/stoppen Runlevel-Skripte jeweils eine Reihe von Diensten, die zum jeweiligen Runlevel gehören.

Ein *Init-Skript* startet beziehungsweise stoppt einen ganz bestimmten Dienst. Ein *Runlevel-Skript* wird also eine Reihe von Init-Skripten aufrufen, um entsprechend Dienste zu starten oder zu stoppen.

Es gibt zum Beispiel einen Runlevel, bei dem nur der Administrator Zugriff auf das System hat. Einen weiteren Runlevel gibt es für den Shutdown des Systems[6], einen

---

[5] Letztlich ist die Prozesserzeugung und das Forking natürlich ein kernelinterner Prozess, doch ruft der jeweilige Prozess den entsprechenden Syscall `fork()` auf.
[6] Speziell in diesem Runlevel laufen natürlich keine Dienste. Dementsprechend werden alle Dienste beim Eintritt in diesen Runlevel gestoppt und das System damit »sanft« heruntergefahren.

für konsolenbasierte Multiuser-Zugriffe und einen für Multiuser-Zugriffe inklusive zusätzlichem grafischem Login – etwa per GDM. Wir werden uns diese Runlevel am Beispiel von Slackware-Linux im Folgenden genauer ansehen.

Unter BSD ist das Ganze allerdings anders angelegt. Dort gibt es keine klassischen Runlevel, sondern nur den Single-User- und den Multiuser-Mode. Möchte man einen bestimmten Dienst starten bzw. nicht starten, wird dies in der Konfiguration festgelegt. Um beispielsweise einen grafischen Login zu verwenden, wird – je nach Derivat – einfach nur die entsprechende Variable in der rc-Konfiguration gesetzt.

27.6.1 Linux und init

Zunächst werden wir uns mit dem Bootsystem von Linux und damit auch mit dem Runlevel-System beschäftigen. Standardmäßig gab es unter Unix sechs Runlevel. Diese wurden mittlerweile erweitert, wobei die Erweiterungen Runlevel 7 bis 9 praktisch keine Verwendung finden. Zusätzlich gibt es für jeden Level noch einen alternativen Namen, wie beispielsweise »S« für den Single-User-Mode.

Typische Runlevel Typischerweise werden die klassischen Runlevel folgendermaßen benutzt:[7]

- **0 – halt**
  Das System wird angehalten und kann anschließend ausgeschaltet werden. Wird Powermanagement benutzt, schaltet sich der Rechner von selbst ab.

- **1 – Single-User-Modus**
  Nur der Administrator hat Zugriff auf den Rechner. Als Benutzerschnittstelle dient dabei die Standardkonsole (*/dev/console*) mit dem Tool sulogin. init versucht dabei die Konsole gemäß den Einstellungen in */etc/ioctl.save* zu konfigurieren.

  Ist diese Datei nicht vorhanden, wird die Konsole als 9600-Baud-Schnittstelle initialisiert. Nachdem init den Single-User-Modus wieder verlassen hat, speichert es die Konsoleneinstellungen in */etc/ioctl.save* ab, um sie beim nächsten Eintritt in den Single-User-Modus wieder laden zu können.

- **3 – Multiuser-Modus**
  In diesem Modus wird das System zur allgemeinen Benutzung freigegeben. Dies bedeutet, dass alle Dateisysteme eingehängt und Terminal-Schnittstellen initialisiert werden.

---

[7] Ausnahmen bilden einige von Distribution zu Distribution und unter den einzelnen Unix-Derivaten gewachsene Unterschiede.

- **4 – GUI**
  Dieser Runlevel verhält sich wie Runlevel 3, fügt aber zusätzlich den grafischen Login via KDM, GDM oder XDM hinzu.

- **6 – reboot**
  Das System wird heruntergefahren und neu gestartet.

inittab

Damit `init` weiß, was es tun und in welchem Runlevel das System hochgefahren werden soll, gibt es die Datei */etc/inittab*.

Der Aufbau der *inittab* gestaltet sich ähnlich wie der von */etc/passwd*: In einer Datenzeile werden die einzelnen Attribute des Eintrags durch Doppelpunkte voneinander separiert:

- **ID**
  Die erste Spalte definiert dabei eine ID, die aus 1 bis 4 Zeichen bestehen muss und zur Identifikation der Aktion dient.

- **Runlevel**
  Darauf folgt der Runlevel, der für diese Aktion aufgerufen werden soll. Diese Spalte kann auch leer bleiben.

- **Aktion**
  Die dritte Spalte legt die Aktion selbst fest. Dabei wird ein Schlüsselwort angegeben, um `init` zu vermitteln, was getan werden soll. Mögliche Werte sind dabei:

  - **respawn**
    Der Prozess wird neu gestartet, wenn er terminiert.

  - **wait**
    Der Prozess wird nur einmal gestartet, und `init` wartet auf seine Beendigung.

  - **once**
    Der Prozess wird nur einmal gestartet, und zwar dann, wenn der entsprechende Runlevel eingeleitet wird.

  - **boot**
    Der Prozess wird während des Bootstrap-Vorgangs ausgeführt. Das Runlevel-Feld wird hierbei nicht beachtet.

  - **bootwait**
    Der Prozess wird während des Bootstrap-Vorgangs ausgeführt, und `init` wartet auf seine Beendigung.

- **off**
  Der Prozess wird nicht ausgeführt.

- **ondemand**
  Der Prozess wird nur beim Aufruf eines *ondemand*-Runlevels gestartet. Dabei handelt es sich bei Slackware um die Runlevel a, b und c. Bei einem *ondemand*-Runlevel wird der eigentliche Runlevel *nicht* verlassen.

- **initdefault**
  Dieses Schlüsselwort legt den Runlevel fest, der nach dem Startvorgang automatisch eingeleitet werden soll.

- **sysinit**
  Der Prozess wird beim Bootstrap-Vorgang, jedoch noch *vor* den *boot(wait)*-Prozessen, ausgeführt. Auch hierbei wird das Runlevel-Feld ignoriert.

- **powerwait**
  Der Prozess wird ausgeführt, wenn die Energieversorgung abbricht. Dies funktioniert in Verbindung mit einer *unterbrechungsfreien Stromversorgung* (USV). Es wird auf die Beendigung des Prozesses gewartet, bevor `init` mit seinen Tätigkeiten fortführt.

- **powerfail**
  Diese Aktion verhält sich wie *powerwait* mit dem Unterschied, dass `init` nicht die Beendigung des Prozesses abwartet.

- **powerokwait**
  Der Prozess wird unmittelbar ausgeführt, nachdem `init` weiß, dass die Stromversorgung wiederhergestellt ist. Auch dies funktioniert nur in Verbindung mit der oben erwähnten USV.

- **powerfailnow**
  Der Prozess wird ausgeführt, wenn die USV meldet, dass die USV-interne Stromversorgung fast erschöpft ist und kein neuer Strom-Input zur Verfügung steht.

- **ctrlaltdel**
  Der Prozess wird ausgeführt, wenn `init` das SIGINT-Signal empfängt. Dies passiert genau dann, wenn jemand an der Systemkonsole die berühmte Tastenkombination **Strg + Alt + Entf** gedrückt hat.

- **kbrequest**
  Der Prozess wird ausgeführt, wenn eine spezielle Tastenkombination gedrückt wurde.

▸ **Kommando**
Das letzte Feld legt schließlich fest, welcher Prozess gestartet werden soll.

Für die noch etwas tiefgründiger Interessierten: Wenn `init` einen Prozess starten soll, prüft es zunächst, ob das Skript `/etc/initscript` existiert. Ist dies so, wird es zum Start des Prozesses verwendet.

Im Folgenden ist die Datei *inittab* von Slackware-Linux zu sehen: Der Standard-Runlevel (`initdefault`) ist Runlevel 3, also der Multiuser-Modus ohne grafischen Login. Beim Systemstart wird das Shellskript `rc.S` ausgeführt. Wird beispielsweise die Tastenkombination **Strg + Alt + Entf** gedrückt, so wird ein System-Shutdown durch das `shutdown`-Programm eingeleitet.

```
# Default runlevel. (Do not set to 0 or 6)
id:3:initdefault:

# System initialization (runs when system boots).
si:S:sysinit:/etc/rc.d/rc.S

# Script to run when going single user (runlevel 1).
su:1S:wait:/etc/rc.d/rc.K

# Script to run when going multi user.
rc:2345:wait:/etc/rc.d/rc.M

# What to do at the "Three Finger Salute".
ca::ctrlaltdel:/sbin/shutdown -t5 -r now

# Runlevel 0 halts the system.
l0:0:wait:/etc/rc.d/rc.0

# Runlevel 6 reboots the system.
l6:6:wait:/etc/rc.d/rc.6

# What to do when power fails.
pf::powerfail:/sbin/genpowerfail start

# If power is back, cancel the running shutdown.
pg::powerokwait:/sbin/genpowerfail stop
```

Listing 27.17 Die Datei inittab am Beispiel von Slackware

Das Runlevel-Skript für den Wechsel in den Runlevel 0 ist offensichtlich die Datei */etc/rc.d/rc.0*.

Jedes Mal, wenn sich ein Kindprozess von init beendet, protokolliert init dies in den sonst eigentlich hauptsächlich für Login-Informationen genutzten Dateien /var/run/utmp und /var/log/wtmp.

Umgebungsvariablen

Jeder der Prozesse, die init startet, bekommt einige Umgebungsvariablen mit auf den Weg. Diese möchten wir im Folgenden kurz erläutern.

PATH — Die Variable PATH kennen Sie bereits von der Shell. Sie gibt die Suchverzeichnisse für Binärdateien an. Unter Slackware-Linux ist diese Variable standardmäßig auf den Wert /usr/local/sbin:/sbin:/bin:/usr/sbin:/usr/bin gesetzt.

INIT_VERSION — Die Variable INIT_VERSION enthält die Versionsnummer von init.

RUNLEVEL — Der aktuelle Runlevel des Systems steht in der Variable RUNLEVEL, der vorherige Runlevel in der Variable PREVLEVEL.

CONSOLE — Zu guter Letzt übergibt init noch die Variable CONSOLE, die das Device der Systemkonsole angibt; in der Regel ist dies /dev/console.

Runlevel wechseln und erfragen

telinit & init — Um von einem Runlevel zum anderen zu wechseln, verwendet man eigentlich das Tool telinit. Da man diesen Wechsel aber auch einfach mit init selbst bewerkstelligen kann, zeigen wir Ihnen beide Vorgehensweisen. Sie übergeben eigentlich nur den gewünschten Runlevel als Argument an eines der beiden Programme, und schon wird der Wechsel, sofern Sie Superuser sind, vollzogen.

```
# init 4
```

Listing 27.18 Runlevel wechseln mit init

telinit — Bei telinit kann zudem noch eine Zeitspanne zum Wechseln des Runlevels (in Sekunden) mit dem -t-Parameter übergeben werden.

```
# telinit -t 10 4
```

Listing 27.19 Runlevel in zehn Sekunden wechseln mit telinit

[»] Sowohl telinit als auch init kommunizieren über die Datei /dev/initctl mit dem init-Prozess. Leider existiert laut Manpage keine vernünftige Dokumentation über das Kommunikationsprotokoll. Wer trotzdem an Details hierzu interessiert ist, kann sich die Headerdatei *initreq.h* von init ansehen.

runlevel — Um den momentanen Runlevel und den, in dem sich das System zuvor befand, zu erfragen, verwenden Sie einfach das Tool runlevel. Dabei werden zwei Zahlen ausgegeben: Erstere gibt den Runlevel an, in dem sich das System *vor* dem letzten Runlevel-Wechsel befand, und letztere gibt den *aktuellen* Runlevel an.

```
# runlevel
3 4
```

Listing 27.20 Runlevel

Wenn sich das System vorher in keinem anderen Runlevel befand, gibt `runlevel` anstelle der ersten Ziffer das Zeichen »N« aus.

Bootskripte

Die Boot- beziehungsweise Runlevel-Skripte des SVR4-Init-Systems befinden sich je nach Unix-Derivat und Linux-Distribution in verschiedenen Verzeichnissen. Übliche Speicherorte sind dabei die folgenden Verzeichnisse:

▸ **/etc/rcN.d**

Manchmal finden sich die Skripte des Runlevels N direkt in diesem Verzeichnis; dies ist beispielsweise unter Solaris der Fall.[8] Unter Linux findet man in diesen Verzeichnissen meistens Softlinks auf die eigentlichen Init-Skripte in *init.d* oder *rc.d*. Die eigentlichen Runlevel-Skripte starten in der Regel nun genau die Dienste, die in das entsprechende Runlevel-Verzeichnis verlinkt sind.

▸ **/etc/rc.d**

Wird dieses Verzeichnis verwendet, so befinden sich ähnlich wie beim weiter unten beschriebenen BSD-Bootsystem alle Runlevel-Skripte in einem Verzeichnis. Das bedeutet, dass dort die *Runlevel-Skripte* sowie die *Init-Skripte* zum Starten, Neustarten und Beenden von Diensten gelagert werden. Diese werden zentral gespeichert und nur in die Runlevel-Verzeichnisse verlinkt, anstatt sie vollständig dorthin auszulagern. Schließlich kann *ein* Dienst in mehreren Runleveln benötigt werden, und die Pflege mehrerer identischer Init-Skripte für diesen Dienst wäre umständlich und *redundant*.

▸ **/etc/init.d**

Es kann, wie beispielsweise bei Debian, auch vorkommen, dass man die Runlevel-Skripte sowie die Init-Skripte in diesem Verzeichnis vorfindet.

Im Folgenden orientieren wir uns daran, dass die Runlevel-Skripte sich im Verzeichnis */etc/rc.d* befinden, und verwenden die Slackware-Distribution, um die Skripte zu erläutern.

---

[8] Was nicht ganz stimmt, da es sich dabei nur um Softlinks handelt und die eigentlichen Runlevel-Verzeichnisse an einer anderen Stelle im System liegen.

Dienste starten

Die Init-Skripte der Dienste haben meist Namen wie »rc.DIENST« oder einfach nur »DIENST« und sind ausführbare Shellskripte. Möchte man einen Dienst starten, übergibt man dem entsprechenden Skript den Parameter `start`. Zum Neustarten und Stoppen verwendet man die Parameter `restart` und `stop`.

Intern wird dies durch eine einfache `case`-Abfrage realisiert, wie Sie sie bereits aus dem Shellskript-Kapitel kennen.

```
$ cd /etc/rc.d
$ cat rc.httpd
#!/bin/sh
#
# /etc/rc.d/rc.httpd
#
# Start/stop/restart the Apache web server.
#
# To make Apache start automatically at boot, make
# this file executable:   chmod 755 /etc/rc.d/rc.httpd
#

case "$1" in
   'start')
      /usr/sbin/apachectl start ;;
   'stop')
      /usr/sbin/apachectl stop ;;
   'restart')
      /usr/sbin/apachectl restart ;;
   *)
      echo "usage $0 start|stop|restart" ;;
esac
$ pgrep httpd
252
260
261
262
263
264
$ ./rc.httpd stop
/usr/sbin/apachectl stop: httpd stop
$ pgrep httpd
$
```

Listing 27.21 Das Apache-Init-Skript

Dienste administrieren

Wie aber legt man nach der Installation fest, welcher Dienst gestartet werden soll und welcher nicht? Das ist von System zu System leider äußerst unterschiedlich.

Unter Linux wird man meistens den Link auf das jeweilige Init-Skript im entsprechenden /etc/rcN.d-Verzeichnis setzen beziehungsweise löschen.

Je nach Distribution kann es jedoch auch sein, dass man die entsprechende Zeile, in der ein Dienst gestartet wird, aus dem jeweiligen Runlevel-Skript auskommentiert. Da vor dem Starten eines Dienstes überprüft wird, ob das Init-Skript ausführbar ist, kann man diesem alternativ auch das Ausführrecht entziehen.

```
#if [ -x /etc/rc.d/rc.atalk ]; then
#   /etc/rc.d/rc.atalk
#fi
```

Listing 27.22 Init-Skript aus dem Runlevel-Skript heraus aufrufen

27.6.2 BSD und init

Unter BSD-Systemen kommt das Runlevel-Prinzip von SVR4 nicht zum Einsatz. Hier gibt es nur die Unterscheidung zwischen Single-User-Mode und Multiuser-Mode. Im Folgenden werden wir uns am Beispiel eines OpenBSD-Systems weitere Details ansehen.

Nachdem der Kernel über `boot`[9] geladen wurde und `init` gestartet ist, führt Letzteres die Reboot-Sequenz aus. Auch wenn der Name anderes vermuten lässt, hat diese Sequenz nicht nur mit dem Herunterfahren des Systems, sondern eben auch mit jedem Startup zu tun.

Gibt es bei den Reboot-Skripten keine Probleme, so wechselt `init` in den Multiuser-Mode. Andernfalls wird der Single-User-Mode eingeleitet und eine Superuser-Shell gestartet. Wird diese Shell mit **Strg + D** wieder verlassen, so wird der Bootstrap-Vorgang fortgesetzt.

Auch hier ist `init` gefragt. Allerdings gibt es keine *inittab*-Datei, um das Vorgehen zu konfigurieren. Im Vergleich zu Linux werden bei BSD nur sehr wenige Skripte während des Bootens ausgeführt, in der Regel sogar einzig das `rc`-Skript (/etc/rc).

Man unterscheidet dabei zwischen normalem Booten und dem sogenannten *Fastboot*. Bei Letzterem werden die Prüfvorgänge für die Dateisysteme übersprungen.

/etc/rc

Das Shellskript */etc/rc* kann nahezu mit den Runlevel-Skripten von Linux gleichgesetzt werden. Seine Hauptaufgabe ist es, das System zu konfigurieren und Dienste zu starten. Die Konfiguration wird dabei über die Datei */etc/rc.conf* abgewickelt. Da

---

9 `boot` ist ein Programm mit interaktivem Prompt während des Bootvorgangs von OpenBSD, ähnlich dem `ok`-Prompt des OpenBoot-PROMs unter Solaris.

im Gegensatz zu Linux-Systemen mit etwa SVR4-Init nur ein Skript statt viele Skripte für die Ausführung von Programmen beim Systemstart bereitsteht, ergibt sich das Problem, dass bei einem fehlerhaften Skript ein Skript-Abbruch an einer Stelle X im Skript auch alle Befehle hinter Stelle X nicht mehr ausgeführt werden. Aus diesem Grund wurden für die diversen BSD-Derivate Aufteilungen des *rc.d*-Skripts in viele Unterskripte vorgenommen. Dadurch lassen sich einzelne Dienste wie bei Linux-Systemen gezielt neustarten.[10]

Wenn wir einen Blick in die *rc.conf* werfen, sehen wir diverse Shellvariablen, die *in der Regel* entweder auf »NO« gesetzt sind, wenn der Dienst nicht starten soll, oder auf »«, wenn der Dienst gestartet werden soll. Wird ein anderer Wert erwartet, um einen Dienst zu starten, zum Beispiel »-a«, so steht dies als Kommentar hinter der entsprechenden Variablen.

```
routed_flags=NO         # for normal use: "-q"
mrouted_flags=NO        # for normal use: "", if activated
                        # be sure to enable
                        # multicast_router below.
bgpd_flags=NO           # for normal use: ""
rarpd_flags=NO          # for normal use: "-a"
bootparamd_flags=NO     # for normal use: ""
rbootd_flags=NO         # for normal use: ""
sshd_flags=""           # for normal use: ""
named_flags=NO          # for normal use: ""
rdate_flags=NO          # for normal use: [RFC868-host]
                        # or [-n RFC2030-host]
timed_flags=NO          # for normal use: ""
ntpd_flags=NO           # for normal use: ""
isakmpd_flags=NO        # for normal use: ""
mopd_flags=NO           # for normal use: "-a"
apmd_flags=NO           # for normal use: ""
dhcpd_flags=NO          # for normal use: ""
rtadvd_flags=NO         # for normal use: list of
                        # interfaces
```

Listing 27.23 Auszug aus der rc.conf

Nachdem `rc` seine grundlegenden Konfigurationsaufgaben erledigt hat, wird die Datei *rc.conf* eingelesen. Aufgrund dieser Variablen kann `rc` anschließend die Dienste starten. Zuvor wird allerdings noch das Netzwerk-Setup via */etc/netstart* durchgeführt.

---

10 Weitere Details zu diesem Thema finden sich prägnant in [Hem11].

```
# pick up option configuration
. /etc/rc.conf

...
...

# set hostname, turn on network
echo 'starting network'
. /etc/netstart

if [ "X${pf}" != X"NO" ]; then
        if [ -f ${pf_rules} ]; then
                pfctl -f ${pf_rules}
        fi
fi

...
...

echo -n starting network daemons:

# $routed_flags are imported from /etc/rc.conf.
# If $routed_flags == NO, routed isn't run.
if [ "X${routed_flags}" != X"NO" ]; then
        echo -n ' routed'; routed $routed_flags
fi

# $mrouted_flags is imported from /etc/rc.conf;
# If $mrouted_flags == NO, then mrouted isn't run.
if [ "X${mrouted_flags}" != X"NO" ]; then
        echo -n ' mrouted'; mrouted $mrouted_flags
fi

if [ "X${bgpd_flags}" != X"NO" ]; then
        echo -n ' bgpd'; /usr/sbin/bgpd $bgpd_flags
fi

...
...
```

Listing 27.24 Ausschnitt aus der Datei /etc/rc

securelevel

Ebenfalls in den Aufgabenbereich von rc gehört das Setzen des sogenannten *Securelevels*. Der Securelevel gibt an, auf welcher Sicherheitsstufe das System laufen soll.

```
[ -f /etc/rc.securelevel ] && . /etc/rc.securelevel
if [ X${securelevel} != X"" ]; then
        echo -n 'setting kernel security level: '
        sysctl kern.securelevel=${securelevel}
fi
```

Listing 27.25 Ein weiterer Auszug aus rc

Der Standard-Securelevel ist Level 1. Der Securelevel kann nach dem Start des Systems nur noch (vom Superuser) erhöht, jedoch nicht mehr verringert werden. Um ihn zu verringern, muss erst in */etc/securelevel* der Wert des Securelevels heruntergesetzt werden und das System anschließend neu gestartet werden.

Unter OpenBSD gibt es vier Securelevel: Level -1 (»Permanently Insecure Mode«), Level 0 (»Insecure Mode«), Level 1 (»Secure Mode«) und Level 2 (»Highly Secure Mode«). Die genaue Unterscheidung der Runlevel ist in diesem Zusammenhang weniger wichtig, kann jedoch in der Manpage securelevel(7) nachgelesen werden.

[»] Interessant ist jedoch, dass OpenBSD per Default (nämlich im Securelevel 1) das Laden von Kernel-Modulen untersagt. Dadurch sind viele Angriffe auf das System nicht mehr möglich.

27.7 Upstart

Upstart wurde ursprünglich von und für Ubuntu entwickelt. Mittlerweile ist das Programm fester Bestandteil der aktuellen Ubuntu-Version, und auch andere Distributionen haben es bereits integriert. Gedacht ist Upstart als Ersatz für init, allerdings verwenden nach wie vor viele Distributionen letzteres System.

Was ist aber nun neu an Upstart? Das Besondere an ihm ist, dass der Start von Programmen (und damit auch von System- und Netzwerkdiensten) anhand von Events geschieht. Steckt man beispielsweise einen USB-Stick an den Rechner, so löst dies automatisch ein Event aus, das dazu führt, dass der USB-Stick gemountet wird. Die Entwickler haben dabei etwas weiter gedacht und sind zu dem Schluss gekommen, dass Upstart damit auch die Möglichkeit hat, den Cron-Dienst zu ersetzen (speziell durch die geplanten *scheduled tasks*). Außerdem kann Upstart Dienste neu starten, falls sie abgestürzt sind.

Upstart bezeichnet die einzelnen Skripte, die beim Eintreffen eines Events ausgeführt werden sollen, als »Jobs«.[11] Sie werden im Verzeichnis */etc/event.d* bzw. */etc/init* abgelegt.

Benutzt man nicht gerade eine der wenigen Distributionen, die bereits Upstart benutzen, so darf man sich die Jobskripte mehr oder minder selbst schreiben. Es gibt zwar vorgefertigte Beispielskripte, doch diese müssen sehr wahrscheinlich recht aufwändig angepasst werden.[12]

Der Aufbau der Skripte ist relativ simpel gehalten und soll im Folgenden an einem kommentierten Beispiel für den Cron-Dienst erläutert werden.

Ein Beispiel

```
# cron - regular background program processing
# daemon
# cron is a standard UNIX program that runs
# user-specified programs at periodic scheduled times

description "regular background program processing daemon"

start on runlevel [2345]
stop on runlevel [!2345]

expect fork
respawn

exec cron
```

Listing 27.26 */etc/init/cron.conf*

Sobald das System in den zweiten Runlevel (oder höher) wechselt wird dieses Skript ausgeführt (`start on runlevel [2345]`). Sobald diese hohen Runlevel verlassen werden, wird das jeweilige Skript so gestartet, dass alle gestarteten Tasks beendet werden (`stop on runlevel [!2345]`).

Mit `expect fork` wird signalisiert, dass sich der Prozess (also `cron`) forken wird. `respawn` bedeutet, dass ein Prozess, sollte er sich (etwa durch einen Speicherzugriffsfehler) beenden ohne explizit vom Administrator gestoppt worden zu sein, automatisch wieder neu gestartet wird. Die Dokumentation zu Upstart gibt hierfür das Beispiel von Netzwerkdiensten an, die nicht ausfallen sollen, und falls doch, automatisch neu gestartet werden sollen. Diese Situation trifft selbstverständlich auch auf Cron zu, denn dieser Dienst sollte zu jeder Zeit im Betrieb sein, um geplante Tasks auszuführen. Bräche Cron etwa gerade dann ab, wenn das nächtliche

---

11 Die hier gemeinten »Jobs« sind nicht mit den Jobs, die man aus der Shell kennt, zu verwechseln.
12 Das hängt sehr von der Distribution ab.

Backup gestartet werden sollte, und würde Cron dann nicht neu gestartet, so würde auch kein Backup erstellt.

Zuletzt wird der `exec`-Befehl ausgeführt. Er ruft `cron` auf – das Job-Skript ist damit abgearbeitet.

Betrachten wir nun noch ein weiteres Skript, nämlich *ssh.conf*:

```
# ssh - OpenBSD Secure Shell server
#
# The OpenSSH server provides secure shell access to
# the system.

description "OpenSSH server"

start on filesystem or runlevel [2345]
stop on runlevel [!2345]

respawn
respawn limit 10 5
umask 022

pre-start script
  test -x /usr/sbin/sshd || { stop; exit 0; }
  test -e /etc/ssh/sshd_not_to_be_run && \
     { stop; exit 0; }
  test -c /dev/null || { stop; exit 0; }

  mkdir -p -m0755 /var/run/sshd
end script

# if you used to set SSHD_OPTS in /etc/default/ssh,
# you can change the 'exec' line here instead
exec /usr/sbin/sshd -D
```

Listing 27.27 /etc/init/ssh.conf

SSH wird hier entweder dann gestartet, wenn ein Runlevel zwischen 2 und 5 eingeleitet wird, oder wenn das Root-Dateisystem verfügbar ist. Mit der Limitierung für `respawn` (die nur verwendet wird, wenn explizit, wie oben zu sehen, `respawn` in einer eigenen Zeile aktiviert wird), können Notfallkriterien für den Neustart von Prozessen gesetzt werden. Würde der obige Prozess zehnmal innerhalb von fünf Sekunden neu gestartet werden müssen, dann würde Upstart ihn nicht nicht noch einmal starten, weil er eventuell nicht mehr startbar ist und der permanente Neustart das System – im schlimmsten Falle – in die Knie zwänge. Die Standard-Umask (bereits aus vorherigen Kapitel bekannt) kann ebenfalls für den Dienst gesetzt werden. Der durch `pre-start script` und `end script` angegebene Bereich wird nur vor dem SSH-Start ausgeführt und dient dazu, einige Prüfungen (u.A. hinsichtlich der Existenz der Programmdatei des Dämons) durchzuführen. Neben `pre-start` können analog noch Anweisungen für `post-start`, `pre-stop` und `post-stop` festgelegt werden.

27.8 getty

Doch nun wieder zurück zu `init`. Sieht man sich die Datei */etc/inittab* weiter an, findet man auch Zeilen vor, die zur Initialisierung der einzelnen Konsolen *tty1* bis *ttyN* (in der Regel N=6) dienen. Zwischen diesen Textkonsolen wechselt man in der Regel mit der Tastenkombination **Alt + Fx**, wobei x für die Nummer der Konsole steht: **Alt + F2** würde folglich auf die Konsole 2, also *tty2*, wechseln.

```
# These are the standard console login getties in
# multiuser mode:
c1:1235:respawn:/sbin/agetty 38400 tty1 linux
c2:1235:respawn:/sbin/agetty 38400 tty2 linux
c3:1235:respawn:/sbin/agetty 38400 tty3 linux
c4:1235:respawn:/sbin/agetty 38400 tty4 linux
c5:1235:respawn:/sbin/agetty 38400 tty5 linux
c6:12345:respawn:/sbin/agetty 38400 tty6 linux
```

Listing 27.28 getty

Zudem findet man in der gleichen Datei etwas später Konfigurationen für serielle Verbindungen:

```
# Local serial lines:
#s1:12345:respawn:/sbin/agetty -L ttyS0 9600 vt100
#s2:12345:respawn:/sbin/agetty -L ttyS1 9600 vt100

# Dialup lines:
#d1:12345:respawn:/sbin/agetty -mt60 38400,19200,\
9600,2400,1200 ttyS0 vt100
#d2:12345:respawn:/sbin/agetty -mt60 38400,19200,\
9600,2400,1200 ttyS1 vt100
```

Listing 27.29 Serielle Konsolen

Für das Management serieller Verbindungen und anderer Terminal-Schnittstellen wie der Hauptkonsole des Rechners wird das Programm `getty` verwendet. Je nach Distribution kommt hierfür auch `agetty` (Slackware) oder `mingetty` zum Einsatz.

getty, agetty, mingetty

`agetty` besitzt im Vergleich zu `getty` einige Zusatz-Features. Diese sind zwar nicht standardkonform, aber trotzdem nützlich.[13]

Die oben zu sehenden Zahlen hinter dem `agetty`-Aufruf geben die Baud-Rate der Verbindung dieser Schnittstelle an. Nachfolgend sind die Schnittstelle (`ttyS0` ist die erste serielle Schnittstelle) und ihr Typ (`linux`-Konsole) aufgelistet.

Da über die serielle Leitung sowohl ein Modem als auch ein Terminal direkt angeschlossen werden können, wird der Parameter `-L` dazu verwendet, die lokale Nutzung (also kein Dial-up via Modem) zu erzwingen. `-m` wird für Hayes-kompatible Modems verwendet, um die Baud-Rate der Verbindung selbst zu ermitteln, und `-t` setzt ein Timeout für die Verbindung, falls keine Daten übertragen werden. Dabei wird die Zeit, die als nachstehender Parameter benötigt wird, in Sekunden angegeben.

> Den Terminal-Typ, den `getty` oder ein ähnliches Programm für eine Schnittstelle konfiguriert hat, können Sie über die Shellvariable `TERM` abfragen. Auf der Linux-Konsole wird dort beispielsweise `linux` ausgegeben. Unter OpenBSDx86 hingegen können Sie bei jedem Login den Terminal-Typ wählen, wobei `vt220` in den meisten Fällen die richtige Wahl sein sollte. Unter X-Terminals ist der Wert je nach Terminal-Software und -Hardware auf `xterm` oder `xterm-color` gesetzt.

Login Wurde `getty` gestartet, so erscheint ein Prompt mit der Aufforderung, einen Benutzernamen einzugeben. Wohl jeder Linux- oder Unix-Nutzer hat diesen Prompt schon einmal gesehen.

```
Welcome to Linux 2.6.30.4 (tty1)

slackdev login:
```

Listing 27.30 Typischer Login-Prompt

Dieser Anmeldeaufforderung sind auch die Terminal-Schnittstelle, die Linux-Kernel-Version und der Hostname (`slackdev`) zu entnehmen.

[»] Auf den meisten Systemen wird jedoch ein grafischer Login-Manager wie KDM oder GDM gestartet, so dass man nur noch über die Tastenkombination **Strg**[14]+ **Alt + Konsolennummer** auf die Textkonsolen wechseln und so mit `getty` in Berührung

---

13 So kann `agetty` unter anderem das Nachfragen nach einem Login-Namen unterdrücken oder ein anderes Programm außer `login` starten.
14 Diese Taste brauchen Sie, um aus der grafischen Oberfläche heraus die Konsole zu wechseln. Meistens sind Kombinationen nur mit **Alt**, wie auf der Textkonsole beim Wechseln üblich, schon mit diversen Aktionen vorbelegt.

kommen kann. Zurück auf die grafische Oberfläche gelangen Sie anschließend mit
Alt + 7 – `getty` nutzt ja nur die ersten sechs Konsolen.[15]

27.9 login

Nachdem der Benutzername eingegeben worden ist, startet `getty` das Programm `/sbin/login`. Dieses gibt die Aufforderung zur Passworteingabe auf dem Terminal aus. `login` verschlüsselt das eingegebene Passwort und vergleicht es dem ebenfalls verschlüsselten Passwort-String des Benutzereintrags in der Passwortdatei */etc/shadow*. Stimmen beide verschlüsselten Passwörter überein, so wurde das Passwort korrekt eingegeben.

Passworteingabe

Anschließend setzt `login` die User- und Gruppen-ID des Benutzers sowie einige Umgebungsvariablen.

Variable	Beschreibung
HOME	Heimatverzeichnis des Benutzers (*/home/user*)
PATH	Suchpfade für Programmdateien
SHELL	Login-Shell des Benutzers
MAIL	Mailbox des Benutzers
LOGNAME	Login-Namen des Benutzers

Tabelle 27.1 Umgebungsvariablen

27.9.1 Shellstart

Nachdem `login` seine Tätigkeiten verrichtet hat, werden die Willkommensmeldung und die Meldung des Tages ausgegeben. Letztere findet sich in der Datei */etc/motd*.[16] Anschließend startet `login` die für den Benutzer als Login-Shell festgelegte Shell. Unter Linux-Systemen ist dies in der Regel die `bash`.[17]

---

15 Die grafischen Login-Manager sind wiederum nur »Dienste«, die in bestimmten Runleveln gestartet werden. Das `init`-System von Linux und BSD ist also konsistent. ;-)

16 »motd« steht für »message of the day«. Diese Datei wurde besonders in den Anfängen der Unix-Netzwerke dazu genutzt, um die Systembenutzer über Neuigkeiten auf dem (trotz seines Namens schrankgroßen) Minicomputer, den sie sich teilten, zu informieren. Damals musste noch für Rechenzeit, die man heute in jedem Handheld-PC vorfindet, teuer bezahlt werden – und viele Wissenschaftler waren froh darüber, dass sie diese nutzen durften. Um sich in diese Zeit zu versetzen, empfiehlt sich im Übrigen die Lektüre des Buches »Kuckucksei« [Stoll89].

17 Fast immer ist die `sh` (Bourne-Shell) ein Link auf die `bash` (Bourne Again Shell).

Der Benutzer kann nach dem Shellstart die Arbeit am System beginnen und befindet sich dabei – sofern es in der Datei */etc/passwd* festgelegt und vorhanden ist – in seinem Heimatverzeichnis, andernfalls im Root-Verzeichnis.

```
Last login: Thu Aug  4 16:37:34 2005 from 192.168.0.5
Linux 2.4.29.

43rd Law of Computing:
        Anything that can go wr
fortune: Segmentation violation -- Core dumped

swendzel@yleigu:~#
```

Listing 27.31 Start der Terminal-Sitzung

27.9.2 Beenden einer Terminal-Sitzung

Die Beendigung einer Terminal-Sitzung wird je nach Shell etwas anders durchgeführt. Generell gilt: Das Kommando `exit` funktioniert immer. Bei einigen Shells genügt auch die Tastenkombination **Strg + D**, um die Shell zu verlassen. Die `bash` liefert bei dieser Kombination jedoch die Ausgabe »Use logout/exit to leave the shell«. Damit wären wir auch schon bei Möglichkeit Numero drei – dem Kommando `logout`. Dieses Kommando dient zum Verlassen der Login-Shell, jedoch nicht zum Verlassen einer normalen Shell-Session.

Das `exit`-Kommando wird zum Verlassen der Login-Shell benutzt, eignet sich jedoch auch zum Verlassen einer Shell, die innerhalb einer anderen Shell gestartet wurde. Das Kommando `logout` wird nur zum Verlassen der Login-Shell verwendet. Einige Shells (wie die Z-Shell) bieten die Tastenkombination **Strg + D** zum Verlassen der Shell an.

27.10 System-Shutdown

Es gibt verschiedene Programme, um Linux und BSD herunterzufahren oder neu zu starten. Die einfachste Möglichkeit besteht darin, dies via Maus über einen grafischen Login, etwa KDM, zu bewerkstelligen oder beim normalen Login-Prompt die bei den meisten Distributionen definierte Kombination **Strg + Alt + Entf** zu drücken.

Alle anderen Programme benötigen die Privilegien eines Systemadministrators und können daher nicht von jedermann ausgeführt werden.[18] Um das System sicher herunterzufahren, wird folgende Vorgehensweise angewandt:

---

[18] Ausnahme: Benutzern wird via `sudo` die Berechtigung dazu erteilt.

1. Alle Benutzer, die aktuell eingeloggt sind, werden darüber informiert, dass das System gleich oder nach Ablauf einer bestimmten Zeitspanne herunterführt.

2. Neue Login-Versuche werden abgewiesen.

3. Wurde eine Wartezeit definiert, so wird gewartet, bis sie abgelaufen ist. Während dieser Zeitspanne unternimmt das jeweilige Shutdown-Programm nichts.

4. Das Shutdown-Programm sendet allen Prozessen das `SIGTERM`-Signal. Dies bietet ihnen die Möglichkeit, auf das Signal zu reagieren und sich sicher zu beenden. Editoren können so beispielsweise eine Sicherungskopie einer veränderten Datei speichern, ohne dass sich ein Benutzer darum kümmern müsste – dieser könnte sich ja gerade einen Kaffee zubereiten und vom Shutdown nichts mitbekommen.

5. Anschließend wird `init` je nach Programm und gewünschter Aktion in den Runlevel 0 (System anhalten, `halt`) oder in den Runlevel 6 (System wird neu gestartet, `reboot`) versetzt. Vor dem eigentlichen Halt oder Reboot werden natürlich alle Dateisysteme sauber ausgehängt.

27.10.1 halt, reboot und poweroff

Die Tools `halt`, `reboot` und `poweroff` dienen dazu, das System herunterzufahren beziehungsweise zu rebooten. Dabei wird in der Datei */var/log/wtmp* das Herunterfahren des Systems vermerkt. Sowohl `halt` als auch `poweroff` fahren das System so herunter, dass man es ausschalten kann. Bei `poweroff` schaltet sich der Rechner (mit Ausnahme von sehr alten Systemen) automatisch selbst ab. Ruft man `halt` mit dem Parameter `-p` auf, wird dies ebenfalls geschehen. `reboot` startet das System zudem neu.

Welches dieser drei Programme Sie auch verwenden, stets wird – zumindest sofern sich das System nicht im Runlevel 0 oder 6 befindet, also gerade herunterführt – ein anderes Programm, nämlich `shutdown` aufgerufen, um die gewünschten Aktionen durchzuführen. Schauen wir uns also `shutdown` einmal an.

27.10.2 shutdown

Um das System sicher und nach Ihren Wünschen herunterzufahren, sollten Sie das `shutdown`-Kommando verwenden. Mit ihm lässt sich das System sowohl herunterfahren als auch neu starten. Zusätzlich können Warnmeldungen an die noch eingeloggten Benutzer versendet und der genaue Zeitpunkt des Shutdowns festgelegt werden.

Parameter	Beschreibung
-c	Ein geplanter Shutdown wird abgebrochen.
-F	Führt den Dateisystem-Check nach dem Neustart durch.
-f	Unterbindet den eventuellen Dateisystem-Check nach dem Neustart.
-h	Das System kann nach dem Shutdown ausgeschaltet werden (halt).
-r	Das System wird nach dem Shutdown neu gestartet (reboot).
-p	Dieser Parameter wird nicht von jedem System unterstützt. Er sorgt dafür, dass das System nach dem Herunterfahren ausgeschaltet wird. Dieses Feature funktioniert bei sehr alten Netzteilen nicht.
-k	Das System wird noch nicht heruntergefahren, es wird nur eine Warnmeldung an die Terminals der Benutzer versendet.

Tabelle 27.2 Die wichtigsten Parameter des shutdown-Kommandos

Zudem kann an das Kommando shutdown ein Zeitparameter übergeben werden. Im Gegensatz zum Parameter -t wird dabei nicht die zu wartende Zeit vor dem Shutdown in Sekunden angegeben, sondern der explizite Zeitpunkt des Shutdowns. Dieser Parameter muss hinter fast allen anderen stehen – hinter ihn dürfen Sie nur noch eine Warnung an die Benutzer schreiben.

```
# shutdown [-t sec] [weitere Parameter] \
          Zeitparameter [Warnung]
```

Listing 27.32 shutdown nutzen

[»] Der einzige Parameter, den Sie immer übergeben müssen, ist der Shutdown-Zeitpunkt. Es gibt verschiedene Möglichkeiten, diese Zeit anzugeben. Normalerweise wird das Schlüsselwort now verwendet, um das System sofort herunterzufahren. Sie können den Zeitpunkt jedoch auch minutengenau in der Form hh:mm angeben.

Hier sehen Sie ein Beispiel für einen sofortigen Shutdown mit anschließendem Neustart und Dateisystem-Check:

```
# shutdown -rF now
Broadcast message from root (pts/0) (Mon Aug  8
20:35:27 2005):

The system is going down for reboot NOW!

INIT: Switching to runlevel: 6
...
Rebooting the system.
```

Listing 27.33 So wird's gemacht.

Unter OpenBSD können Sie zusätzlich Shellskript-Code beim Shutdown durch `shutdown`, `halt` oder `reboot` ausführen, indem Sie diesen in die Datei */etc/rc.shutdown* einfügen.

Anschließend sei noch erwähnt, dass man Benutzern, die unter Linux eine Shutdown-Berechtigung erhalten sollen, auch ohne `sudo` dieses spezielle Recht verleihen kann. Tragen Sie zu diesem Zweck die jeweiligen Benutzernamen in die Datei */etc/shutdown.allow* ein.

27.11   Zusammenfassung

In diesem Kapitel ging es um den *Bootstrap-Vorgang*, also um das Booten des Systems. Dabei wird zuerst der *Hardwareboot* durchgeführt und das BIOS geladen. Anschließend wird der MBR der Festplatte ausgelesen und der Bootcode des Betriebssystems gestartet. Dieser lädt den Kernel des Betriebssystems, der wiederum den `init`-Prozess erstellt. Anschließend initialisiert `init` (in den meisten Fällen) durch die Runlevel-Skripte das System.

Beim Shutdown wird in den Runlevel 0 beziehungsweise beim Reboot in den Level 6 gewechselt. Es werden alle Dienste beendet, alle Prozesse sanft beendet und alle Dateisysteme sauber ausgehängt.

27.12   Aufgaben

Shutdown um 20:00

Starten Sie ein `shutdown`, so dass das System pünktlich um 20 Uhr heruntergefahren wird. Schließlich möchten Sie das Fußball-Länderspiel nicht verpassen.

Abbruch!

Ihre Frau will stattdessen einen Liebesfilm gucken. Brechen Sie also den eben angesetzten Shutdown ab, ohne bei `shutdown` die Option `-c` zu nutzen. Werden Sie kreativ.

Mein init und ich

Finden Sie heraus, wofür genau die einzelnen Runlevel Ihrer Distribution genutzt werden. Welches ist der Standard-Runlevel?[19]

---

[19] Für diese Aufgabe gibt es keine explizite Lösung.

> *»As a cryptography and computer security expert, I have never understood the current fuss about the open source software movement.*
> *In the cryptography world, we consider open source necessary for good security; we have for decades.*
> *Public security is always more secure than proprietary security. (...)*
> *For us, open source isn't just a business model;*
> *it's smart engineering practice.«*
> *– Bruce Schneier*

28 Dateisysteme

Eine zentrale Komponente eines Betriebssystems ist die Implementierung eines Dateisystems. Linux unterstützt gleich eine ganze Reihe davon, so dass jeder Administrator das von der Funktionalität und Performance her für seine Zwecke beste Dateisystem wählen kann. Zudem werden wir auf die BSD-Dateisysteme eingehen.

28.1 Aufbau von Speichermedien

Vor den eigentlichen Dateisystemen stehen die Speichermedien. Exemplarisch wollen wir im Folgenden die Festplatten behandeln, andere Speichermedien wie CD-ROMs verhalten sich aber ähnlich wie diese.

28.1.1 Physische Struktur

Bits und Bytes müssen grundsätzlich physisch gespeichert werden. Bei Festplatten geschieht das immer noch magnetisch. Eine Platte besteht vereinfacht gesehen aus folgenden Komponenten:

Magnetische Speicherung

- einer oder mehreren drehbaren Magnetscheiben (inklusive Antrieb etc.)
- beweglichen Lese-/Schreibköpfen (inklusive Lager, Antrieb etc.)
- einem Hochleistungs-DSP für die Schreib-/Leseköpfe
- der Schnittstelle zur Verbindung mit dem Computer
- dem Festplatten-Cache

Die magnetisierbaren Scheiben sind übereinander angeordnet und besitzen jeweils einen oder zwei Lese-/Schreibköpfe. Ob jede Magnetscheibe dabei doppelseitig genutzt wird, ist vom jeweilgen Modell abhängig. Sollen nun Daten gelesen beziehungsweise geschrieben werden, so müssen die Lese-/Schreibköpfe zuerst in die richtige Position fahren und die Scheiben zu rotieren beginnen. Diese mechanischen Vorgänge haben im Allgemeinen eine *Gesamt-Latenzzeit* von 5 bis 10 Millisekunden, was im Vergleich zu den Zugriffszeiten auf den RAM wirklich extrem langsam ist. Sollen dann jedoch größere zusammenhängende Datenstrukturen gelesen werden, ist der Zugriff allerdings recht schnell.

Heutzutage wird jedoch diese *interne* Geometrie vor dem Betriebssystem versteckt. Wusste das Betriebssystem früher über die dreidimensionale CHS-Ansteuerung – *Cylinder*, *Head* und *Sector* – noch genau, wo sich ein Datenblock physisch auf der Platte befand, werden die Blöcke heute einfach nur gezählt. Ein Block – oder besser: Sektor – ist dabei immer 512 Byte groß.

So wird dem Fakt Rechnung getragen, dass eine Festplatte nur bei größeren Datenmengen ausreichend schnell ist. Und anstatt die Köpfe und Platten direkt anzusprechen, kann das Betriebssystem nun dank dem *LBA-Modus* (engl. *logical block addressing* – logische Blockadressierung) die Festplattenblöcke über eine einfache Nummer adressieren.

Automatische Komprimierung

Der Festplatten-Controller kann so auch selbst Optimierungen vornehmen, indem er beispielsweise Daten anders anordnet oder defekte Blöcke intern markiert und durch eine »Reserve« ersetzt. So bekommt das Betriebssystem von defekten Blöcken nichts mit und muss sich auch nicht um Optimierungen kümmern. Interessant ist ebenfalls, dass der Controller die Daten beim Schreiben auf die Platte zugleich komprimiert.

28.1.2 Logische Struktur

Die nächste Schicht bildet das jeweilige Dateisystem. Für dieses wird nur selten die gesamte Festplatte genutzt. In der Regel teilt man die Platte in mehrere Partitionen auf. Möchte man mehrere Betriebssysteme auf einem Rechner installieren, kommt man um diese Aufteilung nicht herum – schließlich sollen sich die beiden Systeme ja auch nicht in die Quere kommen. Im Vergleich zu unserem vorherigen Abschnitt sind wir im Dateisystemkontext eine Abstraktionsstufe höher und somit von der Adressierung der Daten über Blocknummern weiter entfernt:

Ein Dateisystem erlaubt den Zugriff auf gespeicherte Daten über Dateinamen, verwaltet bestehende Daten und entfernt diese bei Bedarf.

In erster Linie verwaltet ein Dateisystem also die Zuordnung von Dateinamen zu Datenblöcken auf der Festplatte. Dabei werden teilweise mehrere Festplattenblöcke zu Dateisystemblöcken zusammengefasst: So kommt man schließlich zu Blockgrößen von 2048 oder 4096 Byte bei Dateisystemen. Schließlich müssen diese Blocknummern ja verwaltet werden, und kleinere Blöcke bedeuten mehr Nummern, was wiederum einen höheren Speicher- und Verwaltungsaufwand bedeutet. Außerdem kann auf zusammenhängende Daten schneller zugegriffen werden, als wenn diese wild auf der Platte verteilt sind: Große Blöcke bringen also vor allem auch einen Geschwindigkeitsvorteil.

Blöcke im Dateisystem

Der Preis, mit dem man sich diese Geschwindigkeit erkauft, ist nun aber »Platzverlust« durch *interne Fragmentierung*. Schließlich kann das Dateisystem nur einzelne Blöcke adressieren. Ist eine einzelne Datei also kleiner als die Blockgröße, beziehungsweise wird bei größeren Dateien der letzte Block nicht ganz voll, so wird dieser Platz verschenkt.[1] Das Dateisystem muss natürlich auch die folgenden Funktionen erfüllen:

▸ **Metadaten bereitstellen**
Eine Datei umfasst nicht nur ihren Inhalt, sondern auch verschiedene Metadaten – in erster Linie natürlich ihren Namen, aber auch Benutzer, Gruppen und die dazugehörigen Rechte. Auch die Zeit der letzten Modifikation und alles, was man sonst so mit einer Datei verbindet, gehört hier dazu. Das Dateisystem muss diese Informationen speichern und mit der betreffenden Datei verknüpfen.

Eigentümer & Co.

▸ **Hierarchie ermöglichen**
Die meisten modernen Dateisysteme sind hierarchisch strukturiert, kennen also Verzeichnisse zum Ordnen von Dateien.

▸ **Freie Blöcke verwalten**
Das Dateisystem muss natürlich auch den freien Speicherplatz verwalten. Am einfachsten passiert dies durch eine *free-list*, also eine Liste aller freien Blöcke.

28.1.3 Integration ins VFS

Nun gibt es aber mehr als nur ein einziges Dateisystem. Schon allein die Auswahl für Festplatten scheint gigantisch: Jedes Betriebssystem hat seinen eigenen Favoriten, und der liegt in der Regel auch noch in mehreren Versionen vor. Aber auch besondere Speichermedien wie CD-ROMs bringen ihr eigenes Dateisystem mit – wie das bekannte ISO 9660 –, das den besonderen Eigenschaften dieser Medien Rechnung trägt.

---

1 Eine Ausnahme ist das Dateisystem ReiserFS 4: Hier werden halb leere Blöcke noch durch kleine Dateien aufgefüllt. Es können sich also zwei Dateien einen Datenblock »teilen«.

Damit ein Betriebssystem nun auf die unterschiedlichen Dateisysteme zugreifen kann, gibt es das bereits aus Kapitel 5, »Der Kernel«, bekannte virtuelle Dateisystem *VFS* (*Virtual File System*). Das VFS bildet die Abstraktion und die einheitliche Schnittstelle, in die alle Dateisystemtreiber integriert werden können. Probleme bei ausgefallenen Features sind bei dieser Integration zwar die absolute Ausnahme, kommen aber vor, wie die Schwierigkeiten mit der Integration von ReiserFS 4 in den Linux-Kernel gezeigt haben.

28.2 Dateisysteme

Ausfallsicherheit

Im Master Boot Record einer Festplatte ist bekanntermaßen definiert, wie eine Festplatte partitioniert ist und welcher Typ den Partitionen zugeordnet ist. Der Partitionstyp erlaubt nun Rückschlüsse auf das verwendete Dateisystem – und welche Dateisysteme nun unter Linux und BSD populär sind, wollen wir im Folgenden klären.

Einige der Linux-Dateisysteme sind *Journaling*-fähig. Dies bedeutet, dass Veränderungen am Dateisystem protokolliert werden und dass so im Falle eines Systemabsturzes auf jeden Fall wieder ein konsistenter Zustand des Dateisystems wiederhergestellt werden kann – auch wenn natürlich eventuell Daten verloren gegangen sind.

28.2.1 ext2, ext3, ext4 und reiserfs

Die Standarddateisysteme

Das *Second Extended Filesystem* (ext2) war viele Jahre das Standarddateisystem unter Linux. Es wurde allerdings durch das Journaling-fähige *Third Extended Filesystem* (ext3) abgelöst. Der Nachfolger ist gegenüber seinem Vorgänger zu hundert Prozent abwärtskompatibel, was auch anders herum für die Aufwärtskompatibilität gilt. Sie können beide Dateisysteme problemlos ineinander konvertieren und mit den gleichen Tools konfigurieren.

Von ext3 werden drei verschiedene Modi unterstützt, um Journaling durchzuführen: *journal*, *writeback* und *ordered*. Diese unterscheiden sich darin, wie sie die Metadaten des Dateisystems und die eigentlichen Dateiinhalte auf die Platte schreiben und Veränderungen an diesen protokollieren.

- **journal**
  Im journal-Modus werden alle Veränderungen an Metadaten und normalen Daten protokolliert.

- **writeback**
  Der writeback-Modus protokolliert hingegen nur die Veränderungen an Metadaten. Alle anderen Daten werden auf die übliche Weise auf das Speichermedium geschrieben. Das bedeutet, dass diese Daten nicht zu jedem Zeitpunkt auf dem Medium mit den Informationen der Metadaten übereinstimmen müssen.

- **ordered**
  Um diese Inkonsistenz zu verhindern, gibt es noch den ordered-Modus, bei dem die Veränderungen an Metadaten protokolliert werden und alle Dateien, die von ihnen betroffen sind, unmittelbar mit ihren Veränderungen auch auf das Speichermedium geschrieben werden.

Als Nachfolger des ext3-Dateisystems wurde ext4 entwickelt. Seit 2009 ist es in den Stable-Zweigen wichtiger Linux-Distributionen enthalten und weitet somit einige Beschränkungen des Vorgänger-Dateisystems. ext4 unterstützt Dateisysteme bis zu einer Größe von einem Exabyte sowie Nanosekunden genaue Timestamps für Dateien. Außerdem sind mit ext4 eine größere Anzahl an Unterverzeichnissen pro Verzeichnis möglich. Vorhandene ext3-Dateisysteme können direkt in ext4-Dateisysteme umgewandelt werden.

ext4

Das *ReiserFS* ist ebenfalls Journaling-fähig und gilt als äußerst performant. Dies liegt daran, dass die Dateiverwaltung mittels Binärbäumen realisiert wird. Weitere Journaling-Dateisysteme sind JFS von IBM und XFS von SGI.

ReiserFS, jfs, xfs

28.2.2 btrfs und ZFS

Seit 2007 wird das Dateisystem *btrfs* (engl. *binary tree file system*) von Oracle entwickelt, das möglicherweise einmal das Standarddateisystem für Linux werden könnte. Es unterstützt Speichermedien mit bis zu 2^{64} Bit, beinhaltet integrierte RAID-Unterstützung, Unterstützung für effiziente Backups und Kompression. Des Weiteren kann es mehrere Wurzelverzeichnisse verwalten. Die maximale Dateigröße beträgt 16 Exbibyte.

In btrfs gibt es sogenannte *Subvolumes*, die als Wurzelverzeichnisse innerhalb eines btrfs-Dateisystems betrachtet werden können und sich in einem Pool befinden. In der Dokumentation von btrfs wird ein Subvolume mit einem kompletten ext4-Dateisystem gleichgesetzt. Jedes Subvolume in btrfs verhält sich entsprechend wie ein eigenes Dateisystem.

Subvolumes

Da wir uns in diesem Buch am Rande auch mit BSD auseinandersetzen, sollen noch einige Worte zum Solaris-ZFS-Dateisystem gesagt werden, das es auch unter FreeBSD gibt. ZFS wird nicht direkt vom Linuxkernel unterstützt, allerdings gibt es mittlerweile einen FUSE-basierten Ansatz (mehr dazu in Abschnitt 28.2.3) für ZFS unter Linux. Native Linux-Unterstützung für ZFS ist in Arbeit. Bei ZFS handelt

zfs

es sich um ein 128-Bit-Dateisystem, das von Sun Microsystems entwickelt wurde. Mit ZFS können mehrere physische Speicher zu virtuellen *Pools* (dahinter steckt das sogenannte *pooled storage model*) zusammengesetzt werden. Ein Pool kann, wie bei btrfs, mehrere Dateisysteme enthalten und deren Größe kann dynamisch verändert werden.

28.2.3 FUSE – Filesystem in Userspace

Die Abkürzung FUSE steht für *Filesystem in Userspace*, also zu deutsch etwa »Dateisystem im Userspace«. Es handelt sich dabei um ein Kernelmodul, das ein virtuelles Dateisystem für unprivilegierte Benutzer ermöglicht. Solche virtuellen FUSE-Dateisysteme sind zum einen nicht mit *dem* VFS zu verwechseln, das bisher besprochen wurde, da jenes VFS alle Dateisysteme enthält, und zweitens kümmert sich ein virtuelles FUSE-Dateisystem nicht direkt um die Datenspeicherung, da es auf einem anderen Dateisystem aufsetzt.

Ein FUSE-Dateisystem stellt vielmehr eine Abstraktionsebene dar: Ein Programm kann mit den normalen Syscalls (etwa `read()`, `write()`, `close()` oder `open()`) auf ein FUSE-Dateisystem zugreifen wie auf jedes andere auch. Im Hintergrund werden diese Zugriffe allerdings umgeleitet, so dass andere Aktionen durchgeführt werden, von denen der Anwender und auch das zugreifende Programm nichts mitbekommen (die Zugriffe sind also transparent).

wikipediafs

Als Beispiel für ein FUSE-Dateisystem soll hier das wikipediafs genannt sein. Dieses Dateisystem können Sie (sofern die Unterstützung dafür installiert ist) lokal einhängen und über den Dateizugriff auf diesem Dateisystem Wikipedia-Dateien editieren (natürlich im Quellcode). Im Hintergrund laufen dabei transparent Netzwerkzugriffe auf die Wikipedia ab. Auch sehen Sie in Ihrem wikipediafs keine Dateien von Wikipedia-Artikeln, die Sie noch nicht geladen haben.

```
# mount.wikipediafs /media/wikipedia
# cd /media/wikipedia
# ls
mblondel.org
# mkdir wikipedia-de
# ls wikipedia-de
# cat wikipedia-de/Linux.wm
...
# ls wikipedia-de
Linux.wm
```

Listing 28.1 wikipediafs verwenden

28.2.4 FFS und UFS/UFS2

Bei *UFS* und *UFS2* handelt es sich um die zwei typischen Dateisysteme, die auf BSD-Systemen und SunOS/Solaris[2] verwendet werden. *FFS*, das *Fast Filesystem*, löste dabei vor vielen Jahren mit 4.2BSD das alte Unix-Filesystem von Bell ab und brachte neue Features wie längere Dateinamen, File-Locking, symbolische Links und Quotas mit sich, von denen auch spätere Unix-Systeme noch profitierten.[3] An dieser Stelle zeigt sich wieder einmal sehr deutlich, dass sich Systeme wie Linux alle möglichen Features anderer Systeme aneignen.

Dabei ist lediglich UFS2 auf allen Systemen, die es unterstützen, journaling-fähig. Es wird von FreeBSD und von NetBSD unterstützt. OpenBSD kann UFS2 seit Version 4.3 handhaben. Mit Solaris 7 wurde UFS auch Journaling-fähig gemacht.[4]

Unter BSD gibt es allerdings neben dem Journaling noch eine andere Technik, die sich um die Konsistenz der Daten kümmert: *SoftUpdates*. SoftUpdates werden derzeit von OpenBSD, FreeBSD und NetBSD unterstützt und funktionieren, indem ganze Blöcke von Metadaten im RAM gehalten und in einer bestimmten Reihenfolge sortiert auf die Festplatte geschrieben werden.[5] Am besten funktionieren SoftUpdates, wenn der Schreib-Cache abgestellt ist, was bei IDE-Festplatten durchaus spürbare Performanceeinbußen bewirken kann, bei SCSI-Platten jedoch relativ problemlos funktioniert.

SoftUpdates

Da im Falle eines Absturzes trotzdem Fehler in Form von Blöcken, die frei, jedoch noch als belegt markiert sind, auftreten können, muss beim Start des Systems das Dateisystem geprüft werden. Dies wird mit dem Tool `fsck` realisiert. Diese Prüfung kann den Startvorgang leider erheblich verlängern, was sich nur auf FreeBSD-Systemen unterbinden lässt, wo man `fsck` im Hintergrund laufen lassen kann.

28.2.5 ISO 9660

Das `iso9660`-Dateisystem, unter BSD auch als `cd9660` bezeichnet, stellt ein Dateisystem für CD-ROMs und DVDs dar. Alle gängigen Betriebssysteme sind in der Lage, mit diesem Dateisystem völlig problemlos umzugehen.

```
linux# mount -t iso9660 /dev/cdrom /mnt/cdrom
```

Listing 28.2 Eine CD unter Linux mounten

---

2 SunOS baute auf BSD auf. Solaris als SVR4-orientierter Nachfolger von SunOS übernahm das Dateisystem.
3 Weitere Informationen finden Sie in [MarKuJoy84A].
4 Mehr hierzu erfahren Sie in [HenMrks00A].
5 Siehe *http://de.wikipedia.org/wiki/Softupdates*

```
openbsd# mount_cd9660 /dev/cd0a /mnt/cdrom
openbsd# mount | grep cd0a
/dev/cd0a on /mnt/cdrom type cd9660 (local, read-only)
```

Listing 28.3 Eine CD unter OpenBSD mounten

28.2.6 Loop-Device und Ramdisk

Dateien als Geräte mounten

Ein *Loop-Device* bezeichnet eine spezielle Gerätedatei */dev/loop**, die das Mounten von als Dateien vorliegenden Dateisystemen erlaubt. Dies ist notwendig, da das Kommando `mount` nur auf Gerätedateien operieren kann.

Sinnvoll wird das Ganze bei aus dem Netz geladenen CD-Images, die man zum Beispiel vor dem Brennen kontrollieren möchte. Man kann aber auch alle möglichen anderen Dateien über solch ein Loop-Device mounten.

Doch wie erstellt man selbst eine solche Gerätedatei? Im Prinzip ist dies relativ einfach: Zuerst erstellen wir mit dem `dd`-Programm eine Datei beliebiger Größe. Die gewählte Größe entspricht anschließend der Größe der fertigen Dateipartition. Im folgenden Beispiel entscheiden wir uns für eine 30-MB-Datei. Als Eingabequelle wird */dev/zero* verwendet, um unser Image mit binären Nullen zu füllen – irgendeinen initialen Inhalt brauchen wir schließlich.

```
# dd if=/dev/zero of=filefs.img bs=1M count=30
30+0 records in
30+0 records out
# ls -l filefs.img
-rw-r--r-- 1 root wh 31457280 Jan 9 16:28 filefs.img
```

Listing 28.4 Erzeugen der Raw-Datei

Dateisystem erzeugen

Auf dieser Datei wird anschließend ein Dateisystem – in unserem Fall vom Typ ext2 – erzeugt. Dabei werden 1024 Bytes pro Inode (`-i`) bei einer Blockgröße von 1024 Bytes pro Block verwaltet. Ein Inode entspricht nun also genau einem Block, was vor allem bei kleineren Dateisystemen sinnvoll ist. Zudem entscheiden wir uns, drei Prozent[6] der Partitionsgröße als für `root` reservierten Speicher zu verwenden (`-m`). Die Frage, ob das Dateisystem erstellt werden soll, obwohl es sich nicht um ein dafür vorgesehenes Gerät handelt, kann in unserem Fall mit y (yes) beantwortet oder mit dem Parameter `-F` unterdrückt werden.

---

6 Der Standardwert beträgt fünf Prozent.

```
# mke2fs -i 1024 -b 1024 -m 3 -v filefs.img
mke2fs 1.22, 22-Jun-2001 for EXT2 FS 0.5b, 95/08/09
filefs.img is not a block special device.
Proceed anyway? (y,n) y
Filesystem label=
OS type: Linux
Block size=1024 (log=0)
Fragment size=1024 (log=0)
30720 inodes, 30720 blocks
921 blocks (3.00%) reserved for super user
First data block=1
4 block groups
8192 blocks per group, 8192 fragments per group
7680 inodex per group
Superblock backups stored on blocks:
        8193, 24577

Writing inode tables: done
Writing superblocks and filesystem accounting
information: done

This filesystem will be automatically checked
every 22 mounts or 180 days, whichever comes
first. Use tune2fs -c or -i to override.
```

Listing 28.5 Dateisystem erzeugen

Fertig! Nun können Sie probieren, das Dateisystem zu mounten. Man könnte nun die Datei mittels `losetup` an ein Loop-Device binden und dieses dann mounten:

```
# mkdir /loop
# losetup /dev/loop0 filefs.img
# mount -t ext2 /dev/loop0 /loop
```

Listing 28.6 losetup und mount

Alternativ kann man auch `mount` die Arbeit mit `losetup` überlassen, wenn man die `loop`-Option nicht vergisst:

```
# mount -t ext2 filefs.img /loop -o loop
# cat /dev/zero > /loop/file
^C
# df -h /root/filefs.img
Filesystem       Size  Used Avail Use% Mounted on
/root/filefs.img  26M   13M   13M  48% /loop
```

Listing 28.7 Eine Datei direkt mounten

Und das Ganze mit dem RAM

Ein Dateisystem können Sie auch im Hauptspeicher anlegen, zum Beispiel, um für zeitkritische Anwendungen Performanceverluste aufgrund langer Plattenzugriffe zu vermeiden. Das Ganze nennt sich dann Ramdisk und läuft über die Datei */dev/ram**:

```
# mke2fs /dev/ram0
mke2fs 1.22, 22-Jun-2001 for EXT2 FS 0.5b, 95/08/09
Filesystem label=
OS type: Linux
Block size=1024 (log=0)
Fragment size=1024 (log=0)
1944 inodes, 7777 blocks
...
...
# mount /dev/ram0 /mnt/ramdisk
# df -h
Filesystem         Size Used Avail Use% Mounted on
/dev/sda1          3.7G 1.5G  2.1G  30% /
/dev/ram0          7.4M  13k  6.9M   1% /mnt/ramdisk
```

Listing 28.8 RAM-Device

28.2.7 Swap

Auslagerungsspeicher

Das Swap-Dateisystem wird entweder als einzelne Datei in einem anderen Dateisystem oder als komplettes Dateisystem auf einer Partition einer Festplatte abgelegt. In ihm werden temporäre Hauptspeicherdaten ausgelagert, für die im eigentlichen Hauptspeicher kein Platz mehr ist. Dadurch kann ein System, das mit weniger RAM versorgt ist, als es für seine Aufgaben benötigt, mit zusätzlichem virtuellen RAM versorgt werden. Der Nachteil des Swap-Dateisystems ist, dass es im Vergleich zum eigentlichen RAM deutlich langsamer ist. Außerdem (aber das ist heutzutage oftmals unwichtig) verbraucht es durchaus einige hundert Megabyte der Festplattenkapazität. Swap-Dateisysteme werden auch verwendet, um System-Coredumps[7] zu sichern.

Heute installieren viele Anwender ihre Systeme ohne Swap-Speicher, da man fast immer genügend RAM zur Verfügung haben wird. Bei den heutigen Festplattenkapazitäten kann es jedoch kaum schaden, eine Swap-Partition mit beispielsweise 512 Megabyte anzulegen. Diese sollte dann in 95% der Fälle ausreichen. Die andere Möglichkeit besteht darin, zunächst keine Swap-Datei anzulegen und gegebenenfalls erst dann eine einzurichten, wenn man merkt, dass man doch eine benötigt.

---

7 Der Begriff des Coredumps wird in Abschnitt 30.3.1 näher erläutert.

Anlegen einer Swap-Datei

Während für Swap-Dateisysteme eine ganze Partition herhalten muss, und diese meist per Mausklick bei der Installation angelegt wird, ist die Erstellung von Swap-Dateien – sofern das System zunächst einmal läuft – einfacher. Swap-Dateien können schnell bei Bedarf angelegt werden und es benötigt dazu nur wenige Befehle. Zunächst muss eine Datei erstellt werden, die so groß sein muss wie der Auslagerungsspeicher, der später zur Verfügung stehen soll. Die Minimalgröße für eine solche Datei beträgt meist 40 KByte. In unserem Beispiel legen wir mit dd eine 1024*8196 MByte (=8 MByte) große Datei */swapfile* an und füllen sie mit Nullwerten, die wir direkt aus */dev/zero* lesen.

```
# dd if=/dev/zero of=/swapfile bs=1024 count=8196
8196+0 Datensätze ein
8196+0 Datensätze aus
8392704 Bytes (8,4 MB) kopiert, 0,0478992 s, 175 MB/s
```

Listing 28.9 Anlegen einer leeren Datei (8 MByte)

Nun muss in dieser Datei eine Swap-Area erstellt werden, was mit mkswap erledigt wird. mkswap kann sowohl in einzelnen Dateien als auch auf Partitionen eine Swap-Area erstellen.

```
# mkswap /swapfile
mkswap: /swapfile: warning: don't erase bootbits sectors
        on whole disk. Use -f to force.
Setting up swapspace version 1, size = 8192 KiB
kein Label, UUID=6b75d027-9c5f-4bb8-bec6-f46dbd0dbe2f
```

Listing 28.10 Erstellen einer Swap-Area

Nach der Erstellung der Swap-Area muss die Swap-Partition noch in Betrieb genommen werden. Dazu verwenden Sie den Befehl swapon /swapfile. Anschließend sollte unter Linux ein entsprechender Eintrag in */proc/swaps* zu finden sein.

```
# swapon /swapfile
# cat /proc/swaps
Filename        Type    Size    Used Priority
/swapfile       file    8188    0    -2
```

Listing 28.11 Swap aktivieren und anzeigen

Natürlich kann für die Swap-Datei auch ein Eintrag in der */etc/fstab* erzeugt werden, womit diese automatisch beim Systemstart aktiviert wird.

Unter OpenBSD und NetBSD aktivieren Sie die Swap-Datei nach ihrer Erstellung mit swapctl -a /swapfile. Überprüfen können Sie das Ergebnis mit swapctl -l.

Um die Swap-Datei dauerhaft beim Start automatisch zu aktivieren, empfehlen wir Ihnen, einen Eintrag in der Datei */etc/fstab* zu erstellen.

Unter FreeBSD muss für ein Swapfile nach dessen Erstellung ein Eintrag in */etc/rc.conf* der Form `swapfile="/swapfile"` erstellt werden. Die Aktivierung der Swap-Datei erfolgt nach einem Neustart.

Swap-Verschlüsselung

Verschlüsselung

Unter einigen Betriebssystemen ist es möglich, die Swap-Partition zu verschlüsseln, was einen erheblichen Vorteil bezüglich der Systemsicherheit mit sich bringt. Der Nachteil besteht in der Geschwindigkeitseinbuße.

Zur Verschlüsselung der Swap-Partition setzen Sie unter Linux in der Datei */etc/fstab* die Option `encrypted`, so dass beim nächsten Mounten eine verschlüsselte Swap-Partition verwendet wird.

```
# cat /etc/fstab | grep encrypted
/dev/sda4   swap    swap    encrypted   0   0
```

Listing 28.12 Linux-Swap-Encryption

Unter OpenBSD stellen Sie entweder manuell mittels `sysctl` oder bei jedem Start automatisch in der *sysctl.conf* die Swap-Encryption mit dem Wert »1« ein.

```
# cat /etc/sysctl.conf
...
vm.swapencrypt.enable=1  # 1 = Encrypt pages that go
                         #     to swap
...
```

Listing 28.13 OpenBSD-Swap-Encryption

NetBSD

Unter NetBSD muss zur Verschlüsselung der Swap-Partition der Treiber `cgd` (*cryptographic disk driver*) verwendet werden. Eine Anleitung dazu finden Sie hier: *www.netbsd.org/Documentation/misc/#cgd-swap*.

Unter FreeBSD trägt man zur Swap-Verschlüsselung in die */etc/fstab* an das Ende der Partitionsbezeichnung das Kürzel `.bde` ein. Eine Mount-Zeile könnte somit folgendermaßen aussehen:

```
/dev/ad0s1c.bde   none    swap sw 0 0
```

Listing 28.14 Swap-Verschlüsselung unter FreeBSD

Bei einem Aufruf von `swapinfo` sollte dann ebenfalls die Endung *.bde* auftauchen.

28.2.8 DevFS und udev

Ältere Linux-Versionen verwendeten, wie Sie bereits aus Kapitel 5, »Der Kernel«, wissen, die standardmäßig im Verzeichnis */dev* platzierten *Gerätedateien*, um die Hardwarekomponenten und Pseudo-Devices des Systems anzusprechen. Jede Hardwarekomponente erhielt dabei eine Major-Number, und deren weitere Instanzen jeweils eine Minor-Number. Um sich nicht mehr länger mit Hunderten von größtenteils unbenötigten Dateien herumschlagen zu müssen, die irgendwann einmal von MAKEDEV erzeugt wurden, führte man unter Linux das *DevFS* ein – ein *Pseudo-Dateisystem*.

Ein Pseudo-Dateisystem ist kein »echtes« Dateisystem, da es keinem Datenträger zugrunde liegt. Stattdessen bietet der Kernel Zugriff auf bestimmte Features – wie eben Gerätetreiber – über das normale VFS-Interface.

Heute wird im Kernel statt DevFS das Programm udev eingesetzt.

28.2.9 ProcFS

Das Prozessdateisystem *ProcFS* ist ein weiteres Pseudo-Dateisystem und bildet während der Laufzeit ein Datei-Interface für alle laufenden Prozesse. Dieses Dateisystem wird im Normalfall unter */proc* gemountet.

Das Prozessdateisystem

Das ProcFS stellt dem Administrator und den Anwendungsprogrammen wichtige Informationen über das System bereit. Dazu zählen viele wichtige Kernel-Parameter (diese lassen sich unter OpenBSD und NetBSD in der Regel mit sysctl, unter Solaris teilweise mit ndd konfigurieren und abfragen) und vor allem detaillierte Prozessinformationen. Hierzu zählen zum Beispiel die Programmdatei, der Zugriff auf den Programmspeicher und die Kommandozeile, mit der das Programm gestartet wurde. Viele Programme, wie zum Beispiel ps, greifen auf diese Informationen zu, um Ihnen Prozessinformationen liefern zu können.

28.2.10 NFS

Das *Network Filesystem* (NFS) ist eine Entwicklung von Sun Microsystems, der wir bereits Abschnitt 17.5 gewidmet haben. Es ist unter allen gängigen Unix-Systemen verfügbar – meist sowohl als Kernelspace- als auch als Userspace-Implementierung. NFS macht ein zugrunde liegendes lokales Dateisystem – etwa UFS – im Netzwerk verfügbar. Dabei fungiert das System, auf dem die freigegebenen Daten lokal verfügbar sind, als NFS-Server. Die NFS-Clients greifen schließlich über das mittels RPC implementierte NFS-Protokoll auf den NFS-Server zu und können dank eines NFS-Treibers dieses entfernte Dateisystem lokal mounten.

28.2.11 Ecryptfs

Mit der Veröffentlichung von Kernel 2.6.19 wurde ein neues Krypto-Dateisystem, das Ecryptfs, vorgestellt. Es stellt allerdings kein vollständiges Dateisystem zur Verfügung, da es auf anderen Dateisystemen aufbaut. Ecryptfs kümmert sich einzeln um jede Datei. So können einzelne Dateien verschlüsselt werden, und andere können (etwa aus Gründen der Performance oder des nicht notwendigen kryptografischen Schutzes) unverschlüsselt bleiben.

Den Aussagen seiner Entwickler zufolge kombiniert das Ecryptfs die Flexibilität von GnuPG mit der Transparenz der Kernel-Quellen und ist durch seine einfache Handhabung massentauglich.

Um Ecryptfs zu benutzen, muss man die Kernel-Konfiguration ggf. entsprechend anpassen:

```
CONFIG_ECRYPT_FS=m
```

Listing 28.15 Konfigurationsvariable des Kernels: EcryptFS als Modul kompilieren

Jetzt fängt der Spaß an: Da Ecryptfs kein vollständiges Dateisystem darstellt, müssen Sie auch keine Partition anlegen; Sie legen einfach ein Verzeichnis an und mounten dieses anschließend. Zunächst sollten Sie aber noch einmal prüfen, ob das entsprechende Modul geladen ist.

```
$ lsmod | grep ecrypt
ecryptfs                65488  0
$ mkdir crypt
$ sudo mount -t ecryptfs /home/swendzel/crypt \
/mnt/crypt
Passphrase:
Verify Passphrase:
Cipher
1) AES-128
2) AES-192
3) AES-256
4) Blowfish
5) CAST5
6) CAST6
7) Triple-DES
8) Twofish
Selection [AES-128]: 4
Enable plaintext passthrough (y/n): n
Attempting to mount with the following options:
  ecryptfs_cipher=blowfish
  ecryptfs_key_bytes=16
```

```
    ecryptfs_sig=40c8cc3222813b8c
Mounted ecryptfs
$ mount | grep crypt
/home/swendzel/crypt on /mnt/crypt type ecryptfs
(rw,ecryptfs_sig=40c8cc3222813b8c,ecryptfs_key_
bytes=16,ecryptfs_cipher=blowfish,)
$ cd /mnt/crypt
$ echo "test" > test.txt
```

Listing 28.16 Mounten eines ecryptfs-Verzeichnisses

Nun versuchen Sie spaßeshalber einmal, */mnt/crypt* zu unmounten und die Testdatei via Editor oder mit einem ähnlichen Tool auf dem Bildschirm anzuzeigen, um zu verifizieren, dass die Datei auch tatsächlich verschlüsselt worden ist.

28.2.12 Weitere Dateisysteme

Der Vollständigkeit halber führen wir noch einige weitere wichtige Dateisysteme auf:

- **FAT16 und FAT32**
  FAT16 und FAT32 sind die Standarddateisysteme älterer Windows-Versionen (NT ausgeschlossen) bis Windows 98/Windows Millennium.

- **NTFS**
  Das NTFS ist das Standarddateisystem von Windows NT, 2000, XP und 2003. Es verfügt im Gegensatz zu FAT32 unter anderem über die Möglichkeit, benutzerspezifische Zugriffsrechte zu setzen. Außerdem wird Journaling genutzt.

- **SMB/CIFS**
  SMP/CIFS ist das Netzwerkdateisystem aus der Windows-Welt. Unter Linux kann man mittels Samba darauf zugreifen.

28.3 Dateitypen

Unter Unix gibt es bezüglich Dateisystemen die Philosophie, dass eigentlich alles als »Datei« bezeichnet wird, was sich im Dateisystem befindet.[8] Unix-Anwender, die von Windows kommen, denken oft, dass nur reguläre Dateien (also ausführbare Programme, Text-Dateien etc.) »richtige« Dateien seien. Dies ist aber unter Unix nicht der Fall. Unter Unix sind beispielsweise auch Sockets, FIFOs, Verzeichnisse

Alles ist Datei

---

[8] Das ist nicht selbstverständlich. Beispielsweise befindet sich unter Windows das Verzeichnis *C:* auch im Dateisystem, ist aber keine Datei.

und Devices Dateien.[9] Auch wenn Sie mit einigen Begriffen nach der Lektüre der früheren Kapitel schon einiges anfangen können, geben wir Ihnen im Folgenden eine zusammenfassende Übersicht.

28.3.1 Reguläre Dateien

In die Kategorie der regulären Dateien gehören alle Text- und Binärdateien – also zum Beispiel ausführbare Programme, Shellskripte, Konfigurationsdateien, Savegames (gespeicherte Spielstände aus Computerspielen) oder Library-Dateien. Ein unbedarfter Betrachter würde vielleicht im semantischen Unterschied dieser Dateien unterschiedliche Dateitypen ausmachen wollen. Jedoch kennt das Betriebssystem diese Unterschiede nicht, da im Zugriff auf diese Dateien abstrahiert und die Interpretation des Inhalts einem Benutzerprogramm überlassen wird.

> Im Besonderen definiert sich ein Dateityp also nicht nur durch den Unterschied zwischen z. B. Text- oder Musikdateien, sondern aus Sicht des Betriebssystems.

28.3.2 Verzeichnisse

Verzeichnisse (engl. *directories*) stellen einen ganz eigenen Dateityp dar. Ein Verzeichnis beinhaltet die sogenannten *Inode-Nummern* der in diesem Verzeichnis befindlichen Dateinamen. Diese stellen Verweise auf die eigentlichen Dateien dar. Außerdem ist im Verzeichnis jeder darin enthaltenen Inode-Nummer mindestens ein Dateiname zugeordnet.

> Dateien befinden sich demzufolge also nicht *in* einem Verzeichnis – das gaukelt Ihnen das System nur vor –, sondern an einem x-beliebigen Ort auf dem Speichermedium. Im Prinzip kann eine Datei also in mehreren Verzeichnissen gleichzeitig unter verschiedenen Namen existieren. Das Verzeichnis »weiß« nur, dass es einen Dateinamen »x« gibt, der auf einen Inode-Eintrag mit der Nummer »y« verweist.

Kopieren versus Verschieben

Wird also eine Datei innerhalb eines Dateisystems von einem Verzeichnis *A* in ein Verzeichnis *B* verschoben, so werden nur die Inode-Einträge der Verzeichnisse angepasst – die Daten selbst müssen nicht kopiert werden. Daher dauert ein Kopiervorgang mittels `cp` auch wesentlich länger als ein Verschiebungsvorgang mit dem Kommando `mv`, da beim Kopieren die Daten Byte für Byte kopiert werden müssen.

Wie Sie wissen, ist die Verzeichnisstruktur in Unix hierarchisch aufgebaut. Ein Verzeichnis kann Dateien jeglichen Typs und somit natürlich auch Unterverzeichnisse

---

[9] Unter Solaris kennt man auch *Doors* als Dateitypen.

enthalten. In diesen können wiederum viele weitere Verzeichnisse, Unterverzeichnisse sowie reguläre Dateien liegen.

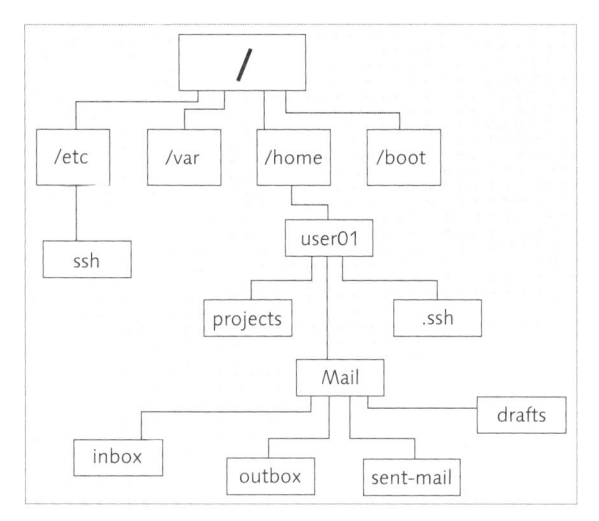

Abbildung 28.1 Hierarchie der Verzeichnisse

Ausgangspunkt der Hierarchie ist das bereits bekannte Wurzelverzeichnis. Im Verzeichnisbaum werden dabei auch alle anderen Dateisysteme, etwa das eines CD-Laufwerks oder ein NFS-Dateisystem, gemountet.

Die Hierarchie eines Unix-Dateisystems ist im *Filesystem Hierarchy Standard* genau festgelegt. Diesen Standard finden Sie in Kapitel 6 zusammengefasst oder ausführlich unter *www.pathname.com/fhs*.

28.3.3 Links

Links sind Verweise auf andere Dateien oder sie stellen eine (weitere) Instanz für eine Datei dar. Links werden grundsätzlich in zwei Typen unterteilt: *Hardlinks* und *Softlinks*. Letztere werden oft auch als *symbolische Links* bezeichnet.

Auf Dateien verweisen

Ein symbolischer Link */cdrom* wäre eine spezielle Datei mit */mnt/cdrom* oder einem anderen Ziel als Inhalt. Greift ein Benutzer nun auf */cdrom* zu, so merkt das Betriebssystem, dass es sich bei diesem Verzeichnis um einen Link handelt, und leitet den Benutzer entsprechend zum Ziel weiter.

Bei einem Hardlink handelt es sich dagegen nur um einen weiteren Dateinamen für eine bereits vorhandene Datei. Dieser Dateiname verweist auf den gleichen Inode-Eintrag des Dateisystems wie die Orginaldatei. Da *jede* reguläre Datei, etwa eine Textdatei, ein Verweis auf einen Inode-Eintrag ist, ist sie immer auch ein Hardlink.

28 | Dateisysteme

ln | Links werden mit dem Tool `ln` erzeugt. Es können sowohl Soft- als auch Hardlinks erzeugt werden. Übergibt man als Parameter nur den Namen der Originaldatei und den Namen des neuen Links, so wird ein Hardlink erstellt. Fügt man hingegen die Option `-s` hinzu, wird ein Softlink erstellt.

```
$ echo "ABC" > datei
$ ln datei symlink_datei
$ cat symlink_datei
ABC
$ cd /etc
$ ls
X11
adduser.conf
adduser.message
afs
amd
astrocam.conf
...
$ ln -s /etc /tmp/symlink_etc
$ ls /tmp/symlink_etc
X11
adduser.conf
adduser.message
afs
amd
astrocam.conf
...
$ ln /etc /tmp/symlink_etc2
ln: /etc: is a directory
```

Listing 28.17 Einen symbolischen Link erzeugen

Softlinks (symbolische Links) können auf Dateien verweisen, die nicht mehr existieren. Sie können zudem auf Verzeichnisse verweisen, was mit Hardlinks nicht möglich ist.

Link-Count | Im Inode-Eintrag einer jeden Datei ist ein sogenannter *Link-Count* enthalten. Er gibt an, wie viele Dateinamen (Hardlinks) im Dateisystem auf den Inode-Eintrag verweisen. Damit kann das Betriebssystem zu jeder Zeit in Erfahrung bringen, ob überhaupt noch ein Dateiname in irgendeinem Verzeichnis auf diesen Inode-Eintrag verweist. Ist das nicht der Fall, können der Eintrag sowie die Datenbereiche, auf die er verweist, gelöscht werden. Somit steht der verwendete Speicherplatz wieder zur Nutzung durch andere Dateien zur Verfügung.

Wird eine Datei im Dateisystem erstellt, so erhält der entsprechende Link-Count den Wert »1«. Wird daraufhin noch ein zusätzlicher Hardlink auf diesen Inode-Eintrag erstellt, so erhöht der Dateisystem-Code im Kernel den Link-Count auf »2«. Löscht man nun einen dieser Hardlinks, sinkt der Wert wieder auf »1«. Löscht man den letzten Hardlink ebenfalls, so sinkt der Wert auf »0« und die Datei kann physisch gelöscht werden (z. B. durch Überschreiben mit neuen Daten).

Nehmen wir einmal die Datei */tmp/file* als Beispiel. Sie hat einen Link-Count von »1«, da nur ein Dateiname auf diese Datei verweist. Erstellt man nun einen Hardlink auf diese Datei, zeigt ls den jetzt inkrementierten Wert des Link-Counts an.

```
$ touch file
$ ls -l file
-rw-------   1 cdp_xe   wheel    0 May   1 19:10 file
$ ln file fileb
$ ls -l file
-rw-------   2 cdp_xe   wheel    0 May   1 19:10 file
```

Listing 28.18 Link-Count (Zweite Spalte der ls-Ausgabe)

28.3.4 Sockets

Sockets sind nicht zwangsläufig im Dateisystem abgelegt – dies ist durch den Typ des Sockets bedingt. TCP/IP-Sockets liegen beispielsweise nicht im Dateisystem. Ausschließlich Unix-Domain-Sockets sind als Datei im Dateisystem zu finden. Programme können dann in diesen Socket schreiben (also senden) und aus ihm lesen (also empfangen). Dabei kann vom Programmierer je nach Wunsch eine Stream- oder eine Datagrammverbindung verwendet werden.

Dabei werden, wie Sie aus Kapitel 26, »Prozesse und IPC«, bereits wissen, die üblichen Socket-Syscalls genutzt, die auch bei TCP-Stream-Sockets und UDP-Datagramm-Sockets verwendet werden.

28.3.5 Named Pipes

Pipes kennen Sie bereits aus den Kapiteln zur Shell und zur Interprozess-Kommunikation. Named Pipes werden im Gegensatz zu einfachen Pipes als Datei im Dateisystem abgelegt. Pipes bieten dabei eine Kommunikationsmöglichkeit innerhalb einer Prozesshierarchie (unterhalb eines Session-Leader-Prozesses wie der Shell oder eines Dämonprozesses).

28.3.6 Gerätedateien

Gerätedateien (engl. *device files*) sind im Dateisystem unterhalb von */dev* untergebrachte Dateien, die eine Hardwarekomponente repräsentieren. Eine solche Hardwarekomponente kann entweder real existieren oder nur virtueller Natur sein.

Letzteres bezeichnet man als *Pseudo-Device*. Ein Pseudo-Device wäre beispielsweise /dev/null.

28.4 Inodes

Abstraktion

Wenn wir von Dateisystemen sprechen, müssen wir zunächst einmal zwei Sichtweisen unterscheiden. Aus Sicht des Anwenderprogramms ist das Dateisystem eine Ansammlung von hierarchisch angeordneten Dateien, auf die es zugreifen kann.

Aus Sicht des Kernels ist dies jedoch schon anders. Die Implementierung des Dateisystems im Kernel führt im Hintergrund, ohne dass das Anwenderprogramm etwas davon mitbekommt, mehrere Operationen durch, um eine Datei zu lesen. Der Kernel »öffnet« eine Datei beispielsweise für ein Userspace-Programm durch den open()-Syscall. Dabei muss zunächst einmal die zugehörige Inode-Nummer der Datei ausgelesen werden. Mit dieser kann der Kernel dann auf den Inode-Eintrag der jeweiligen Datei und damit letztlich auf ihre Eigenschaften und den Dateiinhalt zugreifen.

> Inodes stellen eine Hauptkomponente der Dateiverwaltung unter den Unix-Systemen dar. Jede Datei im Dateisystem verfügt über eine eigene Inode. Die Inode ist der Speicherort für alle Datei-Metadaten und auch für die Dateisystemblöcke, in denen die eigentlichen Dateiinhalte gespeichert sind.

Eine Datei »in« einem Verzeichnis ist durch einen Namen sowie eine eindeutige Inode-Nummer gekennzeichnet. Über diese Inode-Nummer wird auf den jeweiligen Inode-Eintrag des Dateisystems zugegriffen, von welchem dann alle weiteren Informationen der Datei ausgelesen werden können. Der Dateiname selbst ist also nicht Bestandteil eines Inode-Eintrags, denn eine Datei kann mehrmals unter verschiedenen Namen – in Form von Hardlinks – im Dateisystem vorkommen.

28.4.1 Metadaten

Informationen einer Inode

Um herauszufinden, welche Informationen genau in einer Inode gespeichert sind, kann man selbstverständlich auf den Quellcode zurückgreifen. Natürlich sind diese Daten von Dateisystem zu Dateisystem etwas unterschiedlich, weshalb wir uns auf die wichtigsten Eigenschaften eines Inode-Eintrags konzentrieren wollen. Schauen wir uns doch einfach einmal die stat-Struktur im OpenBSD-Sourcecode an, die uns die einzelnen Bestandteile eines solchen Inode-Eintrags im UFS-Dateisystem aufzeigt. Wir haben diese Struktur dabei auf ihre wichtigsten Bestandteile gekürzt:

```
struct stat
{
  dev_t     st_dev;     /* Gerät */
  ino_t     st_ino;     /* Inode-Nummer */
  mode_t    st_mode;    /* Zugriffsrechte */
  nlink_t   st_nlink;   /* Link-Count */
  uid_t     st_uid;     /* Eigentümer-UID */
  gid_t     st_gid;     /* Gruppen-ID */
  ...
#ifndef _POSIX_SOURCE
  ...
#else
  time_t    st_atime;   /* letzter Zugriff */
  long      st_atimensec;
  time_t    st_mtime;   /* letzte Modifizierung */
  long      st_mtimensec;
  time_t    st_ctime;   /* letzte Statusänderung */
  long      st_ctimensec;
  ...
};
```

Listing 28.19 struct stat

Aus diesen Auflistungen können Sie nun Rückschlüsse auf die Metadaten einer Datei ziehen. Sie zeigen Ihnen

- das Gerät, dem die Inode angehört,
- die Inode-Nummer des Inode-Eintrags,
- die Zugriffsrechte der Datei,
- den Link-Count,
- die Benutzer-ID des Eigentümers,
- die Gruppen-ID der Gruppe, der diese Datei zugeordnet ist,
- den Timestamp des letzten Dateizugriffs,
- den Timestamp der letzten Modifizierung der Datei und
- den Timestamp ihrer letzten Statusänderung.

Diese Daten sind natürlich keine große Überraschung. Jeder Aufruf von ls gibt uns – wenn man denn die -l-Option verwendet – diese Optionen aus. Und, Überraschung: Das Programm bekommt diese Informationen natürlich aus der Inode der betreffenden Datei.

28.4.2 Alternative Konzepte

Inodes sind also ein Konzept, um die Metadaten von Dateien zu speichern. Dieses Konzept ist vor allem bei Dateisystemen aus der Unix-Familie weit verbreitet, darum wurden die Inodes hier auch so ausführlich besprochen. Eine alternative Möglichkeit wäre zum Beispiel eine *File Allocation Table*, kurz FAT. Diese Tabelle enthielt unter den gleichnamigen DOS/Windows-Dateisystemen alle Metadaten über die im Dateisystem bekannten Dateien.

Jedoch kann eine solche Tabelle durch Crashes leicht zerstört werden, und bei vielen Metadaten (wie unter Unix üblich) – FAT16/32 kannte dagegen ja keine Benutzer- oder Dateirechte – verliert FAT schnell an Leistung.

28.5 Administration

Im Folgenden werden wir uns mit der Administration der Dateisysteme befassen. Grundlegende Verwaltungsaufgaben wie das Setzen von Quotas oder Tools wie du und df wurden bereits in Kapitel 14 besprochen. In diesem Abschnitt wollen wir die Administration besprechen, die die Festplatte beziehungsweise das Dateisystem an sich betrifft.

28.5.1 QtParted und GParted

Zunächst stellen wir zwei sehr einfach zu benutzende Tools vor, die Ihnen bei der Partitionierung von Dateisystemen helfen.

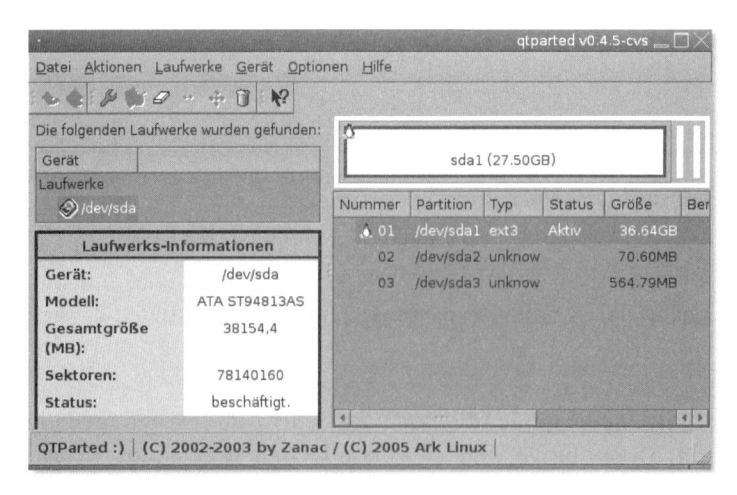

Abbildung 28.2 QtParted

Das erste Tool nennt sich QtParted, wurde in C++ geschrieben und basiert auf Qt. Das zweite Tool, GParted, ist eine praktisch gleichwertige Lösung für GNOME-User (mit der Ausnahme, dass es derzeit keine Formatierungen durchführen kann).

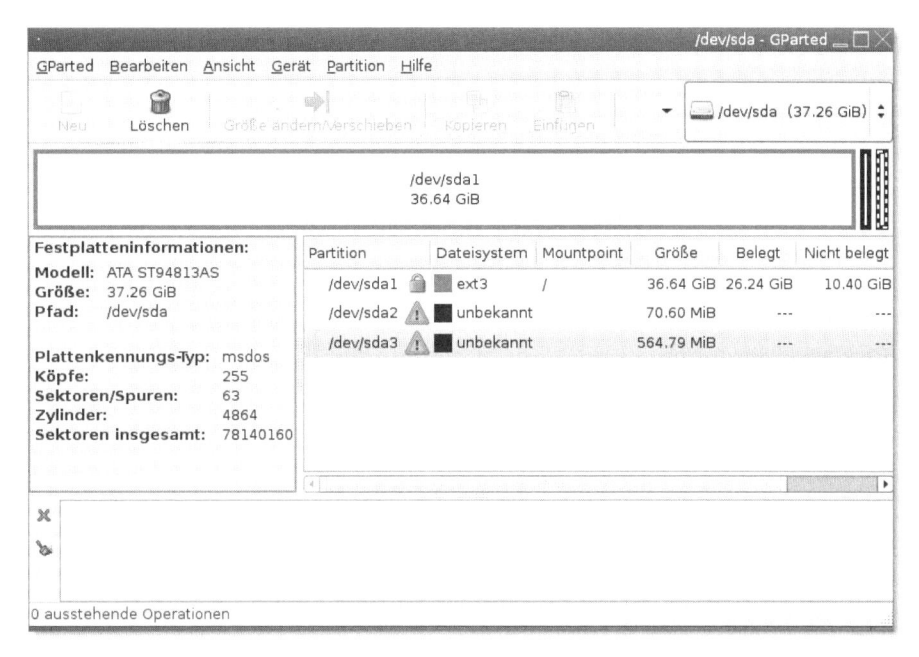

Abbildung 28.3 GParted

Im Folgenden werden wir nun diverse Konsolentools zur Administration des Dateisystems vorstellen.

28.5.2 palimpsest

Mit `palimpsest` gibt es ein sehr umfangreiches Programm zur Administration und Überwachung von Laufwerken. `palimpsest` kann nicht nur Partitionierungen vornehmen, Datenträger formatieren und Dateisysteme überprüfen, sondern auch SMART-Werte auslesen und darstellen. Sie können dem Programm beim Starten die gewünschte Platte als Parameter übergeben (`palimpsest -show-drive=/dev/sda`), aber das ist nicht notwendig, da Sie sie auch in der Oberfläche selektieren können.

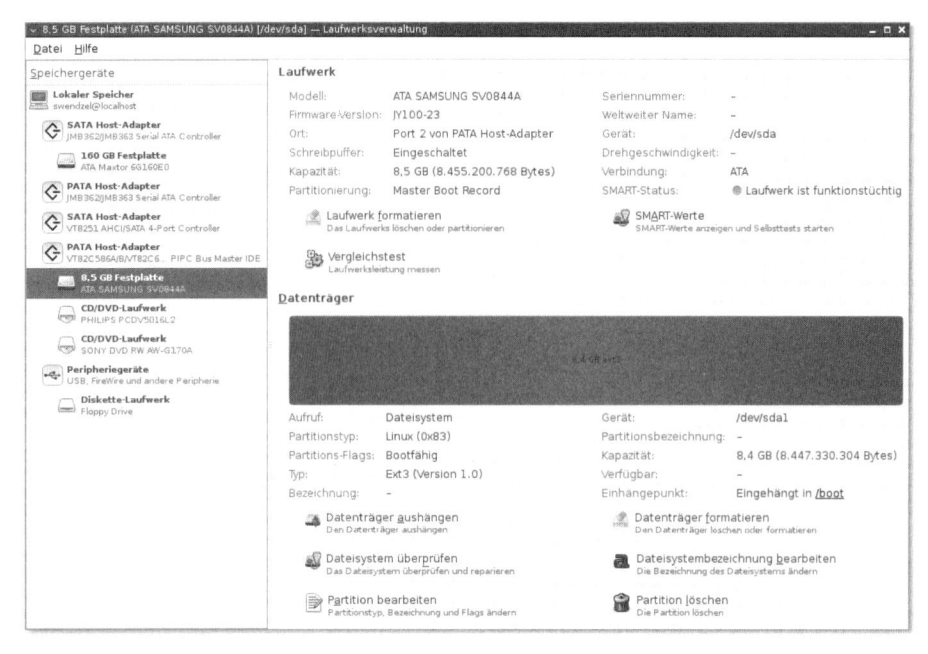

Abbildung 28.4 palimpsest

28.5.3 disklabel

`disklabel` ist ein BSD-Tool, um die konfigurierten Eigenschaften einer Festplatte auszulesen und zu editieren. Es liefert Informationen über die Festplatte, zum Beispiel deren Größe und Typ.

Übergibt man `disklabel` das Device einer Platte, so bekommt man Informationen über

- den Plattentyp (`type`),
- die Datenträgerbezeichnung (`label`),
- die Anzahl der Bytes pro Sektor,
- die Anzahl der Sektoren pro Track,
- die Anzahl der Tracks pro Zylinder,
- die Anzahl der Sektoren pro Zylinder,
- die Gesamtzahl der Zylinder,
- die Gesamtzahl der Sektoren,

- technische Details (etwa die Umdrehungen des Laufwerks pro Minute (rpm)[10] oder die Interleave-Aktivierung[11]) und
- die Partitionstabelle.

Führen wir `disklabel` also einmal unter OpenBSD aus:

```
# disklabel wd0
# using MBR partition 3: type A6 off 63 (0x3f) size
39102147 (0x254a6c3)
# /dev/rwd0c:
type: ESDI
disk: ESDI/IDE disk
label: WDC WD200BB-00DE
flags:
bytes/sector: 512
sectors/track: 63
tracks/cylinder: 16
sectors/cylinder: 1008
cylinders: 16383
total sectors: 39102336
rpm: 3600
interleave: 1
trackskew: 0
cylinderskew: 0
headswitch: 0           # microseconds
track-to-track seek: 0  # microseconds
drivedata: 0

16 partitions:
#    size      offset fstype [fsize bsize  cpg]
a: 39102273        63 4.2BSD 2048  16384  328# Cyl 0*- 38791
c: 39102336         0 unused    0      0      # Cyl 0 - 38791
```

Listing 28.20 Informationen über die Disk 'wd0' unter OpenBSD

Konfiguration: Der harte Weg

Um diese Konfiguration nun aber zu verändern, ruft man `disklabel -e [Device]` (für *edit*) auf. Daraufhin wird der Editor, der in der Variable EDITOR angegeben ist, mit der Konfiguration geladen. Falls Sie die Partitionstabelle etwas komfortabler verändern möchten, wird Ihnen das Tool, das wir als Nächstes besprechen, sicher zusagen.

---

[10] In diesem Beispiel wird der Wert von »3600« angezeigt, was recht gering ist.
[11] Bei Interleave handelt es sich um eine Technik, die den Zugriff auf die Sektoren der Festplatte verbessert. Dabei werden aufeinanderfolgende Sektoren in einer bestimmten Reihenfolge angeordnet.

```
$ export EDITOR=vi
```
Listing 28.21 EDITOR-Variable setzen

Konfiguration: Der einfache Weg

Wenn man `disklabel` nicht mit dem Parameter `-e`, sondern mit `-E` aufruft, erscheint ein menübasiertes Konfigurationssystem ähnlich dem von `fdisk`. Jeder, der einmal OpenBSD installiert hat, hat dieses Menü beim Installationsabschnitt der Partitionskonfiguration schon einmal gesehen.

```
#  disklabel -E wd0
# using MBR partition 3: type A6 off 63 (0x3f) size
39102147 (0x254a6c3)

Treating sectors 63-39102336 as the OpenBSD portion
of the disk.
You can use the 'b' command to change this.

Initial label editor (enter '?' for help at any prompt)
> ?
Available commands:
        ? [cmnd]   - this message or command specific
                     help.
        a [part]   - add new partition.
        b          - set OpenBSD disk boundaries.
        c [part]   - change partition size.
        D          - set label to default.
        d [part]   - delete partition.
        e          - edit drive parameters.
        g [b|d|u]  - use [b]ios, [d]isk or [u]ser
                     geometry.
        M          - show entire OpenBSD man page for
                     disklabel.
        m [part]   - modify existing partition.
        n [part]   - set the mount point for a
                     partition.
        p [unit]   - print label.
        q          - quit and save changes.
        r          - recalculate free space.
        s [path]   - save label to file.
        u          - undo last change.
        w          - write label to disk.
        X          - toggle expert mode.
        x          - exit without saving changes.
        z          - zero out partition table.
```

```
Numeric parameters may use suffixes to indicate units:
 'b' for bytes, 'c' for cylinders, 'k' for kilobytes,
 'm' for megabytes, 'g' for gigabytes or no suffix
 for sectors (usually 512 bytes).
 '\%' for percent of total disk size,
 '&' for percent of free space. Non-sector units
 will be rounded to the nearest cylinder.
Entering '?' at most prompts will give you (simple) context
  sensitive help.
> p
device: /dev/rwd0c
type: ESDI
disk: ESDI/IDE disk
label: WDC WD200BB-00DE
bytes/sector: 512
sectors/track: 63
tracks/cylinder: 16
sectors/cylinder: 1008
cylinders: 16383
total sectors: 39102336
free sectors: 0
rpm: 3600
```

Listing 28.22 disklabel im Einsatz

28.5.4 hdparm

Möchte man Festplatten »tunen«, ist `hdparm` das Tool der Wahl. Um Parameter wie den DMA-Modus oder den Readahead anzeigen lassen, braucht man `hdparm` nur mit der betreffenden Festplatte als Parameter aufzurufen:

```
# hdparm /dev/sda

/dev/sda:
 multcount    = 0 (off)
 IO_support   = 1 (32-bit)
 unmaskirq    = 1 (on)
 using_dma    = 1 (on)
 keepsettings = 0 (off)
 readonly     = 0 (off)
 readahead    = 256 (on)
 geometry     = 65535/16/63, sectors = 156301488,
                start = 0
```

Listing 28.23 Festplattenparameter mit hdparm anzeigen

Natürlich können Sie mit `hdparm` diese Parameter auch verstellen. Dazu können Sie zusätzlich zur Angabe der Festplatte unter anderem folgende Flags verwenden:[12]

- **-a <Wert>**
  Mit diesem Parameter verändern Sie den `readahead`-Wert. Dieser Wert legt fest, wie viele Sektoren die Festplatte bei einer Leseanfrage bereits *im Voraus* in ihren Cache lesen soll – nachfolgende Anfragen nach exakt diesen Blöcken können dann sehr schnell beantwortet werden. Hohe Werte bringen also vor allem beim Lesen großer, zusammenhängender Dateien einen Geschwindigkeitsvorteil, können jedoch beim Lesen kleiner Dateien störend sein – schließlich werden unnütze Daten eingelesen.

- **-d 1**
  Mit dieser Option bringt man die Festplatte dazu, den DMA-Modus zu nutzen. In diesem Modus kümmert sich der Prozessor nicht selbst darum, Daten von der Festplatte in den Hauptspeicher zu kopieren. Stattdessen wird diese Arbeit vom DMA-Controller erledigt, der den Prozessor, der zwischenzeitlich sinnvollerweise mit anderen Aufgaben/Prozessen beschäftigt ist, erst nach erfolgter Arbeit wieder unterbricht.

- **-c 1**
  Mit diesem Wert kann man die (E)IDE-32-Bit Übertragung aktivieren – generell eine gute Idee.

Wir wollen jedoch festhalten, dass es grundsätzlich *nicht notwendig* ist, an diesen Parametern etwas umzustellen. Allerdings kann man bei dedizierten Rechnern wie beispielsweise Datenbankservern durch geschicktes Experimentieren mit diesen Parametern durchaus bessere Ergebnisse erzielen.

28.5.5 fdisk und cfdisk

Die Partitionierung

Das Tool `fdisk` dient zur Partitionierung von Festplatten. Unter den meisten Linux-Distributionen existiert zudem noch `cfdisk`, das eine leichtere, intuitive Konfiguration von Festplatten zulässt. Oftmals trifft man auch distributionsspezifische Tools an, wie `yast2` unter openSUSE, die einem die Konfiguration nochmals deutlich erleichtern. Greifen Sie, wenn möglich, auf diese einfachen Tools zurück.

Zunächst übergeben wir dem Tool `fdisk` die zu partitionierende Festplatte als Argument: Es erscheint nun die Aufforderung zur Eingabe eines `fdisk`-Befehls. Dieser besteht aus einem einzigen Buchstaben. Eine Liste der verfügbaren Kommandos erhalten Sie durch Eingabe von »m«.

---

12 Die ausführliche Liste mit Parametern gibt es natürlich auf der Manpage. ;-)

```
# fdisk /dev/sda

Command (m for help): m
Command action
   a   toggle a bootable flag
   b   edit bsd disklabel
   c   toggle the dos compatibility flag
   d   delete a partition
   l   list known partition types
   m   print this menu
   n   add a new partition
   o   create a new empty DOS partition table
   p   print the partition table
   q   quit without saving changes
   s   create a new empty Sun disklabel
   t   change a partition's system id
   u   change display/entry units
   v   verify the partition table
   w   write table to disk and exit
   x   extra functionality (experts only)
```

Listing 28.24 Aufruf von fdisk

Eine Partition löschen

Falls Ihre Festplatte bereits partitioniert ist (zum Beispiel mit einer Windows-Partition) und diese Partition gelöscht werden soll, um Speicher zu schaffen, sollten Sie den Buchstaben »d« eingeben.

Anschließend werden Sie nach der zu löschenden Partitionsnummer gefragt. Die Nummer der Zielpartition findet man heraus, indem man im Kommandomenü (p) `print the partition table` auswählt und die Partitionsliste von oben abzählt.

Eine Partition erstellen

Eine neue Partition wird mit n erstellt, wobei zunächst angegeben werden muss, ob es sich um eine logische oder eine primäre Partition handelt. Anschließend sind die Größe und der Typ der Partition festzulegen.

In `fdisk` können Sie sich alle gängigen Partitionstypen durch Eingabe des Kommandos l anzeigen lassen. In der Regel gilt für eine Linux-Partition die ID 83h und für eine Swap-Partition die ID 82h.

Das Bootflag wird für die zu bootende Partition gesetzt. Möchten Sie alternativ von einer Windows-Partition booten? Dann setzen Sie mit a die aktive Partition auf die Nummer jener Partition. Eine Windows-Installation legt in der Regel großen Wert auf das Bootflag; Linux oder anderen Unix-Systemen ist es dagegen vollkommen egal, ob Sie das Flag setzen oder nicht. Ausschlaggebend ist am Ende nur der Bootmanager wie beispielsweise GRUB, der das betreffende Betriebssystem dann startet.

Die Partitionstabelle betrachten

Durch Eingabe von p im Kommandomenü erhalten Sie eine Liste der Partitionen Ihrer Festplatte wie diese hier:

```
 Device Boot   Start    End   Blocks    Id  System
/dev/sda1   *      1    535  4044568+   83  Linux native
/dev/sda2        536    559   181440    82  Linux swap
```

Listing 28.25 Die Beispielpartitionstabelle

Die erste Spalte gibt die Gerätebezeichnungen für die Partitionen der Platte an und die zweite Spalte das eventuell vorhandene Bootflag.

Da eine Festplatte in Zylinder aufgeteilt ist (die Platte */dev/sda2* aus dem obigen Listing verfügt über 559 dieser Zylinder), werden die Partitionen durch diese abgegrenzt. Start und End geben jeweils den Anfangs- und Endzylinder einer Partition an.

Die Blocks-Spalte gibt die Größe der Festplatte in Blockeinheiten an, Id gibt die Partitions-ID und System die Bezeichnung des Partitionstyps an.

Speichern der Konfiguration

Die Konfiguration wird mit der Taste **W** in die Partitionstabelle geschrieben, und mit **Q** wird fdisk beendet. Wurden einige alte MS-DOS-Partitionen modifiziert, so muss zunächst ein Neustart erfolgen, bevor es weitergeht.

28.5.6 cfdisk

Ist Ihnen fdisk zu kryptisch? Kein Problem: Das Programm cfdisk bietet eine konsolenbasierte grafische Oberfläche und kann mit den Cursor-Tasten bedient werden, wobei die Tasten **Nach oben** und **Nach unten** zur Auswahl der Partition und die Tasten **Nach links** und **Nach rechts** zur Auswahl der Menüoption dienen.

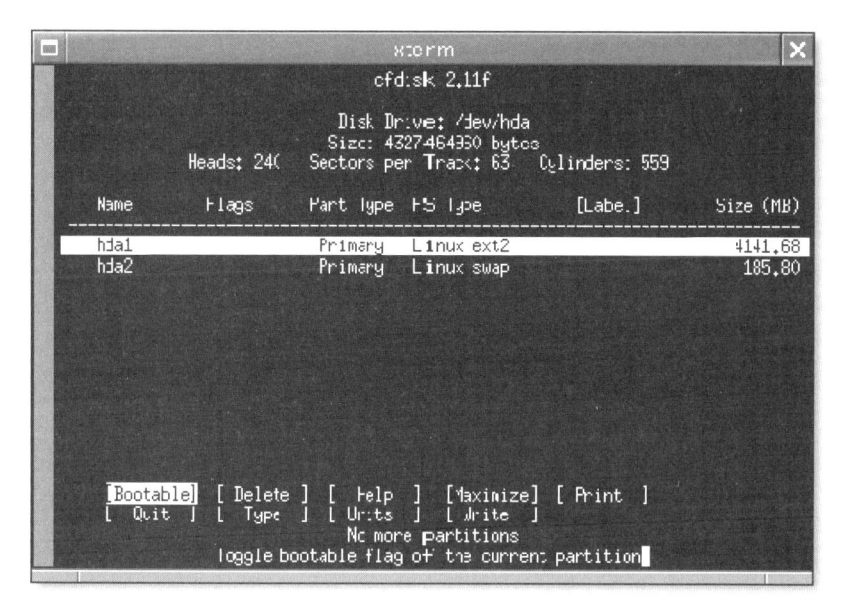

Abbildung 28.5 cfdisk

Die Bedienung von `cfdisk` ist selbsterklärend und einfacher als bei `fdisk`. Darüber hinaus wird die Nutzung durch bestimmte Details vereinfacht. So ist zum Beispiel die Größe der Partitionen in Megabyte dargestellt.

28.5.7 mkfs

Nachdem man eine Partition erstellt hat, möchte man sie in der Regel noch mit dem richtigen Dateisystem versehen. Dazu gibt es unter Linux das Tool `mkfs`. Anzugeben sind das zu formatierende Device sowie der Typ des gewünschten Dateisystems. Je nach Wahl sind dann auch noch weitere, spezifische Dateisystem-Optionen möglich.

Das Dateisystem kann bei `mkfs` nach dem Parameter `-t` übergeben werden, alternativ kann man auch gleich das entsprechende Pendant benutzen, dem man nur noch das zu formatierende Device übergeben muss: `mkfs.ext2`, `mkfs.ext3`, `mkfs.ext4`, `mkfs.vfat`.

```
swendzel$ dd if=/dev/zero bs=1M count=10 of=file.fs
10+0 records in
10+0 records out
10485760 bytes (10 MB) copied, 0.0449227 s, 233 MB/s
swendzel$ mkfs.ext4 file.fs
mke2fs 1.41.4 (27-Jan-2009)
file.fs is not a block special device.
Proceed anyway? (y,n) y
Filesystem label=
```

```
OS type: Linux
Block size=1024 (log=0)
Fragment size=1024 (log=0)
2560 inodes, 10240 blocks
512 blocks (5.00%) reserved for the super user
First data block=1
Maximum filesystem blocks=10485760
2 block groups
8192 blocks per group, 8192 fragments per group
1280 inodes per group
Superblock backups stored on blocks:
8193

Writing inode tables: done
Creating journal (1024 blocks): done
Writing superblocks and filesystem accounting information: done

This filesystem will be automatically checked every 31 mounts or
180 days, whichever comes first.  Use tune2fs -c or -i to
override.
```

Listing 28.26 Anlegen eines ext4-Dateisystems in einer Datei

28.5.8 tune2fs

Wie Sie sicherlich bemerkt haben, besitzt ein ext-Dateisystem mehrere Parameter, wie beispielsweise den Zeitraum beziehungsweise die maximale Anzahl von Mounts, nach dem bzw. der eine Partition spätestens durch fsck überprüft wird. Solche Parameter kann man über das Tool tune2fs mit dem entsprechenden Argument ändern. Die wichtigsten Parameter sind hier zusammengefasst:

- **-c max_mounts_count**
  Mit diesem Parameter ändern Sie die Anzahl der Mounts, nach denen das Dateisystem spätestens neu überprüft wird.

- **-C mount_count**
  Hier können Sie einstellen, wie oft das Dateisystem schon gemountet wurde, ohne überprüft zu werden.

- **-m reserved_blocks_percent**
  Wie viele Prozent des Plattenplatzes sollen für den Superuser reserviert bleiben? Achtung: Diesen Wert sollten Sie nicht auf Null setzen, um bei Problemen mit einer vollen Platte zumindest als root noch alles ins Reine bringen zu können.

- **-i interval(d|m|w)**
  Mit diesem Parameter legen Sie die maximale Zeit zwischen zwei Checks des Dateisystems fest. Dieser Parameter »konkurriert« mit der Anzahl der maximalen Mounts darum, das Dateisystem zu einem Check zu zwingen.

Natürlich muss man beim Aufruf von `tune2fs` noch das entsprechende Device angeben, auf das die Operation ausgeführt werden soll. Ein Beispiel erwartet Sie in den Aufgaben am Ende des Kapitels.

28.5.9 fsck

Wenn man das Dateisystem nicht ordentlich herunterführt, wird beim nächsten Booten das `fsck`-Tool für die entsprechende Partition gestartet. Natürlich können Sie das Programm auch von Hand starten und Ihr Dateisystem auf Inkonsistenzen prüfen. Dies ist jedoch nur sehr selten notwendig, beispielsweise wenn Sie einen produktiven Server mit großer Uptime laufen haben und auf Nummer sicher gehen wollen.

Des Weiteren wird bei den meisten Distributionen automatisch – etwa nach 30 Bootvorgängen – eine Überprüfung des Dateisystems durchgeführt.

Den Erfolg von `fsck` können Sie übrigens auch über Shellskripte prüfen, da der Rückgabewert dieses Programms vom Resultat der Überprüfung abhängig ist. Dieser Rückgabewert wird dabei aus der Summe von verschiedenen Meldungen gebildet: »0« steht für eine erfolgreiche Überprüfung, »1« besagt, dass Dateisystemfehler bereinigt wurden, »2«, dass das System rebootet werden sollte, und »4« weist auf nicht korrigierte Fehler hin. Weitere Werte sind »8« (Fehler während der Ausführung), »16« (Bedienungsfehler, zum Beispiel bei Übergabe falscher Parameter), »32« (das Programm wurde durch den Benutzer unterbrochen) und »128« (Fehler durch eine Bibliothek). Falls mehrere Dateisysteme gleichzeitig überprüft werden, werden die Rückgabewerte durch ein bitweises ODER verknüpft.

Rückgabewert

28.6 Neue Festplatten integrieren

Wie Sie bereits wissen, werden Speichermedien mit dem Programm `(c)fdisk` partitioniert.

Gesetzt den Fall, dass in Ihrem Rechner bisher nur eine Platte (*/dev/sda*) integriert ist, wird die neue Platte wahrscheinlich die Bezeichnung */dev/sdb* tragen.

28.6.1 Formatieren

Die Formatierung wird mit dem für das zukünftige Dateisystem gedachten Programm erledigt, also zum Beispiel `mke2fs` für das alte Linux-Dateisystem ext2 oder mkreiserfs für das Reiser-Dateisystem.

```
# mkreiserfs /dev/sdb1
```

Listing 28.27 Formatierung einer Partition

28.6.2 Mountpoint festlegen

Nun muss lediglich noch der Mountpoint für die neue Platte erstellt werden. Eventuell sollte eine dauerhafte Mount-Zeile in der Datei *fstab* angelegt werden.[13]

```
# mkdir /var/www/htdocs/pub
# mount /dev/sdb1 /var/www/htdocs/pub
```

Listing 28.28 Einbinden der neuen Partition

28.7 USB-Sticks und -Platten, Digitalkameras und Co.

USB-Speichermedien (dazu zählen beispielsweise Digitalkameras, MP3-Player, USB-Sticks und USB-Festplatten) sind zurzeit sehr beliebt. Auch für größere Datenmengen sind diese Platzwunder schon recht brauchbar. Aus diesem Grund wollen wir Ihnen nun die Linux-Nutzung dieser Hardware näher erläutern.

Devices ansprechen

Ein USB-Speichergerät wird als SCSI-Festplatte erkannt.[14] Das bedeutet, dass das Device als */dev/sdb1* oder ähnlich bezeichnet wird. Die Gerätebezeichnung erhalten Sie, wenn Sie sich die Syslog-Meldungen ansehen, die nach dem Anschließen erzeugt werden.

```
$ tail /var/log/messages
Aug 13 16:27:46 steffenmobile kernel: [21971.865880]  sdb: sdb1
Aug 13 16:27:46 steffenmobile kernel: [21972.318813] sd 6:0:0:0: [sdb]
Attached SCSI disk
```

Listing 28.29 Gerätebezeichnung für ein USB-Gerät herausfinden

Um das (Un-)Mounten zu vereinfachen, fügen wir folgende Zeile in die */etc/fstab* ein, wobei das Gerät in diesem Fall */dev/sda1* wäre:

---

13 Mehr zu *fstab* erfahren Sie in Kapitel 14, »Grundlegende Verwaltungsaufgaben«.
14 Wir benötigen also SCSI-Support im Kernel!

```
/dev/sdb1   /mnt/usb   vfat   rw,noauto,owner,user   0 0
```
Listing 28.30 Der USB-Stick in der fstab

Jetzt können wir den Stick ganz einfach mit `mount /mnt/usb` mounten. Ganz wichtig: Vor dem Herausziehen des Sticks müssen wir ihn wieder unmounten!

Ohne entsprechenden Eintrag in der *fstab*-Datei lässt sich ein USB-Stick natürlich auch mounten. Entweder man gibt keine Partition an und verwendet den Dateisystem-Typ *usbfs* (`mount -t usbfs /dev/sdb /mnt/usb`), oder aber man gibt die Partition sowie deren Dateisystem-Typ wie in der obigen *fstab* direkt an (`mount -t vfat /dev/sdb1 /mnt/usb`).

28.8 Zusammenfassung

Festplatten bestehen aus rotierenden Magnetscheiben, von denen Daten mittels Lese-/Schreibköpfen gelesen werden können. Diese Daten werden dabei in 512-Byte-Blöcken gespeichert. Um eine Festplatte oder Partition nutzen zu können, benötigt man ein Dateisystem. Dieses fasst in der Regel mehrere Festplattenblöcke zu Dateisystemblöcken zusammen und ermöglicht erst Dateinamen und jegliche Metadaten für Dateien.

ext2, ext3 und ext4 sind die Standard-Dateisysteme für Linux. Ebenso weit verbreitet ist ReiserFS oder in der BSD-Welt UFS. Wenn man dabei auf Ausfallsicherheit Wert legt, sollte ein Dateisystem Journaling-fähig sein. Über Loop-Devices kann man Dateien als Dateisysteme mounten, und mittels `fdisk` können Sie Festplatten partitionieren. Mit `hdparm` kann man Festplatten sogar tunen.

28.9 Aufgaben

mkfs

Stellen wir uns vor, Sie hätten eine neue Festplatte gekauft und bereits partitioniert. Nun wollen Sie die Partition mit ext3 formatieren und schließlich einbinden. (Weil Sie Ihr ganzes Geld aber schon für dieses Buch ausgegeben haben, nehmen Sie doch einfach eine Ramdisk wie */dev/ram0*.) Wie gehen Sie vor?

tune2fs

Sie wollen die Zahl der für `root` reservierten Blöcke auf Ihrer Ramdisk-Partition ändern. Wie gehen Sie vor?

*»Mache alles so einfach wie möglich,
doch nicht einfacher.«*
– Albert Einstein

29 Virtualisierung und Emulatoren

In diesem Kapitel beschäftigen wir uns mit Emulatoren und virtuellen Maschinen (VMs) unter Linux.

Durch *Virtualisierung* oder *Emulation* einer Systemumgebung wird es möglich, unter Linux auch Anwendungen für andere Betriebssysteme beziehungsweise sogar komplette Betriebssysteme zu betreiben.

29.1 Einführung

Zuerst einmal wollen wir die Begriffe klären. Virtualisierung und Emulation sind zwar verwandt, aber nicht zu verwechseln.

29.1.1 Betriebssystem-Virtualisierung

In Kapitel 5, »Der Kernel«, wurde Virtualisierung bereits so definiert, dass dabei vorhandene Ressourcen wie Speicher oder CPU-Rechenzeit unter den laufenden Prozessen aufgeteilt werden.

Wenn von der Virtualisierung ganzer Systeme die Rede ist, meint man den Betrieb verschiedener Betriebssystem-Instanzen oder virtueller Maschinen auf einem physischen System. Damit man nun zwei oder mehr unabhängige Linux-Systeme oder auch Windows und Linux parallel auf derselben Maschine betreiben kann, benötigt man einen *Hypervisor*.

Virtuelle Maschine

> Ein Hypervisor ist eine Software, die eine Umgebung für virtuelle Maschinen bereitstellt bzw. diese verwaltet.

Für die Virtualisierung von Betriebssystemen gibt es unterschiedliche Hypervisor-Technologien mit jeweils eigenen Vor- und Nachteilen:

▶ **Virtualisierung mittels Container / Zone / Jail**
Hier wird eine komplette Betriebssystemumgebung innerhalb eines abgeschlossenen *Containers* zur Verfügung gestellt. Charakteristisch für diese Virtualisierungsform ist, dass nur ein Kernel des Betriebssystems läuft, der die jeweiligen Container verwaltet und eine saubere Trennung sicherstellt. Mit dieser Virtualisierungsform können selbstverständlich jeweils nur gleiche Betriebssysteme virtualisiert werden, die Virtualisierung eines Windows-Systems unter Linux ist hier nicht möglich.

Diese Virtualisierung existiert unter verschiedenen Unix-Varianten: Unter Solaris spricht man von *Zones*, unter FreeBSD von *Jails*.[1] Unter Linux gibt es *User Mode Linux*, das ebenfalls eine Variante eines Containers darstellt.[2]

Bei dieser Virtualisierung ist der Hypervisor eigentlich der Kernel selbst.

▶ **Virtualisierung in Software**
Bei der Virtualisierung in Software läuft der Hypervisor als eigenes Programm auf einem vollwertigen Betriebssystem und nutzt dessen Treiber.

Vorteil ist hier, dass kaum Anpassung an das zugrunde liegende Wirtssystem notwendig ist. Weiterhin hat jede virtuelle Maschine im Gegensatz zu einer Container-Virtualisierung einen eigenen vollwertigen Kernel. Ein wesentlicher Nachteil können jedoch Performanceinbußen sein, die aufgrund eventuell mangelnder Hardwareunterstützung für solche Virtualisierungslösungen entstehen können – schließlich laufen die virtuellen Gastsysteme nicht parallel auf einer geteilten Hardware, sondern mehr oder weniger innerhalb des Wirts-Betriebssystems.

Beispiele für diese Art der Virtualisierung wären VMware Workstation, VirtualBox oder QEMU (ohne KVM).

▶ **Hardware-Virtualisierung**
Im Gegensatz zur Software-Virtualisierung läuft der Hypervisor hier direkt auf der Hardware und bringt in der Regel seine eigenen Treiber mit. Alle virtuellen Gastsysteme laufen somit direkt auf der zugrunde liegenden Hardware parallel neben dem »kontrollierenden« Hypervisor, was im Vergleich zur Software-Virtualisierung deutliche Performance-Vorteile mit sich bringt. Das in einer virtuellen Maschine ausgeführte Gastsystem muss somit jedoch auch kompatibel zur eingesetzten Hardware sein. Selbstverständlich nutzen die virtuellen Gastsysteme ebenfalls einen eigenen Kernel.

---

[1] Unter OpenBSD lässt sich durch Kombination von `chroot` und `systrace` Ähnliches bewirken.
[2] Jedoch wird hier – im Widerspruch zur »reinen Lehre« – innerhalb eines Containers wieder ein spezieller User-Mode-Linux-Kernel gestartet.

Eine besondere Form der Hardware-Virtualisierung ist die *Paravirtualisierung*: Hier wird die gemeinsam genutzte Hardware vom Hypervisor zu einer generischen Schnittstelle abstrahiert, was in der Folge nur spezielle Gastsysteme beziehungsweise Gastsysteme mit speziell angepassten Kerneln erlaubt. Durch die vorgenommene Abstraktion kann die virtuelle Maschine aber besonders schlank und effizient gestaltet werden, was im Betrieb wiederum weitere Geschwindigkeitsvorteile bringt.

Paravirtualisierung

Beispiele für eine Hardware- beziehungsweise Paravirtualiserung sind beispielsweise VMware ESX Server oder auch Xen unter Linux.

Aber Achtung: Die Literatur ist in diesen Definitionen nicht eindeutig, auch viele Hersteller nutzen dieselben Begriffe in teilweise unterschiedlichen Bedeutungen. Passen Sie also auf, wenn Sie anderswo mit diesen Begriffen konfrontiert werden und hinterfragen Sie gegebenenfalls den Kontext. Für unser Verständnis und das weitere Kapitel sind diese Definitionen aber eindeutig und mehr als ausreichend.

29.1.2 Emulation

Während eine Virtualisierung also immer etwas vorhandenes – im Regelfall Systemressourcen – aufteilt, wird bei einer Emulation etwas nachgebildet, was eigentlich nicht da ist. Meist handelt es sich bei diesen »Nachbildungen« um spezielle Schnittstellen oder gleich ganze Systemumgebungen.

Analog zum Hypervisor ist ein Emulator eine Software, die eine fremde Systemumgebung (gegebenenfalls in Teilen) nachbildet.

Ein Emulator ist nach dieser Definition im Gegensatz zum Hypervisor immer ein Programm, das innerhalb Ihres Betriebssystems läuft.

Ein spezielles Beispiel für Emulatoren ist dabei der Hardware-Emulator Bochs, der beispielsweise einen PowerPC-Prozessor unter einem normalen x86-Linux nachbilden kann. Innerhalb dieser Hardware-Emulationen können nun wieder ganze Betriebssysteme installiert (und gegebenenfalls auch betrieben) werden. In der Praxis wird der Bochs-Emulator vor allem zur Entwicklung und zum Testen diverser Betriebssystem-Portierungen benutzt.

Hardware-Emulator

Die meisten Emulatoren beschränken sich jedoch typischerweise darauf, Anwendungen auszuführen, die eigentlich für andere Betriebssysteme programmiert wurden. Der Einsatz eines solchen Emulators würde den Betrieb einer virtuellen Maschine mit einem separaten Betriebssystem ersetzen – ein wichtiger Aspekt, wenn Ressourcen knapp sind und nur einzelne Fremdanwendungen betrieben werden sollen.

[zB] Zum besseren Verständnis des Unterschieds zwischen Hypervisor und Emulatoren wollen wir Ihnen noch ein konkretes Beispiel geben: Sie haben auf Ihrem Computer Linux installiert, möchten aber unbedingt dieses tolle Windows-Spiel spielen. Für diesen Fall benötigen Sie entweder eine virtuelle Maschine, innerhalb derer Sie nun Windows und darin das jeweilige Spiel installieren können, oder Sie verwenden einen Emulator, der alle benötigten Schnittstellen nachbildet und direkt Windows-Programme ausführen kann – und installieren das Spiel innerhalb dieses Emulators.

In den folgenden Abschnitten werden wir auf konkrete Virtualisierungstechnologien und Emulatoren eingehen – und das auch, aber nicht nur, um Windows-Spiele unter Linux nutzen zu können.

29.2 Wine, Cedega und Crossover

Laufzeitumgebung
Betrachten wir zunächst die Laufzeitumgebung Wine. Wine steht für »Wine is not (an) emulator« und ist tatsächlich kein »echter« Emulator, sondern stellt eine Laufzeitumgebung für Windows-Programme auf POSIX-Systemen zur Verfügung. Bei Wine handelt es sich um eine freie Software, mit der sich viele Windows-Programme auch unter Linux oder BSD ausführen lassen. Wine kann auch ohne vorhandene Windows-Installation genutzt werden.

Alle Laufzeitaufrufe der ausgeführten Windows-Programme werden durch Wine an den Kernel oder das X-Window-System weitergeleitet. Wine unterstützt dabei die APIs aller gängigen und ehemaligen Windows-Versionen von 3.1 über 95, 98 bis hin zu Windows XP und Vista – allerdings unterschiedlich gut. Aktuell werden jedoch bereits ca. 70 Prozent aller Windows-Systemaufrufe unterstützt. Da es noch keine vollständige Unterstützung gibt und regelmäßig neue Funktionen hinzukommen, hat Wine (zumindest in den Entwickler-Versionen) auch einen entsprechend schnellen Release-Zyklus mit häufigen Updates.

Cedega und CrossOver sind zwei kommerzielle Varianten oder *Forks*[3] von Wine.

29.2.1 Cedega

Cedega ist eine Variante, die sich besonders der DirectX-Unterstützung widmet und sich damit besonders unter Spielern einer großen Beliebtheit erfreut. Jedoch steht Cedega in der Kritik, da es sich zwar der ursprünglichen Wine-Sourcen bedient, aber keinen Code an das Wine-Projekt zurückgibt.

---

[3] »Forks« nennt man – analog zum Systemcall *fork()* – auf einem Code-Zweig der Ursprungssoftware basierende Varianten freier Softwareprojekte.

Möglich wurde das, da Wine früher unter einer Lizenz ohne *Copyleft*, das heißt, ohne die Verpflichtung, abgewandelten Code wieder frei verfügbar zu machen, veröffentlicht wurde. Cedega konnte also den Code übernehmen, modifizieren und als proprietäre Software kommerziell verwerten.

Cedega begründet das Zurückhalten des Quellcodes damit, dass lizenzierter Code zum Einsatz komme, um mit Kopierschutzmechanismen neuerer Spiele arbeiten zu können – und deren zugrunde liegende Lizenzen eine Veröffentlichung des Codes verböten. Da das Wine-Projekt jedoch mittlerweile die verwendete Lizenz (nicht zuletzt wegen Cedega) geändert hat, basiert Cedega auf einer älteren Version des Wine-Quellcodes und kann von neuen Entwicklungen nicht mehr profitieren.

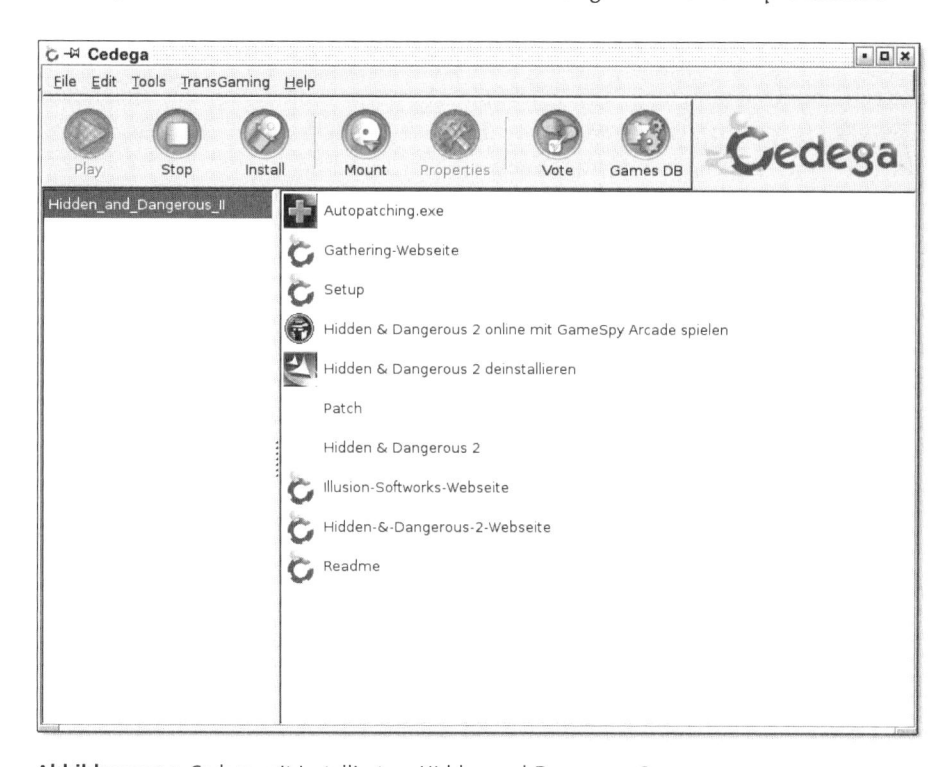

Abbildung 29.1 Cedega mit installiertem Hidden and Dangerous 2

Unabhängig von dieser Kontroverse ist Cedega oft die Software der Wahl, wenn es darum geht, unter Linux aktuelle Spiele spielen zu können. Auf der Webseite der Cedega-Hersteller (*cedega.com*) gibt es eine Spieledatenbank, in der Sie nachschauen können, wie gut welches getestete Windows-Spiel unter Cedega funktioniert.

29.2.2 CrossOver

Anders als Cedega fließen die Änderungen, die in den kommerziellen Wine Versionen von CrossOver getätigt werden, wieder in das Ursprungsprojekt zurück. CrossOver ist dabei der Sammelbegriff für drei kommerzielle Produkte der Firma Codeweavers:

- CrossOver Linux
- CrossOver Games
- CrossOver Mac

Früher war CrossOver auch als *CrossOver Office* bekannt und speziell für Microsoft Office ausgelegt. Mittlerweile werden aber deutlich mehr Anwendungen unterstützt, deren Unterstützung man ebenfalls über eine Datenbank des Herstellers nachvollziehen kann. Auf der Webseite der Firma CodeWeavers (*codeweavers.com*) finden Sie alle benötigten Informationen.

29.2.3 Wine

Aber kommen wir zurück zu Wine. Trotz des Fakts, dass Wine nicht die komplette Windows-Laufzeitumgebung abbildet, ist die Liste der unterstützten Tools und Programme relativ lang. Auf der Webseite *http://appdb.winehq.org/* können Sie nachsehen, ob und wie ein bestimmtes Programm unterstützt wird. So ist es mit Wine beispielsweise möglich, die wichtigsten Komponenten von Microsoft Office unter Linux zum Laufen zu bringen oder auch populäre Spiele unter dem freien Betriebssystem zu spielen.

Wine Application Database

Bevor Sie den Einsatz von Wine in Betracht ziehen, wollen Sie wahrscheinlich wissen, ob die von Ihnen gewünschte Anwendung überhaupt von ihm unterstützt wird. In diesem Fall konsultieren Sie am besten die Wine Application Database, kurz *AppDB*, die Sie auf *http://appdb.winehq.org* erreichen können.

Diese beantwortet nicht nur die Frage, ob eine Applikation überhaupt unter Wine läuft, sondern auch wo gegebenenfalls noch Probleme liegen beziehungsweise welche Anpassungen an der Konfiguration von Wine vorgenommen werden müssen. Dabei erfolgt eine Einstufung in die folgenden Kategorien:

- **Platinum**
  Eine als *Platinum* bewertete Applikation muss ohne Einschränkungen out-of-the-box in einer Wine-Umgebung laufen. Es sind keine Änderungen an der Wine-Konfiguration notwendig.

- **Gold**
  Eine als *Gold* bewertete Applikation läuft ohne Einschränkungen in Wine, benötigt dafür jedoch einige besondere Einstellungen oder auch Drittsoftware.

- **Silver**
  Eine als *Silver* bewertete Applikation darf keine Einschränkungen im »normalen« Gebrauch aufweisen. Beispielsweise sollte bei Spielen mindestens der Single-Player-Modus funktionieren, auch wenn der Multiplayer-Modus beispielsweise noch nicht unterstützt wird.

- **Bronze**
  Eine *Bronze*-Applikation hat dagegen selbst bei »normaler« Nutzung deutliche Einschränkungen.

- **Garbarge**
  Wenn eine Applikation nicht annähernd so verwendet werden kann, wie es vorgesehen ist, wird sie als *Garbage* (dt. Müll) bewertet.

In der AppDB können die Wine-Benutzer auch entsprechend abstimmen, welchen Applikationen beziehungsweise potenziellen Wine-Features sich die Entwickler als Nächstes widmen sollen. Die Community hat somit ein deutliches Mitspracherecht.

Wine in der Praxis

Um Wine zu nutzen, rufen Sie einfach die entsprechende EXE-Datei als Argument des Programmes `wine` auf:

```
C:\> setup.exe /argument1
```

Listing 29.1 Aufruf in Windows

```
$ wine setup.exe /argument1
```

Listing 29.2 Äquivalenter Aufruf unter Linux über Wine

Wenn Sie in Ihrem Aufruf einen Blackslash (\) verwenden, wie dies typischerweise bei Windows-Pfadangaben der Fall ist, so müssen diese in der Bash jedoch noch einmal *escapet* werden – ein Backslash wird dabei zu einem Doppel-Backslash:

```
$ wine tool.exe c:\\Programme\\tool
```

Listing 29.3 Aufruf mit Pfadangabe

Wine konfigurieren

Apropos Pfade: Damit sich alle ausgeführten Windows-Anwendungen auch unter Linux wohlfühlen, stellt Wine ihnen entsprechend ein »Laufwerk C:« zur Verfügung.

In der Realität wird dabei aber nur ein einfaches Unterverzeichnis in den Tiefen des Home-Verzeichnisses des jeweiligen Nutzers abgebildet:

```
$ ls ~/.wine/drive_c/
Programme  windows
```

Listing 29.4 Das Laufwerk C: mit Wine unter Linux

Mithilfe des Tools `winecfg` können Sie grundlegende Einstellungen in Wine ändern. So können hier auch die Mappings der einzelnen Laufwerke umgestellt werden, womit Sie beispielsweise Ihrem unter */media/cdrom0* gemounteten CD/DVD-Laufwerk auch den Laufwerksbuchstaben D: zuweisen:

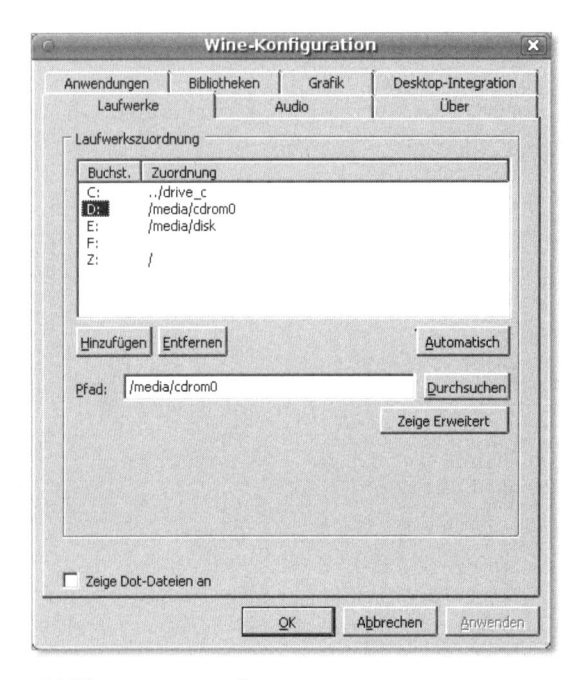

Abbildung 29.2 winecfg

In der AppDB gibt es oft über die Benutzung von `winecfg` deutlich hinausgehende Hinweise und Tipps dazu, wie die für einen reibungslosen Start einer bestimmten Anwendung notwendigen Änderungen vorzunehmen sind.

Bei weiteren Fragen und Problemen rund um Wine konsultieren Sie am besten auch den Hilfe-Bereich der offiziellen Wine-Webseite: *http://www.winehq.org/help/*. Sie finden dort neben einem Wiki, Foren, Mailinglisten und IRC-Chats sogar Möglichkeiten, an einen kommerziellen Support für Wine zu kommen.

29.3 ScummVM

Beim populären ScummVM (*www.scummvm.org*) handelt es sich um ein Programm, das alte Grafik-Adventures auf modernen Systemen spielbar macht. Alte Adventures wie beispielsweise die Original-*Monkey-Island*-Reihe von LucasArts oder die Abenteuer von *Simon the Sorcerer* (Adventure Soft) nutzen oft eine interpretierte Skriptsprache, um Figuren, Hintergründe, Gegenstände und Aktionen zu verbinden und zum Leben zu erwecken. ScummVM interpretiert diese Sprachen und macht damit diese alten Spiele auf vielen verschiedenen Plattformen verfügbar – unter anderem auch unter Linux und BSD.

Alte Adventures spielen

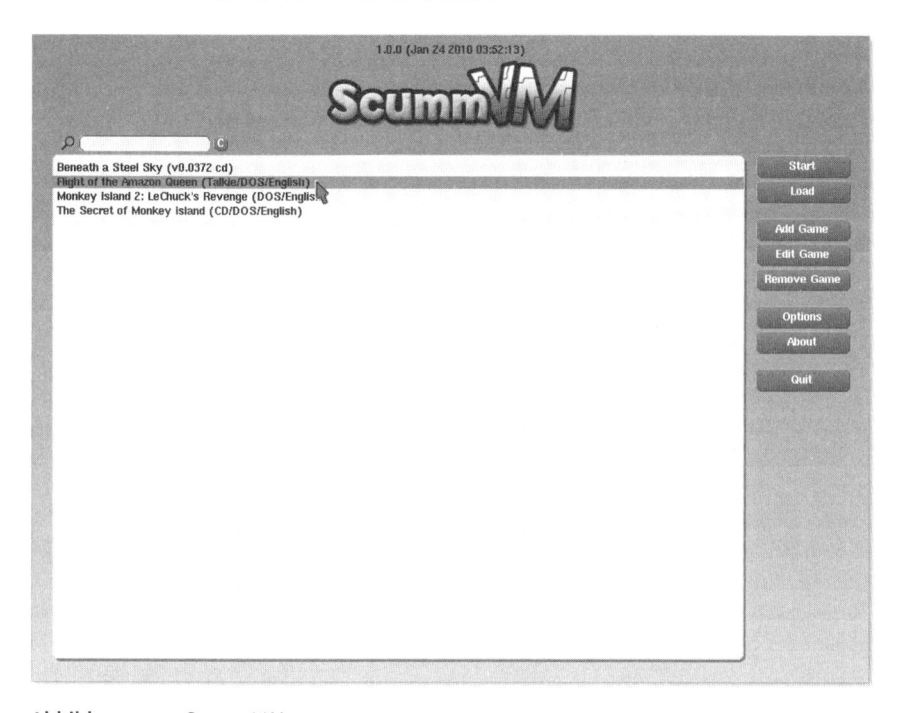

Abbildung 29.3 ScummVM

ScummVM wurde ursprünglich entwickelt, um alte LucasArts-Spiele mit dem SCUMM-Skriptsystem zu interpretieren. Mittlerweile werden aber mehr Skriptsprachen als nur SCUMM[4] unterstützt, so dass auch die Spiele anderer Hersteller nach und nach lauffähig werden. Das Tool ermöglicht es dabei nicht nur, alte Adventures entsprechend unter Linux zum Laufen zu bringen, sondern bringt im Vergleich zum Original-Gameplay einige Verbesserungen wie eine höhere Auflösung, Effekte wie Kantenglättung und eine erweiterte Speicherfunktion mit.

---

4 Der Namensbestandteil »VM« des Projektnamens steht dabei für »virtuelle Maschine«.

29.3.1 Klassiker und Open-Source-Spiele

Auch bei ScummVM benötigen Sie in jedem Fall eine Originalversion der Spiele, die heutzutage jedoch als »Klassiker« zu besonders rabattierten Preisen zu haben sind. Eine Liste der unterstützten Spiele finden Sie auf *www.scummvm.org/compatibility/*.

Manche Spiele – wie beispielsweise *Flight of the Amazon Queen* – wurden aber auch als Open Source freigegeben oder wurden gleich ganz als Open-Source-Projekt entwickelt. Falls die Spiele nicht sogar bei der Distribution Ihrer Wahl mit enthalten sind, können Sie über die Webseite des Projekts auch alle als Open Source verfügbaren Titel direkt herunterladen: *www.scummvm.org/downloads/#extras*.

29.3.2 Spiele installieren

Nach dem Start von `scummvm` muss ein neues Spiel zuerst zur Liste der verfügbaren Spiele hinzugefügt werden. Dazu geht man auf ADD GAME und wählt den Pfad des entsprechenden Spiels. Im Anschluss kann das Spiel gestartet und ganz normal gespielt werden.

Abbildung 29.4 Flight of the Amazon Queen

29.4 Oldie-Emulatoren und Nostalgie

Sie möchten noch einmal DOS-Programme ausführen oder Spiele Ihres alten Amiga 500 spielen? Auch dies ist unter Linux mit den freien Emulatoren *DOSBox* und *UAE* (*Unix Amiga Emulator*) möglich. Im Folgenden werden wir diese vorstellen.

29.4.1 DOSBox

Als Emulatoren für MS-DOS stehen sowohl DOSBox als auch DOSEmu zur Verfügung. In diesem Buch werden wir uns auf DOSBox konzentrieren. DOSBox wird über den Befehl `dosbox` gestartet, worauf ein DOS-ähnliches Terminal erscheint.

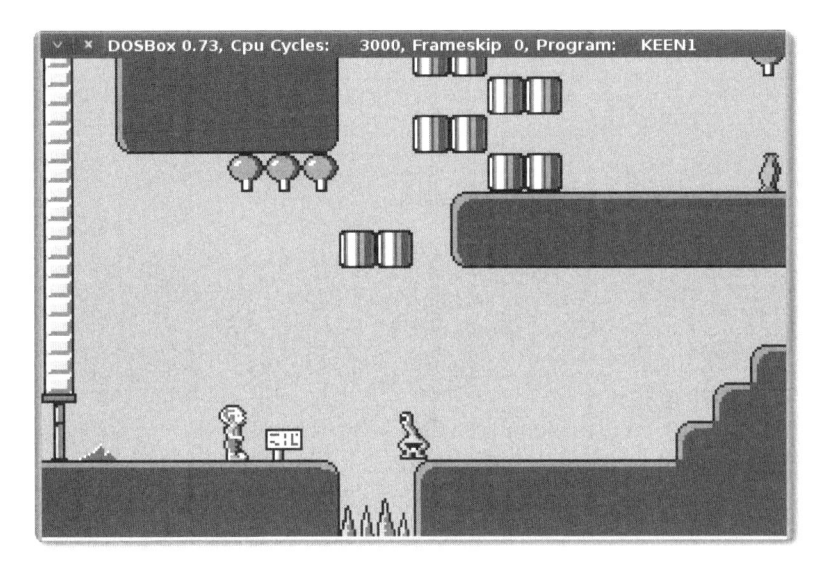

Abbildung 29.5 DOSBox mit Commander Keen 1

Die Konfigurationsdatei Ihrer DOSBox-Version finden Sie nach erstmaligem Start im Verzeichnis ˜/.dosbox. Die meisten Einstellungen in dieser Datei müssen kaum geändert werden, doch möchten wir auf die Variable `keyboardlayout` hinweisen, die in den meisten Fällen auf den Wert `auto` gestellt sein dürfte. Für ein deutsches Tastaturlayout müssen Sie der Variable den Wert `gr` zuweisen, woraufhin DOSBox beim Starten die Meldung »DOS keyboard layout loaded with main language code GR for layout gr« ausgeben sollte.

Konfiguration

```
keyboardlayout=gr
```

Listing 29.5 Deutsches Tastaturlayout in DOSBox

Möchten Sie DOS-Programme aus einem bestimmten Verzeichnis starten, so empfiehlt es sich, zuvor mit dem Terminal direkt in dieses Verzeichnis zu wechseln und dann die entsprechende *exe*-Datei zu starten. Im Normalfall ist nichts Weiteres zu tun, um DOS-Programme zu verwenden.

Mounting Alternativ können Sie aber auch Verzeichnisse einbinden, also mounten. Im Gegensatz zum `mount`-Befehl von Linux hängen Sie ein Laufwerk in DOSBox jedoch nicht in ein Unterverzeichnis des Wurzelverzeichnisses ein, sondern weisen ihm einen Laufwerksbuchstaben zu. Als Parameter müssen Sie dem `mount`-Kommando den Laufwerksbuchstaben und das lokale Quellverzeichnis übergeben. Mit dem zusätzlichen Parameter `-t cdrom` teilen Sie DOSBox mit, dass es sich dabei um ein CD-/DVD-Laufwerk handelt.

```
C:\> mount Q: /tmp
Drive Q is mounted as local directory /tmp
```

Listing 29.6 Das Verzeichnis /tmp als Laufwerk Q: einhängen

29.4.2 UAE

Amiga 500 UAE emuliert die Hardware eines Amiga 500, wofür allerdings ein originales Kickstart-ROM eines solchen Amigas benötigt wird. Zwar sind diese ROMs auch auf nicht legalen Wegen im Internet zu finden, aber eigentlich sollte man den Kickstart von seinem eigenen Amiga laden und auf den Linux-Rechner übertragen.[5]

Um ein altes Amiga-Spiel zu spielen, sind mindestens die folgenden Schritte notwendig:

1. **Festlegen des Kickstart-ROMs**
   Geben Sie auf dem Reiter ROM den Pfad zur Kickstart-ROM-Datei an.

2. **Festlegen des Amiga Disk Files (ADFs)**
   Legen Sie auf dem Reiter FLOPPYS den Pfad zum Amiga Disk File (ADF) Ihres Spiels an. Sollten Sie keine eigenen Datenträger besitzen, finden Sie im Internet auch von Herstellern freigegebene Public-Domain-Spiele.

Anschließend können Sie noch Änderungen an den CPU- oder auch RAM-Einstellungen vornehmen. Der Emulator wird dann durch einen Klick auf RESET gestartet.

---

[5] Für den Fall, dass Sie einmal einen solchen Amiga besessen haben und eine dieser relativ eckigen Mäuse verwendeten: Der Komfortgewinn, den Sie durch die Nutzung Ihrer normalen PC-Maus am Rechner erzielen, ist enorm.

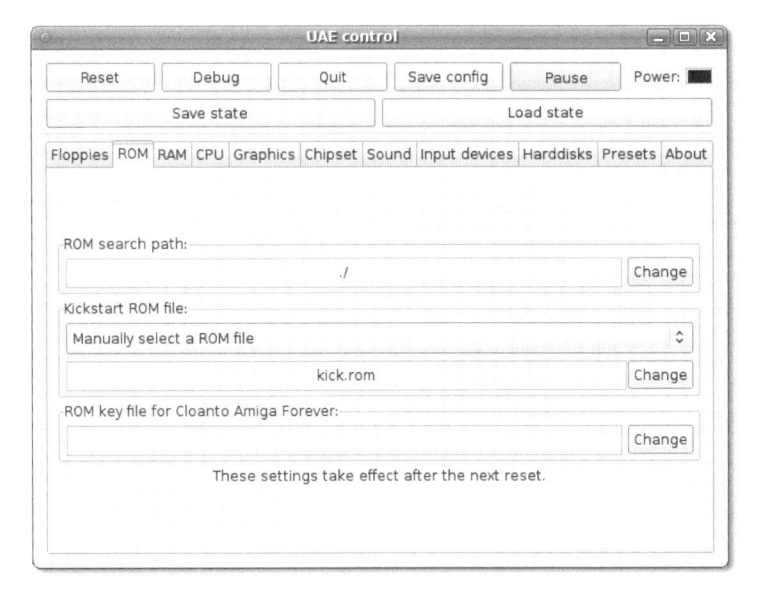

Abbildung 29.6 uae

29.4.3 Weitere Emulatoren

Für alle Leser, die sich einen Taschenrechner von Texas Instruments wünschen, steht mit *tiemu* ein Emulator für die Modelle TI-92, TI-92+ und TI-89 zur Verfügung. Auch hierfür wird das ROM des entsprechenden Systems benötigt, den man entweder direkt vom Gerät überträgt oder vom Hersteller kauft.

tiemu

Basilisk II ist ein offener Emulator für die Programme von alten 68k-MacOS-Rechnern, der den Mac Classic (Mac OS 0.x bis 7.5) und Mac II (Mac OS 7.x, 8.0 und 8.1) emulieren und Farbausgabe darstellen kann. Er umfasst Support für Ethernet, 1.44-MB-Diskettenlaufwerke, SCSI und CD-ROM.

Basilisk II

Es gibt noch eine ganze Reihe weiterer Emulatoren für fast vergessene Systeme. Hier ist eine kleine Auflistung:

- **apple2**
  ein Apple-II-Emulator für die Konsole

- **atari800**
  ein Emulator für Atari 800, 800XL, 130XE und 5200

- **coldfire**
  ein Emulator für den Freescale Coldfire 5206

- **DeSmuME**
  ein Emulator für Nintendo DS

- **dgen**
  ein Emulator für Sega Genesis/MegaDrive
- **fceu**
  ein Emulator für NES
- **gnbg**
  ein Game-Boy-Emulator
- **hatari**
  ein Emulator für Atari ST(e)
- **hercules**
  ein Emulator für IBM System/370 und ESA/390
- **nestra**
  noch ein NES-Emulator
- **pcsx**
  ein Emulator für die Sony PlayStation
- **pearpc**
  ein Emulator für die PowerPC-Architektur
- **simh**
  ein Emulator für über 30 verschiedene Großrechner und Minicomputertypen[6]
- **softgun**
  ein Emulator für ARM
- **spectemu**
  ein Emulator für den ZX80 (48K)
- **SPIM**
  ein Emulator für MIPS R2000/R3000
- **stella**
  ein Emulator für Atari 2600
- **ts10**
  ein Emulator für PDP-10, PDP-11 und VAX
- **vice**
  ein Emulator für VIC-20, C64, C128, CBM-II und PLUS/4

---

6 Aus der Ubuntu-Paketbeschreibung: DEC PDP-1, PDP-4, PDP-7 bis -11, PDP-15 und VAX (allerdings aus Urheberrechtsgründen ohne Microcode), Data General Nova, Eclipse, GRI-909, Honeywell 316, 516, HP 2100, IBM System 3 Model 10, 1401, IBM 1620 Model 1 und 2, Interdata 3 bis 5, 70, 80, 7/16, 8/16(E), Interdata 7/32, 8/32, SDS 940, LGP-21, LGP-30.

- **xtrs**
  ein Emulator für einige Z80-basierte Computer

- **zsnes**
  ein Emulator für Super Nintendo (SNES)

29.5 Hardware-Virtualisierung mit Xen

Im nächsten Abschnitt werden wir uns der Hardware-Virtualisierung mit *Xen* widmen. Xen stellt als Hypervisor eine Umgebung bereit, um verschiedene virtuelle Maschinen auf einer gemeinsamen Hardware parallel zu betreiben. Dabei werden von Xen sowohl Hardware-virtualisierte als auch paravirtualisierte Gastsysteme unterstützt.

Bei Xen handelt es sich dabei um reine Open-Source-Software. Auch wenn verschiedene Hersteller teilweise kommerzielle Management-Addons veröffentlicht haben, sind alle Funktionalitäten auch in der Open-Source-Variante verfügbar und – wenn vielleicht auch nicht ganz so komfortabel – über die Kommandozeile zu administrieren.

29.5.1 Die Xen-Architektur

Um die Xen-Administration zu verstehen, müssen wir zuerst die Architektur von Xen erläutern. Xen besteht aus drei wesentlichen Komponenten: dem Xen-Hypervisor, der privilegierten Dom0 sowie den eigentlichen virtuellen Maschinen, den DomUs.

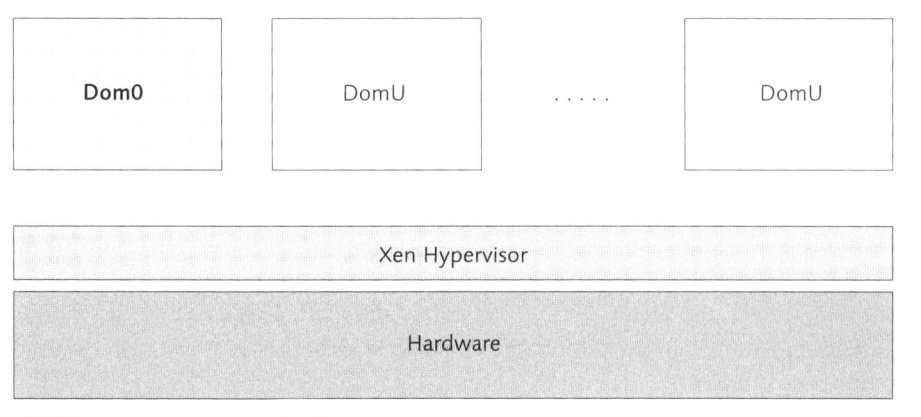

Abbildung 29.7 Die Xen-Architektur

Betrachten wir die einzelnen Komponenten konkreter:

▸ **Xen-Hypervisor**
Der Xen-Hypervisor ist eine Softwareabstraktionsschicht zwischen Hardware und den virtualisierten Gastsystemen beziehungsweise Domänen.

So wie der Kernel das Aufteilung der CPU und des Hauptspeichers für einzelne Prozesse übernimmt, kümmert sich der Hypervisor vorrangig um die Verteilung dieser Ressourcen auf die einzelnen Gastsysteme und steuert so deren parallele Ausführung. Der Hypervisor kümmert sich jedoch nicht um Netzwerk- beziehungsweise Massenspeicherzugriff. Dies ist Aufgabe der privilegierten Domäne 0 (Dom0).

▸ **Privilegierte Domain 0 (Dom0)**
Virtuelle Maschinen werden unter Xen als Gäste beziehungsweise Domänen bezeichnet. Die erste, unter dem Xen-Hypervisor gestartete Domain ist eine privilegierte Domain und wird als Domain 0 beziehungsweise Dom0 bezeichnet.

Die Dom0 wird vor allen weiteren Gastsystemen gestartet. Sie hat besondere Privilegien und interagiert mit dem Hypervisor. Über sie können alle weiteren Gastsysteme gesteuert werden.

▸ **Weitere Unprivilegierte Domains (DomU)**
Außer bei der speziell privilegierten Dom0 handelt es sich bei allen weiteren Gästen um unprivilegierte Gäste, sogenannte DomUs. Bei ihnen unterscheidet man paravirtualisierte (DomU PV) und hardwarevirtualisierte (DomU HVM) Gäste. Paravirtualisierte Gäste haben spezielle Kernel-Modifikationen beziehungsweise spezielle Treiber für Netzwerk und Storage, während hardwarevirtualisierte Gäste unverändert sind.

Da der Xen-Hypervisor nicht für I/O-Operationen wie Netzwerk- oder Storage- beziehungsweise Festplattenzugriffe zuständig ist, werden diese Aufgaben über die Dom0 erledigt. Diese besitzt dazu zwei spezielle Backend-Treiber, die die Steuerung der eigentlichen Hardware übernehmen: Der *Network Backend Driver* sowie der *Block Backend Driver*.

Kommunikation zwischen DomU PV und Dom0

Paravirtualisierte Gäste haben entsprechend zu den Backend-Treibern korrespondierende PV-Network- und PV-Block-Treiber im Gastsystem. Die Kommunikation zwischen DomU und Dom0 läuft dabei so ab, dass sich PV-Treiber in der DomU und Backend-Treiber in der Dom0 gemeinsame Speicherbereiche (*Shared Memory*) im Hypervisor teilen.

Möchte der paravirtualisierte Gast auf Netzwerk- oder Festplattenblöcke zugreifen, kann er über seine PV-Treiber in den gemeinsam genutzten Speicher schreiben und die Dom0 schließlich über einen Interrupt anweisen, die Anfrage auszuführen und beispielsweise den hinterlegten Datenblock auf die Festplatte zu schreiben.

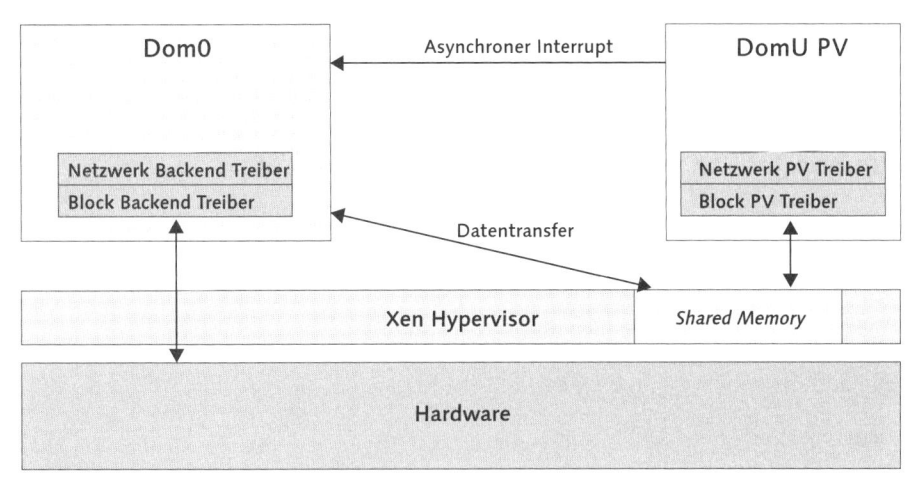

Abbildung 29.8 I/O von DomU PV-Gästen

Kommunikation zwischen DomU HVM und Dom0

Einem HVM-Gastsystem ist nicht bewusst, dass es virtualisiert ist und mit anderen virtuellen Maschinen auf einer gemeinsamen Hardware betrieben wird. Entsprechend muss Xen dafür sorgen, dass sich das Gastsystem entsprechend so initialisieren und verhalten kann, als wäre es allein auf der Hardware.

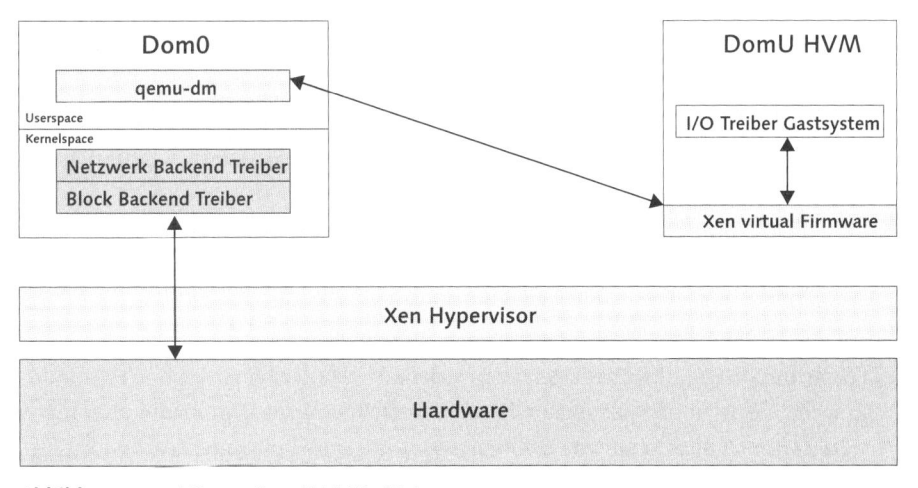

Abbildung 29.9 I/O von DomU-HVM-Gästen

Um genau das zu erreichen, wird die *Xen virtual Firmware* in den Speicher des DomU-HVM-Gastes geladen. Die virtuelle Firmware verhält sich gegenüber dem

Gastsystem so, wie es ein normales BIOS tun würde – jedoch kommuniziert die Firmware mit einem korrespondierenden Dienst (qemu-dm) in der Dom0. Dieser unterstützt die virtuelle Maschine bei allen I/O-Anfragen wie beispielsweise Zugriffen auf Netzwerk oder Festplatte.

Aufgrund der optimierten Kommunikation über spezielle paravirtualisierte Anpassungen beziehungsweise Treiber laufen DomU-PV-Gastsysteme deutlich performanter als DomU-HVM-Gastsysteme.

Steuerung der DomUs

Wie bereits erwähnt, werden die DomUs über die Dom0 gesteuert. Im Vordergrund gibt es für den Administrator vor allem das Kommandozeilentool xm, mit dem von der Dom0 aus alle DomUs gesteuert werden können. Im Hintergrund sind dabei folgende Komponenten involviert:

- **xm**
  xm ist das Kommandozeilen-Frontend, mit dem Domains erzeugt und verwaltet werden können. Alle dadurch erzeugten Kommandos werden an den in der Dom0 laufenden Dienst xend weitergereicht.

- **xend**
  Der Dienst xend führt die von xm angeforderten Kommandos aus und steuert die virtuellen Gäste. Um mit dem Hypervisor zu kommunizieren, nutzt xend die Bibliothek libxenctrl.

- **libxenctrl**
  Die Bibliothek kommuniziert über das Kernelmodul privcmd mit dem Hypervisor.

- **privcmd**
  Das Kernelmodul privcmd stellt die Kernel-Mode-Schnittstelle für die Kommunikation mit dem Hypervisor dar.

- **xenstored**
  Der Dienst xenstored verwaltet in der Dom0 die Konfigurationsdaten aller DomU-Gäste.

Viele Distributionen und vor allem kommerzielle Hersteller bieten eigene Frontends für Xen an, die irgendwo in dieser Kette ansetzen, um via Dom0 die jeweiligen Gäste zu steuern. Manchmal handelt es sich nur um ein Shellskript-Frontend zu xm, in anderen Fällen wird direkt mit dem xend oder vielleicht auch über die Nutzung der libxenctrl mit dem Hypervisor gesprochen.

29.5.2 Administration via xm

Da es sich bei xm um den kleinsten gemeinsamen Nenner der Xen-Administration handelt, wollen wir uns im Folgenden kurz mit diesem Tool befassen.

Die Installation

Davor aber ein kurzes Wort zur Installation: Sie haben prinzipiell die Wahl, ob Sie Xen aus den Paketquellen Ihrer Distribution oder aber aus den offiziellen Quellen per Hand installieren wollen. Ersteres ist potenziell einfacher durchzuführen und zu pflegen, da Abhängigkeiten sauber aufgelöst und Updates leichter eingespielt werden können. Gerade aber wenn die Distribution nicht die Versionnummern Ihrer Wahl zur Verfügung stellt, kann auch ein Selbstbau aus den offiziellen Xen-Quellcodes eine Option sein.

Zum Verständnis sei hier nur gesagt, dass Sie im Wesentlichen den Xen-Hypervisor im Bootloader (bspw. Grub) eintragen und so konfigurieren, dass er einen speziellen, Dom0-fähigen Linuxkernel startet. Das Dom0-System sollte weiterhin so angepasst werden, dass alle benötigten Dienste wie xend etc. beim Booten gestartet werden und alle benötigten Tools und Treiber vorhanden sind beziehungsweise geladen werden. Konkrete Anleitungen und Details zur Installation finden Sie auf den Webseiten Ihrer Distribution oder auf *xen.org*.

xm

Befassen wir uns nun kurz mit der Administration von Xen und betrachten wir dazu die wichtigsten Optionen des Tools xm:

- **console** *domain-id*
  Über diesen Befehl können Sie eine serielle Konsole zur benannten virtuellen Maschine bekommen. Meistens wird man zwar mit Tools wie SSH auf die virtuellen Gäste zugreifen, jedoch kann die Xen-Konsole für Debugging etc. genutzt werden.

  ```
  # xm console test1
  ************ REMOTE CONSOLE: CTRL-] TO QUIT ********
  ...
  ************ REMOTE CONSOLE EXITED ****************
  ```

  Listing 29.7 xm console

  Im Beispiel wird sich mit der Konsole auf der DomU »test1« verbunden. Die Konsolensitzung kann mit der Tastenkombination **Strg + J** wieder beendet werden.

- **create** *configfile name=wert*
  Über diesen Befehl wird eine neue DomU erzeugt beziehungsweise gestartet. Der Befehl erwartet eine Konfigurationsdatei beziehungsweise -parameter als Argument. Wesentliche Konfigurationsparameter sind beispielsweise der zu bootende Kernel, eine eventuell notwendige Init-Ramdisk, das Root-Dateisystem sowie Daten zu den bereitzustellenden Ressourcen wie CPU oder RAM:

```
# xm create /dev/null ramdisk=initrd.img \
   kernel=/boot/vmlinuz-2.6.12.6-xenU \
   name=ramdisk nics=0 vcpus=1 memory=64 root=/dev/ram0
```

Listing 29.8 xm create

Im Regelfall wird `xm create` aber nur mit einer DomU-Konfigurationsdatei als Argument aufgerufen, die man typischerweise irgendwo unter */etc/xen/* findet. Wenn man in */etc/xen/auto/* einen Link +auf die Konfigurationsdatei erstellt, wird die DomU beim Booten automatisch gestartet und der separate Aufruf von `xm create` entfällt.

- **list**
  Dieses Kommando listet alle aktuell gestarteten DomUs auf:

```
# xm list
Name                              ID Mem(MiB) VCPUs State   Time(s)
Domain-0                           0   423      1   r-----    721.4
```

Listing 29.9 xm list

Im Feld STATE kann man sehen, ob eine DomU beispielsweise gerade auf einer CPU läuft (Flag r), gerade aufgrund einer I/O-Anfrage blockiert ist (Flag b) oder gerade heruntergefahren wird (shutdown, Flag s).

- **shutdown** *domain-id*
  Dieses Kommando versucht eine gestartete DomU herunterzufahren.

- **destroy** *domain-id*
  Dieses Kommando schaltet eine gestartete DomU hart aus.

Sollte Ihnen die Administration via `xm` zu umständlich sein, gibt es auch grafische Tools wie `convirt` (früher bekannt als XenMan). Mit `convirt` steht eine recht reife Open-Source-Management-Lösung zur Verfügung, mit der ganze geclusterte Serverpools einfach verwaltet werden können.

Einen ersten Eindruck der Xen-Administration haben Sie nun. Aber leider können wir im Rahmen dieses Buches aus Platzgründen keine Referenz zur Xen-Administration abdrucken. Wenn Sie Details zu interessanten Features wie Live-Migrationen, Failover-Szenarien mit mehreren physischen Servern oder Setups mit direktem Hardware-Zugriff einzelner DomUs (*PCI-Passthrough*) suchen, seien Sie auf die zahlreichen Anleitungen und Tutorials im Netz verwiesen. Ein guter Startpunkt ist hier – neben der Suchmaschine Ihrer Wahl – ebenfalls die Webseite des Projekts: *xen.org*.

29.6 Hardware-Virtualisierung mit KVM

Die *Kernel Virtual Machine* – kurz: KVM (*linux-kvm.org*) – ist als Virtualisierungstechnologie eine ernsthafte Konkurrenz zu Xen. KVM ist eine Erweiterung des Linux-Kernels, so dass dieser eine Hardware-beschleunigte Virtualisierung von Gastbetriebssystemen ermöglicht.

29.6.1 Die KVM-Architektur

Im Gegensatz zu Xen, das einen eigenständigen Hypervisor nutzt, agiert bei KVM der Linux-Kernel nach dem Laden bestimmter Module selbst als solcher. Zwingende Voraussetzung dafür ist eine entsprechend aktuelle CPU mit Intel VT (Vanderpool) oder AMD-V (Pacifica) als Erweiterungen im Befehlssatz. Diese Erweiterungen ermöglichen es erst, dass mehrere Betriebssysteme parallel auf einer CPU ausgeführt und damit Gastbetriebssysteme ohne größeren Geschwindigkeitsverlust virtualisiert werden können.

Um Herauszufinden, ob Ihr Prozessor diese Erweiterung unterstützt, können Sie in der */proc/cpuinfo* bei den Prozessorflags nach `vmx` für Intel-VT oder `svm` für AMD-V suchen:

```
$ cat /proc/cpuinfo
[...]
flags     : fpu vme de pse tsc msr pae mce cx8 apic mtrr pge mca
            cmov pat pse36 clflush dts acpi mmx fxsr sse sse2 ss
            ht tm pbe lm constant_tsc arch_perfmon pebs bts
            aperfmperf pni dtes64 monitor ds_cpl vmx est tm2
            ssse3 cx16 xtpr pdcm lahf_lm tpr_shadow
[...]
```

Listing 29.10 Intel-CPU mit vmx-Flag

Um KVM zu aktivieren, müssen Sie zwei Kernelmodule laden: `kvm.ko` und – je nach Prozessortyp – `kvm-intel.ko` beziehungsweise `kvm-amd.ko`.

```
# modprobe kvm
# modprobe kvm-intel
```

Listing 29.11 KVM aktivieren

[»] Sollte sich `kvm-intel` beziehungsweise `kvm-amd` nicht laden lassen, kann es gut sein, dass Sie diese Erweiterung erst im BIOS Ihres Computers aktivieren müssen. Bei älteren Modellen – wie dem Laptop, auf dem dieses Kapitel entstand – kann dazu gegebenenfalls sogar ein BIOS-Update notwendig sein. Konsultieren Sie dazu bitte die Webseite Ihres Herstellers. Weiterhin können Sie weitere Hilfe und gute Tipps in der KVM-FAQ auf *www.linux-kvm.org/page/FAQ* finden.

Die KVM-Erweiterung stellt selbst nur die HVM-Infrastruktur beziehungsweise die Virtualisierungs-Schnittstellen bereit. Um die Hardware-Virtualisierung im Linux-Kernel auch konkret nutzen zu können, müssen Sie ein modifiziertes *QEMU* benutzen.

29.6.2 Administration via QEMU

Das ursprüngliche QEMU ist ein reiner Emulator, der als Programm im Userspace läuft und es über die Emulierung einer kompletten PC-Hardware inklusive BIOS etc. ermöglicht, ganze Betriebssysteme innerhalb eines normalen Linux-Systems auszuführen. Woher der Name QEMU stammt, weiß man nicht – in den FAQ der Software geben die Entwickler diese Frage als »unanswered« an.

Viele Architekturen Erwähnenswert ist, dass der QEMU-Emulator sehr viele CPU-Architekturen unterstützt. Sie können damit im Prinzip auf jedem Intel-Rechner auch Solaris für Sparc-Prozessoren installieren. Derzeit werden x86, x86_64, ARM, Sparc, Sparc64, PowerPC und MIPS gut unterstützt. Den aktuellen Entwicklungsstand der Architekturunterstützung können Sie jederzeit auf der QEMU-Webseite (*qemu.org*) unter STATUS nachlesen.

In Verbindung mit KVM wird aus QEMU schließlich eine echte Virtualisierungslösung. Dank der durch KVM nutzbaren Befehlssatzerweiterungen der Intel- bzw. AMD-Prozessoren kann im Vergleich zur einfachen Emulation ein spürbarer Geschwindigkeitsvorteil in der Ausführung von Gastbetriebssystemen erreicht werden. KVM unterstützt dabei nahezu alle Linux-Distributionen, Solaris, diverse BSD-Derivate sowie Windows als Gastsystem auf Ihrem Linux-Rechner – jedoch können im Gegensatz zur echten Emulation nur x86-basierte Gastbetriebssysteme virtualisiert werden.[7]

---

7 Schließlich wird der virtuellen Maschine kein Prozessor »vorgespielt« oder »emuliert«, sondern es wird auf den tatsächlich physisch vorhandenen Prozessor zugegriffen. An diesem Beispiel wird der Unterschied zwischen Emulation und Virtualisierung noch einmal besonders deutlich.

QEMU benutzen

Die Konfiguration beziehungsweise das Ausführen einer virtuellen Maschine geht erfreulich einfach vonstatten und besteht mehr oder minder nur daraus, QEMU entsprechende Aufrufparameter mit auf den Weg zu geben.

Zudem verfügt QEMU über eine hervorragende Netzwerkunterstützung. Das Betriebssystem in der QEMU Virtual Machine kann wie jeder andere Rechner im Netzwerk beispielsweise den DHCP-Server im LAN zur Konfiguration der Netzwerkkarte verwenden.

Netzwerkunterstützung

Zunächst erstellt man eine virtuelle Festplatte. Eine solche Platte wird im echten Dateisystem durch eine einzige Datei dargestellt. Innerhalb der virtuellen Maschine wird diese Datei durch die Software allerdings als »echte« Festplatte dargestellt.

Virtuelle Platte

Das Festplatten-Image wird durch das Programm `qemu-img` erstellt. Wir erstellen eine 1 GByte große Festplatte mit dem Dateinamen *hl.img*. Die Größe wird dabei in der Form »nM« für n Megabyte bzw. »nG« für n Gigabyte angegeben.

```
# qemu-img create hl.img 1G
Formating 'hl.img', fmt=raw, size=1048576 kB
```

Listing 29.12 Festplatte erstellen

Nun werden wir eine Installation der »Hardened Linux«-Distribution innerhalb von QEMU vornehmen (mittlerweile gibt es diese Distribution nicht mehr, doch das ist hier nicht von Belang, da die Vorgehensweise auch für alle anderen Distributionen gleich ist). Zur Installation benutzen wir eine ISO-Datei; QEMU kann diese direkt verwenden und benötigt keine physisch vorhandenen CD-ROMs/DVDs.

Installation starten

```
$ qemu -hda hl.img -cdrom hardenedlinux-1.6.2.iso -boot d -m 80
```

Listing 29.13 Die Installation von Hardened Linux starten

Mit `-hda` wird hier die erste Festplatte, mit `-hdb` eine eventuelle zweite angegeben. Unser ISO-Image wird als CD-ROM-Laufwerk verwendet. Gebootet werden soll von der CD-ROM (`-boot d`). Des Weiteren soll der virtuelle Rechner über 80 MByte RAM verfügen (`-m 80`).

Gebootet wird das System fast genauso wie bei der Installation. Der Unterschied besteht jedoch darin, dass wir diesmal nicht von der CD-ROM, sondern von der Festplatte starten (Parameter `-boot c`).

System booten

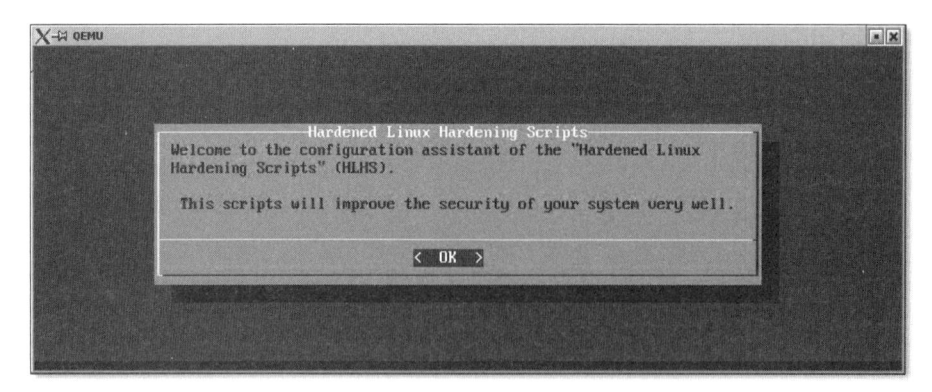

Abbildung 29.10 QEMU mit Hardened Linux und den HL Hardening Scripts

Von nun an kann man mit dem System arbeiten, als wäre es ganz allein auf dem jeweiligen Rechner installiert.

29.6.3 KVM vs. Xen

KVM ist – im Gegensatz zu Xen – aktuell bereits regulärer Bestandteil des Linux-Kernels. Für Xen gab und gibt es immer wieder Pläne einer Integration, aber aktuell gibt es offizielle Xen-Patches nur für Kernel 2.6.18 (Xen 3) beziehungsweise Kernel 2.6.31 (Xen 4). In der Vergangenheit haben einige Distributoren die Xen-Patches regelmäßig an die aktuellen Kernelversionen angepasst und diese auch als Standardpakete mit ausgeliefert, jedoch hat zum Beispiel Red Hat Enterprise Linux den Schwenk von Xen auf KVM vollzogen und liefert seit RHEL 6.0 ebenfalls nur noch KVM aus, keine Xen-Unterstützung mehr.

Eigentlich wird Xen allgemein als die ausgereiftere und stabilere Lösung mit den besseren Managementfrontends bezeichnet, allerdings sehen manche auch aufgrund dieser Entwicklung die Zukunft von Xen fraglich. Mit der Zeit wird sich zeigen, welcher Hypervisor sich durchsetzen wird.

29.6.4 Weitere Lösungen

Neben KVM/QEMU und Xen gibt es noch weitere Virtualisierungssoftware für Linux. Bei VMware handelt es sich um eine ebenfalls sehr einfach zu bedienende, allerdings bis auf den VMware Player kommerzielle Software. Mit VirtualBox hingegen gibt es noch eine weitere halbfreie, auf QEMU basierende Software. Die Basisversion von VirtualBox kann als GPL-lizenzierte Version aus dem Internet heruntergeladen werden, die kommerzielle Version bietet allerdings noch einige zusätzliche Features, wie die vollstÄndige UnterstÜtzung des *Remote Desktop Protocols* (RDP), virtuelle USB-GerÄte sowie Shared Folders zwischen Gast- und Hostsystem.

29.7 Zusammenfassung

Durch Virtualisierung können mehrere Instanzen vollständiger Betriebssysteme auf einem physischen System ausgeführt werden. Unter Linux werden unterschiedliche Technologien wie »Xen« oder »KVM« unterstützt.

Eine Emulation ermöglicht es hingegen, fremde Systemumgebungen nachzubilden. Unter Linux sind eine Reihe von Emulatoren der unterschiedlichsten Hard- und Softwareumgebungen verfügbar. Weiterhin können unter Linux und BSD mittels der Software Wine viele Windows-Programme sowie einige aktuelle Spiele betrieben werden.

29.8 Aufgaben

ScummVM

Folgender Screenshot ist aus dem Open-Source-Spiel »Flight of the Amazon Queen«:

Abbildung 29.11 Flight of the Amazon Queen

Was befindet sich in der Truhe?

TEIL VII
Programmierung und Sicherheit

*»Analysieren heißt etwas kaputt machen,
unter dem Vorwand, man wolle nachsehen,
wie es arbeitet.«*
– Anonym

30 Softwareentwicklung

Nun werden wir uns der Thematik »Softwareentwicklung unter Unix« annehmen, wobei unser Hauptaugenmerk natürlich auf Linux und BSD liegen wird. Die meisten Programme, die wir Ihnen in diesem Kapitel vorstellen, sind allerdings auch unter anderen Unix-ähnlichen Systemen wie zum Beispiel Solaris lauffähig.

Zunächst werden wir Ihnen einen Überblick über die Interpreter und Compiler verschaffen, die zur Verfügung stehen. Danach führen wir Sie sowohl in die Programmiersprache C als auch in die Sprache Perl ein, da diese beiden Sprachen neben der Shellskriptprogrammierung unter Linux, Unix und BSD die wichtigsten Werkzeuge eines Programmierers sind.

Neben den Interpretern und Compilern stellt Linux durch Tools wie Make, diverse Editoren und IDEs, `yacc` und `flex`, CVS und Subversion, tonnenweise Libraries, den GNU-Debugger GDB und den GNU-Profiler `gprof` weitere wichtige Tools zur Softwareentwicklung bereit, bei denen eigentlich kein wichtiger Wunsch unerfüllt bleiben sollte. Natürlich werden wir Ihnen auch diese Tools in diesem Kapitel vorstellen.

30.1 Interpreter und Compiler

Es ist fast gleichgültig, welche Programmiersprache Sie bisher verwendet haben. Unter Linux kann fast jede Sprache, sofern diese nicht gerade systemabhängig ist (etwa Windows-Batch oder Visual Basic), weiterverwendet werden. Das gilt nicht nur für die Sprachen, die sowieso weit verbreitet sind – wie zum Beispiel C, C++, Java, Ruby, Perl, Python, Tcl oder Fortran. Nein, auch Erlang, Lua, CommonLisp, Scheme und andere Exoten können problemlos (und in der Regel sogar frei) angewandt werden.

30.1.1 C und C++

Für die Sprachen C und C++ greift man in aller Regel auf die Open-Source-Compiler-Software des GNU-Projekts zurück. Für die Übersetzung der C-Programme wird dabei der GCC (GNU-C-Compiler) und für C++ der g++ verwendet.

Gegeben seien zwei Dateien, *datei1.c* und *datei2.c*. In Ersterer wird eine Funktion implementiert, die aus der zweiten aufgerufen wird. An diesem Beispiel kann man sehr einfach demonstrieren, wie man mit dem GCC linkt. Betrachten wir erst einmal beide Dateien:

```
$ cat datei1.c
#include <stdio.h>

void
out(char *str)
{
        printf("%s\n", str);
}
$ cat datei2.c
void out(char *);

int
main(int argc, char *argv[])
{
        out("Hello, gcc!");
        return 0;
}
```

Listing 30.1 datei1.c und datei2.c

Objektdateien   Zunächst erstellen wir Objektdateien der Quelldateien. Dies wird mit der Option -c bewerkstelligt. Daraufhin erstellt der gcc zwei Dateien mit der Endung *.o* – die besagten Objektdateien.

```
$ gcc -c datei1.c
$ gcc -c datei2.c
$ ls *.o
datei1.o datei2.o
```

Listing 30.2 Objektdateien erstellen

Diese beiden Objektdateien werden nun zu einem Programm zusammengelinkt, wobei der Name des Programms mit der Option -o (*out*) angegeben wird. Lässt man diese Option weg, erstellt gcc eine Binärdatei im ELF-Format mit dem Namen *./a.out*.

```
$ gcc -o prog datei1.o datei2.o
$ ./prog
Hello, gcc!
```

Listing 30.3 Linken

Diese beiden Vorgänge lassen sich auf der Kommandozeile jedoch auch vereinfachen, indem man erst gar nicht den Befehl zum Erstellen von Objektdateien übergibt, sondern gleich die Binärdatei zusammenlinkt – der Compiler erledigt den Rest dann intern.

[«]

```
$ gcc -o prog datei1.c datei2.c
$ ./prog
Hello, gcc!
```

Listing 30.4 Der schnelle Weg

Der Übersetzungsvorgang ist mit dem C++-Compiler im Übrigen gleich. Ersetzen Sie einfach einmal in den obigen Listings gcc durch g++. Sie werden feststellen, dass das Resultat das gleiche ist: eine ausführbare Datei.

Verzeichnisse

Oftmals – und bei etwas größeren Projekten eigentlich immer – bedarf es jedoch einer individuellen Anpassung der Compiler-Optionen. Der GNU-Compiler unterstützt davon auch äußerst viele, doch wollen wir an dieser Stelle nur die wichtigsten Optionen besprechen.

Zunächst kann durch die Option -I ein Verzeichnis angegeben werden, in dem sich Headerdateien befinden. Der Präprozessor des gcc durchsucht dieses dann nach einer entsprechenden Datei, die bei einer C-#include-Direktive angegeben wird.

Header-Pfade

Die Include-Pfade können dabei sowohl absolut als auch relativ angegeben werden. Möchten Sie mehrere solcher Include-Pfade mit einbeziehen, so kann dies durch eine Aneinanderreihung von -I-Optionen umgesetzt werden.

```
$ gcc -o prog -Isrc/include -I../src/include \
-I../lib/src/include datei1.c datei2.c
```

Listing 30.5 Die Option -I

Was für Headerdateien mit der Option -I bewerkstelligt wird, funktioniert für Libraries mit der Option -L. Mit dieser Option können Pfade angegeben werden, in denen nach Library-Dateien gesucht werden soll.

Library-Pfade

```
$ gcc -o prog -L/usr/local/lib datei1.c datei2.c
```
Listing 30.6 Die Option -L

Libraries verwenden

Nachdem Sie nun wissen, wie man Verzeichnisse angeben kann, in denen Library-Dateien liegen, können wir Ihnen natürlich nicht vorenthalten, wie Libraries grundsätzlich eingelinkt werden. Dies funktioniert nämlich mit der Option -l. Dahinter setzt man dann den Namen der gewünschten Library und fertig »is dat janze«.

Um beispielsweise mit der PCAP-Library zu arbeiten, einer Library zum Abfangen von Datenpaketen auf Netzwerkschnittstellen, linken Sie diese durch den folgenden Aufruf ein:

```
$ gcc -Wall -o tcptool tcptool.c -lpcap
```
Listing 30.7 pcap nutzen

30.1.2 Perl

Bei Perl (*Practical Extraction and Report Language*) handelt es sich um eine äußerst mächtige Skriptsprache, mit der man unter Linux, BSD und Unix eigentlich fast alles machen kann – sofern es sich dabei nicht gerade um Kernel-Programmierung handelt. Nebenbei gesagt ist Perl aufgrund der hohen Portabilität auch für andere Betriebssysteme wie zum Beispiel Windows verfügbar. Zudem werden häufig Webseiten mit Perl realisiert.

Neben dem Einsatz in der System- und Netzwerkprogrammierung gibt es auch Möglichkeiten, mit Perl und einigen Libraries GUI-Programme für X11 zu schreiben. Perl ist übrigens auch ein hervorragender Ersatz zur Shellskriptprogrammierung, da auch in dieser Sprache sehr schnell Skripte realisiert werden können. Ob man sich nun letztendlich für Perl oder doch eher für die Shellskriptprogrammierung (am besten mit awk und sed) entscheidet, hängt primär vom persönlichen Geschmack ab. Während Sie in der Shell in der Regel schneller das gewünschte Resultat erzielen, ist der Entwicklungsaufwand in Perl höher. Dafür ist Perl-Code performanter und die Sprache bietet zudem systemnähere Entwicklungsmöglichkeiten. Perl kann als Zwischenebene zwischen der Shellskriptprogrammierung und der C-Programmierung betrachtet werden.

Standardmäßig sollte jede Linux-Distribution und jedes BSD-Derivat einen Perl-Interpreter in der Standardinstallation beinhalten. Ob Perl auf Ihrem System installiert ist, und wenn ja, in welcher Version, bekommen Sie durch einen Aufruf von perl -v heraus.

```
$ perl -v

This is perl, v5.8.5 built for i386-openbsd

Copyright 1987-2004, Larry Wall

Perl may be copied only under the terms of either the
Artistic License or the GNU General Public License,
which may be found in the Perl 5 source kit.

Complete documentation for Perl, including FAQ lists,
should be found on this system using `man perl' or
`perldoc perl'.  If you have access to the Internet,
point your browser at http://www.perl.com/, the Perl
Home Page.

$ perl -e 'print "Hello, World!\n";'
Hello, World!
```

Listing 30.8 perl -v

Neben der Perl-Manpage bietet das Tool `perldoc` noch weitere Informationen zur Skriptsprache. So finden sich beispielsweise Informationen zur Anwendung diverser Perl-Module in `perldoc`. Dabei wird der Modulname als Parameter übergeben.

perldoc

```
$ perldoc CGI
```

Listing 30.9 Das Tool perldoc

30.1.3 Java

Java ist wie C++ eine objektorientierte Programmiersprache. Entwickelt wurde die Programmiersprache von Sun Microsystems, die Entwicklung mit Java ist jedoch frei. Der Unterschied zwischen Java und den meisten anderen Sprachen ist der, dass Java nicht wirklich als Skript interpretiert und auch nicht wirklich zu einem Binärprogramm kompiliert wird. Java-Code wird vom Java-Compiler (`javac`) in eine *Bytecode-Datei* übersetzt. Eine solche kann dann auf verschiedenen Systemen vom Java-Interpreter interpretiert werden. Diese *plattformunabhängige* Programmierung ist eines der gepriesenen Features dieser Sprache. Außerdem können mit Java Web-Applets entwickelt werden. Dass Java dabei ziemlich lahm ist und auch sonst einige Einschränkungen hat, erzählt einem jedoch meistens niemand.

Möchten Sie unter Linux mit Java arbeiten, benötigen Sie dazu das Java-Development-Kit (JDK) von Sun Microsystems. Die meisten Distributionen bringen diese

Die Tools

Software als Paket mit. Andernfalls können Sie das JDK auch von *sun.com* herunterladen.

[zB] Wir wollen an dieser Stelle exemplarisch ein kleines Java-Programm übersetzen und ausführen. Zunächst wird eine Java-Datei erstellt, der wir die Endung *.java* verpassen.

```
$ cat << EOF >hello.java
class Hello
{
   public static void main(String args[])
   {
      System.out.println("Hello World!");
   }
}
EOF
```

Listing 30.10 hello.java

Anschließend wird diese Datei mit dem Java-Compiler übersetzt, der uns eine Datei mit der Endung *.class* erzeugt.

```
$ javac hello.java
```

Listing 30.11 hello.java wird übersetzt.

Nun kann unser Programm durch `java` ausgeführt werden.

```
$ java hello
Hello World!
```

Listing 30.12 java arbeitet.

30.1.4 Tcl

Bei Tcl (*Tool Command Language*) handelt es sich um eine sehr schnell erlernbare Skriptsprache. Aufgrund der hohen Portabilität ist Tcl (wie Perl) auch auf Windows-Systemen verfügbar.

Mit der Tk-Library lassen sich mit Tcl besonders schnell und einfach grafische Oberflächen für Skripts realisieren. Tk kann auch in Verbindung mit Perl und C verwendet werden, wobei wir Ihnen basierend auf unserer persönlichen Erfahrung von der Kombination Tk und C abraten.[1]

---

[1] C in Verbindung mit der Tk-Library ist eine Zumutung. Wir stellen Ihnen später besser zu handhabende Libraries (Qt und GTK+) vor, die auf die Programmiersprachen C++ und C zugeschnitten sind.

In der Regel gehört der Tcl-Interpreter nicht zum Umfang einer Basisinstallation, wird jedoch als Package und/oder in den Ports fast jeder Distribution bzw. fast jedes Derivats angeboten.

Der Interpreter nennt sich `tclsh` oder `tcl-Versionsnummer`. Sollte auf Ihrem System etwa Version 8.4 des Tcl-Interpreters installiert sein, hieße der Interpreter `tclsh8.4`.

Die Syntax von Tcl kann als Mix aus Bourne-Shell und `awk` angesehen werden; hier sehen Sie ein kleines Beispiel für die Implementierung und Anwendung einer Funktion, die das Quadrat einer Zahl zurückgibt.

```
$ tclsh8.4
% proc quad { x } {
    return [expr $x*$x]
}
% quad 7
49
% quad 12
144
% exit
```

Listing 30.13 tcl anwenden

Möchte man nun grafische Oberflächen für seine Skripte erstellen, so funktioniert dies in Verbindung mit dem Tk-Interpreter `wish`. Auch dessen Binary wird oft mit einer Versionsnummer versehen, also etwa `wish8.4`.

wish

Das Skripting funktioniert dabei recht einfach: Es wird ein Element des Fensters definiert, etwa ein Push-Button; dieser wird mit Eigenschaften versehen und dann in das Fenster »gepackt«. Die Syntax ist dabei in einer sehr einfach verständlichen Form gehalten:

```
$ wish8.4
% button .b1 -text "Hallo, Leser" \
    -command { put "Hallo, Leser!\n" }
.b1
% button .b2 -text "Beenden" -command { exit }
.b2
% pack .b1
% pack .b2
%
```

Listing 30.14 Buttons mit wish

Dieses kleine Skript erzeugt zwei Buttons. Der erste erhält die Aufschrift HALLO, LESER und gibt den Text »Hallo, Leser!« auf der Konsole aus, wenn er gedrückt wird. Der zweite Button mit der Aufschrift BEENDEN beendet das Programm. Nachdem

Sie diese Befehle in `wish` ausgeführt haben, erscheint unter X11 auf dem Bildschirm ein Fenster wie dieses:

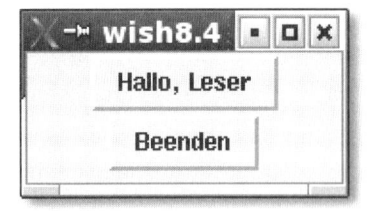

Abbildung 30.1 Das obige Skript (ausgeführt)

30.1.5 Was es sonst noch gibt

Neben C(++), Java, Perl, Tcl und diversen Shellskriptsprachen stehen Ihnen unter Linux und BSD noch diverse weitere Sprachen und Interpreter zur Verfügung, die in aller Regel ebenfalls frei und offen verfügbar sind. Im Folgenden seien nur die wichtigsten genannt:

- verschiedene Assembler (speziell GNU-Assembler und NASM)
- Common Lisp (`clisp`), ein portabler, performanter Lisp-Dialekt sowie weitere Lisp-Dialekte wie Emacs Lisp oder Scheme
- ANSI FORTRAN 77 (`g77`)
- Smalltalk (zum Beispiel GNU Smalltalk)
- Ruby (ähnlich wie Perl)
- Erlang (eine funktionale Sprache von Ericsson – leider schlecht dokumentiert)
- Python
- Lua
- Yorick (eine Sprache aus der Physik mit sehr einfacher Syntax)

30.2 Shared Libraries

In der Windows-Welt verwendet man statt der bereits oft erwähnten Shared Libraries sogenannte *dll*-Dateien, das sind »dynamisch zu verlinkende Libraries«. In diesen sind Funktionen untergebracht, auf die die Programme des Systems während ihrer Laufzeit zugreifen können.

30.2.1 Vorteile der Shared Libraries

Mit Shared Libraries kann man häufig genutzte Funktionen geschickt auslagern. Durch die zentrale Verwaltung in Bibliotheken spart man Platz auf der Festplatte und gegebenenfalls auch im Hauptspeicher ein. Entsprechend wird beim Programmstart selbstverständlich auch nach den Bibliotheken gesucht. Sind diese nicht mehr auf der Platte zu finden, wird das Programm sinnvollerweise nicht starten.

Ein weiterer Vorteil besteht darin, dass ein Bug in einer Funktion aus einer Bibliothek auch nur in dieser behoben werden muss. Die Programme bekommen von dieser Änderung nichts mit. Sollte sich doch einmal am Interface (der sogenannten API) einer Bibliothek etwas ändern, so kann das System auch mit dieser neuen Version umgehen, ohne sie mit der alten zu verwechseln.

Möchten Sie Shared-Library-Funktionen *disassemblieren*, muss die Binärdatei statisch gelinkt werden. Der gdb kann dann die entsprechende Funktion disassemblieren, bzw. der Compiler kann den Assembler-Code des Programms in eine Datei schreiben.

30.2.2 Statisches Linken

Im Gegensatz zum dynamischen Linken wird beim statischen Linken der Funktionscode der Libraries mit in die Anwendung integriert. Um Sie vollends zu verwirren, sei angemerkt, dass also mehrere Quelldateien für ein Programm statisch, entsprechende Bibliotheken aber dynamisch gelinkt werden.

Als Linker für Objektdateien wird unter Linux ld verwendet. Libraries werden über die Option -l[2], die Pfade zu ihnen mit -L angegeben, und die Ausgabedatei, wie im gcc, mit -o. Der GNU-C-Compiler ruft den Linker, der ebenfalls von GNU bereitgestellt wird, automatisch bei der Kompilierung auf – Sie müssen sich also in der Regel nicht selbst darum kümmern.

30.2.3 Dateien

In den *lib*-Verzeichnissen (*/usr/lib* und */usr/local/lib*) sind verschiedene Dateien untergebracht. Dateien mit der Endung *.a* sind statische Objekte, solche mit der Endung *.so.n* sind *Shared Objects*, also dynamische Bibliotheken.[3] Beim Linken werden einige Objektdateien benötigt, die für die Initialisierung des Codes zuständig sind.

---

2 Für die Bibliothek *libXYZ* gibt man -lXYZ an, lässt also den Prefix *lib* (sowie die Änderung der Library-Datei) weg.
3 Wobei »n« die Versionsnummer angibt.

Diese liegen ebenfalls in */usr/lib* und heißen *cr*.o*. Der Compiler bindet sie automatisch ein.[4]

30.3 Debugging

Ein sehr wichtiges Werkzeug in der Softwareentwicklung ist der Debugger. Jede gute Entwicklungsumgebung enthält entweder selbst einen Debugger (das ist beispielsweise bei Microsofts Visual-Studio/.NET der Fall) oder greift auf einen externen Debugger zurück (etwa KDevelop unter Linux).

Ein Debugger hat die Aufgabe, das Fehlverhalten von Programmen für den Entwickler auffindbar zu machen. Dabei kann man Programmanweisung für Programmanweisung einzeln ablaufen lassen, während man parallel beispielsweise den Inhalt diverser Variablen im Blick behält.

Wir werden uns in diesem Buch mit dem mächtigsten freien Unix-Debugger auseinandersetzen: dem GNU-Debugger GDB. Er ist eigentlich auf jedem Linux- und BSD-System vorhanden und aufgrund seiner Verfügbarkeit auf diversen Plattformen sowie seines großen Funktionsumfangs äußerst beliebt.

Leider schrecken viele Entwickler trotzdem vor diesem Debugger zurück, da seine Anwendung (ohne Zuhilfenahme von Zusatztools) auf die Konsole beschränkt ist und alle Befehle von Hand eingegeben werden müssen. Doch auch dafür gibt es Lösungen, etwa die grafischen Fontends Xxgdb oder DDD.

Im Folgenden geben wir zunächst eine Einführung in das Debuggen mit dem GDB auf der Konsolenebene und kommen anschließend auf den DDD zu sprechen, der Ihnen bereits mehr Komfort bietet und einfacher zu bedienen ist.

30.3.1 Vorbereitung

In diesem Kapitel werden wir ein Beispielprogramm, das mit einem Fehler versehen ist, als Debugging-Grundlage verwenden. Das Listing dieses Programms sehen Sie hier:

```
#include <stdio.h>
#include <string.h>

int main(int argc, char *argv[])
{
    char a[]="abcdefghijklmnopqrstuvwxyz";
```

---

[4] Versuchen Sie einmal, einen Link-Vorgang ohne diese Dateien nur mit der Standard-C-Library ablaufen zu lassen: `ld -o binary test.o -lc`.

```
    strcpy(a+26, a);

    return 0;
}
```
Listing 30.15 sample.c

Unser Programm nennt sich `sample`. Normalerweise würde man es durch einen Aufruf von

`gcc -o sample sample.c`

übersetzen, doch reicht dies nicht aus, um komfortabel mit dem GNU-Debugger zu arbeiten. Dazu muss man `gcc` die Compiler-Option `-g` übergeben. Der Aufruf gestaltet sich also folgendermaßen:

`gcc -g -o sample sample.c`

Führtman `sample` aus, erhält man, wie zu erwarten, eine Zugriffsverletzung im Speicher. In diesem Fall erstellen Unix-Systeme einen sogenannten *Coredump*. Dies ist eine Datei, deren Name sich aus dem Programmnamen und der Endung *.core* zusammensetzt und ein Speicherabbild des bis dahin ausgeführten Programmes enthält. Diese Datei wird beim Debuggen verwendet, um die Absturzstelle im Programm aufzuspüren.

```
$ ./sample
Segmentation fault (core dumped)
$ ls
sample    sample.c    sample.core
```
Listing 30.16 sample

30.3.2 Konsolenarbeit

Nun werden wir uns zunächst auf der blanken Konsole bewegen und einige Grundlagen des `gdb` erlernen. Dazu rufen wir `gdb` mit der Binärdatei und der Core-Datei als Argumente auf. Nachdem die Startmeldungen erschienen sind, teilt uns GDB auch gleich die Fehlerquelle mit, bei der die Speicherzugriffsverletzung stattfand: nämlich während eines Aufrufs der C-Libary-Funktion `strcpy()`.

```
$ gdb sample sample.core
GNU gdb 6.1
Copyright 2004 Free Software Foundation, Inc.
(...)
This GDB was configured as "i386-unknown-openbsd3.6"
Core was generated by `sample'.
```

```
Program terminated with signal 11, Segmentation fault.
Reading symbols from /usr/lib/libc.so.34.2...done.
Loaded symbols for /usr/lib/libc.so.34.2
Reading symbols from /usr/libexec/ld.so...done.
Loaded symbols for /usr/libexec/ld.so
#0  0x047ad4fb in strcpy () from /usr/lib/libc.so.34.2
(gdb)
```

Listing 30.17 gdb starten

run und kill Würden wir das Programm einfach durchlaufen lassen (gestartet wird mit dem Befehl `run`), würde sich uns die gleiche Information zeigen. Ein Programm in der Ausführung lässt sich durch den Befehl `kill` abbrechen.

```
(gdb) run
Starting program: /home/cdp_xe/test/sample

Program received signal SIGSEGV, Segmentation fault.
0x000bc523 in strcpy () from /usr/lib/libc.so.34.2
```

Listing 30.18 sample durchlaufen lassen

list Möchte man sich nun den Sourcecode des Programms ansehen, ruft man einfach den Befehl `list` auf. Dabei wird wahrscheinlich nicht gleich der gesamte Quelltext angezeigt. Durch mehrmaliges Betätigen der **Enter**-Taste werden weitere Zeilen inklusive deren Zeilennummern angezeigt. Wenn alle Zeilen durchlaufen wurden, erhalten Sie eine entsprechende Meldung.

Breakpoints Möchte man nun einen Breakpoint setzen, ist es von großem Vorteil, die Zeilennummern zu kennen, die man, wie Sie ja nun wissen, via `list` herausbekommt. Dabei verwendet man den Befehl `break`, der als Parameter die Nummer der Zeile übergeben bekommt, in der ein Breakpoint gesetzt werden soll.

[»] Da fast jedes Softwareprojekt aus mehreren Quelldateien besteht, reicht es natürlich nicht aus, wenn man irgendeine Zeilennummer für einen Breakpoint angeben kann. Um zusätzlich die Quelldatei anzugeben, wird der Dateiname einfach zusätzlich bei `break` übergeben: `break x.c:7`.

```
(gdb) list
1       #include <stdio.h>
2       #include <string.h>
3
4       int main(int argc, char *argv[])
5       {
6         char a[]="abcdefghijklmnopqrstuvwxyz";
7
```

```
8           strcpy(a+26, a);
9
10          return 0;
11      }
(gdb)
Line number 12 out of range; sample.c has 11 lines.
(gdb) break 7
Breakpoint 1 at 0x1c0005fd: file sample.c, line 7.
```

Listing 30.19 break

Unser `sample`-Programm wird bei der Ausführung also nun in Zeile 7 angehalten. Da wir wissen, dass an der Speicherstelle `a+26` nicht genug Platz für den Buffer-Inhalt von `a` sein wird, können wir – nachdem wir das Programm durch `run` bis zu dieser Position haben laufen lassen – den Wert von `a` so verändern, dass `a` nur noch das String-Terminierungszeichen `\0` enthäl.

Würde nun also `\0` an `a+26` (dort steht sowieso ein `\0`) kopiert, so riefe dies keine Speicherzugriffsverletzung hervor, und das Programm würde normal beendet.

Der Wert einer Variablen wird mit dem Befehl `set` verändert: — set

```
(gdb) run
Starting program: /home/cdp_xe/test/sample

Breakpoint 1, main (argc=1, argv=0xcfbf33e0) at
sample.c:8
8           strcpy(a+26, a);
(gdb) set variable a = "\0"
```

Listing 30.20 Den Wert einer Variablen anpassen

Nun möchte man natürlich auch testen, ob die weitere Ausführung des Programms funktioniert. Hierzu kann man entweder alle weiteren Anweisungen bis zum Programmende bzw. bis zum nächsten Breakpoint automatisch ablaufen lassen (was mit dem Befehl `cont` erreicht wird) oder auch schrittweise vorgehen, wobei jeweils nur eine Anweisung ausgeführt wird. Dazu verwendet man den Befehl `step`. — step und cont

```
(gdb) step
10          return 0;
(gdb) step
11      }
(gdb) step
0x1c0004c1 in ___start ()
(gdb) step
Single stepping until exit from function ___start,
```

```
which has no line number information.

Program exited normally.
```
Listing 30.21 Der Befehl step

Variablen abfragen
Möchte man hingegen beim Ablauf des Programms den Wert einer Variablen abfragen, ist auch dies kein Problem. Der Name der Variablen wird dazu einfach an den Befehl `print` übergeben.

```
(gdb) print a
$1 = "abcdefghijklmnopqrstuvwxyz"
(gdb) print argc
$3 = 1
(gdb) print argv
$4 = (char **) 0xcfbfb410
(gdb) print argv[0]
$5 = 0xcfbfb614 "/home/cdp_xe/test/sample"
```
Listing 30.22 print a

help
Der GNU-Debugger unterstützt noch zahlreiche weitere Funktionen, auf die wir allerdings nicht im Einzelnen eingehen können. Daher verweisen wir auf die interne Hilfe-Funktion des Debuggers, die man, wie könnte es anders sein, mit dem Befehl `help` aufruft.

Weitere Informationen zum `gdb` in ausführlicher Form erhalten Sie über die Info-Seite des Debuggers: `info gdb`.

30.3.3 DDD

Für den Fall, dass man nicht alle GDB-Befehle direkt eingeben möchte, kann man ein Frontend zu Hilfe nehmen. Dabei gibt es verschiedene Frontends, beispielsweise ncurses-basierte für die Konsole und diverse X11-Varianten, etwa den veralteten Xxgdb. Wir werden uns mit einem sehr leistungsstarken GDB-basierten X11-Debugger, dem Data Display Debugger (DDD) beschäftigen.

Der DDD ist ein vergleichsweise einfach zu verwendender Debugger mit einigen sehr interessanten Features. Entwickelt wurde DDD an der technischen Universität Braunschweig, und er unterstützt neben C und C++ auch Fortran, Ada und einige weitere Sprachen.

Sie müssen DDD übrigens nicht zwangsläufig in Verbindung mit GDB verwenden. Es können über die entsprechenden Optionen auch andere Debugger, etwa jdb,

Ladebug, perldebug, WDB, XDB oder PyDB verwendet werden. Außerdem kann der DDD auch remote debuggen.

Gestartet wird DDD per Aufruf des Kommandos ddd und Angabe der Programmdatei des zu debuggenden Programms.

Start

Die Bedienung des DDD ist recht intuitiv – lesen Sie auch die Tipps, die beim Start des Tools angezeigt werden.

Bedienung

Erwähnenswert ist vor allen Dingen die Möglichkeit, die Strukturen des Programms grafisch hervorzuheben. Dazu klickt man eine Variable während der Laufzeit mit der rechten Maustaste an (am besten setzt man sich hierzu irgendwo Breakpoints) und klickt auf DISPLAY bzw. DISPLAY * für Pointer.

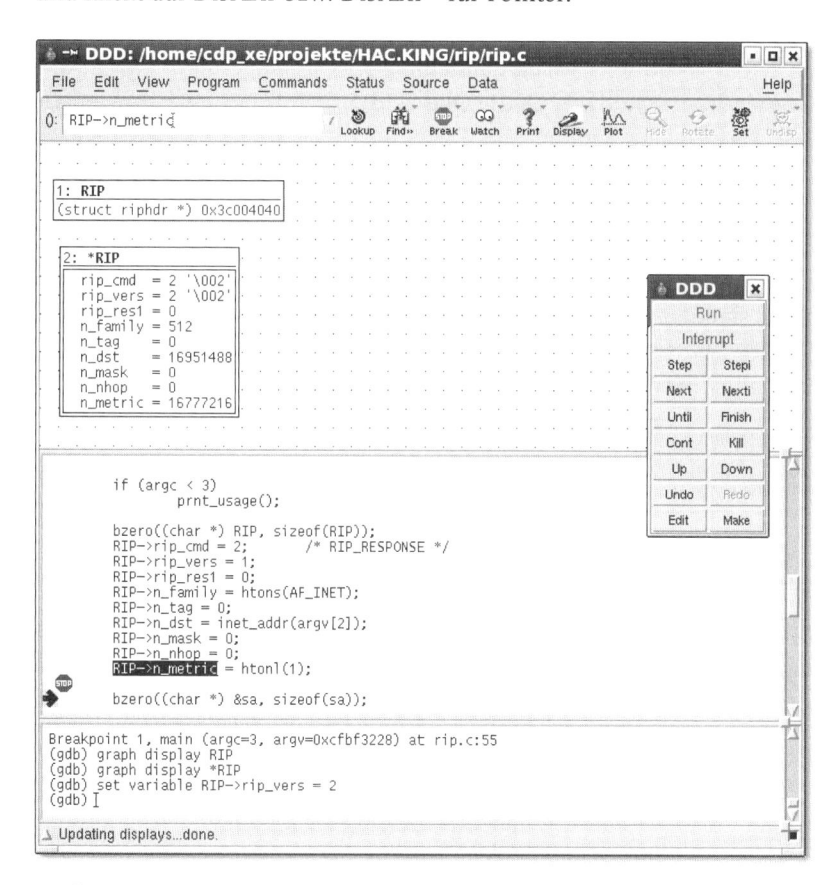

Abbildung 30.2 ddd zeigt Strukturen an.

Analog dazu kann man natürlich auch ganz einfach den GDB-Befehl graph display verwenden. Um beispielsweise den Inhalt der Variablen char *Q zu überwachen, müsste der folgende Befehl eingegeben werden:

```
(gdb) graph display *Q
```
Listing 30.23 *Q anzeigen lassen

Einzelne Werte der Strukturen lassen sich so einfach und unaufwändig überwachen und entweder direkt mit dem gdb-Befehl oder per Mausklick anpassen. Auch wenn Sie also mit den GDB-Befehlen auf Kriegsfuß stehen, ist dies also kein Problem.

30.4 Profiling

Eine andere Möglichkeit, sein Programm (oder das anderer Entwicklern) zu untersuchen, ist das Profiling. Dabei wird untersucht, wie viel Zeit ein Programm mit welchen Tätigkeiten verbringt, welche Funktionen wie oft aufgerufen werden und wie viel Zeit diese dabei benötigen. Der primäre Einsatzzweck des Profilings ist also kurz gesagt das Performance-Tuning.

30.4.1 Compiler-Option

Zum Profiling wird ein Programm, der sogenannte *Profiler* eingesetzt. Unter Linux und BSD ist dies standardmäßig der GNU-Profiler gprof. Um diesen jedoch zu nutzen, muss bei der Übersetzung des Quellcodes, ähnlich wie beim GNU-Debugger, die Compiler-Option für das Profiling (-gp) eingeschaltet werden.

```
$ gcc -o myprog myprog.c -pg
```
Listing 30.24 Beispiel zur Übersetzung mit Profiling

30.4.2 gprof verwenden

Führt man nun ein für das Profiling übersetztes Programm aus, erzeugt dieses im Arbeitsverzeichnis eine Datei namens *gmon.out*. Darin sind die Informationen enthalten, die der Profiler benötigt, um für den Entwickler einen Report zu generieren.

Um diese Datei nun zu interpretieren, verwendet man das Tool gprof. Dabei werden sehr viele Informationen auf dem Bildschirm ausgegeben, weshalb man am besten eine Ausgabeumlenkung verwendet und sich die Ausgabe mit einem Pager ansieht.

```
$ gprof myprog >report
```
Listing 30.25 gprof aufrufen

30.4.3 Profiling-Daten lesen

Nachdem man einen Profiling-Report erzeugt hat, muss man nur noch wissen, wie dieser eigentlich zu interpretieren ist. Einen Ausschnitt eines fertigen Reports zeigt Ihnen das folgende Listing:

```
                              called/total     parents
index %time  self descendents called+self    name    index
                              called/total   children
                                             <spontaneous>
[1]   100.0  0.01       0.00                 write [1]

-----------------------------------------------

[2]     0.0  0.00       0.00    4+4    <cycle 1 as a whole>[2]
             0.00       0.00    5        imalloc <cycle 1> [9]
             0.00       0.00    3        malloc_bytes <cycle 1> [11]

-----------------------------------------------

[3]     0.0  0.00       0.00   12+2    <cycle 2 as a whole>[3]
             0.00       0.00   13        vfprintf <cycle 2> [6]
             0.00       0.00    1        __sbprintf <cycle 2> [468]

-----------------------------------------------
...
...
...
  %   cumulative   self              self    total
 time   seconds  seconds  calls    ms/call  ms/call  name
100.0     0.01    0.01                               write [1]
  0.0     0.01    0.00     406      0.00     0.00    mbtowc [4]
  0.0     0.01    0.00      20      0.00     0.00    __sfvwrite [457]
  0.0     0.01    0.00      20      0.00     0.00    __sprint [458]
  0.0     0.01    0.00      13      0.00     0.00    localeconv [5]
  0.0     0.01    0.00      13      0.00     0.00    vfprintf <cycle 2>
                                                     [6]
  0.0     0.01    0.00      12      0.00     0.00    __sflush [459]
  0.0     0.01    0.00      12      0.00     0.00    __swrite [460]
  0.0     0.01    0.00      12      0.00     0.00    fflush [7]
  0.0     0.01    0.00       9      0.00     0.00    printf [8]...
...
```

Listing 30.26 Profiling-Report (Auszug)

Der Report ist in zwei Teile, den *Call Graph* und das *Flat Profile*, gegliedert. Im oberen Listing ist zunächst ein Auszug aus dem Call Graph und darunter ein Auszug aus dem Flat Profile zu sehen.

Call Graph

Der *Call Graph* gibt dem Entwickler Aufschluss darüber, wie viel Zeit eine Funktion und die von ihr aufgerufenen Funktionen benötigt haben. Dabei kann es durchaus vorkommen, dass eine Funktion selbst nicht viel Zeit verbraucht hat, die von ihr aufgerufenen Funktionen jedoch äußerst viel Zeit benötigten. Auf diese Weise lässt sich leicht überprüfen, an welchen Stellen die Software am langsamsten ist.

Die Spalte `index` gibt dabei den Index einer Funktion an, und `%time` gibt den prozentualen Anteil an der Gesamtlaufzeit des Programms an, der für diese Funktion verwendet wurde.

`self` gibt die Zeit an, die die Funktion selbst benötigte, und `descendents` die Zeit, die für die Funktionen verwendet wurde, die von ihr aufgerufen wurden.

Die `called`-Spalte zeigt dem Entwickler, wie oft die Funktion aufgerufen (und dabei von sich selbst aufgerufen [*self*]) wurde. Die beiden letzten Spalten geben den Funktionsnamen bzw. die Namen der von der Funktion aufgerufenen Funktionen sowie deren Index-Nummer an.

Flat Profile

Das *Flat Profile* gibt Ihnen die gesamte Zeit an, die ein Programm zur Ausführung einer Funktion verwendet hat. Dabei sind die Funktionen in der Reihenfolge ihres Zeitbedarfs sortiert.

Die erste Spalte gibt den prozentualen Zeitanteil an, und in Spalte Nummer zwei (*Cumulative Seconds*) ist die dafür (und für die von dieser Funktion aufgerufenen Funktionen) notwendige Zeit in Sekunden angegeben. Die Spalte `self seconds` gibt hingegen nur die Zeit an, die für die Funktion selbst verbraucht wurde, was also die von ihr aufgerufenen Funktionen ausschließt.

`calls` ist die Anzahl der Aufrufe einer Funktion. `self ms/call` steht für die Millisekunden, die für einen Aufruf der Funktion selbst gebraucht wurden, und `total ms/call` steht für die Millisekunden, die für einen Aufruf der Funktion sowie der von ihr aufgerufenen Funktionen gebraucht wurden. Die letzte Spalte gibt wie beim Call Graph den Funktionsnamen sowie deren *Call Graph-Index* an.

30.5 Tracing

Manchmal ist ein Debugger zu viel des Guten und man möchte »einfach nur schnell wissen, was das Programm so ungefähr macht«, was übersetzt bedeutet, dass man Informationen über den Programmablauf wünscht. Dabei ist gefragt, welche Funktionen in welcher Reihenfolge mit welchen Werten aufgerufen werden.

Um an diese Informationen zu gelangen, gibt es unter eigentlich jedem vernünftigen Unix(-ähnlichen)-System ein oder mehrere Programme, um solch ein Programm-Tracing durchzuführen.[5]

Unter Solaris heißt dieses Tool beispielsweise `truss`, unter Linux `strace` und unter BSD `ktrace`. Unter Linux ruft man einfach `strace Programmdatei` auf; unter BSD ist der Aufruf des entsprechenden Tools minimal komplizierter: Zunächst wird mit `ktrace <Programm>` ein Dump des Programms erstellt, der dann mit dem Tool `kdump` analysiert werden kann. Dabei produziert `kdump` einen ähnlichen (und ebenfalls recht langen) Output wie `strace` oder `truss`. In solch einem Output findet man dann die Funktions-Calls (`call` ist der Assembler-Befehl zum Aufruf einer Funktion) sowie die Parameter, die ihnen übergeben wurden. Oftmals können Hex-Werte als Pointer-Adressen verstanden werden. Das nachstehende Listing zeigt uns, dass `ktrace` zunächst über den `execve()`-Syscall das Tool `tcpinject` startet.

```
22851 ktrace    RET    ktrace 0
22851 ktrace    CALL   execve(0xcfbf1ef3,0xcfbf1ce8,
0xcfbf1cf0)
22851 ktrace    NAMI   "./tcpinject"
22851 tcpinject NAMI   "/usr/libexec/ld.so"
22851 tcpinject EMUL   "native"
22851 tcpinject RET    execve 0
22851 tcpinject CALL   issetugid
22851 tcpinject RET    issetugid 0
22851 tcpinject CALL   mprotect(0x20653000,0x1000,
0x1)
22851 tcpinject RET    mprotect 0
22851 tcpinject CALL   mmap(0,0x1000,0x3,0x1002,
0xffffffff,0,0,0)
22851 tcpinject RET    mmap 2123247616/0x7e8e3000
22851 tcpinject CALL   __sysctl(0xcfbf6918,0x2,
0xcfbf6910,0xcfbf6914,0,0)
22851 tcpinject RET    __sysctl 0
22851 tcpinject CALL   open(0x20651649,0,0)
22851 tcpinject NAMI   "/var/run/ld.so.hints"
22851 tcpinject RET    open 3
22851 tcpinject CALL   fstat(0x3,0xcfbf6390)
22851 tcpinject RET    fstat 0
22851 tcpinject CALL   mmap(0,0x916d,0x1,0x2,0x3,0,
0,0)
22851 tcpinject RET    mmap -2137796608/0x8093d000
22851 tcpinject CALL   close(0x3)
22851 tcpinject RET    close 0
```

---

5 Dabei werden in der Regel jedoch keine programminternen Funktionen, sondern nur Syscalls protokolliert.

```
22851 tcpinject CALL   open(0x80941e40,0,0)
22851 tcpinject NAMI   "/usr/lib/libc.so.34.2"
22851 tcpinject RET    open 3
22851 tcpinject CALL   fstat(0x3,0xcfbf583c)
22851 tcpinject RET    fstat 0
22851 tcpinject CALL   read(0x3,0xcfbf58ac,0x1000)
22851 tcpinject GIO    fd 3 read 4088 bytes
```

Listing 30.27 Head-Output eines ktrace-Dumps mit kdump

30.6 Hilfe beim Finden von Bugs

Dieser Abschnitt erläutert, wie Sie mithilfe verschiedener Programme Bugs in Softwareprojekten finden können. Zu diesem Zweck werden wir das folgende C-Programm analysieren, das ich absichtlich mit diversen Fehlern versehen habe.

```c
#include <stdio.h>
#include <string.h>
#include <stdlib.h>
#include <err.h>

int
main(int argc, char *argv[])
{
        char buf[16] = { '\0' };
        char *p;

        if (argc > 1)
                strcpy(buf, argv[1]);

        p = (char *) calloc(15, 1);
        if (p) {
                int i;
                for (i = 0; i <= 16; i++)
                        p[i] = buf[i];
                printf("%s\n", p);
        } else
                err(1, "calloc");

        return 0;
}
```

Listing 30.28 bug1.c

Dieses Programm ist anfällig für einen typischen Buffer-Overflow. Das bedeutet, dass ein statischer Puffer (hier mit einer Größe von 16 Byte [0xf]) überschrieben wird. Überschrieben werden kann der Puffer, falls das erste Argument, das dem Programm übergeben wurde, größer als 15 Bytes ist. In diesem Fall wird nämlich das sechzehnte Zeichen, das eigentlich eine abschließende Null sein sollte, überschrieben. Werden noch mehr Bytes kopiert, so werden andere Variablen der Stackframes oder auch auf dem Stack gesicherte Registerwerte überschrieben. Dieses Problem haben wir bereits in unserem Buch »Praxisbuch Netzwerksicherheit« im Detail beschrieben.

Das zweite große Problem besteht darin, dass sich an der Adresse, auf die der Pointer p zeigt, weniger Speicher befindet, als im Puffer buf vorhanden ist. Da in p allerdings der gesamte Puffer sowie zwei zusätzliche Bytes kopiert werden, wird auch dieser Heap-Puffer überschrieben.[6] Man bezeichnet ein solches Problem, bei dem ein Puffer um ein Byte überschrieben wird, als Off-by-One-Overflow. In unserem Fall liegt ein zweifacher Off-by-One-Bug vor, da die Schleife erstens nur bis 15 (und nicht 16) durchlaufen werden sollte und zweitens ein < anstelle von <= verwendet werden müsste.

30.6.1 ProPolice

Seit der Version 3.4 ist der sogenannte ProPolice-Patch – eine Entwicklung von IBM – für den GNU C Compiler verfügbar.[7] Mit dieser Erweiterung können Buffer-Overflows innerhalb eines Stackframes verhindert werden. Zu diesem Zweck wird der Stack etwas modifiziert: Lokale Stack-Variablen, die keine Puffer sind, werden vor diesen plaziert, so dass Puffer (deren Elemente in die entgegengesetzte Richtung aufsteigen) nur andere Buffer überschreiben können. Hinter den Puffern wird zudem ein spezieller Canary-Wert eingefügt. Dieser Zufallswert wird bei einem Overflow überschrieben, wodurch eine Veränderung des Werts entdeckt werden kann. In diesem Fall wird das Programm abgebrochen.

Versuchen wir nun, das obige Programm zu einem Overflow zu führen. Anschließend werden wir es mit ProPolice schützen (-fstack-protector) und sehen, dass das Programm gekillt wird.

Ein Test

Achtung: Bei Ubuntu muss zur Übersetzung *ohne* Stack Protection explizit der gcc-Parameter -fno-stack-protector gesetzt werden, da die Stack Protection automatisch aktiv ist.

[«]

---

6 Auch zum Thema Heap-Overflows finden Sie weitere Informationen in unserem »Praxisbuch Netzwerksicherheit«.
7 Seit gcc-4.1 ist sie fester Bestandteil des gcc.

```
$ gcc -o bug1 bug1.c
$ ./bug1 123
123
$ ./bug1 `perl -e 'print "A"x99'`
AAAAAAAAAAAAAAAA

Segmentation fault (core dumped)
$ gcc -o bug1 bug1.c -fstack-protector
$ ./bug1 `perl -e 'print "A"x99'`
AAAAAAAAAAAAAAAA
*** stack smashing detected ***: ./bug1 terminated
Abort (core dumped)
```

Listing 30.29 ProPolice Protection

Mit ProPolice steht dem Programmierer also eine Erweiterung zur Verfügung, die oft in der Lage ist, Schlimmeres zu verhindern.[8]

30.6.2 Flawfinder und RATS

Besser noch ist es, wenn man in der Lage ist, solche Bugs während der Entwicklung zu finden, um die gezielte Programmbeendigung durch die ProPolice gar nicht erst stattfinden zu lassen. Hierbei helfen Programme wie Flawfinder sowie das mittlerweile nicht mehr weiterentwickelte pscan oder RATS.

Für all diese Tools gilt allerdings, dass ihre Ausgaben von Hand überprüft werden müssen. Es handelt sich bei allen Angaben immer nur um *mögliche* Bugs und Sicherheitsprobleme.

Flawfinder Der Flawfinder wurde von David Wheeler entwickelt und wird zur Analyse von C/C++-Code eingesetzt. Das Programm untersucht den Quellcode nach bestimmten tückischen Funktionen, die zu Problemen führen können. Zudem erkennt es einige häufige Fehlerquellen.

```
$ flawfinder bug1.c
Flawfinder version 1.26, (C) 2001-2004 David A. Wheeler.
Number of dangerous functions in C/C++ ruleset: 158
Examining bug1.c
bug1.c:13:  [4] (buffer) strcpy:
  Does not check for buffer overflows when copying to
  destination. Consider using strncpy or strlcpy
  (warning, strncpy is easily misused).
bug1.c:9:  [2] (buffer) char:
```

---

[8] Es gibt Möglichkeiten, ProPolice zu umgehen, aber diese hier zu besprechen, würde zu weit gehen.

```
   Statically-sized arrays can be overflowed. Perform
   bounds checking, use functions that limit length,
   or ensure that the size is larger than the maximum
   possible length.

Hits = 2
Lines analyzed = 26 in 0.54 seconds (678 lines/second)
Physical Source Lines of Code (SLOC) = 21
Hits@level = [0]    0 [1]    0 [2]    1 [3]    0 [4]    1
[5]    0
Hits@level+ = [0+]    2 [1+]    2 [2+]    2 [3+]    1 [4+]
1 [5+]    0
Hits/KSLOC@level+ = [0+] 95.2381 [1+] 95.2381 [2+]
95.2381 [3+] 47.619 [4+] 47.619 [5+]    0
Minimum risk level = 1
Not every hit is necessarily a security vulnerability.
There may be other security vulnerabilities; review
your code!
```

Listing 30.30 Flawfinder untersucht bug.cc

Wie Sie sehen, weist Flawfinder auf zwei Probleme hin: Zum einen wird die unsichere Funktion `strcpy()` verwendet, die einen Puffer ohne Längenüberprüfung in einen anderen kopiert. Dies kann durch entsprechende Verwendung von `strncpy` oder auch `strlcpy()` verhindert werden, aber auch diese Funktionen müssen fehlerfrei verwendet werden, damit sie nicht zu Bugs führen.

Zum anderen wird auf die statische Größe des Puffers hingewiesen, was oftmals zu Overflow-Problemen führen kann. Den Off-by-One Bug hat Flawfinder also nicht entdeckt.

Das Programm RATS funktioniert ähnlich wie Flawfinder, unterstützt aber auch PHP-, Python- und Perl-Code. Wie Sie sehen, findet RATS in unserem Fall keine weiteren Fehler und liefert ein gleichwertiges Ergebnis wie Flawfinder.

RATS

```
$ rats bug1.c
Entries in perl database: 33
Entries in python database: 62
Entries in c database: 336
Entries in php database: 55
Analyzing bug1.c
bug1.c:9: High: fixed size local buffer
Extra care should be taken to ensure that character
arrays that are allocated on the stack are used
safely.  They are prime targets for buffer overflow
attacks.
```

```
bug1.c:13: High: strcpy
Check to be sure that argument 2 passed to this
function call will not copy more data than can be
handled, resulting in a buffer overflow.

Total lines analyzed: 27
Total time 0.019469 seconds
1386 lines per second
```

Listing 30.31 RATS scannt bug1.c.

30.6.3 Electric Fence

Um den Heap-Overflow in *bug1.c* zu finden, brauchen wir ein weiteres Tool namens *Electric Fence*, eine Bibliothek, die Zugriffe auf nicht reservierten Speicher findet. Oftmals gehört ein Speicher, der überschrieben wurde, noch zum Kontext des Programms, wodurch dieses weiterläuft und der Bug nicht aufgedeckt wird. Electric Fence sorgt hingegen dafür, dass das Programm in einem solchen Fall sofort abstürzt. Wie Sie sehen, stürzt das Programm in unserem Fall tatsächlich nicht ab, auch wenn wir ihm ganze 16 Bytes übergeben. Beachten Sie zudem, dass die Anzahl der übergebenen Bytes auf den Heap-Puffer keinen Einfluss hat, da immer so viel Bytes in den Puffer kopiert werden, wie es Schleifendurchläufe gibt.

[»] Achtung: Auch hier gilt, dass bei Distributionen wie Ubuntu, die standardmäßig Stack Protection aktiviert haben, diese explizit abgestellt werden muss.

```
$ gcc -o bug1 bug1.c
$ ./bug1 `perl -e 'print "A"x16;'`
AAAAAAAAAAAAAAAA
```

Listing 30.32 Das Programm stürzt nicht ab.

Nun übersetzen wir das Programm mit der Electrice-Fence-Library. Um es im GNU Debugger analysieren zu können, übergeben wir zudem den Parameter -g. Da die Anzahl der Bytes für den Overflow im Heap-Buffer nicht relevant ist, können wir das Programm ohne Parameter starten.

```
$ gcc -g -o bug1 bug1.c -fno-stack-protector -lefence
$ ./bug1

  Electric Fence 2.1 Copyright (C) 1987-1998 Bruce Perens.
Segmentation fault (core dumped)
```

Listing 30.33 Electrice Fence

Wie Sie sehen, lässt Electric Fence das Programm tatsächlich abstürzen. Nun führen wir eine Analyse im GNU Debugger durch.

```
$ gdb bug1
GNU gdb 6.6-debian
Copyright (C) 2006 Free Software Foundation, Inc.
GDB is free software, covered by the GNU General
Public License, and you are welcome to change it
and/or distribute copies of it under certain
conditions.
Type "show copying" to see the conditions.
There is absolutely no warranty for GDB.  Type
"show warranty" for details.
This GDB was configured as "i486-linux-gnu"...
Using host libthread_db library
"/lib/tls/i686/cmov/libthread_db.so.1".
(gdb) run
Starting program:
/home/swendzel/books/kompendium2/examples/bugs/bug1
[Thread debugging using libthread_db enabled]
[New Thread -1210296640 (LWP 6405)]

  Electric Fence 2.1 Copyright (C) 1987-1998
       Bruce Perens.

Program received signal SIGSEGV, Segmentation fault.
[Switching to Thread -1210296640 (LWP 6405)]
0x0804857c in main (argc=1, argv=0xbfb06284) at bug1.c:19
19                      p[i] = buf[i];
(gdb) list 19
14
15              p = (char *) calloc(15, 1);
16              if (p) {
17                      int i;
18                      for (i = 0; i <= 16; i++)
19                              p[i] = buf[i];
20                      printf("%s\n", p);
21              } else
22                      err(1, "calloc");
23
(gdb) quit
The program is running.  Exit anyway? (y or n) y
```

Listing 30.34 bug1 im gdb

Fazit Electric Fence hat unseren Speicherzugriffsfehler gefunden. In Kombination mit einem anderen Programm wie Flawfinder oder RATS verfügen Sie also über eine sehr effektive Toolchain zur Analyse von Code.

30.7 Integrierte Entwicklungsumgebungen

Integrierte Entwicklungsumgebungen sind Softwarelösungen, die speziell für die Entwicklung von Software konzipiert sind. Solche Entwicklungsumgebungen bestehen meist aus folgenden Komponenten:

- Quellcode-Editor
- Debugger (wobei auch oft ein externer Debugger wie GDB aufgerufen wird)
- Projekt-Management-System, in dem Verzeichnisse und reguläre Dateien in ein Projekt eingefügt bzw. daraus entfernt werden können
- Subversion/Git-Einbindung
- Compiler (unter Unix wird in der Regel auf einen externen Compiler zurückgegriffen, etwa `gcc` oder `javac`)

Die wichtigsten integrierten Entwicklungsumgebungen (kurz IDE für *Integrated Development Environment*) sollen im Folgenden kurz vorgestellt werden.

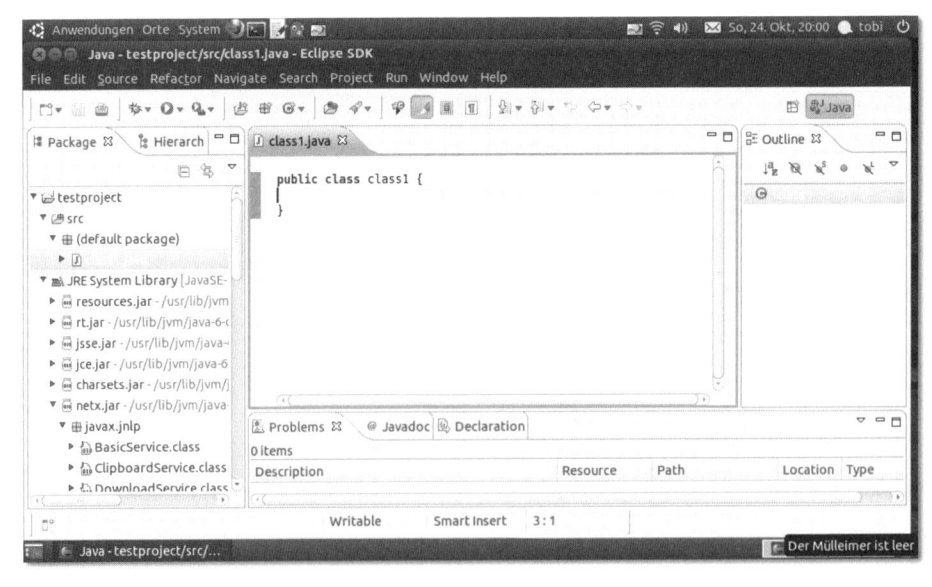

Abbildung 30.3 Eclipse

Eclipse ist eine freie, portable IDE, die als Binär- und Quellcode-Version für Windows, Linux und Solaris verfügbar ist. Auch andere Systeme (etwa OpenBSD) machen Eclipse durch Emulation lauffähig. Dabei unterstützt Eclipse primär Java (aber auch C++) und beinhaltet auch einen eigenen Debugger. Außerdem wird ein projektbasierter SVN-Zugriff ermöglicht, und es werden eine Plugin-Schnittstelle sowie diverse zugehörige Plugins bereitgestellt.

KDevelop ist die Qt-basierte Entwicklungsumgebung des KDE-Projekts. Es unterstützt neben C- und C++-Projekten auch Perl, Python und die Shell. Zudem gibt es einen Wizard zur Projekterstellung. Dabei können vorgefertigte Minimalprojekte für GTK+- oder Qt-basierte Applikationen automatisch generiert werden. Außerdem erstellt KDevelop automatisch Autoconf- und Automake-Dateien, umfasst ein Plugin-Interface, einen Datei- und einen Class-Browser, Zugriff auf SVN, ein Interface für den GNU-Debugger und vieles mehr. Leider ist KDevelop nicht auf jedem System verfügbar. Unter OpenBSD müssen Sie beispielsweise (zumindest derzeit noch) auf KDevelop verzichten.[9]

Anjuta hat einen ähnlichen Funktionsumfang wie Eclipse, unterstützt aber primär C(++)-Entwicklung. Andere Sprachen wie Java, Perl oder Pascal werden momentan nicht bei ganzen Projekten, sondern nur bei Einzeldateien im Editor unterstützt.

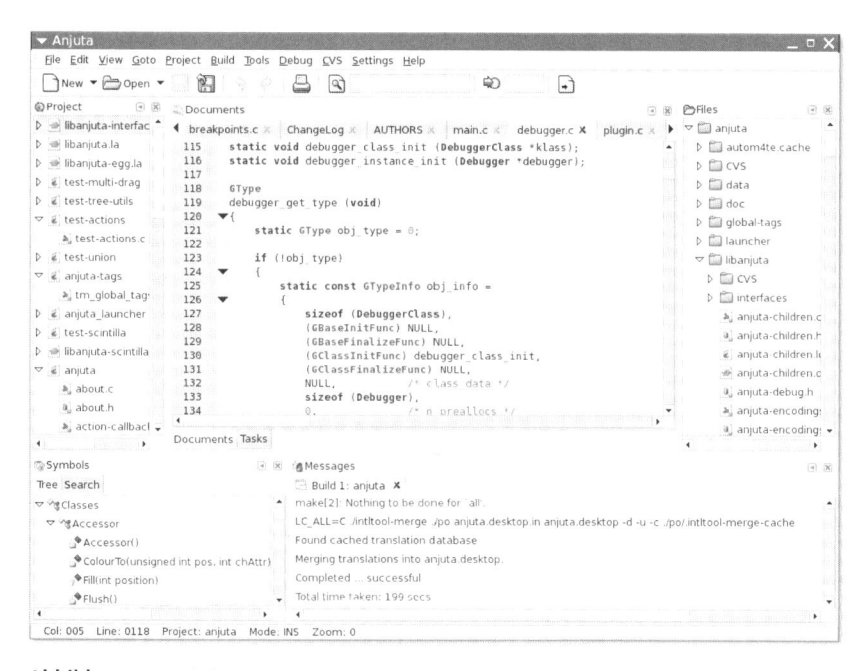

Abbildung 30.4 Anjuta

---

[9] Eine tolle Alternative stellt allerdings der KDE-Editor Kate dar.

Quanta+ — Zuletzt sei noch auf eine hervorragende IDE für das Web-Development hingewiesen: *Quanta+*, ebenfalls ein Subprojekt der KDE-Entwickler, und mit vielen Features versehen. Quanta+ unterstützt Syntax-Highlighting für XML, (X)HTML, PHP, XSLT und CSS sowie Plugins, umfasst einen speziellen CSS-Editor, eine interne Webseiten-Vorschau, Autovervollständigung für PHP-Editierung, ist selbstverständlich projektbasiert, kann DTDs importieren und durch Skripts angepasst werden.

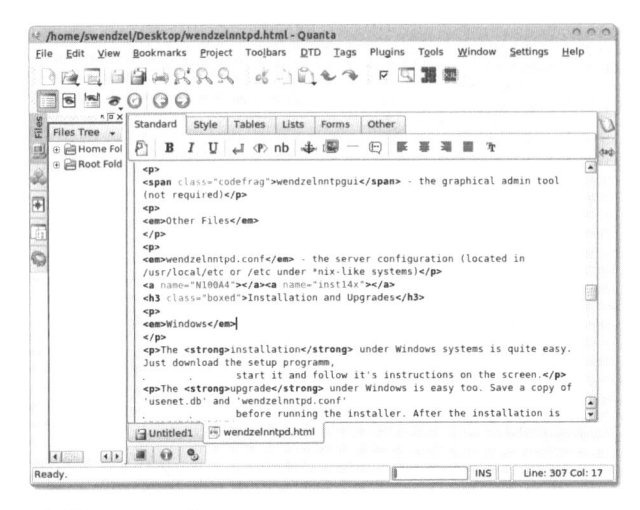

Abbildung 30.5 Quanta+

30.8 Make

Nun kommen wir zu einem der wichtigsten und nützlichsten Tools, die einem bei der Entwicklung von Software unter Unix-Betriebssystemen zur Verfügung stehen. Es trägt den Namen Make und kümmert sich, sofern man das möchte, um den Übersetzungsvorgang eines gesamten Softwareprojekts.

Um ein beliebiges Softwareprojekt mit drei C-Quelldateien zu übersetzen und zu linken, müssten Sie beispielsweise folgende Aufrufe durchführen:

```
$ gcc -Wall -c file1.c
$ gcc -Wall -c file2.c
$ gcc -O2 -o prog file1.o file2.o
$ gcc -Wall -c file3.c
$ gcc -O -o prog2 file3.o
```

Listing 30.35 Übersetzen des imaginären Projekts

Diese Befehle bei jeder Übersetzung erneut einzugeben, ist ein großer Aufwand, der einem schnell die Lust an der Entwicklung verderben könnte. Nun werden Sie eventuell vorschlagen, doch ein simples Shellskript zu schreiben, das diese Befehle ausführt. Ja, das wäre zumindest eine komfortablere Alternative. Make jedoch kann Ihnen da weitaus mehr bieten.

30.8.1 Makefile

Um Make zu verwenden, wird zunächst im Hauptverzeichnis des Softwareprojekts eine Datei mit dem Namen *Makefile* erstellt. In ihr werden die Anweisungen eingetragen, die zur Übersetzung notwendig sind. Ruft man dann in diesem Verzeichnis make auf, so führt es die Anweisungen im *Makefile* aus und übersetzt das Programm. So viel zur grundlegenden Funktionalität von Make. Bis hierhin bietet es jedoch noch keinen Vorteil gegenüber einem Shellskript.

Targets und Dependencies

Eine Makefile besteht aus sogenannten *Targets* und *Dependencies*. Ein Target, also ein Übersetzungsziel, hat dabei Dependencies, also Abhängigkeiten, die vorhanden bzw. erfüllt sein müssen, damit die Übersetzung des Targets durchgeführt werden kann. Ist eine Abhängigkeit nicht erfüllt, versucht Make zuerst, diese Abhängigkeit zu erfüllen. Standardmäßig wird dabei die folgende Schreibweise verwendet:

```
target : dependency1 ... dependencyN
```

Ein kleines Praxisbeispiel soll diese Schreibweise verständlich machen. Im Folgenden sehen Sie ein mögliches *Makefile* für den obigen Übersetzungsvorgang:

```
all : file1.o file2.o file3.o
    gcc -O2 -o prog file1.o file2.o
    gcc -O -o prog2 file3.o

file1.o : file1.c
    gcc -Wall -c file1.c

file2.o : file2.c
    gcc -Wall -c file2.c

file3.o : file3.c
    gcc -Wall -c file3.c
```

Listing 30.36 Makefile

Zunächst haben wir das Target all spezifiziert. Dieser Name ist frei gewählt und kann auch anders lauten. Dort werden die beiden Programme gelinkt. Damit dies jedoch geschehen kann, müssen die entsprechenden Objektdateien erstellt werden. Da diese in den Targets *file1.o*, *file2.o* und *file3.o* erstellt werden, werden von Make also erst die entsprechenden Übersetzungsvorgänge durchgeführt. Damit es dies wiederum tun kann, wird im Fall von *file1.o* die Datei *file1.c* und im Fall von *file2.o* die Datei *file2.c* benötigt, weshalb wir diese als Abhängigkeiten der Targets angegeben haben.

Die Übersetzungsanweisungen für ein Target müssen direkt unter die Zeile der Target-Angabe geschrieben und mit einem Tab eingerückt werden.

So weit, so gut. Führt man `make` nun aus, kann man sehen, welche Schritte unternommen werden:

```
$ make
gcc -Wall -c file1.c
gcc -Wall -c file2.c
gcc -Wall -c file3.c
gcc -O2 -o prog file1.o file2.o
gcc -O -o prog2 file3.o
```

Listing 30.37 make aufrufen

Führt man nun, ohne etwas an den Quellcodes zu verändern, `make` erneut aus, kommt der Zaubertrick zum Vorschein:

```
$ make
gcc -O2 -o prog file1.o file2.o
gcc -O -o prog2 file3.o
```

Listing 30.38 Make ist schlau.

Da sich nichts an den Abhängigkeiten der Targets *file1.o* bis *file3.o* geändert hat, müssen diese nicht neu übersetzt werden. Make kann also davon ausgehen, dass die entsprechenden Objektdateien weiterhin verwendet werden können, und muss das Programm nur linken. Verändert man nun etwas in einer der Dateien, beispielsweise in der Datei *file3.c*, so wird Make nur die zugehörige Objektdatei neu übersetzen und den Link-Vorgang erneut durchführen. Bei großen Projekten kann dies die Übersetzungszeit um viele Minuten, manchmal sogar um Stunden verkürzen.

Anzumerken ist noch, dass Make die Veränderungen von Quelldateien anhand von deren Timestamps überprüft. Diese können, wie Sie bereits wissen, mit dem Programm `touch` verändert werden. Eine Veränderung an der Datei *file3.c* kann also dadurch simuliert werden, dass man sie »toucht«.

```
$ touch file3.c
$ make
gcc -Wall -c file3.c
gcc -O2 -o prog file1.o file2.o
gcc -O -o prog2 file3.o
```

Listing 30.39 Veränderungen an einer Quelldatei durchführen

Die Sache mit dem »!«

Hinter einem Target muss nicht unbedingt ein Doppelpunkt stehen. Dieser sagt nämlich aus, dass das Target von den dahinter angegebenen Abhängigkeiten (»Dependencies«) abhängt und nur dann neu übersetzt wird, wenn sich diese Abhängigkeiten ändern.

Wie aber erreicht man, dass ein Taget *immer* übersetzt wird? Dazu kann man, sofern die BSD-Extensions unterstützt werden, den !-Operator verwenden. Um beispielsweise die Objektdatei *file3.o* bei jeder Übersetzung zu erzeugen, müsste man die folgende Änderung durchführen:

```
file3.o ! file3.c
    gcc -Wall -c file3.c
```

Listing 30.40 !

Suffixregeln

Make kann mit sogenannten *Suffixregeln* arbeiten. Dabei wird angegeben, welche Schritte zur Übersetzung eines Dateityps in einen anderen notwendig sind – beispielsweise bei der Übersetzung einer *.c*-Datei in eine *.o*-Datei, also eine Objektdatei.

In unserem bisherigen Makefile mussten wir für jeden Compiler-Aufruf die entsprechenden Parameter etc. übergeben. Nun kann man sich dank Suffixregeln diese Arbeit sparen. Dazu definiert man zunächst die allgemeine Suffixregel in der folgenden Form:

```
.<Ausgangsdatei-Endung>.<Zieldatei-Endung>:
    Anweisung1
    Anweisung2
    ...
    AnweisungN
```

Listing 30.41 Aufbau einer Suffixregel

Für die Übersetzung unserer C-Dateien in Objektdateien wäre beispielsweise folgende Suffixregel angebracht:

```
.c.o:
    gcc -c -Wall $<
```

Listing 30.42 Die Suffixregel .c.o

Dabei ist $< eine `make`-interne Variable, die für die aktuelle Quelldatei steht.

Nachdem nun diese Suffixregel erstellt wurde, können wir das Makefile viel kompakter gestalten und müssen für die Übersetzung von *.c*- in *.o*-Dateien nur noch Target und Ziel angeben. Das neue Makefile würde dann so aussehen:

```
.c.o :
    gcc -c -Wall $<

all : file1.o file2.o file3.o
    gcc -O2 -o prog file1.o file2.o
    gcc -O -o prog2 file3.o

file1.o : file1.c
file2.o : file2.c
file3.o : file3.c
```

Listing 30.43 Makefile mit Suffixregel

30.8.2 Makros

Innerhalb eines *Makefiles* können sogenannte *Makros* erstellt werden. Diese haben grundlegend erst einmal die Funktionalität einer Variablen in der Shell. Einem Makro wird ein Wert zugewiesen, und dieser kann später, etwa bei der Übersetzung, über den Makronamen verwendet werden. Die Zuweisung eines Werts erfolgt wie in der Shell mit dem Gleichheitsoperator (=).

Man verwendet Makros besonders häufig bei Compiler-Optionen. So könnten wir für unsere Makefile beispielsweise das Makro *CFLAGS* definieren:

```
CFLAGS=-c -Wall
```

Listing 30.44 CFLAGS

Angesprochen werden Makros in der Form $(NAME), also etwa als $(CFLAGS).

Möchte man nun manchmal eine Debugging-Option hinzufügen, aber darauf auch manchmal verzichten, so kann man beispielsweise jedes Mal die Compiler-Option `-DDEBUG` oder `-g` hinzufügen. Leichter noch ist es, immer eine Zeile für diese Einstellung zu verwenden, die diese Option zu den restlichen Compiler-Optionen hinzufügt, wenn sie nicht auskommentiert ist. Um auf diese Weise einen Wert an ein Makro anzuhängen, verwenden Sie den Operator +=:

```
CFLAGS+=-DDEBUG
#CFLAGS+=-g
```

Listing 30.45 +=

30.8.3 Shellvariablen in Makefiles

Nicht nur Makros können angesprochen werden: Auch auf Shellvariablen können Sie zugreifen. Die entsprechende Syntax lautet jedoch nicht $(NAME), sondern $(NAME)$. Beachten Sie, dass diese Variablen von der Shell exportiert sein müssen.

30.8.4 Einzelne Targets übersetzen

Sie können auch einzelne Targets gezielt übersetzen. Übergeben Sie hierzu make nur den Namen des jeweiligen Targets bzw. die Namen der jeweiligen Targets. Auch hierbei werden automatisch die entsprechenden Abhängigkeiten übersetzt.

```
$ make file2.o
```

Listing 30.46 Das Target file2.o übersetzen

30.8.5 Spezielle Targets

Für Make gibt es üblicherweise einige spezielle Targets, die fast jeder Entwickler in seine *Makefile* aufnimmt. Dazu zählen clean und install.

Mit dem clean-Target werden die erzeugten Dateien nach einem Kompiliervorgang wieder gelöscht. Dies schafft saubere Entwicklungsverzeichnisse und Plattenplatz. Ein clean-Target könnte beispielsweise so aufgebaut sein:

clean

```
clean :
    rm -f *.o
    rm -f prog prog2
    rm -f *.core
```

Listing 30.47 clean-Target

Das install-Target hingegen wird üblicherweise zur automatischen Installation des Programms und seiner (Konfigurations-)Dateien im Dateisystem verwendet. Ein typisches install-Target sieht etwa wie das folgende aus, das dem Xyria:DNSd-Server entnommen und für dieses Buch etwas vereinfacht wurde:

install

```
install :
    if [ ! -d /etc/xyria ]; then \
        mkdir /etc/xyria; chmod 0755 /etc/xyria; fi
    if [ ! -d /etc/xyria/zones ]; then \
        mkdir /etc/xyria/zones; \
        chmod 0755 /etc/xyria/zones; fi
    cp dnsd.conf /etc/xyria/; chmod 0644 /etc/xyria/*
    cp dnsd xydnsdbcreate /usr/local/sbin/
```

Listing 30.48 install-Target

30.8.6 Tipps im Umgang mit Make

Zum Schluss dieses Abschnitts möchten wir Sie noch auf einige wissenswerte Aspekte im Umgang mit Make hinweisen.

@ — Normalerweise gibt `make` alle Befehle aus, die für ein Target ausgeführt werden. Setzt man vor einen Befehl jedoch das @-Zeichen, wird dieser Befehl zwar ausgeführt, aber nicht selbst ausgegeben. Dies heißt jedoch nicht, dass seine Ausgabe unterdrückt wird. Dies lässt sich, wie Sie bereits wissen, mit `>/dev/null` bewerkstelligen.

-f — Bei einigen Softwareprojekten heißen die Dateien, die Make verwenden soll, nicht *Makefile*, sondern beispielsweise *Makefile.bsd-wrapper* oder *Makefile.bsd*. Da Make im Normalfall nur nach der Datei *Makefile* sucht, müssen anderslautende Dateinamen über den Parameter -f angegeben werden.

```
make -f Makefile.bsd
```

include — Zudem ist es oftmals (besonders bei großen Projekten mit Subprojekten) sehr hilfreich, wenn Makefiles ineinander eingebunden werden können. Projekte wie das Betriebssystem *OpenBSD* haben dafür in jedem Quellverzeichnis nur ein minimales *Makefile*, das ein globaleres *Makefile* einbindet, in dem dann beispielsweise die Suffixregeln festgelegt sind.

```
include ../Makefile.inc
```

Listing 30.49 Einbinden eines Makefiles

30.9 Die GNU Autotools

Wahrscheinlich kennen Sie den Ablauf: Man lädt eine neue Software in Form eines komprimierten `tar`-Archivs herunter, entpackt es und lässt dann das Skript mit dem Namen `configure` durchlaufen. Wenn `configure`, das das System auf die

Abhängigkeiten einer Software hin überprüft und für deren Vorkonfiguration sorgt, keine Probleme bereitet, startet man make, und die Software wird übersetzt.

Diese configure-Skripte werden jedoch nicht direkt selbst von den Entwicklern geschrieben, sondern von den GNU Autotools erstellt. Der Sinn und Zweck dieser Programme ist es, Software portabel zu gestalten und somit ohne viel Zutun des Entwicklers für möglichst viele Systeme verfügbar zu machen. Um die Erstellung dieses configure-Skripts kümmert sich das Programm Autoconf auf der Basis der vom Entwickler bereitgestellten Datei *configure.ac*.

Das Programm Automake hingegen kümmert sich um die Konfiguration der Makefiles, wobei die Konfiguration vom Entwickler über die Input-Datei *Makefile.am* festgelegt wird. Das dritte Tool im Bunde nennt sich Libtool und wird dafür benutzt, plattformübergreifend statische und Shared Libraries zu generieren.

Im Folgenden werden wir ein kleines Beispielprogramm mithilfe der Autotools übersetzen. Dieses Beispiel dient lediglich als minimale Einführung in die Thematik. Leider besprechen nur wenige Bücher zum Thema »Linux-Programmierung« diese Thematik ausführlich, wir werden weiter unten allerdings ein entsprechendes taugliches Buch empfehlen.

[zB]

Unser Beispielprogramm ist das folgende simple »Hello, World«-Projekt. Es benötigt keine zusätzliche Portabilität, da es sich an den ANSI-C-Standard hält, doch als Einführung reicht es allemal:

```
#include <stdio.h>

int main(int argc, char *argv[])
{
        printf("Hello World!\n");
        return 0;
}
```

Listing 30.50 hello.c

Wir erstellen zu diesem Zweck ein einfaches Makefile:

```
all : hello.c
        gcc -o hello hello.c
```

Listing 30.51 hello.c

Der erste Schritt zum configure-Skript ist ein Aufruf des Tools autoscan, das das Arbeitsverzeichnis nach relevanten Projektdateien untersucht. Dieses Skript erstellt zunächst die Datei *configure.scan*, die wir anschließend in *configure.ac* umbenennen.

autoscan, autoconf

```
$ autoscan
$ ls
autoscan.log  configure.scan  hello*  hello.c  Makefile
$ mv configure.scan configure.ac
```

Listing 30.52 autoscan

configure Die Datei *configure.ac* wird von Autoconf verwendet, um mit den in ihr enthaltenen Informationen schließlich das `configure`-Skript zu erzeugen.

```
$ autoconf
$ ls configure
configure
```

Listing 30.53 autoconf

Wenn wir nun das `configure`-Skript ausführen, so überprüft es, ob alle nötigen Abhängigkeiten des Softwareprojekts vom lokalen System erfüllt werden. Bei größeren Projekten wird hier natürlich noch wesentlich mehr überprüft (etwa das Vorhandensein einer Library oder einer bestimmten Library-Funktion wie der optionalen Funktion `strlcpy()`).

```
$ ./configure
checking for gcc... gcc
checking for C compiler default output file name...
a.out
checking whether the C compiler works... yes
checking whether we are cross compiling... no
checking for suffix of executables...
checking for suffix of object files... o
checking whether we are using the GNU C compiler...
yes
checking whether gcc accepts -g... yes
checking for gcc option to accept ISO C89... none
needed
configure: creating ./config.status
config.status: error: cannot find input file:
Makefile.in
```

Listing 30.54 configure

config.log `configure` sollte nun die Datei *config.log* erzeugt haben. Sie enthält interessante Informationen über die von `configure` ausgemachten Einzelheiten des Systems. Für einen Entwickler sind solche Informationen besonders beim Debugging auf neuen Systemen interessant.

Wie Sie sehen, gibt das Skript am Ende des Durchlaufs noch eine Fehlermeldung aus. Es sucht nach der Datei *Makefile.in*. Bisher haben wir unser Makefile von Hand erstellt, doch die Autotools bieten auch für die automatische Generierung des Makefiles eine Lösung. Das `configure`-Skript erstellt dieses Makefile aus der Datei *Makefile.in*, die aber noch nicht existiert.

Aus diesem Grund benennen wir unser eigenes Makefile in *Makefile.in* um und schauen uns an, wie `configure` darauf reagiert.

```
$ ./configure
checking for gcc... gcc
checking for C compiler default output file name...
a.out
checking whether the C compiler works... yes
checking whether we are cross compiling... no
checking for suffix of executables...
checking for suffix of object files... o
checking whether we are using the GNU C compiler...
yes
checking whether gcc accepts -g... yes
checking for gcc option to accept ISO C89... none
needed
configure: creating ./config.status
config.status: creating Makefile
config.status: error: cannot find input file:
config.h.in
```

Listing 30.55 configure, zweiter Versuch

Wie Sie sehen, versucht das Programm erneut eine Datei, die wir nicht haben, zu finden. Aus der Datei *config.h.in* würde sonst die Datei *config.h* erzeugt, die einige Makros enthält, mit denen man im Quellcode des Programms diverse Details des Systems abfragen kann. An dieser Stelle werden wir jedoch nicht weiter darauf eingehen.

Ein Aufruf von `make` sollte nun allerdings gelingen.

```
$ cat Makefile
all : hello.c
        gcc -o hello hello.c

$ make && ./hello
gcc -o hello hello.c
Hello World!
```

Listing 30.56 Unser Programm lässt sich übersetzen.

[»] Weitere Informationen zu den GNU Autotools finden Sie auf den Webseiten von Red Hat in Form eines Online-Buchs:

http://sources.redhat.com/autobook/autobook/autobook_toc.html

30.10 lex/flex und yacc/bison

Für den anspruchsvollen angehenden Profi-Programmierer seien in diesem Kapitel auch noch einige Sätze zu den Tools `flex` und `yacc` gesagt. `lex` (unter Linux in der Regel `flex`) ist ein Tool zur *lexikalischen* Analyse, `yacc` und das ähnliche Tool `bison` sind zur *syntaktischen* Analyse gedacht.

flex, lex

Bei der lexikalischen Analyse wird eine Eingabe, wie zum Beispiel eine Quellcode- oder Konfigurationsdatei, in einzelne Bestandteile, sogenannte *Tokens*, zerlegt. Dabei werden Muster erkannt und als Token X identifiziert. Diese Muster werden bei `flex` und `lex` in Form von regulären Ausdrücken angegeben. Der Input-String `sqrt(2);` beispielsweise würde in einen Funktionsnamen (sqrt), eine geöffnete Klammer, einen Integerwert (2), eine geschlossene Klammer und ein Semikolon zerlegt.

yacc, Bison

Bei der Syntax-Analyse hingegen werden die einzelnen Tokens in ihrer Anwendungsreihenfolge (Syntax-Regel) einer Prüfung unterzogen. Die Syntax kann beispielsweise regeln, dass hinter einem Funktionsnamen beim Aufruf eine geöffnete Klammer stehen soll, auf die dann die Funktionsparameter durch Kommas separiert folgen sollen usw.

Wir können leider nicht bis ins letzte Detail auf die Anwendung beider Tools eingehen – dazu wäre ein eigenes Buch notwendig –, sondern legen nur die wichtigsten Grundlagen für das Arbeiten mit `flex` und `bison`. Als hervorragende weiterführende Literatur empfiehlt sich [Herold03B]. Dieses Buch behandelt zwar nicht `bison`, aber dafür `yacc` in aller Ausführlichkeit.

30.10.1 flex grundlegend anwenden

Ein `flex`-Skript gliedert sich in drei Teile, die jeweils durch eine Zeile, in der nur die Zeichen %% stehen, abgegrenzt werden. Im oberen Teil wird C-Code definiert, der Variablen, Funktionsprototypen und Ähnliches enthält, die später zur Verfügung stehen sollen. Im mittleren Teil werden die Muster für Tokens definiert und im unteren Teil werden C-Funktionen implementiert. Die Verwendung des oberen und unteren Skriptteils ist optional.

Soll zum Beispiel mithilfe von `flex` ein simpler Taschenrechner realisiert werden, der Addition und Subtraktion durchführen kann, so würde man ein Token für die

Addition, eines für die Subtraktion und eines für die Zahlen benötigen. In flex umgesetzt, könnte dies wie folgt aussehen:

```
%{
#include <stdio.h>

#define TOK_ADD 0x01
#define TOK_SUB 0x02
#define TOK_NUM 0x03

int tmpv=0;
int token;

%}
%%

\+        { return TOK_ADD; }
-         { return TOK_SUB; }
[0-9]+    { tmpv=atoi(yytext); }
[\n\t ]+      {}

%%

int main ()
{
   int value=0;

   while(token=yylex()) {
      switch(token) {
      case TOK_ADD:
         value+=tmpv;
         break;
      case TOK_SUB:
         value-=tmpv;
         break;
      }
      tmpv=0;
      printf("\t -> %i\n", value);
   }
}
```

Listing 30.57 calc.l

Zunächst haben wir, eingebettet in %{ und %}, den C-Code für den oberen Teil des flex-Programms festgelegt. Dort binden wir für die spätere Nutzung die Datei *stdio.h* ein und vergeben mit der Präprozessor-Anweisung define drei Token-Werte.

Im Muster-Teil des Programms wird festgelegt, welche Aktionen durchgeführt werden sollen, wenn ein bestimmtes Muster auftritt. Beachten Sie, dass wir das Plus-Zeichen escapet haben, damit es nicht als »mindestens ein Vorkommen eines Zeichens« im regulären Ausdruck interpretiert wird. Falls Sie das Kapitel 8 zu regulären Ausdrücken nur überflogen oder bereits vergessen haben, sollten Sie es vor der Nutzung von `flex` nochmals durchlesen.

Die jeweilige Anweisung, die durchzuführen ist, wird durch Leerzeichen vom Muster getrennt und im Optimalfall in geschweifte Klammern eingebettet. Verwendet man nur eine einzelne Anweisung, kann man diese geschweiften Klammern jedoch auch weglassen.

Um keine Probleme mit der Eingabe einer neuen Zeile zu bekommen, fangen wir durch die Regel »\n { }« das Newline-Zeichen ab und führen einfach gar keine Anweisung dafür aus.

Im Schlussteil holen wir uns über die Funktion `yylex()` das jeweilige Token und verarbeiten es in einer Schleife.

Übersetzen Um aus diesem Code nun ein ausführbares Programm zu generieren, muss `flex` (bzw. `lex`) zunächst den entsprechenden Quellcode für das Parsen der Texteingabe generieren. Dazu ruft man `flex` mit der jeweiligen Quelldatei auf – in unserem Fall heißt sie *calc.l*.

```
$ flex calc.l
```

Listing 30.58 C-Quellcode erstellen

Die nun erstellte Datei nennt sich – sofern man das Programm nicht explizit zu einer anderen Benennung anweist – *lex.yy.c*, ist in unserem Fall 36 KB groß und besteht aus 1550 Zeilen Quellcode. Es ist nicht sonderlich wichtig zu wissen, was `flex` dort im Detail generiert, wichtig ist nur, dass es den Code für Sie generiert, ohne dass Sie es selbst tun müssen, und dass es funktioniert. In diesem Fall muss dies tatsächlich nicht als schlampige Programmierung gelten. Bei großen Projekten generiert `flex` nämlich durchaus mal einige Zehntausend Zeilen an Quellcode, die sich bei jeder Übersetzung verändern – viel Spaß bei der Fehlersuche.

```
$ du -h lex.yy.c
36.0K   lex.yy.c
$ wc -l lex.yy.c
    1550 lex.yy.c
```

Listing 30.59 lex.yy.c

Nun muss der Quellcode mit dem C-Compiler übersetzt werden, und anschließend können wir das fertige Programm testen. Dazu muss die Flex-Library eingelinkt werden. Unter Linux geschieht dies mit `-lfl`, unter BSD mit `-ll`:

```
$ gcc -o calc lex.yy.c -lfl
$ ./calc
100
+
        -> 100
3
-
        -> 97
96
-
        -> 1
99
+
        -> 100
^D
```

Listing 30.60 Übersetzen und Linken

30.10.2 bison/yacc grundlegend anwenden

Kommen wir nach diesem kleinen Einblick in `flex`/`lex` zur syntaktischen Analyse mittels `bison`. Dabei wird der Quellcode des Beispiels, das wir an dieser Stelle einbringen werden, auch für `yacc` anwendbar sein.

Ein `bison`-Programm ist ähnlich aufgebaut wie ein `flex`-Programm. Die von `flex` generierten Tokens werden im Mittelteil über das Keyword `%token` eingebunden:

```
%token TOK_ADD
%token TOK_SUM
%token TOK_NUM
```

Listing 30.61 %token

Im unteren Programmteil werden die syntaktischen Möglichkeiten definiert. Zunächst kümmert man sich darum, dass mehrere Kommandos hintereinander stehen können. Anschließend wird definiert, welche möglichen Syntaxkombinationen es gibt. Bei uns heißen die Kombinationen *add* und *sub*.

```
commands: /**/ | commands command;

command:  add | sub;
```

Listing 30.62 commands

Nun wird jedes einzelne Kommando genau definiert. Dies beinhaltet die Aneinanderreihung von Tokens, die diesem Kommando entsprechen, und die entsprechend auszuführenden Aktionen.

```
add:
   TOK_NUM TOK_ADD TOK_NUM
   {
      printf("\t->%i\n", vtmp1+vtmp2);
   };

sub:
   TOK_NUM TOK_SUB TOK_NUM
   {
      printf("\t->%i\n", vtmp1-vtmp2);
   };
```

Listing 30.63 add und sub

Mit diesem Quellcode wird definiert, dass wir die Token-Reihenfolgen Zahl + Zahl und Zahl - Zahl abdecken.

Wie Sie vielleicht bemerkt haben, verwenden wir die Variablen vtmp1 und vtmp2. In diesen müssen jeweils die letzten zwei vom Benutzer eingegebenen Zahlenwerte hinterlegt sein, was sich beispielsweise folgendermaßen lösen lässt:

```
%%
[0-9]+    { vtmp1=vtmp2;
            vtmp2=atoi(yytext);
            return TOK_NUM;
          }
```

Listing 30.64 An vtmp1 und vtmp2 kommen

Des Weiteren muss nun in der Main-Funktion im flex-Code der bison-Mainloop aufgerufen werden, was durch einen einfachen Aufruf von yyparse(); geschieht.

Übersetzen Nun muss zunächst mit lex die Datei *calc.l* und anschließend mit bison die *calc.y* in C-Code umgewandelt werden. Daraufhin kann mit dem gcc alles zusammengelinkt werden.

```
$ flex calc.l
$ bison calc.y --output-file=calc.tab.c
$ gcc -o lex.yy.c calc.tab.c -ll
```

Listing 30.65 Code erzeugen und compilieren

30.11 Unix-Software veröffentlichen

Üblicherweise gibt es bei der Veröffentlichung von Unix-Software einige typische Eigenheiten. Auf diese Eigenheiten, die Sie in fast jeder gängigen Open-Source-Software antreffen werden, möchten wir im Folgenden zu sprechen kommen.

In der Regel wird Unix-Software entweder in binärer Form oder als Quellcode-Version auf die folgenden Arten aus dem Internet bezogen:

- **als fertiges Paket**
  Hierzu zählen beispielsweise *.deb*- und *.rpm*-Dateien, die bereits in Abschnitt 14.2.1 besprochen wurden.

- **Quellcode als .tar.gz/.tar.bz2**
  Wird die Software als Quellcode publiziert, so wird sie (und das gilt für alle Unix-Systeme) meist in Form von `tar`-Archiven verteilt. Diese werden dann oftmals noch mit GZip, Compress oder BZip2 komprimiert. Eher unüblich ist die Verwendung von ZIP-Archiven – doch auch diese sind möglich.

  Bei dieser Form der Softwareverteilung muss der Quellcode selbst entpackt und übersetzt werden.

- **Port**
  Bei Ports (und hier sind nicht die Plattformportierungen, sondern BSD-Ports gemeint) liegt die Software in einem beliebigen Format vor, in der Regel jedoch als Quellcode-Archiv. Der Port installiert sich dabei automatisch, nachdem man die Installation gestartet hat. Dies beinhaltet das Herunterladen der Software, das Herunterladen und Installieren von Abhängigkeiten und die Installation der Software.

- **CVS, SVN, Git**
  Eine weitere Möglichkeit, alles von Hand zu erledigen, ist das Herunterladen des aktuellen Quellcode-Auszugs vom CVS-, SVN- oder git-Server des jeweiligen Softwareprojekts. Mehr zu diesem Thema in Abschnitt 30.13.

Unix-Softwareprojekten sind in aller Regel bestimmte Dateien beigefügt. Dazu zählen:

- **AUTHOR**
  In dieser Datei stehen der Name des Projektleiters sowie einige Kontaktinformationen. Ihr Inhalt könnte etwa so aussehen:

  ```
  Steffen Wendzel
  mail: mailadresse@abcdefg.xyz
  http: www.abcdefg.xyz
  ```

  Listing 30.66 Beispiel einer AUTHOR-Datei

▶ **NEWS, ChangeLog o. Ä.**
In dieser Datei sind die wichtigsten (NEWS) bzw. gesamten (ChangeLog) Änderungen protokolliert, die an einer Software vorgenommen worden. NEWS kann auch generelle Neuigkeiten zum Projekt beinhalten. Hier ein Beispiel für den Aufbau einer solchen Datei (exakte Vorgaben gibt es dafür nicht):

```
Xyria:DNSd Changelog
--------------------

0.6.0 : (3354 loc; Jun-22-2005; 23:25)
    - implemented a cache based on hashed arrays
    - implemented IPC between resolver-childs and
      cache-thread based on unix domain sockets
    - switched from 'beta' to 'stable'

0.5.1p2-beta : (3186 loc; 21.06.05; 22:00)
     - fixed a problem with blocking-I/O in resolver
   child; switched to non-blocking-I/O
```

Listing 30.67 NEWS

▶ **INSTALL**
Diese Datei enthält eine Installationsanleitung für die Software. Manchmal findet sich auch nur ein Verweis auf ein Dokumentationsverzeichnis (in der Regel *doc/*) oder eine URL mit Dokumentationsdateien in dieser Datei.

▶ **README**
Zusätzliche Informationen werden in dieser Datei abgelegt.

▶ **LICENSE oder COPYING**
Die Lizenz, unter der eine Software publiziert wird – in der Regel ist dies die BSD-License oder die GNU General Public License (GPL) – ist in dieser Datei gespeichert.

[»] Sorgen Sie dafür, dass die Installationsanleitung und die *NEWS*-Datei in englischer Sprache verfasst sind. Damit geben Sie Ihrer Software zum einen die Möglichkeit, sich leichter zu verbreiten, und zum anderen machen Sie es internationalen Anwendern bedeutend einfacher, mit Ihrer Software zu arbeiten.

30.12 Manpages erstellen

Neben einer vernünftigen Dokumentation, die als Textdatei, HTML, PDF oder als was auch immer vorliegen kann, ist es unter Unix und Linux üblich, für eigene

Programme eine Manpage zu erstellen. Eine Manpage erklärt im Groben die Funktionsweise eines Programms und die Parameter, die man ihm übergeben kann.

30.12.1 groff nutzen

Zur Erstellung einer Manpage nutzt man das Tool `groff`. Dabei wird eine Textdatei erstellt, aus der `groff` anschließend eine Manpage erstellt.

Gearbeitet wird dabei ähnlich wie in LaTeX oder HTML: Man verwendet verschiedene Befehle, die Formatierungsanweisungen für einen Interpreter/Compiler darstellen. Im Folgenden wollen wir Ihnen die wichtigsten Befehle vorstellen, die man zur Erstellung von Manpages mit `groff` verwendet.

- **.TH NAME SEKTION**
  Dieser Befehl legt den Namen einer Manpage (in der Regel ist das der Name des Programms) sowie die Sektion fest, der sie angehört.

- **.SH NAME**
  `.SH` leitet eine Manpage-Sektion (zum Beispiel NAME, AUTHOR oder DESCRIPTION) ein. Betrachten Sie einmal eine typische Manpage, um sich einen Überblick über häufig verwendete Sektionen zu verschaffen.

- **.RS**
  Dieser Befehl bewirkt einen 7-Zeichen-Einschub gegenüber der vorhergehenden Zeile. So kann eine Manpage hierarchisch gegliedert und übersichtlicher gehalten werden.

- **.I**
  Der `.I`-Befehl bewirkt, dass der Text einer Zeile unterstrichen oder kursiv gesetzt wird.

- **.IP**
  Zur Aufzählung einzelner Parameter für ein Programm wird in der Regel der Befehl `.IP` verwendet. Hinter ihn setzt man den Parameter (also etwa `-r`) und in die darauffolgende Zeile die entsprechende Erklärung dazu.

Eine Manpage könnte in etwa folgendermaßen aussehen:

```
.TH MeinTool 1
.SH NAME
MeinTool  ein ganz prima feines Tool
.SH SYNOPSIS
.B MeinTool [-v] [-l
.I config-file
.B ]
.SH DESCRIPTION
```

```
MeinTool kann alles, was andere Tools nicht koennen.

.SH OPTIONS
.IP -v
Ausfuehrliche Meldungen ausgeben.
.IP "-l config-file"
Falls nicht die Standard-Konfigurationsdatei
verwendet werden soll, kann ueber diesen Parameter
eine Alternative (
.I config-file
) angegeben werden.
.SH BUGS
Manchmal funktioniert MeinTool, aber in der Regel
sollte man sich nicht darauf verlassen.
.SH AUTHOR
Steffen Wendzel <cdp@doomed-reality.org>
.SH "SEE ALSO"
.BR reboot (8)
```

Listing 30.68 Eine exemplarische Manpage

Um aus diesem Textbatzen eine Manpage zu generieren, ruft man `groff` mit dem Parameter `-man` auf. Möchte man nicht gerade eine PostScript-Datei generiert haben, so verwendet man `-Tascii`, damit `groff` die Manpage im ASCII-Format ausgibt.

```
# PostScript-Datei:
$ groff -man mytool.1 > mytool.ps
# ASCII-Manpage:
$ groff -man -Tascii mytool.1 | less
```

Listing 30.69 groff aufrufen

30.12.2 Manpages installieren

Um die Manpage auch im System zu installieren, haben Sie zwei Möglichkeiten:

- Kopieren Sie die Quelldatei der Manpage (die Datei mit den Anweisungen für `groff`) in das entsprechende Sektionsverzeichnis des lokalen Manpage-Verzeichnisses. Die Sektionsverzeichnisse heißen `man1` für Sektion 1, `man2` für Sektion 2 und so weiter; sie befinden sich i.d.R. im Verzeichnis */usr/local/man/*.

```
$ cp mytool.1 /usr/local/man/man1/
```

Listing 30.70 Kopieren

▶ Leiten Sie die ASCII-Ausgaben von `groff` in ein Verzeichnis einer *cat*-Sektion. Ein solches Verzeichnis befindet sich ebenfalls im lokalen Manpage-Verzeichnis.

```
$ groff -man -Tascii mytool.1 >/usr/local/man/cat1/mytool.0
```

Listing 30.71 Umleiten

```
MeinTool(1)                          man                          MeinTool(1)

NAME
       MeinTool - ein ganz prima feines Tool
SYNOPSIS
       MeinTool [-v] [-l config-file ]
DESCRIPTION
       MeinTool kann alles, was andere Tools nicht koennen.
OPTIONS
       -v     Ausfuehrliche Meldungen ausgeben.

       -l config-file
              Falls  nicht  die  Standard-Konfigurationsdatei verwendet werden
              soll, kann ueber diesen Parameter eine Alternative ( config-file
              ) angegeben werden.
BUGS
       Manchmal funktioniert MeinTool, aber in der Regel sollte man sich nicht
       darauf verlassen.
AUTHOR
       Steffen Wendzel <cdp@doomed-reality.org>
SEE ALSO
       reboot(8)

                                                                  MeinTool(1)
Manual page MeinTool(1) line 1/35 (END)
```

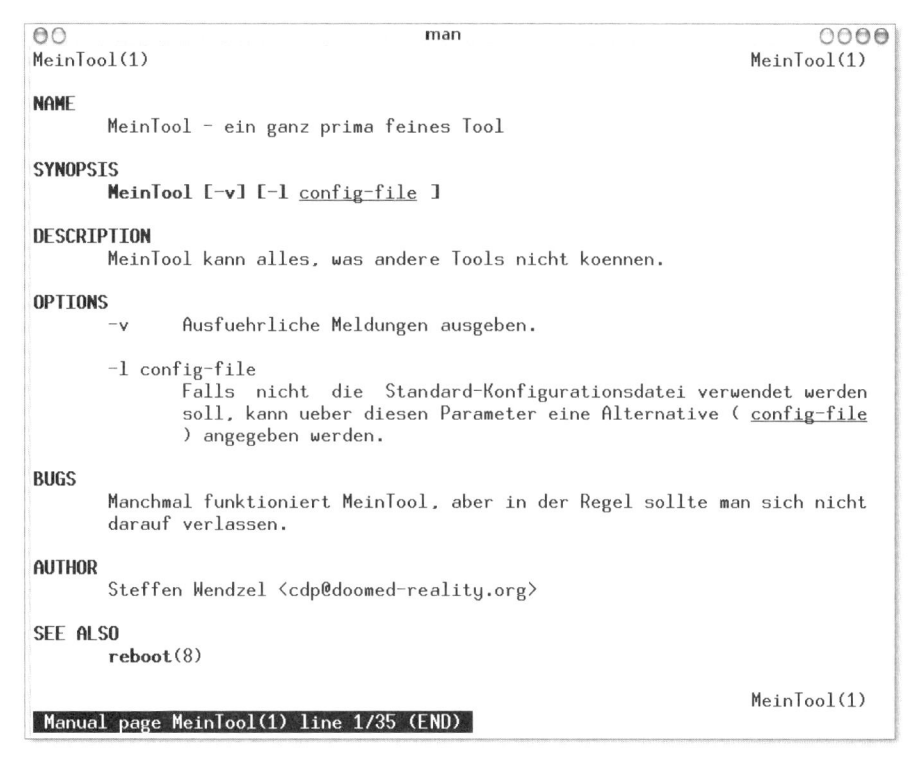

Abbildung 30.6 Die fertige Manpage

Beide Installationsmöglichkeiten eignen sich auch hervorragend, um die Manpage über ein `install`-Target eines *Makefiles* zu installieren.

30.13 Versionsmanagement

Seit einigen Jahren werden sogenannte *Versionsmanagement-Systeme* in der Softwareentwicklung immer populärer. Da gibt es beispielsweise Visual SourceSafe von Microsoft oder Subversion für Unix, Windows und Linux. Diese Systeme kümmern sich primär darum, dass mehrere Entwickler ohne weitere Probleme an einer Software – und damit auch an den gleichen Quelldateien – arbeiten können. Die Dateien werden dabei auf einem System abgelegt, auf das alle Zugriff haben. Ein Entwickler kann von solch einem System die aktuellen Quelldateien (und damit auch die Veränderungen, die von anderen an den Dateien vorgenommen wurden) auf seinen Rechner übertragen und ist gleichzeitig in der Lage, seine eigenen Änderungen an dieses System zu übermitteln.

Wir werden uns in diesem Buch auf die zwei populärsten Versionsmanagement-Systeme für Linux und Unix konzentrieren: CVS und Subversion. Der Vollständigkeit halber sei erwähnt, dass es für beide Systeme auch Skripte (CVS) bzw. Apache-Module (Subversion) für den Zugriff via Webbrowser gibt.

30.13.1 CVS

CVS, das *Concurrent Versions System*, gibt es schon seit vielen Jahren. Es ist noch immer eines der meistgenutzten Versionsmanagement-Systeme. Viele große Projekte wie das OpenBSD-Projekt verwenden CVS. Wir selbst nutzen CVS ebenfalls seit einigen Jahren für die Arbeit an unseren Büchern und an einigen gemeinsamen Projekten.

Ein Projekt anlegen

Repository   Zunächst muss man ein Projektverzeichnis erschaffen, auf das alle Entwickler zugreifen können. Dazu genügt bereits ein SSH-Server. Auf diesem legt man unter dem gemeinsamen Benutzer, in diesem Fall »swendzel«, ein Verzeichnis für das jeweilige Projekt an. Es empfiehlt sich dabei, ein globales CVS-Verzeichnis (*Repository*) einzurichten, in das man alle Projekte eingliedern kann. So erspart man sich später die Arbeit, die Umgebungsvariable CVSROOT für jedes Projekt zu ändern.

```
$ cd
$ mkdir .cvs
$ mkdir .cvs/CVSROOT
$ mkdir .cvs/projekt
```

Listing 30.72 Das Projekt »projekt« anlegen

CVS-Projekte werden *Module* genannt. Module bezeichnen Verzeichnisse im CVS-Repository, in denen die Dateien eines Projekts enthalten sind.

Entwicklungsbeginn

Auf den jeweiligen Entwickler-Workstations setzt man nun die Shellvariable CVSROOT auf den CVS-Benutzer des Projektsystems und das entsprechende Verzeichnis in der Form Benutzer@Host:/Verzeichnis. Zudem sollte man ssh verwenden, was durch CVS_RSH angegeben wird.

```
$ export CVSROOT='swendzel@192.168.0.2:/home/swendzel/.cvs'
$ export CVS_RSH="ssh"
```

Listing 30.73 CVSROOT setzen

Bevor die Entwicklung beginnen kann, muss jeder Entwickler noch den aktuellen Auszug des jeweiligen Moduls aus dem CVS-Repository laden. An dieser Stelle kommt zum ersten Mal das Tool `cvs` zum Einsatz. Man verwendet dessen Befehl `checkout`, der alle aktuellen Dateien überträgt und somit eine lokale Kopie des aktuellen Projektverzeichnisses anlegt.

```
$ ls
$ cvs checkout projekt
cvs checkout: Updating projekt
$ ls
projekt
```

Listing 30.74 Checkout von »projekt«

Dateien und Veränderungen

Als Nächstes fügt man eine Datei zum Projekt hinzu, beispielsweise eine *.c*-Datei. Diese legt man zunächst lokal an und überträgt sie dann mit dem Befehl `add` ins Repository-Modul. Anschließend nutzt man den Befehl `commit`, um die lokalen Änderungen auf das CVS-System zu übertragen. Dieses Kommando verwendet man auch, wenn man etwas an einer bereits bestehenden Datei verändert hat und die Änderungen auf das CVS-System übertragen möchte. Hinter dem Parameter `-m` wird dabei ein Kommentar zu dieser Veränderung eingetragen.

add und commit

```
$ cd projekt
$ cat << EOF >test.c
> #include <stdio.h>
>
> int main(int argc, char *argv[]) {
>     printf("Hello!\n");
>     return 0;
> }
> EOF
$ cvs add test.c
cvs add: scheduling file `test.c' for addition
cvs add: use `cvs commit' to add this file permanently
$ cvs commit -m 'Erste Version von test.c'
cvs commit: Examining .
RCS file: /home/swendzel/.cvs/projekt/test.c,v
done
Checking in test.c;
```

```
/home/swendzel/.cvs/projekt/test.c,v  <--  test.c
initial revision: 1.1
done
```

Listing 30.75 Eine Quellcode-Datei erstellen und übertragen

delete Soll hingegen eine Datei gelöscht werden, wird der Befehl `delete` verwendet. Damit keine unbeabsichtigten Löschvorgänge durchgeführt werden, erklärt sich CVS jedoch erst bereit, eine Datei zu löschen, wenn man diese auch lokal gelöscht hat. Auch hiernach müssen wieder mit `commit` die Änderungen an den CVS-Server geschickt werden.

```
$ cvs delete test.c
cvs remove: file `test.c' still in working directory
cvs remove: 1 file exists; remove it first
$ rm test.c
$ cvs delete test.c
cvs remove: scheduling `test.c' for removal
cvs remove: use `cvs commit' to remove this file
          permanently
$ cvs commit -m ''
cvs commit: Examining .
Removing test.c;
/home/swendzel/.cvs/projekt/test.c,v  <--  test.c
new revision: delete; previous revision: 1.1
done
```

Listing 30.76 delete

up Nun arbeiten in der Regel mehrere Entwickler an einem Projekt. Damit diese ebenfalls Änderungen an den Quellcodes durchführen und eventuell neue Dateien einbringen können, sollte man sich diese Änderungen und neuen Dateien in regelmäßigen Abständen herunterladen. Dies wird mit dem Befehl `up` (auch `update`) erledigt. Man sollte dabei den Parameter `-d` übergeben. Dieser legt, falls notwendig, neue Verzeichnisse an.

```
$ cvs up -d
cvs update: Updating .
P Makefile
$
```

Listing 30.77 cvs up -d

Wichtig bei der Arbeit mit CVS ist auch, dass man sich über die Änderungen,   log
die am Quellcode vorgenommen werden, auf dem Laufenden hält. Dafür nutzt
man den Befehl `log` und übergibt ihm die Namen der Dateien, zu denen man die
Änderungsinformationen wünscht. Dabei erscheinen übrigens die Strings, die Sie
bei einem `commit`-Befehl hinter dem `-m`-Parameter übergeben.

```
$ cvs commit -m 'Suffixregel f. c.o.'
cvs commit: Examining .
Checking in Makefile;
/home/swendzel/.cvs/projekt/Makefile,v  <--  Makefile
new revision: 1.3; previous revision: 1.2
done
$ cvs log Makefile

RCS file: /home/swendzel/.cvs/projekt/Makefile,v
Working file: Makefile
head: 1.3
branch:
locks: strict
access list:
symbolic names:
keyword substitution: kv
total revisions: 3;     selected revisions: 3
description:
----------------------------
revision 1.3
date: 2005/06/26 17:12:58;  author: swendzel;  state:
Exp;  lines: +2 -0
Suffixregel f. c.o.
----------------------------
revision 1.2
date: 2005/06/26 16:57:50;  author: swendzel;  state:
Exp;  lines: +1 -0
*** empty log message ***
----------------------------
revision 1.1
date: 2005/06/26 16:56:05;  author: swendzel;  state:


Exp;
*** empty log message ***
=====================================================
```

Listing 30.78 cvs log-Makefile

Falls Sie weitere Informationen zu CVS suchen, empfehlen wir Ihnen [Bud05A].

30.13.2 Subversion

Die Weiterentwicklung des Concurrent Versions System nennt sich *Subversion*. Sie bietet gegenüber CVS einige Vorteile und hat im Grunde nur einen einzigen Nachteil: Subversion benötigt mehr Speicherplatz. Dies liegt daran, dass es von jeder veränderten Datei eine Kopie sichert. Zudem nutzt Subversion ein anderes Versionsschema als CVS.

Die Vorteile bestehen nun darin, dass es zusätzliche Befehle gibt und dass Dateien und Verzeichnisse umbenannt werden können. Bei CVS musste man diese noch löschen und unter einem neuen Namen anlegen, um sie »umzubenennen«. Verbessert wurde auch die Handhabung von Binärdateien. Außerdem kann über ein Modul für den Webserver Apache 2.x auf das Repository zugegriffen werden. Für CVS gibt es allerdings *CVSweb*, das unter der BSD-Lizenz erhältlich ist und Ähnliches ermöglicht.[10] Die Befehle stimmen mit denen von CVS ungefähr überein; daher im Folgenden nur einige Beispiele für die wichtigsten Befehle.

Eigene Veränderungen können via `svn commit` auf den Server übertragen werden.

```
$ svn commit -m 'Buffer Overflow Fix in recv.c'
```

Listing 30.79 svn commit

Um die aktuelle Version vom Repository auf den eigenen Rechner zu übertragen, wird – wie bei CVS – der Befehl `up` verwendet.

```
$ svn up
Revision 755.
```

Listing 30.80 svn up

Der Befehl `log` zeigt die letzten Commits des Repositorys an. Im Folgenden sehen Sie einen Auszug der letzten Veränderungen im Subversion-Repository der Hardened Linux Distribution.

```
$ svn log
------------------------------------------------------------------------
r755 | cdpxe | 2007-04-11 23:57:39 +0200 (Mi, 11 Apr 2007) | 1 line

remove unneded old config archives+sign files
------------------------------------------------------------------------
r754 | cdpxe | 2007-04-11 23:44:08 +0200 (Mi, 11 Apr 2007) | 1 line

aaa_hl pkg update for 1.6.6
```

---

10 Falls Sie sich CVSweb einmal ansehen möchten, sollten Sie die Adresse *www.openbsd.org/cgi-bin/cvsweb/* besuchen.

```
------------------------------------------------------------
r753 | cdpxe | 2007-04-11 23:42:51 +0200 (Mi, 11 Apr 2007) | 1 line

current internal dev version is 1.6.6 from now on *har har*
------------------------------------------------------------
r752 | cdpxe | 2007-04-11 23:38:21 +0200 (Mi, 11 Apr 2007) | 1 line

update for 1.6.5 (upload after the release, not now)
------------------------------------------------------------
r751 | cdpxe | 2007-04-11 21:12:32 +0200 (Mi, 11 Apr 2007) | 1 line

remove slackware/l/gd because we already have the package in
universe/l/gd
------------------------------------------------------------
...
...
```

Listing 30.81 svn log

Das Umbenennen von Dateien und ganzen Verzeichnissen ist in Subversion auch kein Problem.

```
$ svn rename pakete packages
```

Listing 30.82 svn rename

Lokale Veränderungen lassen sich mit dem `stat`-Befehl anzeigen. Dieser Befehl ist äußerst sinnvoll, wenn man sehen möchte, was man alles modifiziert hat, und anschließend die Veränderungen in mehrere einzelne Commits aufteilen möchte.

Das Hinzufügen von Dateien zum Repository geschieht mit `svn add` und das Löschen mit `svn remove`, worauf jeweils ein `svn commit` folgen sollte. Lokale Änderungen können mit `svn revert` rückgängig gemacht werden und Metainformationen zum ausgecheckten Repository erhält man durch `svn info`.

```
$ svn info
Pfad: .
URL: https://wendzelnntpd.svn.sourceforge.net/svnroot/
           wendzelnntpd
Basis des Projektarchivs: https://wendzelnntpd.svn.
           sourceforge.net/svnroot/wendzelnntpd
UUID des Projektarchivs:
           997a3042-3631-0410-9e25-ea9ec5d3c7cf
Revision: 524
Knotentyp: Verzeichnis
Plan: normal
```

```
Letzter Autor: cdpxe
Letzte geänderte Rev: 524
Letztes Änderungsdatum: 2011-03-01 23:01:44 +0100
(Di, 01. Mär 2011)
```

Listing 30.83 svn info für das WendzelNNTPd-Repository

30.13.3 Git

Ein weiteres, recht neues und zudem verteiltes System zur Quellcodeverwaltung nennt sich Git. Es wurde ursprünglich dafür entwickelt, bei der Kernelentwicklung von Linux zum Einsatz zu kommen, ist mittlerweile aber weit verbreitet. Bei Git werden alle Repository-Informationen inklusive aller Versionsunterschiede auf jedem, in die Entwicklung involvierten, System hinterlegt und jedes System kann sowohl die Rolle eines Clients als auch eines Servers übernehmen. Wie schon für Subversion möchten wir eine Übersicht der wichtigsten Befehle für Git am Beispiel des Hosters *github.org* und des Projekts *openccd* geben:

Zunächst soll ein Repository geklont werden, damit es von *github* auf den lokalen Rechner übertragen werden. Die entsprechende URL lässt sich auf der jeweiligen *github*-Projektseite unter dem Punkt »Source« finden.

```
$ git clone https://cdpxe@github.com/OpenCCD/OpenCCD.git
Initialized empty Git repository in /tmp/OpenCCD/.git/
Password:
remote: Counting objects: 152, done.
remote: Compressing objects: 100% (105/105), done.
remote: Total 152 (delta 72), reused 121 (delta 41)
Receiving objects: 100% (152/152), 46.17 KiB, done.
Resolving deltas: 100% (72/72), done.
```

Listing 30.84 git clone

Änderungen können ähnlich, wie bei den bereits bekannten Systemen CVS und Subversion durchgeführt werden, müssen aber nach einem `commit` noch mit `git push` auf den Server übertragen werden. Um Änderungen eines entfernten Repositories auf den eigenen Rechner zu übernehmen muss hingegen `git pull` ausgeführt werden. Das Hinzufügen von Dateien funktioniert analog mit `git add`, das löschen von Dateien mit `git rm`.

Im Folgenden soll beispielhaft eine Änderung an einem *Makefile* vorgenommen werden. Nach Eingabe von `git commit -a` öffnet sich ein Editor zur Eingabe eines Kommentars (dies erfüllt denselben Zweck wie `svn commit -m 'Kommentar'`). Lokale Änderungen können über `git diff` angezeigt werden.

```
$ cd OpenCCD
$ vim Makefile
...
$ git commit -a
[master 3743af7] Add trainling newline
 Committer: Steffen Wendzel
       <swendzel@steffenmobile.(none)>
Your name and email address were configured
automatically based on your username and hostname.
Please check that they are accurate.
You can suppress this message by setting
them explicitly:

 git config --global user.name "Your Name"
 git config --global user.email you@example.com

If the identity used for this commit is wrong, you
can fix it with:

 git commit --amend
    --author='Your Name <you@example.com>'

 1 files changed, 2 insertions(+), 0 deletions(-)
$ git push
Password:
Counting objects: 5, done.
Delta compression using up to 2 threads.
Compressing objects: 100% (3/3), done.
Writing objects: 100% (3/3), 308 bytes, done.
Total 3 (delta 2), reused 0 (delta 0)
To https://cdpxe@github.com/OpenCCD/OpenCCD.git
   72c02e4..3743af7  master -> master
$ git pull
Password:
Already up-to-date.
```

Listing 30.85 Weitere git-Befehle

Die Versions-History kann wie bei Subversion mit dem `log`-Befehl abgefragt und zur Erhöhung der Übersichtlichkeit dabei zusätzlich die Option `-color` hinzugefügt werden.

```
$ git log
commit 3743af74ad2f855191e644bdcd7ecea2134f028d
Author: Steffen Wendzel <swendzel@steffenmobile.(none)>
Date:   Mon Jun 20 11:43:35 2011 +0200
```

```
    Add trainling newline

commit 72c02e4f10c11dd206d1f84a490f9e9429cb6241
Author: Steffen Wendzel <swendzel@swendzel-A880GU3.(none)>
Date:   Sun Jun 19 18:09:20 2011 +0200

    Add some develoment hints.

commit dc4692fc51649106356b361cfceeee1bc5f7e117
Author: Steffen Wendzel <swendzel@swendzel-A880GU3.(none)>
Date:   Sun Jun 19 18:05:06 2011 +0200

    Add explaining comments and implement the packet walktrough in
    modbar.c.
```

Listing 30.86 git log

30.14 Wichtige Bibliotheken

Bevor wir dieses Kapitel abschließen, möchten wir noch auf einige sehr populäre Bibliotheken hinweisen, die alle sowohl unter Linux als auch unter den BSD-Betriebssystemen zur Verfügung und frei verfügbar sind.

30.14.1 Entwicklung grafischer Oberflächen

Zur Entwicklung grafischer Oberflächen stehen neben der blanken *Xlib* noch weitere bekannte Bibliotheken zur Verfügung. Dazu zählen:

▶ **ncurses**
   Bei *ncurses* handelt es sich um eine Bibliothek zur Erstellung grafischer Oberflächen auf Konsolenebene.

▶ **OpenMotif**
   OpenMotif ist eine Bibliothek, die sehr an das Aussehen älterer kommerzieller Unix-Oberflächen erinnert. Der Nachteil von OpenMotif ist der komplexe Quellcode. Neben OpenMotif existieren noch die kostenpflichtige Variante *Motif* und die unter der LGPL lizenzierte Variante *LessTif* (*http://www.lesstif.org*).

▶ **Tk**
   Tk wurde primär entwickelt, um grafische Oberflächen für Tcl-Skripts zu entwickeln. Allerdings kann man Tk beispielsweise auch in der Perl- und C-Programmierung verwenden. Von der Kombination C und Tk raten wir Ihnen aus

eigener Erfahrung ab (siehe Abschnitt 30.1.4). Weichen Sie stattdessen auf GTK+ oder Qt aus.

- **GTK+**

  Das *GIMP Toolkit* (GTK+) ist eine Library, die ursprünglich für das Grafikprogramm GIMP erstellt wurde. Mittlerweile wurden viele populäre Programme wie der IRC-Client XChat oder die Desktop-Oberfläche GNOME mithilfe der GTK+-Library entwickelt. Weitere Informationen zu dieser Bibliothek finden Sie unter *gtk.org*. Ein Vorteil von GTK+ besteht darin, dass es auf verschiedenen Plattformen – auch auf Windows – verfügbar ist. Zudem kann es hervorragend in Verbindung mit Ruby, Perl und C verwendet werden.

- **Qt**

  Die norwegische Firma Trolltech (*trolltech.no*) hat die objektorientierte Bibliothek *Qt* entwickelt, eine recht umfangreiche C++-Library. Qt ist zum einen sehr portabel und zum anderen kann man mit relativ wenig Code relativ viel bewirken. Die KDE-Desktop-Oberfläche sowie deren Komponenten basieren auf der Qt-Bibliothek, was seit vielen Jahren zu dessen Popularität beiträgt. Qt ist quelloffen und nur für den kommerziellen Gebrauch kostenpflichtig.

- **OpenGL**

  Die *OpenGL*-Bibliothek ermöglicht grafische Programmierung auf hohem Niveau. Fast alle guten Linux-Spiele sind mit dieser Library realisiert worden, wozu auch viele aktuelle kommerzielle Spiele zählen.

»Hello, World« am Beispiel von Qt

Wir möchten Ihnen ein kleines »Hello, World«-Programm am Beispiel von Qt vorführen. Für Qt haben wir uns entschieden, weil man mit dieser Bibliothek am komfortabelsten grafische Benutzerinterfaces (GUIs) entwickeln kann. Anders als bei GTK+ muss man sich bei Qt nicht mit meterlangen Funktionsnamen herumschlagen und spart Unmengen an Quellcode! Ein Qt-basiertes »Hello, World«-Programm sieht in C++ folgendermaßen aus:

```
#include <QApplication>
#include <QPushButton>

int main(int argc, char *argv[]) {
    QApplication app(argc, argv);
    QPushButton hello("Hello, World");
    hello.resize(80, 20);
    hello.show();
    return app.exec();
}
```

Listing 30.87 hello.cpp

Für eigentlich jedes Qt-Widget gibt es eine eigene Headerdatei. In diesem Fall benötigen wir nur die primäre Headerdatei für die Erstellung einer Qt-Anwendung (QApplication) sowie jene für den *Push Button* (QPushButton). Ein Push Button ist eine Schaltfläche, der man im Anwendungsfenster eine Größe, eine Aufschrift und eine Aktion zuordnen kann.

In der main()-Funktion erstellen wir zunächst ein QApplication-Objekt »app«, dem wir die Aufrufparameter der main()-Funktion übergeben. Danach erstellen wir ein QPushButton-Objekt, dem wir die Aufschrift »Hello, World« verpassen.

Mit der resize()-Methode werden die Maße des Buttons festgelegt und mit der show()-Methode wird er im Fenster der Anwendung sichtbar. Anschließend wird die Kontrolle noch der exec()-Funktion der QApplication übergeben, so dass Qt die Kontrolle über die Anwendung übernimmt.

Kompilieren Erstellt wird die Programmdatei automatisch durch qmake, das das Verzeichnis nach C++- und Headerdateien untersucht und automatisch ein Makefile generiert. Anschließend müssen wir noch das eigentliche make-Programm aufrufen, um das erzeugte Makefile zu benutzen.

```
$ qmake -project
$ qmake
$ make
```

Listing 30.88 Das Projekt übersetzen

Startet man das Programm, so sollte man den HELLO, WORLD-Button erkennen. Er verfügt noch über keine Funktion, ist aber bereits sichtbar.

Abbildung 30.7 Das Qt-»Hello, World«-Programm

Funktionalität In Qt werden Objekte mit einer Funktion verbunden, indem man sie *connectet*. Möchte man beispielsweise das Programm beenden, wenn der obige Button angeklickt wurde, so übergibt man ihm als ersten Parameter an die connect-Methode, die ihn mit dem Signal clicked() verbinden und durch quit() beenden soll.

```
Object::connect(&hello, SIGNAL(clicked()), &app, SLOT(quit()));
```

Listing 30.89 Hello-Button connecten

30.14.2 Weitere Bibliotheken

Neben den oben erwähnten, populären Grafikbibliotheken existieren noch einige weitere Bibliotheken, die wir Ihnen selbstverständlich nicht vorenthalten.

- **libc**
  Standard-C-Bibliothek

- **libstdc++**
  ANSI C++-Library von GNU

- **pcap**
  Die pcap (*Packet Capture Library*) bietet Zugriff auf den TCP/IP-Link-Layer. Hiermit lassen sich Pakete – etwa Ethernet- oder PPP-Frames – abfangen. Viele Sniffer (zum Beispiel tcpdump) verwenden diese Bibliothek. Der enorme Vorteil besteht darin, dass pcap recht portabel ist und man sich durch die Verwendung der Library-Funktionen am direkten Zugriff auf die systemabhängigen Zugriffsmechanismen für den Link-Layer vorbeischummeln kann.[11]

- **libxml2**
  Library zur Verarbeitung von XML-Daten

- **libUSB**
  Library für den Zugriff auf den *Universal Serial Bus* (USB)

- **libunicode**
  Diese Library bietet Funktionalität, um Unicode-Zeichen und -Strings zu bearbeiten. Dabei werden UTF-8 und UCS-2 unterstützt.

- **libpng**
  Library zum Erstellen und Lesen von *png*-Bilddateien

- **LibTIFF**
  Library zur Arbeit mit *tiff*-Bilddateien

- **libungif**
  Library zur Arbeit mit *gif*-Bilddateien

- **libmpeg2**
  Library zum Decodieren von MPEG-2-Videostreams

- **Readline**
  Mit dieser Library implementieren Sie benutzerfreundliche Eingaben auf Konsolenebene in das eigene Programm.

---

11 Dazu zählen etwa das *Data-Link Provider-Interface* (DLPI) und der BSD Packet Filter.

- **libtar**
  Library zur Manipulation von *tar*-Archivdateien

- **zlib**
  Library zur Kompression von Daten

30.15 Zusammenfassung

Sprachen — Unter Linux- und BSD-Systemen stehen Ihnen neben den populären Compilern und Interpretern für C, C++, Perl, Java oder Tcl auch einige etwas exotischere Programmiersprachen wie Erlang, Scheme, GNU Smalltalk, Common Lisp oder Lua zur Verfügung. Die meisten dieser Interpreter und Compiler sind quelloffen und unterliegen der GNU General Public License, der BSD-License oder sind zumindest frei erhältlich.

Debugging — Zum Debugging steht unter anderem der GNU-Debugger (GDB) zur Verfügung. Dabei handelt es sich um einen konsolenbasierten Debugger, der einigen Entwicklern etwas unmodern erscheinen mag. Dafür kann man jedoch auf die grafische X11-Oberfläche Xxgdb oder besser auf DDD zurückgreifen. Einige freie Entwicklungsumgebungen wie KDevelop integrieren den Support für GDB ebenfalls.

Profiler & Tracing — Weitere wichtige Tools sind der GNU-Profiler `gprof` sowie die Tools zum Tracing von Programmen. Mit ihnen ist das Verfolgen von Syscalls möglich. Unter Linux verwendet man dafür `strace`, unter BSD `ktrace` und `kdump`.

make & autotools — Bei Open-Source-Softwareprojekten unter Unix ist es üblich, ein Makefile ins Projekt zu integrieren. Dieses erlaubt die systematische und übersichtliche Übersetzung eines Projekts aus dem Quellcode. Falls man das Makefile nicht selbst erstellen möchte, bieten sich die *GNU Autotools* an, für die lediglich Konfigurationsanweisungen übergeben werden müssen. Diese Tools erstellen basierend auf diesen Konfigurationsanweisungen Skripte, die den Quellcode portabel gestalten und zudem für jedes System automatisch ein Makefile generieren.

(f)lex, yacc & bison — Die Tools `lex` und `flex` fungieren als *Lexer*, zerlegen einen ASCII-Stream also in Tokens, die anschließend von einem *Parser* wie `yacc` oder `bison` auf ihre syntaktische Korrektheit hin überprüft werden können. Auf diese Weise lassen sich mittels regulärer Ausdrücke und Syntaxvorgaben beispielsweise Skriptsprachen interpretieren oder auch Konfigurationsdateien auf ihre Korrektheit hin überprüfen und einlesen.

Open-Source-Projekte — Veröffentlicht man freie Software für Unix, so sollte man einige grundlegende Dinge beachten. Zum einen sollte die Software klar unter einer eigenen oder fremden Lizenz veröffentlicht werden. Zum anderen sollten wichtige Dateien wie *AUTHOR(S)*, *INSTALL*, *README*, *LICENSE* und *NEWS* im Projekt vorhanden sein.

Des Weiteren sind für Unix-Projekte Manpages wichtig. Manpages werden mit dem Programm `groff` formatiert und beschreiben die grundlegende Anwendung und Funktionsweise eines Projekts.

Manpages

Damit mehrere Entwickler gleichzeitig an einem Projekt arbeiten können, empfiehlt sich die Nutzung eines *Versionsmanagement-Systems* wie *CVS* oder der neueren Variante *Subversion*. Mit diesen Systemen wird ein zentraler Speicherort für Quelldateien geschaffen, wobei Veränderungen an diesen Dateien protokolliert und beobachtet werden können.

CVS & Subversion

Neben diesen Möglichkeiten können Sie noch auf diverse bekannte Libraries (Bibliotheken) zugreifen. Darunter befinden sich Libraries zur Entwicklung grafischer Oberflächen (unter anderem sind dies Xlib, (Open)Motif, LessTif, GTK+, Qt), aber auch verschiedene andere Libraries, etwa libpcap zum Abfangen von Paketen auf Layer 1 im TCP/IP-Stack oder Libraries zur Kompression von Daten, zur Betrachtung und Manipulation von Bilddateien, zur Programmierung von USB-Geräten oder zur Entwicklung mit XML.

Qt, GTK+, Pcap und Co.

30.16 Aufgaben

Makefile

Erstellen Sie für den folgenden C-Quellcode ein Makefile. Aktivieren Sie beim Kompilieren die Debugging-Option, und führen Sie das fertig übersetzte Programm im GNU-Debugger aus.

```
#include <stdio.h>
#include <math.h>

int main(int argc, char *argv[]) {
   double k=0.f;
   while(k<=3.2) {
      printf("sin(%f)=%f\n", k, sin(k));
      k+=0.1;
   }
   return 0;
}
```

Listing 30.90 test.c

Entwicklungsumgebungen ausprobieren

Probieren Sie einige der vorgestellten Debugger-Frontends und Entwicklungsumgebungen (IDEs) aus und stellen Sie fest, welche Ihnen am besten gefällt.

*»Ein Optimist ist ein Mensch, der ein Dutzend Austern bestellt,
in der Hoffnung, sie mit der Perle, die er darin findet,
bezahlen zu können.«*
– Theodor Fontane

31   Crashkurs in C und Perl

Beim Thema »Programmieren unter Linux« beziehungsweise »Programmieren von Linux« sind drei Programmiersprachen besonders wichtig:[1]

- **Die Shell**
  Mit der Shell sollten Sie bereits vertraut sein und sie dank vorheriger Kapitel auch programmieren können.

- **C**
  Die meisten Systemprogramme sowie fast der gesamte Kernel sind in dieser Sprache codiert.

- **Perl**
  Perl ist eine universelle Programmiersprache, die Sie für alles mit Ausnahme der Kernel-Programmierung gebrauchen können.

Wir geben Ihnen in diesem Buch eine Einführung in alle drei Sprachen – und da Sie die Shell schon kennen, folgt an dieser Stelle ein Crashkurs in C und Perl. Wenn Sie diese Sprachen beherrschen, können Sie immer weiter in die Tiefen von Linux hinabsteigen und werden immer mehr verstehen. Niemand kann Sie dann mehr aufhalten.

31.1   Die Programmiersprache C – ein Crashkurs

In diesem Buch wurde bereits die Programmierung mit der Shell bash besprochen, wozu brauchen Sie also noch mehr Programmiersprachen? Diese Frage ist leicht zu beantworten, da wir uns zwei ganz besondere Sprachen ausgesucht haben.

---

[1] Dieses Kapitel war ursprünglich als Bestandteil von Kapitel 30, »Softwareentwicklung«, geplant, wurde aber so umfangreich, dass wir es nun doch ausgegliedert haben.

Zum einen ist das die Programmiersprache C, die wir in diesem Abschnitt behandeln, und zum anderen die Skriptsprache Perl, die im nächsten Abschnitt erläutert wird.[2]

Fast der gesamte Linux-Kernel (ebenso wie die BSD-Kernel) ist in der Sprache C geschrieben, wie auch fast alle wichtigen Basisprogramme eines Linux- und BSD-Systems. Die Bedeutung von C für diese Systeme ist also herausragend. Und ganz davon abgesehen handelt es sich bei C um eine äußerst performante Programmiersprache.

Es stimmt: C ist keine objektorientierte Sprache, aber wenn Sie auf objektorientierte Entwicklung verzichten können, treffen Sie mit C eine gute Wahl.[3] Hier noch ein paar Gründe für C:

- C ist hochperformant! Sie können nur mit äußerst ausgefeiltem Assembler die Performance von compiler-optimiertem C-Code erreichen oder gar übertreffen.
- Sie können *nur* mit dieser Programmiersprache (und in einigen Bereichen mit noch etwas Know-how in Assembler) die tieferen Interna von Linux und BSD verstehen.
- (ANSI-)C ist wesentlich portabler als etwa Java.
- C hat eine schöne Syntax.

Da C eine sehr komplexe Programmiersprache ist, können wir Ihnen hier nur eine sehr allgemeine Einführung in diese schöne Sprache geben. Auf *galileocomputing.de* finden Sie allerdings das Openbook »C von A bis Z« von Jürgen Wolf, das Sie auch in die tieferen Details der Sprache einführt. Anschließend sollten Sie dann noch einen Blick in »Expert C Programming: Deep C Secrets« von Peter van der Linden (Sunsoft Press) werfen, das es leider nur in englischer Sprache gibt.

Zum Thema Linux/Unix/BSD-Programmierung in C gibt es ebenfalls diverse gute Bücher, die aber auch etwas Vorwissen voraussetzen:

- Das Buch »Linux-UNIX-Programmierung« von Jürgen Wolf ist erschienen bei Galileo Computing und verfügbar als Openbook. Dieses Buch geht auch auf diverse Libraries (etwa GTK+ und MySQL) ein. Es ist für die typischen Ansprüche der heutigen Leser wahrscheinlich am besten geeignet, da man »alles« einmal kennenlernen kann. Daher empfehlen wir dieses Buch auch generell erst einmal jedem.[4]

---

[2] Warum wir uns ausgerechnet noch für Perl entschieden haben, erfahren Sie im nächsten Abschnitt – in diesem beschäftigen wir uns zunächst nur mit C.

[3] Außerdem lässt sich mit C-Kenntnissen wohl am einfachsten C++ lernen.

[4] Der Verlag hat uns übrigens nicht bestochen, es handelt sich tatsächlich um unsere Meinung.

- Das Buch »Linux/Unix-Systemprogrammierung« von Helmut Herold, erschienen bei Addison-Wesley, beschäftigt sich sehr intensiv mit der reinen Systemprogrammierung und geht fast gar nicht auf Libraries ein. Es ist unsere Empfehlung für die zukünftigen Unix-Nerds unter unseren Lesern.

- Es gibt noch einige andere deutschsprachige Grundlagenbücher, die wir aber nicht gelesen haben – hier müssen Sie gegebenenfalls Ihre eigenen Entdeckungen machen.

Natürlich gibt es noch weitere populäre Bücher, die erwähnenswert sind (wie »Advanced Programming in the Unix Environment« und »Programmieren von Unix-Netzwerken« von Richard Stevens). Viele weitere gute Bücher aus unserem Bücherschrank sind jedoch entweder veraltet oder zu speziell, um sie hier aufzulisten.

31.1.1 Hello, World in C

Da wir Ihnen die Grundlagen der Sprache C so schonend wie möglich beibringen möchten, haben wir uns dazu entschlossen, sie anhand von Beispielen zu erläutern. Das erste Beispielprogramm zu diesem Zweck ist – wie in so ziemlich jedem C-Buch – das Programm »Hello, World«. Es dient zunächst als Einstieg, bevor wir etwas mehr ins Detail gehen.

```
#include <stdio.h>

void main()
{
    printf("Hello, World!\n");
}
```

Listing 31.1 Ein schlechter »Hello, World«-Code ohne Rückgabewert

Die Ausgabe im Listing sieht etwas kompliziert aus, ist aber ganz einfach. Wir beginnen mit dem Codeschnipsel `void main()`. Jedes Programm muss an einem bestimmten Punkt anfangen: Irgendeine Anweisung muss als erste ausgeführt werden.

Aus der Shellskript-Programmierung kennen Sie bereits Funktionen. In C wird gleich zum Programmstart eine Funktion aufgerufen, die dann jeweils bestimmt, welche Anweisungen als Erstes ausgeführt werden. Diese Funktion heißt in C `main()`.

Hinter einem Funktionsnamen stehen in C immer Klammern, die die Parameterliste der Funktion beinhalten (dazu mehr in Abschnitt 31.1.7). Hat eine Funktion keine Parameter, so können diese Klammern auch leer bleiben (wie im Fall der `main()`-Funktion).

Zudem geben Funktionen immer entweder Daten eines bestimmten Datentyps zurück oder gar keinen. Der Rückgabetyp wird dabei vor die Implementierung der Funktion geschrieben. Ist er void, so wird nichts zurückgegeben.

Normalerweise ist es bei der main-Funktion nicht so, dass sie keinen Rückgabewert liefert, doch der Einfachheit halber haben wir es im oberen Beispiel trotzdem so belassen.

Die Implementierung einer Funktion wird, wie in der bash, durch geschweifte Klammern eingeschlossen. Ein Funktionsaufruf (wie jener der Funktion printf()) hingegen wird ohne diese Klammern erledigt und mit einem Semikolon beendet.

Im Fall der printf()-Funktion wird nun auch erstmals ein Funktionsparameter übergeben: Diese Funktion gibt den Text, den man ihr übergibt, auf dem Monitor aus.

Bevor wir uns mit den Details befassen, soll zu guter Letzt noch die erste Programmzeile erläutert werden. Es handelt sich dabei um eine Anweisung für den sogenannten *Präprozessor* des Compilers. Anweisungen an ihn beginnen generell mit einer Raute (#). Hinter ihr steht ein Befehl, etwa include oder define, und dahinter stehen die Parameter dafür.

Im Fall des Präprozessor-Befehls include wird der Inhalt einer anderen Datei durch den Präprozessor in den Quellcode eingebaut. Der Code der anderen Datei landet genau dort im eigentlichen Quellcode, wo der Programmierer den include-Befehl eingetragen hat.

Die Datei *stdio.h* enthält dabei die *Deklaration* der printf()-Funktion. In einer Funktionsdeklaration ist festgeschrieben, ob eine Funktion einen Wert (und wenn ja: welchen Typ von Wert) zurückgibt und welche Parameter sie akzeptiert. Außerdem ist der Parametertyp festgelegt.

Den Code übersetzen

Wie Sie soeben gelernt haben, wird ein C-Programm mit dem GNU C Compiler GCC folgendermaßen übersetzt (der Dateiname der Quellcode-Datei sei *hello.c*):[5]

```
$ gcc -o hello hello.c
hello.c: In function 'main':
hello.c:4: warning: return type of 'main' is not 'int'
```

Listing 31.2 hello.c übersetzen

Ausgeführt wird das Programm dann über die Shell als ganz normales Programm im Arbeitsverzeichnis:

---

5 Ignorieren Sie die darauffolgende Warnmeldung zunächst einmal.

```
$ ./hello
Hello, World
```

Listing 31.3 hello ausführen

31.1.2 Kommentare

Wie in jeder anderen ordentlichen Programmiersprache gibt es auch in C die Möglichkeit, Kommentare in den Quellcode zu schreiben, die vom Compiler nicht in Maschinencode übersetzt werden. Ein Kommentar wird durch die Folge der beiden Zeichen /* eingeleitet und durch */ beendet. Ein Kommentar kann in C über mehrere Zeilen verteilt sein und endet daher nicht automatisch beim Zeilenende.[6]

```
/* Die Datei stdio.h einbinden. Sie befindet sich im globalen
 * include-Verzeichnis des Rechners (meist /usr/include)
 */
#include <stdio.h>

/* Die main-Funktion verwendet keine Parameter und gibt keinen
 * Wert zurück (was schlecht ist).
 */
void main()
{
    /* Die printf-Funktion gibt Text aus */
    printf("Hello, World!\n");

    /* Am Ende der main-Funktion wird das Programm beendet */
}
```

Listing 31.4 Das obige Programm mit Kommentaren

Übrigens: Kommentare werden nicht als Kommentare gewertet, wenn sie innerhalb von Zeichenketten stehen. Im folgenden Fall wäre der Kommentar Teil der Textausgabe:

```
printf("/* Gib Text aus */  Hello, World!\n");
```

Listing 31.5 Kein Kommentar

---

[6] Einige Compiler unterstützen auch C++-Kommentare. Diese werden durch // eingeleitet und durch das Zeilenende abgeschlossen, doch sind sie nicht im ANSI-C-Standard festgeschrieben!

31.1.3 Datentypen und Variablen

Datentypen sind in C so komplex wie in nur wenigen anderen Sprachen ausgelegt. Anders als bei der Programmierung der Shell kann in C nicht einfach irgendeine Variable ohne Typ erzeugt werden, in der Sie dann fast alles speichern können. Variablen in C müssen immer von einem bestimmten Datentyp sein.

Jeder Datentyp hat dabei einen Wertebereich, der sich nach der Zahl der Bits, die zum Speichern dieses Datentyps benutzt werden, richtet. Mit einem 8 Bit großen Datentypen können dementsprechend $2^8 = 256$ verschiedene Werte gespeichert werden.

Variablen erzeugen

Bevor wir auf die eigentlichen Datentypen eingehen, möchten wir noch zeigen, wie Variablen allgemein angelegt werden. Zunächst wird der Typ der Variablen angegeben und anschließend deren Bezeichnung. Diese Erzeugungsanweisung wird mit einem Semikolon abgeschlossen.

```
Datentyp Variablenname;
```

Listing 31.6 Variable erzeugen

Deklaration

Man spricht hierbei von der *Deklaration* einer Variablen.

Initialisierung

Sie können den Wert einer Variablen auch gleich bei der Deklaration setzen. Das Setzen des ersten Wertes einer Variablen bezeichnet man als *Initialisierung*.

```
Datentyp Variablenname = Wert;
```

Listing 31.7 Variable deklarieren und initialisieren

Später im Programmcode kann man Variablen ebenfalls Werte zuweisen:

```
Variablenname = Wert;
```

Listing 31.8 Variablenwerte verändern

Bezeichner von Variablen

Variablennamen dürfen nicht völlig frei gewählt werden. Es gilt einige Regeln zu beachten:

- C unterscheidet zwischen Groß- und Kleinschreibung – ABC, abc, aBc, AbC und ABc bezeichnen somit unterschiedliche Variablen.
- Es dürfen keine C-Schlüsselwörter als Variablennamen verwendet werden.
- Variablen können entweder mit einem Groß-/Kleinbuchstaben oder einem Underscore (_) beginnen.

- Der restliche Teil des Variablennamens darf sich aus Groß-/Kleinbuchstaben, Underscores und Zahlen zusammensetzen.
- Die Namenslänge für Variablen wird durch den Compiler beschränkt. Es empfiehlt sich aber, keine zu langen Bezeichner zu verwenden. Der ANSI-C-Standard beschränkt die gültige Länge eines Bezeichners auf 31 Zeichen.

```
/* gültige Variablennamen */
i, abc, _def, __gh, i_j, k019m, MeineKatzeKannFliegen

/* ungültige Variablennamen */
0MeineKatzeKannFliegen, =Sonderzeichen, mäh
```

Listing 31.9 (Un)gültige Variablennamen

Ausgabe von Variablenwerten

Wir verwenden für die Ausgabe von Werten einer Variablen im Folgenden immer die Funktion `printf()`. Dieser Funktion wird ein so genannter *Formatstring* übergeben. Optional können – durch Kommas getrennt – nach dem Formatstring Variablen gelistet werden, die durch die Funktion ausgegeben werden sollen.

```
printf( Formatstring [, optionale Variablen] );
```

Listing 31.10 Schema eines printf()-Aufrufs

Damit `printf()` eine Variable verwendet, muss diese nicht nur übergeben, sondern auch im Formatstring angegeben werden. Wie dies funktioniert, erklären wir anschließend für jeden Datentyp gesondert.

Im Formatstring können `printf()` zudem spezielle Escape-Zeichen übergeben werden, die von der Funktion umgewandelt werden. Der Einfachheit halber werden wir uns in diesem Crashkurs auf die Escape-Sequenz \n beschränken, die die aktuelle Zeile beendet und an den Anfang der nächsten Zeile geht.

Hier nur ein kleines Beispiel zur Ausgabe eines Zeichens:

```
printf("Das Zeichen ist %c\n", zeichenvar);
```

Listing 31.11 Schema eines printf()-Aufrufs

In diesem Fall würde der Text »Das Zeichen ist « ausgegeben. An diese Ausgabe würde das Zeichen in der Variablen `zeichenvar` angehängt; sie würde in einer neuen Zeile (\n) enden.

Die `printf()`-Funktion unterstützt eine Vielzahl von Features, die wir hier nicht benannt haben (u.a. können die Links-/Rechtsbündigkeit einer Ausgabe und die Genauigkeit von

Ausgaben festgelegt werden). Alles Weitere erfahren Sie in jedem Grundlagenbuch zur C-Programmierung.

Wichtiger Hinweis

Bevor wir nun auf die eigentlichen Datentypen zu sprechen kommen, sei darauf hingewiesen, dass die Größe dieser Datentypen von System zu System stark variiert und auch der ANSI-C-Standard nicht exakt definiert, welche Größe die einzelnen Datentypen haben. Wir verwenden daher die für Linux-PCs »üblichen« Werte.

int

Der wohl am einfachsten zu verstehende Datentyp ist der Integer. In C wird dieser Datentyp durch `int` bezeichnet. Eine Integer-Variable speichert eine Ganzzahl, die auch Null oder negativ sein kann. Laut ANSI-C-Standard ist eine Integer-Variable immer mindestens 2 Byte (also 16 Bit) groß und kann daher $2^{16} = 65.536$ verschiedene Werte speichern. Auf den meisten heutigen Rechnern (etwa Linux-PCs) sind Integer allerdings 4 Byte groß.

Gemäß dem oben erläuterten Schema kann eine Integer-Variable durch folgende C-Anweisungen erzeugt und initialisiert werden:

```
/* Deklaration */
int i;
/* ... mit Initialisierung */
int i = 123;
/* Wert von 'i' ändern */
i = -123;
```

Listing 31.12 Eine Integer-Variable erzeugen

unsigned und signed

Datentypen können in C entweder `signed` oder `unsigned` sein. Das bedeutet zunächst nur, dass diese Variablen entweder ein Vorzeichen besitzen können oder nicht. Dabei steht `signed` für eine Variable mit Vorzeichen und `unsigned` für eine Variable ohne Vorzeichen.

Die Vorzeichenhaftigkeit hat allerdings Auswirkungen auf die Wertebereiche dieser Variablen, denn schließlich müssen im Fall einer vorzeichenlosen Variablen nur positive Werte in ihren Bits Platz finden. Im Falle einer vorzeichenbehafteten Variablen hingegen müssen auch negative Zahlen innerhalb ihrer Bits dargestellt werden können, womit sich der Wertebereich in einen positiven Bereich inklusive Null und einen negativen Bereich aufteilt.

Kehren wir nun zum Beispiel der Integer-Variable zurück. In einer 16-Bit-Integer-Variable können also 65.536 verschiedene Werte gespeichert werden.

Ist diese Variable nun `unsigned`, so kann der gesamte Platz für die positiven Zahlen und die Null verwendet werden. Dementsprechend ist für 65.536 − 1 = 65.535 positive Zahlen und eine Null Platz.

Teilt sich der Wertebereich allerdings in einen positiven und einen negativen Teil auf, so wird ein Bit benötigt, um zu signalisieren, dass es sich um eine positive bzw. negative Zahl handelt. Demnach bleiben noch 16 − 1 = 15 Bits des Wertebereichs für die positiven und die negativen Zahlen übrig. Das sind jeweils 2^{15} = 32.768 verschiedene Werte.

Da der positive Teil auch hier wiederum die Null einschließt, können mit einem 16-Bit-`signed`-Integer 32.768 − 1 = 32.767 positive Zahlen gespeichert werden. Der negative Teil ohne die Null reicht von −1 bis −32.768.

Die Deklaration von `signed`- und `unsigned`-Variablen ist einfach. Sie müssen nur das entsprechende Schlüsselwort mit angeben.

Deklaration

```
unsigned int a = 65635;
signed int b = 32767;

/* Den Wert von b verändern */
b = -32768;
```

Listing 31.13 Deklaration von (un)signed-Integern

```
/* signed int */
printf("%i", a);
printf("%d", a);

/* unsigned int */
printf("%u", a);
```

Listing 31.14 Ausgabe von Integer-Werten

Hex- und Oktalwerte

In C können Sie Variablen auch Hex- und Oktalwerte zuweisen. Das sollten Sie allerdings nur tun, wenn Sie wirklich wissen, was diese Werte genau bedeuten (insbesondere bei negativen Werten, die im Zweierkomplement dargestellt werden). Es gibt tatsächlich Fälle, bei denen Hexwerte sinnvoll erscheinen. Dazu zählt beispielsweise das Setzen von bestimmten Flags/Bits.

Hexwerte werden mit dem Präfix »0x« und Oktalwerte mit einer führenden »0« angegeben. Im folgenden Beispiel wird der Variablen dreimal der gleiche Wert (42) zugewiesen.

```
/* Dezimale Schreibweise, wie gewohnt. */
int a = 42;

/* Hexadezimale Schreibweise: Die Buchstaben können
 * in Klein- und Großbuchstaben angegeben werden. */
a = 0x2a;

/* Oktale Schreibweise */
a = 052;
```

Listing 31.15 Setzen des Wertes »42«

char

Eine `char`-Variable dient zur Speicherung eines Zeichens und ist 1 Byte groß. Mit Ausnahme einiger Sonderfälle besteht ein Byte immer aus 8 Bit, folglich können 256 verschiedene Werte in einer solchen Variablen gespeichert werden.

Deklaration und Initialisierung

Einer `char`-Variablen können Sie auf die gleiche Weise Werte zuweisen wie einer Integer-Variablen, nur dass die Größe dieser Werte auf 8 Bit beschränkt ist.

```
char a = 99;

printf("%c", a);
```

Listing 31.16 Verwendung einer char-Variablen

Im obigen Listing weisen wir der Variablen a den Wert »99« zu. Dies wird bei Ausgaben als Wert für ein ASCII-Zeichen interpretiert.[7] Die »99« steht dabei für ein kleingedrucktes »c«.

Da man wohl kaum auf diese Weise Zeichen zuweisen will, gibt es noch eine wesentlich komfortablere Schreibweise für ASCII-Zeichen. Bei dieser Schreibweise wird das entsprechende Zeichen in Hochkommata eingebettet.

```
char a = 'c';
char b = '9';
char c = 'M';
```

Listing 31.17 char-Deklaration und Initialisierung mit Zeichen

---

[7] Mehr zum ASCII-Standard erfahren Sie unter: *de.wikipedia.org/wiki/ASCII*.

short

Eine `short`-Variable hat immer eine Mindestlänge von 16 Bits. `short` kann wie eine Integer-Variable verwendet werden. Die Wertebereiche der (`unsigned-`)`short`-Variablen Ihres Linux-Systems bekommen Sie übrigens ganz einfach über die Datei *limits.h* heraus.

```
$ egrep 'SHRT_MAX|SHRT_MIN' /usr/include/limits.h
#  define SHRT_MIN        (-32768)
#  define SHRT_MAX        32767
#  define USHRT_MAX       65535
```

Listing 31.18 Größe einer short-Variablen ermitteln

```
short a = 123;
a = -123;

/* signed short:
 * Zwei Möglichkeiten für die Ausgabe:
 */
printf("%hd", a);
printf("%hi", a);

/* unsigned short: */
printf("%hu", a);
```

Listing 31.19 Verwendung einer short-Variablen

long

Der Datentyp `long` hat unter Linux auf 32-Bit-Systemen immer die Größe 32 Bit und auf 64-Bit-Systemen immer die Größe 64 Bit.[8]

```
long a = 123;
a = -123;

/* signed long:
 * Zwei Möglichkeiten für die Ausgabe:
 */
printf("%ld", a);
printf("%li", a);

/* unsigned long: */
printf("%lu", a);
```

Listing 31.20 Verwendung einer long-Variablen

---

[8] Siehe Robert Love: »Linux Kernel Handbuch«, Addison-Wesley, 2005. S. 408 ff.

Gleitkomma-Datentypen

Mit den bisherigen Datentypen war es nur möglich, ganze Zahlen zu benutzen. Im Folgenden werden wir uns mit `float`, `double` und `long double` die sogenannten *Gleitkomma*-Datentypen ansehen. In einer Gleitkomma-Variablen können Zahlen mit Nachkommastellen gespeichert werden.

Dabei gibt es einige Hinweise zu beachten:

- Für keine dieser Datentypen existieren `unsigned`-Varianten.
- Nachkommastellen werden nicht durch ein Komma (,) sondern durch einen Punkt (.) von dem ganzzahligen Teil einer Zahl getrennt.
- Die verschiedenen Datentypen weisen nicht nur eine unterschiedliche Bitgröße auf, sondern auch eine unterschiedliche Genauigkeit in ihren Nachkommastellen.

Größe — Der Datentyp `float` ist in der Regel 4 Byte groß. Es kann allerdings vorkommen, dass eine `float`-Variable die Größe einer `double`-Variablen annimmt.

Eine `double`-Variable hat in der Regel eine Größe von 8 Byte, immer mindestens die Größe einer `float`-Variablen und maximal die Größe einer `long double`-Variablen.

Der Datentyp `long double` hat immer mindestens die Größe einer `double`-Variablen. In der Regel ist er 10, 12 oder 16 Byte groß.

Kurz gesagt gilt:
Größe von `float` <= Größe von `double` <= Größe von `long double`.

Genauigkeit — Die Genauigkeit einer Gleitkomma-Variablen nimmt mit ihrer Größe zu. Dies hängt damit zusammen, dass ein bestimmter Bereich der Bits, die für die Darstellung der Nachkommastellen verwendet werden, ebenfalls anwächst. Dieser Bereich wird als *Mantisse* bezeichnet. Üblicherweise haben `float`-Variablen eine Genauigkeit von sechs Stellen, `double`-Variablen haben eine Genauigkeit von 15 Stellen, und Variablen des Typs `long double` haben ganze 18 Stellen Genauigkeit vorzuweisen.

```
float a = 0.123;
double b = -17.498568;

/* Werte können auch in Zehnerpotenzen angegeben werden.
 * Dazu wird die Schreibweise [Zahl] [e] [Exponent]
 * benutzt. 3e2 würde dementsprechend für 3 * 10 * 10
 * stehen.
 */
long double c = 384.599e10;
```

```
/* Die Ausgabe erfolgt auch hier auf verschiedene Weisen: */
printf("float: %f", a);
printf("double: %lf", b);
printf("long double: %Lf", c);
```

Listing 31.21 Verwendung einer Gleitkomma-Variablen

Die Ausgabe dieser Zeilen würde folgendermaßen aussehen:

```
float: 0.123000
double: -17.485870
long double: 3845990000000.000000
```

Listing 31.22 Ausgabe der Gleitkommawerte

31.1.4 Operatoren

Nun, da Sie gelernt haben, Werte für Variablen zu setzen, ist der nächste Schritt, diese Werte zu verwenden und mit ihnen zu rechnen. Zu diesem Zweck werden wir uns die Operatoren der Programmiersprache C ansehen.

Rechenoperatoren

Die einfachsten Operatoren (besonders für Nicht-Informatiker) sind Addition, Subtraktion, Multiplikation und Division.

+, -, *, /

Die Zuweisung eines Wertes erfolgt, wie Sie bereits wissen, mit dem Zeichen =. Dieses Zeichen funktioniert auch dann, wenn man einer Variablen das Ergebnis einer Rechenoperation zuweisen möchte – hier ein paar Beispiele:

Zuweisung

```
int a = 4;
int b = 2;
int c;
int d;

c = a + 1;

b = 3 + 4 + 5;

c = a + b - 1;

d = 2 * 2;

c = 4 / 2;
```

Listing 31.23 Anwendung von Rechenoperatoren

31 | Crashkurs in C und Perl

Vorrang In C hat jeder Operator eine bestimmte Wertigkeit. Sie entscheidet, welche Operatoren eines C-Ausdrucks zuerst berechnet werden und wie die weitere Reihenfolge ist. Hierfür gibt es verschiedene Regeln, auf die wir hier der Einfachheit halber nicht eingehen werden – in jedem Fall aber gilt: Punktrechnung geht vor Strichrechnung.

Der folgende Code würde dementsprechend den Wert »10« (= 9 + (3/3)) und nicht »4« (= (9 + 3) / 3) liefern.

```
printf("%i\n", 9 + 3 / 3);
```

Listing 31.24 Punkt vor Strich

Doch was passiert, wenn zwei Punktrechnungen gleichzeitig verwendet werden? In diesem Fall gilt »rechts vor links«, was bedeutet, dass der Ausdruck von der rechten zur linken Seite hin ausgewertet wird.

```
printf("%i\n", 9 * 3 / 3);
```

Listing 31.25 Rechts vor links

In diesem Fall wird also zunächst 3 durch 3 geteilt (was 1 ergibt). Das Ergebnis 1 wird anschließend mit 9 multipliziert. Damit ist das Ergebnis ebenfalls »9«.

Klammerung Wenn Sie die Rechenreihenfolge selbst bestimmen möchten, dann verwenden Sie (wie Sie es im Mathematikunterricht gelernt haben) Klammern. Der obere Ausdruck könnte beispielsweise durch Einklammern der Rechenoperation 9*3 (= 27) den Wert »9« (= 27 / 3) liefern.

```
printf("%i\n", (9 * 3) / 3);
```

Listing 31.26 Klammerung

Nachkommastellen Allerdings ist zu beachten, dass diese Rechenoperationen nicht immer zum erwarteten Ergebnis führen. Beispielsweise können Integer-Variablen nur ganze Werte speichern. Was aber liefert dann eine Zuweisung von 5/2 an einen Integer? Die Antwort ist: »2«. Das liegt daran, dass die Nachkommastellen abgeschnitten werden. Möchten Sie Kommawerte im Ergebnis haben, so müssen Sie eine Gleitkomma-Variable verwenden.

```
float a = 5, b = 2;
float c;

c = a/b;
printf("%f\n", c);
```

Listing 31.27 Rechnen mit Kommastellen

Die Ausgabe dieses Codes liefert den Wert »2.500000«.

Mischt man allerdings mehrere Datentypen, so wird es leicht problematisch. Hier kann es zu Speicherüberläufen, Problemen mit (nicht vorhandenen) Vorzeichen und zum Abschneiden von Kommastellen kommen. Auf diese Probleme können wir im Rahmen dieses Buches leider nicht eingehen. Eine relativ sichere Vorgehensweise ist es allerdings, keine Datentypen zu mixen. — Typen-Mix

Weitere Rechenoperatoren

Eine in der Informatik sehr wichtige Rechenoperation ist das Modulo-Rechnen. Das Ergebnis einer Modulo-Rechnung ist der Rest der ganzzahligen Division zweier Zahlen. Teilen Sie beispielsweise 5 durch 2, dann bleibt ein Rest von 1 übrig. Mathematisch ausgedrückt: (5 mod 2) = 1. — Modulo

Der Modulo-Operator ist in C das Prozentzeichen (%).

```
int a, b;

/* a wird 0, da kein Rest bleibt */
a = 10 % 2;

/* a wird 4 */
a =  9 % 5;
```

Listing 31.28 Modulo

Nun kommen wir zu zwei sehr beliebten Operatoren: den doppelten Plus- und Minuszeichen. Fast jede Programmiersprache kennt diese Operatoren. Ihre Funktion ist sehr einfach zu verstehen: Sie inkrementieren (erhöhen) oder dekrementieren (verringern) den Wert einer Variablen um 1. — ++/--

```
int a = 10;

a++;  /* a wird 11 */
a--;  /* a wird wieder 10 */
a--;  /* a wird 9 */
```

Listing 31.29 Inkrement und Dekrement

In C unterscheidet man zwischen Prä- und Post-Inkrement bzw. -Dekrement. Der Unterschied besteht darin, ob der Operator vor (Prä-) oder hinter (Post-) eine Variable geschrieben wird. Dies kann sich auf eine Rechnung auswirken, da hierbei entschieden wird, ob eine Variable vor erst nach einer Verwendung in- bzw. dekrementiert wird.

```c
int a, b, c;

a = 10;

++a; /* a wird 11 */
--a; /* a wird 10 */

/* Beispiel für Pre-Inkrementierung */
a = 10;
b = ++a; /* b = 1 + a = 11; a = 11; */

/* Beispiel für Post-Inkrementierung */
a = 10;
c = a++; /* c = a = 10; a = 11; */
```

Listing 31.30 Vorher oder nachher?

Im Falle des Prä-Inkrements bekommt b den Wert »11«, da zuerst a inkrementiert wird (a = 11) und dieser Wert dann c zugewiesen wird. Im Falle des Post-Inkrements bekommt c den Wert »10«. Erst danach wird a imkrementiert (womit a auch hier den Wert »11« bekommt). Wie Sie sehen, führen beide Rechenanweisungen zu unterschiedlichen Ergebnissen.

Verkürzte Schreibweisen

Ein weiteres sehr beliebtes Feature der Programmiersprache erspart Ihnen Schreibarbeit und ist mit fast allen Operatoren anwendbar. Es wird dabei eine Zuweisung der folgenden Form vereinfacht.

```
VarA = VarA [Operator] VarB
```

Listing 31.31 Langform für die Benutzung eines Operators

In C können Sie anstelle dieser Schreibweise nämlich auch diese verwenden:

```
VarA [Operator]= VarB
```

Listing 31.32 Kurzform für die Benutzung eines Operators

Klingt kompliziert? Ist es aber nicht. Nach dem folgenden Beispiel werden Sie es ganz locker verstanden haben. Es soll die folgende Rechenoperation vereinfacht werden:

```c
int a = 10, b = 2;

b = b + a;
```

Listing 31.33 Vor der Vereinfachung

Nun wird das Additionszeichen vor das Gleichheitszeichen gezogen, und die zweite Verwendung von Variable b wird entfernt:

```
int a = 10, b = 2;

b += a;
```

Listing 31.34 Nach der Vereinfachung

Im folgenden Listing sehen Sie noch einige weitere Beispiele für andere Rechenoperationen, die auf dieselbe Weise vereinfacht werden können.[9]

```
/* Lange Schreibweise */
a = a + b;
a = a * b;
a = a - b;
a = a / b;
a = a % b;

/* Kurze Schreibweise */
a += b;
a *= b;
a -= b;
a /= b;
a %= b;
```

Listing 31.35 Schreibweisen

Bitweise Operatoren

Die nächste große Klasse an Operatoren, die in C zur Verfügung stehen, sind die bitweise angewandten Operatoren. Um diese Operatoren anzuwenden, müssen Sie die Darstellung der Variablenwerte im dualen Zahlensystem beherrschen (also binär mit Nullen und Einsen). Dieses Thema würde den Rahmen dieses Abschnitts sprengen und kann daher leider nicht näher behandelt werden. In der Wikipedia und in C-Büchern finden Sie allerdings gute und verständliche Erklärungen.[10]

Die sogenannten *Shift-Operatoren* verschieben die Bits in einer Variablen nach rechts beziehungsweise nach links. Nehmen wir an, in einer 8-Bit-Integer-Variablen steht der Wert »4« (dezimal). Binär wird dieser Wert als »00000100« dargestellt. Wird dieser Wert nun um eine Stelle nach links verschoben, so steht anschließend der Wert »00001000« (also »8«) in der Variablen. Wird der Wert um 1 nach rechts

Shiften

---

[9] Wir werden gleich noch weitere Operatoren kennenlernen, jedoch beschränken wir uns an dieser Stelle auf die bereits bekannten Operatoren.
[10] Bei Problemen leihen Sie sich das Buch »Mathematik für Informatiker« von Manfred Brill oder Informatik-Bücher für das Grundstudium aus der Bibliothek aus.

verschoben, so steht anschließend »00000010« (also »2«) in der Variablen. Die Operatoren hierfür sind doppelte Größer-als- bzw. Kleiner-als-Zeichen.

```
int a = 4;
int b, c;

/* Den Wert von a um eine Stelle nach rechts shiften */
b = a >> 1;

/* Den Wert von a um zwei Stellen nach links shiften */
c = a << 2;
```

Listing 31.36 Shiften

Weitere Operatoren

Es gibt noch weitere (und ebenso wichtige) Operatoren, die bitweise angewandt werden. Dazu zählen das »logische Und« (&, im Folgenden »UND«), das »logische Oder« (|, im Folgenden »ODER«) und das »exklusive ODER« (^, im Folgenden »XOR«). Des Weiteren gibt es noch das Einerkomplement (~).

UND

Bei einem UND zwischen zwei Variablen wird geprüft, welche bei beiden Variablen gesetzt sind. Beim Ergebnis der Operation sind nur die Bits gesetzt, die es in jeder der beiden Variablen waren. Würde beispielsweise der Wert »6« (binär 110) mit dem Wert »5« (binär 101) durch ein UND verknüpft, so wäre das Ergebnis »4« (binär 100), da nur das 4er-Bit in beiden Werten vorkommt. Geschrieben wird eine UND-Verknüpfung mit &.

```
  110 = 6
& 101 = 5
-----
  100 = 4
```

Listing 31.37 Beispiel einer UND-Verknüpfung (Rechnung)

```
int a;
int x = 6, y = 4;

a = x & y;
```

Listing 31.38 Beispiel einer UND-Verknüpfung (C-Code)

ODER

Die ODER-Verknüpfung ist der UND-Verknüpfung sehr ähnlich. Der Unterschied besteht darin, dass alle Bits im Ergebnis landen, die entweder in einem der Werte oder in beiden vorkommen. Auf das obige Beispiel mit den Werten »6« (binär 110) und »5« (binär 101) angewandt, lautete das Ergebnis »7« (binär 111) lauten. Geschrieben wird ein logisches ODER mit dem Pipe-Zeichen (|).

```
  110 = 6
| 101 = 5
-----
  111 = 7
```

Listing 31.39 Beispiel einer ODER-Verknüpfung (Rechnung)

```
int a;
int x = 6, y = 4;

a = x | y;
```

Listing 31.40 Beispiel einer ODER-Verknüpfung (C-Code)

Das exklusive ODER (XOR) verhält sich wiederum ähnlich wie das logische ODER. Es landen alle Bits im Ergebnis, die entweder im ersten oder im zweiten Wert vorhanden sind, nur nicht jene, die in beiden Werten gesetzt sind. Würde »6« (110) mit »5« (101) XOR-verknüpft werden, so lautete das Ergebnis »3« (011). Der XOR-Operator wird durch ein Dach-Zeichen (^) angegeben.

XOR

```
  110 = 6
^ 101 = 5
-----
  011 = 3
```

Listing 31.41 Beispiel einer XOR-Verknüpfung (Rechnung)

```
int a;
int x = 6, y = 4;

a = x ^ y;
```

Listing 31.42 Beispiel einer XOR-Verknüpfung (C-Code)

Es bleibt nun noch das *Einerkomplement*. Hierbei werden die Bits eines Wertes *negiert*, das heißt umgekehrt. Aus einem 1er-Bit wird ein 0er-Bit, und aus einem 0er-Bit wird ein 1er-Bit. Das Einerkomplement wird auf einen einzigen Wert angewandt und durch ein Tilde-Zeichen (~) repräsentiert.

Einerkomplement

Wendeten wir den Operator auf den Wert »6« (110) an, so wäre das Ergebnis »1« (001).

```
~ 110 = 6
-----
  001 = 1
```

Listing 31.43 Beispiel eines Einerkomplements

Allerdings gibt es in C etwas zu beachten, das wir bisher nicht erwähnt haben: Nehmen wir an, Sie verwendeten eine 32 Bit große Integer-Variable, in der der Wert »6« gespeichert ist. In diesem Fall wird das Einerkomplement nicht »1« ergeben. Das liegt daran, dass vor den ersten drei Bits (110) noch 29 weitere 0-Bits stehen, die durch die Rechenoperation zu einer »1« werden. Das Ergebnis wäre dann eine sehr große Zahl (`unsigned int`) oder eine sehr kleine negative Zahl ((`signed`) `int`):

```
~ 00000000000000000000000000000110 = 6
--------------------------------
  11111111111111111111111111111001 = 4.294.967.289
```

Listing 31.44 Beispiel eines Einerkomplements (Rechnung)

```
int = ~ 6;
```

Listing 31.45 Beispiel eines Einerkomplements (C-Code)

Der sizeof-Operator

Zum Schluss zeigen wir noch eine sehr praktische C-Funktionalität: den Operator `sizeof`. Er gibt die Zahl der Bytes zurück, die eine Variable, auf die er angewandt wird, für sich beansprucht. Die Anzahl der Bytes, die zurückgegeben werden, ist daher niemals negativ und auch keine Gleitkommazahl.

```c
#include <stdio.h>

int main()
{
  char q;
  short r;
  int s;
  long t;
  float u;
  double v;
  long double w;

  printf("Groesse von char: %i\n", sizeof(q));
  printf("Groesse von short: %i\n", sizeof(r));
  printf("Groesse von int: %i\n", sizeof(s));
  printf("Groesse von long: %i\n", sizeof(t));
  printf("Groesse von float: %i\n", sizeof(u));
  printf("Groesse von double: %i\n", sizeof(v));
  printf("Groesse von long double: %i\n", sizeof(w));
  return 0;
}
```

Listing 31.46 Beispielanwendung des sizeof-Operators

Dieses Programm liefert auf einem üblichen 32-Bit-x86-Linux-PC die folgende Ausgabe:

```
Groesse von char: 1
Groesse von short: 2
Groesse von int: 4
Groesse von long: 4
Groesse von float: 4
Groesse von double: 8
Groesse von long double: 12
```

Listing 31.47 Ausgabe des Programms

Übrigens kann der `sizeof`-Operator auch direkt auf einen Datentyp angewandt werden; eine Anweisung wie `sizeof(long)` ist also gültig.

Übersicht der Operatoren

Die folgende Übersicht fast die arithmetischen Operatoren noch einmal zusammen.

Operator	Beispiel	Beschreibung
+	x = x + 1	Addition
-	x = x - 1	Subtraktion
*	x = y * z	Multiplikation
/	z = x / y	Division
%	m = x % y	Modulo (Restwert bei Ganzzahldivision)
++	x++	Inkrement
--	x--	Dekrement
&	x = y & z	UND
|	x = y | z	ODER
^	x = y ^ z	XOR
~	x = ~z	Negierung
>>	x = y >> 2	rechts shiften
<<	x = y << 2	links shiften
sizeof	x = sizeof(int)	Größe von ...

Tabelle 31.1 Übersicht der arithmetischen Operatoren

31.1.5 Bedingte Anweisungen

Ein äußerst wichtiges Element der Programmierung sind bedingte Anweisungen, wie Sie sie bereits aus der Shellskriptprogrammierung kennen. In der Shell hießen die zugehörigen Befehle if und case. Diese Namen sind in den meisten Programmiersprachen sehr ähnlich – dies gilt auch für C.

Zur Erinnerung: Bei bedingten Anweisungen wird zunächst geprüft, ob eine Bedingung erfüllt ist (zum Beispiel ob der Wert der Variablen anzahl größer 1000 ist). Ist die Bedingung (nicht) erfüllt, so wird eine bestimmte Anweisung (nicht) ausgeführt.

Vergleichsoperatoren

Bevor wir uns die einzelnen Anweisungen ansehen, betrachten wir die Vergleichsoperatoren, die C kennt.

Werte ungleich 0 werden in C als erfüllte Bedingungen angesehen (man spricht auch von wahren oder true-Bedingungen). Werte, die gleich 0 sind, werden hingegen als nicht erfüllt (man spricht auch von falschen oder false-Bedingungen) bezeichnet.

Würde die Variable a als Vergleichstest verwendet, so wäre die Bedingung dann erfüllt, wenn in a ein positiver Wert steht. In Spezialfällen, bei denen signed-Werte mit unsigned-Werten verglichen werden, kann es allerdings zu Problemen kommen. Mehr zu diesem Thema erfahren Sie in guten C-Büchern und in unserem Buch »Praxisbuch Netzwerksicherheit« in Kapitel 23, »Sichere Software entwickeln«.

[zB] Nehmen Sie an, Sie betreiben ein Verkaufssystem. Sobald ein Kunde für mehr als 100 EUR bestellt, sollen ihm die Versandkosten erlassen werden. Stünde der Gesamtwert des Einkaufs in der Variablen wert, dann könnte man prüfen, ob wert größer oder gleich 100 EUR wäre. Die Versandkosten würden erlassen (etwa durch Setzen der Variablen vkosten auf »0«), wenn diese Bedingung erfüllt ist.

Operator	Beispiel	Beschreibung
==	a == 1	**Gleichheit**: Die Bedingung ist erfüllt, wenn die Werte auf beiden Seiten des Operators gleich sind.
!=	a != 1	**Ungleichheit**: Die Bedingung ist erfüllt, wenn sich die Werte auf beiden Seiten des Operators unterscheiden.
>	a > 1	**Größer**: Die Bedingung ist erfüllt, wenn der linke Wert größer ist als der rechte.
>=	a >= 1	**Größer-Gleich**: Die Bedingung ist erfüllt, wenn der linke Wert größer oder gleich dem rechten ist.

Tabelle 31.2 Übersicht der Vergleichsoperatoren

Operator	Beispiel	Beschreibung
<	a < 1	**Kleiner**: Die Bedingung ist erfüllt, wenn der linke Wert kleiner als der rechte ist.
<=	a <= 1	**Kleiner-Gleich**: Die Bedingung ist erfüllt, wenn der linke Wert kleiner oder gleich dem rechten ist.
&&	a && 1	**Und**: Die Bedingung ist erfüllt, wenn sowohl die linke als auch die rechte Bedingung erfüllt ist.
||	a || a	**Oder**: Die Bedingung ist erfüllt, wenn die rechte, die linke oder beide Bedingungen erfüllt sind.
!	! a	**Negation**: Die Bedingung ist erfüllt, wenn die rechts vom Operator stehende Bedingung nicht erfüllt ist.

Tabelle 31.2 Übersicht der Vergleichsoperatoren (Forts.)

Die if-Anweisung

Am verständlichsten formulieren Sie eine bedingte Anweisung mit `if`. Der Aufbau in C ist dabei dem der `if`-Anweisung der Shell sehr ähnlich:

```
if ( Bedingung)
{
    Anweisung(en)
}
else if ( Nebenbedingung )
{
    Anweisung(en)
}
else if ( Weitere Nebenbedingung )
{
    Anweisung(en)
}
...
[ weitere Nebenbedingungen ]
...
}
else
{
    Anweisung(en)
}
```

Listing 31.48 Aufbau einer if-Anweisung

Ist die Bedingung des `if`-Blocks erfüllt, so werden die entsprechenden Anweisungen ausgeführt. Dabei können die geschweiften Klammern weggelassen werden, wenn nur eine einzige Anweisung ausgeführt werden soll. Die beiden folgenden Anweisungen sind also identisch:

```
if ( 1 )
{
    printf("True!");
}

if ( 1 )
    printf("True!");
```

Listing 31.49 Nur eine Anweisung in if

else if Ist die eigentliche if-Bedingung nicht erfüllt, so gibt es die Möglichkeit, weitere Bedingungen (else if) abzufragen. Diese Bedingungen werden nur überprüft, wenn die erste Bedingung nicht erfüllt ist. Sobald eine dieser weiteren Bedingungen erfüllt ist, werden die entsprechenden Anweisungen ausgeführt, und es wird keine weitere Bedingung überprüft.

[zB] Versuchen wir, auf diese Weise einmal die Variable anzahl auf drei verschiedene Werte zu überprüfen.

```
if ( a < 1000 )
{
    printf("a ist kleiner als 1000");
}
else if ( a == 2948 )
{
    printf("a ist 2948");
}
else if ( a == 494859)
{
    printf("a ist 494859");
}
```

Listing 31.50 Testen auf verschiedene Werte

else Was passiert aber, wenn eine bestimmte Aktion nur dann ausgeführt werden soll, wenn keine dieser Bedingungen erfüllt ist? Nehmen wir an, dass a den Wert »123« zugewiesen bekommen soll, wenn a weder kleiner als 1000 ist noch einer der anderen obigen Zahlen entspricht.

Für diesen Fall gibt es die else-Anweisung. Die Anweisungen in einem else-Anweisungsblock werden nur dann ausgeführt, wenn alle anderen Bedingungen nicht erfüllt sind.

```c
if ( a < 1000 )
{
    printf("a ist kleiner als 1000");
}
else if ( a == 2948 )
{
    printf("a ist 2948");
}
else if ( a == 494859)
{
    printf("a ist 494859");
}
else
{
    printf("a hat einen anderen Wert");
}
```

Listing 31.51 Testen auf verschiedene Werte

Möchte man die gleiche Anweisung bei mehreren verschiedenen Bedingungen ausführen, dann ist auch das in C kein Problem. Nehmen wir an, es soll der Text »Aktien kaufen« ausgegeben werden, wenn a entweder kleiner 1000 oder größer 2000 ist. Mit dem ODER-Operator ist dies kein Problem:

Mehrere Bedingungen, eine Anweisung

```c
if ( a < 1000 || a > 2000)
{
    printf("Aktien kaufen");
}
```

Listing 31.52 Testen auf verschiedene Werte

Diese Bedingung wäre übrigens auch erfüllt, wenn a gleichzeitig kleiner als 1000 und größer als 2000 wäre, was aber nicht möglich ist. Prüfte man aber, ob a kleiner 1000 und b größer 2000 ist, so könnten beide Bedingungen gleichzeitig erfüllt sein.

Mit Klammern kommt man allerdings noch einen Schritt weiter. Möchte man zum Beispiel prüfen, ob die obige Bedingung erfüllt ist, aber den Text nur ausgeben, wenn die Variable t kleiner als 10 ist, dann klammert man die ODER-Bedingung ein. Warum das so ist, zeigt das folgende Listing.

Klammerung

```c
/* Ohne Klammern: Es ist nicht klar, ob entweder a > 2000
 * UND t < 10 sein soll ODER a < 1000 sein soll. Oder aber,
 * ob (wie es eigentlich gedacht ist) a < 1000 ODER > 2000
 * sein soll UND zudem t < 10 sein soll.
 */
if ( a < 1000 || a > 2000 && t < 10)
```

```
{
    printf("Aktien kaufen");
}

/* Mit Klammern: Es ist klar: Sowohl die Bedingung in der
 * Klammer als auch t < 10 müssen erfüllt sein.
 */
if ( ( a < 1000 || a > 2000 ) && t < 10)
{
    printf("Aktien kaufen");
}
```

Listing 31.53 Ein Beispiel zur Klammerung

Die switch-Anweisung

In der bash gibt es neben der if-Anweisung noch die case-Anweisung. Diese gibt es (nur unter anderem Namen) auch in C; hier heißt sie switch. Ihr übergibt man einen Wert (direkt oder in einer Variablen) und kann anschließend die Vergleichswerte und die zugehörigen Anweisungen aufführen.

```
switch ( Wert )
{
    case Testwert1:
        Anweisung(en)
        [break;]
    case Testwert2:
        Anweisung(en)
        [break;]
    ...
    ...
    default:
        Anweisung(en)
        [break;]
}
```

Listing 31.54 Schema einer switch-Anweisung

Hierbei wird geprüft, ob der Wert dem Testwert 1 oder Testwert 2 (oder weiteren Testwerten) entspricht. Die entsprechenden Bedingungen werden jeweils ausgeführt. Ist keiner dieser Testwerte gleich dem übergebenen Wert, so werden die Anweisungen des default-Blocks ausgeführt. Ist kein default-Block vorhanden, so wird gar keine Anweisung ausgeführt.

Ein default-Fall muss übrigens nicht angegeben werden. Eine switch-Anweisung kann entweder einen oder mehrere case-Blöcke, eine default-Anweisung, beides oder nichts enthalten. Im Falle einer leeren `switch`-Anweisung werden natürlich auch keine Werte überprüft und dementsprechend auch keine Anweisungen ausgeführt.

Mit der `break`-Anweisung wird erzwungen, dass keine weiteren Anweisungen mehr ausgeführt und das `switch`-Statement verlassen wird. Wenn Sie eine `break`-Anweisung am Ende der Anweisungen eines `case`-Bereichs vergessen, so werden die folgenden Anweisungen (egal welcher Bedingung) ebenfalls ausgeführt, bis entweder eine `break`-Anweisung auftritt oder das Ende der `switch`-Anweisung erreicht ist.

break

Im folgenden Beispiel würde der Variablen q durch die fehlende `break`-Anweisung im `case`-Block zunächst der Wert »102« und unmittelbar danach der Wert »112« zugewiesen werden.

[zB]

```
int q = 99;

switch ( q )
{
    case 10:
        q = 12;
        break;
    case 99:
        q = 102;
        /* An dieser Stelle fehlt ein 'break' */
    case 100:
        q = 112;
        break;
}
```

Listing 31.55 Beispiel für break

Der ?-Operator

C kennt noch eine weitere Möglichkeit, eine bedingte Anweisung zu formulieren: den Fragezeichen-Operator. Dieser gibt im Gegensatz zu den anderen Vergleichsoperatoren einen Wert zurück.

```
(
    Bedingung
  ? Anweisung bei erfüllter Bedingung
  : Anweisung bei nicht erfüllter Bedingung
)
```

Listing 31.56 Aufbau einer ?-Anweisung

Nehmen wir an, die Variable `a` solle auf den Wert »77« gesetzt werden, falls die Variable `q` den Wert »99« enthält. Andernfalls solle `a` den Wert »2« erhalten.

```
a = ( q == 99 ? 77 : 2 )
```

Listing 31.57 Beispiel zum ?-Operator

Sie können durch diese Anweisung natürlich auch Zeichen für `char`-Variablen, Gleitkommawerte und sogar ganze Zeichenketten (so genannte *Strings*) zurückgeben lassen. Hier ein Beispiel für eine Textausgabe; im Falle einer Begrüßung (das bedeutet, dass die Variable `beg` den Wert »1« hat) soll `printf()` »Hallo« ausgeben, andernfalls die Zeichenkette »Tschüss«.[11]

```
printf("%s\n", ( beg == 1 ? "Hallo" : "Tschüss" ) );
```

Listing 31.58 Zeichenketten

31.1.6 Schleifen

Sie haben noch nicht aufgegeben? Das ist schön! Jetzt, da Sie bedingte Anweisungen und Datentypen von Variablen kennen, können wir uns *Schleifen* zuwenden. Schleifen sind nach all dem, was Sie bisher wissen, sehr einfach zu verstehen, und ihr Nutzen ist enorm.

Im Prinzip verhält es sich in C wieder ähnlich wie bei der Shellskriptprogrammierung mit der `bash`: Auch in C gibt es eine `while`- und eine `for`-Schleife.

Zur Erinnerung: Eine Schleife führt bedingte Anweisungen so lange aus, wie die Bedingung, die ihr übergeben wurde, erfüllt ist.

Die while-Schleife

Die einfachste Schleife ist die `while`-Schleife. Sie ist ganz ähnlich wie eine `if`-Anweisung aufgebaut:

```
while ( Bedingung )
{
    Anweisung(en)
}
```

Listing 31.59 Aufbau einer while-Schleife

Nehmen wir nun an, es solle zehnmal in Folge der Text »Hallo Welt« ausgegeben werden. Sie könnten dazu zehnmal eine `printf()`-Anweisung untereinander schrei-

---

[11] Der Formatstring-Parameter %s besagt übrigens, dass es sich bei der Ausgabe nicht um eine Zahl oder ein einzelnes Zeichen, sondern um eine Zeichenkette handelt – dazu später mehr.

ben oder eine lange Zeichenkette mit vielen Newlines und vielfachem »Hallo Welt« übergeben. Viel schöner (und platzsparender) ist es aber, hierfür eine Schleife zu verwenden.

```c
int i = 10;

while ( i > 0 )
{
   printf("Hallo Welt");
   i = i - 1;
}
```

Listing 31.60 10x Hallo Welt!

Am Ende jedes Schleifendurchlaufs haben wir einfach die Variable i dekrementiert. Die Bedingung der Schleife ist somit genau zehnmal erfüllt. Sobald i gleich 0 ist, ist die Bedingung nicht mehr erfüllt, und die Schleife würde beendet.

Die Überprüfung auf Erfüllung der Bedingung findet immer nur statt, nachdem der gesamte Anweisungsblock ausgeführt wurde. Auf das obige Beispiel angewandt bedeutet dies etwa, dass Sie die Anweisung, i zu dekrementieren, auch vor die Ausgabe stellen können.

```c
int i = 10;

while ( i > 0 )
{
   i = i - 1;
   printf("Hallo Welt");
}
```

Listing 31.61 Eine weitere Variante

Richtig praktisch werden Schleifen aber erst, wenn man mit verschiedenen Variablenwerten arbeitet. Möchte man etwa die Zahlen von 1 bis 10 000 ausgeben, dann geht dies mit ebenso wenig Codezeilen, als würde man die Zahlen von 1 bis 2 oder von 1 bis 10 000 000 ausgeben.

```c
int i = 1;

while ( i <= 1000000 )
{
   printf("%i\n", i);
   i++;
}
```

Listing 31.62 Bis 1.000.000 zählen

31 | Crashkurs in C und Perl

Natürlich sind auch komplexere Bedingungen sowie Unterschleifen möglich. Möchte man etwa zehn Zahlen pro Zeile ausgeben, dann ist auch dies kein Problem.

[zB] Hier ein Beispiel: Es werden zehn Zahlen pro Zeile ausgegeben, und es steigt jeweils die Zahl, die ausgegeben wird, an. Nach zehn Zahlen wird also ein Newline-Zeichen ausgegeben. Nach zehn Zeilen (das bedeutet, dass i % 10 den Wert 0 ergibt) wird eine Trennlinie ausgegeben.

```c
#include <stdio.h>

int main()

   int i = 0;
   int k;
   int wert;

   while ( i <= 100 )
      k = 0;
      while ( k < 10 )
         wert = (i * 10) + k;
         printf("%i ", wert);
         k++;

      printf("\n");
      if ( (i % 10) == 0 )
         printf("--------------------------\n");

      i++;

   return 0;
```

Listing 31.63 Zahlenblöcke mit Schleifen ausgeben

Erwartungsgemäß gibt das Programm 10x10er-Blöcke von Zahlen aus:

```
$ gcc -o zahlen zahlen.c
$ ./zahlen
10 11 12 13 14 15 16 17 18 19
20 21 22 23 24 25 26 27 28 29
30 31 32 33 34 35 36 37 38 39
40 41 42 43 44 45 46 47 48 49
50 51 52 53 54 55 56 57 58 59
60 61 62 63 64 65 66 67 68 69
70 71 72 73 74 75 76 77 78 79
80 81 82 83 84 85 86 87 88 89
90 91 92 93 94 95 96 97 98 99
```

```
100 101 102 103 104 105 106 107 108 109
----------------------------
110 111 112 113 114 115 116 117 118 119
120 121 122 123 124 125 126 127 128 129
130 131 132 133 134 135 136 137 138 139
140 141 142 143 144 145 146 147 148 149
150 151 152 153 154 155 156 157 158 159
160 161 162 163 164 165 166 167 168 169
170 171 172 173 174 175 176 177 178 179
180 181 182 183 184 185 186 187 188 189
190 191 192 193 194 195 196 197 198 199
200 201 202 203 204 205 206 207 208 209
----------------------------
210 211 212 213 214 215 216 217 218 219
220 221 222 223 224 225 226 227 228 229
230 231 232 233 234 235 236 237 238 239
240 241 242 243 244 245 246 247 248 249
...
900 901 902 903 904 905 906 907 908 909
----------------------------
910 911 912 913 914 915 916 917 918 919
920 921 922 923 924 925 926 927 928 929
930 931 932 933 934 935 936 937 938 939
940 941 942 943 944 945 946 947 948 949
950 951 952 953 954 955 956 957 958 959
960 961 962 963 964 965 966 967 968 969
970 971 972 973 974 975 976 977 978 979
980 981 982 983 984 985 986 987 988 989
990 991 992 993 994 995 996 997 998 999
1000 1001 1002 1003 1004 1005 1006 1007 1008 1009
----------------------------
```

Listing 31.64 Die Ausgabe des Programms (gekürzt)

Die do-while-Schleife

Eine Abwandlung der `while`-Schleife ist die `do-while`-Schleife. Bei ihr wird der Anweisungsblock immer ein erstes Mal ausgeführt. Erst danach wird er nur noch ausgeführt, wenn die Bedingung erfüllt ist.

```
do
{
    Anweisung(en)
}
while ( Bedingung );
```

Listing 31.65 Aufbau der do-while-Schleife

Vor Kurzem haben wir mit einer `while`-Schleife bis 1.000.000 gezählt. In einer `do-while`-Schleife müsste in diesem Fall keine große Veränderung stattfinden:

```
/* Die while-Schleife: */
int i = 1;

while ( i <= 1000000 )
{
   printf("%i\n", i);
   i++;
}
/* Die do-while-Schleife: */
int i = 1;

do
{
   printf("%i\n", i);
   i++;
}
while ( i <= 1000000);
```

Listing 31.66 Bis 1.000.000 zählen

Der Unterschied ist allerdings der, dass die erste Ausgabe auch dann erfolgt, wenn i größer als 1.000.000 ist.

Die for-Schleife

Wie Sie bereits sehen konnten, wird in fast jeder Schleife gezählt. In der `for`-Schleife ist genau dies kein Problem. Diese Schleife kann Werte während der Schleifendurchläufe verändern und ist daher sehr beliebt.

```
for ( Initialisierung ; Bedingung; Werte-Veränderung )
{
    Anweisung(en)
}
```

Listing 31.67 Aufbau einer for-Schleife

Bei der Initialisierung werden die Werte von Variablen für den Schleifendurchlauf festgelegt. Der Bedingungsteil ist wie bei anderen Schleifen zu verwenden, und die Werteveränderung kann für jegliche Anpassung (etwa Inkrementierung) von Variablen verwendet werden.

Anders als in C++ können in C keine Variablen im Initialisierungsbereich einer for-Schleife angelegt werden, selbst wenn einige Compiler (jedoch nicht der GCC) dies erlauben.

Unser Lieblingsbeispiel ließe sich folgendermaßen auf die for-Schleife übertragen:

```
int i;

for ( i = 1 ; i <= 1000000 ; i++ )
{
   printf("%i\n", i);
}
```

Listing 31.68 Bis 1.000.000 zählen

In einer for-Schleife können sowohl der Initialisierungsteil als auch die beiden anderen Teile fehlen. Eine Variable könnte beispielsweise vorher initialisiert werden, wodurch der Initialisierungsteil überflüssig wäre.

Endlosschleifen

Manchmal möchte man, dass eine Schleife unendlich lange läuft (etwa in Prozessen von Netzwerkservern, die 24 Stunden am Tag in einer Schleife Verbindungen annehmen und an Kindprozesse weitergeben). Mit jeder C-Schleife ist dies möglich. Dazu wird einfach eine Bedingung angegeben, die immer wahr ist.

```
while ( 1 )
{
    Anweisung(en)
}

do
{
    Anweisung(en)
} while ( 1 );

for ( ; 1 ; )
{
    Anweisung(en)
}
```

Listing 31.69 Endlosschleifen

In der for-Schleife können Sie für diesen Fall auch die Bedingung weglassen.

for(;;)

```
for (;;)
{
    Anweisung(en)
}
```

Listing 31.70 Endlose for-Schleife

goto

Sprünge sind eine sehr unbeliebte Möglichkeit zur Programmierung von Schleifen. goto-Statements, die eigentlich nur als *Jumps* (auch *Branches* genannt) in Assembler ihren Nutzen finden sollten, machen den Programmfluss unübersichtlich und fehlerträchtig. In höheren Programmiersprachen wie C gelten Sprünge als schlechter Programmierstil und sollten nicht verwendet werden.

Für einen Sprung wird zunächst ein *Label* definiert. In C schreibt man hierzu den Namen des Labels, gefolgt von einem Doppelpunkt. Zu diesem Label wird »gesprungen«, indem man es als Sprungziel für die Anweisung goto benutzt.

```
Sprungziel:
    Anweisung(en)
goto Sprungziel;
```

Listing 31.71 Aufbau einer goto-Anweisung

Auf diese Weise lassen sich natürlich auch ganz einfach Endlosschleifen programmieren. In einigen Quelltexten (etwa dem OpenBSD-Kernel) werden goto-Anweisungen benutzt, um frühzeitig an den Endteil einer Funktion zu springen. Dies kann unter Umständen die Performance verbessern, sollte aber trotzdem vermieden werden.

```
/* Eine Endlosschleife mit goto */
endlos:
  printf("Unendlich oft wird diese Zeile ausgegeben.\n");
goto endlos;

/* Bis 1000000 zählen mit goto */
int i = 1;

nochmal:
    printf("%i\n", i);
    i++;
    if ( i <= 1000000 )
        goto nochmal;
```

Listing 31.72 Endlosschleife und Zähler

31.1.7 Funktionen

Möchte man bestimmte Anweisungen mehrmals ausführen, so verwendet man in der Regel eine Schleife. Doch was ist, wenn man die gleichen Anweisungen (eventuell mit unterschiedlichen Werten) an verschiedenen Stellen des Programms mehrmals ausführen möchte? Für diesen Zweck gibt es Funktionen. Eine Funktion führt eine Reihe von Anweisungen aus, indem man sie anstelle der Anweisungen aufruft.

```
Datentyp Funktionsname ( [Parameterliste] )
{
    Anweisung(en)
}
```

Listing 31.73 Aufbau einer Funktion

In C können Funktionen Werte übergeben bekommen und zurückgeben. Beginnen wir mit einer sehr einfachen Funktion.

```
void sage_hallo()
{
    printf("Hallo");
}
```

Listing 31.74 Eine einfache C-Funktion

Diese Funktion gibt nichts zurück (void) und hat den Namen sage_hallo(). Ihre Parameterliste ist leer, und sie führt auch nur eine Anweisung (die Ausgabe von »Hallo«) aus.

Wie man eine Funktion aufruft, wissen Sie bereits durch die vielfach verwendete Funktion printf().

```
sage_hallo();
```

Listing 31.75 Aufruf der Funktion

Funktionsparameter

Nun gehen wir einen Schritt weiter und lernen, wie man Funktionen Parameter übergibt (auch diese Prinzipien wurden bereits in den Kapiteln zur Shell besprochen). Dazu implementieren wir eine Funktion, die die Summe aus zwei übergebenen Parametern berechnet.

```
/* Berechne die Summe aus a und b */
void summe(short a, short b)
{
```

```
    /* Eine int-Variable ist groß genug, um das
     * Ergebnis zweier short-Variablen aufzunehmen.
     */
    int ergebnis = a + b;
    /* Ausgabe der Integer-Variable 'ergebnis' */
    printf("%i\n", ergebnis);
}
```

Listing 31.76 Funktion zur Berechnung einer Summe

Die Funktion wird aufgerufen, indem man ihr zwei entsprechende Werte übergibt:

```
summe(777, 333);
```

Listing 31.77 Aufruf von summe()

Rückgabewerte

Diese Funktion kann aber immer noch stark verbessert werden. Wie wäre es zum Beispiel, wenn wir das Ergebnis der Rechenoperation weiter verwenden wollen, um damit etwas anderes zu berechnen? Dies ist mit der obigen Funktion nicht möglich, lässt sich aber durch *Rückgabewerte* erledigen.

Wenn eine Funktion einen Wert zurückgibt, dann muss zunächst der Datentyp dieses Rückgabewerts angegeben werden. void bedeutet, wie Sie bereits wissen, dass kein Wert zurückgegeben wird.

Da das Ergebnis ein Integerwert ist, können wir in diesem Fall int zurückgeben. Die Rückgabe eines Werts wird in einer Funktion mit dem Befehl return [Wert oder Variable] erledigt.

```
int summe(short a, short b)
{
    return a + b;
}
```

Listing 31.78 Rückgabe des Ergebnisses

Der Rückgabewert der Funktion kann direkt einer Variablen zugewiesen werden und ihr Aufruf erfolgt analog zu dem der printf()-Funktion.

```
int x;

/* Den Rückgabewert in 'x' speichern: */
x = summe(485, 3921);
```

Listing 31.79 Benutzung von Rückgabewerten

»Stattdessen kann ich aber doch auch einfach x = 485 + 3921 schreiben!«, werden Sie nun einwenden. Das ist richtig. Dieses einfache Beispiel sollte auch nur zeigen, wie leicht es ist, Funktionen in C zu benutzen. Hier ein etwas nützlicheres Beispiel zur Berechnung der Fakultät einer Zahl:

```
#include <stdio.h>

long fac(short n)
{
    long ergebnis;

    ergebnis = n;

    for (n = n - 1; n > 0; n--) {
        ergebnis *= n;
    }

    return ergebnis;
}

int main()
{
    short val = 7;
    long ret;

    ret = fac(val);

    printf("Die Fakultaet von %hi ist %ld\n", val, ret);

    return 0;
}
```

Listing 31.80 Fakultät berechnen

31.1.8 Präprozessor-Direktiven

Bevor ein C-Compiler den eigentlichen ausführbaren Code eines Programms erzeugt, wird der Quellcode auf syntaktische Fehler und auf Präprozessor-Direktiven (engl. *preprocessor directives*) hin untersucht.[12]

Diese Direktiven werden nicht als C-Anweisungen interpretiert, sondern sind direkte Anweisungen an den Compiler. Präprozessor-Direktiven beginnen immer mit einer Raute, auf die ein Schlüsselwort und je nach Direktive auch Parameter folgen.

---

[12] Ein Compiler erledigt noch einige weitere Aufgaben, beispielsweise erstellt er Objektdateien, ruft den Linker auf, erstellt Assembler-Code aus C-Code, ...

```
# Schlüsselwort [Parameter]
```

Listing 31.81 Aufbau von Präprozessor-Direktiven

#define

Mit der Anweisung #define lassen sich Makros erstellen. Diese werden dort, wo sie im Programmcode eingefügt werden, durch den Code ersetzt, der für sie definiert wurde.[13]

Üblicherweise schreibt man Makros in Großbuchstaben, um sie von Variablen und Funktionsnamen zu unterscheiden.

```
#define ANZAHL 10
```

Listing 31.82 Ein Makro erstellen

Die Verwendung erfolgt über den Namen des Makros.

```
for ( i = 1 ; i < ANZAHL ; i++ )
{
    printf("%i\n", i);
}
```

Listing 31.83 Verwenden eines Makros

Komplexere Ausdrücke

Makros können auch komplexere Ausdrücke enthalten:

```
#define CHECK if ( a < 0 ) { printf("Fehler: a zu klein!"); }
```

Listing 31.84 Komplexere Makros sind auch kein Problem.

Verteilung auf mehrere Zeilen

Wird ein Makro zu lang, so kann es auch auf mehrere Zeilen verteilt werden. Am Ende einer Zeile muss dazu ein Slash (\) stehen. Dieses Zeichen weist den Compiler an, die nächste Zeile auch noch dem Makro zuzuordnen.

```
#define CHECK                               \
    if ( a < 0 )                            \
    {                                       \
        printf("Fehler: a zu klein!"); \
    }
```

Listing 31.85 Makros über mehrere Zeilen

Makros mit Parametern

Doch C-Makros können noch mehr: Sie können Parameter benutzen und somit dynamisch verwendet werden. Nehmen wir einmal an, ein Makro soll einen Wert

---

13 Mit der Ausnahme, dass Makros innerhalb von Zeichenketten wirkungslos sind.

überprüfen und zudem einen zu übergebenden Text ausgeben. Dazu wird eine Schreibweise benutzt, die der einer Funktion ähnelt. Allerdings muss hierfür kein Datentyp angegeben werden.

```
#define CHECK (str)                \
   if ( a < 0 )                    \
   {                               \
      printf(str);                 \
   }
```

Listing 31.86 Ein Makro mit Parameter

Der Aufruf – Sie ahnen es sicher schon – entspricht fast dem der Funktion (lediglich das Semikolon wird hier nicht benötigt):

```
CHECK("Fehler: a ist zu klein")
```

Listing 31.87 Aufruf des CHECK-Makros mit Parameter

#undef

Ein Makro ist nur innerhalb der Datei definiert, in der es implementiert wurde,[14] und es ist nur von der Zeile ab, in der es implementiert wurde, bis zum Ende einer Quelldatei bekannt. Möchte man ein Makro vor dem Dateiende löschen, so nutzt man den Befehl #undef Makroname.

Unser CHECK-Makro ließe sich etwa folgendermaßen löschen:

```
#undef CHECK
```

Listing 31.88 Das Makro CHECK löschen

#if, #ifdef, #elif, #endif und #if defined

Auch bedingte Anweisungen gibt es für den Präprozessor. Mit ihnen lassen sich die Werte und das Vorhandensein von Makros überprüfen.

Die Überprüfung auf Werte wird dabei mit den Anweisungen #if (einfacher Test, wie if) und #elif (Test auf alternative Werte wie else if) erledigt. Am Ende einer solchen Anweisung muss der Befehl #endif stehen, der mit dem bash-Befehl fi und mit der geschlossenen geschweiften Klammer der if-Anweisung vergleichbar ist. #endif signalisiert also nur das Ende einer bedingten Anweisung.

---

[14] Man kann Dateien mit der #include-Direktive in andere Dateien einbinden und Makros damit in mehreren Dateien verfügbar machen.

```
#if ANZAHL < 100
    printf("Anzahl ist kleiner als 100");
#elif ANZAHL == 100
    printf("Anzahl ist genau 100");
#elif ANZAHL == 101
    printf("Anzahl ist genau 101");
#else
    printf("Anzahl ist größer 101");
#endif
```

Listing 31.89 Überprüfen des Werts des Makros ANZAHL

Definierte Makros Es ist zudem möglich, darauf zu prüfen, ob Makros überhaupt definiert sind.

```
#ifdef ANZAHL
    printf("ANZAHL ist definiert.");
#else
    printf("ANZAHL ist nicht definiert.");
#endif
```

Listing 31.90 Ist ANZAHL definiert?

Sie können auch gleichzeitig auf das Vorhandensein mehrerer Makros prüfen. Zudem können einige logische Operatoren verwendet werden.

```
#if !defined (ANZAHL) && !defined(MAXIMAL)
    ...
#endif
```

Listing 31.91 Ist ANZAHL definiert?

#include

Neben der Präprozessor-Anweisung `#define` gibt es noch eine weitere besonders wichtige Anweisung namens `#include`. Sie wird dazu eingesetzt, andere Dateien an einer bestimmten Stelle in eine Datei einzubinden.

Es gibt zwei Schreibweisen für eine `#include`-Anweisung:

- Man schreibt den Dateinamen in eckige Klammern. Dann werden die dem Compiler bekannten Include-Verzeichnisse des Systems durchsucht.[15]
- Man setzt den Dateinamen in Anführungszeichen. Dann wird das aktuelle Arbeitsverzeichnis nach der Datei durchsucht. Ist sie dort nicht zu finden, werden die dem Compiler zusätzlich angegebenen Include-Pfade durchsucht.[16]

---

15 typischerweise */usr/include* oder */usr/local/include*
16 Diese Include-Pfade werden beim `gcc` über `-I<Pfad>` gesetzt.

```
#include <Dateiname>
#include "Dateiname"
```

Listing 31.92 So verwendet man #include.

Hier ein kleines Beispiel: Die Datei *main.h*, die ein paar Makros und die `#in-clude`-Anweisung für die Datei *stdio.h* enthält, soll in die Quellcode-Datei *main.c* eingefügt werden. Beide Dateien befinden sich im gleichen Verzeichnis. [zB]

```
#include <stdio.h>

#define MIN 1
#define MAX 9
```

Listing 31.93 Die Datei main.h

```
#include "main.h"

int main()
{
    int i;

    for ( i = MIN ; i < MAX ; i++)
       printf("%i\n", i);

    return 0;
}
```

Listing 31.94 Die Datei main.c

Der Compiler wird in diesem Fall wie immer aufgerufen:

```
gcc -o main main.c
```

Typischerweise befinden sich die Headerdateien in einem Unterverzeichnis (zum Beispiel *include* oder *inc*). Würde sich die Datei *main.h* dort befinden, so müsste der `gcc` das Verzeichnis nach Headerdateien untersuchen. Dies erreicht man (wie bereits erwähnt) mit dem Parameter -I.[17] -I

```
$ gcc -o main main.c -Iinclude -Iinc
```

Listing 31.95 Compiler mit -I aufrufen

---

[17] Es können mehrere Include-Verzeichnisse angegeben werden. In diesem Beispiel werden sowohl *include/* als auch *inc/* nach der Datei main.h durchsucht.

Relative Pfadangabe

Eine relative Pfadangabe ist auch möglich:

```
#include "../include/main.h"
#include "include/main.h"
#include "inc/main.h"
```

Listing 31.96 Relative Pfadangabe: drei Beispiele

#error

Trifft der Präprozessor auf die Anweisung #error, so bricht der Compiler den Übersetzungsvorgang ab.

```
#error "Lieber User, ich habe keine Lust mehr!"
```

Listing 31.97 Verwendung von #error

Der gcc bricht dann mit folgender Fehlermeldung ab:

```
a.c:1:2: error: #error "Lieber User, ich habe keine Lust mehr!"
```

Listing 31.98 gcc-Meldung für eine #error-Anweisung

Nutzen? Wann ist diese Anweisung nützlich? Nun, dem Compiler können dynamisch Makros inklusive Werte übergeben werden. Außerdem bringt der Compiler standardmäßig bestimmte Makros (teilweise mit Werten) mit, die beim Übersetzungsvorgang abgefragt werden können.

Der folgende Code überprüft, ob die vordefinierten Makros __OpenBSD__ oder __linux__ nicht definiert sind.[18]

```
#if !defined (__OpenBSD__) && !defined(__linux__)
 #error "Programm Tool laeuft nur unter Linux/OpenBSD"
#endif
```

Listing 31.99 Ist __OPENBSD__ oder __linux__ definiert?

#pragma

Die Direktive #pragma wird sehr unterschiedlich verwendet. Ihre Funktionsweise ist abhängig von der Plattform und dem Compiler sowie von dessen Version.[19]

---

18 Diese Makros sind nur definiert, wenn das System, auf dem der Quellcode kompiliert wird, dem Namen des Makros entspricht.
19 Für Parallelprogrammierung werden beispielsweise Makros wie #pragma omp parallel for ... verwendet.

Vordefinierte Makros

Es gibt einige vordefinierte Makros, die im gesamten Programmcode verwendet werden können. Dazu zählen Makros, die Compiler-spezifisch sind (und mit denen man etwa die Version der C-Library, die des Compilers oder den Namen des Betriebssystems abfragen kann) und einige, die jeder ANSI-C-Compiler kennen sollte. Wir beschränken uns an dieser Stelle auf obligatorische Makros. Sie sind manchmal für Debugging-Zwecke nützlich.

Möchte man im Quellcode erfahren, in welcher Zeile sich eine Anweisung befindet, so kann das Makro __LINE__ verwendet werden. Es evaluiert zu einer Integer-Zahl, die zum Beispiel mit printf() ausgegeben werden kann. | Zeile

Den Namen der Datei, in der man sich gerade befindet, erfährt man über das Makro __FILE__, das zu einer Zeichenkette des Dateinamens evaluiert. | Datei

Das Datum, an dem ein Programm kompiliert wurde, sowie die genaue Uhrzeit erfährt man durch die Makros __DATE__ und __TIME__. | Datum und Uhrzeit

Ist ein Compiler ANSI-C-kompatibel, so definiert er das Makro __STDC__. | STDC

Seit dem ISO-C99-Standard gibt es zusätzliche Makros, die ein entsprechend kompatibler Compiler kennen muss.[20] Für Einsteiger ist davon eigentlich nur __func__ interessant, das den aktuellen Funktionsnamen enthält. | Neu in ISO C99

Hier noch ein Beispiel: | [zB]

```
#include <stdio.h>

#ifndef __STDC__
  #error "Kein ANSI-C-Compiler!"
#endif

#define ANZAHL 999

int main()
{
  if (ANZAHL < 1000)
    printf("%s %s: Fehler in Datei %s, Zeile %i\n",
           __DATE__, __TIME__, __FILE__, __LINE__);

  return 0;
}
```

Listing 31.100 Nutzen vordefinierter Makros

---

[20] Für weitere – im Übrigen sehr interessante Informationen – werfen Sie bitte einen Blick in *gcc.gnu.org/onlinedocs/gcc/Standards.html*.

31.1.9 Zeiger-Grundlagen

Nun kommen wir zu einem der letzten Themen unseres C-Crashkurses: den Zeigern. Dieses Thema macht C in den Augen vieler Programmierer zu einer furchtbaren, unlernbaren Sprache und lässt einige Informatikstudenten im Grundstudium an ihren Fähigkeiten zweifeln. Im Grunde genommen ist das Thema »Zeiger« (engl. *pointer*) aber gar nicht so schwer, also nur Mut!

Im Übrigen lassen sich durch Zeiger aufwendige Kopieraktionen im Speicher verhindern und Programme sich somit beschleunigen. Überhaupt sind Zeiger so praktisch, dass wir sie niemals missen wollten. Man spricht im Zusammenhang mit Zeigern auch von Referenzierung, da ein Zeiger eine Referenz auf eine Speicheradresse ist.

Adressen von Variablen

Adressoperator Der Wert einer Variablen steht an einer Position im Speicher. Die Variable kann vereinfacht gesagt als »Name« dieser Speicherposition angesehen werden. Mit diesem Namen wird (ohne, dass Sie etwas davon erfahren müssen) auf die zugehörige Speicheradresse zugegriffen und ihr Wert entweder gelesen oder geschrieben. Auf die Speicheradresse einer Variablen wird mit dem Adressoperator (&) zugegriffen.

[zB] Im Folgenden soll die Adresse der Variablen a in der Variable adresse gespeichert werden.

```
int a = 10;
long adresse;

adresse = & a;

printf("Adresse der Variable a: %li\n", adresse);
```

Listing 31.101 Für den Adressoperator

Zeiger auf Adressen

Ein Zeiger *zeigt* auf eine Speicheradresse. Man arbeitet also nicht mehr mit der eigentlichen Variablen, sondern mit einer Zeigervariablen, die die Adresse des Speichers kennt, auf den man zugreifen möchte.

Anders formuliert: Ein Zeiger ist eine Variable, die die Adresse eines Speicherbereichs enthält.

Einen Zeiger deklariert man mit dem Referenz-Operator (*). Dieser ist nicht mit dem Multiplikationsoperator zu verwechseln, der durch das gleiche Zeichen repräsentiert wird.

```
int *zeiger;
```

Listing 31.102 Deklaration eines Zeigers

Möchte man einen Zeiger verwenden, so benötigt man zunächst eine Speicheradresse. Entweder wird dafür – wie wir in diesem Buch allerdings nicht zeigen können[21] – dynamisch Speicher reserviert, oder man benutzt die Adresse einer Variablen.

Wir lassen die Variable `zeiger`, die ein Zeiger ist, auf die Adresse der Variablen `wert` zeigen. An dieser Speicheradresse steht der Wert »99«.

```
int *zeiger;
int wert = 99;

/* Zeiger = Adresse von 'wert' */
zeiger = & wert;
```

Listing 31.103 Ein Zeiger auf eine Integer-Variable

Werte aus Zeigern lesen

Mit dem Referenz-Operator (*) können auch Werte aus Zeigern gelesen werden. Man spricht in diesem Fall von Dereferenzierung. Das Ergebnis einer solchen Operation ist der Wert, der an dieser Speicherstelle steht.

```
int *zeiger;
int wert1 = 99;
int wert2 = 123;

/* Zeiger = Adresse von 'wert1' */
zeiger = &wert1
/* 'wert2' = Wert an Adresse von Zeiger
 * (das ist der Wert an der Adresse von
 * 'wert1', also 99.)
 */
wert2 = *zeiger;
```

Listing 31.104 Dereferenzierung eines Zeigers

Werte lassen sich ändern

Zeigt ein Zeiger auf eine Variable und ändert man deren Wert, so steht an der Adresse der Variablen natürlich auch dieser Wert. Demnach zeigt ein Zeiger immer auf den aktuellen Wert einer Variablen.

---

[21] Mehr hierzu erfahren Sie im auf der DVD enthaltenen Openbook »C von A bis Z« von Jürgen Wolf.

```
int a = 99;
int *zeiger_a;

zeiger_a = &a;

/* a = 100 */
a++;

/* a = 101 */
*zeiger_a = *zeiger_a + 1;

printf("Zeiger: %i, Wert an Zeiger-Adresse: %i\n",
       zeiger_a, *zeiger_a);
printf("Wert von a: %i\n", a);
```

Listing 31.105 Verändern von Werten

Eine mögliche Ausgabe des Programms wäre die folgende. Die Adresse des Zeigers wird auf Ihrem Rechner mit sehr hoher Wahrscheinlichkeit anders lauten, doch die beiden Werte von je »101« müssen gleich sein.[22]

```
Zeiger: 925804404, Wert an Zeiger-Adresse: 101
Wert von a: 101
```

Listing 31.106 Die Ausgabe des Codes

Call by Reference in C

Bevor wir den kleinen Ausflug in die Welt der Zeiger beenden, werden wir uns aber noch eine recht nützliche Funktion von Speicheradressen anschauen: *Call by Reference*.

Unter *Call by Reference* versteht man den Aufruf einer Funktion nicht mit den Werten von Variablen, sondern mit den Adressen der Variablenwerte. Verändern die Funktionen dann die Werte an der Adresse einer Variablen, so sind diese Werte auch in der übergeordneten Funktion gesetzt.

Dies ist sehr nützlich, da Funktionen immer nur einen Wert zurückgeben können. Auf diese Weise jedoch ist es möglich, mehr als einen Wert zurückzugeben. Die Schreibweise für einen Funktionsparameter, der als Referenz übergeben wird, ist analog der Deklaration einer Zeigervariablen: Der *-Operator wird verwendet.

---

[22] Tatsächlich können sich die Speicheradressen bei jedem Programmstart ändern.

```c
#include <stdio.h>

void func(int *z) {
   *z = *z + 1;
}

int main() {
  int a = 99;
  int *z = &a;

  func(&a);
  printf("a = %i\n", a);

  func(z);
  printf("a = %i\n", a);

  return 0;
}
```

Listing 31.107 Beispiel für Call by Reference

Die Ausgabe wird Sie nicht überraschen: Der Wert von a wurde nach jedem Funktionsaufruf inkrementiert:

```
$ gcc -Wall -o cbr cbr.c
$ ./cbr
a = 100
a = 101
```

Listing 31.108 Ausgabe des Programms

31.1.10 Array-Grundlagen

Hat man in C eine Variable mit mehreren Elementen, so spricht man von einem *Array*. Sie kennen Arrays schon aus dem Kapitel zur Shellskriptprogrammierung, Kapitel 11, doch wir werden gleich noch einmal an Beispielen erklären, worum es sich hierbei handelt.[23] Arrays können in C mehrere Dimensionen haben – wir werden uns im Folgenden allerdings auf eindimensionale Arrays beschränken.

Am besten lassen sich Arrays an einem Beispiel erklären. Nehmen wir an, es solle das Gewicht von zehn Personen gespeichert werden. Nun können Sie zu diesem Zweck zehn einzelne Variablen anlegen. Das wäre allerdings recht umständlich. Besser ist es, nur eine Variable gewicht anzulegen. Dieser verpasst man zehn Elemente, von denen jedes einen Wert speichern kann.

[zB]

---

23 Viele deutsche C-Bücher nennen diesen Datentyp auch *Feld* oder *Vektor*.

31 | Crashkurs in C und Perl

```
/* Integer-Array mit 10 Elementen deklarieren */
int gewicht[10];

gewicht[0] = 77;
gewicht[1] = 66;
gewicht[2] = 55;
gewicht[3] = 67;
gewicht[4] = 65;
gewicht[5] = 78;
gewicht[6] = 80;
gewicht[7] = 105;
gewicht[8] = 110;
gewicht[9] = 65;
```

Listing 31.109 Deklaration und Initialisierung eines Arrays

[»] Alle Elemente eines C-Arrays sind vom gleichen Datentyp. Außerdem ist das erste Array-Element in C immer das Element 0. Bei einem Array mit zehn Elementen ist das letzte Element demnach Element 9.

Der Zugriff auf Array-Elemente erfolgt mit `name[Index]`. Dies gilt sowohl für die Zuweisung von Werten an Array-Elemente als auch für das Auslesen aus Werten von Array-Elementen:

```
/* Integer-Array mit 3 Elementen deklarieren */
int tripel[3];
int a, b, c;

a = 3;

tripel[0] = a;
tripel[1] = tripel[0] * 2; /* = 6 */
tripel[2] = 9;


b = tripel[3]; /* = 9 */
c = tripel[2] - 3; /* = 3 */
```

Listing 31.110 Benutzen von Arrays

Variablen als Index — Der Array-Index kann auch durch eine ganzzahlige Variable angegeben werden – so lassen sich hervorragend Schleifen bauen. Dazu eignen sich die Datentypen `int`, `short` und `char`.

```
int main()
{
        char c;
        short s;
        int i;
        int array[10];

        for (c = 0; c < 10; c++)
                array[i] = 99;

        for (s = 0; s < 10; s++)
                array[s] = 88;

        for (i = 0; i < 10; i++)
                array[i] = 77;

        return 0;
}
```

Listing 31.111 Variablen als Array-Index

31.1.11 Strukturen

Eine Struktur (engl. *structure*) stellt einen zusammengesetzten Datentypen dar, der aus mindestens einem, in der Regel aber aus mehreren anderen Datentypen besteht. In diversen anderen Programmiersprachen heißen Strukturen *Records*.

Die einzelnen Variablen in einer Struktur können Variablen sein, oder auch Strukturen, Arrays und Zeiger auf Variablen, auf Strukturen, auf Arrays und auf Funktionen). Außerdem muss jede Teilvariable einer Struktur einen anderen Namen erhalten.

```
struct Name
{
    Datentyp Variablenname [:Anzahl der Bits];
    Datentyp Variablenname [:Anzahl der Bits];
    Datentyp Variablenname [:Anzahl der Bits];
    ...
};
```

Listing 31.112 Aufbau einer C-Struktur

Optional kann hinter jeder Variablen noch – durch einen Doppelpunkt getrennt – die Anzahl der Bits angegeben werden, die für diese Variable benötigt wird. Dies ist besonders in der Netzwerkprogrammierung sinnvoll, wenn es darum geht,

x:Bits

bestimmte Protokollheader abzubilden. Wir beschränken uns auf Strukturen mit »ganzen« Variablen, also Variablen ohne Bit-Angabe.[24]

[zB] Nehmen wir an, es sollen mehrere Daten einer Person in einer Struktur gespeichert werden, nämlich Alter, Gewicht und Größe. Die zugehörige Struktur benötigt drei verschiedene Variablen.

```
struct person
{
        short gewicht;
        short alter;
        short groesse;
};
```

Listing 31.113 Die Struktur »person«

Initialisierung Zur Zuweisung von Werten benötigen wir zunächst eine Variable (oder vielmehr eine *Instanz*) von unserem neuen Datentyp person. Dazu erzeugen wir mit struct person name die Variable name vom Typ der Struktur person. Werte können dann in der Form name.Variable = Wert zugewiesen werden.

Der entsprechende Code könnte wie folgt aussehen:

```
struct person
{
        short gewicht;
        short alter;
        short groesse;
};

int main()
{
        struct person p;
        p.gewicht = 73;
        p.alter = 22;
        p.groesse = 182;
        return 0;
}
```

Listing 31.114 Verwenden der Struktur »person«

Arrays und Strukturen Richtig spaßig werden Strukturen aber meist erst in Array-Form. Sollen zum Beispiel drei Personen auf diese Weise gespeichert werden, dann ist auch das kein Problem. Wir erzeugen einfach von unserer Struktur ein Array mit drei Elementen.

---

[24] Wird die Bit-Anzahl der normalen Bit-Anzahl des Datentyps angepasst, ist die Variable natürlich auch »ganz«.

```c
#include <stdio.h>

struct person {
        short gewicht;
        short alter;
        short groesse;
};

int main()
{
        struct person p[3];

        p[0].gewicht = 70;
        p[0].alter = 22;
        p[0].groesse = 182;

        p[1].gewicht = 88;
        p[1].alter = 77;
        p[1].groesse = 166;

        p[2].gewicht = 95;
        p[2].alter = 50;
        p[2].groesse = 190;

        return 0;
}
```

Listing 31.115 Drei Personen als Struktur-Array

31.1.12 Arbeiten mit Zeichenketten (Strings)

Zeichenketten bestehen aus einzelnen Zeichen. Einzelne Zeichen können, wie Sie bereits wissen, in einer char-Variablen gespeichert werden. Die Lösung, ein Array aus char-Variablen für eine Zeichenkette zu verwenden, liegt also nahe.

```c
char zeichenkette[3];

zeichenkette[0] = 'A';
zeichenkette[1] = 'B';
zeichenkette[2] = 'C';
```

Listing 31.116 Eine erste Zeichenkette

Dies geht allerdings auch wesentlich einfacher. Dazu muss man allerdings wissen, dass C normalerweise ein abschließendes \0-Zeichen hinter jeder Zeichenkette benutzt. Dieses abschließende Null-Zeichen signalisiert nur das Ende der Zeichenkette und verhindert in vielen Fällen, dass Ihr Programm einfach abstürzt, weil Funktionen, die mit einer Zeichenkette arbeiten, sonst immer mehr Zeichen läsen und irgendwann in Speicherbereiche gerieten, auf die sie keinen Zugriff haben.

Ein einfaches Verfahren, Text in einem Array zu speichern, besteht darin, bei der Initialisierung die Anzahl der Elemente wegzulassen und nur den Text für das Array zuzuweisen. C setzt in diesem Fall automatisch die Anzahl der Array-Elemente sowie das abschließende \0-Zeichen.

```
char zeichenkette[] = "ABC";
```

Listing 31.117 So geht es einfacher.

Möchte man eine »leere« Zeichenkette anlegen, so sollte man den Speicherbereich des Arrays immer mit \0-Zeichen überschreiben, um sicherzugehen, dass keine zufälligen Daten enthalten sind. Die entsprechende Schreibweise sieht wie folgt aus:[25]

```
char zeichenkette[100] = { '\0' };
```

Listing 31.118 Nullen-Füller

Ausgeben von Zeichenketten

Die Ausgabe ließe sich natürlich in einer Schleife abwickeln, doch das wäre sehr umständlich. Stattdessen gibt es für die printf()-Funktion den Formatparameter %s. Dieser besagt, dass eine Zeichenkette ausgegeben werden soll. Auch hierfür wird ein \0-Zeichen am Ende einer Zeichenkette benötigt.

```
printf("Zeichenkette: %s\n", zeichenkette);
```

Listing 31.119 Ausgabe einer Zeichenkette

Kopieren von Zeichenketten

Nun, da Sie wissen, wie man eine Zeichenkette anlegt, können wir einen Schritt weiter gehen und Zeichenketten kopieren. Dazu verwendet man entweder eine umständliche Schleife, oder man lässt diese Arbeit von einer Funktion erledigen. Zum Kopieren von Daten und speziell von Zeichenketten gibt es verschiedenste Funktionen in C. Vorstellen werden wir die zwei wichtigsten: strcpy() und strncpy(). Beide Funktionsprototypen befinden sich in der Datei *string.h*.

strcpy()   Der Funktion strcpy() werden zwei Argumente übergeben. Das erste ist das Ziel des Kopiervorgangs, das zweite die Quelle. Möchten Sie also die Zeichenkette aus dem Array z1 in das Array z2 kopieren, dann liefe dies so ab:

---

25 Es gibt viele alternative Möglichkeiten, dies zu erreichen, etwa die Funktionen bzero() oder memset(); oder durch eine Schleife.

```c
#include <stdio.h>
#include <string.h>

int main()
{
        char z2[] = "Hallo";
        char z1[10] = { '\0' };

        strcpy(z1, z2);
        printf("%s = %s\n", z2, z1);
        return 0;
}
```

Listing 31.120 Kopieren einer Zeichenkette

Die Funktion `strncpy()` benötigt noch ein drittes Argument: die Anzahl der zu kopierenden Zeichen. Soll vom obigen String etwa nur ein Zeichen kopiert werden, so läuft dies wie folgt:

strncpy()

```c
#include <stdio.h>
#include <string.h>

int main()
{
        char z2[] = "Hallo";
        char z1[10] = { '\0' };

        strncpy(z1, z2, 1);
        printf("%s != %s\n", z2, z1);
        return 0;
}
```

Listing 31.121 Anwenden von strncpy()

31.1.13 Einlesen von Daten

In C können Werte für Variablen und ganze Zeichenketten sowohl von der Tastatur als auch aus Dateien eingelesen werden. Auch hierfür gibt es diverse Funktionen wie `getc()`, `gets()`, `fgets()`, `scanf()`, `fscanf()`, `sscanf()`, `vscanf()` und viele weitere. Wir werden uns allerdings auf `scanf()` und `fscanf()` beschränken, mit denen die meisten Aufgaben erledigt werden können. Beide Funktionsprototypen befinden sich in der Datei *stdio.h*.

Die Funktion `scanf()` liest Werte direkt von der Standardeingabe (wenn man es nicht im Code umprogrammiert, ist dies fast immer die Tastatur beziehungsweise Daten aus einer Pipe). Ähnlich wie bei der Funktion `printf()` wird dabei ein For-

scanf()

matstring übergeben. Dieser enthält diesmal jedoch nicht die Werte, die auszugeben sind, sondern die Werte, die einzulesen sind.

Möchten Sie etwa einen Integer einlesen, so verwenden Sie den Parameter `%i` im Formatstring. Das Ergebnis wird in der entsprechend folgenden Variablen gespeichert. Damit scanf den Wert einer Variablen setzen kann, benötigt es allerdings die Speicheradresse der Variablen (die Funktion arbeitet mit Zeigern). Daher müssen Variablen entsprechend übergeben werden.

```c
#include <stdio.h>

int main()
{
        int wert;

        printf("Bitte geben Sie eine ganze Zahl ein: ");
        scanf("%i", &wert);
        printf("Sie haben %i eingegeben\n", wert);
        return 0;
}
```

Listing 31.122 Einlesen eines Integers

Zeichenketten einlesen

Übergibt man ein Array an eine Funktion, dann wird dieses Array in C durch seine Adresse repräsentiert. Sie müssen in diesem Fall also nicht den Adressoperator (&) verwenden.

```c
char wort[100];

printf("Bitte geben Sie ein Wort ein: ");
scanf("%s", &wort);
printf("Sie haben %s eingegeben\n", wort);
```

Listing 31.123 Eine Zeichenkette einlesen

[»] Würde man in diesem Fall ein Wort mit mehr als 99 Zeichen eingeben, so könnte es zu einem sogenannten Speicherüberlauf kommen. Dies führt zu unvorhersehbarem Verhalten, meistens jedoch zu einem Programmabsturz. Mehr zu diesem Thema erfahren Sie in unserem Buch »Praxisbuch Netzwerksicherheit«. Entgegen einer verbreiteten Meinung gibt es allerdings einige Techniken, um mit diesem Problem umzugehen. Mehr dazu erfahren Sie im nächsten Kapitel (in Abschnitt 32.17).

fscanf()

Die Funktion `fscanf()` unterscheidet sich von `scanf()` dadurch, dass die Eingabequelle im ersten Parameter angegeben wird. Damit ist es auch möglich, aus einer Datei zu lesen. Der erste Parameter ist dabei ein Zeiger vom Typ `FILE`.

31.1.14 FILE und das Arbeiten mit Dateien

Ein sehr spannendes Thema ist das Arbeiten mit Dateien. Zum Ende unseres kleinen C-Crashkurses lernen Sie nun also, wie Sie aus Dateien lesen und in Dateien schreiben. Auch hier gibt es verschiedenste Möglichkeiten. Man könnte etwa die Funktionen `open()`, `read()`, `write()` und `close()` benutzen. Wir empfehlen Ihnen, sie sich einmal anzuschauen – sie sind in vielerlei Hinsicht (etwa auch bei der Netzwerkprogrammierung) von Nutzen. Wir werden uns allerdings mit den ANSI-C-Funktionen `fopen()`, `fwrite()`, `fread()` und `fclose()` beschäftigen.[26]

Die Funktionsprototypen der Funktionen `fopen()`, `fwrite()`, `fread()` und `fclose()` sowie die Definition des Datentyps `FILE` befinden sich in der Headerdatei *stdio.h*.

Öffnen und Schließen von Dateien

Das Öffnen einer Datei erfolgt mit der Funktion `fopen()`. Ihr werden zwei Argumente, der Dateiname und die Zugriffsart, übergeben. Bei der Zugriffsart unterscheidet man unter Linux zwischen den folgenden:

- **r**
  Die Datei wird zum Lesen geöffnet. Es wird vom Anfang der Datei gelesen.

- **r+**
  Die Datei wird zum Lesen und Schreiben geöffnet. Es wird vom Anfang der Datei gelesen und am Anfang der Datei geschrieben.

- **w**
  Die Datei wird auf die Länge 0 verkürzt (oder, falls sie nicht existiert, neu angelegt) und zum Schreiben geöffnet. Es wird vom Anfang der Datei geschrieben.

- **w+**
  Die Datei wird wie im Fall von w geöffnet. Zusätzlich kann in die Datei geschrieben werden.

- **a**
  Die Datei wird zum Schreiben geöffnet bzw. erzeugt, wenn sie nicht existiert. Es wird an das Ende der Datei geschrieben.

- **a+**
  Die Datei wird wie im Fall von a geöffnet. Allerdings kann auch von der Datei gelesen werden.

---

[26] Es gibt noch so viele weitere Funktionen wie etwa `fseek()`. Werfen Sie einen Blick in eines der genannten guten Bücher zur Linux-Programmierung, um mehr zu erfahren. Es lohnt sich!

FILE	Die Funktion `fopen()` gibt die Adresse eines Dateideskriptors vom Typ `FILE` zurück. Über diesen kann eine geöffnete Datei identifiziert werden. Für Lese-, Schreib- und Schließoperationen auf Dateien ist ein `FILE`-Deskriptor zwingend erforderlich.
Fehler	Für den Fall, dass eine Datei nicht geöffnet werden konnte (etwa weil sie nicht existiert oder weil das Programm nicht die nötigen Zugriffsrechte auf die Datei hat), gibt `fopen()` den Wert `NULL` zurück.[27]
fclose()	Ein »geöffneter« `FILE`-Deskriptor wird mit der Funktion `fclose()` wieder geschlossen, indem er ihr als Parameter übergeben wird. Nachdem ein Deskriptor geschlossen wurde, können weder Lese- noch Schreibzugriffe über ihn erfolgen. Daher sollten Deskriptoren erst geschlossen werden, wenn man sie nicht mehr benötigt. Vergisst ein Programm, einen Deskriptor zu schließen, so wird er nach dem Ende des Programms automatisch geschlossen. Es zählt allerdings zum guten Programmierstil, Deskriptoren selbst zu schließen, und damit den Verwaltungsaufwand für offene Deskriptoren zu verringern und keine unnützen offenen Dateien im Programm zu haben.

```c
#include <stdio.h>

int main() {
   FILE * fp;

   /* Oeffnen der Datei /etc/hosts im Nur-Lesen-Modus
      am Dateianfang. */
   fp = fopen("/etc/hosts", "r");

   /* Konnte die Datei geoeffnet werden? */
   if (fp == NULL) {
      printf("Konnte die Datei nicht oeffnen!\n");
      /* Das Programm mit einem Fehler-Rueckgabewert
         verlassen */
      return 1;
   }

   /* Die Datei schliessen */
   fclose(fp);

   return 0;
}
```

Listing 31.124 Eine Datei öffnen und schließen

---

27 Meistens ist NULL als Makro für `((void *)0)`, also einen Zeiger auf die Adresse 0, definiert. Genauer kann in diesem Crashkurs leider nicht auf diesen Wert eingegangen werden.

Lesen aus Dateien

Aus einer zum Lesen geöffneten Datei kann mit der Funktion fread() gelesen werden. Die gelesenen Daten werden dazu in einem char-Array gespeichert (beziehungsweise in einem dynamisch reservierten Speicherbereich aus char-Werten).

fread()

fread() benötigt als Parameter die Speicheradresse des char-Arrays (den Adressoperator muss man in diesem Fall, wie gesagt, nicht anwenden), die Größe und Anzahl der zu lesenden Datenblöcke, sowie einen Zeiger auf einen Deskriptor, von dem gelesen werden soll.

Wir erweitern das obige Beispiel nun um die Funktion, 1000 Bytes aus der geöffneten Datei zu lesen. Dazu legen wir ein 1000 Byte großes char-Array an (das letzte Byte wird für das abschließende \0-Zeichen benötigt) und lesen einmal einen Block von 999 Bytes aus der Datei. Anschließend geben wir den gelesenen Inhalt mit printf() aus.

[zB]

```c
#include <stdio.h>

int main()
{
   FILE * fp;
   char inhalt[1000] = { '\0' };

   fp = fopen("/etc/hosts", "r");

   if (fp == NULL) {
      printf("Konnte die Datei nicht oeffnen!\n");
      return 1;
   }

   fread(inhalt, 999, 1, fp);
   printf("Inhalt der Datei /etc/hosts:\n%s\n",
          inhalt);
   fclose(fp);

   return 0;
}
```

Listing 31.125 Eine Datei öffnen und schließen

```
$ gcc -o file file.c
$ ./file
Inhalt der Datei /etc/hosts:
127.0.0.1       localhost
127.0.1.1       hikoki.sun      hikoki
```

```
192.168.0.1      eygo.sun      eygo
192.168.0.2      milk.sun      milk
192.168.0.5      yorick.sun    yorick
192.168.0.6      hikoki.sun    hikoki
192.168.0.11     amilo.sun     amilo
```

Listing 31.126 Aufruf des Progamms (gekürzt)

Schreiben in Dateien

fwrite() — Die Parameter der Funktion `fwrite()` sind denen von `fread()` sehr ähnlich. Der Unterschied besteht nur darin, dass man nicht den Puffer angibt, in den die gelesenen Daten geschrieben werden sollen, sondern den, aus dessen Inhalt Daten in die Datei geschrieben werden sollen. Der zweite Parameter gibt wieder die Größe der zu schreibenden Datenelemente an, und der dritte Parameter deren Anzahl. Der vierte Parameter ist der Deskriptor der geöffneten Datei, in die geschrieben werden soll.

[zB] Beispielhaft soll die Zeichenkette »Hallo, Welt!« in die Datei */tmp/irgendwas* geschrieben werden. An dieser Stelle verwende ich den `sizeof`-Operator, um die Größe des Arrays zu erfahren. Alternativ könnte ich hierzu die Funktion `strlen` verwenden, die die Länge einer Zeichenkette zurückgibt. Leider können wir die Funktion in diesem Rahmen nicht behandeln.

```c
#include <stdio.h>

int main()
{
   FILE * fp;
   char inhalt[] = "Hallo, Welt!\n";

   fp = fopen("/tmp/irgendwas", "w");

   if (fp == NULL) {
      printf("Konnte die Datei nicht oeffnen!\n");
      return 1;
   }
   fwrite(inhalt, sizeof(inhalt), 1, fp);

   fclose(fp);

   return 0;
}
```

Listing 31.127 Schreiben in die Datei /tmp/irgendwas

Zum Beweis und auch zum Abschluss unseres Crashkurses zeigen wir hier noch einmal den Compiler-Aufruf für das Schreibprogramm, den Aufruf des Programms und das Anschauen der geschriebenen Datei.

```
$ gcc -o file2 file2.c
$ ./file2
$ cat /tmp/irgendwas
Hallo, Welt!
```

Listing 31.128 Compiler-Aufruf und Test

31.1.15 Das war noch nicht alles!

C bietet Ihnen noch eine Menge weiterer Möglichkeiten: So gibt es beispielsweise Aufzählungstypen (engl. *enumerations*), Unions, mehrdimensionale Arrays, Zeiger auf Arrays, Zeiger auf Arrays aus Zeigern, Zeiger auf ganze Funktionen (und natürlich auch Arrays aus Zeigern auf Funktionen), Zeiger auf Zeiger auf Zeiger auf Zeiger (usw.), diverse weitere Schlüsselwörter für Datentypen (`static`, `const`, `extern`, ...), globale Variablen, unzählige weitere Funktionen des ANSI-C-Standards und Funktionen zur Systemprogrammierung aus Standards wie POSIX, weitere Operatoren, Casts, dynamische Speicherverwaltung (ein besonders tolles Feature von C!), Tonnen von Headerdateien – diese Aufzählung ließe sich fast beliebig fortsetzen.

31.2 Die Skriptsprache Perl

Im Folgenden werden wir Ihnen einen Crashkurs zur Programmierung mit Perl geben. Warum aber ausgerechnet Perl? Perl hat als Programmiersprache seine Stärken vor allem in der Verarbeitung von Textdaten, beispielsweise mit regulären Ausdrücken. Entsprechend wird Perl sehr gern in der Webprogrammierung sowie im Bereich der Systemadministration eingesetzt – und zwar meist genau da, wo ein normales Shellskript an seine Grenzen stößt.

Für Perl existieren zahlreiche Erweiterungen, sogenannte *Module*. über die jeweils passenden Module können zum Beispiel Datenbanken angesprochen oder CGI-Skripte für dynamische Webseiten erstellt werden.

31.2.1 Aufbau eines Skripts

Wie jedes Skript (und wie auch bereits in der Kurzvorstellung der Sprache erwähnt wurde) startet ein Perl-Skript stets mit der Angabe des Interpreters in der Form:

```
#!/usr/bin/perl
```

Listing 31.129 Interpreter angeben

Oft wird der Interpreter mit `-wT` aufgerufen, was viele Warnmeldungen des Interpreters aktiviert und dringend zu empfehlen ist. Meist folgen dann ein paar Kommentare über das Programm selbst, wie es aufgerufen wird und was es tut. Kommentare beginnen in Perl wie bei vielen Skriptsprachen mit einer Raute (#).

Module einbinden — Nach ein paar einleitenden Kommentaren werden in der Regel die für das Skript benötigten Module eingebunden. Der entsprechende Befehl heißt `use`:

```
use DBD::mysql;
use HTML::Mason;
```

Listing 31.130 Einbinden von zwei Modulen

Wenn man selbst Perl programmiert beziehungsweise ein fremdes Perl-Skript auf eigenen Systemen nutzen will, kann es vorkommen, dass man ein benötigtes Modul nicht installiert hat. Dann hilft CPAN, eine Online-Sammlung, die nahezu sämtliche Perl-Module umfasst.

Module vom CPAN installieren — Das Installieren neuer Module über CPAN gestaltet sich dank der komfortablen CPAN-Shell recht einfach. Es gengt ein Aufruf des `cpan`-Programms:

```
# cpan
[... bei dem ersten Aufruf wird die CPAN-Shell initialisiert bzw.
  komplett installiert ...]
cpan> install HTML::Mason
[...]
cpan> exit
```

Listing 31.131 Über CPAN Module installieren

Nach diesem Aufruf ist das entsprechende Modul – zumindest sofern es während der Installation keinen Fehler gab – auf dem System vorhanden und kann sofort in Skripten benutzt werden.

Nach der Angabe der nötigen Module folgt der eigentliche Skriptcode. Ein erstes Beispielprogramm, das den Text »hello, world!« ausgibt, sieht wie folgt aus:

```
#!/usr/bin/perl
#
# helloworld.pl
#
# gibt "hello, world!" aus.
```

```perl
# strenge Syntaxregeln aktivieren
use strict;

print "hello, world!\n";
```

Listing 31.132 Hello, World in Perl

Um das Programm auszuführen, müssen Sie es nur über das Execute-Flag als ausführbar markieren und anschließend aufrufen:

```
$ chmod +x helloworld.pl
$ ./helloworld.pl
hello world!
$
```

Listing 31.133 Ein Perl-Skript ausführbar machen und starten

31.2.2 Variablen

Um nun ein Skript überhaupt mit etwas Dynamik ausstatten zu können, müssen Sie Perl-Variablen verstehen, die wir im Folgenden erläutern werden.

Variablentypen

Variablentypen werden in Perl durch ein Präfix identifiziert. Die wichtigsten Variablentypen sind:

- **$ – Skalare**
  Skalare sind Variablen, die *genau einen Wert* aufnehmen. Skalare haben keinen expliziten Typ, können also sowohl Zahlen als auch Zeichenketten speichern.

- **@ – Arrays**
  Arrays fassen mehrere Skalare zu einem *Feld* zusammen. Die einzelnen Einträge werden über eine Zahl indiziert.

- **% – Hashes**
  Hashes sind *assoziative Arrays*. Einträge werden daher nicht über eine Zahl, sondern über eine Zeichenkette indiziert.

Vor der Benutzung sollten Sie[28] Variablen über das Schlüsselwort my deklarieren. Anders als in ANSI-C können Variablen jedoch überall deklariert werden, wo Sie es für nötig halten. Gern gesehen wird jedoch – wie bei C üblich – eine Deklaration am Anfang eines Codeblocks.

---

[28] ... beziehungsweise: *müssen* Sie bei Verwendung von use strict

Am konkreten Beispielskript sieht eine solche Deklaration wie folgt aus:

```perl
#!/usr/bin/perl

use strict;

my $var1 = "Hallo";          # String
my $var2 = 5;                # Zahl

my @array;
my %hash;

$array[1] = 2;               # eine Zahl im Array speichern...
$array[2] = "foo";           # ...ein Text...

$hash{'passwort'} = "xxx";   # ...im Hash...
```

Listing 31.134 Variablen in Perl

Das Beispiel zeigt auch, wie man auf den Inhalt von Arrays und Hashes zugreift: nämlich über den $-Operator. Dies ist sinnvoll, wenn man bedenkt, dass man beim Zugriff einen *bestimmten* Wert auslesen will, denn konkrete, skalare Werte werden grundsätzlich über $ angesprochen.

Typisierung

Des Weiteren können Sie sehen, dass es in Perl anders als in C keine strenge oder explizite Typdeklaration gibt. Es ist für Perl unwesentlich, ob Sie einen Text oder eine Zahl in einem Skalar speichern. Perl bestimmt den Typ einer Variablen dynamisch beim Ausführen des Skripts anhand des benutzten Kontexts:

```perl
#!/usr/bin/perl

use strict;

my $var1 = "Hallo";          # String
my $var2 = 5;                # Zahl
my $var3 = "5";              # String? Zahl?

print $var2 + $var3 . "\n";
print $var1 + $var2 . "\n";
print $var1 + $var3 . "\n";
print $var1 . $var2 . "\n";
print $var1 . $var3 . "\n";
```

Listing 31.135 Typisierung

Die Ausführung des Skripts ergibt folgende Ausgabe:

```
$ ./typ.pl
10
5
5
Hallo5
Hallo5
$
```

Listing 31.136 Typisierung #2

Der Operator + addiert zwei Zahlen, während der Operator . zwei Strings miteinander verbindet. Im ersten Ausdruck werden die Variablen var2 und var3 als Zahlen interpretiert: 5 + 5 = 10. Das Ergebnis wird als String interpretiert, mit einem Zeilenumbruch versehen und per print ausgegeben.

In den nächsten beiden Ausdrücken wird versucht, einen String zu einer Zahl zu addieren. Offensichtlich wird der String dabei als »0« interpretiert, denn heraus kommt beide Male »5« als Ergebnis.

In den letzten beiden Ausdrücken werden schließlich wieder Zahlen als Strings interpretiert und per . mit var1 verknüpft.

Operator	Beispiel	Beschreibung
+	$x = $x + 1	Addition
-	$x = $x - 1	Subtraktion
*	$x = $y * $z	Multiplikation
/	$z = $x / $y	Division
%	$m = $x % $y	Modulo (Restwert bei Division)
++	$x++	Inkrement
--	$x--	Dekrement
&	$x = $y & $z	logisches UND
|	$x = $y | $z	logisches ODER
^	$x = $y ^ $z	logisches XOR

Tabelle 31.3 Übersicht der arithmetischen Operatoren

Die arithmetischen Operatoren sind, wie Sie sehen, im Wesentlichen analog zu denen in C.

31.2.3 Kontrollstrukturen

Mit Variablen kann man nun viele schöne Dinge tun, beispielsweise indem man *Anweisungen* in *Kontrollstrukturen* füttert. Im Prinzip kennen Sie die Bedingungen `if`, `for` und `while` schon aus der Shell und von C – und auch bei Perl ändern sich die grundlegenden Prinzipien ihre Verwendung nicht.

Bei allen Kontrollstrukturen müssen Sie Bedingungen schreiben – beispielsweise unter Benutzung der bekannten arithmetischen Vergleichsoperatoren (siehe Abschnitt 31.1.5) oder auch durch String-Vergleiche, die auf regulären Ausdrücken basieren und die wir in Abschnitt 31.2.5 noch vorstellen werden.

if – bedingte Anweisungen

Wie bereits gesagt wurde, funktionieren bedingte Anweisungen mit `if` analog zu C, es gibt weitgehend dieselben Operatoren, und auch `&&` und `||` funktionieren analog zu C. Die geschweiften Klammern sollten Sie aber nie vergessen, auch wenn Sie nur eine Anweisung nach `if` ausführen wollen.

```perl
if ( $a == 1 && $b != 5 )
{
  ...
}
```

Listing 31.137 if-Anweisung

Im Unterschied zu C gibt es keine `case`-Anweisung. Anstelle von `case` können Sie jedoch `if ... elsif ... else` nutzen:

```perl
if ( $a == 1 ) {
  ...
} elsif ( $a == 2 ) {
  ...
} elsif ( $a == 3 ) {
  ...
} else {
  # alle anderen Werte von $a
  ...
}
```

Listing 31.138 if-elsif-else

So weit gibt es eigentlich nichts Neues.

for-Schleifen

Interessanter sind da schon die `for`-Schleifen. Hier kann man nämlich eine Syntax analog zu C und eine andere Syntax analog zur `bash` nutzen. Die aus C bekannte Variante schreibt sich wie folgt:

```
for(my $i = 1; $i <= 100; $i++) {
  print "$i\n";
}
```

Listing 31.139 Die Anweisung for analog zu C

Man gibt einen Startwert, eine Bedingung und eine Anweisung an, die nach jedem Durchlauf ausgeführt wird. Aber durch das Schlüsselwort `foreach` ist auch eine Anwendung ähnlich zu `for` in der `bash` möglich, womit eine *Liste von Werten* – im Sinne eines Arrays oder Hashs – recht einfach durchlaufen werden kann:

foreach

```
my @bar = ("mein Haus", "mein Auto", "mein Boot");

foreach $foo (@bar)
{
  print "$foo !\n";
}
```

Listing 31.140 Die Anweisung for analog zur bash

Die Syntax von `foreach` erklärt sich eigentlich beim Lesen des Beispiels von selbst: Man gibt eine Variable an, mit der im Schleifenkörper das jeweils aktuelle Element bezeichnet werden soll. Das zu durchlaufende Array folgt in Klammern.

In diesem Beispiel haben Sie auch gesehen, wie man ein Array verkürzt definieren kann: als eine Liste von Werten. Im nächsten Beispiel werden Sie sehen, wie man ein Hash verkürzt definieren und es mit `foreach` durchlaufen kann.

Hashes durchlaufen

```
#!/usr/bin/perl

use strict;

my %hash = (1 => "3", foo => "bar");
my $x;

foreach $x (%hash)
{
  print $x . "\n";
}
```

Listing 31.141 foreach mit Hash

Wenn man ein Hash verkürzt definiert, ordnet man mittels des Operators => einem Schlüssel einen Wert zu. Dass man über `foreach` dann sowohl Schlüssel als auch Werte durchlaufen kann, zeigt der Output des Skripts:

```
$ ./foreach.pl
1
3
foo
bar
$
```

Listing 31.142 foreach mit Hash: Output

while-Schleifen

Wieder analog zu C funktionieren einfache `while`-Schleifen. Man definiert eine Bedingung und einen Schleifenkörper, der so lange ausgeführt wird, wie die Bedingung wahr ist. Ist die Bedingung nie wahr, wird der Schleifenkörper auch nie ausgeführt.

```perl
while ($a != $b)
{
  # natürlich sollte der Schleifenkörper jetzt irgendwann etwas an
  # $a oder $b ändern
  ...
}
```

Listing 31.143 while-Schleife

Hashes eleganter durchlaufen

Aber `while`-Schleifen bieten auch eine etwas elegantere Art, Hashes zu durchlaufen:

```perl
while (($s,$w) = each(%hash))
{
  print "Schlüssel: " . $s . " Wert: " . $w . "\n";
  ...
}
```

Listing 31.144 while-Schleife mit Hashes

Bei dieser Methode erhält man im Gegensatz zu `foreach` unterschiedliche Variablen für Schlüssel und Wert. Die Schleife bricht ab, wenn es keine Werte mehr zu durchlaufen gibt.

do-while-Schleifen

Die ebenfalls aus C bekannte `do-while`-Schleife verhält sich analog zu `while` – mit dem Unterschied, dass die Bedingung erst nach dem Schleifenkörper geprüft wird.

Das hat zur Folge, dass diese Schleife mindestens einmal ausgeführt wird, auch wenn die Bedingung immer falsch ist.

```
do
{
  # wird mindestens einmal ausgeführt
  ...
} while ( 1 != 2 )
```

Listing 31.145 do-while-Schleife

Da eventuell in der Bedingung zugewiesene Variablen erst *nach* dem ersten Durchlauf zugewiesen werden, eignet sich do-while nicht zum Durchlaufen von Hashes oder Arrays. Folgendes funktioniert demzufolge *nicht* wie gewünscht:[29]

```
do
{
  print $s;
  ...
} while ( ($s,$w) = each(%hash) )
```

Listing 31.146 do-while-Schleife falsch eingesetzt

Spätestens an dieser Stelle müssen wir Ihnen auch eines der zentralen Prinzipien von Perl erläutern: *TIMTOWTDI*[30] – »There is more than one way to do it«, Es gibt mehr als einen Weg, es zu tun.[31]

TIMTOWTDI

Perl ist bekannt dafür, dass man identische Sachverhalte unterschiedlich formulieren kann. Dadurch wird Perl auch oft unterstellt, ziemlich unlesbar zu sein, frei nach dem Motto: »Write once, never understand again«.[32] Fakt ist aber, dass man zwar in Perl ziemlich furchtbaren, aber auch sehr schönen Code schreiben kann – die Freiheit liegt beim Programmierer.

unless und until

Ein Beispiel für diese Freiheit des Programmierers liefert die Negation. So gibt es für if und while jeweils eine Variante, die exakt die Negation der Bedingung ausdrückt. So führt unless den zugehörigen Anweisungsblock nur aus, wenn die angegebene Bedingung *falsch* ist:

unless und until

---

29 Beim ersten Durchlauf ist die Variable $s noch leer beziehungsweise mit einem alten Wert gefüllt.
30 Sprich: »Tim Toady«.
31 Nicht nur im Kamasutra, sondern auch in Perl ...
32 In Verballhornung des Java-Mottos »Write once, run anywhere«.

```
# folgende Anweisungen sind äquivalent
if (! $a == $b )
{
  Anweisung1;
  ...
}

unless ( $a == $b )
{
  Anweisung1;
  ...
}
```

Listing 31.147 unless

Analog führt `until` den Schleifenkörper so lange aus, wie die angegebene Bedingung *falsch* ist. Somit ist `until` gewissermaßen die Negation von `while`:

```
# folgende Anweisungen sind äquivalent
while (! $a == $b )
{
  Anweisung1;
}

until ( $a == $b )
{
  Anweisung1;
}
```

Listing 31.148 until

Natürlich gibt es auch eine entsprechende `do-until`-Variante, die – je nach Lust und Laune des Programmierers – `do-while` ersetzen kann.

Nachstellung

Eine weitere Besonderheit ist, dass Sie alle Kontrollstrukturen – `if`, `for`, `while`, `until` und `unless` – bei einzelnen Anweisungen auch *nachstellen* können. Die Bedeutung verändert sich dadurch nicht:

```
# Es ist egal, ob Sie es so:
if ( $x == $y ) print "foo\n";
# ...oder so schreiben:
print "foo\n" if ( $x == $y );
```

Listing 31.149 Die Nachstellung

Im Besonderen können bei Nachstellungen die geschweiften Klammern weggelassen werden. Jedoch sollte man im Umgang mit Nachstellungen auch vorsichtig sein:

```
#!/usr/bin/perl

use strict;

print "1\n" while ( 4 == 5 );

do { print "2\n"; } while ( 4 == 5 );
```

Listing 31.150 Achtung, eklig!

Hätten Sie auf den ersten Blick gesehen, dass das Skript beide Schleifen unterschiedlich behandelt und den folgenden Output produziert?

```
$ ./eklig.pl
2
```

Listing 31.151 Achtung, eklig #2

Zwar ist in beiden Listings 4 nicht gleich 5, jedoch wird eine do-while-Schleife *immer* mindestens einmal durchlaufen, während eine while-Schleife nur dann durchlaufen wird, wenn die Bedingung mindestens einmal wahr ist – und daran ändert auch eine Nachstellung nichts. Aufgrund der syntaktischen Ähnlichkeiten sollte man daher nachgestellte while-Schleifen nur mit äußerster Vorsicht einsetzen.

Fazit

Alle in diesem Abschnitt geschilderten Möglichkeiten erlauben es, den Code der natürlichen Sprache anzunähern und damit lesbarer zu gestalten. Durch die Verwendung von until und unless können Sie »unnötige« Negationen verhindern und durch die Nachstellung unter Umständen den Lesefluss fördern. Perl lässt Ihnen also viele Freiheiten, mit denen Sie sehr schönen Code schreiben, aber auch Schindluder treiben können.

31.2.4 Subroutinen

Subroutinen lassen sich in Perl prinzipiell an jeder Stelle des Skripts definieren, jedoch findet man sie in der Regel am Anfang oder am Ende des Codes. Eingeleitet werden sie mit dem Schlüsselwort sub:

```perl
sub meineFunktion {
  # Code...
}
```

Listing 31.152 Subroutinen definieren

Aufrufen können Sie eine Subroutine genau wie normale Befehle:

```perl
#!/usr/bin/perl

use strict;

# Subroutinen definieren
sub Ausgabe {
  print "Hallo, Welt!\n";
}

# Der "eigentliche" Code, das "Hauptprogramm"
Ausgabe();
Ausgabe();
```

Listing 31.153 Subroutinen benutzen

Dieses Beispiel produziert zwei Zeilen »Hallo, Welt!«-Text als Ausgabe, da die entsprechende Subroutine im Hauptprogramm zweimal hintereinander aufgerufen wurde.

Argumente übergeben

Subroutinen lassen sich selbstverständlich auch mit Argumenten füttern. Dazu deklariert man am Anfang der Subroutine Variablen, denen man mittels des Schlüsselworts shift einen Wert zuweist. Per shift greift man auf die Argumente des Aufrufs zu, eine weitere Deklaration ist nicht erforderlich:

```perl
#!/usr/bin/perl

use strict;

sub Funktion {
  my $i = shift;
  my $text = shift;
  print $text . " " . $i . "\n";
}

Funktion(1, "hallo");
```

Listing 31.154 Argumente übergeben

Dieses kleine Beispiel gibt den Text »hallo 1« aus. Das ist nicht sehr sinnvoll, genügt aber zur Demonstration von `shift` fürs Erste.

Rückgabewerte benutzen

Normalerweise endet eine Subroutine, wenn ihr Ende erreicht ist – aber selbstverständlich kann sie auch Werte an den Aufrufer zurückgeben beziehungsweise schon an anderer Stelle beendet werden. Anders als in C muss dies jedoch nicht explizit deklariert werden, da dem Schlüsselwort `return` einfach ein beliebiger Wert übergeben werden kann – oder eben auch nicht.

```
#!/usr/bin/perl

use strict;

sub Funktion {
  my $i = shift;

  if( $i == 1 ) {
    return "Alles Ok\n";
  } else {
    return "Nix ist Ok\n";
  }
}

print Funktion(1);
print Funktion(0);
```

Listing 31.155 Rückgabewerte definieren

31.2.5 Reguläre Ausdrücke

Zu regulären Ausdrücken gibt es ein eigenes Kapitel. Sie sollten also zum Beispiel wissen, worauf ein Ausdruck wie `^h[abc]ll.$` passt (man sagt auch: *matcht*) und worauf nicht.[33] Daher wollen wir in diesem Abschnitt nur kurz auf die Besonderheiten von regulären Ausdrücken in Perl eingehen.

Unter Perl ist der Operator `=~` speziell für die Arbeit mit regulären Ausdrücken gedacht. Ob Sie nun prüfen wollen, ob ein Text auf einen solchen Ausdruck passt, oder ob Sie eine Ersetzung auf Basis eines regulären Ausdrucks vornehmen wollen, `=~` ist der Operator Ihrer Wahl.

---

33 Wenn nicht, können Sie das entsprechende Thema in Kapitel 8 nachlesen.

Suchen

Wenn Sie beispielsweise überprüfen wollen, ob ein Text einem bestimmten Muster entspricht, setzen Sie ein m (*match*) vor den regulären Ausdruck. Die Anwendung ist so einfach wie im Beispiel zu sehen:

```perl
my $text = "Hallo";

if( $text =~ m/^H/ )
{
  print $text . " fängt mit H an!\n";
}
```

Listing 31.156 Passt ein Text?

So können Sie ohne Weiteres prüfen, ob eine Eingabe einem bestimmten Muster entspricht. Die regulären Ausdrücke selbst funktionieren im Wesentlichen wie die von sed, mit dem Unterschied, dass Sie sich nicht über das Escapen von Sonderzeichen auf der Shell Gedanken machen müssen.

Ersetzen

Wenn Sie über einen regulären Ausdruck nicht nur Muster prüfen, sondern auch Veränderungen am Text vornehmen wollen, hilft Ihnen das Präfix s weiter. Wie das funktioniert, zeigt folgendes kleines Beispiel:

```perl
#!/usr/bin/perl
use strict;

my $text = "vorher";

print $text . "\n";
$text =~ s/vor/nach/;
print $text . "\n";
```

Listing 31.157 Mit regulären Ausdrücken Text ersetzen

Dieses kleine Skript ersetzt im String »vorher« die Silbe »vor« durch »nach«. Natürlich sind auch weit kompliziertere Ersetzungen möglich, in diesem Kapitel werden wir jedoch nur einige wenige, aber wichtige Beispiele bringen.

Globale Ersetzung

Normalerweise wird bei einer Ersetzung nur das *erste* gefundene Vorkommen ersetzt. Möchte man alle Vorkommen ersetzen, so muss man dem Suchausdruck ein g (*global*) folgen lassen:

```perl
#!/usr/bin/perl
use strict;

my $text = "texttexttext";

print $text . "\n";
$text =~ s/text/blah/;
print $text . "\n";
$text =~ s/text/blah/g;
print $text . "\n";
```

Listing 31.158 global.pl

Die Ausgabe verdeutlicht noch einmal den Effekt, dass ohne das g nur das *erste* Vorkommen ersetzt wird:

```
$ ./global.pl
texttexttext
blahtexttext
blahblahblah
```

Listing 31.159 Globale Ersetzung

Darüber hinaus kann man sich über die Benutzung von einfachen Klammern, (und), Textteile »merken«. Diese gemerkten Textteile kann man im Ersetzungsteil über die Variablen $1, $2 usw. ansprechen:

```perl
#!/usr/bin/perl

use strict;

my $text = "passwort : user";

print $text . "\n";
$text =~ s/^(.*) : (.*)$/Der Benutzer $2 hat das Passwort $1!/g;
print $text . "\n";
```

Listing 31.160 klammer.pl

Dieses Skript liefert folgende Ausgabe:

```
$ ./klammer.pl
passwort : user
Der Benutzer user hat das Passwort passwort
$
```

Listing 31.161 Zeichenketten vertauschen

Dieser Mechanismus ist also vor allem dann geeignet, wenn Zeichenketten in Strings »vertauscht« werden sollen.

Einzelne Zeichen ersetzen

Ähnlich dem Kommando `tr` in der Shell funktioniert der Modifikator `tr` für reguläre Ausdrücke. Mit ihm können einzelne Zeichen in einem kompletten String ersetzt werden:

```perl
#!/usr/bin/perl

use strict;

my $text = "abcdefg";

print $text . "\n";
$text =~ tr/aceg/1234/;
print $text . "\n";
```

Listing 31.162 tr.pl

In diesem Beispiel werden die Zeichen a,c,e und g durch die Ziffern 1 bis 4 ersetzt:

```
$ ./tr.pl
abcdefg
1b2d3f4
```

Listing 31.163 Zeichen ersetzen

So viel sei zur Benutzung regulärer Ausdrücke unter Perl gesagt; mehr grundsätzliche Informationen zu regulären Ausdrücken an sich finden Sie in Kapitel 8.

31.2.6 Arbeiten mit dem Dateisystem

Die Arbeit mit Dateien gestaltet sich in Perl ähnlich wie bei C. So werden Dateien beispielsweise über sogenannte *Filehandles* identifiziert, die im Prinzip nichts anderes als Deskriptoren sind. Auch in Perl werden Dateien erst geöffnet, bevor sie gelesen beziehungsweise geschrieben werden können, und natürlich müssen sie auch hier wieder geschlossen werden.

Dateien öffnen

open() — Dateien werden über den Aufruf `open()` geöffnet. Er nimmt zwei Parameter entgegen: den zu benutzenden Filehandle (den Deskriptor) sowie den zu öffnenden Dateinamen. Mithilfe der Zeichen <, > und |, die man dem Dateinamen voranstellt, kann man die Modi steuern, mit denen die Datei geöffnet werden soll.

Die einzelnen Modi heißen wie folgt:

- **<Datei**
  Datei zum Lesen öffnen

- **>Datei**
  Datei zum Schreiben öffnen

- **>>Datei**
  Datei zum Schreiben öffnen. Wenn die Datei bereits existiert, werden die Daten an die Datei angehängt.

- **|Datei**
  Hier ist *Datei* ein ausführbares Programm. Zu diesem Programm wird eine Pipe geöffnet, in die man anschließend schreiben kann.

- **Datei|**
  In diesem Fall wird auch eine Pipe geöffnet, allerdings kann man jetzt aus der Pipe lesen.

Möchte man also eine Datei *datei.txt* zum Lesen öffnen, so kann man folgenden Code benutzen:

```perl
my $fh;

open($fh, "<datei.txt");
```

Listing 31.164 open

Dabei wird die Variable `$fh` als Filehandle initialisiert. Später kann über diese Variable auf den Inhalt der Datei lesend oder – bei entsprechenden `open()`-Modi – auch schreibend zugegriffen werden.

Lesen und schreiben

Das Lesen erfolgt normalerweise über eine Schleife. Gelesen wird die Datei dann zeilenweise, und in jedem Schleifendurchlauf kann eine Zeile bearbeitet werden. Um eine Zeile im Schleifenkopf auszulesen, fasst man den Filehandle in zwei spitze Klammern:

```perl
# Die Datei $fh zeilenweise auslesen
while (defined (my $line = <$fh>)) {
  # In $line finden Sie die aktuell gelesene Zeile
  ...
}
```

Listing 31.165 Lesen

Ist die Datei fertig gelesen, bricht die Schleife automatisch ab, da keine neue Zeile mehr definiert ist. Das Schreiben erfolgt ganz ähnlich wie die Ausgabe auf der Kommandozeile, nur wird hier der Filehandle vor dem zu schreibenden Text angegeben.

```
# Den Text "Text" in die Datei schreiben
print $fh "Text";
```

Listing 31.166 Schreiben

Dateien schließen

Nach dem Bearbeiten muss der Filehandle schließlich noch korrekt geschlossen werden:

```
close($fh);
```

Listing 31.167 Datei schließen

Im folgenden Listing sehen Sie ein kleines Beispielprogramm, das eine Datei, deren Name auf der Kommandozeile übergeben wird,[34] einliest und mit Zeilennummern versehen ausgibt. Sehen wir uns den Code des Programms an, indem wir es durch sich selbst anzeigen lassen:

```
$ ./ausgabe.pl ausgabe.pl
1: #!/usr/bin/perl
2:
3: use strict;
4:
5: my $fh;
6: my $num = 1;
7:
8: # den ersten übergebenen Parameter finden wir in $ARGV[0]
9: open($fh, "<$ARGV[0]");
10:
11: while (defined (my $line = <$fh>)) {
12:     print "$num: $line";
13:     $num++;
14: }
15:
16: close($fh);
$
```

Listing 31.168 ausgabe.pl

Dies soll uns erst einmal als kurze und knackige Einführung in Perl genügen.

---

34 Auf der Kommandozeile übergebene Parameter finden Sie im Array @ARGV.

31.3 Zusammenfassung

Sie haben in diesem Buch die Grundlagen verschiedener sogenannter imperativer Programmiersprachen kennengelernt: C, Perl und die Shell. Dieses Kapitel hat gezeigt, dass sich die meisten dieser Programmiersprachen recht ähnlich sind – kann man eine, beherrscht man automatisch die wichtigsten Grundlagen aller ähnlichen Programmiersprachen. Unterschiede liegen im Detail, aber vor allen Dingen in der Syntax. Überall gibt es Variablen, die nach mehr oder weniger strengen Regeln vor ihrer Benutzung deklariert werden müssen. Variablen haben immer einen bestimmten Typ – welche Typen es jeweils gibt, legt die Programmiersprache fest.

Darüber hinaus gibt es in jeder Sprache bedingte Anweisungen (`if`) und verschiedene Arten von Schleifen (`for`, `while`). Über Variablen und solche Kontrollstrukturen bringt man die Dynamik und die Logik in ein Programm. Es ist immer dasselbe, egal ob Sie objektorientiert, funktional, modular oder wie auch immer unter der `bash`, C/C++/C#, Perl, Java oder anderen Sprachen programmieren.

Nachdem die Logik immer ähnlich ist, bleibt die Frage nach zusätzlichen Features. Man möchte in jeder Programmiersprache wahrscheinlich früher oder später Zugriff auf eine Datenbank, das Netzwerk oder das Dateisystem haben. In C kann man für diesen Zweck externe *Bibliotheken* nutzen, in Perl nennen sich diese Erweiterungen *Module* – das Prinzip ist jedoch das gleiche.[35] Man hat mehr oder weniger sinnvoll definierte Funktionen, die das tun, was man im entsprechenden Kontext braucht.

31.4 Aufgaben

C: Namen in Arrays

Versuchen Sie, Ihren Namen mithilfe eines Arrays zu speichern und auszugeben.

C: Ausgabe von Personendaten

Erweitern Sie das Programm aus Listing 31.114 um eine Schleife, die mit der Funktion `printf()` die Daten aller Personen ausgibt.

Perl: cp

Schreiben Sie ein Programm, das eine Datei ähnlich wie `cp` kopiert.

---

35 Der Vorteil von Java beschränkt sich darauf, auf einer Vielzahl von Plattformen dieselben Schnittstellen zur Verfügung zu stellen. Dafür wurden diese Schnittstellen nicht in Form unabhängiger Bibliotheken und Module, sondern als *Packages* definiert, die Teil der Sprache selbst sind. Allerdings sind C-Bibliotheken auch auf vielen Plattformen verfügbar, und Perl-Module sowieso. Die Portabilität ist hier jedoch vom Einzelfall abhängig.

»Wer Sicherheit der Freiheit vorzieht,
ist zu Recht ein Sklave.«
– Aristoteles

32 Einführung in Computersicherheit

Die Sicherheit von Computersystemen ist ein sehr komplexes Thema. Es gibt unendlich viel zu beachten und natürlich ebenso viele potenzielle Fehlerquellen. In diesem Kapitel wollen wir uns mit dem Thema Sicherheit unter Linux und BSD befassen.

32.1 Sicherheitskonzepte

Wenn man sich über Sicherheit Gedanken macht – und das sollte man eigentlich immer tun –, geht es in erster Linie darum, ein *Sicherheitskonzept* zu entwerfen. Dabei sollte man nicht zuerst an Hacker oder anderen Blödsinn denken, sondern das große Ganze im Auge behalten.

Schließlich nützt es nichts, wenn ein System zwar gegen Einbrüche, aber nicht gegen Ausfälle gesichert ist. Bei einem Einbruch werden vielleicht Daten gestohlen, was natürlich nicht erwünscht ist. Wenn wichtige Geschäftsdaten durch einen Plattencrash aber gleich ganz verschwinden, so ist dies aber eher noch schlimmer.

Eine Kette ist nur so stark wie ihr schwächstes Glied. – (Binsenweisheit)

In dieser Binsenweisheit steckt ein Funken Wahrheit. Sie können beispielsweise zufällig generierte Passwörter mit Sonderzeichen, Zahlen und Buchstaben verwenden – aber wenn Sie das Passwort dann auf einen kleinen gelben Zettel schreiben und unter Ihre Tastatur kleben, hilft das alles wenig.

32.2 Unix und Sicherheit

Im Folgenden wollen wir zunächst klären, mit welchen Sicherheitskonzepten Linux und BSD von Haus aus bereits ausgestattet sind. Erst wenn man diese Eigenschaften versteht und richtig nutzt, macht eine weitergehende Absicherung Sinn.

32.2.1 Benutzer und Rechte

Unix ist von Haus aus mehrbenutzerfähig. Dies impliziert das bereits ausführlich vorgestellte Benutzer- und Rechtesystem. Ein normaler Benutzer hat dabei in aller Regel keinen Vollzugriff auf das System – und das ist unter Sicherheitsgesichtspunkten auch gut so.

Schließlich braucht man keine Schreibrechte auf wichtige Programme – man will sie nur ausführen. Man möchte als normaler Benutzer Geräte nur benutzen und keine neuen Treiber für sie konfigurieren. Auch gehen einen die Dateien anderer Benutzer nichts an, es sei denn, der Zugriff würde explizit erlaubt.

Da der Eigentümer eine Eigenschaft eines Prozesses ist, können und sollten Serverdienste unter speziellen Benutzerkennungen laufen. Wird nämlich ein solcher Dienst durch einen Exploit (also eine Software zum Ausnutzen von Programmierfehlern) dazu gebracht, Code eines Angreifers auszuführen, läuft dieser Code unter einem eingeschränkten Benutzerkonto. Wenn der Administrator also nicht als `root` am System arbeitet oder Dienste laufen lässt, so ist eine gewisse Grundsicherheit auf jeden Fall gewährleistet.

32.2.2 Logging

Eine weitere, sicherheitsrelevante Eigenschaft von Linux/Unix ist das Logging. Darüber kann nachvollzogen werden, was im System passiert und schon passiert ist. Im Falle einer Systemkompromittierung kann nachvollzogen werden, wer sich wann und von welcher IP-Adresse aus eingeloggt hat. Bei einem Serverproblem kann anhand der Logfiles in der Regel nachvollzogen werden, wo das Problem genau liegt und wie es vielleicht behoben werden kann.

Natürlich besteht der erste Schritt eines Angreifers normalerweise darin, die Logfiles zu »desinfizieren« – also entweder nur die verdächtigen Meldungen oder gleich die ganzen Logfiles zu löschen. Setzt man dagegen einen zentralen Logging-Server ein, wie in Abschnitt 14.4.2 beschrieben wurde, wird dieses Unterfangen für den Angreifer schon schwieriger.

32.2.3 Netzwerkdienste

Aber auch die normalerweise installierten Netzwerkdienste sind in der Regel auf Sicherheit bedacht. So wird zum Beispiel der SSH-Dienst, der Verschlüsselungsalgorithmen nutzt, anstelle des unsicheren Telnet installiert. Dabei handelt es sich zwar um einen sicheren Dienst, aber eine wichtige Frage stellt sich doch: Was braucht man eigentlich wirklich?

Oft werden zum Beispiel folgende Dienste installiert, die man auf einem Serversystem kaum benötigen wird:

- **portmap**
  Setzt man auf dem Server kein NFS und keinen `famd` ein, so kann man den Dienst `portmap` deinstallieren. Alternativ kann dieser so konfiguriert werden, dass er nur auf dem Loopback-Device horcht.

- ***identd**
  Über diesen Dienst kann man herausfinden, unter welchen Benutzerrechten ein Prozess läuft, der eine bestimmte TCP-Verbindung geöffnet hat – bloß weg damit!

- **fingerd**
  Über den Dienst `fingerd` können Sie herausfinden, welche Benutzer gerade eingeloggt sind. Dies ist nichts, was man auf einem öffentlichen Server haben möchte.

- **etc.**
  Leider gibt es noch viel mehr unsichere (besonders auch unbekannte) Dienste, so dass wir sie an dieser Stelle nicht alle aufzählen können.

32.3 Grundlegende Absicherung

In diesem Abschnitt wollen wir uns den grundlegenden Maßnahmen zur Absicherung eines Linux-Systems widmen.

32.3.1 Nach der Installation

Möchte man ein System absichern, sollte man sich zuerst die Frage stellen, was man wirklich braucht. Schließlich ist jede unnütz installierte Software und jeder unnötig laufende Dienst ein Sicherheitsloch. Und leider ist die Installation diverser Linux-Distributionen und BSD-Derivate nicht unbedingt *minimal*. Davon abgesehen gibt es natürlich noch mehr Schritte, um ein System sicher zu machen. Vor allem bei den besonders anfälligen Serversystemen ist die Absicherung besonders wichtig. Dabei könnten Sie wie folgt vorgehen:

- **Minimalität**
  Je nach Distribution beziehungsweise Derivat können Sie während der Installation mehr oder weniger detailliert auswählen, was installiert werden soll. Aber auch nach der Installation sollten Sie noch einmal die installierten Softwarepa-

kete auf ihre Relevanz überprüfen. So verschafft ein standardmäßig auf einem Webserver installierter Port-Scanner nur einem Angreifer einen Vorteil.[1]

▶ **Laufende Dienste**
Auch die Anzahl der laufenden Dienste sollten Sie minimieren. Wenn bei einem Webserver noch Port 25 samt dahinter laufendem Exim offen ist, so ist das schlicht ein weiterer Angriffspunkt für potenzielle Hacker. Welche Dienste nach einer Installation laufen, erfährt man zum Beispiel über `ps` oder auch durch einen Portscan mittels `nmap`.

▶ **Security-Patches und -Software**
Ein weiterer Schritt besteht in der Installation von diversen Security-Patches beziehungsweise dedizierter Sicherheitssoftware. Security-Patches können verschiedenste Formen haben: Es gibt zum Beispiel Kernel-Patches, die das Ausführen von Datenbereichen im Hauptspeicher verhindern. Zwar kann es vorkommen, dass einige Programme damit Probleme haben, aber in der Regel wird dies einfach nur Angriffe mittels *Buffer-Overflows* verhindern.

Bevor wir den letzten Schritt noch etwas ausführlicher darstellen, sollen die essenziellen Grundlagen eines Sicherheitskonzepts besprochen werden.

32.3.2 Ein einfaches Sicherheitskonzept

Ein einfaches Konzept, wie es zum Beispiel für ein Heimnetzwerk oder eine sehr kleine Firma tauglich wäre, besteht wenigstens aus den folgenden drei Komponenten:

▶ einer Backup-Strategie

▶ einer Update-Richtlinie

▶ einem Firewall-Konzept

Der Datenschutz muss natürlich auch immer im Auge behalten werden. Ebenso wichtig wird bei größeren Setups die physische Sicherheit und damit die Frage, wer Zutritt zum Serverraum bekommt und wo dieser Raum angelegt werden soll – im Keller, bei der Hauptwasserleitung? Viel Spaß beim nächsten Rohrbruch ...

Das *Bundesamt für Sicherheit in der Informationstechnik* (BSI) bietet auf seiner Webseite den *IT-Grundschutz* an. Dieses Handbuch empfiehlt Standardsicherheitsmaßnahmen für typische IT-Systeme und hilft dabei, Sicherheitskonzepte »einfach und arbeitsökonomisch

---

[1] Natürlich kann ein Admin solche Software zu Testzwecken installieren. Jedoch sollte er diese Tools nach dem Test auch wieder entfernen.

zu realisieren«. Vor allem verhindern diese Ausführungen, dass man etwas Grundlegendes vergisst.

Im Folgenden wollen wir nun die einzelnen von uns im Rahmen dieses Buches für wichtig erachteten Sicherheitsaspekte näher beleuchten.

32.4 Backups und Datensicherungen

Zuerst wollen wir uns der wichtigen Thematik der Datensicherung widmen. Als Datensicherung oder *Backup* bezeichnet man sowohl den Vorgang der Sicherung als auch die Sicherung selbst. Sie dient in erster Linie der Vorbeugung des Datenverlustes z. B. durch:

- Hardwareprobleme (Festplatten-Crash)
- Diebstahl
- Feuer- und Wasserschäden
- versehentliches Löschen von Daten

Des Weiteren ist eine Datensicherung natürlich auch zur längerfristigen Archivierung sowie zur Dokumentation der Entwicklung verschiedener Projekte sinnvoll.

> Ein Backup wird erst dann zum Backup, wenn es im Rahmen einer gut dokumentierten Backup-Strategie vorgenommen wird und innerhalb eines angemessenen Zeitraums vollständig wieder eingespielt werden kann.

Ansonsten unterscheidet man noch zwischen vollständiger und inkrementeller Datensicherung. Bei einer inkrementellen Datensicherung werden nur die Daten gesichert, die sich in Bezug auf die letzte Sicherung verändert haben, während ein vollständiges Backup entsprechend alle Daten sichert und daher auch mehr Plattenplatz benötigt.

32.4.1 Backup-Strategien

Vor dem ersten Backup steht die Ausarbeitung einer entsprechenden Strategie. Ohne diese Überlegungen zur Datensicherung ist ein Backup wenig sinnvoll. Die folgenden Punkte müssen Sie mindestens festlegen:

- **Wann**

  ... ein Backup vorgenommen wird. Wichtig in diesem Zusammenhang ist die Regelmäßigkeit. So könnte man zum Beispiel definieren, dass jede Woche ein vollständiges und jeden Tag ein inkrementelles Backup gemacht werden soll.

- **Wie**

  ... soll das Backup erfolgen – inkrementell oder vollständig?

- **Wer**

  ... ist für die Datensicherung verantwortlich und kontrolliert diese auf Erfolg oder Misserfolg?

- **Welche**

  ... Daten sollen überhaupt gesichert werden und in welchem Zusammenhang stehen sie mit den anderen »Angaben«? Vielleicht muss man manche Daten weniger oft speichern als andere?

- **Was**

  ... für eine Archivierungsmethode ist vorgesehen? Man könnte zum Beispiel die wöchentlichen Backups auf Bändern speichern, während die täglichen Sicherungen nur auf einem Backup-Server abgelegt werden.

- **Wo**

  ... befindet sich das Archiv mit den Datensicherungen? Sinnvollerweise befindet es sich in einem anderen Gebäude oder zumindest in einem anderen Raum als die Server selbst, sonst haben Sie nämlich bei einem Feuer oder einem Wasserschaden nichts gewonnen.

- **Wie lange**

  ... sind die einzelnen Backups aufzubewahren? Soll eine Datensicherung gleichzeitig als Archiv dienen, so ist mit ihr selbstverständlich anders zu verfahren als mit einer reinen Sicherheitskopie, von der vielleicht nur die jeweils aktuelle Version benötigt wird.

- **Wann, wie und wiederum durch wen**

  ... werden die Backups auf Wiederherstellbarkeit überprüft? Nichts ist schlimmer als eine unbrauchbare Sicherung.

Wenn man sich im Rahmen der Planung einer Backup-Strategie nicht mit allen diesen Fragen beschäftigt, so wird man definitiv ein paar Aspekte vergessen. Vor allem der letzte Punkt der Aufzählung ist extrem wichtig.

32.4.2 Software

Es stellt sich als Nächstes die Frage, welche Software man zur Backup-Erstellung einsetzen möchte. Schließlich wird sich niemand regelmäßig hinsetzen und Daten *per Hand* kopieren – dieser Illusion sollte man sich gar nicht erst hingeben.

Gerade in diesem Bereich gibt es nun viele kommerzielle Lösungen, die teilweise auch mit beziehungsweise für Spezialhardware wie Tape-Bibliotheken oder Ähnliches vertrieben werden. Aber gerade für kleine bis mittlere Setups bieten sich auch der normale Unix-Baukasten und die darauf aufbauende Software an.

Der Unix-Baukasten

Der normale Unix-Baukasten bringt schon alles mit, was man zum Bauen eines Backup-Systems braucht. Mit dem Programm tar und diversen Komprimierungstools wie gzip oder bzip2 kann man schließlich schon Archive erstellen. Insbesondere bietet tar auch verschiedene Möglichkeiten, bestehende Backup-Archive mit dem Dateisystem zu synchronisieren: So gibt es eine Option -d, die den Inhalt des Archivs mit dem des Dateisystems vergleicht. Auch können neue Dateien zu einem Archiv hinzugefügt und alte entsprechend gelöscht werden.[2]

Dass bestimmte Verzeichnisse automatisiert in einem mit dem aktuellen Datum versehenen Archiv gesichert werden, erreichen Sie am besten mit einem Skript. Ein solches ist in der Regel schnell geschrieben, schließlich muss außer date (um das Archiv nach dem aktuellen Datum zu benennen), tar und gzip nichts aufgerufen werden.

Lässt man dieses Skript nun durch cron regelmäßig ausführen, so muss man sich auch nicht mehr selbst um die Ausführung kümmern, und zwei potenzielle Fehlerquellen – die eigene Faulheit und Vergesslichkeit – sind auch ausgeschaltet.

Jetzt stellt sich nur noch die Frage: Wohin damit? Schließlich nützt einem nach einem Festplatten-Crash das auf derselben Platte gespeicherte Backup recht wenig. Eine zweite Platte sollte also mindestens im Budget enthalten sein. Wenn man möchte, kann man das Backup auch über SSH z. B. mit scp auf einen zweiten Rechner verschieben. Setzt man dabei das Login über RSA-Keys ein, kann dies sogar automatisiert erfolgen, da die Authentifizierung kein per Hand eingegebenes Passwort erfordert.

Fertige Projekte

Auf diese Art und Weise könnte man sich also ein einfaches Backup-System selbst basteln. Wer hier jedoch nicht das Rad neu erfinden möchte, kann natürlich auch bei den üblichen Verdächtigen wie *freshmeat.net* nach entsprechenden Projekten

---

[2] Die Manpage beziehungsweise Abschnitt 14.5.6 im Buch helfen bei diesen Features weiter.

suchen – die meisten freien Backup-Projekte nutzen intern ebenfalls diese Standardwerkzeuge.

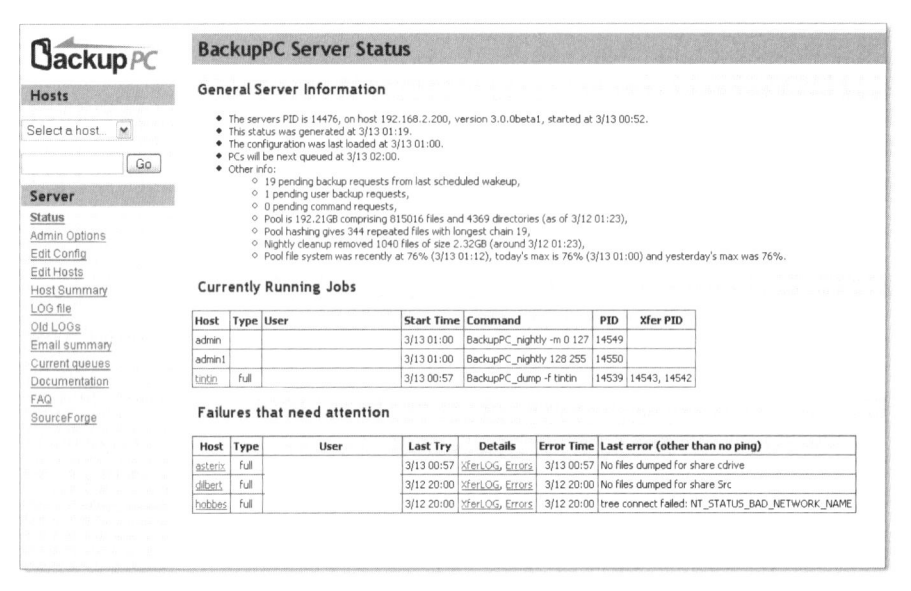

Abbildung 32.1 BackupPC-Dateiwiederherstellung

Ein solches Projekt ist beispielsweise BackupPC (*backuppc.sf.net*). Das Projekt entwickelt eine Backup-Software für dedizierte Backup-Server. Die Software läuft also auf einem separaten Rechner, der die gesicherten Daten speichert. Auf diese kann schließlich über SSH bzw. auf Windows-Freigaben über einen Samba-Client zugegriffen werden.

Die Daten werden je nach Konfiguration in regelmäßigen Abständen auf den BackupPC-Rechner kopiert und dort gespeichert. Über das Webinterface kann man schließlich einen *Restore* über das Netzwerk ausführen, also die Dateien einzeln oder auch insgesamt zurücksichern.

32.5 Updates

Eine *Update-Policy* ist für die Sicherheit der Serversysteme extrem wichtig. Man kann zwar einen Webserver durch Firewalls absichern, auf die grundlegende Funktionalität – eben den angebotenen Serverdienst – kann man aber von außen immer noch zugreifen. Ist die dort laufende Software irgendwann veraltet oder werden signifikante Sicherheitslücken bekannt, so wird der Dienst und damit der Rechner sowie das gesamte Netzwerk angreifbar.

»Never change a running system.« Leider, aber verständlicher Weise, leben noch viele Administratoren nach diesem Grundsatz. Bei der Sicherheit und im Zusammenhang mit wichtigen Sicherheitsupdates sollte man eine Ausnahme von dieser Regel machen. Auch in Bezug auf unscheinbare Kommandozeilen-Tools ist bei Servern natürlich Minimalität, aber eben auch Aktualität gefragt.

Wenn zum Beispiel ein Angreifer den Webserver, der als Benutzer `httpd` läuft, durch eine Sicherheitslücke dazu bringt, eigenen Code auszuführen, kann er so eine Shell auf dem Serversystem starten. Diese Shell läuft nun unter den Rechten des Webservers – als `httpd`. Weil man damit als Angreifer aber nicht viel machen kann, wird der Angreifer früher oder später nach lokalen Sicherheitslücken suchen. Als Grundlage dieser Suche dienen alle Tools, die er auf dem Server findet. Nachinstallieren kann er selbst zu diesem Zeitpunkt noch nichts, was ihm Root-Rechte verschaffen könnte. [zB]

Problematisch bei Updates ist nur, dass (gleich mit welchem System sie durchgeführt werden) hinterher immer die Gefahr besteht, dass irgendetwas nicht funktioniert. Daher sollten Updates – zumindest im Sinne neuer Programmversionen – eigentlich nicht automatisch installiert werden, auch wenn einige Linux-Distributionen dies anbieten.

32.6 Firewalls

Als nächstes Thema erläutern wir mit den Firewalls ein klassisches Zugangsschutzkonzept. Etwas Verwirrung entsteht dabei üblicherweise bereits durch den Begriff. *Firewall* bezeichnet unter anderem:

▶ das Zugangsschutzsystem für ein ganzes Netzwerk

▶ einen Rechner, der einen Teil dieses Konzepts realisiert (»unsere Firewall«)

▶ eine Software, die ein Zugangsschutzsystem implementiert (»eine Firewall installieren«)

Welche dieser Bedeutungen dem eigentlichen Begriff nun am nächsten kommt, erklärt sich aus dem allgemeinen Verständnis einer Firewall: Diese soll die Zugriffe auf ein Rechnersystem beziehungsweise ein ganzes Netzwerk beschränken, die explizit dafür vorgesehen sind. Folglich erscheint hier eine Beschränkung des Begriffs auf ein Stück Hard- oder Software nicht angemessen.

32.6.1 Grundlagen

Es ergibt sich jedoch noch eine weitere Konsequenz für den konkreten Aufbau einer Firewall. So sollte man grundsätzlich nicht *verbieten*, was man nicht möchte, sondern man sollte *erlauben*, was erwünscht ist – alles andere ist per Default verboten. Nur so kann man alle Eventualitäten abdecken und den Missbrauch des eigenen Computersystems verhindern. Dieses Prinzip nennt man auch *Default Deny*.

Auch wenn sich eine Firewall nicht auf eine Software oder ein Stück Hardware reduzieren lässt, so kann man doch ohne diese beiden Komponenten kein Zugangsschutzsystem errichten. Im Folgenden sollen zwei wichtige Firewall-Typen unterschieden werden: *Paketfilter* und *Personal Firewalls*.

Paketfilter-Firewalls

Diese Firewalls filtern, wie der Name schon sagt, die TCP/IP-Pakete des Netzwerks. Dazu arbeiten sie typischerweise als *Gateway* und untersuchen die weitergeleitete oder auch für sie selbst bestimmte Kommunikation nach bestimmten Regeln, dem sogenannten *Ruleset*.

Die Regeln einer solchen Firewall sind typischerweise nach dem *Default-Deny-Prinzip* entsprechend dem folgenden Schema aufgebaut:

- **State-Regel**
  Die sogenannten *Stateful Firewalls* können sich den Status bereits aufgebauter Verbindungen merken. Mit anderen Worten: Wurde ein Verbindungsaufbau bereits erlaubt, so kann die aufgebaute Verbindung (*established connection*) ohne weitere Beachtung durchgelassen werden.

  Oft wird eine solche Regel aber auch implizit angenommen und muss nicht eigens definiert werden; außerdem handelt es sich bei nahezu allen halbwegs modernen Paketfilter-Firewall-Systemen um Stateful Firewalls.

- **Erlaubte Kommunikation**
  In den folgenden Regeln werden die freizuschaltenden Ports und Wege definiert, zum Beispiel wie folgt:

  > *Erlaube jeden Traffic, der aus dem internen Netz kommt und auf Port 80 (http) gerichtet ist.*

  Damit hätte man den Mitarbeitern einer Firma beispielsweise schon das Surfen im Netz erlaubt. Oft sind sinnvollerweise auch der E-Mail-Verkehr und FTP-Dienste freigeschaltet. Wie das Konzept selbst nun aber genau aussieht, ist stark von den individuellen Bedürfnissen des Firewall-Betreibers abhängig.

Spätestens an dieser Stelle ist eine genaue Kenntnis der TCP/IP-Protokoll-Suite unerlässlich. Man kann keine sinnvollen Regeln definieren, wenn man sich in der Begrifflichkeit nicht gut bis sehr gut zurechtfindet.

- **Catch-all-Regel**
  In der *Catch-all-Regel* wird jeglicher weiterer Traffic verboten.

Werden die Regeln nun von oben nach unten abgearbeitet, so wird die *Catch-all-Regel* genau dann aktiv, wenn keine vorherige Regel gepasst hat. Dieser Traffic ist also nicht explizit erlaubt und wird durch diese Regel »aufgefangen« und blockiert.

So eine Vorgehensweise setzt natürlich eine genaue Fallstudie vor der Regelerstellung und damit vor der eigentlichen Firewall-Konfiguration voraus. Es muss klar sein, auf welchen Ports Traffic von welchem Ausgangssystem zu welchem Zielsystem erlaubt sein soll. Dazu muss unter Umständen der Traffic von Spezialanwendungen wie beispielsweise von bestimmten Buchhaltungstools mit dem zentralen Server genau untersucht werden. Sonst besteht die Gefahr, dass nach der Installation der Firewall erst einmal das gesamte Netz lahmgelegt wird.

Personal Firewalls

Personal Firewalls sind das, was man als gewöhnlicher Windows-Anwender unter einer Firewall versteht. Man installiert ein Programm, bei dem, übertrieben gesagt, die einzige Konfiguration in der Wahl zwischen den Sicherheitsstufen »niedrig«, »mittel« und »hoch« besteht.

> Eine Personal Firewall schützt einen einzelnen Rechner eines Netzwerks (hauptsächlich auf Applikationsebene).

Möchten sich dann einzelne Anwendungen mit dem Internet oder dem Netzwerk verbinden, bekommt der Anwender je nach getroffener Einstellung eine Meldung wie:

> *Anwendung »xyz« möchte eine Verbindung mit dem Internet aufnehmen. Soll diese Verbindung gestattet werden?*

Man kann also sehen, dass eine solche Firewall prinzipiell auf einer anderen OSI-Ebene arbeitet als die Paketfilter. Trotzdem werden natürlich sinnvollerweise bei Personal Firewalls oft auch nahezu alle eingehenden Verbindungen blockiert, da ein Arbeitsplatzrechner kaum als Server fungieren wird.

Im Zusammenhang mit Firewalls stehen auch die Begriffe *NAT* (*Network Address Translation*) und *Masquerading*. Das Masquerading ist dabei ein Spezialfall der Adressübersetzung NAT.

Masquerading

LAN ans Netz bringen

Wozu man Masquerading braucht, wird schnell klar, wenn man sich ein typisches Netzwerk vor Augen führt. Dort werden nämlich intern inoffizielle IP-Adressen nach RFC1918 eingesetzt. Diese werden im Internet nicht geroutet, und daher muss eine »Übersetzung« in offizielle IP-Adressen erfolgen. Man benutzt private IP-Adressen, weil

- einem die öffentlichen IP-Adressen knapp geworden sind,
- man die echten IP-Adressen verbergen will (*security through obscurity*)

Adressbereich	Netzmaske	CIDR-Schreibweise
10.0.0.0 – 10.255.255.255	255.0.0.0	10.0.0.0/8
172.16.0.0 – 172.31.255.255	255.240.0.0	172.16.0.0/12
192.168.0.0 – 192.168.255.255	255.255.0.0	192.168.0.0/16

Tabelle 32.1 Private IP-Adressbereiche

Meist gibt es darüber hinaus ein Gateway mit Paketfilter, das über einen Breitbandanschluss mit dem Internet verbunden ist. Würden die Pakete einfach wie von einem normalen Gateway oder Router nur weitergeleitet, so könnten die Adressen aufgrund ihrer definierten Unroutebarkeit spätestens beim Provider nicht mehr weitergeleitet werden.

Wird nun aber auf dem Gateway die usprngliche, private und damit interne IP-Adresse des Absenderrechners durch die offizielle IP-Adresse des Gateways ersetzt, so spricht man von *Masquerading*. Natürlich muss für eine erfolgreiche Kommunikation zwischen Server und Client das Gateway die vom Server an die offizielle IP-Adresse geschickten Antwortpakete wieder »zurückübersetzen«, indem es die Ziel-IP-Adresse wieder in die private IP-Adresse des Rechners im LAN ändert. So ist dieser Vorgang sowohl für den Server als auch für den Client transparent.

NAT

Die *Network Address Translation* (NAT) an sich bietet dagegen eine voll qualifizierte Adressübersetzung. Somit ist auch die dem Masquerading entgegengesetzte Adressübersetzung möglich, bei der zum Beispiel einzelne Ports auf der offiziellen IP-Adresse an bestimmte Rechner im internen Netz weitergeleitet werden können.

So kann man beispielsweise Serverdienste, die eigentlich nur auf dem Masquerading-Gateway beziehungsweise der Firewall laufen könnten, eben doch auf andere Rechner auslagern – und so die Angreifbarkeit der Firewall selbst deutlich reduzieren.

Oft unterscheidet man in der Literatur auch zwischen *Source-NAT* (SNAT) und *Destination-NAT* (DNAT), je nachdem, *welche* Adresse aus der Sicht des Routers beziehungsweise der Firewall in andere Adressen übersetzt werden soll. Da aber beide Begriffe nur Spezialfälle beschreiben, wollen wir diese Unterscheidung im Folgenden nach Möglichkeit nicht weiter benutzen.

32.6.2 Firewalling unter Linux: Netfilter/iptables

Damit ein Betriebssystem überhaupt so etwas wie eine Paketfilter-Firewall unterstützen kann, wird entsprechender Support im Kernel benötigt. Diese Schnittstellen werden unter Linux als Netfilter bezeichnet. Das entsprechende Frontend für den Userspace ist dabei `iptables`.

Mit dem `iptables`-Tool legt man also im Userspace nach einem definierten Format die Firewall-Regeln fest, die dann über das Netfilter-Interface im Kernel aktiv werden. Ein `iptables`-Aufruf setzt sich dabei aus folgenden Komponenten zusammen:

- **Tabelle**
  Zuerst muss man angeben, um was für eine Regel es sich handelt – eine Paketfilter- oder eine NAT-Regel.

- **Kette**
  Als Nächstes wird spezifiziert, auf welche Kette sich der folgende Regelausdruck bezieht, und ob die folgende Regel einzufügen oder zu löschen ist. Filterketten sind dabei für den Paketfilter:

  - **INPUT**
    In dieser Kette sind alle Regeln für die Pakete erhalten, die für den eigenen Rechner bestimmt sind.

  - **OUTPUT**
    In dieser Kette werden alle Regeln eingefügt, die auf ausgehende Pakete angewandt werden sollen.

  - **FORWARD**
    In dieser Kette werden alle weiterzuleitenden Pakete verarbeitet.

- **Filterausdruck**
  Hier legt man fest, auf welche Pakete sich die Regel genau beziehen soll. Fehlt der Filterausdruck, so bezieht man sich auf alle Pakete der betreffenden Kette.

- **Ziel**
  Was soll mit den passenden Paketen schließlich gemacht werden?

32.6.3 iptables im Detail

Einige Optionen haben wir bereits im letzten Abschnitt besprochen. Im Folgenden wollen wir die verfügbaren Optionen, sofern sie nicht zu sehr ins Detail gehen, noch einmal zusammenfassen.

Operationen direkt auf Ketten

Da sind zunächst die Kommadozeilenoptionen, die direkt auf den Ketten operieren:

- **-N Kette**
  Legt eine neue Kette an. Benötigt wird außerdem der Kettenname.

- **-X (Kette)**
  Löscht eine Kette. Wird keine Kette explizit angegeben, so wird versucht, alle vom Benutzer angelegten Ketten zu löschen.

- **-E alterName neuerName**
  Mit dieser Option kann eine Kette umbenannt werden. Dies hat nur kosmetische Wirkung, da nichts an der Struktur der Firewall geändert wird.

- **-P Kette**
  Ändert die Policy für eine der eingebauten Ketten (INPUT, FORWARD oder OUTPUT). Sinnvolle Werte für eine Policy sind dabei ACCEPT und DROP. Standardmäßig – also wenn etwa nach dem Booten noch keine Firewall aktiviert ist – sind die Policies auf ACCEPT gestellt.

- **-L (Kette)**
  Diese Option listet die Regeln einer bestimmten Kette oder – falls keine Kette explizit angegeben wurde – die Regeln aller Ketten auf.

- **-F (Kette)**
  Löscht die Regeln einer Kette beziehungsweise aller Ketten (*flush*).

- **-Z (Kette)**
  Stellt den Paket- und Bytezähler aller Regeln einer Kette auf Null.

Sie werden sich vielleicht bereits gefragt haben, warum man nur auf die eingebauten Ketten Policies definieren kann. Der Grund dafür liegt in der Handhabung benutzerdefinierter Ketten: Durchläuft ein Paket eine solche Kette, ohne dass es auf einen Filterausdruck zutrifft, so wird die Verarbeitung des Pakets in der aufrufenden Kette an der entsprechenden Stelle fortgesetzt.

Policies definieren — Man benötigt also nur für die Standardketten, die die Pakete auf jeden Fall durchlaufen, eine Möglichkeit, ein »generelles Verhalten« festzulegen.

Operationen auf Regeln

Wenn man die Ketten angelegt und verwaltet hat, möchte man natürlich Regeln angeben und spezifizieren. Die folgenden Optionen sind die wichtigsten `iptables`-Parameter für diesen Zweck.

- **-A Kette Regel**
  Eine neue Regel an eine Kette anhängen.

- **-I Kette (Position) Regel**
  Eine neue Regel in eine Kette einfügen. Gibt man keine Position der neuen Regel an, so wird diese standardmäßig an der ersten Position der Kette eingefügt.

- **-R Kette Position Regel**
  Mit dieser Option kann man eine Regel an einer bestimmten Position durch eine neue Regel ersetzen.

- **-D Kette Regelnummer/Regel**
  Über `-D` kann man eine Regel löschen, und zwar entweder unter Angabe der Regelnummer oder der Regel selbst.

Schreibt man ein Skript, wird man eigentlich nur die Option `-A` benötigen, die restlichen Parameter sind nur der Vollständigkeit halber implementiert.

Regeln definieren

Im Folgenden beschäftigen wir uns mit Regeln. Eine Regel ist, wie Sie bereits im Beispiel gesehen haben, die Kombination von Filterausdrücken und einem Ziel.

Die Filterausdrücke schränken dabei ein, auf welche Pakete die Regel zutreffen soll, und somit auch, auf welche Pakete letztendlich das angegebene Ziel angewendet werden soll. Ziele können dabei vor allem folgende Werte sein:

- **ACCEPT**
  Das Paket soll *erlaubt* werden, sofern es auf diese Regel zutrifft.

- **DROP**
  Das Paket soll *verworfen* werden, die Kommunikation wird also nicht erlaubt.

- **QUEUE**
  Falls der Kernel dies unterstützt, kann man mit dieser Option das Paket in den Userspace *weiterleiten*.

- **RETURN**
  Wenn man sich in einer benutzerdefinierten Kette befindet, kann man mit diesem Ziel in die aufrufende Kette zurückspringen. Diese wird dann ab der Stelle weiter durchlaufen, von der aus in die benutzerdefinierte Kette gesprungen wurde.

- **LOG**
  Dieses Ziel bietet die Möglichkeit, bei bestimmten Paketen einen Eintrag im Kernel-Log zu erzeugen. Weitere wichtige von diesem Ziel bereitgestellte Optionen sind dabei:

  - **--log-level**
    Diese Option wird gefolgt von einer Level-Nummer oder einem Namen. Erlaubte Namen sind (man achte auf Groß- und Kleinschreibung) 'debug', 'info', 'notice', 'warning', 'err', 'crit', 'alert' und 'emerg', entsprechend dazu die Nummern 7 bis 0. Die Manpage des `syslogd` bietet mehr Informationen zu diesen Leveln.

  - **--log-prefix**
    Diese Option wird gefolgt von einem String von bis zu 30 Zeichen, der zu Beginn der Logmeldung gesetzt wird.

- **REJECT**
  Dieses Ziel hat denselben Effekt wie `DROP`, außer dass dem Absender noch eine ICMP-»Port unreachable«-Fehlermeldung geschickt wird. Man ist also nett und teilt explizit mit, dass ein Dienst nicht verfügbar ist, anstatt den anderen Verbindungsendpunkt »verhungern« zu lassen.

  Manche Systemadministratoren argumentieren gegen eine solche »freundliche« Absage, dass man mit `DROP` Port-Scans ausbremsen könne. Dem ist aber nicht so, da jeder halbwegs intelligent programmierte Port-Scanner solche Wartezeiten mit einem Timeout abfängt. Ein `REJECT` hat hingegen den Vorteil, dass es die eigene Netzwerkperformance sowie die harmloser Benutzer deutlich erhöhen kann.

- **»Kette«**
  Selbstverständlich kann man als Ziel auch eine benutzerdefinierte Kette angeben. Auch aus einer solchen Kette lässt es in eine weitere benutzerdefinierte Kette springen – sobald der Kernel allerdings feststellt, dass sich ein Paket in einer Schleife befindet, wird es verworfen.

Man muss sich bei der Regelerstellung immer bewusst sein, dass die Regeln der Reihe nach durchlaufen werden und dass, sobald eine Regel für ein Paket passt, die Verarbeitung abgebrochen wird – sei es, weil ein Ziel wie `ACCEPT` oder `DROP` das Schicksal des Pakets endgültig besiegelt, oder weil die Verarbeitung in einer anderen Kette fortgesetzt werden soll.

Standardverhalten Bleibt zu erwähnen, wie sich Pakete am Ende von Ketten verhalten. Handelt es sich um eine benutzerdefinierte Kette, so wird die Verarbeitung an der entsprechenden Stelle in der aufrufenden Kette fortgeführt. Ist die Kette allerdings eine der eingebauten Standardketten, so tritt das Ziel der Policy in Kraft – auch dann, wenn in einer eingebauten Kette das RETURN-Ziel auftaucht.

Insbesondere bei NAT gibt es noch mehr Ziele, die wir auszugsweise an geeigneter Stelle beschreiben werden. Im Folgenden wollen wir zuerst auf die normalen iptables-Optionen eingehen:

- **-t Tabelle**
  Dies ist eine der wichtigsten Optionen. Wie wir bereits gesehen haben, kann iptables/netfilter neben der normalen Paketfilterfunktionalität auch NAT sowie diverse Paketveränderungen vornehmen. Auf welche Funktionalität man zugreifen will, gibt man daher über diese Option an:

  - **filter**
    Diese Tabelle bezeichnet den normalen Paketfilter. Sie ist standardmäßig eingestellt, wenn man die Option -t weglässt. In ihr stehen die bereits bekannten INPUT-, OUTPUT- und FORWARD-Ketten zur Verfügung. Jedes Paket muss die entsprechende(n) Kette(n) dieser Tabelle durchlaufen.

  - **nat**
    Diese Tabelle wird überprüft, sobald ein Paket eine neue Verbindung aufbaut. Es stehen die folgenden Ketten zur Verfügung: PREROUTING (für das Verändern von Paketen vor dem Routing und direkt nach dem Eintreffen), OUTPUT (für das Verändern von lokal generierten Paketen vor dem Routing) und POSTROUTING (für das Verändern von Paketen nach dem Routing und kurz vor dem Weiterversenden).

    Die Ketten sind also ähnlich angeordnet wie die bereits beschriebenen Standardketten des Paketfilters, besitzen jedoch eine andere Semantik. Diese wird deutlich, wenn man sich vor Augen führt, dass PREROUTING für DNAT von weitergeleiteten Paketen, OUTPUT für DNAT von lokal generierten Paketen und POSTROUTING für SNAT von allen Paketen benötigt wird.

  - **mangle**
    Diese Tabelle benötigt man für das Verändern von Paketen. Seit Kernel 2.4.18 kann man in dieser Tabelle Pakete in allen Ketten (der beiden anderen Tabellen) verändern. Allerdings sollte man beachten, dass Pakete entsprechend ihrer Semantik auch mehrere Ketten durchlaufen können.

- **-j Ziel**
  Diese wohl wichtigste Option gibt als *Ziel* einer Regel an, welches Schicksal dem Paket zuteil wird. Achtung: Sie darf auch fehlen! Die Regel hat dann auf die

Pakete, auf die sie zutrifft, keine Auswirkungen. Allerdings wird trotzdem der Zähler für die Pakete erhöht.[3]

Die Filterausdrücke, die ein Paket nun für eine Regel auswählen, sind zum Teil abhängig von geladenen Erweiterungen (zum Beispiel über `-m`, wie im Beispiel gesehen) oder von speziellen Zielen und anderen Parametern. Sie lassen sich jeweils auch über ein Ausrufezeichen (!) negieren, und alle Rechner- oder Netzwerkadressen können in fast allen geläufigen Darstellungsformen angegeben werden, zum Beispiel als:

- Netzwerkname
- Rechnername[4]
- Netzwerkadresse samt Netzwerkmaske
- einfache IP-Adresse

Betrachten wir zuerst die immer verfügbaren einfachen Optionen:

- **-s Quelle**
  Der Absender (Quelle, engl. *source*) eines Pakets – hier kann man nach Netzwerken oder einzelnen Rechnern filtern.

- **-d Ziel**
  der Empfänger (Ziel, engl. *destination*) eines Pakets

- **-i Interface**
  Das Interface, auf dem ein Paket angekommen ist (*in-interface*). Natürlich funktioniert diese Option nur auf den `INPUT`-, `FORWARD`- und `PREROUTING`-Ketten.

- **-o Interface**
  Das Interface, auf dem ein Paket den Rechner verlassen wird (*out-interface*). Analog zur Option `-i` funktioniert dieser Parameter nur im Zusammenhang mit den `FORWARD`-, `OUTPUT`- und `POSTROUTING`-Ketten.

- **-p Protokoll**
  Mit dieser Option können Sie das Protokoll genauer spezifizieren. Meistens gibt man an dieser Stelle entweder `tcp`, `udp`, `icmp` oder `all` an. Durch Spezifizierung des Protokolls kann man weitere Extensions laden und damit genauere Optionen zum Angeben des Filters nutzen (zum Beispiel könnte man auf diverse TCP-Flags beim Angeben von `-p tcp` prüfen).

---

3 Mit der `-Z`-Option kann man diesen Zähler wieder auf Null stellen.
4 Sie sollten allerdings darauf achten, dass diese Namen nicht erst remote mit DNS oder ähnlichen Diensten aufgelöst werden müssen!

Die wichtigsten Erweiterungen samt der durch sie zur Verfügung gestellten Flags wollen wir in der folgenden Übersicht zusammenstellen. Die Liste ist keineswegs vollständig, daher verweisen wir Sie erneut auf die Manpage von `iptables` für detailliertere Informationen.

- **tcp**
  Die TCP-Erweiterung wird durch den Parameter `-p tcp` geladen und stellt unter anderem folgende weitere Kommandozeilenoptionen zur Verfügung:

  - **--source-port port(:port)**
    --destination-port port(:port)

    Über diese beiden Direktiven kann man einzelne Ports beziehungsweise über den Doppelpunkt auch ganze Port-Ranges ansprechen. Hier wird auch deutlich, warum dieser Parameter erst durch die Angabe des Parameters `-p tcp` möglich wird: Das ICMP-Protokoll kennt zum Beispiel keine Ports.

  - **--tcp-flags Maske Flags**

    Mit dieser Option können die TCP-Flags eines Pakets überprüft werden. Das Ganze funktioniert dann so, dass man im ersten Argument »Maske« eine durch Kommas getrennte Liste aller zu überprüfenden Flags (SYN, ACK, FIN, RST, URG, PSH, ALL oder NONE) angibt. Im zweiten Argument gibt man an, welche davon gesetzt sein müssen, damit das Paket vom Filter durchgelassen wird. Alle anderen in der Maske angegebenen Flags dürfen *nicht* gesetzt sein.

    TCP-Flags überprüfen

    ```
    iptables -A FORWARD -p tcp --tcp-flags SYN,ACK, \
      RST SYN -j DENY
    ```

    Listing 32.1 Beispiel: SYN-Pakete

    Das Beispiel würde also auf alle Pakete zutreffen, die das SYN-Flag gesetzt und das ACK- sowie das RST-Flag *nicht* gesetzt haben.

  - **--syn**
    Dieser Parameter ist die Abkürzung für das im obigen Listing gezeigte Beispiel zu SYN-Paketen, die ja im TCP-3-Wege-Handshake einen Verbindungsaufbau initiieren.

- **state**
  Dieses Modul können Sie, wie im Beispiel gesehen, über den Parameter `-m` laden, sofern das `ip_conntrack`-Modul geladen ist. Dadurch wird dann der folgende Parameter bereitgestellt:

  - **--state Status**
    Mit diesem Parameter können Sie den Status der Pakete spezifizieren. Mögliche Werte sind dabei INVALID (das Paket gehört zu keiner bekannten Ver-

bindung), `ESTABLISHED` (das Paket gehört zu einer bereits aufgebauten Verbindung), `NEW` (das Paket gehört zu keiner Verbindung und baut eine neue Verbindung auf) und `RELATED` (das Paket gehört zu einer Verbindung und baut eine neue Verbindung auf, beispielsweise beim FTP-Datentransfer).

- **owner**
  Dieses Modul soll stellvertretend für viele weitere Match-Extensions stehen. Wenn der Kernel nämlich entsprechenden Support bietet, kann über diese mit `-m owner` geladene Erweiterung `iptables` schon fast mit Funktionen ähnlich einer Personal Firewall ausgestattet werden.

  Funktionalität einer Personal Firewall

  Prinzipiell arbeitet das Modul nur auf der `OUTPUT`-Kette und untersucht dort den Ersteller des Pakets. Natürlich kann es auch vorkommen, dass ein Paket – beispielsweise eine ICMP-Kontrollnachricht – keinen *Besitzer* hat und deshalb gar nicht erfasst werden kann.

  Für alle anderen Pakete werden aber folgende Erweiterungen zur Verfügung gestellt:

  - **--uid-owner UID**
    Diese Regel trifft zu, wenn das Paket von dem Benutzer mit der entsprechenden UID erstellt wurde.[5]

  - **--gid-owner GID**
    Diese Erweiterung bezieht sich auf die Gruppen-ID des Prozesses.

  - **--cmd-owner Name**
    Hier können Sie auf den Namen des erzeugenden Prozesses prüfen.

  Auch wenn man über dieses Modul die Anwendungsschicht mit in das Regelwerk integrieren kann, sollte man sich nicht täuschen lassen: Bei `iptables` handelt es sich immer noch um einen Paketfilter.

So weit unser kurzer Überblick über die `iptables`-Paketfilteroptionen. Für weitere Informationen sowie für eine Übersicht über alle verfügbaren Match-Extensions empfehlen wir Ihnen nochmals die Manpage.

iptables und NAT

Diese Thematik wollen wir nicht zu sehr vertiefen, da wir mit dem Beispiel zu Masquerading schon die wichtigste und am häufigsten genutzte Anwendung erklärt haben und dieses Buch schließlich keine `iptables`-Referenz darstellt.

---

[5] Natürlich wird diese ID über die Benutzer-ID des Prozesses festgestellt, der das Paket erzeugt hat. Insofern könnte es also Probleme mit `suid`-Rechten geben.

Im Folgenden sollte klar sein, dass wir für NAT mit der Option `-t nat` die entsprechende Tabelle und natürlich auch die dort gültigen Ketten ansprechen müssen. Ansonsten benötigen wir natürlich wieder entsprechende Erweiterungen, also unsere Match-Extensions. Match-Extensions werden bei NAT vor allem über die Angabe eines entsprechenden Ziels geladen:

NAT-Tabelle

- **-j DNAT**
  Mit diesem Ziel lädt man die Erweiterungen für Destination-NAT. Natürlich funktioniert dieses nur auf der `PREROUTING`- und der `OUTPUT`-Kette, da schließlich das Ziel einer Verbindung geändert werden soll. Dafür wird eine weitere Option zur Verfügung gestellt:

  - **--to-destination IP(-IP)(:Port-Port)**
    So kann man ein einfaches neues Ziel, eine ganze *Range* von neuen Zieladressen sowie – falls man `-p tcp` oder `-p udp` angegeben hat – optional auch eine *Port-Range* angeben.

  Gibt man mehrere dieser Optionen oder eben eine Adress- beziehungsweise Port-Range an, so wird ein einfaches *Round-Robin-Verfahren* angewendet. Mit anderen Worten: Es werden alle möglichen Zieladressen der Reihe nach verwendet, was ein sehr einfaches Loadbalancing ermöglicht.

- **-j SNAT**
  Dieses Ziel funktioniert im Gegensatz zu DNAT nur auf der `POSTROUTING`-Kette. Davon abgesehen sind der Kontext und das prinzipielle Verhalten dem DNAT recht ähnlich:

  - **--to-source IP(-IP)(:Port-Port)**
    Entsprechend dem DNAT kann man hier die neue(n) Quelladresse(n) und eventuell Quell-Ports angeben.

- **-j MASQUERADE**
  Dieses Ziel kennen Sie bereits aus dem Beispielskript zu Masquerading. Eigentlich ist Masquerading ja nichts anderes als SNAT (und gilt damit auch nur in der `POSTROUTING`-Kette), es bietet aber noch einige sinnvolle Erweiterungen.

  Die Quelladresse wird nämlich implizit auf die IP-Adresse der Schnittstelle geändert, auf der das Paket den Rechner verlässt. Außerdem werden alle Verbindungen »vergessen«, wenn das Interface deaktiviert wird, was das korrekte Verhalten bei Dial-up-Verbindungen darstellt.

  Masquerading-Eigenschaften

Mit diesen Hilfen, der Manpage und vielleicht noch einigen Beispielskripten aus dem Internet sollten Sie nun in der Lage sein, Ihre eigene kleine Firewall mit `iptables` aufzusetzen. Dazu wollen wir noch einmal einen kurzen Überblick über den Regelaufbau geben.

Abschließender Überblick

Ein `iptables`-Befehl setzt sich aus folgenden Komponenten zusammen:

- **Tabelle**
  Meist wird die Paketfiltertabelle mit der Option `-t filter` automatisch bestimmt, ansonsten kann man an dieser Option erkennen, welche Funktionalität die Regel besitzen soll.

- **Kette**
  Als Nächstes wird spezifiziert, auf welche Kette sich der folgende Regelausdruck bezieht und ob die folgende Regel einzufügen oder zu löschen ist.

- **Filterausdruck**
  Hier legt man fest, auf welche Pakete sich die Regel beziehen soll. Fehlt dieser Filterausdruck, so bezieht sie sich auf alle Pakete.

- **Ziel**
  Was soll mit den passenden Paketen gemacht werden?

Wenn Sie diesen Aufbau eines `iptables`-Befehls präsent haben, sollte für Sie kein Firewall-Skript mehr Rätsel bergen.

32.7 Proxyserver

Filter bieten Schutz

Was haben *Proxyserver* in einem Kapitel zur Sicherheit zu suchen? Wer Proxys nur als *Caches* versteht, mag sich diese Frage vielleicht stellen. Im Allgemeinen kann man Proxys aber auch als Zugangsschutzsysteme verstehen, da sie viel mehr Möglichkeiten als nur das *Caching* bieten. Betrachten wir zunächst die Definition eines Proxyservers:

> Ein Proxyserver (abgeleitet vom englischen *proxy representative* = Stellvertreter, und vom Lateinischen *proximus* = sehr nah) bezeichnet eine Software, die »zwischen« einem Server und einem Client postiert wird. Aus dieser Position heraus kann der Proxyserver – für den Client als Server und für den Server als Client – die Verbindung transparent vermitteln.

Die Nomenklatur erklärt sich also durch den Fakt, dass ein Proxy meist »näher« am Client oder auch eben näher am Server ist. Mit dieser Architektur lassen sich Zugangsschutzsysteme – wir wollen mit Absicht nicht nur von Firewalls sprechen – durchaus sinnvoll erweitern, wie ein Blick auf die möglichen Funktionen eines solchen Servers zeigt.

32.7.1 Funktion

Resultierend aus seiner Position wird ein Proxy Daten in irgendeiner Form weiterleiten, da sonst keine Kommunikation stattfinden würde. Zu dieser Aufgabe kommt auch oft eine oder mehrere der folgenden Funktionen:

- **Cache**
  Im einfachsten Fall arbeitet der Proxy als Zwischenspeicher (*Cache*), um die Netzlast durch das Zwischenspeichern häufig gestellter Anfragen zu reduzieren.

- **Filter**
  Können Benutzer etwa auf Webinhalte nur über einen Proxy zugreifen, so kann man natürlich auch konfigurieren, welche Inhalte sie überhaupt zu sehen bekommen. Eine solche Filterung kann recht praktisch sein, wenn zum Beispiel das »eBayen« am Arbeitsplatz überhandnimmt.

  Ein Filter könnte auch heruntergeladene Dateien auf Viren überprüfen, ist also aus Sicherheitsaspekten gleich doppelt interessant.

- **Zugriffskontrolle**
  Steht ein Proxy »näher« beim Server als beim Client – befindet er sich vielleicht sogar in der Infrastruktur des *Dienstgebers* –, so kann er auch einen Server *maskieren* und so vor einem direkten Angriff schützen. Schließlich ist ein Proxy weniger komplex als der Server selbst.

  An dieser Stelle sollte man sich noch einmal den Unterschied zwischen dem Proxy und der bereits erläuterten Network Address Translation verdeutlichen, bei der der entsprechende Traffic einfach nur weitergeleitet und nicht »getunnelt« wird.

- **Vorverarbeitung**
  Natürlich können Proxys auch auf den von ihnen vermittelten Daten operieren und so zum Beispiel eine Konvertierung oder eine anderweitige Vorverarbeitung vornehmen.

- **Anonymisierung**
  Da laut unserer Definition ein Proxy für beide Kommunikationspartner transparent ist, kann ein externer Proxy auch als Anonymisierungsdienst genutzt werden. Der Client greift dann nicht mehr direkt auf den Server zu, sondern der Server loggt die IP-Adresse des Proxys, der ja den Zugriff für den Client erledigt.

Protokolle

Bisher ist für uns ein Proxy nur ein abstraktes Konzept der Netzwerkkommunikation, wenngleich wir schon auf das Haupteinsatzgebiet als HTTP-Proxy für Webseiten hingewiesen haben. Prinzipiell können Proxys allerdings für jedes TCP-basierte – also verbindungsorientierte – Protokoll eingesetzt werden.

- **HTTP**
  Privatanwender können oft Proxys ihrer Provider nutzen, die häufig aufgerufene Seiten *cachen* und somit, wie bereits angemerkt, den Zugriff beschleunigen. In Firmen dagegen werden Proxyserver oft zur Kontrolle und Einschränkung der Mitarbeiter eingesetzt. Die optimale Nutzung der vorhandenen Bandbreite ist da oft nur ein positiver Nebeneffekt.

- **FTP**
  Die meisten HTTP-Proxyserver können auch als FTP-Proxy fungieren und so den Benutzern das Herunterladen von Dateien ermöglichen, die auf entsprechenden Servern abgelegt sind.

- **SMTP**
  Durch das Design des *Simple Mail Transfer Protocol* kann jeder SMTP-Server auch SMTP-Proxy sein. Dies ist vor allem dann nützlich, wenn man unabhängig von der bereits existierenden Mail-Infrastruktur noch einen Filter gegen Spam, Viren und Trojaner aufsetzen will.

32.7.2 Einsatz

Betrachten wir im Folgenden, wie man einen Proxy einsetzen kann. Schaut man sich einen HTTP-Proxy in einer typischen Umgebung an, so sieht man, dass oft die Clients – also die Webbrowser – erst entsprechend konfiguriert werden müssen, um den Proxy zu nutzen. Aber es geht auch eleganter:

- **Transparenter Proxy**
  Für einen *transparenten Proxy* macht man sich meist NAT zunutze, indem man zum Beispiel auf dem Gateway alle an Port 80 adressierten Pakete an den Proxy selbst weiterleitet. In diesem Fall muss weder am Client noch am Server manipuliert werden. Der Proxy ist somit nicht nur in seiner Funktion, sondern auch als Zugangsschutzsystem an sich transparent.

  Aufgrund des benötigten NAT werden transparente Proxys meist nur in Firmennetzwerken ab einer gewissen »Grundkomplexität« eingesetzt, da für einfachere Strukturen andere Lösungen leichter umzusetzen sind.

- **Reverse Proxy**
  Ein *Reverse Proxy* ist ein Proxyserver, der anstelle des eigentlichen Servers in Erscheinung tritt. So kann ein Webserver beispielsweise Content eines anderen Servers anbieten, oder es können im einfachsten Fall schlicht Caches realisiert werden.

Spätestens die Anwendungsmöglichkeit als *transparenter Proxy* hat deutlich gemacht, wieso Proxys in ein Kapitel über Zugangsschutz und Zugangskontrolle gehören. Während Firewalls nämlich nur den Zugriff auf TCP/IP-Ebene kontrollieren, kann man über Proxys in beschränktem Umfang den Inhalt des erlaubten Traffics überwachen und auch einschränken – und zwar ohne Konfigurationsaufwand bei den Clients.

32.7.3 Beispiel: Squid unter Linux

Im Folgenden wollen wir kurz und exemplarisch die Konfiguration des Proxyservers *Squid* unter Linux betrachten. Squid (*www.squid-cache.org*) ist Open Source, steht also als Quellcode und Binary frei im Netz und ist ohne Lizenzkosten für jeden verfügbar.

Features

Als der im Unix-/Linux-Umfeld meistgenutzte Proxyserver bringt Squid eine Reihe wichtiger und interessanter Features mit:

- Proxy- und Cache-Funktion für verschiedene Protokolle wie HTTP und FTP
- SSL-Support (HTTPS)
- Cache-Hierarchien
- ICP, HTCP, CARP, Cache Digests
- transparentes Caching
- ab Squid 2.3: WCCP (*Web Cache Coordination Protocol*)
- gut konfigurierbare Zugriffskontrollen
- HTTP-Beschleunigung
- SNMP (*Simple Network Management Protocol*)
- DNS-Caching

Eigentlich sind in jeder wichtigen Linux-Distribution Squid-Binaries bereits vorinstalliert oder entsprechende Pakete werden bereitgestellt. Sollten Sie jedoch die Software von Hand von *www.squid-cache.org* herunterladen und installieren wollen, können Sie auch die folgende Installationsanleitung nutzen, die für jede Autotoolsbasierte Software gilt.

Installation

Zuerst laden Sie die Datei *squid-*-src.tar.gz* in der neuesten Version von *www.squid-cache.org* herunter und entpacken sie:

```
# tar -xvzf squid-*-src.tar.gz
# cd squid-*
```

Listing 32.2 Entpacken der Software

Konfigurieren und übersetzen

Um den Quellcode für das eigene System zu konfigurieren, zu übersetzen und schließlich die kompilierten Binaries an die richtigen Stellen im System zu verschieben, benötigen Sie die folgenden drei Kommandos:

```
# ./configure
# make
# make install
```

Listing 32.3 Die Sourcen übersetzen

Bei der gesamten Installationsprozedur benötigen Sie nur für den letzten Schritt root-Rechte, da hier auf das Systemverzeichnis */usr/local* – Squid wird per Default unter */usr/local/squid* installiert – zugegriffen werden muss.

[»] Sollen Übersetzungs- beziehungsweise Installationsoptionen geändert werden, so können Sie mit ./configure -help eine Liste aller möglichen Konfigurationsoptionen zur Übersetzungszeit ausgeben lassen.

Darüber könnten Sie auch den Installationspfad ändern, was aber nur selten sinnvoll ist. Schließlich gibt es eine wohldefinierte und durchdachte Ordnung, welche Verzeichnisse für welche Dateien bestimmt sind – und anstatt in */etc*, */var* oder */usr/bin* (wie die vom Paketmanagement der Distribution verwaltete Software) gehört Selbstübersetztes in ein Verzeichnis unterhalb von */usr/local*.

Die eigentliche Konfiguration

Während man bei *./configure* nur mit den Installationsoptionen in Berührung kommt, enthält die Datei */usr/local/squid/etc/squid.conf* – beziehungsweise */etc/squid.conf* oder */etc/squid/squid.conf* nach der paketbasierten Installation über Ihre Distribution – die eigentliche Konfiguration zum Betrieb des Proxyservers.

Die Optionen in dieser Datei sollen im Folgenden nur so weit behandelt werden, wie es für eine lauffähige Konfiguration nötig ist.

▶ cache_dir
  In diesem Verzeichnis wird der Cache abgelegt, es sollte also genügend Plattenplatz vorhanden sein.

- cache_effective_user **und** cache_effective_group
  Unter diesen Rechten wird das Cache-Verzeichnis auf der Platte genutzt.

- http_port
  Der Port, auf dem der Dienst laufen soll – standardmäßig ist dies der Port 3128.

- http_access
  Nach der Installation ist der Squid meist so konfiguriert, dass *niemand* auf ihn zugreifen kann. Dies ist sinnvoll, da so die Software nach der Installation und vor der Konfiguration kaum anfällig für Angreifer ist. Eine minimale Konfiguration, die nur dem Proxyserver selbst Zugriff auf den Dienst erlaubt, könnte zum Beispiel so aussehen:

Zugriff erlauben

```
# Only allow cachemgr access from localhost
http_access allow manager localhost
http_access deny manager

# Only allow purge requests from localhost
http_access allow purge localhost
http_access deny purge

# Deny requests to unknown ports
http_access deny !Safe_ports

# Deny CONNECT to other than SSL ports
http_access deny CONNECT !SSL_ports
#
# INSERT YOUR OWN RULE(S) HERE TO ALLOW ACCESS
# FROM YOUR CLIENTS
#
http_access allow localhost

# And finally deny all other access to this proxy
http_access deny all
```

Listing 32.4 Minimale Zugriffsrechte für Squid

Wofür die einzelnen Bezeichner stehen, können Sie mit folgender Deklaration klären:

```
acl all src 0.0.0.0/0.0.0.0
acl manager proto cache_object
acl localhost src 127.0.0.1/255.255.255.255
acl SSL_ports port 443 563
acl Safe_ports port 80          # http
acl Safe_ports port 21          # ftp
acl Safe_ports port 443 563     # https, snews
```

```
acl Safe_ports port 70              # gopher
acl Safe_ports port 210             # wais
acl Safe_ports port 1025-65535      # unregistered
                                    # ports
acl Safe_ports port 280             # http-mgmt
acl Safe_ports port 488             # gss-http
acl Safe_ports port 591             # filemaker
acl Safe_ports port 631             # cups
acl Safe_ports port 777             # multiling http
acl Safe_ports port 901             # SWAT
acl purge method PURGE
acl CONNECT method CONNECT
```

Listing 32.5 Sichere Ports definieren

Wie Sie sehen, sind diese Deklarationen sehr einfach gehalten. Port-Bereiche von Port A bis Port B werden durch A-B angegeben.

Nach diesem einfachen, aber lauffähigen Beispiel möchten wir im Folgenden die Konfiguration von Squid als *transparentem Proxy* wiederum exemplarisch durchspielen. Warum »nur« exemplarisch? Immerhin lesen Sie gerade ein Sicherheitskapitel, da wäre es fatal, einem einfachen, nur einen Sachverhalt illustrierenden Beispiel gleich den Status einer komplexen »Lösung« geben zu wollen. Wenn Sie detaillierte Informationen für Ihre spezifische Konfiguration für Squid suchen, sollten Sie zum Beispiel auf der Homepage des Projekts fündig werden.

Squid als transparenter Proxy

NAT nutzen — Die Konfiguration von Squid als transparenter Proxy erfordert zwei Schritte: Zuerst muss Squid so konfiguriert werden, dass er auch mit normalen Requests umgehen kann, die nicht eigens auf Proxys zugeschnitten sind.[6]

Diese Optionen sind in wenigen Zeilen zusammengefasst:

```
httpd_accel_host virtual
httpd_accel_port 80
httpd_accel_with_proxy on
httpd_accel_uses_host_header on
```

Listing 32.6 squid.conf: Konfiguration als transparenter Proxy

---

[6] Speziell für Proxys generierte Requests werden von Browsern benutzt, bei denen man einen Proxy per Hand eingestellt hat. In unserem Fall jedoch soll diese explizite Konfiguration durch den Einsatz eines transparenten Proxys vermieden werden, daher muss Squid mit normalen HTTP-Requests umgehen können.

Als Nächstes muss der für das Web bestimmte Traffic zum Squid umgeleitet werden, was in der Regel durch einfaches NAT erfolgt. Wie diese Umleitung nun genau auszusehen hat, hängt von Ihrer Firewall ab. Im Prinzip muss aber nur jeglicher aus dem internen Netz kommender, auf Port 80 adressierter Traffic auf den Squid-Rechner umgeleitet werden – der natürlich Zugriff auf das Netz ohne diese Umleitung braucht.

Squid starten

Wenn man Squid zum ersten Mal startet, muss zuerst die Cache-Struktur im angegebenen Verzeichnis angelegt werden. Viele von den Distributionen mitgelieferte Startskripte tun dies automatisch; bei einer manuellen Installation muss man dies aber noch per Hand durch das Starten von Squid mit der Option -z erledigen:

```
/usr/local/squid/bin/squid -z
```

Listing 32.7 Cache anlegen

Nach dem Abschluss dieser Aktion kann man Squid mit den Optionen -NCd1 im Debug-Modus starten. Die Meldung »Ready to serve requests« sollte signalisieren, dass die Software korrekt konfiguriert wurde. Startet man Squid nun ohne Optionen, läuft der Server ganz normal als Dämonprozess im Hintergrund. Über die Datei *cache.log* im *log*-Verzeichnis kann man dann eventuelle Laufzeitfehler oder andere Nachrichten überwachen.

32.8 Virtuelle private Netzwerke mit OpenVPN

Virtuelle private Netzwerke (kurz VPNs) haben innerhalb der letzten Jahre enorm an Bedeutung gewonnen. Im Folgenden geben wir Ihnen daher eine Einführung in diese Thematik.

> Bei einem VPN handelt es sich um ein *virtuelles* Netzwerk innerhalb eines *realen* Netzwerks. Die Verbindungen und Systeme eines bestehenden Netzwerks werden dabei so verwendet, dass Sie innerhalb dieses Netzwerks noch ein weiteres aufbauen können. Die Netzwerkdaten eines VPN werden dabei innerhalb von Protokollen des bestehenden Netzwerks untergebracht. Diesen Vorgang bezeichnet man als *Tunneling*. VPNs werden oft verschlüsselt eingesetzt, um Daten, die geheim gehalten werden sollen und normalerweise nur über ein Firmennetzwerk transportiert werden sollen, über ein unsicheres Netz zu transportieren.

[zB] Ein Beispiel: Ein Mitarbeiter einer in Deutschland angesiedelten Firma führt zu Geschäftspartnern nach Schweden. Von dort aus möchte er eine sichere Videokonferenz zum heimischen Unternehmen aufbauen, die über das Internet eingerichtet werden soll. Dazu stellt der Mitarbeiter über eine entsprechende VPN-Software (also einen VPN-Client) auf seinem Notebook eine Verbindung zum VPN-Router (auch VPN-Gateway genannt) der Firma her. Beide Systeme können darauf konfiguriert sein, dass die Datenübertragung zwischen ihnen verschlüsselt und/oder authentifiziert wird. Der Mitarbeiter und die Firma können nun vertraulich konferieren.

Eine weitere häufig genutzte VPN-Software ist *OpenVPN*. Sie setzt nicht auf neue, eigene Protokolle und Schlüsselaustauschverfahren, sondern nutzt mit dem TLS/SSL-Protokoll ein bekanntes und lange getestetes Verfahren, um die Sicherheit einer Verbindung zu gewährleisten.

Dazu wird über TLS/SSL eine Verbindung zum Server aufgebaut, über die dann der gesamte Netzwerkverkehr getunnelt wird. Weder ein zwischengeschalteter Proxy noch NAT erzeugen dabei ein Problem. Besonders hervorzuheben ist, dass es Clients für alle gängigen Betriebssysteme gibt und ihre Konfiguration recht einfach ist.

Auf der Homepage von OpenVPN – *www.openvpn.org* – findet man Clients für alle wichtigen Betriebssysteme sowie eine ausführliche Dokumentation mit einfachen Beispielen. Außerdem finden sich in den meisten Linux-Distributionen bereits vorgefertigte Pakete für OpenVPN, so dass Sie die Software nicht einmal mehr von Hand installieren müssen.

32.8.1 Pre-shared Keys

Mit OpenVPN kann man die Authentifizierung auf zwei verschiedene Arten regeln: mit Zertifikaten oder mit *Pre-shared Keys*. Bei Letzteren handelt es sich um eine Art Passwort, das vor der Nutzung auf beiden VPN Endpunkten eingerichtet wurde. Diese Einrichtung ist zwar recht einfach – schließlich braucht man keine X.509-PKI-Infrastruktur für die Zertifikate einzurichten –, bietet aber nur begrenzte Möglichkeiten: Man kann so nur zwei Rechner miteinander verbinden und hat keine *Perfect Forward Secrecy*:

Ein Kryptosystem mit *Perfect Forward Secrecy* (PFS) stellt die Integrität auch dann noch sicher, wenn der Schlüssel nach der Kommunikation kompromittiert wird.

Da die Pre-shared Keys von OpenVPN diese Eigenschaft nicht besitzen, kann ein Angreifer nach Veröffentlichung der Schlüssel alle vergangenen Sitzungen entschlüsseln.[7]

Um einen Schlüssel in OpenVPN zu erstellen, reicht folgender Aufruf auf der Kommandozeile:

---

7 Zertifikate nach X.509 dagegen verwenden zur Laufzeit erstellte Sitzungsschlüssel und bieten daher PFS.

```
$ openvpn --genkey --secret key.dat
```

Listing 32.8 Key erstellen

Der erzeugte Schlüssel ist anschließend in der Datei *key.dat* gespeichert und muss auf »sicherem Weg« – beispielsweise mittels SSH – auf beide zu verbindenden Rechner verteilt werden. Anschließend kann man mit den folgenden kurzen Konfigurationsdateien einen VPN-Tunnel zwischen Client und Server aufbauen:

```
dev tun
ifconfig 192.168.100.1 192.168.100.2
secret key.dat
```

Listing 32.9 Konfiguration Server

```
remote vpn.example.com
dev tun
ifconfig 192.168.100.2 192.168.100.1
secret key.dat
```

Listing 32.10 Konfiguration Client

Anschließend kann man den Tunnel mittels `openvpn -config Konfigurationsdatei` starten. In unserem Beispiel haben die Bezeichnungen *Server* und *Client* nur Bedeutung in Bezug auf den Aufbau des Tunnels: Der OpenVPN-Server läuft im Hintergrund und wartet auf eine Verbindungsanfrage des OpenVPN-Clients. Dazu muss der Client natürlich wissen, wo er den Server finden kann: In unserem Beispiel ist der öffentliche Name des Servers *vpn.example.com*.

Nach dem Verbindungsaufbau sind beide Seiten allerdings gleichberechtigt und über die IPs `192.168.100.1` beziehungsweise `192.168.100.2` ansprechbar. Den Tunnel testen kann man somit über ein einfaches `ping` der Gegenstelle.

Sollte der Test fehlschlagen, so liegt es mit ziemlicher Sicherheit an den Einstellungen der Firewall an einem der Endpunkte. OpenVPN nutzt standardmäßig den UDP-Port 1194, dieser sollte also nicht geblockt werden. Auch ein zwischengeschaltetes NAT muss entsprechend konfiguriert werden, so dass die Pakete korrekt weitergeleitet werden.

Möchte man einer Seite nun Zugriff auf das Netz der Gegenstelle erlauben, so muss nur noch das Routing richtig aufgesetzt werden. Um zum Beispiel dem Client den Zugriff auf das `192.168.1.0/24`-Netz des Servers zu geben, bauen Sie folgende Zeile in die Konfiguration des Clients ein:

```
route 192.168.1.0 255.255.255.0
```
Listing 32.11 Routing zum Server

Auf der Serverseite müssen Sie – sofern der OpenVPN-Server nicht der Standard-Gateway der Rechner im Netzwerk ist – noch die Route zum Client eintragen: Schließlich ist der Server der Gateway für den Client.

32.8.2 Zertifikate mit OpenSSL

Eine einfache PKI aufbauen

Das Beispiel mag zum Testen ausreichend sein, für ein professionelles Setup wird man die Authentifizierung jedoch über Zertifikate durchführen wollen. Diese sind vor allem vom sicheren HTTPS-Protokoll bekannt, werden jedoch auch hier in größerem Umfang eingesetzt. So verlangt OpenVPN eine ganze PKI (*Public Key Infrastruktur*), die aber recht einfach mit der OpenSSL-Suite erstellt und verwaltet werden kann.

Der einfachste Weg, Zertifikate komfortabel zu verwalten, ist openssl. Das Tool findet man in nahezu jeder Linux-Distribution – und hat damit alles, was man braucht, um eine komplette Zertifizierungsstelle einzurichten.

> Ein *Zertifikat* ordnet einer Person oder einem Rechner einen öffentlichen Schlüssel zu. Eine *Zertifizierungsstelle* (CA, für englisch *certification authority*) beglaubigt diese Zuordnung durch ihre digitale Unterschrift.

Da das openssl-Programm selbst viele Parameter entgegennimmt, gibt es ein einfaches Skript, das die Benutzung vereinfacht und praktischerweise gleich mit OpenSSL verteilt wird. Das Skript heißt *CA.sh* und findet sich zum Beispiel unter */usr/lib/ssl/misc*. Die wichtigsten Optionen des Skripts lauten wie folgt:

- **CA.sh -newca**
  Mit diesem Parameter wird eine neue Zertifizierungsstelle erstellt. Als Ausgabe erhält man unter anderem das Zertifikat mit dem öffentlichen Schlüssel der CA. Als wichtigster Parameter wird ein Passwort abgefragt, mit dem man später neue (Client-)Zertifikate erstellen oder auch widerrufen kann.

- **CA.sh -newreq**
  Mit diesem Aufruf erstellt man eine *Zertifizierungsanfrage*. Dies ist nichts weiter als ein Schlüsselpaar sowie einige Daten zum Besitzer – gültig wird dieses Zertifikat jedoch erst, wenn es im nächsten Schritt von der Zertifizierungsstelle unterschrieben wurde.

▶ CA.sh -sign
Das Unterschreiben des Requests geschieht mit dem Parameter `-sign`. Dabei wird man aufgefordert, das Passwort der Zertifizierungsstelle einzugeben. Erst dann ist das Unterschreiben erfolgreich.

Ist man mit den Default-Einstellungen des Skripts nicht zufrieden und möchte zum Beispiel die Gültigkeitsdauer der Zertifikate verlängern, so genügt ein Blick in das Skript selbst – viele Optionen können dank ausführlicher Kommentare leicht angepasst werden.

32.8.3 OpenVPN als Server einrichten

Zertifikate eignen sich besonders für ein *Roadwarrior*-Setup, bei dem man mehreren externen Clients über einen zentralen VPN-Server den Zugriff auf das eigene Netz erlauben will – ein typisches Szenario, um Außendienstmitarbeitern den Zugriff auf die Firmen-IT zu gewähren.

Ein guter Ausgangspunkt für die Erstellung eines eigenen Setups ist die OpenVPN-Beispielkonfiguration. Dabei müssen Sie auf die folgenden Punkte achten:

▶ port 1194
Der Standard-Port von OpenVPN ist Port 1194/UDP. Eine Firewall sollte ihn also nicht blocken, sondern eventuell per NAT an den VPN-Server weiterleiten.

▶ proto udp / proto tcp
Man kann wählen, ob man das VPN über UDP oder TCP betreiben möchte. Aber Achtung: Wenn man TCP-Verbindungen über das VPN tunneln möchte – und das wird fast immer der Fall sein – sollte man das VPN über UDP betreiben. Eine »doppelte« Fluss- und Fehlerkontrolle kann zu unerwarteten Effekten wie deutlichen Geschwindigkeitseinbußen führen.

▶ dev tun / dev tap
Hier kann man die Art des Tunnels bestimmen. Die Option `dev tun` erzeugt einen gerouteten IP-Tunnel: Die Clients befinden sich in einem eigenen Netz und nutzen das VPN-Gateway als Zugang zum internen Netz. Dagegen erstellt die Option `dev tap` einen Ethernet-Tunnel. Die Clients treten also dem Netzwerk bei und können so auch Broadcast-Nachrichten empfangen. Der damit einhergehende Traffic lässt sich allerdings nur rechtfertigen, wenn spezielle (auf Broadcasts angewiesene) Protokolle einen `tap`-Tunnel notwendig machen. Andernfalls sollte in den meisten Fällen ein gerouteter Tunnel die richtige Wahl sein.

- **ca / cert / key**
  Mit diesen Direktiven gibt man die vorher mit OpenSSL erstellten Zertifikate an. Wichtig ist das CA-Zertifikat, da sowohl Server als auch Client die Gültigkeit des jeweils anderen Zertifikats daran erkennen, ob es von der eigenen CA unterschrieben wurde. Das Zertifikat mit dem Schlüssel (key) ist geheim zu halten, alle anderen Daten sind öffentlich. Je nach Konfiguration muss beim Starten von OpenVPN eventuell ein Passwort angegeben werden, um den verschlüsselten Key laden zu können.

- **dh dh1024.pem**
  Für den Schlüsselaustausch sind Diffie-Hellman-Parameter zuständig.[8] Es reicht aus, diese Parameter einmal mit folgendem Aufruf zu erstellen:

```
openssl dhparam -out dh1024.pem 1024
```

Listing 32.12 openssl dhparam

- **server 192.168.2.0 255.255.255.0**
  Mit diesem Befehl legt man das Subnetz für alle VPNs fest. Natürlich ist dies nur für geroutete IP-Tunnel (dev tun) interessant. In diesem Beispiel erhalten alle VPN-Clients IPs aus dem Netz 192.168.2.0/24. Dieses Segment sollte in der bisherigen Infrastruktur noch nicht vorkommen!

- **push "route 192.168.2.0 255.255.255.0"**
  Mit diesem Aufruf teilt man dem Client mit, dass er das Netz 192.168.2.0/24 hinter dem VPN-Gateway finden kann. Hier können auch mehrere Netzwerke weitergeleitet werden – selbst wenn sie nicht direkt mit dem VPN-Gateway verbunden sind. Zu beachten ist nur, dass alle Router auch das VPN-Gateway als Zugangspunkt zum VPN-Netz kennen. Andernfalls können die VPN-Clients zwar Daten ins Netzwerk senden, die Antwortpakete werden aber den Weg zurück nicht finden.[9]

- **client-to-client**
  Mit dieser Option kann man festlegen, dass sich verschiedene VPN-Clients auch gegenseitig »sehen«. Diese Option ist standardmäßig deaktiviert, somit »sehen« die Clients nur den Server (und eventuell die gerouteten Netze).

Installiert man OpenVPN als RPM- oder DEB-Paket unter Linux, so ist ein Init-Skript zum automatischen Starten des Servers schon beigefügt.[10]

---

[8] Diffie-Hellman bezeichnet ein nach seinen Erfindern benanntes kryptografisches Verfahren zum Schlüsselaustausch.
[9] Natürlich tritt dieses Problem nicht auf, wenn man den VPN-Server gleich auf dem Standard-Gateway aufsetzt ;-)
[10] Unter Windows muss man den Dienst noch als AUTOMATISCH STARTEND in der Diensteverwaltung markieren.

32.8.4 OpenVPN als Client

Das Setup des Clients entspricht im Wesentlichen der Serverkonfiguration. Es fallen viele (serverspezifische) Einstellungen weg, zu beachten ist – wieder ausgehend von der Beispielkonfiguration – nur Folgendes:

- **client**
  Mit dieser Direktive legt man fest, dass dieser Rechner als Client agiert und sich damit wichtige Konfigurationseinstellungen vom Server holt.

- **remote vpn-gateway.example.com 1194**
  Hier gibt man Server und Port an. Das Protokoll ergibt sich aus der – bei der Serverkonfiguration identischen – proto-Direktive.

  VPN-Gateway

- **ca / cert / key**
  Natürlich braucht auch der Client eigene Zertifikate. Das CA-Zertifikat muss dabei mit dem Server identisch sein, sonst schlägt die Authentifizierung fehl. Es ist ratsam, jedem Client ein eigenes Zertifikat zu geben – so gibt es beim Widerrufen eines Zertifikats keine Probleme.[11]

Mit diesen einfachen Einstellungen ist das VPN fertig konfiguriert und damit einsatzbereit. Im Gegensatz zu komplizierten IPSec-Setups – die einem gerade bei unterschiedlichen Programmen auf unterschiedlichen Plattformen gern den letzten Nerv rauben – kann man auf diese Weise sehr einfach und kostenlos externe Windows-Clients über einen Linux-VPN-Server an das Firmennetzwerk anbinden. Natürlich sind auch andere Mischformen denkbar – und alle funktionieren. :-)

32.9 Verdeckte Kanäle und Anonymität

Eine im Normalfall (das heißt außerhalb von elektronischen Ausweisen und etwa dem Militär) weniger wichtige Sicherheitsproblematik, die allerdings für die Forschung und aus technischer Sicht sehr interessant ist, sind verdeckte Kanäle (engl. *covert channels*), die ein Themengebiet der Steganografie sind.[12] Verdeckte Kanäle wurden 1973 von B. Lampson entdeckt und beziehen sich eigentlich auf die Informationsflüsse in Multi-Level-Secure-Systems (MLS), also Systemen mit verschiedenen Sicherheitsstufen. In solchen Systemen soll zum Beispiel ein Prozess mit Top-Secret-Einstufung nicht einfach Daten an einen Prozess mit Secret-Level-Einstufung senden können (man bezeichnet dieses als »No Write Down«-[NWD]-Problematik).

---

11 Frühere Versionen von OpenVPN setzten sogar voraus, dass jeder Client ein eigenes Zertifikat besitzt. Heute ist es zwar möglich, ein Zertifikat für mehrere Clients zu benutzen, empfehlenswert ist dieses Vorgehen aber trotzdem nicht.
12 Bei der Steganografie geht es um das Verstecken von geheimen Informationen in unauffälligen Informationen, etwa Geheimtexte in Bildern.

Andersherum gedacht soll kein »Read Up« (NRU) möglich sein, also etwa ein Secret-Level-Prozess auf Daten des Top-Secret-Level-Prozesses zugreifen können.

Nun aber zurück zur Linux-Sicherheit. Verdeckte Kanäle können generell nämlich auch als parasitäre Kommunikationskanäle betrachtet werden. Dabei werden etwa Attribute oder zeitliche Werte als Informationsträger verwendet, die eigentlich nicht dazu gedacht sind, Informationen von Nutzern zu übertragen. Beispielsweise können geheime Informationen im Payload von ICMP-Paketen oder im TTL-Wert eines IPv4-Headers übertragen werden.

2004 hat Joanna Rutkowska einen passiven verdeckten Kanal (*passive covert channel*) in den Linux-Kernel implementiert, indem Sie die TCP ISN (*Initial Sequence Number*) durch verschlüsselte verdeckte Informationen ersetzte. Den zugehörigen Code, genannt NUSHU, finden Sie auf *http://invisiblethings.org*. Passiv ist ein solcher Kanal, da er keinen eigenen Traffic erzeugt, sondern vorhandenen Traffic, der von Benutzern generiert wird, vor dem Senden kernelseitig modifiziert.

Diverse weitere Implementierungen für den Userspace gibt es natürlich auch. Darunter etwa Ping Tunnel[13] oder die Forschungsentwicklungen PHCCT (*protocol hopping covert channel tool*) und PCT (*protocol channel tool*) von einem der Autoren dieses Buches,[14] bei denen Protokollwechsel innerhalb von verdeckten Kanälen stattfinden oder durch einen verdeckten Protokollwechsel selbst sogar die eigentliche Information dargestellt wird. Verdeckte Kanäle sind heute über praktisch alle typischen Netzwerkprotokolle (zum Beispiel TCP, HTTP, DNS, UDP, NNTP, SMTP, POP3, ICMP, IPv6, VoIP, ...) möglich.

Die Detektion verdeckter Kanäle ist in der Praxis äußerst schwierig und aufwendig. Entweder muss schon während der Designphase von Systemen darauf geachtet werden, verdeckte Kanäle zumindest einzudämmen, oder es müssen (meist größere) Einschränkungen an einem System gemacht werden, um sie während des Betriebs einzudämmen. Eine hundertprozentige Vermeidung von Covert Channels ist im Normalfall ausgeschlossen. Sollten Sie sich mehr für diese sehr akademische Thematik interessieren, dann suchen Sie mit einer Suchmaschine Ihrer Wahl doch einmal nach wissenschaftlichen Veröffentlichungen zu den Themen *Covert Flow Trees*, *Network Pumps*, *Shared Resource Matrix*, *Multilevel Secure Systems*, *Confinement Problem*, *Subliminal Channel* oder *Channel Capacity* ;)

Ein angrenzendes Thema ist natürlich die Anonymität. Diese ist auch ohne Steganografie möglich, besonders durch den Einsatz von Kryptografie; sie kommt in diesem Bereich tatsächlich bei einigen freien Projekten zum Einsatz. Am bekanntesten dürfte wohl das Tor-Projekt (*torproject.org*) sein, bei dem kryptografisches

---

13 Siehe *http://www.cs.uit.no/~daniels/PingTunnel/*
14 Siehe *www.wendzel.de*, dort finden Sie auch diverse weitere Publikationen meiner Wenigkeit zum Thema.

Onion-Routing verwendet wird, um die Anonymität eines Benutzers zu gewährleisten. Onion-Routing basiert auf der 1981 von David Chaum eingeführten MIX, die auf asymmetrischer Kryptografie basiert.

32.10 Mails verschlüsseln: PGP und S/MIME

Die Verschlüsselung von E-Mails ist heute, da das Abhören von E-Mails ein Leichtes ist, wichtiger als je zuvor. Im Folgenden stellen wir mit PGP/GPG und S/MIME zwei bekannte Verfahren zur Verschlüsselung von E-Mails vor.

32.10.1 PGP/GPG

Beginnen wollen wir dabei mit dem bekannten PGP-Programm. Die Abkürzung PGP steht für *Pretty Good Privacy*, eine fast schon mystische Abkürzung in der Welt der IT. Das PGP-Programm wurde ursprünglich von Phil Zimmerman geschrieben, mit dem Ziel, jedermann das Recht auf eine Privatsphäre zu garantieren.

Dass PGP diesen Zweck mehr als erfüllte, belegt die Tatsache, dass die Software als starke Kryptografie eingestuft wurde und als solche unter die Waffenexportverbote der USA fiel. Nur durch den legendären Trick, die Software auszudrucken und in Buchform zu exportieren, gelang es damals, sie auch legal nach Europa zu bringen.

PGP ist mittlerweile kommerziell, aber es gibt mit dem *GNU Privacy Guard* (GPG) eine freie Alternative. Gerade bei solchen wirklich sensitiven Programmen sollte man darauf achten, dass man freie Software einsetzt – nur hier kann man dem Programm nämlich wirklich vertrauen. GPG ist kompatibel zu PGP und sowohl für Linux als auch für Windows verfügbar. Es gibt also eigentlich keinen technischen Grund, die Software nicht einzusetzen. Der einzige denkbare Grund für einen Verzicht wäre der, dass man schon PGP einsetzt. Da beide Tools zueinander kompatibel sind, werden wir im Folgenden nur noch von PGP im Sinne des gemeinsamen Standards sprechen.

Motivation

Im Zusammenhang mit PGP wird stets das Beispiel mit der Postkarte gebracht. Das liegt weniger daran, dass alle Autoren vermeintlich voneinander abschreiben, als vielmehr an der Prägnanz dieses Beispiels. Es wird nämlich argumentiert, dass E-Mails so offen wie Postkarten seien, auf der jeder – auch der Postbote – lesen kann, was der Absender dem Adressaten mitzuteilen hat. Der Vergleich endet dann meist mit der rhetorischen Frage, ob man selbst auch die geschäftliche Korrespondenz oder auch jegliche private Post so »frei« verschicken würde.

Funktionsweise

PGP nutzt asymmetrische Verschlüsselung,[15] der Benutzer besitzt also wieder einen öffentlichen und einen privaten Schlüssel. Daraus ergeben sich folgende Möglichkeiten:

▸ **Digitale Signatur**
Sie können einen Text mit Ihrem privaten Schlüssel unterschreiben, indem Sie einen Hash des Textes mit diesem verschlüsseln. Nun kann jeder Empfänger des Textes mit Ihrem öffentlichen Schlüssel den signierten Hash wieder entschlüsseln und überprüfen, ob dieser auch zu dem gesendeten Text gehört.

▸ **E-Mails verschlüsseln**
Sie können auch E-Mails komplett verschlüsseln. Da eine vollständige Verschlüsselung mit asymmetrischen Verfahren zu rechenintensiv wäre, wird die E-Mail mit einem symmetrischen Algorithmus chiffriert. Erst der dafür benutzte, zufällig erzeugte Schlüssel wird mit dem öffentlichen Schlüssel des Empfängers verschlüsselt.

Der Empfänger kann nun mit seinem privaten Schlüssel den Key für das symmetrische Verfahren entschlüsseln und damit die gesamte Nachricht wieder in den Klartext überführen. Mit dieser Methode können Nachrichten auch für mehrere Empfänger verschlüsselt werden, ohne dass ein großer Overhead entsteht.

Bekanntermaßen ist der öffentliche Schlüssel für alle Aktionen zuständig, die *jedermann* durchführen kann, wie die Unterschrift einer Mail prüfen oder eine Mail an einen Empfänger verschlüsseln. Der private Schlüssel ist also für alle Aktionen vorgesehen, die man nur selbst durchführen können sollte: Das Entschlüsseln von Mails, die für Sie bestimmt sind, und das Signieren Ihrer eigenen Nachrichten.

Die Bedienung

Damit Sie auch gleich damit loslegen können, verschlüsselte E-Mails zu senden und zu empfangen, geben wir Ihnen im Folgenden eine Anleitung dazu. Wir verwenden hierfür das freie Open-Source-Programm GnuPG.

Schlüssel erzeugen — Zunächst müssen ein privater und ein öffentlicher Schlüssel erzeugt werden. Dies wird mittels `gpg -gen-key` erledigt.

Wir erzeugen dabei einen 2048 Bit langen, unendlich lange gültigen DSA/Elgamal-Schlüssel für Max Mustermann. 2048 Bit lange Schlüssel sind äußerst stark, und eine Ver- bzw. Entschlüsselung von größeren Nachrichten kann mit solchen Schlüsseln sehr lange dauern. Wenn Sie oft größere Nachrichten (etwa mit Anhängen) versenden, empfiehlt sich eventuell ein schwächerer Schlüssel mit bspw. 1024 Bit.

---

15 Um genau zu sein: Es kommen RSA und Diffie-Hellman/DSS zum Einsatz.

32.10 Mails verschlüsseln: PGP und S/MIME

```
$ gpg --gen-key
gpg (GnuPG) 1.4.5; Copyright (C) 2006 Free Software
Foundation, Inc.
This program comes with ABSOLUTELY NO WARRANTY.
This is free software, and you are welcome to
redistribute it under certain conditions. See the
file COPYING for details.

gpg: Verzeichnis `/home/abc/.gnupg' erzeugt
gpg: Neue Konfigurationsdatei
    `/home/abc/.gnupg/gpg.conf' erstellt
gpg: WARNUNG: Optionen in `/home/abc/.gnupg/gpg.conf'
    sind während dieses Laufes noch nicht wirksam
gpg: Schlüsselbund `/home/abc/.gnupg/secring.gpg'
    erstellt
gpg: Schlüsselbund `/home/abc/.gnupg/pubring.gpg'
    erstellt
Bitte wählen Sie, welche Art von Schlüssel Sie
möchten:
   (1) DSA and Elgamal (default)
   (2) DSA (nur signieren/beglaubigen)
   (5) RSA (nur signieren/beglaubigen)
Ihre Auswahl? [RETURN]
DSA keypair will have 1024 bits.
ELG-E keys may be between 1024 and 4096 bits long.
What keysize do you want? (2048) [RETURN]
Die verlangte Schlüssellänge beträgt 2048 Bit
Bitte wählen Sie, wie lange der Schlüssel gültig
bleiben soll.
        0 = Schlüssel verfällt nie
      <n>  = Schlüssel verfällt nach n Tagen
      <n>w = Schlüssel verfällt nach n Wochen
      <n>m = Schlüssel verfällt nach n Monaten
      <n>y = Schlüssel verfällt nach n Jahren
Wie lange bleibt der Schlüssel gültig? (0) [RETURN]
Schlüssel verfällt nie
Ist dies richtig? (j/N) j

You need a user ID to identify your key; the software
constructs the user ID from the Real Name, Comment and
Email Address in this form:
    "Heinrich Heine (Der Dichter)
    <heinrichh@duesseldorf.de>"

Ihr Name ("Vorname Nachname"): Max Mustermann
Email-Adresse:
```

1105

```
                    Max.Mustermann@doomed-reality.org
Kommentar: [RETURN]
Sie haben diese User-ID gewählt:
    "Max Mustermann
    <Max.Mustermann@doomed-reality.org>"

Ändern: (N)ame, (K)ommentar, (E)-Mail oder
        (F)ertig/(B)eenden? F
Sie benötigen eine Passphrase, um den geheimen
Schlüssel zu schützen.

Wir müssen eine ganze Menge Zufallswerte erzeugen.
Sie können dies unterstützen, indem Sie z. B. in einem
anderen Fenster/Konsole irgendetwas tippen, die Maus
verwenden oder irgendwelche anderen Programme
benutzen.
.+++++++++++++.+++++++++++++++++++++++++++++++++
+++++++++++++++++++++++++++++..++++++++++++++++++
++++++++.+++++++++++.+++++++++>+++++.+++++.........
..........<+++++..............+++++..+++++++++++.+++++
+++++++++++.+++++.+++++++++++++++++++..+++++++++++++++
+++++++++++.+++++++++++.+++++...+++++++++...+++++++++
+.+++++++++++.+++++...+++++++++++++++++++>+++++++++++>
+++++.....................>..+++++..............
.................................................
.................................................
.......................................+++++^^^
gpg: /home/abc/.gnupg/trustdb.gpg: trust-db erzeugt
gpg: key 4BBB2170 marked as ultimately trusted
öffentlichen und geheimen Schlüssel erzeugt und
signiert.

gpg: "Trust-DB" wird überprüft
gpg: 3 marginal-needed, 1 complete-needed, PGP
           Vertrauensmodell
gpg: depth: 0  valid:   1  signed:    0  trust: 0-, 0q,
           0n, 0m, 0f, 1u
pub   1024D/4BBB2170 2006-10-16
   Schl.-Fingerabdruck = 81C0 6745 F200 8CE6 6AB5
                         990F 8524 2389 4BBB 2170
uid Max Mustermann <Max.Mustermann@doomed-reality.org>
sub   2048g/3EE79B61 2006-10-16
```

Listing 32.13 Schlüsselerzeugung mit GPG

Mails verschlüsseln: PGP und S/MIME | 32.10

Fertig! Nun müssen Sie Ihren öffentlichen Schlüssel (den *Public Key*) an die Personen verteilen, die dann mit ihm Nachrichten, die an Sie gesendet werden sollen, verschlüsseln möchten. Umgekehrt müssen diese Personen natürlich auch ihre öffentlichen Schlüssel an Sie schicken, damit Sie in der Lage sind, verschlüsselte Nachrichten an sie zu senden.

Schlüssel verteilen

Um den Schlüssel zu versenden, können Sie den ihn entweder auf einen Schlüsselserver packen oder per Hand versenden. Wir werden den Schlüssel im Folgenden per Hand verteilen, wozu wir `gpg` veranlassen, ihn zu »exportieren«. Mit `-a` geben wir zusätzlich an, dass wir einen 7-Bit-ASCII-Output benutzen möchten.

Hat man mehrere Schlüssel importiert, so werden bei Angabe des `--export`-Parameters alle Schlüssel exportiert. Möchte man nur einen bestimmten (etwa den eigenen) Schlüssel exportieren, so ist dieser eine Schlüssel anzugeben. In diesem Fall wäre es für den eigenen Schlüssel `-export 4BBB2170`. Den zweiten Parameter können Sie durch `-list-keys` herausfinden (siehe unten).

[«]

```
$ gpg --export -a
-----BEGIN PGP PUBLIC KEY BLOCK-----
Version: GnuPG v1.4.5 (GNU/Linux)

mQGiBEUznXMRBACiYDOm3LvDKp1hoJGC37rqQrUvkdcUi3HGpfLNn58CS8OJeaUj
OC/cJnog241KZCo3pWvqATN7OlZrwJeznG7QhU3Lax/KxZOCXLzB4yWWnOVxu5g2
6sks+3r759ybviXzBmXe6UET9bvNlbqA+I4dGjUSSTKOwGk4Ose0YqKGIwCg7n9M
7jBsrTyBcetQ3eHK6WobYzMEAIcxTCx4ZmzXtfK+MEY9wOQ2DA8wNedQD3Sya4+3
RCbw7d099SnnYC1L5cklO/IwRHDTQhTQuSAlm4pprvwXNPsLWivi7pTwBhBYhwEI
2fRJRv8clE+vH/I1AZ9xmrtFODhYd76H1v7jQEcUwIMamAV6Plj3atZ5Azyzh9C+
fkj6A/4ieXaGVke60LHMhzjn5p4p6tzRDzZgGx+CMLz7uy3ma/FXjZrlAwDuKUHw
I/G+Ln4wiGTGY0fnPkN2dXZZEwgMH4tzkemzQtmEmG6tqBDgcmx0EsRCE8f1CJWB
C28cYim7yUhTY/bmzUcxiqjXbavGPlABBvgNC+VEuOOOLy60b7QyTWF4IE11c3Rl
cm1hbm4gPE1heC5NdXN0ZXJtYW5uQGRlvb211ZC1yZWFsXR5Lm9yZz6IYAQTEQIA
IAUCRTOdcwIbAwYLCQgHAwIEFQIIAwQWAgMBAh4BAheAAAoJEIUkI41LuyFw+vOA
oLjqfIPGML8a8t/t/tM3qQGd1xr0AJ453ZwTUyMjkiRFNJOfl8JCk+wnY7kCDQRF
M52BEAgAgdkxGiPRcInf/OppvMiyS5/SXhKj1kQ8sA5NDKRxPLAOjylT+vb9JKm5
M/T7L9qODY+2rAhh18AmBGU42ta6fVU8hFScy+ZJkcPqrBJb4hkcfSXMLUaXYBZc
vsFgm4ui8zSRUbp51K4/ST/muGjB2FoOkdp6IB8zhnT1P3k9peLDGDGOmEbiRJW7
LhweWFMEMw7TT4zENmaURvu5jrEzXEE7iD1+U4nSD5f/UcPlyVNVZneAhtGZPBgi
691Lbj8Pqa4QxXttT7JAP7FovtSgC9HMUzYcp1JtjK10uNnkeHGBWGy5pyt4u5xG
oGhHVfb9KCid+LnoaZOb1FVTUwrswwADBQf/fzj1S3fi1HnZc+otnECnOuUYA22e
vBZRuMp9/OIKeSCGm89mO3ruPXFA4/+mTKOMfhfzbaGFqnYhR9WC5jsAzb96M9nL
1XCisqr3WNoJOjfutODvAMHAnxtokuBS1M1EWMq7+r5YP1B4TWSBNJnFxyvZpgCV
aOnhJl0qYJGmd4f0qgPnYw9G5B/BSyE32UoIXs9uCj0yA9dRceN/UOws+j6vrKPJ
EvF86xlMExmZifn3HyjSOihcrv3SCEFtbIm6T3rnFSQzG9UpzCMcJXEj8Ys/Qivm
1KRoBlGtaAF+Jdjyq/jje+nFglkBK9harnmGlz/4lwH7LB2dLQPdexnMtIhJBBgR
```

```
AgAJBQJFM52BAhsMAAoJEIUkI4lLuyFwAH8AoIfdKuj7szGSb4efsZmFe66Cxx1q
AKDjqU1g+siwrHX5ZzzU9YcKfoZ55Q==
=PpwL
-----END PGP PUBLIC KEY BLOCK-----
```

Listing 32.14 Den Public Key ausgeben

Schlüssel importieren

Sendet Ihnen nun aber ein Fremder seinen öffentlichen Schlüssel, so muss dieser erst importiert werden, damit Sie später mit diesem Nachrichten an diesen Sender verschlüsseln können. Dazu wird der Schlüssel in einer Datei gespeichert (im Folgenden heißt sie *key.txt*).

```
$ gpg --import key.txt
gpg: key 595195C0: public key "Steffen Wendzel
      <steffen@ploetner-it.de>" imported
gpg: Anzahl insgesamt bearbeiteter Schlüssel: 1
gpg:                                   importiert: 1
```

Listing 32.15 Einen Schlüssel importieren

Übersicht über importierte Schlüssel

Die bereits importierten Schlüssel lassen sich natürlich auch anzeigen:

```
$ gpg --list-keys
/home/abc/.gnupg/pubring.gpg
----------------------------
pub   1024D/4BBB2170 2006-10-16
uid                  Max Mustermann
                     <Max.Mustermann@doomed-reality.org>
sub   2048g/3EE79B61 2006-10-16

pub   1024D/595195C0 2006-10-15
uid                  Steffen Wendzel
                     <steffen@ploetner-it.de>
sub   2048g/BBDR8B83 2006-10-15
```

Listing 32.16 Importierte Schlüssel auflisten

Alle populären Mailprogramme können über die jeweiligen Optionsmenüs für die Nutzung von GPG oder PGP konfiguriert werden. Zur Zusammenfassung: Die öffentlichen Schlüssel dienen zur Verschlüsselung einer E-Mail. Zu diesem Zweck müssen Sie Ihren öffentlichen Schlüssel an Leute, die Ihnen Mails schreiben, verschicken. Die von diesen Leuten verschlüsselten Mails können Sie mit Ihrem privaten Schlüssel dann wiederum entschlüsseln. Schickt Ihnen jemand seinen öffentlichen Schlüssel, können Sie wiederum E-Mails an diese Person mit diesem öffentlichen Schlüssel verschlüsseln.

So weit diese kleine Einführung in gnupg. Falls Sie weitere Informationen zum Thema suchen, dann sind Sie bei *http://www.gnupg.org/howtos/de/* an der richtigen Adresse.

Sicherheitsfragen

Viel spannender sind für uns die Sicherheitsfragen. Offensichtlich ist, dass PGP wie viele andere Verfahren auch für einen *Man-in-the-Middle*-Angriff anfällig ist. Die Verschlüsselung ist nämlich sehr sicher, und es ist fast ausgeschlossen, dass eine entsprechend verschlüsselte Mail mit mathematischen Verfahren offengelegt wird. Dagegen liegt bei der Schlüsselverteilung »der Hase im Pfeffer«.

Wie nämlich kann man feststellen, ob der öffentliche Schlüssel des Empfängers wirklich zu diesem und nicht etwa zu einem Angreifer gehört, der die Kommunikation abfängt? Eigentlich gar nicht. Man müsste sich eigentlich immer persönlich von der Echtheit eines Schlüssels überzeugen, diesen also selbst auf einer Diskette oder einem anderen Speichermedium in Empfang nehmen oder sich den Schlüssel von der betreffenden Person am Telefon vorlesen lassen (was allerdings auch abgehört werden kann!).

Nun wäre so eine Vorgehensweise aber extrem umständlich[16] und sicherlich nur für einen begrenzten Freundes- und Bekanntenkreis praktikabel. Daher gibt es zwei sehr gute Möglichkeiten, die Echtheit seines Schlüssels sicherzustellen: das *Web of Trust* sowie öffentliche *Keyserver*.

Das Web of Trust funktioniert sehr einfach: Wenn man sich von der Echtheit eines Schlüssels wirklich überzeugt hat, kann man diesen Schlüssel mit dem eigenen unterschreiben. Nun kann ein Dritter, der sich von der Echtheit Ihres Schlüssels überzeugt hat, sich auch der Echtheit des unterschriebenen Schlüssels sicher sein, da er Ihnen sicherlich *vertraut*. Daher schicken Leute, die zum ersten Mal ihre Schlüssel austauschen, oft Unterschriften anderer Nutzer mit.

Eine Ergänzung dazu ist das Keyserver-Netzwerk, das es erlaubt, den eigenen Schlüssel samt persönlicher Daten auf einen gesicherten Server im Internet hochzuladen. Möchte Ihnen nun ein völlig Unbekannter eine sichere Mail schicken, so kann er nachsehen, ob er auf dem Keyserver Ihren öffentlichen Schlüssel findet.

Bei Keyservern ist zu beachten, dass Sie nur mit Ihrem privaten Schlüssel Ihren Eintrag widerrufen können, da nur dieser Sie wirklich identifiziert. Man ist also nicht vor dem Verlust des Schlüssels geschätzt, da in diesem Fall für immer und ewig ein veralteter Schlüssel veröffentlicht sein wird.

---

16 Haben Sie schon einmal einen 768 Bit langen, hexadezimal codierten Schlüssel am Telefon vorgelesen? Dafür könnte man glatt eingeliefert werden ...

32.10.2 S/MIME

Der S/MIME-Standard ist PGP recht ähnlich. Aus diesem Grund gehen wir hier nicht so sehr ins Detail, sondern halten nur den wesentlichen Unterschied fest.

Im Gegensatz zu PGP vertraut S/MIME nicht in erster Linie auf ein Netzwerk von Freunden, sondern setzt eine hierarchische Verwaltung von digitalen Zertifikaten ein. Durch eine solche allgemein akzeptierte Instanz, die entfernt mit den optionalen und nicht allwissenden Keyservern von PGP vergleichbar ist, kann man an die öffentlichen Schlüssel von bestimmten Personen oder Institutionen gelangen.

Ein solches, zugegeben umständlicheres, Netzwerk ist nötig, damit die Rechtssicherheit von elektronischen Unterschriften im Sinne der geltenden Gesetze gewährleistet ist. Dafür werden die zusätzlichen Kosten für den Betrieb einer unabhängigen und vertrauenswürdigen Instanz, die die Verteilung und Bestätigung der Zertifikate übernimmt, in Kauf genommen.

Um diesen Charakter einer garantiert sicheren Kommunikation auszudrücken, spricht man hier von Zertifikaten statt von öffentlichen Schlüsseln, auch wenn beides aus mathematischer Sicht dasselbe ist.

32.11 Trojanische Pferde

Besonders beliebt bei Unix-Systemen, da auf besonders kreative Weisen unterbringbar, sind trojanische Pferde, oder kurz *Trojaner*.[17] Diese werden je nach Kreativität und Know-how-Level des Angreifers so gut versteckt, dass selbst ein äußerst erfahrener Administrator sie kaum aufspüren kann. Daher gilt: Unterschätzen Sie die Gefahr von trojanischen Pferden nicht!

inetd   Die wohl einfachste Form einer simplen Backdoor ist die Rekonfiguration des Superservers `inetd`, wobei eine Root-Shell an einen möglichst unauffälligen Port, etwa 49398, gebunden wird. Diese Methode wird allerdings von den meisten Administratoren entdeckt: Externe Portscans und Programme wie `lsof` oder `netstat` helfen Ihnen bei der Erkennung solcher simplen TCP- oder UDP-Backdoors. Daher gehen einige Angreifer noch weiter und modifizieren Ihre Analyse-Tools.

Kernel-Module   Besonders gerissene Angreifer kommen auch auf die Idee, ihre (nicht immer selbst geschriebenen) Hintertüren durch andere Protokolle, etwa ICMP, zu tunneln und Kernel-Modifikationen für diverse Formen der Backdoors zu erstellen. Die Band-

---

17 Dabei handelt es sich um Programme, die sich entweder so gut verstecken, dass sie nicht gefunden werden und einem Angreifer in der Regel eine Remote-Shell zur Verfügung stellen, oder um Programme, die sich als andere Programme ausgeben, in Wirklichkeit aber Tätigkeiten im Sinne des Angreifers, der sie auf dem System platziert hat, durchführen.

breite der Möglichkeiten reicht von Kernel-Modulen, die einen Prozess in der Prozesstabelle oder ein Verzeichnis im Dateisystem verstecken, bis hin zu Kernel-Modulen, die sich selbst verstecken und verschlüsselte Verbindungen über eigene Protokolle realisieren.

32.12 Logging

Unter Unix, Linux und BSD gibt es, je nach Derivat, eine ganze Reihe von Logfiles. Die einen, etwa *authlog*, sind speziell für bestimmte Themen gedacht – im Falle der *authlog* sind es Authentifizierungen –, andere, z.B. die Datei *messages*, sind für allgemeinere Logging-Aktivitäten vorgesehen.

Je nach Derivat oder Linux-Distribution befinden sich die Logdateien in einem anderen Verzeichnis. Unter Linux- und BSD-Systemen wird primär das Verzeichnis */var/log* verwendet, unter Solaris heißt das entsprechende Verzeichnis */var/adm*.

Logdateien bieten Ihnen eine hervorragende Referenz über die Vorgänge, die auf dem jeweiligen System ablaufen. Daher sind sie für den Administrator besonders wertvoll.

Die Konfiguration dieser Logdateien wird, wie bereits in früheren Kapiteln erläutert, mithilfe des `syslog`-Dämons abgewickelt. `syslog` ist nicht nur ein Tool, das unter Unix-Systemen zum Lieferumfang gehört – das Protokoll wird auch von anderen Systemen, etwa Netgear-Routern verwendet. Diese Systeme können Sie so konfigurieren, dass sie Logmeldungen auf einem Unix-Rechner ablegen, was sich in der Praxis als recht nützlich erweisen kann.

syslog

In großen Netzwerken empfiehlt es sich, das Logging zentral abzuwickeln, um den Auswertungsaufwand möglichst gering zu halten. Logmeldungen können dabei via `syslog` in verschiedene Facilities (`daemon`, `mark`, `auth` usw.) und Prioritäten (`debug`, `err`, `crit` usw.) unterteilt werden, so dass Sie immer die wichtigsten, zentralen Logmeldungen zuerst betrachten können. Bedenken Sie allerdings, dass ein Logging-Server bereits in mittelgroßen Netzwerken einen enormen Bedarf an Speicherplatz hat und die Logdateien (etwa durch Spiegelung) gesichert werden sollten.

[+]

Für die weitere Analyse solcher Logmeldungen bieten sich diverse Skripte und Lösungen aus dem Webinterface-Bereich an, etwa php-syslog-ng oder das Syslog Management Tool (SMT).

32.13 Partitionierungen

Entgegen einer verbreiteten Ansicht beginnt die Systemabsicherung nicht erst nach, sondern bereits während der Installation. Ein gutes Beispiel hierfür ist die Partitionierung.

Ist die Partition */var* etwa zu klein, kann sie durch DoS-Angriffe leicht überfüllt und der Rechner lahmgelegt werden.

Ein weiterer wichtiger Punkt, den es nach der Partitionierung zu beachten gilt, ist das Mounting. Ein kluger Administrator verwendet die `mount`-Optionen `nodev`, `noexec`, `nosuid` und `rdonly`.

`nodev` erlaubt zum Beispiel keine Gerätedateien auf einer Partition. Die Option `noexec` unterbindet das Ausführen von Binärdateien, `nosuid` das Ausführen von SUID-Binarys, und `rdonly` bietet Schreibschutz.

Nehmen wir als Beispiel eine */home*-Partition, auf der die Heimatverzeichnisse der Benutzer liegen. Solch eine Partition sollte durchaus mit den Optionen `noexec` und `nosuid` gemountet werden, um die Ausführung von lokalen Exploits zu unterbinden.[18]

Partitionen wie */usr* können in aller Regel `rdonly` eingehängt werden und müssen nur zu Update-Zwecken ohne Schreibschutz eingehängt werden.

Eine weitere gute Idee ist es, die Partition */tmp* nicht nur als Verzeichnis in */* zu erzeugen, sondern tatsächlich als eigene Partition einzuhängen, damit Angreifer nicht die Möglichkeit bekommen, das Root-Dateisystem bis zum Anschlag zu füllen.

Zur Sicherung der Privatsphäre der Benutzer ist es zudem wichtig, den Benutzern keine Leserechte auf die Heimatverzeichnisse anderer Benutzer zu gewähren. Sie können diese Rechte-Konfiguration mit dem Sticky-Bit umsetzen.

32.14 Restricted Shells

Eine Restricted Shell ist eine Shell, die die Tätigkeiten eines Benutzers stark einschränkt. So etwas kann eingesetzt werden, wenn nicht allzu vertrauenswürdige Benutzer Zugriff auf ein System erhalten sollen.

Eine Restricted Shell schränkt die Aktionen des Benutzers wie folgt ein:

---

[18] Wobei man nicht vergessen sollte, auch die `mount`-Optionen der Partition */tmp* zu bedenken.

- Das Arbeitsverzeichnis kann nicht gewechselt werden.
- Die Shellvariablen $SHELL, $ENV und $PATH können nicht geändert werden.
- Programmnamen können nicht über relative oder absolute Pfade gestartet werden, sie müssen sich in den Verzeichnissen der $PATH-Variable befinden.
- Die Ausgabeumlenkung kann nicht verwendet werden.

```
swendzel@etslack$ rksh
$ cd
rksh: cd: restricted
$ ls
...
$ ls > file
rksh: file: restricted
$ /bin/bash
rksh: /bin/bash: restricted
```

Listing 32.17 Restricted Shell

Trotz dieser Features kann eine Restricted Shell nur auf sehr gut gesicherten Systemen und mit sehr wenigen Binarys wirklich Schutz bieten. Auf einem normalen Unix-System ist es für einen Angreifer überhaupt kein Problem, sich aus solch einer Restricted Shell zu befreien. Bei einem guten Hacker dauert dieser Akt etwa zwei Sekunden!

32.15 Loadable Kernel Modules

Loadable Kernel Modules (zu Deutsch: ladbare Kernel-Module) stellen eine modulare Erweiterung für den Kernel dar. Sie können während der Laufzeit des Systems in den Kernel hinein- und wieder herausgeladen werden und seine Funktionalität erweitern – etwa um den Support eines Dateisystems oder eines Treibers.

Auf den meisten Nicht-BSD-Systemen[19] ist das Laden solcher Module seitens des Superusers problemlos möglich. Natürlich bieten solche Module für Angreifer nahezu perfekte Ziele. Ein guter Unix-Hacker weiß, wie er ein LKM tarnen und nutzen kann. Nutzen kann er es nämlich für eine ganze Menge verschiedenster Angriffsmöglichkeiten: Eine Modifikation des Tastatur-Treibercodes, um alle Eingaben (und damit auch Passworteingaben) zu protokollieren, das Filtern und Einschleusen von Paketen wären genauso möglich wie die Integration einer in der Prozesstabelle

---

19 Je nach Securelevel ist das Laden von Kernel-Modulen auch unter BSD-Systemen möglich. Unter OpenBSD zum Beispiel ist es standardmäßig jedoch nicht möglich und daher auch sehr unwahrscheinlich, dass ein LKM geladen wird. Die BSD-Securelevel können nämlich nicht während des Betriebs heruntergesetzt werden.

unsichtbaren Backdoor oder das Verstecken von Dateien und ganzen Verzeichnissen. Allerdings gehört zur Entwicklung solchen Codes auch eine gehörige Portion Know-how im Bereich der Kernel-Programmierung.

32.16 chroot

Immer wieder hört man, dass ein Overflow im Dienst X zu einem netzbasierten root-Zugriff (*remote root hole*) auf einem Server geführt hat. Normalerweise hat ein Angreifer nach einem erfolgreichen Overflow-Angriff auf einen Dienst, der unter dem Benutzer root ausgeführt wird, vollen Zugriff auf das System. Unter Unix gibt es allerdings einen Syscall, mit dem das Wurzelverzeichnis eines Programms gewechselt werden kann. Wird ein Programm in einer sogenannten *chroot-Umgebung* gestartet, kann das Wurzelverzeichnis beispielsweise von / auf */secure* geändert werden. Durch diese Änderung könnte der Zugriff auf die Dateien im */etc*-Verzeichnis und auf Dateien anderer Dienste oder Benutzer des Systems unterbunden werden.

32.17 Kernel-Erweiterungen und ProPolice

Im Folgenden sollen einige interessante Erweiterungen für Linux- und BSD-Kernel besprochen werden. Die einzelnen Erweiterungen werden dabei nur sehr grundlegend behandelt.

32.17.1 ProPolice

Bevor wir zu den eigentlichen Kernel-Patches kommen, soll an dieser Stelle noch der sogenannte ProPolice-Patch für den GNU C Compiler (gcc) besprochen werden. Dieses Feature aus dem Hause IBM ist auch als GCC Stack Smashing Protection bekannt.

ProPolice baut verschiedene Schutzmechanismen für den Stack ein, um Angriffe wie Buffer-Overflows zu erschweren.

Zu diesen Features gehört der Schutz der Pointer innerhalb eines Stackframes. Zudem werden lokale Funktionsvariablen (bei einer IA32-Architektur) vor den Puffern platziert. Überschreibt ein Angreifer also einen Puffer, so überschreibt er keine Variablen. Die gesicherte Rücksprungadresse und der Extended Instruction Pointer (EIP) werden ebenfalls vor den Puffern platziert und können somit auch nicht überschrieben werden. Um einen überschriebenen Puffer zu erkennen, wird hinter den Puffern zusätzlich ein Canary-Wert eingefügt (der durch */dev/random* mit Zufallswerten arbeitet). Wird dieser Wert verändert, so wird ein Puffer überschrieben, und es steht fest, dass der Stack beschädigt wurde.

Anwendungen mit SSP kompilieren

Um ein Programm nun so zu kompilieren, dass es durch die SSP geschützt wird, übergibt man beim Kompilieren den Parameter `-fstack-protector`.

> **Achtung:** Im Normalfall werden nur Puffer ab einer Größe von 8 Bytes durch den Patch geschützt. Modifiziert man allerdings den Patch bzw. den Quellcode des GCC, so lässt sich diese Grenze anpassen.

Das folgende Programm soll nun einmal mit und einmal ohne SSP übersetzt werden. Falls mehr Byte übergeben werden, als in dem Puffer »buf« gespeichert werden können, so werden andere Werte auf dem Stack überschrieben.[20] Wir werden uns den Unterschied einmal ansehen.

```c
#include <string.h>

int main(int argc, char *argv[])
{
        char buf[10];

        if (argc > 1)
                strcpy(buf, argv[1]);
        return 0;
}
```

Listing 32.18 test.c

```
hikoki:/tmp/ssp> gcc -o test test.c
hikoki:/tmp/ssp> ./test abcdeffffffffffffffffffffffff
Segmentation fault
hikoki:/tmp/ssp> gcc -o test -fstack-protector test.c
hikoki:/tmp/ssp> ./test abcdeffffffffffffffffffffffff
*** stack smashing detected ***: ./test terminated
Abort
hikoki:/tmp/ssp>
```

Listing 32.19 SSP-Test

---

20 Es muss nicht unbedingt eine andere Variable überschrieben werden, da der gcc manchmal mehr Speicher als nötig reserviert.

32.17.2 SELinux/SEBSD und AppArmor

Beim SELinux-Projekt (*Security enchanged Linux*) handelt es sich um eine Erweiterung des Linux-Kernels (inklusive einiger Programme) zur Verbesserung der Sicherheit. Das Projekt wird von der NSA und von Red Hat entwickelt. SELinux bietet *Mandatory Access Control* (MAC) für Linux; dabei handelt es sich um die Möglichkeit, Regeln für den Zugriff auf Systemressourcen zu erstellen, die unabhängig vom Benutzer und vom Prozess sind. SELinux ist in fast allen populären Distributionen integriert, wird jedoch wegen seiner Komplexität auch kritisiert. In der BSD-Welt steht mit SEBSD eine SeLinux-Portierung auf FreeBSD bereit, die mit dem MAC-Framework TrustedBSD lauffähig ist.

AppArmor wurde von der Firma Immunix entwickelt, die mittlerweile von Novell übernommen wurden. Im Gegensatz zu SELinux lassen sich mit AppArmor (das sich ebenfalls in diversen populären Distributionen findet) Regeln gezielt für einzelne Prozesse definieren.

32.17.3 Openwall (OWL)

Das *Openwall*-Projekt ist Bestandteil vieler gehärteter Linux-Distributionen. Die Funktionalität von Openwall werden teilweise auch von anderen Kernel-Patches unterstützt (besonders von grsecurity/PaX).

Zu den Features gehört eine Stack-Härtung: Der Stack eines Programms kann oft durch Buffer-Overflow-Exploits angegriffen werden, wozu er ausführbar sein muss. Openwall unterbindet diese Möglichkeit.

Die Links und FIFOs im Verzeichnis */tmp* und der Zugriff auf */proc* werden ebenfalls durch OWL gehärtet.

Weitere Features sind die RLIMIT_NPROC-Überprüfung für den Syscall `execve()` und das Löschen von nicht verwendeten Shared Memory Pages im Speicher.[21]

32.17.4 grsecurity

Bei grsecurity handelt es sich um einen sehr umfangreichen Kernel-Patch plus Administrationstools. grsecurity implementiert diverse Features, die auch Openwall kennt (FIFO-Restrictions etc.), Rule Set Based Access Control (RSBAC), zufällige Prozess-IDs, `chdir()`-Hardening, Unterstützung für zufällige TCP-Quell-Ports, Logging von Signalen, Zugriffsbeschränkungen auf */dev/kmem* und */dev/mem* sowie das komplette PaX-Projekt, das wir im folgenden Abschnitt besprechen werden.

---

21 RLIMIT_NPROC gibt die Anzahl der Prozesse an, die ein Benutzer maximal gleichzeitig laufen lassen kann. Shared Memory ist eine Art der Interprozesskommunikation (IPC).

Eine ausführliche Auflistung der aktuellen Features erhalten Sie auf der Seite *http://www.grsecurity.net/features.php*.

32.17.5 PaX

PaX (Page exec) ist ein Kernel-Patch zur Absicherung von Speicherseiten. Das Primärziel ist die Verhinderung erfolgreicher Stack-Smashing-Angriffe (die so genannte *Stack Smashing Protection*), die nicht mit dem ProPolice-Patch des GCC zu verwechseln ist. Zu diesem Zweck wurde eine *Executable Space Protection* implementiert, die – vereinfacht gesagt – verhindern soll, dass es zur Ausführung von Shellcode und zu erfolgreichen Return-to-Libc-Angriffen kommt.[22]

PaX erreicht das Ziel durch zwei Techniken:

1. **Nicht ausführbare Speicherseiten**
   Eingeschleuster Code, der zur Ausführung gebracht werden soll, muss sich innerhalb von Speicherseiten (Pages) befinden, denen das Ausführen von Programmcode erlaubt ist. Sind diese Seiten nicht ausführbar, so wird auch der Code nicht ausgeführt.

2. **Zufällige Speicheradressen**
   Wenn ein Angreifer versucht, eine bestimmte Funktion im Speicher aufzurufen, obwohl dies nicht geplant ist, so wird dazu die Speicheradresse dieser Funktion benötigt. Durch die sogenannte *Address Space Layout Randomzation* wählt PaX diese Adressen bei jedem Programmstart neu und erschwert so das Erraten der Adresse einer Funktion.

Wir möchten nicht verschweigen, dass es noch weitere ähnliche Projekte gibt (z. B. W^X unter OpenBSD oder Exec Shield bei Fedora Linux).

32.18 Sichere Derivate und Distributionen

Die Absicherung eines Unix-Systems kann sehr aufwendig werden, wenn man alle Pakete modifiziert, das Dateisystem härtet, den Kernel patchen und vielleicht noch weitere Userspace-Absicherungen durchführen möchte.[23]

Damit man als Administrator um diese Aufgaben herumkommt (bedenken Sie, wie lange es alleine dauert, den Kernel zu patchen und mit Sicherheits-Patches

---

22 Dieses Thema ist sehr umfassend und es wird leider wesentlich mehr Security- und Kernel-Know-how zum Verständnis von PaX benötigt, als wir Ihnen hier bieten können.
23 Im Gegensatz zu Windows haben Sie hier allerdings überhaupt erst die Möglichkeit, dies alles zu tun.

neu zu kompilieren!), haben Trusted Solaris, einige BSD-Derivate und noch mehr Linux-Distributionen diesen Schutz bereits integriert. Im Folgenden werden wir die wichtigsten dieser Systeme sowie eine Eigenentwicklung vorstellen.

Um Sie nicht mit immer gleichen Inhalten der jeweiligen Systeme zu langweilen, sei vorab gesagt, dass natürlich alle genannten Systeme über die üblichen Sicherheitsmerkmale (Shadow-Passwörter etc.) verfügen und die meisten auch zusätzlich PAM, Kerberos, chroot/Jailing, One-Time-Passwörter usw. unterstützen sowie mit Paketen wie OpenSSH oder OpenSSL ausgeliefert werden.

32.18.1 Trusted Solaris (jetzt Teil von Solaris)

Trusted Solaris war vor Solaris Version 10 eine Extension für Solaris-Systeme, mit der einige Features wie Mandatory Access Control, Accounting- und Auditing-Features implementiert wurden.

Zusätzlich sind die standardmäßigen Sicherheits-Features des Solaris-Systems implementiert, wie etwa Access Control Lists oder das Basic Security Module (BSM), das für das Auditing verwendet wird.

32.18.2 OpenBSD

OpenBSD gilt als extrem sicheres System. Die Entwickler bemühen sich sehr darum, den Code des Systems immer wieder unter die Lupe zu nehmen und zu verbessern.

Das OpenBSD-Projekt pflegt eigene, modifizierte Versionen diverser Softwarepakete wie des GNU C Compilers (gcc-local), des Webservers Apache und weiterer Pakete. Zudem gehören Stack Protection im gcc sowie kernelseitig durch W^X und integrierter Support für kryptografische Hardware zur Ausstattung. Außerdem unterstützt OpenBSD systrace-Policies und beinhaltet das von NetBSD stammende Dateisystem-IDS mtree.

Das OpenBSD Projekt entwickelt übrigens auch OpenSSH, den SSH-Dienst jeder Linux-Distribution und der meisten kommerziellen Unix-Systeme sowie aller anderen BSD-Derivate. Die Webseite des Projekts finden Sie unter *http://www.openbsd.org*.

32.18.3 TrustedBSD

TrustedBSD basiert auf dem FreeBSD-System. Es implementiert Access Control Lists, zusätzliche Schutzattribute im UFS2-Dateisystem, einen Open-Source-Nachbau des BSM von Solaris (OpenBSM), das freie PAM *OpenPAM* sowie die BSD-Variante von SELinux (für Mandatory Access Control Policies) namens *SEBSD*. Die Webseite des Projekts finden Sie unter *http://www.trustedbsd.org/home.html*.

32.18.4 Hardened Gentoo

Wie der Name bereits verrät, handelt es sich hierbei um eine gehärtete Version der Gentoo-Distribution. Hardened Gentoo beinhaltet die Stack Smashing Protection des GCC und zudem diverse Kernel-Patches: SELinux, Rule Set Based Access Control (RSBAC)[24] sowie grsecurity (inklusive PaX). Die Webseite des Projekts finden Sie unter *http://www.gentoo.org/proj/en/hardened/*.

32.18.5 Openwall

Openwall (kurz OWL) basiert auf den bereits in Abschnitt 32.17.3 besprochenen, gleichnamigen Absicherungen. Die Webseite des Projekts finden Sie unter *http://openwall.com/Owl/de/*.

32.18.6 Fedora Core

Fedora Linux beinhaltet kernelseitigen Speicherschutz durch ExecShield. Außerdem sind SELinux und GCC mit ProPolice im Projekt enthalten. Die Webseite des Projekts finden Sie unter *http://www.fedoraproject.org/*.

32.19 Zusammenfassung

In diesem Kapitel ging es darum, wie Sie ein Unix-System richtig absichern. Wir haben die Notwendigkeit einer Update-Richtlinie besprochen, verschiedene Backup-Möglichkeiten (etwa das Tool BackupPC) vorgestellt und erläutert, wie der Umgang mit der Firewall und `iptables` funktioniert.

Außerdem haben Sie die Konfiguration eines Proxyservers und einer OpenVPN-Verbindung kennengelernt und wissen nun, wie Sie mit dem Verschlüsselungsprogramm GnuPG umgehen.

Des Weiteren wurden Distributionen und Derivate vorgestellt, die standardmäßig auf Hochsicherheitsumgebungen ausgelegt sind und Ihnen viel Arbeit beim Hardening ersparen.

Wenn Sie mehr über Sicherheit lesen wollen, gibt es natürlich auch bei Galileo Press noch einige Bücher, die sich ausschließlich mit diesem Thema beschäftigen.

---

[24] Hiermit lassen sich diverse Zugriffsmodelle für alle möglichen Anwendungen erstellen.

32.20 Aufgaben

Frontends

Suchen, installieren und testen Sie ein Frontend zu `iptables`, mit dem man Regeln einfach erstellen kann. In welchem Zusammenhang steht dieser Vorgang mit dem Kommando `iptables`, so wie wir es in diesem Kapitel erklärt haben?

> »Für einen Politiker ist es gefährlich, die Wahrheit zu sagen. Die Leute
> könnten sich daran gewöhnen, die Wahrheit hören zu wollen.«
> – George Bernard Shaw

33   Netzwerksicherheit überwachen

In diesem Kapitel wollen wir uns mit der Überwachung (engl. *monitoring*) des Netzwerks respektive von dessen Sicherheit beschäftigen. Dazu gehören natürlich mehrere Komponenten, die erst im Zusammenspiel das Ziel erreichen.

In Bezug auf IT-Sicherheit wären das vor allem die folgenden Systeme:

- Intrusion-Detection-Systeme
- Netzwerkmonitoring-Systeme
- Portscanner
- Vulnerability-Scanner

Wir werden uns all diese Sicherheitskomponenten im Folgenden ansehen.

Intrusion-Detection-Systeme

Ein *Intrusion Detection System* (kurz IDS) überwacht einen Host oder ein Netzwerk. Im Normalfall prüft es bestimmte Aktivitäten und versucht, in ihnen vordefinierte Angriffsmuster zu erkennen. Wird ein solches Muster gefunden, meldet das Intrusion Detection System diesen Vorfall. Unterschieden wird hierbei zwischen host- und netzwerkbasierten IDS (HIDS bzw. NIDS).

Monitoringsysteme

Am besten beginnen wir dazu mit der Definition von *Monitoring* beziehungsweise *Monitoringsystemen*, wie man sie in einer Enzyklopädie finden könnte:

> Unter Monitoring versteht man im Allgemeinen das »Überwachen« eines Vorgangs oder Prozesses mittels eines technischen Hilfsmittels oder anderer Beobachtungssysteme. Ein Monitoringsystem ermöglicht Interventionen in die betreffenden Prozesse, sofern sich abzeichnet, dass der Prozess nicht den gewünschten Verlauf nimmt.

33 Netzwerksicherheit überwachen

Zweckerfüllung Diese Definition kann man wunderbar auf die anfänglich im Buch gegebene Definition von Sicherheit beziehen, die besagt, dass die technische Infrastruktur nur einen genau definierten Zweck erfüllt. Das Monitoring – realisiert durch Monitoringsysteme – würde also sicherstellen, dass gewisse Systeme oder Dienste nicht ausfallen und diesen Zweck überhaupt erfüllen können. Kommt es dann zu einem Problem, sollte der Administrator entsprechend informiert werden, so dass er Maßnahmen zur Behebung des Problems treffen kann.

Scanner

Zu Monitoringsystemen komplementär sind *Scanner*, die – vom Admin aktiv gestartet – entweder als Portscanner einen Rechner nach offenen Diensten absuchen oder als Vulnerabilityscanner gleich noch nach entsprechenden Lücken Ausschau halten.

Aktive Überwachung Da eine solche Überwachung im Gegensatz zu Monitoringsystemen aktiv geschieht und nicht die korrekte Funktion (etwa eines Dienstes) sichergestellt, sondern eher Lücken gefunden werden sollen, sind entsprechende Tools natürlich auch bei Hackern beliebt. Daher ist es umso wichtiger, dass man sein eigenes Netzwerk damit ausführlich testet, um entsprechende Lücken erkennen und schließen zu können.

Und so deckt der Einsatz von Port- oder Vulnerabilityscannern auch einen anderen Aspekt der Sicherheitsdefinition ab: Es soll nicht festgestellt werden, ob die Systeme (immer noch) ihre Dienste anbieten, sondern vielmehr, ob sie sich nicht im weitesten Sinne für andere Zwecke missbrauchen lassen.

33.1 Snort

Snort ist ein sehr populäres *Intrusion-Detection-System* (IDS) für Windows-, Linux- und Unix-Systeme. Es verfügt über eine ganze Reihe von Features und kann eigentlich alles, was man von einem solchen System erwarten kann:

- Die Fehlerdiagnose und Überwachung des Netzwerks bei der Netzwerkprogrammierung und Netzwerkadministration ist durch den integrierten Sniffer-Code möglich.
- Der Netzwerk-Traffic kann auf der Basis von Regelwerken überwacht werden.
- Snort verfügt über eine Logging-Funktionalität.
- Das System ist unter Linux, Unix und Windows einsetzbar.

Installation

Im Folgenden beziehen wir uns auf die Snort-Version 2.7.0. Sie war aktuell, als wir dieses Kapitel 2009 geschrieben haben. Da das Snort-Paket Bestandteil aller gängigen Distributionen und Derivate ist, werden wir hier nicht näher auf die Installation von Hand eingehen. Sie können den Quellcode von Snort von der Seite *snort.org* beziehen.

Traffic-Analyse mit Snort

Ein wesentliches Feature von Snort ist der integrierte Sniffer. Dieser kann gut zur Analyse des Traffics und als Hilfe bei der Netzwerkprogrammierung genutzt werden. Etwas überflüssig erscheint das Feature trotzdem, wenn man bedenkt, dass die meisten Systeme ihre eigenen Programme für diesen Zweck mitbringen. Unter Linux- und BSD-Systemen ist dies beispielsweise das Tool tcpdump. Außerdem können wir Wireshark empfehlen.

Integrierter Sniffer

Ein Blick in die Manpage verrät uns, dass Snort mithilfe des Verbose-Modus (also des Parameters -v) dazu gebracht werden kann, die im Linklayer empfangenen Pakete auszugeben. Mittels des Parameters -i wird die Schnittstelle angegeben, auf der »gesnifft« werden soll.

```
linux# snort -v -i wlan0
Running in packet dump mode

        --== Initializing Snort ==--
Initializing Output Plugins!
Var 'any_ADDRESS' defined, value len = 15 chars, value =
0.0.0.0/0.0.0.0
Var 'lo_ADDRESS' defined, value len = 19 chars, value =
127.0.0.0/255.0.0.0
Verifying Preprocessor Configurations!

Initializing Network Interface wlan0
Decoding Ethernet on interface wlan0
Preprocessor/Decoder Rule Count: 0

        --== Initialization Complete ==--

   ,,_     -*> Snort! <*-
  o" )~    Version 2.7.0 (Build 35)
   ''''    By Martin Roesch & The Snort Team: http://www.
                              snort.org/team.html
           (C) Copyright 1998-2007 Sourcefire Inc., et al.

Not Using PCAP_FRAMES
08/10-18:23:42.976418 192.168.2.27:38848 -> 68.177.102.20:80
TCP TTL:64 TOS:0x0 ID:36890 IpLen:20 DgmLen:40 DF
***A***F Seq: 0xFB9DDC32  Ack: 0x1F310A2D  Win: 0x8160
TcpLen: 20
```

```
=+=+=+=+=+=+=+=+=+=+=+=+=+=+=+=+=+=+=+=+=+=+=+=+=+=+=+=+=+=+=+=

08/10-18:23:42.976514 192.168.2.27:38849 -> 68.177.102.20:80
TCP TTL:64 TOS:0x0 ID:16099 IpLen:20 DgmLen:40 DF
***A***F Seq: 0xFC3582E9 Ack: 0x673FE725 Win: 0x1D50 TcpLen: 20
=+=+=+=+=+=+=+=+=+=+=+=+=+=+=+=+=+=+=+=+=+=+=+=+=+=+=+=+=+=+=+=

08/10-18:23:42.976560 192.168.2.27:38850 -> 68.177.102.20:80
TCP TTL:64 TOS:0x0 ID:21711 IpLen:20 DgmLen:40 DF
***A***F Seq: 0xFCE118E8 Ack: 0xD83462D9 Win: 0x1D50 TcpLen: 20
=+=+=+=+=+=+=+=+=+=+=+=+=+=+=+=+=+=+=+=+=+=+=+=+=+=+=+=+=+=+=+=

08/10-18:23:42.976603 192.168.2.27:47913 -> 92.122.24.100:80
TCP TTL:64 TOS:0x0 ID:48727 IpLen:20 DgmLen:52 DF
***A***F Seq: 0xDF9EA459  Ack: 0x60BBC28E Win: 0xB6 TcpLen: 32
TCP Options (3) => NOP NOP TS: 7098059 3491008595
=+=+=+=+=+=+=+=+=+=+=+=+=+=+=+=+=+=+=+=+=+=+=+=+=+=+=+=+=+=+=+=

08/10-18:23:43.055421 92.122.24.100:80 -> 192.168.2.27:47913
TCP TTL:60 TOS:0x0 ID:11233 IpLen:20 DgmLen:52 DF
***A***F Seq: 0x60BBC28E Ack: 0xDF9EA45A Win: 0xC90 TcpLen: 32
TCP Options (3) => NOP NOP TS: 3491322582 7098059
=+=+=+=+=+=+=+=+=+=+=+=+=+=+=+=+=+=+=+=+=+=+=+=+=+=+=+=+=+=+=+=

08/10-18:23:43.055485 192.168.2.27:47913 -> 92.122.24.100:80
TCP TTL:64 TOS:0x0 ID:48728 IpLen:20 DgmLen:52 DF
***A**** Seq: 0xDF9EA45A Ack: 0x60BBC28F Win: 0xB6 TcpLen: 32
TCP Options (3) => NOP NOP TS: 7098078 3491322582
=+=+=+=+=+=+=+=+=+=+=+=+=+=+=+=+=+=+=+=+=+=+=+=+=+=+=+=+=+=+=+=

...
...
...
...
^C*** Caught Int-Signal
Run time prior to being shutdown was 6.860948 seconds


===============================================================

Snort received 17 packets
    Analyzed: 17(100.000%)
    Dropped: 0(0.000%)
    Outstanding: 0(0.000%)
===============================================================
Breakdown by protocol:
```

```
        TCP: 17         (100.000%)
        UDP: 0          (0.000%)
       ICMP: 0          (0.000%)
        ARP: 0          (0.000%)
      EAPOL: 0          (0.000%)
       IPv6: 0          (0.000%)
    ETHLOOP: 0          (0.000%)
        IPX: 0          (0.000%)
       FRAG: 0          (0.000%)
      OTHER: 0          (0.000%)
    DISCARD: 0          (0.000%)
  InvChkSum: 0          (0.000%)
===============================================================
Action Stats:
ALERTS: 0
LOGGED: 0
PASSED: 0
===============================================================
Snort exiting
```

Listing 33.1 Snort-sniff

Mittels des Parameters -d kann zusätzlich ein Dump der Pakete erreicht werden. Der bereits durch das obige Listing bekannte Initialisierungs-Output wurde zugunsten einer besseren Übersichtlichkeit entfernt.

```
linux# snort -v -d -i lo
....
08/12-15:14:07.944698 127.0.0.1:32772 -> 127.0.0.1:22
TCP TTL:64 TOS:0x10 ID:27392 IpLen:20 DgmLen:52 DF
***A**** Seq: 0xBEFA5959  Ack: 0xBF6138FF  Win: 0x7FFF
TcpLen: 32
TCP Options (3) => NOP NOP TS: 144295 144295
=+=+=+=+=+=+=+=+=+=+=+=+=+=+=+=+=+=+=+=+=+=+=+=+=+=+=+

08/12-15:14:07.945803 127.0.0.1:22 -> 127.0.0.1:32772
TCP TTL:64 TOS:0x0 ID:2904 IpLen:20 DgmLen:77 DF
***AP*** Seq: 0xBF6138FF  Ack: 0xBEFA5959  Win: 0x7FFF
TcpLen: 32
TCP Options (3) => NOP NOP TS: 144295 144295
53 53 48 2D 31 2E 39 39 2D 4F 70 65 6E 53 53 48    \
SSH-1.99-OpenSSH
5F 33 2E 37 2E 31 70 32 0A                          \
_3.7.1p2.
^C
===============================================================
```

```
Snort received 24 packets
    Analyzed: 24(100.000%)
    Dropped: 0(0.000%)
===========================================================
Breakdown by protocol:
    TCP: 12         (50.000%)
    UDP: 0          (0.000%)
   ICMP: 0          (0.000%)
    ARP: 0          (0.000%)
  EAPOL: 0          (0.000%)
   IPv6: 0          (0.000%)
    IPX: 0          (0.000%)
  OTHER: 0          (0.000%)
DISCARD: 0          (0.000%)
===========================================================
Action Stats:
ALERTS: 0
LOGGED: 0
PASSED: 0
===========================================================
Snort exiting
```

Listing 33.2 Snort-sniff mit Package-Dump

Wie Sie sehen, lässt sich (sofern es nicht im Dämon-Modus betrieben wird) durch die Tastenkombination **Strg + C** abbrechen.

33.1.1 Aufbau der Intrusion Detection

Kommen wir nach dieser kleinen Exkursion nun zur Hauptaufgabe von Snort, der *Intrusion Detection*. Legen Sie zunächst das Logverzeichnis */var/log/snort* an, falls dieses nicht bereits durch Ihr Paketsystem automatisch geschehen ist.

Vorgefertigte Konfiguration

Anschließend können Sie die im Subverzeichnis *etc/* mitgelieferte Konfigurationsdatei nach */etc/snort.conf* verschieben.[1]

```
# mkdir /var/log/snort
# cp etc/snort.conf /etc/
```

Listing 33.3 Erste Post-Installationsschritte für Snort

---

1 Wurde Snort als Paket installiert, so wird dies in den meisten Fällen bereits erledigt sein.

33.1.2 snort.conf

Sehen wir uns den Aufbau der Konfigurationsdatei einmal an. Kommentare werden – wie auch in Shellskripten – mit einer Raute eingeleitet.

Zudem können, ähnlich wie in C, C++ oder in Makefiles, weitere Dateien eingebunden, also »inkludiert« werden. Hier wird das Schlüsselwort `include:` in Verbindung mit einer entsprechenden Pfadangabe verwendet.

Variablen

Zur Erzeugung einer Variablen verwendet man das Schlüsselwort `var`, also z. B.:

```
var ROUTER 192.168.0.2
```

Listing 33.4

Variablen können in den Regeldateien durch `$<Variable>`, also z. B. mit `$ROUTER`, angesprochen werden.

Die Variable `HOME_NET` wird zur Angabe des Inhouse-Netzes verwendet, wohingegen `EXTERNAL_NET` für eine externe Gegenstelle steht (die Konfiguration kann folglich problemlos auf einem Gateway eingesetzt werden).

Es folgen die Variablen zur Angabe der Dienste des Netzwerks, also z. B. `SMTP_SERVERS` für die Liste der Mailserver im Netz oder `TELNET_SERVERS` für die Telnet-Server und so weiter. Darauf folgen Port-Angaben und spezielle Variablen, z. B. `AIM_SERVERS` zur Angabe der Server für den Instant Messenger. An diesem Beispiel ist sehr gut zu sehen, wie die Trennung von Werten (nämlich durch Kommata) und die Verwendung von Netzklassen (nämlich durch Angabe der Net-ID-Bits hinter einem Slash) auszusehen hat.

Variablen nutzen

```
var AIM_SERVERS [64.12.24.0/23, 64.12.28.0/23,
                 64.12.161.0/24, 64.12.163.0/24,
                 64.12.200.0/24, 205.188.3.0/24,
                 205.188.5.0/24, 205.188.7.0/24,
                 205.188.9.0/24, 205.188.153.0/24,
                 205.188.179.0/24, 205.188.248.0/24]
```

Listing 33.5 Wert-Separierung für Snort-Variablen

Variablen können auch Pfade enthalten. Die Angabe von Pfaden zu Regeldateien ist übrigens auch in relativer Form möglich (doch eine absolute Pfadangabe hat noch niemandem geschadet).

```
# Path to your rules files (this can be a relative path)
# Note for Windows users:  You are advised to make this
# an absolute path, such as:  c:\snort\rules
var RULE_PATH /etc/snort/rules
```

Listing 33.6 RULE_PATH

Das Schlüsselwort »config«

Mit dem `config`-Schlüsselwort können Sie das Verhalten von Snort, z. B. in bestimmten Situationen, konfigurieren. Da man aus der Praxis bekanntlich am einfachsten lernt, werden wir uns nun weiter der Analyse der Konfigurationsdatei widmen.

Analyse Als Erstes werden Sie mit dem *decoder*-Bereich des NIDS (*Network Intrusion Detection System*) konfrontiert. Wir sehen, dass das `config`-Schlüsselwort immer an erster Stelle steht. Anschließend wird ein Parameter übergeben, mit dem die eigentliche Aktion bestimmt wird.

Beim Listing ist zu beachten, dass Sie die beschriebenen `config`-Operationen auskommentieren müssen, um sie zu aktivieren.

```
# Stop generic decode events:
#
# config disable_decode_alerts
#
# Stop Alerts on experimental TCP options
#
# config disable_tcpopt_experimental_alerts
#
# Stop Alerts on obsolete TCP options
#
# config disable_tcpopt_obsolete_alerts
#
# Stop Alerts on T/TCP alerts
#
# In snort 2.0.1 and above, this only alerts when a TCP
# option is detected that shows T/TCP being actively used
# on the network.  If this is normal behavior for your
# network, disable the next option.
#
# config disable_tcpopt_ttcp_alerts
#
# Stop Alerts on all other TCPOption type events:
#
# config disable_tcpopt_alerts
#
```

```
# Stop Alerts on invalid ip options
#
# config disable_ipopt_alerts
...
```

Listing 33.7 Snort-Decoder

Nachfolgend sollen die oben aufgelisteten sowie die wichtigsten nicht aufgelisteten Parameter besprochen werden.

- disable_decode_alerts stellt die Meldungen des Decoders ab.
- disable_tcpopt_experimental_alerts stellt Warnungen beim Eintreffen von TCP-Paketen mit experimentellen Optionen ab.
- disable_tcpopt_obsolete_alerts stellt Warnungen beim Eintreffen von TCP-Paketen mit veralteten Optionen ab.
- disable_tcpopt_ttcp_alerts stellt Warnungen beim Eintreffen von TCP-Paketen ab.
- disable_tcpopt_alerts stellt generell alle Warnungen ab, die durch TCP-Optionen hervorgerufen werden.
- disable_ipopt_alerts unterdrückt Warnungen, wenn IP-Pakete mit abnormalen Optionen gefunden werden.
- set_gid ändert die Gruppen-ID, unter der Snort läuft, auf die angegebene. set_uid erfüllt die gleiche Funktion bezüglich der User-ID.
- daemon versetzt Snort in den Dämon-Modus, so dass es als Hintergrundprozess sein Dasein fristet.
- interface legt das Interface fest, auf dem snort agieren soll, etwa config interface:eth1.
- logdir gibt das Verzeichnis an, in dem die Logdateien untergebracht werden.

    Dieses Verzeichnis kann sehr groß werden. In der Regel wird hierzu /var/log/snort verwendet; es sollte immer darauf geachtet werden, dass der /var-Partition genügend Speicherplatz zur Verfügung steht. [!]

- umask legt unter Unix die umask-Werte zur Erstellung neuer Dateien fest.
- no_promisc deaktiviert für das Netzwerk-Interface, auf dem Snort agiert, den Promiscuous-Modus.[2]

---

[2] Im Promiscuous-Modus nehmen Netzwerkkarten auch Pakete an, die sie zwar erhalten, aber nicht für sie bestimmt sind. Snort untersucht in diesem Fall also auch solche Pakete.

33 | Netzwerksicherheit überwachen

- `chroot` funktioniert unter Unix und legt mithilfe des `chroot(2)`-Syscalls ein neues Wurzelverzeichnis für Snort fest. Dies erschwert Angriffe auf das IDS und findet auch bei anderen Diensten Verwendung, etwa bei Apache und bei BIND unter OpenBSD.

- `checksum_mode` legt die Überprüfung der Prüfsummen fest. Mit `notcp` können beispielsweise die Prüfsummenberechnungen für TCP-Pakete unterbunden werden. Auf langsamen Maschinen kann durch das Abstellen der Prüfsummenverifizierung (`none`) die Performance etwas steigern.

Das Schlüsselwort »preprocessor«

Mit der Einführung von `preprocessor`-Extensions erhielt Snort die Möglichkeit der modularen Weiterentwicklung. So wurde beispielsweise ein Portscan-Detection-Modul entwickelt, das über die Anweisung `preprocessor` in Snort Verwendung findet.

Portscan-Detection

Wenden wir uns zunächst der Portscan-Detection zu. Mit ihr kann bestimmt werden, wie viele TCP- und UDP-Ports eine Quelle innerhalb welcher Zeit anfragen muss, um als Portscan erkannt zu werden.

[»] Es werden hierbei auch spezielle Techniken wie der Stealth-, XMAS-, NULL- und FIN-Scan erkannt.

Die `preprocessor`-Anweisung schaltet diese Funktionalität folgendermaßen ein: Das erste Argument ist die Angabe des Netzwerks, das überwacht werden soll. An zweiter Stelle wird die Anzahl der Ports angegeben, die in der an dritter Stelle festgelegten Zeit vom Angreifer gescannt werden müssen. Die Zeitspanne wird dabei in Einheiten von jeweils einer Sekunde angegeben. Der letzte Parameter legt die Logdatei fest, in der die Protokollierung Portscans ablegen soll (wobei diese zusätzlich in die *alert*-Datei von Snort geschrieben werden):

```
# Form:
preprocessor portscan: <Netzwerk>
                       <Anzahl der Ports>
                       <Zeitlimit>
                       <Logdatei>

# Beispielsweise:
preprocessor portscan: 10.34.53.0/24
                       5
                       10
                       /var/log/snort/scans
```

Listing 33.8 preprocessor portscan

Gemäß dem obigen Listing muss also innerhalb von 10 Sekunden ein Bereich von mindestens 5 Ports abgescannt werden, bevor ein Portscan erkannt wird, was uns zu einem anderen Problem führt: Einige Tools scannen absichtlich Port-Bereiche äußerst langsam ab. Zwar dauert dies länger, es ist aber auf obige Art und Weise sehr schwer zu entdecken. Für den Angreifer bedeutet diese Scan-Technik nicht einmal eine zu große Wartezeit, denn ein auf wenige ausgesuchte Ports ausgerichteter Scan reicht oftmals aus, um eine Sicherheitslücke zu erkennen. *Regel überlisten*

Mit der Anweisung `portscan-ignorehosts` können aus einer Portscan-Liste gezielt Hosts ausgetragen werden, bei denen keine Benachrichtigung bei TCP-SYN- oder UDP-Portscans erfolgen soll. *ignorehosts*

```
preprocessor portscan-ignorehosts: 192.168.0.3
```

Listing 33.9 portscan-ignorehosts

Es gibt noch weitere Preprocessor-Module wie z. B. `frag2`, das einige Features bezüglich der Fragmentierung von IP-Paketen bietet. Lädt man dieses Modul ohne weitere Angabe von Parametern (etwa der seiner Speicherbegrenzung (`memcap`) oder der minimalen TTL eines Pakets [`min_ttl`]), so werden maximal 4 Megabyte Hauptspeicher für diese Funktionalität verschlungen; Pakete, deren Fragmente nicht innerhalb von 60 Sekunden eintreffen, werden verworfen. In der Default-Konfiguration ist `frag2` ohne weitere Parameter eingebunden. *frag2*

```
preprocessor frag2
```

Listing 33.10 Nutzung von frag2

Die zum Zeitpunkt des Schreibens noch experimentelle Erkennung von ARP-Spoofing könnte so einige Administratoren erfreuen. *arpspoof*

Dem interessierten Administrator bietet Snort noch einige weitere Module für die `preprocessor`-Anweisung, wie z. B. `stream4`, `flow` (`flow-port-scan`), `telnet_decode`, `rpc_decode`, den Performancemonitor oder auch `http_inspect`. Diese Module können im Rahmen dieses Buches jedoch nicht näher erläutert werden. *Weitere Möglichkeiten*

Das Schlüsselwort »output«

Mittels des Schlüsselworts `output` ist es möglich, das Logging der Meldungen von `snort` auf verschiedenen Wegen geschehen zu lassen. Beispielsweise kann über `syslog` oder in Form einer binären Datei im `tcpdump`-Format protokolliert werden. Zudem können die Meldungen in Datenbanken geschrieben werden.

```
output database: log, mysql,user=admin password=pass \
                 dbname=snort host=eygo.sun
```

Listing 33.11 Datenbank mit »output« verwenden

Nicht nur MySQL! Wie der Ausdruck MySQL vermuten lässt, ist es möglich, Snort auf verschiedenste Datenbanken zugreifen zu lassen. In der aktuellen Version 2.8.x sind dies:

- Oracle
- MySQL
- PostgreSQL
- unixODBC
- Microsoft SQL Server

[»] Weitere Informationen zu dieser Datenbank-Anbindung finden Sie in der bei Snort enthaltenen Dokumentationsdatei *README.database* im Verzeichnis *doc* des Programms und auf *cvs.snort.org/viewcvs.cgi/snort/doc/README.database*.

Aufbau der Snort-Regeln

Sehr wichtig ist die Erstellung von Snort-Regeln. Ein Blick in die mitgelieferte Konfiguration verrät uns, wo die Regeldateien liegen und wie sie übersichtlich und komfortabel in die *snort.conf* eingebunden werden können.

```
include $RULE_PATH/local.rules
include $RULE_PATH/bad-traffic.rules
include $RULE_PATH/exploit.rules
include $RULE_PATH/scan.rules
include $RULE_PATH/finger.rules
include $RULE_PATH/ftp.rules
include $RULE_PATH/telnet.rules
include $RULE_PATH/rpc.rules
include $RULE_PATH/rservices.rules
include $RULE_PATH/dos.rules
....
```

Listing 33.12 Einbinden der Regeldateien in snort.conf

[»] Im Unterverzeichnis *rules/* finden sich dann auch schließlich diese Dateien. Wir empfehlen Ihnen, sich diese Dateien anzusehen, da sie wunderbare Beispiele für Snort-Regeln enthalten, aus denen Sie Wissen ziehen können.

Am besten erlernt man diese in der Regel sehr einfach zu verstehenden Inhalte anhand von Beispielen. In der Datei *shellcode.rules* finden Sie beispielsweise die

Regeln zur Erkennung von im Netzwerk übertragenen Shellcodes für verschiedenste Plattformen.[3]

```
alert ip $EXTERNAL_NET $SHELLCODE_PORTS ->             \
  $HOME_NET any (msg:"SHELLCODE sparc setuid 0";       \
  content:"|82 10| |17 91 D0| |08|";                   \
  reference:arachnids,282;                             \
  classtype:system-call-detect; sid:647; rev:6;)
alert ip $EXTERNAL_NET $SHELLCODE_PORTS ->             \
  $HOME_NET any (msg:"SHELLCODE x86 setgid 0";         \
  content:"|B0 B5 CD 80|"; reference:arachnids,284;    \
  classtype:system-call-detect; sid:649; rev:8;)
alert ip $EXTERNAL_NET $SHELLCODE_PORTS ->             \
  $HOME_NET any (msg:"SHELLCODE x86 setuid 0";         \
  content:"|B0 17 CD 80|"; reference:arachnids,436;    \
  classtype:system-call-detect; sid:650; rev:8;)
```

Listing 33.13 Auszug aus shellcode.rules

Regeln beginnen mit einem Regelwort, wie z. B. `alert` oder `log`. Diese Schlüsselwörter haben verschiedene Verhaltensweisen, zudem können eigene Regelwörter in der Konfigurationsdatei spezifiziert werden. In der mitgelieferten Konfigurationsdatei wird (auskommentiert) folgendes Beispiel mitgeliefert:

Regelwörter

```
ruletype redalert
{
  type alert
  output alert_syslog: LOG_AUTH LOG_ALERT
  output database: log, mysql, user=snort
          dbname=snort host=localhost
}
```

Listing 33.14 Auszug aus snort.conf

Der Regeltyp `redalert` verhält sich in diesem Fall wie `alert` und loggt mithilfe des `syslog`-Dämons und der MySQL-Datenbank die mit ihm konfigurierten Meldungen.

Gehen wir nun zurück zu den eigentlichen Regelwörtern und ihrer Bedeutung:

---

[3] Shellcodes dienen dem Angreifer zum Starten von Programmen (meist einer Shell) über Netzwerkverbindungen. Jedoch ist es entgegen der weit verbreiteten Meinung nicht notwendig, eine Shell zu starten. Dem Angreifer ist es im Prinzip selbst überlassen, welchen Code er ausführen möchte.

- **alert**
  Warnung ausgeben und Paket loggen

- **log**
  Paket loggen

- **pass**
  Paket nicht weiter beachten

- **activate**
  wie `alert` verhalten, jedoch zusätzlich eine dynamische Regel verwenden

- **dynamic**
  wie `log` verhalten; wird von `activate` aktiviert[4]

Protokoll
: Daraufhin folgt das Protokoll, im obigen Fall ist dies `ip`. Shellcodes können sowohl über TCP als auch über andere Protokolle übermittelt werden. Durch Angabe von `ip`, einem cleveren Schachzug, spielt dies keine Rolle mehr, da jedes IP-Paket auf einen bestimmten Content untersucht werden kann. Selbstverständlich können auch andere Protokolle, etwa `tcp`, angegeben werden.

Quelle und Ziel
: Die Angabe einer Netzwerkadresse und eines Ports in Bezug auf die Quelle des Pakets mit anschließender Angabe der Destination erfolgt vor oder nach dem Pfeil. Dabei steht `any` für einen beliebigen Wert.

msg, content und reference
: `msg` gibt die Logmeldung aus, und `content` legt die Werte fest, die im Paket enthalten sein müssen, wobei entweder auf in Pipes gestellte Hexwerte (wie oben zu sehen) oder auch direkt auf ASCII-Zeichen, also etwa `"HEAD / HTTP/1.0"`, zurückgegriffen werden kann. Referenzen bieten Ihnen die Möglichkeit, sich über eine Angriffsform zu informieren. Sie werden explizit in den Logmeldungen ausgegeben, in der Regel durch Links zu den Problembeschreibungen in der Sicherheits-Mailingliste *Bugtraq* (siehe *www.securityfocus.com*).

classtype
: `classtype` spezifiziert die Priorität der Regel, wobei eine ganze Menge von möglichen Angaben mit verschiedenen Zwecken und den Prioritäten `high`, `medium` oder `low` existieren. Diese Angaben sind in einer recht langen Tabelle im Snort-Manual zu finden.

sid und rev
: `sid` spezifiziert einen Eintrag in der Snort Signature Database (SID), die auf *snort.org* zu finden ist; `rev` legt die zugehörige Version dieser SID fest.

---

[4] Exzellente weiterführende Hinweise finden Sie im Snort-Manual.

Es gelten auch hier wieder einige Besonderheiten bei der Erstellung der Regeln. Die wichtigsten sind:

- Ausrufezeichen haben eine logische Verneinung zur Folge. Wenn also alle Pakete mit einer IP-Adressangabe außer 192.168.0.1 auf eine Regel zutreffen sollen, können Sie Folgendes schreiben: `!192.168.0.1`.

- Gruppierungen werden (wie bereits oben erwähnt) durch eckige Klammern gebildet. Die Trennung von Werten erfolgt durch Kommata.

- Strings werden in Anführungszeichen eingeschlossen.

- Zeilenumbrüche können über einen Backslash (\) realisiert werden.

Weitere Informationen zu diesem Thema finden Sie in der Datei *README.alert_order*.

33.2 Netzwerkmonitoring mit Nagios

Nagios (*www.nagios.org*) erfüllt als Nachfolger des populären NetSaint alle Anforderungen, die wir im letzten Abschnitt an ein Netzwerkmonitoringtool gestellt haben:

- **Überwachen von Rechnern und Diensten**
  Man kann diverse Dienste (z. B. HTTP, SMTP, POP3, FTP, ...) sowie auch ganze Rechner (über ICMP) überwachen. Außerdem kann man auch Ressourcen wie Festplattenplatz, CPU-Auslastung oder den Speicherverbrauch kontrollieren.

- **Flexibles Benachrichtigungssystem**
  Natürlich kann man auch konfigurieren, wer wie kontaktiert werden soll, wenn Probleme auftreten. Dazu gehört neben der obligatorischen E-Mail-Benachrichtigung auch der Support von SMS-Nachrichten oder von anderen benutzerdefinierten Möglichkeiten.

  Die verschiedenen Benutzer des Systems kann man außerdem in unterschiedlichen Kontaktgruppen organisieren, auf die man die unterschiedlichen Problemfälle verteilen kann.

- **Pluginsystem und proaktive Problemlösung**
  Über ein einfaches Pluginsystem kann man selbst Servicechecks schreiben, die dann von Nagios regelmäßig ausgeführt beziehungsweise überprüft werden.

  Außerdem kann man mittels *Event-Handlern* auch einfache Maßnahmen zur proaktiven Problemlösung definieren.

33 | Netzwerksicherheit überwachen

▶ **Webinterface**
Neben den erwähnten Möglichkeiten der E-Mail-Benachrichtigung kann man den Status der überwachten Systeme auch über ein Webinterface betrachten.

Open Source! Gehen wir also näher auf die Software ein. Nagios steht unter der GNU General Public License und ist damit als freie Software für jeden verfügbar. Als Voraussetzungen für die Installation genügen bereits ein einfacher Linux-Rechner mit Webserver (am besten Apache) sowie die GD-Bibliothek, die aber auch bei jeder Distribution mit dabei sein sollte. Nachdem es installiert – und vor allem konfiguriert – worden ist, kann man sich mit Nagios nicht nur über aufgetretene Probleme informieren lassen, sondern sich auch schöne Statistiken ansehen.

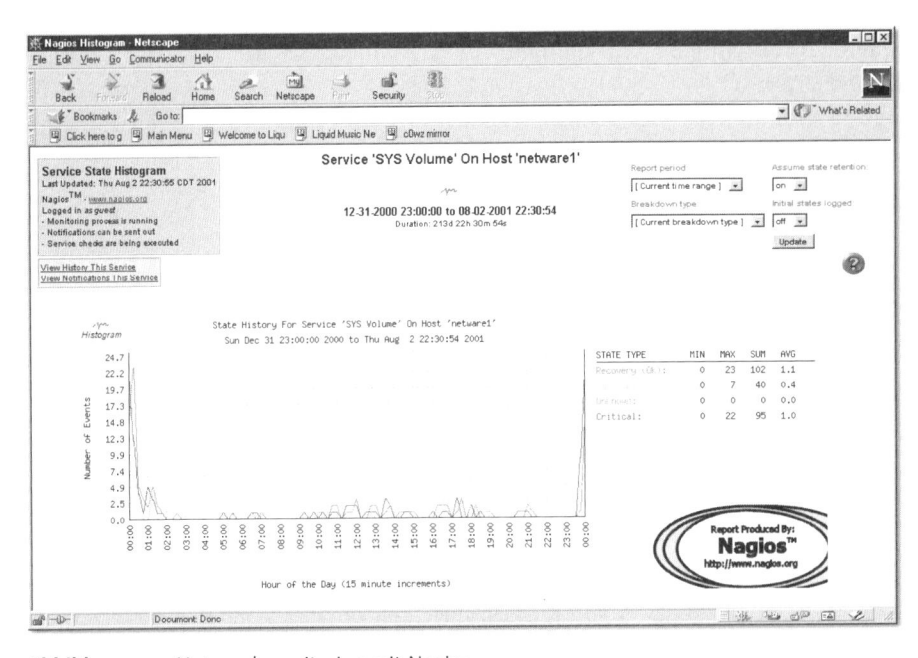

Abbildung 33.1 Netzwerkmonitoring mit Nagios

Nur haben die Götter vor die Grafik leider die Konfiguration gesetzt, die bei einem Netzwerk-Monitoringsystem natürlich nicht von selbst erfolgen kann. Aus diesem Grund wollen wir uns an dieser Stelle etwas näher mit dieser Thematik auseinandersetzen, da die Maßnahmen, die sich aus den Meldungen ergeben, wieder vollkommen in den Aufgabenbereich eines Systemadministrators fallen.

Da die Konfiguration also naturgemäß recht komplex werden kann, verweisen wir für Detailfragen wieder einmal auf die Webseite des Projektes, *www.nagios.org*, und auf die dort verlinkte ausführliche Dokumentation.

33.2.1 Installation

Beginnen wir also mit der Installation. Am besten laden Sie sich die aktuellste Version von der Webseite herunter und entpacken die Dateien in einem Verzeichnis Ihrer Wahl. Anschließend sollten Sie einen eigenen Benutzer samt Gruppe für die Software und das spätere Installationsverzeichnis – am besten */usr/local/nagios* – anlegen.

```
# tar -xzf nagios-1.1.tar.gz
# mkdir /usr/local/nagios
# adduser nagios
```

Listing 33.15 Die eigentliche Installation vorbereiten

Als Nächstes kann man in dem entpackten Verzeichnis das `configure`-Skript aufrufen, bei dem man einige Parameter nicht vergessen sollte:

Quelltext konfigurieren

```
../configure --prefix=prefix --with-cgiurl=cgiurl    \
  --with-htmurl=htmurl --with-nagios-user=user       \
  --with-nagios-grp=group
```

Listing 33.16 Die Software vor dem Übersetzen an das eigene System anpassen

- Mit »prefix« gibt man das Installationsverzeichnis an; normalerweise ist dies */usr/local/nagios*.

- Mit »cgiurl« wird die URL angeben, unter der man später die CGI-Skripte ansprechen will, normalerweise */nagios/cgi-bin*[5].

- Analog gibt die »htmlurl« die URL der späteren HTML-Seiten an, normalerweise */nagios/*.

- Schließlich sollte man den eben angelegten Benutzer samt dessen Gruppe (standardmäßig ist beides »nagios«) angeben.

Als Nächstes kann man die Software übersetzen und die entsprechenden Dateien an ihren zukünftigen Platz im Dateisystem verschieben. Falls gewünscht, kann man sich auch ein Initskript erstellen lassen:

Quelltext übersetzen

```
# make
# make install
# make install-init
```

Listing 33.17 Übersetzen, installieren und Initskript erstellen

---

[5] Achtung: Am Ende der URL darf kein Slash stehen!

Möchte man auch noch einen Satz von Standard-Konfigurationsdateien installieren, die man dann später nur noch anpassen muss, reicht es aus, `make` erneut zu bemühen:

```
# make config
# make install-config
```

Listing 33.18 Beispielkonfiguration installieren

Verzeichnisstruktur

Wechselt man nun mit `cd /usr/local/nagios` in das Installationsverzeichnis von Nagios, kann man sich dort die Verzeichnisstruktur der Software näher ansehen:

Verzeichnis	Beschreibung
bin/	Der Nagios-Server an sich befindet sich in diesem Verzeichnis.
etc/	Hier befinden sich die Konfigurationsdateien. Dazu später mehr.
libexec/	In dieses Verzeichnis sollten die Plugins installiert werden.
sbin/	Die CGIs für das Webinterface befinden sich hier.
share/	die HTML-Dateien für das Webinterface sowie die Dokumentation
var/	das Verzeichnis für die Logfiles

Tabelle 33.1 Die Verzeichnisstruktur

Installieren der Plugins

Wie bereits aus der Tabelle zur Verzeichnisstruktur ersichtlich ist, müssen als Nächstes die Plugins separat heruntergeladen und ins Verzeichnis *libexec/* installiert werden.

Plugins für Servicechecks

Diese Plugins sind dabei entweder Skripte oder zu kompilierende Binarys, die die Service- und Hostchecks erst durchführen. Natürlich können Sie so, wenn Sie sich bereits fertige Skripte oder Codes als Vorbild nehmen, auch eigene Plugins für Nagios schreiben.

Das Webinterface

Nachdem wir die Software übersetzt und die Plugins installiert haben, ist als Nächstes das Webinterface an der Reihe. Es muss dem Webserver – in unserem Beispiel wollen wir auf den viel genutzten Apache eingehen – »gesagt« werden, wo die CGI-Skripte und die HTML-Dateien zu finden sind. Immerhin haben wir diese ja nicht in die `DocumentRoot`, also das »Stammverzeichnis des Webservers« installiert.

Webserver vorbereiten

Beginnen wir dazu mit dem Alias für die CGI-Skripte. Die folgenden Zeilen bewirken, dass wir die URL */nagios/cgi-bin* ansprechen können, wobei in Wirklichkeit auf die Skripte in */usr/local/nagios/sbin* zugegriffen wird. Dieses Verzeichnis wird beim Kompilieren durch den Parameter `--cgiurl` angegeben:

```
ScriptAlias /nagios/cgi-bin/ /usr/local/nagios/sbin/
<Directory "/usr/local/nagios/sbin/">
    AllowOverride AuthConfig
    Options ExecCGI
    Order allow,deny
    Allow from all
</Directory>
```

Listing 33.19 Den Alias für die CGI-Skripte setzen

Als Nächstes müssen wir noch die `--htmlurl` */nagios* auf das Verzeichnis *share/* unserer Installation umleiten:

```
Alias /nagios/ /usr/local/nagios/share/
<Directory "/usr/local/nagios/share">
    Options None
    AllowOverride AuthConfig
    Order allow,deny
    Allow from all
</Directory>
```

Listing 33.20 Den Alias für die Nagios-HTML-Dateien setzen

Nun kann man Apache mit dem Befehl

```
# apachectl restart
```

Listing 33.21 Apache neu starten

neu starten und bereits versuchen, das Webinterface über

http://localhost/nagios/

anzusprechen. Natürlich werden noch keine Informationen angezeigt, da das Monitoring erst noch konfiguriert werden muss; das Webinterface kann man aber schon betrachten.

Meistens ist es ganz sinnvoll, den Zugriff auf die Nagios-Software per `htaccess` zu beschränken. Um diesen Schutz zu konfigurieren, muss man zuerst im *share/-* und *sbin/-*Verzeichnis der Nagios-Installation eine *.htaccess*-Datei mit folgendem Inhalt anlegen:

Passwortschutz

```
AuthName "Nagios Access"
AuthType Basic
AuthUserFile /usr/local/nagios/etc/htpasswd.users
require valid-user
```

Listing 33.22 Die .htaccess-Datei

Mit dem Kommando `htpasswd` kann man nun die Datei */usr/local/nagios/etc/htpasswd.users* mit dem `-c`-Switch anlegen und mit Benutzernamen und Passwörtern füllen:

```
htpasswd -c /usr/local/nagios/etc/htpasswd.users    \
  nagiosadmin
```

Listing 33.23 Den User »nagiosadmin« hinzufügen

Möchte man weitere Nutzer hinzufügen, so entfällt die Option `-c`, und man gibt als einziges Argument den anzulegenden Benutzernamen an.

33.2.2 Konfiguration

Nach der Installation läuft Nagios zwar bereits, aber ein Monitoring findet noch nicht statt. Dazu muss das System erst korrekt konfiguriert werden, was in diesem Abschnitt besprochen werden soll. Am besten beginnen wir dazu mit einem Überblick über die wichtigsten der zahlreichen Konfigurationsdateien:

- **etc/nagios.cfg**

  Hauptkonfiguration

  In der Hauptkonfigurationsdatei kann man alle möglichen Einstellungen für Nagios vornehmen, wie beispielsweise, wo die restlichen Konfigurationsdateien zu finden sind, welche Logfiles angelegt werden sollen oder wie sich das Monitoring bezüglich der einzelnen Checks genau verhalten soll.

- **etc/cgi.cfg**

  In dieser Konfigurationsdatei kann man zahlreiche Einstellungen für die CGIs treffen, so zum Beispiel, welche Nagios-Benutzer auf welche Funktionen Zugriff erhalten, falls eine Authentifizierung verwendet wird.

- **Resource Files**

  Neben den beiden Hauptkonfigurationsdateien gibt es weitere Dateien, die man dann über *etc/nagios.cfg* einbinden kann. Ein Typ dieser zusätzlichen Konfigurationseinstellungen sind die *Resource Files* (meist nur *etc/resource.cfg*), in denen man sensible Informationen wie Logins für eine Datenbank oder auch Makros speichern kann. Aus Sicherheitsgründen sind diese Informationen den CGIs nicht zugänglich.

- **Object Configuration Files**

  Objekte definieren

  Diese Dateien bindet man ebenfalls über die *nagios.cfg* ein, und hier endlich definiert man das eigentliche Monitoring. Für Nagios ist es egal, ob Sie einen *Service* (Dienst) oder einen zu überwachenden Rechner definieren, allerdings teilt man die recht umfangreichen Optionen meist auf mehrere Dateien auf:

- **etc/hosts.cfg**
  Hier definiert man die zu überwachenden Rechner samt Namen und IP-Adressen. Dazu benötigt man die weiter unten erklärten *host*-Objekte.

- **etc/services.cfg**
  Hier kann man die zu überwachenden Dienste definieren, die zwei wichtige Eigenschaften besitzen: den Rechner(n), auf dem sie laufen, sowie den Befehl beziehungsweise das Plugin, das für den Check verwendet werden soll.

- **etc/commands.cfg**
  Die bei den Servicedefinitionen benötigten Dienste kann man auch als Objekte anlegen, was einem die Angabe der genauen Syntax bei jedem einzelnen zu konfigurierenden Dienst ersparen kann.

- **etc/contacts.cfg**
  Hier kann man einzelne Benutzer samt E-Mail-Adresse oder anderer Benachrichtigungsmethoden eintragen sowie angeben, bei welchen Dringlichkeitsstufen verschiedener Events sie kontaktiert werden sollen.

- **etc/*groups.cfg**
  Ob Rechner oder Kontakte: Beides kann und sollte man auch zu Gruppen zusammenfassen, um die Administration komplexer Netzwerke zu vereinfachen. Diese Gliederung ist vor allem für das Benachrichtigungssystem sinnvoll.

- **Weitere Objekttypen**
  Es gibt noch viele weitere Objekttypen, die gerade für komplexe bis sehr komplexe Netzwerke interessant werden können. Für eine Dokumentation zu diesen Features seien Sie erneut auf die Webseite verwiesen, da weitere Details den Rahmen des Buches sprengen würden.

Denken Sie allerdings daran, dass die eben vorgestellten Dateien nicht unbedingt genau so auf Ihrem Nagios-Server vorhanden sein müssen – schließlich können Sie in der *nagios.cfg* flexibel einstellen, woher Ihre Objektdefinitionen kommen sollen.

Im Folgenden wollen wir weniger die Konfiguration von Nagios selbst (über die *nagios.cfg* beziehungsweise die *cgi.cfg*) erläutern, da diese standardmäßig recht sinnvoll und im Allgemeinen weniger interessant ist, sondern stattdessen lieber auf die umfangreichen Objektdefinitionen eingehen, die das Monitoring Ihres Netzwerks erst ermöglichen. Aus diesem Grund seien Sie erneut auf die Webseite des Projekts samt zugehöriger Dokumentation verwiesen, falls Fragen zur Konfiguration offen bleiben sollten.

Hostobjekte

Rechner definieren

Prinzipiell kann man in jeder *Object-Configuration*-Datei *host*-Objekte definieren, meist wird dazu jedoch die *etc/hosts.cfg* genutzt. Möchte man nun einen neuen Rechner zur Überwachung hinzufügen, kann man dort eine entsprechende Definition ablegen:

```
define host{
  host_name                Rechnername
  alias                    Alias
  address                  IP
  (parents                 Rechnernamen)
  (check_command           Kommando)
  max_check_attempts       #
  notification_interval    #
  notification_period      timeperiod
  notification_options     [d,u,r]
}
```

Listing 33.24 Ein Host-Objekt

Man gibt dem Objekt mit dem *Rechnernamen* zuerst einen eindeutigen Bezeichner, auf den man sich dann in der weiteren Konfiguration von Nagios auch beziehen kann. Das *Alias* dagegen wird verwendet, um den Rechnernamen über das Webinterface anzuzeigen.

Es folgt natürlich die obligatorische IP-Adresse. Wenn sich irgendwelche anderen Systeme wie zum Beispiel Router zwischen dem Host und dem Monitoringsystem befinden, werden diese im optionalen Parameter *parent* angegeben.

Ist ein Rechner an?

Das check-Kommando ist recht wichtig, um zu überprüfen, ob der Host noch »up« ist. Meist gibt man hier das standardmäßig in der *commands.cfg* definierte Kommando check-host-alive an, das schlicht einen Ping auf den Rechner versucht. Lässt man diesen Parameter weg, wird das System nicht überprüft und immer als »up« angenommen.

Als Nächstes muss man angeben, wie oft im Fehlerfall überprüft werden soll, bevor eine Nachricht abgeschickt beziehungsweise der Rechner als »down« deklariert wird. In so einem Fall werden entsprechende Kontakte alle *notification_interval* Minuten wieder informiert.

Eine *timeperiod* ist auch ein Objekt, über das man definieren kann, in welchem Zeitraum ein Rechner oder ein Dienst überwacht werden soll. Meist gibt man hier den in der *etc/timeperiods.cfg* definierten Zeitraum 24x7 an, der den Rechner ohne Unterbrechung kontrolliert.

Zum Schluss kann man noch einstellen, wann ein Admin benachrichtigt werden soll: wenn der Rechner »down« (d) geht, wenn er »unreachable« (u) ist, also ein Parent »down« geht und der Rechner nicht mehr zu erreichen ist, und/oder wenn er wieder »up« (r, engl. *recover*) ist.

Es gibt noch eine ganze Reihe weiterer möglicher Optionen, die wir aber nicht näher betrachten wollen.

Hostgruppen

Was in der Definition zu einzelnen Rechnern noch fehlte, war natürlich die Verknüpfung mit entsprechenden Kontaktpersonen, die im Problemfall informiert werden sollen. Dazu fasst man nämlich mehrere Rechner zu einer »Gruppe« zusammen, indem man wieder einen Objektnamen samt Alias vergibt und der Gruppe eine Kontaktgruppe sowie natürlich ein bis mehrere durch Komma getrennte Mitglieder zuordnet. Die Mitglieder sind dabei ihrerseits wieder Hostobjekte.

Verknüpfung mit Kontakten

```
define hostgroup{
  hostgroup_name          Gruppenname
  alias                   Alias
  contact_groups          Kontaktgruppen
  members                 Mitglieder
}
```

Listing 33.25 Hostgruppen

Durch diese auf den ersten Blick komplexe Struktur kann man sehr sinnvolle und realitätsnahe Konfigurationen für das Monitoring schaffen. Und dies ist schließlich das Ziel, das wir mit der Software verfolgen.

Um letzte Fragen zu klären, wollen wir uns aber einmal ein kurzes Beispiel eines Hostobjekts sowie einer dazugehörigen Hostgruppe ansehen:

[zB]

```
define host{
  host_name               fileserver
  alias                   Data Store
  address                 192.168.1.1
  check_command           check-host-alive
  max_check_attempts      5
  notification_interval   30
  notification_period     24x7
  notification_options    d,u,r
}
define hostgroup{
  hostgroup_name          servers
  alias                   Serverraum #1
```

```
    contact_groups              linux-admins
    members                     fileserver,mailserver
}
```

Listing 33.26 Host samt Hostgruppe

Diese Konfiguration sollte mit den Erläuterungen der Objekttypen eigentlich selbsterklärend sein. Das einzige, was Sie nicht verwundern sollte, ist die hier nicht weiter definierte Kontaktgruppe `linux-admins`. Da wir auf Kontaktgruppen erst später eingehen, haben wir diese Definition hier nämlich noch offengelassen.

Serviceobjekte

Serverdienste definieren

Bereits angesprochen wurden auch die Serviceobjekte. Das Wort »Service« bezeichnet dabei nicht nur klassische Dienste wie HTTP, FTP oder POP3, sondern auch jede andere »messbare« Eigenschaft eines Rechners.

So kann man über Serviceobjekte auch den Plattenplatz, die Anzahl momentan eingeloggter Benutzer, die Prozessorauslastung oder was auch immer überprüfen. Allerdings sollte man immer darauf achten, nicht zu viele Informationen zu sammeln, damit das Wichtige nicht untergeht.

```
define service{
    host_name                   Rechnername
    service_description         Beschreibung
    check_command               Kommando
    max_check_attempts          #
    normal_check_interval       #
    retry_check_interval        #
    check_period                timeperiod
    notification_interval       #
    notification_period         timeperiod
    notification_options        [w,u,c,r]
    contact_groups              Kontaktgruppen
}
```

Listing 33.27 Serviceobjekte in der etc/services.cfg

Der *Rechnername* bezieht sich auf ein *host*-Objekt, auf dem dieser Dienst läuft beziehungsweise dessen Zustand überwacht werden soll. Ansonsten ist vor allem wieder das *Kommando* wichtig, bei dem oft auf eines der mitgelieferten Plugins zurückgegriffen wird.

Ähnlich wie die bereits erläuterten *notification*-Optionen verhalten sich auch die *check*-Optionen. So kann man über *check_period* kontrollieren, wann das Monitoring stattfinden soll (z. B. 24x7), oder mittels *interval* festlegen, wie regelmäßig die Überprüfungen wiederholt werden sollen.

Zu den *notification_options* ist noch eine weitere Option – (*w*) für Warnungen – hinzugekommen. Schließlich gibt es für Dienste drei Zustände: »ok«, »warning« und »critical«, während es mit »up« und »down« für Rechner an sich nur zwei messbare Zustände gibt.

Wann informieren?

Über die Option *contact_groups* kann man wie bei den Hostgruppen eine oder mehrere Kontaktgruppen angeben, die im Problemfall benachrichtigt werden.

Kontakte und Kontaktgruppen

Daher wollen wir als Nächstes auch schon dieses Feature behandeln. Zu einem Kontakt gehört wie immer bei Nagios der Objektname, der »richtige« Name als Alias sowie natürlich neben den bereits bekannten Benachrichtigungsoptionen eine – optionale – E-Mail-Adresse.

Verantwortliche angeben

```
define contact{
  contact_name                   Kontakt
  alias                          Alias
  host_notification_period       timeperiod
  service_notification_period    timeperiod
  host_notification_options      [d,u,r,n]
  service_notification_options   [w,u,c,r,n]
  service_notification_commands  notify-by-email
  host_notification_commands     host-notify-by-email
  (email                         E-Mail)
}
```

Listing 33.28 Kontakte in der etc/contacts.cfg

Natürlich gibt es auch für Kontakte noch weit mehr als die hier aufgeführten Optionen und damit mehr Möglichkeiten, wie eine Benachrichtigung erfolgen kann. Somit ist die E-Mail-Adresse als eine Kontaktoption unter vielen auch nicht zwingend für dieses Objekt erforderlich.

Um einen Kontakt nun aber mit einem Hostgruppen- oder Serviceobjekt verknüpfen zu können, benötigt man eine Kontaktgruppe. Auch wenn in einer solchen Gruppe nur ein einziger Kontakt steht, ist sie notwendig, damit man den Kontakt in Nagios nutzen kann:

```
define contactgroup{
  contactgroup_name    Kontaktgruppe
  alias                Alias
```

```
    members                      Mitglieder
}
```

Listing 33.29 Kontaktgruppe in der etc/contactgroups.cfg

[zB] Die Mitglieder einer solchen Gruppe sind natürlich wieder die entsprechenden Objektnamen, die durch Kommata getrennt werden. Aber sehen wir uns dazu ein einfaches Beispiel an:

```
define contact{
    contact_name                 jploetner
    alias                        Johannes Plötner
    service_notification_period  24x7
    host_notification_period     24x7
    service_notification_options w,u,c,r
    host_notification_options    d,u,r
    service_notification_commands notify-by-email
    host_notification_commands   host-notify-by-email
    email                        jploetner@localhost
}
define contactgroup{
    contactgroup_name            admins
    alias                        Administratoren
    members                      jploetner, swendzel
}
```

Listing 33.30 Ein Beispiel

Dieses Beispiel sollte eigentlich selbsterklärend sein. Man definiert zuerst den Kontakt und fügt ihn schließlich einer Kontaktgruppe hinzu.

Kommandodefinition

Plugins integrieren Wir haben bei den Host- und den Serviceobjekten bereits auf die Kommandos Bezug genommen, mit denen diese entsprechend überwacht wurden. Dort konnte man entweder direkt einen Befehl eingeben oder eben auf ein definiertes Kommandoobjekt Bezug nehmen.

Ein solches Kommandoobjekt definiert man wie folgt:

```
define command{
    command_name     Kommando
    command_line     Kommandozeile
}
```

Listing 33.31 Kommandodefinition in der etc/commands.cfg

Dabei kann man in der Kommandozeile auch Makros nutzen, die mit einem Dollarzeichen beginnen müssen. Ein Beispiel soll diesen Sachverhalt verdeutlichen:

[zB]

```
define command{
  command_name           check_pop
  command_line           /usr/local/nagios/libexec/  \
    check_pop -H $HOSTADDRESS$
}
```

Listing 33.32 Ein Beispiel

In diesem Beispiel wird das Kommando `check_pop` definiert, das ein gleichnamiges Skript im *libexec/*-Verzeichnis mit dem entsprechenden Rechnernamen als Argument aufruft.

Wenn die Plugins installiert wurden, dann hat man schon eine ganze Reihe sinnvoller Kommandos zur Verfügung. Im Folgenden soll eine kleine Übersicht über die wichtigsten Skripte und Programme gegeben werden. Für eine ausführliche Übersicht sei Ihnen aber immer noch die Dokumentation der Plugins selbst ans Herz gelegt.

33.2.3 Plugins

Wie bereits angedeutet, besitzt Nagios selbst keinerlei Möglichkeiten, irgendeinen Dienst oder Rechner zu überwachen. Die Software verlässt sich voll und ganz auf die Plugins, die diese »Intelligenz« zur Verfügung stellen.

Bekanntermaßen unterscheidet Nagios allerdings zwischen *Hostchecks* und *Servicechecks*, die beide auf dieselbe Pluginarchitektur zurückgreifen. Der einzige Unterschied besteht darin, dass bei einem Hostcheck bei jedem Nicht-OK-Wert bei der Rückgabe angenommen wird, dass der Rechner »down« ist.

Die Intelligenz

Dass man die Plugins schließlich über Kommandodefinitionen einbindet, die man dann in den Host- und Serviceobjekten angeben kann, sollte mittlerweile auch klar sein.

check_tcp

Dieses Plugin ist eines der einfachsten und gleichzeitig wichtigsten. Mit ihm kann man nämlich überprüfen, ob ein Port auf einem entfernten Rechner offen oder geschlossen ist. Aus dieser Information kann man dann den Rückschluss ziehen, ob der entsprechende Dienst läuft oder abgestürzt ist.

Portscan

Ruft man das Plugin auf der Kommandozeile ohne Parameter auf, so wird ein Hilfetext mit allen verfügbaren Parametern ausgegeben:

```
# ./check_tcp
No arguments found
Usage: check_tcp -H host -p port [-w warn_time]
  [-c crit_time] [-s send_string] [-e expect_string]
  [-q quit_string] [-m maxbytes] [-d delay]
  [-t to_sec] [-v]
```

Listing 33.33 Die Parameter des Plugins

In einer Kommandodefinition könnte man das Plugin also zum Beispiel wie folgt ansprechen:

```
define command{
  command_name            check_port_cups
  command_line            $USER1$/check_tcp -H \
    $HOSTADDRESS$ -p 631
}
```

Listing 33.34 Beispiel: check_tcp

[zB] In dem Beispiel wollen wir also einen Check definieren, der einen laufenden CUPS-Server überprüft. Dazu nutzen wir zwei Makros: Das in der *etc/resource.cfg* definierte $USER1$-Makro spart uns die Angabe des vollständigen Pfadnamens zum Pluginverzeichnis, und zur Laufzeit von Nagios wird das Makro $HOSTADDRESS$ durch die Adresse des zu überprüfenden Rechners ersetzt.

In einem Serviceobjekt könnte man nun wie folgt den CUPS-Server überwachen lassen:

```
define service{
  host_name               printserver,testserver
  service_description     CUPS
  check_command           check_port_cups
  ...
}
```

Listing 33.35 CUPS-Server überwachen

check_ping

Rechnerstatus berechnen

Für Hostchecks möchte man natürlich am liebsten ICMP-Echo-Pakete mittels `ping` verschicken. Zu diesem Zweck gibt es das Plugin `check_ping`, das meist wie folgt als Kommando definiert wird:

```
define command{
  command_name            check-host-alive
  command_line            $USER1$/check_ping      \
```

```
    -H $HOSTADDRESS$ -w 3000.0,80% -c 5000.0,100% -p 1
}
```

Listing 33.36 check-host-alive

Das `check-host-alive`-Kommando ist uns aber schon in der Definition der Hostobjekte begegnet, wo wir es als sinnvolles Standardkommando zur Überprüfung des Hoststatus vorgestellt hatten.

NRPE und NSCA

Richtig interessant wird Nagios allerdings erst, wenn Erweiterungen wie *NRPE* beziehungsweise *NCSA* ins Spiel kommen. Diese Dienste laufen auf dem zu überwachenden Rechner und können Nagios diverse Informationen wie noch verfügbare Plattenkapazität, Prozessorauslastung oder Speicherauslastung mitteilen.

Mit NRPE kann man dabei *aktive* Checks realisieren: Man installiert auf dem Clientsystem – die Software gibt es für Windows und Unix – den NRPE-Dienst und auf dem Nagios-Server das `check_nrpe`-Plugin. Entsprechend konfiguriert, überprüft Nagios nun über das Plugin regelmäßig den Status des Systems.

Aktive vs. passive Checks

Setzt man dagegen NCSA ein, so kann man *passive* Checks realisieren. Dies ist zum Beispiel nützlich, wenn das zu überwachende System hinter einer Firewall sitzt. Mit dieser Software baut nämlich der Client regelmäßig selbst die Verbindung zu der auf dem Nagios-Server laufenden Software auf.

Wie Sie sehen, kann man mit Nagios sehr komplexe Monitoringstrukturen umsetzen. Da das Thema aber recht verwickelt ist, wollen wir es bei diesem Einblick in die Thematik belassen und Sie ein letztes Mal auf die verfügbare Dokumentation verweisen.

33.3 Nmap: Der wichtigste Portscanner

Nachdem wir mit Nagios eine Möglichkeit, die Netzwerksicherheit passiv zu überwachen, vorgestellt haben, wollen wir uns mit entsprechenden aktiven Methoden beschäftigen.

Dabei geht man oft so ähnlich vor, wie ein Hacker es in einem ihm unbekannten Netzwerk tun würde. Schließlich kann auch der beste Administrator nicht immer an alles denken, und eine solche Verifikation der Sicherheit entspricht auch unserem Prinzip von IT-Security.

Vorgehen eines Hackers

33.3.1 Prinzip eines Portscanners

Der erste Schritt beim Hacken ist natürlich immer das Sammeln von Informationen. Auch wir wollen sehen, was unsere Server über sich verraten werden und welche Dienste noch laufen, die wir vielleicht nicht benötigen und die damit ein Sicherheitsrisiko darstellen.

Dazu schreiben viele Hacker Programme, die sich mit allen oder einigen ausgewählten Ports des Zielsystems zu verbinden versuchen. Aus der Kenntnis der offenen Ports sowie der dazugehörigen Dienste[6] können die Hacker sich ein recht gutes Bild des Zielrechners – oder auch eines ganzen Netzwerks – machen.

> Ein *Portscanner* untersucht, welche Ports auf einem entfernten System geöffnet sind. Aus diesen Informationen kann gefolgert werden, welche Dienste auf dem Rechner laufen.

Mehr als Scannen

Der populärste Portscanner schlechthin ist Nmap. Mit der auf *insecure.org* beheimateten Software kann man nicht nur scannen, sondern auch viele andere interessante Features nutzen:

- Remote OS Detection via TCP/IP Fingerprinting
- Stealth Scanning
- dynamische Delay- und Retransmissionsberechnungen
- paralleles Scanning
- Decoy Scanning
- Erkennung gefilterter Ports
- direktes RPC-Scanning
- Fragmentierungsscanning

Auch für Windows

Dies alles macht Nmap, der dazu auch noch sehr schnell ist, zu dem meistgenutzten Portscanner überhaupt. Die Software kommt ursprünglich, wie so oft bei guten sicherheitsrelevanten Lösungen, aus dem Linux/Unix-Umfeld. Mittlerweile existieren auch Portierungen für so ziemlich jedes Betriebssystem einschließlich Windows, aber in diesem Buch wollen wir in den Beispielen die Unix-Variante nutzen.

Aber bevor wir den Nutzen der Software näher erläutern, wollen wir die Prinzipien und Techniken des Portscannens erklären.

---

6 Es gibt die sogenannten *well-known ports*, die laut Standarddefinition eigentlich für gewisse Dienste reserviert bleiben sollten. So laufen Webserver meistens auf Port 80 oder FTP-Server auf Port 21. Findet man nun einen offenen Port 21 auf einem System, so ist es sehr wahrscheinlich, dass dieser zu einem FTP-Server gehört.

33.3.2 Techniken des Scannens

Natürlich gibt es viele verschiedene Scanmethoden, die alle mehr oder weniger »unsichtbar«, schnell oder effektiv sind. Auch wenn für die Überprüfung des eigenen lokalen Netzwerks die einfachste Art ausreicht, so kann entsprechendes Hintergrundwissen nie schaden.

> **Exkurs zu TCP**: TCP ist ein sogenanntes verbindungsorientiertes Netzwerk-Protokoll und versucht, Daten zuverlässig von A nach B zu transportieren. Gehen Netzwerkdaten unterwegs verloren, versucht TCP diese erneut zu senden. TCP baut Verbindungen über einen Handshake auf, bei dem Netzwerkpakete, die vom Empfänger empfangen wurden, bestätigt werden. Dadurch weiß auch der Sender, dass seine Daten beim Empfänger angekommen sind. Dabei werden verschiedene Bits (Flags) im TCP-Header gesetzt. Für dieses Kapitel ist es wichtig, zu wissen, dass es ein SYN-Flag und ein ACK-Flag gibt. Außerdem ist es nützlich, das FIN- und das RST-Flag zu kennen.
>
> Das SYN-Flag wird gesetzt, um dem Empfänger zu sagen, dass eine neue Verbindung aufgebaut werden soll. Ein Paket mit gesetztem ACK-Flag bestätigt hingegen empfangene Pakete. Des weiteren gibt es noch das FIN-Flag, das das Ende einer Verbindung bestimmt (auch ein Paket zum Beenden einer Verbindung wird wieder mit einem zusätzlich gesetzten ACK-Flag bestätigt). Ein RST-Flag (Reset-Flag) unterbricht eine Verbindung ohne eine ordentliche Beendigungs-Sequenz.

TCP-Connect-Scan

Die einfachste Möglichkeit zu scannen bietet der `connect()`-Systemcall. Mit ihm versucht man sich einfach über den bekannten TCP/IP-3-Wege-Handshake mit einem Port zu verbinden. Klar ist, dass dies gelingt, wenn der Port offen ist, und fehlschlägt, wenn der Port geschlossen ist. *Einfache Verbindung*

Der Vorteil dieser Scanmethode gegenüber vielen anderen ist, dass auch nicht privilegierte Benutzer diesen Scan ausführen können. Bei anderen Methoden benötigt man zum Beispiel unter Linux `root`-Rechte, da dafür auf die Raw-Socket-API zugegriffen werden muss.

Nachteilig wirkt sich dagegen oft die fehlende Geschwindigkeit bei einer langsamen Verbindung und vor allem die Auffälligkeit des Scans aus. So taucht man meist mit seiner IP-Adresse in den Logfiles entsprechender Server auf, oder entsprechende Intrusion-Detection-Systeme können einen sehr einfach aufspüren.

TCP-Syn/Half-Open-Scan

Der *SYN*- oder *Half-Open*-Scan ist gegenüber dem Connect Scan schon komplizierter. Man öffnet nämlich die Verbindung zum Port nicht ganz, sondern schickt nur das erste SYN-Paket des Handshakes. Erhält man eine Antwort, in der das SYN- und das

ACK-Flag gesetzt sind, so ist der Port offen (siehe TCP-3-Wege-Handshake), erhält man dagegen eine Antwort mit gesetztem RST-Flag, ist der Port geschlossen.

Weniger Logging — Der Vorteil dieses Scans ist die geringere Wahrscheinlichkeit eines Loggings, auch wenn natürlich mittlerweile jedes gute IDS diesen Scantyp erkennt.

Allerdings benötigt man für diesen Scan bereits administrative Rechte. Wenn man jedoch als Administrator für ein Netzwerk verantwortlich ist, sollte das kein Problem sein. Und Hacker haben sowieso ihre eigenen Systeme.

TCP-Fin-Scan

Manchmal ist es auch ganz sinnvoll, Pakete nur mit einem gesetzten FIN-Flag zum Scannen zu nutzen. Zum Beispiel dann, wenn eine Firewall nur SYN-Pakete auf entsprechende Ports blockt oder man genau weiß, dass ein spezieller Logger für SYN-Pakete zum Einsatz kommt.

Der TCP/IP-Standard schreibt nun vor, dass geschlossene Ports auf ein FIN mit einem Paket mit gesetztem RST-Flag antworten müssen, wohingegen offene Ports ein FIN zu ignorieren haben. Allerdings ist die TCP/IP-Implementierung von Windows so mangelhaft, dass Windows unabhängig vom Portstatus immer ein RST sendet. Auch blocken richtig konfigurierte Firewalls »heimatlose«, also zu keiner Verbindung gehörende Pakete einfach ab.

Aus diesem Grund kann ein FIN-Scan nicht immer eingesetzt werden, aber trotzdem helfen, die Funktionsweise einer Firewall zu erkennen, oder auch beim Erraten des Betriebssystems helfen.

TCP-Null- und XMAS-Scan

Ähnlich wie beim FIN-Scan soll auch beim XMAS- und Null-Scan entsprechend ein geschlossener Port mit einem RST antworten, wohingegen ein offener Port das Paket ignorieren soll.

Ein Paket beim XMAS-Scan hat dazu die FIN-, URG- und PUSH-Flags gesetzt,[7] während beim Null-Scan keine Flags gesetzt sind.

[»] Noch ein paar Worte zu verletzten Standards: Sie sind definitiv kein Sicherheitsmerkmal, sondern vielmehr oft der Grund, wieso eigentlich kompatible Geräte unterschiedlicher Hersteller nicht zusammen funktionieren und die Benutzer in den Wahnsinn treiben. Wenn man sich vor Portscans »schützen« will – falls es da überhaupt etwas zu schützen gibt, schließlich handelt es sich nicht um einen Angriff –, kann man immer noch eine Firewall entsprechend konfigurieren. Aber

---

7 Der Scan heißt auch deswegen XMAS-Scan, weil die Pakete »wie ein Weihnachtsbaum behängt« sind.

offene Ports werden immer offene Ports bleiben, und wenn ein System ordentlich konfiguriert ist, wird man selbst mit dem besten Portscanner der Welt keine »vergessenen« Dienste finden – weil sie nicht installiert sind.

Fragmentierungsscan

Diese Scanmethode kann in Kombination mit anderen Scantechniken genutzt werden. Beim *Fragmentierungsscan* wird nämlich das TCP-Paket, das einen Port überprüfen soll, in mehrere kleine IP-Fragmente unterteilt. Das soll es eventuellen Firewalls erschweren, diese Pakete als Portscanversuch zu identifizieren und zu blocken.

Allerdings gibt es in Bezug auf Fragmente einige Nachteile, und so ist diese Scanmethode nicht immer wirksam. So manche Software – wie zum Beispiel diverse einfache Sniffer – stürzt nämlich ab, wenn sie Fragmente erhält.

Eine Firewall kann so ein Problem dagegen recht einfach umgehen: Unter Linux zum Beispiel kann man über die `CONFIG_IP_ALWAYS_DEFRAG`- Option vor der Kernelübersetzung einstellen, dass alle Pakete immer defragmentiert werden sollen, bevor sie weitergeleitet werden. Oder man blockt Fragmente einfach komplett durch die Firewall.

Immer defragmentieren

TCP-Reverse-Ident-Scanning

Das `ident`-Protokoll (RFC 1314) erlaubt es herauszufinden, unter welchen Rechten ein bestimmter Prozess läuft, sofern man mit ihm über TCP verbunden ist. Dazu benötigt man einen entsprechenden Ident-Server auf dem zu scannenden System, der einem dann eventuell eine entsprechende Auskunft geben kann.

Ist auf einem entfernten Rechner also der `ident`-Port 113 offen, so kann man, wenn man gleichzeitig auf Port 80 verbunden ist, herausfinden, unter welchen Rechten der Webserver läuft.

Für diesen Scan benötigt man natürlich eine vollständig aufgebaute Verbindung, daher ist er eigentlich nur in Verbindung mit einem TCP-Connect-Scan möglich und sinnvoll.

TCP-Idle-(IPID-)Scan

Eine recht neue und vielversprechende Methode des Portscannings ist der *Idle*-Scan. Mit dieser Methode kann man einen Rechner »unsichtbar«, also ohne dass dieser die eigene IP-Adresse zu Gesicht bekommt, scannen. Außerdem kann man eventuell Ports aufspüren, die für den eigenen Rechner eigentlich geblockt sein sollten.

Unsichtbares Scannen

Bevor wir auf diesen Fakt näher eingehen, wollen wir kurz ein Wort zum Verstecken von IP-Adressen verlieren. Über dieses Thema ranken sich im Netz viele Legenden, und die eine oder andere Software verspricht sogar das Blaue vom Himmel, indem sie vorgibt, dieses Feature zu implementieren.

Meist fängt man sich bei einer solchen Installation nur Viren oder auch Spyware ein, ohne auch nur irgendein nützliches Feature zu bekommen. Und jeder, der TCP/IP auch nur ansatzweise verstanden hat, weiß auch, warum: Wenn man die Absenderadresse eines IP-Pakets fälscht, bekommt ein anderer Rechner die Antwort.

Handshake

Mit anderen Worten: Man kann nicht einmal einen 3-Wege-Handshake ordentlich aufbauen, da man das SYN-ACK-Paket nicht erhält. Früher[8] war es möglich, die Sequenznummer beziehungsweise die Acknowledgementnummer zu erraten, da diese Nummern einfach hochgezählt wurden. Heute werden diese bei jeder aktuellen TCP/IP-Implementierung beim Verbindungsaufbau zufällig gesetzt, so dass man keine Chance hat, »blind« eine Verbindung aufzubauen.

Aus diesem Grund wird bei *jeder* vom eigenen Rechner ausgehenden Verbindung auch die eigene IP-Adresse benutzt. Ansonsten könnte das Internet auch nicht funktionieren. Eine Ausnahme bilden natürlich Proxyserver und verwandte Methoden. Aber diese Art, im Netz unterwegs zu sein, ist meist langsam und vom Administrator des Proxys aus gutem Grund oft auf Port 80 als Ziel beschränkt. Außerdem wird er jeden Verbindungsaufbau mitloggen, und so ist jeder Angreifer, der den Proxy für illegale Aktivitäten missbraucht, eindeutig identifizierbar.

Daher kocht auch der Idlescan – trotz der tollen Features – nur mit Wasser. Eine genaue Beschreibung samt einiger weiterer interessanter Techniken finden Sie übrigens auf *http://www.insecure.org/nmap/idlescan.html*. Auch wenn die Funktionsweise vielleicht kompliziert wirken wird, im Prinzip brauchen wir nur folgende Theorie:

▶ **Handshake**
Ein offener Port sendet auf eine SYN-Verbindungsanfrage ein SYN-ACK zurück, während ein geschlossener Port ein RST schickt.

▶ **Verlorene Pakete**
Bekommt ein System ein SYN-ACK-Paket, obwohl keine SYN-Anfrage geschickt wurde, antwortet es mit einem RST-Paket. Ein RST ohne Bezug wird schlicht ignoriert.

▶ **IPID-Feld**
Im IP-Header ist für jedes Paket ein Feld zur »Fragmentation Identification« vorgesehen, um eventuell fragmentierte Pakete zuordnen zu können. Dieses Feld wird von vielen Betriebssystemen einfach für jedes gesendete Paket inkrementiert.

---

8 Die Betonung liegt wirklich auf: *früher*!

Mit dieser Methode kann man also über *Probing* herausfinden, wie viele Pakete seit der letzten Probe von dem überprüften Host versendet wurden.

Mit etwas Fantasie kann man aus diesen Fakten folgenden Scan konstruieren:

▶ **Finden eines geeigneten Zombie-Hosts**
Zuerst benötigt man einen geeigneten *Zombie*-Host, der später den Scan ausführen soll. Die komische Bezeichnung rührt von der Eigenschaft her, dass der Rechner möglichst keinen Traffic haben sollte.

Zombies

▶ **Probing des Zombies**
Dazu schicken wir dem Zombie ein Paket mit gesetztem SYN- und dem ACK-Flag und erhalten, wie in der Ausführung oben ersichtlich ist, ein RST-Paket als Antwort. Aus diesem Paket merken wir uns die IPID-(Fragmentation ID-)Nummer.

▶ **Sessionrequest des Zombies**
Als Nächstes fälschen wir einen Sessionrequest des Zombies, indem wir ein TCP-Paket mit dem SYN-Flag und der Absenderadresse des Zombies auf den zu überprüfenden Port schicken.

▶ **Reaktion des Zielrechners**
Die Reaktion des Zielrechners ist nun abhängig vom Status des Ports: Ist dieser offen, so antwortet der Zielrechner dem Zombie mit einem SYN+ACK-Paket, ansonsten mit einem RST.

Der Zombie wiederum wird ein eventuelles SYN+ACK vom Zielrechner mit einem RST quittieren, ein RST jedoch ignorieren. Mit anderen Worten: Er wird ein Paket schicken, falls der Port auf dem Zielrechner offen ist, und keines schicken, falls dieser geschlossen ist.

▶ **Erneutes Probing**
Wenn wir nun den Zombie wieder mit einem SYN+ACK-Paket auffordern, uns ein RST zu schicken, sehen wir die Änderung des IPID-Wertes.

Wenn sich der Wert nur um eins gegenüber dem alten Probing erhöht hat, so hat der Zombierechner offensichtlich zwischendurch kein Paket versendet, da er wohl vom Zielrechner nur ein RST bekommen hat – und der betreffende Port geschlossen ist.

Ist der Wert dagegen um zwei erhöht, so hat der Zombierechner zwischen den Probes ein Paket versendet, das sehr gut das RST auf eine SYN+ACK-Antwort vom Zielrechner sein könnte, die auf einen offenen Port hindeuten würde.

Dieser Scan hat, wie bereits angedeutet, sehr viele Vorteile, die allerdings in einem Satz zusammengefasst werden können: Der Zombie scannt den Zielrechner – und nicht wir.

Restriktionen umgehen
Das bedeutet, dass wir die offenen Ports aus der Sicht des Zombies sehen und damit eventuell firewall-bedingte Restriktionen umgehen können. Außerdem wird ein IDS auf dem Zielrechner einen Portscan des Zombies melden, da der eigentliche Angreifer nicht direkt in Kontakt mit ihm tritt.

Natürlich gibt es auch einige Probleme, zum Beispiel wenn der Zombierechner zwischendurch doch Traffic hat oder man das Scannen beschleunigen will. Allerdings sind dies Implementierungsdetails, die hier nicht weiter interessieren sollen.

[»] Als Fazit sollte bleiben, dass nicht immer der Rechner, der in den Logs des IDS als Verursacher eines Portscans auftaucht, auch wirklich der Schuldige ist.

UDP-Scan

Natürlich kann man nicht nur mit dem TCP-, sondern auch mit dem UDP-Protokoll scannen. Die Schwierigkeit bei diesem Scan besteht allerdings in der Verbindungslosigkeit des Protokolls.

Nutzen von ICMP
Wenn man nämlich ein Paket auf einen Port sendet, dann muss es keine Antwort geben. Allerdings senden die meisten Systeme ein »ICMP Port Unreachable« zurück, falls der Port geschlossen ist. Aber natürlich muss man immer damit rechnen, dass ein Paket während der Übertragung verloren geht.

Außerdem beschränken viele Betriebssysteme die ICMP-Fehlermeldungen nach einem Vorschlag in RFC 1812, Abschnitt 4.3.2.8. Dadurch wird das Scannen natürlich extrem langsam ... aber es gibt ja auch Systeme, die sich bekanntermaßen recht selten an Standards halten.

33.3.3 Weiterer Informationsgewinn

Wenn Hacker ein System angreifen wollen, dann reicht eine Liste der offenen Ports bei Weitem noch nicht aus. Man braucht eigentlich detaillierte Informationen über das anvisierte Ziel.

Zu diesen Informationen gehört auf jeden Fall:

- das Betriebssystem samt Version sowie die Architektur (beispielsweise »Linux 2.6.36, i386«)
- Serversoftware samt Versionen (beispielsweise »OpenSSH 3.4p1«)
- eventuell angewendete Patches (beispielsweise »Windows XP SP2«)
- Firewall-Einsatz: das Ruleset und die Features der Firewall (beispielsweise stateful Firewall – blockt alle SYNs aus dem Internet)

- IDS-Einsatz: Software und Regelwerk (beispielsweise Snort mit Standardregeln)
- Logging: Was wird geloggt und wann?

Die Liste könnte man beliebig fortsetzen, aber im Folgenden wollen wir auf die Punkte eingehen, die auch ein Scanner realisieren kann.

Bannerscanning

Um herauszufinden, welche Serversoftware auf einem bestimmten Port läuft, genügt oft schon ein einfaches `connect()` – und die Software stellt sich vor.

Software herausfinden

```
ploetner:~# telnet xxx.xxx.xxx.xxx 25
Trying xxx.xxx.xxx.xxx...
Connected to xxx.xxx.xxx.xxx.
Escape character is '^]'.
220 xxx.xxx.xxx.xxx ESMTP Server (Microsoft Exchange \
   Internet Mail Service 5.5.2650.21) ready
QUIT
221 closing connection
```

Listing 33.37 Bannerscanning bei Mailservern

Bei anderen Diensten muss man erst einen speziellen Request senden, um an die gewünschten Informationen zu gelangen:

```
# echo 'HEAD / HTTP/1.0\r\n\r\n' | nc www.debian.org \
  80 | egrep '^Server:'
Server: Apache/1.3.26 (Unix) Debian GNU/Linux PHP/4.1
```

Listing 33.38 Bannerscanning bei Webservern mit dem HEAD-Befehl

Meistens verraten die Dienste schon sehr viel über das eingesetzte Betriebssystem. Manchmal braucht man jedoch etwas Glück, um so die genaue Version zu erfahren:

```
playground~> telnet hpux.u-aizu.ac.jp
Trying 163.143.103.12 ...
Connected to hpux.u-aizu.ac.jp.
Escape character is '^]'.

HP-UX hpux B.10.01 A 9000/715 (ttyp2)

login:
```

Listing 33.39 Klassisches OS-Fingerprinting

Bei anderen Systemen wie dem folgenden FTP-Server wiederum kann man sogar genauer nachfragen:

```
payfonez> telnet ftp.netscape.com 21
Trying 207.200.74.26 ...
Connected to ftp.netscape.com.
Escape character is '^]'.
220 ftp29 FTP server (UNIX(r) System V Release 4.0) \
  ready.
SYST
215 UNIX Type: L8 Version: SUNOS
```

Listing 33.40 Bannerscanning mit OS-Erkennung

Eine Alternative bei klassischen FTP-Servern war auch oft der Download von intern benötigten Dateien wie */bin/ls* und die lokale Untersuchung des Dateiaufbaus.

OS-Fingerprinting

Alternativ beziehungsweise ergänzend dazu steht das sogenannte *OS-Fingerprinting*, dessen einzig brauchbare Implementierung derzeit nmap bietet.

Unterschiede bei der Implementierung

Bei diesem Fingerprinting werden die bereits erwähnten Besonderheiten der TCP/IP-Implementierung verschiedener Betriebssysteme herangezogen. Dank sehr feinen Unterscheidungsmerkmalen lässt sich nicht nur das Betriebssystem angeben, oft lassen sich auch recht präzise Angaben zur Version und zu eventuellen Patchleveln machen.

33.3.4 Nmap in der Praxis

Nachdem wir recht viel Theorie erklärt und damit die Basis des Themas gelegt haben, wollen wir nun den – in unseren Augen – richtigen Umgang mit nmap erläutern.

Den Quellcode zu Nmap finden Sie auf *insecure.org* und – sofern Sie Unix beziehungsweise Linux einsetzen – mit ziemlicher Sicherheit im Umfang Ihres Derivats beziehungsweise Ihrer Distribution. Unter Debian-GNU-Linux reicht zum Beispiel ein einfaches

```
# apt-get install nmap
```

Listing 33.41 Nmap unter Debian installieren

aus, um die Software komplett lauffähig zu installieren. Zum Starten ruft man dann nmap von der Kommandozeile mit dem zu scannenden Rechner oder Netz auf.

Es gibt zwar auch eine Nmap-Version für Windows, aber da die Software ursprünglich von Linux kommt und die wichtigen Innovationen auch in diesem Bereich gemacht werden, wollen wir uns auf diese Version konzentrieren.

Prinzipiell sollte man Nmap immer als `root`-User benutzen, da nur hier die interessanten Features zur Verfügung stehen, auch wenn man als normaler User immer noch den `connect()`-Scan nutzen kann:

Adminrechte nötig

```
$ nmap 192.168.1.1

Starting nmap 3.70 ( http://www.insecure.org/nmap/ ) \
  at 2004-09-16 11:44 CEST
Interesting ports on cyrus (192.168.1.1):
(The 1647 ports scanned but not shown below are in   \
  state: closed)
PORT       STATE SERVICE
9/tcp      open  discard
13/tcp     open  daytime
22/tcp     open  ssh
25/tcp     open  smtp
37/tcp     open  time
80/tcp     open  http
111/tcp    open  rpcbind
113/tcp    open  auth
139/tcp    open  netbios-ssn
389/tcp    open  ldap
443/tcp    open  https
617/tcp    open  sco-dtmgr
10000/tcp  open  snet-sensor-mgmt

Nmap run completed -- 1 IP address (1 host up) scanned \
  in 1.215 seconds
```

Listing 33.42 Nmap unter einem normalen Benutzeraccount

Angabe der Scanziele

Außer mit einer »puren« IP-Adresse kann man die Ziele auch noch anders spezifizieren, zum Beispiel durch die bekannte Angabe von ganzen Netzwerken über die Subnetzmaske oder die Wildcard »*«:

Netze angeben

▶ 192.168.1.0/24
  Diese Angabe bezeichnet alle Rechner im Netzwerk 192.168.1.x.

▶ 192.168.*.1
  Mit diesem Ausdruck spricht man alle Rechner im IP-Bereich 192.168 an, de-

ren letztes Byte gleich 1 ist. Es würden also nur die Rechner 192.168.1.1, 192.168.2.1, ... gescannt.

- 192.168.1.1-10
  Man kann auch wie in diesem Fall Bereiche angeben, so dass in diesem Beispiel die ersten 10 Rechner im 192.168.1.0/24-er Netz gescannt würden.

Zur Angabe der Scanziele gehört natürlich auch die Angabe der zu scannenden Ports.[9] Normalerweise werden alle Ports zwischen 1 und 1024 sowie die Ports in der *nmap-services*-Datei gescannt. Allerdings kann man unter anderem durch folgende Optionen genauer spezifizieren, welche Ports zu scannen sind:

Option	Beschreibung
-F	Fast-Scan-Modus. In diesem Modus werden nur die Ports der Servicesdatei gescannt.
-p range	Mit dem -p kann man einen zu scannende Portbereich angeben. Dabei kann man die Ports mit Komma trennen oder wieder mit »-« ganze Bereiche angeben.

Tabelle 33.2 Parameter für die Angabe von Portbereichen

Die wichtigsten Scantypen

Die wichtigsten Scantypen wählt man nun wie folgt:

Option	Root-Rechte	Beschreibung
-sT	nein	TCP-Connect-Scan; Vorgabe für normale Nutzer
-sS	ja	TCP-SYN-Scan; Vorgabe für root
-sF	ja	FIN-Scan
-sN	ja	Null-Scan
-sX	ja	XMAS-Scan
-sI Zombie(:Port)	ja	Idle-Scan
-sU	ja	UDP-Portscan

Tabelle 33.3 Scantypen

Daneben gibt es noch eine Reihe wichtiger Optionen, die zusätzlich zu den normalen Scantypen, sozusagen als Ergänzung, aktiviert werden können:

---

9 Außer dem zu scannenden Ziel sind natürlich alle weiteren Parameter optional, wie man auch im Beispiel sehen konnte.

Option	Root-Rechte	Beschreibung
-sR	nein	RPC-Scan
-sV	nein	die geöffneten Ports auf Serverdienst und Version überprüfen (Bannerscanning)
-P0	nein	Den Rechner vor dem Scan nicht pingen. Diese Option wird gebraucht, wenn eine Firewall die ICMP-Echo-Pakete blockt.
-O	ja	OS-Erkennung aktivieren

Tabelle 33.4 Erweiterte Scantypen

Eine nette Option ist übrigens -A, die alle üblichen und wichtigen Optionen zusammenfasst: zurzeit nämlich die Versions- sowie die OS-Erkennung. Der Autor von Nmap, der bekannte Hacker fyodor, behält sich aber vor, diese Option später noch um andere Flags zu erweitern.

Eine für alle

Ein abschließendes Beispiel

Zum Schluss dieses Abschnitts soll mit einem Beispiel noch einmal der Funktionsumfang sowie die »Macht« von Nmap verdeutlicht werden. Nicht umsonst handelt es sich um *den* Portscanner, der mittlerweile sogar als Referenz dient.

In diesem Beispiel soll ein einfacher Linux-Fileserver daraufhin überprüft werden, ob er nicht gewisse Sicherheitslücken enthält:

```
# nmap -A fileserver

Starting nmap 3.70 ( http://www.insecure.org/nmap/ ) \
  at 2004-09-17 13:53 CEST
Interesting ports on fileserver (xxx.xxx.xxx.xxx):
(The 1649 ports scanned but not shown below are in    \
  state: closed)
PORT      STATE SERVICE      VERSION
9/tcp     open  discard?
13/tcp    open  daytime
22/tcp    open  ssh          OpenSSH 3.8.1p1            \
  (protocol 2.0)
25/tcp    open  smtp         Exim smtpd 3.36
37/tcp    open  time
111/tcp   open  rpcbind      2 (rpc #100000)
113/tcp   open  ident        OpenBSD identd
139/tcp   open  netbios-ssn  Samba smbd 3.X             \
  (workgroup: TEST)
445/tcp   open  netbios-ssn  Samba smbd 3.X             \
  (workgroup: TEST)
```

```
699/tcp    open   status       1 (rpc #100024)
10000/tcp  open   http         Webmin httpd
MAC Address: 00:60:97:8F:79:8C (3com)
Device type: general purpose
Running: Linux 2.4.X|2.5.X|2.6.X
OS details: Linux 2.4.18 - 2.6.4 (x86)
Uptime 1.979 days (since Wed Sep 15 14:25:00 2004)

Nmap run completed -- 1 IP address (1 host up)    \
   scanned in 108.304 seconds
```

Listing 33.43 Verifikation der Serverfunktion

Zu viele unnötige Dienste

An diesem Beispiel kann man sehr deutlich sehen, dass mehr Ports offen sind, als für die Funktion als Fileserver nötig ist. Aus diesem Grund sollte man dringend die nicht benötigten Dienste – wie den Mailserver (Exim), das Remote-Administrationstool (Webmin) oder den Ident-Server – deinstallieren beziehungsweise die Ports durch eine auf dem System zu installierende Firewall blocken, falls man die Dienste lokal brauchen sollte.

Und so kann man sehen, wozu einem ein vermeintliches »Hackertool« wie Nmap nutzen kann. Schließlich werden so gut wie alle Systeme mit einer gewissen Vorkonfiguration installiert, die oft mehr Zugriff bietet, als nötig ist.

33.4 Sniffer

Auch mit Sniffern kann man die eigene Netzwerksicherheit testen. Bei Sniffern handelt es sich nämlich um Programme, die allen Traffic auf den angeschlossenen Netzwerkschnittstellen filtern und abhören können.

Netzwerktraffic mitlesen

Nun nutzt einem natürlich der eigene Netzwerktraffic reichlich wenig, ein Angreifer allerdings würde sich freuen. Wozu also der Einsatz so komplizierter Software, wenn sie uns keine neuen Informationen liefert?

Nun ja, die Software mag uns keine *Informationen* liefern, aber sie wird Ihnen zeigen, wie wichtig es ist, dass Sie Verschlüsselungsalgorithmen einsetzen. Schließlich bietet selbst ein geswitchtes Netzwerk keinen prinzipiellen Schutz vor dem Sniffen von Daten, und nur Daten, die ein Angreifer nicht lesen kann, sind sichere Daten.

33.4.1 tcpdump

Es gibt die unterschiedlichsten Programme mit Sniffingfunktionalität. Das Tool tcpdump ist dabei der Klassiker auf der Kommandozeile. Man kann das Programm mit sehr vielen interessanten Optionen starten, die alle auf der Manpage erläutert werden. Im Folgenden soll nur ein kurzes Beispiel für die Arbeitsweise des Tools gezeigt werden:

```
# tcpdump -i ppp0 -X -n port 21
tcpdump: listening on ppp0
[..]
14:49:21.234124 208.185.25.35.21 > 84.128.103.33.   \
   33074:S 4021009076:4021009076(0) ack 2787216476   \
   win 5792 <mss 1452,sackOK,timestamp 450101057     \
   1603198,nop, wscale 0> (DF)
0x0000   4500 [..] 9d3e d0b9 1923       E..<..@.8..>...#
0x0010   5480 [..] bab4 a621 8c5c       T.g!...2.....!.\
0x0020   a012 [..] 05ac 0402 080a       ................
0x0030   1ad3 [..] 0300                 ...A..v~....
14:49:21.234310 84.128.103.33.33074 >
   208.185.25.35.21: . ack 1 win 5808 <nop,nop,
   timestamp 1603211 450101057 > (DF)
0x0000   4500 [..] 9b1f 5480 6721       E..4.&@.@...T.g!
0x0010   d0b9 [..] 8c5c efab bab5       ...#.2...!.\....
0x0020   8010 [..] 080a 0018 768b       ..............v.
0x0030   1ad3 [..]                      ...A
14:49:21.382351 208.185.25.35.21 > 84.128.103.33.   \
   33074:1:43(42) ack 1 win 5792 <nop,nop,timestamp  \
   450101072 1603211> (DF)
0x0000   4510 [..] 5128 5480 6721       E..F\.@.@.Q(T.g!
0x0010   8065 [..] 5800 68de e1a5       .eP....).X.h...
0x0020   8018 [..] 080a 0022 15c4       .............."..
0x0030   1ad8 [..] 6569 6e65 6168       ...KPASS.keineah
0x0040   6e75 6e67 0d0a                 nung..
```

Listing 33.44 tcpdump in Aktion

Neben viel Schrott – das Paket wird schließlich binär ausgegeben, in diesem Fall also mit dem PPP-, dem IP- und dem TCP-Header – können wir auch nützliche Informationen erkennen, wie in diesem Fall die Zeichenkette »PASS keineahnung«.

Passwort auslesen

Da das FTP-Protokoll textbasiert ist, können solche Informationen »mitgelesen« werden, wenn der Traffic über den Rechner des Angreifers läuft. Dies kann ein Angreifer durch die Übernahme eines Routers, eines Gateways oder im lokalen Netz mittels ARP-Spoofing erreichen.

Mit anderen Worten: Es ist möglich, mit einem Sniffer im lokalen Netz die Zugangsdaten für FTP-Dienste mitzulesen – auch wenn man dafür Administratorrechte auf dem betreffenden Client braucht. Wenn also das Netz unsicher ist, wie in einem Internetcafé oder einem Rechenzentrum mit vielen Nutzern, oder wenn man sehr sensible Daten übertragen möchte, sollte man auf andere Protokolle ausweichen. Ein Kandidat wäre SFTP, also FTP über eine gesicherte SSH-Verbindung.

33.4.2 Wireshark (ehemals Ethereal)

Mehr Erklärungen — Eine Abstraktionsschicht darüber ist das Programm Wireshark, das uns zwar auch alle Informationen über die gesendeten Pakete gibt, aber den kryptischen Inhalt bereits hervorragend aufschlüsselt und erklärt.

33.4.3 dsniff

Wie gefährlich Sniffer aber wirklich sein können, zeigt vor allem ein weiteres Programm: `dsniff`. Dieser Sniffer wurde nämlich eigens darauf ausgelegt, übertragene Passwörter mitzulesen und auszugeben. Alles andere wird ignoriert, sodass ein Angreifer die für ihn interessanten Daten nicht einmal aus dem ganzen Rest herausfiltern muss:

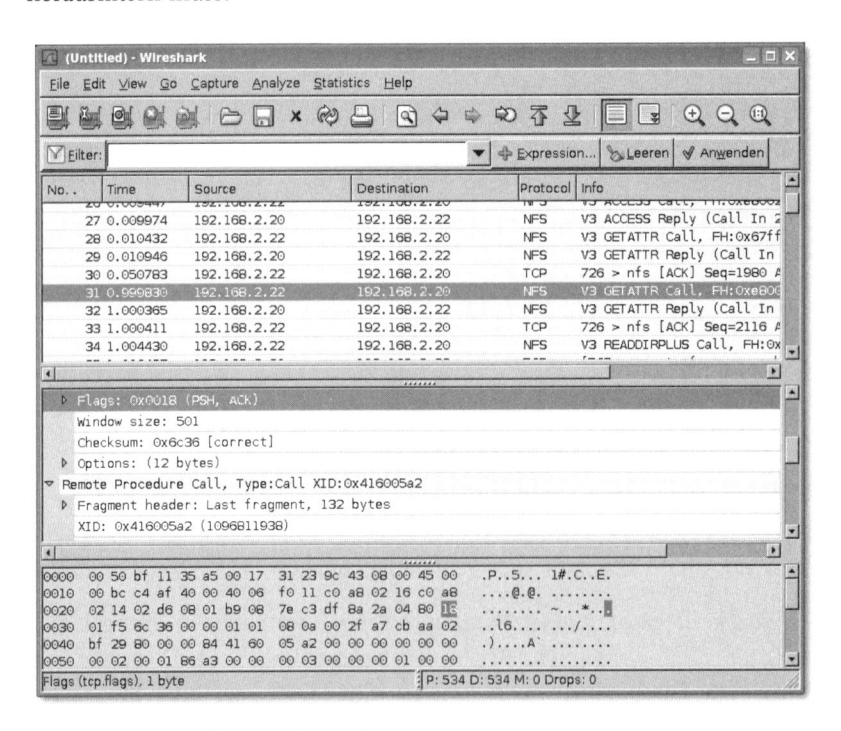

Abbildung 33.2 Sniffen mit wireshark

```
# dsniff -i ppp0
dsniff: listening on ppp0
-----------------
```

```
09/25/04 7:41:49 tcp p54806721.dip.t-dialin.net.3381 \
  -> debian-mirror.cs.umn.edu.21 (ftp)
USER anonymous
PASS lftp@
```

Listing 33.45 dsniff: Der Passwortsniffer

Dieses Beispiel sollte noch einmal die Relevanz und die potenzielle Gefahr verdeutlichen, die von Sniffern ausgeht. Heutzutage hat es niemand mehr nötig, sich durch kryptische Ausgaben von `tcpdump` zu wühlen; man nutzt frei verfügbare Programme oder schreibt sich gar selbst das für den eigenen Anspruch »perfekte« Tool.

33.5 Zusammenfassung

In diesem Kapitel haben wir die Möglichkeiten zur Überwachung des eigenen Netzwerks mittels Monitoring vorgestellt. In einem ausführlichen Beispiel wurde dabei die Open-Source-Software Nagios eingeführt und im Folgenden mit dem Scannen aktive Methoden der Netzwerküberwachung vorgestellt, darunter verschiedenste, von Nmap implementierte Portscan-Techniken. Das Kapitel endete mit der Vorstellung verschiedener Sniffer, mit denen man unzählige Netzwerkprobleme debuggen und unverschlüsselte Netzwerkdaten betrachten kann.

TEIL VIII
Anhang

Anhang

A	Lösungen zu den einzelnen Aufgaben	1171
B	Kommandoreferenz	1203
C	X11-InputDevices	1243
D	MBR	1245
E	Buch-DVDs	1247
F	Glossar	1249
G	Literatur	1253

A   Lösungen zu den einzelnen Aufgaben

A.1   Lösungen zu Kapitel 1

Kernel.org

Besuchen Sie die Webseite *http://kernel.org*. Informieren Sie sich. Was ist die letzte stabile Version des Linux-Kernels?

Antwort:

Das dürfen Sie schon selbst herausfinden. ;-)

Ubuntu Dokumentation

Finden Sie die offizielle Dokumentation zur freien Linux Distribution Ubuntu. Stöbern Sie etwas.

Antwort:

Die offizielle Ubuntu-Dokumentation finden Sie unter *http://help.ubuntu.com*.

A.2   Lösungen zu Kapitel 5

Sprücheklopfer

Sie begegnen einem Kollegen, der Ihnen die folgenden Aussagen vom Anfang des Kapitels auftischt. Wie nehmen Sie ihn verbal auseinander?

- »Warum programmiert man nicht endlich mal ein OS in Java, das ist doch so genial objektorientiert?«
- »Benutzerprogramme haben keinen direkten Zugriff auf die Hardware; alles läuft über den Kernel.«
- »Benutzerprogramme können gar nicht auf den Kernel zugreifen, der ist geschützt.«

Antworten:

Ihre Antworten auf die Fragen im fünften Kapitel könnten zum Beispiel wie folgt lauten:

- »**Warum programmiert man nicht endlich mal ein OS in Java, das ist doch so genial objektorientiert?**«
  Java ist eine Programmiersprache, die sehr stark von der Hardware abstrahiert und nicht zur Programmierung von Betriebssystemen taugt – mehr braucht man dazu nicht zu sagen. :-)

- »**Benutzerprogramme haben keinen direkten Zugriff auf die Hardware; alles läuft über den Kernel.**«
  Eine Addition benutzt auch die Hardware – den Prozessor – und wird direkt und nicht über Syscalls abgewickelt. Nur privilegierte Instruktionen aus Ring 0 sind *ausschließlich* dem Betriebssystem vorbehalten.

- »**Benutzerprogramme können gar nicht auf den Kernel zugreifen, der ist geschützt.**«
  Über Syscalls kann ein Benutzerprogramm sehr wohl verschiedenste Funktionen des Kernels in Anspruch nehmen.

A.3 Lösungen zu Kapitel 6

Philosophisches

Ein Bekannter belästigt Sie wieder einmal mit unqualifizierten Aussagen über Linux. Unter anderem erwähnt er die unnötige und anachronistische Komplexität des Systems. Alles wäre einfach zu umständlich realisiert. Was antworten Sie ihm?

Antwort:

Haben Sie nichts Besseres zu tun, als sich mit ahnungslosen Leuten zu streiten? Linux ist weder »umständlich« noch »kompliziert«, basta. :-)

Richtige Partitionierung

Sie müssen als Administrator eines großen Rechenzentrums einen neuen Linux-Server aufsetzen. Der Server soll verschiedene (Daten-)Verzeichnisse für die Benutzer freigeben. Wie gestalten Sie vom Prinzip her die Partitionierung?

Antwort:

Die ideale Partitionierung hängt natürlich immer von den Erfordernissen im Einzelfall ab. Auf jeden Fall sollte man jedoch das System und die Daten auf zwei unterschiedlichen Partitionen, wenn nicht gar Platten, unterbringen.[1] Der Platz für die Daten wäre in jedem Fall kein ominöses */data*-Verzeichnis, sondern ein schöner Platz unter */var* oder sogar */home*.

---

1 Später in diesem Buch würden Sie vielleicht sogar RAID oder LVM einsetzen.

A.4 Lösungen zu Kapitel 7

Alias-Wirrwarr

Was gibt der folgende Befehl aus?

```
$ alias q=ls
$ alias q=`q;ls'
$ q
...
```

Listing A.1

Antwort:

Zunächst wird ein Alias namens »q« angelegt, der einem ls-Aufruf entspricht. Anschließend wird ein neuer Alias mit dem Namen »q« erzeugt, der den alten Alias »q« überschreibt. Dabei wird der Parameter »q« nicht als Alias interpretiert.

Die Ausgabe wäre also eine Fehlermeldung bezüglich des nicht gefundenen Programms q und die Ausgabe der Dateien des Verzeichnisses durch ls.

```
$ q
bash: q: command not found
1.jpg
101103.cpp
```

Listing A.2 Die Ausgabe

Für angehende Experten

Was passiert, nachdem die folgenden Befehle in der bash ausgeführt wurden?

```
$ uname | tee /tmp/mylog
Linux
$ !?na > x
$ alias displayX=`cat x`
$ displayX
...
```

Listing A.3 Spaß mit der bash

Antwort:

Nachdem uname ausgeführt und durch die Ausgabe des Programms auch in der Datei */tmp/mylog* gespeichert wurde, wird versucht, durch !?na den Befehl erneut auszuführen, der zuletzt den String »na« enthielt. Dies wäre natürlich der erste Befehl im Listing. Funktionieren wird die gewünschte Ausgabeumlenkung allerdings nicht, denn die Ausgabeumlenkung kann in diesem Fall nicht angewandt werden, weshalb nichts in die Datei x geschrieben wird und auch die nachfolgenden Befehle keine Wirkung haben werden. Lässt man hingegen die Ausgabeumlenkung weg, so funktioniert der Befehl.

Würde der Befehl trotz Ausgabeumlenkung funktionieren (dieses Feature kommt vielleicht in zukünftigen bash-Versionen noch hinzu), würde der Name des Betriebssystems in der Datei x stehen, und der Alias displayX würde den Befehl Linux aufrufen, da durch Kommandosubstitution die Ausgabe des cat-Aufrufs der Wert wäre, den displayX erhalten würde. Das würde natürlich nicht funktionieren, da Linux kein gültiger Befehl ist.

Wie geht das?

Wie können Programme wie chsh (zum Ändern der Login-Shell) oder passwd (zum Ändern des Passworts) die Passwortdateien modifizieren, obwohl sie von nicht privilegierten Benutzern ausgeführt werden können?

Antwort:

Bei diesen Programmen wird eine ganz übliche Technik verwendet, um auch Benutzern ohne root-Rechte die Möglichkeit zu geben, die Programme so auszuführen, als ob sie root-Rechte besäßen. Die Programme werden dazu mit dem setuid-Bit versehen, was das Ausführen unter den Rechten des Eigentümers der Programmdatei ermöglicht.

```
$ /bin/ls -lh /usr/bin/chsh
-rwsr-xr-x 1 root root 29K 2007-06-22 20:54 /usr/bin/chsh
```

Listing A.4 Die Rechtebits von /usr/bin/chsh

Es gibt sogar eine ganze Menge solcher Programme, die diese Zugriffsrechte benötigen. Beispielsweise könnte ping nicht mit ICMP-Sockets arbeiten, wenn es nicht die entsprechenden Rechte besäße. Weitere Programme mit solchen Zugriffsrechten sind beispielsweise passwd, sudo, traceroute, at, ping6 und su.

A.5 Lösungen zu Kapitel 8

Programmieren in awk

Aus der Datei */etc/passwd* sollen alle Benutzer mit ihrer jeweiligen Benutzer-ID ausgelesen und in der Form »Der Benutzer [Benutzername] hat die User-ID [UID]« ausgegeben werden. Außerdem soll die Anzahl der Benutzer des Systems ausgegeben werden.

Antwort:

```
BEGIN {
  usercount=0;
}

{
  print "Der Benutzer " $1 "\that die User-ID " $3
  usercount++;
}

END {
  print "Insgesamt gibt es " usercount " Benutzer."
}
```

Listing A.5 awk-Lösung

A.6 Lösungen zu Kapitel 9

Anwendung von Tools

Geben Sie die dritt- und viertletzte Zeile der Datei */etc/passwd* aus, und ersetzen Sie alle Kleinbuchstaben durch Großbuchstaben. Verwenden Sie dabei nur die in diesem Kapitel angesprochenen Tools.

Antwort:

```
$ tail -4 /etc/passwd | head -2 | tr [a-z] [A-Z]
NOBODY:*:32767:32767:UNPRIVILEGED USER:/NONEXISTENT:/
SBIN/NOLOGIN
CDP_XE:*:1000:1000:STEFFEN WENDZEL,,,:/HOME/CDP_XE:/
USR/LOCAL/BIN/BASH
```

Listing A.6 Lösung zur Aufgabe 5

A.7 Lösungen zu Kapitel 11

Die größten Programme

Es sollen die zehn größten ausführbaren Programme und Skripte in den Verzeichnissen der Variablen PATH in einer sortierten Top-Ten-Liste ausgegeben werden.

Antwort:

```
$ cat /tmp/script.sh
#!/bin/bash

MYPATH=`echo $PATH | tr :  `

{
   for DIR in $MYPATH; do
      cd $DIR
      ls -lF | grep  | awk '{ print $5 " " $9 }'
   done
} | sort -n | uniq | tail -10 | sed s/*// | \
awk 'BEGIN {
   platz=10;
}
{
   print "Platz " platz-- ": " $2 " (" $1 " bytes)"
}'

$ /tmp/script.sh
Platz 10: postgres (2336018 bytes)
Platz 9: XF86_S3 (2357997 bytes)
Platz 8: XF86_SVGA (2785184 bytes)
Platz 7: scummvm (3138692 bytes)
Platz 6: wine (3160548 bytes)
Platz 5: Xnest (3749689 bytes)
Platz 4: Xvfb (3943162 bytes)
Platz 3: centericq (4244996 bytes)
Platz 2: Xprt (4393472 bytes)
Platz 1: lyx (5398916 bytes)
```

Listing A.7 a1-Lösung

Zur Lösung: Zunächst werden mittels tr alle Doppelpunkte aus der PATH-Variablen entfernt. Diese neuen Werte legen wir in der Variablen MYPATH ab. Mit einer for-Schleife durchlaufen wir diese Variable und geben die ausführbaren Dateien (mit einem * gekennzeichnet, das wir mittels grep filtern) an awk weiter. Dabei gibt awk nur die Größe der Datei und deren Namen aus.

Diese Ausgabe leiten wir als Kommandogruppe an das Kommando sort weiter, das uns die Werte nach Größe aufsteigend sortiert. Das Programm uniq wirft alle doppelten Einträge heraus, und tail gibt nur die letzten zehn Einträge wieder. Daraufhin entfernen wir (und das ist auch nur Kosmetik) alle *-Zeichen der ausführbaren Dateien mit sed und leiten die Ausgabe an awk weiter.

Rausschmiss!

Die zweite Aufgabe bestand darin, eine Funktion zu schreiben, die Sie in die Startdatei Ihrer Shell integrieren können. Diese Funktion sollte einen angemeldeten Benutzer aus dem System werfen, wozu alle Prozesse des Benutzers beendet werden müssen.

Antwort:

```
function killuser()
{
   if [ `ps auxw | \
      nawk '$1 ~ /'"${1}"'/ { print }' | \
      wc -l | nawk '{
         if($1<1) {
            print "0"
         } else {
            print "1"
         }
      }'` = 0 ]; then
      echo "Keine Prozesse gefunden."
   else
      echo "--* Beende die folgenden Prozesse: *--"
      ps auxw| nawk '$1 ~ /'"${1}"'/ { print }'
      kill -9 `ps auxw | nawk '$1 ~ /'"${1}"'/ \
         { print $2 }'`
      echo "--------------* done. *---------------"
   fi
}
```

Listing A.8 killuser()

A.8 Lösungen zu Kapitel 12

Namen in Arrays

Schreiben Sie ein C-Shell-Skript, das zwei Namen einliest und diese in einem Array speichert. Das Array soll mithilfe der `foreach`-Schleife ausgegeben werden.

Antwort:

```csh
#!/bin/csh

echo -n "Bitte geben Sie den ersten Namen ein: "
set nameA = $<
echo -n "Bitte geben Sie den zweiten Namen ein: "
set nameB = $<

set arr = ($nameA $nameB)
echo "Sie haben folgende Namen eingegeben:"
foreach name($arr)
   echo -n "$name, "
end
echo ""
```

Listing A.9 Einlesen von zwei Namen und Ausgeben mit foreach

Erweiterung: Beliebige Parameterzahl

Erweitern Sie das erstellte Skript um die Möglichkeit, so viele Namen einzulesen, wie der Benutzer wünscht, und geben Sie nach der Ausgabe der Namen auch die Gesamtzahl der eingelesenen Namen aus.

Antwort:

```csh
#!/bin/csh

set weiter = "y"
set namen = ()

while ($weiter == "y")
   echo -n "Name: "
   set namen = ($namen $<)
   echo -n "Einen weiteren Namen einlesen? (y/n) "
   set weiter = $<
end

echo "Sie haben folgende Namen eingegeben:"
@ zaehler = 0
foreach name($namen)
   echo -n "$name, "
   @ zaehler ++
end
echo ""
echo "Insgesamt: $zaehler Namen"
```

Listing A.10 Einlesen beliebig vieler Namen

```
% /tmp/cshtest.csh
Name: Bello
Einen weiteren Namen einlesen? (y/n) y
Name: Hasso
Einen weiteren Namen einlesen? (y/n) y
Name: Rex
Einen weiteren Namen einlesen? (y/n) n
Sie haben folgende Namen eingegeben:
Bello, Hasso, Rex,
Insgesamt: 3 Namen
```

Listing A.11 Ausgabe des Skripts

A.9 Lösungen zu Kapitel 13

Sichere Passwörter

Sie wollen Ihren Benutzern sichere Passwörter zuweisen. Wie würden Sie eine zufällige Sequenz von acht Buchstaben und/oder Zeichen generieren? Auch wenn in diesem Kapitel nicht weiter auf dieses Problem eingegangen wurde, ist dies doch eine Fragestellung, die sich aus der Darstellung entwickeln lässt.

Antwort:

Um zufällige Passwörter zu erstellen, benötigen Sie grundsätzlich eine Zufallsquelle. Die meisten Zufallsquellen, wie beispielsweise das Device */dev/random*, liefern dabei Zufallsbytes, welche nicht zwangsläufig zulässigen Zeichen wie Buchstaben oder Zahlen entsprechen.

Eine elegante Lösung dieses Problems bietet das Kommando `openssl`: Hier können Sie in einem Schritt eine zufällige Byte-Sequenz erzeugen und diese gleichzeitig in Base64 codieren lassen. Base64 stammt eigentlich aus alten E-Mail-Tagen, als binäre Anhänge nicht problemlos per Mail verschickt werden konnten. Durch eine entsprechende Codierung kann man sich in der Darstellung der Bytes jedoch auf druckbare Zeichen beschränken, was wir auch für unseren Passwortgenerator nutzen wollen: `openssl rand -base64 6`

Hierbei fällt auf, dass 6 Bytes hier durch acht Zeichen dargestellt werden – effizient ist Base64 also nicht.[2] Aber darum geht es uns ja nicht, schließlich haben wir ein mehr oder weniger zufälliges Passwort mit acht Zeichen. Die User werden sich freuen.

---

[2] Aufgrund dieser Codierung werden auch Mail-Anhänge beim Versenden größer, als es die eigentlichen Dateien sind.

```
$ dd if=/dev/urandom count=1 2> /dev/null | uuencode \
  -m - | head -n 2 | tail -n 1 | cut -c -8
ni3ktP15
```

Listing A.12 Alternative Lösung mit Random-Device

Passwort vergessen!

Da Sie in der Regel ganz vorbildlich als normaler Benutzer arbeiten, haben Sie doch tatsächlich das `root`-Passwort Ihres Rechners vergessen! Wie gehen Sie nun vor?

Antwort:

Sie könnten zum Beispiel unsere Buch-DVD zur Hand nehmen, Ihren Server mit Knoppix starten, die Festplatte mounten und anschließend die Datei */etc/passwd* ändern. Dabei reicht es aus, das »x« zu löschen, das im zweiten Feld auf einen Eintrag in der Datei */etc/shadow* verweist.

```
root:x:0:0:root:/root:/bin/bash
```

Listing A.13 */etc/passwd*: Das zu löschende x ist markiert.

Nach dem nächsten Booten können Sie sich als `root` ohne Passwort einloggen und durch einen Aufruf von `passwd` wieder ein neues Passwort setzen. Natürlich können Sie ein vergessenes `root`-Passwort auch anders neu setzen, jedoch sollten Sie dazu lokalen Zugriff auf den Rechner haben – alles andere wäre ein Bug. ;-)

A.10   Lösungen zu Kapitel 14

Rechte

Stellen Sie folgende Rechte als Oktalzahl dar und geben Sie deren Bedeutung umgangssprachlich an:

- `rw-rw-rw-`
- `rwsr-xr-x`
- `rwxrwxrwt`

Antwort:

Die Rechte-Bits erklären sich wie folgt:

- `rw-rw-rw-` : **666**
  Diese eingängige Rechtemaske setzt das Lese- und das Schreibrecht für alle Benutzer – den Eigentümer, die Gruppe und den Rest der Welt.

- `rwsr-xr-x` : **4755**
  Diese Maske erlaubt das allgemeine Lesen sowie das Ausführen mit den Rechten des Besitzers der Datei. Dieser darf zusätzlich in die Datei schreiben.

- `rwxrwxrwt` : **1777**
  Hier dürfte jeder alles: Auf Verzeichnissen hätte diese Rechtemaske die Wirkung, dass Dateien nur vom jeweiligen Eigentümer gelöscht oder verschoben werden können (wie in */tmp*).

Syslog

Sie sind ein böser Mensch. Überlegen Sie sich anhand des Beispielcodes auf Seite 465, wie ein Programm aussehen müsste, das die Logfiles eines Systems mit Müll (über-)füllt.

Im Normalfall werden gleichlautende Meldungen vom Logger zusammengefasst und als *eine* Meldung mit der entsprechenden Häufigkeit des Auftretens gespeichert. Wie können Sie dies böswillig umgehen?

Antwort:

Man müsste die Nachricht in einer Endlosschleife an den Logger schicken, dabei den Text jedoch mit einer Art Zeitstempel individualisieren, um eine Zusammenfassung der Nachrichten zu verhindern:

```
#include <syslog.h>

int main(int argc, char* argv[])
{
  int i;
  while (1)
  {
    if(i++ >= 32000) i = 0;
    syslog(LOG_ALERT, "..:: we are flooding the log,
      attempt #%i ::..", i);
  }
  return 0;
}
```

Listing A.14 syslog-dos.c

Wir schreiben also eine bei jedem Schritt leicht veränderte Nachricht mit höchster Priorität nach */var/log/syslog* – und zwar in einer Endlosschleife. Führen Sie dieses Programm nicht aus, wenn Sie nicht wissen, was Sie damit anrichten können.

Logfile überfluten

Brechen Sie das Programm in jedem Fall sofort nach dem Start durch Drücken von **Strg + C** wieder ab. Eine solche Schleife ist nämlich verdammt schnell ...

```
linux# gcc -o flood syslog-dos.c
linux# ./flood
^C
```

Listing A.15 Den Code kompilieren und ausführen

Wenn Sie nun einen Blick in die Datei */var/log/syslog* werfen, werden Sie schon mehrere Tausend Einträge sehen. Anhand dieser Geschwindigkeit werden Sie sich vorstellen können, dass auch ein paar Gigabyte freier Plattenplatz relativ schnell vollgeschrieben sein können.

```
...
Jun  9 12:36:01 athlon2000 syslog: ..:: we are     \
   flooding the log, attempt #17700 ::..
Jun  9 12:36:01 athlon2000 syslog: ..:: we are     \
   flooding the log, attempt #17701 ::..
Jun  9 12:36:01 athlon2000 syslog: ..:: we are     \
   flooding the log, attempt #17702 ::..
Jun  9 12:36:01 athlon2000 syslog: ..:: we are     \
   flooding the log, attempt #17702 ::..
Jun  9 12:36:01 athlon2000 syslog: ..:: we are     \
   flooding the log, attempt #17702 ::..
...
```

Listing A.16 Auszug aus der vollen /var/log/syslog

Was man dagegen tun kann? Das ist eine andere Aufgabe ...

Übersicht über Kernelmodule

Verschaffen Sie sich eine Übersicht über die auf Ihrem Linux-System verfügbaren Kernelmodule sowie die derzeit geladenen Kernelmodule.

Antwort:

Eine Übersicht über die auf Ihrem System verfügbaren Kernelmodule erhalten Sie, indem Sie einen Blick in Ihre *modules.dep*-Datei in */lib/modules/<Kernel-Version>* werfen.

```
$ more /lib/modules/2.6.31-20-generic/modules.dep
kernel/arch/x86/kernel/cpu/mcheck/mce-inject.ko:
kernel/arch/x86/kernel/cpu/cpufreq/e_powersaver.ko:
kernel/arch/x86/kernel/cpu/cpufreq/p4-clockmod.ko:
kernel/arch/x86/kernel/msr.ko:
kernel/arch/x86/kernel/cpuid.ko:
```

```
kernel/arch/x86/kernel/apm.ko:
kernel/arch/x86/kernel/scx200.ko:
kernel/arch/x86/kernel/microcode.ko:
kernel/arch/x86/crypto/aes-i586.ko: kernel/crypto/aes_generic.ko
kernel/arch/x86/crypto/twofish-i586.ko: kernel/crypto/twofish_common.ko
kernel/arch/x86/crypto/salsa20-i586.ko:
kernel/arch/x86/crypto/crc32c-intel.ko:
kernel/arch/x86/kvm/kvm.ko:
kernel/arch/x86/kvm/kvm-intel.ko: kernel/arch/x86/kvm/kvm.ko
kernel/arch/x86/kvm/kvm-amd.ko: kernel/arch/x86/kvm/kvm.ko
kernel/fs/nfs_common/nfs_acl.ko: kernel/net/sunrpc/sunrpc.ko
kernel/fs/quota/quota_v1.ko:
kernel/fs/quota/quota_v2.ko: kernel/fs/quota/quota_tree.ko
kernel/fs/quota/quota_tree.ko:
kernel/fs/nls/nls_cp437.ko:
kernel/fs/nls/nls_cp737.ko:
...
```

Listing A.17 Die modules.dep (Auszug)

Die derzeit geladenen Module liefert das Tool lsmod.

```
$ lsmod
Module                    Size    Used by
ppp_deflate               4732    0
zlib_deflate              20088   1 ppp_deflate
bsd_comp                  5436    0
ppp_async                 8860    1
crc_ccitt                 1852    1 ppp_async
nls_utf8                  1568    1
isofs                     31620   1
option                    25184   1
usbserial                 36264   4 option
usb_storage               52768   1
binfmt_misc               8356    1
ppdev                     6688    0
vboxnetflt                84840   0
vboxnetadp                78344   0
vboxdrv                   121160  1 vboxnetflt
joydev                    10240   0
snd_hda_codec_intelhdmi   12860   1
...
```

Listing A.18 lsmod (Auszug)

Die größten Dateien finden

Schreiben Sie ein kurzes Shellskript beziehungsweise eine Anweisungsfolge, die die zehn größten Dateien in Ihrem Home-Verzeichnis findet.

[+] Für die Lösung können Sie zum Beispiel `find` und `du` in Kombination nutzen.

Antwort:

Folgender Einzeiler erledigt die Aufgabe:

```
$ find /home/$USER -type f -exec du -k ";"           \
  2>/dev/null | sort -dn | tail -10
```

Listing A.19 Die zehn größten Dateien finden

Dabei wurde `find` kreativ mit `du` kombiniert, das Ganze sortiert und schließlich ausgegeben.

A.11 Lösungen zu Kapitel 15

Server erreichbar

Sie werden als Administrator einer Firma eines schönen Wochenendes von Ihrem Chef angerufen, der Ihnen mitteilt, dass der Webserver aus dem Internet nicht mehr zu erreichen ist. Wie gehen Sie vor, um das Problem zu lokalisieren?

Antwort:

Sie beginnen mit einem `ping` des Hostnamens. Ist dieser erfolgreich, kann durch eine Verbindung auf den entsprechenden Port geklärt werden, ob vielleicht nur der zugehörige Dienst abgestürzt ist. Schlägt ein `ping` auf den Hostnamen fehl, sollten Sie einen `ping` auf die IP versuchen, um eine eventuelle Störung des DNS-Servers feststellen zu können.

Firewall-Probleme

Gerade Server haben oft mehrere Netzwerkschnittstellen. Da gibt es das Interface mit der öffentlichen IP-Adresse, an dem der Traffic aus dem Internet ankommt, sowie das Interface mit der internen IP-Adresse für alle Zugriffe aus dem lokalen Netz.[3]

---

3 Ob dies nun virtuelle und reale Schnittstellen sind, sei mal dahingestellt.

Folgende Situation sei gegeben: Für alle Benutzer des externen Interfaces gelten besondere Regeln und Einschränkungen, beispielsweise könnten einige Serverdienste nicht erreichbar sein. Diese Regeln wollen Sie nun testen, aber der Name des Servers wird intern nur in die lokale IP-Adresse übersetzt. Was machen Sie?

Antwort:

Tragen Sie einfach die öffentliche IP-Adresse samt zugehörigem Namen in Ihre lokale */etc/hosts* ein, um testweise den eingeschränkten Zugang auch innerhalb des LANs nutzen zu können. Alternativ könnten Sie natürlich auch die öffentliche IP-Adresse anstelle des problematischen Hostnamens verwenden, jedoch gibt es Szenarien, in denen dies nicht ohne Weiteres möglich ist – beispielsweise wenn bestimmte Programme oder Dienste auf diesen Hostnamen aufwendig konfiguriert wurden und es sich um ein produktives System handelt, dessen Konfiguration man eigentlich nicht ändern will.[4]

A.12 Lösungen zu Kapitel 16

telnet + Sniffer

Probieren Sie einmal, sich mit `telnet` irgendwo einzuloggen, und lassen Sie parallel auf einer anderen Konsole einen Sniffer wie `tcpdump` oder `ngrep`[5] laufen.

Antwort:

Im folgenden Listing können Sie sehen, wie man zum Beispiel `ngrep` nutzen kann, um eine telnet-Verbindung abzuhören. Dabei haben wir den Teil ausgeschnitten, bei dem die Zeichenkette `Password:` vom Server an den Client geschickt wird und der Client anschließend das Passwort Zeichen für Zeichen an den Server schickt:

```
# ngrep -d lo port 23
...
T 127.0.0.1:23 -> 127.0.0.1:49197 [AP]
  Password:
##
T 127.0.0.1:49197 -> 127.0.0.1:23 [AP]
  t
##
T 127.0.0.1:49197 -> 127.0.0.1:23 [AP]
```

---

4 Never touch a running system – oder, wenn man keine Ahnung hat: Never touch any system.
5 `ngrep` ist ein Tool, das mit `tcpdump` vergleichbar ist. Es zeichnet auch den Datenverkehr auf und lässt sich ebenfalls durch verschiedene Filterausdrücke konfigurieren. Der Unterschied zu `tcpdump` besteht darin, dass der Inhalt der aufgezeichneten Pakete schöner dargestellt wird, weshalb sich `ngrep` vor allem zum Sniffen textbasierter Protokolle eignet.

```
  s
##
T 127.0.0.1:49197 -> 127.0.0.1:23 [AP]
  e
...
```

Listing A.20 Auszug aus dem Sniffer-Log

A.13 Lösungen zu Kapitel 17

Kontrolle

Untersuchen Sie Ihr System auf laufende Dienste. Versuchen Sie herauszufinden, was bei Ihnen alles so läuft und vor allem: warum. Werfen Sie einen Blick auf die Konfiguration dieser Standarddienste, und überlegen Sie, welche Auswirkungen die jeweilige Konfiguration auf die Sicherheit Ihres Systems haben könnte.

Antwort:

Hier gilt: Selber machen! Als Tipp sei noch angemerkt, dass nmap ein wunderbarer Portscanner ist, den man auch zum Scannen von localhost missbrauchen kann. Als Ausgabe liefert nmap eine Liste aller offenen Ports und stellt aufgrund der *services*-Datei eine Vermutung darüber an, welcher Dienst dort läuft. Viel Spaß!

DHCP

Der Admin hat geschlafen, und plötzlich laufen zwei DHCP-Server in einem Netzwerk. Was wird im Netzwerk passieren, wenn ein Client einen DHCP-Request schickt?

Antwort:

Der Client nimmt die IP-Adresse des am schnellsten antwortenden Servers. Je nach Konfiguration dieses Servers kann es zu Netzwerkproblemen kommen, beispielsweise wenn der Client eine völlig falsche IP-Adresse zugewiesen bekommt. Auch kann es passieren, dass eine IP doppelt vergeben wird, was zu richtig fiesen Netzwerkproblemen und Anomalien führt.

Inetd

Ein über den Superserver inetd zu startender Server läuft nicht. Woran kann das liegen, und wie ermitteln Sie die Ursache?

Antwort:

1. **Netzwerk**
   Steht die Netzwerkverbindung? Ist der Rechner überhaupt per `ping` erreichbar?

2. **inetd**
   Läuft der `inetd`-Prozess auf dem Server? Wie ist er konfiguriert? Gibt es Fehlermeldungen in den Logfiles?

3. **Dienst**
   Startet der Dienst? Ist er richtig konfiguriert? Was sagt das Logfile? Gibt es genug Ressourcen auf dem System?

A.14 Lösungen zu Kapitel 19

Installation

Installieren und konfigurieren Sie unter Ihrer Lieblingsdistribution ein LAMP-System. Installieren Sie dazu ebenfalls den PHPMyAdmin.

Antwort:

Eigentlich sollten Sie das wirklich selbst machen – aber na ja, wir zeigen die Lösung mal für Debian. Sie ist kurz, schön und sauber. Trotzdem sollten Sie sich selbst an die Installation machen.

```
# aptitude install apache2 php5 mysql phpmyadmin
```

Listing A.21 LAMP unter Debian

Webhoster

Stellen Sie sich jetzt vor, Sie hätten eine kleine Firma, die Kunden Webspace mit PHP- und MySQL-Support zur Verfügung stellt. Wie müssten Sie Ihr System konfigurieren, damit jeder Kunde z.B. per FTP Zugriff auf seinen Webspace hat und alles online administrieren kann?

Antwort:

Hier ist natürlich Kreativität gefragt. Eine Lösung könnte die Installation des in Kapitel 12 vorgestellten ProFTPd sein. Schließlich können sich dort alle Benutzer mit ihrem Unix-Kennwort einloggen und haben Zugriff auf ihr Home-Verzeichnis – mehr sollten sie aber auch nicht sehen. Anonymes FTP sollte natürlich verboten werden.

Als Nächstes müssen Sie sicherstellen, dass der Apache im Home-Verzeichnis der Benutzer auch ihre jeweiligen Webseiten findet. Die Lösung für dieses Problem liefert das `userdir`-Modul des Apache. Mit diesem Modul können Sie ein bestimmtes Verzeichnis unterhalb von Home als *http://www.example.com/~username* freigeben. Die Konfiguration ist dabei recht simpel:

```
LoadModule userdir_module modules/mod_userdir.so

<IfModule mod_userdir.c>
  UserDir public_html

  <Directory /home/*/public_html>

    AllowOverride FileInfo AuthConfig Limit
    Options MultiViews Indexes SymLinksIfOwnerMatch  \
            IncludesNoExec
  </Directory>
</IfModule>
```

Listing A.22 Usermod-Support für den Apache

Hier könnte jeder Benutzer seine persönliche Webseite unter */public_html* speichern. Zu guter Letzt sollte man noch durch den Einsatz von Quotas sicherstellen, dass die einzelnen Benutzer nicht mehr Plattenplatz verbrauchen, als ihnen zusteht.[6]

A.15 Lösungen zu Kapitel 20

example.com

Finden Sie heraus, was es mit der Domain *example.com* auf sich hat. Wozu ist sie gut, und wieso haben wir sie wohl nicht verwendet?

Antwort:

Diese Domain ist hochoffiziell für Beispiele reserviert. So steht im zugehörigen Standarddokument (RFC 2606) der folgende Satz:

> *The Internet Assigned Numbers Authority (IANA) also currently has the following second level domain names reserved which can be used as examples.*

```
example.com
example.net
example.org
```

---

[6] Was Sie nicht alles mithilfe dieses Buches umsetzen können ... schon toll oder?

Warum haben wir das nicht in den Beispielen verwendet? Darüber können Sie nur spekulieren.[7]

Webhoster[2]

Nehmen Sie die Beispielaufgabe aus dem letzten Kapitel zur Hand. Jetzt möchten Sie *zusätzlich* zur dortigen LAMP-Konfiguration Ihren Kunden nicht nur Webspace, sondern auch eigene Domains zur Verfügung stellen. Wie könnte eine entsprechende Konfiguration prinzipiell aussehen?

Antwort:

Also zuerst einmal: Wenn Sie das wirklich so offiziell betreiben wollen, benötigen Sie eine am besten redundante Internetverbindung mit *statischer IP-Adresse*. Vielleicht brauchen Sie sogar ein ganzes IP-Subnetz, wenn Sie mehrere Server aufstellen wollen – und das wollen Sie spätestens dann, wenn Sie einigermaßen erfolgreich sind.

Als Nächstes müssen Sie die Domains Ihrer Kunden beim zuständigen Top-Level-Registrar im Namen Ihrer Kunden registrieren. Für die Top-Level-Domain *.de* ist dies beispielsweise die DENIC (*www.denic.de*). Dabei sollten Sie mindestens zwei Nameserver[8] angeben, die natürlich die entsprechende Domain auf eine Ihrer offiziellen IP-Adressen auflösen.

An dieser offiziellen IP-Adresse kann nun wiederum ein kleines LAMP-System sitzen, das die entsprechenden Anfragen entgegennimmt. Damit Sie nicht für jeden Kunden einen eigenen Webserver brauchen und die Kosten im Griff behalten, nutzen Sie am besten die `VirtualHost`-Direktive des Apache. Im HTTP-Protokoll wird nämlich bei einem Aufruf immer die eingegebene Domain mit an den Server gesendet. Aufgrund dieser Domain könnte dann das entsprechende Verzeichnis angezeigt werden, das der User auf dem Server besitzt und mit einer Webseite füllt.

```
NameVirtualServer 192.168.0.10

<VirtualHost 192.168.0.10>
   ServerName www.example.com
   DocumentRoot /home/user1/public_html
   ScriptAlias /cgi-bin/ /home/user1/cgi-bin/
</VirtualHost>

<VirtualHost 192.168.1.125>
   ServerName www.doomed-reality.org
```

---

7 Ok, ok: Das hier ist nicht unser erstes Buch. Und wir haben die Erfahrung gemacht, dass einige Leser die Beispielkonfigurationen 1:1 übernehmen, daher wollten wir diese mit etwas »Ungefährlichem« erläutern.
8 Sie können auch einen zweiten Nameserver mieten, falls Sie selbst nur einen besitzen.

```
DocumentRoot /home/user2/public_html
ScriptAlias /cgi-bin/ /home/user2/cgi-bin/
</VirtualHost>
```

Listing A.23 VirtualHost-Beispiel für die httpd.conf

Etwas weitergedacht: Wenn Sie mehrere Webserver haben, könnten Sie auch mit Loadbalancing spielen: Alle Webserver binden die Home-Verzeichnisse Ihrer User beispielsweise mittels NFS ein, jedes System und damit auch jeder Apache ist gleich konfiguriert, und zwar so, dass er *jede* Domain annimmt. Aber diese Webserver verstecken Sie hinter einem System, das jeder Verbindung beim Verbindungsaufbau einen gerade wenig ausgelasteten Webserver zuweist.[9]

Whois

Spielen Sie ein wenig mit dem whois-Tool. Welche Whois-Dienste gibt es noch?

Antwort:

Bei weiteren Whois-Diensten kann man – abgesehen von den DNS-Diensten – zum Beispiel nach den Eigentümern fester IP-Adressen suchen. Dafür kann man zum Beispiel mit RIPE (*www.ripe.net*) die zuständige Organisation für den europäischen Raum befragen. Fragt man dabei eine Dial-in-Adresse ab, wie sie beispielsweise dynamisch von der Telekom oder von AOL vergeben werden, bekommt man meist einen *Abuse*-Kontakt präsentiert, an den man sich bei Beschwerden wenden kann – etwa wenn von dieser IP-Adresse ein Hacker-Angriff oder Spam-Versand ausging.

A.16   Lösungen zu Kapitel 21

Schlüssel anlegen

Erzeugen Sie für sich einen lokalen Schlüssel mittels ssh-keygen, und testen Sie dabei unterschiedliche Verfahren und Schlüssellängen aus. Verteilen Sie den Public Key auf andere Systeme, und loggen Sie sich entsprechend ein.

Antwort:

Das müssen Sie schon selbst machen. Beispiele dafür, wie es geht, finden Sie außerdem im Text. ;-)

---

[9] Das sollte fürs Erste einmal reichen. Sie wollen mehr wissen? Man kann uns auch als Berater anheuern. Schreiben Sie uns einfach eine Mail an: *autoren (at) ploetner-it (dot) de*. :-)

Sicherheitsfragen

Auf welchen Systemen sollten Sie solche Schlüssel überhaupt erzeugen beziehungsweise speichern? Wo könnte es Probleme geben? Denken Sie nicht nur an das im Text vorgestellte Beispiel.

Antwort:

Hier wollten wir darauf hinaus, dass nicht nur problematisch ist, wer – wie zum Beispiel ein fremder Administrator auf einem Gastsystem – den eigenen privaten Schlüssel lesen kann. Es ist natürlich auch zu bedenken, was jemand mit Ihrem Schlüssel tun könnte.

Stellen Sie sich einmal vor, Sie programmieren Webseiten für größere Firmenkunden. Um sich die Arbeit beim Aufspielen einer neuen Version zu erleichtern, haben Sie Ihren privaten, nicht durch eine Passphrase geschützten RSA-Schlüssel auf alle Kundenrechner verteilt. Nun wird Ihr System gehackt. Der Hacker bekommt als Belohnung nicht nur Ihr System, sondern die Systeme Ihrer Kunden noch obendrein. Spätestens in dieser Situation brauchen Sie einen wirklich guten Anwalt – dieses Feature ist also mit Vorsicht zu genießen.

Eine Berechtigung für telnet

Wieso möchte man den telnet-Client trotz des allumfassenden Einsatzes von SSH manchmal doch gern auf dem eigenen System installiert haben?

Antwort:

Manchmal möchte man einfach wissen, ob ein bestimmter Port eines Servers noch/überhaupt/schon offen ist. Und am einfachsten und schnellsten erfährt man dies immer noch über telnet:

```
$ telnet www.ihre-firma.de 80
Trying 10.0.0.1...
Connected to www.ihre-firma.de.
Escape character is '^]'.
```

Listing A.24 Test auf Port 80 (http)

A.17 Lösungen zu Kapitel 24

LaTeX, 1. Teil

Erstellen Sie mit LaTeX ein kleines Dokument, das aus einem Inhaltsverzeichnis sowie einigen Abschnitten und Unterabschnitten besteht. Kompilieren Sie dieses

Dokument mit `pdflatex` zu einer PDF-Datei, und erzeugen Sie aus dieser Datei mit `pdf2ps` eine PostScript-Datei.

Antwort:

```
\documentclass{article}
\begin{document}

\author{Irgendjemand}
\title{Ein Test-Dokument}

\maketitle

\tableofcontents

\newpage
\section{Einleitung}
Dieser Text befindet sich im Abschnitt der Einleitung.

\section{Eine Bemerkung}

Und nun noch eine Bemerkung zur Einleitung.

\end{document}
```

Listing A.25 doc.tex

Die PDF- und die PostScript-Datei werden anschließend mittels der folgenden Befehle erzeugt:

```
$ pdflatex doc.tex
$ pdf2ps doc.pdf
$ ls *.p*
doc.pdf    doc.ps
```

Listing A.26 pdf- und ps-Datei erzeugen

LaTeX, 2. Teil

Bauen Sie in das obige Dokument die folgende erste Binomische Formel $(a+b)^2 = a^2 + 2ab + b^2$ und die Formel zur Berechnung der Entropie ein: $H(p_1, p_2, ..., p_k) = -\sum_{i=1}^{k} p_i \log_2 p_i$. Falls Sie mehr über die Entropie im Kontext der Theoretischen Informatik erfahren möchten, empfehlen wir Ihnen [Schoen08A].

Antwort:

Die erste binomische Formel (also $(a+b)^2 = a^2 + 2ab + b^2$) wird in LaTeX folgendermaßen dargestellt:

```
$(a+b)^2 = a^2 + 2ab + b^2$
```

Listing A.27 Erste binomische Formel

Die Entropie-Formel (das ist $H(p_1, p_2, ..., p_k) = -\sum_{i=1}^{k} p_i \log_2 p_i$) erzeugen Sie hingegen so:

```
$H(p_1,p_2,...,p_k) = -\sum_{i=1}^{k}{p_{i}log_{2}p_i}$
```

Listing A.28 Entropie-Formel in LaTeX

A.18 Lösungen zu Kapitel 25

MP3s selbst gebaut

Finden und benutzen Sie ein Tool, mit dem man aus einer Audio-CD entsprechende MP3-Dateien erstellen kann. Idealerweise werden Sie dabei im Umfang Ihrer Distribution fündig, aber auch das Internet bietet »gültige« Lösungen.

Lösungsansatz:

Mögliche Anwendungen zum Rippen von CDs sind beispielsweise:

- KAudioCreator
- Sound Juicer

A.19 Lösungen zu Kapitel 26

Named Pipe

Erstellen Sie eine Named Pipe, und extrahieren Sie die Ausgabe von `ps`.

Antwort:

Nehmen Sie sich folgendes Listing als Beispiel:

```
$ mkfifo test
$ grep getty test &
[1] 6230
$ ps aux > test
 5066 tty1     Ss+    0:00 /sbin/getty 38400 tty1
 5069 tty2     Ss+    0:00 /sbin/getty 38400 tty2
 5070 tty3     Ss+    0:00 /sbin/getty 38400 tty3
 5071 tty4     Ss+    0:00 /sbin/getty 38400 tty4
 5072 tty5     Ss+    0:00 /sbin/getty 38400 tty5
```

```
5073 tty6      Ss+     0:00 /sbin/getty 38400 tty6
6233 pts/1     S       0:00 grep getty test
[1]+  Done                 grep getty test
$
```

Listing A.29 Named Pipe

Jobkontrolle

Starten Sie einen Prozess, stoppen Sie ihn, lassen Sie ihn wieder im Vordergrund laufen, und stoppen Sie ihn erneut. Lassen Sie ihn anschließend im Hintergrund laufen, damit Sie ihn von der Konsole aus beenden können.

Antwort:

Im Beispiel sind Tastenkombinationen fett formatiert:

```
$ find / -name abcd 2>/dev/null
(Strg-Z)
[1]+  Stopped         find / -name abcd 2>/dev/null
$ fg
find / -name abcd 2>/dev/null
(Strg-Z)
[1]+  Stopped         find / -name abcd 2>/dev/null
$ bg
[1]+ find / -name abcd 2>/dev/null &
$ kill %1
$
[1]+  Beendet         find / -name abcd 2>/dev/null
```

Listing A.30 jobs

A.20 Lösungen zu Kapitel 27

Shutdown um 20:00

Starten Sie ein shutdown, so dass das System pünktlich um 20:00 Uhr heruntergefahren wird. Schließlich möchten Sie das Fußball-Länderspiel nicht verpassen.

Antwort:

```
# shutdown -h 20:00 &
#
```

Listing A.31 Um 8 ist Fußball, PC aus!

Abbruch!!!

Ihre Frau will stattdessen einen Liebesfilm gucken. Brechen Sie also den eben angesetzten Shutdown ab, ohne bei shutdown die Option -c zu nutzen. Werden Sie kreativ.

Antwort:

```
# killall shutdown
[1]+  Beendet                 sudo /sbin/shutdown -h 20:00
```

Listing A.32 Wegen eines Liebesfilms wird der PC nicht verlassen.

A.21 Lösungen zu Kapitel 28

mkfs

Stellen wir uns vor, Sie hätten eine neue Festplatte gekauft und bereits partitioniert. Nun wollen Sie die Partition mit ext3 formatieren und schließlich einbinden. (Weil Sie Ihr ganzes Geld aber schon für dieses Buch ausgegeben haben, nehmen Sie doch einfach eine Ramdisk wie */dev/ram0*.) Wie gehen Sie vor?

Antwort:

Rufen Sie einfach mkfs.ext2 mit dem entsprechenden Device als Parameter auf:

```
# mkfs.ext2 /dev/ram0
mke2fs 1.39-WIP (10-Dec-2005)
Dateisystem-Label=
OS-Typ: Linux
Blockgröße=1024 (log=0)
Fragmentgröße=1024 (log=0)
2048 Inodes, 8192 Blöcke
409 Blöcke (4.99%) reserviert für den Superuser
erster Datenblock=1
1 Blockgruppe
8192 Blöcke pro Gruppe, 8192 Fragmente pro Gruppe
2048 Inodes pro Gruppe

Schreibe Inode-Tabellen: erledigt
Schreibe Superblöcke: erledigt

Das Dateisystem wird automatisch alle 28 Mounts bzw.
alle 180 Tage überprüft, je nachdem, was zuerst
eintritt. Veränderbar mit tune2fs -c oder -t .
```

Listing A.33 mkfs

Nach dem Formatieren erhalten Sie einen Hinweis, wie Sie `tune2fs` nutzen können. Im Übrigen können Sie alles, was Sie bei `tune2fs` auch zur Laufzeit verändern können, bereits beim Formatieren festlegen. Konsultieren Sie dafür am besten die Manpage von `mkfs.ext2`.

Und wie müssten Sie das Device nun mounten und – im Falle einer Festplatte – in die */etc/fstab* einbinden? Nun, das ist ein anderes Kapitel. Schlagen Sie doch einmal Abschnitt 14.5.1 nach ;-)

tune2fs

Sie wollen die Zahl der für `root` reservierten Blöcke auf Ihrer Ramdisk-Partition ändern. Wie gehen Sie vor?

Antwort:

Hiermit wird die Anzahl der reservierten Blöcke auf 2% gedrückt:

```
# tune2fs -m 2 /dev/ram0
tune2fs 1.39-WIP (10-Dec-2005)
Setting reserved blocks percentage to 2% (163 blocks)
```

Listing A.34 tune2fs

A.22 Lösungen zu Kapitel 29

ScummVM

Was befindet sich in der Truhe aus dem Screenshot des Spiels »Flight of the Amazon Queen« (Abbildung 29.4)?

Antwort:

Die Truhe enthält ein Handtuch.

A.23 Lösungen zu Kapitel 30

Makefile und Debugging

Erstellen Sie für den folgenden C-Quellcode ein Makefile. Aktivieren Sie beim Kompilieren die Debugging-Option, und führen Sie das fertig übersetzte Programm im GNU-Debugger aus.

```c
#include <stdio.h>
#include <math.h>

int main(int argc, char *argv[]) {
   double k=0.f;
   while(k<=3.2) {
     printf("sin(%f)=%f\n", k, sin(k));
     k+=0.1;
   }
   return 0;
}
```

Listing A.35 test.c

Antwort:

Um das Programm zu übersetzen, muss dem `gcc`-Compiler die Option `-g` zur Aktivierung des Debuggings übergeben werden. Zudem verwendet das Programm die Sinus-Funktion `sin()` aus der mathematischen Library, die wir via `-lm` einlinken.

```
tp : test.c
        gcc -g -o tp test.c -lm
```

Listing A.36 Makefile

Sie starten das Programm im Debugger mit dem Befehl `run`.

```
$ gdb ./tp
GNU gdb 6.1
...
...
(gdb) run
Starting program: /tmp/tp
sin(0.000000)=0.000000
sin(0.100000)=0.099833
sin(0.200000)=0.198669
sin(0.300000)=0.295520
sin(0.400000)=0.389418
sin(0.500000)=0.479426
sin(0.600000)=0.564642
sin(0.700000)=0.644218
sin(0.800000)=0.717356
sin(0.900000)=0.783327
sin(1.000000)=0.841471
sin(1.100000)=0.891207
sin(1.200000)=0.932039
sin(1.300000)=0.963558
```

```
sin(1.400000)=0.985450
sin(1.500000)=0.997495
sin(1.600000)=0.999574
sin(1.700000)=0.991665
sin(1.800000)=0.973848
sin(1.900000)=0.946300
sin(2.000000)=0.909297
sin(2.100000)=0.863209
sin(2.200000)=0.808496
sin(2.300000)=0.745705
sin(2.400000)=0.675463
sin(2.500000)=0.598472
sin(2.600000)=0.515501
sin(2.700000)=0.427380
sin(2.800000)=0.334988
sin(2.900000)=0.239249
sin(3.000000)=0.141120
sin(3.100000)=0.041581

Program exited normally.
(gdb) quit
```

Listing A.37 gdb

A.24 Lösungen zu Kapitel 31

C: Namen in Arrays

Versuchen Sie, Ihren Namen mithilfe eines Arrays zu speichern und auszugeben.

Antwort:

Namen in einem Array zu speichern ist einfach – verwenden Sie hierzu ein Array vom Datentyp `char`.

```
char name[4];

name[0] = 'A';
name[1] = 'l';
name[2] = 'f';
name[3] = '\0';
```

Listing A.38 Der umständliche Weg

```c
char name[] = "Steffen Wendzel";
```

Listing A.39 Der einfache Weg

C: Ausgabe von Personendaten

Auf Seite 1038 finden Sie C-Code, der drei Personendatensätze einliest. Erweitern Sie das Programm um eine Schleife, die mit der Funktion `printf()` die Daten aller Personen ausgibt.

Antwort:

```c
#include <stdio.h>

struct person {
        short gewicht;
        short alter;
        short groesse;
};

int main()
{
        int i;
        struct person p[3];

        p[0].gewicht = 70;
        p[0].alter = 22;
        p[0].groesse = 182;

        p[1].gewicht = 88;
        p[1].alter = 77;
        p[1].groesse = 166;

        p[2].gewicht = 95;
        p[2].alter = 50;
        p[2].groesse = 190;

        for (i = 0 ; i < 3; i++) {
                printf("Person %i:\n", i);
                printf("  Gewicht: %i\n", p[i].gewicht);
                printf("  Alter:   %i\n", p[i].alter);
                printf("  Groesse: %i\n", p[i].groesse);
        }
        return 0;
}
```

Listing A.40 Ausgabe von Personendaten

Perl: cp

Schreiben Sie ein Programm, das eine Datei ähnlich kopiert wie `cp`.

Antwort:

```perl
#!/usr/bin/perl
# cp.pl - ein sehr einfaches Skript zum Kopieren von Dateien
#
# Aufruf: ./cp.pl EINGABE AUSGABE
use strict;

my $in;
my $out;

open($in, "<$ARGV[0]");
open($out, ">$ARGV[1]");
# $line von $in lesen
while (defined (my $line = <$in>)) {
  # $line nach $out schreiben
  print $out $line;
}

close($in);
close($out);
```

Listing A.41 cp.pl

A.25 Lösungen zu Kapitel 32

Frontends

Suchen, installieren und testen Sie ein Frontend zu `iptables`, mit dem man Regeln einfach erstellen kann. In welchem Zusammenhang steht dieser Vorgang mit dem Kommando `iptables`, so wie wir es in diesem Kapitel erklärt haben?

Antwort:

Ein hübsches Frontend für `iptables` ist beispielsweise der `fwbuilder`. Mit diesem Tool kann man die gesamten Firewalls eines Netzwerks objektorientiert verwalten. Hat man sich an die etwas eigentümliche Handhabung gewöhnt, so steht einem ein mächtiges Tool zur Verfügung.

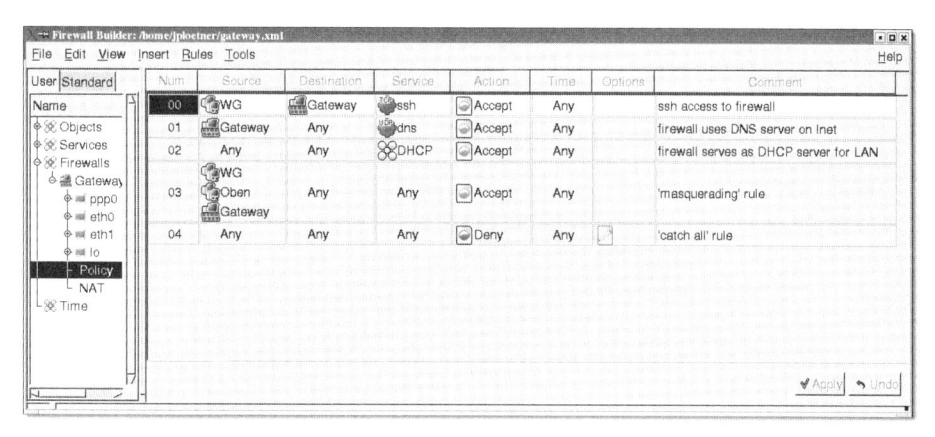

Abbildung A.1 fwbuilder

Sie fragen, wie das Ganze mit `iptables` zusammenhängt? Nun, `fwbuilder` erstellt aus Ihren Regeln ein ganzes Skript voller `iptables`-Befehle. Alternativ könnten aus denselben Regeln beispielsweise auch `pf`-Regeln für OpenBSD erzeugt werden.

B Kommandoreferenz

Diese Kommandoreferenz bietet Ihnen eine Übersicht über die *wichtigsten* Linux- und BSD-Befehle und ihre wichtigsten Optionen. Einige dieser Programme sind nicht auf allen Systemen verfügbar, bei anderen sind nicht alle Parameter auf jedem System verfügbar oder heißen jeweils anders.[1] Des Weiteren unterstützen einige Programme sowohl Optionen mit einem vorangehenden Bindestrich (etwa `uniq -c`) als auch den sogenannten GNU-Style mit zwei Strichen (etwa `uniq --count`). Unter BSD wird oftmals nur die Nicht-GNU-Variante unterstützt, weshalb portable Skripte auch nur diese Optionen verwenden sollten.

Die Idee

alias

- **Pfad:** Shell-Builtin
- **Nutzen:** `alias` erstellt eine Kurzform für (komplexe) Kommandos.
- **Hinweis:** Die Parameter, die von `alias` unterstützt werden, hängen von der Implementierung in der jeweiligen Shell ab, da `alias` shellintern ist. Näheres zu diesem Befehl erfahren Sie in Kapitel 7.

Das folgende Beispiel zeigt die interaktive Benutzung von `alias` in der `bash`-Shell, um ein Alias für das `ps`-Kommando einzurichten:

```
$ alias
alias ls='ls --color=auto'
$ p
p: command not found
$ alias p='ps'
$ p
  PID TTY          TIME CMD
 2341 pts/0    00:00:00 bash
 6257 pts/0    00:00:00 ps
$ alias
alias ls='ls --color=auto'
alias p='ps'
```

Listing B.1 alias verwenden

apropos

Siehe `man`.

---

[1] Beispielsweise ist das Programm `tac` nicht unter OpenBSD zu finden.

awk

- **Pfad:** /usr/bin/awk
- **Nutzen:** awk ist ein Streameditor und eine Skriptsprache.
- **Hinweis:** awk wird in den Kapiteln 9 und 11 im Detail besprochen bzw. verwendet.

bc

- **Pfad:** /usr/bin/bc
- **Nutzen:** bc ist ein programmierbarer Taschenrechner für die Konsole.
- **Hinweis:** Der bc wird in Kapitel 7, »Shellskriptprogrammierung«, behandelt.

Das folgende Beispiel zeigt die interaktive Verwendung von bc:

```
$ bc
bc 1.06.94
Copyright 1991-1994, 1997, 1998, 2000, 2004, 2006 Free Software
Foundation, Inc.
This is free software with ABSOLUTELY NO WARRANTY.
For details type `warranty'.
1+1
2
quit
$
```

Listing B.2 bc verwenden

cal

- **Pfad:** /usr/bin/cal
- **Nutzen:** cal gibt einen Kalender auf der Konsole aus.
- **Hinweis:** cal wird im Regelfall mit einer vierstelligen Jahreszahl aufgerufen, der Monat wird hingegen zweistellig angegeben.

Wenn cal ohne Parameter aufgerufen wird, gibt es den aktuellen Monat aus. Möchte man einen anderen Monat ausgeben lassen, so müssen sowohl Monat (zweistellig), als auch Jahr (vierstellig, sonst A.D.) angegeben werden. Es kann auch nur ein vierstelliges Jahr ohne Monat angegeben werden, um den gesamten Jahreskalender anzeigen zu lassen.

```
$ cal 10 1984
    Oktober 1984
So Mo Di Mi Do Fr Sa
    1  2  3  4  5  6
 7  8  9 10 11 12 13
14 15 16 17 18 19 20
21 22 23 24 25 26 27
28 29 30 31
```

Listing B.3 cal gibt den Oktober 1984 aus.

cd

- **Pfad:** Shell-Builtin
- **Nutzen:** cd wechselt das aktuelle Verzeichnis.
- **Hinweis:** Im Normalfall wird nur das neue Verzeichnis als Argument angegeben.

Parameter	Wirkung
Verzeichnis	Wechselt das Arbeitsverzeichnis der Shell zu *Verzeichnis*.
-	Wechselt in das letzte Verzeichnis und macht damit den letzten cd-Aufruf rückgängig.

Tabelle B.1 cd-Optionen

Das folgende Beispiel zeigt die Verwendung von cd:

```
$ pwd
/home/test1
$ cd /etc
$ pwd
/etc
$ cd -
$ pwd
/home/test1
$
```

Listing B.4 cd verwenden

compress

- **Pfad:** /bin/compress
- **Nutzen:** `compress` komprimiert Dateien.
- **Hinweis:** Sehen Sie sich hierzu die Referenz zum `gzip`-Programm an. Beide Programme haben praktisch dieselben Parameter.

cp

- **Pfad:** /bin/cp
- **Nutzen:** `cp` kopiert Dateien.

Parameter	Wirkung
-i	Für den Fall, dass durch einen Kopiervorgang eine vorhandene Datei überschrieben wird, erscheint eine Abfrage, ob tatsächlich überschrieben werden soll.
-R	Wenn ein Verzeichnis kopiert wird, erfolgt der Kopiervorgang rekursiv.
-v	Für jede zu kopierende Datei werden Quelle und Ziel angezeigt.
QUELLE	Die Quelle des Kopiervorgangs. (Muss angegeben werden.)
Ziel	Das Ziel des Kopiervorgangs. (Muss angegeben werden.)

Tabelle B.2 cp-Optionen

Das folgende Beispiel zeigt die Verwendung von `cp`, um das Unterverzeichnis *Verzeichnis* des aktuellen Arbeitsverzeichnisses nach */tmp* zu kopieren:

```
$ cp -R ./Verzeichnis /tmp/
```

Listing B.5 cp verwenden

cut

- **Pfad:** /bin/cut
- **Nutzen:** `cut` schneidet Teile aus Zeilen der Eingabe.
- **Hinweis:** `cut` ist in Abschnitt 9.4 genau erklärt.

Parameter	Wirkung
-d ZEICHEN	Gibt ein Trennungszeichen (Delimiter) an.
-f FELDER	Selektiert, welche (durch die Trennungszeichen markierten) Felder ausgeschnitten werden sollen.
[DATEI]	Datei, die ausgewertet werden soll. Wird keine Datei angegeben, wird von der Standardeingabe gelesen.

Tabelle B.3 cut-Optionen

Das folgende Beispiel zeigt die Verwendung von cut, um aus der Datei */etc/passwd* das sechste durch das Zeichen »:« getrennte Feld (den Pfad zum Home-Verzeichnis des jeweiligen Benutzers) auszuschneiden und anzuzeigen:

```
$ cat /etc/passwd
root:x:0:0:root:/root:/bin/bash
daemon:x:1:1:daemon:/usr/sbin:/bin/sh
bin:x:2:2:bin:/bin:/bin/sh
sys:x:3:3:sys:/dev:/bin/sh
[...]
$ cat /etc/passwd | cut -d ':' -f 6
/root
/usr/sbin
/bin
/dev
[...]
```

Listing B.6 cut verwenden

date

- **Pfad:** */bin/date*

- **Nutzen:** date gibt die aktuelle Systemzeit aus und kann diese auch stellen.

- **Hinweis:** Ohne Option wird die aktuelle Systemzeit samt Datum ausgegeben.

Parameter	Wirkung
-r DATEI	Zeigt die letzte Änderung der Datei *DATEI* an.
-s ZEIT	Stellt die Uhrzeit sowie das Datum nach der Zeichenkette ZEIT. Diese Option ist root vorbehalten.
-u	Zeigt oder stellt die Zeit nach der UTC (Universal Time Coordinated).

Tabelle B.4 date-Optionen

Die Zeit wird im Format [[[[[cc]yy]mm]dd]HH]MM[.SS]] gestellt. Für den 22.11.2005 19:06 Uhr und 40 Sekunden sieht das wie folgt aus:

```
# date 200511221906.40
Tue Nov 22 19:06:40 CET 2005
```

Listing B.7 Datum und Zeit einstellen

---

dig

- **Pfad:** */usr/(s)bin/dig*
- **Nutzen:** `dig` sendet Anfragen an einen Nameserver.
- **Hinweis:** Aufruf in der Form `dig @server name type`. Über diverse Parameter, auf die hier nicht eingegangen wird, etwa `+[no]adflag`, ist es möglich, den DNS-Paketheader sehr genau zu gestalten und einzelne Flags/Bits (nicht) zu setzen.

Parameter	Wirkung
[server]	Hierbei handelt es sich um die Adresse bzw. den Hostnamen des DNS-Servers, an den eine Anfrage gesendet werden soll.
[name]	Über `name` wird angegeben, welchen Resource Record man abfragen möchte (z. B. *pop3.web.de*).
[type]	Der Typ des Resource Records. Beispielsweise sollten Sie hier »A« für einen IPv4 Address Record, »AAAA« für einen IPv6 Address Record und »NS« für einen Nameserver Record angeben. Weitere Typen von Resource Records werden in Kapitel 20 besprochen.
-b [a]	Um die Absenderadresse eines Pakets festzulegen, wird der Parameter `-b adresse` verwendet.
-4 / -6	ausschließliche Verwendung von IPv4 (-4) bzw. IPv6 (-6)
+[no]tcp	Veranlasst `dig` dazu, ausdrücklich (nicht) das TCP-Protokoll zu verwenden (die Alternative stellt UDP dar).
+[no]cl	Zeigt die Klasse der DNS-Pakete (z. B. »Internet«) (nicht) an.
+[no]ttlid	Zeigt die TTL der empfangenen Response-Pakete (nicht) an.
+[no]question	Zeigt die Question-Sektion der Response-Pakete (nicht) an. Diese Sektion enthält die an den Server gestellten Anfragen.

Tabelle B.5 dig-Optionen

Das folgende Beispiel zeigt die Verwendung von `dig`, um den öffentlichen DNS-Resolver von Google (IP 8.8.8.8) nach der Adresse von www.galileo-computing.de (85.88.3.146) zu fragen:

```
$ dig @8.8.8.8 www.galileo-computing.de

; <<>> DiG 9.6.1-P2 <<>> @8.8.8.8 www.galileo-computing.de
; (1 server found)
;; global options: +cmd
;; Got answer:
;; ->>HEADER<<- opcode: QUERY, status: NOERROR, id: 32970
;; flags: qr rd ra; QUERY: 1, ANSWER: 1, AUTHORITY: 0, ADDITIONAL: 0

;; QUESTION SECTION:
;www.galileo-computing.de.      IN      A

;; ANSWER SECTION:
www.galileo-computing.de. 3600 IN A 85.88.3.146

;; Query time: 227 msec
;; SERVER: 8.8.8.8#53(8.8.8.8)
;; WHEN: Fri Apr  9 20:26:27 2010
;; MSG SIZE  rcvd: 58
```

Listing B.8 dig verwenden

dmesg

- **Pfad:** /bin/dmesg
- **Nutzen:** `dmesg` gibt die letzten Meldungen des Kernel-Ringpuffers aus.
- **Hinweis:** Die Parameter für `dmesg` variieren zwischen Linux und BSD sehr stark und werden zudem nur äußerst selten verwendet. Wir haben uns an dieser Stelle für einen einzigen wichtigen Parameter der Linux-Implementierung entschieden.

Parameter	Wirkung
-r	Gibt Rohmeldungen aus (enthalten mehr Informationen).

Tabelle B.6 dmesg-Optionen

egrep

- **Pfad:** /usr/bin/egrep
- **Nutzen:** `egrep` verhält sich wie `grep -E`.
- **Hinweis:** Weitere Hinweise finden Sie im Eintrag zu `grep`.

Emacs

- **Pfad:** /usr/bin/emacs
- **Nutzen:** `emacs` ist ein beliebter Texteditor.
- **Hinweis:** Der `emacs` wird ausführlich in Abschnitt 10.4 beschrieben.

false

- **Pfad:** /bin/false
- **Nutzen:** `false` tut nichts und beendet sich mit dem Rückgabewert »1«. Siehe auch `true`.

fuser

- **Pfad:** /bin/fuser
- **Nutzen:** `fuser` gibt Auskunft über Prozesse, die Dateien verwenden.

`fuser` wird mit dem zu prüfenden Pfadnamen bzw. Dateinamen aufgerufen und gibt eine Liste der Prozesse aus, die diesen Pfad bzw. diese Datei verwenden. Hinter jeder ausgegebenen Prozess-ID können sich Buchstaben aus der folgenden Tabelle befinden.

Zeichen	Bedeutung
c	Der Pfad ist das Arbeitsverzeichnis des Prozesses.
e	Es handelt sich um ein derzeitig ausgeführtes Binary.
f	Es handelt sich um eine geöffnete Datei (wird nur bei detaillierter Ausgabe angezeigt).
F	Wie f, allerdings ist die Datei zum Schreiben geöffnet.
r	das Root-Verzeichnis /
m	*memory-mapped*-Datei oder dynamische Bibliothek

Tabelle B.7 fuser-Zeichen

Parameter	Wirkung
-a	Gibt auch Dateien aus, die derzeit nicht von Prozessen verwendet werden (andernfalls sind diese nicht in der Ausgabe enthalten, obwohl sie als Parameter übergeben worden sind).
-k	Beendet Prozesse (über das SIGKILL-Signal), die die angegebene Datei benutzen. Das Signal kann durch -S verändert werden, wobei S die Ziffer des Signals ist.
-i	Fragt vor Beendigung eines Prozesses den Benutzer nach einer Bestätigung.
-l	Listet alle bekannten Signale auf.
-m	Wird für eingehängte Dateisysteme verwendet und gibt Informationen zu allen verwendeten Dateien des Dateisystems.
-n [space]	Wechselt den *Namespace* (damit ist die Art des Dateityps gemeint). Der Standard-Namespace ist file (Dateien im Dateisystem). Weiterhin gibt es udp für UDP-Sockets und tcp für TCP-Sockets. Für UDP- und TCP-Sockets können Adressen und Ports angegeben werden.
-u	Benutzername zum Prozess ausgeben
-v	detaillierte Ausgabe
-V	Versionsnummer ausgeben
-4	nur nach IPv4-Verbindungen (Sockets) suchen
-6	nur nach IPv6-Verbindungen suchen

Tabelle B.8 fuser-Optionen

Beispiel 1: Nehmen wir an, eine Netzwerkverbindung via Telnet-Client würde den lokalen Quellport 38141 benutzen. Wir wüssten allerdings nur, dass dieser TCP-Port von einem Programm verwendet wird. Mit fuser können wir weitere Informationen zum Prozess erhalten:

```
$ netstat -an | grep 40386
tcp6       0      0 ::1:40386        ::1:22           VERBUNDEN
tcp6       0      0 ::1:22           ::1:40386        VERBUNDEN
$ fuser -va -n tcp 40386
                     USER        PID ACCESS COMMAND
40386/tcp:           swendzel    4895 F.... telnet
```

Listing B.9 Informationen zur Verbindung von TCP-Port 38141

Beispiel 2: Anzeigen aller verwendeten Dateien in */tmp* inklusive Informationen zum Benutzer, dem der jeweilige Prozess gehört.

```
$ fuser -avu /tmp
            USER        PID ACCESS COMMAND
/tmp:       swendzel    1578 ..c.. (swendzel)seahorse-agent
```

Listing B.10 Prozesse, die /tmp/* verwenden

---

grep

- **Pfad:** */usr/bin/grep*
- **Nutzen:** grep durchsucht Texte nach regulären Ausdrücken.
- **Hinweis:** Das Programm wird in Abschnitt 8.3 genau besprochen.

Parameter	Wirkung
-b	Gibt das Offset der gefundenen Stelle im Input-Stream oder in der Input-Datei aus.
-E	Behandelt den regulären Ausdruck als erweiterten regulären Ausdruck. Damit können mehrere Muster parallel angegeben werden, womit sich grep wie egrep verhält.
-f [f]	Liest von der Eingabedatei [f].
-I	Überspringt binäre Dateien.
-n	Vergibt Zeilennummern für die Ausgabe.
[DATEI]	Datei, die ausgewertet werden soll. Wird keine Datei angegeben, wird von der Standardeingabe gelesen.

Tabelle B.9 grep-Optionen

Das folgende Beispiel zeigt die Verwendung von grep, um in der Ausgabe von ps aux einen bestimmten Prozess zu finden:

```
$ ps aux | grep bash
1000      2117  0.0  0.3   6508  3800 pts/0    Ss   20:12   0:00 bash
```

Listing B.11 grep verwenden

GRUB

- **Pfad:** */sbin/grub*
- **Nutzen:** grub dient zur Modifikation des Master Boot Records.
- **Hinweis:** Das Programm wird in Kapitel 27, »Bootstrap und Shutdown«, besprochen.

| **gzip, compress, gunzip, uncompress, zcat, gzcat** |

- **Pfad:** */bin/gzip,compress, ...*

- **Nutzen:** `gzip` und `compress` komprimieren Dateien mittels verschiedener Formate; `gunzip` und `uncompress` dekomprimieren diese Dateien wieder. `zcat` und `gzcat` geben die (de)komprimierten Dateien auf der Standardausgabe aus.

- **Hinweise:**

  1. Diese Programme kommen besonders bei der Komprimierung von `tar`-Archiven zum Einsatz.

  2. Ein Rückgabewert von »1« gibt einen Fehler, ein Rückgabewert von »2« eine Warnung an. Bei einem Rückgabewert von »0« ist alles in Ordnung.

  3. Die einzelnen Kompressionsformate sind in den RFCS 1950 bis 1952 beschrieben.

  4. Übrigens steht bei OpenBSD das »g« in `gzip` für »gratis«.

Parameter	Wirkung
-V	Zeigt die Programmversion an.
-c	Die komprimierte bzw. dekomprimierte Ausgabe wird auf die Standardausgabe und nicht in eine Datei geschrieben (`zcat`-/`gzcat`-Modus).
-d	Dekomprimiert eine Datei (`uncompress`-Modus).
-1...9	Kompressionsfaktor
-o [n]	Die Ausgabe wird in der Datei [o] gespeichert.
-S [s]	Setzt das Suffix für komprimierte Dateien.
-r	Rekursiver Modus für `compress`. Auch Unterverzeichnisse werden dadurch einbezogen.
-q	quiet-mode. Es werden keine Informationen ausgegeben.
-v	verbose-mode. Es werden ausführliche Informationen ausgegeben.
[DATEI]	Datei, die bearbeitet werden soll. Wird keine Datei angegeben, wird von der Standardeingabe gelesen.

Tabelle B.10 Optionen

Das folgende Beispiel zeigt die Verwendung von `gzip`, um eine Datei zu komprimieren:

```
$ gzip myfile
$ ls
myfile.gz
$ gzcat myfile.gz
Das ist der Inhalt der myzfile-Datei.
Test, Test, Test.
$ gunzip myfile.gz
$ ls
myfile
```

Listing B.12 gzip verwenden

---

head

- **Pfad:** */bin/head*
- **Nutzen:** head zeigt die ersten Zeilen einer Datei an.
- **Hinweis:** head -123 und head -n 123 haben dieselbe Wirkung.

Parameter	Wirkung
-[n]	Gibt die ersten [n] Zeilen aus.
-n [n]	Gibt ebenfalls die ersten [n] Zeilen aus.
[DATEI]	Datei, die ausgewertet werden soll. Wird keine Datei angegeben, wird von der Standardeingabe gelesen.

Tabelle B.11 head-Optionen

Das folgende Beispiel zeigt die Verwendung von head, um die ersten vier Zeilen aus der Datei */etc/passwd* anzuzeigen:

```
$ head -n 4 /etc/passwd
root:x:0:0:root:/root:/bin/bash
daemon:x:1:1:daemon:/usr/sbin:/bin/sh
bin:x:2:2:bin:/bin:/bin/sh
sys:x:3:3:sys:/dev:/bin/sh
$
```

Listing B.13 head verwenden

---

hexdump

- **Pfad:** */usr/bin/hexdump*
- **Nutzen:** hexdump gibt einen Dateiinhalt in verschiedenen Formen aus.

Parameter	Wirkung
-d	2-Byte-Ausgabe in dezimaler Form
-o	2-Byte-Ausgabe in oktaler Form
-v	Gibt *jede* Eingabezeile aus. Tauchen mehrfache Wiederholungen auf, so würde hexdump sonst nur das *-Zeichen ausgeben.
-x	hexadezimale Ausgabe
[DATEI]	Datei, die ausgegeben werden soll. Wird keine Datei angegeben, wird von der Standardeingabe gelesen.

Tabelle B.12 hexdump-Optionen

Das folgende Beispiel zeigt die Verwendung von hexdump, um einen per dd ausgelesenen Masterbootrecord (MBR) anzuzeigen:

```
# dd bs=512 count=1 if=/dev/sda of=mbr.txt
1+0 Datensätze ein
1+0 Datensätze aus
512 Bytes (512 B) kopiert, 0,000144292 s, 3,5 MB/s
# hexdump mbr.txt
0000000 48eb d790 00bc bb7a 07a0 db8e c38e 00be
0000010 8b02 fcce a4f3 a3ea a000 b907 0004 fd8b
[...]
```

Listing B.14 hexdump verwenden

host

▶ **Pfad:** */usr/bin/host*

▶ **Nutzen:** host löst DNS-Namen in IP-Adressen auf und umgekehrt.

▶ **Aufruf:** host NAME/IP [NAMESERVER]

Parameter	Wirkung
NAME/IP	Der wichtigste Parameter ist der Rechnername, der in eine IP aufgelöst werden soll, beziehungsweise die IP, die in einen Rechnernamen aufgelöst werden soll.
[NAMESERVER]	Optional: Wird ein DNS-Server angegeben, so wird dieser direkt befragt. Wird dieser Parameter weggelassen, werden die systemweit konfigurierten DNS-Server benutzt.

Tabelle B.13 host-Optionen

Das folgende Beispiel zeigt die Verwendung von host, um den öffentlichen DNS-Resolver von Google (die IP 8.8.8.8) nach der IP-Adresse von www.galileo-computing.de (85.88.3.146) zu fragen:

```
$ host www.galileo-computing.de 8.8.8.8
Using domain server:
Name: 8.8.8.8
Address: 8.8.8.8#53
Aliases:

www.galileo-computing.de has address 85.88.3.146
```

Listing B.15 host verwenden

Im folgenden Beispiel wird der *Reverse Record* zur IP 85.88.3.146 angefragt:

```
$ host 85.88.3.146
146.3.88.85.in-addr.arpa domain name pointer grobi.galileo-press.de.
```

Listing B.16 host verwenden, Teil 2

hostname

- **Pfad:** */bin/hostname*
- **Nutzen:** hostname gibt den Hostnamen des Systems aus oder ändert ihn.
- **Hinweis:** Bei der Änderung des Hostnamens wird keine Veränderung an einem Nameserver vorgenommen; die Änderung beschränkt sich auf das lokale System. Eine Änderung des Hostnamens sehen Sie im Shellprompt übrigens erst nach dem Öffnen einer neuen Shell.

Parameter	Wirkung
	Wird hostname ohne Parameter aufgerufen, wird der FQDN-Hostname des Systems ausgegeben.
[NAME]	Wird hostname mit einem Parameter aufgerufen, so wird der Hostname entsprechend dem Parameter geändert.
-s	Gibt nur den Hostnamen selbst (ohne Domain) aus.

Tabelle B.14 hostname-Optionen

Das folgende Beispiel zeigt die Verwendung von hostname, um den lokalen Hostnamen zu setzen und auszugeben:

```
root@laptop# hostname
laptop
root@laptop# hostname rechenknecht
root@laptop# hostname
rechenknecht
root@laptop# bash
root@rechenknecht#
```

Listing B.17 hostname verwenden

---

info

- **Pfad:** /usr/bin/info
- **Nutzen:** `info` zeigt GNU-Infoseiten an.
- **Hinweis:** Im Allgemeinen wird `info` mit dem zu erläuternden Befehl als Argument aufgerufen.

---

kill

- **Pfad:** /bin/kill
- **Nutzen:** `kill` sendet Signale an Prozesse.
- **Hinweis:** Oft wird `kill` nur zum Beenden von Prozessen genutzt – das Programm kann aber noch deutlich mehr.
- **Aufruf:** `kill [-SIG] PID [PID2...]`

Parameter	Wirkung
[-SIG]	Optional: Gibt an, welches Signal `kill` an den Prozess senden soll. Wird dieser Parameter weggelassen, so wird ein SIGTERM gesendet, was den Prozess »freundlich« zum Beenden auffordert (mehr über Signale erfahren Sie in Abschnitt 26.3.)
PID	Es muss mindestens die PID eines Prozesses angegeben werden, an den das Signal geschickt werden soll.
[PID2...]	Wenn Sie das Signal an mehr als einen Prozess senden wollen, können Sie optional weitere PIDs angeben.

Tabelle B.15 kill-Optionen

Das folgende Beispiel zeigt die Verwendung von `kill`, um das SIGKILL-Signal an den Prozess mit der Nummer 12345 zu schicken:

```
$ ps aux | grep xterm
1000     12345  1.1  0.5  11140  5764 ?         S    21:35   0:00 xterm
$ kill -9 12345
$ ps aux | grep xterm
$
```

Listing B.18 kill verwenden

---

killall

- **Pfad:** */usr/bin/killall*
- **Nutzen:** `killall` funktioniert genau wie `kill`, mit dem Unterschied, dass man auch Prozessnamen anstelle der PID angeben kann.
- **Hinweis:** Der Aufruf von `killall -SIG PROZESS` ist äquivalent zu `kill -SIG 'pidof PROZESS'`.

Das folgende Beispiel zeigt die Verwendung von `killall`, um das SIGKILL-Signal an alle Prozesse mit dem Namen `xterm` zu schicken:

```
$ ps aux | grep xterm
1000     12345  1.1  0.5  11140  5764 ?         S    21:35   0:00 xterm
$ killall -9 xterm
$ ps aux | grep xterm
$
```

Listing B.19 killall verwenden

---

lilo

- **Pfad:** */sbin/lilo*
- **Nutzen:** `lilo` dient zur Modifikation des Master Boot Records.
- **Hinweis:** Das Programm wird in Kapitel 27, »Bootstrap und Shutdown«, besprochen. In vielen Distributionen wurde `lilo` durch `grub` ersetzt. `grub` wird ebenfalls in Kapitel 27 besprochen.

ln

- **Pfad:** /bin/ln
- **Nutzen:** ln erzeugt Links.
- **Hinweis:** Es können sowohl Hardlinks als auch Softlinks (symbolische Links) erstellt werden.

Parameter	Wirkung
-s	Erstellt einen symbolischen Link.
-h/-n	Wenn das Ziel ein symbolischer Link auf ein Verzeichnis ist, so wird dieser nicht verfolgt.
-v	Gibt aus, von welcher Datei und zu welcher Datei ein Link erzeugt wurde.

Tabelle B.16 ln-Optionen

Das folgende Beispiel zeigt die Verwendung von ln, um einen symbolischen Link auf *foo* zu erzeugen, der *bar* heißt.

```
$ touch foo
$ ln -s foo bar
$ ls -al foo bar
lrwxrwxrwx 1 jploetner jploetner 3 2010-04-09 21:40 bar -> foo
-rw-r--r-- 1 jploetner jploetner 0 2010-04-09 21:40 foo
```

Listing B.20 ln verwenden

logger

- **Pfad:** /usr/bin/logger
- **Nutzen:** logger protokolliert Meldungen mit syslogd. Verwendung findet das Programm besonders in der Shellskriptprogrammierung.

Parameter	Wirkung
-i	Prozess-ID loggen
-f [d]	Meldung in Datei *d* schreiben
-p [pr]	Die Priorität *pr* verwenden. pr setzt sich dabei aus der Facility und dem Level, etwa system.notice, zusammen (siehe Abschnitt 14.4.2).
-s	Meldung zusätzlich auf die Standardfehlerausgabe schreiben

Tabelle B.17 logger-Optionen

Das folgende Beispiel zeigt die Verwendung von `logger`, um eine Meldung in die Datei */var/log/messages* zu schreiben.

```
$ tail -n 1 /var/log/messages
Apr 12 21:21:00 laptop pulseaudio[1605]: ratelimit.c: 1 events
suppressed
$ logger "Test"
$ tail -n 1 /var/log/messages
Apr 12 21:21:26 laptop jploetner: Test
$ logger -I "Test 2"
$ tail -n 1 /var/log/messages
Apr 12 21:22:52 laptop jploetner[5089]: Test 2
```

Listing B.21 logger verwenden

---

ls

- **Pfad:** */bin/ls*
- **Nutzen:** `ls` Listet den Inhalt eines Verzeichnisses auf.
- **Hinweis:** Viele Optionen funktionieren nur in Verbindung mit der `-l`-Option.

Parameter	Wirkung
-a	Zeigt versteckte Dateien an.
-h	Gibt die Dateigröße auf eine sinnvolle Größe gerundet (KB oder MB) aus.
-i	Gibt die Inode-Nummer einer Datei aus.
-l	Gibt ausführliche Informationen zu den Dateien aus.
-m	Gibt die Dateinamen durch Kommata getrennt aus.
-n	Gibt ausführliche Informationen zu Dateien aus (wie -l), jedoch werden die User- und Group-ID der Datei numerisch dargestellt.
-F	Gibt einen Slash hinter jedem Verzeichnisnamen aus.
-R	Gibt die Unterverzeichnisse rekursiv aus.
-r	Dreht die Ausgabereihenfolge um (nützlich bei -t und -S).
-S	Sortiert die Dateien nach Größe in absteigender Reihenfolge.
-T	Gibt ausführliche Timestamp-Informationen für jede Datei aus.
-t	Zeigt die Dateien nach ihrem Timestamp sortiert an, wobei die aktuellen Timestamps zuerst ausgegeben werden.

Tabelle B.18 ls-Optionen

Parameter	Wirkung
DATEI ...	Optional kann man ls den Pfad bzw. das passende Muster zu Verzeichnissen oder Dateien übergeben, die man anzeigen lassen will. Wird nichts angegeben, gibt ls den Inhalt des aktuellen Verzeichnisses aus.

Tabelle B.18 ls-Optionen (Forts.)

Das folgende Beispiel zeigt die Verwendung von ls, um verschiedene Dateien in einem Verzeichnis anzuzeigen:

```
$ ls
bd          CVS                icmp_backdoor.h  iphdr.cpp   Makefile
bdclient    icmp_backdoor.c    icmpbd_cli.cpp   iphdr.h
$ ls ip*
iphdr.cpp   iphdr.h
$ ls *cpp
icmpbd_cli.cpp   iphdr.cpp
$ ls -al *cpp
-rw-r----- 1 jploetner jploetner 1648 2008-05-24 18:59 icmpbd_cli.cpp
-rw-r----- 1 jploetner jploetner 3059 2008-05-24 18:59 iphdr.cpp
$ ls /usr/
bin  games  include  lib  local  sbin  share  src
$
```

Listing B.22 ls verwenden

---

make

- **Pfad:** /usr/bin/make
- **Nutzen:** make wird primär zur automatischen Übersetzung und Installation von Softwareprojekten verwendet.
- **Hinweis:** Eine umfangreiche Beschreibung mit Anwendungsbeispielen zu make finden Sie in Abschnitt 30.8.

Parameter	Wirkung
-f [m]	Normalerweise verwendet make eine Datei namens *Makefile*, um Befehle entgegenzunehmen. Möchte man eine andere Datei oder eine Datei [m] verwenden, so kann man diese über den Parameter -f angeben.

Tabelle B.19 make-Optionen

Parameter	Wirkung
-n	Mit diesem Parameter führt make keine Befehle aus, zeigt aber trotzdem an, was ausgeführt würde, wenn man make normal startete.
-t	Führt alle Befehle aus, aber unterdrückt explizit die Ausgabe, um welche Befehle es sich dabei handelt (vergleichbar mit dem @-Zeichen, das vor die einzelnen Befehle gestellt werden kann).

Tabelle B.19 make-Optionen (Forts.)

man

- **Pfad:** /usr/bin/man
- **Nutzen:** Mit man kann man Hilfeseiten (Manpages) betrachten.
- **Hinweis:** Im Normalfall ruft man man mit dem Programm als Parameter auf, für das man die Hilfeseite angezeigt bekommen möchte.

Parameter	Wirkung
NR Befehl	Gibt es mehrere Hilfeseiten zu einem Befehl, so kann man über das Voranstellen der Sektionsnummer zwischen den einzelnen Hilfeseiten wählen.
-k Suchbegriff	Sucht alle Hilfeseiten mit »Suchbegriff« heraus und zeigt deren Kurzbeschreibung an.
-f Befehl	Sucht alle sich auf »Befehl« beziehenden Hilfeseiten heraus und zeigt deren Kurzbeschreibung an.

Tabelle B.20 man-Optionen

mkfifo

- **Pfad:** /sbin/mkfifo
- **Nutzen:** mkfifo erstellt eine FIFO-Datei im Dateisystem.
- **Hinweis(e):** Weitere Informationen zu Anwendung von FIFOs finden Sie in Abschnitt 7.9.2. Technische Hintergründe können Sie in Kapitel 26, »Prozesse und IPC«, nachlesen.

Parameter	Wirkung
-mode [Modus]	Setzt die Zugriffsrechte der Datei gemäß [Modus].

Tabelle B.21 mkfifo-Optionen

Das folgende Beispiel zeigt die Verwendung von `mkfifo`, um eine Named Pipe anzulegen und rudimentär zu benutzen:

```
### Shell 1 ###
$ mkfifo test
$ ls -l test
prw-r--r-- 1 jploetner jploetner 0 2010-04-12 21:43 test
$ cat /etc/passwd > test
[Shell blockiert]


### Shell 2 ###
$ cat test
root:x:0:0:root:/root:/bin/bash
daemon:x:1:1:daemon:/usr/sbin:/bin/sh
bin:x:2:2:bin:/bin:/bin/sh
sys:x:3:3:sys:/dev:/bin/sh
[...]

### Shell 1 ###
$ rm test
```

Listing B.23 mkfifo verwenden

mv

- **Pfad:** /bin/mv

- **Nutzen:** mv ändert Dateinamen bzw. »verschiebt« Dateien in andere Verzeichnisse.

Parameter	Wirkung
-i	Wird eine existierende Datei durch einen mv-Aufruf überschrieben, so erscheint eine Abfrage, die es dem Benutzer ermöglicht, den Vorgang entweder tatsächlich durchzuführen oder abzubrechen.
-v	Gibt den alten und den neuen Dateinamen einer Datei aus.

Tabelle B.22 mv-Optionen

Das folgende Beispiel zeigt die Verwendung von mv:

```
$ mv -v DateiA DateiB
"DateiA" -> "DateiB"
```

Listing B.24 mv verwenden

named

- **Pfad:** meist */usr/sbin/named*
- **Nutzen:** `named` ist der Standard-Nameserver der meisten Unix-artigen Systeme. Es handelt sich dabei um den im Buch besprochenen Dienst *BIND*.

Parameter	Wirkung
-c	Soll nicht die Standardkonfigurationsdatei verwendet werden, so kann mit diesem Parameter explizit der Pfad der zu verwendenden Datei angegeben werden.
-d [l]	Legt den Debug-Level des Nameservers fest. Je höher dieser Level angegeben wird, desto mehr Debug-Informationen erhalten Sie.
-f	Der Server »forkt« sich nicht zum Dämon-Prozess, sondern läuft im Vordergrund.
-g	Der Server schreibt alle Fehlermeldungen direkt durch STDERR auf die Konsole, anstatt über `syslogd` zu protokollieren.
-p [p]	Soll nicht der Standard-DNS-Port (53) verwendet werden, so kann durch diesen Parameter ein alternativer Port angegeben werden.
-t [v]	Einige BIND-Versionen unterstützen den Parameter -t. Mit diesem kann ein Verzeichnis angegeben werden, das als chroot-Umgebung fungieren soll. Unter einigen Systemen (etwa OpenBSD) läuft BIND standardmäßig in einer solchen Umgebung.
-v	Gibt die Versionsnummer aus.
-u [id]	Diese Option setzt die Benutzer-ID, unter der BIND läuft, herab, nachdem alle Aktionen durchgeführt wurden, die die Zugriffsrechte des Superusers voraussetzen.

Tabelle B.23 named-Optionen

nl

- **Pfad:** */bin/nl*
- **Nutzen:** `nl` fügt Zeilennummern für Dateien ein.
- **Hinweis:** Dieses Programm gehört nicht zum Standardumfang aller Distributionen und BSD-Derivate.

Das folgende Beispiel zeigt die Verwendung von `nl`, um die Zeilen der Datei */etc/passwd* zu nummerieren:

```
$ cat /etc/passwd
root:x:0:0:root:/root:/bin/bash
daemon:x:1:1:daemon:/usr/sbin:/bin/sh
bin:x:2:2:bin:/bin:/bin/sh
sys:x:3:3:sys:/dev:/bin/sh
[...]
$ nl /etc/passwd
     1  root:x:0:0:root:/root:/bin/bash
     2  daemon:x:1:1:daemon:/usr/sbin:/bin/sh
     3  bin:x:2:2:bin:/bin:/bin/sh
     4  sys:x:3:3:sys:/dev:/bin/sh
[...]
```

Listing B.25 nl verwenden

od

- **Pfad:** */usr/bin/od*
- **Nutzen:** od kann Dateien in beispielsweise oktaler oder hexadezimaler Form anzeigen.
- **Hinweis:** Siehe zu od Abschnitt 9.10.3. od ist vergleichbar mit hexdump.

Parameter	Wirkung
-t FORMAT	Gibt das Ausgabeformat an. Mögliche Werte für FORMAT sind beispielsweise »x« für hexadezimale Ausgabe oder ein »f« für eine Ausgabe in Gleitkomma-Form. Folgt auf diesen Buchstaben noch eine weitere Zahl, so bestimmt diese die Anzahl der Bytes, die für die Darstellung genutzt werden sollen.

Tabelle B.24 od-Optionen

Eine beispielhafte Ausgabe von od finden Sie in Anhang D, »MBR«.

paste

- **Pfad:** */bin/paste*
- **Nutzen:** paste fügt Dateiinhalte zeilenweise anhand eines bestimmten Trennzeichens zusammen.
- **Hinweis:** paste wird in Abschnitt 9.4 genau erklärt.

Parameter	Wirkung
-d TRENNZEICHEN	Gibt (wie bei cut) das zu verwendende Trennzeichen an. Gibt man kein besonderes Trennzeichen an, wird per Tabulator getrennt.
[DATEI...]	Sinnvollerweise wird paste mit mindestens zwei Dateien aufgerufen, die es zusammenzufügen gilt. Eine Datei kann auch die Standardeingabe (»-«) sein.

Tabelle B.25 paste-Optionen

Das folgende Beispiel zeigt die Verwendung von paste, um zwei einfache Dateien zusammenzufügen:

```
$ echo -e "a\nb" > test1
$ echo -e "1\n2\n3" > test2
$ cat test1
a
b
$ cat test2
1
2
3
$ paste test1 test2
a 1
b 2
  3
$ paste -d':' test1 test2
a:1
b:2
:3
```

Listing B.26 paste verwenden

---

pidof

- **Pfad:** /bin/pidof
- **Nutzen:** pidof findet die Prozess-ID zu einem gegebenen Prozessnamen.
- **Hinweis:** pidof wird in Abschnitt 26.4.3 erwähnt. Im Unterschied zu pgrep findet pidof nur die PID, zu der der angegebene Prozessname exakt passt.

Parameter	Wirkung
[NAME]	`pidof` gibt standardmäßig die PID des als Parameter angegebenen Prozesses zurück.
-s	Gibt nur eine einzelne PID zurück (*single-shot*).

Tabelle B.26 pidof-Optionen

Das folgende Beispiel findet die PIDs aller offenen `bash`-Shells:

```
$ ps aux | grep bash
1000      2341  0.0  0.3   6508  3552 pts/0    Ss   19:14   0:00 bash
1000      6019  1.8  0.3   6504  3776 pts/1    Ss+  20:03   0:00 bash
1000      6037  1.1  0.3   6504  3780 pts/2    Ss+  20:03   0:00 bash
1000      6055  1.1  0.3   6504  3776 pts/3    Ss+  20:03   0:00 bash
$ pidof bash
6055 6037 6019 2341

$ pidof -s bash
6055
```

Listing B.27 pidof verwenden

pwd

- **Pfad:** */bin/pwd* (bzw. Shell-Builtin)
- **Nutzen:** `pwd` gibt das aktuelle Arbeitsverzeichnis (engl. *working directory*) aus.

Das folgende Beispiel zeigt die Verwendung von `pwd`:

```
$ pwd
/home
$ cd jploetner
$ pwd
/home/jploetner
```

Listing B.28 pwd verwenden

read

- **Pfad:** shellintern
- **Nutzen:** `read` liest Daten von STDIN oder aus einer Pipe/FIFO und speichert diese Werte in einer Variablen.

- **Hinweis:** Nicht jede Shell unterstützt read. Nutzen können Sie read beispielsweise in der bash, zsh und pdksh. Auch die unterstützten read-Parameter sind in den verschiedenen Shells jeweils unterschiedlich.

scp

scp ist ein Client der Secure-Shell. Alle wichtigen Optionen und Informationen zu diesem Programm finden Sie in Kapitel 21.

Das folgende Beispiel zeigt die Verwendung von scp, um ein Verzeichnis zu einem entfernten Server zu kopieren:

```
$ scp -r icmp/ jploetner@ploetner-it.de:~
The authenticity of host 'ploetner-it.de (89.110.147.184)' can't    \
  be established.
RSA key fingerprint is 7c:5a:49:c9:1d:63:ce:0d:6c:f4:f7:65:37:2d:76:da
Are you sure you want to continue connecting (yes/no)? yes
Warning: Permanently added 'ploetner-it.de,89.110.147.184' (RSA) to  \
  the list of known hosts.
Password: [...]
bd                                        100%   12KB   12.0KB/s   00:00
icmpbd_client.cpp                         100%   1648   1.6KB/s    00:00
Makefile                                  100%    424   0.4KB/s    00:00
[...]
```

Listing B.29 scp verwenden

script

- **Pfad:** */usr/bin/script*
- **Nutzen:** script erstellt ein Typescript[2] einer Shell-Session.
- **Hinweis:** Durch die Environment-Variable $SHELL kann eine Shell angegeben werden, die von script verwendet werden soll. Die aktuelle Aufzeichnung wird durch **Strg + D** beendet.

---

[2] Ein Typescript ist eine akurate Aufzeichnung einer Session, die Start- und Endzeit, alle Eingaben und Ausgaben und gegebenenfalls sogar Timingdaten, also Verzögerungen bei Tastaturanschlägen etc., enthält.

Parameter	Wirkung
-a [DATEI]	Hängt die Ausgabe an das Ende der angegebenen Datei an.
-t	Gibt Timingdaten auf *stderr* aus. Wenn Sie diesen Parameter verwenden, leiten Sie *stderr* idealerweise in eine Datei um.
[DATEI]	Das Typscript der aktuellen Session. Wird keine Datei angegeben, wird die Datei *typescript* erstellt.

Tabelle B.27 script-Optionen

Das folgende Beispiel zeigt die Verwendung von script, um ein Typescript einer Arbeitssession aufzuzeichnen. Gleichzeitig werden Timingdaten in der Datei *timings* gespeichert:

```
$ script -t 2>timings
Script wurde gestartet, die Datei ist typescript
$ head -n 3 /etc/passwd
root:x:0:0:root:/root:/bin/bash
daemon:x:1:1:daemon:/usr/sbin:/bin/sh
bin:x:2:2:bin:/bin:/bin/sh
$
Strg + D
Script wurde beendet, die Datei ist typescript
```

Listing B.30 script verwenden

scriptreplay

- **Pfad:** */usr/bin/scriptreplay*
- **Nutzen:** scriptreplay gibt ein per script aufgezeichnetes Typescript wieder.
- **Hinweis:** Die aufgezeichneten Daten werden lediglich wiedergegeben, aber nicht noch einmal ausgeführt. Für eine entsprechende Wiedergabe sind aufgezeichnete Timingdaten erforderlich.

Parameter	Wirkung
TIMINGS	Gibt die Datei mit Timinginformationen an, die für die Wiedergabe verwendet werden soll.
[DATEI]	Das Typescript der abzuspielenden Session. Wird keine Datei angegeben, wird die Datei *typescript* wiedergegeben.

Tabelle B.28 scriptreplay-Optionen

Das folgende Beispiel zeigt die Verwendung von `scriptreplay`, um ein vorher aufgezeichnetes Typescript wiederzugeben:

```
$ scriptreplay timings
$ head -n 4 /etc/passwd
root:x:0:0:root:/root:/bin/bash
daemon:x:1:1:daemon:/usr/sbin:/bin/sh
bin:x:2:2:bin:/bin:/bin/sh
sys:x:3:3:sys:/dev:/bin/sh
$ exit
$
```

Listing B.31 scriptreplay verwenden

sed

- **Pfad:** /bin/sed
- **Nutzen:** sed ist ein nicht interaktiver Stream-Editor.
- **Hinweis:** sed wird in Kapitel 8 genau besprochen. Eine Befehlsreferenz finden Sie in Abschnitt 8.2.3, »sed-Befehle«.

seq

- **Pfad:** /usr/bin/seq
- **Nutzen:** seq gibt – basierend auf den übergebenen Parametern – eine Zahlenfolge aus.
- **Hinweis:** Nützlich ist seq vor allem bei for-Schleifen in Shellskripten, wenn man automatisch eine lange Zahlenfolge durchlaufen will (siehe Beispiel aus Abschnitt 11.6.4).
- **Aufruf:** seq ERSTE_ZAHL [ABSTAND] LETZTE_ZAHL

Parameter	Wirkung
ERSTE_ZAHL	die erste Zahl der Folge
ABSTAND	Dieser Parameter ist optional: Wird er angegeben, so ist die nächste Zahl der Folge um diesen Abstand größer.
LETZTE_ZAHL	Die letzte Zahl der Folge. Bis hierhin wird gezählt.

Tabelle B.29 seq-Optionen

Das folgende Beispiel zeigt die Verwendung von seq:

```
$ seq 1 4
1
2
3
4
$ for i in `seq 1 2 9` ; do echo -n "$i " ; done
1 3 5 7 9
```

Listing B.32 seq verwenden

---

shutdown

- **Pfad:** /sbin/shutdown
- **Nutzen:** `shutdown` fährt das System herunter.
- **Hinweis:** Kann im Normalfall nur von `root` aufgerufen werden.

Parameter	Wirkung
-r ZEIT	Startet nach dem Shutdown neu. Die Angabe von ZEIT ist entweder eine Zeichenkette, die eine Uhrzeit beschreibt, oder `now`.
-h	Wie `-r`; nur wird das System nicht wieder hochgefahren, sondern angehalten.
-c	Stoppt einen bereits eingeleiteten Shutdown.
-f	überspringt einen Dateisystem-Check mit `fsck` beim nächsten Boot.
-F	Erzwingt einen Dateisystem-Check mit `fsck` beim nächsten Boot.
... Message	Als letzter Parameter kann allen anderen Parameterkombinationen noch eine Nachricht übergeben werden, die an alle eingeloggten Benutzer gesendet wird.

Tabelle B.30 shutdown-Optionen

---

sleep

- **Pfad:** /bin/sleep
- **Nutzen:** `sleep` wartet eine bestimmte Anzahl von Sekunden, bevor es sich beendet.

Parameter	Wirkung
[Sekunden]	Gibt die Zeit in Sekunden an, die gewartet werden soll.

Tabelle B.31 sleep-Optionen

sort

- **Pfad:** /bin/sort
- **Nutzen:** sort sortiert die Eingabe.
- **Hinweis:** Unter BSD und Linux verhält sich sort in der Regel unterschiedlich. Unter Linux wird direkt nach ASCII-Zeichen (inklusive Leerzeichen) sortiert, unter BSD werden Leerzeichen standardmäßig übersprungen, was zu unterschiedlichen Ergebnissen führen kann.

Parameter	Wirkung
-version	Gibt die Programmversion aus.
-help	Gibt einen Hilfstext aus.
-b	Überspringt Leerzeichen am Anfang einer Zeile.
-d	Sortiert nur nach Leerzeichen und alphanumerischen Zeichen.
-g	Sortierung nach numerischem Wert
-u	Gibt nur die erste von mehreren identischen Zeilen aus.

Tabelle B.32 sort-Optionen

Das folgende Beispiel zeigt die Verwendung von sort, um bestimmte Dateien nach ihrem Umfang in Zeilen zu sortieren:

```
$ wc -l anhg_*.tex | sort -b
...
   59 anhg_dvd.tex
   94 anhg_misc.tex
  495 anhg_install.tex
  901 anhg_loesungen.tex
 1602 anhg_komref.tex
 3151 insgesamt
```

Listing B.33 sort verwenden

split

- **Pfad:** /usr/bin/split
- **Nutzen:** split kann große Dateien in kleinere Stücke aufteilen (aufsplitten). Dazu übergibt man dem Programm zum einen die gewünschte Dateigröße und zum anderen die Datenquelle sowie das gewünschte Präfix. Als Ergebnis erhält

man mehrere Dateien mit dem Namen »Präfixaa«, »Präfixab«, »Präfixac«, ... in der angegebenen Größe.

- **Hinweis:** `split` kann sowohl existierende Dateien als auch Daten von der Standardeingabe verarbeiten. Nützlich ist dies vor allem, wenn man ein großes Archiv mit `tar` erstellt, dieses aber schon während der Erstellung in kleinere Teile aufsplitten will (siehe Beispiel). Wie Sie die gesplitteten Dateien dann wieder zusammenfügen, lesen Sie in Abschnitt 9.8.

- **Aufruf:** `split [Optionen] EINGABE PRÄFIX`

Parameter	Wirkung
-b	Legt die Größe (in Bytes) der einzelnen Dateien fest. Erlaubt sind aber auch Modifier wie »k« für Kilobyte und »m« für Megabyte. Wird dieser Parameter nicht angegeben, werden Dateien mit jeweils 60 kB erstellt.
EINGABE	Als Nächstes gibt man die aufzuteilende Datei an. Möglich ist aber auch das Lesen von der Standardeingabe, indem man »-« als Dateinamen benutzt oder den Parameter gleich ganz weglässt.
PRÄFIX	Das Präfix der zu erstellenden Dateinamen. Wird kein Präfix angegeben, wird das Präfix »x« verwendet.

Tabelle B.33 split-Parameter

Das folgende Beispiel zeigt die Verwendung von `split`, um ein Tar-Archiv gleich bei der Erstellung in mehrere gleiche Teile zu splitten:

```
$ tar -cz buch.ps | split -b 25m - buch.tar.gz.
$ du -sch buch.*
155M    buch.ps
25M     buch.tar.gz.aa
25M     buch.tar.gz.ab
25M     buch.tar.gz.ac
17M     buch.tar.gz.ad
```

Listing B.34 split verwenden

ssh

- **Pfad:** /usr/bin/ssh
- **Nutzen:** `ssh` ist der Client der Secure-Shell.
- **Hinweis:** Alle wichtigen Optionen und Informationen zu diesem Programm finden Sie in Kapitel 21.

Das folgende Beispiel zeigt die Verwendung von `ssh`, um sich auf einem entfernten Rechner einzuloggen:

```
$ ssh jploetner@somehost.xyz
Password: [...]
Last login: Sun Apr 18 15:24:41 2010 from [...]
       __    ____   ___
.--.--.--.-----.| |--.| |_
|  |  |  |  -__||  _ ||  _|  |_|  |_
|_____|_____||___||____|_____|

Welcome Back.
jploetner@web01:~$ ls
...
```

Listing B.35 ssh verwenden

---

sync

- **Pfad:** */bin/sync*
- **Nutzen:** `sync` schreibt Daten, die noch nicht auf ein Medium geschrieben wurden, auf selbiges und erwirkt dadurch eine Synchronisation zwischen Hauptspeicher und Massenspeicher.

---

tail

- **Pfad:** */bin/tail*
- **Nutzen:** `tail` zeigt die letzten Zeilen einer Datei an.
- **Hinweis:** `tail -123` und `tail -n 123` haben dieselbe Wirkung.

Parameter	Wirkung
-[n]	Gibt die letzten [n] Zeilen aus.
-n [n]	Gibt ebenfalls die letzten [n] Zeilen aus.
-f	Wartet periodisch darauf, dass neue Daten in den Input-Stream geschrieben werden, die `tail` dann ausgibt. Dieser Parameter eignet sich besonders beim Monitoring von Logfiles in einer Konsole, z. B. mit `tail -f /var/log/messages`.

Tabelle B.34 tail-Optionen

Das folgende Beispiel zeigt die Verwendung von `tail`, um sich die letzten drei Zeilen der Datei */etc/passwd* ausgeben zu lassen:

```
$ tail -n 3 /etc/passwd
jploetner:x:1000:1000:Johannes Plötner,,,:/home/jploetner:/bin/bash
couchdb:x:113:116:CouchDB Administrator,,,:/var/lib/couchdb:/bin/bash
kernoops:x:114:65534:Kernel Oops Tracking Daemon,,,:/:/bin/false
$
```

Listing B.36 tail verwenden

tar

- **Pfad:** */bin/tar*
- **Nutzen:** `tar` erzeugt (ggf. komprimierte) Archive von Dateien.
- **Hinweis:** Standardmäßig verwendet `tar` das Tape-Device. Falls man direkt auf Dateien zugreifen möchte, sollte man durch den Parameter `-f` eine Datei angeben. Unter der folgenden Tabelle finden Sie ein Beispiel, das den Nutzen dieses Parameters verdeutlicht.

Parameter	Wirkung
-c	Erzeugt ein neues Archiv.
-r	Fügt die angegebenen Dateien zu einem bestehenden Archiv hinzu.
-t	Zeigt den Inhalt eines Archivs an.
-u	Alias für `-r`
-x	Entpackt ein Archiv.
-C	Setzt das Arbeitsverzeichnis. Dadurch werden die Dateien des Archivs in das entsprechende Verzeichnis entpackt bzw. aus diesem Verzeichnis archiviert.
-f [a]	Verweist auf die Datei [a]. Wird dieser Parameter nicht verwendet, so benutzt `tar` das Tape-Device, also unter OpenBSD z. B. */dev/rst0*.
-H	Folgt symbolischen Links, die in der Kommandozeile übergeben wurden.
-h	Folgt allen symbolischen Links, die in den Dateien vorgefunden werden, die archiviert werden sollen.
-O	Erzeugt *Old-style*-Archive. Diese Archive sind nicht POSIX-konform.
-P	Lässt den führenden Slash von Pfadnamen stehen.

Tabelle B.35 tar-Optionen

Parameter	Wirkung
-v	Verbose-Modus: Es werden viele Details der Arbeit von tar ausgegeben. Entpackt man beispielsweise ein Archiv, so werden alle Dateinamen auf STDOUT geschrieben.
-X	Überspringt Mountpoints.
-Z	(De)komprimiert Archive mittels compress (Endung *.tar.Z*).
-z	(De)komprimiert Archive mittels gzip (Endung *.tar.gz*, auch *.tgz*).
-j	(De)komprimiert Archive mittels bzip2 (Endung *.tar.bz2*).

Tabelle B.35 tar-Optionen (Forts.)

```
// Fehler: tar zeigt nicht den Inhalt der Archivdatei
// an, sondern will auf das Tape-Device zugreifen.
$ tar -t woodproject.tgz
tar: Failed open to read on /dev/rst0: Permission
denied

// Folglich gibt man mit dem Parameter -f die
// gewünschte Datei explizit an, doch...
$ tar -tf woodproject.tgz
tar: Cannot identify format. Searching...
tar: Cpio file name length 5091 is out of range
tar: Invalid header, starting valid header search.
tar: Cpio file name length 54861 is out of range
tar: Cpio file name length 63245 is out of range
tar: Cpio file name length 44998 is out of range
...
...
tar: Cpio file name length 3874 is out of range
tar: Cpio file name length 18878 is out of range
tar: Cpio file name length 13728 is out of range
tar: Cpio file name length 39780 is out of range
tar: Cpio file name length 39233 is out of range
tar: Cpio file name length 42478 is out of range
tar: Cpio file name length 51708 is out of range
tar: Cpio file name length 34737 is out of range
tar: End of archive volume 1 reached

// ... da tar-Archive typischerweise durch das gzip-
// Programm komprimiert werden, muss noch die Art der
// Komprimierung an tar übergeben werden: in diesem
// Fall der Parameter -z.
```

```
$ tar -tzf woodproject.tgz
1.jpg
10.jpg
11.jpg
12.jpg
13.jpg
2.jpg
3.jpg
4.jpg
5.jpg
6.jpg
7.jpg
...
```

Listing B.37 tar verwenden

touch

- **Pfad:** */usr/bin/touch*
- **Nutzen:** touch ändert die Zugriffs- und Modifikationszeit von Dateien.
- **Hinweis:** Wird dem Befehl touch der Name einer nicht existierenden Datei übergeben, so wird diese erstellt. touch wurde mit AT&T Unix 7 eingeführt.

Parameter	Wirkung
-a	Ändert die Zugriffszeit (Access Time) der Datei.
-c	Für den Fall, dass eine Datei nicht existiert, wird sie auch nicht erstellt.
-f	Versucht, ein Update zu erzwingen, falls die Zugriffsrechte es zunächst nicht zulassen.
-m	Ändert die Modifikationszeit (*modification time*) der Datei.
-r [Datei]	Passt die Zugriffszeit der Zeit der übergebenen Datei an.
-t	Setzt die Zugriffs- und Modifikationszeit entsprechend einer Angabe der Form [[CC]YY]MMDDhhmm[.SS].

Tabelle B.36 touch-Optionen

```
$ ls -al test.txt
$ touch test.txt
$ ls -al test.txt
-rw-r--r-- 1 jploetner jploetner 0 2010-04-18 15:55 test.txt
```

Listing B.38 touch verwenden

tr

- **Pfad:** /bin/tr
- **Nutzen:** tr vertauscht Zeichen in Daten-Streams.
- **Hinweis(e):** Siehe Abschnitt 9.4 für eine ausführliche Erläuterung von tr.

Dem Kommando tr werden zwei Parameter übergeben: zum einen eine Liste der zu ersetzenden Zeichen und zum anderen eine Liste der Zeichen, die stattdessen eingesetzt werden sollen.

```
$ echo 'abca'
abca
$ echo 'abca' | tr [ab] [qt]
qtcq

$ echo 'qtcq' | tr [qtc] [QTC]
QTCQ
```

Listing B.39 tr verwenden

true

- **Pfad:** /bin/true
- **Nutzen:** true tut nichts und beendet sich mit dem Returnwert »0«. Siehe auch false.

uname

- **Pfad:** /bin/uname
- **Nutzen:** uname gibt Informationen zum Betriebssystem aus.
- **Hinweis:** Ohne Angabe eines Parameters wird das verwendete Betriebssystem angezeigt.

Parameter	Wirkung
-a	Kombination der Optionen -mnrsv
-m	Architektur des Systems
-n	Hostname
-p	Prozessorinformationen

Tabelle B.37 uname-Optionen

Parameter	Wirkung
-r	Release des Betriebssystems
-s	Name des Betriebssystems
-v	Version des Betriebssystems (unter BSD der Kernel-Name mit Nummer der Übersetzung, z. B. EYGO#0)

Tabelle B.37 uname-Optionen (Forts.)

```
$ uname -a
Linux laptop 2.6.31-20-generic #58-Ubuntu SMP Fri Mar 12 05:23:09 \
  UTC 2010 i686 GNU/Linux
```

Listing B.40 uname verwenden

---

uniq

▶ **Pfad:** */usr/bin/uniq* oder */bin/uniq*

▶ **Nutzen:** uniq filtert redundante Zeilen aus einer Eingabe.

▶ **Hinweis(e):** Da uniq redundante Zeilen nur erkennt, wenn diese direkt hintereinander stehen, muss eine Eingabe eventuell zunächst mit sort sortiert werden. Des Weiteren werden unter BSD nur die Nicht-GNU-Optionen (mit einem Strich) unterstützt.

Parameter	Wirkung
-version	Gibt die Programmversion aus.
-help	Gibt einen Hilfstext aus.
-c, -count	Zählt die Vorkommen einer Zeile und gibt diese aus.
-d, -repeated	Gibt nur mehrfach vorhandene Zeilen aus (eine Ausgabezeile pro Gruppe gleicher Eingabezeilen).
-D, -all-repeated	Gibt alle nur mehrfach vorhandenen Zeilen aus.
-f N, -N, -skip-fields=N	Überspringt die ersten N Felder.
-i, -ignore-case	Differenziert nicht zwischen Groß-/Kleinschreibung.
-s N, +N, -skip-chars=N	Die ersten N Zeichen werden nicht in den Vergleich mit einbezogen.
-u, -uniq	Gibt nur die Zeilen aus, die nicht mehrfach vorhanden sind.
-w, -check-chars=N	Vergleicht maximal N Zeichen pro Zeile.

Tabelle B.38 uniq-Optionen

```
$ cut -f 5 -d ' ' /var/log/syslog | sort | uniq -c
      2 acpid:
      2 anacron[1243]:
      4 anacron[1258]:
      2 anacron[1536]:
[...]
```
Listing B.41 uniq verwenden

---

uptime

- **Pfad:** */usr/bin/uptime*
- **Nutzen:** `uptime` gibt die Uptime des Systems aus (d. h., wie lange das System schon läuft), die Anzahl der angemeldeten Benutzer sowie die aktuelle Last.

```
$ uptime
 16:22:59 up 131 days, 20:05,  1 user,  load average: 0.00, 0.00, 0.00
```
Listing B.42 uptime verwenden

---

vi

- **Pfad:** */usr/bin/vi*
- **Nutzen:** `vi` ist ein beliebter Texteditor.
- **Hinweis(e):** Der `vi` wird ausführlich in Abschnitt 10.2 beschrieben.

---

w

- **Pfad:** */usr/bin/w*
- **Nutzen:** `w` gibt Informationen über die aktuell angemeldeten Benutzer aus.

Parameter	Wirkung
-a	Übersetzt Netzwerkadressen in Hostnamen.
-h	Gibt die Kopfzeile (Ausgabe von `uname`) nicht aus.
-i	Die Ausgabe wird nach der *Idle Time*, also der Inaktivitätszeit der Benutzer, sortiert.

Tabelle B.39 w-Optionen

Das folgende Beispiel zeigt die Verwendung von w, um die aktuell angemeldeten Benutzer auszugeben:

```
$ w
 20:46:49 up   1:04,   2 users,  load average: 0,00, 0,00, 0,00
USER      TTY       FROM      LOGIN@    IDLE    JCPU     PCPU   WHAT
jploetne  tty7      :0        19:43     ?       2:14     0.16s  gnome-session
jploetne  pts/0     :0.0      20:18     0.00s   0.30s    0.00s  w
```

Listing B.43 w verwenden

---

wc

- **Pfad:** /usr/bin/wc
- **Nutzen:** wc gibt Informationen über einen Dateiinhalt aus.

Parameter	Wirkung
-c	Zählt Bytes in einer Datei.
-l	Zählt Zeilen in einer Datei.
-m	Zählt Zeichen in jeder Datei.
-w	Zählt Wörter in einer Datei.

Tabelle B.40 wc-Optionen

Das folgende Beispiel zeigt die Verwendung von wc, um die Dateien in einem Verzeichnis zu zählen:

```
$ ls | wc -l
123
```

Listing B.44 wc verwenden

---

whatis

Siehe man.

who

- **Pfad:** /usr/bin/who
- **Nutzen:** who gibt Informationen über die aktuell angemeldeten Benutzer aus.

Parameter	Wirkung
-H	Gibt Überschriften für die tabellarische Ausgabe aus.
-m	Gibt nur Informationen über das aktuelle Terminal aus. Diese Ausgabe wird auch durch den Befehl who am i erreicht.
-q	kurzer Ausgabemodus
-T	Gibt zusätzliche Informationen darüber aus, ob ein Terminal schreibbar (+) ist oder nicht (-).
-u	Gibt für jeden Nutzer die Inaktivitätszeit an.

Tabelle B.41 who-Optionen

Das folgende Beispiel zeigt die Verwendung von who, um die aktuell angemeldeten Benutzer auszugeben:

```
$ who
jploetner tty7       2010-04-18 19:43 (:0)
jploetner pts/0      2010-04-18 20:18 (:0.0)
```

Listing B.45 w verwenden

whoami

▶ **Pfad:** */usr/bin/whoami*

▶ **Nutzen:** whoami zeigt den Namen des Benutzers an, als der man derzeit effektiv arbeitet.

Das folgende Beispiel zeigt die Verwendung von whoami:

```
# whoami
root
```

Listing B.46 w verwenden

yes

▶ **Pfad:** */usr/bin/yes*

▶ **Nutzen:** yes bestätigt Konsolenfragen periodisch mit einem »y« (yes).

▶ **Hinweis:** Wird ein Zeichen als Parameter übergeben, so wird anstelle des »y« das jeweilige Zeichen angegeben.

C X11-InputDevices

Das folgende Listing zeigt die automatisch erzeugten Konfigurationen für Spaceballs und Touchscreens. Zusätzliche Informationen finden Sie in der xorg.conf-Manpage.

Beachten Sie jedoch bei der eigenen Konfiguration, dass Sie gegebenenfalls die fettgedruckten Device-Werte an die Gerätebezeichnungen des eigenen Systems/Derivats anpassen müssen.

```
Section "InputDevice"
   Identifier   "Mouse2"
   Driver       "mouse"
   Option       "Protocol"      "MouseMan"
   Option       "Device"        "/dev/mouse2"
EndSection

Section "InputDevice"
   Identifier "spaceball"
   Driver     "magellan"
   Option     "Device"          "/dev/cua0"
EndSection

Section "InputDevice"
   Identifier "spaceball2"
   Driver     "spaceorb"
   Option     "Device"          "/dev/cua0"
EndSection

Section "InputDevice"
   Identifier "touchscreen0"
   Driver     "microtouch"
   Option     "Device"          "/dev/ttyS0"
   Option     "MinX"            "1412"
   Option     "MaxX"            "15184"
   Option     "MinY"            "15372"
   Option     "MaxY"            "1230"
   Option     "ScreenNumber"    "0"
   Option     "ReportingMode"   "Scaled"
   Option     "ButtonNumber"    "1"
   Option     "SendCoreEvents"
EndSection
```

```
Section "InputDevice"
   Identifier "touchscreen1"
   Driver     "elo2300"
   Option     "Device"           "/dev/ttyS0"
   Option     "MinX"             "231"
   Option     "MaxX"             "3868"
   Option     "MinY"             "3858"
   Option     "MaxY"             "272"
   Option     "ScreenNumber"     "0"
   Option     "ReportingMode"    "Scaled"
   Option     "ButtonThreshold"         "17"
   Option     "ButtonNumber"     "1"
   Option     "SendCoreEvents"
EndSection
```

Listing C.1 xorg.conf

D MBR

```
0000  fa e8 42 00 7b 01 4c 49 4c 4f 01 00 16 01 00 00
0010  00 00 00 00 57 b9 e5 01 91 00 00 00 ff ff c0 69
0020  e0 c0 02 bc 69 e0 c0 02 bd 69 e0 c0 02 be 69 e0
0030  c0 02 bb 69 e0 c0 02 01 c2 69 e0 c0 02 cf e1 e0
0040  cb 02 00 00 00 00 58 8c cf c1 e8 04 01 f8 8e d0
0050  bc 00 08 fb 52 53 06 56 fc 8e d8 8e c0 b0 0d e8
0060  83 00 b0 0a e8 7e 00 b0 4c e8 79 00 be 3d 00 bb
0070  00 02 53 e8 1a 00 5e cd 12 c1 e0 06 2d 20 03 50
0080  07 31 db e8 0a 00 75 fb b0 49 e8 58 00 06 53 cb
0090  ad 91 ac a8 60 75 0f 4e ad 89 c2 09 c8 74 26 ac
00a0  b4 02 cd 13 eb 1a 92 ad f6 c2 20 75 02 30 e4 97
00b0  f6 c2 10 74 08 03 0e 10 00 13 3e 12 00 e8 2e 00
00c0  72 04 80 c7 02 c3 b0 20 e8 1a 00 e8 07 00 31 c0
00d0  cd 13 58 eb 97 c1 c0 04 e8 03 00 c1 c0 04 24 0f
00e0  27 04 f0 14 40 50 30 ff b4 0e cd 10 58 c3 56 51
00f0  53 88 d3 80 e2 8f f6 c3 20 74 2e bb aa 55 b8 00
0100  41 cd 13 72 24 81 fb 55 aa 75 1e f6 c1 01 74 19
0110  5b 59 66 6a 00 57 51 06 53 6a 01 6a 10 89 e6 b8
0120  00 42 cd 13 8d 64 10 eb 45 5b 59 53 52 57 51 06
0130  b4 08 cd 13 07 72 39 51 c0 e9 06 86 e9 89 cf 59
0140  c1 ea 08 92 40 83 e1 3f f7 e1 96 58 5a 39 f2 73
0150  23 f7 f6 39 f8 77 1d c0 e4 06 86 e0 92 f6 f1 fe
0160  c4 00 e2 89 d1 5a 5b 86 f0 b8 01 02 cd 13 eb 09
0170  59 5f eb 02 b4 40 5a 5b f9 5e c3 00 00 00 00 00
0180  00 00 00 00 00 00 00 00 00 00 00 00 00 00 00 00
0190  00 00 00 00 00 00 00 00 00 00 00 00 00 00 00 00
01a0  00 00 00 00 00 00 00 00 00 00 00 00 00 00 00 00
01b0  00 00 00 00 00 00 48 6e 0f 81 b1 37 00 00 00 01
01c0  01 00 83 fe ff ff 3f 00 00 00 34 0a 80 02 80 fe
01d0  ff ff 83 fe ff ff 73 0a 80 02 73 0a 80 02 00 fe
01e0  ff ff 83 fe ff ff e6 14 00 05 97 24 40 04 00 fe
01f0  ff ff 82 fe ff ff 7d 39 40 09 44 ab 10 00 55 aa
```

Listing D.1 Ein MBR, hexadezimal dargestellt

E Buch-DVDs

Die diesem Buch beiliegenden DVDs beinhalten verschiedene interessante Dinge, mit denen der Verlag und wir Ihnen hoffentlich eine kleine Freude bereiten können.

Zunächst einmal sind diese DVDs bootfähig und enthalten einige Linux-Distributionen sowie das Betriebssystem OpenBSD. Sie können alle diese Systeme direkt von den DVDs installieren und die Distributionen openSUSE und Fedora sogar direkt starten.[1]

Multiboot DVDs

Wir hoffen, dass die DVDs den Ansprüchen sowohl von Einsteigern als auch von fortgeschrittenen Benutzern gerecht werden, und wünschen Ihnen viel Spaß beim Erkunden dieser Medien.

E.1 Was befindet sich auf welcher DVD?

DVD 1:

- **Ubuntu 11.04 x86** – eine besonders bei Einsteigern beliebte Distribution (basiert auf Debian) mit GNOME und Unity
- **openSUSE 11.4 x86 (KDE Live)** – eine ebenfalls besonders bei Einsteigern beliebte Distribution
- **Fedora 15 x86 (GNOME Live)** – für Einsteiger, die GNOME direkt von der DVD aus testen möchten
- **Openbooks** – die Openbooks zu »C von A bis Z«, »Shell-Programmierung« und »Linux-UNIX-Programmierung« von Jürgen Wolf finden Sie im Verzeichnis *openbooks*.

DVD 2:

- **Slackware Linux 13.37 x86** – die älteste noch existierende Linux-Distribution mit KDE und diversen Window-Managern (die DVD enthält eine Kombination der Inhalte der drei Installations-CDs ohne Quellen-CDs).
- **OpenBSD 4.9 i386** – ein sehr sicheres BSD-Derivat

---

[1] Mit Fedora-Live und openSUSE-Live stehen Ihnen zwei direkt von DVD lauffähige Linux-Systeme zur Verfügung, die Sie verwenden können, ohne eine Installation durchführen zu müssen. Beide Distributionen eigenen sich daher besonders, um die grafischen Oberflächen anzutesten.

E.2 Benutzung der DVDs

Die auf den DVDs enthaltenen Distributionen sowie OpenBSD lassen sich, wie bei Betriebssystemen üblich, nicht innerhalb eines bestehenden Betriebssystems starten. Sie müssen die DVD daher entweder unmittelbar nach dem Einschalten des Rechners in Ihr DVD-Laufwerk einlegen oder vor einem Neustart eingelegt lassen, so dass der Rechner sie vor dem Hochfahren des Betriebssystems lesen kann.

Alternativ können Sie die DVD auch innerhalb einer virtuellen Maschine wie VirtualBox, VMware oder QEMU starten.

Wenn die DVD nicht bootet

Für den Fall, dass die DVD nicht gebootet wird, muss in der Regel die Bootreihenfolge der Laufwerke im BIOS des Computers abgeändert werden. Die Reihenfolge muss so eingestellt werden, dass das DVD-Laufwerk *vor* der Festplatte gebootet wird – andernfalls würde das bereits installierte Betriebssystem gestartet.

Die Veränderung der BIOS-Einstellung lässt sich jederzeit rückgängig machen. Zudem wird Ihr installiertes Betriebssystem automatisch gestartet, wenn keine bootbare DVD im Laufwerk liegt.

F Glossar

Account Ein Benutzerkonto auf einem UNIX-System. Es besteht mindestens aus dem Paar Benutzername/Benutzer-ID, auch bezeichnet als Login und UID.

ARP Das Address Resolution Protocol (kurz ARP) wird für die Identifikation der Netzwerkschnittstellen in einem Ethernet-Netzwerk eingesetzt.

BSD (Berkeley Software Distribution) Familie von meist freien Unix-Derivaten wie FreeBSD, OpenBSD oder NetBSD.

C ist die Programmiersprache, in der der plattformunabhängige Anteil des Linux-Kernels und ein Großteil der Applikationen entwickelt wurden.

CLI (Command Line Interface). Ein Programm, das dem Benutzer die Möglichkeit bietet, dem Betriebssystem Anweisungen zu erteilen. Unter Linux findet sich das CLI in Form der verschiedenen Shell-Implementierungen wieder.

Compiler Ein Compiler dient zur Erstellung von Programmen, genauer, zur Übersetzung von Quelltext in Objektdateien.

CPU (Central Processing Unit). Der primäre Mikroprozessor.

Dämonprozesse Prozesse, die im Hintergrund ablaufen und in den meisten Fällen spezielle Dienste verrichten.

Device Eine Geräteschnittstelle, die unter Linux als *Gerätedatei* im virtuellen Dateisystem vorhanden ist. Diese Dateien liegen unterhalb des Verzeichnisses */dev*.

ext2/ext3/ext4 Die primär unter Linux eingesetzten Dateisysteme. Das neuere ext3 unterstützt dabei, im Gegensatz zu ext2, Journaling, ist aber abwärtskompatibel. Man kann mit einem ext2-Treiber also immer noch auf eine ext3-Partition zugreifen. ext4 ist eine Weiterentwicklung von ext3.

FIFO (First-In-First-Out). Eine FIFO ist eine Warteschlange. In sie werden Daten hineingeschrieben, die in derselben Reihenfolge wieder ausgelesen werden müssen.

Firewall Ein Rechner, der das lokale Netz vor Angriffen aus dem Internet schützt.

FQDN (Fully Qualified Domain Name). Der volle Domainname eines Systems, bestehend aus Hostname und Domäne.

FTP (File Transfer Protocol). Ein Protokoll für die Kommunikation mit Dateiservern.

GPL (GNU General Public License). Lizenz, unter der Linux und viele andere freie Software vertrieben wird.

HTTP (HyperText Transfer Protocol). Ein Protokoll, das die Interaktion mit Webservern beschreibt.

Interpreter Ein Interpreter führt ein in einer Programmiersprache geschriebenes Skript aus, ohne dass es vorher explizit kompiliert werden müsste.

IPC (Inter Process Communication). Die Interprozesskommunikation regelt den Datenaustausch zwischen unterschiedlichen Prozessen. Möglichkeiten für IPC sind zum Beispiel Pipes, FIFOs oder Shared Memory.

ISO 9660 Dieser Standard beschreibt ein Dateisystem für CD-ROMs und DVDs. Typische Merkmale des Standards sind zum Beispiel Beschränkungen in der Länge von Dateinamen. Außerdem gibt es keine Informationen zu Dateieigentümern und Rechten.

Journaling Bei Journaling-Dateisystemen wird jede Transaktion protokolliert, so dass nach einem Crash die oft aufwendige Reparatur des Dateisystems entfallen kann.

Kernel Der Kernel ist die Kernkomponente des Betriebssystems und für wichtige Aufgaben wie die Prozess- und Speicherverwaltung oder die Hardwareunterstützung zuständig.

Kernel-Modul Ladbare Kernel-Module (LKM) sind dynamisch in den Kernel integrierbare Komponenten, die oft einen Treibercode zur Verfügung stellen. Dank solcher LKMs kann oftmals auf die Rekompilierung des Kernels verzichtet werden.

Kernelspace Speicherbereich im RAM für den Kernel und alle Kernel-Module, wie beispielsweise Hardwaretreiber.

LKM (Ladbares Kernel-Modul). Siehe *Kernel-Modul*.

Multitasking Mehrprozessfähigkeit. Es können mehrere Programme parallel ausgeführt werden.

Multiuser Mehrbenutzerfähigkeit

NFS Das NFS ermöglicht es, Dateifreigaben eines NFS-Servers zu mounten.

NNTP Network News Transfer Protocol. Das Protokoll, das im Usenet verwendet wird.

Open Source Bewegung zur Förderung freier Software. Freie Software definiert sich durch ihre freie Nutzung sowie durch die Verfügbarkeit der Quelltexte.

Proxyserver Ein Proxyserver ist ein Rechner zwischen vielen Clients und einem Server. Im Allgemeinen hat er die Aufgabe, Anfragen zu puffern, damit der Server nicht überlastet wird.

Prozess Ein Prozess repräsentiert unter Linux idealerweise ein laufendes Programm. Hierzu gehört neben dem auszuführenden Programmcode auch eine Umgebung, die unter anderem Shellvariablen und Ähnliches enthält.

Pseudo-Dateisystem Ein Dateisystem, das in der Regel in den Hauptspeicher ausgelagert wird und über eine Pseudo-Schnittstelle zu benutzen ist. Beispiele hierfür sind `procfs` und `swapfs`.

Quotas Speicherplatzbegrenzung für Benutzer

RAM (Random Access Memory). Der Hauptspeicher.

ReiserFS Ein weiteres wichtiges Journaling-Dateisystem.

ROM (Read Only Memory). Ein Speicher, der in der Regel nur einmal beschrieben wird und beispielsweise für die Unterbringung des BIOS auf dem Mainboard installiert ist.

SMB Ein Protokoll für Dateifreigaben in einem Netzwerk, das hauptsächlich in der Windows-Welt genutzt wird.

SMTP (Simple Mail Transfer Protocol). Das Standardprotokoll, um E-Mails zu verschicken.

Subshell Eine Subshell wird aus einer bereits aktiven Shell gestartet. Der Einsatz einer Subshell ist sinnvoll, wenn es darum geht, Werte für einen gewissen Zeitraum zu verändern und anschließend in den Ursprungszustand zurückzukehren. Variablenänderungen in der Subshell haben keinen Einfluss auf die Hauptshell.

Swap Auf die Festplatte ausgelagerter Hauptspeicher

Syscall Ein System-Call, also ein Aufruf von speziellen Kernel-Funktionen durch ein Programm, das im Userspace läuft.

TCP/IP (Transmission Control Protocol/Internet Protocol). Die TCP/IP-Protokollfamilie beinhaltet eine Reihe wichtiger Protokolle zur Netzwerkkommunikation.

Userspace Speicherbereich im RAM, der für alle Programme und Daten genutzt wird, die nichts direkt mit dem Kernel zu tun haben. Diese Programme haben damit keinen Zugriff auf den Speicherbereich des Kernels.

VFS (Virtual File System). Das virtuelle Dateisystem stellt das Grundsystem zur Dateisystemverwaltung dar. Alle anderen Dateisysteme werden an sogenannten Mountpoints integriert und sind somit transparent für den Benutzer.

WLAN (Wireless LAN). Stellt Netzwerke über Funkverbindungen her.

X11 Das X-Window-System 11 Release 7 (X11R7) stellt eine grafische Oberfläche für Unix-Systeme bereit.

Zombie-Prozess Ein Prozess, der bereits beendet ist, aber trotzdem noch im Speicher vorgehalten wird. Der Elternprozess kann so später immer noch das versäumte Auswerten des Rückgabestatus des Zombies vornehmen.

G Literatur

Dieses Literaturverzeichnis beinhaltet eine kleine Auswahl empfehlenswerter Bücher und Texte zu weiterführenden Themen im Kontext des Buchthemas.

AhWeKeA: A. V. Aho, B. W. Kernighan, P. J. Weinberger: Awk – A Pattern Scanning and Processing Language, 2nd Edition. *Unter OpenBSD zu finden in /usr/share/doc/usd/16.awk.*

AhWeKe88A: A. V. Aho, B. W. Kernighan, P. J. Weinberger: The AWK Programming Language, Addison-Wesley, 1988.

Barber00A: S. Barber: Common NNTP Extensions (RFC 2980), Adam Consulting Service, 10/2000.

BorDel02A: Olaf Borkner-Delcarlo: GUI-Programmierung mit Qt, Hanser Fachbuchverlag, 06/2002.

BovetMacro02A: Daniel P. Bovet, Marco Cesati: Understanding the Linux Kernel, 2nd Edition, O'Reilly, 12/2002.

Bud05A: Frank Budszuhn: CVS, 2. Auflage, Galileo Press, 2005.

Bud05B: Frank Budszuhn: Subversion 1.5, 3., aktualisierte und erweiterte Auflage, Galileo Press, 2009.

FarVen04A: Dan Farmer, Wietse Venema: Forensic Discovery, Addison-Wesley Professional Computing Series, 12/2004.

FHS: Filesystem Hierarchy Standard, *http://www.pathname.com/fhs/.*

Hamb95A: S. Hambridge: Request For Comments: 1855 – Netiquette Guidelines, Intel Corporation, 10/1995.

Harris02: J. Archer Harris: Betriebssysteme. 330 praxisnahe Übungen mit Lösungen, 1. Auflage, MITP, 2003.

Hem11: Patrick Hemmen: Erweitertes RC-System von OpenBSD, FreiesMagazin, Ausgabe November 2011.

HenMrks00A: Sandra Henry-Stocker, Evan R. Marks: Solaris Solutions for System Administrators, Wiley, 2000.

Herold99A: Helmut Herold: Linux-Unix Systemprogrammierung, 2. Auflage, Addison-Wesley, 1999.

Herold03A: Helmut Herold: awk & sed. Die Profitools zur Dateibearbeitung und -editierung, Addison-Wesley, 2003.

Herold03B: Helmut Herold: lex & yacc. Die Profitools zur lexikalischen und syntaktischen Textanalyse, Addison-Wesley, 2003.

Hertzog02A: Ute Hertzog: Solaris Systemadministration in 21 Tagen, Markt und Technik, 2002.

HorAda87: M. Horton, R. Adams: RFC 1036 - Standard for interchange of USENET messages, Network Working Group, 12/1987.

Huges94A: Phil Hughes: Interview with Patrick Volkerding, Linux Journal, 1. April 1994.

Huges94B: Phil Hughes: Slackware 2.0 Released, Linux Journal, 1. August 1994.

Hunt00A: Craig Hunt: TCP/IP Netzwerk-Administration, 2. Auflage, O'Reilly, 12/2000.

JoyA: William Joy: An Introduction to the C shell, Department of Electrical Engineering and Computer Science (University of California, Berkley). *Unter OpenBSD zu finden in /usr/share/doc/usd/04.csh.*

KanLaps86A: Brian Kantor, Phil Lapsley: Network News Transfer Protocol. A Proposed Standard for the Stream-Based Transmission of News (RFC 977), Network Working Group, 02/1986.

KirDaw01A: Olaf Kirch, Terry Dawson: Linux – Wegweiser für Netzwerker, 2. Auflage, O'Reilly, 06/2001.

Lloyd92A: B. Lloyd, L&A, W. Simpson, Daydreamer: RFC 1334 – PPP Authentication Protocols, Network Working Group, 10/1992.

Lot87A: M. Lottor, SRI International: RFC 1033 – Domain Administrators Operations Guide, Network Working Group, 11/1987.

Love05A: Robert Love: Linux Kernel-Handbuch. Leitfaden zu Design und Implementierung von Kernel 2.6, Addison Wesley, 2005.

MarKuJoy84A: M. K. McKusick, W. Joy, S. J. Leffler, R. S. Fabry: A Fast Filesystem for UNIX, Computer Systems Research Group, Berkley 02/1984.

Nied05: Elke und Michael Niedermair: LaTeX. Das Praxisbuch, 2. Auflage, Franzis Verlag GmbH, 2005.

Postel83A: Postel, J.: Quote of the Day Protocol, 05/1983.

PloeWend07A: Johannes Plötner, Steffen Wendzel: Praxisbuch Netzwerk-Sicherheit, 2. Auflage, Galileo Press, 2007.

Pember92A: Bill Pemberton: The Elm Users Guide. A painless introduction to electronic mail using the Elm mail system, 10/1992. *Zu finden unter www.instinct.org/elm/.*

Robbins99A: Arnold Robbins: vi Editor kurz und gut, O'Reilly, 1999.

Robbins02A: Arnold Robbins: sed & awk kurz und gut, O'Reilly, 2002.

Robbins05A: Arnold Robbins: GDB kurz und gut, O'Reilly, 2005.

Schoen08A: Uwe Schöning: Ideen der Informatik. Grundlegende Modelle und Konzepte der Theoretischen Informatik, 3. Auflage, Oldenbourg Verlag, 2008.

Shoens94A: Kurt Shoens: Mail Reference Manual, Version 5.5, 09/1994.

Steph99A: Peter Stephenson: A User's Guide to the Z-Shell, 1999. *Zu finden unter http://zsh.sunsite.dk/Guide/.*

Stevens00A: W. Richard Stevens: Programmieren von UNIX-Netzwerken, 2. Auflage, Carl Hanser Verlag, 2000.

Stoll89: C. Stoll: Kuckucksei, Krueger-Verlag, 1989. *Eine aktualisierte Neuausgabe erschien 1998 im Fischer Taschenbuch Verlag.*

TanVanSt07: Andrew Tanenbaum, Maarten van Steen: Verteilte Systeme. Grundlagen und Paradigmen, 2. Auflage, Pearson Studium, 2007.

Torvalds02: Linus Torvalds: Just for fun, DTV, Dezember 2002.

TravA: Simon Travaglia: The Bastard Operator from Hell. *Diese Publikation ist frei verfügbar unter groups.uni-paderborn.de/cc/bofh/.*

VDLinden01A: Peter van der Linden: Expert C Programming. Deep C Secrets, Prentice Hall PTR, 1994.

VoReJo97A: P. Volkerding, K. Reichard, E. Johnson: Linux Konfiguration und Installation, 2. Auflage, Prentice Hall, 1997.

WaEv98A: Kevin Washburn, Jim Evans: TCP/IP – Aufbau und Betrieb eines TCP/IP Netzes, 2. Auflage, Addison-Wesley, 1998.

Wendzel03A: Steffen Wendzel: Das Allroundgenie Z-Shell, FreeX, 06/2003.

Wendzel03B: Steffen Wendzel: systl in OpenBSD, FreeX, 05/2003.

WendPloe10: Steffen Wendzel, Johannes Plötner: Einstieg in Linux, 4. Auflage, Galileo Press, 2010.

Wielsch99A: Michael Wielsch: Das Computertaschenbuch Linux, 4. Auflage, Data Becker, 1999.

Will02: Arnold Willemer: Wie werde ich UNIX-Guru?, 1. Auflage, Galileo Press, 2003.

Wolf06A: Jürgen Wolf: Linux-UNIX-Programmierung, 3. Auflage, Galileo Press, 2009.

Wolf06B: Jürgen Wolf: C von A bis Z, 3. Auflage, Galileo Press, 2009.

Wong00A: Clinton Wong: HTTP kurz und gut, O'Reilly, 2000.

WrightStevens94A: Gary R. Wright, W. Richard Stevens: TCP/IP Illustrated Volume 2 – The Implementation, Addison-Wesley, 1995.

Index

(()) 338
*) 345
-FSpot 748
. 222
.. 223
./configure 451
.bmp 744
.class-Datei 932
.exrc 322
.fvwm2rc 724
.gif 744
.jpg 744
.pcx 744
.pdf 744
.png 744
.ps 744
.rhosts 675
.shosts 675
.swf 101
.tga 744
.tiff 744
.xcf 744
.xinitrc 715, 724
.xpm 744
.xsession 707
/bin/ 185
/bin/bash 337
/bin/csh 211
/bin/echo 224
/bin/false 209
/bin/jsh 211
/bin/sh 208, 210
/boot/ 185
/dev 129, 166, 185
/dev/console 842
/dev/dsp 759
/dev/hda 191
/dev/sda 191
/etc/ 185
/etc/adduser.conf 385
/etc/aliases 627
/etc/apt/sources.list 428
/etc/cron.d 455
/etc/cron.daily 455
/etc/cron.monthly 455
/etc/cron.weekly 455

/etc/crontab 455
/etc/default 383
/etc/dhcp.conf 591
/etc/domainname 402
/etc/exports 599
/etc/fstab 172, 423, 473, 896
/etc/group 391, 395
/etc/gshadow 392, 393
/etc/hosts 524
/etc/hosts.allow 586
/etc/hosts.deny 586
/etc/inittab 843
/etc/ldap/slapd.conf 405
/etc/localtime 510
/etc/logrotate.conf 471
/etc/master.passwd 857
/etc/modprobe.conf 501, 502
/etc/modprobe.d 501, 502
/etc/modules 501
/etc/netstart 850
/etc/networks 525
/etc/nsswitch.conf 411, 527
/etc/passwd 379, 382, 385, 857, 1180
/etc/ppp/ 552
/etc/ppp/options 549
/etc/ppp/pap-secrets 552
/etc/rc 849
/etc/rc.conf 849
/etc/resolv.conf 526
/etc/samba/smb.conf 606
/etc/securelevel 852
/etc/services 673
/etc/shadow 380, 387, 857
/etc/shells 213
/etc/skel 384
/etc/ssh/sshd_config 673
/etc/sudoers 398, 399
/etc/syslog.conf 468
/home/ 185
/lib/ 185
/mnt/ 185
/opt 185
/proc/ 186
/proc/swaps 873
/root/ 186
/sbin/ 186

/sbin/lilo 835, 837
/sbin/nologin 209
/tmp/ 186, 421
/usr/ 186
/var/ 187
/var/adm 1111
/var/log 1111
/var/log/Xorg.log 464
/var/log/messages 461, 469
/var/log/wtmp 462, 846, 859
/var/run/utmp 463, 846
/var/spool/cron/crontabs/ 455
; 218
;; 345
<= 343
== 343
=> 343
?-Operator 1015
[] 338
#define 1026
#error 1030
#if 1027
#include 1028
#pragma 1030
#undef 1027
$ 229
$* 229
$0 229
$? 229, 356
$HOME 224, 229, 857
$LOGNAME 229, 857
$MAIL 857
$ORIGIN 659
$PATH 217, 229, 857
$PS1 229
$PWD 229
$RPS1 229
$SHELL 857
$TERM 305
$TTL 659
$$ 229
% (awk-Modulo) 273
&= 337
&& 218
^= 337
\ 219
<n 337
>>n 337
~ 223
~- 223

~/.ssh/authorized_keys 680
~/.ssh/config 682
~/.ssh/id_rsa 679
~/.ssh/id_rsa.pub 679
10base2 520
10baseT 520
1BSD 51
2BSD 51

A

a.out 928
AAAA 660
AbiWord 720
Abstraktion 128
Abweichungen 426
Account 1249
acd0 193
ACL 423
　abfragen 425
　Arbeitsweise 424
　setzen 424
ad0 193
addgroup 392
adduser 383
Adobe 771
Adressen 1032
Adressraum 133, 153
　Betriebssystem 161
　Codesegment 154
　Heap 157
ADSL 553
AfterStep 723
agetty 855, 856
AIX
　Partition 829
alias 221, 1203
Alias (C-Shell) 366
Alias-Check 220
alien 440
ALSA 761, 762
Anführungszeichen 233
Anjuta 953
Anonymität 1102
Anwahlskript 552
Apache
　access.log 640
　apache2.conf 632
　apache2ctl 638
　error.log 640

    Geschichte 632
    Logdatei 640
    Module 640
    PHP 640
    PHP-Support 648
    usermdir 1187
    Virtual Host 636
    VirtualHost 1189
apache 631
apache2ctl 638
AppArmor 1116
apple2 911
Application Layer 516
apropos 202, 1203
APT 428
apt-cache 431
apt-get 428
aptitude 433
Arbeitsverzeichnis 194
Archiv 487
ARP 541, 1249
arp 541
ARP-Cache 541
ARPANET 51
Array 339, 1035, 1049
    Elementanzahl 340
    Elemente löschen 341
Array (C-Shell) 364
aRts 763
as 934
ash 211
Assembler 120, 934
Asymmetrische Verschlüsselung 672
at 458
AT&T 49, 50
atari800 911
Athena-Projekt 687
ATI 702
atq 460
atrm 460
ATTEMPT 587
audacious 763
Audio 758
Ausgabeumlenkung 235
Ausloggen 858
authorized_keys 681
Autoconf 960
Automake 960
Automatisierung 454
    at 458

    Cronjob 454
    Skripts 454
awk 264, 1204
    % 273
    Anweisung 267
    Anweisungsblock 267
    ARGC 275
    ARGV 276
    Array 279
    assoziatives Array 280
    atan2() 291
    bedingte Anweisung 281
    BEGIN 268
    break 286
    Builtin-Funktion 291
    continue 286
    CONVFMT 276
    cos() 291
    delete 281
    do-while 287
    else 284
    END 268
    ENVIRON 276
    exit 292
    exp() 291
    FILENAME 276
    FNR 276
    for 288
    FS 277
    Funktionen 289
    if 281
    in 280
    int() 291
    Interpreter 264
    Interpreter-Variable 275
    Kommentar 270
    log() 291
    Modulo 273
    next 292
    NF 277
    NR 277
    OFMT 278
    OFS 278
    ORS 278
    rand() 291
    return 290
    RLENGTH 278
    RS 279
    RSTART 279
    Schleifen 284

sin() 291
sqrt() 291
srand() 291
String-Funktion 291
SUBSEP 279
Variable 271
Vergleichsoperator 282
while 284
Zeilenumbruch 270

B

Backticks 233
Backup 487
   Strategie 1071
Base 101
bash 212, 335
   Autovervollständigung 245
   Programmierung 335
   Skripte 335
Basilisk II 911
Batch-Job 460
Bayes-Filter 618
bc 306, 339, 1204
   scale 307
BCPL 49
Bedingte Anweisung 341
Bedingungen (C-Shell) 368
Befehl
   Suche 243
   Suche (besser) 244
   Teilersetzung 244
   vorheriger 243
Befehlsregister 115
Befehlssatz 114
Bell Labs 49, 50
Benevolent Dictator for Life 55
BeOS, Partition 830
bg 796
BibTex 754
Bildbetrachter 747
BIND
   Caching 658
   forwarders 658
   Konfiguration 657
   Master Server 658
   named.conf 657
   Slave-Server 658
   Zones 658
BIOS 828

bison 964
BitchX 573
Bitweiser Operator 1005
Blackbox 725
Blacklist 618
blkid 191
Block 865
Bochs 901
boot 843
Bootcode 828
Bootdisk 56
Bootflag 892
Bootloader 68
Bootmanager 830
Bootskripte 847
Bootstrap 127, 181, 827
bootwait 843
Boson 788
Bourne-Again-Shell 212
Bourne-Shell 208, 210
BPMN 745
Brüche (LaTeX) 737
Branch 1022
break 352, 1014
breaksw 371
Browser 103, 558, 564
   Bookmark 105
   Lesezeichen 105
   Tab 105
   Webseite durchsuchen 105
   Websuche 104
Brutal Chess 787
BSD 46, 1249
BSD-Lizenz 59
BSDi, Dateisystem 830
BSI 1070
btrfs 867
Bugfix 769
Bugs 946
bzcat 491
bzip2 490

C

C 50, 928, 989, 1249
C (Programmiersprache)
   – 1003
   ?-Operator 1015
   übersetzen 992
   #define 1026

#error 1030
#if 1027
#ifdef 1027
#include 1028
#pragma 1030
#undef 1027
Adresse 1032
Array 1035
bedingte Anweisung 1010
bitweiser Operator 1005
break 1014
case 1014
char 998
Datei 1041
Datentyp 994
Deklaration 994
Dekrement 1003
do-while 1019
double 1000
Einerkomplement 1007
Endlosschleife 1021
fclose() 1044
Felder 1035
FILE 1043
float 1000
fopen() 1043
for 1020
Formatstring 995
fread() 1045
fscanf() 1042
Funktion 1023
Funktionsparameter 1023
fwrite() 1046
goto 1022
Hello, World 991
Hexwerte 997
if 1011
Initialisierung 994
Inkrement 1003
int 996
Klammern 1002
Kommentar 993
logisches ODER 1006
logisches UND 1006
long 999
long double 1000
Modulo 1003
Nachkommastellen 1002
Oktalwert 997
Operator 1001
Operatortabelle 1009
Pointer 1032
Präprozessor 1025
printf() 995
Rückgabewert 1024
Rechnung 1001
scanf() 1041
Schleife 1016
Shift 1005
short 999
signed 996
sizeof 1008
strcpy() 1040
String 1039
strncpy() 1041
struct 1037
Struktur 1037
switch 1014
unsigned 996
Variable 994
Variablennamen 994
Vergleichsoperatoren 1010
Vorrang 1002
while 1016
XOR 1007
Zeichenkette 1039
Zeiger 1032
C++ 928, 1003
C-Shell 211
CA.sh 1098
Cache 117
  L1-Cache 117
  L2-Cache 118
  L3-Cache 118
cal 1204
Calc 98
Call by Reference 1034
Call Graph 944
case 344, 1014
case (C-Shell) 371
cat 336
Catch-all 1077
cd 194, 1205
cd0 193
cdrecord 749
Cedega 902
cfdisk 70, 890, 892
CHAP 547
char 998
Chargen (Dienst) 590

1261

chat-Skript 550
cheese 775
chgrp 419
CHM-Datei 747
chmod 336, 416, 417, 421, 422
chown 418
chroot 1114
chsh 210
CIFS 877
ClamAV 617
CLI 1249
Client 179, 557
Clinton, Bill 50
clisp 934
Codec 767, 768
coldfire 911
colrm 295
column 294
Common Lisp 934
comp 574
Compiler 124, 927, 1249
Completely Fair Scheduler 142
compress 490, 1206
configure 451
CONSOLE (Variable) 846
Container 900
Copy-on-Write 140
Coredump 937
coreutils 425
Covert Channel 1101
Cox, Alan 55
cp 1206
CPAN 1048
CPU 114, 1249
create() 172
cron 454
Cronjob 454
crontab 454, 455
   HOME 458
   MAILTO 458
   PATH 458
   SHELL 458
CrossOver 904
csh 211
   Alias 366
   Array 364
   Ausgabeumlenkung 363
   Bedingungen 368
   Berechnungen 370
   breaksw 371

case 371
echo 362
Eingabeumlenkung 363
endsw 371
foreach 370
if 367
Kommentar 362
Pipe 363
Programmierung 361
set 364, 365, 372
Skript 361
switch 371
unset 365
Variablen 364
Werte einlesen 372
while 369
ctrlaltdel 844
CUPS 776
   Konfiguration 778
cut 297
cvs 974
   commit 975
   delete 976
   log 977
   up 976
CVS_RSH 974
CVSROOT 974

D

Dämonprozess 794, 1249
da0 193
dash 211
Datagramm 516, 585
date 199, 509, 510, 1207
Datei
   spalten 303
   temporär 357
Dateigröße anzeigen 481
Dateioperation 1041
Dateisuche 300
Dateisystem 474, 863
   überprüfen 895
   erzeugen 870
   formatieren 893
   Parameter ändern 894
Dateityp 198, 877
Datenbank 641
Daytime (Dienst) 589
dd 873

DDD 936, 940
DEB-Format 427
Debian 56
　stable 56
　testing 56
　unstable 56
Debugging 936
Default Deny 1076
Default Gateway 531
Dekrement 1003
delgroup 397
deluser 390
depmod 499
Derivat 46
Deskriptor 126, 234
Desktop 704, 713
DeSmuME 911
devfs 166, 875
Device 1249
df 482
dgen 912
dgram 585
dhclient 524, 594
DHCP 523, 591
　Client 593
dhcp-client 523, 524, 594
dhcpd 591
　dhcpd.conf 591
　routers 592
　subnet-mask 592
　Vergabezeit 592
Dia 745
dict 751
dictd 751
Dienst 583, 588
　Chargen 590
　Daytime 589
　DHCP 591
　Discard 589
　Echo 589
　Finger 590
　Netstat 589
　QotD 590
　Standarddienst 588
　Systat 589
　Time 589
dig 667, 1208
digiKam 748
Digitalkamera 896
dip 550

disabled 587
Discard (Dienst) 589
DISPLAY 690
distfiles 447
Distribution 46
DivX 767
djbdns 661
DMA-Controller 116
dmesg 1209
DNAT 1078
DNS 1102
　AAAA 660
　Lookup 663
　MX 660
　NS 660
　PTR 660
　Query 663
　Server 657
　Tools 663
　TTL 659
　TXT 660
dnscache 661
dnscache-conf 662
do-while 1019
Dock-Apps 723
documentclass 730
Dolphin 88, 717
Dom0 914
Domainname 402
DomU 914
DoS 587
dos2unix 510
DOSBox 909
DOSbox 909
DOSEmu 909
double 1000
dpkg 436
Draw 100, 745
DSL 553
dsniff 1164
du 481
Dual-Head 707
DVD Ländercode 767
DVI-Datei 746

E

E-Mail 613
　Server 613
echo 224, 225, 336, 585

echo (C-Shell) 362
Echo (Dienst) 589
Eclipse 953
EcryptFS 876
ed 328
Editor 313
   bildschirmorientiert 315
   Emacs 323
   gvim 322
   vi 316
   vim 322
   X11 740
   zeilenorientiert 315
edquota 480
EGID 378
egrep 262, 1210
Einerkomplement 1007
Eingabeumleitung 237
Electric Fence 950
ELF 125, 155, 928
elif 341
Elm 568
else 341, 1012
else if 1012
Emacs 323, 1210
   Fenster 325
   Kommando 326
   Konfiguration 328
   Mark 327
   Modi 326
   Puffer 325, 327
   Region 326
Emacs Lisp 934
Embedded-Distribution 47
emerge 446
Emulator 901
Endlosschleife 286, 347, 1021
endsw 371
EOG 747
Epoch 509
Erlang 934
esac 344
esd 763
ESMTP 616
Eterm 693
eth0 519
eth0:1 (virtuelle Schnittstelle) 521
Ethereal 1164
EUID 378
EveryBuddy 748

Evince 746
Ewing, Larry 61
Exec Shield 1117
exec*() 139
exim 620
   ACL 621
   aliases 627
   Mailname 622
   Queuerunner 626
   Routers 622
   Spooling 621
   Transports 622
exit 208, 858
exit() 143
explodepkg 445
export 228
expr 339
ext2 866, 1249
ext3 866, 1249
ext4 867, 1249
Extended SMTP 616
Extreme Tux Racer 787

F

Facility 465
false 209, 1210
Fast Filesystem 869
Fastboot 849
FAT12 829
FAT16 829, 877
FAT32 877
fbrun 727
fceu 912
fclose() 1044
fdisk 829, 890
Fedora 57, 1119
Fehlerausgabe 234
Fehlerumlenkung 235
Felder 1035
Festplatte 191, 863
Fetchmail 569, 570
FFS 51, 869
fg 796
fglrx 702
fi 341
FIFO 239, 881, 1249
FILE 1043
file 198
File Transfer Protocol 561

find 300
    invertierte Suche 302
finger 585
Finger (Dienst) 590
fingerd 1069
Firefox 103
    Bookmark 105
    Lesezeichen 105
    Tab 105
    Webseite durchsuchen 105
    Websuche 104
    Wikipedia 105
Firewall 1075, 1249
fixed-address 593
Flash 771
Flash-Datei 101
Flash-Player 771
Flat Profile 944
Flawfinder 948
flex 964
FlightGear 788
float 1000
Fluxbox 725
Follow-up 574
FooBillard 788
fopen() 1043
for 348, 1020, 1053
foreach 1053
    C-Shell 370
fork() 138
Formatieren 486
Formatstring 995
FORTRAN 49, 934
fortune 784
FQDN 527, 1249
Fragmentierung 157, 865
Frame 515
fread() 1045
FreeBSD
    Partition 830
    Ports 449
Freeciv 786
Freemind 744
Freie Software 58
Freigabe (Windows) 606
fscanf() 1042
fsck 895
FSGID 378
fstab 172, 423, 473, 896
FSUID 378

FTP 561, 671, 1249
    Client 561
ftp (Tool) 561, 585
FTP-Server 602
    Konfiguration 602
ftpd 602
Funktion 353, 1023
    Parameter 355, 1023
    Rückgabewert 356
FUSE 868
fuser 1210
FVWM 724
FVWM2 724
FVWM95 724
fwrite() 1046

G

g77 934
GAG 828
gaim 748
gas 934
Gateway 531
gcc 125
    Bibliothek 930
    ProPolice 1114
    Verzeichnisse 929
gdb 937
    Breakpoint 938
    cont 939
    help 940
    kill 938
    list 938
    print 940
    run 938
    set 939
    step 939
GDM 707, 842, 843, 856
gedit 720, 741
General Electric 49
Gentoo 57
    Ebuild 446
    Hardened 1119
    Pakete (Portage) 446
Gerätedatei 163, 881
getfacl 425
getty 183, 855, 856
gftp 563
GID 147, 377, 380
GIMP 743

Git 980
GKsu 710
Gleitkomma-Datentyp 1000
gnbg 912
GNOME 719, 764
   Panel 89
gnome-cd 765
GNOME-Shell 91
GNU 52, 58
GNU Chess 785
GNU/Hurd 53
GNU/Mach 53
Gnumeric 720
GnuPG 1104
goto 1022
gpasswd 393, 396
GPG 1103
GPicView 723
GPL 58, 1249
gprof 942
Gqcam 775
Grace-Time 480
Grafikprogramm 743
grep 249, 261, 1212
   Filternegierung 262
Greylisting 619, 626
groff 971
groupadd 392
groupdel 397
groups 379, 394
grsecurity 1116
GRUB 494, 828, 1212
GRUB Version 1 831
grub-install 831
GRUB2 833
Gruppenadministrator 394, 396
Gruppenpasswort 393
Gtk 719
GTK+ 983
gunzip 1213
gv 732, 746
gvim 322
Gwenview 747
gzcat 1213
gzip 491, 1213

H

Hacker 1149
halt 842, 859

Hardened Gentoo 1119
Hardlink 879
Hardware
   Festplatte 68
   Laptops 67
   RedHat HCL 67
   Unterstützung 65
Hardware-Booten 827
Hardwareuhr 510
Hash 1049
hatari 912
hdparam 889
head 293, 1214
Heap 157
hercules 912
Herunterfahren 827
hexdump 310, 1214
Hintergrundprozess 794, 795
history 242
Hochkomma 234
Hochsprache 124
Home-Verzeichnis 183
Hop 529, 533
host 663, 1215
Hostname 517
hostname 1216
hosts.allow 586
hosts.deny 586
HPFS 829
HTML 646
   Design 647
   Geschichte 646
htop 804
HTTP 646, 1102, 1249
   Telnet 558
Hurd 53
hwclock 510
Hypervisor 899, 913

I

i18n 506
ibmcam 774
ICMP 1102
Iconify 705
ICQ 748
id 395
IDE 952
IDEA 672
IDS 1121

if 341, 1011, 1052
if (C-Shell) 367
ifconfig 518, 535
　mehrere Adressen 520
Image viewer
　Bildbetrachter 747
IMAP 617
Impress 100
inetd 557, 583, 584, 1069, 1110
　internal 586
　RPC 584
info 203, 1217
init 138, 140, 183, 827, 841, 842
　BSD 849
　Runlevel 183
Init-Skript 841
init.d 847
INIT_VERSION (Variable) 846
initdefault 844
inittab 843
Inkrement 1003
INNd 594
Inode 878, 882
insmod 501
Installation
　cfdisk 892
　OpenBSD 78
　Slackware 75
installpkg 442
Instant Messenger 748
int 996
Integer-Variablen 337
Integral (LaTeX) 737
Internet Layer 515
Internetzugang 545
Interpreter 124, 927, 1249
Interrupt 119, 124, 141, 161
Intrusion Detection System 1121
ioctl.save 842
IPC 144, 147, 793, 1249
IPC im Dateisystem 881
IPP 779
iptables
　ACCEPT 1081
　DROP 1081
　filter 1083
　LOG 1082
　mangle 1083
　NAT 1086
　nat 1083
　QUEUE 1081
　Referenz 1080
　REJECT 1082
　RETURN 1081
IPv6 1102
IPv6-Support 584
ipw2200 522
IRC 573, 749
　Client 573
Irssi 755
ISC 657
ISDN 57
ISO 9660 869, 1249
IT-Grundschutz 1070
iwconfig 523
iwlist 522

J

JabRef 754
jail 900
Java 113, 125, 744, 754, 931
javac 932
JFS 867
Job-ID 794
Job-Shell 211
jobs 797
journal 866
Journaling 866, 1250
Joy, Bill 51
jsh 211
Jump 1022

K

K-Menü 86
K3b 749
KAME 584
Karbon14 102
Kate 741
kbrequest 844
KChart 103
kchmviewer 747
KCron 718
kdbcontrol 508
kdbmap 508
KDE 85, 713, 764
　beenden 715
　Konsole 693
　starten 715

System Settings 716
Tastenkürzel 716
KDE su 710
KDevelop 718, 953
KDM 707, 843, 856
kdump 945
Keep 718
Kernel 113, 122, 127, 1250
   Grundlagen 114
   Hardening 1114
   installieren (BSD) 498
   kompilieren 492, 494
   kompilieren (BSD) 495, 497
   konfigurieren 493
   Logging 466
   Modul 163, 1110, 1250
   Ringpuffer 1209
   Version 492
Kernel Virtual Machine 919
Kernelspace 1250
Kernelstack 161
Kernighan, Brian 49
Kexi 103
Keyserver 1109
KFormula 103
kill 800, 1217
killall 810, 811, 1218
KitchenSync 103
Kivio 101
klogd 466
KLT 136
KMail 103, 568
KMenuEdit 716
KMix 764
KNode 578
Knode 103
Knopper, Klaus 57
Knoppix 57
Knotenpunkt 529
KNotes 719
KOffice 101, 717
Kommando-History 242
Kommandogruppe 241
Kommandosubstitution 232
   Anführungszeichen 233
   Backticks 233
   Hochkomma 234
Kommentar 337
Kommentar (C-Shell) 362
Komprimierung 426, 489

Konqueror 717
Kontact 103
Kontextwechsel 158
Kontrollblock (Thread) 148
KOrganizer 103
Korn-Shell 211
KPDF 746
KPhotoAlbum 748
KPIM 101
kpm 719
kppp 545
KPresenter 101
Krita 102
KsCD 765
ksh 211
KSpread 101
KSquirrel 747
KsystemLog 718
ktrace 945
Kugar 103
KVM 919, 922
   QEMU 920
Kword 101
KWordQuiz 753
KWrite 719

L

l10n 506
Label 1022
LAMP 631
LANG 508
langdrill 753
lastlog 462
LaTeX 729, 754
   Abschnitte 734
   article 730
   Auflistungen 735
   author 734
   book 730
   chapter 734
   emph 734
   Fettschrift 734
   Inhaltsverzeichnis 734
   itemize 735
   Kapitel 734
   Kursivschrift 734
   letter 730
   Listing 735
   maketitle 734

Mathematik 736
  newpage 734
  Package 731
  report 730
  section 734
  textbf 734
  title 734
  verbatim 735
LaTeX
  Bilder 738
  Kommentar 739
  Literaturverzeichnis 738
latex2html 730
Laufwerk 191
Laufzeitumgebung 902
LC_ALL 509
ld 935
LDAP 403
  dc 405
  dn 405
  Objektklasse 405
  Schema 405
ldapadd 408
ldapmodify 408, 409
Leafpad 723
less 197
LessTif 982
let 338
lex 964
Lexikalische Analyse 964
libc 126, 985
libefence 950
libmpeg2 985
libpcap 542
libpng 985
LibreOffice 93
  Draw 745
libstdc++ 985
libtar 986
Libtool 960
LibUnicode 985
libUSB 985
libXML2 985
Liferea 580
LILO 828, 835
  lilo (Programm) 835
  lilo.conf 835
lilo 1218
Limes (LaTeX) 737
Link-Count 880

Link-Layer 515
Linken 935
Links (Dateisystem) 879
Links (Web-Browser) 564
Linux 46
Lisp 934
Listen-Ports 540
LKM 1110, 1113, 1250
ln 879, 1219
lo 519
Loadable Kernel Modules 1113
loadkeys 506
lockd 599
log_on_failure 587
log_on_success 587
Logarithmus (LaTeX) 737
logcheck 472
Logdateien 461
logger 359, 1219
Logging 461, 1068
Login 183
  grafisch 706
login 857
Login-Shell 209, 857
Login-Versuch 462
LoginGraceTime 674
Logisches ODER 1006
Logisches UND 1006
Loglevel 465
logout 208, 858
logrotate 471
Lokalisierung 506
long 999
long double 1000
Long Time Support 57
Loop-Device 870
Loopback 641
LP-Tools 776
  lpq 777
  lpr 777
  lprm 777
lpq 777
lpr 777
lprm 777
ls 196, 415, 1220
lsmod 500
lspci 66, 760
LTS (Long Time Support) 57
Lua 934
LVM 482

LXDE 722
lynx 564

M

Mac OS X
   Partition 830
mac2unix 510
Mach 53
mail (Konsolenprogramm) 565
mail (Tool) 565
Mail-Exchanger 660
Mailname 622
Mailprogramme 565
mailq 626
Make 954
make 452, 1221
   Aufruf 959
   clean 959
   install 959
Makefile 955
   Makros 958
   Shellvariablen 959
   Suffixregeln 957
   Target 955
makepkg 445
Makros 1026
malloc() 130
man 200, 1222
Mandatory Access Control 1118
Mandrake 57
Mandriva 57
Manpage 200, 1222
   erstellen 970
Mantisse 1000
Maschinensprache 114
Masquerading 1078
Master Boot Record 828
Math 100
Mathematische Zeichen 736
max-lease-time 592
MBR 182, 828
McDonald, Peter 56
mdadm 485
Mehrzeiliges Kommando 219
Menü erstellen 351
Mengensymbol (LaTeX) 736
menu.1st 832
Message Queue 819
Metadaten 427

Metrik 533
Microkernel 53
mingetty 855, 856
Minix, Dateisystem 829
misc 574
mke2fs 896
mkfifo 1222
mkfs 893, 1195
mkisofs 749
mkreiserfs 896
mkswap 873
mktemp 357
MLS 1101
MMU 151
Modems 548
modinfo 500
modprobe 499
modules.dep 499
Modulo 1003
Monitoring 1121
more 197, 238
most 197
Motif 982
Motion 775
mount 477, 486
mountd 599
Mounting 172
Mozilla 568
Mozilla Firefox 103
MP3-Player 757, 763, 896
mplayer 768
mtree 1118
Multiboot 68
MULTICS 49
Multilevel Undo/Redo 315
Multiline Kommando 219
Multimedia 757
   Audio 758
   Video 766
Multiple Document Editing 315
Multitasking 115, 129, 1250
Multiuser 1250
Multiuser-Modus 842
Murdock, Ian 56
Mutt 568
mv 1223
MX 660
MX-Record 616
MySQL 641
   Administration 641

Datenbank anlegen 643
my.cnf 641
mysql 641
Tabelle anlegen 643

N

Nagios 1135
　Hostgruppen 1143
　Hostobjekte 1142
　Installation 1137
　Kommandos 1146
　Konfiguration 1140
　Kontakte 1145
　Kontaktgruppen 1145
　Plugins 1138, 1147
　Serviceobjekte 1144
named 1224
　Start 660
Named Pipe 239, 881, 1193
named.conf 657
NASM 934
NAT 1078
ncurses 982
NEdit 741
nestra 912
Net/1 51
NETBIOS 528
NetBSD 52
　Partition 830
　Ports 447
netconfig 522
nethack 783
netpkg 441
netstat 529, 535
Netstat (Dienst) 589
Network Access Layer 515
Network File System 598
Netzwerk
　Setup 517
Netzwerk-Scanner 1122
Netzwerkverbindung 535
newgrp 394
news 574
Newsfeed 579
Newsgroup 573
NeXTSTEP
　Partition 830
NFS 180, 598, 1250
　async 600

　Client 601
　Dateisystem 875
　dev 601
　exec 601
　exports 599
　Netzmaske 600
　nodev 601
　noexec 601
　nosuid 601
　nouser 601
　Server 599
　suid 601
　sync 600
　user 601
　Wildcard 600
nfsd 599
nice 813
NIS 400
nl 293, 1224
Nmap 1149
　Praxis 1158
nmbd 606
NNTP 575, 1102, 1250
　ARTICLE 576
　Client 577
　GROUP 576
　HELP 576
　LIST 576
　POST 576
　QUIT 576
　Server 594
nologin 209
nowait 585
NRPE 1149
NRU 1102
NS 660
NSCA 1149
nslookup 665
nsswitch.conf 527
NTFS 475, 829, 877
NTP 572
ntpdate 572
Nullmodem 548
Nullmodemkabel 547
NVIDIA 702
NWD 1101

O

O(1)-Scheduler 141
OASIS 93
Oberfläche 687
objdump 155
Objektdatei 928
od 310, 1225
off (init) 844
Offenes Relay 615
Oktalzahl 416
Okular 746
once 843
ondemand (init) 844
only_from 587
Open Source 1250
open() 170, 172
Open-Source 769
Openbox 723
OpenBSD 1118
  Installation 78
  Partition 830
  Ports 448
OpenLDAP 405
OpenMortal 786
OpenMotif 982
openntpd 572
OpenOffice.org 93
  Base 101
  Calc 98
  Draw 100, 745
  Impress 100
  Math 100
OpenPAM 1118
OpenSSH 671
  Konfiguration 673
OpenSSL 1098
openSUSE 71
OpenVPN 1095
  Client 1101
  Konfiguration 1099
  Roadwarrior-Setup 1099
  Server 1099
Openwall 1116, 1119
Orange 722
ordered 867
Orthogonalität 180
OSS (Open-Sound-System) 759, 762
OWL 1116, 1119

P

p7zip 491
Page Fault 152
Pager 197
Pagetable 150
Paging 149
Pakete 425
  konvertieren 440
Paketmanagement 59, 427
  Metadaten 427
palimpsest 885
PAM 410, 411
PAP 547
Parameter 355
Paravirtualisierung 900
Partitionstabelle 829
Partitionstyp(en) 829
pase 297
passwd 387, 420
paste 297, 1225
Patch 55
PATH 437, 846
  erweitern 335
PaX 1117
PCAP 542
pcap 985
pcsx 912
PCT (Protocol Channel Tool) 1102
PDF-Datei 746
pdf2ps 1192
pdflatex 732, 1192
pdftohtml 263
pdftops 263
pdftotext 263
pdksh 211
PDP-11 50
pearpc 912
Peers 546
Perfect Forward Secrecy 1096
Perl 930, 1047
  close 1064
  CPAN 1048
  Datei lesen 1063
  Datei schreiben 1063
  for 1053
  foreach 1053
  if 1052
  Kontrollstruktur 1052
  m 1060

Modul 1047
  open 1062
  regulärer Ausdruck 1059
  s 1060
  Subroutine 1057
  TIMTOWTDI 1055
  tr 1062
  Typisierung 1050
  unless 1055
  until 1055
  Variable 1049
  while 1054
perldoc 931
Personal Firewall 1077
PGP 1103
pgrep 810
PHCCT 1102
PHP 645, 648
  MySQL 651
phpldapadmin 407
π (LaTeX) 738
PID 137, 146
Pidgin 748
pidof 810, 1226
Pine 568
ping 541
Ping Tunnel 1102
Pipe 238
  Ausgabe duplizieren 239
Pipe (C-Shell) 363
pipe() 815
pkgsrc 447
pkgtool 442
pkill 810
Pointer 1032
Pool (btrfs) 867
Pool (ZFS) 867
POP3 617, 1102
poppler-utils 263
Port 59
Port-Management 450
  FreeBSD 449
  NetBSD 447
  OpenBSD 448
portmap 400, 1069
Ports 426, 427, 446
Ports Collection 449
Portscan
  Bannerscanning 1157
  Fingerprinting 1158

  Fragmentierungsscan 1153
  Reverse Ident Scan 1153
  TCP Connect Scan 1151
  TCP Fin Scan 1152
  TCP Idle Scan 1153
  TCP Null Scan 1152
  TCP Syn Scan 1151
  UDP Scan 1156
Portscanner 1149
Portstree 448
Posting 574
powerfail 844
powerfailnow 844
poweroff 859
powerwait 844
powerwaitok 844
PPP 546
  Anmeldung 546
  Anwahlskript 552
  CHAP 547
  chat 550
  DSL 553
  Einwahl 552
  Modem 548
  options 549
  PAP 547, 552
  pppd 547
  PPPoE 553
  Trennung 552
pppd 547
  chat-Skript 550
  Konfiguration 549
  pap-secrets 552
PPPoE 553
pppoeconf 554
PPRacer 787
Präprozessor 992, 1025
Pre-shared Key 1096
printf() 464, 995
printf() (C) 995
ProcFS 875
Procmail 570, 571
Produktsymbol (LaTeX) 737
Profiling 942
proftpd 602
Programm 115
PROM 827
PROMISC-Flag 544
Prompt 193, 207, 229
ProPolice 947, 1114

Protokoll 513
Protokollstatistik 536
Proxy
   Squid 1091
   transparent 1090
Proxyserver 1088, 1250
Prozess 132, 145, 793, 1250
   Ende 142
   Erstellung 138
   interaktiv 141
   jobs 797
   Priorität 141, 811
   rechenintensiv 141
Prozessart 794
Prozessgruppe 241
   Hintergrund 242
Prozesshierarchie 140, 146
Prozessor 114
   Befehlssatz 114
   Register 115
   Ringe 120
Prozessstatus 808
Prozesstabelle 145, 805
ps 808
PS-Datei 746
ps2pdf 730
pscan 948
Pseudo-Dateisystem 875, 1250
pstree 805
PTR 660
pulseaudio 763
PULT 136
PuTTY 676
pwd 194, 1227
Python 934

Q

QEMU 920
QNX
   Partition 829
QotD (Dienst) 590
Qt 983
Quake 782
Quanta+ 954
Queuerunner 626
quiz 753
Quota 478, 1250
   aktivieren 478
   edquota 480
   Grace-Time 480
   setzen 479
quota (Tool) 480
Quota-Support 478
quotaoff 479
quotaon 479
qwertz 506

R

R-Dienst 590
R-Tools 560, 671
Rückgabewert 1024
RAID 483
   Level 0 483
   Level 1 483
   Level 5 483
RAM 1250
Ramdisk 485, 872
range 592
rar-Archiv 491
RATS 948
rc.d 847
rcp 560
read 227, 1227
read() 172
readdir() 172
readline 985
readonly 228
reboot 859
reboot (Runlevel) 843
rec 574
Rechner
   bc 306
Rechtemaske 416
Rechteverwaltung 188, 415
   Eigentümer ändern 418
   Gruppe ändern 419
   Rechte ändern 416
   Sticky-Bit 421
   umask 422
recode 510
RECORD 587
Record
   Siehe Struktur 1037
Red Hat 57
Redundanz 177
regex 249, 1059
Register 115
Reguläre Datei 878

Regulärer Ausdruck 249, 265, 618, 1059
  (xyz) 260
  {xyz} 261
  Aufbau 251
  Geschwindigkeit 262
  Wiederholung 260
ReiserFS 867, 1250
Relativer Pfad 217
Relay (SMTP) 615
Remote-Logging 470
removepkg 443
renice 813
Repository 427
Resident Set 158
respawn 843
Ressourcenverwaltung 132
Restricted Shell 1112
return (Funktionen) 356
Reverse Proxy 1090
rexec 560
RGID 378
Ringpuffer 1209
Ristretto 722, 747
Ritchie, Dennis 50
rksh 1113
rlogin 560
rmmod 501
ROM 1250
root 189, 378, 387, 397, 674
Rootdisk 56
route 530, 532, 533
Router 531
Routers (Exim) 622
Routing 529
  Routing-Tabelle 529
Routing-Tabelle 529
RPC 401, 599
rpc.lockd 599
rpc.mountd 599
rpc.statd 599
rpcinfo 403
RPM 57
rpm 440
RPM-Format 427
RSA 672
RSBAC 1119
rsh 560
RSS 579
Ruby 934
RUID 378

Rule Set Based Access Control 1119
Runlevel 183, 841, 842, 845, 846
  ondemand 844
  Skript 841
runlevel (Programm) 846
RUNLEVEL (Variable) 846

S

S/MIME 1103, 1110
Samba 528, 605, 877
  LDAP 610
SANE 780
Sauerbraten 787
scanf() 1041
SCHED_OTHER 812
Scheduler 140
  CFS 142
  O(1)-Scheduler 141
Scheduling 119, 140, 811
  kooperativ 160
Scheme 934
Schleife 346, 1016
Schleifenabbruch 352
sci 574
scp 1228
script 310, 1228
scriptreplay 1229
ScummVM 907
sd0 192
SDL 762
SEBSD 1116
Secondary Boot 828
Secure Copy 677
Secure Shell 671
Securelevel 852
security through obscurity 1078
sed 253, 1230
  (Ausdruck) 260
  {Ausdruck} 261
  Befehle 255
  Befehlsliste 256
  Holdspace 256
  Patternspace 256
  s-Befehl 258
  w-Befehl 257
  Wiederholung 260
  y-Befehl 258
  Zeilenfilter 259
Seitenbeschreibungssprache 645

select 351
SELinux 1116
Semaphore 817
Sender Policy Framework 616
seq 1230
Server 179, 583
set 227
setfacl 424
SetGID-Flag 420
setuid() 420
SetUID-Flag 420
SFTP 676
SGID 378
sh 210
Shared Libraries 934
Shared Memory 822
Shell 178, 207, 585
  Array 339
  bc in Pipe 339
  beenden 858
  Editor 313
  EDITOR (Variable) 334
  Funktion 353
  Integer-Variable 337
  Kommentar 337
  Menü erstellen 351
  Prompt 193, 207, 229
  rechnen 337
  Startvorgang 857
  Variable 225
  verlassen 858
Shellprozess 795
Shellskript 336
Shellskriptprogrammierung 335, 361
Shiften 1005
short 999
Shotwell 748
showmount 601
shsh 211
shutdown 845, 859, 1231
Shutdown (Vorgang) 128, 858
Sicherheit 1067
  Benutzerrechte 1068
  Logging 1068
  Netzwerkdienste 1068
SIGALRM 801
SIGCONT 801
SIGHUP 801
SIGKILL 144, 801
Signal 144, 799

signed 996
SIGSTOP 801
SIGTERM 144, 801
simh 912
Single-User-Modus 842
sizeof 1008
Skalar 1049
Skalierbarkeit 180
Skript-Interpreter 337
slackpkg 441
Slackware 56
  Installation 75
  Packages 441
slapt-get 441
sleep 359, 1231
Slice 193
slrn 577
SLS 56
Smalltalk 934
Smarthost 615
SMB 877, 1250
smb.conf 606
smbd 606
SMTP 613, 1102, 1250
SMTP-Server 620
SNAT 1078
sndconfig 760
Sniffer 1162
Sniffing 542
snort 1122
  config 1128
  Installation 1122
  preprocessor 1130
  Sniffer 1123
Snownews 579
SOA 659
  Expire 660
  Refresh-Number 660
  Retry-Number 660
  Serial-Number 660
  TTL 660
soc 574
SOCK_DGRAM 585
SOCK_STREAM 585
Sockets 824, 881
Soft Landing System 56
softgun 912
Softlink 879
SoftRAID 482
  konfigurieren 484

mdadm 485
SoftUpdates 869
Softwareinstallation 425
Solaris 900
   Partition 830
   Trusted Solaris 1118
sort 298, 1232
Sound 762
sox 766
Spam 617
SpamAssassin 617
spectemu 912
Speicher 115, 116
   Hierarchie 117
   Wort 116
Speichermanagement 149
Speicherzugriffsfehler 130, 152
SPF 616
Spiele 757, 781
SPIM 912
split 303, 1232
Spooling 132, 181
Spooling (exim) 621
sprayd 585
SQL 642
   DATABASE 643
   INSERT 644
   SELECT 644
   TABLE 643
Squid 1091
   Konfiguration 1092
SSH 560, 671
   Port-Forwarding 682
   Protokoll 1 672
   Protokoll 2 672
   Public-Key-Login 678
   Remote-Login 676
   Root-Login 674
   scp 677, 680
   Secure Copy 677
   Secure File Transfer 681
   Serverkonfiguration 673
   sftp 676, 681
   ssh 676
   Tunnel 682
   X11 Forwarding 676, 681
ssh 1233
SSL 640
Stack 133, 134, 158
Stack Smashing Protection 1117

Stallman, Richard 52
Standalone 584
Standardausgabe 234
Standardeingabe 234
StarDict 751
startkde 715
Startleiste 706
statd 599
State-Regel 1076
STDERR 234
STDIN 234
STDOUT 234
Steganografie 1101
stella 912
Sticky-Bit 421
strace 945
strcpy() 1040
stream 585
Strg + D 858
Strings 1039
   ausgeben 1040
   kopieren 1040
   vergleichen 344
strncpy() 1041
struct 1037
Struktur 1037
su 397
Subroutine (Perl) 1057
Subshell 241, 1250
Subversion 978
Subvolumes (btrfs) 867
Suchen (Datei) 300
sudo 398
   /etc/sudoers 399
SUID 378
sulogin 842
Summenzeichen (LaTeX) 736
SuperTux 787
SUSE 71
SVR4
   Geschichte 50
   init 841
Swap 872, 1250
   Verschlüsselung 874
Swap-Datei 873
swapon 873
Swapping 150
SWF-Datei 771
switch 1014
switch (C-Shell) 371

Sylpheed 578
sylpheed 568
Symbolischer Link 879
Symmetrische Verschlüsselung 672
sync 600, 1234
Syntax-Analyse 964
Syntax-Highlighting 314
Syscall 121, 122, 130, 1250
   create() 172
   exec()* 139
   exit() 143
   fork() 138
   open() 170, 172
   read() 172
   readdir() 172
   setuid() 420
   syslog() 464
   unlink() 172
   write() 126, 172
Syscall-Interface 799
sysctl 534
sysfs 168
sysinit 844
Syslog 359
syslog 587, 674
syslog() 464
syslog-ng 467
syslogd 180, 464
   Konfiguration 468
   logcheck 472
   logrotate 471
   Remote-Logging 470
SysRq 504
Systat (Dienst) 589
System Settings 716
System V 50
Systemarchitektur 113, 122
   Abstraktion 128
   Fairness 119
   Performance 127
   Schutz 119
   Virtualisierung 129
systemsettings
   System Settings 716
systrace 1118

T

tac 297, 298
tail 293, 1234

Tanenbaum, Andrew 53, 54
tar 451, 487, 1235
Task 132, 137
Taskleiste 706
Taskwechsel 161
Tastaturbelegung 506
Tcl 932
TCP 585, 1102
   Verbindungen 539
tcp (Schlüsselwort) 585
TCP/IP 51, 513, 1251
   Schichtenmodell 514
   TCP 516
tcp6 585
tcpd 586
tcpdump 542, 1162
tcsh 211, 361
tee 239
telinit 846
telnet 557, 585, 613, 671
Telnet (Dienst) 590
Temporäre Datei 357
TENEX-C-Shell 211
TERM 856
Terminal 855
test 343
Text-to-Speech 766
Thompson, Ken 49, 50
Thrashing 157
Thread 132, 136
   Kontrollblock 148
Thunar 722
tiemu 911
tiff 985
Time (Dienst) 589
TIMTOWTDI 1055
Tk 932, 983
TLB 153
Token 967
top 804
tor 1102
Torvalds, Linus 53, 55, 61
totem 765
touch 1237
tr 297, 298, 1238
Tracing (Programme) 944
Translation Lookaside Buffer 153
Transparenter Proxy 1090
Transport Layer 515
Transports (Exim) 622

Treiber 162, 498, 759
   blockorientiert 165
   Major-Nummer 166
   Minor-Nummer 166
   zeichenorientiert 164
Tremulous 788
Trennungsoperator 218
true 1238
truss 945
TrustedBSD 1118
ts10 912
tune2fs 894, 1196
Tux 61
TuxRacer 787
TV-Karte 772
twm 724
type 219
typescript 310
typeset 337
Typisierung (Perl) 1050

U

UAE 909, 910
Ubuntu 57
udev 875
UDP 585, 1102
udp6 585
UFS 869
UFS2 869
UFS2-Attribute 1118
UID 147, 377, 380
umask 422
UML 745
UML (User-Mode-Linux) 900
unalias 222
uname 199, 222, 498, 1238
uncompress 1213
Unendlichkeit (LaTeX) 737
ungif (Library) 985
uniq 298, 1239
Unity 720
Unix 49
   BSD 50
   Geschichte 49
   Logging 1111
   Partitionierung 1112
   Philosophie 175
   Sicherheit 1067
   trojanisches Pferd 1110

Unix Domain Sockets 824
Unix System III 50
Unix-Zeit 509
unix2dos 510
unix2mac 510
unless 1055
unlink() 172
unrar 491
unset 226, 341
unsigned 996
until 348, 1055
update-grub 831, 832
upgradepkg 444
Upstart 852
   Job-Skript 852
uptime 199, 1240
URI 559
usb-ohci 773
USB-Platte 896
USB-Stick 896
usbcore 773
usbfs 896
Usenet 573
User-Mode-Linux 900
useradd 382
userdel 390
usermod 388
Userspace 175, 1251
USV 844
utmp 846
uucpd 585
UUID 191

V

Variablen 225, 228
   Einbettung 226
   global 228
   löschen 226
   lokal 228
   schreibgeschützt 228
   Wert einlesen 227
Variablentyp (Perl) 1049
VAX 50
Vega Strike 786
Vektor (LaTeX) 738
Verdeckter Kanal 1101
Vergleichssymbol (LaTeX) 736
Versionsmanagement 973
Versteckte Dateien 196

Verzeichnis 878
Verzeichnisdienst 400, 403
vfat 896
VFS 172, 180, 865, 1251
vi 316, 1240
   ausschneiden 319
   autoindent 321
   Eingabemodus 317
   ersetzen 319
   Kommandomodus 317
   Konfiguration 321
   Navigation 318
   number 322
   shiften 320
   shiftwidth 322
   showmatch 322
   showmode 322
   speichern 317
   Statuszeile 316
   Suchfunktion 321
   tabstop 322
   Text kopieren 320
vice 912
Video-Decoder 767
videodev 773
vim 322
Virenscanner 617
Virtual Desktop 706
VirtualBox 922
VirtualHost 1189
Virtualisierung 129, 899
Virtuelle Adresse 520
Virtuelle Maschine 899
Virtuelle Schnittstelle 521
Virtueller Speicher 119, 130
Visio 745
VLC 770
VM 899
VMware 922
voice of God 760
VoIP 1102
Vokabeltrainer 753
Volkerding, Patrick 56
Vordergrundprozess 795
vt220 856

W

w 463, 1240
Wörterbuch 751

W^X 1117
wait 585, 799, 843
Warmux 786
wc 299, 1241
wd0 192
Webcams 773
Webserver 558
WendzelNNTPd 594
   Authentifizierung 597
   starten 596
   wendzelnntpd.conf 595
wendzelnntpdadm 596
wget 565
whatis 202, 1241
whence 220
which 220
while 346, 1016, 1054
while (C-Shell) 369
while-true 347
Whitelist 618
who 463, 1241
whoami 463, 1242
whois 667
wikipediafs 868
Window Maker 723
Window-Manager 704, 713
Windows 68
   Freigaben 605
Wine 902, 904
Wireless LAN 522
Wireshark 1164
wish 933
WKS 588
WLAN 522, 1251
   konfigurieren 523
   Scanning 522
Working Set 157
Workspace 706
write() 172
writeback 867
wsconsctl 507, 508
wtmp 846, 859
Wurzelzeichen (LaTeX) 737
WYSIWYG 729

X

X-Sessions 709
X.Org 688
X10R4 687

X11 178, 563, 687, 1251
   ATI 702
   Client 688
   Geschichte 687
   Konfiguration 694
   Mausrad 698
   NVIDIA 702
   Programme 729
   Protokoll 688
   Server 688
   Terminal 691
   Toolkit 689
   vmware 700
   Window-Manager 704
   Zugriffskontrolle 690
X11R1 688
X11R5 688
X11R6 688
XArchiver 723
xargs 246
xauth 691
XawTV 774
XBoard 785
xcalc 694
XChat 573, 748
xclock 694
xconsole 694
XDM 843
xdm 706
xdvi 732
xedit 694
xemacs 323
Xen 913, 922
   Dom0 914
   DomU 914
   Hypervisor 913
   xm 917
Xfburn 722
XFCE 721
   Thunar 722
XFree86 688
XFS 867
xhost 690, 710
xhosts 691
xine 770
Xinerama 707
xinetd 583, 587, 1069
   defaults 587
   instances 587
   Tageszeit 587

   UNLIMITED 587
   xinetd.conf 587
xinetd.log 587
xkill 694
Xlib 689
xload 694
xm 917
xmag 694
xman 694
Xnest 709
XOR 1007
xorg.conf 695
   Device 699
   Files 697
   InputDevice 697
   Mausrad 698
   Module 696
   Monitor 699
   Screen 700
   ServerFlags 697
   ServerLayout 701
   vmware 700
Xpdf 746
xpdf 732
Xsecurity 691
Xterm 692
xterm 694
xterm-color 856
xtrs 913
xv 747
xwininfo 694
Xxgdb 936

Y

yacc 964
yes 1242
yield() 160
Yo Frankie 788
Yorick 934
ypbind 402, 403
ypcat 401
ypserv 403
ypwhich 403

Z

Z-Shell 212
Zahlen vergleichen 343
zcat 491, 1213

Zeichenketten 1039
Zeiger 1032
Zertifikat 1098
Zertifizierungsstelle 1098
zfs 867
zftp 212
zlib 986

Zombie-Prozess 1251
Zone 900
zsh 212
zsnes 913
Zugangsschutzsystem 1075
zxpdf 746

www.galileocomputing.de

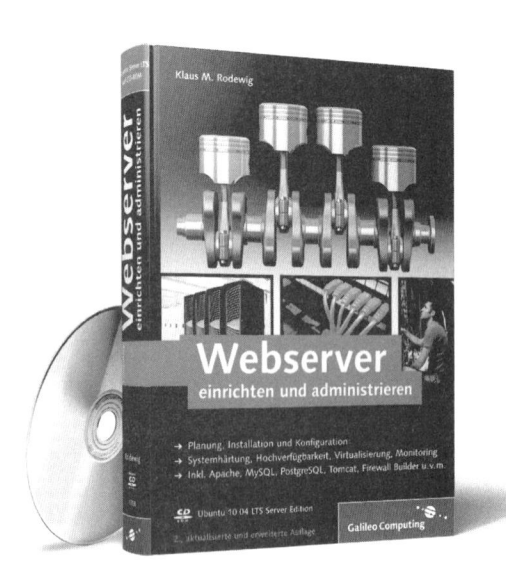

Planung, Installation und Konfiguration

Systemhärtung, Hochverfügbarkeit, Monitoring, Virtualisierung

Inkl. Apache, MySQL, PostgreSQL, Xen, Tomcat, Jabber u.v.m.

Klaus M. Rodewig

Webserver einrichten und administrieren

Das Buch unterstützt Sie bei der Planung, Installation und Konfiguration eines eigenen Webservers auf der Basis des Betriebssystems Linux. So finden Sie eine geeignete Distribution und installieren und richten die für Sie wichtigen Serverdienste wie z.B. Web-, Mail-, Jabber-, VPN- und Datenbankserver ein.

497 S., 2. Auflage 2011, mit CD, 39,90 Euro
ISBN 978-3-8362-1708-8

>> www.galileocomputing.de/2529

Galileo Computing

Linux-Server distributionsunabhängig einrichten und administrieren

Backup, Sicherheit, Samba, LDAP, Webserver, Mailserver, Datenbanken

Inklusive sofort einsetzbarer Praxislösungen

Dirk Deimeke, Stefan Kania, Charly Kühnast, Stefan Semmelroggen, Daniel van Soest

Linux-Server

Das Adminstrationshandbuch

Das Schweizer Messer für den fortgeschrittenen Linux-Administrator: Dieses Buch erläutert Ihnen alle wichtigen Themen der modernen Administration von Linux-Servern. Von Hochverfügbarkeit über Sicherheit bis hin zu Skripting und Virtualisierung – so lernen Sie Linux-Server distributionsunabhängig intensiv kennen.

815 S., 2011, 49,90 Euro
ISBN 978-3-8362-1469-8

>> www.galileocomputing.de/2205

»Das Autorenteam des vorliegenden Werkes hat sich zur Aufgabe gestellt, den Administratoren eine neue Bibel zu schenken.«
IT-Administrator

Galileo Computing

www.galileocomputing.de

Einführung, Praxis, Referenz

Bourne-, Korn- und Bourne-Again-Shell (Bash)

Inkl. grep, sed und awk, GUIs mit Tcl/Tk

Jürgen Wolf

Shell-Programmierung

Das umfassende Handbuch

Die Shell-Programmierung ist das ABC eines jeden Linux-Anwenders und System-Administrators. Dieses umfassende Handbuch bietet alles, was man zur Shell-Programmierung wissen muss. Eine umfangreiche Linux-UNIX-Referenz bietet alle grundlegenden Kommandos. Das Werk arbeitet mit Praxisbeispielen, und ist hervorragend als Nachschlagewerk geeignet.

808 S., 3. Auflage 2010, mit CD, 39,90 Euro
ISBN 978-3-8362-1650-0

>> www.galileocomputing.de/2440

»Der Leser bekommt ein umfangreiches Werk zur Shell-Programmierung, das sich auch für Anfänger eignet.«
Linux Magazin

Galileo Computing

www.galileocomputing.de

Lokale HA: RAID, LVM, NIC-Bonding und SMART

Linux HA-Cluster: Corosync/OpenAIS, Pacemaker, DRBD und CLVM

Xen/KVM-VMs im Cluster, Backup und Disaster Recovery

Oliver Liebel

Linux Hochverfügbarkeit

Einsatzszenarien und Praxislösungen

Hochverfügbarkeit ist ein ebenso zentrales wie komplexes Thema! Profitieren Sie als Administrator jetzt von den praxiserprobten Setups und dem technischen Background aus diesem Buch. So sorgen Sie mit moderaten Hardware-Ressourcen dafür, dass Ihre Linux-Server lokal und im Netz hochverfügbar sind.

454 S., 2011, 49,90 Euro
ISBN 978-3-8362-1339-4

>> www.galileocomputing.de/1999

»Dieses Buch zeigt, was mit Linux und freier Software alles möglich ist, um dem Ziel der Hochverfügbarkeit nahe zu kommen.«
Linux Magazin

Galileo Computing

www.galileocomputing.de

Von der Installation bis zur Administration

Office, Internet, Audio, Video und Shell

Debian als Server nutzen, Netzwerk und Sicherheit

Heike Jurzik

Debian GNU/Linux

Das umfassende Handbuch

Dieses Buch ist der ideale Begleiter, wenn Sie das aktuelle Debian von Grund auf kennen lernen wollen. Von der Installation über die Anwendung bis zur Administration behandelt es alle wichtigen Themen. Mit vielen Tipps und Schritt-für-Schritt-Anleitungen sind Sie auch bei der professionellen Anwendung optimal beraten!

786 S., 4. Auflage 2011, mit DVD, 39,90 Euro
ISBN 978-3-8362-1694-4

>> www.galileocomputing.de/2510

Galileo Computing

Grundlagen, Administration, Anwendung

Zahlreiche Workshops und Praxistipps

Einsatz als Backoffice- oder Root-Server, Gateway, Security-Server u.v.m.

Arnold Willemer

Linux-Server einrichten und administrieren mit Debian 6 GNU/Linux

So richten Sie mit Debian GNU/Linux erfolgreich einen Server ein. Zahlreiche Workshops zeigen Ihnen praxisnah den Einsatz als Backoffice- oder Root-Server, als Gateway oder Security-Server u.v.m. Lernen Sie alle Anwendungsbereiche kennen und erlernen Sie ganz nebenbei die Grundlagen einer Linux-Administration.

925 S., 2011, mit DVD, 39,90 Euro
ISBN 978-3-8362-1653-1

>> www.galileocomputing.de/2443

Galileo Computing

www.galileocomputing.de

Installation, Konfiguration, Administration

Inkl. kommentierter Beispielkonfigurationen

Praxiseinsatz, Sicherheit, Performance, Logging, Erweiterungen u.v.m.

Sascha Kersken

Apache 2.4

4. aktualisierte und erweiterte Auflage

Das deutschsprachigen Standardwerk zu Apache! Neben den Grundlagen der Konfiguration und Anwendung werden alle Optionen umfassend dargestellt. Auch zu allen professionellen Themen und Neuerungen von Apache 2 wie Multiprotokollsupport, Load Balancing, Entwicklung von eigenen Modulen, CGI, PHP und Tomcat finden Sie Hilfe.

1024 S., 4. Auflage 2012, mit DVD, 49,90 Euro
ISBN 978-3-8362-1777-4

>> www.galileocomputing.de/2632

Galileo Computing

www.galileocomputing.de

Grundlagen verstehen: Datenbanken, Dokumente, Views & MapReduce

Administrieren und betreiben: Replikation, Skalierung, Monitoring, Deployment

Erfolgreich entwickeln: RESTful API, CouchApps, CouchDB mit anderen Sprachen

Andreas Wenk, Till Klampäckel

CouchDB

Das Praxisbuch für Entwickler und Administratoren

Hier erfahren Sie alles über die beliebte NoSQL-Datenbank. Anhand zahlreicher Beispiele lernen Sie den sicheren Umgang mit der RESTful API der CouchDB. Außerdem erfahren Sie alles über Map/Reduce, Show und List Functions, Administration, Replikation, Skalierung, CouchApps und viele weitere Themen rund um die CouchDB.

304 S., 2011, 34,90 Euro
ISBN 978-3-8362-1670-8

>> www.galileocomputing.de/2462

»Diesen Titel kann man als gelungene Einführung ins Thema und als Community-Buch bezeichnen.«
Linux Magazin, 02/2012

Galileo Computing

www.galileocomputing.de

Installation, Konfiguration, Administration

Authentisierung und Verschlüsselung

Tipps, Praxisbeispiele, Troubleshooting

Dirk Becker

OpenVPN

Das Praxisbuch

Sorgen Sie für jederzeit sichere Verbindungen – im Unternehmen oder zuhause: Mit diesem Buch bauen Sie Schritt für Schritt Ihr VPN-Netzwerk auf, konfigurieren und verwalten es. Ob bewährte Konfigurationen, sofort einsetzbare Skripte oder fertige Lösungen im Fehlerfall: So machen Sie OpenVPN zur rundum sicheren Sache.

296 S., 2. Auflage 2011, 39,90 Euro
ISBN 978-3-8362-1671-5

>> www.galileocomputing.de/2466

Galileo Computing

www.galileocomputing.de

Vorbereitung auf die Prüfungen 101 und 102

Kommentierte Testfragen für beide Prüfungen

Prüfungssimulator mit sofortiger Auswertung

Harald Maaßen

LPIC-1

Sicher zur erfolgreichen Linux-Zertifizierung

Mit diesem Buch sind Sie bestens gerüstet für die Prüfungen des LPI. Sie finden die konkreten Anforderungen zu allen Prüfungsthemen und testen Ihren Kenntnisstand mit prüfungsähnlichen Fragen. Mit dem Prüfungssimulator können Sie eine Testprüfung unter prüfungsähnlichen Bedingungen ablegen.

ca. 550 S., 3. Auflage, mit DVD, 34,90 Euro
ISBN 978-3-8362-1780-4, April 2012

>> www.galileocomputing.de/2653

Galileo Computing

www.galileocomputing.de

Schritt für Schritt zu eigenen Apps und Spielen

Inkl. Sprachgrundlagen von Java

Animationen, Sounds, Zeichnen, Kamera, Bewegungssensoren, Highscores u.v.m.

Uwe Post

Android-Apps entwickeln

Ideal für Programmiereinsteiger geeignet

Android-Apps programmieren ohne Vorkenntnisse! Hier lernen Sie auf besonders einfache und unterhaltsame Weise, wie Sie Apps für Android entwickeln. Schritt für Schritt programmieren Sie z. B. ein eigenes Spiel, das sich sehen lassen kann. Die benötigte Software finden Sie auf der DVD, so dass Sie sofort loslegen können!

382 S., 2012, mit DVD, 24,90 Euro
ISBN 978-3-8362-1813-9

>> www.galileocomputing.de/2950

Galileo Computing

www.galileocomputing.de

Video-Training

Eigene Android-Apps entwickeln und veröffentlichen

Inkl. Crashkurs »Java für Einsteiger«

Mit Android SDK und Eclipse IDE auf DVD

Mike Bach

Apps entwickeln für Android 4

Das umfassende Training

Sie suchen einen anschaulichen Lernkurs zur App-Entwicklung mit Android 4? Lernen Sie in diesem Training, wie Sie eigene Android-Apps programmieren. Inkl. Java-Crashkurs und Video-Workshops zu GUI, GPS, Datenverwaltung, Spracheingabe, Multimedia und Sensorsteuerung.

DVD, Windows, Mac und Linux, 101 Lektionen, 16 Stunden Spielzeit, 39,90 Euro
ISBN 978-3-8362-1815-3

\>> www.galileocomputing.de/2955

Galileo Computing

www.galileocomputing.de

Professionelle Apps für Smartphones und Tablets entwickeln

Von der Idee bis in den Android Market – aktuell zu Gingerbread und Honeycomb

Inkl. Multimedia, Kamera, GPS, Kalender, GUIs, Datenbindung, Multitasking u. v.m.

Thomas Künneth

Android 3

Apps entwickeln mit dem Android SDK

Sie möchten Apps für Android Tablets und Smartphones entwickeln? Java-Kenntnisse vorausgesetzt, wird Ihnen das durch die verständlichen Erklärungen und zahlreichen Praxisbeispiele schnell gelingen. Ob GUIs, Datenbanken, Kamera, Multimedia, Kontakte oder GPS – hier erfahren Sie alles, was Sie wissen müssen! Aktuell zu Gingerbread und Honeycomb

419 S., 2011, mit DVD, 34,90 Euro
ISBN 978-3-8362-1697-5

>> www.galileocomputing.de/2516

Galileo Computing

In unserem Webshop finden Sie unser aktuelles
Programm mit ausführlichen Informationen,
umfassenden Leseproben, kostenlosen Video-Lektionen –
und dazu die Möglichkeit der Volltextsuche in allen Büchern.

www.galileocomputing.de

Galileo Computing

Wissen, wie's geht.